《文化黄骅丛书》第六辑《雅鉴》

执行主编：杨宝恒

编者：王秀丽　曾　钟　董作礼　胡文晖　李月森

摄影：张建广

篆刻：李　侃　李中辉

综述

黄骅市地处渤海之滨，自古得渔盐之利，享海陆之便。近年来，文学艺术蓬勃发展，方兴未艾。

尤其改革开放以来，黄骅向海图强，各项事业蒸蒸日上。众多有学之士富而思文，强而思雅，感家乡四时之变化，春之柔美、夏之风茂、秋之浑穆、冬之简远，或诗而歌之、或画而颂之、或书而记之，其间多有佳作问世，并在国内产生深远影响。

优秀的文学艺术作品的产生深受自然环境、人文环境以及作者自身精神品格等因素的影响，靠的是一种传承文化的自觉，以及独到的审美、独具个性的品格和思想修为。所谓“文以载道”即是。

艺术修行是一场文化苦旅。昨夜西风的凄寒，独上高楼的孤独，蓦然回首的欣喜，无不是在艺术上有成就的行者的心路历程。莫不如此，我们也无法欣赏体味到本书中美术家李维学之隐逸之风；田云鹏之田园之乐；诗人刘小放之淳朴之意；作家何香久之浩繁之著；书法篆刻家韩焕峰之浑穆之气；张之之奇崛之美；陈茂才之磅礴之势；著名主持人白燕升之奋斗之路；青年才俊冯宝麟之古典之韵；胡庆恩之明心之迹。

春风有形在流水，古贤寄迹于斯文！

好的文学艺术作品是可以化育人心的。本书所收录的十位文学艺术家是当代黄骅文化代表的集中呈现，他们不仅在艺术创作上有着卓尔不凡的成就，同时还嘉惠后学各自引领着所处地域的艺术创作发展。如果读者在欣赏品读各位艺术家文章和作品的同时，能够为他们静水流深的心路历程有所感动和触动，这或许才是编辑本书真正的目的所在！

挥刀筑梦　落墨惊魂

——李维学的刻石与绘画

一

李维学，1942 年 12 月生于河北黄骅，号闲翁。做过美术教师、影院美工，1984 年进黄骅文化馆工作，任美术干部副研究员直至退休。

他是中国美术家协会会员、河北水彩研究会会员、沧州画院学术顾问、黄骅市美协主席、黄骅市政府文化顾问。他擅长水彩画，其作品在众多权威画展中脱颖而出。《葛洲坝印象》入选全国水彩画展，让观众领略到他对大型工程的艺术解读；《鱼市》入选第七届全国美术作品展览，这幅作品生动地描绘了鱼市的热闹场景，生活的烟火气与艺术的超脱完美融合；《时尚》

入选第二届全国水彩画展，显示出他对时尚元素的敏锐捕捉力和艺术表现力；《驿——纪念中国邮政百年》入选中国水彩艺术展，赋予了邮政这一主题独特的艺术魅力；《打马球》《壁画的诉说》《春游》等也都入选全国性水彩画展，这些作品从不同角度展现了他在水彩艺术上的造诣。此外，《时尚》《塔尔寺印象》入选由中国美协外联部百件水彩作品在美国旧金山、南海艺术画廊举办的“当代中国水彩画展”。他的水彩作品二十多次入选中国美协主办的全国画展，并在北京、杭州、武汉、重庆、深圳、香港、马来西亚等地展出，为中国水彩画在国际国内的传播和发展做出了积极贡献。

除了水彩画，李维学在国画方面也有着极高的成就。大型国画《徐福东渡》等被河北会堂和柏林禅寺收藏，这些作品展现了他在国画创作上的深厚功底和独特风格。2006 年，他的国画《天马》《大漠沙如雪》和水粉画《苍岩山》入选首届中国美术家协会网优秀作品展，并被收藏，还因此应聘成为中国美术家协会网签约画家。作品四次获河北省美术创作一等奖。

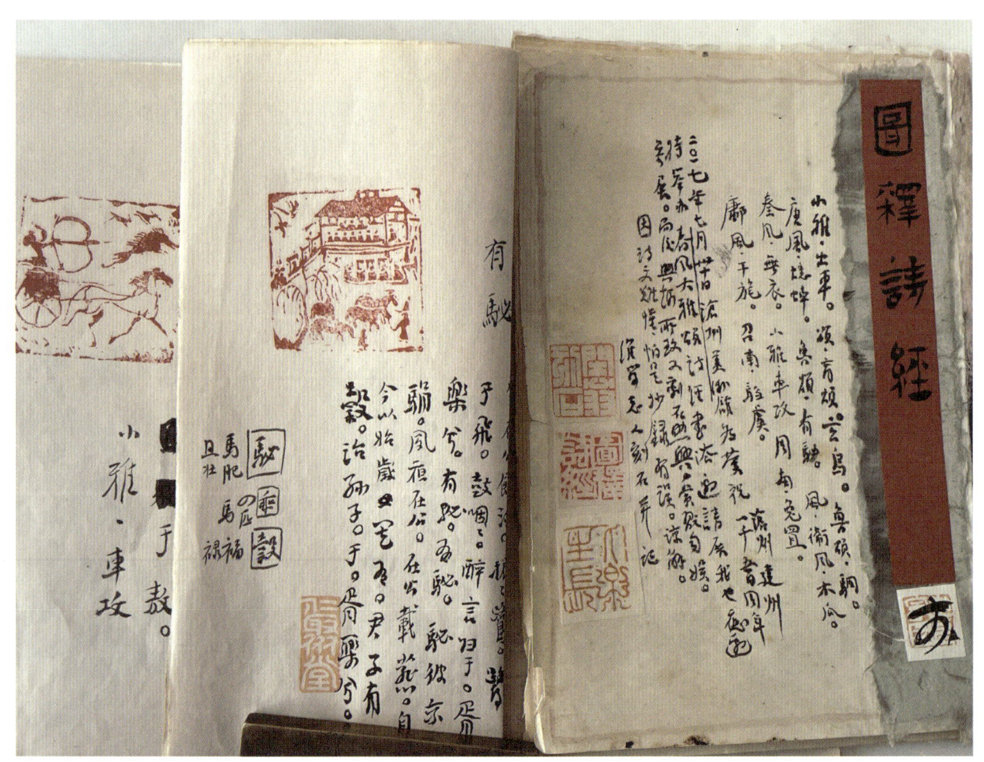

2008年5月，《李维学画集》上下卷由解放军文艺出版社出版发行。画集装帧精美，分为国画卷和水粉卷，共收录作品130幅。上册国画卷内容多为人马题材，如调马、远行、狩猎、放牧等。在绘画样式上，又分宣纸和粗纸两种。宣纸水墨作品以线为主，略点淡彩，画风清新高拔，透着内省和灵性。这种风格下的线条流畅自然，仿佛每一笔都蕴含着画家的思考，淡彩的运用恰到好处，为画面增添了几分雅致。粗纸墨彩作品则施以粉底，墨彩间施，追求古代壁画斑斓残破、空灵闲适的意境。虽然内容取材于乡野，但文气十足，汲古含禅。其设色清淡却精微厚重，墨线清润绵软却张力满满，彰显了他求虚致静的艺术追求。下册水粉卷全部是写生作品，国内，他走遍长城内外，画了大量风景写生；国外，去过近二十个国家，参观过很多享誉世界的博物馆，留下了大量速写、笔记。写生内容大至山川云烟，小至农舍溪口。画面上舞动的笔触和闪动的色块保留了他当时创作的激情和喜悦，观者能够感受到他在面对大自然时的那种激动和对生活的热爱。《壁画的述说》《阳春三月》《春游》等作品分别被上海人民美术出版社、中国美术学院出版社、西南师范大学出版社出版。

二

李维学绘画最显著的特点便是其极为强烈的个人标识。在国画界，风格的趋同成为艺术家难以突破的困境，然而李维学却能脱颖而出。即便画幅中没有落款，我们也能轻易地将他的作品从众多画作中分辨出来，这一成就来之不易。

中国画艺术对法度、笔墨、题材、构图等都有着严格要求，众多画家在传统的重压下艰难前行，“影响焦虑”如巨石般压在心头。要在细微差别中展现自身特色都困难重重，更别说建立鲜明的“自家体”。但李维学成功地做到了这一点，他的绘画就像一座独特的艺术岛屿，在国画的海洋中散发着独一无二的魅力。

李维学绘画之所以能形成如此独特的风格，与其深厚的艺术根基密不可分。他师法高古，深受石窟艺术和汉画砖的影响，曾临写过大量古人经典绘画作品，如《洛神赋图》《文姬归汉十八拍》《清明上河图》《夜宴图》《元世祖出猎图》《明皇击球图》等十几部。这种对古代艺术的深入研习，为他的绘画注入了古朴、醇厚的气息，使其作品带有一种穿越时空的韵味。

同时，他拥有雄厚的西画色彩基础。他的水彩、水粉作品多次在全国大展中入选，并在美国、马来西亚等地展出。西画的训练让他在色彩运用、构图和表现手法等方面有了更广阔的视野和丰富的技巧。在他的国画创作中，我们可以看到西画元素与传统国画的巧妙融合，赋予作品新的生机与活力。

李维学的绘画之所以动人，关键在于画中有“我”。他的作品是他心性的一面镜子，从中我们可以清晰地读出他的闲逸淡定、古朴拙雅以及充盈的游戏精神，还有他对世间万物的温爱。

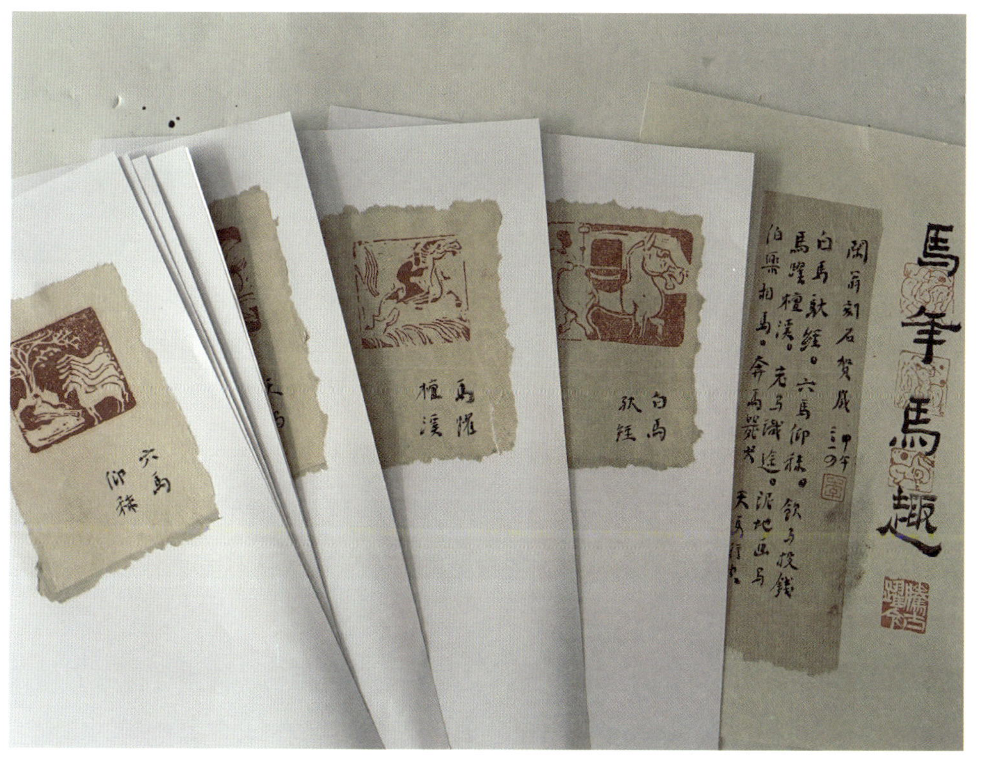

在艺术创作中，很容易陷入有技无心的困境，作品沿着惯性前行，虽有熟练的技巧，却丢失了创作者本人的灵魂。而李维学始终将自己的真实情感和独特视角融入绘画之中。就像梵高和高更，虽同属一个画派且审美趣味相似，但透过各自的眼睛看同一事物，却呈现出截然不同的画面。李维学也是如此，他用自己最真实的目光看待世界，不被俗范所遮蔽，使得他的作品具有深刻的内涵和独特的魅力。

李维学的绘画类型主要有两种，其中之一是走向高古。他从汉像砖石、古窟及寺庙壁画中汲取灵感，创作出既求“神似”又追“形肖”且又明显重新赋予意义的作品。

在这类作品中，他汲取了汉像砖和敦煌壁画的诸多精华，如朴拙、古醇、率性与不苟的气质，还有那瑰丽无华的色调、斑驳的沧桑感以及时间留下的痕迹。同时，这些作品又绝非简单的模仿，而是他自己的创造。我们很难在敦煌壁画、汉像砖中找到他作品的原型，他是借古人之形，写自己之神，在精神向度上与古人达到了深度契合，从而赋予了旧有题材全新的丰富内涵。

另一种类型的作品则取自日常和记忆，充满了现实主义色彩。他描绘农人饲马、养马、放牛、打麦场上的劳作场景。这些看似平凡的俗事在他的笔下毫无俗气，反而展现出一种温脉与体量，让我们感受到他闲逸中的讷朴与憨直。在以文人画和宫廷画为主流的中国画传统中，烟火气稀缺，而李维学却能画出对俗世的爱与超拔，这是极为难得的。例如他的《长扬久远》，以写意方式绘写农村打麦场小景，画面中运动的圆（打麦的人和牵着的牛）与正方的图幅相互映衬，赤膊的农人用没骨染出，农妇的动作强化了动感，整个画面弥漫着麦香和阳光的气息，呈现出生活本身的美与温暖。

在材料选择上，李维学也别具匠心。在绘画那些相马、狩猎类拟古的作品时，他多使用“粗纸”、毛边纸，有意利用这类纸张的粗糙和不规则性，再刷上

白粉，营造出古寺、石窟壁画斑驳、残破、古旧、粗粝的效果。这种材料的运用与他的绘画题材相得益彰，结合他多年的写生经验、对色彩关系的娴熟掌握以及对美与术的独特理解，使得他的画在古典和现代、简拙与精确、夸张与实在之间游刃有余，妙趣横生，充满了独特的气息。

中国画重笔墨，而李维学的笔墨与他想要表达的内容异常贴合，二者相互融合、谐调，互为表里。他的绘画堪称笔墨的另一种发展方向，在这里，笔墨重新焕发出古拙、粗粝、率性甚至稚弱的特质，同时也带出了他所追求的意趣、灵性和气息。

在欣赏他的作品之前，我们很难想象在当下会有人用这样的方式来创作中国画。他的绘画对传统国画概念和规俗构成了冲击，造成了审美上的溢出。细细品味，会发现他这种回返式的创作真正抓住了中国画的精髓，领悟到其中蕴含的“道”。他的绘画是一种审美延宕，是对国画艺术的丰富与拓展。

李维学的绘画艺术总让人联想到夏加尔、林风眠等大师。他们似乎有着某种共性，那就是为绘画增添了新的可能性，在他们的心性中，都有着永不蒙尘的稚气和精灵。这种相似性并非偶然，他们都在艺术创作中突破了传统的束缚，以独特的视角和表现手法展现出艺术的多元性和无限魅力。

李维学的作品启示我们，艺术创作不应局限于既定的模式和规范，而应在传承的基础上大胆创新，融入创作者自身的情感与思考，寻找与古人、与世界精神沟通的新途径，这样才能创造出具有深刻内涵和独特价值的艺术作品。

李维学的绘画是艺术之林中的瑰宝，其独特的个人标识、深厚的艺术根基、画中的自我表达、题材与材料的精妙选择以及独特的笔墨韵味，共同构成了他绘画艺术的丰富内涵和卓越价值。

雅鉴

三

李维学这几年搞了很多石刻作品，如历代掌故选、《诗经》图释、马年马趣、醉八仙、二十四孝、生肖印、石刻丝路风情等。友人谓曰：“皆入高格，一派古风。”

他的刻石有别于篆刻治印，也有别于版画。在表现畋猎场景的刻石中，我们可以看到猎人弯弓搭箭的姿态，其线条一气呵成。从拉满的弓弦到人物的肢体动作，从奔马的腿、鬃毛、尾巴到天上的鹰隼、地下的走狗，线条的连贯性让整个画面充满了动感。仿佛在印章的方寸之间，一场紧张刺激的狩猎正在上演。猎人的肌肉线条随着动作而起伏，猎马飞扬的鬃毛和开张的四肢，尤其展现出了力量与速度的完美结合。

又如《田舞》，舞者的衣袖、作为背景的树木线条灵动飘逸。这些线条如同舞者的灵魂，随着音乐的节奏翩翩起舞。每一条曲线都精准地捕捉到了舞蹈的韵律，使观者能够感受到舞者在旋转、跳跃时的轻盈与优美。

在刻画人物形象时，线条的流畅性更逼真地表现了人物的神态。无论是面部的轮廓还是身体的姿态，都灵动自然，栩栩如生。

李维学刻石的布局和谐精妙，展现出了他卓越的艺术构思能力。在有限的印章空间内，他巧妙地安排各个元素，使其相互呼应、相得益彰。

以《牧放》为例。从布局看，牧人高举马鞭，牧人周围六匹马姿态各异，有正在悠闲吃草的，有回头的，有仰头欲奔的，还有茫茫然的，动静结合，既活泼又稳重。印面虽小，却营造出开阔之感。牧人与马匹之间疏密得当，每匹马都有自己的空间，仿佛置身于广袤的草原之上，让我们能感受到放牧场景的宏大。

李维学刻石的内容丰富多样，涵盖了生活的各个方面。从畋猎、耕种、舞蹈等生活场景的描绘中，我们可以看到他对生活细致入微的观察和对人类活动的深刻理解：畋猎场景体现出原始的力量和对生存的追求；耕种场景体现了农业社会中人们的辛勤劳作和对土地的依赖；舞蹈场景则表达了人们在庆祝、娱乐等活动中的欢乐与激情。这些内容丰富的刻石，让我们能够穿越时空，感受到不同人生活的点滴。

“二十四孝”“杜甫饮中八仙”等主题的刻石则更具文化内涵。“二十四孝”作为中国传统文化中孝道的经典代表，每一个孝行故事都被刻画得细致入微，通过画面传达出了孝道的深刻意义，让观者在欣赏艺术的同时，也能受到传统文化的熏陶。“杜甫饮中八仙”主题则展现出了中国古代文人雅士的生活情趣和精神风貌。李维学通过精湛的技艺，将诗人们饮酒作乐、豪放不羁的形象栩栩如生地呈现在刻石上，体现出了对古代文化名人的理解。

四

李维学擅长画马，形成了自己的艺术风格。以马为主题的创作让他在艺术领域独树一帜，影响广泛。他长期观察马、画马，对马的热爱已经深入骨髓，这种热爱在他的艺术作品中得到了淋漓尽致的体现，也铸就了他独特的艺术地位。马，在他的笔下不仅仅是一种动物，更是一种精神象征和艺术符号。

近年来，每到夏天，他前往御道口的住所避暑，在那里，他置身于马的世界。御道口的马成为他创作的源泉，他细致入微地观察马的每一个动作、每一种神态，无论是吃草时的悠然自得，还是奔跑时的风驰电掣。这种对马的深入观察使他笔下的马栩栩如生，仿佛要从画面上奔腾而出。

他与友人的书画唱和应答，更是在艺术界传为佳话。在这些交流中，他以马为主题的作品展现出了极高的艺术水准，与同行们相互切磋、相互启发。他的艺术风格在这个过程中逐渐成熟，形成了独树一帜的画风。在众多以马为题材的艺术家中，李维学脱颖而出，他的作品有着鲜明的个人烙印。无论是构图、色彩还是笔触，都彰显出他对马的独特理解。他的画作让观者能够感受到马的力量、速

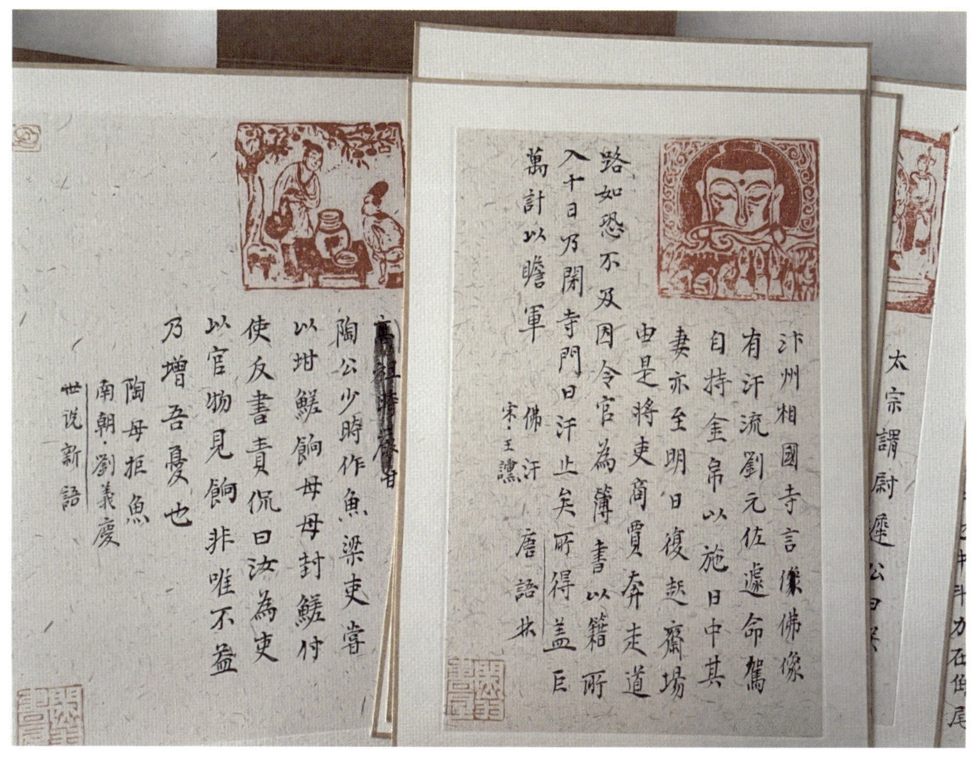

度和灵性，仿佛能听到马蹄的阵阵声响，看到马鬃在风中飘扬。这种将马的神韵完美呈现的能力，使他在艺术领域中拥有了不可替代的地位，成为当之无愧的画马大师。

李维学以马为核心的艺术创作，在风格上独辟蹊径。他不满足于传统画马的定式，而是融入了自己的情感和理解。他的画作中，马的形态、姿态和神情都有着独特的韵味，这种韵味是他长期观察和感悟的结果。他通过独特的构图方式，将马与周围环境巧妙融合，营造出一种独特的意境。

同时，他的艺术具有深刻的时代特色。在当今社会，人们对传统文化的传承与创新有着更高的要求，李维学的作品正好满足了这一需求。他在传承传统画马艺术的基础上，融入了现代的审美观念和表现手法。他的作品既有着传统文化的底蕴，又能与现代观众产生情感共鸣。他通过马这一古老而又永恒的题材，反映出当代社会人们对自由、力量和美好的向往。

难得的是，他积极参与公益讲堂，这为他的艺术价值赋予了更深层次的社会意义。在公益讲堂上，他将自己多年来对马的观察经验、绘画技巧以及艺术感悟毫无保留地分享给年青一代的艺术家和艺术爱好者。他的分享如同点点星光，照亮了那些在艺术道路上摸索前行的人们。他所传递的不仅仅是绘画的技能，更

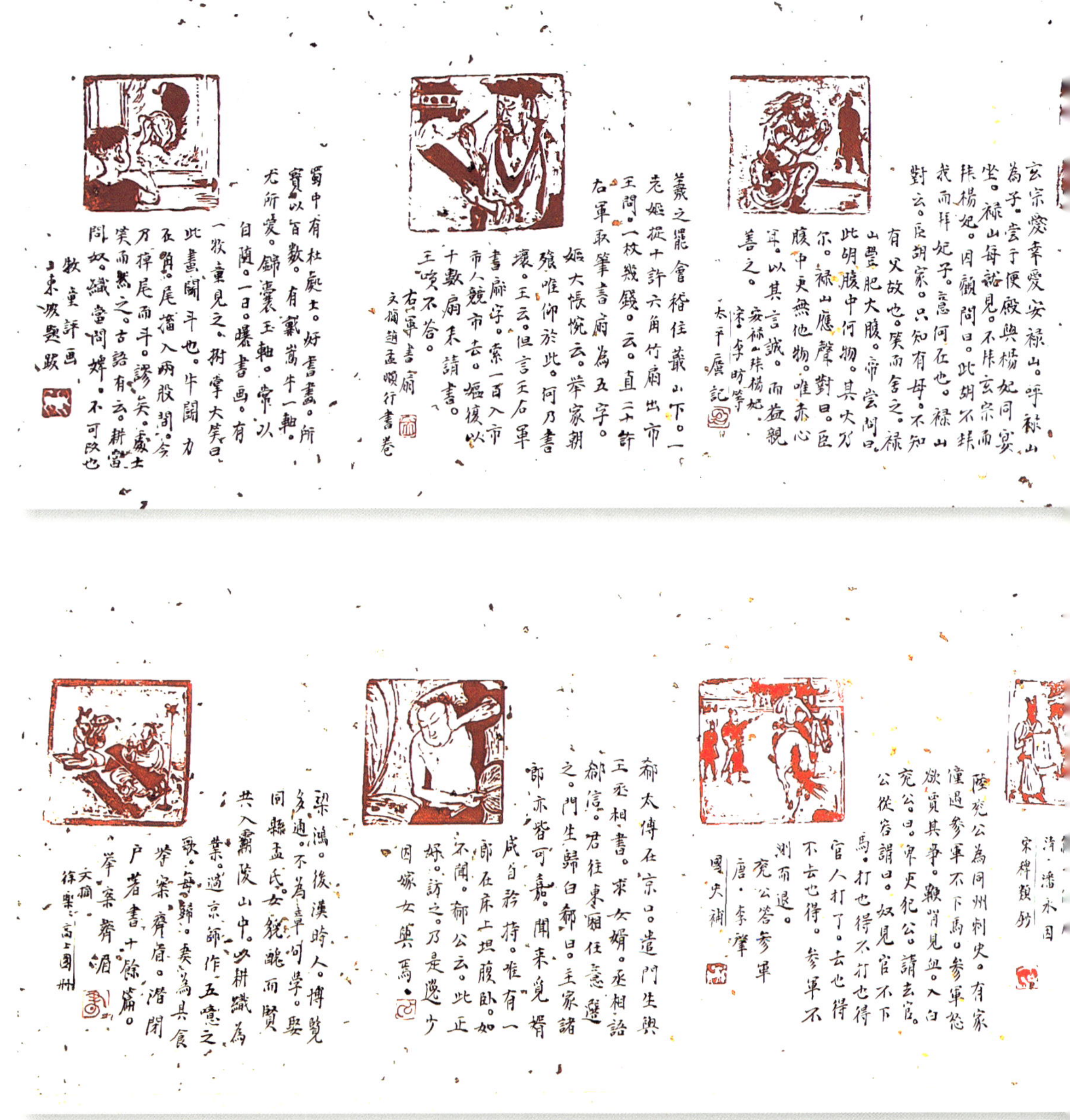

是一种对艺术的热爱和执着追求的精神。这种精神将在这些参与者的心中生根发芽，促进艺术的传承和发展，使他的艺术价值超越作品本身，成为一种推动艺术进步的力量。

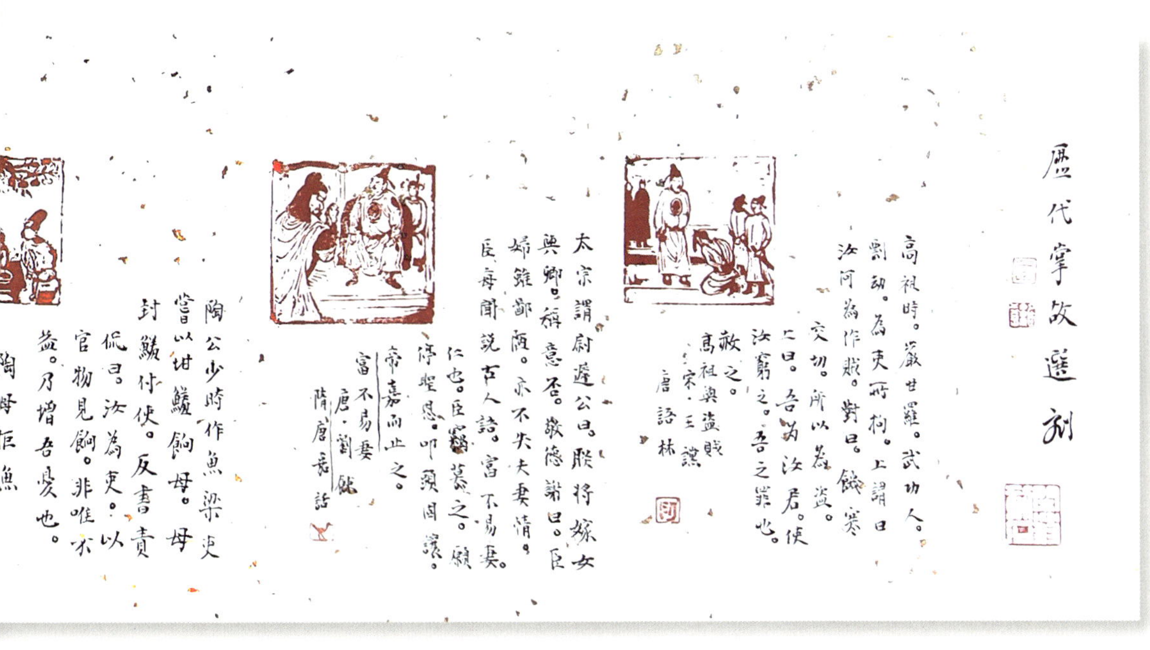

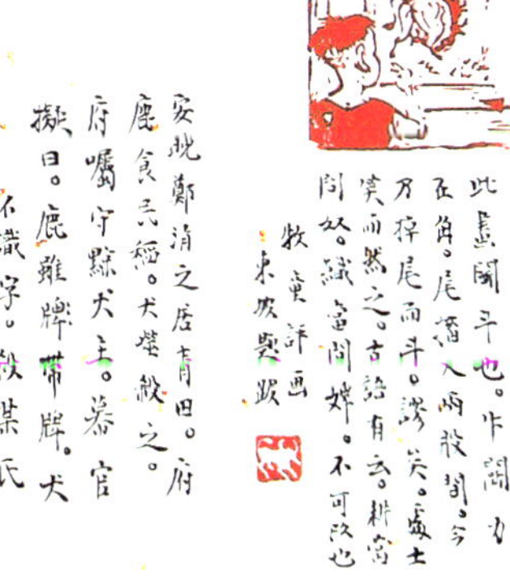

維榮刻石并記 庚子歲末

孝宗幸天竺及靈隱。有輝僧相隨。見飛來峯。問輝曰。既是飛來如何不飛去。對曰。一動不如一靜。又至觀音像。手持數珠。問曰。何用。曰。念觀音菩薩。問。自念則甚。曰。求人不如求己。孝宗大喜。

禪僧 宋·張端義 貴耳集

汴州相國寺。言佛像有汗流。劉元佐遽命駕。自持金帛以施。日中。其妻亦至。明日復起齋場。由是將吏商賈。奔走道路。如恐不及。因令官為簿書以籍所入。十日。乃閉寺門曰。汗止矣。所得盖巨萬計。以贍軍。

佛汗 宋·王讜 唐語林

户著書十餘篇。

舉案齊眉

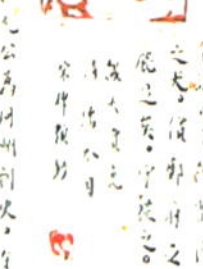

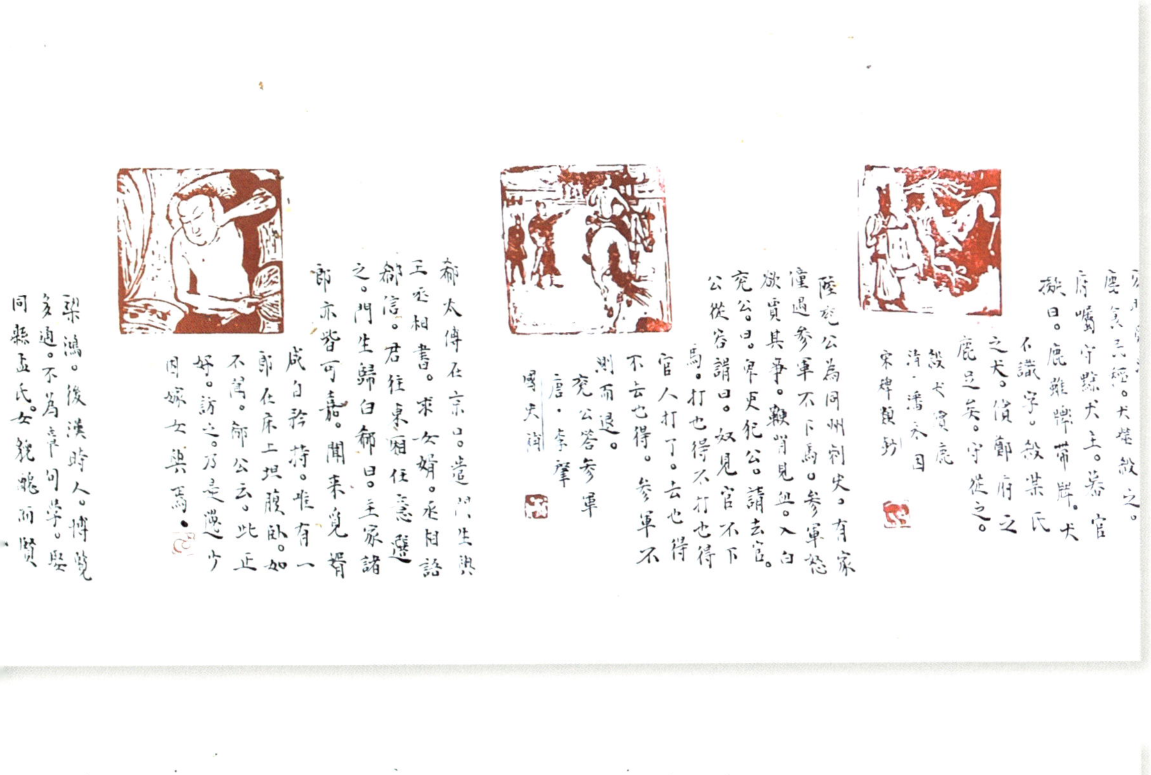

營州歌
唐·高適
營州少年厭原野
狐裘蒙茸獵城下
虜酒千鍾不醉人
胡兒十歲能騎馬

凉州詞
唐·張籍
邊城暮雨雁飛低
蘆笋初生漸欲齊
無數鈴聲遥過磧
應馱白練到安西

維学錄詩刻石

唐人詩意圖釋

奇石养真　心诗传情

——刘小放的藏石与诗文

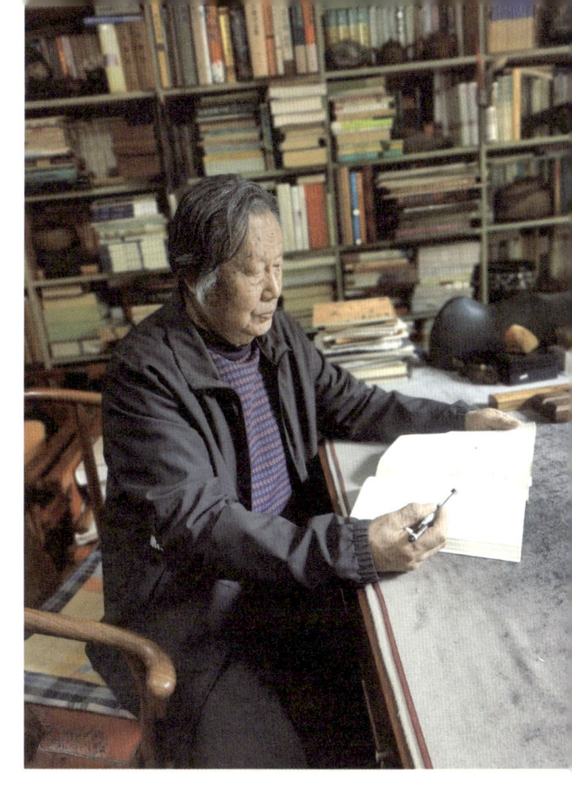

一

1942 年，刘小放生于黄骅城南的刘常庄。九河下梢的渤海滩，洼大村稀、盐碱万顷，雄武又苍凉，这成为他生命中不可磨灭的印记。刘小放的童年充满苦难，五个哥哥先后夭亡，母亲也痛苦辞世，这些伤痛如刻刀般印在他心上，也成为他诗歌创作中苦难感的渊源。父亲的艰辛与死亡更是让他经历了命运的重大转折，那挑着重担的父亲背膀形象幻化成“岩包”意象，深植于他的诗歌生命。

刘小放虽生于苦难，却有着对知识和文学的热爱。童年时，三爷爷讲述的古唱本——《杨家将》《秦英征西》《水浒传》——开启了他的文学启蒙和审美，为他后来的诗歌创作埋下了充满生命野性的种子。小学三、四年级时，他开始接触新文学，新鲜的书籍为他打开了全新天地。上初中后，他如饥似渴地在图书馆汲取知识，古典文学名著以及艾青、田间、闻捷的诗让他沉醉其中。初二时，他的诗写满学校墙报，虽然，这些新民歌式作品受到学校批评，班干部被撤职、入团受阻，但这丝毫未动摇他的诗人梦。

1962 年，刘小放回乡务农，他展现出顽强的生命力，练就铁脊梁和铁脚板，能承受繁重的农活。艰辛的劳动他甘之如饴，甚至带着一种自豪，那断了的祖传桑木扁担见证了他的坚韧。在海河工地期间，他被父老乡亲们的劳作热情鼓舞，参与到艰苦的工程中。尽管条件恶劣，双腿瘀血粗肿、手掌脚底裂口，他却无悔。残酷的生存境遇下，他写下了生命与生存角力的诗歌，成为他艺术生命的转机。

1970 年，刘小放入伍，八年军旅生涯让他得以跳出乡土反观乡土。他在野营拉练中留下足迹，写诗、写剧本、写曲艺、写歌词，虽有应时之作，但他心中真正的诗是灵魂的嚣响。这段时期他阅读了大量书籍，包括半禁或全禁的书籍，这让他看到自身不足，也明晰了艺术家的意义。

1978 年，刘小放到河北文联《长城》编辑部，时代变革促使他对过往作品进行反思和弃置。1981 年，《北京文学》发表他真正意义上的创作《乡土篇》，随后一系列作品让他受到诗坛重视。他逐渐摆脱“传声筒”角色，用自己的视角和精神灌注家乡那方厚土。此后，他创作不断精进，《我乡间的妻子》获《诗刊》

优秀作品一等奖，老诗人聂绀弩、邵燕祥及鲁扬等人都对其赞赏有加。随着对哲学、美学、文化人类学经典和西方现代主义诗歌大师作品的研读，他的诗歌更为深刻、浑厚、纯粹，如《村之魂》《鹰翎扇》等作品，将故乡元素升华为具有文化意义和哲学玄思的内容。

刘小放历任《诗神》副主编，《文论报》《长城》杂志主编，是文学创作一级作家，享受国务院政府特殊津贴。他出版多部诗集，包括《我乡间的妻子》、《草民》、《春的雕像》（合作）、《大地之子》、《刘小放诗选》等，作品多次获奖。他还是中国作家协会第六、七届全国委员，河北省作协诗歌艺术委员会主任，曾任河北省作协副主席。诗文之外，刘小放对奇石情有独钟，收藏众多，他将文人诗人的气质融入藏石，在石头中体悟人生、寄托情感。他的人生，是与苦难、文学、乡土紧密交织的传奇，在诗歌领域和精神世界都留下了深深的印记。

二

在收藏的世界里，奇石以其独特的魅力吸引着无数人。而刘小放，便是这奇石世界中一位独具风采的藏家，他将文人与诗人的气质融入藏石之中，同时在这一过程中领略到了养生之妙。

刘小放对于奇石的喜爱，并非仅仅停留在其外观的奇特上，而是深深扎根于一种文人与诗人的审美视角。古人的“藏石六道”在他的藏石实践中得到了生动的展现。

石道人道，以石悟道。对于刘小放而言，每一块石头都是一个蕴含哲理的世界。他所收藏的石头，无论是那尊陪伴他二十多年的“笑面佛”，还是其他形态各异的奇石，都不是简单的物体。“笑面佛”石放置在餐桌上，每日与他相伴。

当他凝视这块油黄泛光、以圆润坑洼勾勒出佛模样的石头时，仿佛进入了一个宁静的精神空间。这其中蕴含的是对生活的领悟，就像佛所代表的慈悲、豁达与超脱。在与石头的对视中，刘小放体悟到了人生的自在之道。这便是以石为媒介，领悟生命和世界的真谛，是一种超越物质层面的精神追求。

以石修身、养性在刘小放的藏石活动中也体现得淋漓尽致。他用文人的细腻和诗人的敏感，在每一次触摸、观赏石头时，都像是对自己内心的一次审视。那枚黄色的、牙齿状的象形漳河石“笑掉大牙”，其独特的外形激发了朋友的诗意。刘小放的藏石具有一种感染力，能够引发人们内心深处的情感共鸣。他在欣赏这些石头的过程中，培养自己的品性，如同在诗意的世界里修身养性。石头那天然的质地和形态，成为了他磨砺自身、滋养心灵的工具，让他在世俗的喧嚣中保持一份宁静与淡泊。

石缘人缘，以石结缘是刘小放藏石的又一特色。他与石头的相遇，往往充满了缘分的色彩。他在石展上对“笑面佛”一见钟情，这种瞬间的情感连接，如同人与人之间的缘分一般奇妙。而且，他的藏石还成为了他与朋友之间交流情感、共享诗意的纽带。围绕“笑掉大牙”，朋友吟诗唱和，这种因石而起的文化互动，丰富了他的社交生活，也使得他的藏石具有了浓厚的人文氛围。每一块石头都承载着他与朋友之间的情谊，成为了缘分的象征，让他在收藏的过程中，不断拓展人际关系，收获情感上的满足。

以石寓乐、陶情更是刘小放藏石的文人诗人特色。他的每一块藏石都像是一首诗、一幅画，给他带来无尽的欢乐。“海上生明月”这块奇石，扁圆形的灰色石头上，右上方那一圈白色宛如明月，灰色的部分恰似大海，左下方的白色似山，构成了一幅极具意境的画面。当他欣赏这块石头时，仿佛置身于那诗意的海上夜景之中，感受到了大自然的美妙与神秘。这种从石头中获取的乐趣，是一种高雅的精神享受，是文人墨客所追求的情感寄托。他将自己的情感融入石头，又从石头中汲取快乐陶冶情操，使藏石成为了他情感世界的重要组成部分。

刘小放以文人、诗人的眼光选石藏石为奇石命名，赋予了石头新的生命。他在选石时，不仅仅关注石头的形状、质地等外在因素，更注重石头所蕴含的“神韵”。这种神韵需要有敏锐的文化感知力才能捕捉到。作为一位独具慧眼的诗人，在众多石头中发现那些能够与自己心灵对话的珍宝。在命名上，他更是展现出了非凡的才华。“笑面佛”“笑掉大牙”“海上生明月”这些名字，生动形象地揭示了石头的特征，同时又赋予了它们深刻的文化内涵。通过命名，他将自己的理解和情感注入石头，使每一块石头都成为了一个独特的文化符号。

刘小放的藏石生活，不仅是一种对文化艺术的追求，更是一种养生之道，对他的身心健康有着多方面的积极影响。

首先，从心理层面来看，藏石为他提供了一个宁静的精神港湾。在现代社会的快节奏生活中，人们常常面临着各种压力和焦虑。而刘小放每当回到家中，看到餐桌上的“笑面佛”，或者在闲暇时欣赏其他的奇石，他便能够迅速从外界的喧嚣中解脱出来，进入一个平和的心境。这种宁静的状态有助于缓解压力，降低焦虑水平。与石头相处的时光，就像是一场心灵瑜伽，让他的内心得到放松和舒缓。他在石头中寻找乐趣，每一次新的发现、每一次对石头的解读，都像是打开一扇通往内心宁静世界的门，使他能够远离烦恼，保持积极乐观的心态。

其次，藏石对于刘小放来说是一种情感的滋养。作为诗人的刘小放比常人有着更加丰富的情感，需要更多的寄托和宣泄。他的藏石成为了他情感表达和满足的重要途径。当他为石头命名、欣赏石头的美时，他的情感得到了释放和升华。“笑面佛”带给他的愉悦、“海上生明月”所引发的对自然之美的赞叹，这些情感体验丰富了他的内心世界。而且，与朋友围绕石头吟诗唱和等社交活动，也让他感受到了人与人之间真挚的情感交流。这种情感上的滋养，对于维持心理健康至关重要，使他的心灵始终保持着活力和温暖。

最后，从身体层面来看，藏石过程中的一些活动对他的健康也有益处。他在寻找、欣赏石头的过程中，往往需要亲力亲为。这包括参加石展、在河边寻觅等活动。这些活动使他有更多的机会接触大自然，呼吸新鲜空气，锻炼身体。在欣赏石头时，他需要专注地观察、触摸，这种专注对老年人的身心健康有积极作用。

刘小放的藏石生活，是文人诗人气质与养生之道的完美结合。他用自己独特的眼光和情感，在石头的世界里找到乐趣和自由 。收藏奇石不仅仅是一种爱好，更是一种生活方式。在这个纷繁复杂的世界里，我们或许也可以像刘小放一样，

寻找属于自己的“奇石”，无论是一块真正的石头，还是其他能够触动心灵的事物，让它们成为我们生活中的美好陪伴，引领我们走向身心和谐、充满诗意的生活。

三

在新时期的诗歌版图中，刘小放宛如一颗璀璨之星，以其独特的乡土诗歌创作闪耀光芒。他的诗歌创作历程犹如一部生动的史诗，沿着现实、历史、人这三个维度徐徐展开，为新乡土诗的发展开辟了新的道路，留下了深刻而独特的印记。

从渤海滩上的庄稼汉到河北作协副主席，刘小放的人生经历与他的诗歌创作紧密交织，每一行诗句都承载着他对乡土的深情厚谊、对历史的深刻洞察以及对人性的深度思考。

刘小放生于渤海滩边，这片土地在客观上是艰苦而苍凉的，洼大村稀、地碱水咸，植被单调。然而，在诗人的童年记忆里，它却是一片神奇的乐土：田埂上的“羊角菜”“艳芙苗”“马莲草”不仅是充饥之物，更与他幼小的生命紧密相连，成为他生命中不可或缺的一部分。“苇洼”里的“放牛”“扑蚂蚱”“挖泥鳅”等活动，装满了他童年的欢乐，傍晚站在土堤上望归帆的情景，更是为他带来了无数梦幻般的憧憬。这些童年记忆如同种子，深深埋在他的心中，成为他诗歌创作中最原初的情感源泉，为他日后的乡土诗创作奠定了浓郁的情感基调。

带着对故乡人民坎坷生活道路的深刻了解和浓郁的乡情，刘小放重返故乡。故乡急剧变革的现实，那种生机蓬勃的新生活气象，像一阵春风，强烈地感染和激励着他。这种情感的碰撞激发了他诗歌创作的灵感，他将现实中的所见所闻、所感所悟融入诗歌之中。在《回乡》一诗中，他将自己比作“快活的云”，飘回故乡，听见布谷鸟啼叫、闻见麦苗清香，心中的思念如雷声般在空中爆出“金色的诗行”。这种对故乡的眷恋和对新生活的欣喜交织的情感，使得他这一时期的诗歌充满了鲜明的地域色彩和浓烈真挚的情感。

刘小放的诗可以分为几个阶段，1982 年之前写的诗歌为现实阶段，这一阶段的诗歌是他乡土生活的诗意呈现。

1982 年发表在《诗刊》第 9 期上的组诗《我乡间的妻子》是刘小放这一阶段的代表作，在当时沉重、悲愤的历史反思氛围笼罩的诗坛中，如同一股清新的风。这组诗包括《庄稼院的女王》《房梁上，有一窝燕子》《试鞋》《明天，我要回城里上班》四题，从平凡的日常生活侧面入手，深情地展现了农村劳动妇女质朴、善良、勤劳、贤惠的美德在新生活中焕发出的光辉。

在《庄稼院的女王》中，诗人通过几个生动传神的生活画面，将妻子描绘成“庄稼院的女王”。她孝敬老人、照料孩子、愉快劳动，“放下耙子抓扫帚”，在院子里忙碌，鸡、鹅、兔、猪围绕着她，她行使着“神圣的权力”，乐滋滋地奔忙。这种描写方式生动地展现了妻子在家庭中的核心地位和她对家庭无私的奉献，凝聚了诗人对妻子深深的敬爱之情，也体现出乡村生活中家庭的温馨与和谐。

《房梁上，有一窝燕子》则从另一个角度展现了妻子的美好品质。妻子救活小燕的情节，并非简单叙事，而是通过这一行为展现了她的纯洁、善良和对生活的热爱。她对小燕的呵护，从暖炕头、编篓做窝到为长大的小燕拴线叮嘱，将妻子的善良之心刻画得淋漓尽致。在小燕飞走时，她站在门口久久凝望的画面，使妻子的形象充满了诗意，在情与景的交融中，妻子的美好情思、善良心地和无尽遐想升华到了一个崇高纯净的精神境界，体现出乡村生活中人与动物、人与自然和谐共处的美好画面。

《试鞋》中“我的足音牵着她的目光，空中流着一条爱的动脉”，以及《明天，我要回城里上班》中“她总嫌提包容量太小，盛不下家乡生活的温暖，装多了，她怕我路上受累，装少了，心里又觉得不安”，这两首诗细腻地描绘了夫妻之间深厚的感情。这种感情在乡村生活的背景下显得更加质朴和真挚，展现了夫妻之间相互牵挂、相互关爱的深情厚谊，为我们呈现出乡村爱情的美好画卷。

这组诗的艺术魅力在于诗人将自己的主观情思与人物的美好心灵完美地融合在日常生活中，在甜蜜与和谐的氛围中创造出了优美的诗境。无须过多雕饰，于自然质朴中彰显真情，在清淡疏朗里尽显浓郁。然而，这一阶段诗人对生活的理解尚停留在表层，虽然对乡土诗有一定的艺术贡献，但在对农民的历史命运、农民与土地关系等深层问题的思考上，还缺乏足够的历史与美学深度，与真正的诗歌高峰仍有距离。

1985—1989 年间创作的诗歌为第二阶段，这一段诗歌的主题多为乡土历史的深沉挖掘。

这一阶段，刘小放深入到农民生活的历史底脉，通过组诗《草民》《村之魂》等作品，为我们展现了渤海滩的历史画卷。渤海滩古代是囚犯流放之地，蛮荒而苍凉，但经过历代人们的拓荒垦殖，成为了繁衍生息之所。在《草民》《村之魂》中，诗人描绘了这片土地上的历史场景：地上面是劳作的庄稼人，“九河下梢，汇一汪甜甜苦苦的绿色血”，高粱地里“高粱叶，哗啦啦”，风吹动大平原的方阵和谷妞子草，地平线上匍匐着古铜色的庄稼人；地下面是安息的祖先，仿佛覆盖着古老村庄，大骨架的祖先率领子孙安息在葱茏的旷野。这种对土地上下的描写，深刻地体现了故乡人民生于斯、长于斯、葬于斯，与土地生死相依的关系。

《血灯笼》讲述了一个惨烈而悲壮的故事，深刻地揭示了渤海滩农民的苦难历史。一个年轻汉子因生活所迫落草为寇，却在第一次抢劫时误抢了久别归来的父亲，最终他剖心自尽。这个故事中，“血灯笼”成为了历史的见证，燃烧着人民的鲜血，展现了野性与善良交织的灵魂。这一故事将这片土地的凝重与悲壮展现得淋漓尽致，让读者深刻感受到了农民在历史中所遭受的苦难和命运的残酷。

《哦，老祖父》则从另一个角度塑造了渤海滩人的历史形象。诗中从老祖父的青铜烟锅、大车、锄杠、闯关东走西口的经历、对灾民的相助以及与族人的争执等多个方面，揭示了渤海滩人的豪迈、勤苦、伟大与狭小、质朴与倔强。老祖父身上凝聚着这块地域的传统和深厚的人文精神，他带领着家族在这片土地上生存繁衍，体现了“生”的信念和不屈的精神。诗人通过对老祖父的描写，深入挖掘了渤海滩人的性格特点和精神内涵，展现了这片土地上人们复杂而丰富的人性。

在这些诗中，刘小放展现出了宏阔而沉实的思维。他在阔大的历史时空里遨游，最终又落于大地，写历史不是简单地树立对立面，而是沉静地深化和发展昨天，使之与今天对接。这是一次现代意识对古老文化的巡礼，通过对历史的挖掘，他寻找确定了东方人生的根，站在浑茫的大地之上，为我们拓展出了浩阔、幽深、苍劲、旷远的艺术境界，使读者在阅读中感受到历史的厚重和文化的深沉。

1990 年以后，刘小放进入了诗歌创作的新阶段，在现实与历史考察的基础上，将思考重点放在了如何实现农耕文化转型和建构农耕文化现代形态上。随着思想解放的深入，“人”的主体意识被推到显著地位，诗人自身的主体意识也得到强化。在这一阶段，人与土地的深层关系、人在历史发展中的作用和价值等成为他诗歌创作的核心关注点，以大型组诗《大地之子》为标志的一系列诗歌应运而生。

在《大地之子》中，诗人以《地母啊》一诗展现了对土地的崇拜之情。他以裸露古铜肌肤、挺起岩石胸膛等形象，表达自己与土地的紧密联系，将土地视为生命的滋养源泉，是图腾，是精神皈依的家园。同时，诗人对土地的崇拜也延伸到对人的生命创造力的崇拜。如在《当你甩起红缨子长鞭》《蝗祸》《铁血色的扁担》等诗中，通过描述黑麻子老祖父、人们在蝗灾年中的抗争、父子间扁担的传承等情节，展现了人在面对困难和历史变迁时的力量和勇气。扁担作为代际沟通和历史传承的象征，体现了从传统走向现代、从对人的本质力量的张扬到对自我的崇拜这一过程，诗人将人的主体意识提升到了前所未有的高度。

诗人在《大地之子》中发出“挺立着，我是世界的中心”的呼唤，这种发自生命底层的呐喊震动人心。然而，建立“人”的世界面临诸多困难，需要整个中国历史的跃动和人们灵魂的蜕变。尽管如此，刘小放建构的诗的现代神话，为人们在大地上诗意地栖居提供了精神引导。他的诗歌摆脱了传统乡土诗的拘谨，扩大了审美领地，深入农耕文化层面，以深邃的哲学意识切入人类生存本质，拓展了人们的心灵界域，具有现代人类学的价值和意义。

刘小放的乡土诗歌突破了传统乡土诗的审美局限，不再局限于对乡村田园风光的简单描绘或对农民生活的表面化呈现。他将诗歌的触角深入到农耕文化的内核，挖掘其中蕴含的历史、人文、哲学等丰富内涵，使乡土诗从单纯的田园抒情走向了对人类生存本质的深度思考。

他的创作极大地拓展了乡土诗的艺术空间。从现实生活的描绘到历史深处的挖掘，再到对“人”在现代社会中与土地关系的思考，刘小放构建了一个多维度、多层次的诗歌世界。这种艺术空间的拓展使乡土诗不再局限于小农意识的狭隘天地，而是具有了更广阔的视野和更深刻的内涵，能够更好地反映时代精神和人类普遍的情感与价值。

刘小放以深邃的哲学意识楔入乡土诗创作，使诗歌具有了思想的深度和启迪性。他对生与死、人与土地、文明与愚昧、懦弱与强大等关系的思考，贯穿于他的诗歌创作过程中。这种哲学思考不仅使他的诗歌更具可读性和思想性，也为读者理解乡土文化、人类生存状态提供了新的视角和方法，使乡土诗具有了现代人类学的价值和意义。

作为一位杰出的乡土诗人，刘小放在新时期的诗歌发展中占据着重要地位。

他的诗歌创作沿着现实、历史、人这三个清晰的脉络展开，每个阶段都有其独特的主题和艺术风格。从早期对乡土生活的热爱和对现实中人性美好的歌颂，到中期对乡土历史的深沉挖掘和对农民命运的深刻反思，再到后期对乡土现代性的探索和对“人”的主体意识的强调，刘小放的诗歌展现了他对乡土的全方位理解和对人类生存状态的持续关注。他为新乡土诗的发展做出了不可磨灭的贡献，其作品不仅丰富了中国当代诗歌的宝库，也为后来的乡土诗人提供了宝贵的创作经验和启示，引领着乡土诗朝着更具深度、广度和现代性的方向发展。在未来的文学研究和诗歌欣赏中，刘小放的诗歌将继续散发其独特的魅力，成为人们解读乡土文化和人类心灵的重要文本。

附：刘小放的诗

庄稼院里的女王

她从田野里归来
身上染着草叶的清香
纯净的露水打湿了衣角
脸上闪着宝石似的汗光
给小猫，逮回一串蚂蚱
高高地插在草帽上
给小妮，掐来两朵野花
美美地别在两鬓旁
啊！我质朴的妻子
庄稼院里的女王
回到家，放下耙子抓扫帚
鸡围她转，鹅绕她唱
大灰兔向她行着注目礼
猪圈里，一群小崽前呼后嚷
她行使着神圣的权力

乐滋滋地来回奔忙
提着沉甸甸的食桶
挥起铁勺当指挥棒
啊！我能干的妻子
庄稼院里的女王
她围着古老的锅台
天天谱出深情的乐章
灶膛里点着红荆野蒿
蒸得棒子面饼子喷着清香
每天，为父亲烤好旱烟叶
每顿，给母亲送上热饭汤
夜晚，她把月光搓成思念的带子
遥遥地、遥遥地投到我的前窗
啊！我贤惠的妻子
庄稼院里的女王

1982年春

我挖河，像一只蚂蚁……
几十万人
密布在一条河道上
汗水，蒸腾着
像一群蚂蚁
我喘息着
推着六百斤土车
扶着腰，爬向陡坡
深陷的脚印
聚满我全身的力

我是一只蚂蚁

一只运土的蚂蚁

推着岁月的流沙

运着沉积的淤泥

一位数学家说

我们挖出来的土方

筑起长城，能绕地球几十圈

伸直了，能够通到月亮上去

我不想遥远的月亮

只想通往金色的富裕

我拼命装土了，推车

直想把清泠泠的甜水

引到我的盐碱地里

我是一只蚂蚁呀

运着泥土，每天往返六十公里

每天，我要吞食三斤口粮啊

窝头，咸菜条儿

这人世间最粗劣的生活

却产生着负荷千金的力气

晚上，“一窝笼”[1]里

散发着粗鲁的笑骂

和咸涩的汗息

桅灯下，同伴们燃着了胶皮

来烫结手脚的裂口啊

野性的顽强

烧铸着不挠的斗志

---

① “一窝笼”，海河民工住的窝铺。

啊！我是一只辛劳的蚂蚁
我是中国北方农民的儿子啊
当几十年后，我的儿孙
用机器来清淤
在这条河里
会挖出一首汗淋淋的歌曲……

1983 年 1 月于石家庄

盐碱滩

一

土是咸的
水是咸的
苍凉苦涩的土地啊！
自古来
生长着红荆、黄菜
还有被流放来的
倔强的生命

二

历史，跋涉着
从沧州古道上走过

三

一位
戴枷的囚徒
用皴裂的手
战栗的心
铸造了一头镇海铁狮
碱滩上，矗起一幅
千古不朽的浮雕

四

苍茫夜色里
八十万禁军教头林冲
枪挑一葫芦烈酒
浇不息
十里风雪
一腔忧思
草料场上的火光
在高亢的西河大鼓里
一代一代地燃烧……

五

芦花飘絮
大雁南飞的季节
捻军统帅张宗禹
落难而来

大港的水

洗净他身上的污血

白发老妇，打开柴门

迎进了这个异乡的儿子

大洼草甸里

埋下了一颗

不屈的种子

六

娘娘河流着

流来了火车的隆隆声

土房茅舍里

走出了赵博生将军

他用渤海滩带咸味儿的乡音

唤起了

震惊中外的宁都霹雳

七

一位共产党员的热血

流在了海滩

被染红的太阳

从他怀抱里升起

——黄骅！

古老的县城高高地

举起了他的性命

八

当代
一位有才华的诗人
——邵燕祥来了
头上戴着莫须有的罪名
芦叶刺破的手
栽着绿色的稻秧
海滩上留下一方
茁壮的新诗

九

土是咸的
水是咸的
哺育的生命是顽强的
当满洼的高粱咔咔拔节
当如镜的盐田堆起盐山
当大港的井架举起黎明
一列内燃机车
沿着沧州古道而来
为激动不已的渤海
带来一串
明亮而新颖的故事
…………

1984 年 1 月 20 日

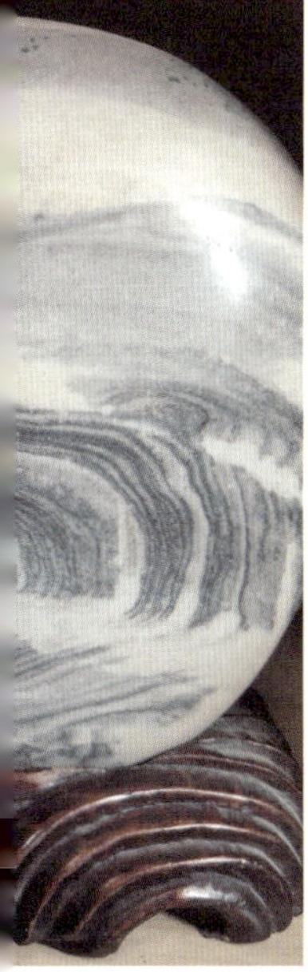

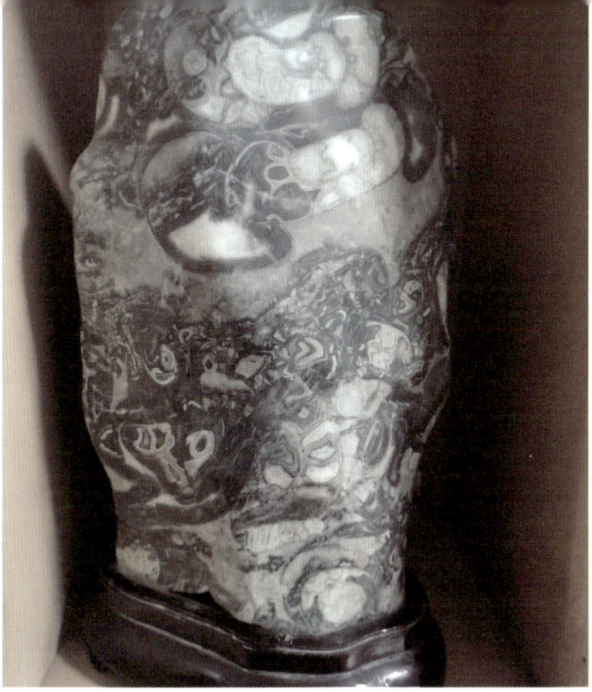

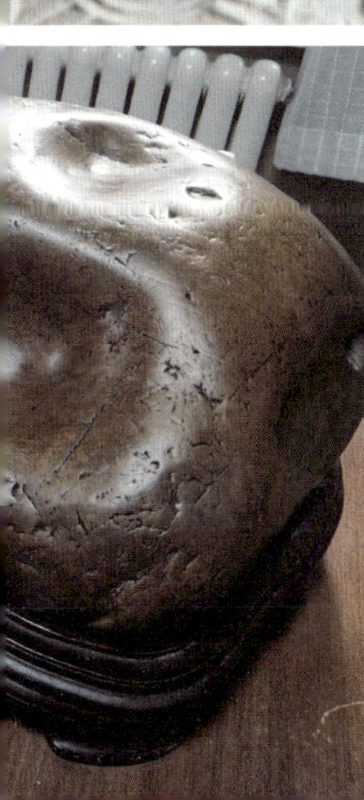

畅神达意　田园圣手

——田云鹏的工笔花鸟与艺术追寻

—

田云鹏，1946 年出生于河北黄骅南大港孔家庄。这片广大肥沃的土地，孕育了他对自然与田园深深的眷恋，这成为他日后艺术创作中源源不断的灵感之泉。

自幼，田云鹏便展现出对绘画独特的热爱与天赋。在那个温饱尚且无着的年代，要学习绘画，几乎是不可能的。他选择了自学。没有名师的指导，没有特定画派的依托，他如同一位孤独的行者，在绘画的道路上开始了漫长而艰辛的探索。然而，正是这种无拘无束的自学过程，让他得以自由地在艺术的海洋中畅游，不受传统门派观念的束缚，为他日后形成独特画风奠定了基础。

在数十年如一日的笔墨生涯中，田云鹏以坚韧不拔的毅力和对艺术的虔诚之心，潜心悟道。他深知传统绘画艺术的博大精深，自己只有心怀虔诚，全身心地投入到扎根传统、丰富传统的事业中。这一过程很难，无数个日夜，他面对着宣纸与画笔，思考着如何将传统的精髓融入自己的作品，如何在古老的绘画技法与现代审美之间找到契合点。

随着时间的推移，田云鹏的绘画技艺日益精进。他的努力逐渐得到了认可，2001 年，他进入北京画院高研班进修，师承著名画家王庆生。这一经历为他的艺术生涯注入了新的活力，使他在绘画理论和实践方面都有了更深层次的理解和突破。此后，他担任清华大学美术学院、中国艺术研究院客座教授，以及中国工笔画展评委等职务，这些经历不仅是对他绘画水平的肯定，更是赋予了他在工笔画领域传播知识、引领方向的责任。

他还被授予沧州工笔画艺术终身成就奖，这是对他在沧州地区乃至全国工笔画发展中所做出突出贡献的肯定。他的影响力不仅仅局限于国内，在国际上也备受瞩目，作品在日本、澳大利亚、加拿大等国家被收藏，并且在多个国际城市举办个展和巡回展，将中国工笔画的魅力传播到世界各地。

田云鹏的艺术生涯充满了挑战与机遇。从河北黄骅的小村庄到国际艺术舞台，他用自己的画笔书写着属于自己的辉煌。

二

田云鹏的工笔花鸟画堪称当代画坛的瑰宝，它们以独特的艺术魅力和深刻的内涵吸引着无数观众和收藏家。

田云鹏的工笔画中蕴含着浓厚的写意精神，这是他作品最为突出的特点之一。在传统工笔画注重精细描绘的基础上，他巧妙地融入了写意的元素，使画面在严谨中透露出灵动与自由。例如，在描绘花鸟的姿态时，他并不拘泥于对形态的刻板勾勒，而是通过线条的轻重缓急、疏密变化，展现出花鸟的神韵。他笔下的鸟儿仿佛在振翅欲飞，花朵似在微风中轻轻摇曳，这种生动感打破了传统工笔可能带来的拘谨，赋予作品鲜活的生命力。

田云鹏有一幅《玉堂富贵》图，他通过轻重缓急、疏密变化的线条来勾勒三只小鸟的形态。小鸟的翅膀和尾巴部分，用流畅而富有弹性的线条表现羽毛的轻盈与质感，线条的轻重变化则突出了羽毛的层次感，使小鸟仿佛在微风中微微颤动，展现出一种灵动之美，体现了写意中对线条韵律和节奏感的把握，以线传情，赋予小鸟鲜活的生命力。

在描绘三只小鸟肩并肩立在石头上的形态时，画家并未过度追求写实，而是抓住小鸟的关键特征和神韵进行夸张与变形。小鸟们微微前倾的身体、抬头张望的姿态，以及相互依偎的亲密感，将其又冷又兴奋的神情表现得淋漓尽致，这种对形态的适度夸张与变形，是写意精神中注重神韵表达的体现，强调以意写形，使画面更具趣味性和艺术感染力。

画面中白色盛开的玉兰花和高大的石头与小鸟相互映衬。玉兰花的洁白如雪，用淡雅的色调和简洁的笔触表现，营造出一种高洁、清冷的氛围；石头则以粗粝的线条和厚重的质感，与玉兰花的柔美形成对比，增加了画面的稳定感。在这样的环境中，三只小鸟的出现为画面增添了生机与活力，形成了一种动静结合、冷与暖交融的意境，体现了写意画中对意境营造的追求，使观者能够感受到画面所传达出的情感和氛围。

从三只小鸟又冷又兴奋的样子中，可以看出画家对自然生命的细腻观察和深刻理解，将自己的情感融入作品中。这种情感的表达并非直白的诉说，而是通过对小鸟形态、神情的刻画以及画面整体氛围的营造，让观者能够感受到画家对自然的热爱和对生命的赞美之情，这也是写意精神中“缘物寄情”的重要体现，使作品具有了更深层次的内涵和艺术价值 .

他的作品格调纯正，质朴而脱俗。这种质朴源于他对田园生活的深刻理解和对自然的敬畏。画面中，我们看不到丝毫的矫揉造作，无论是色彩的运用还是形象的塑造，都给人一种清新自然的感觉。他以简洁而富有表现力的手法，展现出田园中最本真的美。比如在描绘乡村常见的花卉时，他不会刻意去渲染华丽的色彩，而是用淡雅的色调突出花卉的质朴之美，让观众感受到乡村田园那种宁静、祥和的氛围。

田园风情是田云鹏工笔花鸟画的灵魂所在。他的作品仿佛是一幅幅田园诗画，将乡村生活中的点滴美好凝固在画面上。从《家园》中温馨的庭院场景，到《村边》那充满生机的乡村角落，每一幅作品都洋溢着浓郁的田园气息。他善于捕捉田园中那些容易被忽视的细节，如草丛中的昆虫、篱笆上的藤蔓等，通过细腻的笔触将这些元素融入作品中，构建出一个充满诗意的田园世界。

家园母题在田云鹏的作品中占据着核心地位。《庭院飘香》《欣欣向荣》《晨雾》《皓月融春》《神农秋趣》等作品，表达的都是出静谧悠远而又和谐生动的家园风情。在这些作品中，家园不仅仅是一个物理空间，更是一种情感的寄托和心灵的归宿。他用画笔描绘出家园中的一草一木、一鸟一虫，展现出家园的温暖、乡村生活的宁静以及人与自然的和谐共处。鉴赏者在欣赏这些作品时，仿佛能穿越画面，走进那个充满爱意和温情的家园，找寻到生命中那片宁静的港湾。

田云鹏的工笔花鸟画充满了生命的蓬勃朝气，展现出自然的野逸天性。他笔下的花鸟似乎都有着自己的生命故事，每一个姿态、每一个眼神都传递出生命的活力。无论是娇艳盛开的花朵，还是展翅高飞的鸟儿，都展现出大自然中生命的顽强与自由。这种对生命的赞美和对自然天性的尊重，使他的作品具有一种超越画面本身的精神力量，让观众感受到大自然的神奇与伟大，引发人们对生命意义的思考。

田云鹏的作品在全国美展及文联、文化部举办的大型画展中屡获佳绩。这一系列的荣誉不仅证明了他作品的高质量，也体现了他在当代中国工笔画坛的重要地位。他的作品能够在众多优秀作品中脱颖而出，得益于他精湛的绘画技艺、独特的艺术风格以及深刻的主题表达。《绿荫》获得全国首届花鸟大展一等奖，《春晓》获中国文联、美协“97 中国画坛百杰”奖，这些奖项充分肯定了他在工笔花鸟画创作方面的卓越成就。

田云鹏的多幅作品被国内外众多知名机构和美术馆收藏。从中国画研究院、全国工商联、北京京丰宾馆、武汉美术馆等单位，到日本、澳大利亚、加拿大等国家，他的作品受到了广泛的认可和喜爱。这些收藏机构的选择，不仅是对作品艺术价值的认可，也是对画家本人的尊重。他的作品在收藏市场上也备受关注，成为收藏家们竞相追逐的对象，为中国工笔画在收藏领域赢得了一席之地。

三

田云鹏深知传统是艺术创作的根基，因此他将大量的精力投入到对宋元院体花鸟的研究中。宋元时期的院体花鸟画以其精湛的技艺和高雅的格调著称，是中国工笔画发展的重要阶段。田云鹏深入挖掘宋元院体花鸟的绘画技法、构图形式和审美观念，从中汲取营养。他仔细研究宋元画家对花鸟形态的精准描绘、对色彩的细腻运用以及对画面意境的营造，将这些传统元素融入自己的创作中。他在构图上借鉴了宋元院体画的严谨布局，注重画面的平衡与和谐，同时又根据现代审美进行创新，使传统的构图形式焕发出新的活力。

在传承传统工笔画精髓方面，田云鹏不遗余力。他重视传统工笔画的基本技法，如勾线、渲染等。他的勾线技法堪称一绝，依据不同的题材，运用丰富多样的勾线方法，准确地表现出对象的质感。在渲染方面，他也继承了传统工笔画细腻、层次丰富的特点，通过层层渲染，营造出画面的立体感和质感。同时，他传承了工笔画重意境的传统，通过画面传达出一种深远的情感和思想，让鉴赏者能够感受到传统工笔画所蕴含的文化内涵和精神价值。

田云鹏在扎根传统的基础上，积极探索工笔画在当下的无限可能性。他意识到时代在发展，审美观念也在不断变化，因此工笔画不能故步自封。他尝试将现代的审美元素和表现手法融入传统工笔画中。在色彩运用上，他在保持传统色彩韵味的基础上，适当引入一些现代色彩观念，使画面的色彩更加丰富、鲜明，更能吸引当代鉴赏者的目光。题材方面，除了传统的花鸟题材，他还尝试将一些现代生活中的元素与田园主题相结合，拓展了工笔画的表现范围，使工笔画更贴近现代生活。

经过多年的探索与实践，田云鹏逐渐形成了自己独特的画风。他的画风融合了传统与现代、写意与工笔的元素，独树一帜。作品在造型上既有扎实的基本功，又不失灵动与自由；构图既严谨又富有变化；色彩既保留了传统的典雅又展现出时代的活力。

这种独特的画风使他在当代工笔画坛中脱颖而出，成为一位具有代表性的画家。

田云鹏一直坚持“外师造化，中得心源”的艺术理念。他与大地、阳光、雨露进行了数十年如一日的真诚对话，从自然中汲取灵感来丰富花鸟画的创作。他经常深入田园乡村，观察花鸟的生活习性、形态变化以及它们与周围环境的关系。他将这些观察所得融入作品中，使作品具有浓厚的生活气息。在描绘鸟儿栖息在树枝上的场景时，他会根据自己在自然中观察到的鸟儿的姿态、眼神等细节进行创作，使画面更加真实生动。同时，他在创作过程中注重情感表达，将自己对自然、对田园生活的热爱融入作品，使作品不仅仅是对自然的简单描绘，更是一种情感的抒发。

田云鹏善于从生活中捕捉美学意味，他灵心善感，寄情深微。他能感受到泥土的热度、厚度，捕捉到土地上的诗意。在他的作品中，一花一鸟、一枝一叶都充满了浪漫天趣。他从平凡的田园生活中发现美，将那些看似普通的场景转化为具有艺术价值的画面。他的作品体现了动中有静、静中有动的美学原则，反映出画家心灵涌动的轨迹。无论是淡雅的色调还是灵动的笔触，都流露出他对田园的挚爱之情，以及对真善美的追求。这种从生活中提炼美学价值的能力，使他的作品具有一种永恒的魅力，能够引起不同时代、不同文化背景观众的共鸣。

当今社会，文化多元化的冲击使得一些传统艺术面临着被忽视甚至被遗忘的风险。田云鹏始终坚守着自己的精神家园，守护着民族文化的根基。他深知一个强大的民族不能断了自己的大文化，因此他以自己的作品传承和弘扬中国工笔画这一传统艺术。与那些狂躁不安、追求短期利益的所谓文人墨客不同，他低调、沉稳，不被外界的浮躁干扰。他以虔诚、明净之心深入生活和自然生命，挖掘民族文化中的深层价值，将其融入作品中，为民族文化的传承和发展贡献自己的力量。

咏秋
乙未年初春寫於
滄州雲鵬并題

翠珠串串含秋清　丙申初春雲鵬作

天目山之春　丙申初春寫於滄州雲鵬

神農架印象 時在一九八九年秋去神農架寫生大山深處灌木叢生翠珠串串使人心曠神憶得此畫稿以表念懷 乙未年立夏節寫於滄州 雲鵬并題

生命之(一)乙未年夏寫於滄州古
運河畔大潮堂
雲鵬并記

生生不息
吾數年來為創作搜集素材走遍大江南北登閱名山大川感悟大自然之美在
山林中古剎里看到很多千
年古樹盤根交錯枝繁葉茂藤蔓纏繞歷經滄桑呈現着頑強的生命力因此深深
地感染着我激勵着我今日寫之雲鵬并記

鷄有五德君独不見夫鷄乎
頭上紅冠不用裁滿身雪白走將來平生不敢輕言語一叫千門萬戶開錄唐寅詩句
首戴冠者文也足博距者武也敵在前敢斗者勇也得食相告仁也守夜不失時信也錄古人詩句歲在癸巳年春寫於北京鑫兆雅園雲鵬

雅鉴

翠羽生輝
乙未夏月寫於滄州古運河畔大潮堂雲鵬并記

柔絲着露花如醉修羽臨風翠欲飛摘古人詩句
戊子年中秋寫於滄州古運河畔雲鵬并記

柔絲着露花如醉修羽臨風翠欲飛夫鷄有五德躬膺三命五德畜修
則天爵人爵并美方不負昔人稱願之心耳錄古人詩句於滄州雲鵬并題

司晨
歲在乙未年初冬寫於滄州雲鵬并題
雅

德禽圖
鷄有五德君独不見夫鷄乎首戴冠者文也足博距者武也敵在前敢鬥者勇也得食相告仁也守夜不失時信也昔有人問墨子曰言以多爲貴乎墨子曰蝦蟆日夜鳴而人厭之雄鷄一鳴天下震動言在得時而已多言何益
录古人詩句於乙未夏月寫於北京雲鵬記

百果相嘲事有嘉名曾借丽人呼赋成不惜黄金买笔底能倾照乘珠录古人诗句
时在一九八九年秋去神农架写生大山深处灌木丛生翠珠串串使人心旷神怡得此画稿以表念怀岁在
甲午年春
写于北京大潮堂
云鹏并题
甲午年夏写于北京云鹏并题

雅鉴

名曰官上加官以贈當時之縉紳士大夫所以稱頌之
者至矣夫鷄有五德駢膺三命五德益修則天爵人爵并美方不負昔人稱頌之心

金翎承露 丙戌年夏月寫於滄州 雲鵬

惟有山花偏耐久綠叢又放數枝紅歲
在甲午冬月寫於滄州古運河
畔雲鵬并記
清香晨風遠溽彩寒露濃
錄古人詩句
歲在甲午冬月寫於滄州雲鵬并題

春暉 歲在甲午冬月寫於滄州古運河畔 雲鵬

接天蓮葉無窮碧 映日荷花別樣紅
錄古人詩句 歲在甲午冬月寫於滄州 雲鵬

秋高氣爽

雲鵬馮於滄州

金石为路　印刻人生

——韩焕峰的沧海印社与篆刻

—

韩焕峰，字寒石，号瓦痴，别署瓦斋主人。生于1948年3月，河北黄骅人，沧州博物馆研究员，西泠印社理事，中国楹联学会书艺委员会委员，中国书协会员，河北书协篆刻委员会名誉主任，沧州市文联名誉主席，沧州国学院第一副院长，沧海印社社长，《世界韩氏总谱》总顾问。

韩焕峰担任了“百年西泠·中国印”大型篆刻海选活动，“金石弘源”大型国际篆刻选拔赛，第九、十届篆刻评展；首届“介堪去疾杯”全国泰顺石篆刻大赛，“吴昌硕国际艺术奖”诗书画印大赛等复审评委。“东楼书院杯”《诗经》篇目全国书法篆刻大展评委会主任。

他先后应邀到央视《鉴宝》栏目、《书画频道》栏目录制节目。应邀在人民大会堂参加《大美之春》和《榜样春晚》大型春晚节目录制。三次被邀访问新加坡并举办个人展和讲学，受到该国总统纳丹会见。应邀率团出访日本做文化艺术交流并取得了圆满成功。

他的印作品被中共党史馆、国家博物馆，以及多家纪念馆、艺术馆收藏。

韩焕峰幼年时父母相继离世，失去生活的依靠，被迫中断了学业。他参加县里的会演并被梆子团选中，负责给乐队刻钢板，由此对刻字产生了兴趣。因家贫买不起石料，他便以瓦当石为材料，用修脚刀刻下了人生的第一方印章，从此痴迷于砖刻，在砖头、瓦块、碎木、石料上不断操刀练习。

童年的苦难并没有让韩焕峰随波逐流，反而成为他砥砺前行的动力。他对学习尤其是篆刻有着异于常人的勤奋。工作之余，他全身心地投入到对书法和篆刻的钻研中。为了提升自己的篆书水平，他临写大篆、小篆、甲骨文等多种古文字。大篆作为最早的刻石文字，商周时期青铜器铭文、简牍文字上多用，他临写最多。在这个过程中，他翻古书、查字典，不放过任何一个学习的机会。无论是用笔粗犷苍茫的碑帖，还是流畅婉转、精细流美的篆书，其间风流婉转、骨力峭拔，都让他深深地迷醉。《始平公造像记》、《中山王厝铭》、唐李阳冰《谦卦》、《平安帖》……他日日临池伏案，师法经典，力求汲取其中精髓，在笔下展现出篆书简静典雅的气韵。

清代以来的篆刻家大多也是书法家，他们的作品和艺术理念为韩焕峰提供了宝贵的借鉴。他追慕古印玺的古拙天真，仰慕汉印的浑穆端庄。在不断地学习和实践中，他厘清了中国传统书法篆刻的源流和文化内涵。他向厚重的传统文化汲取营养，夯实自身篆刻基础。在创作上，他秉持自己的学术态度和艺术追求，对金文的彝器、古泉镜铭文字、汉碑额、砖瓦、陶文、泥封都悉心研究、临刻。为了开阔视野、提升技艺，他四处寻师访友，在这个过程中，他的眼光变得更加独到，心境更加豁达，创作方向也愈发清晰。随着不断地努力，他逐渐形成了古劲飞动、法度严谨的印风。他以书入印，让篆刻作品有了金石之气，尽显雕刻之功，方寸之间意蕴丰富、气象万千，成为了篆刻名家，在印坛声名远扬。

上世纪 80 年代初，韩焕峰的艺术之路迎来了新的契机。他开始在各类展览中崭露头角，屡次获奖，这一系列的成就让他走出沧州、走出河北，走向了全国的艺术舞台。1997 年，他加入了西泠印社，这是对他艺术水平的高度认可。此后，他在艺术领域不断攀登高峰，2013 年当选为西泠印社理事。他的作品在国内外备受赞誉，先后在国内外报刊发表作品数千方（幅），撰写新闻、随笔、散文、评论、考证学术文章约 30 万字，收录专集数百部。他的篆刻作品先后六次在日本展出，在韩国参加第二届国际篆刻艺术大展。他的作品应邀搭载“神七”遨游太空，在杭州 G20 国际峰会为南非总统刻“祖马”印作国礼，参加上海世博会等，在港澳台以及东南亚新加坡、马来西亚等地区和国家都有着很高的声誉。

在个人发展的同时，韩焕峰也不忘回馈家乡和社会。作为沧海印社的社长，他积极组织各种公益活动。2008 年北京奥运会期间，他组织沧海印社的八位篆刻家，为中国奥运冠军治印，这 60 方冠军印承载着时代奋进的精神和传统文化的内涵，结集出版成《中国奥运冠军印谱》，引起了广泛关注。2022 年，他为了回报家乡、感恩母校，亲自策划、实施、撰文，捐资 6 万元，为母校周青庄小学刻制“校史碑”。这块重达 11 吨的石碑，凝聚着他对母校的深情厚谊，碑正文 1200 字，以四字韵文的形式撰写而成，概括了学校 73 年来的发展历程，展现了他深厚的文学底蕴和对母校的赤诚之心。

2021 年冬，在中国共产党成立 100 周年之际，他作为河北唯一被邀创作的篆刻家，为中宣部创作了印文为“伟大建党精神”的印章，并捐赠给中国共产党历史展览馆。2023 年，西泠印社创社 120 年大庆，他创作捐献“保存金石　研究印学　兼及书画”的印章祝贺。这些举动无不体现出他对国家、对社会的热爱和责任感。

韩焕峰编著了《韩焕峰印存》《瓦斋文存》《韩焕峰篆书千字文》《韩焕峰书百联》《沧州历史名人谱》《韩焕峰皕斋印集》《沧海印社篆刻集》《中国奥运冠军印谱》《沧海印学研究文集》《沧海印社三十年》（上下卷）等作品集。这些作品不仅记录了他的艺术历程，也为后人研究篆刻艺术、了解文化传承提供了丰富的资料。

在个人的艺术追求中，韩焕峰也展现出了独特的文人情怀。他为自己的工作室取名“瓦斋”，这个名字背后有着深刻的寓意。当年那个家境贫寒的韩氏后生，以瓦当石，用修脚刀刻下人生的第一方印章，从此，无数个日夜，他在瓦斋陋室中，对着砖头、瓦块、碎木、石料操刀刻章，沉醉于艺术创作的乐趣中，远离功利的繁杂，以刀石寄怀，赋予生活更深层次的意义。后来，沧州市政府在沧州文化艺术中心为他装修了一间艺术工作室，他自取斋号“印上楼”，寓意着将印社搬上二楼，同时也时刻提醒自己要不断提高篆刻技艺。这些斋号体现了他朴实的心境和对艺术的执着追求。

二

由韩焕峰创建的沧海印社，成立于 1985 年 4 月 28 日，是燕赵大地上成立的首家印学组织。该印社成立 40 年来，从无到有，从小到大，从低到高，从弱到强，在编书办报、举办展览、学术研讨、内外交流、培养人才等方面做了大量工作。它立足于沧州，在河北一直名列前茅，在华北成为一支劲旅，在中国印坛上有一席之地，在海外颇具影响。

2023 年，沧海印社与日本国随风会在日本京都美术馆共同举办了“第三十八回书法篆刻国际交流展”，双方参展作者各 50 名，每人书法、篆刻（印屏）作品各 2 件，共计展出 200 件，这次展览受到了中、日两国书法篆刻界、文化学者及新闻媒体的高度关注和热评，取得了良好的国际交流效果，推动了中外文化艺术的交流与融合。

60 位社友集体创作的“运河古韵 · 美丽沧州”沧州名胜百印展也颇具影响力，该展览在市群艺馆展厅展出后，又移师到沧州园博园，5 月 26 日开园时在

凝翠楼陈列展出，通过篆刻艺术展现了沧州的历史文化和风土人情，让更多人了解和认识了沧州的独特魅力。104 方“沧州名胜百印”展览完毕，全部捐献给国家，在中国大运河非物质文化遗产展示馆永久性陈列，迎接八方游客，得到各界赞评。

沧海印社还积极培养人才，为篆刻艺术的传承与发展注入了源源不断的新生力量。冯宝麟、李泽成等都是由韩焕峰推荐加入西泠印社，他们在书法篆刻领域各有建树：冯宝麟的篆刻作品线条流畅，刀法细腻，富有韵味；李泽成则擅长在传统的基础上进行创新，其作品风格独特、别具一格，他们的成就不仅为自己赢得了声誉，也为沧海印社增添了光彩，激励着更多的年轻社员努力学习和创作。同时，印社也注重公益事业，积极回馈社会。他们通过举办义展、义卖等活动，为社会筹集善款，帮助那些需要帮助的人，体现了艺术家们的社会责任和担当，进一步提升了自身的社会影响力。

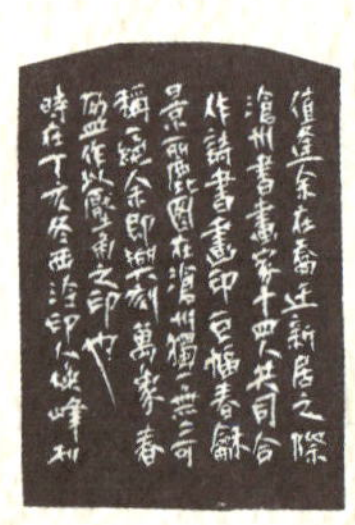

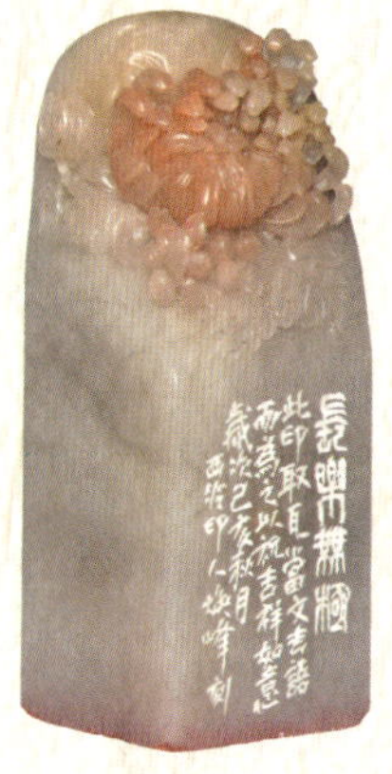

長樂無極
此印取瓦當文吉語
而為之以祝吉祥如意
歲次己亥秋月
西泠印人煥峰刻

長樂無極
此印取瓦當文吉語
而為之以祝吉祥如意
歲次己亥秋月
西泠印人煥峰刻

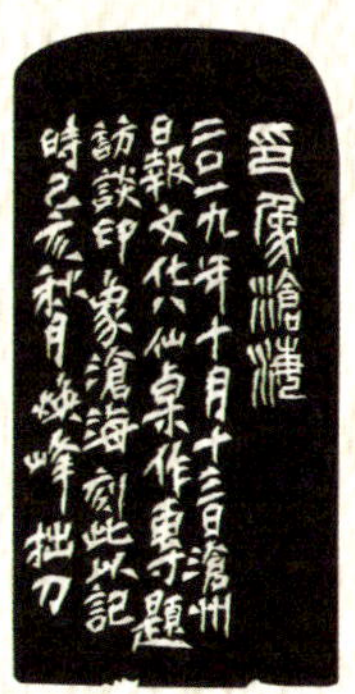

墨象滄海
二〇一九年十月十三日滄州
日報文化八仙桌作專題
訪談印象滄海刻此以記
時己亥秋月煥峰
拙刀

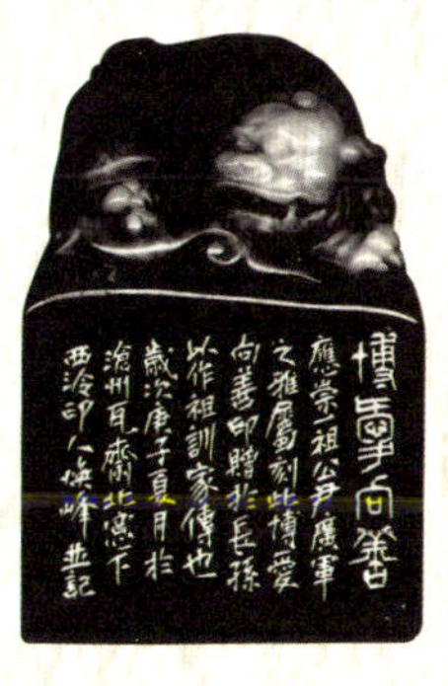

博愛向善
應宗亲一祖公尹廣軍
之雅屬刻此博愛
向善印贈於長孫
以作祖訓家傳也
歲次庚子夏月於
滄州瓦齋北窗下
西泠印人煥峰并記

博愛向善
應宗亲一祖公尹廣軍
之雅屬刻此博愛
向善印贈於長孫
以作祖訓家傳也
歲次庚子夏月於
滄州瓦齋北窗下
西泠印人煥峰并記

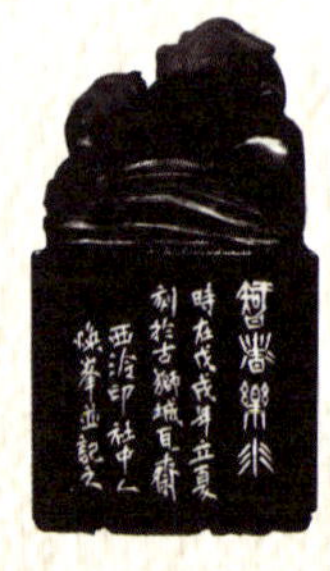

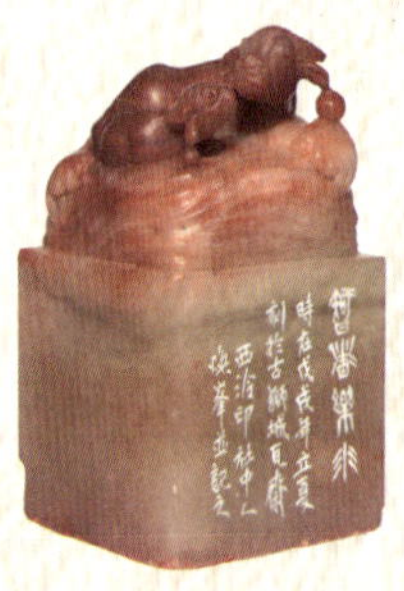

三家萬花
時在戊戌盛夏
刻於滄州亘齋
西泠印人煥峰記

三家萬花
時在戊戌盛夏
刻於滄州亘齋
西泠印人煥峰記

歲次己亥
伊始刻於
亘齋煥峰

蒸蒸日上
偉大祖國繁榮
昌盛蒸蒸日上全
面建設小康社會
歲在庚子秋月
西泠印人煥峰刻

穆如清風
詩經句穆如清風
歲次己亥春月刻於亘齋燈下
西泠印人韓煥峰獨力並記

時在戊戌夏月
西泠印人煥峰

時在戊戌冬日
煥峰刻

韩焕锋作为沧海印社的核心人物，凭借其卓越的艺术成就和领导才能，为印社的发展壮大做出了不可磨灭的贡献。他以身作则，不仅在艺术创作上不断追求卓越，为社员们树立了榜样，还积极组织和参与印社的各项活动，为印社的发展出谋划策。在他的引领下，沧海印社形成了团结协作、积极向上的良好氛围，社员们的创作热情高涨，艺术水平不断提高，同时，韩焕锋还积极拓展印社的对外交流与合作，与国内外众多印学团体建立了良好的关系，为社员们创造了更多的学习和交流机会，使沧海印社在弘扬印学、传承文化等方面发挥着重要作用，成为了中国篆刻艺术领域的重要力量之一。

三

韩焕峰的篆刻风格古劲飞动、法度严谨，具有独特的艺术魅力。他以书入印，将书法的笔意与篆刻的刀法完美融合，其作品既有书法的韵味，又有金石的质感。印风在继承传统的基础上不断创新，既有着古玺印的古拙天真，又有着汉印的浑穆端庄，还融合了明清流派印的精华，展现出了高峻淳古、意象典丽的艺术风貌。

韩焕峰对刻刀的运用娴熟自如，冲刀、切刀相结合，使线条富有变化和表现力。冲刀刻出的线条流畅自然，如行云流水；切刀刻出的线条则古朴苍劲，富有金石味。

“纪念纪晓岚诞辰三百周年”是韩焕峰的一方大印。在这方印中，我们可以看到冲刀和切刀精妙的结合。印文在体现庄重典雅风格时，一些长线条的处理运用了冲刀。比如“纪”字的部分笔画，冲刀使得线条一气呵成，仿佛有一种灵动的韵律在其中，就像书写时毛笔在宣纸上流畅行笔一般，给人以行云流水之感，让整个印文有了一种连贯的气势。而在表现印文古朴质感的部分，则运用了切刀。如“晓岚”等字的某些笔画转折处和边缘，切刀的运用使线条呈现出古朴苍劲的效果。每一刀的切割都像是岁月在石头上留下的痕迹，富有金石味，增强了印文的历史厚重感。这种冲刀与切刀的结合，让印文既有流畅的韵律美，又有古朴的沧桑美，使这方印在整体上达到了一种和谐统一又富有变化的艺术效果。

韩焕峰曾为奥运冠军治过一套印，在表现运动健儿的活力与激情这一主题相关的线条处理上，冲刀技法发挥了重要作用。如表现运动员奔跑、跳跃姿态的线条，用冲刀刻出，流畅自然，能让人感受到运动员在赛场上的动态之美。而在体现印章文化内涵和传统韵味的部分，切刀的运用让印章有了深厚的文化根基之感。印文边缘一些修饰性的线条和笔画交接处，切刀留下的古朴质感使印章更具历史文化价值，让观赏者能体会到传统艺术与现代主题的完美融合。

韩焕峰为 G20 国际峰会刻制的“祖马”印，印文主体结构的线条用冲刀，使文字结构清晰、线条流畅，展现出一种国际交往中应有的大气与端庄。而在一些细节处，切刀打造出的古朴苍劲感，又体现出中国传统文化的深沉韵味，彰显了作为国礼印章的独特艺术魅力。

在字法上，他深入研究古文字，对金文、石鼓文、甲骨文等都有深刻的理解和把握，能够根据不同的印文内容和创作意图，灵活运用各种字体，使印文更加生动有趣。在章法上，他注重虚实相生、疏密得当，通过对印文的布局和空间的处理，营造出一种和谐的美感。

仍以“纪念纪晓岚诞辰三百周年”大印为例，在这方印中，印文取法汉满白印式，十一字印文“纪念纪晓岚诞辰三百周年”采用了四三四式排列。韩焕峰在字法上充分展现了对古文字的深刻理解。他在选择字体时，考虑到这是一个具有文化纪念意义的主题，运用了古朴典雅的风格。其中“纪”“晓”“岚”等字可能借鉴了金文的一些写法，使文字呈现出庄重、圆润的特点，笔画粗细变化富有韵律，如同金文在青铜器上展现出的古朴质感。这种从金文中汲取的元素，让印文更具历史文化的厚重感，与纪晓岚在文化史上的重要地位相呼应。同时，对于一些字的结构处理，他可能参考了石鼓文的对称与平衡之美，使得整个印文在视觉上更加稳定、和谐，生动地展现出纪念主题的严肃性和文化内涵。

章法上，印文四周的边栏与印文多处击残，这种处理方式营造出了虚实相生的效果。印文是实，击残的边栏形成了虚的部分，让整个印章看起来更有层次感和呼吸感。从疏密角度来看，印文的排列疏密得当。如“纪”字笔画较多的部分与“念”字相对简洁的部分相互搭配，使整个印面在视觉上不会出现过于拥挤或松散的情况。印纽四周雕有四只羊，象征四面八方吉祥，印纽顶部雕一卧式貔貅（瑞兽），寓意平安、宁绥、康泰、长寿，这些元素与印文相互呼应，从整体上营造出一种和谐的美感，将文化寓意与艺术美感完美融合。

还有，为奥运冠军所治之印，由于主题是展现现代体育健儿的风采和奥运精神，韩焕峰在字法上展现出了灵活性。在体现冠军名字等印文内容时，他可能融合了甲骨文的简洁、灵动元素。甲骨文是早期文字，其象形意味浓厚且线条简洁有力。运用到冠军印中，寓意运动员在赛场上简洁而有力的动作表现。比如在表现“冠军”字样时，某些笔画的处理类似甲骨文的书写方式，使印文有一种原始的、蓬勃的生命力，观赏者仿佛能看到运动员在赛场上拼搏的英姿，也让整个印文更生动有趣，与奥运这一充满活力的现代主题相契合。

章法上同样注重虚实相生和疏密得当。比如在表现运动员姓名和运动项目相关内容时，会通过调整字的大小、笔画的疏密来营造空间感。将运动员的姓氏等主要信息处理得相对紧实，而运动项目相关文字则适当留空，形成虚实对比。在疏密安排上，根据不同冠军的特点和运动项目的内涵来布局。对于一些力量型项目冠军的印，文字布局可能更加紧凑，体现力量感；而对于一些技巧型项目冠军的印，文字间的疏密变化则更丰富，如同技巧运动中的灵动变化，以此营造出与冠军特点相符的和谐美感，使印文不仅仅是文字的组合，更是一种艺术化的呈现，生动地展现出奥运冠军的独特魅力。

诗词题材是韩焕峰展现文化底蕴的重要领域。他对古典诗词有着深厚的理解和热爱，便将那些千古流传的诗句化为印章上的艺术符号。从豪迈奔放的唐诗到婉约细腻的宋词，每一个字、每一句诗在他的篆刻中都被赋予了新的生命。他通过精心选择字体、安排章法，使诗词的意境在印章中得到了升华。印文的线条像是诗人的笔触，在有限的空间里传达出诗词的韵味和情感，让观赏者在欣赏印章的同时，也能领略到古典诗词的魅力。

名言警句题材则体现了韩焕峰对人生智慧和社会价值的思考。他选取那些具有深刻内涵和启示意义的话语，通过篆刻的形式将其呈现出来。这些名言警句在他的刻刀下，不仅仅是文字的表达，更是一种精神的传递。他在字法上注重对文字意义的呼应，在章法上营造出一种引人深思的氛围，使观赏者在欣赏印章的过程中，能感受到这些话语所蕴含的力量。

韩焕峰善于从生活的点滴中汲取灵感，将自己的情感和思想毫无保留地融入作品中。无论是日常的所见所闻，还是对时代发展的深刻感悟，都成为他创作的源泉。在庆祝中国共产党成立 100 周年之际，他创作的印文为“伟大建党精神”的印章，就是对这一伟大历史时刻和伟大精神的深情致敬。在这方印章中，他将对党的热爱、对建党精神的理解融入每一个线条、每一个字法和章法的处理中。印文“伟大建党精神”采用了独特的排列方式，三一二式排列，用汉满白印刻之，还在中间的“党”字上方设计了一党徽，用朱文寓意红心向党和共产党建立红色政权。这种精心的设计体现了他对时代主题的敏锐捕捉和深刻诠释，展现了他作为艺术家对国家和民族的责任感。

韩焕峰不仅在篆刻创作上取得了丰硕的成果，还积极致力于篆刻艺术的传承与创新。他编著了众多关于篆刻艺术的书籍，为后人学习和研究篆刻艺术提供了宝贵的资料。 作为沧海印社社长，他积极组织各种篆刻艺术活动，培养了一批优秀的篆刻人才，为篆刻艺术的传承和发展注入了新的活力。

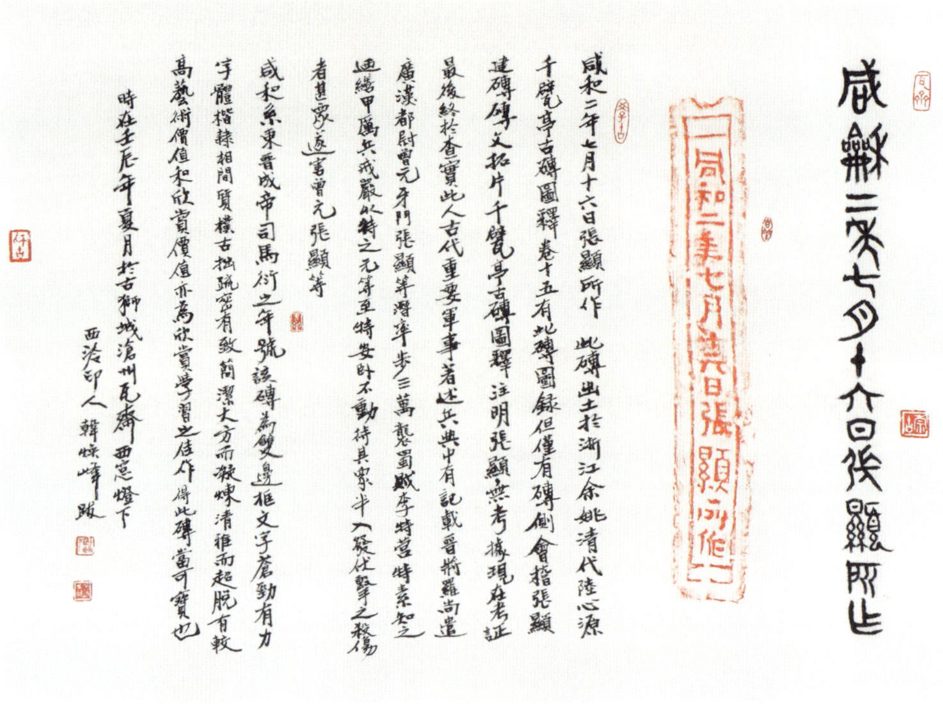

咸和二年七月十六日張顯所作

咸和二年七月十六日張顯所作

咸和二年七月十六日張顯所作　此磚出土於浙江余姚清代陸心源千甓亭古磚圖釋卷十五有此磚圖錄但僅有磚側會稽張顯建磚磚文拓片千甓亭古磚圖釋注明張顯無考據現在考証最後終於查實此人古代重要軍事著述兵典中有記載晉將羅尚遣廣漢都尉曹元牙門張顯等潛率步三萬襲蜀賊李特營特素知之迺繕甲厲兵戒嚴以待之元等至特安卧不動待其眾半入發伏擊之殺傷者甚眾遂害曹元張顯等

咸和系東晉成帝司馬衍之年號該磚為雙邊框文字蒼勁有力字體楷隸相間質樸古拙疏密有致簡潔大方而樸棟清雅而超脫有較高藝術價值和欣賞價值亦為欣賞學習之佳作得此磚當可寶也

時在壬辰年夏月於古獅城滄州瓦齋西窗燈下

西滄印人　韓煉峰　跋

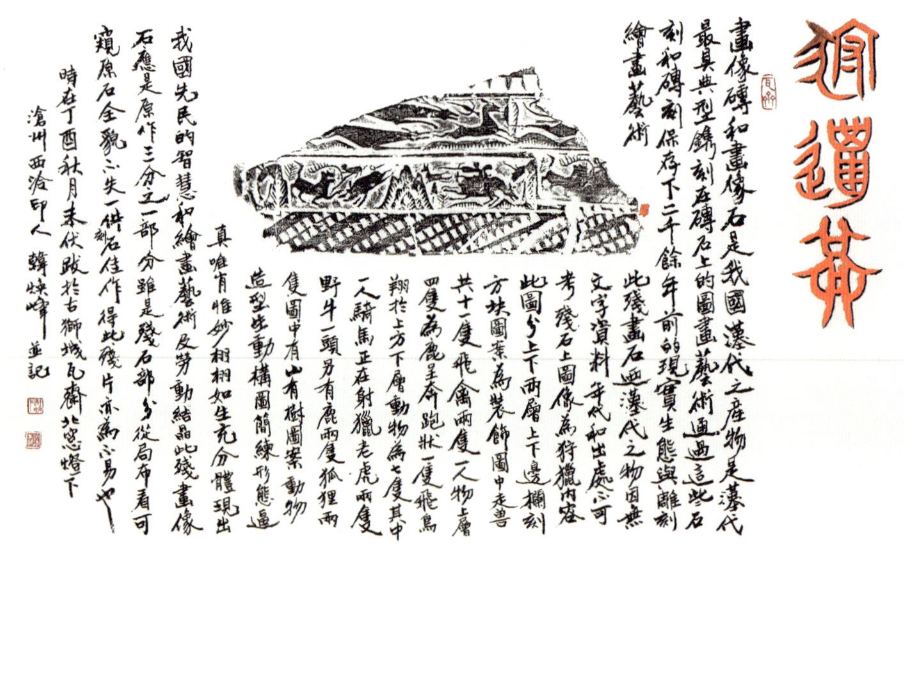

畫像磚和畫像石是我國漢代之產物是漢代最具典型鐫刻在磚石上的圖畫藝術通過這些石刻和磚刻保存下二千餘年前的現實生態與雕刻繪畫藝術

此殘畫石迺漢代之物因無文字資料年代和出處亦可考殘石上圖像為狩獵內容此圖分上下兩層上下邊欄刻方塊圖案為裝飾圖中走兽共十一隻飛禽兩隻一人物上層四隻為鹿呈奔跑狀一隻飛鳥翱於上方下層動物為七隻其中一人騎馬正在射獵老虎兩隻野牛一頭另有鹿兩隻狐狸兩隻圖中有山有樹圖案動物造型生動構圖簡練形態逼真唯肖惟妙栩栩如生充分體現出我國先民的智慧和繪畫藝術及勞動結晶此殘畫像石應是原作三分之一部分雖是殘石部分從局部看可窺原石全貌不失一件刻石佳作得此殘片亦為不易也

時在丁酉秋月未伏跋於古獅城瓦齋北窗燈下

滄州西滄印人　韓煉峰　並記

刚心气节高万竿华贵秀姿压群芳

刚心气节高万竿华贵秀姿压群芳 时辛丑春 焕峰

一片冰心在玉壶

一片冰心在玉壶 时在辛卯夏 焕峰

漢封萬年甎

此封萬年殘磚應是西漢末年王莽時期之物出土於河南洛陽此磚左上角和右上角均有大小殘缺狀上半部分有斜殘裂一道高度爲九十四厘米寬度爲二十四厘米厚度爲十四厘米磚面圖案分爲五欄中間寬度爲十厘米兩側寬度

盛會起錢塘狂潮動萬方健兒皆勇武賽事競爭强

錄董蘊先生詩作　歲次壬寅春　西泠印人　煥峰

荀茗俱佳可經來明珠十三邁瓌瑰精純雖勝牛腰卷絕惜裁縑君識材

時在辛卯年秋月錄啟功先生七絕詩一首 西泠印人 煥峰

蔽芾甘棠勿翦勿伐召伯所茇蔽芾甘棠勿翦勿敗召公所憩蔽芾甘棠勿翦勿拜召伯所説

歲次壬寅春月於古御城滄州瓦齋西窗之下 滄海印人 韓煥峰 書並記

為藝心相融善耀亞運迎亞運慈善書畫展撰並書

德藝相融迎亞運

仁人共助建奇功

歲次癸卯春月於滄州瓦齋 西泠印人 煥峰

篆錄貴州安順楊成英先生聯句

室有芝蘭春氣暖

鄰無丘壑世風和

歲次壬寅夏月於滄州瓦齋 西泠印人 煥峰書

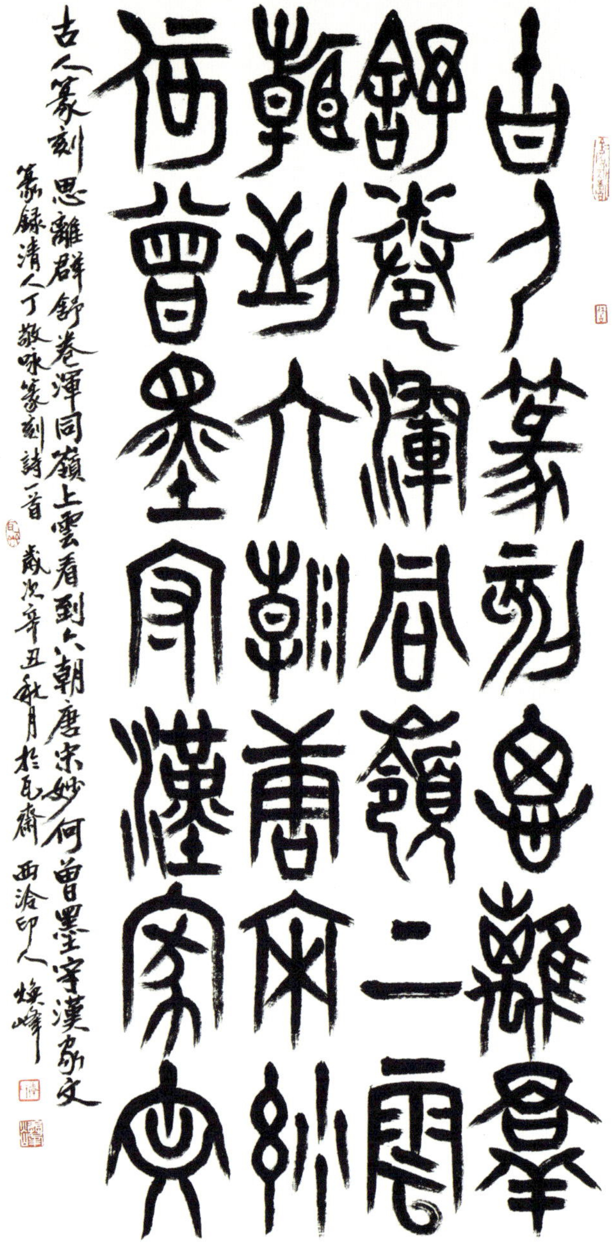

古人篆刻思離群
舒卷渾同嶺上雲
看到六朝唐宋妙
何曾墨守漢家文

古人篆刻思離群舒卷渾同嶺上雲看到六朝唐宋妙何曾墨守漢家文 篆録清人丁敬咏篆刻詩一首 歲次辛丑秋月於乞齋 西泠印人煥峰

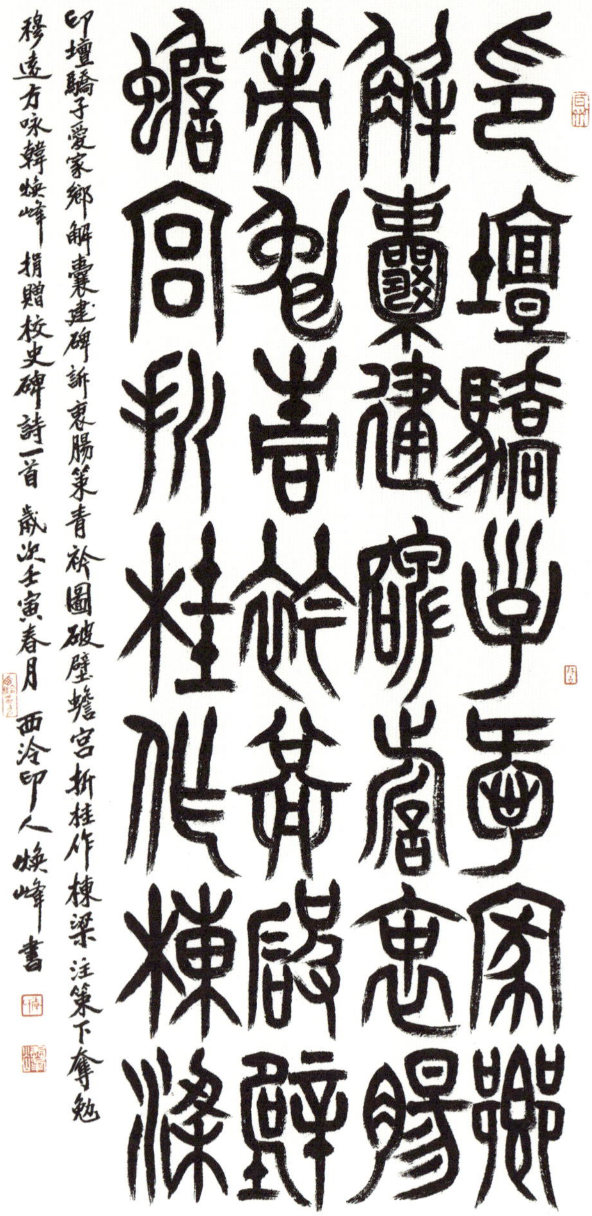

印壇驕子愛家鄉
解囊建碑新東陽
策青於圖破壁
蟾宮折桂作棟梁

印壇驕子愛家鄉解囊建碑新東陽策青於圖破壁蟾宮折桂作棟梁 注策下奪勉 移遠方咏韓煥峰捐贈校史碑詩一首 歲次壬寅春月 西泠印人煥峰書

神龜雖壽，猶有竟時。
騰蛇乘霧，終為土灰。
盈縮之期，不但在天。
養怡之福，可得永年。
老驥伏櫪，志在千里。
烈士暮年，壯心不已。
幸甚至哉，歌以詠志。

篆錄三國曹孟德賦龜雖壽書於古獅城滄州瓦齋西窗燈下
時在辛卯年夏月 西沽印人瓦翁 韓煥峰

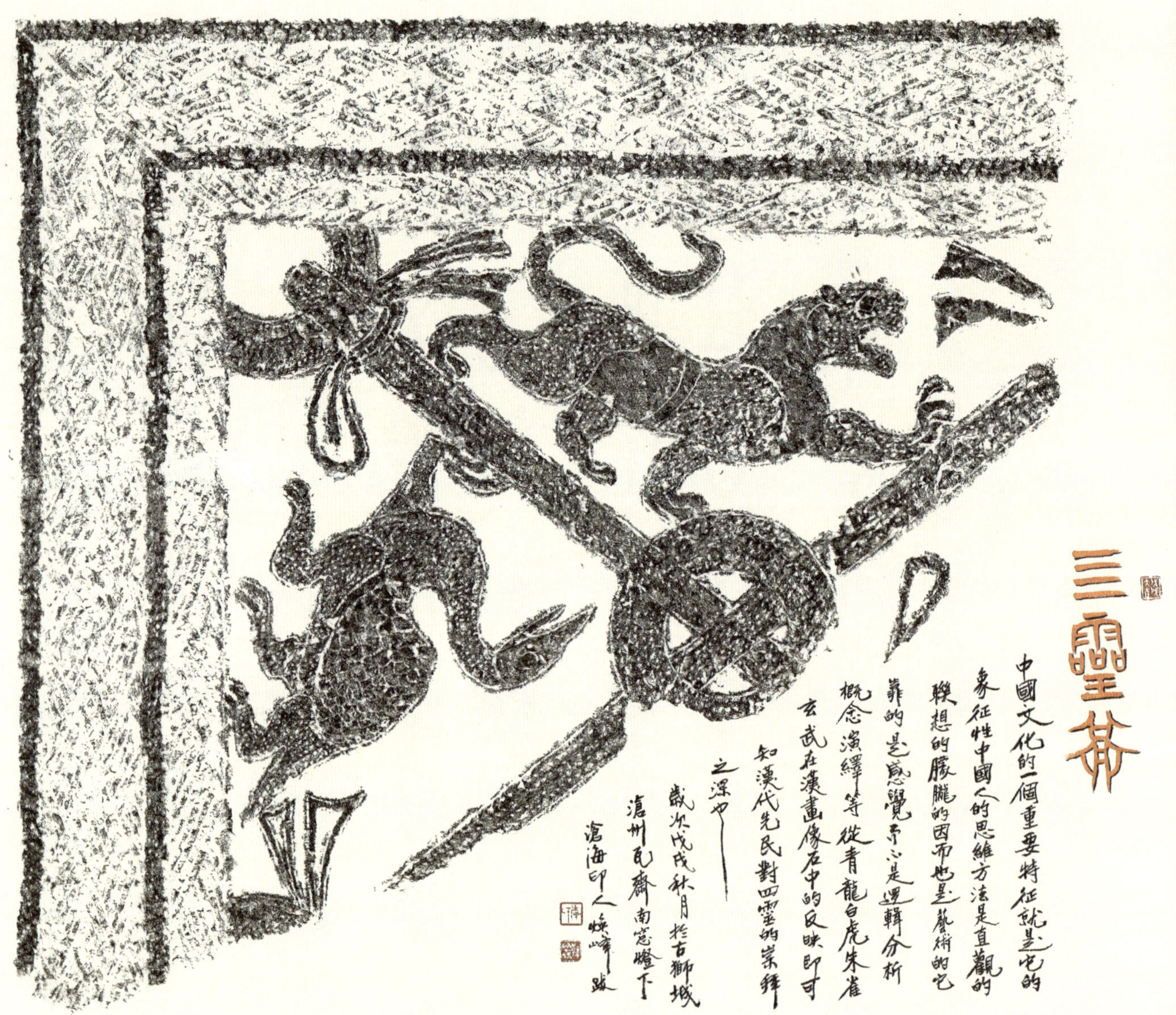
中國文化的一個重要特征就是它的
象征性中國人的思維方法是直觀的
聯想的朦朧的因而也是藝術的它
靠的是感覺而不是邏輯分析
概念演繹等從青龍白虎朱雀
玄武在漢畫像石中的反映即可
知漢代先民對四靈的崇拜
之深也
歲次戊戌秋月於古獅城
滄州瓦齋南窗燈下
滄海印人煥峰跋

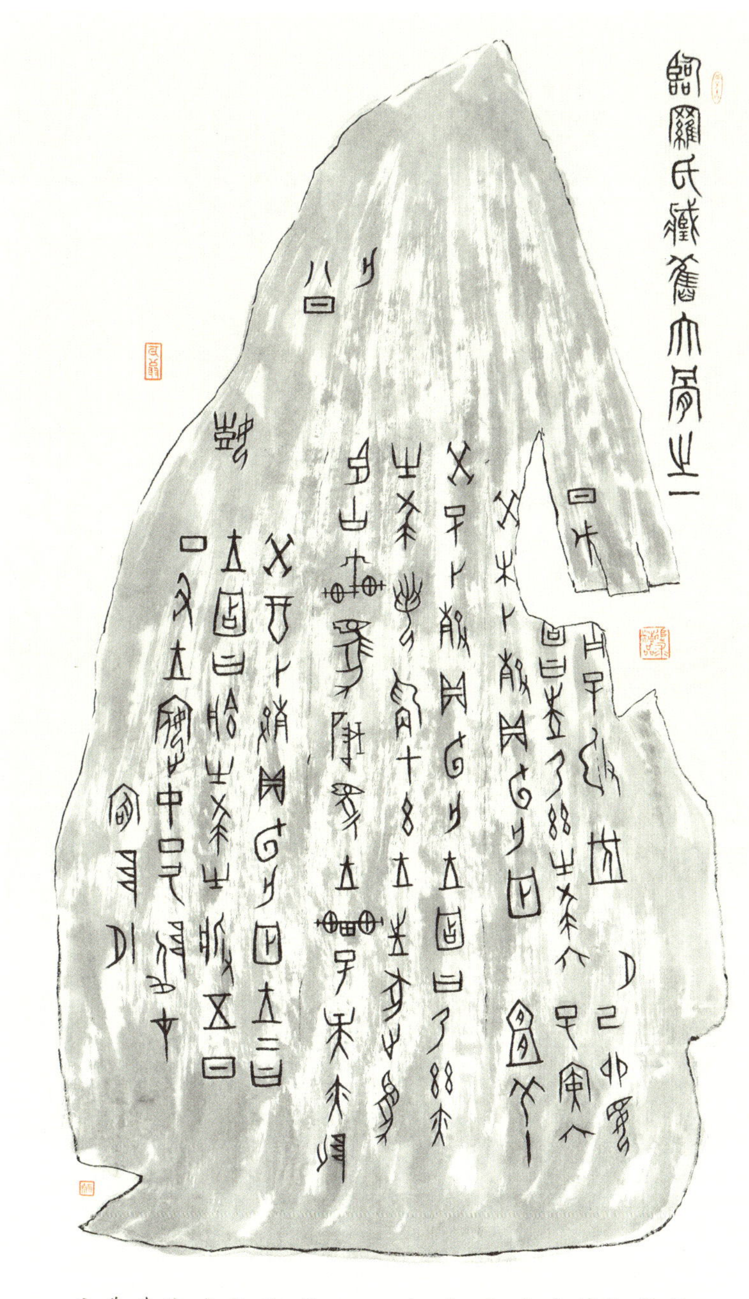

此片為牛肩胛骨殷墟早期出土一九一四年羅振玉著錄在《殷墟書契菁華》第一片《甲骨文合集》編為第一萬零四百零五號正面片《甲骨文合集》又記其中三條完整卜辭記載田獵和祭祀的內容斷代為一期武丁現藏於中國國家博物館（原中國歷史博物館）先師康殷曾有臨此骨在中國美術館展出並編入《康殷書畫》時在辛卯年夏月臨就並略記

瓦齋山人韓煥峰

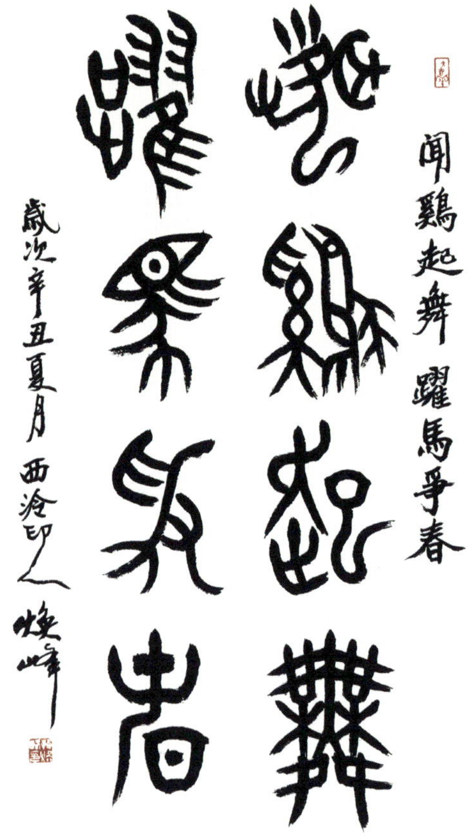

聞鷄起舞 躍馬爭春

歲次辛丑夏月 西泠印人 煥峰

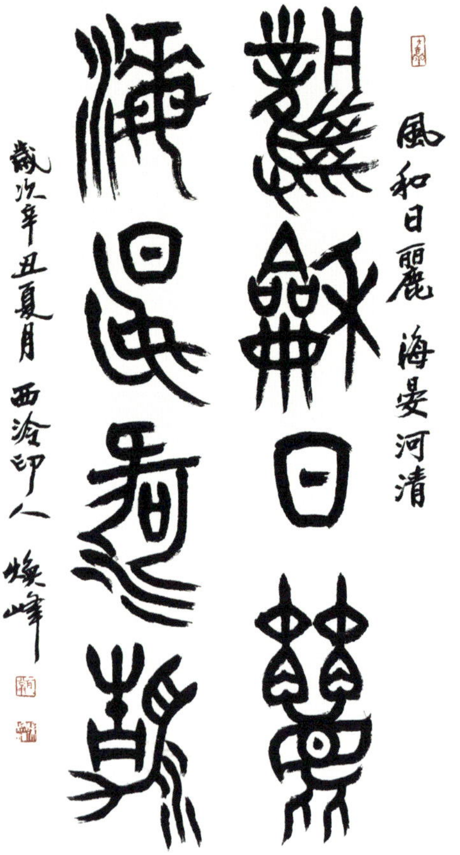

風和日麗 海晏河清

歲次辛丑夏月 西泠印人 煥峰

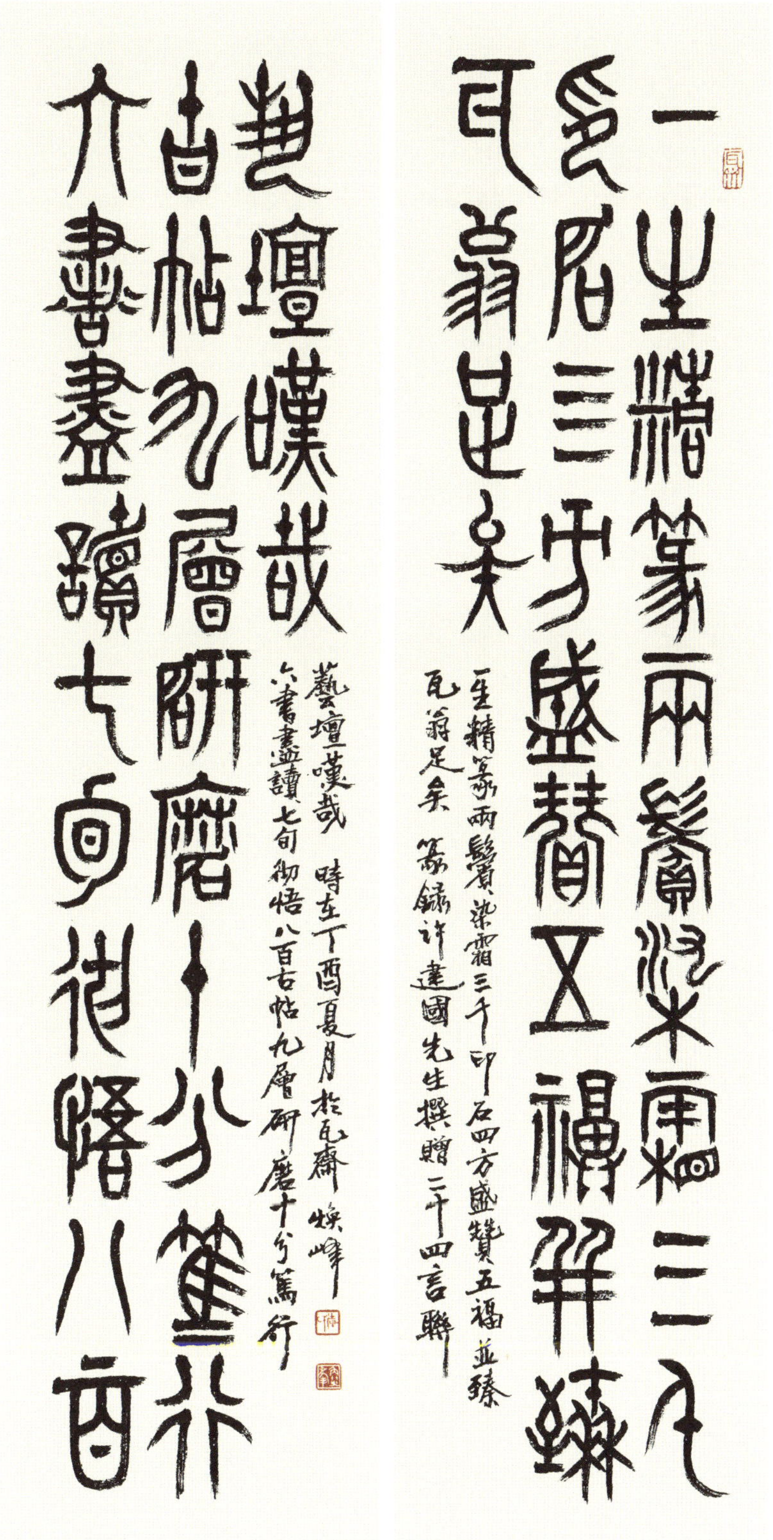

一生精篆两鬓染霜三千印石四方盛赞五福并臻瓦翁足矣

一生精篆两鬓染霜三千印石四方盛赞五福并臻瓦翁足矣 篆录许建国先生撰赠二十四言联

艺坛叹哉
古帖九层研磨十分笃行
六书尽读七句彻悟八百

艺坛叹哉六书尽读七句彻悟八百古帖九层研磨十分笃行 时在丁酉夏月于瓦斋 焕峰

滄海揚帆千葉扁舟征程耕雪浪
篆錄李芳女士撰聯贈余十三言

時在丁酉夏月西滄印人煥峰
瓦齋潑墨數椽雅室妙筆繪雲圖

鄉野師萍盦京城師大康志高天猶窄結社聚英滄海掌船舵
篆鄉友曹延生當年為余當選西滄印社理事撰聯以賀

時在丁酉夏月書於滄州瓦齋燈下西滄印人煥峰
朱痕上太空鑄印上央視心廣地自寬建功立業西滄耀將星

看去沖天豪氣筆下三分秀色
篆錄劉桂茂先生撰贈十二言聯

時在丁酉夏月煥峰
說來年到古稀胸中一片童心

篆錄清代鄧石如完白山人三十七言龍門對長聯

時在丁酉陽春谷雨於瓦齋燈下西滄印人煥峰

楚書有言集善為寶

莊子所謂藏金於山

釋文 楚書有言集善為寶 莊子所謂藏金於山

時在丙申冬月大雪節於瓦齋 西泠印人 煥峰

雅鉴

砚藏古今　书连万方

——张之的藏砚与书法

—

张之，1952年生于河北黄骅，副研究馆员，沧州市专业技术拔尖人才，供职于沧州市文联，曾任沧州市文联副主席、书协主席。原河北省书协副主席兼刻字委员会主任、原中国书协刻字委员会副主任，现为河北省书协顾问、沧海印社艺术导师。

张之师从郑熙亭、肖一先生，擅长草书刻字与篆刻铭砚。其作品在众多国内外大展中亮相，包括国际临书大展，全国第四、六届书法篆刻展，全国第二届草书展等，还在全国第二届刻字展上获奖。同时，荣获河北省第二届文艺振兴奖、首届华北书法奖、“98’河北燕赵群星奖”一等奖等，也获评中国书法家协会先进个人、中国现代刻字艺术优秀工作者。

在艺术活动组织方面，张之先后担任中国书协刻字展评审委员会委员、副主任，四届“兰亭奖”刻字评委，全国第十一、十二届书法篆刻展监审委员。他还主编全国第四届书法篆刻展落选作品《墨海遗珠》作品集、《大运河碑廊》作品集，创办了《沧海书法》杂志。

张之积极参与国际文化交流，1997 年起多次随中国书协刻字艺术代表团赴日本、韩国、新加坡出席国际刻字相关会议。

此外，张之热心公益和文化事业，1996 年以来，公益性十余次举办河北省刻字艺术讲习班。他还举办了全国回族区域自治地方首届书法联展，个人集资举办河北省第一、二、三届刻字艺术展。

张之著作颇丰，著有《拾遗斋旧砚新铭》《张之临孙过庭书谱》等。其新作《铭砚椎影》备受赞誉，集多种元素于一体，对收藏、文化事业发展和文化人修养都有启发。

二

中国砚文化源远流长，从古代的研磨工具到文人墨客的雅好，经历了漫长的发展历程。张之的藏砚是对这一历史传承的延续。他收藏的一些古砚，造型、质地和雕刻风格都能追溯到特定的历史时期。有的砚台呈现秦汉时期的凝重厚实质感，造型规整，气度恢宏，蕴含着那个时代的文化韵味；有的砚台具有唐宋时期的古朴简约风格，砚面简洁，线条流畅，体现了当时的审美趋向；有的砚台带有明清时期的精致华丽特色，装饰繁缛，工艺精湛，彰显出彼时的艺术追求。这些古砚仿佛是历史的见证者，携带着千百年前文人雅士使用它们时的记忆，张之将它们纳入囊中，如同接过了历史传承的接力棒，使砚文化的脉络得以延续。

河北地区有着独特的地域文化，张之的藏砚也融合了当地文化元素。河北民间艺术、历史传说等在砚台的铭文中、雕刻图案上有所体现。比如，有的砚台雕刻有沧州地区的历史名人故事或当地的名胜古迹图案，将地域文化与砚文化紧密结合。这种融合不仅丰富了砚台的文化内涵，也使地域文化通过砚台这一载体得到更广泛的传播，成为地域文化传承的一种特殊形式。

张之藏砚中的雕刻工艺堪称一绝。从雕刻的刀法来看，无论是细腻的阴刻还是雄浑的阳刻，都展现出极高的技艺水平。例如，在一方有山水图案雕刻的砚台上，工匠运用了细腻的阴刻刀法，将山峦的层次感、云雾的缥缈感表现得淋漓尽致。每一条线条都流畅自然，如行云流水，仿佛是用画笔在砚台上绘出的山水画卷。而在一些表现人物形象的砚雕中，阳刻刀法则凸显出人物的立体感，人物的服饰褶皱、面部表情都栩栩如生，可见雕刻师对刀法的运用已经达到了炉火纯青的地步。

雕刻题材的丰富性也是张之藏砚艺术价值的重要体现。题材涵盖了神话传说、历史故事、花鸟鱼虫、山水风光等各个领域。比如，“歙石·引福归堂砚”[①]这种丰富的题材选择，不仅展示了雕刻师的创意和技艺，也满足了不同文化背景和审美需求的观者，使每一方砚台都成为一个独特的艺术世界。

张之藏砚中的铭文具有深厚的文学内涵。铭文内容或引用经典诗词，或自行创作，都体现出高度的文学素养。例如，有的铭文引用了杜甫的诗句“挥毫落纸如云烟”，巧妙地将书法艺术与砚台的功能联系起来，增添了文化韵味。而一些自创的铭文则以生动的语言描绘了砚台的特点或藏砚者的心境。如“此砚如友，伴我春秋，墨香四溢，文思悠悠”，短短几句，就将砚台与文人的情感关系表达得真挚动人。

铭文的书法艺术同样不可忽视。不同风格的书法字体在砚台上展现出别样的魅力。楷书铭文端庄秀丽，大气磅礴，每一个字都结构严谨，给人以稳重之感；

① 砚岗处雕一蝙蝠，背阴刻“拾遗斋”，造型古朴，旧气特征明显。有“寿者长乐，福池文章”刻铭。张之作铭：“蝠池内，双翼飞。蓄清水，添诗文。记取源头活水句，露出文章惊煞人”。

行书铭文则流畅潇洒，笔画之间的呼应连贯，体现出一种灵动之美，仿佛是书写者在挥毫时的一气呵成；草书铭文更是狂放不羁，线条的飞舞和笔画的简化，展现出一种自由奔放的艺术境界。这些书法与铭文的完美结合，使砚台成为了文学与书法艺术共同展示的舞台。

张之先生的藏砚对于培养公众的审美能力有着重要作用。通过展示藏砚，无论是在展览中还是在相关的研讨活动中，人们都可以近距离欣赏到这些精美的砚台。学生群体在参观过程中，可以学习到雕刻工艺、书法艺术、文学内涵等多方面的知识，从而提高对美的感知和理解能力。对于普通民众来说，这些藏砚也是一次审美启蒙，让他们了解到传统艺术中蕴含的独特之美，激发他们对传统文化艺术的兴趣。

藏砚作为文化的载体，传递着丰富的文化知识。从砚台的历史发展、制作工艺到相关的文化典故，张之的藏砚都可以成为教育的素材。在文化讲座或学校的艺术课程中，通过讲解张之的藏砚，向学生和公众传授砚文化知识，使他们了解中国传统文化的博大精深，促进文化的传承和发展。

张之的藏砚在国内文化界引起了广泛关注和交流。在艺术展览、学术研讨会等活动中，吸引了众多文化学者、艺术家、收藏家等前来观摩和探讨。这些活动促进了不同地区、不同领域文化人士之间的思想碰撞和交流。2024 年 8 月 26 日上午举办的“中国非物质文化遗产传承人研修培训计划——河北大学 2024 年砚台制作技艺培训班”开班典礼暨砚台邀请展中，各地专家围绕张之藏砚展开讨论，分享了各自对砚文化的研究成果，这种交流不仅加深了对张之藏砚的理解，也推动了整个国内砚文化研究领域的发展。

张之在藏砚铭文中大胆采用白话，这是一种创新之举。传统的砚铭多以文言文为主，而他的白话铭文更贴近现代生活，使更多人能够理解和欣赏。例如，“这方砚，是我在岁月里寻得的珍宝，它的墨香，能唤醒我沉睡的灵感”，这样的白话铭文通俗易懂，却又生动形象地表达出藏砚者对砚台的喜爱之情，打破了传统砚铭在语言形式上的局限，为砚铭的创作开辟了新的路径。

除了传统的铭文形式，张之先生还将漫画、书札等元素融入砚铭。在一些砚台上，出现了幽默诙谐的漫画形象，这些漫画与砚台的主题相关，或表达一种趣味，或传递一种文化内涵。书札形式的铭文给人一种亲切之感，仿佛是藏砚者与观者之间的书信交流，增加了互动性和趣味性，使砚台不再是一种单调的艺术品，而是具有了更多的活力和现代气息。

张之在藏砚过程中，集藏砚、赏砚、铭砚、制砚于一身，这种融合是一种创新模式。传统的藏家更多的是收藏和欣赏，张之还亲自参与铭砚和制砚。他根据自己对砚台的理解和审美，为砚台创作独特的铭文，并对一些砚台进行加工改进，使收藏与创作相互促进。其著作《铭砚椎影》的“开砚篇”，展示了他利用砖、瓦、石、紫砂等材料自制的砚台，这些砚台形制古朴，从选材到设计雕刻图案都体现了他对砚的见解和美学主张，既有传统韵味又有创新元素。

这种融合创新也拓展了传统的收藏理念。以往的收藏可能更注重物品的稀缺性和历史价值，张之的藏砚模式则强调了藏家的主观能动性和创造性。他通过自己的创作赋予了砚台新的价值，使收藏不再是简单的占有，而是一种文化创造的过程。这种理念的转变为现代收藏文化提供了新的思路，鼓励更多的藏家在收藏过程中积极参与藏品的再创作和文化内涵的挖掘中。

在当代快节奏的社会中，人们的精神世界往往处于一种浮躁和紧张的状态。张之藏砚所代表的传统文化艺术为我们提供了一种精神寄托。欣赏这些精美的砚台，我们可以暂时远离喧嚣，沉浸在传统文化的宁静与深邃之中。这种对传统文化的回归，是当代人在精神层面上对自我的一种寻找和慰藉。在繁忙的都市生活中，有一方小小的砚台，它承载的文化和艺术可以成为我们心灵的避风港，带给我们传统文化的温暖和力量。

张之藏砚对于传统文化产业中的工艺传承和发展有着重要启示。砚台制作工艺作为传统工艺的一部分，在现代社会面临着传承的困境。张之对藏砚的重视和推广，让我们看到了砚台工艺的价值。通过对藏砚中工艺的研究和展示，可以吸引更多的年轻人关注砚台制作，鼓励他们学习和传承这一古老技艺。同时，也可以借鉴藏砚中工艺创新的元素，将传统工艺与现代设计理念相结合，开发出更符合当代市场需求的砚台产品，推动砚台工艺产业的发展。

在文化产品创新方面，张之藏砚也提供了范例。其铭文形式的创新、收藏与创作融合的模式等都可以应用到其他文化产品的开发中。例如，传统的文房四宝相关产品，可以借鉴白话铭文、漫画书札等元素，创新产品的设计和文化内涵。文化旅游产品开发，也可以以藏砚文化为主题，开发具有特色的纪念品、文化体验项目等，丰富文化产业的内容和形式，提高文化产品的吸引力和竞争力。

张之先生的藏砚是一座丰富的文化艺术宝库，它蕴含着深厚的文化底蕴、极高的艺术价值，对文化事业有着重要的贡献，同时充满了创新元素并与当代社会紧密相连。通过对张之藏砚的研究和欣赏，我们看到了传统文化在现代社会中焕发出的新活力，也看到了传统艺术在传承与创新中不断发展的可能性。

三

藏砚之外，张之的书法在艺术领域也展现出了独特的魅力与深厚的艺术价值。

张之的书法风格以散淡清雅著称，在草书创作中体现得尤为明显。其作品注重虚实对比，笔画变化崎岖，却又能自然畅达、妙趣横生，给人一种洒脱不羁、随性自然之感，展现出其对传统草书的深刻理解与独特诠释。比如草书作品《七律·长征》，在书写过程中，他将笔画的浓墨处与飞白巧妙搭配，形成强烈的虚实对比。在单个字的处理上，笔画或粗或细、或连或断，看似崎岖变化却毫无生硬之感，字与字之间的呼应自然流畅，整幅作品就像是一位自在的仙人留下的随性之笔，尽显散淡清雅，充分展现出他对传统草书的独特领悟和创新诠释。

在笔法上，张之运笔娴熟，线条流畅且富有弹性，能够灵活地运用中锋与侧锋，使笔画呈现出丰富的质感和变化。其草书作品中，笔画的粗细、轻重、缓急处理得当，如在一些长线条的书写中，通过提按使转，展现出线条的韵律美和节奏感。结构上，注重字与字之间的呼应与协调，善于运用夸张和变形的手法，使字体更具个性和艺术感染力，同时又不失平衡与稳定，体现了其扎实的书法基本功和独特的审美追求。

张之在继承传统的基础上，勇于创新。他将不同书体的元素相互融合，打破了传统书法的固有模式，创造出了具有独特韵味的书法风格。此外，他还尝试将现代审美观念融入书法创作中，使作品更符合当代人的审美需求，为书法艺术的发展注入了新的活力。

张之的很多作品，将篆书的古朴规整结构与行书的流畅笔画相结合。篆书的对称结构使字的重心稳定，而行书的笔画赋予了作品灵动之感。在书写内容“云卷云舒”时，“云”字部分采用篆书的形态轮廓，内部笔画却用行书的牵丝映带，使这个字既有古朴之韵又不失灵动之美。在整体布局上，运用现代简约的留白理念，字距、行距疏密得当，符合当代人追求简洁、富有节奏感的审美需求，展现出传统与现代融合的独特魅力，体现了他在书法创新上的独特实践。

从张之的作品中，可以感受到他对中国传统文化的深刻领悟和热爱。他的书法作品常常蕴含着诗词、哲学等文化元素，体现了中国传统文化的博大精深。如他所著的《张之临孙过庭书谱》，不仅是他对中国传统书法理论深入研究和实践的体现，更展现了他对孙过庭书法艺术的传承与发展。

张之的书法作品多次入选国内外重要书法展览，如现代国际临书大展、全国第四及第六届书法篆刻展、全国第二届草书展等，获得河北省第二届文艺振兴奖、首届华北书法奖。这些荣誉也是对他书法艺术成就的高度认可。

四

张之担任沧州市文联副研究馆员，是沧州市专业技术拔尖人才，这体现了他在当地文艺界的重要影响力 。作为沧州市书协主席，他肩负着引领和推动沧州地区书法艺术发展的重任：为当地书法爱好者提供指导和交流的平台，促进书法艺术在基层的传承与普及。

作为河北省书协副主席，他在全省范围内参与和组织各类书法活动，对河北省书法事业的发展起到了重要的引领作用，推动了河北书法人才的培养和书法艺术的推广 。中国书协刻字委员会副主任以及全国第三至第九届刻字艺术展评审委员会委员、副主任等职务，更是确立了他在全国书法刻字领域的权威地位，参与全国性书法展览的评审，对刻字艺术的发展方向和评判标准产生了重要影响。

张之积极投身书法教育，多次公益性举办河北省刻字艺术讲习班，培养了众多书法人才，为书法艺术的传承与发展奠定了坚实的基础，不收取任何费用的做法，更是体现了他对书法教育事业的无私奉献精神，让更多的人有机会接触和学习书法艺术。

张之多次随中国书协刻字代表团赴国外参加国际刻字联盟会议、国际刻字艺术交流展等活动，并在国外举办刻字艺术讲座及示范，向世界展示了中国书法刻字艺术的魅力，促进了中外文化交流，提升了中国书法艺术在国际上的影响力。

温石·双面砚

长 25.6 厘米、宽 15.7 厘米、高 4 厘米

色深紫，质细温润，有朱斑等石品，色泽纹彩酷似端石。砚为双面雕，池堂形状各异，砚堂深凹磨砺似透，造型古朴苍润。

刻铭：双面雕，古人鉴。穿堂底，后人看。学做人，勿两面。拾遗斋铭。

作铭：双面砚，形各异。素洁心，慎独时，正反表里任察之。

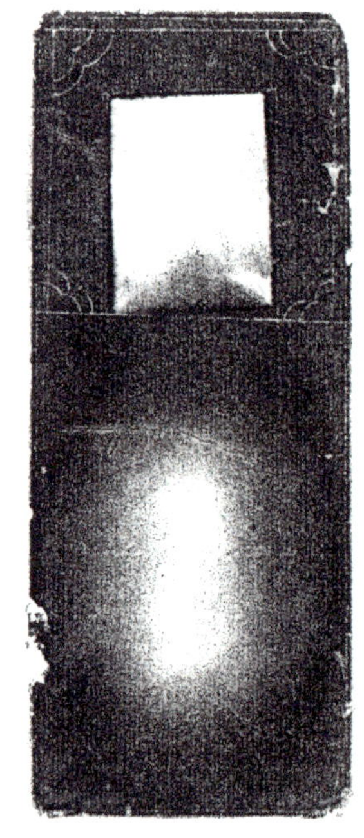

砣矶石 · 箕池砚

长 15.7 厘米、宽 6.5 厘米、高 1.5 厘米

色青，有雪浪纹，质坚细腻。砚池为箕形，池外刻菱纹，砚堂平阔，四侧内敛。造型古朴简练，具有唐代箕形与宋代之砚过渡形式与特征。

刻铭：黑色之石，白纹间之。金玉之声，质必坚之。制以为砚，天地怜之。唐宋迄今，物尚全之。拾遗斋记。（姚海宽书）

砣矶砚又称鼍矶砚、金星雪浪砚，始于北宋，盛于明清。

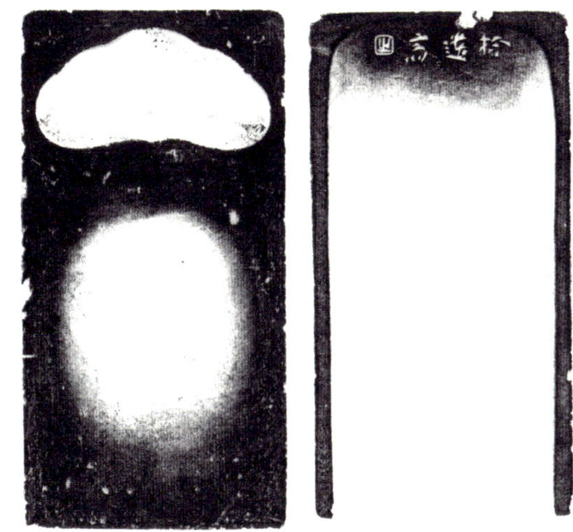

歙石 · 一线横斜砚

长 17 厘米、宽 8.7 厘米、高 3 厘米

色青碧，质地细润，叩之有玉振之声。池雕如意形，有金线横绕砚身，犹如缝隙，令人误认为裂痕。背阴刻“拾遗斋”。造型古朴，做工精致。

书铭：砚堂如天，一线横斜。五彩补漏，空劳女娲。庚子立秋，拾遗斋主人张之记。

歙砚，产于安徽黄山山脉与天目山、白际山之间的歙州。歙石以婺源与歙县交界处的龙尾山（罗纹山）下溪涧为最优，所以歙砚又称龙尾砚。苏东坡评其“涩不留笔，滑不拒墨。瓜肤而縠理，金声而玉德”。

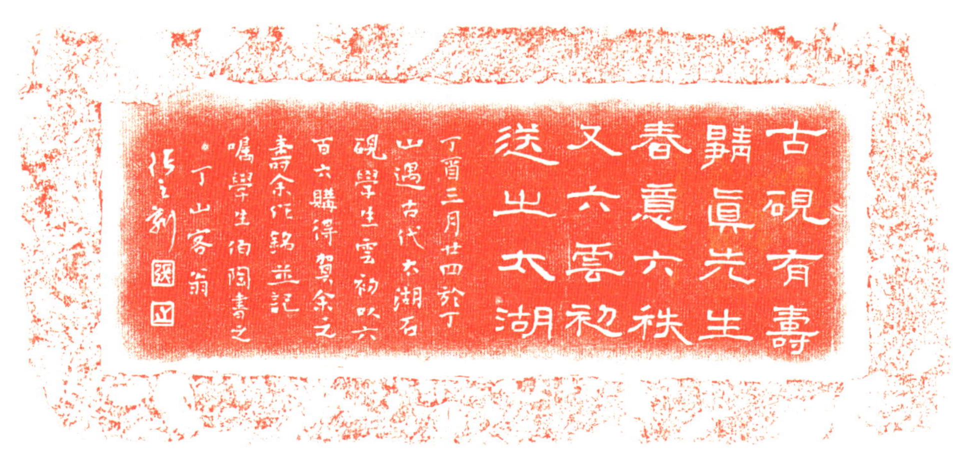

太湖石 · 圭池双六砚

长 29.5 厘米、宽 21 厘米、高 13.5 厘米

色灰，质地细腻坚润。砚池圭形与堂连接，堂深凹蛋形状。砚体硕大，重量四十三斤。造型浑厚古拙，旧气特征开门。砚一侧刻有铭文："古砚有寿，静真先生春意六秩又六，云初送之太湖。丁酉三月廿四，于丁山遇古代太湖石砚，学生云初以六百六购得，贺余之寿，余作铭并记，嘱学生伯陶书之，丁山客翁张之刻。"

作铭：年甲六又六，砚重四十三，福寿太湖水，百零九重天。

歙石 · 一字池抄手砚

长 16.9 厘米、宽 9.4 厘米、高 5 厘米

色青绿，石质坚而细腻，短密眉疏，眉精如画。砚池呈一字池，额首一角有残。做工精细，旧气特征明显。

刻铭：晕重重，似画成，天然如此信难逢。爱不释手，知我痴情。乙酉六月，拾遗斋铭，皓月楼主人书。

（刘世涛书）

砣矶石 · 淌池砚

长 19.8 厘米、宽 11.5 厘米、高 4.5 厘米

色青，质细腻，有白晶、墨斑等石品。面呈淌池式，尾角有残，背阴平阔。造型方正淳厚，古貌朴实。

刻铭：砚之古，取其貌。心之古，法以道，立足高远自然妙。洪亮弟正，拾遗斋旧砚新铭。

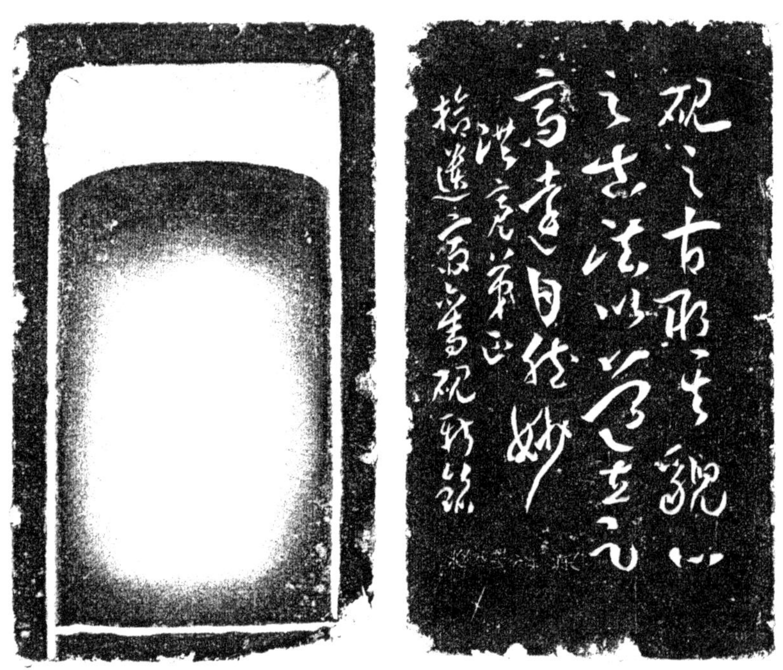

白端 · 双面砚

长 17.1 厘米、宽 8.6 厘米、高 2 厘米

色白，质米粉状，略透淡黄，暗蕴萝卜丝、冰纹及斑点。双面池堂各异，造型俊雅，雕工精致。有木匣，内书有铭文。

书铭：不争宠，不斗艳。洁如雪，傲骨风。其材卓然，静真先生。乙亥冬月，拾遗斋铭张之记。

白端石产于广东肇庆市，是七星岩独有的特产，白端砚始于宋代以后出品。精品白端，细润如玉，莹白如雪，细腻如粉团，但有夹杂黑红等色花纹者为白锦石。

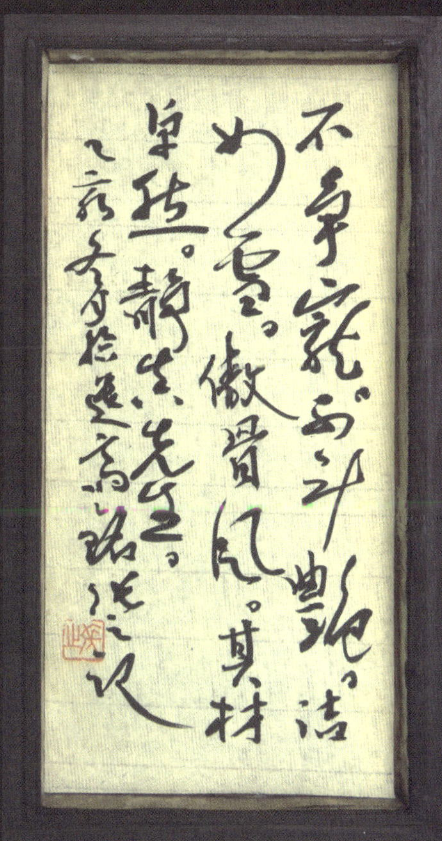

端石 · 惠民题制砚图砚

长 18.6 厘米、宽 11.7 厘米、高 3.3 厘米

色青紫，质地细润如玉，面有竹节冻、鱼脑冻、微尘青花等石品。砚额开月池，堂深凹。造型古拙浑厚。背阴刻有朱惠民题制砚图铭文：“随物赋形，因势运斤。制以为砚，铭之乃文。”杜玉寒造像，张之勒石。

作铭：池如月，堂如心。临池用心，历事练心。犹如磐石，不移守心。

木胎·漆砂抄手砚

长 22.3 厘米、宽 13.4 厘米、高 3.9 厘米

色乌黑如墨，朴厚如铁。胎为木质，漆面有断纹。目视浑厚，手掂如纸。造型典雅，做工精致，配有木匣。

书铭：木以为骨，漆以为衣。髹之百遍，世为之稀。光亮如鉴，坚柔不摧。庚子立秋后，拾遗斋铭并记。

作铭：漆砂合炼，刚柔相伴，历经百年，颠扑不烂。

漆砚始于西汉，种类一般包括漆木砚、漆纸砚和漆砂砚多种。漆砂砚下墨快，用天然大漆掺和细砂，擦磨数次，耐磨耐用。漆砚胎质轻巧坚细，颜色有黑朱二色，也有以黑红色相配的，还有更为复杂的装饰手法。漆砚一直延续到清代，当代制作漆砚已经是寥寥可数了。

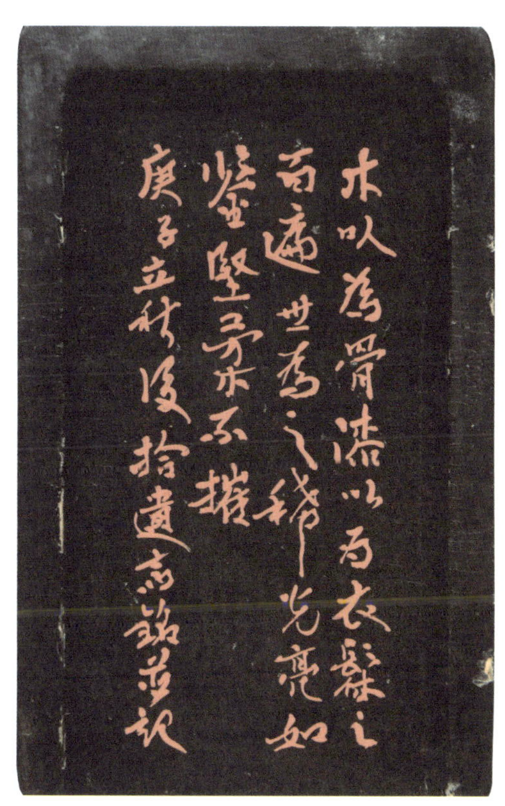

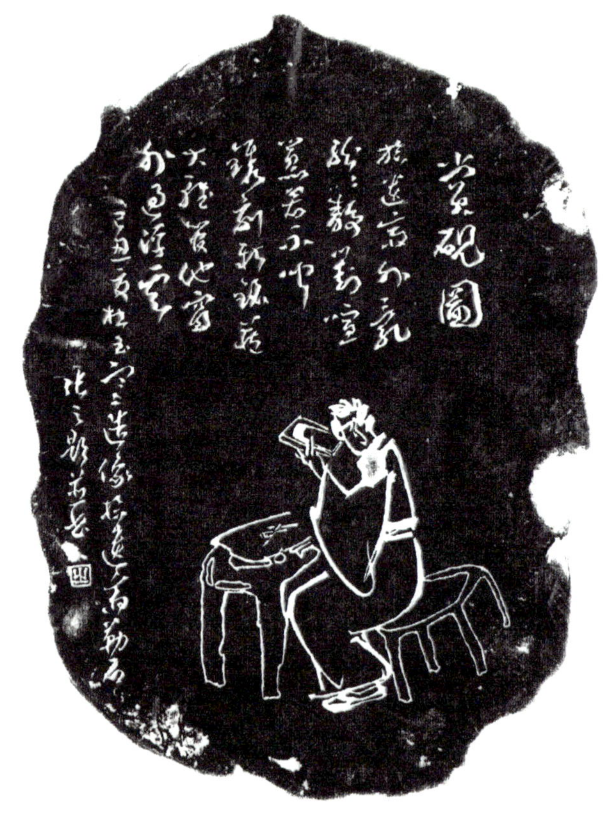

灵岩石 · 赏砚图砚

长 31 厘米、宽 23.3 厘米、高 4.3 厘米

色虾头红，质地细腻，有银线、黑斑点等石品。造型浑厚，体态硕大。

刻铭：拾遗斋外乱纷纷，静对喧嚣若不闻。镌刻新铭藏大雅，管他窗外过浮云。己丑夏，杜玉寒造像，拾遗斋勒石，张之题并书。

作铭：砚石随形，一任天然。浑厚朴重，宜乎流传。古物出土，久而弥坚。

灵岩石砚，澄泥石，史料记载始三国时期，为古砚名。《古玩指南 · 砚》："江苏苏州灵岩蠖村产佳石，亦可作砚，最佳。"因其砚质与山西绛县等地所产的陶制澄泥砚相仿，又称仿澄泥砚。

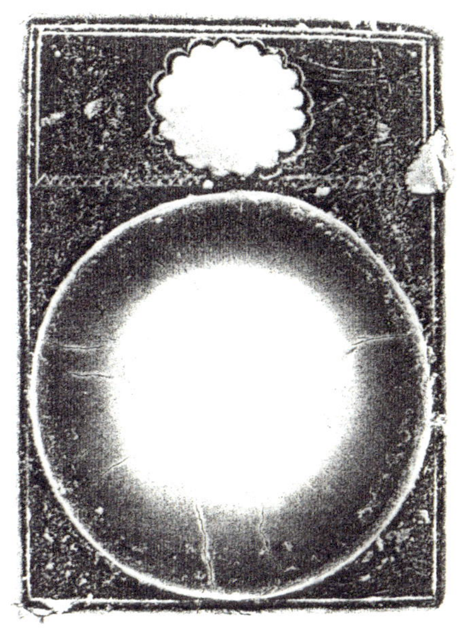

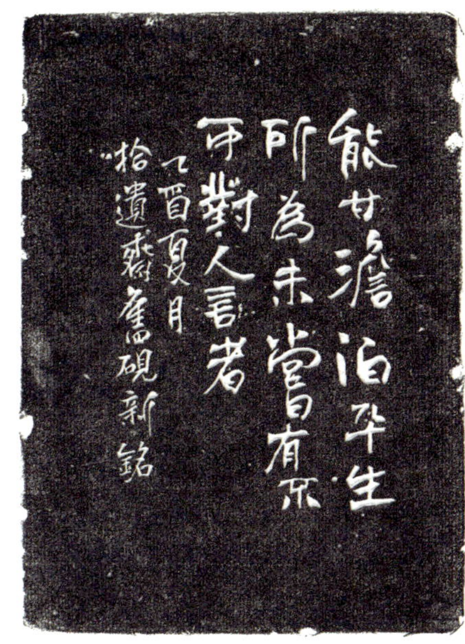

红丝石·花瓣池砚

长 16.6 厘米、宽 12.3 厘米、高 3 厘米

色紫，石质致密细润，手拭如膏。有墨色水藻纹、朱线、紫筋等石品。额首雕花瓣池。砚缘刻单双阴线纹，砚岗雕锯齿纹，堂圆深凹。造型古朴，旧气特征明显。

刻铭：能甘澹泊，平生所为。未尝有不可对人言者。乙酉夏月，拾遗斋旧砚新铭。

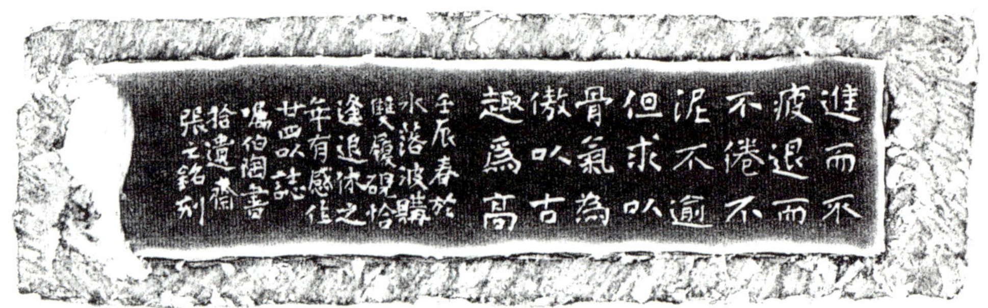

白锦石 · 双履砚

长 24.5 厘米、宽 18.5 厘米、高 7.5 厘米

色灰褐白，质地细腻坚润。双池各异，双堂深凹如锅，面起双线纹，浸有朱、墨色迹。砚体方正敦重，凿工粗犷浑厚，旧气包浆开门。

刻铭：进而不疲，退而不倦。不泥不逾，但求以骨气为傲，以古趣为高。壬辰春于水落坡购双履砚，恰逢退休之年，有感作廿四以志，嘱伯陶书，拾遗斋张之铭刻。

作铭：君子相守，白首不渝。与君结义，“天下朋友皆胶漆”（唐代杜甫《忆昔》诗二首之二摘句）。

白锦石，是白端石的一个品种，是因石中夹杂黑红等色花纹而得名。

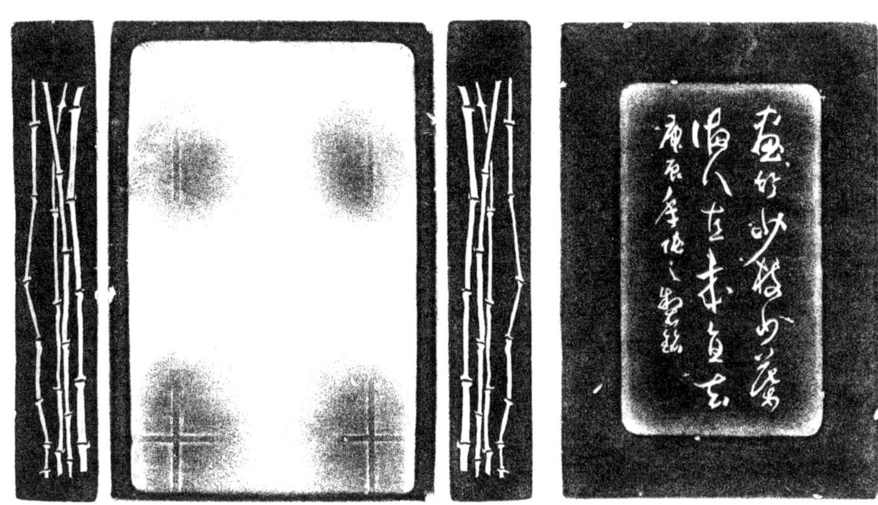

端石 · 箕形井田砚

长 23.8 厘米、宽 16.3 厘米、高 4.4 厘米

色紫，质地细润，有火捺、蕉叶白等石品。砚堂箕形，雕有卧牛，惜人为铲平。堂内四角各雕“十”字，寓意井田。砚两侧雕竹竿无叶。背阴有宽墙足，造型端正敦厚，刻工精致。

刻铭：画竹少枝少叶，做人直来直去。庚辰年张之制铭。

作铭：端正四直，有节如竹。国家之幸，人民之福。

淄石·凤月星辰砚

长 17.8 厘米、宽 11.6 厘米、高 3.4 厘米

色黑，质地细腻，有金星等石品。额首雕凤纹、日月星辰池。堂呈荷叶形，背阴箕形，有墙足可研墨。造型生动，构图巧妙。

刻铭：日月星辰，是谓天空，一雁高飞。似闻其声鸿鹄之志，万里云程。砚斋铭，丁亥正月，澍斋。（贯徽书）

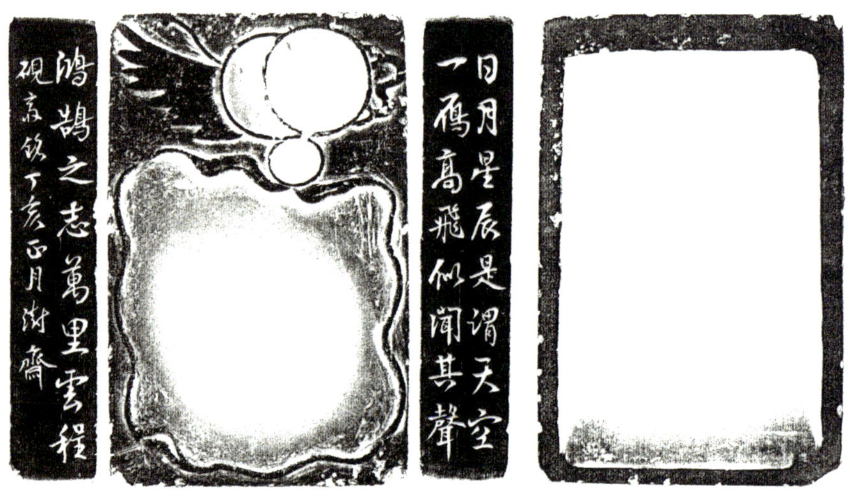

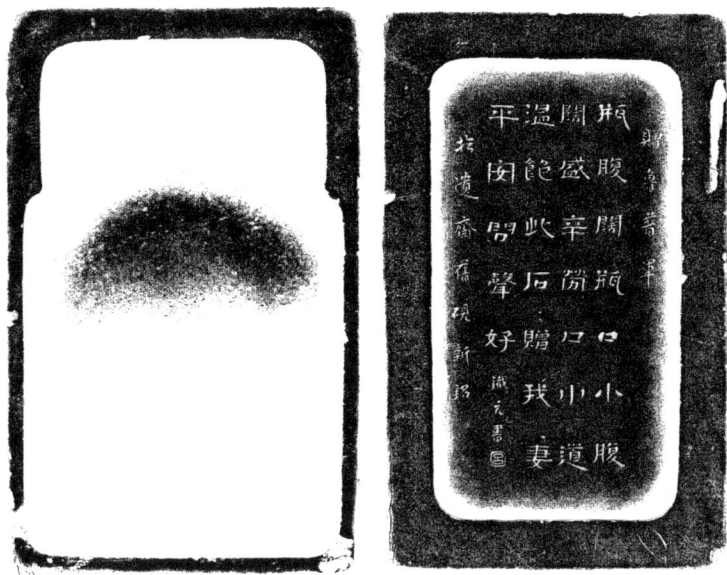

端石 · 瓶地式淌池砚

长 23.3 厘米、宽 14.7 厘米、高 3.3 厘米

色紫，质地细润，有豆绿石眼、刷丝纹等石品。面呈瓶地式，堂与池相连，堂微凹，背阴有墙足。造型圆润，做工精细。

刻铭：瓶腹阔，瓶口小。腹阔盛辛劳，口小道温饱。此石赠我妻，平安问声好。赠鲁普军，铁元书，拾遗斋旧砚新铭。（吕铁元书）

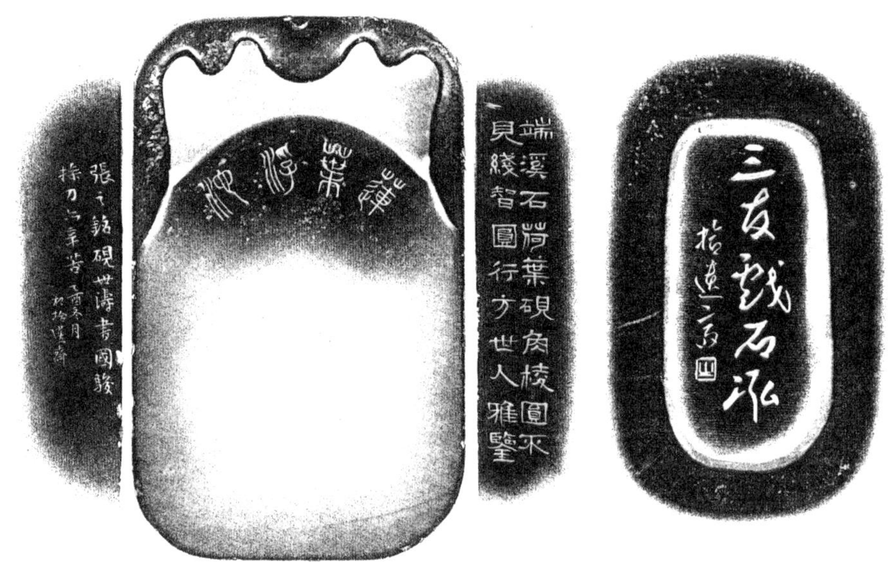

端石 · 三友戏石泓砚

长 20 厘米、宽 12.5 厘米、高 4.8 厘米

色紫，质地细润，池作荷叶形，有火捺、刷丝纹等石品。四侧圆滑内敛，寓圆于方。砚岗处刻“莲叶浮池”，背阴有墙足，刻有“三友戏石泓”。砚一侧刻“张之铭砚世涛书，国骏操刀亦辛苦”铭文。

刻铭：端溪石，荷叶砚。角棱圆，不见线。智圆行方，世人雅鉴。

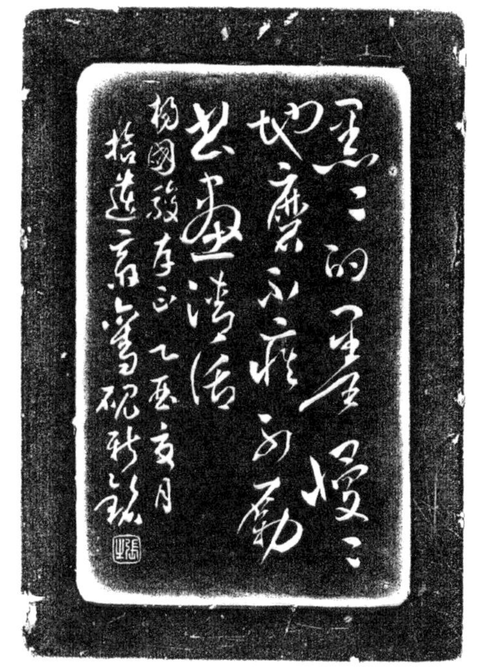

罗纹石·淌池砚

长 14.6 厘米、宽 10.5 厘米、高 2.4 厘米

色青泛绿，质细坚润，有银晕、眉子纹等石品。堂微凹，与池相连。砚岗佛肚状，背阴有矮墙足。雕工精细简练。

刻铭：黑黑的墨，慢慢地磨。不疾不厉，书画清活。杨国骏存正，乙酉夏月拾遗斋旧砚新铭。

作铭：歙石砚，质坚细。冰霜纹，呵以气。凿一池，留余地，大块文章绝妙句。

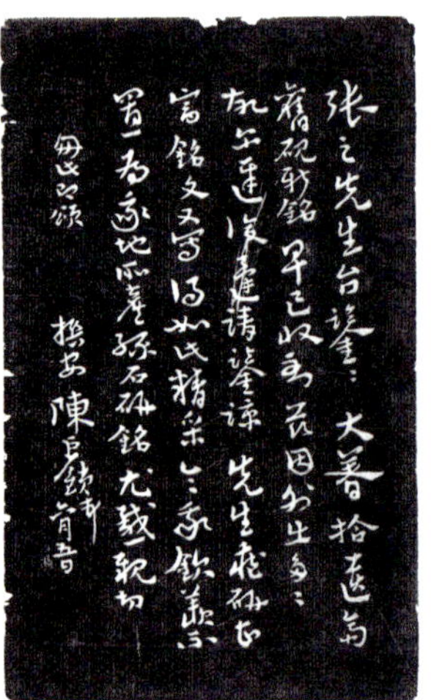

祁阳石·巨锁信文题铭砚

长 20 厘米、宽 12.3 厘米、高 3.3 厘米

祁阳石连环砚，色紫绿。质地细滑而沉。面层紫绿两色，连环线为紫色。雕有双凸十二连环，堂凹，紫绿纹理相间，做工精致，极有巧思。背阴刻有陈巨锁信文：“张之先生台鉴：大著《拾遗斋旧砚新铭》早已收到，兹因外出多多，故而迟复，还请鉴谅。先生藏研甚富，铭文又写得如此精彩，令我钦慕不置。为我地所产绿石研铭尤感亲切，匆此即颂撰安。陈巨锁顿六月五日。”

刻铭：交接巧构，环环相扣。连环何解，捉摸不透。事有因果，绝非偶凑。张之先生撰铭，陈巨锁书。

祁阳石，产于湖南省永州市祁阳县。祁阳石砚质地细嫩幼滑，清雅莹润，与端砚的颜色、质地接近，不分伯仲，常人难辨。纪晓岚有连环砚铭：“连环可解，我不敢知。知不可解者，以不解解之。”

金星石·榻砚图砚砖

长 20.2 厘米、宽 11.3 厘米、高 4.4 厘米

色黑，质地细润如玉，有铜屑、金星等石品。砚体敦厚正直。

刻铭：端歙易鲁，拓以为谱。砚毁谱存，留（流）传千古。己丑夏月，铭心斋题并刻。杜玉寒造像，拾遗斋勒石。

作铭：如铁之坚，如玉之润。不亚端歙，我爱之甚。秘藏砚林，未许轻问。

淄州金星石，又名“羲之石”，产于山东省临沂、费县一带。金星石砚始于西汉，历史上享有盛名。金星石砚色黑如墨，温润如玉，磨墨无声。金星石的金星，其形有圆、方、三角、多角和碎星，大的如豆，小如微尘。

黑端 · 祥云瑞兽砚

长 21 厘米、宽 15 厘米、高 4.5 厘米

色黑紫泛白状，质地润而细腻，纯洁无瑕，有微尘青花等石品。面略呈椭形，雕祥云瑞兽纹，背阴雕有高墙足。造型生动，做工精细，传世包浆开门。

书铭：祥云瑞兽，玲珑剔透。石质优秀，难得邂逅。今我遇之，天缘何厚。拾遗斋铭并记。

黑端，是端砚的一个品种的名称。清代陈龄的《端石拟》："黑端间青花，水坑中洞下岩之石，质极软嫩，细润如玉。其色青黑而带灰苍，湿则微紫，谓之黑端。"

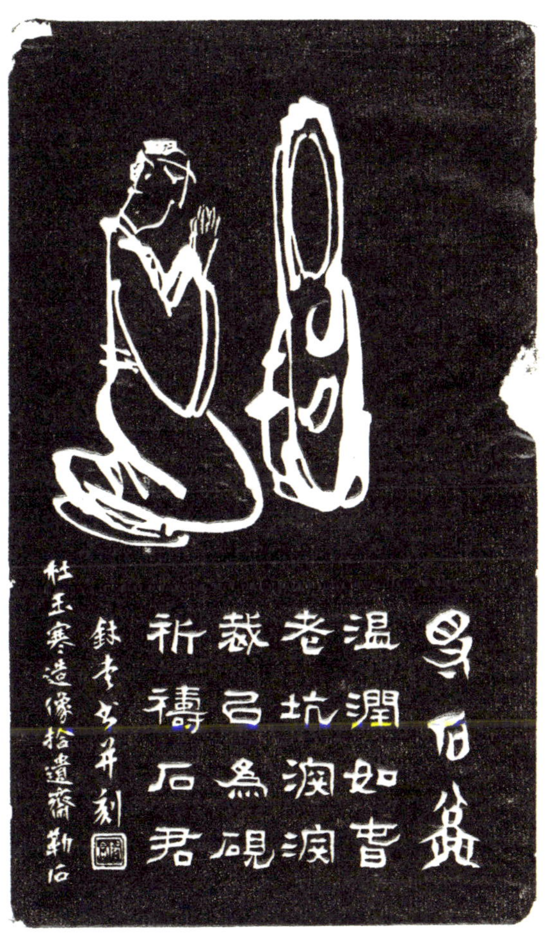

端石・得石图板砚

长 17.8 厘米、宽 10.8 厘米、高 2.8 厘米

色紫，质地细腻，有青花、绿绕等石品。做工矩正，旧气特征明显。

刻铭：温润如春，老坑深深。裁以为砚，祈祷石君。鉢堂书并刻，杜玉寒造像，拾遗斋勒石。（陶殿甲书）

作铭：行宜方正，不求过胜。修己明道，学以致用。

板砚，最早始于西汉。西汉的板砚，研石（研纽）为方形、圆柱形、梯形等。到了明代时又出现了一种板砚，从形式上和用途上与汉代板砚相较有大的变化。用途上除了研墨使用外，也可作为笔舔，以调理笔锋用之。还有一个重要的用途是将质地极品的石材、特色的石品保留下来，遂以制成板砚，以供观赏。

文山石 · 八棱砚

棱广 24.5 厘米、宽 22.5 厘米、高 1.9 厘米

色紫，质地细润。八棱也称八角，砚池渠形辟雍式。背阴墙足内刻铭，造型古朴典雅。

刻铭：非方非圆，亦方亦圆。八棱足备，气象万千。丁酉张之铭并书。

文山石因产于山西省定襄县河边镇的文山而得名。文山属于五台山南麓，故俗称“台砚”。五台山别名清凉山，有人称其名“清凉石砚”。文山古称“段亩山”，故亦称“段砚”。文山石有红、黑、紫、绿四种颜色，其中绿石有天然的行云流水图案，紫色石材有朱红、浅绿石眼，也称为“紫端”。文山石制砚可追溯到汉代，极盛于明清时期，从未失传间断。

五台县平原水乡大建安村出产砚台。盂山县李洪喜藏有老旧信封，正反面各印朱色楷体字：“恭贺年禧，崇德成石板砚台庄人鞠躬，有钱的出钱！大家出力！保国保家！自五台大建安村寄。”

端石 · 少狮戏球砚

长 18.5 厘米、宽 11.6 厘米、高 4.2 厘米

色紫，质地细润。堂展平阔，有火捺、银星等石品。砚堂微凹，额首雕双狮池，背阴高墙足刻有张之书“少狮戏球”篆书。造型古拙，惟妙惟肖。

刻铭：端石砚，紫气笼。双少狮，耍正浓。太狮不在任尔行，耍歇莫忘学一能。拾遗斋铭。

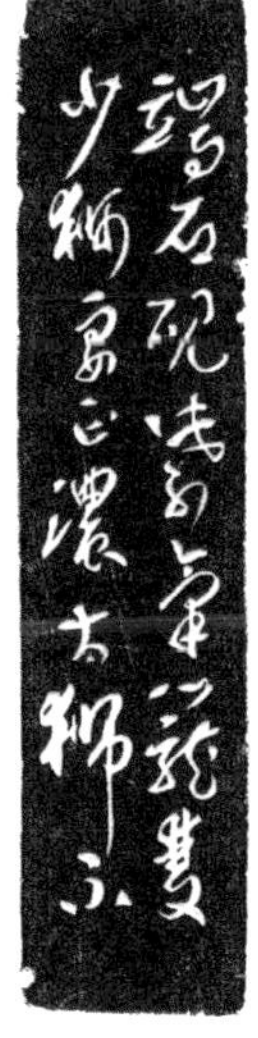

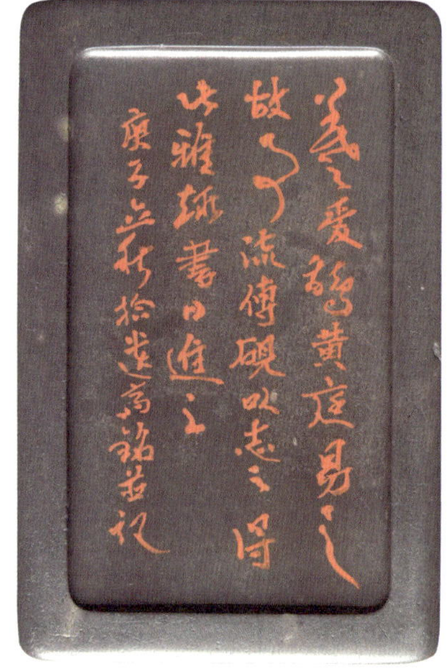

端石·羲之爱鹅砚

长 22 厘米、宽 14.4 厘米、高 3.6 厘米

色紫，石质细润，有蕉白、火捺、鱼脑、鹅毛绒碎点等石品。砚岗雕鹅纹，堂微凹，与池相连，背阴有墙足。造型古雅，雕工精致。

书铭：羲之爱鹅，黄庭易之。故事流传，砚以志之。得此雅趣，书日进之。庚子立秋，拾遗斋铭并记。

晋代王羲之爱鹅，被当作文人雅士情趣生活的体现。据传山阴县玉皇观有个道士用一群调养良好的白鹅，换取王羲之手书《黄庭经》，在民间可谓家喻户晓，后世将《黄庭经》称作《换鹅帖》。唐代李白在《送贺宾客归越》中所云“山阴道士如相见，应写《黄庭》换白鹅”便是引用这个典故。

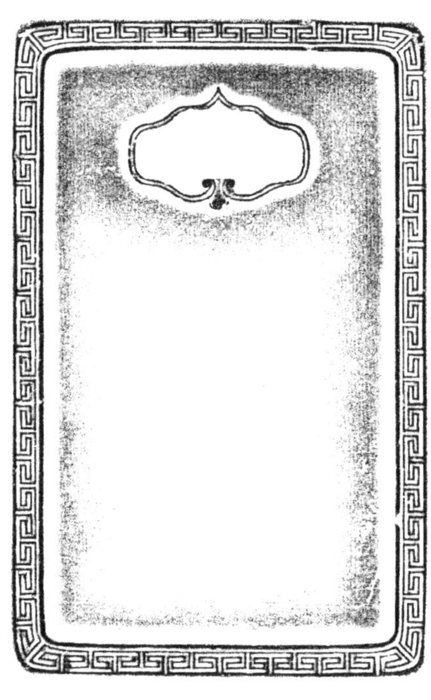

歙石・如意回纹砚

长 17 厘米、宽 11 厘米、高 3.2 厘米

色青，质地细密，有水波眉子纹等石品。额头雕如意池。砚堂平阔，砚缘雕回字纹。造型构图典雅，刻工精致。

刻铭：即墨侯，君我友。淡如水，斯而久。丁酉冬，拾遗斋铭张之书刻。

作铭：如意池，生吉祥。回纹线，团团转，一生一线出福缘。

回字纹因为其形状像汉字中的“回”字，又称回形纹，它是中国传统的吉祥图案，寓意源远流长、生生不息、安宁吉祥、止于至善等，经过上百年的洗礼而长存了下来。

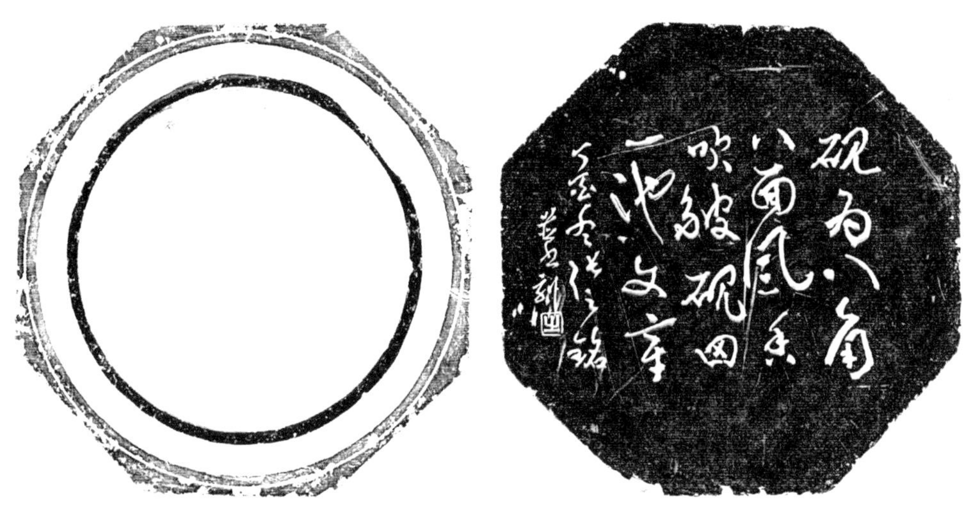

端石 · 四方四维砚

棱广 18.5 厘米、径 17.2 厘米、高 3 厘米

色紫，质地细腻，洁净无瑕。平面作等边八角形，堂开辟雍式，有池环绕。造型简朴，妙韵天成。

刻铭：砚为八角，八面风香。吹皱砚田，一池文章。丁酉冬，张之铭并书刻。

四方四维谓之八方也。四方，指各处，天下，泛指地面的四个方向，即东、南、西、北。四维佛学的四维又叫四隅，指东南、西南、东北、西北四个方向。一般是以四维加四方，称为八方；八方再加上下，称为十方。

洮河石 · 从军题铭砚

长 24.5 厘米、宽 18.5 厘米、高 4 厘米

色绿，质地细密晶莹，石层纹理相间，有水波纹、深蓝芝麻点等石品。砚面雕荷叶浮于池上，造型生动飘逸，做工精致。

刻铭：松枝绿，不褪色。曾在军旅，这般身碧。打过信号枪，吹过行军号，送过机要信，骑过电铁驴。如今执笔砚，不忘当初绿。从军五十年题记。辛丑正月克勤克俭，张之。

1971 年服役于中国人民解放军陆军一九四师通信连。看到此砚的身影，自然回顾解放军这所“大学”对我的培养锻炼，由砚而产生对那段时光的爱，快乐的心情油然而生。

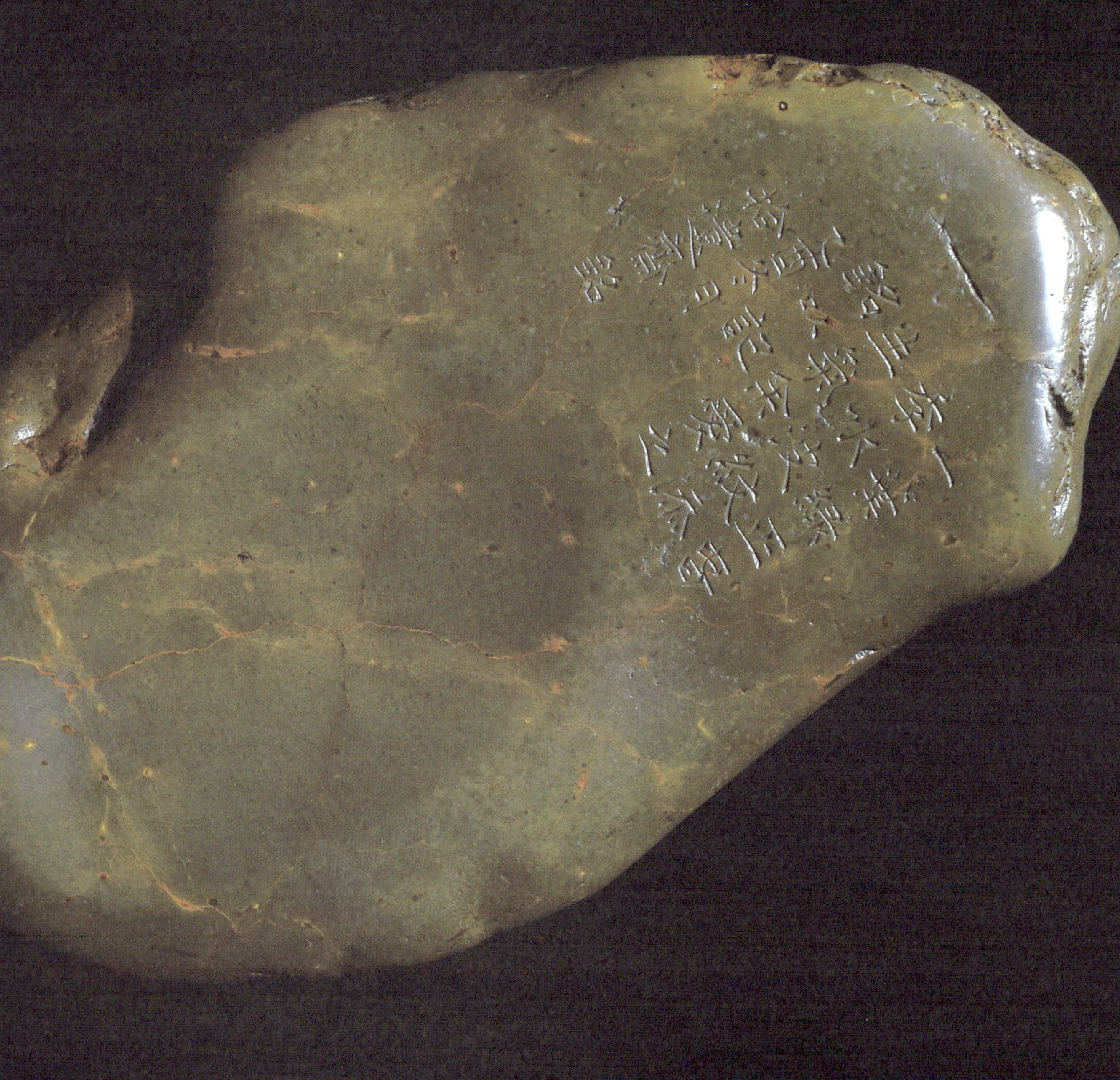

开绿石 · 五台绿影砚

长 17.8 厘米、宽 10 厘米、高 2 厘米

色绿，质坚细腻，晶莹如璆，有赤黄色水波纹、星点纹隐于石上，是一块河道独石。背阴刻有张之书“五台绿影”篆书四字，造型独自天然，极为美观。2000 年余开砚堂，配有梓檀木匣。

刻铭：一叶绿，正春季。水波纹，添生气。余爱之，铭以记。乙酉冬月，拾遗斋铭。（杨国骏书刻）

五台山石，产于山西省五台山西麓的文山。五台山砚又名台砚，制砚始于明代。石料有黑、绿、红、紫四种，黑如漆，绿如叶，红如丹，紫如肝，颜色纯净美观。质地刚中有柔，细腻不滑。叩之无声，性凉如冰。用之发墨快，汁不易干。

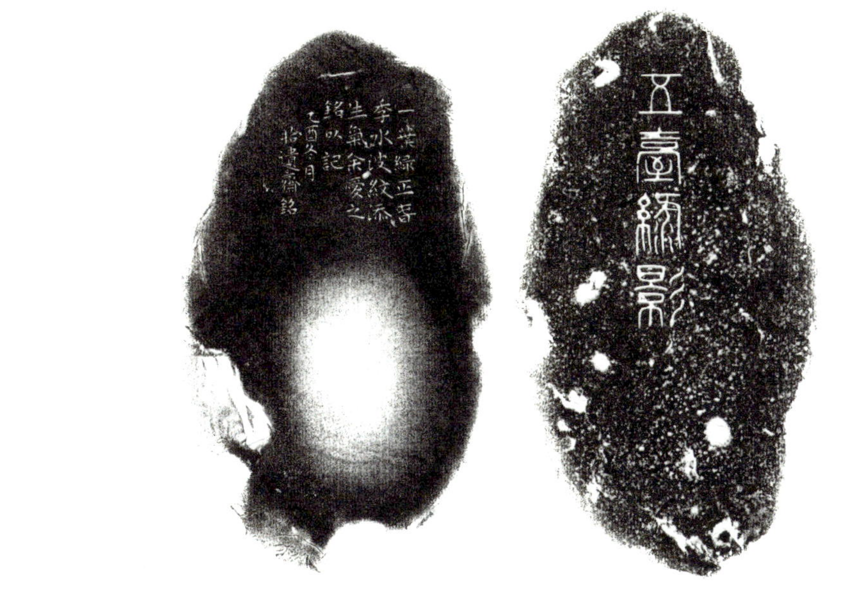
一葉綠正香
季水波紋流
生氣余愛之
銘以記
乙酉冬月
拾遺齋銘
五臺綠影

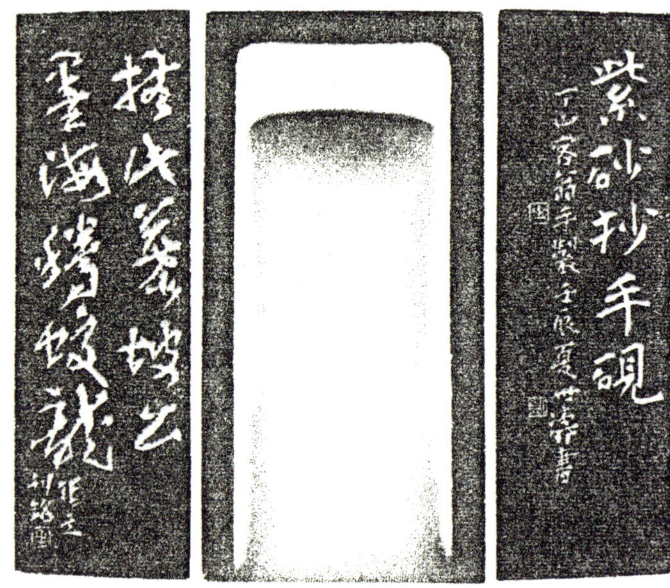

开紫砂·抄手砚

长 12.7 厘米、宽 6.4 厘米、高 4.1 厘米

色赤紫。砚面呈门地式，额首开一字池，堂平阔，四侧内敛。2012 年余制砚。

刻铭：紫砂抄手砚，丁山客翁手制，壬辰夏，世涛书。

刻铭：抚此慕坡公，墨海腾蛟龙。张之刊铭。

作铭：砂如星，色如端。似澄泥，晱其光。工取东坡抄手，手制紫袍一方。

紫砂砚盛于明清，北京故宫博物院馆藏紫砂砚有雍正紫砂胎金漆堆泥云蝠圆砚，紫砂仿唐御题诗八棱澄泥砚，紫砂仿古御题诗澄泥套砚。还有在 2011 年香港邦瀚斯秋拍中拍品雍正紫砂胎五彩堆泥策杖行旅图圆砚和 2015 年春季保利拍卖公司拍品紫砂御题诗仿青铜器虎符砚，都是紫砂砚中的精品，弥足珍贵。

开琉璃瓦 · 筒砚

长 30 厘米、宽 14 厘米、高 6.8 厘米

绿釉琉璃瓦，瓷土质地细密且坚硬，造型筒式，色泽明快。在古代，绿色琉璃瓦大多用于王公大臣府第、宗教寺院等建筑。2021 年 10 月余开砚。

作铭：艳而不浮，置之弥高，弯腰只为操刀。

别梦依稀咒逝川故园三十二年前红旗卷起农奴戟黑手高悬霸主鞭为有牺牲多壮志敢叫日月换新天喜看稻菽千重浪遍地英雄下夕烟

毛泽东七律到韶山诗一首

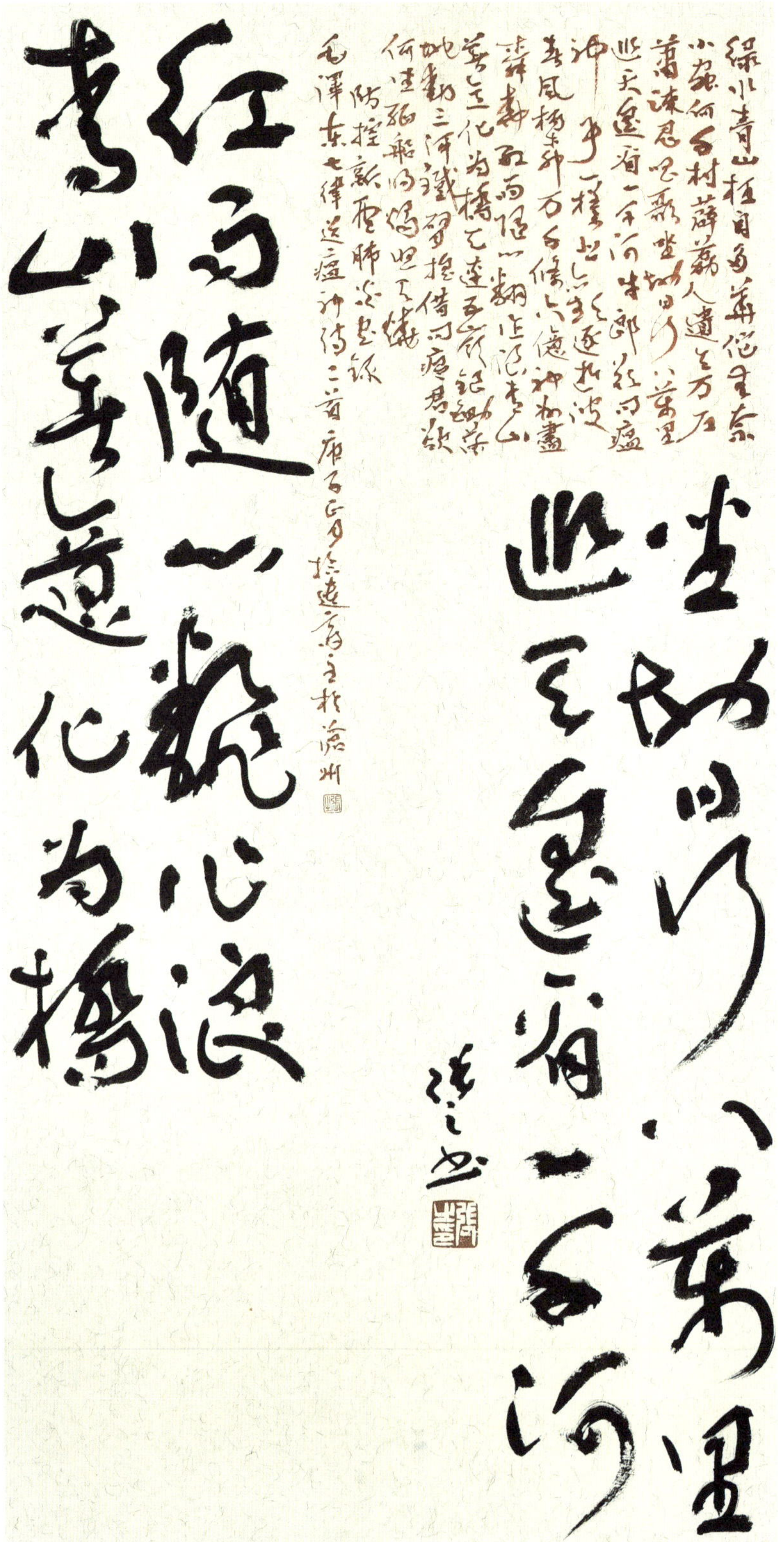

坐地日行八万里
巡天遥看一千河
红雨随心翻作浪
青山着意化为桥

绿水青山枉自多，华佗无奈小虫何。千村薜荔人遗矢，万户萧疏鬼唱歌。坐地日行八万里，巡天遥看一千河。牛郎欲问瘟神事，一样悲欢逐逝波。
春风杨柳万千条，六亿神州尽舜尧。红雨随心翻作浪，青山着意化为桥。天连五岭银锄落，地动三河铁臂摇。借问瘟君欲何往，纸船明烛照天烧。
防控新冠肺炎录
毛泽东七律送瘟神诗二首 庚子正月于远斋主于沧州

张之也

雅鉴

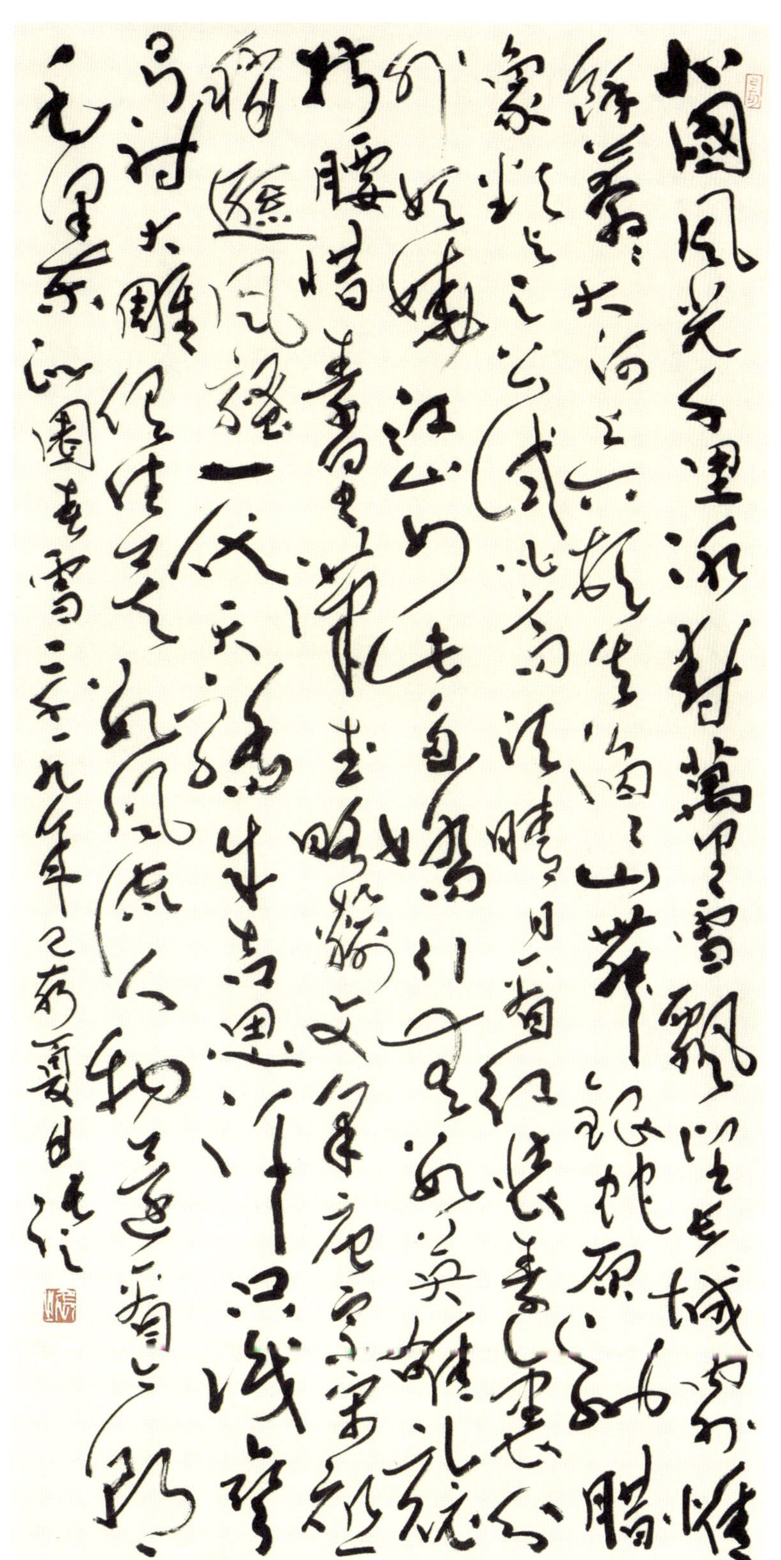

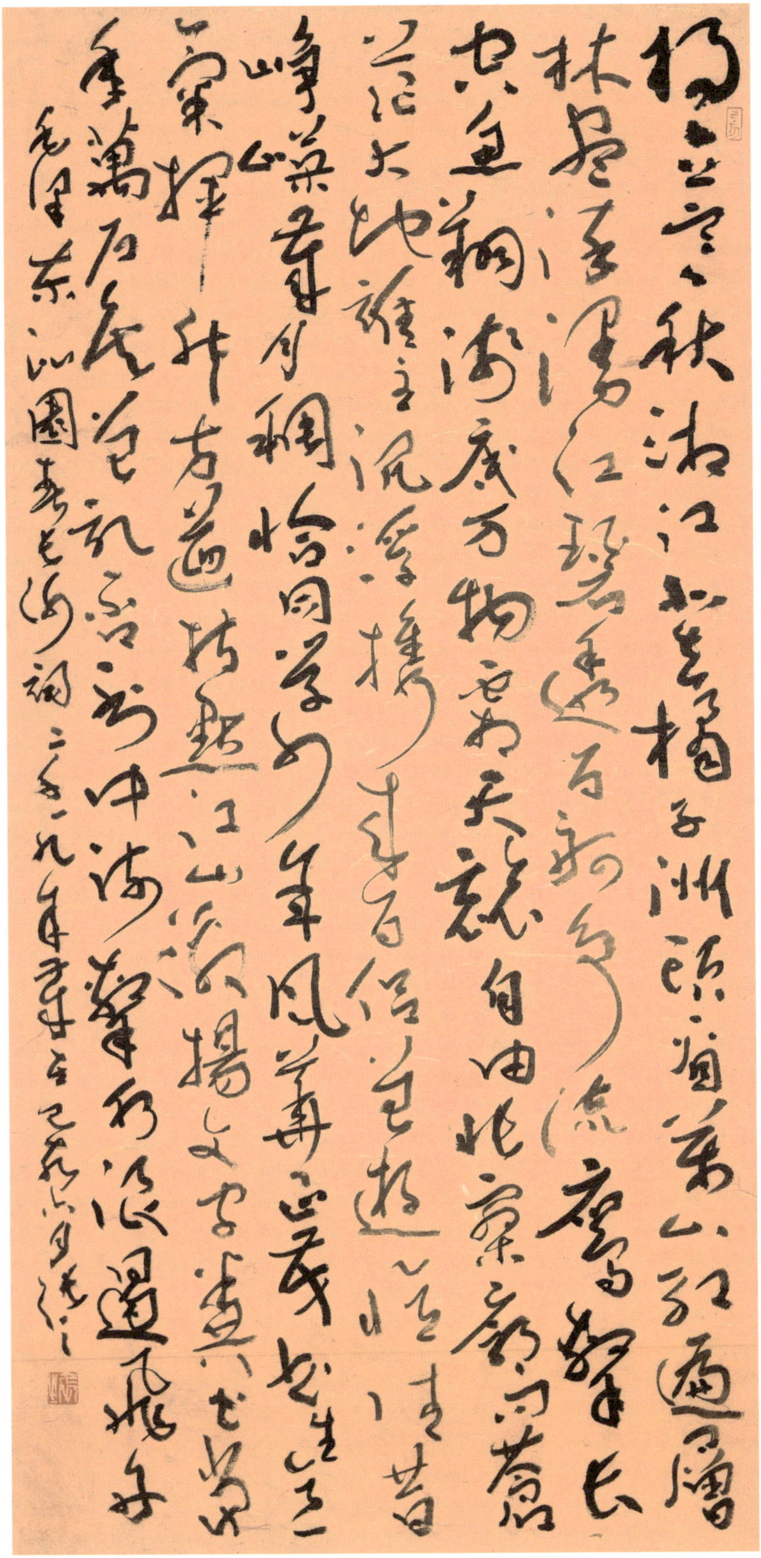

独立寒秋，湘江北去，橘子洲头。看万山红遍，层林尽染；漫江碧透，百舸争流。鹰击长空，鱼翔浅底，万类霜天竞自由。怅寥廓，问苍茫大地，谁主沉浮？携来百侣曾游，忆往昔峥嵘岁月稠。恰同学少年，风华正茂；书生意气，挥斥方遒。指点江山，激扬文字，粪土当年万户侯。曾记否，到中流击水，浪遏飞舟？

毛泽东沁园春长沙词 二〇一九年书于己亥六月

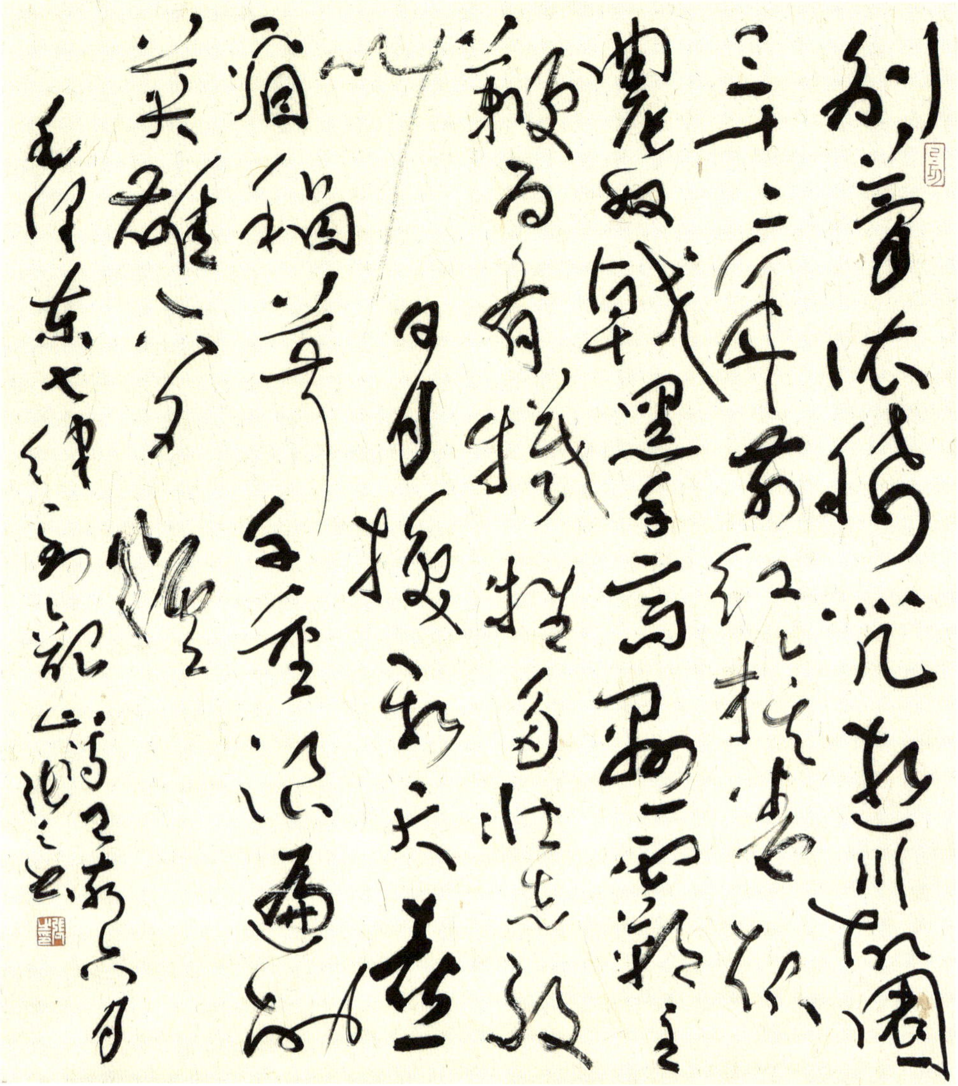

雅鉴

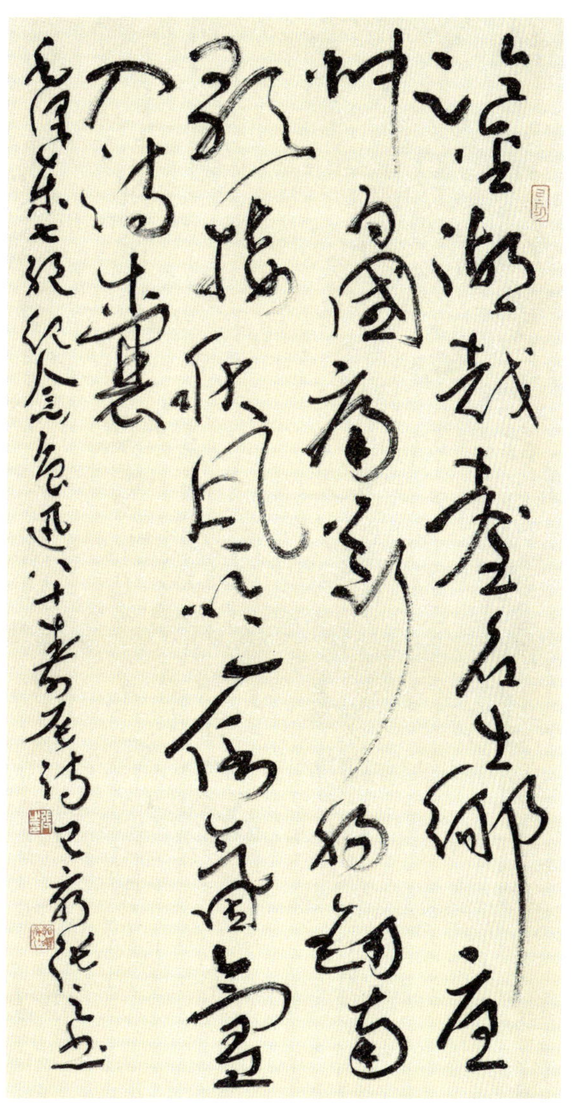

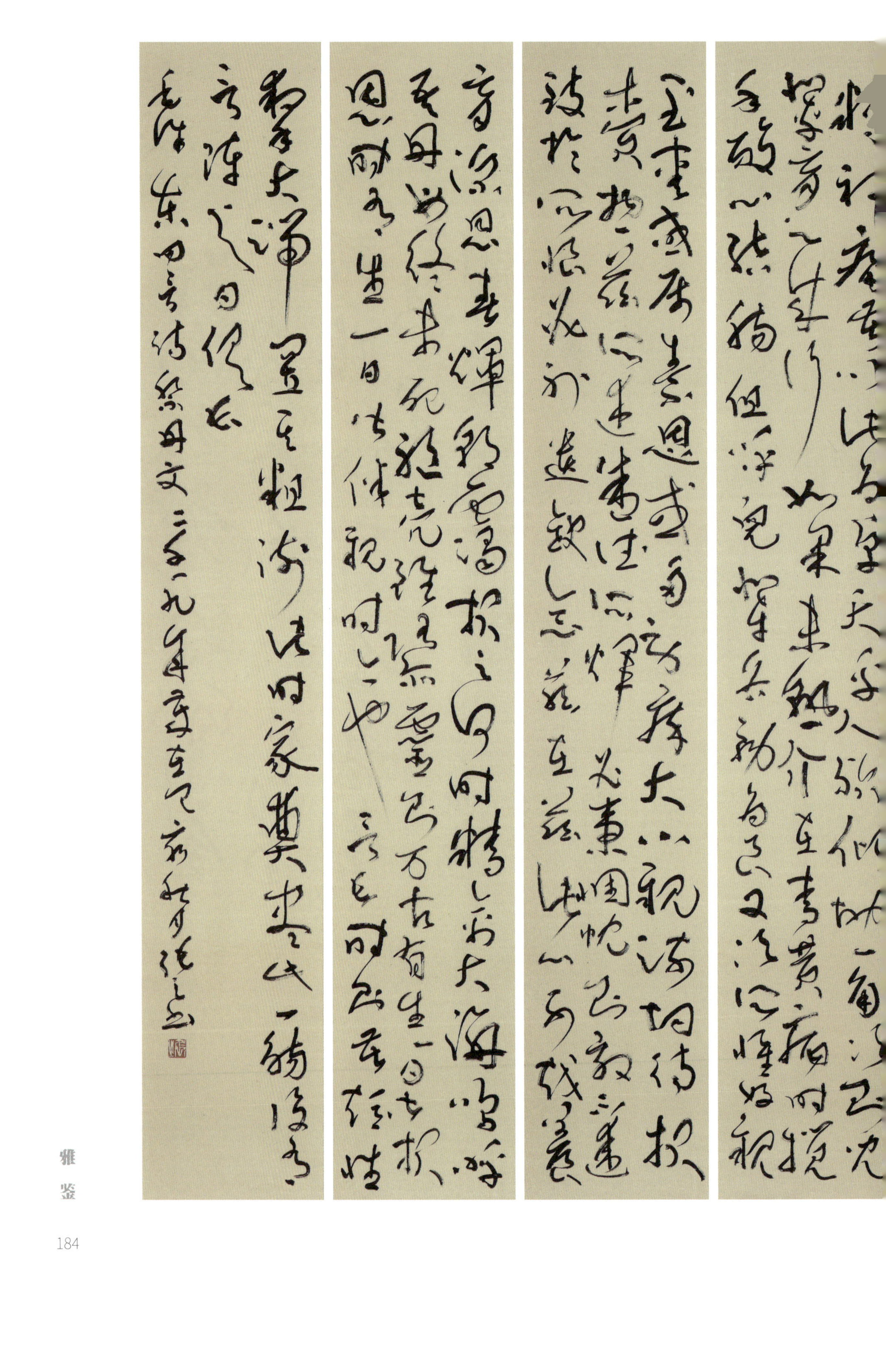

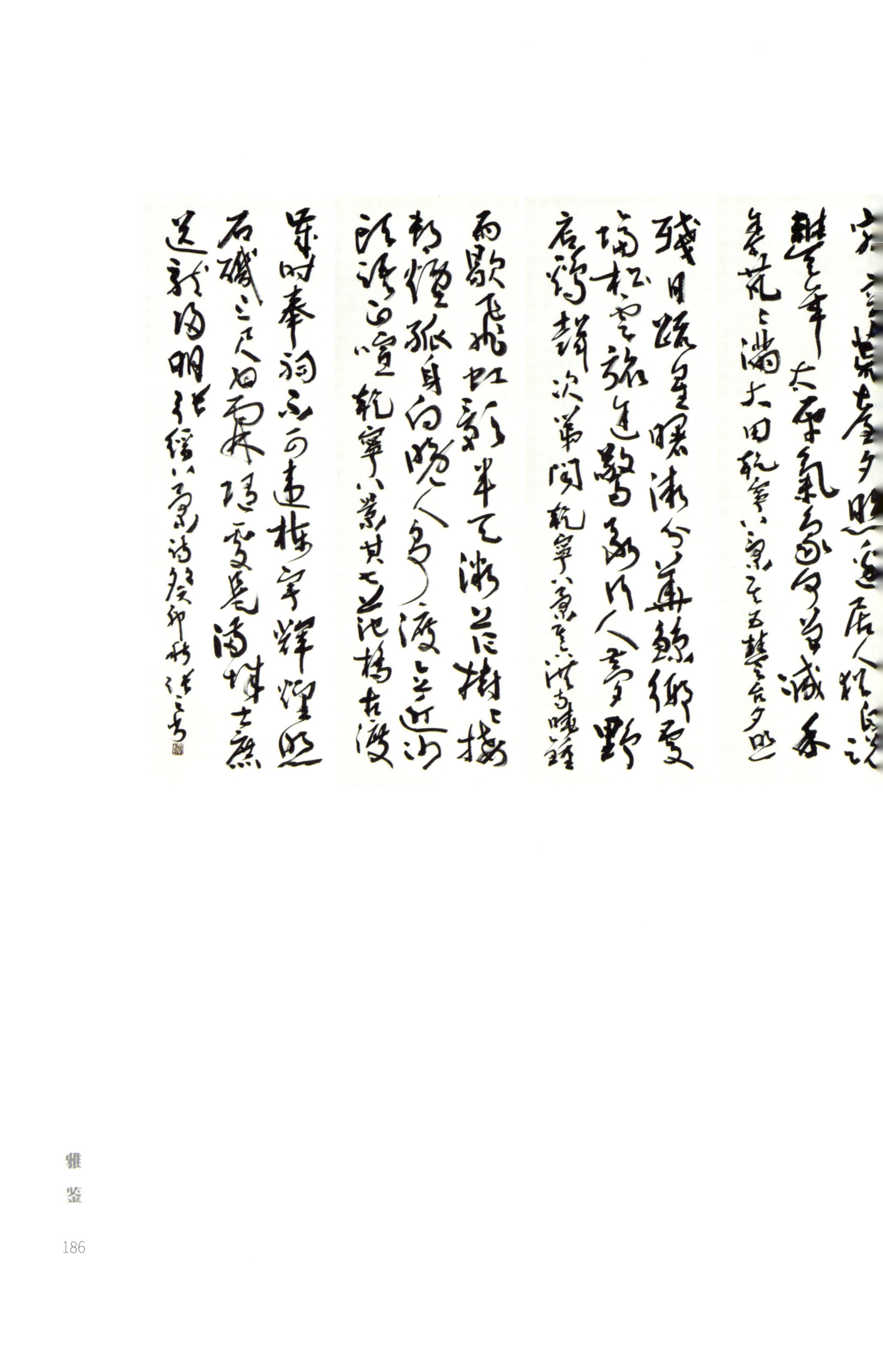

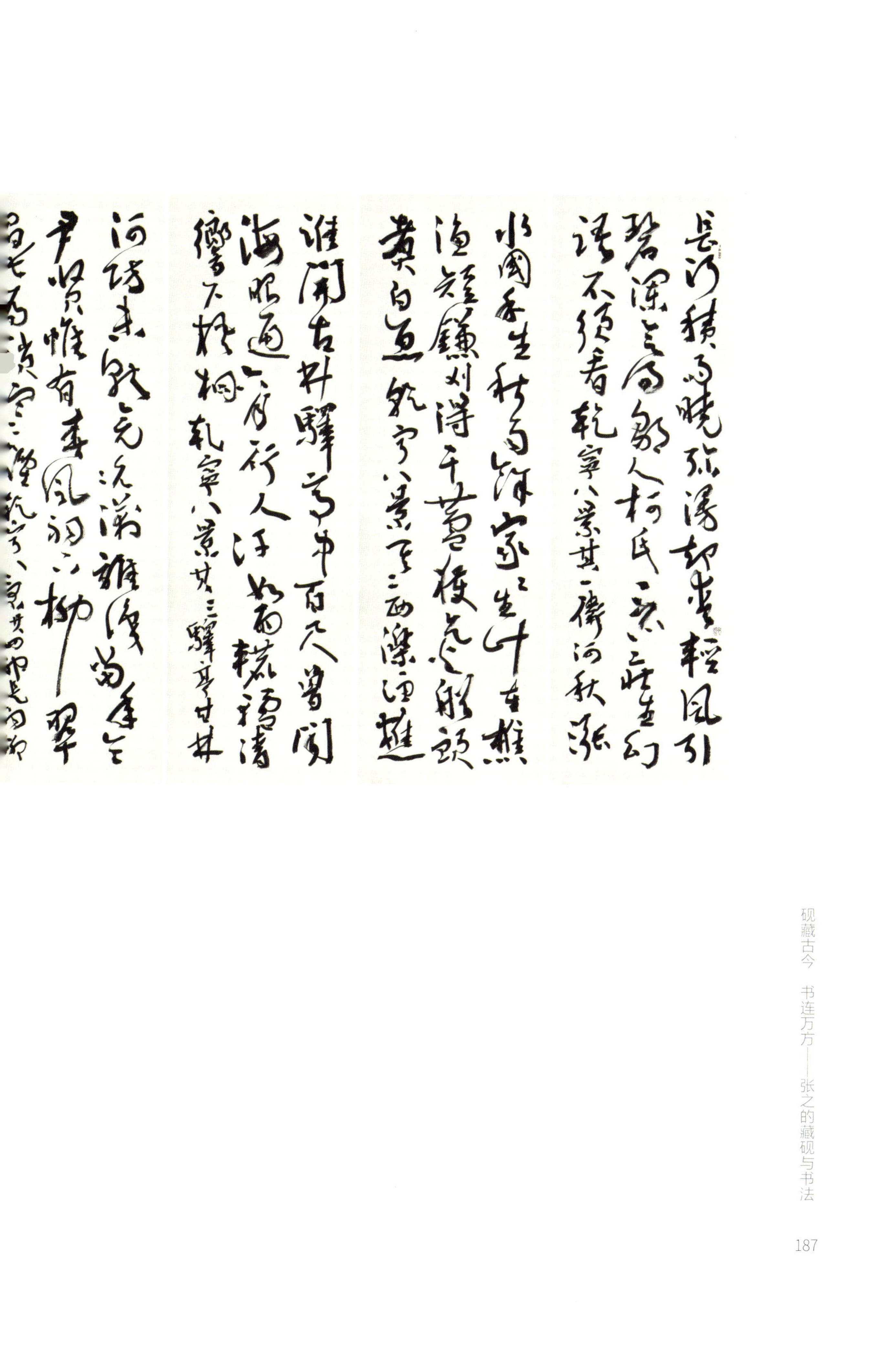

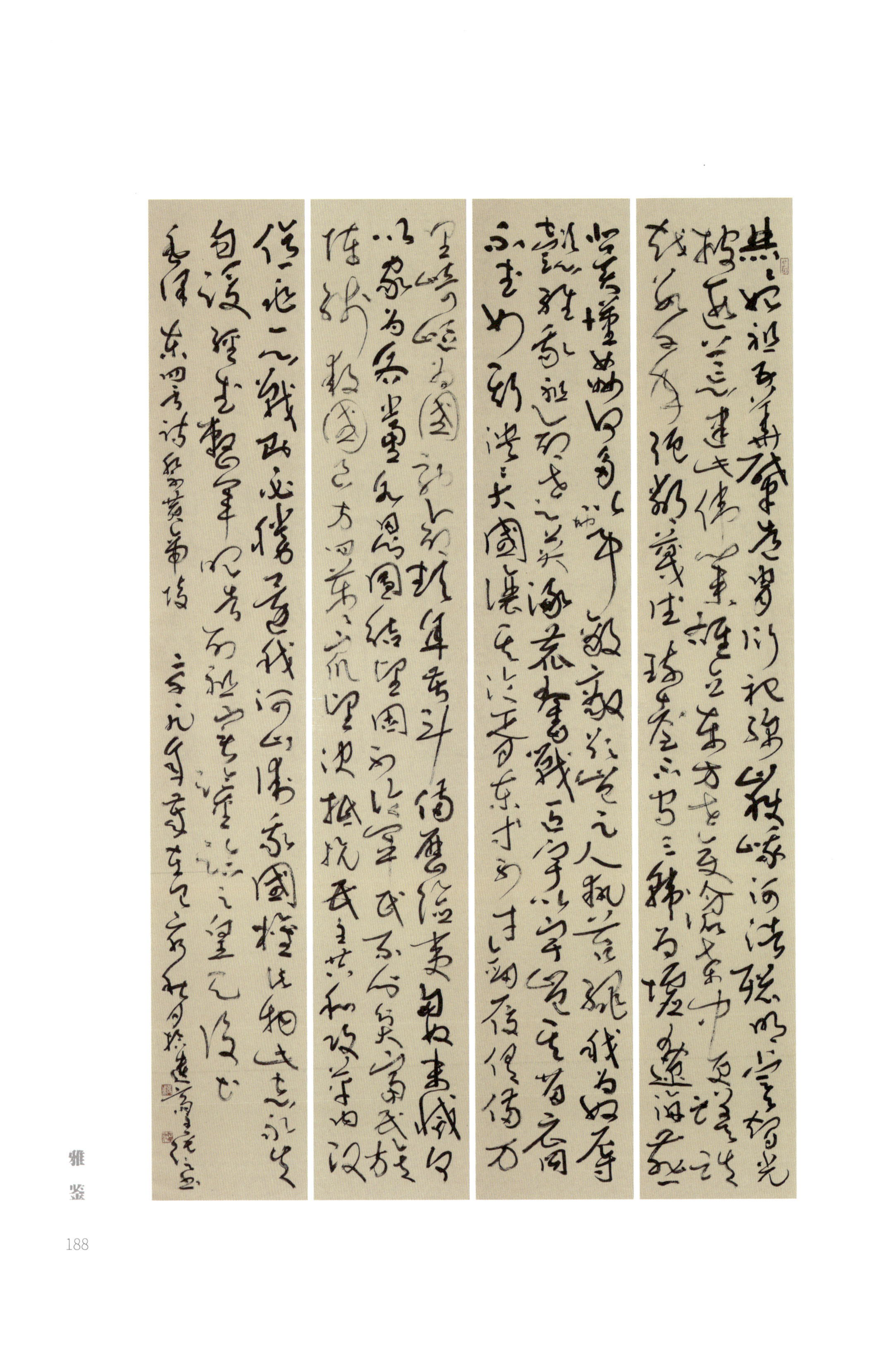

燕赵风骨　正大气象

——陈茂才的匾额与榜书

一

河北会堂、河北省人大文博馆、河北电力报、石家庄新华中学、裴艳玲大戏院、龙泉大桥……

这些充满正大气象的匾额门牌，或悬或立或卧于燕赵大地，既彰显着中国传统书法尤其是榜书艺术的内在质感，也体现着书写者的不凡气质。两者契合，相得益彰，可谓大美。面对这些作品，能够感受到扑面而来的人文气质，孕育于大洼，又超越大洼。

这些榜书作品就出自河北本土书家陈茂才先生之手。

陈茂才是国家一级美术师，中国书法家协会会员，河北省书画院院长，河北省书法家协会副主席、楷书委员会及教育委员会主任，河北省工艺美术学会副会长，河北省政协委员，河北省政府文史馆馆员，河北省书画诗词研究院副院长，中国人民大学艺术学院、河北大学艺术学院、河北科技大学、河北工程大学文学院、河北外国语学院、北京交通大学滨海学院客座教授，先后出版有《当代河北书法家陈茂才精品选》《陈茂才书法作品集》《新春联书法集萃》《诗书对话》等专著，主编了《鹅池点墨》《百年中国书法（当代卷）》等。

“风翰三十载，人书俱入秋。强健名燕赵，大河笔下流。”旭宇先生的诗歌是对陈茂才书法生涯和艺术造诣形象恰切的概括，而陈茂才日常却从不谈自己的书法成绩，谈得最多的是在反思中看到自己的不足，在不断地补差距中，拓宽审美视野，提升自我修为。

正是这种虚怀若谷、孜孜以求的品格，铸就了陈茂才先生匾额榜书正大、畅快的风骨气象，以及其书法雄强豪迈、率真俊逸、质朴浑厚、大气磅礴的艺术风格。其作品多次入选国家权威大展并荣获文化部第八届群星奖，被河北省文联授予“德艺双馨”文艺家称号。

1953 年 10 月，陈茂才出生于河北黄骅一个普通的农民家庭，深受满腹经纶祖父的启蒙，10 多岁时他就开始痴迷于写字。

就是在那个生活极其艰苦、资源极其匮乏的年代和环境中，他靠苦苦坚持，坚定地追求自己心中的书法梦，一遍一遍地用书圣王羲之入木三分、池水成墨的故事，筑牢自己的信念和意志，持之以恒，一路走来，五十个春秋冬夏的习书生涯，终于取得不菲的成就。

1972 年陈茂才应征入伍，从那时起直到转业地方，度过了整整 20 年。也正是这 20 年，陈茂才完成了由爱好向专业书家的蜕变。他对书法有了更冷静的思考。在艰苦紧张的军旅生涯中，陈茂才争分夺秒，忙里偷闲，继续他的书法研习和创作。军魂的威严、军人的坚毅刚强的豪气都自然而然地融入笔端，形成了独特的风格。

1992年陈茂才转业到沧州。1994年又调到石家庄工作，环境变了、角色变了，但是坚守艺术的心没变。省会的大环境给了他艺术发展的更大舞台，榜书成了他这一阶段新的艺术追求。他开始尝试借助碑刻的崎岖以强筋骨，借助书帖之精妙以藏底蕴，融于右任之宽博开张的体式、郭沫若抑扬顿挫的节奏韵律于一体，让书艺风格的个性化饱满起来。从此，榜书和匾额成为陈茂才书法艺术的主要载体。

二

坐落于河北省省会石家庄市的河北会堂，是河北省政治文化活动的重要场所，也是石家庄市的文化名片和重要景点之一。远远望去，“河北会堂”四个擘窠大字金光闪闪，卓然矗立于这幢巨型建筑之上，端厚而雄浑，平朴而灵秀，其恢宏气势，令人仰视之余，顿生佩服之意。它就出自陈茂才之手。1996年，他

受命题写“河北会堂”，倍感荣幸又颇有压力。如何写得有新意而又被行家认可、百姓喜欢呢？他认为“河北会堂”四个大字，要庄重阳刚，雄浑壮美，才能契合它的定位。为此，他冥思苦想，反复斟酌，一遍遍地练写。他查阅历代书家的资料，历时两个月，才把融汉隶之浑厚、魏碑之朴拙、行草之飞动的四个字写到自己觉得满意。当“河北会堂”被制作成每个字皆为三米见方的金字，悬于会堂高处时，陈茂才的内心久久不能平静。

当我们注视着陈茂才题写的“河北会堂”四个大字时，便能感受到一种跨越时空的文化力量。这四个字不仅仅是简单的标识，更是一种艺术与建筑完美融合的典范。其字体雄浑大气，每一笔都蕴含着深厚的文化底蕴。其用笔沉稳有力，刚劲果断，如大厦之基石，奠定了整个字的厚重感；运笔则含蓄内敛、朴茂端庄，展现出书法艺术的精妙变化。“河北会堂”四字与会堂建筑的宏伟气势相互呼应，让每一个路过的人都能感受到文化的震撼。

而“河北省科学技术馆”这一牌匾，则体现了陈茂才在匾额艺术上的另一种境界。科技馆是知识与科技的殿堂，他在题写时，巧妙地将科技的严谨与书法的灵动相结合。字体结构严谨，笔画之间的呼应关系体现出一种逻辑之美，仿佛在诉说着科学的内在秩序。同时，笔画的流畅又赋予了牌匾一种灵动的气息，暗示着科技的创新与活力。这种将场所的功能特点与书法艺术相融合的能力，是陈茂才牌匾艺术的独特魅力所在。

“裴艳玲大戏院”的牌匾则充满了艺术的韵味。裴艳玲是戏曲界的大师，大戏院承载着戏曲文化的传承与发展。陈茂才在题写这个牌匾时，充分考虑了戏曲文化的丰富内涵。字体中融入了戏曲的韵律和节奏感，笔画的粗细变化、疏密安排就像戏曲中的唱腔和动作一样，有起有伏、有张有弛。当人们站在大戏院前，看到这块牌匾，仿佛能听到戏曲的悠扬旋律，感受到戏曲艺术的博大精深。

在题写这些牌匾的过程中，陈茂才展现出了对书法艺术和文化内涵的深刻理解。他深知牌匾不仅仅是一个名字的展示，更是一种文化传承和表达的载体。对于每一个牌匾的创作，他都要深入研究其背后的文化背景和功能特点。在书写之前，他会反复思考字体的选择、结构的设计以及整体的风格取向。他从传统书法的宝库中汲取灵感，无论是古代碑帖还是经典书法作品，都成为他创作的源泉。同时，他又根据现代建筑和环境的特点，对传统书法进行创新和调整。例如，在一些大型商业建筑的牌匾创作中，他会在保证书法艺术品质的前提下，适当考虑商业氛围的营造，使牌匾既具有艺术价值又能吸引顾客的目光。

陈茂才的匾额书法艺术还注重与周围环境的和谐统一。他会亲自到牌匾悬挂的现场考察，观察建筑的风格、周边的景观以及人流量等因素。比如在为公园题写牌匾时，他会根据公园的自然景观和休闲氛围，选择一种自然、舒缓的书法风格，让牌匾与绿树成荫、花草繁茂的环境相融合。而对于一些历史文化建筑的牌匾，他则会突出其历史厚重感，采用古朴典雅的字体，使牌匾成为建筑历史文化的一部分。他的牌匾艺术已经成为城市文化建设中不可或缺的元素，丰富了城市的文化内涵，提升了城市的文化品位。

三

陈茂才的榜书艺术堪称一绝，犹如书法艺术海洋中的巨浪，以其独特的魅力和震撼力吸引着众人的目光。

在 2005 年“艺术河北北京行”活动中，他创作的榜书作品《风畅云和》惊

艳全场。这幅作品如风樯阵马，激荡人心。人们站在作品前，首先感受到的是一种大气磅礴的气势。每一个字都像是有生命的个体，在宣纸上跳跃舞动。“风”字如一阵疾风，笔画的走势如同狂风中的气流，有一股不可阻挡的力量；“畅”字则给人一种舒畅、豁达的感觉，笔画的流畅性体现出一种心境的开阔；“云”字宛如天空中飘动的白云，形态各异却又和谐统一，给人以空灵、自在的视觉享受；“和”字则是整个作品的灵魂所在，它将其他三个字的力量和韵味融合在一起，体现出一种和谐、美好的意境。《河北日报》头版刊文对其高度评价，这不仅是对这幅作品的认可，更是对陈茂才榜书艺术的赞誉。

2006 年“艺术河北上海行”活动中，他的榜书作品《瞰海》更是引起了业界的轰动。这幅字径达两米的巨作，堪称榜书艺术的经典之作。站在“瞰海”二字面前，仿佛能感受到大海的波涛汹涌。陈茂才在创作这幅作品时，充分展现了他对榜书艺术的深刻理解和高超技艺。他手握如椽大笔，运笔似风，泼墨如瀑。起笔之时，如海浪涌起，气势雄浑；行笔之间，犹如海浪奔腾，汹涌澎湃；收笔之处，又似海浪拍岸，余韵悠长。整个作品的线条刚劲有力，笔画粗壮雄浑，每一笔都充满了力量感和张力。这种力量并非简单粗暴，而是蕴含着一种内在的韵律和节奏，就像大海的波涛有其自身的规律一样。

在榜书创作中，陈茂才对笔墨的运用达到了出神入化的境界。他深知榜书由于字径巨大，对笔墨的要求极高。在书写《瞰海》这样的作品时，他会提前精心准备笔墨。他选择合适的毛笔，根据字的大小和书写风格，对毛笔的毫毛长度、硬度等都有严格要求。在墨的使用上，他会根据作品想要表达的意境来调配墨的浓度。对于需要表现雄浑气势的作品，他可能会使用较浓的墨，让笔画更加厚重、深沉；而对于一些需要表现空灵意境的作品，他则会适当稀释墨汁，营造出一种淡雅、缥缈的效果。

同时，他在榜书的布局和结构方面也有着独特的见解。在创作大型榜书作品时，他不仅仅关注单个字的完美，更注重字与字之间的呼应关系和整体的布局平衡。他会根据作品的内容和空间大小，合理安排字的大小、疏密和位置。例如在

创作一些四字榜书作品时，他会通过字的大小变化、笔画的粗细对比等手段，营造出一种视觉上的节奏感。有的字可能会写得较为紧凑，以突出力量感；而有的字则会适当舒展，体现出一种舒缓的韵律。这种对布局和结构的精心处理，使得他的榜书作品在整体上呈现出一种和谐、稳定的美感，同时又不失变化和灵动。

陈茂才的榜书艺术是他多年书法实践和艺术修养的结晶。他从传统书法中汲取营养，融合了篆、隶、楷、行、草等多种书体的特点。在榜书中，我们可以看到篆书的古朴、隶书的端庄、楷书的严谨、行书的流畅和草书的奔放。他将这些不同书体的元素巧妙地融合在一起，创造出了属于自己的榜书风格。这种风格既有着传统书法的深厚底蕴，又有着现代艺术的创新精神，为榜书艺术的发展注入了新的活力。

陈茂才作为一位有担当的书法家，他的价值不仅仅体现在艺术作品本身，更体现在其对社会的广泛贡献和积极影响上。

2014 年，陈茂才创办了河北省书画院，这为河北乃至全国的书画艺术发展搭建了一个重要的平台。书画院以“传承经典、创新文化、弘扬正道、筑建文明”为办院宗旨，自成立以来，积极开展各种活动，先后组织大小活动百余场。这些活动涵盖了书画展览、学术研讨、公益拍卖、艺术讲座等多个方面，为书画艺术家们提供了交流与展示的机会，也为广大书画爱好者提供了学习和欣赏的平台。

2015 年全国助残日，陈茂才组织 200 余位书画家开展义卖义拍活动，这一善举充分体现了他的公益之心。此次活动筹得 160 万元善款，全部捐给河北省残疾人福利基金会。这不仅为残疾人事业提供了有力的支持，也在社会上引起了强烈的反响。他的行为得到了省领导的肯定和赞誉，成为社会各界学习的榜样。这次活动不是一次简单的捐款，而是一种文化与爱心的传递。书画作品作为文化的载体，在义卖义拍过程中，将艺术的价值转化为了对弱势群体的关爱，让更多人感受到了文化的温暖力量。

在文化传承方面，陈茂才更是不遗余力。他积极开展书画教育活动，通过建立书画教育基地、书画创作基地、书画教研培训基地等多种形式，广泛传播书画艺术。这些基地分布在不同地区，涵盖了不同年龄段和社会群体。在高校，他举办书法讲座，向年轻学子们讲述书法的历史、技巧和文化内涵，激发他们对书法艺术的兴趣，为书法艺术的传承培养了一批有潜力的新生力量。在中小学，他深入课堂，现场示范书法创作，让孩子们亲身感受书法的魅力，将书法的种子播撒在孩子们的心中。在军营，他为战士们传授书法技艺，让军魂与墨韵相互交融，丰富了战士们的精神世界。在企业、社区、农村等地，他也积极开展书法活动，让更多普通民众有机会接触和了解书法艺术。通过这些广泛而深入的教育活动，使书画艺术在更广泛的社会层面得到了传承和发展。

在国际文化交流中，陈茂才也发挥了积极作用。他多次随河北文化交流团到台湾等地进行访问，在当地举办书法讲座和现场表演。在台湾，他的书法作品受到了当地民众的热烈欢迎，他的讲座和表演让台湾同胞更加深入地了解了大陆的书法艺术和文化传统。这种文化交流活动增进了两岸同胞之间的情感联系，促进了两岸文化的相互认同和融合。同时，他的书法作品在国际上的展览中也备受关注，为中国书法艺术在国际上的传播和推广做出了积极贡献。他的作品向世界展示了中国书法艺术的博大精深，让更多国际友人对中国文化产生了浓厚的兴趣。

总之，陈茂才以自己的实际行动践行了一位艺术家的社会责任和担当。他的艺术成就为社会带来了美的享受，他的公益活动为弱势群体送去了温暖，他的文化传承和国际交流活动为中国文化的发展和传播发挥了积极作用。

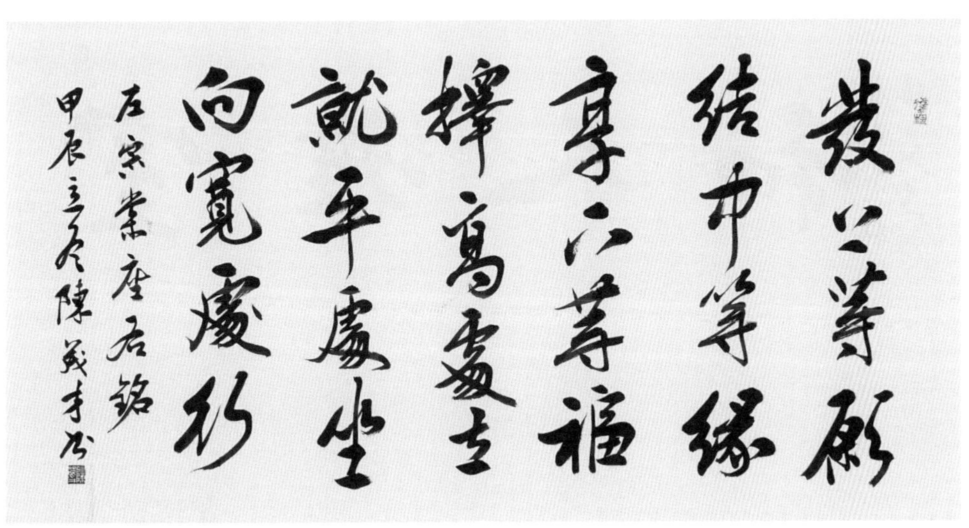

天順人和

壬寅孟秋 陳政才

惠風和暢

壬寅之夏 陳政才

知行合一

張屹川共勉 壬寅陳政才

室雅人和

庚子中秋 陳政才

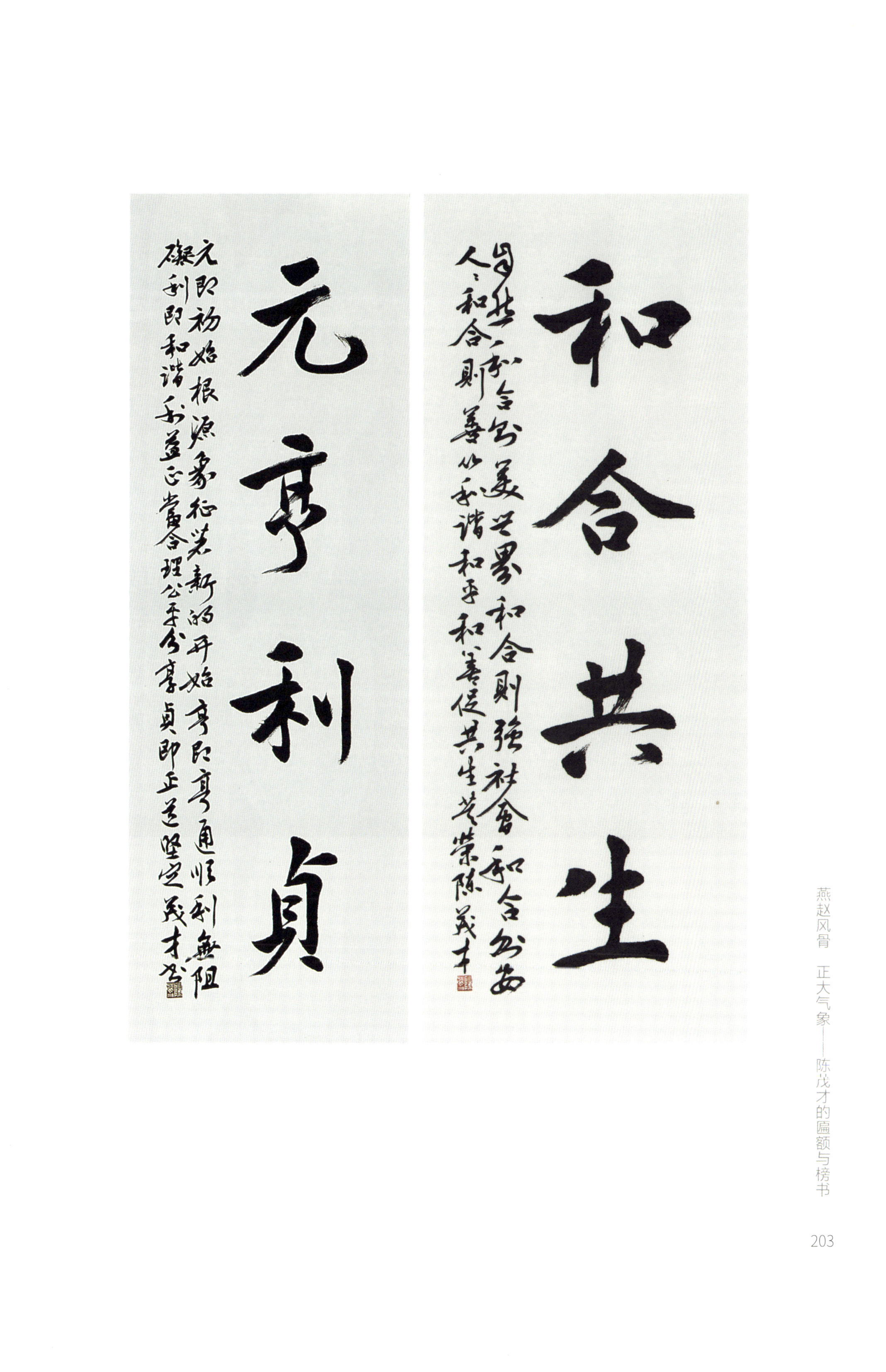

元亨利貞

和合共生

過拾遺厲清八荒奉魁承杓綏億衙彊春
宣聖恩秋貶若霜無偏蕩〻貞雅以方寧
靜烝庶政與乾通輔主匡君循禮有常咸
曉地理知世紀綱言必忠義匪石厥章恢
弘大節讜而益明揆往卓今謀合朝情醳
艱即安有勳有榮禹鑿龍門君其繼縱上
順斗極下答坤皇自南自北四海攸通君
子安樂庶士悅雍商人咸憘農夫永同春
秋記異今而紀功垂流億載世嘆誦

序曰明哉仁知豫識難易原度天道安危
所歸勤〻竭誠榮名休麗五官掾南鄭趙
邵字季南屬褒中鼂漢彊字產伯書佐西
成王戒字文寶主王府君閔谷道危難分
置六部道橋特遣行丞事西成韓朖字顯
公都督掾南鄭魏整字伯玉後遣趙
誦字公梁案察中曹卓行造作石積萬世
之基或解高格下就平易行者欣然焉伯
玉即日徙署行丞事守安陽長

石門頌全稱漢故司隸校尉楗為楊君頌漢世稱為石門頌是東漢建和二年公元一四八年由當時漢中太守王升撰文書佐王戒書丹刻於石門內壁西側的一方摩崖石刻是隸書書法作品現藏於漢中博物館石門頌歌頌了東漢漢順帝時的司隸校尉楗為今四川樂山人楊孟文數上奏請脩褒斜道的事跡整塊摩崖通寬二百零五厘米高二百六十一厘米碑額高五十四厘米石門頌多用圓筆逆鋒起筆回鋒收筆線條沉着勁道結字舒展放縱體勢瘦勁飄逸自然有隸書中的草書之稱是漢隸中的精品佳作石門頌是中國書法史上的一座豐碑它與略陽的郙閣頌甘肅成縣的西狹頌並稱為漢三頌是漢代頌體代表作二零二二年十二月三十一日陳義才臨於石家莊

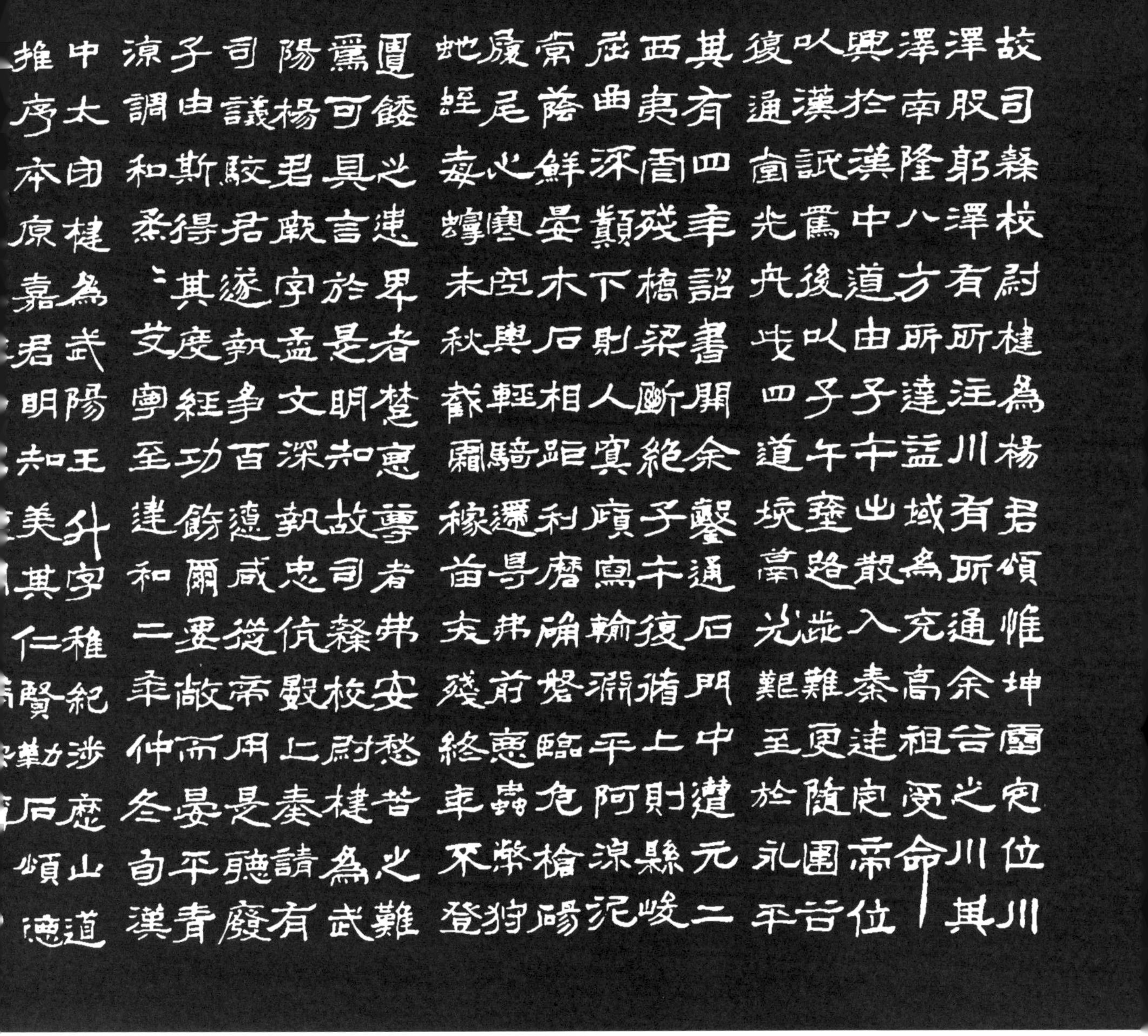

故司隸校尉楗為楊君頌惟坤靈定位川
澤股躬澤有所注川有所通余谷之川其
澤南隆八方所達益域為充高祖受命
興於漢中道由子午出散入秦建定帝位
以漢詆焉後以子午途路澀難更隨圍谷
復通堂光凡此四道垓鬲尤艱至於永平
其有四年詔書開余鑿通石門中遭元二
西夷虐殘橋梁斷絕子午復循上則縣峻
屈曲流顛下則入冥廎寫輸淵平阿泉泥
常蔭鮮晏木石相距利磨確盤臨危槍碣
履尾心寒空輿輕騎遰礙弗前惡蟲蔽狩
蛇蛭毒蟃未秋截霜稼苗夭殘終年不登
匱餧之患卑者楚惡尊者弗安愁苦之難
焉可具言於是明知故司隸校尉楗為武
陽楊君厥字孟文深執忠伉數上奏請有
司議駮君遂執爭百遼咸從帝用是聽廢
子由斯得其度經功飭爾要敞而晏平青
涼調和烝〃艾寧至建和二年仲冬旬漢
中太守楗為武陽王升字稚紀涉歷山道
推序本原嘉君明知美其仁賢勒石頌德

文章有象 大雅扶轮

——何香久的著书、藏书与修书

著书不为稻粱谋

何香久自诩说他生活在清朝。

他看线装书，用毛笔写信，能写一手漂亮的骈四俪六的古文，不会上网，不会玩微信，不会打字，不开博客，没有 QQ 号，不会发电子邮件，不懂电子购物，不会开车（甚至不太认识汽车品牌），不会换灯泡（以前螺丝扣的能换，现在则不能了，灯泡坏了拿两包烟请小区保安帮忙），不会跳舞，不会打麻将……总的来说一句话，他离现代生活真的是十分遥远。在这个日新月异的时代，他是个异类。

他不是有意识地抵触这些现代化的东西，

更不是故意拿自己的短板来标榜，以彰示个性。他是真笨，对这些没一丁点感觉。在沧州他算是较早有电脑的人，20 世纪 90 年代初他被评为河北省十佳青年作家，奖品就是一台电脑。他问铁凝，玩转这东西得花多少工夫？铁凝说大概半年就可以。他回到沧州就把电脑抱到政协去了。那时政协文史委正在编《沧州通典》，苦于没有电脑，而他又没有花半年工夫的耐性。比他年长得多的报社总编刘桂茂先生为教他上网，倒请他吃饭，吃了好几顿也没把他教会，气得说了一句话："真是朽木不可雕也！"他也算是较早有手机的那拨人，从"大哥大"时代就开始拥有移动通信设备，用上了当时"土豪"们才有的"半头砖"，但他直到本世纪 10 年代还在用一种老式的翻盖手机，连彩信都接收不到。人家笑他老土，劝他换个触摸屏，他说：这款手机我一次买了四个，就是怕以后更新换代买不到了。

他甚至不旅游！开会到什么地方，会议一结束，夹包就走，对方安排的参观项目一概谢绝。所以他走遍了全国，竟没有在一处名山胜水驻足。听别人谈某地风景名胜，茫茫然一头雾水。他不但没出过国，连"境"也没出过，港澳对于他还只是一个地理概念。所以他出版了上百部书，竟然连一篇游记也没写过。

这真不像一个诗人。

可他确确实实是一个诗人。

他早年以诗知名于文坛，发表第一首诗时 15 岁，还在读中学。20 世纪 80 年代，曾是有影响的现代派诗人。他参加过青春诗会，是冲浪诗社的成员，现在有了 50 多年诗龄，出版过《海神之树》《如果把你比做海》《灰色马，灰色骑手》《何香久抒情诗选》《何香久诗选》《海上蝴蝶》《一苇渡江》《四个二十四重奏》等 15 部诗集，很多作品被译为英、法、日和西班牙文。作为一个诗人，何香久说他最敬畏的文学样式是诗。他每两三年出版一部诗集，但从 20 世纪 90 年代以后，他却绝少向报刊投稿了。诗写了，就存在本子上，出集子时打包发表。他更多地倾注在诗歌阅读和思考方面。他说，我不会停止写诗，也不会停止对诗歌的关注与思考。一个诗人的文字生涯，从开始的那天起，就已经被一种宿命所“绑架”了——一旦与诗结缘，终其一生，不会割舍。

他是一位风格卓异的小说家和传记文学作家。在北京大学中文系的毕业之作即是中短篇小说集《红鱼》，大获导师称赞。之后又出版了中短篇小说集《诱惑红》《一条河的诞生》，长篇小说《万家江湖》《蚩尤旗》《焦裕禄》等，以及传记

文学《吕后传》、《旷代大儒——纪晓岚传》(中国百位文化名人传记丛书)、《李大钊》、《焦裕禄传》(三种)等10余部。他的中短篇小说作品多次入选《小说选刊》《小说月报》《中篇小说选刊》，长篇小说《焦裕禄》获中宣部“五个一工程”奖(他先后三次荣获此奖项)、河北省委宣传部“五个一工程”奖特等奖，被改编成电视评书等多种艺术形式。

他还写散文，写艺术批评文章，出版了《一壶天地小如瓜》、《有画要说》、《与古圣贤的对话和潜对话》、《人文九课》、《渔书楼序跋甲乙编》(6册)等和长篇特写《庄园之梦》《蛇火》《一个大海，两只眼睛》《冬天的狩猎者》等11部集子。一直以来，向他求序的作家、画家很多，他有求必应，因此劳苦万

状，所写的书序、画集序更是难以数计。

他同时又是一个影视剧写手，创作了《水流千转》（央视播出时更名《又是十七个年头》）、《绝代风华》、《梅花与蝴蝶》、《焦裕禄》、《风情回马岭》、《金色大地》、《第一忠诚》、《北上，北上》等近400集电视文学剧本，《那年夏天》、《跳崖》、《九兰》、《跨越时空的四库全书》（文献纪录片）等电影文学剧本。代表作长篇电视剧《焦裕禄》先后在中央电视台一套、八套黄金时段热播，又在全国十余家上星或地面台重播，产生了巨大影响，斩获中宣部“五个一工程”奖、第二十九届中国电视剧飞天奖一等奖、第十届金鹰奖优秀电视剧奖等大奖。

何香久身上，存在着太多的“悖论”。

他写诗，写小说，写散文和人物传记，写影视剧和舞台剧、艺术评论，几乎所有的文体都有所涉猎，是真正的跨文体写作作家。但他致力最多的，还是学问，他出版过35部学术专著，校勘过50余部典籍，主编过近50部文集和丛书。他的学术研究，以明清小说、纪晓岚学术思想研究用力最勤，著有《〈金

瓶梅〉与中国文化》《〈金瓶梅〉传播史话》《〈金瓶梅〉的官场·商场·风月场》《〈金瓶梅〉汇原》(4卷),在台湾出版了《何香久〈金瓶梅〉研究精选集》,倾二十余年心力,完成《综合学术本〈金瓶梅〉》(10卷)的学术工程。他以程甲本、程乙本合校的《红楼梦》,因多有创见,受到学界青睐。他担任国家一级学会《金瓶梅》研究会副会长已二十余年。关于纪晓岚研究,著《纪晓岚年谱》《纪晓岚年谱长编》《纪晓岚的幽默与智慧》《百变鸿儒——纪晓岚的智慧人生》《解密学问大师纪晓岚》《薪与火的传承——纪晓岚〈四库全书〉研究》《镜与灯的寓言——纪晓岚〈阅微草堂笔记〉研究》等,为主编42卷本的《纪晓岚全集》,耗去20多年光阴。

他对中国散文史的研究也贡献殊异,著有《先唐散文名篇题解》《中国古代散文流派史纲》等。其主编《中国历代名家散文大系》(8卷)、《20世纪中国散文大系》(20卷),被称为"一份文学的不动产"。又主编了《中国散文通典》《诺贝尔文学奖获得者散文金库》及一些散文作品集等。

他所做的学问与文学创作之间有点“风马牛”，其学术研究的方向也各不相同，但他却能游刃有余地在各种文体与学问之间行走，真有点“匪夷所思”。更让人想不到的是，1990 年，他出版了自己的修订本《资治通鉴》，在史学研究的领地上，也踩上了一个脚印。

何香久曾这样形容他的“四栖式”写作：诗人是天上飞的，小说家是地上跑的，剧作家是水里游的，而学者是在地下掘进的。

此话很精辟，唯打通各种文体者，不能有斯言矣。

他的著述，十年前就已达九千万字，学界因有“九千万富翁”之称。现已结集《何香久文集》《何香久学文存》共 86 卷出版。

何香久不是专业写作者，他的职业是国家公务员。退休前，他是十二届全国政协委员，中国民主建国会中央委员、中央文化委员会委员，担任沧州市政协副主席、市文联主席、作家协会主席，王蒙文学院院长，民建沧州市委驻会主委。每天按时上下班，参加各种各样的会议，处理五花八门的公务。更多的时候，工

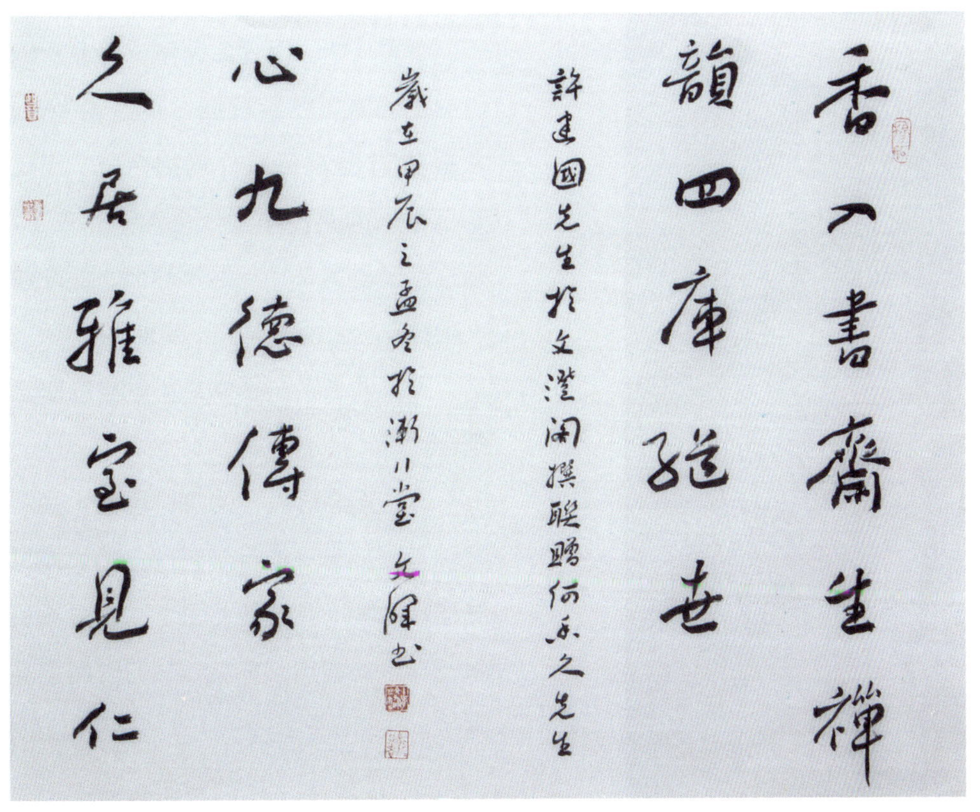

作需要加班加点。作为全国政协委员，还有全国各地的视察和参政议政活动需要参加。他勤政敬业，夙夜在公，工作实绩一向为人称道。其参政议政的提案，每每切中关注焦点，引起很大反响。

只有晚上10点半到早晨5点半，才是他写作的时间。每天只有两个多小时睡眠，而且中午一般不睡，小时候父亲以孔子批评“宰予昼寝”来警诫他，所以就养成了中午阅读的习惯。人们戏谑地说他可搏中国文坛“铁人三项”，殊不知，他对“累”这个字有着比常人更深的体味。

1990年，他住在人民日报社招待所，校理《中国历代名家散文大系》的清样，通常工作到凌晨。有一天半夜，从报社11号楼回院外的招待所，不过二三百米的路，却怎么也走不回去了，躺在院子里的草地上酣然睡倒，醒来时太阳初升，周围栖落着一群喜鹊。

于是他长了一样本事，就是在车上睡觉。

出长途，可以一睡几个小时，平常哪怕有十几分钟的行车时间，他也能见缝插针地睡一觉。像骆驼能囤积食物和水一样，他能用“零头布”的时间把睡眠做有效的调剂。

积书充栋胸次同

和他写作的体裁一样丰富的，是他的藏书。

他生不逢时，初省人事，便赶上了一个文化浩劫的年代。家中藏书，悉数被缴去做了煮猪食的燃料。所以他的少年时代，是在阅读的饥饿中挨过来的。为了找到能读的东西，真是挖空了心思，村上有过几个读完了中学的学生，他们用过的语文和历史课本是他唯一能借到的读物。

何香久读初中的时候，有一天村子上来了一个收购废书旧报纸的人，何香久从他的手推车上，发现了一套精装本的《鲁迅全集》，不知是从哪个村子当作废纸购来的，这一发现几乎让他的一颗心从喉咙里蹦了出来。何香久便跟收购废纸的人商量：“你这几本书卖给我行吧？”

收购废纸的人说：“可以，你拿旧报纸来换吧，按斤两兑换给你。反正是做鞭炮用，这些书的硬壳壳麻烦着呢。”

四庫全書新館
四库全书

何香久大喜过望，跑到大队会计家里，翻箱倒柜地弄出了一包陈年的旧报纸，又回家兜了二三十只鸡蛋，换下了那套书。

厚厚的十六本大书，完完整整的一套《鲁迅全集》，一册不缺。

那个晚上他兴奋得难以入眠，把那十六册砖头一样厚的书整整齐齐码在枕头边，从梦里笑醒了，就点上油灯看那些书。直到那个时候，他才真的相信自己一下子拥有了生命中多么宝贵的东西。

何香久读中学在八里外的公社所在地，每天骑自行车去上学的时候，便在自行车把上摊开一部来读，他们上学的路是比柏油路面还平整的乡间羊肠小路，不通汽车，用不着担心发生交通事故，那套《鲁迅全集》他读了好几遍，第一遍却是在自行车把上读完的。

这意外的收获也给了何香久莫大的启发，从此以后，他对收购旧书本废报纸的小贩格外注意起来，一听到他们的吆喝，便跑过去看看，总是满怀希望地等待着他们能给自己一个意外的惊喜。后来连公社所在地的废品收购站也成了他“淘金”的地方，事实证明，他总是有值得高兴的收获。

他从小贩们那儿“淘金”淘到的书，居然有一部《浮士德》、半部《三国演义》、一册失去了封面的《汉魏六朝诗选》，一本名叫《儿女风尘记》的小说差不多还是新书，最喜欢的还有一套《伊索寓言》。有这些书读，何香久觉得自己成了天底下最幸福的人。

这些都是通过“物物交换”的交易方式换来的，已经没有废旧报纸来做交换了，所幸小贩们无一例外地对鸡蛋更感兴趣，那时候一斤鸡蛋六角钱，家里养了五六只鸡，攒下的鸡蛋差不多都让他换了书。公社废品收购站不要鸡蛋，但要废铁，于是他课余时间又多了一项捡废铁的功课。

有了他这样一个客户，收购废品的小贩们也就格外留心，他们收购到了旧书总是特意给他留着，于是几年工夫他便有了可观的积累。

成年以后，买书，竟成了他唯一的癖好。

出差每到一地，首先要去的地方当然是书店，哪怕是一家门面很小的书店，都没从他的眼皮底下溜过去。刚参加工作时工资很低，每月二十九块五角，有一大半是花在书店里的。结婚时，穿的一条裤子打了四五块补丁，直到差不多快

三十岁了才第一次穿上皮鞋。

买书最多的时候是在北京大学读书的那几年。

北京大学有四五家书店，位于三角地的一家门面四五间，面积不算很大，但书的档次很高，而且新书上架非常快，每天逛一逛都能发现刚上架的新书。

校礼堂后身的大地书屋，设在地下的人防工事里，沿着一级级台阶走到一曲径通幽处，铺面不大，但极有特色，开设了许多出版单位的专柜，一些外面不大容易买到的书在这里却可以买到。其他两家是北京大学出版社的读者服务部，不太注重外版书，但可以打折。图书馆的一楼前厅专门辟出几间门面，销售港台和国外原版图书，然而书价昂贵，何香久不敢问津，只买过一部《德意志史》、一部剑桥的《世界艺术史》，差不多花掉了两个月的伙食费。但他时时光顾，看看那些图书考究的装帧、精美的印刷，欣欣然而又悻悻然。

北京大学人文荟萃，自然是个图书消费的大市场。因此，北京几家有名头的出版单位，比如商务、三联、人民文学、作家等出版社，经常来校内举办书展，有时是十几家出版社举办联展，热热闹闹办起一个红火的书市来。那些日子里北大像过节一样火爆，送上门的新书又打了折，谁不眼馋？可书市过后，何香久却囊空如洗了。

最有趣味的要数跳蚤书市。学生们把自己已经看过而又不想保留的书，随时拿出来转手，在饭厅门口铺一张旧报纸，要出手的三五本书就放在那上面，有的书连书皮都用画报纸包好了，主人在卖掉它时并不会把包好的书皮撤去。赶上毕业生离校的时候，跳蚤书市就有很长一段时间的热闹，这个时候总会买到不少好书，而且书价自然被折掉了不少。钱不够，可以用菜票来支付。菜票在北大是“硬通货”，校内的几家书店，也可以用菜票来支付零头书款，甚至校内的商店，

三秀謂芝草也爾雅
赤芝之生霍山陶隱居
也雖小
言已
女王逸註
也或從王事知光
秋菊王逸註英華

菜票也是可以代替货币流通的，售货员没有零钱找你的时候，很可能就找给你菜票。

琉璃厂的中国书店也是何香久经常光顾的地方。可惜的是，旧时那些鳞次栉比的旧书摊不复见于今日，何香久说："我的先生王瑶，解放前夕曾在那里的书摊上花四十块大洋买了一套《四部丛刊》，整整拉了几排子车。如今这样的好运气对我们来说只有羡慕的份儿了。"说这话时，他眼里满是落寞的神情。

因为成了常客，琉璃厂的中国书店和西单的三味书屋都有了他的几个朋友，有好书时，他们会主动为何香久留下来。

最辛苦的事，是把买下的书往家带。每次回沧州，大包小包牛一样扛着，为了搬腾这些书，那几年拉坏了三辆折叠式的行李车。

改革开放以后，潘家园古物市场的旧书生意一天天火爆起来。这使何香久有了如鱼得水的感觉。初期，潘家园的旧书少有造假，他在那里没少淘到珍贵的版本。这些旧版本多为明清版书籍。他着力搜求古本善本，一旦访得，倾尽家产也在所不惜。有一次他在潘家园一家旧书店发现了一套明嘉靖版的《惟扬志》，店主开了价，何香久心里也比较认可，就拍了两页书影，走到外面给国家图书馆一个版本学家悄悄打了电话，那位先生说："看了你传过来的书影，当是真本无疑。这书国内只存两套，一套在我们国图，一套下落不明。"何香久返回店里，又一番交涉，最后以重金买下了这套书。像这样的事例，不胜枚举。

这些费尽心思淘来的大量珍本、孤本、善本书籍，后来他修《文澄阁四库全书》时派上了大用场，有不少辑入了新修的《四库全书》。古人云，事皆有前定，信然。

上世纪 90 年代，他的藏书曾比他所在的这座三线城市的图书馆还要多，足可以装备一个中型图书馆。他为社区、乡村、区县、高校捐献了大量图书，在家乡黄骅市的渤海理工职业学院还建立了以他的名字命名的"何香久学术图书馆"。

前些年，曾发生过他的藏书把房子楼板压坏，房管部门勒令其迅速搬移的事件。他捐书时载重十几吨的卡车被压断大轴。这些都被传为一时佳话。

敦煌遺書
法藏敦煌藏文文献

修书消得人憔悴

在何香久购置不同版本的《四库全书》（文津阁本、文渊阁本、摛藻堂本、续修本）时，就有人问他："你买下那么多《四库全书》，有什么用？"

何香久说："我冥冥之中感觉它们或许将有大用。"

这种"有大用"的感觉当时确实是真实的，究竟会是什么样的"大用"，还真说不清。在我们办王蒙文学院时，一天何香久突然跟我说："你说要集合一群写楷书的人，把《四库全书》抄一遍怎么样？"我笑他这想法太天真。

2016 年 5 月中旬的一天，河北省人大常委会副主任王家林、省文联党组书记解晓勇二位来找何香久，说是"有大事商量"。他们都曾在沧州工作过，是他的好友。他们告诉何香久，河北省文联在全国人大常委会原副委员长李铁映同志的倡导下，将启动重抄《四库全书》工程，因为他是研究《四库全书》的唯一省文联委员，此项工作交由他主持。由他制定一个方案，届时向李铁映同志汇报。

当时记得何香久谈了以下意见：

（一）《四库全书》被认为是"中国文化的万里长城"，体量十分巨大，从字数上说，即有 8 亿字左右，抄录不易，尤其现代早已不把毛笔作为日常书写工具，善楷书者寡，能抄书者更不易觅求。而且能够抄写《四库全书》的书家对其综合素质应有严格的考量，不仅仅是楷书写得好就能胜任。

（二）当年开馆修《四库全书》，乾隆皇帝举全国之力，进入四库馆的学者和各方面人物，都是"一时之选"，历时 14 年乃藏其事。实际上直到嘉庆十年仍在对这部书进行着补录工作。这样算起来就更加是一个巨型系统了。再者，四库全书受当时文化政策影响，修书过程伴随着毁书过程，毁掉的书总量庶几超过了辑入书的总量，辑入的书也有很多经过了大量的抽毁删节，很多版本原貌尽失。最受诟病的，是错误太多，五花八门，如单纯照原本抄录，则没有多大意义，而且谬种流传，贻害后世。如果在抄录过程中再产生新的谬误，就更可怕。因此需建立更加完善的制度，从根本上消减讹错。这一点尤须慎之又慎。

（三）《四库全书》当时抄了七份，分贮七阁，七份书所用的底本，个别差异甚大（后来工作中果然检出多例），因此，须在抄录之前对版本进行对照甄别。

（四）建议对《四库全书》进行修订，重纂重抄，以新面目示人。当然，这将面临众多的社会质疑和非议，一定要有心理准备。

（五）近世，又有《四库全书存目》《四库未收书辑刊》《四库禁毁书丛刊》《续修四库全书》出版，这些书都是原版影印，一些书版漫漶不清，影响阅读。不妨以重抄方式使其版式划一，寻觅完本补充其漫漶缺失文字。

（六）当世四库学已成显学，有的高校已设立了专门学科的硕博学位点，各个领域的研究都有突破性的发展，我们正可利用四库学研究的新成果，别开门径。

（七）河北省文联不是专门研究机构和高校，但有着专业研究机构和高校所不具备的优势，那就是其对社会资源的整合和对社会文化资源的协调。发挥文联“联”字优势，比如利用协会平台，在全国招募合格的缮录者；比如搭建投融资平台，更多地筹集专项基金；等等。

（八）要有高校作为学术主导，以专学之士务专门之学，一开始即将此项工作放在一个规范化的平台上推进。

（九）《四库全书》修成230多年来，其文献价值、社会价值鲜有开发利用，文联应综合开发其文化、文献价值，为今所用，真正实现让图书馆里的古籍活起来，让束之高阁的庙堂之书变成可堪大用的有为之书。在文化资源的创造性转化和创新性发展中走出一条新路来。

（十）当今之世，学术昌明，信息渠道多元而畅通。应发挥互联网的优势，搭建海内外广阔的信息平台，利用好境外图书馆的汉籍典藏，以扩大文献资源。

（十一）重新修订、抄录的《四库全书》可扩充其规制，把收书年限下延到1911年。

（十二）新修重抄的《四库全书》可定名《四库全书丛编》，以备将来实施分类排纂。鉴于《四库全书》卷帙庞大，可从先编“直隶文库”入手试水。

这个意见得到相关方面的认可，何香久又同解晓勇书记和省书法家协会主席刘金凯一同进京向李铁映同志作了汇报。6月，河北省文联发出《关于启动〈四库全书丛编〉工作的意见》，任命何香久担纲总编纂，当时他尚未退休，为方便工作，把项目中心设在沧州。《四库全书》总纂官纪晓岚也恰是沧州人。

到 2017 年 8 月，《四库全书丛编 · 直隶文库》完成了最终的书目遴选。入选书目共 2404 种，近 50000 卷。其中库书 369 种，库书存目书 298 种，《四库全书》未收书、其他公私藏书和境外海外图书馆藏书及其他文献资源图书 775 种，再加上直隶地区珍稀方志 962 种，这体量是相当庞大的。如此规模的直隶文献整理，有史以来尚属首次。

然而何香久却不知道，正在这时，灾难悄然降临。

9 月 17 日，他在工作中突发中风，被送进沧州市脑科医院救治。其实该病早有先兆，在三四个月前，就出现了一过性脑缺血的症状，走路撞墙角，有时语言含混不清，当时总以为是过度劳累，压力过大，没有在意。不想这一下身体一下子瘫痪了，动弹不得。可是项目中心的千头万绪又使他不能躺下来。从住院第四天开始，他坚持下床，在家人的陪伴下艰苦地进行体能训练，因语言系统功能受损，不能说话，每天让同事抱着电脑到病室里，沟通工作情况。半个月后，他能跌跌撞撞走路了，便让老伴扶着到项目中心，开始半天工作。

由于中风压迫右半身的神经，何香久右侧的身体失衡，右手不能写字，就只好用左手练习写字，一次只能写三四十个字，字体七歪八扭，还要出一身大汗。几个月以后，练习到一次可以写几百字、上千字了。现在用左手每天能写万字左右，完全恢复到了右手写字时的程度。同时，修书、写作也极有利于修复大脑功能。刚一接触工作时，他大脑经常“断片”，出现失忆状态，即使身边的人，也常常喊不出名字。反应也大为迟钝。若不是如此艰巨的学术任务压在肩头，也许人就从此废掉了。这几年，修书之余，他用左手写出的书稿有《纪晓岚年谱长编》（四册 150 万字）、《四库全书直隶著述汇订》（四册 200 万字）、《四库全书编年事辑》（十册 400 万字 ）、《四库全书丛编 · 直隶文库总目》（二卷 20 万字）、《直隶旧志叙录》（平津卷一册，河北卷五册，150 万字）、《修书日记》（十四册 750 万字）、《中国运河史记》（三册 110 万字）、《中国运河区域的学术与文学》（三册 156 万字）等，还有大量的《四库全书》考订文字。左手在电脑写字板上写小字，有利于开发右脑，开发出右脑功能，增强记忆力，比生病以前还好得多，仿佛一下子又回到了二十来岁时过目不忘的状态。反应灵敏了，且身体也强壮起来，恢复了以前的超强工作状态。因右手尚不能正常写字，他只好练着用毛笔写大字，居然别有风格，自诩“脑残体”，求字者甚多。可谓失之东隅，得之桑榆。

2020 年 10 月，第一批《四库全书丛编 · 直隶文库》书稿下厂，2021 年 3 月，第 34 届全国图书订货会在北京国际展览中心开幕，《四库全书丛编》新书亮相盛会。展会上，《四库全书丛编》带来的《直隶文库》新书，一上架就吸引了众多关注者的目光，展位前人潮涌动，大家都想一睹新修新抄的《四库全书》长什么模样。仔细观摩了样书，交口称赞。尤其是四位抄录者的现场书法表演，更是成为展会的焦点，让读者耳目一新。读者留言：“看了书法家现场抄书，

就仿佛看到了当年的三千多人抄书的盛大场面，为我们一脉相承的中华文明点赞！”“在这里，我们看到《四库全书》在修成230多年后重订重抄再次焕发惊世的异彩，心情特别激动。向你们致敬！”在新书发布现场，更是高潮迭起。

2022年，何香久和项目团队完成了《直隶文库》的全部纂修工作，并且向《文澄阁四库全书》转型。文澄阁，寓澄清、澄明、澄雪、澄辨、澄肃之意。《文澄阁四库全书》主要体现了三个方面的价值：第一，补《四库全书》之阙，将原修时禁毁的部分书目根据相关文献进行补录，将抽毁的部分书目予以补齐，将原修不收的内容予以辑入，如原修不立说部，以为小说之类文学作品为异流，他们也补上了这个缺憾，将大量宋元明清话本和拟话本收入其中。第二，纠《四库全书》之误，《四库全书》因系手抄，加上不少版本选择失误，出现了大量的讹误，鲁鱼亥豕随处可见，张冠李戴时有发生，此次重新缮录，严格把关，可望将库书错讹尽量一一订正。第三，接《四库全书》之绪。七阁《四库全书》收书下限均在清朝前期，《文澄阁四库全书》收书下限定在1911年，把中国五千年文化做了一次总结。

同时，开放的“四库全书”新馆，每年都接待大批的参访者，为传播四库文化起到了很大的作用。

重订《四库全书》不是重复《四库全书》，更不是对《四库全书》的否定。相反，他们是满怀敬畏之心而从事这项工作的——向乾隆三十八年以降所有参编元典的四库馆臣(《四库全书》职名表上有360名馆臣，还有名字不在职名表的众多馆臣)致敬！向230多年来为《四库全书》事业孜孜奋斗的一代代学人致敬！正是他们为四库学的建设所付诸的一切努力，为后人导夫先路，并成为后人奋斗的精神资源。概言之，重新修订四库是为了还四库清净澄明的学术本原，进而回到乾嘉学人“以实心励实学”的原点。

同时，从项目开始迄今的八年，何香久先后完成了《文澄阁四库全书》主体工程的书目编纂，其收书是清修《四库全书》的四倍，即1.4万种图书，3.2万卷，35亿字。同时完成了《四库全书丛编·直隶著述》、《运河大典》（书目已出版)、《岐黄大典》、《文澄阁四库全书聚珍本丛书》、《文澄阁四库全书艺术典》、《河洛文库》（河南工作站)、《豫章文库》（江西工作站）等大型丛书、类书文库编纂整理工作。

为保证《文澄阁四库全书》的质量和学术质量，他们与清华大学、北京大学、南开大学、台湾大学、浙江大学等全国17所高校建立了业务合作联系。在河北大学还成立了专项课题组，一开始就把《文澄阁四库全书》项目放在一个规范的学术平台上进行。

担任编委和顾问的有楼宇烈（北京大学）、李学勤（清华大学已故）、龚鹏程（台湾大学）、司马朝军（上海社科院历史研究所）、罗琳（中国社会科学院）、卢仁龙（商务印书馆）等30多位四库专家、学者。业务、学术、技术支撑人员达400多人。

由专家学者组成的学术委员会，形成了中国学术界一道亮丽的风景线，保证了《文澄阁四库全书》的出版质量和学术质量。

为调动全国编修力量，加快《文澄阁四库全书》的编纂进度，以地方文库成就《文澄阁四库全书》，他们在全国范围内，成立了若干分支机构：

已成立的有《文澄阁四库全书》华南编修中心（杭州，负责人任平）、《文澄阁四库全书》洛阳工作中心（洛阳，负责人刘士尧）等5个机构。

待成立的有兰州工作中心（兰州，负责人徐灵光，编纂《西北文库》辅设甘肃、宁夏、青海）等5个机构。

目前，《文澄阁四库全书》编修工作在全国已有6个机构开展工作，工作人员达400多人，遍布国内外的访书员近百人，招募了全国各地的书法家、《四库全书》缮录者达700多人（未来还要招募近万人缮录《文澄阁四库全书》）。

何香久已经70岁了。但是，他似乎把自己的年龄忘记了。

篆印儁雅　高古灵逸

——冯宝麟的圆朱文印与篆书

一

解析冯宝麟的篆刻和书法艺术，评论者提出了“古装都市恋”这一独特定位。“古装”象征传统，“都市”代表现代，二者的融合体现出深刻的艺术规律。正如人们常说，愈是传统的，愈是现代的；愈是民族的，愈是世界的。冯宝麟的篆刻和书法艺术之所以成功，正是由于他巧妙地综合了传统与现代、民族与世界的精神气质，实现了艺术时空的延展。

冯宝麟手中的刀与笔，宛如穿越者的法器，蕴含着光阴的韵味。在当今时代，他的作品发出细碎的惜别之声，展现出一位新古典主义者

的艺术愿景。其中既有春水潺潺般的欢娱，又有秋水溢塘式的苍凉，世情的迷离与盘错、执迷与破执后的豁达等生命主题交织其中，时常与世人的命运产生共鸣。

人是社会和时代的产物，而后才展现出文化和性情的一面。每个人心中都有一团火，多数人只看到表面的烟，而总有慧眼之人能看到那团火。冯宝麟深入生活底层，在生存压力和生命尊严之间，让心中之火持续燃烧，不断拓展自我的生命体验。

回顾冯宝麟的艺术历程。1987 年，23 岁的他凭着一幅隶书作品在“北五乡书画展”获奖，并被破格调入河北黄骅官庄乡文化站担任站长。2009 年，45 岁的他篆刻作品参加全国第六届篆刻艺术展并获奖，学术论文也荣获第十一届河北省文艺振兴奖，被沧州市文联以优秀人才引进到沧州画院。2015 年，51 岁的他，在获得首届“燕赵文化英才”荣誉称号后，被调入中国艺术研究院工作。三十余年的岁月，他完成了从农家“小院”到国字头艺术“大院”的艺术人生三级跳。这一路走来，足以证明冯宝麟有着厚重的人生底蕴，既能承受浮世悲欢，经得起良心拷问，更对文化与艺术传承充满热情。他身上有一种追求诗和远方的独特气质，既有“白茶清欢无别事，我在等风也等你”的纯粹与从容，又有拒绝颓废庸俗、努力化蛹为蝶的勇气和信念。他的“冯氏圆朱文”收放自如、空灵典雅，篆书作品或清奇瑰丽或婉约优雅，其篆刻篆书理论研究与之有着相同的气质，这正是他的可贵之处。

真正的艺术高手并非单纯靠打传统牌，若远离时代主题审美，就会陷入怀旧的窠臼。而冯宝麟和他的篆刻书法艺术所展现的“古装都市恋”，历经波折却充满甜蜜。他的作品个性十足，源于他对内涵丰富、个性超然、气息高古之艺术境界的追求。作为一名清醒的艺术家，他深知：“无论是诗书画印文论诸艺的全面提高融合、作品形式气韵与传统文化内在精神的契合，还是对古人经典精华的整理与萃取、对自我艺术风格的丰富和完善，都还有很长的路要走。”

当我们探求冯宝麟篆刻艺术的精髓时，往往能获得古风凛冽的感动，感受到时空瞬间的生命意义。就像刘冬梅女士在《冯宝麟：徜徉在诗意的篆字园林》中所介绍的，冯宝麟的篆刻创作以圆朱文为主，偶尔也有满白文或古玺。他的圆朱文篆刻取意于王福庵、陈巨来等大家，兼收并蓄。凭借对中国传统文化的深入研究，他将金文、陶文、民间文字甚至隶书进行“圆朱化”，丰富了圆朱文印的入印题材和表现形式。他把线条美、章法美、韵律美、笔墨美、力量美融汇整合，赋予传统圆朱文印新的生命活力，使其线条流畅灵动、神韵清爽超逸、意趣典雅婉约，构建起唯美、诗意、浪漫、娴雅的典范。在当代圆朱文印创作领域，他堪称先锋，形成了独特风格，并对年轻一代创作者产生了积极影响。冯宝麟的圆朱文远不是简单的刻字，更承载着他的诗意理想和审美诉求。三惜草堂主人甚至认为，“冯宝麟的出现，改变了很多人‘圆朱文印已入穷途末路’的看法”。多年来，他在圆朱文印上执着努力，在篆法上把线条变直为曲、变静为动，尝试将商周钟鼎彝器铭文融入细朱文印，刀法上更是直接、果敢、精准。他的努力也影响和助力了一代年轻篆刻家的成长。

在篆书创作与理论研究方面，冯宝麟也有着卓越的成就。他撰写的《当代篆书发展趋势探微》一文，从艺术观念更新、创作群体变化、取法途径拓宽、美术化倾向与设计元素利用、“反惯性书写”强调试验性以及典雅唯美风格探索发展等多个角度，对当代的篆书创作进行了深入解析。他总览历史与现实中的篆书艺术，为创作无愧于时代和历史的篆书经典寻找理论支持和正确路径。他深知传统的价值，明白传统是一个活的生命体，是中华文明生生不息的源泉。他的篆书创作追求中和雅正之美，在继承李斯、李阳冰等先贤艺术精华的基础上，结体更加精严，造型更加生动，避免了线条的臃钝凝滞，实现了篆书的“婉通之境”。以他在全国第十届书法篆刻作品展中获奖的篆书四条屏为例，这幅作品展现出他书写时的生命状态，结构端庄典雅、线条优美流畅，书法家在书写时成竹在胸、轻松自然，观者能与之产生强烈共鸣。著名书法家、学者朱以撒先生评价其作品在笔画流动中富有变化，使篆书在固定造型中展现出活跃气息。冯宝麟笔下的线条看似简单，却蕴含传统风骨和时代审美意趣。

就像金庸先生以“古装都市恋”式的故事演绎生命的阔大丰厚，最后返璞归真一样，冯宝麟以治印明志、书写畅情为自己的人生使命。篆刻与篆书构成了他艺术追寻的双轮，载他在艺术正道上永不止步。

二

篆刻作为中国传统艺术瑰宝，是一门综合性极强的艺术，它与文字渊源紧密相连，又与书画之理相通，在方寸之间展现出万千气象。

冯宝麟在少年时期便与篆刻结缘，他的圆朱文印创作汲取了王福庵、陈巨来等大家的精髓，并在此基础上加入自己的个性化追求。

在当今书法篆刻界，创作者往往有所侧重，或偏实践，或偏理论，而冯宝麟却能将实践与理论有机结合，齐头并进。他的书法篆刻理论研究是为了指导创作实践而逐步展开的。他首先对中国篆刻史和书法史上的经典作品进行梳理，探寻其发展脉络，从中发现书法篆刻艺术风格的变化机制与底层逻辑，他清醒地认识到，在艺术创作中，技法是为审美思想表达服务的，艺术家独立审美思想的形成才是艺术创作的灵魂，有了灵魂的艺术作品才能震撼人心。

当代篆刻创作存在一个突出问题，即审美观念高度趋同，导致大写意印风或工稳印风作品出现千人一面、千印一面的现象。对此，冯宝麟在《用刻刀耕耘心灵的净土，用思想守护艺术的家园——就我的圆朱文印创作答友人问》中强调了创新的必要性，他指出："创新，成为时代的需要，成为这一艺术形式再造辉煌的必然选择。"他认为关键在于审美观念的转变，因为观念决定了艺术家对事物的认知方式、学术视野的广度以及对传统和创新的解读方式，最终影响艺术家的价值取向。这种观念的转变是艺术实现跨越式发展的根本动力，思想境界的提高是艺术境界提高的根本保证，否则难以摆脱旧形式的束缚。

在圆朱文领域，王福庵、陈巨来堪称双峰。冯宝麟在批判性地继承前人优秀成果的基础上，将圆朱文篆刻艺术当作"石上芭蕾"来创作。他突破了清末以来印人们在创作中用字、用刀、结构印面的种种局限，使他的圆朱文创作在王福庵、陈巨来之后达到了新的境界，对当代圆朱文创作、创新有着广泛而深远的影响。

当独立的审美观念确立后，如何在艺术作品中表达出来，关键在于与之相适应的技法探索。就像顾炎武在谈及《日知录》时提到的“旧铜新铸”与“采铜于山”之说，做学问要掌握第一手资料和独立思考，对于书法篆刻的学习、研究与创作亦是如此。冯宝麟深刻理解这一点，他认为传统不能简单符号化，后人不能只成为前人艺术形式的“影印机”，传统包括形式和精神两个层面，继承精神层面更为重要。他还进一步阐释，对传统资源的利用和对其他艺术的借鉴，应像蚕食桑吐丝、蜂采花酿蜜一样，不能只照搬外形而丢失神韵。

那么，冯宝麟在创作中是如何实现其艺术理想的呢？他认为，在篆刻创作的章法上要力求空灵，让印面产生节奏感和韵律感，打破传统平实匀满的创作格局；篆法要力求生动，广泛利用各种文字资源，同时维护其原生态，保留篆字蕴含的上古精神、原始信息和玄机逸趣；刀法要力求精妙细腻，将情感韵味融入其中，避免僵化和匠气。他是这样说的，也是这样做的。他自称是王福庵、陈巨来的精神传人，我们在欣赏他的篆刻作品时可以发现，他在二者之间另起高峰。王福庵的作品平实内美，如同富有涵养的贵妇；陈巨来的作品空灵简约，恰似纯情少女；而冯宝麟的作品初看轻歌曼舞，再看或端庄或潇洒，宛如风韵十足的美人。王福庵、陈巨来的印风较为一贯，而冯宝麟的作品则呈现出一印一面的多元审美样式，且统一于自身的文化性风格，其印作都散发着清新自然、典雅高贵的文人气息。

在传统艺术领域，诗书画印血脉相通，本质上高度统一，表现形式各有千秋。对于知识结构丰富的艺术家而言，在某一艺术领域积累的审美和创作经验会深刻影响其他艺术形式的创作，“书”“印”之间尤其如此。冯宝麟一直希望实现篆书、篆刻的“双篆合璧”，令其互相促进、形成合力。2010 年，他的篆书作品在全国第十届书法篆刻作品展获奖，就是一个很好的证明。他在创作中吸纳了清代几位书法家的技法特征，在保持秦小篆结构典雅、气息醇和的基础上，强化了笔意和书写性，也借用了印章中的“刀感”，使线条更具表现力。而且，他注重在创作中融入文化情怀，让作品体现自己的精神状态和独立审美诉求。对冯宝麟来说，“书”和“印”是相互印证的关系，“以书入印，印从书出”，二者相互依存。篆书中的“金石气息”源于篆刻，篆刻中的“笔墨韵味”来自篆书，篆书独特的结体造型和线条质感，是篆刻风格独立和强化的根本依据。这种紧密的联系贯穿于冯宝麟的艺术创作中，使他的作品展现出独特的魅力和丰富的内涵。

在冯宝麟的艺术世界里，每一刀的镌刻、每一笔的书写都承载着他对传统的敬畏、对创新的追求以及对艺术的深情。他在传统与现代之间架起了一座桥梁，让古老的篆刻和书法艺术在新时代焕发出新的光彩。无论是对圆朱文印的创新发展，还是对篆书创作理论与实践的探索，抑或是对“书”“印”关系的深刻理解，都展现出他作为一位优秀艺术家的卓越素养和独特贡献。

在追求艺术的漫漫长路上，冯宝麟从未停止脚步。他不断挖掘传统艺术的深层内涵，同时又积极拥抱时代的变化。在面对传统艺术形式可能出现的僵化问题时，他以创新的思维和实践打破束缚。他深入研究各种文字资源，将不同类型文字的特点融入篆刻创作中，无论是古老神秘的金文，还是质朴的陶文，抑或是民间文字中蕴含的独特韵味，都在他的作品中得到了新的诠释。这种对文字资源的广泛运用，并非简单的拼凑，而是经过精心设计和巧妙融合，使其与圆朱文印的传统形式相得益彰。

在刀法的运用上，冯宝麟更是展现出了高超的驾驭能力。每一次下刀，都像是与石头的一次对话，他将自己的情感、心境以及对艺术的感悟通过刀锋传递到作品中。他的刀法精准而细腻，又不失果敢和直接，这种看似矛盾的结合，却在他的作品中达到了完美的平衡。每一个线条的起伏、每一个转折的处理，都凝聚着他多年的实践经验和艺术感悟。他深知，刀法是篆刻艺术中最直接的表达方式之一，它不仅决定了线条的形态，更影响着整个作品的气韵和风格。

在篆书创作方面，冯宝麟对传统的继承和发展有着深刻的认识。他在吸收清代书法家技法的过程中，并不是简单地照搬，而是经过自己的消化和理解，将其与现代审美观念相结合。在创作过程中，他注重线条的质感和变化，每一条线都像是有生命一般，在纸上舞动。他通过对笔意的强化，赋予篆书作品更多的书写性，使其不再是刻板的符号，而是充满了情感和活力的艺术表达。这种对篆书创作的独特理解和实践，使他的作品在众多篆书作品中脱颖而出，成为当代篆书创作领域的典范。

冯宝麟对艺术的热爱还体现在他对艺术传承的责任感上。他明白自己作为一位在篆刻书法领域有一定成就的艺术家，肩负着培养和引导年轻一代的重任。他经常与年轻的创作者交流，分享自己的创作经验和心得。他鼓励年轻人要深入研究传统，但又不能被传统所束缚，要敢于创新，要有自己的审美观念和艺术追求。他的这种言传身教，对于年轻一代的成长有着不可估量的作用，为传统艺术的传承和发展注入了新的活力。

在艺术理论研究方面，冯宝麟的贡献同样不可忽视。他的《当代篆书发展趋势探微》等一系列理论文章，为整个篆刻书法领域提供了重要的参考和指导。他对艺术观念更新、创作群体变化等问题的深入分析，使艺术家们能够更加清晰地认识到当代艺术发展的形势和方向。他的理论研究不仅仅停留在表面，而是深入到艺术创作的本质，从多个维度探讨了如何在传统与现代之间找到平衡，如何在继承传统的基础上进行创新，这些理论对于推动整个篆刻书法艺术的发展具有深远的意义。

总之，冯宝麟在篆刻书法艺术领域的成就，是他多年来坚持不懈努力的结果。他的艺术作品和理论研究相互印证、相互促进，构成了一个完整的艺术体系。他以自己的实际行动诠释了艺术的真谛，为传统艺术在现代社会的传承和发展开辟了一条新的道路，激励着无数后来者在艺术的道路上奋勇前行。

三

近年来，冯宝麟也积极参与国内外的艺术展览和学术研讨活动。在这些活动中，他与来自不同国家和地区的艺术家们交流思想、分享经验。他吸收国外、海外艺术家的一些理念和表现手法，将其与中国传统的篆刻书法艺术相结合，进行新的尝试和探索。这种开放包容的态度，使他的艺术视野更加开阔、作品也更具时代感和国际范。他的艺术实践为其他传统艺术领域的艺术家们提供了一个很好的范例，即如何在保持传统特色的同时，与国际艺术接轨，实现传统艺术的现代转型和国际化发展。

在艺术教育方面，冯宝麟也有着自己独特的见解和方法。他认为艺术教育不仅仅是传授技艺，更重要的是培养学生的审美能力和创新思维。他在教学过程中，注重引导学生深入观察生活，从生活中汲取艺术灵感。他鼓励学生广泛涉猎不同类型的艺术形式，拓宽艺术视野。同时，他强调对传统艺术经典作品的研读和临摹，让学生在实践中感受传统艺术的魅力和精髓。他培养出一批优秀的艺术人才，这些学生在各自的艺术道路上继续传承和发展着他的艺术理念。

作为中国艺术研究院的硕士、博士研究生导师，身兼中国书法家协会书法教育委员会委员和全国教育书画协会理事，冯宝麟近年来在多家出版社出版了有关篆书临摹、篆书创作的系列丛书，还出版了关于篆刻技法的专著以及师生主题篆刻作品集，并为业界权威杂志撰写专栏文章、主持专栏创作。所有这一切，旨在为后来者提供帮助、提供正确的创作和学术引导，惠及更大的求学群体。

冯宝麟的艺术之路还在继续延伸，他多次应邀担任全国书法篆刻展、全国临书作品展、全国青年书法创作骨干高研班、全国师生篆刻大赛的评委，他自己也从未停下探索和创新的脚步。他对未来有着清晰的规划，希望能够进一步深化对传统艺术的研究，挖掘出更多隐藏在传统中的宝藏。他计划开展更多的艺术创作项目，将自己的艺术理念通过更多样的作品形式展现出来。同时，他也希望能够在国际艺术交流中发挥更积极的作用，让中国的篆刻书法艺术在世界艺术之林中绽放出更加耀眼的光芒。

在追求艺术发展的道路上，冯宝麟也面临着诸多挑战。一方面，现代社会的快节奏生活和多元文化的冲击，使得传统艺术的生存空间受到一定程度的挤压。如何在这种环境下保持传统艺术的吸引力和生命力，是他一直思考的问题。冯宝麟坚信，只要坚守艺术初心，秉持对传统的敬畏和对创新的热情，这些挑战都可以转化为机遇，推动中国篆刻、书法艺术不断向前发展。

冯宝麟的艺术世界是一个丰富多彩、充满活力的世界。他在不断探索和实践中，将传统的篆刻书法艺术推向了一个新的高度，同时也为传统艺术在现代社会的发展开辟了广阔的道路。

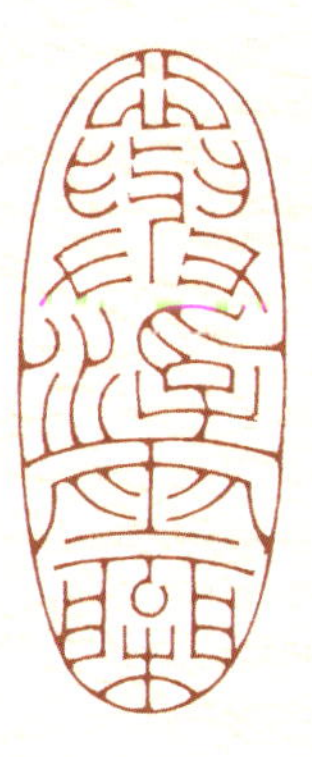
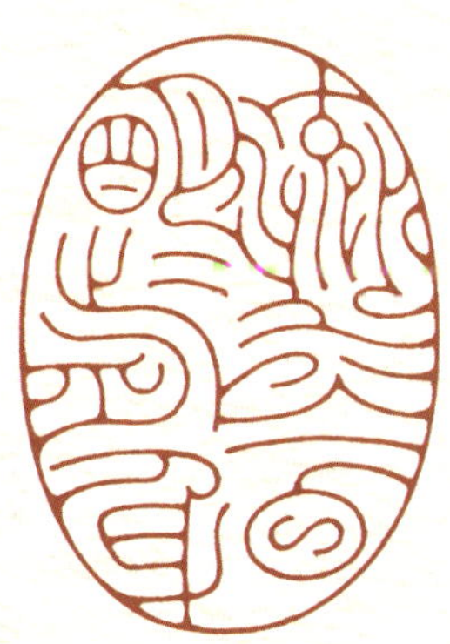

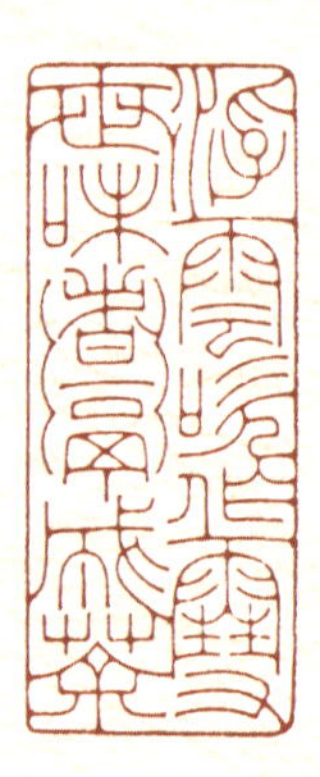

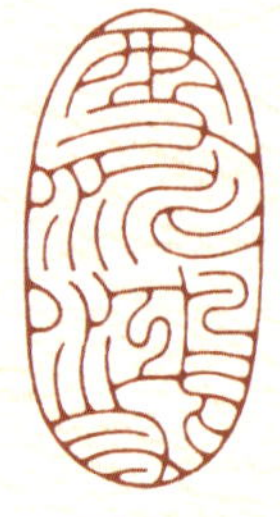

雅鉴

流水
今日
明月
前身
辛丑中秋
寶麟刊石

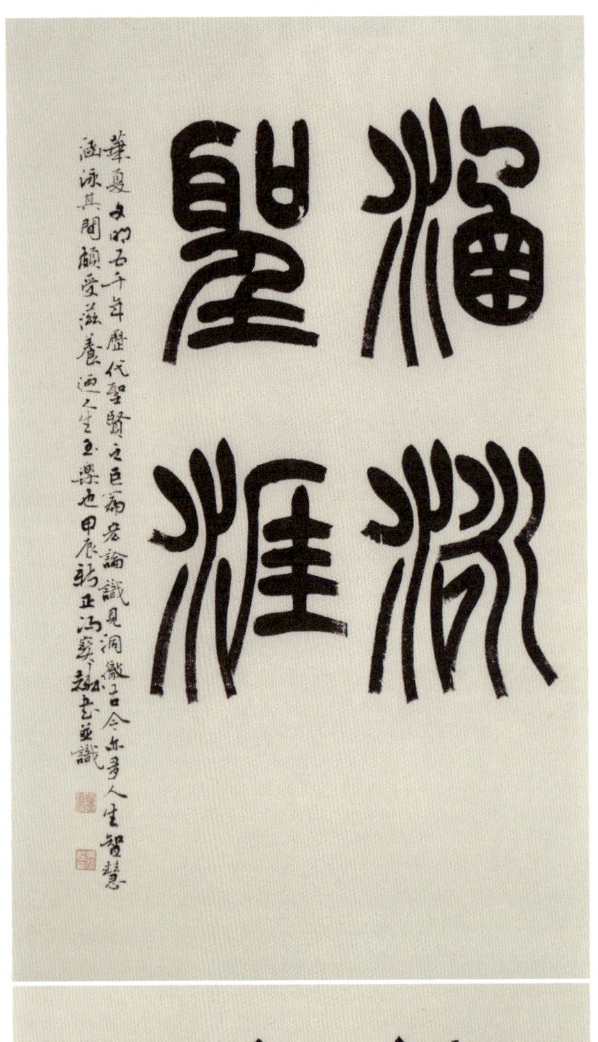

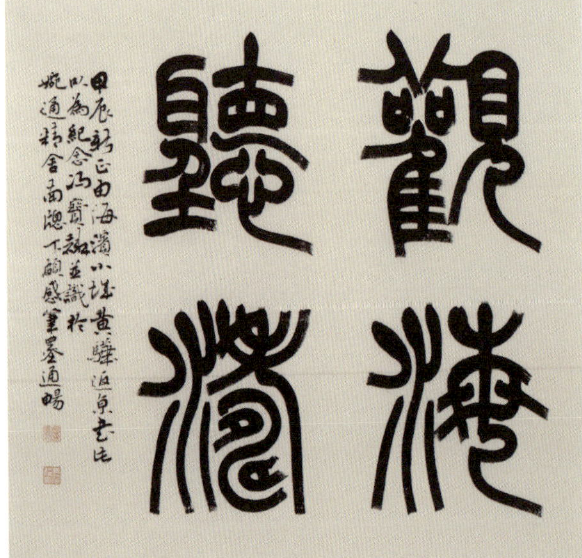

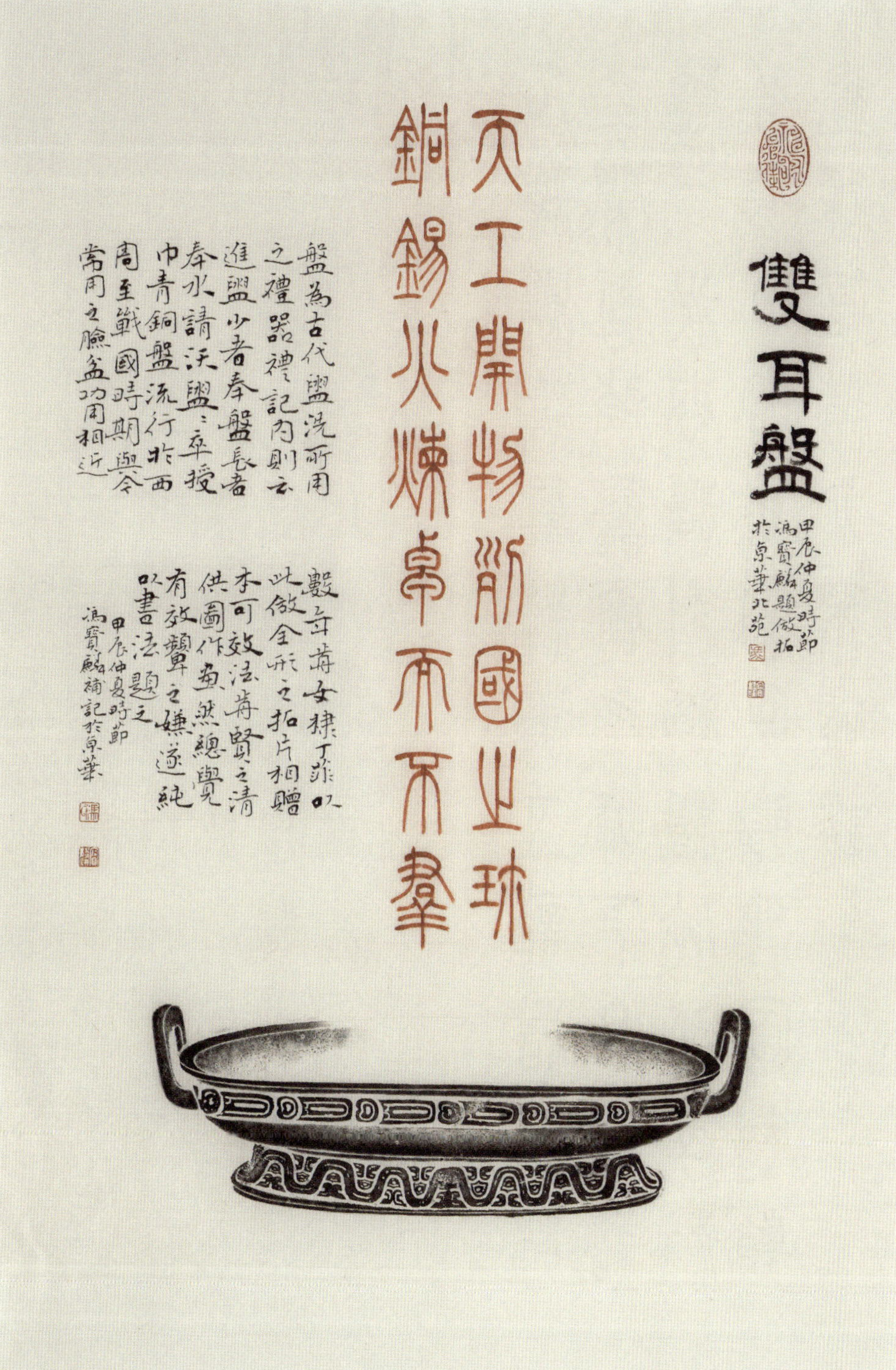

雅

鉴

野外罕人事，穷巷寡轮鞅。白日掩荆扉，虚室绝尘想。时复墟曲中，披草共来往。相见无杂言，但道桑麻长。桑麻日已长，我土日已广。常恐霜霰至，零落同草莽。

久去山泽游，浪莽林野娱。试携子侄辈，披榛步荒墟。徘徊丘垄间，依依昔人居。井灶有遗处，桑竹残朽株。借问采薪者，此人皆焉如。薪者向我言，死没无复余。一世异朝市，此语真不虚。人生似幻化，终当归空无。

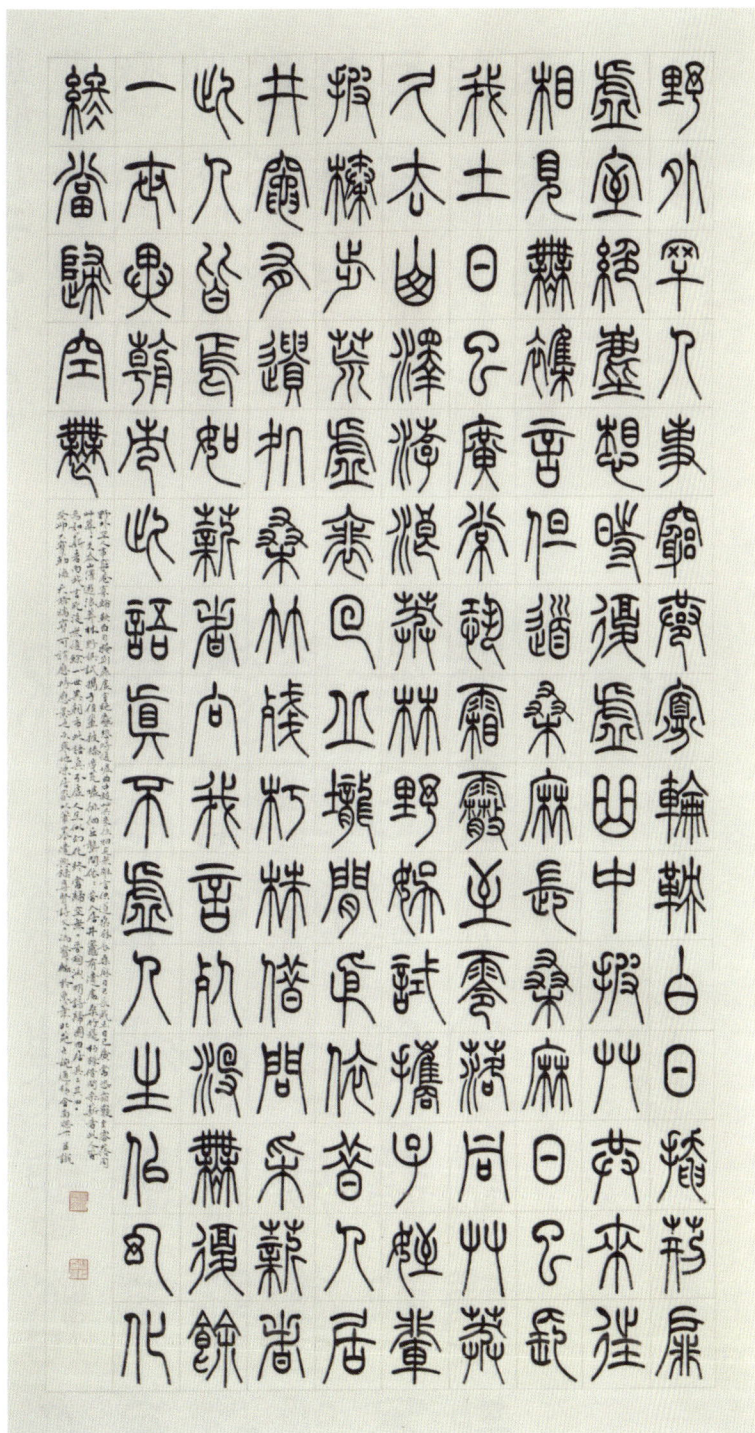

蘇東坡後赤壁賦
是歲十月之望步自雪堂將歸于
臨皋二客從予過黃泥之坂霜露
既降木葉盡脫人影在地仰見明
月顧而樂之行歌相答已而歎曰
有客無酒有酒無肴月白風清如
此良夜何客曰今者薄暮舉網得
魚巨口細鱗狀如松江之鱸顧安
所得酒乎歸而謀諸婦婦曰我有
斗酒藏之久矣以待子不時之須
於是攜酒與魚復遊於赤壁之下
江流有聲斷岸千尺山高月小水
落石出曾日月之幾何而江山不
可復識矣予乃攝衣而上履巉巖
披蒙茸踞虎豹登虬龍攀棲鶻之
危巢俯馮夷之幽宮蓋二客不能
從焉劃然長嘯草木震動山鳴谷
應風起水涌予亦悄然而悲肅然
而恐凜乎其不可留也反而登舟
放乎中流聽其所止而休焉時夜
將半四顧寂寥適有孤鶴橫江東
來翅如車輪玄裳縞衣戛然長鳴
掠予舟而西也須臾客去予亦就
睡夢一道士羽衣翩躚過臨皋之
下揖予而言曰赤壁之遊樂乎問
其姓名俛而不答嗚呼噫嘻我知
之矣疇昔之夜飛鳴而過我者非
子也耶道士顧笑予亦驚寤開戶
視之不見其處

爵乃酒具
權位階稱
傳說之遠
寓意其中
内涵象韻
精神在形
後世欽尚
愛用其景

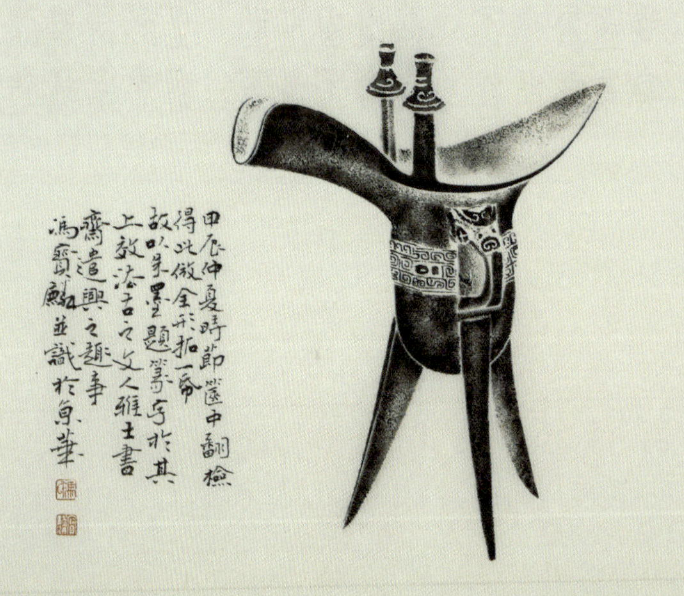

甲辰仲夏時節篋中翻檢
得此微全形拓一紙
故以朱墨題篆字於其
上效法古之文人雅士書
齋遺興之趣事
鴻賓覩並識於京華

声誉九州　唱响中华

——白燕升的主持艺术与戏曲传播

一

白燕升出生在燕赵大地、渤海之滨黄骅市，河北梆子的激越铿锵自幼便流淌在他的血液之中。童年时期，他沉浸在张淑敏、王玉磬、张惠云、刘玉玲等戏曲名家的表演中，戏曲电影《宝莲灯》更是给他留下了深刻的印象。父亲是方圆十里八乡有名的唱戏师傅，逢年过节都是村里大戏的主演。耳濡目染，白燕升很小的时候便能唱上几段。尽管父亲不让他唱，但他对梆子戏的喜爱难以抑制，偷偷学会了《南天门》《辕门斩子》《秦香莲》等剧目。七岁那年，他站上戏曲舞台，一曲《南天门》让他成为远近

闻名的童星，从此，戏曲的种子在他心中生根发芽。

大学毕业后，白燕升进入保定电视台。随后加入河北电视台。1993 年进入中央电视台。

1996 年，CCTV-3 戏曲音乐频道开播，白燕升迎来了自己戏曲主持生涯的重要机遇。时任央视文艺部副主任的尹希元邀请他主持戏曲栏目，他欣然答应，因为戏曲是他的衷心喜爱和血脉传承。在主持戏曲的道路上，他不断成长，与谢桂昌导演合作，诞生了久演不衰的河北梆子戏歌《滚滚长江东逝水》。

那些年，白燕升几乎主持着戏曲频道的所有栏目，CCTV-11 频道开播后，他更加忙碌，主持春节戏曲晚会、各项戏曲大赛等，工作量巨大，但他乐在其中，因为戏曲是他骨子里的热爱。观众也对他喜爱有加，戏迷们甚至说："打开电视，

如果看不到白燕升，还叫戏曲节目吗？”在一次《九州戏苑》的主持过程中，应观众要求，他专门向专家请教学会了程派名剧《锁麟囊》，节目播出后反响热烈，这也勾起了他的戏瘾，此后他陆续录制了多张个人专辑，走上了“主持优则唱”的艺术之路。

在戏曲主持的道路上，白燕升与许多戏曲名家成为了好朋友，他从心底怜惜这些戏曲人，也被他们引为知己，一起悲喜着戏曲的酸甜苦辣。

离开央视后，白燕升继续着他的戏曲主持与传播的事业。他走进大学校园，以戏曲布道，为戏曲呼吁，与听众们进行广泛而深入的交流，希望开启青年人内心深处的传统文化之门。他认为中国人的文化素养提高要靠“中药”，不能漠视丢弃包括戏曲在内的传统艺术和传统德行。他的观点展现了一位文化人的赤诚和责任。

山西是戏曲大省，有着深厚的戏曲文化底蕴，《程婴救孤》《西厢记》等经典剧目流传千古，元杂剧大家关汉卿、郑光祖、白朴更是为山西戏曲增添了光彩。白燕升加盟山西卫视后，推出了青年戏曲演员电视大赛、戏曲公开课、戏曲进校园、燕升访谈等精品节目，《走进大戏台》被国家新闻出版广电总局评为“2015年度创新创优节目”。他还策划了《伶人王中王》节目，让全国各剧种的名家参赛为自己的剧种鼓与呼，这是他的梦想，也是他在电视戏曲方面的一次重要突破。

白燕升的个人专辑《戏梦人生》中的同名歌，是他自己的心声写照。他的人生就如一场戏梦，酸甜苦辣皆尝尽，但始终对戏曲痴心不改，矢志不渝。如今，他不仅是山西政协委员、山西传媒学院教授、山西师范大学博士生导师、山西文化旅游形象大使，还在不断为山西的文旅发展、文化强省建设积极贡献力量。他的故事激励着无数热爱戏曲的人，也让更多的人关注到了戏曲这一传统文化的瑰宝。

二

白燕升对戏曲有着深入的了解和热爱，这为他的主持工作奠定了坚实的基础。他游走梨园 40 余年，熟悉各个剧种的历史、特点、流派以及代表人物。在主持节目时，他能够引经据典、信手拈来，对戏曲知识的讲解深入浅出、通俗易懂。无论是京剧的博大精深，还是地方剧种的独特魅力，他都能准确把握并传达给观众。这种深厚的戏曲底蕴使他在主持戏曲节目时游刃有余，能够与嘉宾和演员进行深入的交流和探讨，为观众呈现出一场场精彩的戏曲盛宴。

在《戏苑百家》等节目的主持中，他对每一个剧种的讲解都充满了专业的见解和独特的视角，让观众在欣赏戏曲表演的同时，更能深入了解戏曲背后的文化内涵。他的主持从来不是对戏曲节目的简单串联，而是对戏曲文化的一次深入挖掘和推广，很多人，特别是年轻人因为他了解并爱上中国戏曲。

白燕升的主持风格稳重大气、真诚自然，具有很强的亲和力和感染力。他能够与嘉宾和演员建立起良好的沟通关系，让他们在舞台上放松地展示自己的才华。同时，他也善于调动现场观众的情绪，营造出热烈的氛围，使整个剧场充满魅力。

在舞台上，白燕升时而幽默风趣，时而深情款款，他能够根据不同的节目内容和氛围调整自己的主持风格。在戏曲比赛节目中，他严肃认真地对待每一位选手的表现，给予他们专业的评价和建议；在戏曲晚会中，他又能够与嘉宾和演员互动，为观众带来欢乐和惊喜。这种多样化的主持风格使他的节目充满了吸引力，深受观众的喜爱。

白燕升不仅是一位优秀的主持人，还是一位具有创新精神的节目策划人和制作人。他深知戏曲的传承与发展需要不断地创新和推广，因此他积极参与策划和制作了一系列具有影响力的戏曲节目。这些节目既有名家竞技，又有青年演员比赛，还有针对大学生戏曲爱好者的比赛，为不同层次的戏曲人才提供了展示自己的平台。

白燕升对传统戏曲充满了敬畏之情，他始终坚守着“台下十年功，台上一分钟”的传统精神。他认为戏曲的精髓在于演员的精湛技艺和深厚的文化底蕴，只有不断地学习和传承，才能保持戏曲的生命力。同时，他也积极倡导戏曲的创新，认为戏曲的创新是在充分把握传统精髓后的华丽转身与蝶变。

在他的主持和策划的节目中，既注重对传统戏曲经典剧目的传承和推广，也鼓励演员们在表演形式、剧本创作等方面进行创新。他认为只有将传统与创新有机地结合起来，才能让戏曲在新时代焕发出新的活力和魅力。

白燕升以其深厚的戏曲底蕴、独特的主持风格、创新的节目策划理念、对传统的敬畏和对创新的追求以及强烈的社会责任感和家国情怀，成为了中国戏曲主持界的杰出代表。他的主持艺术不仅为观众带来了美的享受，也为中国戏曲的传承和发展做出了重要贡献。

三

戏曲，作为中华传统文化的瑰宝，承载着数百年的历史与艺术价值。在当今时代，戏曲的传承面临着诸多挑战，白燕升，以其独特的视角、丰富的经验和不懈的努力，在戏曲传承的道路上留下了浓墨重彩的一笔。他不仅是一位优秀的主持人、制作人，更是一位全身心投入戏曲传承事业的使者，为戏曲在现代社会的传承、传播与发展积极奔走，发挥了至关重要的作用。

白燕升凭借其扎实的戏曲文化功底和稳重大气、真诚自然的主持风格，赢得了广泛的赞誉。他获得中国广播电视节目主持人“金话筒奖”，先后获评中国电视戏曲“兰花奖”最佳主持人、电视节目主持人 30 年年度风云人物等。诺贝尔文学奖得主、著名作家莫言将他誉为“上天为我们准备好的戏曲主持人”，戏剧评论家、著名学者余秋雨也称赞他是“一位超级戏迷，一位真正的内行，一位够

资格的剧评家”。这些荣誉和评价充分证明了他在戏曲界和主持界的非凡影响力。

离开央视后，白燕升担任香港卫视副台长，现为山西传媒学院教授、山西师范大学博士生导师兼艺术学部部长、山西省文化旅游形象大使、河北文旅宣传使者。他积极投身于地方戏曲事业，与山西卫视、西安广播电视台、河北卫视、湖北卫视等合作打造了一系列优秀的戏曲节目，如《伶人王中王》《擂响中华》《谁与争锋——京津冀河北梆子十大名旦大会》《戏码头》等。这些节目在传播戏曲文化、发现优秀戏曲人才等方面发挥了重要作用，多次入选国家广电总局年度、季度创新创优节目，并在第 26 届中国电视文艺“星光奖”中取得优异成绩。

白燕升深知观演关系在戏曲表演中的关键地位。他刚进央视时，前辈主持人的话语让他铭记于心：“演出不只是自己的事，观众也在和你一起完成。当你眼睛看着镜头，心里要想到你最爱的亲人，真心去体会所感所悟，迅速拉近和观众的距离，让观众相信你，这样就成功了一半。”这种对观演关系的深刻理解，贯穿于他对戏曲表演的认识中。他认为戏剧表演不是演员的孤芳自赏，而是要站在观众视角下进行表演，是多种关系综合呈现的结果。因此，在传承戏曲表演艺术时，不能忽视观演关系这一重要因素。

在戏曲传承中，白燕升强调传播意识的重要性，即市场意识和观众意识。他指出表演不能与观众、与市场割裂，艺术需要有观众和市场才能有长久生命力。以京剧明星艺术家王珮瑜为例，她以梅兰芳为偶像和坐标，努力提升自己的艺术境界和知名度，将京剧传播给更多年轻人，成为了戏曲人守土有责的典范。白燕升认为，如果戏曲人守不住自己的阵地，把市场让给流量偶像，那将是戏曲传承的重大损失。

白燕升充分认识到现代传播方式的价值。他和团队积极利用网络直播等新媒体手段，开展融媒体大直播。2022 年 7 月 31 日的《戏腔戏调——戏说新语美妙夜》抖音戏曲直播大秀，采用创新的形式，吸引了大量年轻观众，让许多“90 后”“00 后”甚至“10 后”首次接触戏曲并被其折服。在《戏聚燕赵·擂响中华——京津冀河北梆子青年群英会》等活动中，通过多个平台同步直播，并运用多种直播技术，如增加后台流动机位展示后台情况，大大提升了直播内容的丰富性和延展性，创造了惊人的观看人数，展现了现代传播方式对戏曲传播的巨大推动作用。

白燕升虽然重视传播，但也强调戏曲演员在追求流量的同时不能被流量绑架，不能为了吸引观众而降低身价、低俗媚俗。他

对短视频平台上一些自降品位的戏曲表演表示担忧和反对。他以梅派大青衣李胜素为例，李胜素坚持梅派的中正平和，不追求现场的火爆，这种对艺术品质的坚守让她成为最接近梅兰芳气质的梅派青衣。白燕升认为戏曲演员要有真功夫，做真演员，表演应该是引领观众而不是迎合观众，要建立合理的观演关系，服务于人物和剧情。

在戏曲表演中，搭档关系至关重要。白燕升指出，优秀的表演艺术家都是相互成就的，如京剧大家李少春与杜近芳、京剧名家于魁智与李胜素等黄金搭档，他们在长期合作中相互影响，彼此成就，为观众带来了精彩的表演。他强调戏曲演员要相信搭档、珍惜搭档，良好的搭档关系是戏曲艺术发展的福气。

剧团作为戏曲传承的重要集体，对白燕升来说意义非凡。他提到，过去的好剧团如北京京剧院、中国京剧院都有众多优秀的角儿，相互配合，共同发展。如果剧团只有一个角儿，这种情况不利于戏曲的长远发展。角儿是红花，剧团是土壤，二者相辅相成。剧团不能只把年轻人当“底包”，不给他们成长机会，而应该以培养角儿的心态培养年轻人，多给予支持，接住年轻人“发的球”，呼吁剧团要重视年轻人的发展，为戏曲传承营造良好的环境。

从戏曲发展的历史来看，从王瑶卿到梅兰芳、从谭鑫培到李少春等众多名家，他们的艺术发展历程表明了流派传承与创新的重要性。白燕升认为在传承中，演员应在继承的基础上，根据自己的生理条件、艺术素养，创造属于自己的艺术高峰。每个演员都有其独特的艺术表达，就像王献之即使努力练习，也只有“一点”像王羲之，因为艺术中蕴含着个人的真性情等独特因素。在戏曲流派传承中，演员要明白这一点，在传承的同时发展出自己的特色。

演员的表演离不开创作团队的支持。白燕升指出，角儿需要有适合自己的代表剧目，而这有赖于创作团队在剧情、唱腔、表演特点等方面的精心设计。例如著名作曲家万瑞兴为京剧程派名家张火丁《白蛇传》《江姐》等剧目设计的唱腔，著名剧作家王仁杰为梨园戏名家曾静萍创作的《节妇吟》《董生与李氏》的剧本，都是演员和剧目成功的重要保障。这表明创作团队与演员的紧密合作对于戏曲传承和发展的积极意义。

表演艺术家不能只重视实践，还要有理论意识。白燕升以李少春为例：李少春提出“李少春让林冲支配李少春”这种带有中国程式体验特色的表现派思想，哲理深邃。这种思想指导使他在表演中既能深入角色，又能保持自我意识，塑造出精彩的人物形象。这说明理论对于表演实践有着重要的指导作用，实践与理论相互促进，在戏曲传承中，演员需要将二者有机结合，提升自己的表演水平。

戏曲是对生活的再现，表演方法源自对生活的提炼。白燕升深知这一点，他强调戏曲程式虽然是前辈留下的财富，但随着时代变化，生活在改变，老程式可能会出现“不够用”或“脱节”的情况。因此，戏曲演员需要与时俱进，深入当下生活，创造性地发展和丰富表演手段。

在众多剧种中，京剧昆曲历史悠久、艺术积累丰厚，但也存在历史包袱重、墨守成规、朝气不足的问题。而地方戏扎根基层，更接地气，更具活力。白燕升通过“戏聚廊坊　擂响中华”——全国青年戏曲邀请赛中地方戏的表现，提出京昆要居安思危，向地方戏学习。他倡导戏曲发展要秉持“各美其美，美人之美，美美与共”的理念，让不同剧种相互学习、共同发展。他还列举了许多优秀的青年地方戏演员，如婺剧楼胜等，呼吁相关文化部门善待年轻演员，为戏曲传承创造更好的条件。

白燕升多次为年轻的戏曲演员发声。他呼吁给有才华的年轻演员更多机会，为戏曲传承营造更公平、更有利于人才涌现的环境。白燕升认为表演艺术的创造与传承不是表演者个人或表演本身的事情，它需要艺术家具备良好的道德与艺术综合素养，同时也需要一个良性竞争且包容开放的行业生态。他期望功成名就的艺术家有大格局、大胸怀、大眼界，做好“接球者”，接好来自观众、搭档、团队、年轻人、前辈和生活的“球”，成为德艺双馨的艺术传承者、传播者、发展者。当整个行业都形成这种良性循环时，戏曲行业生态将越来越好，能够培育出更多优秀艺术家，让观众在戏剧舞台上感受到艺术与人格的双重魅力，从而推动戏曲传承事业不断向前发展。

白燕升在戏曲传承的道路上，以其全方位的视角和积极的实践，从观演关系、传播意识、搭档与剧团关系、流派传承、创作团队与理论结合、与生活的联系等多个方面，深入剖析了戏曲传承中存在的问题和应对之策。他不仅身体力行地参与各种戏曲活动，打造优秀戏曲节目，培养和发掘戏曲人才，还提出了许多建设性的建议，为改善戏曲传承生态而努力。他的工作和理念对于戏曲在现代社会的传承和发展具有不可估量的价值，为戏曲事业注入了新的活力和希望，激励着更多人投身于戏曲传承的伟大事业中。

山西晚报

2020年8月31日 庚子年七月十三 星期一

新闻热线:0351-4286666
广告热线:0351-4281618

山西日报报业集团主办 山西省一级报纸 | 引导力 公信力

2020年8月号
COVER PERSON
封面人物

中国戏曲主持第一人
山西文化旅游形象大使

白燕升

他在戏曲舞台上守望了二十九年
他携团队入编山西传媒学院
他想让戏曲做山西文旅的红娘

文化频道 | 09 | 山西晚报

新闻热线:0351-4286666 2021年3月2日 星期二

白燕升谈戏曲传承

戏曲需要年轻人 年轻人更需戏滋养

“戏曲消亡”是伪命题 年轻人更需戏滋养

好戏离不开市场 创新不能失“戏魂”

山西晚报记者 张洁

新闻热线:(0351)4286666 订报热线:11185 广告热线:(0351)4281618

山西晚报 08 文化频道

新闻热线:0351-4286666 2021年3月2日 星期二

白燕升聊戏曲传播

艺术与流量兼具 何愁戏不火

山西晚报 04 文化频道

新闻热线:0351-4286666 2020年7月17日 星期五

我省“一事一议”政策引进首个高端人才团队“输血”山西传媒学院
山西晚报独家专访“中国戏曲主持第一人”白燕升

再回山西，不做好看却无用的“金字招牌”

和山西缘分深 回归校园是梦想

他和山西卫视合作打造的《伶人王中王》，在观众中取得很热烈的反响。

雅鉴

268

A06

《戏码头》开播 总导演白燕升接受本报记者专访

武汉"戏码头"一直好戏不断

3 我愿做戏曲与年轻人之间的那把琴那首曲

1 一堂戏曲文化知识公开课 郭德纲将带来"靓派专场"

2 当时汉口戏院票价分13个等级 要想成角儿就得"汉口闯码头"

27 文娱

2018-09-14

白燕升深情转身为"梆子"

特别报道

人到中年，大幕才刚刚拉开

这三年，吃了不少闭门羹

请选手尝尽人间冷暖

一切都是为了河北梆子这门艺术

COVER PERSON

2020年8月7日 山西晚报

封面人物 白燕升

05

7月中旬，"中国戏曲主持第一人"白燕升及其团队，成为我省"一事一议""一人一策"办法引进的首个高端人才团队——白燕升团队全体成员入编山西传媒学院

"燕"落三晋 双向选择也是双赢选择

白燕升身边的年轻人

白燕升团队有倍心当好"领头羊"

COVER PERSON

2020年8月7日 山西晚报

封面人物 白燕升

07

三十年如一日干一件事情，"再苦、再累、再烦躁，只要走上舞台，看到镜头，我的心就静了。"

白燕升：戏曲舞台是我的养"心"之地

上台主持节目是一种"休息"

制播故事三天三夜说不完

为山西戏曲做"雪中送炭"的事

人民政协报

2021年3月1日 星期一

文化 周刊

文化

对戏曲传播与传承的思考

——山西传媒学院教授、著名戏曲节目主持人白燕升访谈

本报记者 郭海瑾

白燕升

编者按：2021年春节期间，戏曲电视节目、线上戏曲展演等为观众们奉献了一场视觉盛宴，烘托了温暖祥和的节日气氛。戏曲是中华文明的瑰宝，戏曲的传承与发展是弘扬中华文明的千秋大业。然而，戏曲的传承与发展离不开传播，传播什么、怎样传播也成为近年来业界专家、学者关注的重要话题。为此，本期文化周刊特别采访了一直致力于戏曲传播事业并为戏曲传播作出重要贡献的白燕升教授，请他结合自身多年实践谈谈对戏曲传播与传承的思考。

一、戏曲的传播与传承同等重要

文化周刊：春节期间，《典籍里的中国》、河南春晚的《唐宫夜宴》等电视节目热播，让蕴含其中的传统文化又"火"了起来，也从中可见传播的重要性。您一直致力于戏曲艺术的传播，在您看来，作为中华优秀传统文化的戏曲，特别是近百年来，有没有在哪一阶段或者哪些阶段也曾盛极一时、万人空巷？

白燕升：说到戏曲史上的繁荣时期，最具代表性的是上世纪二三十年代，当时不只是一个地区、一个剧种的繁荣，而是全国各地多个剧种百花齐放百家争鸣。在传播范围上，最具影响力的有北京、天津、上海、武汉这几座"戏码头"，可以说是汇聚了当时全国各个剧种的名角儿。在剧种的传承传播上，京剧的影响力遍及大江南北，成为深受全国观众欢迎的剧种；评剧、豫剧、越剧等剧种也不断发展完善，分别在北方、中原、上海和浙江等地形成了各自稳定的受众群体；此外还有陕西的秦腔，山西的晋剧、蒲剧，湖北的汉剧、楚剧，四川的川剧等等，都是深受当地戏迷喜爱的剧种。

戏曲繁荣最重要的表现之一是各个剧种涌现出了一大批名家名角，比如京剧"四大名旦"梅兰芳、程砚秋、尚小云、荀慧生，"前四大须生"余叔岩、言菊朋、高庆奎、马连良，还有麒派老生创始人周信芳，武生大家盖叫天，花脸大家金少山等等，可以说是数不胜数，许多流行于当今舞台的戏曲艺术流派，都是从那个时期形成发展起来的。

当时名角所到之处可以说是万人空巷，上至富商权贵，下至贩夫走卒竞相追捧。以大家非常熟悉的京剧"四大名旦"之一的梅兰芳为例，用"台上男人皆欲娶，台下女人皆欲嫁"来形容他的受欢迎程度一点也不为过。当时《申报》有篇文章谈到梅兰芳到上海演出的盛况说："一有梅兰芳到上海来的消息，上海的茶馆酒楼里，大家兴高采烈，谈论的无非是梅兰芳，家人聚话，店伙闲谈，谁不要提及他！梅兰芳一到上海，居住的旅社门前，转他的舞台阶下，人头济济，都想一瞻他的风采。梅兰芳不来上海便罢，梅兰芳既来上海，上海人不去看他的戏，差不多枉生一世，所以当去包脚布，也要去看他一回。上海人有儿子的，就发生叫儿子将来也要唱戏，做第二个梅兰芳的心思。"由此可知那时戏曲和戏曲名角的影响力。

文化周刊：您曾连续16年主持央视春节戏曲晚会，还担任过此节目的总导演，此后又独立制作并主持戏曲节目，为的是将戏曲的魅力传递给观众，让戏曲这门艺术得以传播、传承。您认为，传播与传承的关系是怎样的？

白燕升：近年来，我带领团队行走全国，和山西卫视合作打造了《伶人王中王》（全国青年戏曲演员电视擂台赛）；和河北卫视合作打造了《谁与争锋——京津冀河北梆子十大名旦诞生记》；和湖北卫视合作打造了《戏码头》并推出了《全国大学生电视戏曲挑战赛》《中国好搭档戏曲挑战赛》等特别节目，2020年9月7日至14日又推出了《全国青年戏曲挑战赛》；和西安广播电视台合作打造了《擂响中华》，在2021年元旦期间推出了《擂响中华》第三季——中国戏曲十大青年领军诞生记》。这些节目既有名家竞技，又有青年演员比赛，还有针对大学生戏曲爱好者的比赛，总而言之，就是期盼围绕戏曲传承和传播做一些实实在在、看中远发的事情。

以上这些节目几乎都入选了国家广电总局"广播电视创新创优节目"。2020年9月28日，第26届电视文艺"星光奖"揭晓，北京卫视《传承中国》、西安广播电视台《擂响中华》（第一季）、河北卫视《谁与争锋——京津冀河北梆子十大名旦诞生记》、湖北卫视《戏码头》全国大学生电视戏曲挑战赛》等四个节目入围"优秀电视戏曲节目"奖，其中，后三个节目都是我的团队策划的，最终《谁与争锋》荣获大奖。

通过这些年的实践，我更清楚认识到，当前是一个信息爆炸的时代，酒香也怕巷子深，因此戏曲的传播与传承同等重要，甚至在一定程度上传播显得更加迫切。传播与传承都是构建良好的戏曲发展生态的重要内容，相辅相成，缺一不可。传承是基础，只有把戏曲艺术的精华完整地继承下来并有所发展，才能为传播提供坚实的内容支撑；传播是途径，只有让更多人尤其是年轻观众接触了解喜爱戏曲，才能让戏曲真正传下去火起来。

遗憾的是，当前研究传承的多，研究传播的少，真正具有传播意识的演员就更少了。传播是什么？是要善于利用现代传播方式，琢磨受众心理，寻找共同语言，创造出有内涵和吸引力的内容，才能真正引发普遍共鸣。王珮瑜为什么"火"，除了她的艺术功底之外，更重要的是她具有现代传播意识，找到了"京剧清音会"这个表现形式，并善于借助综艺节目等有效媒介，形成了自己的个性品牌，所以才能让成千上万的年轻人记住她喜欢她，进而喜欢上京剧。像王珮瑜这样有传播意识的戏曲演员，当下实在是太少太少了。如果每个剧种都能多几个王珮瑜这样的艺术与流量兼具的明星艺术家，戏曲何愁火不起来？

二、注重传播内容 增强戏曲艺术的魅力

文化周刊：能否举例说明，戏曲艺术的传播应该注重哪些内容？

白燕升：戏曲是中华传统文化的瑰宝，对它的魅力，我们应当有足够的文化自信。比如，梅兰芳三次访日、一次访美、一次访苏，加快了戏曲对外传播的进程，这是他的伟大之处。梅兰芳最早到国外演出是1919年访日演出，1924年和1956年他又两次访日，梅兰芳在日本可以说是家喻户晓，上至首相，下至出租车司机，几乎人人都知道梅兰芳。他1930年访美和1935年访苏同样产生了巨大影响，让中国戏曲在美苏主流社会引起关注，冲击了美国好莱坞的"硬汉"传统，刺激了斯坦尼斯拉夫斯基、布莱希特等欧洲戏剧家拓展了东方视角，这些既是梅兰芳个人的成功，也证明了戏曲的魅力。

值得一提的是，梅兰芳访美85年后，又有一位中国京剧艺术家访美演出取得巨大成功，她就是张火丁。2015年9月，张火丁在美国纽约林肯艺术中心上演《白蛇传》和《锁麟囊》，门票在开演前3天就已经售罄，能容纳2500人的剧院座无虚席。美国最有影响力的媒体之一《纽约时报》用了4个整版的篇幅进行报道，称："梅兰芳之后，又有京剧巨星访美。"这和该报85年前对梅兰芳访美的报道力度是一样的。

梅兰芳访美演出之所以能取得成功，和他的传播策略是分不开的。早在访美之前，梅兰芳的团队就整理编撰了许多介绍中国戏曲的文章、书籍，请人翻译成英文之后提供给美国报刊刊登。他们还专门雇用了两名美国人在美国报刊上持续报道梅兰芳的演出资料和照片，让梅兰芳尚未出国就已经被广大美国观众知晓。在剧目选择和演出时间上，也都针对美国观众的习惯进行了调整，既体现戏曲传统，又保证内容多样化。张火丁的访美演出同样如此，在张火丁赴美之前，主办方就通过各种广告方式进行了预告，为了让美国观众看懂，演出前，主办方邀请哈佛大学教授王德威和密歇根大学教授陆大伟为观众讲解相关剧目。

此外，还有一位艺术家也是中外人文交流的典范，她就是国宝级戏曲大家裴艳玲。如果说梅兰芳是把女人演透了，裴艳玲就是把男人演透了。早在上世纪90年代，她就被新加坡政府特批，作为永久居民，担任政府文化顾问。她曾到意大利、法国、瑞典、丹麦等多个国家讲学，法国专门为她拍摄了讲学纪录片，更有主办方为邀请她作一次讲座付出5万美元报酬。她还曾在香港开办戏曲科班，培养了数以百计的海外学生。

这些事例证明，戏曲艺术的魅力是超越时间、超越国界、超越语言障碍的，我们对此应当有充分文化自信，只要戏曲人树立正确的审美观，做好充足的文化储备，找到不同文化之间的连接点，即人性和情感，同时加强自我修为，全方位提升台上台下的个人魅力，就能够带动民族文化走向世界。无论是国内传播还是对外文化交流，一是要针对目标受众，寻找和设计合适的传播内容，最重要的内容首先是演出本身，其次还包括必要的导赏、文化背景介绍、演员资料等等。只有围绕内容展开深入推介，才能吸引并引导观众更好地理解欣赏；二是要采用更有吸引力的方式，让传播更有参与性互动性，增强观众的兴趣和体验。我们打造的《伶人王中王》《谁与争锋》《中国好搭档》等节目，是用名家竞技的方式吸引观众；《全国大学生电视戏曲挑战赛》则是用比赛方式来激发大学生学习传播戏曲的热情。又比如《擂响中华》第二季，我们采用了融媒体大直播的方式，通过电视及十几家网络平台同步直播比赛进程，仅总决赛一场网络同时在线观看人数就超过了160万，本次比赛新媒体受众过千万，充分证明了节目的传播力。

三、挖掘多种方式 让戏曲走进人们心中

文化周刊：近年来，特别是疫情期间，云上戏曲展演、线上戏曲演出等成为人们主要观演方式，在一定程度上开拓了传统艺术特别是传统舞台艺术的传播方式。这与传统剧场演出的不同之处在哪里？它们有没有共通之处？

白燕升：疫情改变了我们的生活，也影响甚至改变了许多行业的格局。云剧场和线上演出在一定程度上满足了疫情期间观众观看戏曲演出的需求，扩大了演出覆盖面，它的价值不可否认。但未来能发展到什么地步，达到什么效果，现在下结论言之尚早，还需要再进一步观察探索。

相比传统剧场演出，线上演出因为有了电视和网络手段的介入，让观众有了许多新体验，比如观众数量可以无限增加，并且消除了现场观看时不同座位造成的视角差异；通过摄像机镜头，可以更近距离地观看到表演细节；通过直播间和弹幕，戏迷可以进行实时互动。但也要看到，许多线上演出的信号不够稳定，画面不够清晰，视角单调或是切换无序，大大影响了观看体验。

线上演出改变的只是观赏方式，并没有从根本上改变演出本身，无论是传统剧场演出还是线上演出，演出本身的质量仍是第一位的，需要演员全身心地投入，不能因为现场是否有观众而区别对待。另外，包括戏曲、话剧在内的戏剧艺术作为一种剧场艺术、现场艺术，是台上演员和台下观众共同完成的，现场观众对演员表演的反应、回馈和掌声也是演出不可缺少的灵魂，没有现场观众，观演关系就缺失了一半。包括戏曲在内的戏剧艺术，它的生命力永远在剧场、在舞台上，并有赖于观演关系的良好互动和共同完成。这种现场性是电视和网络技术手段难以替代的，身在现场才是真正的"零距离"。当然我们也应当积极挖掘电视和网络的传播价值，通过线上演出的传播普及，吸引更多观众走进剧场，现场感受戏曲的魅力。

《戏码头》全国青年戏曲挑战赛收官合影

艺路

08-09

COVER PERSON

封面人物白燕升

白燕升：行走戏曲舞台 感悟厚重山西

雅鉴

静笃虚极　墨韵回响

——胡庆恩的藏拓与书法

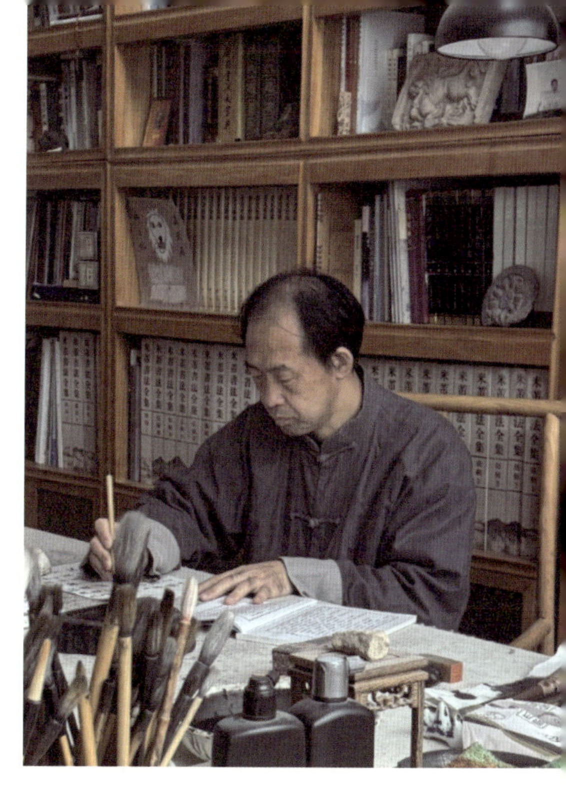

—

胡庆恩于1972年出生，字现明，别署圆知堂、覃光精舍主者。他与书法的缘分始于10岁，从此书法便成为他生命中不可或缺的一部分。高中毕业后，他在石化总厂、南大港农场办公室担任文字秘书长达十年。这十年间，文字工作在不经意间为他的书法之路铺垫了基石，让他在书写中不断涵泳技艺。

2002年，胡庆恩的书法作品行草四条屏荣获首届中国书法兰亭奖，这一荣誉无疑是对他书法造诣的极高认可。这一奖项带给他的不仅是光环，更有困惑与烦恼。他并未就此停滞。

2004 年，他毅然放弃南大港稳定的工作，踏上了前往北京求学的征程。这一决定，彰显了他对知识和艺术更高境界的至诚追求。

在北京的 11 年，他先后在首都师范大学和中国艺术研究院攻读书法硕士、艺术学博士学位。这期间，他付出了常人难以想象的努力。考博时，面对从未接触过的日语，年近不惑的他闭关苦学，每天坚持 11 个小时，历时 5 个多月，最终以 61 分的成绩通过考试，成为首师大老师们口中的励志典型。这些年的学习和探索，极大地丰富了他对生命的理解，让他从最初的执着逐渐走向豁然。

胡庆恩热爱游历，在众多城市中，他对西安情有独钟。他将四份应聘简历都投向了西安，因为这座城市少了喧哗与浮躁，充满了厚重的文化气息，能给予他创作的激情和家一般的氛围。这种对文化氛围的敏锐感知，体现了他对艺术与文化环境契合度的高要求。

在艺术创作上，胡庆恩有着自己独特的见解。他将写字比作玩泥巴，这看似轻松的比喻背后，是他对书法纯真质朴的理解。在北京的学习经历让他心性更加淡然，打开自己并融入世界，这种心境也体现在他的诗歌创作中，“笑踏云中步，等闲看世间”正是他当时状态的生动写照。“知性御行”，这是老师送给他的字，一直挂在书房，成为他的座右铭，他也确实做到了用豁达之心看待事物。

值得一提的是，胡庆恩在藏拓方面也有着浓厚的兴趣与独特的收藏。他的藏拓种类丰富，涵盖了周秦至宋代不同书体和风格的书法拓片。这些藏拓对于他而言，不仅仅是艺术作品的收藏，更是研究书法演变、汲取古人智慧的宝库。他常常在研究藏拓的过程中，探寻书法线条的奥秘、结构的演变以及风格的传承。每一张藏拓都像是一扇通往古代书法世界的窗户，让他能够与古人对话，从中获取灵感，滋养自己的书法创作。这些藏拓见证了他在书法艺术道路上对传统的尊重与传承，是他艺术生涯中重要的组成部分，也为他的书法作品注入了深厚的文化底蕴。

胡庆恩的人生是一场不断探索和成长的旅程，无论是故乡还是他乡，他都随性而为，在书法艺术与人生之路上留下了深深的足迹，书写着属于自己的精彩篇章。

二

作为十三朝古都，西安的历史遗存极其丰富，尤其碑帖、瓦当拓片，承载着古老的笔墨文化信息。胡庆恩以书法家与传统文化爱好者的双重身份，深入拓片的古老世界，于一笔一墨间，勾勒出藏拓独特的艺术价值与文化意义。

越是历史久远的拓片，越是残缺。那些漫漶的拓片，是时光侵蚀后的残痕，胡庆恩以朱砂笔精心补出漫漶处的文字，宛如一场跨越时空的对话。这不仅是对拓片内容的修复，更是在复活一段被尘封的过往。在补写中，胡庆恩对书法的深刻理解与对历史文化的精准把握得以彰显。每一笔落下，都需细细考量文字的形态、风格，以求与原拓和谐相融，让这些古老的拓片在现代重焕生机，古今文字于一纸之上相映成趣，见证着历史的绵延与文化的传承。

有的残片特别小，很难推断整体内容，却难掩其艺术魅力。胡庆恩依据拓片内容与字体，以小字书写自己读拓的感受，赋予了残片新的生命与内涵。这种创作方式使得拓片不再仅仅是孤立的历史遗存，而是成为了融合古今情感与思考的艺术综合体。从艺术布局上看，这些大小字相互搭配，节奏起伏间仿佛奏响了一曲独特的文化乐章。疏密得当的安排，让观者的视线在拓片上游走时，既能感受到历史的深邃与凝重，又能体会到现代解读的灵动与轻盈。

胡庆恩的藏拓及他与之互动的方式，是对传统文化的敬重与创新。他在守护拓片的古老灵魂的同时，以自己的感悟与创作，为这些古老的文化瑰宝注入了新的活力，开启了一场古今文化碰撞交融的盛宴，让我们得以在墨韵中聆听时光的回响，领略传统与现代交织的独特魅力。

三

胡庆恩的书法之路犹如一部蜿蜒流淌的成长史诗。2002 年，他凭借行草四条屏荣获首届中国书法兰亭奖，这个奖项是对他早期书法成就的高度认可。然而，他并未满足于此，而是以一种非凡的勇气和对艺术有了更高追求的决心，于 2004 年毅然放弃南大港稳定的工作，踏上了前往北京的求学之旅。这一选择，如同凤凰涅槃，开启了他艺术生涯新的篇章。

在首都师范大学和中国艺术研究院，他先后取得书法学硕士学位和艺术学博士学位。这期间，他在知识的海洋中畅游，广泛涉猎，不断丰富和深化自己对书法艺术的理解。从南大港到北京，这 200 多公里的距离，不仅是地理上的跨越，更是他在艺术境界上的飞升。十多年间，故乡与他乡之间的往返

米芾書法全集
法帖 1
法帖 2
石涛画集
沈周书画集
王鉴画集

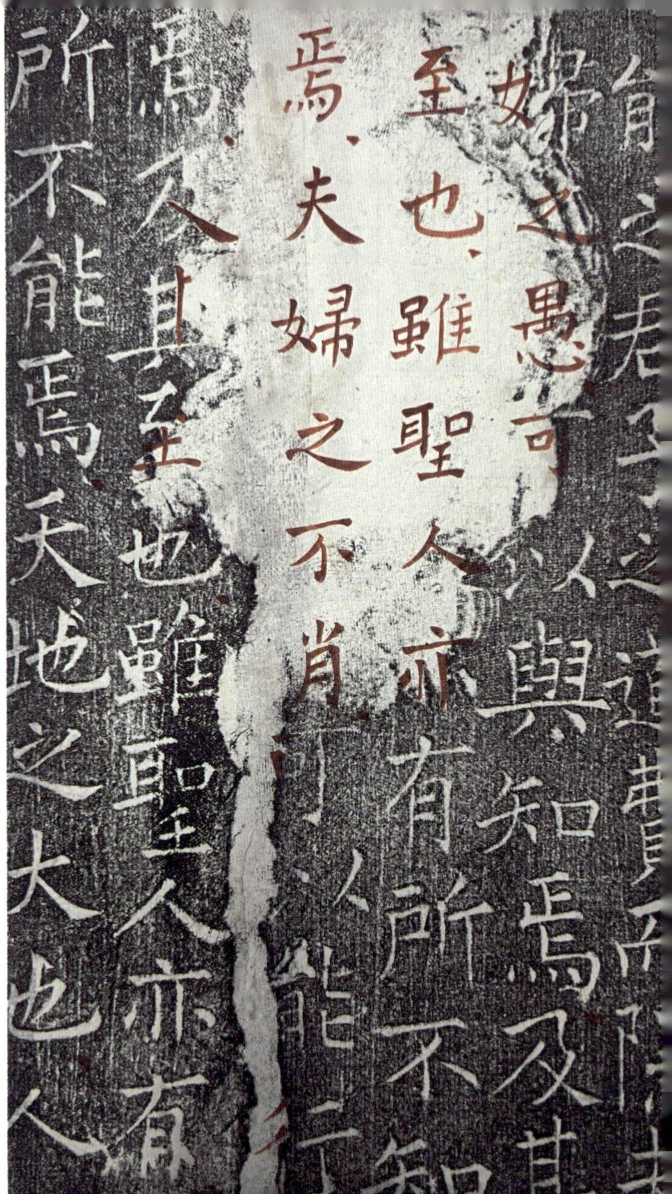

奔走，是他与书法热恋的足迹，是他在艺术探索之路上不断前行的见证。这种执着和坚韧，为他的书法艺术奠定了坚实的基础，使他在众多书法家中脱颖而出。

胡庆恩的书法作品呈现出一种独特的风格，那是一种清净、简净、平和、内敛的艺术气质。他曾自述“最近写字，愈喜平和中正，不知不觉间，不用心，不抖机灵”，这看似轻描淡写的话语，却深刻地揭示了他作品风格的精髓。

在他的书法中，我们看不到刻意为之的痕迹，没有那种为了追求技法而产生的生硬与造作。他的字仿佛是从心灵深处自然流淌而出，每一笔每一画都蕴含着他对人生、对世界的深刻感悟。无论是小楷抄写的《般若波罗蜜多心经》，还是其他的书法作品，都是他内心的写照。他手中的毛笔，就像一位智者，默默诉说

着生命的真谛，不喧哗，却有着震撼人心的力量。

这种风格的形成并非偶然。它是胡庆恩多年来对书法艺术不断探索、对自我内心不断审视的结果。他从曾经沉浸在技法的格辙、习惯的牵制、欲望的唆使、自欺的蒙蔽和造作的拿捏中挣脱出来，找到了真正属于自己的书法表达方式。他的作品不再是简单的笔墨组合，而是心灵的映照，是他与世界对话的独特语言。

胡庆恩深刻地认识到，写字不仅仅是一种艺术创作，更是一种人生的修行，是对生命的观照。在他看来，毛笔就像我们的心，软软的、亮亮的、调柔的、舒展的，但又常常不听使唤，就像我们难以驾驭的心猿意马。

他曾经历过对毛笔的不尊重、不理解，只是强行控制，却陷入了漠然、忽视、迷茫和对立的困境，笔法自然无从谈起。然而，随着对生命、书法理解的深入，他逐渐明白，书写是与自我和解的过程。宣纸的白白净净如同我们的心，无拣择地展示着一切，墨的五色也并非只是黑漆漆的一团，它们都与我们的人生相互共振、相互显发。

他将写字比作人生，充满了不确定性和风险，却又如此丰富和珍贵。“唯笔软则奇怪生焉”，这支毛笔书写的是人生的全部，拈起它，就是面对整个生命。通过书写，我们可以放下自我，与世界和解，从而感受到整个世界给予的支持。书写让我们思考如何与毛笔相处，如何发挥它的作用，这需要从放下自我开始，这是一种对自我的超越，也是对世界真相的领悟。

在书写的过程中，胡庆恩体会到了常变、奇正、粗细、方圆、提按、使转等二元辩证的元素，这些元素正是由心而生，是心的大用。真善美从书写中流出，书写成为了一项高级的心灵游戏，它可以让我们在运笔的当下，观照生命，消融隔膜，整合破碎，贯通断裂，让粗鄙变得精微，让无奈得以超越，让有限化作永恒。他的书法作品因此成为了生命庄严的展示，每一点画都蕴含着生命的力量，书写着人生的光明。

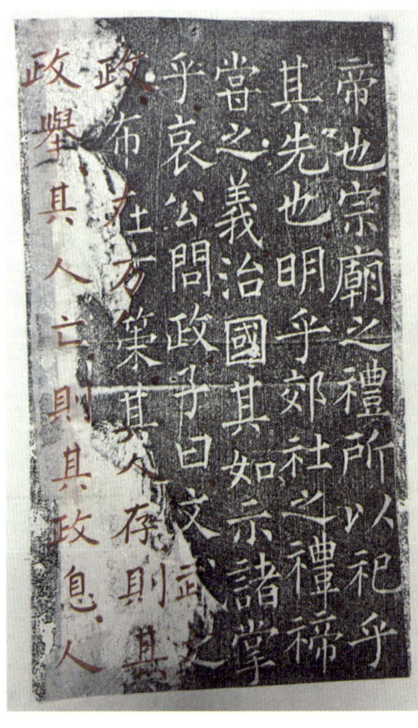

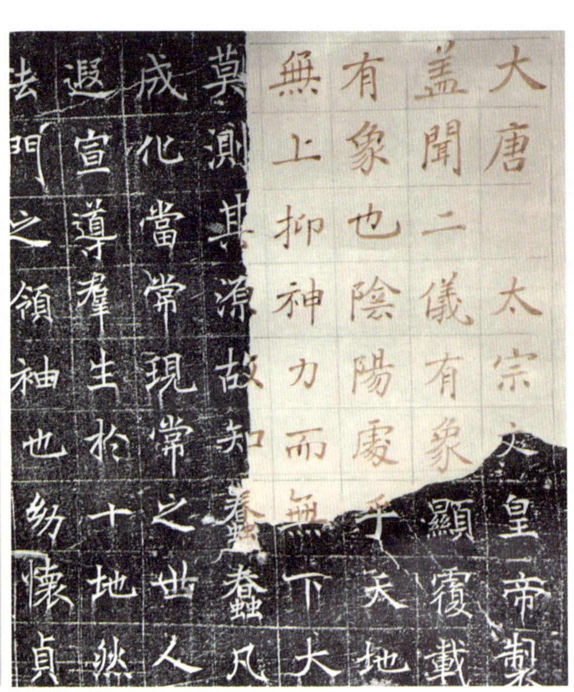

雅鉴

胡庆恩对阳明心学的深入研究为他的书法艺术赋予了深刻的哲学内涵。他将阳明心学的“无善无恶心之体，有善有恶意之动，知善知恶是良知，为善去恶是格物”与书法实践紧密结合，并贯彻于教育环节中。

心体在他看来是人人本具的，“无善无恶”代表着超越二元、无所对待、平等安住的状态，此心本就清净广大、圆满无碍。依着这个心体，能觉知“心之动”的“意”，这种“知”是每个人心体本具的能力，无须外求。在书法实践中，只有消除私蔽，让这种能力自然展现，“书意”才能自在无遮地发挥大用。

“格物”的“格”是“正其不正”之意，书法实践和品鉴就是一个格物的过程。“致知”与“格物”相互作用、互为实现，书法实践是“知”的作用，不在心外。如果被情绪、习惯和自己的知见所影响，就会被相所泥，无法发挥心体的大用，书法创作也会成为无源之水、虚妄造作。因此，他建议书法学习者在学习过程中要保持内心的“和”，到实践中去磨炼，让内心焕发出本来的光明，从而使书法更加精进。这种将哲学思想融入书法实践的方式，使他的书法艺术超越了单纯的技艺层面，上升到了精神追求和人生境界的高度。

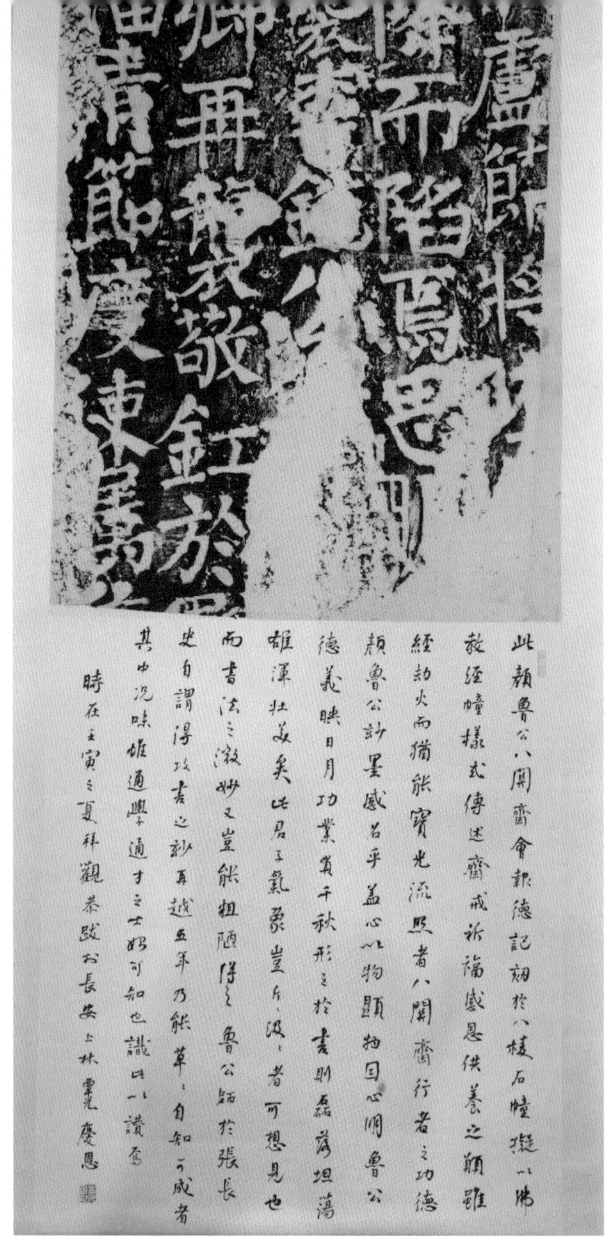

胡庆恩对于临摹有着独特的见解。他认为，临摹不是目的，形似更不是临摹的唯一目的。临摹是借助范本的形神启发自心之用，关键在于是否能将其化作涵泳培养主人翁（自心）的沃土，而不是将其当作贴在脸上的装饰。

在当今书法界，存在着将临摹与创作割裂开来的现象，过于追求技法的模仿，而忽略了内心与范本的共鸣。胡庆恩强调，以分别心割裂范本进行临写，会导致临创之间产生鸿沟。优秀的临摹应该是在与范本的交流中，找到与自己内心相通的部分，从而实现对书法艺术更深层次的理解和运用。

在风格问题上，胡庆恩认为书法的风格不是强化出来的，强化风格往往会显得做作。每个人的生命都具有独特的特性和气质，书法风格应是将这种内在的特质释放出来的自然呈现。

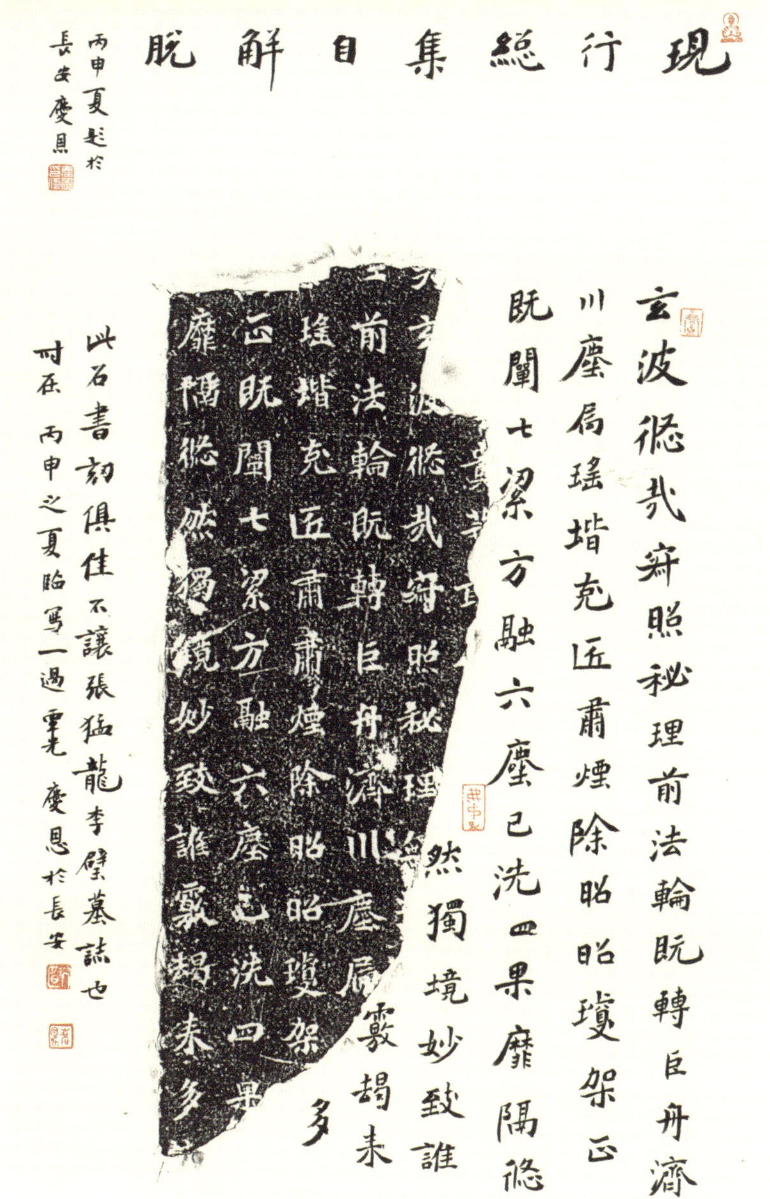

他将书法作品比作一棵树，其风格就像树的面目，由书者的心性决定，如同树种决定树的种类一样。书者应像种植者一样，在临摹、融汇、变通、酝酿乃至学养积累等创作要素上下功夫，而不是刻意去追求某种风格。当今书法界存在着将经典当作面具、将创新当作口号的现象，一些书者在技法和图像上追求变化，以形成不同于别人的面目为目标，却忽略了书法风格源于心性这一本质。真正的书法风格是书者心性真性的自然流淌，如同地下的种子在种植者的劳作下自然长成树木一样。

胡庆恩深刻认识到，书法创作需要摆脱各种束缚。在现代书法发展过程中，由于理论和技法的日益复杂，书法变得越来越“高大上”“高精尖”，让许多人感到紧张和疲惫。然而，书法的源头并非如此，古人的技术固然重要，但更不能忽略支配技术的东西，那就是丰富的情感和心灵。

单靠复杂的技术无法安放纯真的性情，优秀的作品应是情感与技术的里应外合。艺术家很容易陷入“成就绑架”，在貌似伟大理想的标牌下，刻意的艺术追求反而会成为给自己设下的圈套。胡庆恩从自己的经历中深刻体会到这一点，并努力从这种束缚中解脱出来。他的创作追求一种放松之后的欣然、一种回归本真的状态，让书法成为从生命内部生长出来的乐儿。

胡庆恩的书法艺术和理论对书法的传承与发展有着深远的影响。他的作品和思想为广大书法爱好者提供了宝贵的学习资源和精神指引。

他以弘扬阳明心学为己任。总是借助书法和生活中的事物应机和学生交流分享。他深入浅出地讲解阳明心学与书法的关系，融哲学性、知识性和趣味性于一炉，使听者对书法文化有了更全面深入的理解，提升了他们的书法境界。他的课堂和讲座经常座无虚席，听众们在听完后都感觉醍醐灌顶、茅塞顿开，这充分说明了他的思想和观点具有强大的感染力和启发性。

对于后学而言，胡庆恩的艺术生涯是一个激励人心的榜样。他从地方走向首都，从获得兰亭奖到在学术领域深入钻研，这种不断进取的精神鼓励着年轻一代的书法学习者勇敢追求自己的艺术梦想。他对书法实践和理论的深刻见解，为书法学习者提供了正确的方法和方向，引导他们在书法学习过程中避免弯路。

在书法传承方面，胡庆恩的作品和思想传承了中国传统文化的精髓，将书法与哲学、人生等元素紧密结合。他的创作体现了对传统书法的尊重和创新，为书法艺术在当代社会的传承和发展注入了新的活力。他的艺术实践和理论探索对于推动书法艺术在当今时代的多元化发展、促进传统文化与现代社会的融合，具有不可忽视的积极意义。

总之，胡庆恩以其卓越的书法艺术成就、深刻的哲学思考和独特的理论见解，成为了当今书法界的一位重要人物。他的作品和思想犹如一盏明灯，照亮了书法爱好者前行的道路，为书法艺术的传承与发展做出了突出的贡献。他的书法艺术不仅仅是笔墨的舞蹈，更是心灵与哲学交织的华章，将在书法历史的长河中留下浓墨重彩的一笔。

孤峯絕頂萬餘嶒，策杖攀蘿漸漸登。行到月邊天上寺，白雲相伴兩三僧。

唐玄奘大師題中岳山一首 甲辰秋月於西安雁塔 慶恩書

赤日幾時過，清風無處尋。經書聊枕籍，瓜李漫浮沉。蘭若靜復靜，茅茨深又深。炎蒸乃如許，那更惜分陰。

曾几大暑一首 時在甲辰大暑於西安雁塔銀杏坡斗室 慶恩

肩吾問於連叔曰：吾聞言於接輿，大而無當，往而不反。吾驚怖其言，猶河漢而無極也。大有徑庭，不近人情焉。連叔曰：其言謂何哉？曰：藐姑射之山，有神仙居焉，肌膚若冰雪，綽約若處子。不食五穀，吸風飲露，乘雲氣，御飛龍，而遊乎四海之外。其神凝，使物不疵癘而年穀熟。

莊子句 時壬寅中秋前一日於雁塔銀杏坡 慶恩書

詩貧只剩一溪月
身健還摘幾架瓜
甲辰 慶恩書

雲上舟游千丈海
浮雲散漫可披衣
甲辰 慶恩書

五嶽不高堪比枕
松間夕照兩人心
甲辰 慶恩書

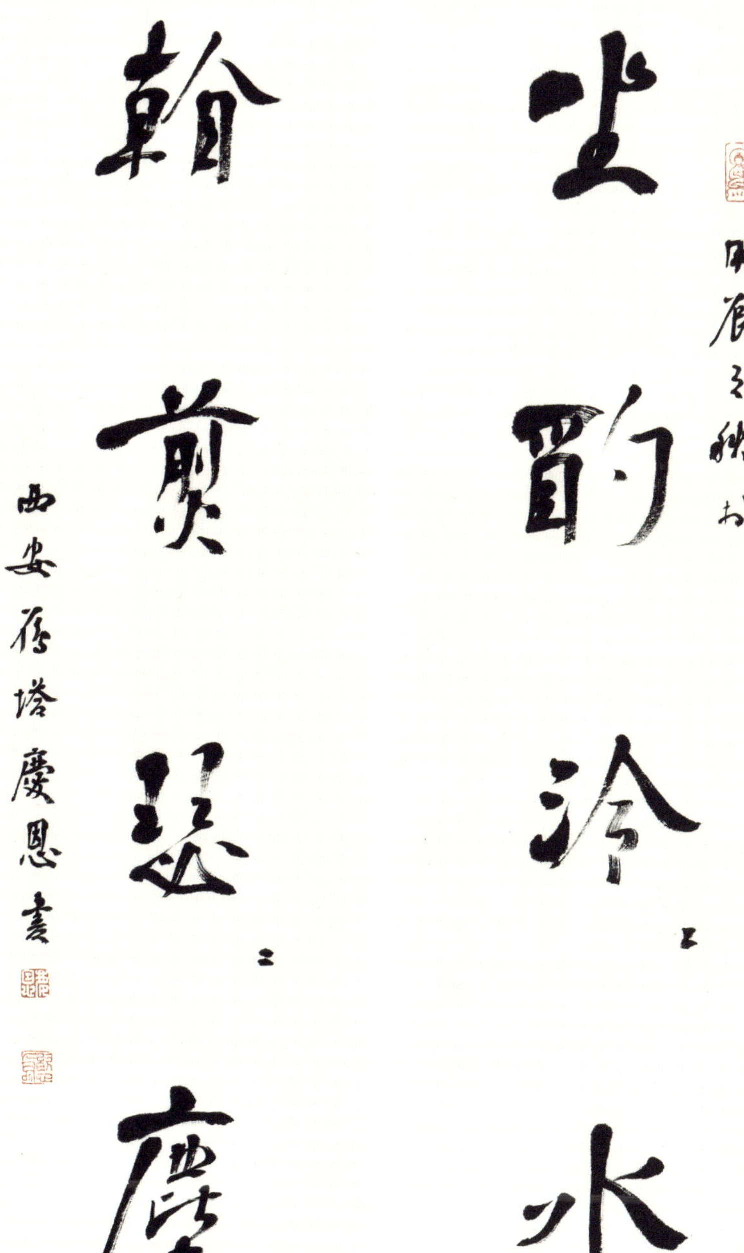

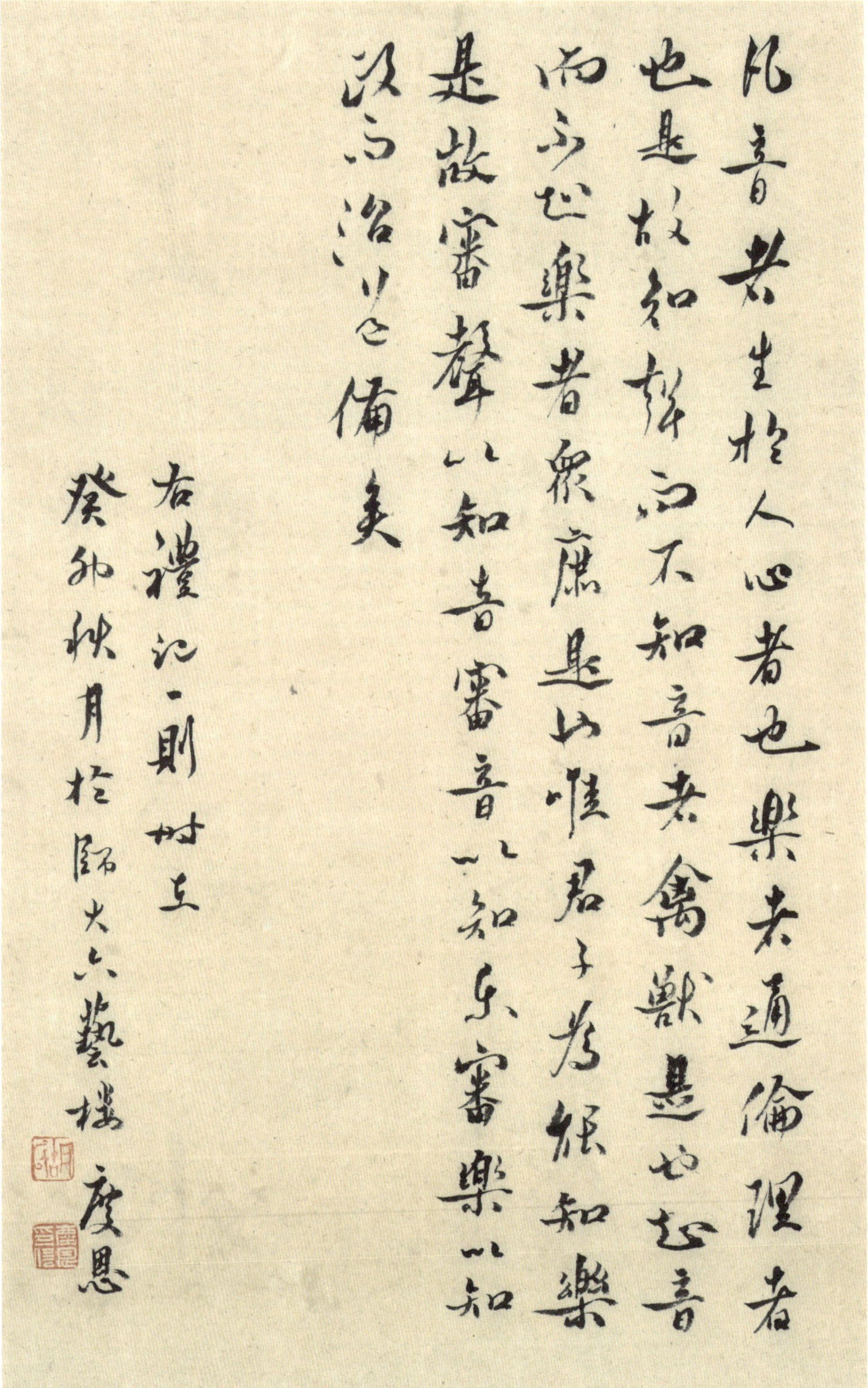

凡音者生於人心者也樂者通倫理者
也是故知聲而不知音者禽獸是也知音
而不知樂者衆庶是也唯君子為能知樂
是故審聲以知音審音以知樂審樂以知
政而治道備矣

右禮記一則錄之
癸卯秋月於師大六藝樓 度恩

雅鉴

萬點飛泉六白雲似簾
懸處望疑真若將此
水為霖雨更勝長垂隔
諸塵

癸卯冬月於
長安上林慶恩

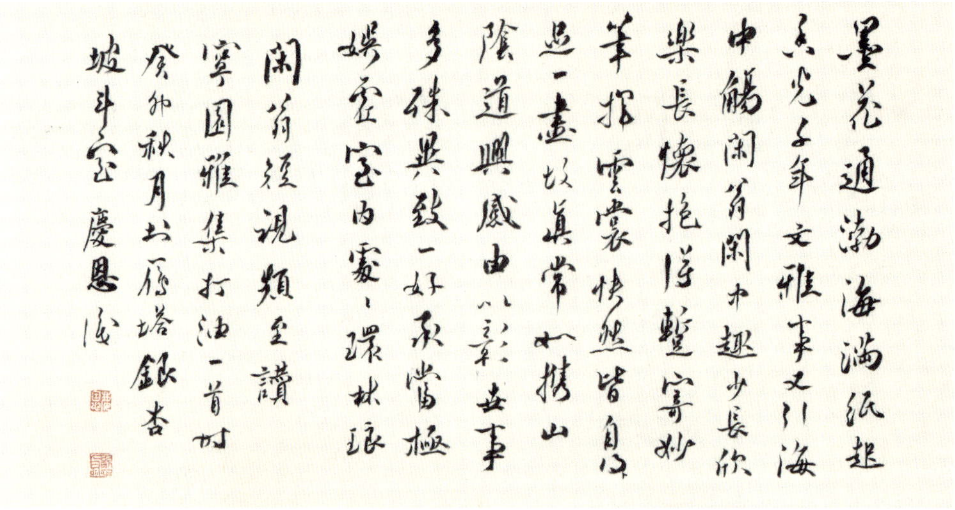

墨花通渤海滿紙趣
天光千年文雅事又引海
中觴開前閣中趣少長欣
樂長懷抱浮藍寄妙
筆指雲裳快然皆自得
之一盡故真常如携山
陰道興感由以興無事
多殊異致一好取當極
娛樂室內處處環林琅
閑前後觀類至讀
寧園雅集打油一首時
癸卯秋月於一簣塔銀杏
坡斗室 慶恩 書

尒時世尊放眉間光其光金色遍照十方
無量世界還住佛頂化爲金臺如須彌山十
方諸佛淨妙國土皆於中現或有國土七寶
合成復有國土純是蓮華復有國土如自
在天宮復有
國土如
玻璃
鏡十方
國土皆於中現
有如是等無量諸佛國土嚴顯可觀令
韋提希見時韋提希白佛言世尊是諸
佛土雖復清淨皆有光明我今樂生極樂
世界阿彌陀佛所唯願世尊教我思惟教我
正受

佛說觀無量壽佛經

覃光 慶恩

山光忽西落池月漸東上
散髮乘夕涼開軒臥閑
敞荷風送香氣竹露滴
清響欲取鳴琴彈恨無
知音賞感此懷故人中
宵勞夢想
孟浩然夏日南亭懷辛大詩
辛丑之夏於長安上林慶恩

孤峯絕頂萬餘嶺
策杖攀蘿漸漸登行到月邊
天上寺白雲相伴兩三僧
唐玄奘大師題中岳山一首詩
甲辰秋月於西安雁塔慶恩書

饑來喫飯倦來眠只此修行玄更
玄說與世人渾不信卻從身外覓
神仙 陽明先生答人問道時作
甲辰秋月於西安雁塔錄
杏坡[illegible]慶恩書錄

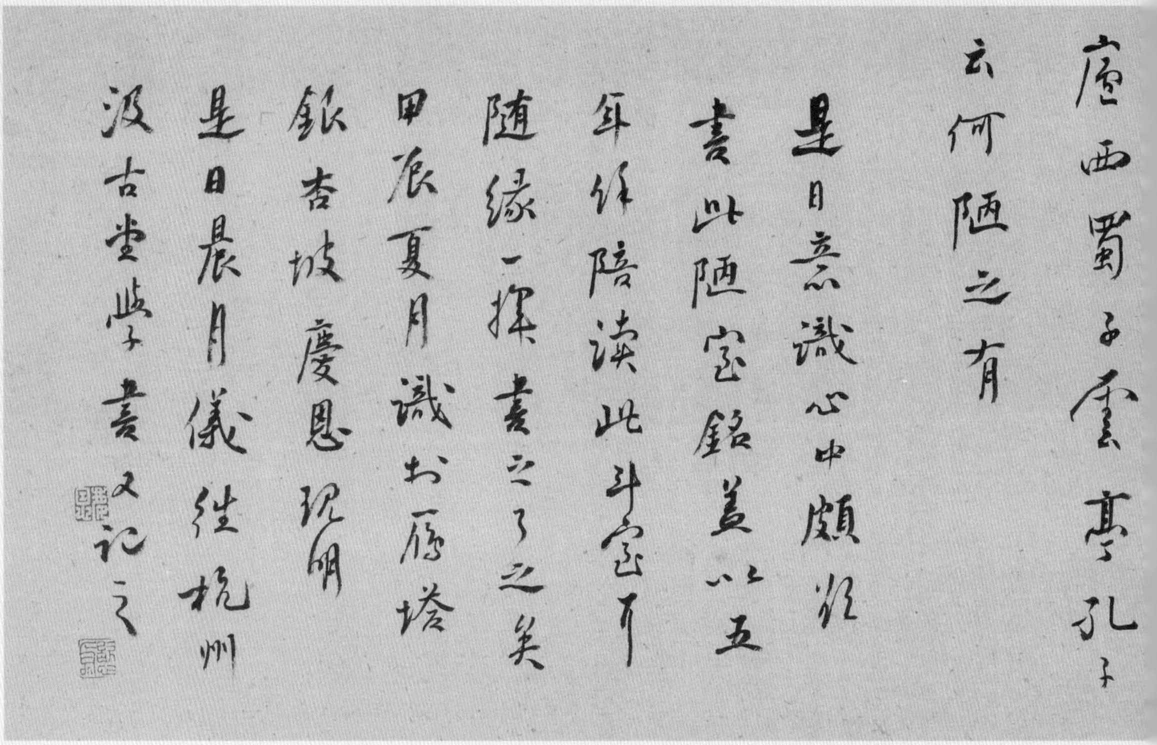

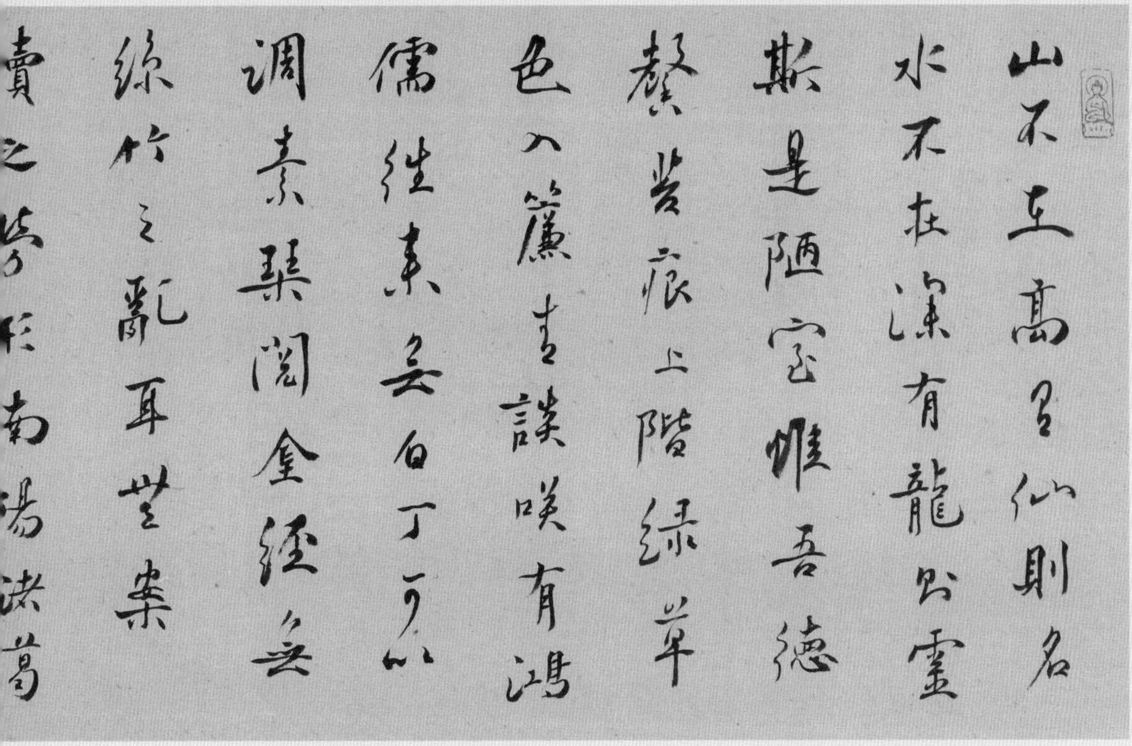

山不在高有仙則名
水不在深有龍則靈
斯是陋室惟吾德
馨苔痕上階綠草
色入簾青談笑有鴻
儒往來無白丁可以
調素琴閱金經無
絲竹之亂耳無案
牘之勞形南陽諸葛

神仙起居法

行住坐卧處手摩脇與肚心腹通快時兩手腸下踞踞之徹膀腹背拳摩腎部才覺力倦來即使家人助行之不厭頻晝夜無窮數歲久積功成漸入神仙路 乾祐元年冬殘臘暮華陽焦上人尊師處傳 楊凝式

神仙筆法非身心靈動至極不可得靈動至極又筆力千鈞尤不易得然筆經到烏絲欄之神用者化盡凡俗心手可及時愈千年可相視一咲求以心印心脫略形質此上乘書法隨機示現可不心摹手追乎 庚子冬月書於上林 慶恩 以之形似扶古之顏也 同道者知之

雪老蒼桑古僧閒水石清坐來忘百慮眼見一身輕酷暑不可入清風來竹下颸颸涼氣生毛骨頭瀟洒風靜蟬聲急龍歸雨氣腥乘涼高對下閑寫換鵝經雲深便埜寺僧老愛扶筇乞食歸來晚愁穿十里桑獨生長松下悠然太古心高山流水意誰復是知音日月如飛鳥乾坤似轉丸浮生忙裏度誰向靜中翰

憨山老人山居詩 六習圓知堂主者慶恩

文化黄骅丛书

许建国 主编

中国文史出版社

文化黄骅丛书

许建国 主编

中国文史出版社

《文化黄骅丛书》第四辑《图锦》

执行主编：张华北

编者：杨庆礼　张宝刚

插图：李维学

摄影：张建广　沈新生　姜春霖　王百艳　赵吉东　张建跃
　　　王树江　张洪彬　田俊祥　王恩钊　陈书铎

篆刻：李　侃　李中辉

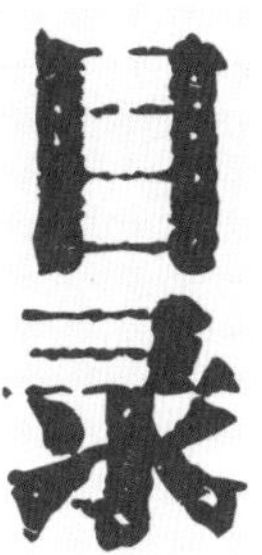

肆　物之华

伍　文之传

综述

黄骅市位于渤海湾西岸中部。地处河北省东南部，东临渤海，西连沧县，南接孟村县和海兴县，北倚天津市。黄骅历史悠久，文化遗存丰富。10.8 万年前，这一带为森林草原地带。历经献县海侵、沧县海侵和黄骅海侵，黄骅大地三次淹没在大海之中，演绎了沧海变桑田的壮丽图景。据考，7000 年前就有人类在境内繁衍生息，境内属史上的九河下梢，大禹治水时疏浚的多条河流流经境内；古黄河最早即在境内泛滥入海。世界著名的三大古贝壳堤之首的黄骅古贝壳堤、西汉合骑侯古城郛堤城、秦朝方士徐福出海寻仙侨居的丱兮城、汉武帝东巡海上所筑的武帝台、北方最古老的濒海口岸海丰镇等历史遗迹均在境内。黄骅区域古为兖州之地，春秋战国时为齐、燕两国所属。由秦代始，境内多处置县，秦置柳县，汉置章武，北齐高城县迁入旧城，后改盐山、东盐州，隋设鲁城，唐领乾符，宋分辖清池、盐山，后代因袭。1935 年建为新海设治局。1938 年建新海县。1944 年与青城县合为新青县。抗日战争和解放战争时期，黄骅地处冀鲁边区，诸多革命志士勇于牺牲。1945 年，新青县解放，为纪念黄骅烈士更县名为黄骅县。1989 年县改市更名为黄骅市。黄骅所处渤海西岸，古来即为渔业、盐业生产重地，本世纪初建成国家跨世纪工程黄骅港，继而扩建为综合大港。黄骅有着丰富的历史文物，其古城遗址、古墓葬、古港口商埠、古贡枣林以及大量馆藏文物充实了境内的历史文化。黄骅形成了独特的历史自然遗存，以海洋文化、大洼文化、农耕文化、红色文化和绚烂的文学艺术，构成这方土地上恢宏壮丽的文化图景。

壹　海之魂

壹　海之魂

海滩巨变听涛声

这片海滩的历史过于厚重。当两千六百年前，黄河携带着黄土高原的泥土汹涌而来时，大海以它博大的胸怀迎接了它。河水与海水由界限分明到默契融会，巨大的涛声在海湾上回荡不息；气吞万里的千古一帝秦始皇，把寻觅仙山神药的重任托付徐福，当大船载着丱兮城的千童由此出海，始皇等来的不是长生不老的仙药，只是海滩日夜不停的涛声；汉武帝曾在千军万马簇拥下风尘仆仆奔赴海滩，登上高耸的土台祭祀海神，望鸥翔千羽听涛声万汇；八百年前满载瓷器货物的商船扬帆出海，涛声伴着海丰镇商行的喧嚣度过一个个晨昏。涛声把海湾的历史卷过一层又一层，浪涛吻过的痕迹已难以寻觅，唯有亿万海贝留下了层层相叠的洁白。

这片海滩又过于荒凉了。两千多年前，合骑侯站在旌旗飘荡的郛堤城上威风凛凛遥望大海，荒僻的海滩上唯见寥若晨星的渔帆，两年后北狄破城，古城荒凉；清同治七年，捻军首领张宗禹兵败徒骇河只身潜于荒洼古村，海滩草洼的荒凉庇护了壮志未酬的落难英雄。

这片海滩又过于沉重了。第二次鸦片战争硝烟弥漫，清廷懦弱，英法联军架着利炮的坚船驶进海滩，守海的军民用大炮回击了目瞪口呆的侵略者，震荡海湾的轰鸣压过了大海的涛声；烽火燃烧，涛声激荡，当日寇的铁蹄践踏中华故土，为保卫这片海湾，抗日军民浴血奋战在海滩、在草洼、在青纱帐，多少英勇志士为之奋勇捐躯抛洒热血。

这片海滩又是过于慷慨的了。在涛声里千百年来一艘艘渔船顶着海潮出海，顺着潮水归航，鱼虾沉甸甸地压满鱼舱；秦汉的柳河、无棣河连着大海连着运河岸，两岸长芦摇曳，盐船往来。盐滩铺开一片片坦荡的银镜，阳光下大海把晶亮的珍藏无私地捧出。大海与人类的生存、世界的繁荣息息相关 。

万千年前人类是望洋兴叹的，大海的彼岸总是给人们以财富和幸福的希望，驶向大海的彼岸成为古人的梦想。浪涛伴着涛声拍打着远古的海岸，古人站在海滩上用手遮挡着阳光不解地瞭望着大海，调动着每一个勤奋的脑细胞。人类是最初见到树木、树叶浮于水面才懂得了水的浮力的，最早的渡水工具是绑在腰上的葫芦。八千年前，我国萧山远古的人类已在断木上浮走，获得了制造独木舟的灵感，完成了从木筏、竹筏到独木舟的演进。七千年前河姆渡人建造了第一艘木船，从此华夏民族借助舟楫实现了水中捕捞、渡河谋生的愿望。勤勉聪慧的黄帝，也能“刳木为舟，剡木为楫，舟楫之利，以济不通，致远以利天下”。人类终于能自由地行驶在水的表面。几千年弹指一挥间，人类由木舟渡河到行船跨海，由桅帆的巧借风力到机动，由木船到钢船，人类造船渡海的智慧在创造中突飞猛进。1807 年，美国的富尔顿建造出第一艘轮船，从此人类航海的创造日新月异，两百年间，万吨、十万吨、几十万吨庞大的巨轮纷纷驶出港湾。

有船必须停靠，海港作为船的停靠站、货物转运的汇集点，自然成为财富的积聚中转处。海洋占据了宇宙中孤寂的地球的十分之七，因了大海，世界上五大洲建有港口 9800 个，国际通航港口近两千。在我国 400 多个港口中，吞吐货物亿吨以上的海港达 10 余个。港口维系了国计民生，维系着国家经济的发展命脉。

涛声在海滩边沉闷地回响。60 多年前，退潮的海滩，浑黄的海水退在了远远地平线，河流萎缩得像条长蛇蜿蜒地伸进海里，渔船在渔码头边停靠。茫茫海滩望不到边际，空旷得似乎毫无生机。你奋力向海滩扔去一块泥片，在泥片落地的几米泥滩上，“唰”的一声瞬间竟有上百只小海蟹钻入小洞隐藏。荒凉冷寂又生机勃勃的黄骅海滩陡然影印在脑海，会多年挥之不去。上世纪80年代初，大海的产出似已不能满足人们日益膨胀的食欲，对虾养殖场密布海滩连成了一片片蓝色的水塘，人们对大海的索取由捕捞鱼类向海滩养殖延展。小渔船、机帆船追寻着祖辈的生产方式在海湾逡巡。面对浩瀚无边的大海，人们做着海港的梦，憧憬着一个大海港雄踞海湾，航道直伸向大海的蔚蓝，万吨巨轮往来如梭，亘古海滩完成一次真正的变迁。20多年间，睡意蒙眬的海滩在海浪声中终于被唤醒，海涛清洗着海岸的泥垢如刷新着一幅幅彩图，见证着海滩的嬗变：1986年，千吨级码头第一次出现在黄骅海边，那时来到码头，可见大口河滔滔河水东流，海港码头货船卸沙正忙，堆满码头的一角；六年后，河口新修的3000吨码头竣工，你如徜徉在码头，看海鸥在海空盘旋、在海面戏水，听阵阵涛声涌上码头；2001年5万吨级神华煤港建成，四年后1.5万吨级杂货码头启用。进港铁路、公路伸进大海，巨型翻斗机车卡住火车车厢，翻转的瞬间整车原煤进入输送带，源源不断送入码头流进海轮货舱。货轮不分昼夜进港，风雨无阻起航，远去的巨轮消失在大海与天际交汇处。一条神华铁路连接了山西的煤田和黄骅的大港，货轮运走了一座座煤山。

2010年初秋的8月18日，这个注定要载入共和国海港史册的日子，10万吨综合大港开航。巨轮汽笛长鸣，码头上彩球冲天飘舞，鸽群纵情腾飞，花炮欢快齐鸣。从此，黄骅港展开了崭新的一页，实现了“从大运河到渤海湾”的演变。翌日，码头千红万紫的舞台上载歌载舞，人们欢庆综合大港的诞生。鸥队飞过码头，传送着新生海港的喜讯；燕阵掠过码头，传递着大港建设者们的情怀。涛声在码头上回旋，传上“安顺山”号巨轮的甲板，传上高耸入云、排阵如林的巨型起重机。炎夏后的雨突然间在码头上洒落，淅淅沥沥，润湿了舞台润湿了明星们欢乐的歌喉，润湿了巨轮润湿了震响海湾的汽笛，润湿了海鸟润湿了奋飞的翅膀，也润湿了大港建设者们一颗颗喜悦的心。

渤海湾像一个巨大的龙头，黄骅港正处在最敏感的龙鼻部位。大海港的设计者们在海湾绘制了一个彩色的世界，海港如一柄长戟直指大海的深处。综合大港实现三步大跨越：10万吨、15万吨、20万吨及25万吨。黄骅港将不再是单一的煤港，多功能、现代化、综合性大港将屹立在渤海西岸。黄骅海滩不再是冷寂的海湾，煤炭、散货、综合、河口四大港区组成庞大的海港阵营，120多个泊位、吞吐量3亿吨的能力将跻身环渤海海港前列、跻身世界大港之林。大港龙头的触须将延伸到运河两岸、延伸至冀中南、延伸向晋陕蒙宁腹地。海滩上，一个亚欧大陆桥新通道桥头堡傲然挺立。

浪涛声传响在这片与海滩相连的土地上。人们不会忘记1943年，6月的一个阴晦的日子，渤海军区司令员黄骅倒在叛徒的枪口下。这里是他曾经骑马驰骋过的海滩，这里曾是他和将士冲锋陷阵的热土。在这片英雄拥抱过的土地上，如今我们还能屏息聆听着烈士的心跳。这片沃血的土地寄托着一代代人的热望。如今，我们能无愧地告慰英烈，海滩已在巨变，海滩走向了世界。

千古沧州，豪迈转身。新区气势磅礴，宏伟的海港、宏大的产业、宏丽的城市镶嵌起一个绚烂的海湾。“看你的蓝图一片锦绣，我的脚步渴望和你一道追求，八方的风帆眷恋着你的港口，你的码头装卸着五大洲……”歌声响彻在海湾，和着建设者们激情唱响的号子，和着大海激荡澎湃的涛声。

（一）沧海桑田

沧州，地处华北平原东部，东临渤海，北依京津，西连雄安，南接齐鲁。自古以来河网密布，洼淀连绵，京杭大运河由沧州中部纵贯南北。沧州区域上古为幽兖之地，北魏时属瀛州和冀州，北魏孝明帝熙平二年（517）设立沧州，以濒临沧海得名。沧州地貌为海河平原区。西部平原为太行山山前冲积扇缘的延伸，中部由历史上黄河、漳河、滹沱河、唐河等冲积而成，东部沿海为滨海海积湖积平原。地势由西南向东北微微倾斜伸入渤海，为陆海交接区域。

10.8 万年前的中更新世末，黄骅境为陆地环境，大部处在低洼地带，分布着针叶、阔叶混交林和草原、湖泊沼泽，迄今经历过三次大的海陆演变。距今 10.8 万年时，发生“沧州海侵”，海岸线远抵今沧州西谢官亭，直至距今 7 万年时，海退为陆。持续漫长的 3.8 万年，沉积了一套厚度均在 20 米以上的海相地层；在陆相环境持续 3.1 万年后，距今 3.9 万年时，发生“献县海侵”，黄骅境再次沦为大海，持续 1.1 万年之久。距今 2.3 万年时，海平面大幅度下降，海水再次退出此区域，沉积一套厚度均在 15 米以上的海相地层；距今 1 万年左右，世界气候转暖，冰川后退，海面升高，黄骅全境皆为浅水沼泽环境，受河流沉积

的影响发育一套河相地层。此时，海岸线仍呈向西推进趋势，又一次形成全新世海侵。距今 8500 年左右，海水到达今南排河一带。至距今 6000—5000 年间，海侵达到最大范围，大体与今 5 米等高线相一致。黄骅境第三次沦为大海，并持续大约 1500 年。沧州西部河流由太行山携带大量泥沙，形成河流冲积平原，高岗、洼地相间。此后，海水逐渐东退，沿海成为滨海海积湖积平原。

黄骅，也是古黄河冲刷入海之地，距今 8000—5000 年前，黄河由德州北向在孟村附近入海；距今 5000—3000 年前，海岸线东退至黄骅镇及羊二庄一线，黄河在此两处入海；此期间距今 4200 年前，大禹治水疏浚九河，徒骇、太史、马颊、覆鬴、胡苏、简、洁、钩盘、鬲津九河，黄骅境内即为九河下梢。周定王五年（前 602）中支由南大港一带入海；此后，数次改道，横扫沧州黄骅沿海，多次决溢迁徙、东流、北流互变，直至金明昌五年（1194），黄河南徙入淮。大海的进退、河流的肆虐，交相演绎了沧海桑田的壮阔图景。据考，黄骅沿海一带春秋时即有人烟，民众靠海捕鱼，临海煮盐、耕作。生生不息。

图

（二）广阔海域

黄骅海岸线北起黄骅市岐口北的北排河入海口，南至海兴县大口河口，海岸线 129.7 公里，其中陆地海岸线 95.3 公里、岛屿海岸线 34.4 公里。

黄骅有大片的海滩，从大口河至岐口，地势平缓，有潮间带，南北长约 55 公里，最宽处岐口一带约 5.2 公里，最窄处冯家堡一带约 2 公里。也称滩涂、潮滩，是典型的粉沙淤泥质潮滩。潮流是潮滩形成的主要作用，历史上古河道的泥沙也为潮滩形成奠定了基础。潮滩由陆地向海分为高潮滩、中潮滩、低潮滩及残留贝壳堤。

黄骅平均海平面为 2.03 米，7—8 月达到高于海平面 0.29—0.4 的最高值，1—2 月降至 -0.24—0.34 的最低值。海域处于渤海湾西南部，向东逐步加深。沿海海域广阔，10 米等深线内浅海面积为 1045 平方公里。

海域潮汐由渤海海峡进入渤海，至渤海湾顶形成驻波系统。海域以太阴半日潮为主，涨潮流向为西偏北，落潮流向为东偏南。周期 12.42 小时。平均潮差 2.26 米。其潮汐特征值为：最高潮位 5.71 米，最低潮位 0.26 米。平均高潮位 3.58 米，平均低潮位 1.28 米，平均海平面 2.40 米，最大潮差 4.14 米，平均潮差 2.30 米。平均涨潮历时 5 时 51 分，平均落潮历时 6 时 41 分。关于潮汐，黄骅沿海流传谚语。如：初一十五两明落，半夜晌午潮；二十老闷儿，潮到傍黑儿；二十四五南北流，二十七八换水头。所谓“初一十五两明落，半夜晌午潮”，是说每逢阴历的初一、十五，两明（天刚亮，天未黑）时段潮水下落，而半夜和中午涨潮；过了初一、十五，每天大约延迟 1 小时，准确地说是 48 分钟。因为月球绕地球一周约 30 天，潮汐整整推迟 24 小时，再回到原来的标准时刻；过了十五，到二十左右，延后四五小时，要傍黑才能满潮；再过四五天，到二十四五，潮汐力度更弱，潮水呈南北流向，是潮汐舒缓期，再过三四天，即“换水头”（强劲）了。

黄骅近海盐度变化范围为 30.7‰—33.17‰，平均为 32.18‰。沿海滩涂面积 3 万多公顷。

（三）黄骅渔业

渤海湾有三大渔场（莱州湾渔场、渤海湾渔场、辽东湾渔场），每个渔场又分若干渔区。渤海湾近海渔场，水质营养丰富，天然生物饵料充足，水产资源得天独厚。黄骅渔场为全国著名渔场，自古以来沿海渔民依海为生，海洋捕捞历史悠久。年产鱼货约占全省总捕捞量的二分之一，为河北省重要海洋渔业基地。

黄骅浅海渔场，黄骅浅海处于渤海湾向陆凹进的最深点，呈半月状，海面东连渤海中央区，通过渤海海峡与黄海相通。与海岸线相毗连的浅海，水深一般均小于 20 米。10 米等深线为软泥底质海底，线外由粉砂淤泥构成。海区受陆岸气候和自身环境因素的影响，流速小、增温快、盐度分布梯度小、饵料丰富、底形缓变，是鱼类索饵产卵、洄游的良好场地。0—15 米等深线浅海面积 1300 平方公里，是海洋捕捞传统的作业场地。黄骅渔船多在渤海湾渔场作业，春秋季节有部分渔船到辽东湾渔场捕捞魁蚶。3 月至 5 月，部分渔船赴莱州湾从事鲅鱼、口虾蛄的生产作业。

黄骅渔业，历史悠久。春秋、战国时期，地属齐国，“便鱼盐之利”，齐桓公以“鱼盐雄天下”。自汉以后，因实行重农政策，渔业渐退，多重盐轻渔。从事渔业者，多为“穷海荒岛河上泽畔居民，任其自然为生”。明代时期，沿海逐步形成渔村，明嘉靖时期，近海居民舍盐从渔。据《盐山新志》记载：今黄骅境，“鱼虾与盐并著”，“沿海渔民隆冬彻夜结绳，早春剖冰击鲜，惊蛰以后，登筏出海，不分昼夜晦明阴晴，汛于云涛雪浪之中，其辛苦数倍山民”。清代至民国年间，海洋渔业渐兴。

新中国成立后，沿海渔村实行民主改革和社会主义改造，沿海渔村改进落后渔具，推广先进捕捞网具和操作方法、技术。捕捞生产能力持续增长。20 世纪 70 年代，渔船逐步改进为机械动力，结实的化学纤维渔网取代天然纤维渔网。由于“重捕轻养”，使水产资源遭到破坏，经济鱼类明显减少。1979 年以后，渔业生产进行全面调整。改革开放以后，使捕捞业规模进一步扩大。同时开辟海水、淡水养殖生产，水产品产量逐年增长。海洋捕捞产量由 1956 年的 2.8 万吨，增长到 1986 年的 3.9 万吨，2008 年捕捞量达 7.4 万吨。随着海洋资源保护力度加大，至 2023 年，捕捞水产品产量为 4.9 万吨。

黄骅渔场浅海中的鱼类资源有 100 余种，有捕捞价值的 30 余种，虾蟹类资源有 90 余种，贝类、藻类和其他资源有 20 余种。有捕捞价值的经济种类主要有：

鱼类：蓝点马鲅（鲅鱼、燕鱼）、鳓鱼（鲙鱼）、梭鱼、鲈鱼、半滑舌鳎（鳎目鱼）、牙鲆（偏口、比目鱼）、青鳞（青皮）、黄姑鱼（同罗鱼）、黄鲫（麻口鱼）、班鰶（磁鱼）、棘头梅童鱼（棘头鱼、大头鱼）、颚针鱼（青条）、银鲳（平鱼、镜鱼）、带鱼、矛尾虾复虎鱼（油光鱼）、小黄鱼等；

虾蟹类：中国对虾（大海虾）、毛虾（雪雪米、虾皮）、口虾姑（皮皮虾）、三疣梭子蟹（海螃蟹）等；

杂鱼类：金乌贼、毛蚶、文蛤、海蜇等。

最名贵的海产品为半滑舌鳎、牙鲆、对虾、三疣梭子蟹，享誉国内外。

主要海产品：

蓝点马鲅。地方名鲅鱼、燕鱼。一般体长 260—520 毫米，大者可达 1 米以上。

鳓鱼。地方名鲙鱼，名贵鱼种。

梭鱼。渤海地方性鱼类，传统大宗渔产。

三疣梭子蟹。地方名海螃蟹，是黄骅著名海产之一，当地称雌蟹为大虫、花虫、大黄。

鲈鱼。近岸浅海层鱼类，亦可进入淡水。

半滑舌鳎。地方名鳎目鱼，大型名贵品种。

牙鲆。地方名偏口、比目鱼，大型名贵鱼种。

青鳞。地方名青皮，小型鱼类。

黄姑鱼。地方名同罗鱼。20 世纪 60 年代后资源量减少。

黄鲫。地方名麻口鱼，渤海湾渔场地方性鱼类，渤海湾是其密集中心。

斑鰶。地方名磁鱼、刺儿鱼，亦能生活于河口或进入淡水。

棘头梅童鱼。地方名棘头鱼、大头鱼，近海小型鱼类。

银鲳。地方名鲆鱼、镜鱼，名贵品种。

矛尾虾复虎鱼。地方名油光鱼，为常见鱼种。

口虾蛄。地方名皮皮虾，属渤海地方性资源，产量较大。

中国对虾。地方名大海虾，名贵品种，传统以对为单位出售，故称“对虾”。雄虾平均体长 155 毫米，雌虾平均体长 199 毫米，体重 75—85 克。

毛虾。地方名雪雪米、虾皮。沿海地方性小型虾类，以渤海沿岸产量最多。

文蛤。曾为大宗捕捞品种，常年均有捕捞。

海蜇。每年 7 月至 8 月份是捕捞季节，曾为大宗捕捞品种。

滩涂渔业：黄骅沿海潮间带生物约 70 种，主要有四角蛤蜊、文蛤、青蛤、光滑蓝蛤、彩虹明樱蛤、托氏蜎螺等 7 种具有经济价值的蛤类。可以做中国对虾、三疣梭子蟹的饵料，分布面积 7 万公顷。

为保护渔业资源，1979 年国家实施禁渔期、禁渔区制度。现渤海禁渔期由

5 月 1 日 12 时开始至 9 月 1 日 12 时结束。

海水养殖：

黄骅沿海滩涂平坦，面积广阔，适宜滩涂养殖。早在百年前已有海水养殖。1984 年，世界粮食计划署无偿援助黄骅的《开发渤海湾滩涂，发展对虾养殖，安置渔民就业》项目开工，沿海开发精养虾池 960 多公顷，形成南北长 40 余公里的沿海滩涂养殖带。1986 年全县海水养殖面积为 2400 多公顷。至 2008 年，全市养殖品种主要有中国对虾、日本车虾、南美白虾、梭鱼、梭子蟹、牙鲆、大菱鲆、半滑舌鳎、三疣梭子蟹等，海水养殖总产量 690 多吨。随着海水养殖技术成熟，养殖面积扩展，至 2023 年，海水养殖水产品产量达 1.9 万吨。

（四）渔港渔村

黄骅海洋捕捞历史久远，渔民逐步聚集成村落，至明代渔村已连绵海湾。史上当地渔船为平底木船，船体小，吃水浅，渔村附近的海岸即可停靠。20 世

纪 60 年代，随着船体增大，吃水加深。渔民开挖海沟作为渔船出入海的通道，始建简易码头。20 世纪 70 年代，经济发展，渔船逐步改为大吨位船，原有渔业设施已不能适应作业需要，开始兴建较大型的码头和渔港。黄骅沿海原有渔港 5 处，其中较大的渔港南排河渔港、张巨河渔港，另有歧口、徐家堡、新村小型渔港。

冀黄渔

渔码头建设是渔民重要的“民生工程”，在推进黄骅综合大港建设的同时，对沿海渔码头进行扩展和提升。2012 年，黄骅已建有渔港 7 座：南排河渔港、歧口渔港、石碑河渔港、廖家洼渔港、徐家堡渔港、张巨河渔港、新村渔港，可同时容纳 1380 艘 30 吨以下渔船停靠。其中南排河渔港是国家级中心渔港，是全市最大、配套设施最完整的渔港。歧口渔港、新村渔港为一级渔港，其余均为二级地方渔港。南排河、歧口、新村渔港为重点渔港。

南排河渔港。位于南排河镇驻地南排河入海口北岸，始建于1973年。历经1974年、1992年和2000年3次扩建，码头总长750多米，入海航道4.8公里，港区总面积477万平方米，内港池总面积26万平方米，最大水深3米，一次可容纳30总吨以下渔船400艘。服务配套设施基本完备，年进出港船只3万余艘次。该渔港也是河北、天津、山东、辽宁渔船主要停靠补给基地及河北水产品主要集散地。年水产品上市量达6万吨，成交额2.5亿元，是国家级中心渔港。

岐口渔港。位于南排河镇岐口村北沧浪渠南岸，始建于1986年。现有码头总长328米，航道4800米，助航航标灯2座，可容纳30总吨以下渔船380艘，配套设施完备，渔港后有油库1座、冷库5座、水产品交易市场1座，是国家一级渔港。

新村渔港。位于黄骅港河口港区1000吨级码头西侧、宣惠河北岸，国家一级渔港。新建码头535米，码头面宽13米，改造原有码头109米，港区道路及场地及配套水电设施齐全。码头前水深4米，2010年11月渔港工程完工。渔港可同时停靠600余艘渔船。

张巨河渔港。位于南排河镇张巨河与东高头村交界处，始建于1978年，码头长80米，可容30总吨以下渔船130艘，为二级渔港。

徐家堡渔港。位于南排河镇后徐家堡村南，始建于1991年，建成码头100米，港内可停30总吨以下渔船140艘，为二级渔港。

廖家洼渔港。位于廖家排干渠入海口南岸，始建于1992年，港内可停30总吨以下渔船150艘，为二级渔港。

石碑河渔港。位于南排河镇赵家堡村北石碑河入海口南岸，始建于2000年，建成码头150米，港内可停30总吨以下渔船180艘，为二级渔港。

黄骅沿海渔村，20世纪30年代渔村19个，居民约1600户，8000人，出海渔民1400人。1949年，3190多户，17130人，出海渔民2500人。1985年，渔区设1镇：岐口；2乡：赵家堡、新村。村庄的扩展，为24个自然村，由南往北依次为：渔沟、狼坨子、新村、冯家

堡、前徐家堡、后徐家堡、大辛堡、小辛堡、关家堡、季家堡、前范家堡、后范家堡、刘家堡、贾家堡、排河、赵家堡、李家堡、沈家堡、前唐堡、后唐堡、张巨河、东高尘头、西高尘头、歧口。居民 10600 余户，45100 余人，出海渔民 7000 人，海水养殖 900 人。

1986 年渔区经归并为南排河镇，1993 年设新村乡，自南端开始，往北依次排列共 25 个渔业村庄。南排河镇辖 21 村（含辛立灶）；新村乡含 4 村：渔沟、狼坨子、新村、冯家堡。由于港口建设的需要，原狼坨子村已迁离海岸线。

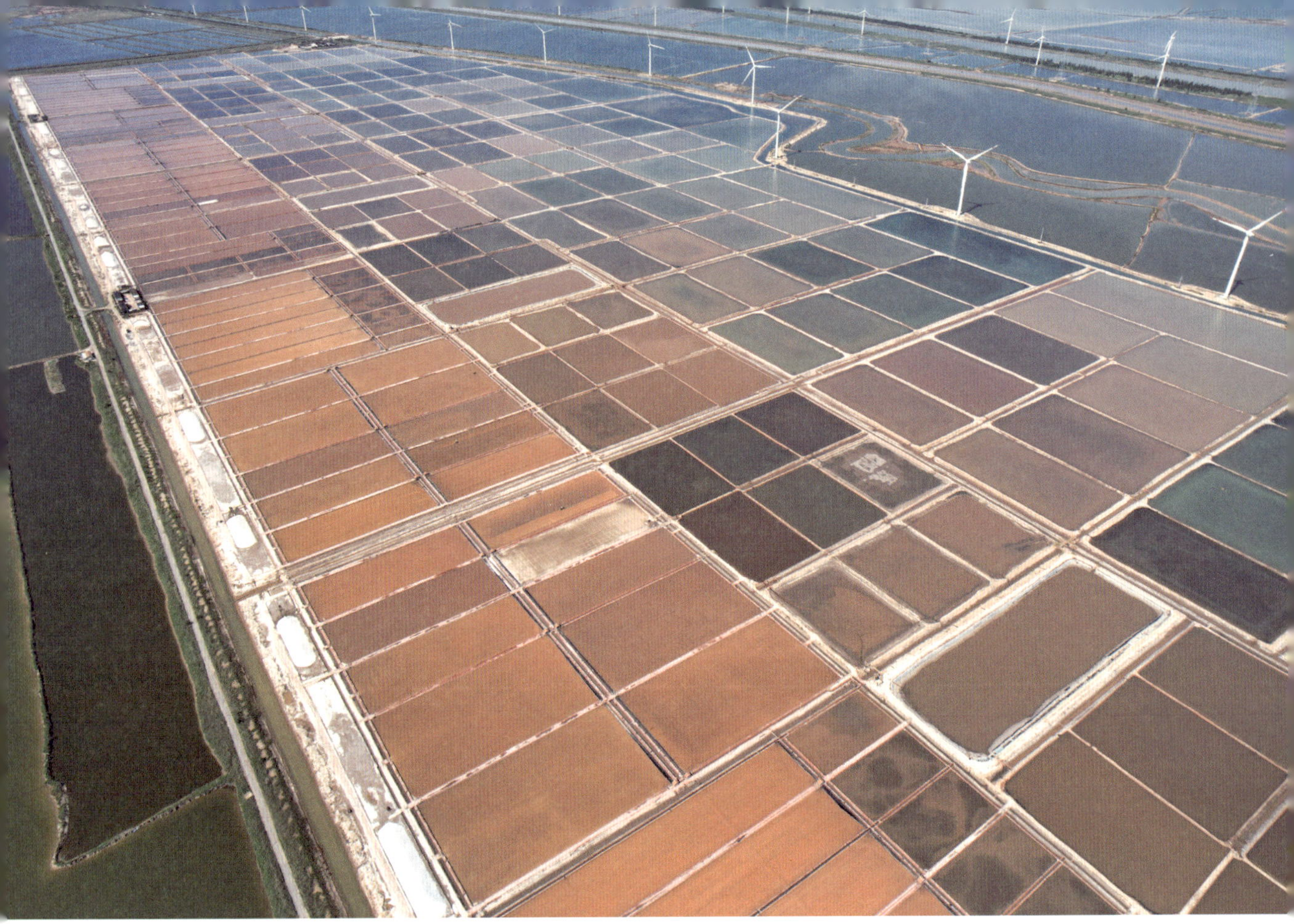

（五）古今盐业

黄骅沿海滩涂广阔，由春秋开始“便鱼盐之利，如同人民多归齐”，即为产盐重地。盐业的兴衰经历了四个时期。

春秋至北魏，为始兴时期。

春秋时期，黄骅区域时为齐国北部，齐国大臣管仲建议齐桓公依海“煮泲为盐”，大兴盐业，以鱼盐之利称雄天下，盐业由此始兴。秦始皇统一中国后，实施郡县制，此地鱼盐资源丰富设置柳县（县治今海丰镇附近）。西汉元封元年（前 110），桑弘羊为治粟都尉，请置大农部丞 37 名，分驻全国产盐的郡县，全国始设盐官 38 处管理盐政。渤海郡章武县为首批配置盐官之县。西汉昭帝始元六年（前 81），桓宽著《盐铁论》，将盐业列入国家经济的重要地位。王莽时

期（9—23），渤海西岸“天尝连雨，东北风，海水溢，西南出，浸数百里，九河之地已为海所渐”，盐业难兴。东汉末年，渤海郡“高城县东北百里，地尽漂榆（今海丰镇附近），东临巨海，民咸煮海水藉产盐为业”，呈现“万灶青烟皆煮海”的盛况。所产原盐运抵当时的国都长安。东晋元帝大兴元年（318），后赵主石勒派王述在角飞城（今海丰镇）煮盐。北魏孝武帝永熙三年（534），北魏在沧、瀛、青、幽四州“傍海煮盐”，以沧州为最盛，《盐山新志》称“独沧州多至四千八百八十四灶，是为沧盐之极盛”，多在今海丰镇附近。盐运水路由柳河航运，过角飞城，西南经羊二庄，西至章武县治所，再经高城县治北复西行沧州捷地，经达长芦（今沧州），时呈现“一川白浪，帆樯如织”，长芦连接漳、衡二水。陆路运输由羊二庄经长芦而总汇至瀛州（今河间）为转运，西行行销各地。

唐代至明代中期，为黄骅盐业中盛时期。

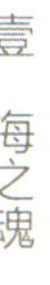

唐代以前，盐民煎盐多为一家一灶或数家合灶，官府派吏监督收税。唐中叶恢复盐铁专卖，设度支盐铁转运使，理财专家刘晏整顿盐法漕运，以广财源。高宗时重开浚无棣河，内河航运盛况再现，盐运繁忙，往来经商的船只经常阻塞了河道，唐代再现行盐盛况。刘长卿诗云“晚来潮正满，数处落帆还”，正是描写当时盐产丰盛、商贾云集的盐业盛景。水陆联通，可直达都城长安。

盐业的兴起，带动航运港口和交通。古代的海丰镇与盐业有着密切的关系。据《金史 · 地理志》《盐山县志》《海兴县志》记载，海丰镇始称于金代，唐宋时称通商镇，南北朝称漂榆邑、角飞城，最早为西汉柳侯国。据《盐山新志》记载，“海丰镇在天津未兴之前为海口第一繁荣之区”。专家认定，今海丰镇马鞍地遗址就是金代海丰镇遗址，是金代集水陆交通为一体，以瓷器贸易为大宗物资

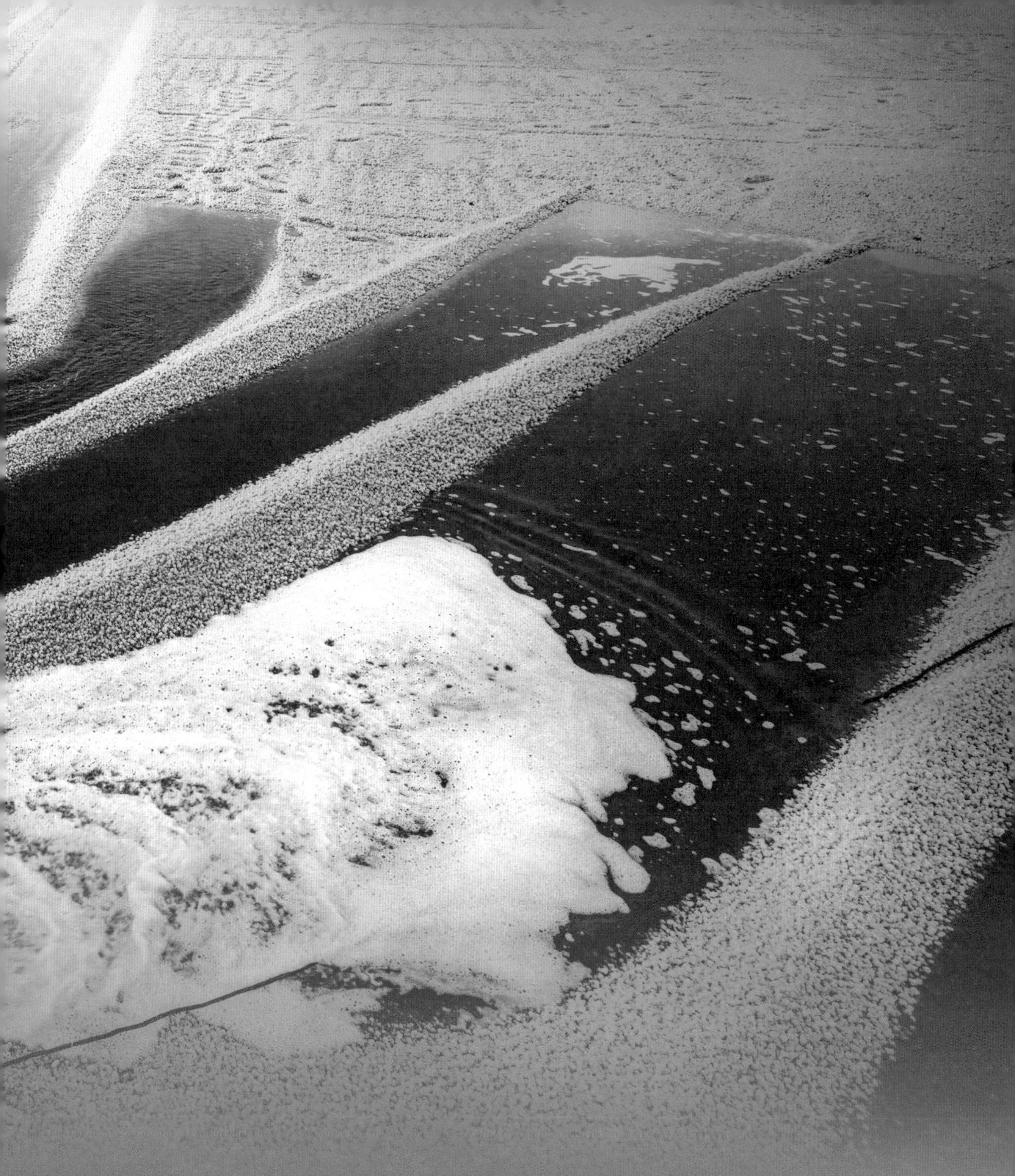

的货物集散地。由此通商日本、朝鲜，以及东南亚国家。经 2000 年后的考古证实，海丰镇为古代繁华的水陆码头，重要的物资贸易集散地。史料记载，唐高宗时开浚无棣河，即柳河，柳河原为黄河下游的支流之一，属南支，由此河运盐。直至宋金时期，海丰镇一带盐运繁忙，盛况空前。

辽金之际，沧州司设盐场 9 处，晋献 16 州始得河间煮盐之利，于是塞北各州尽食沧盐。据《盐山新志》载："沧盐之极盛启于五代金辽，至金代盐业更盛。"《金史 · 食货志》载："益都，滨州旧置两盐司，大定十三年（1173）四月，并为山东盐司。二十一年（1181）沧州及山东各务增羡，冒禁鬻盐，朝论虑其久或隳法，遂并为海丰盐使司。……是后惟置山东、沧、宝坻、莒、解、北京、西京七盐司。"金大定二十二年（1182）沧州、山东两盐使司合并为海丰盐使司，海丰镇场成为沧州、山东一带主要产盐区。元至明初，盐业大发展。长芦盐使司所辖南、北二司各有 12 场。（黄骅境内有 5 场，其中属南司 4 场：海丰、利国、利民、阜民，北司 1 场：严镇）北 12 场设青州分司管理，主管称运判；南 12 场设沧州分司管理，主管称运同。时沧州分司署衙在今海丰镇，范围东界渤海，连深州海盈旧场（今盐山县苏基），西北过孟洼至武帝台，接利国场（韩村，今黄骅城区）。盐民户籍属地为今河北省沧州、盐山、黄骅、青县，山东省乐陵、庆云，是历史上的鼎盛时期。

煮沵为盐（海丰镇遗址博物馆）

长芦南司12场历史沿革一览表

18—2—2

场别	建场时间	场署所在地	裁井时间	归往场所	隶属		
					元	明	清
海丰	公元1230至1287年间	盐山羊二庄	公元1914年	丰财场	河间盐司	沧州分司	天津分司
利国	公元1230至1287年间	盐山韩村	公元1732年	裁废	河间盐司	沧州分司	
利民	公元1230至1287年间	沧州毕孟	公元1732年	裁废	河间盐司	沧州分司	
阜民	公元1230至1287年间	盐山常郭	公元1732年	裁废	河间盐司	沧州分司	
阜财	公元1230至1287年间	盐山高湾	公元1732年	裁废	河间盐司	沧州分司	
益民	公元1230至1287年间	盐山范二庄	公元1569年	阜财场	河间盐司	沧州分司	
润国	公元1230至1287年间	待　考	公元1569年	阜民场	河间盐司	沧州分司	
海阜	公元1230至1287年间	待　考	公元1569年	海丰场	河间盐司	沧州分司	
深州海盈	公元1230至1287年间	盐山苏基(后迁衡水)	公元1679年	海丰场	河间盐司	沧州分司	
海润	公元1230至1287年间	盐山板塘	公元1679年	阜财场	河间盐司	沧州分司	
富民	公元1230至1287年间	盐山崔家口	公元1732年	裁废	河间盐司	沧州分司	天津分司
海盈	公元1369年	盐山苏基	公元1732年	裁废	河间盐司	沧州分司	

长芦北司12场历史沿革一览表

18—2—3

场别	建场时间	场署所在地	裁井时间	归往场所	隶属		
					元	明	清
严镇	公元1230至1287年间	沧州同居	公元1914年	丰财场	河间盐司	青州分司	天津分司
富国	公元1230至1287年间	天津上古林	公元1830年	裁废	河间盐司	青州分司	
兴国	公元1230至1287年间	天津高家庄	公元1831年	丰财场	河间盐司	青州分司	
厚财	公元1230至1287年间	待　考	公元1679年	兴国	河间盐司	青州分司	
丰财	公元1265年	天津葛沽			河间盐司	青州分司	天津分司
汉沽	公元1265年	天津大直沽	公元1569年	丰财场	河间盐司	青州分司	天津分司
芦台	公元925年	宁河芦台		芦台	大都盐司	青州分司	天津分司
越支	公元1236年	丰润宋家营	公元1914年	裁废	大都盐司	青州分司	蓟永分司
石碑	公元1287年	乐亭阎各庄	公元1914年	裁废	永平盐院	青州分司	蓟永分司
惠民	公元1287年	昌黎蒲泊	公元1629年	归化场	永平盐院	青州分司	
济民	公元1287年	滦州柏各庄	公元1914年	石碑场	永平盐院	青州分司	蓟永分司
归化	公元1369年	抚宁盐务镇	公元1914年	石碑场	永平盐院	青州分司	

元至明初长芦南司、北司盐场表（《黄骅县志》）

元代惠民河的开挖，横断并淤塞柳河河道，使境内运盐水路受阻。从此，内河航运由陆路运输取代，沿海盐业一度衰落。

明太祖洪武年间（1368—1398），盐业转衰为盛，海丰场主管改称盐课司大使，场衙设在今羊二庄。据《盐山新志》记载："明初沧州分司运同驻羊二庄东街以辖南司十二场。靖难之役，因盐民阻燕军南下而遭杀戮，南司诸场尽废，盐业大衰，致使河南省北部地区民皆淡食。"明成祖永乐年间（1403—1424），山西、山东、北京及浙江一带移民陆续迁来，场灶重立，诸场恢复，以海丰场规模最大，产量最高。

明世宗嘉靖元年（1522）迁洪洞、福建、南京盐民来海丰场传授晒盐技术，海丰场率先废煎煮为滩晒，开长芦盐区滩晒制盐技术之先。据《长芦盐业志》载：明嘉靖元年，在今黄骅、海兴境内，"有大口河一道，源出于海，分为五流，列于海丰、深州海盈两场之间，河身通东南而远去。有福建一人来传此水可以晒盐，让灶户高淳等于河边挑修一池，隔为大、中、小三段，次第浇水于段内，晒之，浃辰（12 天），则水干，盐结如冰。以后，海丰场灶户高登、高贯，见此法比刮土淋煎简便，各于沿河一带择方便滩地，亦修池晒盐。共占官地一十二顷八十亩，建立滩地四百二十七处，所晒盐斤，或上纳丁盐入官，或卖于商人添包"。长芦盐运使刘思贤询知晒盐利厚，曾减征盐课以资鼓励。此举并未得到明朝重视，变革迟缓。制盐新技法至清初才得到全面推行，成为传统的制盐技术，由此晒盐兴起，为盐业发展的中兴奠定了基础。据《盐山新志》记载，时海丰场滩分南北。南滩于羊二庄东南 40 里，设滩 20 副，各有进潮沟 1 道。北滩位于羊二庄东北 35 里处，设滩 18 副，共有进潮沟 6 道，全场年产盐 5000—6000 包（每包 293.5 千克）。时海丰场场署在今羊二庄西街。

明嘉靖朝后期，因盐税苛重，而盐民赋征不免，造成盐民逃逸，出现"有场无灶""有灶无丁"的局面。各场灶滩、草荡多为豪强侵占，长芦盐区诸场萧条，海丰场几近废弃。明隆庆三年（1569）润国、益民、海阜场分别并入阜民、阜财、海丰场。按当时的规模，海丰场在长芦盐区属上等场，产盐量居各场之首。

明朝后期至中华民国，是黄骅盐业衰落时期。

明朝后期，北司水运路畅（北司前身为北场），南司（以海丰场为主）唯

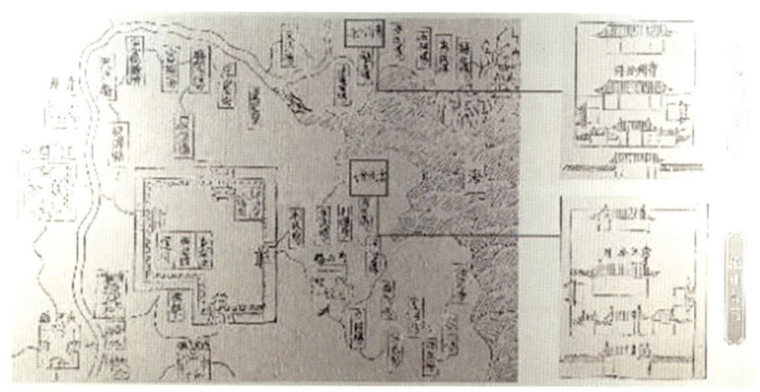

明代隆庆时期长芦盐场分布图（《长芦盐法志》）

靠陆运，盐业生产呈北盛南衰局面。据《盐山新志》记载："万历二十一年（1593）姚思仁奏请与北所运判互调，谓北所产多事繁，同知法令易行，南所产少事简，运判已足催办，请将两司所辖地方印务互调。于是以运判驻羊二庄者十余年及三十九年运判乃移驻长芦。"明初，南所为运同北所为运判尚有重南轻北之意，万历互调之时盐业呈现北盛南衰。

清顺治时经巡盐御史亲临海丰场清查，共有灶地 334 顷 46 亩。清康熙年间（1662—1722），虽曾推广晒制之法，大规模开滩晒盐，终因盐路不畅，运输不便，未能持久。康熙十七年，海丰场存滩 97.5 副。清康熙十八年，深州海盈并入海丰，共有灶地 868 项 88 亩。乾隆四十六年（1781），青州分司改称天津分司，道光十二年（1832）裁撤沧州分司，所辖海丰、严镇二场归属天津分司。光绪年间（1875—1908），严禁刮土淋盐，巡役借故敲诈，加之原盐运销不畅，制盐无利，盐民弃滩改业者十有八九，海丰场滩田面积为 590 项 79 亩。民国元年（1912），海丰场存滩仅 16 副，全年产盐仅 300 余包，这时的海丰场主管改称所长。民国 6 年（1917），海丰场被裁废。此后，今黄骅境内无官办盐场。所存民间制盐，虽未间断，但频遭禁令，加上抗日战争时期，战乱干扰。至民国 33 年（1944），黄骅仅存民间散滩 10 副。

黄骅解放后，盐业进入复兴时期。

民国 34 年（1945），黄骅县解放，县政府大规模组织晒盐，发展经济。在原海丰场内左庄、辛立灶开海滩晒盐。至民国 37 年（1948）共有滩 1133 副。新中国成立后，一般年景盐产量在 5000 吨左右。1952 年，因制盐产大于销、运输困难，全县制盐业进行调整，只保留原海丰场内 2 处盐田，存滩 152 副。1957 年，全国原盐紧缺，经国家计委批准，1958 年 6 月，沧县专区工业局投资兴建南北长 40 公里、东西宽 20 公里、总面积 75 万多亩的长芦黄骅盐场。1960 年春，建成投产，开滩 80 副，占地 1288 亩，分两个分场。1960 年 6 月，盐场职工艰苦创业的精神得到上级高度评价，《人民日报》发表了专稿。建场后，因运输困难造成原盐积压，加之国民经济失调，1962 年长芦黄骅盐场停产。1965 年，长芦黄骅盐场恢复生产，修复滩田 18.5 副，总面积 29013 公亩。

1962—1967 年，北京军区 51330 部队和北京军区在黄骅兴办盐场，盐田生

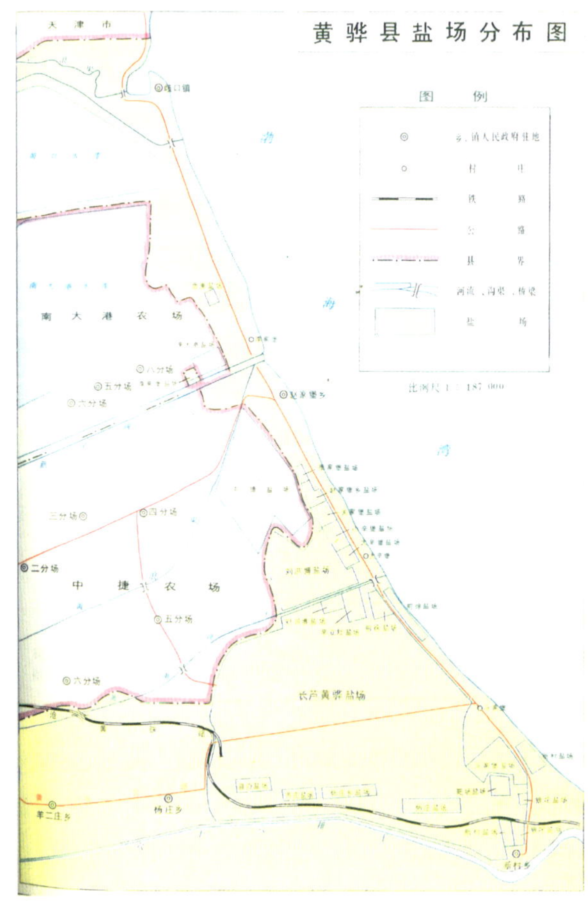

黄骅县盐场分布图（《黄骅县志》）

产面积 436593 公亩，设计生产能力 13 多万吨。1969 年 1 月，长芦黄骅盐场划归河北省管理，更名为河北省黄骅盐场。1972 年，黄骅县建立县办盐场。1976 年，黄骅县大力发展乡村盐场，盐业生产能力逐年扩大。1978 年 8 月黄骅盐场收归轻工业部管理，更名为长芦黄骅盐场。黄骅沿海约有 30 万亩滩涂可供晒盐，到 1984 年底，累计开发 27.7 万亩，有效生产面积 19.65 万亩。长芦黄骅盐场逐步成为北方著名的产盐区，年产原盐能力超过 100 万吨。

1999 年 51330 部队盐场归属长芦黄骅盐场，北京军区盐场移交沧州为长华盐场，2002 年长华盐场合并入河北长芦沧州盐业集团公司。2005 年，中国盐业总公司控股与河北盐业公司、沧州市国资委组建中盐长芦沧州盐业（集团）有限公司。2006 年，沧州盐业（集团）有限公司股权转让，中国盐业总公司股权占 80%。

至 2008 年，黄骅境内有盐场 33 处，其中中央属盐场 1 处、地方盐场 32 处，分属 6 处集团和公司，即：中盐长芦沧州盐业集团有限公司、黄骅市盐场、刘洪博盐场、黄骅市中港盐业公司、黄骅市晶鑫盐业公司、黄骅市晶骅盐业公司。盐田面积 220 万公亩，年产原盐 113.1 万吨。黄骅盐业生产，带动盐化工生产，临港经济技术开发区成为我国盐化工重要生产区。

（六）黄骅大港

黄骅港区域，历史上以渔盐生产著名，古代即为出海港口，宋金时期“海上丝绸之路”的北起始点。黄骅港位于河北省与山东省的临海交界点，漳卫新河与宣惠河汇集后的大口河入海口北侧。港口的建成，使之成为渤海湾多功能综合性现代化大型海港、国家跨世纪工程、西煤东运第二大通道的出海口、亚欧大陆桥新通道桥头堡。

黄骅港由杂货港区、煤炭港区、综合港区和河口港区 4 个港区组成。陆上距黄骅市区约 45 公里，西距沧州市区 90 公里，水上北距天津 60 海里。朔黄铁路、邯黄铁路、黄万铁路、沧港铁路、黄大铁路、石黄高铁（在建）直通港口。石黄高速、荣乌高速、沿海高速、205 国道、307 国道在区域交叉。

黄骅港建设经历三个阶段：

第一阶段，地方海港。建设黄骅港最初动议在上世纪 70 年代末，由于地方经济发展的需要，迫切需要一个出海口。1979 年，沧州地区成立建港领导小组，开始了在大口河口建港的前期工作。改革开放初期，沧州沿海综合开发迎来了全新局面。80 年代初，随着沧州沿海开发黄骅港的建设，黄骅港区划几经变化。先后设立黄骅港经济技术开发区、沧州市临港经济协调发展委员会。1982 年，河北省政府筹划地方海港，建设大口河港。为配合港口的兴建，沧黄铁路于

1985 年竣工通车。1986 年 6 月定名黄骅港。9 月，黄骅港 2 个 1000 吨级煤炭杂货码头建成运营。1992 年，2 个 3000 吨级码头相继建成运营。

第二阶段，国家煤炭港区。20 世纪 80 年代初，神府、东胜煤田的开采，国家急需解决苏、沪及东南沿海能源匮乏问题，寻找一条便捷的连接港口的运输通道成为当务之急。1985 年国家神木煤田出海口的煤炭港区筹划建设启动。由此，国家进行了“八港比选”，即在秦皇岛港、唐山港、天津港、三山港、龙口港、石臼港、青岛港及黄骅港中进行比选，黄骅港以绝对的优势胜出。1992 年 8 月，万吨级神华黄骅煤港工程经国务院批准立项。是年 10 月，在党的十四大上提出建设跨世纪工程“神华工程”，黄骅港为其西煤东运第二条大通道出海口。朔黄铁路开工建设。

黄骅神华煤港分四期建设：一期工程于 1997 年 11 月 25 日开工建设，总投资 51.16 亿元。建成 1 号泊位，包括 2 个 5 万吨级泊位、1 个 3.5 万吨级泊位。完成港池、航道疏浚，煤码头前沿水深 -13.7 米，港池水深 -12 米，内航道 3.48 公里、外航道 31.35 公里，设计水深 -11.5 米；完成陆域回填，包括港口管理区、引堤、翻车机房区、堆场后方区、堆场区、堆场前方区等；完成铺建道路，铺建线路 23.6 公里，及完善相关配套工程。一期工程于 2001 年 11 月完工，比初步设计总工期提前 3 年时间完成。2002 年 7 月 10 日，第一艘装煤外轮——希腊玛柯斯利亚号轮船驶进，由黄骅港 1 号泊位装煤起运。

二期工程于 2002 年 9 月开工建设，总投资 24.67 亿元。新建 2 个 5 万吨级泊位和 1 个 10 万吨级泊位、码头、栈桥。航道延长至 35 公里，浚深至 -12.3 米。以及堆场、港内铁路等。年卸煤能力达到 3600 万吨，装船能力达到 3000 万吨。2006 年，二期工程竣工，投入使用。

三期工程于 2011 年 5 月动工兴建，工程总投资 48 亿元，煤炭港区再次大规模、高投入、顶尖级的扩容。完成建设 5 万吨级泊位 4 个，其中 1 个 10 万吨级，设计运量 5000 万吨 / 年；配置移动式装船机；新建两条卸车线，卸车能力每小时 8000 吨。

四期工程于2012年11月开工，总投资50多亿元，在三期工程的基础上，完成建设5个码头泊位、1座翻车机房、24座储煤筒仓、3个露天堆场等。年通过能力5000万吨。

至2014年17年里完成四期工程，吞吐能力大幅增加。黄骅神华煤炭港区建设，完善了我国“西煤东运”“北煤南运”能源战略体系，加快了黄骅综合大港建设步伐，黄骅港年吞吐量突破2亿吨。黄骅港成为我国第一能源大港。

第三阶段，综合港区。黄骅港不仅要保证国家西煤东运大通道的顺利运营，还要成为拉动冀中南及更广阔腹地经济发展的新引擎，加快综合港区建设步伐。黄骅神华杂货码头于2000年5月开始建设，建成2个1.5万吨级杂货泊位，2005年投入运营。2007年沧州渤海新区应运而生，其区位优势上，处于环京津、环渤海的中心地带，区位独特、战略地位突出，成为承接京津产业转移和优势资源外溢最多的地区之一；交通优势上，域内交通网络密集，是我国北方综合交通体系最发达的地区之一，生产物流组织便捷、成本较低；土地优势上，拥有290平方公里的滩涂和大面积浅海、80万亩建设用地和108万亩的未利用土地。按

照省、市的战略部署，瞄准建设综合大港的宏伟目标，凝聚力量进行突破，促进产业聚集和城市建设。2008 年 12 月 30 日，《黄骅港总体规划》获省政府并交通部批准。黄骅港分为煤炭港区、综合港区、散杂货港区和河口港区，并开辟综合港区第二航道。

2008 年黄骅港综合港区前期扩能工程相继开工。完成疏港公路、防坡大堤、深水航道、临时围堰工程；建成河口港区 1000 吨级煤炭专用泊位和 V 区 3000 吨级液体化工和成品油码头，年吞吐量 425 万吨。

2009 年 3 月 19 日，综合港区一期起步工程正式开工，总投资 127.5 亿元。建成 8 个 10 万吨级通用散杂货、多用途泊位，码头总长 2074 米，码头前沿水深 -15.3 米，年通过能力 4000 万吨；堆场面积 200 万—300 万平方米，堆存能力 1500 万吨；20 万吨级散货港区新航道工程相继竣工。2010 年 8 月 18 日，“亚欧大陆桥新通道桥头堡——黄骅港综合港区开航仪式”在综合港区码头隆重举行，标志着沧州成为真正意义上的沿海城市，其沿海区域开发建设进入了一个崭新阶段。

2012 年 11 月 22 日，综合港区二期工程开工，总投资 37.6 亿元。建成通用散杂货和液体化工泊位、一二港池围堰工程、集装箱码头、旅游码头等工程。2014 年 9 月竣工。

至 2016 年，黄骅港已建成生产性码头 39 个（万吨级以上 33 个，含煤炭港区 20 个、综合港区 13 个）。其中，综合港区建成 13 个，主要包括 20 万吨级矿石码头 2 个、10 万吨级通用散杂货码头 8 个、10 万吨级粮油码头 1 个、5 万吨

级多用途码头 2 个。自此，黄骅港集煤炭、矿石、集装箱、石油化工、杂货运输等多功能于一体的综合性大港，黄骅港跻身 20 万吨级深水大港行列。年通过能力超过 5 亿吨。

黄骅港列入全国亿吨综合大港行列，被《中国水运报》评为“2016 年中国最美港口”。成功开通“黄新欧”国际班列和至东南亚的国际直航航线，黄骅港向现代综合国际大港迈出坚实的步伐。

黄骅港建设，促进了沧州渤海新区的发展，沧州渤海新区港口建设与功能的日趋完善，加快了临港产业的聚集和发展。“一区多园”的体制为产业聚集创建了发展平台。其中沧州临港经济技术开发区，2010 年被批准为国家级经济技术开发区。渤海新区初步构建起以石油化工、冶金装备、港口物流等传统产业为基础，以汽车、生物医药、新能源、新材料等新兴产业为支撑的现代临港产业体系。引进世界 500 强和国内 500 强项目 44 个。其中，位列“中国化工园区 20 强”的国家级经济技术开发区，拥有中国最大的聚氨酯原料生产企业、单体合成氨装置、蒽油加氢装置、TDI 装置。沧州渤海新区在石油化工、机械制造、商贸物流、文化旅游、电子信息、节能环保、智能装备、生命健康等战略性新兴产业方面前景广阔。

2022 年，沧州渤海新区与黄骅市合并，立足于建设京津冀城市群大格局。实施全域城市化战略，突出沿海特色，调整完善城市发展规划，加大基础设施投入，加快城镇化建设步伐，打造现代、繁荣、秀美、和谐的滨海新城。

黄骅综合大港对国家北煤南运，对冀中南、晋陕蒙等地调整产业结构、转变发展方式、推进全方位开放影响深远。不仅是河北省中南部地区最便捷的出海口、贯通东中西部地区新通道的起点，而且是世界上最短的亚欧大陆桥最新通道。

贰 河之韵

流去的河水

百里外的廖家洼连接着这条河的源头，洼里的浮水携带着沿途沟沟汊汊的沥水，还有那上天恩赐的乌云的凝结一起缓缓东来，在这个古老的村庄北绕行而过。你如把时光退回4200多年，大禹和他的臣民们赤着脚曾跋涉过这片大草洼，指挥着滔滔浑黄的水流沿疏浚的河道直向渤海。上世纪50年代，几万人用最简陋的柳条、荆条大筐，最坚硬的杠子，最宽大的铁锹，在70公里长的土地上，挖去了大禹和子民们的足迹，扩宽出了一条银亮的河。谁能想到这条河，竟是20年后九河下梢几十条河流开挖疏浚的先河。

那河的水，春来像深闺女子般的宁静，清幽的神色带着桃花的粉艳、柳丝的鹅黄款款走来；盛夏又像洼里汉子的粗犷，豁达的神态挂上苇蒲的苍绿、粱黍的葱茏匆匆而至；深秋的河，更像洼村孩童的顽皮，泥黑的笑脸上相伴了肥蛙的鸣唱、壮雁的和声跳跳而过；寒冬的河，多像洼里寿星的沉静，沧桑的面容上集聚了凝固的褶皱、飞来的霜雪静静而寐。60年代初的初夏，河边的稻田已插上了翠绿的秧苗，河岸上看去稻田一格格组成巨大的方阵，如果把稻田比成作业纸，这方格纸又委实太大了。巨大的渡槽横架河上，大洼的水流过来沿着用干渠再进农渠、毛渠。略有浑浊的水里不时荡起水花，那是鱼儿翻过身子时的一次次旋转。川南的稻田是层层叠叠，以曲线构成田地的界线。海边的稻田则是平坦如镜一览无余，以直线构建它的宏阔。深秋，河畔的田里熟黄色彩撩动着人们喜悦的欲望，饥饿的日子一时荡然无存。沿河两岸一幅丰收的图景，小河传送鱼米丰足的信息给了大海。

廖家洼河像巨大的"之"字横穿了大草洼南部的土地，自从与这条河结缘，就被它绕结在这片土地上。暑假里，整个河床被雨水溢满，苇蒲密布的浅滩也融在河水里，河水离两岸平滩地上的瓜园、豆子地仅几步之遥。岸上芦苇一人多高还没抽出穗来，带一张磨快的镰，钻进苇丛再也看不到一个人，只有偶尔飞过的鸥鸟在你头上发出一二声尖厉的鸣叫。远年这里是土匪出没的好地方，而今已空寂无人。把捆好的七八根芦苇捆在水里排好组成一个苇筏，任它漂荡着回家。人自由地在岸上跟行，热了跳进水里把镰扎在苇上抓着苇筏漂行。苇筏漂到几里远的桥头再捞上岸，晒干后竟能充半月的烧柴。

洼里人习水性、能抓鱼，几乎是一种本能。那时的水乡泽国，孩子们也几乎在一夜间无师自通就能在水中浮潜自如。又一个暑热的日子，在"备战备荒"的口号声里，上百名民兵，举着红旗由西洼的河段下水，做一次战斗力的演习。那时，囤爷是令人羡慕的民兵排长，在村庄里辈分也大。他领头游在队伍的最前锋。河水温暖得把人紧紧包裹着，渗进了每一个皮肤的细胞。在水里你只需要简单地象征性地划动一下手臂，水流就会托浮着你向前移动。温软的泥沙有时会亲一下你的脚，小鱼也会贸然闯进你的怀里。五六里的河道在不知不觉间留在了身后。

大雨过后洼里的鱼像人们一样兴奋，在半尺深的水里追鱼也很有情趣，人和鲤鱼、鲫鱼、黑鱼，还有鲶鱼、梭鱼穿行在晃动的苇蒲里，苇蒲是鱼们的森林。午后，一人一袋鱼已装满回到河边。囤爷要从河里浮过，他把鱼袋系在腰上，像条大黑鱼，头在水中一冲一冲，顷刻间已过了三米多深的河心。人们把鱼袋吊在脖后，艰难地向对岸游动，姿势也只能是狗在水中爬动的形态，像那腰缠银钱的商人死也不肯解下钱串。吊桥上几个小不点向水中指指点点地乐。

十几年过去，囤爷最拿手的还是跟他爹学来的治鱼。囤爷的鱼箔插成了“双盖”，总是有捞不完的鱼。囤爷治的鱼多了就送邻家，再多了就上集上卖掉，卖的钱买回几斤烟叶子。秋来，芦苇在桥两侧蓬松地延伸开去，那些洋槐、榆树的倒影也更加清晰。囤爷的渔箔随着河水的退势也一步步下移，鱼儿总是和他亲近着。

时光在须臾间过去，河边的地被老干部们开垦做了自留地，河边钓鱼的人越来越多，老干部、歇班的工人、星期天的教师、放假的学生常来光顾。河里常钓上来鲫鱼、鲤鱼，最多的还是“傻登儿”鱼，间或还能钓上一二只螃蟹。深秋了，囤爷已不愿再下箔治鱼，一来是常有人捷足先登倒他的箔，二来天冷囤爷的腿有些吃不消。天晴时，囤爷在桥下用旋网撒鱼，看那网扔出时撑得圆圆，落水如一朵花，那一声“唰”的声响如他预料的一样令人激动。他凭借手感便知道网中撞动的鱼儿大小和种类。秋雨天，囤爷披身雨衣到桥下打鱼，看见鱼花，右手在前左手跟后奋力撒出网去，旋网在一瞬间沉入河底，只停顿几秒的时间，把纲绳轻轻一抖缓缓上拉，河水在菱形网眼上蒙上一层晶莹的薄膜，瞬间又破碎成细小水滴落进河里或悬挂在网眼上。铅坠在水底一寸寸跟进，落进低洼的脚窝驱赶着鱼儿，网一寸寸露出水面，最后全部暴露在岸边。囤爷把网展开时鱼儿在网中无奈地翻转。看囤爷打鱼是一种享受，他总是网网不空。

人们已记不清哪一年，西洼里陆续竖起了烟筒，黑烟常常弥漫在无边的麦田里，弥漫在芦花盛开的草洼上空。从不干涸的河水已不再像那些年清澈，河边的榆树树叶变得稀疏，来年春风吹过仍不能唤醒树上以往如期而至的绿叶。一个秋后的下午，囤爷从河里摘下了流网，抱着密实的蚊布流网在河水里撞来荡去，把里面几斤小若针尖的虾丝倒进桶里，小虾激情地弹跳展示生命的存在，最后平息在肉红的黏稠里。囤爷把河里竖立的木杆一棵棵拔出，转身扔上岸边，扔出的力量早已没有昔日的威猛。这是他最后一次在河里倒虾丝，腌出的虾丝酱总在舌苔上留下一种难咽的味道。囤爷把剩下的分给了两个儿子，几天后二儿媳妇把虾丝酱倒进楼上的马桶，放水冲了个干净。

暑热时来到河边，浑黄的河水已静止地不见流动，水边有浮动的白沫。潮湿的河坡上见得到一个个小孔那是螃蟹的家。惊诧螃蟹的忍耐力，容忍着人们为它们改变的环境，也许它们能适应这里环境，并把这种高超的适应力注入基因。扔去一块土块在水边湿地上弹跳了一下滚进水里，一片白沫被溅开又很快合并。几只小蟹在零点一秒里惊慌地隐入它们的家。

几年过去，早已退休的囤爷还常在河边走动，清晨是他散步的好时光。河阳的村庄越来越大，宽阔的马路伸过宽大的水泥大桥，五颜六色的楼房占据了沿街林带外的两侧，卧车由大桥驶过开进了村庄的小柏油路。芦苇仍然坚韧地立在水边。深秋的枯水季节，河滩上泛出了白碱。草洼里的白鹭、海鸥飞来，沿着河道一直向东，没有一点停留的意向。囤爷背着手护着他年轻时闪过的腰，目送着群鸟消失在清澈的小河上。

（一）古河道

1. 九河

沧州之东，渤海西岸，津南至鲁北沿海，素有“九河下梢”之称。《禹贡》记有“禹播九河”的记载。所谓“九河”，按《尔雅》列九河名为鬲津、钩盘、絜、简、胡苏、覆鬴、马颊、太史、徒骇。《汉书 · 沟洫志》记许商以为“古说九河之名有徒骇、胡苏、鬲津，今见在成平（今沧州西南）、东光（今县东）、鬲（今德州东南）界中。自鬲以北至徒骇之间，相去二百余里，今河虽数移徙，不离此域”。由此说明，北起沧州、南至德州附近的广大区域，为汉代时九河流经

之地，也是黄河迁徙摆动的地区。《汉书 · 地理志》记勃海郡、成平县：“虖池河民曰徒骇河”，为九河最北的一支。上述情况应是黄河首次改道后的情况，因为黄河摆动区已偏南。在“九河”的下游靠近海口段，由于受到海潮的顶托倒灌，使河海不分，漫流入海。古代史志中，称河海不分的漫流段为“逆河”。逆，即海水倒漾的意思。

关于禹播九河的地理位置，历代史志记载不一，《历代黄河变迁图考》在考证了历代史志资料以后认为，“九河”的大概位置是：

高津：在今德州界，东经陵县、德平、乐陵、庆云、海丰、沾化（在今山东省东北部）入海。

絜：在今山东省宁津、庆云县境内。

简：在今山东省宁津、庆云县境内。

钩盘：在今德州界，东经陵县、德平、乐陵、海丰县（今无棣）入海。

马颊：在今景县、阜城、交河、沧县境内。

覆鬴：在今南皮、沧县境内。

太史：在今阜城、交河、沧县境内。

徒骇：在今交河北经青县、静海、天津南入海。

原来的“九河”，现已发生了巨大变化。鬲津河经历代的扩大治理，到 1974 年改为漳卫新河，今为山东、河北两省界河。钩盘河保留时间较长，至清光绪元年地图仍有标示，其走向大致在吴桥县的埝高村、东西宋门、牟庄、吴桥城关、大王铺一带。1972 年，沿钩盘河故道开挖了漳卫新河岔河。

徒骇河后被滹沱河所占。滹沱河在献县汇入子牙河以后，滹沱河故道便成了黑龙港河系的排沥河道。清光绪年间沿其入海段走向，开挖了马厂减河。

马颊河后称王莽河，周定王五年（前 602）黄河在宿胥口溃决改道，经原马颊河入海，改称周定王河。至王莽始建国三年（11），周定王河（即大河故渎）空，遂俗名王莽河。金元时期，王莽河改为石碑河。

絜、简、胡苏、覆鬴、太史五条古河道现均已湮没。

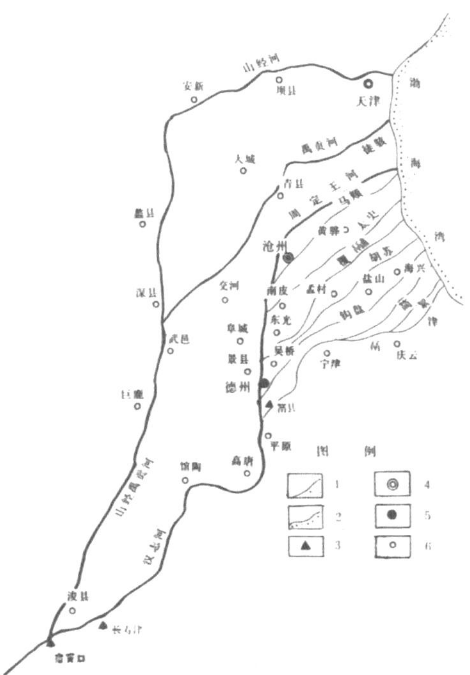

汉以前黄河下游河道示意图

图例：1. 河流　2. 海岸线　3. 古地名　4.5.6. 今直辖市、市县驻地

说明：汉志河，即黄河，《汉书 · 地理志》；禹贡河，黄河，《尚书 · 禹贡》；山经河，黄河，《山海经 · 山经》；孟村河，古黄河。

2. 古黄河

黄河是中华民族的母亲河。自远古以来，黄河下游河道屡经变迁。在某些历史时段，其入海口即在今黄骅港附近。不但黄骅港西邻的内陆腹地广阔平原为古黄河的泥沙淤积而成，而且黄骅港东面的广阔海域，其海水中携带的大量泥沙，亦为古黄河的遗留物。

据《沧州地区水利志》载，关于远古时代的黄河走向，河北省地理研究所副研究员吴忱等，在渤海湾西岸发现了中全新世古黄河三角洲，为考证古黄河走向提供了依据。古黄河三角洲的中轴是孟村、旧城、羊二庄一线；南缘是孟村、小刘牛家、赵毛陶、海兴一线；北缘是孟村、北毕孟、岭庄、羊三木一线；前缘是海兴、付家庄、海丰、武帝台、羊三木一线。其顶点是孟村，故取名孟村黄河三角洲。古黄河在滨海平原区的变迁情况：

中全新世前半期（距今 8000—5000 年前），大禹治水以前，黄河流经平原、

德州、孟村，在孟村附近入海，冲积形成以孟村为顶点的三角洲。这条古河道，德州以南的走向和《汉书·地理志》中的记载相同，所以今人称之汉志河，德州以北则不完全相同，因其在孟村附近入海，故称之“孟村河”。

中全新世后半期（距今5000—3000年前），海岸线后退至黄骅、羊二庄一线。黄河在旧城的附近分出两股岔流，一股向东北，至黄骅附近入海，一股向东，至羊二庄附近入海，形成了以黄骅、羊二庄为顶点的小型三角洲。在此期间，由于大禹治水的疏导，黄河在河南浚县附近分出一条支流，即禹贡河，据谭其骧先生考证和地貌调查资料显示，禹贡河的大致走向是：从河南浚县北流，经内黄、曲周、巨鹿至武邑县北、东北流经青县，又东北流，在天津南入海。禹贡河是禹播九河中的干流徒骇河。唐朝颜师古在给《汉书》作注时称，“徒骇者，言禹治此河，用功极众，故人徒惊骇也”。黄河改道以后，这一段河道为虖池河所夺，故《汉书·地理志》中说，勃海郡成平县（今泊头境东北）境内的“虖池河民曰徒骇河”。禹贡河形成以后，使在黄骅、羊二庄入海的黄河东支水量与泥沙来量减少，因而三角洲的发育规模不大。

中全新世末期的商、周时期（前17世纪初—前771），黄河水量曾一度集中在北支河道里，东支河道基本断流，在渤海湾西岸发育了第三道贝壳堤。

晚全新世初期的春秋战国时期（前770—前221），黄河逐渐向南迁徙，除上述北支的禹贡河以外，黄河又沿中全新世河道北流，开辟了德州、东光、南皮、沧州，至南大港一带入海的中支河道。此河道即周定王五年（前602），黄河在宿胥口溃决改道形成的周定王河。至王莽始建国三年（11）河决魏郡，大河主流沿漯川东流，原来的“大河故渎”（即周定王河）逐渐断流。因此渎至王莽时，故世俗称“大河故渎”为王莽河。（见王维国《水经注校》）

秦汉时期（前221—220）北支河道断流，黄河以中支河道为主，并不断地分出岔流，沿中全新世古河道，在羊二庄、海兴以东入海。据吴忱等的研究成果和史料记载，从大禹治水以前的中全新世前半期（距今8000—5000年前），至王莽始建国三年，黄河主流移至山东省境内入海。前后数千年，黄河一直流经沧州地区。

宋庆历八年（1048），黄河在澶州商胡埽大决，河水改道北流，即宋代黄河北流，也称商胡大河。复旦大学历史地理研究室在《宋代黄河北流考》一文中认为，这次黄河北流，大致于“商胡北流入大名东、馆陶、武城西”，再经“枣强、冀州城、武邑、乐寿（今献县）等地”，东北流至乾宁军走今南运河线于天津入海。

宋嘉祐五年（1060）至宋元祐九年（1094），北流大河数次决口，河北连年水患、运河淤淀等，经分水工程，不断治理，黄骅东还古道。

黄河恢复东流不过五年，元符二年（1099）六月，黄河于内黄决口，东流断绝，又向北流，重新冲出一条河道，仍至乾宁军一带入海。这次北流“经内黄、馆陶、平恩、清河、南宫、信都、枣强、衡水、武强、深州、乐寿，至乾宁军，独流砦（寨），三叉口入海”。自此以后，黄河流路未再发生大变化，但灾害仍连年发生。政和七年（1117），瀛、沧州河决，竟淹死百余万人，造成了一次惊人的灾难。(《黄河水利史述要》)

宋建炎二年（1128），南宋赵构政权为了阻止金兵南进，东京（今开封市）留守杜充决开黄河自泗入淮。

金明昌五年（1194），“河决阳武故堤，灌封丘而东”，决水大致经由封丘、长垣、东明，仍至徐州以南汇入淮河。结束了流经沧州地区的历史。

自公元 1048 年至 1194 年的 146 年间，黄河虽然多次决溢迁徙，东流、北流互变，其主流基本上都在沧州地区。

据《黄骅县志》对黄河过境及所形成的河道考释。《津门考古》记载，黄河由河北入海主要有三次。第一次在商周时期，即传说中的“禹河”，约以夏商之际成流，周定王五年（前 602）迁徙。入海地点在渤海西岸北端碣石附近。第二次在汉代，即汉武帝元封二年至新莽建国三年（前 109—11），入海地点在今黄骅县境内郛堤城东，其河道即黄骅、盐山两县之间的古河床。第三次在北宋时，为庆历八年至金明昌五年（1048—1194），入海地点即今泥沽海口，明成化二十年（1484），始改道山东入海。

关于黄河在汉曾从今黄骅县境入海一说，《黄河史述要》引《汉书 · 沟洫志》断定，周定王五年（前 602）黄河改道后的路线，“……由德州市东复入河北，自吴桥西北流向东北，至沧州市折转向东，在黄骅西南一带入海”。

清人胡渭在《禹贡·锥指》中认为，《水经注》中提到的“大河故渎”就是周定王五年黄河改道后的河道，大致经过现在的“……德州、沧州”等地入海。河北省科学院地理研究所《河北平原黑龙港地区古河道图》的文字说明中称前602年至公元11年间，黄河主流周大河自大名入山东省，至德州又入河北省，循吴桥、东光、南皮一带在沧州东北入海，与《津门考古》所云一致。

黄河流经境内的路线，一条由盐山县后刘庄北经留舍村南、海兴县丁村东入黄骅境，再经许官北、张八寨，从海丰镇入海。另一条由孟村县辛店、塔上、高寨入境，经马闸口北、旧城南、大郭庄南、小河南村北，流向海兴县丁村以北，转向东北复入黄骅县，经许官南、湾湾头南、董庄和戴庄北、杨庄西北，经海丰镇入海。后一条路线为周大河在西汉时期决口所形成的屯氏河。《中国农业大百科全书水利卷》称屯氏河，于公元前109年形成，“与大河并行七十年”。《行水金鉴》称屯氏河“汉元帝时绝”。

境内与黄河有关的古河道还有徒骇河、宣惠河。

徒骇河成于唐尧时期，所废时间不详。《沧州地名志》认为。汉武帝元丰二年（前109），徒骇河与屯氏河北道同流。《盐山新志》谓屯氏河下游即为徒骇河故道，《沧县志》（民国版），谓今蔡家洼、大浪淀为徒骇河涸后所余两处积水。

宣惠河，原为古黄河一支，清乾隆年间始名宣惠河。宣惠河于清康熙三十六年（1697）开浚时，下游需走老石碑河道，从歧口入海。清乾隆十一年（1746）疏浚，宣惠河南迁至原始河道。

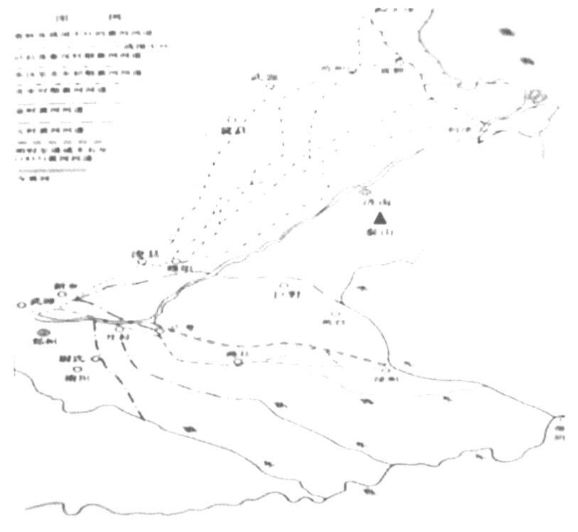

黄河下游变迁图

3. 浮水

浮水，汉唐时所称，又名浮阳水、浮阳河。据《史记》载："赵之南界，有浮水焉。浮水在南，而此有浮阳（今沧县东关）之称者。"

元明称浮河，约废于清。其流经路线，有三种说法，其中两种说法流经黄骅县境。其一，《沧州地名志》载，隋开皇十六年（596），于今孟村县旧县镇置浮水县，因境内有浮水而得县名。《新唐书 · 地理志》言："清池东南七十里有渠注漳，并引浮水皆刺史姜师度开……"上述两书认为浮河不流经今黄骅境。其二，《水经注疏》称浮水"首受清河（今南运河前身）于县界东北（约在今沧州南），经高城县（今黄骅旧城）的宛乡（今孟村）城北，又东经章武县之故城（今黄骅常郭故县），然后又东北经柳县故城（今羊二庄东）南，再向东入海"。《尚书地理今释》《行水金鉴》《盐山新志》《沧县志》（民国版）均持此种说法。其三，《中国历史地图集》元、明两部分标示，浮水在南皮县

城东 19.6 公里大高庄西），孟村镇西 13.5 公里（罗四拨东）向东北穿大浪淀东淀，沿孟村县自来屯、赵河两乡，大体走今大浪淀排水渠路线（经黄骅南部）由海兴入海。

据《新唐书 · 地理志》载：“清池（今沧县东关）南十五里有浮河堤”，“东光南二十里有靳河，自安陵入浮河”。唐代，浮河的大致走向是在今东光西南接永济渠（今南运河），然后向东北流经今南皮县南、孟村县北，沧县东关以东，黄骅城北，向东北入海。（见《二十五史河渠志注释》和《中国历史图集》）浮水下游近似黄骅境内的石碑河走向。《畿辅通志》：“石碑河古浮水也。”至宋、元、明三代，浮河的走向基本未改。到清代，浮河不复存在。

4. 兴济减河

黄骅城区以北约 35 公里处，有一废弃河道，即兴济减河，民间传称娘娘河。据民国《青县志》记载，兴济减河西起南运河东岸青县冯官屯旧址，由青县流入静海，经隆儿庄村北、桃园村北、聚馆村南，穿天津太平村乡，于歧口老捷地碱河河口汇流入海。总长 48 公里。明成化三年（1467），南运河河水泛涨，为刹其水势而开兴济减河，时称“减水闸河”。后堤岸已塌，水溢民田。明嘉靖十五年（1536）曾由兴济知县负责疏浚。清乾隆三十六年（1771）进行最后一次疏浚，疏浚后河面宽九丈、底宽五丈、深八九尺不等，至丰台堡以东入海。清代称“兴济引河”，亦称北减水河，当地人称娘娘河。自清咸丰五年（1855）后，水源匮乏，减河淤积，河底高于地面。又疏于治理，淤为平地，兴济减河终废。流经境内的长度约 20 公里，现隆儿庄、聚馆两村仍存旧址，已淤为农田。

图锦

5. 柳河

黄骅一带是古黄河（秦汉时期）入海之地，大致分南、北、中三支入海。现存地名如大河南、小河南、歧口、张巨河、高家口、吕家桥、马闸口等。以河、桥、塘、洼、口命名的村庄达 40 多个，占全市自然村总数的 13% 以上。

柳河，原黄河下游南支，从孟村入境，经柳林庄、大堤柳庄、小堤柳庄、东湾湾头、西湾湾头、海丰镇到港口入海。据《盐山新志》载："元代开惠民河，此邦横河皆纵断之，柳河之塞，在长芦之截地（捷地），于是南运路断绝。"柳河之塞，使柳河航运废弃，此盐业、瓷器运输遂废。惠民河开凿之前，黄骅盐业居全国首位，海丰镇盐业兴旺，但是水运交通中断，盐业运输途径也就受阻。盐业中心开始向北京、天津等地转移。海丰镇"至元盐业不振，渐为废墟"。

6. 大河故渎与王莽河

屯氏河至东光合于大河本流之后，又沿原周定王河故道，经沧州东、黄骅南入海。清人胡渭《禹贡锥指》认为，《水经注》中所说的“大河故渎”，即春秋时期，周定王五年（前 602）黄河迁徙后的河道，后人也称德州以下“大河故渎”为屯氏河。《新唐书 · 地理志》有清池“东南二十里有渠，注毛氏河”（指屯氏河），即“大河故渎”。

《读史方舆纪要》称：“王莽河在县（吴桥）东北，古屯氏河也。”《水经注》中有“河之为中国害尤甚，故导河自积石，历龙门二渠以引河，一则漯川，今所流也；一则北渎，王莽时空。故世俗名是渎为王莽河也”。（见《水经注校》）王莽始建国三年（11）河决魏郡以后，大河主流沿漯川东流，原来的“大河故渎”逐渐断流，所以也称“大河故渎”为“王莽河”。德州以下“大河故渎”的走向，

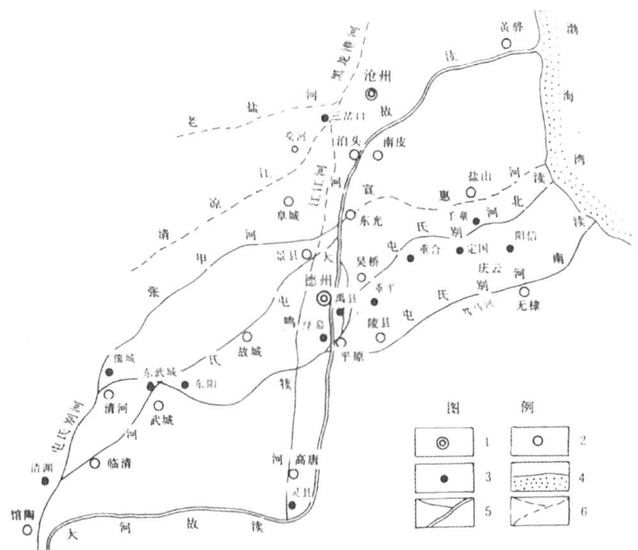

屯氏河历史变迁示意图
图例：1.2. 市县驻地　3. 古地名
4. 海岸线　5. 古河道　6. 今河流
说明：屯氏别河北渎支津

近似今宣惠河上游段的走向，所以直到建国初期，还称吴桥、东光县境内的宣惠河为“王莽河”。沧县、黄骅境内“大河故渎”的走向，近似古浮水的走向。据《水经注》载，浮水“首受清河于浮阳县界（今沧州东南四十里处）。东北经高城县之宛乡城北（高城今旧城镇，宛乡故域在盐山西北）又东经章武县之故城（沧州东北八十里）”。“又东经篋山，《魏氏土地记》曰：高城东北五十里有篋山，长七里。浮渎又东北经柳县故城南（盐山东五十里处），浮渎又东北经汉武帝望海台，又东注于海”。（见《水经注校》）浮水后演变为石碑河。

清乾隆五年（1740），直隶总督孙嘉淦奏开宣惠河北支，借石碑河至黄骅的大浪白村与捷地减河汇流，再经牧猪港（今南大港）东流，于歧口入海。《畿辅通志》有“石碑河，古浮水也，……今按：石碑河俗名王莽河，其上游则由宣惠河而分支也”。清乾隆十一年（1746）因石碑河水多，宣惠河之水难以容纳，总制方观承奏开宣惠河南支形成今宣惠河之雏形。

7. 历代河流变迁

从春秋时期至清代，选历代河流变迁图 6 张，图中地名系今名，河流系历代河流名称。

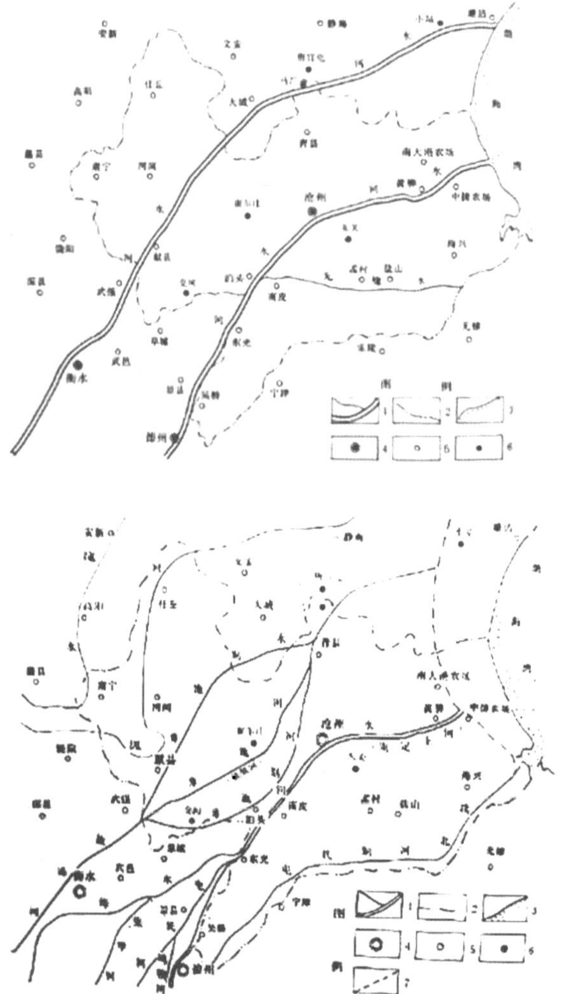

春秋时期河流变迁示意图（前 770—前 476）

西汉河流变迁示意图（前 206—25）

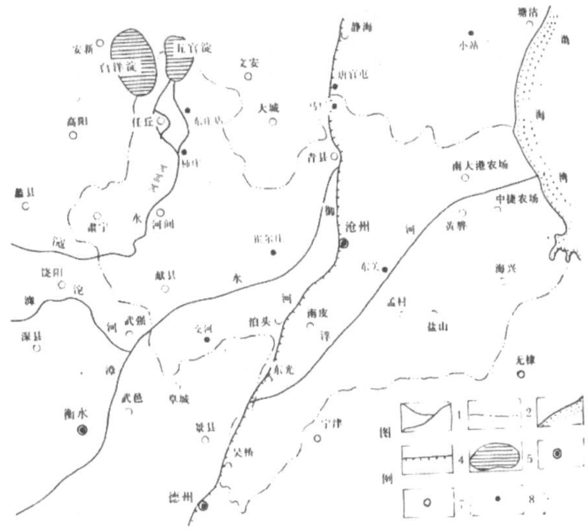

元朝河流变迁示意图（1206—1368）
图例：1. 古河流　2. 地区界　3. 海岸线
4. 人工运河　5. 洼淀　6.7.8. 市县村

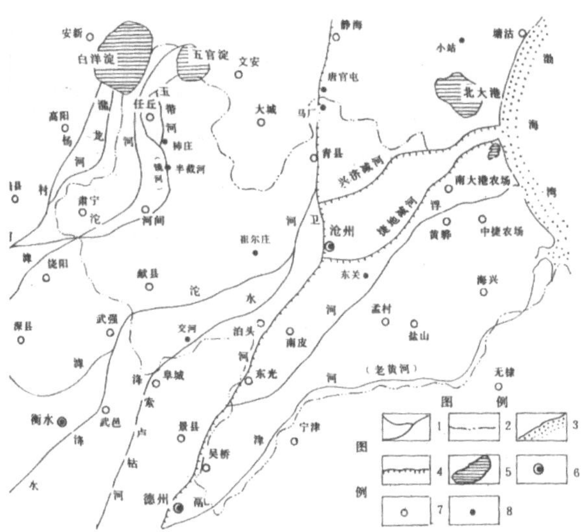

明朝河流变迁示意图（1368—1644）
图例：1. 古河流　2. 地区界　3. 海岸线
4. 人工运河　5. 洼淀　6.7.8. 市县村

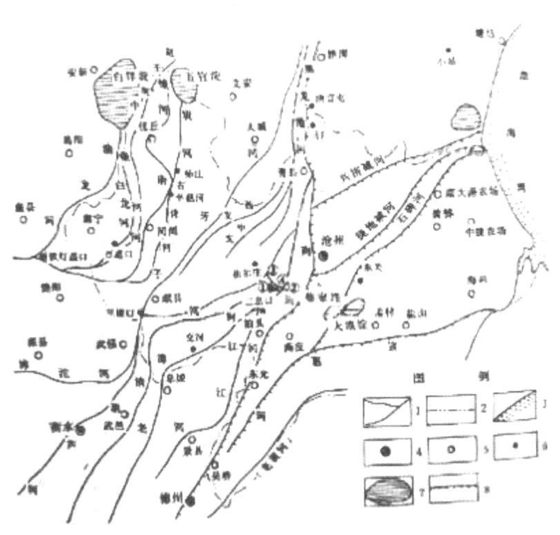

清嘉庆至光绪河流变迁示意图（1796—1908）

贰　河之韵

（二）今河流

沧州东部自古为九河下梢，东临渤海，河流众多。古代有黄河、漳河、滹沱河、易水等水系流经沧州。现代有南运河系、黑龙港河系、子牙河系、大清河系、运东排河形成沧州河流水系。

黄骅境内河流属漳卫南运河系、黑龙港河系、运东排河、子牙河系。

南运河系有捷地减河；

黑龙港河系有南排河、北排河；

运东排河有石碑河、大浪淀排水渠、廖家洼排水渠、黄浪排干等；

子牙河系有流经黄骅境内的子牙新河等。

黄骅县境域几度沧海桑田，为《禹贡》所指九河汇此漫流入海之地。洪、涝、潮、旱灾频发，“十年九灾”，尤以水灾为甚，遗留下片片沼泽和盐渍严重的土地。元代、明代曾拓挖河道疏导水路，清代创修防潮闸抵御海潮侵袭。黄骅县

黄骅县水利图（《黄骅县志》）

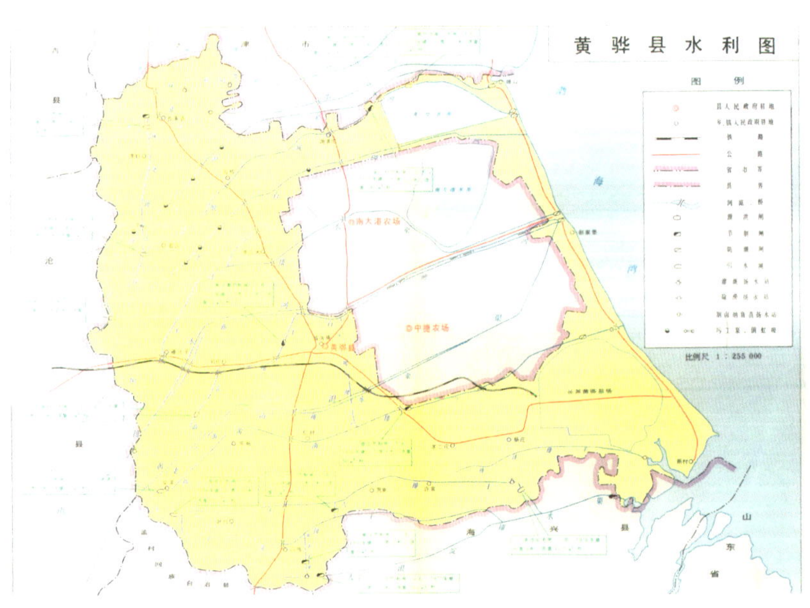

解放后，在中国共产党的组织领导下，展开根除水患，防潮、防涝、抗旱和改造盐碱土地的水利建设。1948—1962 年，兴修 9 条河道，重点抵御洪涝；1963—1973 年，结合根治海河水系，再建 7 条河道，重点排沥治碱；1974 年后排水、台田、改土、灌溉、村庄建设、道路建设综合治理，修成 4 条排灌兼用的河道。建成大批桥闸水库、河道及机电排灌设施，土地改良收到明显效果，洪、潮、旱、涝灾害得到控制，盐碱荒地逐步得到改良。

黄骅境内防洪、涝、潮工程河道共有 22 条。

1. 捷地减河

捷地减河，属南运河系，又名南减河、浮河，黄骅段位于黄骅城北 20 公里处。明弘治三年（1490）开挖。西起捷地运河东岸分洪闸，河流东北行，经彭店、风化店、李天木，至保家庄（沧县保庄子）入黄骅界，再向东北流，流经境内滕庄子、西官庄、吕桥、周青庄，北汇大沟洼（今南大港北部），转东南至高尘头村南入渤海。境内长 54.3 公里。据民国版《沧县志》载：“捷地镇减

水河，一名南减河。明弘治三年开十二小河之一也。长一百八里，出于卫河东岸，建桥设闸以时启闭。流经王吉庄、西姜桥、梁口等，经关家铺、季家铺，从此直经东流十数里，北汇沟洼，回东南由歧口入渤海。”因其始于捷地而得名。清乾隆年间，三次疏浚，并用石料修筑海漫坦坡工程。嘉庆年间疏浚一次。道光年间

扩建疏浚三次，其中道光二十四年（1844）的扩建疏浚中进行河道裁弯取直。同治年间，疏挖该河下游周青庄至西高尘头段，在翟香国（李鸿章之表叔）主持下于下三铺东 10 余里处，修闸一座，防海潮上溯。此闸在光绪十五年（1889）拆除。光绪十三年（1887）疏浚一次。民国年间，河道失修，尾闾不畅，境内流域 60 余个村庄，20 万亩耕地频受水患。民国 34 年（1945）全县解放后，党和政府积极组织人民治理水患。1949 年 4、5 月间，修复捷地减河堤坝。复堤工

程西起王吉庄，东至新立村，全长 32 公里，动土 176 万立方米。10 月，为蓄水之要，捷地减河入海口改道入南大港。1959 年开挖南大港水库分洪道，增加捷地减河流量，投资 32 万元，在高尘头修筑 1 座防潮闸。1963 年，培修分洪道下游两堤，使行洪能力达到 150 立方米 / 秒。1965 年，对境内河段复堤。1967 年，疏浚下三铺至小关沟河段，筑高小关沟至高尘头段堤坝，修筑高尘头海挡过水路面。1972 年，为增大分洪，维修、重修闸涵，挖深小关沟至入海口段河槽，用

弃土修筑北堤，投资 64 万元在高尘头过水路面上再修 1 座防潮闸，为保证必要时分洪，1976 年在王吉庄修引水闸 1 座，1977 年在朱里口修引水闸 1 座。现捷地减河全长 83.6 公里，两堤总长 167 公里，设计流量 180 立方米 / 秒。

2. 南排水河

南排水河，属黑龙港河系，又名南排河，为排泄黑龙港流域沥水的人工河道，境内段位于黄骅城北 3.2 公里。该河起自泊头乔官屯闸，经沧县、黄骅至李家堡入渤海。流经沧县肖家楼、张官屯、七里淀、东关、滕庄子、刘家铺、大浪白、西道安、留老人、李官庄、北王曼、辛庄、工庄子及南大港南部，全长 97 公里，境内长 33 公里。设计标准 10 年一遇，设计流量 552 立方米 / 秒。主要承泄黑龙港河上游清凉江、江江、老盐河等河道沥水。流域内包括邯郸、邢台、衡水、沧州 4 个区域 40 个县市。1959 年 12 月，发动 8 县民工 9 万人开挖，

1960 年 4 月完成。在肖家楼村建有南排河穿运河倒虹吸工程和铁路桥、公路桥各一座。

1963—1964 年，黑龙港流域连续 2 年积涝成灾。1964 年冬季南排河续建工程开工，按 10 年一遇标准施工。1964 年冬，开挖乔官屯至倒虹吸、高辛庄至龙池口沟段。1965 年春，开挖倒虹吸至道安段。1965 年 9 月在南排河海口处修筑防潮坝。10 月，南排河扩建工程开工，1966 年 5 月完成工程任务。纵坡 1/16800，边坡 1∶2.5—1∶3，郛堤城处设计水位 4.2 米，左堤上有省道南滕（南排河村—滕庄子）线，堤顶高程 7.8 米，顶宽 7 米；右堤堤顶高程 7 米，宽 3 米。此次扩建治理，南排河设计流量提高到 552 立方米 / 秒，校核流量达到 950 立方米 / 秒。1969 年，为拦蓄南排河沥水灌溉，黄骅县、中捷农场、南大港农场联合投资，在扣村大桥东约 1 公里处兴建拦河节制闸 1 座。1981 年 7 月，对道安至李家堡 45.8 公里的右岸进行复堤。节制闸被兴建后下游河道淤积，阻水严重，1982 年 5 月此闸被炸毁清除。1992 年为提蓄入境客水修建成朱庄节制闸。

3. 北排水河

北排水河，属黑龙港河系，又名北排河，境内段位于黄骅城北28公里处。该河西起献县杨庄闸（其上游为滏东排水干渠），经献县、河间、青县、沧县、黄骅东至天津市马棚口村南入渤海。全长163.4公里，流域面积1435平方公里。流经黄骅境内大麻沽、王化庄、齐家务、后齐家务、阎辛南等村，境内长13.5公里。其河与子牙新河平行，1966年10月至1967年5月与子牙新河同时开挖。并利用开挖土筑子牙新河右堤，因地处沧州地区北部，故名北排水河。设计流量116立方米/秒，除涝标准为3年一遇；1975年境内河段按5年一遇标准，配套支、斗沟渠

工程。其河道因标准低，1967—1977 年间有六年超负荷行洪，造成流域内涝占五成以上的年景有 4 次。1977—1979 年，由沧州、保定、衡水等三地区投入民工扩建港河本支汇流处入海口段河道，动土 3594 万立方米。北排河开挖后，黄骅境流域内 5.1 万亩耕地的沥涝和盐碱，得到改善。1979 年比 1967 年盐碱地面积减少 33%。经扩大治理，设计流量 500 立方米 / 秒。

4. 老石碑河

老石碑河，即石碑河，属运东排河水系，原系黄河故道，一名盘河。境内段位于黄骅城北 20 公里处。最初开挖于金大定元年（1161），为排泄大浪淀积水，在狼儿口以东掘堤中断，开挖排水河，立碑于河口，以杜绝争端，故名。元延祐

三年（1316）运河在吴桥柳斜口决溢，狼儿口由屯军堵塞，水壅不得泄。翌年，拟开辟狼儿口，疏浚盘河故道，排泄积水。元泰定元年（1324），疏浚此河。

原河道自南皮东北入沧县狼儿口、入黄骅。西起黄骅毕孟高戴庄，过大浪白、后滕庄、西道安、孔韩庄、高口、郑口、瓦古疃、周青庄、下三铺、王御史庄，入牧猪港（南大港）转歧口入渤海。由于河道上游受水面积大，淤积严重，境内段屡屡决口，明清曾进行几次修整。1949 年，吴庄子以上河段已废，至歧口段成为弯曲浅沟，无束水堤。1957 年建南大港水库，切断石碑河的自然流向，流域内泄水由 1958 年开挖的廖家洼排干渠承担。因廖家洼排水干渠标准偏低，流域内屡遭淹涝。1966 年，黄骅县组织 18 个公社投入 7000 余名民工，动土 69.4 万立方米，开挖吴庄子至南大港水库段；1970 年耗资 18 万元，动土 115.8 万立方米，开挖南大港水库至张巨河村北入海口段。因资金和劳力不足，此工程未达到设计标准，校核流量只有 19.7 立方米 / 秒。1975 年，黄骅县再次投资 20 万元，分春、秋两次投入民工 7000 余人和 7200 余人，对石碑河进行扩建清淤，共动土 173.7 万立方米，设计标准大于 3 年一遇，小于 5 年一遇，流量达到 40 立方米 / 秒。老石碑河虽标准较低，但使用效果显著。河道上建有数十座圬工泵，遇涝能排，两岸建有扬水站 19 座，遇旱可引捷地减河水灌溉。后沧县段已淤塞，石碑河另行开挖新石碑河。

老石碑河上游

5. 新石碑河

新石碑河，属运东排河水系，位于黄骅城北3公里处，西起大浪白村，傍南排水河南侧东进至赵家堡入渤海。流经东道安、留老人、北王曼及南大港农场、中捷农场部分村队，全长44.8公里。因河源起于石碑河故道，得名新石碑河，是黄骅县内独立的排沥河道。新石碑河流域原为沼泽洼地，民国37年（1948），黄骅县人民政府为使翻身农民安居乐业，组织1万民工（自留老人村起，西接老石碑河故道，东至赵家堡入海）开挖新石碑河。1957年因修南大港水库老石碑河改道。1958年，修成流量为94立方米/秒的新石碑河赵家堡防潮闸。1959年，组织2万

民工对新石碑河进行扩建，河首延至大浪白村，共动土 233.3 万立方米。因多年冲刷河道淤积严重，1965 年 7 月，全县投入民工 5000 余人，对北王曼至跃进河段进行疏浚扩建，完成土方 14.2 万立方米，排沥标准由原 8 立方米 / 秒提高到 15 立方米 / 秒。自新石碑河建成后，流域内耕地得到改良。

6. 廖家洼排水干渠

廖家洼排水干渠，属运东排河水系，又名廖家洼排干。境内段位于黄骅城西北 10 公里处，为沧州地域以东独立入海的排水干渠。全长 88.4 公里，其受水范围：北至捷地减河，南至南排水河，西起沧县，东流入渤海，流域面积 6.74 万公顷。流域内有耕地 3.11 万公顷，涉及沧县、黄骅和南大港农场，受益总人口 16.4 万人。其渠因以泄廖家洼之水为主而名廖家洼排水干渠。1955 年冬至 1956 年春开挖。原渠道沿着石碑河故道东进经南大港至歧口入渤海。1957 年，由于南大港水库的修建，挡住排水出路，故于同年开挖廖家洼排水渠，使沥水改道经王徐庄、马营、闫家房子，往南排入新石碑河。1960 年，开挖南排水河，沿新石碑河北侧并行入海，廖家洼排水干渠入新石碑河的路线被截断。因此，同年秋季在南排水河北侧并行开挖廖家洼排水干渠入海新道，并在李家堡投资 34.5 万元，修建一座流量 50 立方米 / 秒的防潮闸。1965 年 11 月至 1966 年 5 月，国

家和地方投资 326 万元，由黄骅县、沧县和南大港农场出工 2.5 万人，对沧县七里淀村北至李家堡段进行扩建。扩建后，境内段渠宽 50 米、深 4 米，设计流量 68.7 立方米 / 秒。2013 年实施廖家洼排干清淤工程，清淤南大港段 28 公里。

廖家洼排水干渠几经扩建治理，由沧县马庄村东起，至七里淀村北到小王庄，绕东关至北关附近高阜地带到北关北插入废引河，东南行至王槐庄村东，沿南排河北侧并行到小韩庄，折向北到杨春庄达朱里口用干沟，经葛沽塘、羊三木南、王徐庄、马营、闫家房子至南排水河北，沿南排河北侧向东并行至李家堡入海。

7. 大浪淀排水干渠

大浪淀排水干渠，属运东排河水系，境内段位于黄骅城南 26 公里处。该渠西起南皮东官屯东的大浪淀西淀中心，经沧县、孟村、黄骅、海兴，沿黄骅、海兴县界汇入大口河，至海兴县青峰农场东南入渤海。流经境内旧城小王庄村，境内长 7 公里。其渠因以排泄大浪淀之水得名。1957 年冬至 1958 年春，修筑大浪淀围堰时由黄骅等五县民工开挖，因资金和劳力不足，仅完成土方工程。渠道设计标准 17.7—21.2 立方米 / 秒。1970 年扩建，由黄骅等八县投入 10 万民工，加深加宽渠道，维修扩建桥闸。总投资 424.6 万元，总土方量 861 万立方米。扩建后设计流量达 143 立方米 / 秒，标准为 3 年一遇，排灌两用。境内小王庄处建有 1 座拦水能力为 7.5 万立方米的节制闸。全长 87 公里，为常年渠道，沿渠两岸有支沟 12 条，控制流域面积 1264 平方公里。

8. 黄浪渠

黄浪渠，属运东排河水系，位于黄骅城南 8 公里处，1951 年开挖。原西起大浪白村南，东至赵家堡入渤海，流经县内后王桥、张金庄、张赵庄、于常庄、张常庄、东常庄、后沙洼及中捷农场部分村队，全长 46.5 公里。设计流量 0.4—15.8 立方米 / 秒。其渠因上游可溯白大浪淀水源，故取名黄浪渠，是县内独立的排沥渠道。1952 年，沧州地区组织民工将黄浪渠上游伸延至东关村，与老石碑河上段相接；同时扩挖张赵庄以下渠段，以利上游排水。1957 年，中捷农场自肖家楼至狼儿口开挖一段新渠至石碑河，在南运河右岸沧县肖家楼建一座引水闸，将黄浪渠由排沥改为引水渠。1957 年冬和 1958 年春为解决渠道弯曲，渠床断面宽窄深浅不等、引水等不利因素，由黄骅、沧县、孟村组织民工对肖家楼至王桥 51.5 公里长的渠段进行扩宽取直，设计流量 80 立方米 / 秒，共动土 290.4

万立方米，工程投资全部由群众自筹；同时修建 3 座节制闸等建筑物，耗资 57 万元，其中有 28 万元为群众自筹。1964 年后渠道废弃。

9. 老黄南排水干渠

老黄南排水干渠，属运东排河水系，位于黄骅城南5公里。西起东毕孟村北，流经常郭镇、仁村、城关镇，在中捷农场处汇入黄浪渠，再插入新石碑河入渤海。后因中捷农场的交通及水系影响而改入新石碑河倒虹吸。设计过水量22立方米/秒。全长32.6公里。1959年开挖时因劳力不足，未能达到设计标准。因渠处于黄骅城南取名黄南排水干渠，后为区别新黄南排水干渠而称为老黄南排水干渠，是境内独立的排沥河渠。1962年，对常庄桥至营房桥段进行疏浚。1978年投资3万元进行全线疏浚，排沥标准提高到大于3年一遇，设计流量7.9—14立方米/秒，共动土33.3万立方米。老黄南排水干渠几经治理，增强了流域内抵御水患的能力。

10. 新黄南排水干渠

新黄南排水干渠，属运东排河水系，位于黄骅城南 8 公里处，区别于老黄南排水干渠得名，是境内独立的排沥河渠。1964 年秋至 1965 年春开挖，全县投入 2.3 万民工，完成土方 310 万立方米，耗资 60.4 万元。河首起于毕孟土楼村南，在毕孟村北与六十六排干相汇，流经毕孟、常郭、仁村、贾象、羊二庄、中捷农

场、杨庄等地，从赵家堡入渤海。此后下游由于海潮上顶，泥沙沉积河口，排泄不畅，上游因冲刷塌坡，致使河底抬高 1—1.4 米，排沥标准降低。1971 年冬，由县生产指挥部组织施工，对全线进行扩建配套。1979 年由县农田基本建设兵团组织施工，对薛庄了至海口河段进行清淤。1980 年 10 月至 11 月，发动 6900 名民工，对薛庄子至毕孟桥西段进行清淤，动土方 110 余万立方米，并用弃土造田 800 余亩。新黄南排水干渠达到 3 年一遇，设计流量为 57 立方米 / 秒。

11. 沧浪渠

沧浪渠，属运东排河水系，境内段位于黄骅城北 25 公里处。该渠源头两支，南支源于沧县曹庄子，连接南运河；北支源于沧州市新华区三里庄，经沧县、黄骅、天津太平村，东至岐口入渤海。流经境内官庄、吕桥的大阎台、吕郭庄、小韩庄、小孙庄等村，境内长 46 公里，因穿沧县浪洼定名沧浪渠。1950 年开挖，1956 年、1959 年两次疏浚。1959 年修建沧浪渠岐口防潮闸。1969 年冬至 1970 年春，沧州地区投入 5 个县的民工，对顾官屯至三岔口段进行扩建，动土 55 万立方米，渠道深 5 米、宽 35 米。境内段达到 3 年一遇标准，控制 25 万亩土地的排沥。

12. 子牙新河

子牙新河，属子牙河系，境内段位于黄骅县城北 30 公里处。该河西起献县滹沱河与滏阳河交汇处的献县进洪闸，经河间、沧州市、青县、黄骅东至天津市马棚口入渤海。流经境内齐家务乡的乾符、卸甲庄、同居、阎辛北等村庄，境内长 13.5 公里。其河傍子牙河右侧，为子牙河分担泄洪量，故名子牙新河。1966 年 10 月至 1967 年 5 月，河北省 84 个县，投入 30 余万民工兴建，总动土 17346.5 万立方米，总投资 1 亿元。子牙新河为复式河床，左右两堤平均相距 2.5 公里，即滩地行洪，设计流量为 6000 立方米 / 秒，行洪滩地设计水深平均为 4 米。其主体工程为两堤一河，主河槽宽 30 米，深 6.4 米，泄洪能力为 600 立方米 / 秒；主河槽中还挖有一条泄洪量为 300 立方米 / 秒的深水河槽。深槽靠右侧，弃土筑成子牙新河北堤，北排水河弃土筑成子牙新河南堤。1967—1981 年，献县泄洪闸共向子牙新河泄洪 65 亿立方米，占上游来水总量的 60%。

13. 王家沟子排水渠

王家沟子排水渠，位于黄骅城北 27.5 公里处。起于沧县王庄子，行经县内大麻沽、二麻沽、王化庄、齐家务、后齐家务、阎辛庄，与沧浪渠汇流入渤海，境内长 13.6 公里。因渠起王庄子，故名王家沟子排水渠。1959 年开挖，设计标准为 3 年一遇，设计流量 25.3 立方米 / 秒。1966 年，北排水河建成后截断下游入海河段，后改道插入沧浪渠。王家沟子排水渠开挖后，境内流域有 5 万亩土地受益。

14. 丁北排水干渠

丁北排水干渠，位于黄骅城南 17 公里处。源起六十六排水干渠，经赵村、旧城等至许官村东入大浪淀排水干渠，全长 33 公里。因地处丁村北而取名丁北排水干渠，是境内独立排灌兼用水渠。1965 年春初建，全县组织 3000 余名民工施工，动土 40 万立方米。原起自旧城公社李皮庄北，至许官村东入大浪淀排水干渠，全长 20 公里。1966 年 11 月至 12 月，又投入 6400 名民工，扩建加长渠道 10 公里，伸延至西泊庄，对下游进行疏浚标准达到 3 年一遇，流量 8—34 立方米 / 秒，控制面积扩大为 154.5 平方公里。1972 年 10 月至 11 月，黄骅、海兴两县组织施工，将丁北排水干渠扩建为 5 年一遇标准，完成土方 208.7 万立方米，耗资 78 万元。1977 年，县组织人力将上游渠道与六十六排水干渠、黄南排水干渠沟通，直达高代庄扬水站，上游可引南排河水、下游可引大浪淀水灌溉。丁北排水干渠实核标准 3 年一遇，流量 30 立方米 / 秒，分担六十六排水干渠压力，使 7 万余亩耕地减轻旱涝灾害。

15. 津南排水干渠

津南排水丁渠，位丁黄骅城北 33 公里处。上起青县小牛庄穿黄骅齐家务镇聚馆村地界至天津郊区入海，境内长 1.5 公里。其渠因地处天津界最南端，取名津南排水干渠。1967 年开挖，境内段设计流量为 10 立方米 / 秒，受益耕地 2 万亩。

16. 桃园排水干渠

桃园排水干渠，位于子牙新河境内段北侧。开挖于 1967 年，西起同居村东，流经桃园村南，于天津太平村境内入津南排水干渠，全长 12 公里。开挖设计标准 16.2 立方米 / 秒，平均深度 2.2 米。1981 年，在桃园村南修建 3 立方米 / 秒的扬水站 1 座，用于排、灌，减轻下游排水压力。渠道建成后，境内同居、阎辛庄、桃园 3 个村 1.25 万亩土地受益。

17. 六十六排水干渠

六十六排水干渠，坐落于黄骅城南部 14 公里处，因首起常郭镇六十六村北而得名，是县内独立的排沥河渠。1958 年开挖，河道宽 45 米，3 年一遇标准，全长 54 公里。流经毕孟、赵村、旧城、贾象、许官、羊二庄、杨庄七地，沿海兴县盘洼村北流向板趟河。原作为用水干渠引黄浪渠水种植水稻，兼及排沥，1963 年始改为排沥干渠。1969 年春，投资 11.6 万元，投入七千劳力，疏浚下

游。并在许官乡连洼起改道，经芦嘴子西北入板趟河，动土96.9万立方米，达到3年一遇标准，解决海水顶托耕地的问题。1971年，全县发动1.4万民工，动土69.5万立方米，扩建疏浚六十六排水干渠上游，渠深2—3.5米，底宽4—5米。1973年，全县发动7.5万名民工对六十六排水干渠下游改道取直。自许官乡连洼西走向高官庄南与原渠道相连，顺故道开宽加深至东辛庄，南插入大浪淀排水渠。1974年，源头首接至南排河高代庄扬水站。同期，建成丁北排水干渠、淀北排水干渠配套工程。经3次扩建改建，六十六排水干渠长48.5公里，设计标准5年一遇，流量7.2—36立方米/秒，底宽2.5—16.8米，深2.5—5.6米，总控制面积达到24万亩，排灌兼用。

18. 黄北排水干渠

黄北排水干渠，位于黄骅城西 7 公里处，上起大浪白村南，经刘月庄村西至白庄村南，再沿 307 国道沧黄段东行与四排支汇流，纵越沧黄段后在郛堤城西入新石碑河，全长 22 公里。其渠因行成于黄浪渠以北而得名，是境内独立排沥渠道。1973 年 10 月至 11 月开挖，全县投入民工 3 万人，动土 153.6 万立方米，耗资 40 万元。工程设计标准为 5 年一遇，流量 16.5—18.5 立方米 / 秒，上游和下游各建 1 处排水涵洞与南排水河沟通，可引南排水河水浇地，丰水年可减轻新石碑河排沥压力。

19. 减北排水干渠

减北排水干渠，位于黄骅城西北处。源于王吉庄西捷地减河北侧，流经李村，在王花庄村东入北排水河，全长 13.6 公里，其河因首起捷地减河，尾入北排水河，取两河尾首字得名。是境内独立的排灌两用水渠。1974 年 12 月，由县组织李村、官庄、齐家务三公社 5900 名民工开挖，动土 126.3 万立方米，设计流量为 10 立方米 / 秒。可引捷地减河、子牙新河水灌溉，又能分泄捷地减河洪水入子牙新河。

20. 淀北干渠

淀北干渠，位于黄骅城西南 20 公里处。是沟通大浪淀通往丁北排水干渠、六十六排水干渠的引渠工程，因行成于大浪淀排水干渠北而得名。淀北干渠起自旧城镇小王庄村西北大浪淀排水干渠左堤，于李皮庄村西插入丁北排水干渠，再向东至贾象乡小六间房村东排支，后转向北入六十六排水干渠，全长 8.3 公里。1974 年 3—5 月与六十六排水干渠清淤工程同期施工。设计流量为 6 立方米 / 秒，可减轻丁北排水干渠排水压力，兼及可引大浪淀水灌溉。

21. 东风排水干渠

东风排水干渠，坐落于黄骅城东 2 公里处，南起新黄南排水干渠八里庄处，北穿老黄南排水干渠、黄浪渠、新石碑河后，于方庄村东北入南排水河，全长 11.5 公里。流经羊二庄、城关等乡镇，取“东风”浩荡之意，故名。1975 年 12 月至 1976 年 1 月，由城关等 5 个乡镇 6600 多名民工施工，动土 41 万立方米。设计为排灌两用河渠，5 年一遇标准。

22. 连洼排水干渠

连洼排水干渠，位于黄骅城东南 20 公里处，首起许官陈庄排支，经羊二庄、杨庄等地并入老六十六排水干渠故道，至大口河入渤海，境内长 24 公里。设计标准为 5 年一遇，流量 22.5 立方米 / 秒。1981 年冬，全县发动万余民工，对下游进行疏浚，并加固河堤 5.6 公里，动土 15.9 万立方米。

叁 地之灵

芦荡千年

秋日的雨不及夏季的迅猛，不紧不慢地洒落在南大港，均匀地为每一片苇叶涂抹上水色。晨光来时，湿漉中有着晶莹的亮点，展开了芦苇铺天盖地的阵势。亿万支芦苇组合成一张漫无边际般巨幅的碧毯，巨毯向东连着大海滩。洼边被一道浓密的树丛围绕，如绿色的项链隐约中模糊了地平线的绿意。各色草棵是那么善解芦苇之意，它们葳蕤地拥出绿色，让苇丛不在单调中无奈地摇动。黄蓿菜鼓胀汁液的小叶已由水绿换成紫红，旋复花叶下叶上层层花朵被阳光染得金黄，能与它们媲美的当数苣荬菜花，但散乱的金盏显得小气，一些已早早地变成绒团，与高挑起的蒲公英混杂一起漫天散放。红荆的细枝已在柏叶般密叶下露出熟红，粉红的花难以称为花，如胭脂粉黛撒满枝头。

万顷苇荡，是水与苇的结合，水紧紧环抱着每一棵苇。那千百年挽结的芦根深扎泥土里穿行，偶尔浮起一段玉管般洁白。十万年过去，曾经渤海湾茂盛的森林里鹿奔鸟鸣，翠色如茵的草原上马驰雉飞。大海无情地一次次漫过，把海边延伸进百公里的大地。大海眷恋着富饶的腹地，缓缓退回它贪恋的触角，并不平静地观望着、怒吼着。当 4200 多年前，那个一脸像铁石般赤红的大禹，高挽着裤腿赤脚踏上海滩的沙丘时，万千百姓拥向他大手挥举处的海湾，用木耒挖起泥土，疏浚出九条狂蛟般的河道。

造就亘古浩浩大洼的还有黄河之水，几千年里，桀骜不驯的黄河如巨龙，由北向南年复一年横扫海湾，用黄土高原的泥沙与大海波涛搅拌着嬉戏着，一个个广袤无边的洼淀在它恣意的泛滥里袒胸露腹。

年轻的汉武帝善于总结历代教训，扩疆拓土不亚于秦始皇的勃勃雄心。或许是那一晚梦境中遇见海神，或是在展开其兄刘德献上的《毛诗》木简时，被那“蒹葭苍苍，白露为霜，所谓伊人，在水一方”美妙的诗句感动，那“伊人”莫不是水边的仙子！于是，千军万马旌旗如林，汉武帝来到渤海边，登临土垒高台，看大海之茫茫，观苇荡之苍苍。大台之巅，燃起祭祀海神的香烛；大台之侧，芦荡浩渺，气象万千，仙子或许即在云水中，反观大帝风采。两千年过去，沧海横流，风霜雨雪，汉武大帝踏下足迹的土台犹在，汉武大帝眺望不已的大洼尚存，他赞叹大海的雄浑嗓音已消弭无声。

这片大洼每一株芦苇都传承着万千年的基因，在仲夏后的热风中摇曳出齐整的姿态，一夜间抽出万杆芦穗。芦穗最初由紧箍的芦芽尖苞里奋力伸出，不几日，芦穗披散开来，或淡黄，或亮紫，潇潇洒洒，风风扬扬，渐渐在阳光抚爱下变得紫红。芦苇们似曾记得，一二百年前，剽悍的棕色、黄色、白色的马队拥进了大洼，这里扎起营盘放牧，官家的马儿驰骋在草洼里，膘满强健的马群从这里起步嗒嗒走进军营，疾走战场。如今清朝的战马已奔走无迹，马营村牧马人的后人却在这大洼边扎下了根。

秋风催促着大洼的苇荡，芦叶一天天染上了淡淡的黄。苇穗也坦然伸开来，每一束细小的花絮都被阳光亲吻。湖水好亮，蓝天和云朵霸占着秋日的天宇，还贪心地侵占了苇塘每一方裸露的水泊。那云朵穿过一片片苇，在水泊里放怀行走。“远鸥浮水静，轻燕受风斜”，海鸥古来是这大洼的常客，吃惯海滩边咸腥的鱼虾，在这大洼寻觅肥硕清淡的鱼虾更是惬意。燕子在草洼里总是成群结队，风风火火，斜飞与转行，让笨拙的苍鹭、呆板的大麻鳽目瞪口呆。

清末大洼人的岁月可是一个天高皇帝远的时候，荒凉僻寂里憨厚的草洼人恪守着日出而作日落而息的古训，治鱼、猎雁、养苇，一个丰盈的聚宝盆滋养着这一方故土上的人们。18世纪中叶的一个秋日，一个身材魁梧的大汉身着单衣走进了大洼边的孔庄子。寒冬来临，纯朴的孙家老太将一件新做的棉衣捧给了他，大汉含泪跪地喊声“干娘”。这孙大娘的义子，多年后去世前说出身世，竟是曾威震天下的捻军大帅张宗禹。大洼的辽阔与大洼人的豪爽隐蔽了兵败的赫赫英雄。

大洼茫茫，当抗日的烽火蔓延在大海滩时，黄骅，这个走过漫漫二万里长征路的战将，倒在了大洼土匪出身的叛徒枪弹下，烈士的鲜血染红了大海滩，溅红了抗日军民不倒的旗帜。黄骅，也把他的生命和名字献给了这片海湾的土地。

几天的晴明，蓝天又集聚起乌暗的云朵，雨又潇潇在落。水岸的小白鹭如一个凝固的玉雕，双足入水，全神贯注聚焦于水中的一点，“素翎遗雪，倒影光素”。苍鹰从上空滑翔而过时，嘲笑地斜飞又轻盈上仰，它更喜欢白鹭们拳起一足在寒雨中呆傻的身姿。

大洼是苍鹰的家园，上世纪“大跃进”的日子，苍鹰看见大洼里的小船一只只离开洼里的岛子，汉子们撑起油亮的竹篙，媳妇挺着大肚子，老妇抱着孙子，小女儿怀抱着黄母鸡。还有那船头疑惑着目光蹲坐的土狗。大洼由运河引水，周边开荒种稻，就要淹没洼民世代居住的家，搬迁去几十里外的洼边安家。媳妇的泪簌簌在落，船舱铺盖上已是泪花朵朵。

几场秋雨，秋色更浓，展开的苇穗在浅褐中放出银泽。偶有北方早归的大雁三只五只悠然地落进水泊，零散的野鸭疾疾起飞又匆匆隐去。老人说起，上世纪60年代初是大洼人欣喜若狂的年代，大洼人开垦的十几万亩不毛之地，竟是肥沃的稻田，一条条稻畦在海湾编织成富贵的金毯，与宏阔无比的大洼绿毯相挨，与蔚蓝澄澈的天宇相接。弹奏这天地间大琴，飞扬的是这鱼米之乡最华彩的乐段。

成行的大线条由地平线上移动而来，那是遥远的北方飞来大洼的雁群。这里是千百年来鸿雁、豆雁、野鸭南北中途的驿站。洼里人围猎雁鸭的传统古来根深蒂固，大雁虽有着仁义礼智信的五德，却难以抵御人们的欲望。大洼里一年年演绎着哀鸿遍野、百鸟折羽的惨状。终于，大洼里的枪声渐渐稀落，到渐渐平静，鸟儿安宁的日子来临。

秋雨仍不肯离开海湾边的大洼，它们缠绵在这里，只是加大了间隔。苇挺拔昂扬了半年的日子已成过往，大部苇穗垂成了一个个弯弧，灿烂阳光下却表现出更多的羞涩。青背的草鱼、红尾的鲤鱼和那些银灰的鲫鱼、麦穗鱼、小狗虾绕行在苇丛里，它们自由地穿行，无须寻觅归路。乌鳢，潜在芦根下歇息，乌黑的脊背在各类鱼儿眼中是一段黑泥，丝毫引不起恐慌的氛围。螃蟹有时会爬上苇秆，半在水中半在水上，吐不尽的泡沫和一双威武的大螯令人生畏，飞来的红蜻蜓欲停又仓皇飞起。

秋日的大洼古来即是水鸟们的乐园，北方陆续归来的水禽多起来。几只骨顶鸡钻出水边的苇丛，额头的白在一身乌黑装束里好耀眼。一长尾一短尾的两只雉鸡飞掠苇梢再落，也许是苇丛里惊起一只田鼠、一条草蛇。几十只水鸟汇聚在水泊，那阔大的泊子中十几个芦苇摇摇的小洲，在鸟儿眼里是一只只轻摇漫荡的小舟。在这里出生的凤头鸊鷉熟练地扎进水里，转眼间衔着一条鲫鱼冲出水面。看得眼热时，大雁、野鸭们纷纷下潜，一时水花乱溅。白鹭隐在苇叶密集的水边，形单影只不与群鸟为伍，尖利的长喙斜伸向水面，固执地守望着身前一方静水。

弯脖的苍鹭、短翼的池鹭径直飞去深处苇洼，那里鸥群尖厉的撩拨声不断传来。果真，那一方浅水泊里，修长红腿的长脚鹬站成了散漫的几行，凌空的海鸥散乱地飞行、俯冲，水中鱼虾在清澈的湖水里已难以躲避空中的俯视，燕阵在蚊阵里无畏地穿行。秋日的盛宴在大苇洼里展开。

昔日秋洼，也是洼里人狂欢的日子。鱼罩在洼里起起落落，被捉起的鲤鱼红尾抽打着汉子绛红的脸；迷魂阵的长箔延连几里，箔券里鱼儿翻江倒海，涌起水珠如激雨泼洒在汉子咧嘴欢笑的头脸上；小排子船头，黝黑的洼里汉右臂猛地前甩，飞出的渔叉准确扎进水中黄颊的鱼头；水闸口，流水奔涌而下，鱼飞虾拥，流网里草鱼翻滚，似欲冲破人们的牢笼。

千古岁月，万顷大洼，走进开放年代。由藏在深闺到坦然面向世界，展开了鲜活无比的笑脸。深秋，芦花在芦穗上跳跃而出，在适时而至的秋风里飘然而飞。走进大洼，飞絮，在眼前任性地舞动。那气势，只有芦花在辽阔的大洼才能展开。如果把它们比作柳絮，那柳絮又过于微小；把它们比作纤云，那纤云又过于轻浮。在观鸟台上，大洼的腹地已是一展平坦的驼绒般大野，古人用“明月芦花醉眠”赞芦花之美，用“轻风乱播漫天雪”赞芦花之恢宏，实不为过。苇絮挂上你的长发，黛黑中牵挂点点银饰；芦花贴上你的衣裙，红衣上缀满粼粼晶绒。姑娘在芦花开得浓密处摘几支，抱在身前，芦花的温与柔传送在俊俏的脸。

游船沿洼边小河前行，两侧的波浪一叠叠涌向岸边，消失在芦苇里。水鸭躲进疏朗的苇丛，向外窥视往来的庞然大物。翠鸟在一枝芦花上独立，缀一朵艳绝的蓝。踏着棕褐的栈桥走进芦花环绕水泽，坐草亭下听一串苇莺婉转的长鸣，看芦絮一点点无声降落在湖面。扎红绸大花的小船撑进了苇荡，那迷宫般的水路船老大不会迷失吧？当年洼里人接亲就是这种船儿。

大雁放飞广场在一片水域，水面的栈桥回转曲折，赤麻鸭、天鹅，众多的水禽组成一个水族的大家庭。一对黑天鹅游过来，在人们欣喜的目光里、相机的拍照声里游来游去。当一大群数十只斑头雁呼啸着飞来时，人们仰首惊叹蓝天背景下它们灰白的身影。转过阔大水面，转过葱郁的小山，一遍遍掠过人们头顶，溅落进湖水。不久的深秋将去时，芦荡褪去了最后一抹带着土黄的绿意，夕阳的逆光下，是一片灿灿的金黄。风中残留的芦絮在芦穗上痛苦地撕扯着，不愿离去。万千只大雁、万千只野鸭，还有高傲的丹顶鹤、黑颈鹤，炫彩的秋沙鸭、绿头鸭在这里汇聚，梳翎洗浴，再启程南行。不愿离去的小队鸟群，依旧浴偎红日，栖压芦枝。

晚秋，最后一场秋雨仅仅点湿了洼里的泥路、点湿了洼边的草木。南排河水沿渠涌来，卷起的浪花让海鸥兴奋地盘旋飞舞，轻鸥的的，芦叶纷纷，河水流进苇荡，消融在无垠的大洼。蓬蓬萎黄的狗尾草拥挤在小路边，保持着下弯的美姿；虎尾草依然一丛丛昂扬挺拔。鹅绒藤亲密纠缠着草棵树枝，野菊碱菀的点点淡蓝、牵牛的盏盏粉红，珍惜着晚秋温煦的阳光。走在大洼的小路，草上的雨水或是晨露已湿了裤脚、湿了鞋袜。

沧州地质构造属渤海凹陷，由于地壳变迁，几度沉降上升，形成浅盆地环境，时为深湖、浅湖、沼泽地带。由于黄河、漳河、滹沱河、滏阳河等河流的冲积，沧州西部成为冲积平原及滨海河口环境，东部为浅海环境。随着历史上海水东退，河流洪泛改道，致使西北部、东南部、沿海形成诸多洼地。沧州区域万亩以上洼淀 100 多个，240 多万亩。较大面积的有南大港、大浪淀、杨埕水库等。黄骅境内自古洼淀较多，较大湿地有南大港、滕庄子大洼（骅南淀）、黄灶水库（骅北淀）、齐北洼、黄西大洼、大龙洼等 16 处，近 700 平方公里。

由于渤海潮汐的长期冲刷，在黄骅沿海形成 6 道贝壳堤，为著名的古海洋文化遗产。

1. 南大港湿地

位于黄骅市北部，为沧州滨海海积平原北部，原为古泻湖盆，系滨海湿地。东濒渤海，地势低洼，史载称“母猪港”。（见《中国历史地图册 · 清直隶全图》）因处九河下梢，客水汇集，形成浅水沼泽地带，古为泄洪地带。湿地内为潮土和沼泽土。《沧县志》（民国版）载，“东北之张巨河、王徐庄等处，地近渤海，土多黑色，惟生蓬蒿”，此区“沃土少而瘠土多”。时属沧县第七区，“碱泻黄壤兼

有黑红者”，“五谷不宜，可种二麦，多生蓬蒿、芦苇”。当地民谚，“涝了收蛤蟆，旱了收蚂蚱，不旱不涝收碱嘎巴”。近代南大港湿地面积约 4 万公顷（60 万亩），南北宽 18 公里、东西长 30 公里。南沿西起今 205 国道顺南排河东延至李家堡，北沿西起大王庄东延捷地减河东北延伸至岐口。明朝初年，“诏迁民以实京畿”，山西等地移民迁此定居。南大港区域原属沧县、盐山分辖，民国时为新海县，后为黄骅县辖。湿地清末时多为王徐庄和周边村民产业，以苇洼为主，大小洼淀 72 处，1100 股份，每股 100 亩，计 11 万余亩。（以上洼股未含原湿地北部区域）新中国成立初，南大港湿地面积有 3 万多公顷。

湿地内分中洼地、高洼地、低洼地，中洼地常年大部分时间积水，适于苇蒲生长，分布于湿地中北部；高洼地在夏秋雨季被水淹没，有盐碱滩、碱荒地、草洼和部分耕地，分布于北部、东北部、东部；低洼地常年积水，多生萍藻类植物，适于鱼禽生长栖息，分布于东北部及各苇洼间。历史上，当地民众除耕种少量耕地外，大多靠洼吃洼，打鱼、拾苇、猎雁、晒小盐等成为主要谋生手段。芦苇、蒲草，年产约 10 万吨。芦苇用于编炕席、苇箔、苇帘以及盖房、造纸等；蒲草用于编织床垫、椅垫、蒲鞋，蒲穗可做蒲褥、蒲枕等。粮食，历史上湿地内及周边有高岗可耕地 5 万多亩，盐碱瘠薄，以湿地外南部扣村、十里河高岭沙地最佳。旱涝蝗灾频仍，多种高粱、小麦、玉米、穇子等。土盐，明代初年起民众多在盐碱滩上刮碱土淋成卤水，用锅煮盐，称土盐、灶盐。明嘉靖时开始掘井用咸水晒盐，也称小盐。村民以小盐换粮。渔猎，历史上湿地内淡水鱼较多，盛产草鱼、鲤鱼、鲢鱼、鲫鱼、乌鱼、鲶鱼、梭鱼等各种鱼类 20 多种。大面积捕鱼洼淀有 50 多处，适于网箔捕鱼，夏秋季村民多以治鱼换粮。湿地历来是各种水

禽栖息地，每年秋末冬初，洼民组织围雁，扑杀大雁、野鸭等禽类换粮。

1955 年，为控制蝗灾、改造盐碱地、垦荒种稻、发展渔苇生产，南大港稻田灌溉工程经河北省水利厅批复，1957 年至 1958 年春施工。围堰长 59.7 公里，水库区面积 2.1 万公顷。总库容 4 亿立方米。因与北大港相继修筑，南北相对取名为南大港，以示大型水库、大洼淀之意。1961 年，对南大港水库围堤进行维修加固，由南运河引水灌溉。水库周边开垦稻田 7333.3 公顷，其中南大港开垦 3333.3 公顷，一度成为北方的鱼米之乡。1965 年南运河水系河流断流，水库失去水源保障，大港油田开采石油，水库停止蓄水。1972 年春在原水库东南部贫油区围堤长 35.1 公里，恢复湿地 6182.2 公顷（9.3 万亩），最大蓄水能力 7800 万立方米，死库容 1200 万立方米，设计灌溉面积 6000 公顷。以南排河、捷地减河为主要蓄水源，南、北引渠为两河导水路，第二扬水站扬蓄境内汛期沥水补充。南大港湿地核心区 7500 公顷，丰年可产芦苇 3 万多吨、淡水鱼 1000 多吨。

南大港湿地，原自然保护区面积 1.338 万公顷，调整后总面积 7800 公顷，其中核心区、缓冲区、试验区，包括南大港水库全部面积和周边部分区域。南大港湿地是一个由草甸、沼泽、水体、野生动植物等多种生态要素组成的湿地系统。地貌复杂，蕴含丰富，人为干扰少，保持较原始的自然状态。核心区水面布满苇蒲、苔藓、蒿蓬，堤埂蜿蜒，沟槽纵横，苇草茂密，鱼虫丰盈，独特而丰富的生态资源使其成为各种鸟类和野生动物的栖息地。核心区与周边沼泽水洼池、荒草池、淡水鱼场、盐场的盐汪子，既连成一片，又层次分明。

南大港湿地丰富的生态资源成为各种鸟类和野生动物的栖息地。1996 年被列入生态保护《中国 21 世纪议程河北行动计划》，2002 年 5 月河北省政府批准设立南大港湿地和鸟类自然保护区。据实地考察，保护区内植物有 241 种、野生鸟类有 271 种，其中国家一级保护鸟类 16 种，包括东方白鹳、黑鹳、白肩雕、金雕、丹顶鹤、白鹤、中华秋沙鸭、大鸨、卷羽鹈鹕、黑脸琵鹭、青头潜鸭、乌雕、白枕鹤、黑嘴鸥、遗鸥、黄胸鹀。国家二级保护鸟类 52 种，有大天

鹅、灰鹤等；有 27 种鱼类以及多种藻类和浮游生物；有狐、獾、黄鼬、草兔、鼹鼠等 12 种陆生动物；有蛇、蛙等 6 种两栖爬行动物；以及 291 种昆虫。列入国家重点保护物种达 48 种。是东亚一澳大利西亚鸟类迁徙路线必经之地，被命名为中国黑翅长脚鹬之乡、列入国家重要湿地名录。

历史上，南大港湿地是东亚飞蝗滋生地，新中国成立后政府重视治蝗，建立防治机构，兴建水库以水控制蝗虫，蝗灾得到有效的控制。南大港农场为加强湿地保护，采取许多措施：为解决水源，投入资金引黄河水注入湿地，在廖家沣排干入海口建拦水闸一座，在南排河修建拦水闸一座，投资维修两座扬水站及修建连接河道的引水渠，汛期从南排河、廖家洼排干拦蓄客水注入湿地，保持湿地的基本属性。开挖环形沟和引水渠，既为护鸟的屏障，又便于湿地水源调度。为优化环境、加强保护，在湿地周边投资种植 20 米宽、29 公里长的绿色保护林带；清理湿地周边的污染源，保证湿地生态不受破坏；完善保护设施，各个入口处都设立保护卡，实行全封闭管理。教育群众爱护湿地和保护野生动物，取缔鸟类交

易市场，收缴猎枪，杜绝捕杀鸟类现象。人们爱鸟意识不断增强，涌现出许多爱鸟的感人事迹，许多伤病鸟得到及时救治并放归大自然。

2012 年起，按照湿地生态旅游规划，在湿地核心区西侧开挖水道，航行游

船，修建观鸟台、道路等，开发生态旅游。2013 年完成投资 2 亿元，其中投资 3000 万元修建陆地观光线路，投资 4000 万元修建湿地广场及南北客服中心，投资 4000 万元修建观鸟台、放鹤广场、芦海迷宫等景点，投资 3500 万元兴建湿

地至城区公路，投资 4000 万元兴建湿地至中捷产业园区公路。2020 年经测评升级为 4A 级景区。

2024 年 7 月，在第 46 届联合国教科文组织世界遗产委员会会议上，沧州南大港候鸟栖息地被列入《世界遗产名录》，成为河北省第一处世界自然遗产。

2. 黄骅古贝壳堤

位于黄骅沿海，从距今 7000 年前开始逐步形成。黄骅古贝壳堤发育时间久、规模大、出露好、连续性强、序列清晰，与美国路易斯安那州古贝壳堤、南美苏里南贝壳堤并称为世界三大古贝壳堤，在国际第四纪地质研究中占有重要位置。

黄骅古贝壳堤与现代海岸线基本平行，共六道，自西向东依次称为第Ⅵ一第Ⅰ道贝壳堤。总面积 1.17 平方公里。

第Ⅵ道，沈庄—东孙村贝壳堤。该堤位于黄骅市东南侧，北起沈庄，向南过孙村南延约 1.5 公里。呈埋藏状态，该堤宽 20—30 米，高 2—3 米，形成于距今 6150—5340 年左右。

第Ⅴ道，苗庄—同居贝壳堤。该堤位于黄骅市东南约 3 公里处，南北走向。

北与天津古贝壳堤相连，呈埋藏状态，形成于距今 4740—3955 年左右。

第Ⅳ道，许官—武帝台—沙井子贝壳堤。该堤从中捷农场三分场境内通过呈南北走向。北起天津巨葛庄，南抵黄骅的许官，多呈埋藏状态。宽约100米，该堤形成于距今3920—2830年左右。

第Ⅲ道，脊岭泊—刘洪博贝壳堤。该堤位于黄骅关家堡以西的脊岭泊西侧，呈南北走向，绵延长达3公里多。多呈埋藏状态，形成于距今2860年左右，堤址大部分已开发成虾池。

第Ⅱ道，岐口—狼坨子贝壳堤。分布在现代海岸高潮线，东南西北走向。出露于地表，形成于距今2570—1200年左右，由于人为的破坏，仅有后唐堡到张巨河之间1公里左右，保存较完整，呈原始状态。

第Ⅰ道，歧口—赵家堡—低潮贝壳堤。该堤位于歧口高尘头村至赵家堡向海2.2公里的低潮滩贝壳堤，形成于距今1030年左右。

贝壳堤是由海生贝壳及其碎片和细砂、粉砂、泥炭、淤泥质黏土薄层组成，成分有贝类壳孢粉、藻类、有孔虫、介形虫，与海岸大致平行或交角很小的堤状地貌堆积体。贝壳堤形成于高潮线附近，为古海岸在地貌上的可靠标志。距今1万至5000年发生的海侵，使沧州沿海平原一部分被淹。以后海面回降，河流冲积，逐渐成陆。堤上贝壳种类丰富，堤高0.5—5米，宽几十至几百米，长数十米、上百米或延伸百余公里。它的形成过程及丰富的古海洋文化遗产，自20世纪20年代起就为中外学者所关注。据专家们考证，这些贝壳堤是由海洋潮汐的长期冲刷而形成。在大海和黄河的双重冲击力的作用下，它们随海岸线的演变向大海中推进，大体上每一千年左右形成一道。而黄骅这一带又是古黄河三角洲冲积平原，将远古年代形成的贝壳堤掩埋，较近年代的贝壳堤保留在地面。古贝壳堤是极为宝贵的不可再生的生态资源，它可为研究古海洋变迁、环境变化趋势等提供天然的原始资料，具有重要的科学价值。

黄骅古贝壳堤省级自然保护区于1998年9月经河北省政府批准。保护区总面积117公顷，核心区面积10公顷，缓冲区面积35公顷，实验区面积72公顷。黄骅古贝壳堤已成为国内外地质、海洋、地理等系统、部门及大专院校研究海洋演化的重要场所。

3. 塍南大洼

塍南大洼，又名骅南淀，为黄骅南部较大洼淀。位于黄骅市塍庄子南 1 公里处，南北长 4 公里，东西宽 3.4 公里，总面积 13.6 平方公里，计约 2 万亩。东邻南排水河，北靠 307 国道及朔黄铁路。骅南淀水域辽阔，淀内盛产芦苇，年产量 1500 万斤。淀内沟渠纵横，各种鱼类及虾蟹资源丰富，有多种野生珍稀禽类在淀内栖息。

4. 黄灶大洼

黄灶大洼，即黄灶水库，亦称骅北淀，位于黄骅县城东北 28 公里处，因地处黄灶洼，以此取水库名。原属南大港水库东北部，1965 年南大港水库停止蓄水，大港油田开采油田南部区在水库中部沿老石碑河由西向东修建第二穿港公

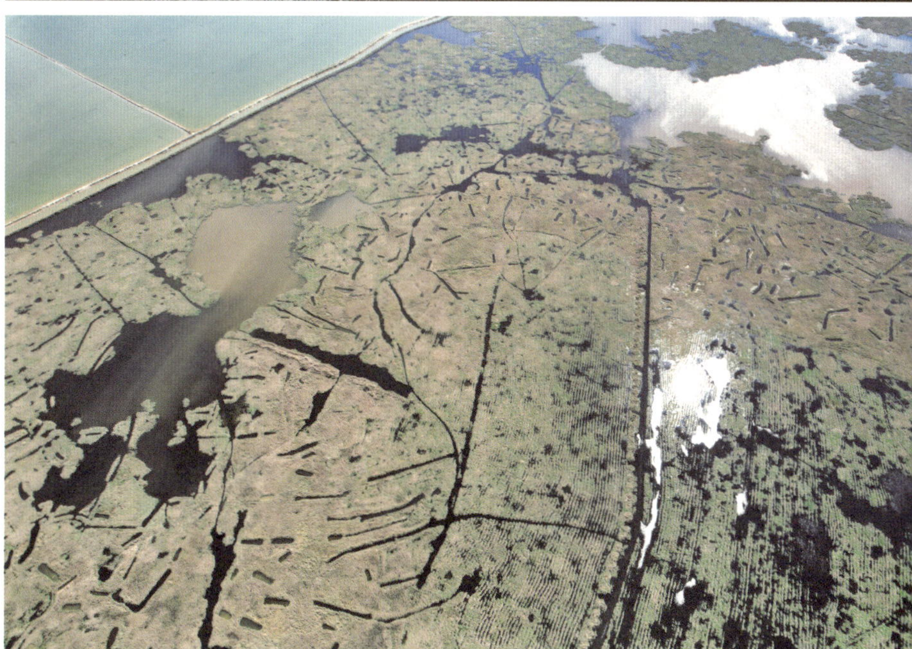

路。1966 年 12 月，老石碑河以南面积 28 万余亩（1.87 万公顷）属南大港农场，石碑河以北 12 万余亩划归黄骅县管辖。黄骅县 1972 年开始勘测设计黄灶水库，1976 年 3 月至 4 月，黄骅县动员 6000 余名民工，于原南大港水库东北部进行扩建，围堤顶宽 7 米至 8 米，内坡 1∶5，外坡 1∶3，实作土方 71.3 万立方米，投资 11.4 万元。1978 年春，黄骅县又组织 2.9 万人对黄灶水库再次进行扩建，围堤施工段长 7.6 公里，作土方 49 万立方米，投资 6 万元。两期扩建总投资 17.4 万元。黄灶水库经两次扩建后，库区范围西起周青庄边界线，南借老石碑河左堤，北借捷地减河右堤，东至高尘头。围堤长 30.8 公里，库区面积 49.7 平方公里，总库容 5964 万立方米，死库容 128 万立方米，兴利库容 5836 万立方米。灌溉能力由 16 万亩增加到 26 万亩。黄灶水库主要引蓄捷地减河汛期来水，在捷地减河右堤修建了两座流量分别为 15 立方米 / 秒和 25 立方米 / 秒的引水闸，又在老石碑河左堤建流量为 3 立方米 / 秒的扬水站 1 座，作为水库的补充水源扬水站。至 1996 年，黄灶水库分两个库区，东库区为扩建后部分，是水产养殖基地。西库区即原南大港水库的部分库区，主要是芦苇基地。灌溉和养殖效益显著。

肆　物之华

郛堤城记忆

郛堤城，一片枯黄的色调，朔风里萧瑟苍凉，那还是上世纪末初冬的场景。经过这座渤海湾边著名的古城时，人们常会下车走进城内，登上五六米高的土墙，在那不宽的城墙顶上走上一段。人和羊踏出的小路略有弯曲地延伸到城墙的缺口，两旁干枯的马绊和各色野草紧紧地抓住墙土，挂着枯叶和干果的酸枣枝条横逸，枣刺尖利摆出一副威吓的姿态。浑圆发黑的羊粪蛋与草黄色椭圆的草兔粪极好区分，散落在小路上、荒草中。放眼望去，城内那有低洼有小沟堰的土地上，有着残留的玉米秸秆，大片的芦花高高低低如浮动的雪原。

城墙根处，灰青的瓦砾和陶片或裸露或半掩在土，荒草试图用柔弱的身姿遮掩这些两千年前的遗存。俯身拾起一块不规则的凹形陶片，抚摸着绳纹的纹棱，有与当初古人同样轻抚时的感觉，将这粗糙的陶片轻掷于草下，它是这片土地上的财产。古志有载："郛堤城在（盐山）县北七十五里，又名合骑城，汉公孙敖封合骑侯即此。""西汉武帝元朔四年于此置合骑侯国，称合骑城。""作伏猗城，云防猗卢而设。"还有史载：公孙敖三从大将军卫青进击匈奴，元朔五年因战功封合骑侯，食邑一千五百户。

综上考究可知，郛堤城应是合骑侯公孙敖封地之城。汉武帝雄才大略，自信"普天之下，莫非王土。率土之滨，莫非王臣"。在他心目中，开疆扩土是帝王的天职，华夏大地每一寸土地都是珍贵的，容不得异族的侵扰。辽阔的渤海沿岸地带，虽荒僻，但有鱼盐资源之富，正需要公孙敖这样的战将镇守。郭堤城，当地老百姓称为武帝城，郭堤之称由来，《盐山新志》称其为“郭堤之号似即伏猗之讹音也”，“伏猗”当指降伏猗卢。可以想见，当年数千百姓在此挖黏土抬上城上，架夯而筑，黏土层层加高，汉子们挥汗如雨。公孙敖披挂坚甲，左手扶住腰上的利剑，站立城上向北瞭望，黄河在城北向东流去，他一脸忧心忡忡，北风扬起他背上蓝色的披风。两年后的一天夜里，北狄的一支大军越过黄河，偷袭这座土城，守军拼死御敌，怎奈兵力不及北狄，兵败城毁。

古城为正方形，每边一里之多，两千年的风狂雨骤下，城高依然五六米，最高处有七八米之高。近年发掘，郭堤城并非汉代始建，战国时期即有城墙，汉武帝时封侯复修，直至隋唐时仍有遗迹。能见战汉时期的筒瓦、板瓦和瓦当，也有豆、盆、钵、瓮、釜、罐等陶片，尚有铁质兵器和铜箭镞、古盔等残件。郭堤城在兵燹后的凄风苦雨中荒芜下来，而这一荒芜就是两千年。野草荆棘环绕中，百姓在城内开荒种地，盐碱贫瘠的土地也带来一些收获的喜悦。将一段城墙平整成一块高地，种上棉花、种上玉米，每年这小片良田上竟然也有不菲的收成。

走在古城下，荒草丛中坑坑洼洼，有洞穴森森，昔日却是狐狸藏身处，偌大的古城也是它们的家园。亘古以来，那些狐仙的传说从这里不胫而走。人们说：武帝城是狐仙的地方，谁家办婚丧大事，少不了需要盆盆碗碗，人们傍晚到城垣里僻静处烧上一炷香，沿城寻找，就会找到大堆餐厨用具。拉回去用完了，再在傍晚时送回原地，烧香以示谢意即可。谁知有贪财人家，用完不再送还，从此不再应验。又传昔日扣村一个老妪被狐仙接去接生，赠送一把豆子，她沿途扔掉，次日口袋残留的几粒竟是金豆，以此安度晚年。诸多的传说虽未被蒲松龄收集，但老百姓口中的聊斋故事却流传了一代又一代。

古城沉睡，直至2016年，城外西北发现1000余座瓮棺葬，发掘100余座，那些瓮棺或圆头长圆身，或圆筒形相拼接，苦盐水的浸泡、寒冬的冰冻、土层的挤压，许多瓮棺碎裂，已是道道裂痕，各种形状的陶制瓮棺保存更多的是儿童的骸骨。战国、汉代早期二三百多年间的苦海沿边，缺少木材，以陶制作葬具对病亡的儿童和成人已经是最好的归宿了。

华夏每一寸土地都是被战火硝烟熏染过的，中华民族是在开拓、守卫和建设中走来。大海东去，沧海桑田，人们在洪水中搏击奋争、在蝗灾中与害虫拼杀、在匪患中与恶匪抢回生存的权利。前赴后继，守候家园。当如狼似虎的日寇把魔爪伸进了这片土地时，抗日的军民愤然而起，十四年间，用生命和鲜血勇敢地捍卫了这片土地的尊严。黄骅，一个把足迹印在万里长征路上的将领，倒在叛徒罪恶的枪弹下，血色染红了这片英雄的土地，他的名字镌刻在广袤的海湾。

又一个春夏之交，踏着褐红的木栈道走进郛堤城，看路旁月季的花红花黄，黄蓿的蓬蓬密集，城下的青草已掩盖了去岁的萎黄，把土墙护卫成一个绿色的方阵。城中枯黄芦苇已扬尽生命的种子，根下的新苇即将越过高挑的残秸。石碑河畔，已是芦苇摇曳的公园，有灰麻的野鸭、凤冠的䴙䴘在静水中游动，时而钻进苇丛，时而潜水寻鱼。问野禽，你们可知这古城千年里惊心动魄的故事吗？问游鱼，你们可知这静谧的河畔昔日的血色吗？几只白鹭翩然而起，沿河向西。古城周边，楼宇高耸，挂着蓝天的云朵。

黄骅市现有古迹遗址 197 处，其中古村落遗址 171 处、古墓葬 13 处、古建筑 1 处、古窟寺及石刻 4 处、近现代重要史迹 6 处、其他 2 处，境内有 2 处全国重点文物保护单位、2 处河北省文物保护单位、3 处沧州市文物保护单位、38 处县级文物保护单位。黄骅市保存有大量可移动文物，收藏于黄骅市博物馆与河北海盐博物馆。黄骅市博物馆藏品总数达到 7000 余件。其中国家二级文物 14 件、三级文物 114 件、一般文物 7580 件。这些文物种类丰富，包含石器、陶瓷器、青铜器、石造像、玉器、漆器、牙角器、织绣、钱币、古籍、近现代藏品。河北海盐博物馆收藏各类文物 429 件，包括纸质、木质、陶质、石质、铁质、银质等文物。

（一）古遗址

1. 旧城城址

城址位于黄骅市旧城镇旧城村南，旧城镇政府驻地。城址西临 205 国道，现存南城墙 400 余米。遗址现为耕地，南北长 1000 余米，东西长 1000 余米，面积为 100 万平方米，呈正方形。东、北、西城墙无存。城墙断面上可见文化堆积分布，第二次文物普查时发现遗址断面及地表暴露大量碎砖瓦、灰陶片、瓷器残片。瓷器残片多为白瓷残片、黑釉瓷片，器形多为碗、盘等。陶器多为素面，器型多为罐、盆等。第三次文物普查地表采集有绳纹砖、布纹瓦及白釉罐、黄釉碗、白釉碗、黑釉碗等器物残片。根据遗物推断，遗址为唐、宋、明几个时期的聚落址。1970 年在古城址内村庄地下 2 米深发现绳纹大青砖砌的砖券一条，长约 60 米，内径高 2 米，东西方向，横穿村庄，并有荷花缸、汉代铜钱、铜

器、瓷器出土。1981 年在城址内发掘北齐古庙遗址一处，出土石造像 54 躯。南城墙东部有一古槐，树围 3.2 米，高 8 米，主干中西部已烧空，枝叶尚茂盛。根据遗物推断，遗址为汉、唐、宋几个时期的城址。2008 年 10 月被河北省政府公布为第五批省级文物保护单位。

史载：高成县为汉高祖五年（前 202）所设，属幽州渤海郡。县治在故城赵（今盐山县城东南 10 公里）附近。魏武帝泰始元年（265），将高成县改为高城县，属冀州渤海郡。北齐天保七年（556），文宣帝撤销章武县、西章武县并入高城县，县治迁至大留里（今旧城镇旧城村），属浮阳郡。隋开皇三年（583），隋文帝将地方政府由州、郡、县三级改为州、县两级，撤掉郡建制，全境为高城县统辖。

《隋书 · 地理志》记载："盐山旧曰高城。开皇十八年（598）改高城曰盐山。"《元和郡县图志 · 卷十八》载："盐山县，本春秋齐无棣邑也，管仲曰，'北至于无棣'。汉于此置高城县，属渤海郡。"唐高祖武德元年（618），地方实行州县两级管理。唐武德四年（621）至九年，将盐山县改置东盐州，旧城为州治，辖清池县、浮水县。

唐太宗贞观元年（627），复置盐山县，县治为旧城。明洪武九年（1376），盐山知县吴文靖将县治由旧城迁至香鱼馆（今盐山县城）。自北齐天保七年至明洪武九年，县治在旧城历 820 年。

附：旧城古槐赋

平原上秋日的富足是由色彩展示的，站在旧城曾经的城垣上放眼南望，满洼的玉米翠绿中也有了黄的涂抹，在曾经的黄河古道上起起伏伏。远村匍匐在大地上，农家的院落掩映在苍绿的树丛里。脚下菜畦里鼓胀的豆荚隐在黄叶下；薯藤覆盖了潮湿的土垄，深绿的叶丛挺出紫红的嫩叶；花生密集的小叶平铺开来，松软的土壤里孕育着一串串令人将有的惊喜；瓜藤随意地缠绕在土坡边、柴垛上，黄花朵朵在阔叶的缝隙中迎着阳光的恩赐。这片古老的土地透着昔日苍凉的气息。

那株古槐是孤独的，尽管周围的绿色围绕了一种崇敬，但古槐仍然独立出一种悲怆。它原有的胸围需有三个壮汉牵手才能环揽，如今主干丈余，侧枝三四斜伸。主干已经中空仅余东半部，西半部不知何年何月已遭焚毁。沧州这片临海的土地上，古人总愿意种下槐树，如今星星点点散布在古镇、村落。吴桥有唐槐高大魁伟，虽也是中空却依旧绿荫盖地。一株龙槐倒地不死，分侧枝八干茁壮成林，槐荫苍苍竟达一亩之多；南皮一明代古槐独据大街一侧，主干大部干枯，仅有尺余宽树皮与地相接，却也树荫蓬蓬，花香溢巷。造物主最聪明之处，是使世界上没有相同的两株树木。旧城古槐也是奇崛孤傲，像一个独特的标志镶嵌在这块故土上。

从南面看槐，它向东略略倾侧，三棵主枝、七八棵侧枝组成一个较完整的扇形树冠，凌空向上的枝条与浓密的绿叶凝结一树，枝干的乌黑与生机盎然的苍翠组合一起，荫荫槐樨，横被逸叶，极力保持了人对大树常有的欣赏姿态。和周边的绿意又相融合，空蒙柔色，凌空拥翠，展现出大树的色彩之美。

在大树之北向南看去，主干向东南略倾斜，上连着一棵粗壮主枝向东横斜，极像苍龙躬身探海，主枝尽头生出侧枝如龙之角。树冠掌状伸开为乌龙遮挡些许艳阳，最是一幅潇洒自然的图画。龙形赋予树的灵气，有龙的威武、龙的巨力、龙的神圣。以倾侧移动了树的重心，但却塑造出无限动感与活力，展示出大树姿态之美。

沿垄沟踏进西侧的红薯地，回身望去，大树树干内空乌黑，外沿灰白。内中曾遭火焚，纵向伤痕密布，深入树髓。扬手可扶处有圆孔外穿。看似毫无生机，扣之铮铮作声，坚硬异常。主枝偏于南侧，树干北侧生出小枝一丛，填补树干北侧之虚。槐是以坚韧、长寿享誉自然，它的不屈不挠的风姿，展示了刚毅的性格之美。

古槐是生命永恒的象征，残缺中不失遒劲与风采，大树极力修补着自然和人类对它的摧折，在有生之年修复着曾经的美丽，掩饰着天灾人祸对它的灭绝手段遗留的罪证。它的面对生死的坦然、它的包容善恶的胸襟，凸显出它的洞观世界的无量哲思。生命在世界上有始亦有终，46亿岁的地球从诞生生命开始，即是无中生有，一生二，二生三，三生万物。生物由生到死由低级到高级，演绎着生命进化的过程。生命也是奇特的，一代代的生死明灭，延续着生命的长链。问村人，曰古槐原有数株，仅存此一，恐已存上千年之久。在它萧森疏影下，不知多少代人来来去去。它俯瞰人间，看过牙牙学语的稚童在树下追逐鸟儿，看过苍苍白发的耄耋老人在树下拄杖远望。如今站在树下那千千万万双脚踏过的地方，扶着它有些斑驳又温和的树身，顿感人类的渺小和生命的短促。

2100年前，黄河之水卷裹着黄土高原的泥沙奔腾而来，在古城脚下滔滔东去。大河之畔肥沃的土地养育着勤劳的民众。汉代在这里建起大留里城，后为宛乡侯国之都，北齐后又成为高城、盐山县治所。昔日城墙高耸，街巷纵横，商贾云集，车马隆隆。明初，铁骑踏上城头，刀剑铿锵，生灵涂炭，瓦屋无存，残垣断壁遗存在血色残阳里，历史的辉煌随着兵燹掩埋进沉重的故土。古城的毁灭留给后人更多追忆和感叹，古城毁去而古槐不灭，莫不是为人们留下一处图腾的痕迹？那是这方水土上生生不息的象征。

秋阳仍像千年前的温煦慷慨地把光焰投下来，槐叶显出透明的翡翠色彩。有老农在菜畦里缓慢地挥动一柄小锄，身边油绿的菜叶上反射出晶亮的光点。静谧的村路旁树木迎送着走过的人们，树下是一头棕黄色的小牛，投来平和清纯的眼光。

（张华北文）

2. 丱兮城城址

城址位于羊二庄回族镇前街村西北 1000 米处，冯家堡通往黄骅市的黄冯公路在遗址南部东西穿过，遗址东西长 400 米、南北宽 300 米，面积 12 万平方米，呈长方形。地表暴露物有绳纹砖、绳纹瓦、夹砂红陶陶片、灰陶素面陶片，器形有罐、盆等。根据遗物推断，遗址为战汉城址。“丱兮”出自《诗经 · 甫田》，“婉兮娈兮，总角丱兮”，总角指古代儿童头发左右扎成两个髻，呈牛角形状。《史记 · 秦始皇本纪》记载，秦始皇派方士徐福带数千童男童女去海上求仙，

侨居城为丱兮城。南朝顾野王《舆地志》载：“高城东北有丱兮城，秦始皇遣徐福发童男童女千人至海求蓬莱，因筑此城，侨居男女，号丱兮城。”又据《盐山县志》（同治版）：“距秦置之柳县密迩，三代入海故道必皆在此，柳县之设，本以河海之交，先辟为邑。徐福东来，必仰给海口县官，为具衣食舟楫，而后浮海，其侨居以待，亦因其所然。”当年徐福在两次出海寻仙未果后，在饶安一带招募三千童男童女，并带技艺百工及武士射手船工，再度由大口河入海求仙。

2012 年 9 月被黄骅市政府公布为第三批县级文物保护单位。

3. 古柳县城址

城址位于羊二庄回族镇张八寨村西南 2.5 公里。城墙大多无存，残存北城墙东西长 480 米，宽 7 米，高 0.7—1.5 米。城址呈方形。第二次文物普查时发现少量陶片，为灰陶罐残片。据《盐山县志》载："柳县之置，古于高城、盐山。县治当以为数典之祖。东汉县废并于章武……为河海之大埠，秦始皇二十六年置。"该城址被黄骅市政府公布为县级文物保护单位。

4. 章武县城址

城址位于常郭镇故县村北，分大城和小城。小城居南，现基本全被村民房覆盖。小城东西长 145 米，南北宽 132 米，面积 19140 平方米，呈长方形。大城居北，城墙及建筑遗迹全无，现遗址为耕地。大城东西长 285 米，南北宽 220 米，面积 62700 平方米，呈长方形。遗址略高出地表，暴露有白瓷瓷片、青釉瓷片、细绳纹瓦片等。在大城址外东南有一高 1.5 米，面积 98.4 平方米的土台。据村民讲述，抗战时期为藏身，曾在封土的北侧挖一内洞，洞为东南走向。此台多年经风吹雨淋，封土至今保存较好。根据遗物推断，遗址为汉代城址。据《盐山县志》卷二载:“汉高帝五年置县。章武县之名昉自汉初，郡县立设始于曹魏，而郡之废隋……县治亦有二：一为汉县，在进盐山常郭铺之故县村北……”2012 年 9 月被黄骅市政府公布为第三批县级文物保护单位。

5. 北章武城址

城址位于齐家务镇乾符村，又名“乾符城”。西有 205 国道，南部为子牙新河，城址大部分已建有民房。城址东西长 500 米，南北宽 420 米，面积 21 万平方米，呈方形。大部分城墙已被拆除，城内现为乾符村所在地，城墙原高 4 米，墙宽 15 米，现仅存北城墙西段，残长 104 米，高 2 米，最宽处 13 米，墙体有明显的夯土层，每层厚 0.1 米。城内曾发掘有砖井、房址等遗迹，曾出土陶罐、青釉四系罐、三彩炉、白釉铁锈花小碗等文物，第三次文物普查仅发现城墙附近地表暴露有碎砖瓦等遗物。根据遗物推断，遗址为汉—明时期的城址。《寰宇记》载：“废乾符在沧州治北一百里，本章武县地，又云章武。”《名胜志》载：“鲁城距旧州东七十里又三十里，为乾符城是也，古系郡地，今属沧州……”该遗址被黄骅市政府公布为县级文物保护单位。

6. 郛堤城址

城址位于羊三木回族乡刘皮庄村南约 2000 米，黄骅市城区北。遗址东 40 米是 205 国道，北临新石碑河和南排水河。城址内原为耕地，已荒芜弃种。中间高，四周低，芦苇荒草丛生。郛堤城遗址呈方形，海拔 -1 米。城墙保存较好，

全国重点文物保护单位
郛堤城遗址
中华人民共和国国务院 2019年10月7日公布
河 北 省 人 民 政 府 立

城墙呈方形，高 4—5 米，夯土层厚 0.1—0.16 米。占地面积约 40 万平方米，古城总面积为 18.68 万平方米。是沧州地区保存最好、最完整的一处古代城址。

城内外可见大量泥质粗绳纹灰陶及夹砂红陶片，并有较多大型陶鬲口沿，其他器型有豆、盆、钵、瓮、筒瓦、板瓦等。采集标本主要有绳纹陶片、夹砂红陶片、灰瓦残片等。出土有釉残陶钵、三棱铜箭镞、古盔等。根据遗物推断，遗址为战汉时期城址。郛堤城始建于战国中晚期，沿用至隋唐时期。

郛堤城城墙系版筑而成，就地表城墙来看，南墙长约 558 米，西墙长约 532 米，北墙长约 537 米，东墙长约 577 米。对城墙西南角以及东城门进行过解剖发掘。解剖结果表明，南城墙大致可分为墙基、墙体和护坡三部分，无基槽。城墙系采用黄色粉沙土与红褐色胶泥土交替夯筑而成，夯窝不明显。在城墙西南角未发现角门。通过对东门的发掘可知，东城门底部南北长 6.1 米左右，东西宽 5.5 米左右。在墙体堆积中发现有战国和汉代的陶片，初步推断郛堤城始建年代不晚于战国时期。

勘探表明城内建筑遗址共有 16 处，其中有 9 处是建筑基址，试掘表明，城内地层堆积可分为 5 层，地层年代主要可以分为战汉和隋唐两个时期。第 1、2 层分别为表土层和淤积层；第 3 层为隋唐时期文化层，该层下遗迹有灰沟和灰

坑；第 4 层为战汉时期文化层，建筑基址开口于该层下；第 5 层为淤积层。其中第 4 层应为建城前以及城址使用过程中的文化层，在该层中出土有战汉时期的筒瓦、板瓦和瓦当等建筑构件，还有大量战汉时期陶片，可辨器形有釜、豆、罐等。此外，还发现一些铁质兵器和铜器残件。对于郛堤城，历史文献记载较少，且说法不一。《盐山县志》载：“汉武帝大将公孙敖抵御匈奴而建，又传为合骑侯而建所封之城。”据《盐山新志》记载，西汉武帝元朔四年（前 125）于此置合骑侯国，称合骑城。《长芦盐法志》则称系为防狄卢而设屯兵之所，称伏狄城，当地讹称武帝城，今称郛堤城。1982 年 7 月被河北省政府公布为第二批省级重点文物保护单位。2019 年，为全国重点文物保护单位 。2021 年，郛堤城遗址被辟为公园。

附：郛堤城赋

郛堤古城，远始战汉，延至隋唐，尚存当世。两千余载，苍然如歌，默然而立，卓然不凡。斯城也，四方形胜，六时气旺，八盘人和，万民福佑。古有勇士剑戈舞天，仙童枕瓮寻仙；今逢盛世遇机振兴，俊贤承势雄起。此之谓：玄灵之地，神伟之城，昌达之运也。

谓其玄灵之地者。一曰：先民合力筑城以防猗卢，伏狄之讹便传于今；二曰：汉将公孙敖受封合骑侯，畿辅封地乃成史证；三曰：史载徐福求仙在此留住，近考瓮棺葬群重大发现，东渡出海即为共识。据史忆事，研物断真。是城也，逾数代而无衰，历沧桑而挺立，不言自身荣与辱，只留玄秘与灵光。

谓其神伟之城者。今渤海之地，古齐燕辖区，史言：“太公至国修政，因其俗，简其礼，通工商之业，便鱼盐之利”，故人物辐辏，天下归心，财富货殖，世为强国。今黄骅之名，因烈士而称。英雄捐躯，热土血染，后人承志，慨当以慷。神伟之力，古今贯通。

谓其昌达之运者。抚忆古迹，瞻陈新颜。黄土温润，古藤斑斓；环路平坦，绿树盎然；神木灵草，朱实光灿；波光粼粼，芳菲芷兰。此得天之佑，享地之福，人信而昌，心诚则达。故城域盛旺，福德无疆！

颂之，联曰：小城何奇？溯万载荒海滔滔，源千代剑戈震震，历百岁苦雨凄凄，奋十年笑语声声；叹古今之巨变，感悠悠之民心；诸君试看，黄骅境东临渤海，大运河西接沧州，韩村界南极齐鲁，至津门北望京都，赞秀丽哉美景，颂伟伟哉壮志。

（许建国文）

全国重点文物保护单位
海丰镇遗址
中华人民共和国国务院于二零零六年五月二十五日公布
河北省人民政府于二零零六年六月三十日立

7. 海丰镇遗址

遗址位于羊二庄回族镇海丰镇村与杨庄村之间。石黄高速公路和朔黄铁路从遗址上横穿而过，遗址北部现为海丰镇村，遗址中部略高，四周低缓，呈马鞍形，地表暴露大量遗迹、遗物。海丰镇遗址南北约 1200 米，东西约 1900 米，占地面积 228 万平方米，遗址断层暴露遗物丰富。

据《盐山县志》载：“海丰镇，秦时为柳县，汉初柳侯国，东汉省，又名角飞城、漂榆邑，唐末改为通商镇，辽、金、元称海丰镇。”1986 年，海丰镇遗址被首次发现。遗址进行 4 次发掘，2000 年、2003 年先后由河北省文物研究所、沧州市文物处和黄骅市博物馆联合发掘，清理出大量金代灰坑和房基。发现大量金元时期遗迹器物，以瓷器居多，来源于定窑、磁州窑、龙泉窑、景德镇窑等南北方不同窑口，品种丰富。所出土瓷器与 2014 年 8 月水下考古调查发现的海捞瓷器器型十分相似。同时，印证了日本国内所发现宋金时期的瓷器与海丰镇遗址发掘的瓷器属于同类。在宋金时期，我国瓷器由此出口日本、韩国等东亚国家。据此，一些专家学者判定海丰镇遗址是金元时期瓷器和盐业贸易的重要港口。

2015 年 1 月，“一带一路”战略与沧州渤海新区（黄骅港）发展机遇高层研讨会上，吉林大学冯恩学教授依据最新研究成果，指出：海丰镇港是金元时期北方海上丝绸之路的北起点。

遗址的发掘，为研究我国北方古代港口城镇历史变迁史、手工业发展史、交通史、对外经济交流史提供了丰富的实物资料。2002 年经黄骅市政府批准为县级文物保护单位。2006 年被国务院公布为第六批全国重点文物保护单位。

8. 武帝台遗址

遗址位于黄骅城东北约 10 公里处、中捷农场驻地东北 5 公里处。为砂基（蛤砂）土台，现高 6 米，边长 65 米，面积约 13000 平方米。台上及附近散见陶釜、豆残片及粗绳纹陶片等，曾采集有汉五铢等。根据遗物推断，此处为汉代遗址。《盐山县志》记载，武帝台又名望海台。原有南北二台，相去六十里，台高六十丈，传为汉武帝东巡海上所筑。唐太宗征高句丽班师曾到此。在耕地以前基高 20 余米，并有小庙一座，有泥塑像，据称系汉将刘猛之“奉礼”，因治蝗有功被封为蚂蚱神。

武帝台地处战国时齐国、燕国边境地区，黄河在此入海，原为军事瞭望台或烽火台，汉武帝时在此基础上修筑而成，时间为元狩二年（前 121）。唐太宗李世民征高句丽时曾在此驻军，明永乐年间吏部尚书王翱曾登临此台并写诗曰：“地筑高台百丈余，登临望海有仙居。晚年下诏方哀悔，栾大文成总是虚。”明清时四位文人咏赞武帝台。《魏土地记》载：“章武县东百里有武帝台，南北有二台，相距六十里，俗云汉武帝东巡海上所筑。”《沧州新志》（康熙十三年版）：汉武帝求仙海上筑之。唐贞观十九年，征高句丽班师，次台记功勒石。《盐山县志》

（同治版）载：“武帝台有二，其一无考，岿然独存者，惟盐山之一台。”《大清一统志》载此为南台，北台在今沙井子村（天津大港区），已被夷为平地。一说此为北台，南台位于海兴县。现台基呈正方形，每边长 120 米，高 5.6 米，可分 5 层，土内多有素面灰砖等。采集物有战国红陶斧、豆把、豆盘绳纹碎片和汉陶罐残片、瓦片、五铢钱。

据考，武帝台下部基址为西汉遗迹，上部系后世修筑。台东系西汉时期黄河入海的河口冲积扇，已无存。2008 年 10 月被河北省政府公布为第五批省级文物保护单位。

9. 前尚村观音禅寺遗址

遗址位于常郭镇前尚村东 60 米。现建筑已无存，原址犹在，已开垦为耕地。遗址东西长 147 米，南北宽 12 米，面积 1764 平方米，呈长方形。遗址高出地表 1.5 米，文化层厚为 0.2 米，暴露物较少，有少量碎砖瓦。据村民讲，在原址

上有一座观音禅寺，始建年代为宋，明代重修，建筑规模不大。原在遗址南半部有两通石碑，东西矗立，一大一小，现移到镇政府保存。2012 年 9 月被黄骅市政府公布为第三批县级文物保护单位。

10. 阎隆龙凤寺遗址

遗址位于旧城镇阎隆村西北 500 米。据传此地为一寺庙，名为龙凤寺，曾有一皇帝来此上香。遗址长 300 米，宽 70 米，面积 21000 平方米。原址高约 3 米，现仅存 0.3 米，稍高出地表。遗址内地表暴露遗物较少，沟边暴露大量的碎砖瓦。主要采集的标本有陶片、白釉瓷片、铁锈花瓷片、青花瓷片等。根据遗物推断，此处为宋一明时期遗址。

11. 前沙洼二王庙遗址

遗址位于黄骅镇前沙洼村内，庙址上原建有二王庙，1985 年第二次文物普查时该遗址无存，现庙址大部分被挖成水坑，仅存古槐一株、古井一口。古井位于古槐西 15 米。古井为圆形，用青砖砌成，村民用红砖修葺了井口部分，外表已无原样。古槐直径近 1 米，相传为明代种植，树干已中空，大部分已枯，仅有小树枝存活。推断此处为明代遗址。

12. 前滕郝二师傅庙址

庙址位于滕庄子镇前滕庄村东 200 米，庙址原长 30 米，高 0.5—1 米。原庙毁于 1958 年，庙址为清代，每年农历三月十五开办庙会。

现郝二师傅庙亦称“师傅林”，1992 年修建，占地 50 亩，由围墙将殿堂和坟墓围在院内。围墙外北侧有一座约 10 米高、10 米长牌楼，四柱双层七檐，水泥砖石结构。正中上书“师傅林”，西侧书“天地”，东侧书“无私”。院内建有一座慈善堂，长 30 米、宽 10 米、高 15 米，双层翘檐八柱三门，古式青砖石建筑，古朴壮观。殿堂内安奉郝二师傅塑像。殿堂后为郝二师傅坟墓，内有双榇。高 3 米、周长 10 米，红砖阶梯式垒砌，前有 3 米高的“郝二师傅之墓”青石墓碑，两侧有信徒和还愿者所立“郝二师傅之墓”大小石碑近 30 通，以示尊崇、报恩。

郝二师傅名郝文举，女，盐山县大郝家村人，生于清顺治元年（1644）农历四月十四，17 岁时嫁于山东庆云县鞠庄桥村李海山，郝文举与丈夫拜庆云大马务村马开山师傅学道，马开山为天地圣教（俗称天地门教）创始人董计升“林传八支”弟子。天地圣教主张夫妻双修，共同传教。丈夫称师傅，妻子称二师傅，郝二师傅名由此得来。夫妻二人钻研医术，精益求精，远近闻名。后与丈夫行善济人，云游各地治病，医道高超，颇得民众爱戴。乾隆三年（1738）农历三月十五，郝二师傅无疾坐化，享年 95 岁。大徒弟滕云台将其灵柩安葬于滕庄子村东一里许处。郝二师傅忌日，远近百姓都要到此墓前焚香祭拜，均来祭祀、祈祷、还愿。年复一年，逐渐形成三月十五的郝二师傅庙会。

清同治年间（1861—1875），前滕庄子村民集资筑土房三间，围护郝二师傅砖墓。1937 年，日寇侵华期间，汉奸特务狼狈为奸，师傅林殿堂惨遭损坏。1942 年，滕庄子获得捐资重修师傅林，修有前殿 5 间、后殿 3 间、东西配房各 3 间。1958 年，师傅林房屋被毁。1992 年，郝二师傅庙会正式恢复。民众捐资 40 多万元，修建颇具规模的师傅林。其遗址被黄骅市政府公布为县级文物保护单位。

13. 齐庄大辛坨遗址

遗址位于羊二庄回族镇齐庄村东北 1500 米，北临东西向土路，南、西紧邻朔黄铁路。遗址大部分开挖为盐池。遗址东西长 150 米，南北宽 100 米，面积 15000 平方米，呈长方形。第二次文物普查发现有绳纹砖、布纹瓦、灰陶片、白瓷残片，器物器型为盆、碗。第三次文物普查发现白釉碗、白釉铁锈花盆、青花瓷碗等残片。根据遗物推断，此处为汉、宋金、明等时期聚落址。

14. 西刘庄沙坑遗址

遗址位于羊二庄回族镇西刘庄村西 50 米处，因村民挖沙使遗址暴露。遗址现为东、西两处，相距 150 米，东沙坑距村 50 米，南北长 60 米，东西宽 25 米，深 3—4 米，面积 1500 平方米，呈长方形；西沙坑南北长 70 米，东西宽 40 米，深 3—5 米，面积 2800 平方米，呈椭圆形。曾出土灰陶陶豆、壶、罐等。坑边采集的标本还有白瓷碗、青瓷碗残片。根据遗物推断，此处为战国、宋金、明几个时期的聚落址。2012 年 9 月被黄骅市政府公布为第三批县级文物保护单位。

15. 贾象长沙阵遗址

遗址位于旧城镇北贾象村南 100 米，自东向西跨草堂村、北贾象村、狼洼村，遗址从三村南部穿过，当地人称此地为长沙阵。遗址全长约 3000 米，宽 245 米，面积 73.5 万平方米，东西向，呈带状分布。在本次调查中发现，狼洼村段遗址破坏严重，已无明显遗迹遗物，北贾象村最为明显，有大量的瓦砾，遗址地表大部分已成耕地。主要采集标本灰瓦片、陶片、白釉瓷片等。根据遗物推断，此处为汉、宋时期遗址。

（二）古墓葬

1. 瓮棺葬群

2016 年 5 月，黄骅市湿地公园工程施工，在郛堤城西北侧发现瓮棺葬群。由河北省文物研究所和黄骅市博物馆对瓮棺葬群进行抢救性发掘，发掘面积 1200 平方米。初步勘探瓮棺葬总数或达上千座，清理瓮棺葬 113 座，其中除 7 座为小型砖瓦墓外，其余均为瓮棺葬。

瓮棺葬群西部为儿童区，东部为成人区。根据勘探结果，儿童瓮棺葬区分布范围南北 200 米、东西 90 米。成人瓮棺葬区南北 120 米、东西 30 米。该瓮棺葬群数量众多、分布密集，葬具组合样式丰富、类型多样，既有日常生活用器，也有专门烧制的瓮棺葬具。前者有陶釜、陶盆、陶甑、陶碗、陶罐等，后者有筒形瓮、筒形器及特殊陶器。瓮棺葬群东南紧邻郛堤城遗址，从地层关系和出土器物来看，均为战汉时期遗存。

该瓮棺葬群是黄骅地区首次发现的战汉时期瓮棺葬，也是国内发现的数量最多的瓮棺葬群之一，瓮棺葬时代为战国（前 475—前 221）晚期至西汉（前 202—8）早期。瓮棺葬群年代清楚，对研究战国秦汉（前 5 世纪—1 世纪）时期当地的丧葬文化和社会状况具有重要意义。

2. 常文贵墓

墓葬位于旧城镇旧城村东南 1500 米、东 10 米处有一条南北向的乡间公路，北临旧城城墙，四周为耕地。墓地原高 1 米，东西长 27 米，南北宽 33 米。1977 年沧州市文物组对该墓进行清理发掘。墓为单室墓，墓室略呈扁圆形，东西 4.9 米、南北 6.2 米。四壁外凸，壁高 2.6 米、厚 0.7 米，墓底铺砖，墓向 170 度。出土器物 69 件，其中陶俑、墓兽、陶牛、陶猪、陶羊、陶鸽、陶骆驼、陶马、绿釉瓷碗、陶碗、铜环、墓志一合。根据墓志记载，此处为北齐时期墓葬。

3. 刘氏墓群

刘氏古墓群位于黄骅市常郭镇前排村西部，紧邻公路。东西 100 米，南北 100 米，面积 1 万平方米。安葬计 86 座墓。墓地西部密布古松柏，威严肃穆。古墓群中的刘氏始祖山左（五老）自明永乐二年从山东即墨区迁至沧州以东将相乡（今毕孟前排），西距沧州城 60 余里，定居于此，以开荒种田。子孙繁衍，支派分殊。刘氏古墓群共葬刘姓先祖十二世，从始祖山左（五老）到清朝道光十二世，分十二排按辈分从东到西依次排列。墓群中既有名登科甲者，又有家聚万贯者。此古墓群对研究刘氏家族的传承和明清时期地方政治、经济史有着重要的价值。2009 年 7 月被沧州市政府公布为第四批市级文物保护单位。

4. 曹梅墓

墓葬位于旧城镇大六间房曹氏祖茔内，墓主人为明代南京户部郎中曹梅。曹梅墓封土高约 2 米，直径约 3 米，墓前立有 2013 年新修建墓碑一座，高约 2 米。墓南侧 3 米处存残损石碑一个，石碑断裂为数块并陷入地下。地表裸露 2 块，一块是碑额，风化严重，文字难辨，另一块为碑身下半部分，文字清晰可辨。参阅史料，判断文字内容为《南京户部郎中曹公梅墓表》，介绍曹梅生平事迹、生卒年、子嗣情况。据清代《盐山县志》载：曹梅，字子和，号龙洲，嘉靖三十五年丙辰科进士，官至户部贵州清吏司郎中，终年 56 岁，死后葬于大六间房村曹氏祖茔。

5. 东仙庄墓群

墓群位于旧城镇东仙庄村东 1500 米，墓群已无封土，在 1975 年修建一排支渠时被发现、破坏。在支渠两侧排列共计 23 座墓，西侧 14 座，东侧 9 座。1983 年，黄骅文化馆对其中一座墓进行了清理，出土有画像砖，其中有云纹砖、菱纹砖、钱纹砖、人物车马雕像砖等，现藏于黄骅市博物馆，还出土了大量汉五铢铜钱。已发掘墓葬为砖砌多室墓，以此推断此墓群为汉代墓葬。

6. 张宗禹墓

土墓，位于南大港产业园区孔庄子村南约 50 米处，南侧有一条土路，西北方有一芦苇坑，东侧为民居，北为空地。墓呈圆锥形，外部砌筑红砖，高 2.5 米，直径 5 米，墓前立有一水泥结构墓碑，碑阳镌刻隶书“捻军首领张宗禹之墓”。1981 年，孔庄子挖沟时遇张宗禹墓，将其遗骨挖出，后用木箱收敛埋于原地东侧 20 米处，并立碑铭记。张宗禹，安徽亳州雉河集人，捻军后期著名将领。1864 年，太平天国失败后，率捻军与太平军赖文光部联合，改步兵为骑兵，后分为西捻军。1868 年 4 月，被李鸿章、左宗棠所率清军包围在北有徒骇河、南有黄河、西有运河、东有大海的狭窄地带里，全军覆没。张宗禹突围而出，隐居于孔庄子，隐姓埋名，化名为童子师，20 余年后病故。此间，他以行医看风水为生，临死时透露出真实姓名。《沧县志》（民国 22 年版）有载：“清同治七年，西捻张总愚（宗禹）之乱，官书谓捻窜至茌平境之广平镇，被围于徒骇、黄、运之间，大股歼灭，张总愚携八骑走至徒骇河滨投水死。然故老或谓此督师者之锦词也。张酋败后，逃至邑治东北之孔家庄，变姓名，为童子师，后二十余年病死即葬于其庄，至今抔土尚存焉。其临殁时告人曰：‘吾张总愚也。’先是庄人恒见其醉饮时辄持杯微呼曰‘杀呀’，因怀疑莫释，至是始恍然。”1995 年 6 月，张宗禹墓被沧州市政府公布为市级文物保护单位。

（三）古建筑

1. 大赵村古井

古井位于羊二庄回族镇大赵村中心，“大赵村惨案”遗址东院内。据说此井建村时已有，有 200 余年的历史，并有诸多民间传说，如淹不死人（水中不沉）等。井为青砖砌成，圆形，以一层平砖、一层侧立砖交错砌筑。直径 1.01 米，至水底深 4 米。井上建筑已无，由村民自建水泥护栏加以保护和纪念。井口部后期修复。遗址时代为清代。

2. 东常庄古井

古井位于黄骅镇东常庄村内，东有民房，南有大水坑，西有一小块菜地，北为村内街道。古井由青砖错缝砌成，上小下大，井口直径 1.4 米，井腹直径约 2.1 米，井内距井口约 0.5 米处有一块砖正面砌放，上刻有“光绪九年修”字样。井口被村民用红砖进行了维修，现井已废弃。

3. 代庄子古井

古井建于清道光五年（1825），见井内壁青砖字。该井是代庄子、董庄子村人畜饮用水井，今已无水。村民重修井上部分（红砖），该井位于村东北 1500 米左右。传说大旱之年，淘井就会下雨，村民视为神井。水甜，用该井水做豆制品，都比用别的井水多出一成，保留至今。

4. 周庄古井

古井位于羊二庄镇周庄村池塘旁，井直径约 1.5 米。井台高 0.5 米，为 2014 年修建。村民反映，该井为村民明代来此立村时所修。2014 年黄骅市博物馆对该遗址进行了现场调查。

（四）石刻

1. 创置先斯院赡田碑

碑刻位于官庄乡官庄村中心，为明崇祯九年（1636）时任长芦盐运使韩运龙所立。碑刻原立于官庄靠近捷地减河南岸的关帝庙（庙已毁），碑体与碑座分离，记载其捐献俸禄救助残疾人的史实。碑身长 231 厘米，宽 75 厘米，厚 30 厘米。碑座高 47 厘米，长 88 厘米，宽 58 厘米。碑身正面顶部为半圆形，篆体碑额“创置先斯院赡田碑记”。碑文为阴刻楷体，绝大部分字迹漫漶不清。官庄村民 1966 年撰写村史时，对碑文进行了抄录。收入《黄骅市志》。

2. 同居桥石碑

石碑原位于齐家务镇同居村，是兴济减河上原有古桥的功德碑。民国版《沧县志》云“同居桥”。据载：“桥因盐兴而筑，后因盐衰而废。严镇场大使佟允怀，字召堂，闻知造桥之事，捐出俸金，功居第一，众人咸服，莫不踊跃从事无惜费。”石碑现存黄骅市博物馆。

3. 前街石造像

造像位于羊二庄回族镇前街村委会东 200 米处的玉皇庙内。造像为青石制，高 2.87 米、宽 1.4 米。坐姿，头戴冠，面目慈祥，双耳垂轮，双手置于胸前，持笏板，身穿袍，脚蹬靴子。边缘表面涂有彩色油漆，玉皇庙为近年村民新建。推断造像为明代文物。

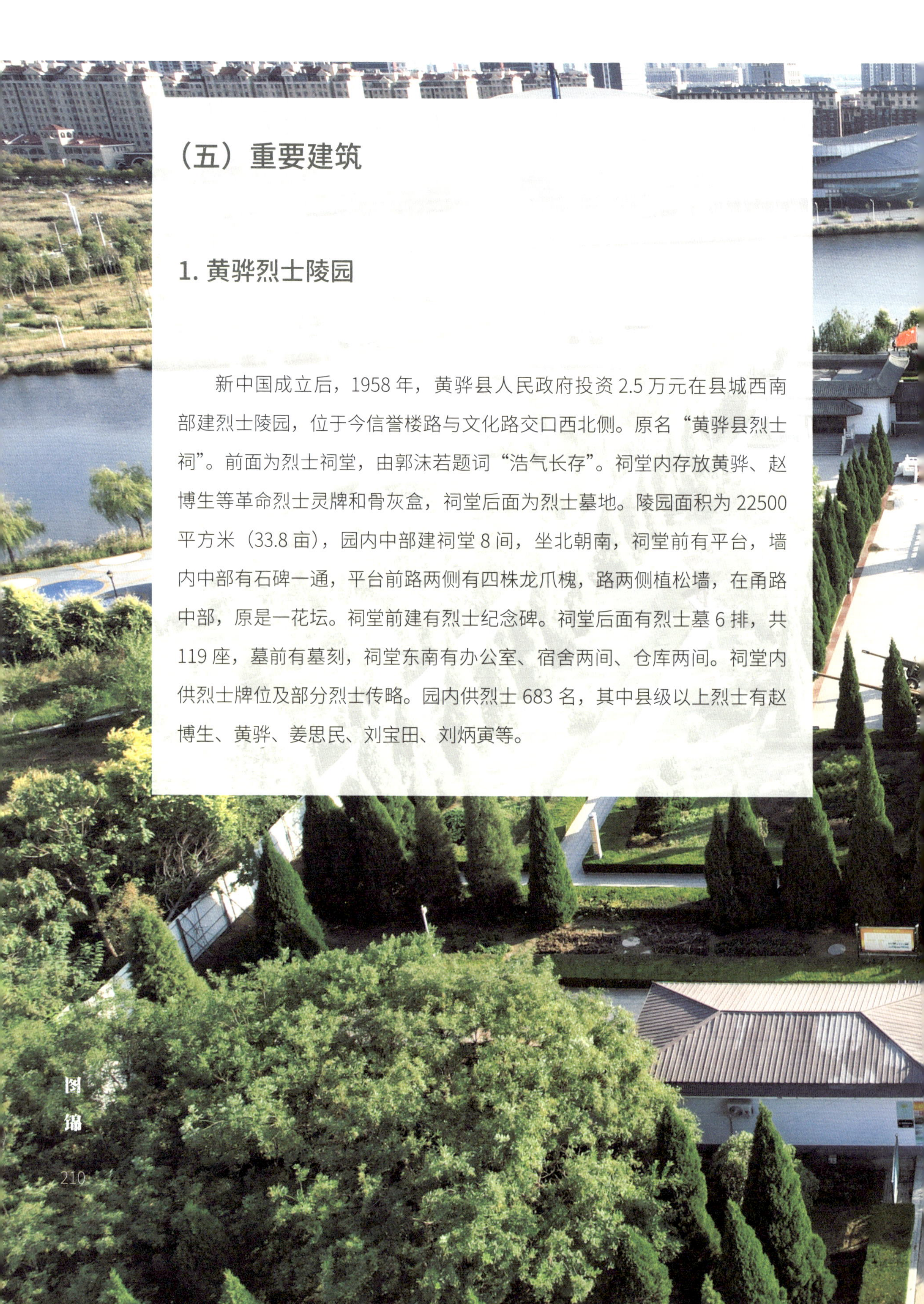

（五）重要建筑

1. 黄骅烈士陵园

新中国成立后，1958 年，黄骅县人民政府投资 2.5 万元在县城西南部建烈士陵园，位于今信誉楼路与文化路交口西北侧。原名“黄骅县烈士祠”。前面为烈士祠堂，由郭沫若题词“浩气长存”。祠堂内存放黄骅、赵博生等革命烈士灵牌和骨灰盒，祠堂后面为烈士墓地。陵园面积为 22500 平方米（33.8 亩），园内中部建祠堂 8 间，坐北朝南，祠堂前有平台，墙内中部有石碑一通，平台前路两侧有四株龙爪槐，路两侧植松墙，在甬路中部，原是一花坛。祠堂前建有烈士纪念碑。祠堂后面有烈士墓 6 排，共 119 座，墓前有墓刻，祠堂东南有办公室、宿舍两间、仓库两间。祠堂内供烈士牌位及部分烈士传略。园内供烈士 683 名，其中县级以上烈士有赵博生、黄骅、姜思民、刘宝田、刘炳寅等。

中国梦

改革开放后，因城区扩展，陵园已处于城市中心。2000 年 4 月迁建于黄骅市渤海路西段与昌骅大街交口的位置，更名为“黄骅市烈士陵园”。陵园占地面积 10656 平方米，纪念展厅建筑面积 1240 平方米。陵园记载了 902 位不同革命历史时期牺牲的烈士。陵园内建有游客服务中心、革命烈士纪念碑、黄骅烈士雕塑亭、赵博生烈士雕塑亭、烈士纪念碑廊、烈士纪念大厅、黄骅烈士纪念展馆、赵博生烈士纪念展馆、音乐广场及烈士墓区。广场以纪念碑为中轴线由北向南依次排列，大门右侧牌匾上书“黄骅市烈士陵园”，由新海县第一任县委书记叶尚志题写。沿主干道前行，坐落于广场中央的革命烈士纪念碑，是 1984 年 6 月，由黄骅县团委号召全县的民兵、团员捐款，在北京房山县石窝村雕制而成，碑身正面上书“名垂千古”四个大字，由萧华将军亲笔题写。纪念碑东西两侧分别为黄骅烈士和赵博生烈士的纪念亭。黄骅市烈士陵园被命名为：沧州市爱国主义教育基地、沧州市国防教育基地、河北省重点烈士纪念建筑物保护单位、河北省国防教育基地、全国爱国拥军模范单位、国家级烈士纪念设施、国家 2A 级旅游景区。每年接待社会各界人士、大中小学生约 3 万人次。

2. 赵博生故居

故居位于黄骅市滕庄子镇慈庄村。遗址为土墙正房三间，总长 13.6 米，进深 5 米，房基为青砖砌筑，砖墙基设芦苇隔碱层，上部墙体为土坯砌筑，外表抹麦秸垛泥，屋顶为芦苇苫顶，门窗采用木制。院子为麦秸垛泥的土墙，院子长 13.6 米，宽 12.7 米。院子东侧有一间偏房。1956 年黄骅县政府对赵博生故居进行翻建。2009 年 7 月沧州市政府公布为第四批市级文物保护单位。2014 年，黄骅市政府对赵博生故居院墙、院落再次维修。

赵博生（1897—1933），原名赵恩溥，黄骅滕庄子镇慈庄人。毕业于保定陆军军官学校，先后在皖系、直系、奉系军队中任职。1924 年冬转入冯玉祥的西北军，任军参谋长。1931 年任国民党军第二十六路军参谋长，同年 10 月加入中国共产党。12 月 14 日和季振同、董振堂、黄中岳等率部 17000 人在宁都起义，加入中国工农红军。任红五军团副总指挥、参谋长兼十三军军长，屡建战功。1933 年参加第四次反“围剿”战役，1 月 8 日在江西南城金溪战役的黄狮渡战斗中牺牲。2009 年，赵博生被选为 100 位为新中国成立作出突出贡献的英雄模范之一。

附：宁都举义旗　血洒黄狮渡

渤海边的春来得早，春风很快染绿了田园，平原上一个普通的小村庄慈庄笼罩在绿荫里。村头的黄牛静卧在村东小河畔草地上，村南的池塘湛蓝的水边已见芦苇钻出水面，不多久就会把池边摇绿。村头的枣林虽还是乌黑的一片，坚硬的虬枝伸展着已与春阳相握。由一条狭窄的土巷向北走，尘土在缓缓上行的坡上被扬起，扑在行人裤脚、鞋面上。农家再普通不过的一趟五间的土屋，就是赵博生将军的故居。昔日的院墙已不复存在，空旷的院落袒露在寂寞里，土屋是那般静谧地沉思。屋子里，窗户透进的几缕阳光里悬浮着百年前的灰尘，土墙斑驳的泥土坚毅地贴附在土坯墙上。岁月的消逝并没有摧蚀去英雄和家人的气息，门窗上曾经的手印似已镌刻进木质的深层。

1904年，在清王朝行将就木的挽歌声里，7岁的赵博生走进了村里一所小私塾，这个聪慧的农民的儿子从这里启蒙。祖母是这个九口之家的主心骨，她懂得辛勤劳动才能换来一家人的温饱。夏秋，带着全家老少下地，在那几十亩盐碱地上耕种锄耪；冬春，带领女人们纺线织布，一家人全年要单有单要棉有棉。男人们随着叔父外出做木工。土匪抢劫了村里的一个恶霸，恶霸乘机诬告博生的祖父勾引土匪抢劫，官府拘捕了祖父，还把小博生抓去。无奈之下，祖母变卖了土地、房屋、家具，连一头牲畜也没能留下。9岁的博生被赎回，他尝到了倾家荡产的苦痛，目睹了社会的黑暗，强烈的仇恨在幼小的心中燃烧。辛亥革命以摧枯拉朽之势结束了两千年封建皇权的统治，但势力割据，军阀混战，五千年灾难深重的中华民族仍然跋涉在历史的泥泞里。改造社会、救国救民成了他最质朴的理想。1914年，年仅17岁的赵博生进入保定陆军军官学校，这座引进了西方军事理念并培养了大批高级指挥将领的新式军校，使他如鱼得水。三年后他以优异的成绩毕业，进入皖系军中任起第一师见习官。直皖战争、直奉战争，博生没有看到革命前途的光明，他苦苦思索着探寻着拯救中国的途径。1926年赵博生在冯玉祥军中受到了刘伯坚等中国共产党人的影响，共产党的主张使他看到了解救中国的希望。1929年，苦闷中的赵博生决心暗中寻找共产党，实现他的理想。

1930年，赵博生受国民革命军二十六军总指挥孙连仲邀请，就任军参谋长，奉命南下参加对苏维埃中央根据地进行第二、第三次“围剿”。在红军的英勇抗击下，国民党军屡遭失败，二十六军困顿于江西宁都。1931年九一八事变后，日寇入侵，国难当头。他热血沸腾，中华大地岂容日寇铁蹄的践踏？他奋笔疾书，请求部队北上抗日，但被拒绝。蒋介石叛变了革命，“围剿”红军，挑起内战，将中国推入内战的深渊。国民党的行径，使赵博生十分失望，更坚定了他迫切追寻共产党为中华民族求解放的决心。

二十六军里潜伏的共产党干部密切注意着赵博生的政治倾向。也是赵博生一生中最重要的转折时刻，在总指挥部任译电主任的共产党员罗亚平握着他的手，愿意做他的入党介绍人，欢迎他加入中国共产党。久藏在赵博生心中的愿望终于得以实现，赵博生激动地说：“虽说我是二十六路军的参谋长，但共产党叫我干什么我就干什么，即使是赴汤蹈火我赵博生也在所不辞。”对赵博生来说这是脱胎换骨的时刻，是他耿耿丹心之水与党的流泉的汇聚。他已不再是苦苦寻找真理、孤身奋斗的志士，而是为崇高革命理想拼搏的无产阶级先锋队一员。

1931年11月14日那个夜晚，是赵博生和他的起义指挥部同志们的不眠之夜。在共产党的领导下，赵博生和全军最高层指挥官董振堂、季振同等人周密部署，时机成熟。随着三声划破夜空的枪声，二十六军全军起义，宁都全城一片“解放、自由”的欢呼声。赵博生兴奋无比，他拿起重若千钧的毛笔在白纸上挥舞写下“解放”两个黑亮大字。拂晓，在南门外河滩上，一万七千多个国民党帽徽、领章被扯掉，青天白日旗被撕成碎片踩在脚下，鲜艳的红旗在晨光里迎风飘扬。

宁都起义后，这支旧军队如何成为真正的革命武装，成为一支能打硬仗的劲旅？赵博生感觉到任务的艰巨。部队开往苏区整编，赵博生拥护和党对这支部队思想上、政治上、组织上的改造，他也成为意志坚定的真正共产党人。“今天才算找到了出路，重见了光明。我赵博生愿将后半生为全国劳苦大众的翻身解放竭尽微薄之力。”博生的话出自肺腑，铿锵有力。整编后的部队成了崭新的人民军队，高举着红军红五军团的旗帜开赴前线，参加赣州战斗、漳州战役，挺进粤北南雄攻打广东军阀陈济棠部，攻克宜黄、乐安、建宁。博生不负众望，和他的战友们马不停蹄，浴血奋战，重创国民党军，红五军团威名大振，敌人闻风丧胆。一年的战斗，作为红五军团参谋长兼十四军军长的博生功勋卓著，继任红五军团副总指挥、第十三军军长。获得中华苏维埃共和国临时中央政府的最高嘉奖，佩戴上一枚饱含智勇和忠诚、映照血色的红旗勋章。

进入 1933 年，野心不死的蒋介石咬牙切齿地又把第四次“围剿”拉开序幕，国民党军主力三个师向苏区进犯，妄图把红军主力一、三军团一举歼灭而后快。为诱敌深入，保障红军主力于黄狮渡歼灭敌人，赵博生奉命率四个团在长源庙吸引和牵制三倍于己的敌人。敌人集中大炮轰炸红军前哨阵地，发起连续数次进攻，红军顽强抗敌，一次次打退了敌人。一三五团阵地危急，博生指挥若定，派出精兵强将的特务连稳住阵地。这个阵地维系着整个战斗的成败，赵博生把指挥任务交给参谋，毅然亲赴一三五团这处最前线、最危险的阵地。敌人疯狂向两翼冲锋，两军短兵相接，枪声如瀑，震耳欲聋。血肉横飞，山摇地动。战士们子弹打光、手榴弹扔尽，赵博生指挥战士们用石块做武器，石如雨下，砸向那些血红着眼的惊愕的敌人。拿起大刀带领战士冲入敌阵，红军许多英勇的官兵倒下了，鲜血洒满了阵地。赵博生带领军官组成的最后突击队，向敌人发起猛烈的反冲锋。张牙舞爪的敌人仅有百米远，一群群狰狞的面孔近在咫尺。此时的赵博生是最高指挥官，也是一名战士，生死已经置之度外。下午，敌军全线溃退，他过于暴露自己，突然，一颗罪恶的炸弹呼啸着飞来落在赵博生的右侧，飞扬的尘土里，赵博生如山的身躯訇然倒下，他跳动了仅仅 36 年的心脏停止了，他汩汩的血流浸满了这片英雄们用血肉捍卫的红土地。

赵博生英勇牺牲的噩耗传遍了全军，将士奋勇杀敌，赢得了第四次反“围剿”的胜利。当时的宁都是中央苏区的政治军事中心，是反“围剿”战争的指挥中心、主要战场。宁都，这片英雄的土地在悲伤，宁都英雄的人民在流泪。临时中央人民政府致电红五军团吊唁赵博生。为了永远纪念宁都起义卓越的领导者、红五军团的缔造人之一赵博生，宁都县改为博生县。

苏区举行隆重的追悼大会。毛泽东称赞赵博生是“坚决革命的同志”。1938年，南京、广州、武汉被日军攻陷，毛泽东在延安的凤凰山为宁都起义将士题词：“以赵博生等同志领导的宁都起义精神用于反对日本帝国主义，我们是战无不胜的！”赵博生的死重如泰山，三十年后叶剑英作诗怀念先烈赵博生：“宁都霹雳响天晴，赤帜高擎赵博生。虎穴坚持神圣业，几人鲜血染红星。”

人民不会忘记这次震惊中外的宁都起义，人民不会忘记年轻的将军赵博生。八十多年过去，博生安详地躺在宁都那苍松翠柏环卫的肃穆的墓地里，那一手拿望远镜一手叉腰的英武塑像挺立在陵园，那粗壮的由四根支柱托顶的纪念碑仍然有着令人崇敬的庄严，那象征着共和国中流砥柱的长城状的博生堡巍然高耸着，上面朱德元帅的题词——“博生堡”大字历历在目。梅江边，那座百年前两层的罗马式耶稣堂静静耸立着，它见证了宁都起义那个夜晚，倾听了起义军豪壮的欢呼声和红旗在风中飘扬的震响。

赵博生的英魂俯瞰着祖国的大好河山，萦绕着那为之倾洒热血的每一寸神圣的土地。他唱着亲自创作的《革命精神歌》来到家乡：“先烈为平等牺牲，做人类解放救星。侧耳倾听，宇宙充满饥寒声。警醒先锋，个人自由全牺牲。我死国生，我死犹荣。身虽死精神长生……”在慈庄故居，悬挂着他从军时回到家乡后送给母亲的那张英气勃勃的照片，父亲遗像上那刚毅的面容是对儿子永恒的赞许。村西的松柏环绕的墓地里，与世长辞的父母亲依然期盼着儿子的英魂回来。麦田青青，杨柳依依，一个平静的小村庄连接了日新月异的英雄城市黄骅，连接了澎湃沸腾的渤海湾，连接了祖国的山山水水。共和国的万里山河、浩瀚大海、蔚蓝云天，会永远铭记住它的好儿子。

（张华北文）

图锦

3. 大赵村惨案遗址

遗址为黄骅烈士牺牲地，位于羊二庄回族镇大赵村。为 5 间土房，总长 18 米，进深 5.5 米，建筑面积 375 平方米。房基为青砖砌筑，砖墙基设芦苇隔碱层，上部墙体为土坯砌筑，外表抹麦秸垛泥，屋顶为芦苇苫顶，木质门窗。院落长 18 米、宽 7.9 米，因年久失修，房屋已严重老化。2006 年 8 月按照历史原貌在原址上修建，修建后的院落占地总面积 3200 平方米，坐北朝南，分为南、北两院，南院正房依据黄骅烈士牺牲时的原景设计陈列。北院面阔 5 间，屋内陈列着在羊二庄牺牲的烈士遗像、遗物和生平简历，记述了羊二庄籍烈士的英雄事迹。原址东侧新建纪念馆，纪念碑西侧建纪念亭。院正中竖立着黄骅同志全身塑像，正南方建有聂荣臻元帅题词的黄骅烈士纪念碑。2009 年 7 月被沧州市政府公布为第四批市级文物保护单位。

1943年6月30日，冀鲁边军区政府在新青县大赵村召开侦察通讯工作会议。会议由军区副司令员黄骅、参谋处处长陆成道主持。会议进行至傍晚时，军区手枪队队长冯冠奎受军区司令员叛徒邢仁甫指使，带领11名亲信突然闯入会场，持枪乱射，与会人员全部倒在血泊中。黄骅、陆成道、陈云彪、崔光华、董兴根5位同志当场牺牲，池田、齐耀庭、刘金财、迟麟兆身负重伤，李天佑等3名警卫战士也被杀害。这就是震惊冀鲁边军区的“大赵村惨案”。

附：英雄喋血的土地

掀开历史的画卷，一页页是那么厚重。黄骅，这片神奇的土地上，大海曾经演绎过沧海桑田的宏大场景，黄河也曾携带着西部的黄土铺展在海滩，齐国宰相管仲曾站在烟云缭绕的大海边看千灶万户“煮沸为盐”，汉武帝曾登临巍巍武帝台观浩瀚沧海。这里有大海的壮阔，也有大草洼昔日的荒莽。这片古老的土地在1935年建立新海设治局，后为新海县、新青县。

在抗战进入最艰难时期的1941年，黄骅，这个智勇双全的青年将军骑着战马走进了这片充满血性的土地。黄骅原名黄金山，湖北阳新县一个贫苦农家的儿子。15岁举起梭镖参加了儿童团，18岁扑进了共产党的怀抱，年轻的战士紧跟着红军冲破敌人的五次“围剿”，渡过湍急的赤水河、大渡河，爬过冰天雪地的雪山，走过茫茫无边的草地，走进了革命圣地延安。由一个普通的司号员成为英勇善战的团政委。1937年，黄金山改名黄骅，赴晋西南边区开展抗日。1940年，调鲁西军区，1941年任冀鲁边区115师教导6旅副旅长兼副司令员。1942年，腥风血雨笼罩着这片土地。黄骅带领边区部队，抗击日伪军，浴血奋战，屡次粉碎了敌人的包围和“扫荡”，战功卓著。

阴霾在这片土地上遮挡着阳光，邢仁甫，冀鲁边区司令员，与黄骅形成了鲜明的对照。黄骅不搞特殊化，不居功自傲。教育干部战士：“不要忘记老百姓……要时刻关心老百姓的疾苦。”邢仁甫，则以位高自居，生活腐化，战斗意志衰退，带着小老婆躲上了望子岛。嫉贤妒能，结党营私，排挤外来干部，试图把冀鲁边区营造成自己的一统天下，策划了惊天动地的阴谋。

1943年6月30日，一个最黑暗的日子，在大赵村一处普通的民房里，黄骅组织召开军区司令部侦察通讯工作会议，研究敌情，部署夏季攻势。傍晚，小雨蒙蒙，土匪出身的军区手枪队队长冯冠奎受邢仁甫唆使，率领11名亲信队员，闯进会议室向黄骅等人疯狂开枪射击。一颗罪恶的子弹击穿了黄骅头颅，年仅36岁的将军倒在了血泊中。警卫连赶来还击叛徒，冯冠奎等人逃出村外钻入青纱帐逃走。血案中，黄骅等5人当场牺牲，齐耀庭等4人重伤。

黄骅的牺牲如一声霹雳震惊了边区军民，人们沉痛悼念黄骅等烈士，踏着烈士们的鲜血，举起奋勇抗日的刀枪。1945年9月，迎着抗战胜利的东风，为永远地纪念黄骅烈士，新青县改名为黄骅县。

邢仁甫的叛徒罪行被揭露后，终于撕下司令员的假面具投靠了日军，当上了彻头彻尾的汉奸，被委任为津南六县剿共司令。日本投降后，他又摇尾乞怜，成为国民党反动派的一条忠实走狗，血债累累。天津解放的第二天，在天津河北关上国民小学，躲藏在这里的邢仁甫被抓获。1952 年在盐山县万人声讨大会的呐喊声里，一颗正义的子弹打碎了他的头颅，这个恶贯满盈的叛徒，永远被钉在了历史的耻辱柱上。

英雄长逝，英魂永存。80 多年过去了，这片英雄曾经喋血的土地已发生天翻地覆的巨变。走进大赵村黄骅遇难的旧址，那墙上的军用地图还悬挂着，窄小的土炕，古旧的条桌、木椅，桌上的油灯、水壶依旧。踏上曾经鲜血流淌的青砖地面，心在震颤。黄骅将军的塑像闪亮着一层光泽，他凝重坚定的目光看着前方，他仍然在思考着。（张华北文）

4. 周庄孙道明烈士墓

位于羊二庄镇周庄，孙道明，生卒年代不详，抗日战争时期，因叛徒告密，孙道明在帮助村民收麦时被伪“高帽队”抓捕，并被“大卸八块”，死状极惨。现存墓冢为 2001 年由黄骅市政府迁建于此，面积 4.5 平方米。

5. 常郭碉堡

遗址位于常郭镇常郭村村内东北位置，原有三处。两处分别位于村西南、村西北位置并被盖于民房院落中，村东南的碉堡于“大跃进”时期拆除。此三处碉堡为 1937 年国民党第 29 军宋哲元部修建，用以抗击日本侵略者。

（六）不可移动文物

1. 岐口炮台

位于南排河镇岐口村东渤海西岸，自古以来是天津塘沽海防体系的组成部分，是守护京师海防安全的重要门户。

岐口炮台始建于明代，清代进行了重修。《沧州志》载：“瞭望楼二座岐口、马棚口（距城东北一百六十里海边）。”《畿辅通志》载：“沧州祁口营，在州东北一百五十里。守备驻此。”

为抵御外侵，清政府自岐口到天津沿海共设 20 多个军营。作为镇守海防前哨重地，岐口炮台被重新修建，并在岐口一带设四个营：朝营，在村南偏东；乐子营，在今岐口医院正北；正营，在村西南方；副营，后改名为稽事营（掌管监税事务），在村东北方向。四个营均属于天津东沽炮台管辖。

为加强海防力量，清政府从东沽炮台选运两门铁炮到岐口炮台，一个叫“东沽大将军”，也称“歪脖子将军”，另一个叫“二将军”。拉来岐口时炮上挂红绸，受到群众热烈欢迎。铁炮被安放在乐子营的三台的炮台上。炮膛能装一斗二升炮药（约 40 升），炮弹从炮口放入，炮身后插导火线，射程约 30 里，射击准确。铁炮运到后，试炮三响，距海岸 30 里的破渔船上挂的席子被打中，陆上房屋窗户纸都被震破。

咸丰年间，岐口炮台曾发挥了重要作用。咸丰八年（1858），第二次鸦片战争期间，英法联军倚仗其坚船利炮，企图从岐口强行登陆。岐口炮台驻扎官兵与当地民众协同一心，顽强抵抗，将英法联军击退。英法联军不得不沿海转往北上，在大沽口登陆，进而攻占北京，火烧圆明园。

光绪二十六年（1900），八国联军侵略中国，各国以武力逼近天津，当时清政府卖国求和，实行不抵抗政策。一股联军几十人窜入岐口，岐口炮台一炮未放便告失陷，值守的官兵逃往沧州。联军很快登陆，烧杀抢掠后直奔天津，会合大部队入侵北京。

1944 年，抗日战争尚未胜利，汉奸刘佩臣打着日本旗，到处扰乱百姓，还

想把“大将军”用船运往东沽。但因铁炮太重，无法出海，便把“大将军”扔到海里。

岐口铁炮是抗击帝国主义侵略中国的历史见证，具有重要的历史意义和保护价值。新中国成立后，岐口公社把“二将军”拉到岐口小学门前安放，经常组织民兵部队参观，回顾清代丧权辱国的历史，进行爱国主义和海防教育。1981 年 9 月，“二将军”炮被运往黄骅县文化馆门前保存。1989 年，铁炮入藏黄骅市博物馆，于门前存放，至今保存完好。

2. 旧城地下战备医院

位于黄骅市旧城镇旧城村。1969 年春，中苏珍宝岛之战后，国际形势日趋紧张，1970 年全国城乡广泛开展了挖地道、挖防空洞和防空壕的活动。旧城依据独特的土层结构，挖出贯通全村东西南北的地道，并修建旧城地下战备医院，成为黄骅县战备的先进典型。当时无施工机械，凭着铁锨挖、小车推、抬筐抬，建成这座颇具规模的地下战备医院。内有房间 27 间、800 平方米，手术室、病房、药房等设施齐全。地下医院修好后，曾在里面召开过“黄骅县传达北京双代会精神”（拥军优属和备战备荒代表会）大会和全公社生产队以上全体干部会议。

图
锦

滄州地區軍分區戰備醫院

嫡
祖

3. 聚馆古贡枣国

贡枣园为明清时期种植贡枣的枣园。所在村称聚馆村，位于黄骅市齐家务乡，南临兴济减河（娘娘河），北至津港公路。古贡枣园面积1000亩，有明清时期护园房屋两处，其中一处护园房仍保存着残垣断墙。2002年6月聚馆古贡枣园被国家确定为“原产地域保护区”。园区内现存古寺庙遗址一处，地表残留寺庙的青砖、瓦块等遗迹，周围尚存有古松柏5株，枝繁叶茂。园内100年以上的冬枣树1067株，其中198株冬枣树树龄已有600多年，是我国现存栽培历史最长、面积最大、品质最好的古贡枣园。聚馆冬枣以其皮薄、肉嫩、酥脆、味甘的独特品质闻名遐迩，在明代时期被弘治皇帝钦定为贡品，此后聚馆冬枣年年进贡，直至清末。2006年5月被国务院公布为第六批全国重点文物保护单位。

附：黄骅冬枣碑记

燕赵之域，渤海之阳，土风醇厚，物华灿然。果品众多，然独享誉中外者，惟冬枣为最焉。是枣形大核小、肉厚皮薄、质脆味甘。古有“仙枣”之封，今有极品之誉；上获名果金奖鲜食枣品之冠，下得民间百姓餐桌佳品之赞；内润六和肝肠，外通八极清气；横连四海宾朋，纵贯千年文华。源推秦皇汉武乞寿求仙而不得，视冬枣为神品，日啖一粒，红颜常驻，思接史记汉书柳县章武皆植枣，以此物当食，家酿半斛，殷实富足。有明一代，曾得“贡枣”之荣。是斯，观之如春晨丹阳，生金顺天吉之喜，食之若夏朝雨露，得回肠荡气之益，念之似攀月撷霞，有梦绕魂牵之诱。此土，所以得天之佑；此物，所以有灵之惠；此民，所以望达之福。嗟夫，冬枣之功，善莫大焉。

执政啼血为民，立业剖心奉国，引领百姓富达。冬枣之记，以志天祥也。

（许建国文）

附：聚馆的金秋

仲秋时节，满洼里又迎来了一个沉甸甸的季节。阳光沉甸甸地洒下来，染绿了原野，又染红了大洼。海风由海滩边漫过来，压歪了一洼的稼禾。远远地，从海涛般的庄稼、林木望过去，聚馆村显得低矮与平淡，古老的村庄已难寻觅沧桑的痕迹。

秋日，原野似乎还是以绿为主色调，绿意显然要比夏日更深沉些。而绿中的红却点缀了平原的美丽。黄蓿的红是沉稳的，铺展在地边、河岸、院场，那是一片片地锦，令人心动；高粱的红却红中有紫，如团团紫珠相拥，修长的绿叶在风中为它们遮遮掩掩；芦花看来更坦荡些，在水边、渠上尽情地披散开赭红的芦穗，你仿佛听得见它们衷情地向你倾诉什么，也许是对这方水、这方土依恋的情怀。

冬枣林红了，那红在绿叶下却是蓬蓬勃勃，树杪悬丹、紫实离离。有的刚刚见有淡淡的红，像美人在额头点上的一颗红痣，羞涩得拉片翠叶一掩；有的已是半红，如少女的脸颊，刚刚化妆即将走入秧歌队里；有的则已全颗的红，红得带紫，红得如巨大的玛瑙。大枣垂珠，圆润剔透，诱得人垂涎不已。

枣叶反射着秋阳温和的光颜，古老的冬枣树挺立着乌黑的树干。仔细看来，千姿百态，或如乌龙横空，或如青蟒斜出。枝干开裂的树皮如龙蟒的苍苍鳞甲，放射着古老的幽光。再看有如对舞的仙子，有如挺拔的金刚，有如相拥的情侣，有如孤傲的儒士。你拥在它们的身旁，感到了它们的刚毅和力量。

一支树枝垂倒在地，枣颗像闪亮的珠翠匍匐于地，那枝与主干处已断裂。是风刮断，还是沉重的果实加重了下牵的力量，已猜不出。树枝伤口处露着尖刺般的断痕，几乎听见了它轻声的呻吟。冬枣树是坚硬的，因了坚硬，人们可以取材做成木刨、镰把和纺杆；冬枣树又是脆性的，它极易被折断受伤。它如玉石的性格，宁折不弯，赤心而耿直，宁作玉碎而不存。聚馆的枣林，曾经三次浩劫的摧折。上世纪中叶，“大跃进”年代，一株株古老的枣树訇然倒地，填进炉膛，化着熊熊烈火，为火炼钢铁增添了燃料；五年后，一场由太行山漫来的洪水淹没了枣园，大水过后，人们刨倒了大批古树。学大寨的岁月，劫后余生的冬枣林又被利斧砍伐殆尽，庄稼占据了枣林。新世纪，古老的枣林像驼背的老人伸展了脊背，返老还童。那六百年的一百九十八株大树还在，那三百年的一千零九十七株大树还在。在它们身前身后，一株株小树渐渐长得胳膊粗细，露出一身棕红的肤色。像它们的祖辈一样，把果实压满在枝头。在它们面前，人是渺小的，生命也是那么短暂。

冬枣古已有之，《神异经》云：“赤松子云，北方大枣味有殊，既可益气又安躯。”想必是其冬枣。六百年前，当聚馆村的先民来到这一片盐碱地上时，看到这一片郁郁葱葱的枣林不愿再离去，从此安下家来，像更古的先民一样培植这片枣林、守候着这一片希望。冬枣是具有灵性的佳果，朝含露，夜含霜，在这片肥美的土地上，聚丹如蜜，结出那甘甜酥脆。如诗人傅玄云：“有蓬莱之佳树，植神州之膏壤。”

明代，疏浚娘娘河，朝廷官人发现河畔聚馆冬枣，进贡皇室，此物遂被誉为“百果王”。“秋来红枣压枝繁，堆向君家白玉盘。”聚馆的冬枣，名声远扬，竟成皇家贡果，一方水土养一方珍品。

枣园里，淡红的石板路曲曲弯弯伸进枣林，枣林深处，“风包坠朱绘，日颗绉红云”。摘枣的姑娘红衣闪动，不时有笑声绕过一株株枣树沿小路传送，也带来一阵阵枣香，留在人们口边，留在人们的指尖，留在人们的衣襟上。那枣香，还要飘得更远。

（张华北文）

（七）馆藏文物

黄骅市博物馆收藏有丰富的馆藏文物。其历史文物分为石造像、铜器、金银器、陶器、砖瓦、瓷器、漆器、织绣、玉器、牙角器、古籍、印章、货币等。藏品中不乏精品和特色藏品，为研究黄骅古代政治、经济、科技、文化的发展提供了宝贵的资料。所藏西周至清代精品选载如下：

饕餮纹铜车軎（西周）。高 11 厘米

鋈首菱格铜剑（战国）。长 52.6 厘米、宽 4.4 厘米

王妙造思维菩萨像。（东魏）武定四年（546），汉白玉石质。底长 29 厘米、宽 25 厘米、高 45 厘米

青釉四系罐（隋）。口径 5.7 厘米、底径 6 厘米、高 18 厘米

圈带陶壶（唐）。高 28 厘米、宽 21 厘米、厚 6 厘米

束腰银锭（宋）。长 14.9 厘米、上宽 8.8 厘米、下宽 8.9 厘米、腰宽 6 厘米

磁州窑白釉褐彩罐（元）。高 26.5 厘米、口径 18.1 厘米、底径 13.3 厘米

玉佛手（清）和田玉质，玉色清白。长 10 厘米、宽 4.5 厘米

玉佩（清）。直径 6 厘米

（八）博物馆

1. 黄骅市博物馆

黄骅市博物馆位于黄骅市渤海路中段，为县级综合类博物馆，国家三级博物馆，隶属黄骅市文体广电新闻出版局。博物馆于 1989 年 11 月 1 日建成并开放，建筑面积 1200 平方米，为仿明清式四合院建筑。

黄骅市博物馆内设有四个专题展厅：序厅、历史文物展厅、海洋生物厅、陈茂才书法艺术展厅。序厅，运用浅浮雕的艺术表现手法，以“九河归海丰饶福地”为主题，用 10 幅大型图片再现黄骅悠久的历史和生机勃发的现状。历史文物展厅，向观众传播历史文物知识，选择各时期代表性文物进行展示。展厅划

分为石器、青铜器、陶器、瓷器、石造像、玉器、钱币、海底打捞9个展区，展出黄骅市境内出土文物600余件。海洋生物展厅，集趣味性、知识性、互动性于一体，设置了海洋生物电子图书馆、游戏互动区、珊瑚群区等。采用真实标本还原海洋生物的生活场景，展出鲸鲨、蝠鲼、海豹、中华鲟、翻车鱼等大型鱼类标本100余种、龟类3种，以及贝壳200余种、海藻40余种。陈茂才书法艺术展厅，展出黄骅籍书法家陈茂才书法作品20余幅。黄骅市博物馆年举办专题展览10余项。如“世界珍奇蝴蝶展”“中国古代美玉图片展”“昆虫大世界展”“走进毛泽东”“雷锋事迹

展”“盐业科普知识展”“优生优育标本展”“中华魂·长城展”“赵博生将军生平事迹展”“黄骅烈士生平事迹展”“鲁迅的读书生活”“唐宋元明清后画像展”等一系列的展览，引起了社会各界的关注。

黄骅市博物馆现有馆藏文物 7687 件、海洋生物标本 3000 余件，有历史文物和近现代文物。近现代文物藏品以抗日战争、解放战争和赵博生、黄骅等革命烈士的遗物最为珍贵。

黄骅市博物馆被授予市以上“文物工作先进集体”“文化工作先进集体”“文明单位”等称号。1994 年被评为“全国文化系统先进集体”“全国地县级优秀博物馆”；1995 年被命名为“沧州市爱国主义教育基地”；2004 年 11 月被命名为“河北省青少年爱国主义教育示范基地”；2006 年 12 月被确定为全国重点博物馆；2009 年 7 月，获“国家三级博物馆”等级资格；2012 年，荣获“全国文物先进集体”“全国科普教育基地”称号。2024 年 8 月，被认定为国家二级博物馆。

2. 河北海盐博物馆

位于黄骅市博物馆内南楼，国家三级博物馆，于 2009 年 10 月开馆，是以收藏、保护、研究、展示海盐文物为主的地方性专题博物馆。

黄骅产盐历史悠久，自古有着“鱼盐之利雄天下”的优势，是沧州长芦盐场的主产区。长芦盐场是我国海盐产量最大的盐场，产量约占全国海盐总产量的四分之一。黄骅市拥有全国重点文物保护单位海丰镇古制盐遗址。海丰镇是宋金时期北方港口，曾有沿海“万灶青烟皆煮海”的盛况，是当时长芦盐场煮盐的基地。

河北海盐博物馆为仿古式建筑，共三层，院内为苏州园林式风格，展厅面积 2000 余平方米，并建有 800 平方米的露天大型互动展厅一个。展览分序厅、华夏盐踪、当代盐业、神奇的盐四个部分。

河北海盐博物馆

序厅通过浅浮雕的形式，分阶段讲述了我国四个主要盐种有关的传说、故事，展示了历史上的 20 件大事和当代盐分布情况；

“华夏盐踪”展厅从盐业考古说起，展示了我国盐业生产从煮海为盐到晒制的发展历程，纷繁复杂的历代盐政、盐战，丰富多彩的盐文化等内容。通过海南砚晒、浙江板晒、长芦滩晒、芒康晒盐、乾隆下江南等场景，运城池神庙的模型，管仲、颜真卿雕像和先进的多媒体技术等，形象地再现了我国古代盐业生产的盛况，体现了盐商阶层对我国建筑及文化的影响。

“当代盐业”展厅。展示了中国当代各个盐种的生产状况，全国各主要产盐省份、主要盐场盐业生产和盐化工等内容。展出了各地盐产品、盐化工产品，并通过视频点播的形式，展示了各主要盐场的状况。随着我国盐业经济规模的不断壮大，中国确立了世界盐业第一大国的地位。

“神奇的盐”展厅。以人文关怀为重点，突出盐与人的关系。展示了盐在人的生活中的各种用途。介绍了盐的分类、盐的妙用、盐与美容及世界各地的盐等相关内容。博物馆再现了中国 4000 多年前开始的盐业生产和盐民生活的多层文化全貌。

河北海盐博物馆收藏文物展品 463 件，其中珍贵文物 28 件；盐业资料丰富翔实。该馆是河北省内首家盐业博物馆，也是国内盐业博物馆中资料最为丰富的博物馆。曾获“全国文物系统先进集体”“河北省科普教育基地”“河北省科学素质教育基地”“河北省国土资源科普教育基地”“河北省文物信息工作先进集体”等荣誉称号。2011 年 5 月，该馆基本陈列《天工开物——中国盐史》获“第九届全国博物馆十大陈列展览精品最佳创意奖”。

3. 黄骅市海丰镇遗址博物馆

位于黄骅市城东 25 公里处的羊二庄镇海丰镇，展示的是金代海丰镇古遗址的挖掘成果，于 2019 年 9 月正式对外开放。

博物馆以“海丰镇遗址”的历史遗迹为展示核心，博物馆及研究用房为二层仿古式建筑，其功能包含海丰镇遗址看护、出土文物修复、资料整理研究及海丰镇出土文物展览等。基本陈展《海上丝绸之路北起点——海丰镇遗址出土文物展》，分为因盐而兴的盐业古镇、商贸繁盛的贸易重镇、海上丝绸之路北起点三部分。展品囊括海丰镇遗址出土的制盐业、建筑构件等反映金代海丰镇生产生活的文物。通过文物、图片和场景复原相结合的方式，展示海丰镇港口形成、发展、衰落的历史过程，再现了海丰镇曾经的辉煌景象。

海丰镇遗址在海丰镇村与杨庄村之间。汉代为柳侯国故地，南北朝时期叫漂榆邑，又称角飞城。唐宋时为通商镇，金代始称海丰镇。遗址南北约 1200 米，东西约 1900 米，占地面积 228 万平方米。遗址文化内涵丰富，文化层最厚达 4 米 。周边分布有多处遗址点，共同组成海丰镇大的聚落群。遗址所在地原为一处中间高四周渐低的台地，其中心最高处为一个东西向土岗，高出周围地表 3 米左右。遗址中心地带南北约 500 米，东西约 1000 米，面积约超过 50 万平方米，断层暴露遗物丰富。

1986 年，黄骅县博物馆在全县文物普查时，发现了海丰镇遗址。2000 年至 2017 年间，考古工作者对海丰镇遗址进行了 4 次发掘，清理出大量金代灰坑和房基，出土文物丰富，有陶、瓷、骨、石、蚌、玉、玻璃等器物。以瓷器居多，多为定、钧、磁州、井陉以及耀州、龙泉、景德镇等名窑窑口出品。海丰镇遗址是金元时期中国北方重要的海陆联运港口遗址。海丰镇作为以盐瓷贸易为主的金代通商口岸，是我国海上丝绸之路最北部的重要节点。2006 年 5 月，海丰镇遗址被国务院公布为第六批全国重点文物保护单位 。2015 年 7 月，中央和地方投资 520 多万元对遗址实施保护建设。

博物馆全面展示了金代时期的对外海洋贸易和文化交流，对研究海上丝绸之路尤其是东北亚地区的经济和文化交流具有重大作用。

伍　文之传

沧桑武帝台

一场秋雨后，天上竟无一丝流云，原野沐浴在秋分时节温暖的阳光下，浓绿的林带高低起伏，分隔的条田上玉米已经收割。麦种已在平整松软的土壤里吮吸水分，做着来年的丰收之梦。一条水泥小路沿排渠向北，直至那片被绿树笼罩着的高台，树丛蓬蓬勃勃勾勒的图像犹如一仰天沉睡的卧佛。渠中芦苇在水中摇曳，褐色苇穗随性地相拥、高扬，抑或低垂静默。岸边的酸枣树恣意伸开枝条，阻挡着过往的车辆。野菜黄花胆怯地低伏在树丛，观望着路旁被压倒的草秆。

天宇无比蔚蓝，丛林和杂草已用它们丰满的身姿，极力遮掩住这座令人神往的武帝台。当年汉武帝雄心勃勃，以“普天之下，莫非王土”一统天下的豪气，率千军万马来此大海边巡海。一时马嘶人拥、旌旗招展，武帝沿环绕阶梯徒步上行，于高台顶毕恭毕敬祭祀海神，以祈江山永固、国泰民安。史籍《魏土地记》最早有载：“章武县东百里有武帝台，南北有二台，相距六十里，俗云汉武帝东巡海上所筑。”此后，历代史志对武帝台也多有记载。偶有官吏和文人学士不弃荒僻，来此登临，多有诗作传世。现代，诸多游人登台怀古，但土台已无两千年前的高峻。人说多年前武帝台还高有 20 余米，台顶原有一小神庙，即蚂蚱神庙。海湾洼淀自古以来即为蝗虫孳生地，蝗灾频仍。相传宋将刘猛奉旨率军来此海湾灭蝗，谁知战将虽猛，却难以扑灭小小蝗虫，刘猛自觉无颜复命，蹈海而亡。皇帝感其诚，封为“扬威侯天曹猛将之神”，百姓称作蚂蚱神。百姓不忘这位忠诚无二的大将军，修庙祭祀。神庙虽小，但建于武帝高台之上，无疑是对刘猛将军尊崇至极。查《辞海》，“蚂蚱神”条下，一猛将须发怒张，将一只巨大的蝗虫竖立紧紧抓住，欲用力撕裂状。此即是民间祭拜的蚂蚱神形象。史载刘猛为传说中灭蝗保穑之神。

《天津府志》称：武帝台基高六十丈。西汉时一尺为今 23.1 厘米，换算台高则为 138 米之多，可谓蔚为壮观。据考，武帝台下部基址为西汉遗迹，台东即是西汉时黄河河口冲积扇，汉武帝元封二年至新莽建国三年时的 120 年间，低洼平坦的渤海湾西岸，即是大河携带西部黄土闯荡无羁的出海口。台北即齐、燕交界之地，此台原为烽火台，汉武帝元狩二年在此地基上再垒高台而成。清《沧州新志》又云：“汉武帝求仙海上筑之。”《河间府志》称此台，“又名武帝仙台，汉武帝太初元年冬行幸泰山，东临渤海，望祠蓬莱几至殊庭”。《盐山新志》有诗：“武帝英武填胸臆，创制恢宏吞八极。自谓承平一事无，思得神仙来休息。”也可见，仰慕神仙长生不老是历代皇帝夙愿，汉武大帝步秦始皇后尘也理所当然。由此西南行，即有徐福东渡时童男女寓居的丱兮城、盐山的千童镇。

时代更迭，巨台历经二千年风雨剥蚀、人为摧损，已辉煌不再，沦为旷野上孤独一座土丘。不知何年小神庙已毁，残砖碎瓦散落。备战备荒时，由南侧挖出一条地道，深入台心，后塌陷成沟壑，如在土台肌肤上无情地划开的一道伤痕。

秋风里，台东南侧兀立的石碑被密不透风的树木草丛围护，隐约可辨“汉武帝台古遗址”，挺拔的这块坚石上小下大，确如汉武帝威武豪气之身躯。沿北坡上行，几年未至，细如拇指、粗如锨把的酸枣树，已威严地把守着每一处台地，用尖利的枣刺扎进你的手背、牵扯你的衣袖和裤腿。细密的芦苇高扬着穗头，脚下芦草中残留的枯草发出愤懑的断裂之声，身后芦草又扬起了身姿。台顶，酸枣树和荒草遮掩了勘探的桩柱和残木架，也容不得人们再踏上这古老台顶的土地。

武帝台上拨开茂密树枝西望，约两公里处一座小村名搬倒井。秋阳下，红瓦的房舍掩映在浓密的树丛中。村庄虽小，却留下帝王、悍将赫赫武功的传说。汉武帝当年率领千军万马巡海临近武帝台，荒滩野地之上人与马口渴难挨，忽见此处一井，人马拥挤汲水而喝。武帝愤而伸开双臂，抱住井台向一侧搬倒，甘洌井水倾涌而出，人马得以解渴，武帝遂登台观海祭神。另一传说，武帝台南民众打一新井，一武士骑骏马嗒嗒奔波而来，人与马儿甚渴。一妇人正在井旁用罐打水，武士向她借用罐子打水饮马，妇人不允。武士无奈，愤然将井用蛮力搬倒，清洌泉水流出，人马饮水而去。清道光年间，有刘氏迁居此地，就以此“搬倒井”定村名。人言确有此斜井，但如今已再难寻遗迹。再向西遥望，16公里外的郛堤城已难目击，那是汉代合骑侯公孙敖所封之侯国之地，汉武帝文治武功，皇威所至。古代先辈们在这沿海河流、洼淀沼泽的缝隙中生生不息，用生存的智慧守护着这方疆土。极目北顾，4公里外即是三河并流入海的石碑河、南排河、廖家洼干渠；转身向南看去，楼宇在大平原上挺耸立，昔日的荒凉已不复返；向东远眺，海岸已去遥远的滩涂。如果时光倒流，当年河水奔涌、海涛澎湃之声会交相传来。

台下的土地高出周边一米多，翻耙过的耕地上，贝壳残渣已经历过千年牛踩人踏机轧，依然连片坚韧地显露在表土上，还有偶尔可见的绳纹豆盘碎片。台周榆树苍苍，桑木郁郁，蒿草阻路，蒺藜绊脚。狗尾草得意地扬着尾巴，酸枣垂下的串串枣子，绿如翡翠红若玛瑙，引诱人们摘食莫再登台。鹅绒藤、牵牛花攀援在树干上，开得正艳的花朵装饰着四周，稀释着这古台的荒凉和冷落。台西南，一株粗壮的榆树，折断的枝干向北横伸，树冠蓬蓬，俨然武将刘猛站立台上，披风在大风中飘逸作响。“啾啾啾、唧唧唧唧唧，啾啾啾、唧唧唧唧唧……”鸟儿叫声从树木草丛间传来，那是苇莺清灵的歌声，像在呼唤芦花倾情怒放的日子，也像欢送造访的人们。

（一）古代题咏

黄骅境，自古水恶地鄙，洼大村稀，历代文人骚客，绝少涉足。明清时期，仕宦者中风雅之士，于巡任之暇，亦有吟咏。现将《沧县志》（民国22年版）、《沧州志》（乾隆八年版）、《盐山县志》（同治版）中所载，综选数篇而录之。

卯兮城

（明）王翱

秦帝求仙筑丱城，千童意换尔长生。
美安诞诱无消息，万古犹惭二世名。

卯兮城

（清）符曾

童子采药来，相将凌扶桑。
徐福诞妄流，大言欺秦王。
至今卯兮城，秋草填斜阳。

卯兮城

（清）刘曾坷

荒原茫茫地势起，云是丱兮城旧址。
丱兮城名自何起，始自祖龙秦天子。
祖龙为帝愿为仙，国享万世岁享千。
眼前欲觅长生药，下诏征求遍垓埏。
徐福应诏来咸阳：臣有异术求仙方。
请选三千童男女，随臣远觅白云乡。
秦王闻之心甚许，搜括阎闾小儿女。
儿泣女涕聚此城，悉听徐福乘风举。

吁嗟乎！

徐福巧借帝王权，携此男女海中天。

第一或在蓬莱峰，否则得意亦虬髯。

秦王望福福已渺，辒车鱼载关东道。

武帝台

（明）王翺

地筑高台百丈余，登临望海有仙居。

晚年下诏方哀悔，栾大文成总是虚。

武帝台

（清）潘震甲

通天初建柏梁火，北狩东巡志犹颇。

神歌一唱交门官，仿佛仙人向祠坐。

求仙心急到蓬莱，更作临榆望海台。

峻石当门猿鹤立，狂澜拍岸鱼龙回。

燕齐方士终朝侍，神山离即灵山至。

落叶哀蝉不忍闻，妻孥脱屣本非易。

骑鸾跨凤总荒唐，海上空传不死方。

风雨潇潇茂陵树，台前谁爇返魂香。

搬倒井

（明）王翺

帝台南下洌寒泉，威猛非凡暂息鞭。

妒妇夺罂悭饮马，幡然搬倒不知年。

搬倒井

（明）杨文卿

望仙台殿销烟霞，台下荒芜眢井斜。

壮士知归何处去，深云杳霭乱鸣蛙。

抵盐山故城

（清）崔旭

不识卫南路，踏荒初此行。

天形垂野大，地势接云平。

望远孤村影，逃虚两日程。

客心正寥落，故址见高城。

七女冢

（明）王翱

哀哉七女筑亲坟，抱土累累不记春。

尚想当年同尽孝，行人到此倍伤神。

注：位于旧城村南，传说有生七女者，死后七女抱土筑坟。

海边即事

（明）吕希夔

天空人净晓风和，万叠红霞浴碧波。

没网渔人水底立，冲涛帆影日边过。

潮头落处龙鳞现，河岸堆来鱼骨多。

席地坐观狂心发，管弦声沸杂笙歌。

潮来

（清）前人

总是灵胥恨未终，扬波漂沫撼长空。
天池自古能朝夕，叱水何须异尹公？

潮回

螭驾阳侯转去迟，岂须拔剑詈风魑？
奔波渐远堆螺岸，知是悬牛已伏时。

望海叹

（清）王培新

望远海，秋风来，吹我直上望仙台。
乘跷欲往渺无路，坐看渤澥飞尘埃。
尘埃四起，毒雾横流，群妖谫迕轻阳侯。
鳌自戴山蛟自舞，蜃气幻出空中楼。
楼上骊珠堕楼下，阴火然。
珠累累以耀彩，火焰焰以生烟。
鲛人入室操戈铤，惊起痴龙出九渊。
横桥血染秦皇鞭，鬼鞭石鼍驾梁。
海涛搏击，海若披猖。
掣海长鲸不可以逼视，鲽鲽效顺空奔忙。
天将驱鳄下天阙，叱咤讵难走穷发。
奈何邀路任海童，反自挂帆捞海月。
吁嗟乎！
海客狎鸥鸥敢惊，系颈不烦请长缨。
龟贝百朋输海峤，海市重开海镜清。
我叹沧桑难逆料，徐福岛上鱼怯钓。

蓬莱风起引舟还，波臣痛哭天吴笑。

泳海竹枝词（二首）

（清）王庆元

春风争唱枣芽黄，秋雨潮来雁过霜。
听说海船昨日到，鱼虾转贩羊尔庄。

伏猗城上凉风归，郛堤城畔兽初肥。
窄襟短袖者谁子，勒马韝鹰秋打围。

海边即景

（清）张印潭

地卤稀花草，荒凉客馆春。
出门唯见水，扫径不见人。
燕学江南语，风扬北海尘。
渔翁歌笑处，还恐怪儒巾。

麻姑废城

前人

古堞寒烟合，海天衰草连。
三山何处觅，五垒此城传。
吼日遗神狻，稽年辨古钱。
麻姑如可接，更为问桑田。

经麻姑城作

（清）李之峄

天苍苍，水茫茫，风软沙平左道长。

孤村远桥苍天外，一片夕阳烘大荒。
行人荡臆豁双目，翻讶万里归尺幅。
路旁陵丘埋荆榛，殷勤下马访樵牧。
皤然一叟来徐徐，我其询之为植锄。
今朝瓦砾昔城阙，莞尔而笑指废墟。
传言好道汉孝武，元封之间屈指数。
丹砂却老龟无灵，金茎擎霭天何补。
武皇求仙意转浓，恍惚如悟形与容。
西驾曾探王母宅，东巡更觅麻姑踪。
当年此地为沧海，古来几度沧田改。
蓬莱方丈及瀛洲，遥隔一水但烟霭。
筑坛东望坐可招，彷徨依稀见垂髫。
珠帘月卧香云袅，画壁风微绣旆飘。
麻姑遗事君知否，愿君少憩为君剖。
鸡鸣一去果登仙，鹤返千年谁记寿。
世人艳说王方平，尸解蝉脱旧有名。
忽招少女艳如玉，更来吴下驻行旌。
蔡经自是闻苑客，欣扫蓬荜挹光泽。
惊迎风辇肃仪形，旋窥鸟爪负鞭策。
至今犹忆玳筵开，镂金之盘紫霞杯。
龙绢鸳绮眩银海，凤髓麟脯泻玉醅。
别来一笑五百年，转眼沧桑几变迁。
近见蓬莱水复浅，会看溟海又为田。
一从异迹达天阙，祀等岳渎严对越。
讵知可望不可即，幻影终同水底月。
前有曼倩复千秋，婉讽直谏忠爱周。
蓬莱宫里候先人，一朝星散虾与鳅。

君不见，封禅制，金声玉振缥缃丽。
遗书司马隔千年，考瑞倪宽嘲万世。
又不见，嵩高山，太室巍巍云汉间。
但见三呼史有谀，浪传万岁神何悭。
试看麻姑城里草，几度荣枯天地老。
况君与我寄蜉蝣，何劳吊古伤怀抱。
君且行矣我且归，笑指东林月又辉。

（二）民间传说

1. 搬倒井的传说

搬倒井，中捷农场一个小村庄，由黄骅武帝台向西不到 2 公里，一千五百多亩耕地，二百多人。小村名称的来历和一口古井有关。据《盐山县志》记载：传说汉武帝东巡海上经此，人马上千万渴甚，武帝将井“搬倒”，泉水涌出，后人见井“搬倒”，取名“搬倒井”。清道光九年（1829），附近仁村刘氏居此，便以此井取村名为“搬倒井”。时光荏苒，现井早已湮没难寻。

又一故事传说：汉武帝台南面脚下有一眢井新浚，一妇人在井旁以罂汲水，忽一威猛非凡的乘马武夫经此，向妇人求罂汲水饮马，妇人因受男女授受不亲的礼教而拒绝借罂。武夫幡然把井搬倒，泉水倾泻而出，饮马而去。井自此倾斜，后人称“搬倒井”。此其一说，即以明代诗人杨文卿、礼部尚书王翱二诗缘起。

其一：望仙台殿销烟霞，台下荒芜眢井斜。壮士知归何处去，深云杳霭乱鸣蛙。

其二：帝台南下冽寒泉，威猛非凡暂息鞭。妒妇夺罂悭饮马，幡然搬倒不知年。

2. 张娘娘和娘娘河

张娘娘，名熄，字孚敬，明代成化三年（1467）生，河间府兴济县（今沧县兴济镇）人。张娘娘的父亲叫张峦，是个监生。会看阴阳宅，人们都称他张先生。张娘娘的大哥叫张鹤龄，二哥叫张延龄，全家以务农为生。

张孚敬从小没娘，跟着父亲、哥嫂艰难度日。父亲经常外出看风水，没时间照料她。她长了一脑袋秃疮，哥嫂都嫌她脏，不让她在脸盆里洗脸。她只得到卫河（南运河）里去洗。卫河沿上长着一排排的垂杨柳树。在春天柳叶青的时候，她边洗脸边看着柳叶说：“柳叶青，柳叶青，皇帝请我坐正宫。”到了秋天柳叶黄的时候，她边洗脸边说：“柳叶黄，柳叶黄，皇帝请我当娘娘。”人们听了，都说她说疯话，叫她疯丫头。

一天，疯丫头和嫂子到地里挖野菜。路过土地庙，疯丫头指着土地泥胎说：“嫂子，这个人站起来朝我拜了三拜。”嫂子说：“别瞎说了！净说些傻话，长大了谁还给你说婆家？”疯丫头说：“我不骗你，是真的！”嫂子说：“怎么我没有看见呢？”疯丫头说：“我看见了，你看不见，证明你不如我。”嫂子说：“瞧你这秃样儿，你这辈子还能好！”疯丫头说：“早晚有一天，我非让你在我脚底下行。”

张先生不在家时，嫂嫂不管她饱饭吃。疯丫头在家吃不饱，就到集上要饭吃。她到包子铺、馃子铺门前一站，不喊爷，不叫奶奶，就伸手等着给。有人嫌她脏，轰她走，她就说：“你一天也开不了张！”也有人可怜她，知道她没娘，受哥嫂虐待，就送包子、馃子给她吃。她就说：“买卖兴隆！”事情真怪，凡是她说不开张的，真就没人来买东西；凡是她说买卖兴隆的，这天就忙不过来。这一来，她站到谁家门口，都抢着给她钱或东西。这事情被哥哥们知道了，觉得妹妹要饭吃，面子上挂不住。在一天吃早饭的时候，两位哥哥对父亲说：“爸爸，你整天给人家去看风水，怎么不给自己家看看呢？咱家出了个孚敬，多现眼呀！”张峦笑着说：“咱家阴宅阳宅都不错，就怕你哥俩没福，到后来得沾你妹妹的光。”鹤龄、延龄都不信。父亲说：“这样吧，今天晚上，夜深人静的时候，你们俩到咱坟地后边的干坑里去拉鱼，拉回鱼来炖着吃，天不亮必须吃完。”这时，有人来请张峦去看风水，他走了。哥俩听了半信半疑。既然父亲说了，就试试吧。

到了半夜时分，哥俩抬着渔网来到干坑。一看满坑干坷垃，一点儿水没有，哪来的鱼呢？依着延龄不拉了，要回家。鹤龄说：“咱父亲还骗咱吗？拉吧！”哥俩从北头拉到南头，没鱼；又从南头拉到北头，还是没鱼。延龄又要回家，鹤龄说：“你摸摸这土都湿了，像是来水的样子。这么大的坑，谁知道鱼在哪一片？咱们一网一网地挨着拉。”于是二人又拉起来。拉着拉着，坑里有水了。哥俩挺高兴，一会儿，“扑通”一条大鲤鱼撞在网里。弄上来一看，红头，红尾，红鳍，足有四斤多重。哥俩弄回家去就炖，熟了把鱼肉都吃了。到东方鱼肚白的时候，孚敬起床了，闻到香味就跑了过来，一看桌上摆着鱼头鱼尾和鱼刺，她划拉划拉都吃光了，父亲回来了，问老大和老二：“你俩拉着鱼了吗？”“拉着了，大鲤鱼有四斤多，俺俩炖着吃了。”“你妹妹吃了吗？”“她来晚了，光吃些鱼头、鱼尾和鱼刺。”父亲听了长叹一声说：“你俩果然没有福，以后沾你妹妹的光吧！”老大老二问怎么回事，父亲只是笑着说了句：“日后你们自然会明白。”

到了明朝宪宗朱见深时期，成化二十一年夏天，皇太子朱祐樘已经 16 岁了。宪宗要给儿子选媳妇。据钦天监观测，太子之妻应出在河间府兴济县城内，宪宗派大太监梁芳、小太监刘瑾等数十人到兴济来选“秀女”。临出发时，梁芳和刘瑾问太子：“幼主，选个什么模样的？”太子说：“昨天夜里我做了个梦：梦见个头戴银盔、怀抱凤凰、骑着龙、手拿竹节枪的人和我拜天地。你们见到骑龙抱凤手拿竹节枪的就选。”梁芳、刘瑾连声答应，带领太监和宫女，驾驶龙船直奔兴济而来。

兴济的官民听说皇帝来选“秀女”，可就忙起来了。搭牌坊，修门脸儿，扫街道，清垃圾，折腾得可热闹了，连乡下的老百姓都知道了。开选的那天，姑娘们打扮得花枝招展，在大街上站着准备应选。媳妇们也穿上好衣裳去看热闹，老头儿老婆儿和小孩们也出来了，连十里八里的乡下人也好奇地进城来看，大街小巷都站满了人。

龙船来到兴济街南头，卫河拐弯处靠了岸（后人称这停船的地方叫“龙窝”）。抬着轿走大街串小巷选起“秀女”来。张孚敬的嫂子嫌小姑又秃又脏，怕人笑话，把她锁在院里，自己出去看热闹。孚敬听见外面锣鼓喧天，想出去看看，几次拉门拉不开，看见院里有根打枣的竹竿，便拄着爬上去，骑在墙头上拿着竹竿看热闹。这时街上人流拥挤，闹得鸡飞狗跳。一只大红公鸡飞上墙头，被孚敬一把抓住搂在怀里。选“秀女”的轿子正好来到近前，小太监刘瑾一眼搭上了张孚敬，对梁芳说：“娘娘在这里！”梁芳往墙头上一看，完全符合幼主提出的条件，头戴银盔、秃疮嘎巴不是银色吗？骑着墙头，不很像骑龙吗？抱着公鸡，不正像抱凤吗？手拿竹竿，不就是竹节枪吗？于是他上前跪倒，口称：“娘娘千岁，奴婢等接驾进宫。”梁芳这一喊不要紧，呼啦啦跪倒一大片，宫女太监都齐声高呼，声音惊天动地。张孚敬哪见过这场面，吓得一头栽到院里。嫂子一看小姑被选中了，慌忙开了门锁来到院里，只见妹妹满头是乌黑锃亮的青丝，地上有一只大银碗——这是孚敬摔掉的秃疮嘎巴。这时宫女们进来，忙拿出头符子给孚敬盖上头，扶着孚敬去上轿。嫂子忙拦着说：“让我妹妹到屋里换换衣服吧！”宫女们说：“你这屋子哪是娘娘更衣之处？到龙船上更衣吧！”来到轿子近前，孚敬不上，说：“嫂子，你趴下，我踩着你上轿才行。”嫂子无奈，只好趴下让孚敬蹬着脊背上了轿。

来到河边下轿，上了龙船，早有人端来香汤洗脸沐浴。洗净再一看呀，粉脸犹赛三月桃花，丰满、细腻的肌肉如粉似玉。随后穿好霞帔，戴上凤冠。正想戴耳环，发现耳朵上没有眼儿，这才现扎耳朵眼儿。这时，龙船离开兴济往北已经走出二里多地，人们把西岸这个村叫“扎耳庄”——后来叫成“张二庄”了。

孚敬来到北京，拜了花堂。幼主朱祐樘揭了盖头一看，不胖不瘦的瓜子脸儿，乌黑的青丝，月牙弯的柳叶眉，杏核大眼双眼皮，粉里透红的脸蛋上两个酒窝，真有闭月羞花之貌、沉鱼落雁之容，好像奔月的嫦娥，又如下凡的仙女，满朝文武无不夸赞，幼主更是欢喜。

成化二十三年宪宗驾崩，朱祐樘继位，即为孝宗，改年号为弘治元年。封张孚敬为皇后，倍加宠爱。并追封她曾祖父张迪、祖父张绶为寿宁侯，封她父亲张峦为昌国公，封她大哥张鹤龄为寿宁侯、二哥延龄为建昌伯。都迁到北京居住。

弘治十八年，孝宗晏驾。太子朱厚照（孚敬所生）继位，即为武宗，改年号为正德元年。这时孚敬已是慈寿皇太后，权势就更大了。武宗年幼，不能掌管朝政，她让干儿子太监刘瑾掌管朝政，并封刘瑾为九千岁。张峦死后，张鹤龄承袭父亲爵位——昌国公。

这时的两位国舅可就无法无天了。动用国库大批金银，在兴济县修家庙，一直修了十多年，浪费的财力、人力无法计算。尤其是张延龄，卑鄙残忍，奸污婢女然后杀掉，民愤极大，满朝文武敢怒而不敢言。

武宗死后，没有太子继承皇位，兴献王朱祐杬的儿子朱厚熜登基，即为世宗，改年号为嘉靖。这一来两位国舅就不能随便动用国库了。他俩横行霸道惯了，总想发财。当时食盐金贵，不许私人卖盐。两位国舅打着太后的旗号私挖盐河，企图由水路运输海盐来家销售，牟取暴利。这条河西起兴济北边的冯官屯（现属青县），东到天津市的南大港入渤海，全长一百多华里。至今，人们都把这条干河叫“娘娘河”。

这条河路线选择的不对，都是流沙，挖一锨长两锨，挖个坑一会儿就淤平了。挖了一年也没挖成。越挖不成，两位国舅越着急，一下子从外地招来三万多民夫。这一带是苦海沿边，百里无井，民夫们住工棚，睡野洼，海风刮，活累又吃不饱，一批批病倒。民夫们传说水里有小虫，咬了人就死，喝了有小虫的水就上吐下泻（其实是嗜盐菌中毒）。那时医疗条件差，民夫死亡上万。财迷心窍的两位国舅无动于衷，不肯停工。河槽越挖越高，河心竟高过两堤，两位国舅仍不死心，照常挖。当时有两位大臣——曹祖、董录，看到挖河死的人太多，便上朝奏本。他们不直言，跪倒身躯对世宗说：“贩卖私盐者该当何罪？”皇帝说：“杀头！”又问：“私挖盐河呢？”“全门该斩，后灭九族！”再问：“公子王侯犯着，怎样处治？”皇帝想了想，自己亲近人并没有犯这罪的，于是说：“与民同罪！”二位大臣高举本章奏道：“我主万岁真是有道明君！”皇帝接过本章一看，是参奏两位国舅，心里可又为难了。他想：我继承叔伯哥哥的皇位，当时我大娘（孚敬）若不同意，我这皇帝也当不成。这灭九族……我大娘也姓张啊！可是，我把话已经说出去，君王无戏言哪！他想到这里，脑瓜一转有了主意，说：“全门该斩，后灭九族，三天以后百里以内拿人！”这旨意一下，张家没等三天，一天一夜就从兴济跑到了南皮县安家定居。结果一个人也没逮住。曹祖、董录二位大臣一看坏事儿了，于是，双双自尽了。这时满朝文武愤怒不平，皇帝不得已削了大国舅张鹤龄的职，二国舅奸杀婢女加罪入狱，定为冬季斩首。慈寿皇太后想找皇帝为哥哥讲情，皇帝不见她。她又写信给皇帝，皇帝看在孝宗高堂的面子上，把大国舅削职改为降职，派到南京去当指挥司。二国舅由死罪改为无期狱死。后来，大国舅对降职不满，咒骂皇帝，又被大臣李东山参了一本，被下了狱。皇帝一并把张孚敬赶出宫去，不准她参与国政，她再说什么皇帝也不听了。后来大国舅在狱中瘐死。张娘娘病死后，皇帝把二国舅斩了。后人说：“娘娘河，害人河，越挖越高变山坡。平民百姓死上万，二位国舅见阎罗！”

3. 牧猪港

从前，渤海边的百里大洼，人称牧猪港。不知哪一年，从南方来一个会“憋宝”的老汉，穿得破衣烂衫，挑一副草筐。来到这里，站在高台子上一望，百里洼淀上雾气蒸腾，烟云笼罩，蓦地大洼里放出一片金光。他跋涉到洼淀深处，拨开水草苇丛，只见一洼草甸上，几十只金光闪闪的小猪崽儿正在寻食嬉戏，欢蹦乱跳，真爱煞个人。

从此，老汉在洼边扎上窝铺安下家来。一开始，小猪见人就呼地四散跑开，老汉根本贴不上边。老汉也很有耐心，天天去小猪群边上转悠。秋天，打下黄菜盘籽晒干垛起来，冬天撒到草甸子上喂小猪。慢慢地，小猪和老汉混得熟，天天围着腿转，拱他的脚后跟。春天，老汉就赶着小猪到水草肥美的草甸子上放牧。

一晃十年过去，老汉已是银须满把，他来到洼边的村庄，悄悄告诉几个穷汉，约好三天后和他一起去捉小猪。没有不透风的墙，消息传到一个老洼主的耳朵里，这人贪财出名，恨不能“被窝里放屁——独吞”。他一听到这事，心想我一个人捉它几只，这辈子不愁享福，后代儿孙们也有份。半夜里，他背起绳子了洼甸，藏在一堆草里，顾不得身边爬来爬去的长虫和刺猬。早晨，猪群来了，在草甸上寻食，几只猪在草堆边一个劲地拱。老家伙在草缝里瞧准一只，猛地伸出手抓住两只猪耳朵。小猪受惊，在地上狂蹦乱跳，老洼主死死揪住不撒手，生生地扭掉一只猪耳朵，小猪一蹄子蹬瞎他的一只眼。老洼主松了手，痛得在地上打滚，大群猪呼啸而去，老洼主得到的是一只金耳朵。

三天后，老汉和人们来到这里，才知道发生的事，懊悔不已，纷纷谴责那个老家伙。大群金猪从此再没有回来，不见踪影。老汉又挑起草筐到大洼深处寻那群金猪去，这里却留下牧猪港的传说。

4. 武帝城的狐仙

黄骅城北，有个土城废墟叫郛堤城，老百姓都叫武帝城，相传是汉武帝时修筑。

土城四周处处是狐狸窝。不知从何年起，这里出了一个狐仙。方圆百里的百姓都来这里烧香、拜仙、求神、求药，香火不绝，慢慢成了赶庙会的热闹场所。谁家要办红白喜事，可以到这里来借笼屉蒸锅、杯盘碗盏，黄昏时候到土城下烧上一炷香，然后围土墙一转，准能找到要借的家什。用完后刷洗干净，照样送回，百借百验。可不知哪一年，有个贪心的家伙，到这里借了一大套家什，办完喜事就再没送还。从此，再也不灵了。

由武帝城往东十里，有个扣村，村里有个五十多岁的接生婆。一天夜里，一阵驴铃响，随着听见了敲门声。老婆婆起来点灯开门，见是一个丫鬟打扮的俊俏姑娘，身后停了一辆带篷的小驴车。小丫鬟上来道了个万福，焦急地说："大妈，我家夫人临产了，一天多生不下，人都快不行了，求您老去看看。"这种事老婆婆习以为常，二话没说，跟着丫鬟就上了路。车篷外，伸手不见五指，只听见铃铛叮铃铃响，小车走起来一阵风，转了一个圈又一个弯。不多时车一停，小丫鬟掀起车帘让大妈下了车。嚯，眼前一座好阔气的门庭，一帮人打着灯笼在门外等候。老婆婆随丫鬟进了大门，左一个厅右一个院，转得眼花缭乱，最后来到了夫人房间。只见那夫人脸色苍白，已说不出话来。不多时，孩子生下来了，"哇"的一声啼哭，夫人睁开了眼睛。老婆婆说："恭喜恭喜，是个大小子。"产妇笑了，伸手招丫鬟到床前说："好好送送大妈。"

老婆婆要走了，家人出来相送。送她糖果点心不要，送她绸缎锦帛不要，最后过来一个老太太，抓给她一把豆子，掖在口袋里说："不给你别的了，给把豆子吧。"老婆婆坐在车上，心想要把豆子有啥用，一边走一边扔。到了家，丫鬟告别返车远去了，老婆婆睡下。早晨起来一摸口袋还剩几颗豆，刚想扔出门去，亮晶晶直晃眼，拿眼前一瞅，原来是几颗金豆子，村里人都说是狐仙送的。几粒金豆，让老婆婆得以颐养天年。

5. 蚂蚱神

渤海沿岸，洼连着洼，是历史上有名的滨海蝗区。千百年来，老百姓苦于飞蝗之害，总是幻想着天上的神灵下凡，为民除害。

据说，宋朝有一个将军，名叫刘猛，此人为官清正，同情民间疾苦。他听说渤海沿岸蝗虫成灾，十分焦急，几次上书朝廷，请求率兵灭蝗除害，并誓言：蚂蚱不除，决不还朝。皇帝感其心诚，遂拨精兵五万，命他昼夜兼程，赶赴海边。

时值农历四月中旬，蝗蝻（小蚂蚱）正出土，密密匝匝的，地上成堆成堰，草上成枝成串，满洼沙沙作响，过后寸草不留。刘猛虽然是一位身经百战的将军，这种阵势却未曾经历过，一时也感到束手无策。

他找来当地百姓，征求灭蝗的办法。在百姓的指点下，刘猛命令士兵把蝗蝻装进口袋，再埋入土坑，但蝗蝻多得装也装不完；士兵们套上牛马拉上碌碡满洼里碾压，压死的蝗蝻一层又一层，活的蝗蝻又从洼里爬过来；挖上一道道壕沟，蝗蝻爬进沟坼，再翻土掩埋、踩实，蝗蝻又像潮水涌过了壕沟；烧上大锅，收起地上的蝗蝻煮，煮死的蝗蝻堆得像一座座小山，蝗蝻爬过了锅、压灭了火，黑压压地向前拥。士兵们天天装，夜夜埋，日日煮，昼夜不停，苦干了整整半个多月，可洼里的蝗蝻不见减少。蝗蝻越长越大都长出了翅膀，铺天盖地飞起来了，一时天昏地暗。这可急坏了刘猛将军，心想：一位朝廷大将，竟然连小小的蚂蚱也治不了，还有何颜面去见皇上？于是，一怒之下，投入渤海。

刘猛投海惊动了海神，于是，西北风遽起，将蚂蚱全都刮落大海；刘猛之举也惊动了海龙王，一时怒涛翻滚，蚂蚱被淹灭，一个不剩。百姓都说：这是刘猛将军显圣了，前来聚虫除灾。风停浪息后，百姓把刘猛葬在了海滩。一人一兜土筑起了坟墓，这就是海边的大山，抖落衣襟上的尘土又成了小山。人们称刘猛为蚂蚱神，并为他修了一座庙，世代祭祀。也有的传说，皇上封刘猛为蚂蚱神。

6. 老鼠精

年关快到了，方圆百里的大洼空荡荡地看不见人。一个洼台子上，只剩下一个光棍子看洼，守着那几十垛苇子。二十五大集，他去几十里外的村里买回几斤肉。年三十傍晚，天渐渐黑了下来，一望无际的大草洼里，没有一丝声响，静得有些瘆人。小伙子关起草窝棚子门，剁了肉，包饺子过年。

忽然，听得门外一阵“叮铃铃”的驴铃响，接着草门子不声不响地开了，飘然走进来一个少妇。这女子头罩花巾，身穿青葱色棉袄，脚下一双小红鞋，脸如一轮皎月，水汪汪的一双杏眼，楚楚动人。小伙子停下了手中的活，两眼瞪得很圆，口水就要流了出来，这不是仙女下凡了吗？那女子朱唇一启开了言：“大哥，我要到韩村过年，走迷了路，天老黑的，我就在这儿将就一宿吧。”光棍子三十大几，还没有和哪个女人热乎过，这不是天赐良缘吗？可转念一想，这满洼野地的，这么黑了，哪来的女人？就慌忙推托说：“不行啊，这里就我一个，小窝铺又小，怎住得下你？你还是快走吧。”那女人抽抽搭搭地要掉泪：“大哥，这么黑，我往哪里走？”光棍子觉得这女人也怪可怜，心一软说：“唉！还是先过年吧。”于是，男的擀饺子皮，女的包，一会儿，小盖垫上就放上了一两圈饺子，小巧玲珑，活像那女人的小耳朵。

光棍子手在紧忙活着，心里也闲不住：我要能娶上这么个天仙般的小媳妇多美啊！忍不住要和那女人搭腔。谁知一斜眼，看见那女人正从盆里夹了一筷子生馅子，飞快地送进嘴里，小伙子留了神。见那女人一会儿一筷子，小嘴不住地嚅动，好像吃得蛮香。小伙子这才有些醒悟，这准不是个人，还不知是什么精怪。

于是他借给炕添火，将一把铁锹头子烧在里面。估摸烧得红了，猛地抽出来，照着那女人的屁股就是一下子。“吱啦……”糊皮子的烟味立时弥漫了小铺，“哎呀！”随着一声惨叫，那女人一手捂腚蹿出屋去。光棍子追到门口，外面漆黑一片，女人已不知去向。光棍子再看门口拴的小毛驴，原来是一只大耳朵灰兔子，脖颈上哪是什么铃铛，挂的是一串牤牛蛋子[1]。

初一早晨，光棍子起来，扛起铁锨，顺着小脚印找去，在一个土岗子上发现一个大洞，一只小绣花鞋掉在洞门口。用锨一挖，挖出一丈多远。到了底一瞅，里面卧着一只二尺多长的死老鼠，屁股上的毛烧焦了一大块，两眼还水汪汪地瞪着小伙子。

7. 蜘蛛精

在苇蒲丛生荒凉的大草洼深处，有一块高台子地，每年冬天一上冻，村子人就来到这里扎上“一窝龙”，用铁搓[2]在凌上搓下苇子，又用凌爬拉上来，装上大马车从这里拉走。

有一年冬，村里几个人到了这里打苇，晚上寂寞难挨，有个年轻的就给大家吹箫解闷，那箫声传得好远好远，直传到大洼甸子深处。

突然，“唰”的一声，窝铺里的人都听见铺子顶上好像有张网扣在上面，又像撒下了一铺子顶豆子，一个个顿时像长虫吃莛秆儿——直了脖。有个胆大的毛头小伙子，推开草门子往外想看个究竟，却只见外面漆黑一团，一张大网扣住了门。一摸，那网绳子足有手指头那么粗，拉了拉粘手。小伙子慌忙缩回来，关紧门。就听见门外一个闷雷般的嗓音响起：“摸个吃，摸个吃！”人们吓得缩成了一团，浑身都是鸡皮疙瘩，谁也不敢出音。外面闷音又响：“再吹个，再吹个！”吹箫的小伙子手直抖，像吃了烟袋油，心想：这不是像老人们说的“吹箫引鬼来了吗”？事到如今，没别的法，他就战战兢兢地又吹起来。吹一段累了，想停一停，外面闷雷声又作响：“摸个吃，摸个吃！”“再吹个，再吹个！”只好又吹，直吹到月牙儿西沉、灯油耗尽，外面才没了声响。

此后，夜夜如此，小伙子通宵达旦吹箫，搞得一帮人心神不安，都想散伙回

① 牤牛蛋子：草洼里的一种野草核。
② 铁搓：冰上割苇工具。

家。还是一个老汉出了主意，大伙儿听了都说：“行，咱看它是个啥玩意儿。”到了天黑，人们早早把大鸟枪装上药，再装上一大把铁沙，吹箫的照旧吹着。不多一会儿，随着铺子顶上“唰”的一声响，人们知道那家伙又来了。箫声一停，外面又威吓地吼叫：“摸个吃，摸个吃！再吹个，再吹个！”铺里人说：“歇歇吧，你老先抽袋烟吧。”随着把枪筒子从小窗户口伸出外面。“咔嚓！”人们听到那家伙牙齿咬着枪筒子的声音，有人问：“点烟了？”闷声答：“点吧。”“咣！”的一声闷响，听见外面一声叫：“好壮烟！”就再也没有声音了。

第二天早晨，人们出了小窝铺，只见小窗户下一摊黑血，血迹一路哩哩啦啦隐没在苇子地里。顺着血印找去，在一人多深的荒草台子上，发现一个草垛下的大窝，一个大黑蜘蛛死在里面，足足有斗那么大。从此，这个地方被人们称为“蛛窝”。

8. 狼坨子

铁拐李算得上是洞仙中道行最深法力最高的神仙了，可在他还没有脱胎换骨成仙前，却有一段难忘的经历。有人传闻他的腿是被狼咬伤的，因此得名铁拐李，从那时起算是跟狼结下了仇，见狼就杀。

相传，渤海湾西岸方圆几十里都是盐碱地，地上啥也不长，只有两三条小河横在上面通向大海，这些小河是黄河的小支汊。很多商人就从内地雇船顺流而下进渤海，漂洋过海做大生意，入海的河口也渐渐热闹起来，打鱼的经商的络绎不绝。

俗话说：“得福不受，无事生非”，离这儿往北走十几里的草丛里，有一只修炼了几百年的老狼，能通人言懂遁术还会变化，可它难改本性，沉沦于魔道，一味地杀生吃肉。这天，老狼精炼了一上午，觉得肚子有些饿了就想寻些吃的。它指天画地嘴里嘟嘟哝哝，立刻有一大片乌云飘过来，老狼精跳上云头升入天空，它向下四处观望，寻来找去一个活的动物也不见。停住云头再仔细向远处眺望，猛然发现海上隐隐约约似有几条帆船往岸边驶来。老狼精一下子高兴起来，心想，这一下可够我吃几天的了。它呼风唤雨，兴波助浪，几条帆船顷刻间全部翻沉于狂涛浪谷之间。老狼精使法把落水的人们收拢起来，又吐了一口火把那些船烧掉，把这些人弄到僻静的地方美美地吃了几顿。就这样，一次两次，它越吃越馋，不知有多少人死在它的腹中。后来它嫌这样太耽误时间就想出了个诡计，使法用手指一指，海边上立刻竖起一棵大树，它尾巴一甩，大树上又挂上了一盏灯。老狼精就派了几只小狼崽守护着大树和灯，告诉它们晚上如有船来，马上点亮红灯。好多渔船和商船在海上航行见到这高高的红灯，以为是河口灯塔呢，就朝这儿驶来。谁知，一到岸就被老狼精全都吃掉了。以后，三天一丢人五天一没船，闹得打鱼的人们不敢出海，经商的人们心里发毛不敢靠岸。

一日，李玄应师傅及宛丘先生之约去华山，来到柳河边上，见不少的商船停靠在一起，几个船家哭哭啼啼的，李玄不知所为何事，走上前去便想问个明白。船家们见他气度非凡是个正人君子，就把事情的前前后后跟他说了。李玄一听心中不快，什么样的妖精这样丧尽天良？今天一定得管一管。李玄来到树下向四周望了望，随手捋了把叶子往地上一撒，就见叶子一会儿变成了活蹦乱跳的兔子围着大树乱转，李玄笑了笑一纵身，飞到了树上。老狼精这几日见没有小狼崽们报信，没有啥东西充饥，晚上饿得实在受不了，就到大树附近寻些吃的。一见地上跑着不少的兔子，便喜笑颜开。可是这些兔子一点儿也不惊慌，它心中顿生疑问，屈指一算，马上明白了怎么回事，原来这都是李玄搞的诡计。好个李玄，我不寻你，今日你倒来到我的门下，新仇旧恨咱今日作个了断，摇身一变就变成了一个巨人。它对着树上大喊："好个李玄，你今日作计诱我上当，告诉你我可不吃这一套！你家祖祖辈辈专干杀生捕宰的勾当，我家几辈被你不知宰割了多少生命，今日天数已到，快快下树跪在我面前，饶你不死，不然的话……"老狼精一见没人答应气就往头上冲，大叫大喊，让它的徒子徒孙快快拿锯拿斧子来锯倒大树。不多时就听得吱咯吱咯的拉锯声，那些小狼崽还不住地大喊："兄弟们快架起油锅，待把树拉倒捉住李玄用油炸着吃。"李玄爬在树上，就见树下大火熊熊，锅里的油哗哗翻滚着，心中有些害怕，身子也抖了几抖颤了几颤。心想，使法逃走可以平安无事，但自己是修道之人，定要做到克己慎身、平心静气。他开口道："你不潜心修炼却沉沦于魔道，残害百姓，罪恶不赦，你若就此罢休，上天有情可怜，如执迷不悟，定会受到雷劈电诛！"老狼精听了一阵冷笑："嘿嘿，死到临头你还不知，你若有胆下得树来和我斗一斗，如何？"

李玄气不过翻身跳下树来，两个在一起斗起法来，一个变大另一个变得更大，从地上斗到天上又从天上斗到水里，谁也不服谁。李玄见不能取胜，偷偷解下腰间的葫芦，要放火烧死老狼精。谁知，老狼精能眼观六路耳听八方，它呼啸一声，天空中电闪雷鸣、乌云四起、狂风大作。它显了显身形，尾巴一抡，正好打在李玄的身上，把李玄抽了一个踉跄，老狼精趁机咬了李玄一口，使了遁法钻进地里逃走了。这一口正咬在李玄的腿上，疼得李玄险些昏过去，等天亮时李玄再看周围，一点儿痕迹也没有，油锅不见了树身也好好的。李玄心中生疑，驾了云朵寻师傅去了。他师傅老君早已等在天空，见李玄一跛一拐的不觉笑道："徒儿，师傅早知你有今天一劫，不遭此劫你凡身难脱。那狼妖作恶多端天数已近，今晚该当命绝，师傅送你一根铁杖做手杖吧？"说完又俯在李玄的耳边把铁杖的用法细说了一遍。李玄得了铁杖胆子也大了许多，他再次来到树上。等到二更时分老狼精带着徒弟们又来了，它们在树下一圈一圈地转，嘴里不干不净地骂道："好你个李玄，昨日便宜了你，你今天又来捣乱，这次定难叫你活命……"它大吼一声，从嘴里吐出一团大火直朝大树烧来。眼见大树被火烧着，李玄跳下来与老狼精又打在了一起，直打得天昏地暗。老狼精口吐自己修炼多年的火丹要和李玄分个高低，李玄见状忙照师傅的吩咐偷偷把葫芦盖子拨了起来，呼呼几声响，火球就被吸到了葫芦里。老狼精和李玄斗得头昏脑胀，看到火球被吸到了葫芦里，便少了三魄。这火球可是它修炼了几百年才炼成的，是老狼精的命根子，丢了火球精神就不集中了。一走神被李玄一铁杖打得变了原形，吼啸一声张开大口向李玄扑来。李玄笑笑："嘿，这回俺可叫你见识见识捕狼的绝技。"李玄摇身一变，变成一只更大的公狼，趁机会一口咬住了老狼精的尾巴乱摇乱晃，痛得老狼精"嗷"的一声怪叫，李玄乂举起铁杖打了下来，把挣扎中的老狼精尾巴一杖给打断。老狼精没了尾巴吓得拔腿就跑，这一回也是慌不择路，一眨眼的工夫来到了海边，大海挡住了去路，老狼精无计可施，只得使法遁于海底。李玄追到海边，老狼精已不见踪影，再往海中一看，就见海面上有一股妖气直通海底。李玄伸手使出移山推土之法，借来马溜山之土把老狼精压在了海底，老狼精哼都没来得及哼就给活活压死了。从那时起海边儿就多了个土坨，因是压老狼精的土坨子，人们就叫它“狼坨子”。老狼精死后有人就在这里居住了下来，一来二去就形成了个小庄子，庄子也因“狼坨”而得名。狼坨子经过几百年的风侵浪蚀潮冲水淹已荡然无存了。

9. 丱兮城

秦朝时期，渤海边上的柳县地方，依河傍海土地肥沃，是南北通道要塞。因此，这里就成了河海交通的大埠，不论是海上来的商船，还是陆上的各行商人，都要到这里买物卖物做交易，每到晚上渔火摇曳，灯火通明，一度非常热闹。

有一年，大平原上干旱无雨，地裂树枯土地冒了烟，黄土遍地。人热死的渴死的饿死的无计其数，死尸多了也没人埋，有的横在道上，有的卧在河边，也有的被野狗撕得破肠烂肚。活着的求雨拜天无济于事，天还是照样烈日炎炎，不见一丝阴云，可秦始皇照样吃喝玩乐，对此事不闻不问。

有一天，天空突然阴了下来，随之狂风刮起，人们以为拜天心诚感动了上苍就要降雨。往天空一看不禁全愣住了，哪有什么云彩？原来是一只巨大的红鸟，鸟头如同簸箩，腿大如树，嘴中叼着根五彩缤纷的长叶草，几丈开外的大翅膀遮住了太阳。只见大鸟收拢翅膀落下地来，把叼着的五色草轻轻放在死人的脸上，死的人不一会儿就活过来。这样，大鸟一个个救活了好多人，最后，引颈冲天长鸣一声，展翅往东南方向飞去。

这事一传十、十传百，很快传到柳县县尹的耳朵里，县尹暗自高兴，正愁没有升官发财的机会呢，嘿，这回机会来了。于是他急忙写好呈文，叫人备轿，要亲自把这件事情报告给皇上。秦始皇闻听也大吃一惊，难道世上真有让人死而复生的仙药？他急忙派人找来鬼谷先生。这鬼谷先生，能耐可大呢，他本是上天天仙，因不愿在天庭受戒，到凡间隐居鬼谷，所以人们都管他叫鬼谷先生。鬼谷先生有数百岁，见多识广，秦始皇有好多不明白的事情都要向他请教。鬼谷先生告诉秦始皇，这长叶草名叫养神芝，生在海中的仙岛之上，长在琼田之中，三年一生三年一落，叶子似茭白，一叶能使死人复活，能使活人吃了长生不老。秦始皇听后茶不思饭不想，觉也睡不着。原来秦始皇野心可大了，他吞并了六国统一中国后，想永远地坐在龙椅上，怎奈人寿有限，怎不叫他一天天叹息。今日听说有养神芝能长生不老，他还不动心吗？

秦始皇殿下有一大臣叫徐福，见秦始皇坐立不安的样子就猜出了八九分。徐福早先是齐国的大臣，他很有心机，齐国被秦国灭了后他便归顺秦始皇。他早就恨透了秦始皇，恨不能一时离开他，可走又走不了逃又逃不脱，今日天赐良机，徐福眼珠一转计上心来。

他急忙上前跪道：“皇上，臣听父辈说过海中有三神山，一瀛洲，二方丈，三蓬莱，山上住着的仙人长生不老。山上长满了养神芝，山上的野物都是白色，吸气吐金，徐福愿吃斋念佛为皇上求长生不老的养神芝。”秦始皇不知真假，听徐福说得头头是道也信以为真，并问徐福需些什么。徐福见秦始皇已被自己唬住便信口开河，他说，只需造几条大船，选三千童男三千童女，全挑长得眉清目秀模样好看的。皇上圣旨一下可苦了民间的百姓，官府派兵挨门挨户找童男童女，一时间秦国上下儿哭女嚎爹泣娘涕家家不得安生。这挑那挑三千童男三千童女选好，秦始皇选择了柳河入海处为求仙入海的启航地。

秦始皇为了造大楼船，大砍大伐，柳县地方的树木给砍了个精光。为了防止选来的童男女逃跑，在距海口不远的地方又筑起了一座小城，四周垒成墙并挖了丈余深的护城河，城内筑起几丈高的观台以供秦始皇观看之用。楼船刚刚造好，秦始皇求药心切，急令徐福速速出海。出海这天热闹极了，秦始皇亲自登台观看，三千童男三千童女披红穿绿一个跟着一个上了大楼船，彩旗乱飘彩带飞扬，楼船起锚开缆乘风踏浪而去。

徐福这一去多少年也没有一点消息，谁也不知道他到底怎么样了，反正秦始皇到死也没有等到求长生不老仙药的徐福。三千童男三千童女侨居的土城人去城空，一年年过去，城倒屋塌已成废墟。因当年住过童男女，人们就叫它千童城。当时的童男童女头上全扎成两条像羊犄角似的小辫，所以又叫它“丱兮城”。丱兮城坐落在渤海边的羊二庄附近。据说，至今有人在下雨的黑夜，在废城墟可听见童男童女的哭声呢。

10. 渔姑

相传在古老的大海上，有一个地方叫狼牙礁。礁石上，有一座古庙，渔民们叫它渔姑庙。这座庙，大殿上的那根大梁是一只大鲨鱼的骨头做的，两只大鲨鱼翅，由能工巧匠做成了两扇庙门。进了殿，正座上，供着一尊身穿红衣的女神。这女神面如满月，眼含秋波，体态轻盈，手里擎着一盏红灯。这就是传说中的渔姑。

据说，在很早以前，靠狼牙礁的海滩上，住着一伙穷苦的渔民。渔民中有一个叫大樯的老渔民，家中一个老伴，一个儿子。那儿子叫铁锚，过了年才二十岁。一家三口人，租着堡主的一只小船，每年飘风打浪，过着担惊受怕的日子。

当时，沿海一带流传着这样的歌谣：一条渔船挂破网，长年累月漂海上。斤两鱼虾换糠菜，住着三檩破草房。

偏赶上狼牙礁一带，水深石头多，明礁星罗棋布，暗礁数不胜数。

这天，天将中午，狼牙礁的渔船刚出海，海上就起了风。这风只刮得天昏地暗，日月无光。风停之后，全村竟有十二只木船触礁，七十二人死在大海里，只有铁锚扒着一块碎板子活着回来了。

一次次的遇难，把人们的心都撕碎了。村里上了年纪的渔民，便开辟出一条新的船路，在船路上放上灯，渔船看到它，就再也不触礁了。灯需要有人点，小铁锚自告奋勇地担负起了点灯的任务。

这天，铁锚刚把一溜十几盏灯点好，突然，大风骤起，一个浪头把小舢板打翻，铁锚一下子被打昏掀进浪里。待他醒来，一睁眼，发觉自己已躺在一个像宫殿似的大房子里，身旁站着两个大姑娘。一个年纪大的，穿一身红衣裳，年纪小的，穿一身紫衣裳。那穿红衣裳的姑娘满脸含笑，手里端着一碗清水，慢慢地送到他的嘴边。他侧着身子，喝了两口，顿觉口内生津，浑身有了力气。他一翻身坐起来，自言自语地说："这是在哪儿？"

那穿紫衣裳的姑娘笑笑说："这不是你的家吗？"那穿红衣裳的姑娘责怪地望了她一眼。铁锚一听说是他的家，更有些疑惑不解了，忙说："不，这不是我的家，你们是什么人？"穿紫衣服的姑娘说："什么人？人们都叫她渔姑，是我们的姐姐，就是缺个姐夫。"

一席话，把那穿红衣服的姑娘羞红了脸。她伸出手捶了那穿紫衣裳的姑娘一下。这一行动，被聪明的铁锚看在眼里。他瞧瞧那穿红衣服的姑娘，想到村上老人讲的渔姑的故事，说有时渔船在海里迷了路，总看见一个穿红衣裳的姑娘，手里提着一盏灯，在前头引路。渔姑，就是海上的仙姑啊，想不到自己遇到仙姑了。他想到这儿，偷偷地看了她一眼，只见渔姑水灵灵的大眼，樱桃似的小口，白净的脸蛋儿，不由得产生了爱慕之心。可一想，自己还有点灯的任务，就深深地鞠了一个躬，说："多谢渔姑的搭救，因我还有事，告辞了。"

渔姑问："你要去干什么？"铁锚说："我去点灯。"渔姑笑着说："那灯不用你点了，交给我吧。"铁锚还是不放心，执意要去，渔姑说："也罢，咱们一块去点好吗？"说着，她向穿紫衣服的姑娘说："二妹，你看家，我去去就来。"说完，她用手轻轻地一点，一只大大的蛤蜊壳慢慢地划来。两个人上了蛤蜊壳缓缓地从海底升上来。

他们来到狼牙礁，只见原来点上的灯，三三两两，大都已被海浪打灭了。"站好。"渔姑说着，一弯腰从蛤蜊壳里抓出一把珠子，往礁石上一撒，登时，只见无数只红灯，一盏盏沉浸在浪涛里。铁锚一见高兴极了，拉过渔姑手说："你真好！"渔姑含羞一笑，二人重又回到了海底，结为夫妻。

这天，铁锚刚想辞别渔姑，回家去看老妈妈。一个海虾跑来报告："渔姑呀，不好了，你撒在狼牙礁上的珠子都让大鲨鱼吞掉了。"铁锚一听着急地说："这可怎么办哪？""这个黑货，欺侮到姑奶奶头上来了！"渔姑说完，便和铁锚驾着蛤蜊壳，离开海底，向狼牙礁驶去。一进狼牙礁，果然，一盏灯也不见了。只见那只十几丈长的大鲨鱼，正伏在一块大礁石下，专等渔船触礁呢。渔姑驾着蛤蜊壳儿，来到大鲨鱼面前，大声喊道："好你个老黑，你还我珠子！"大鲨鱼傲慢地把头晃了晃：“你为了找个老公，砸了我饭碗子，正想找你算账！”

渔姑一生气，从嘴里吐出一颗亮晶晶的珠子，带着一串火星向大鲨鱼打去。大鲨鱼一见珠子打来，不慌不忙，一张嘴吐出一股子黑气，把个亮晶晶的珠子包围了。渔姑一看不是鲨鱼的对手，忙驾着蛤蜊壳就跑。这时，黑鲨鱼把尾巴一晃，掀起一股巨浪，一直向渔姑追去。登时，狼牙礁的海水像滚了锅，岸上的海民都惊异地望着大海，不知发生了什么事儿。

老鲨鱼拼命地追着渔姑，看看要追上，只见渔姑伸手把铁锚搂在怀里，把那大大的两片蛤蜊壳往一块儿一合，成了一只金色的蛤蜊，慢慢地沉到了海底。大鲨鱼毫不放松，一张嘴，把蛤蜊壳整个吞到嘴里。狠命一吸，只听“咔嘣”一声，鲨鱼的大牙被硌掉两个。大鲨鱼疼得把大蛤蜊往外一吐，生气地围着蛤蜊转了一圈走了。渔姑回到海底，自知力量单薄，敌不过大鲨鱼，便请来了鱼兵虾将和海龟，又来到狼牙礁附近。

大海龟首先打头阵，它一踅海水，猛一口咬住了大鲨鱼的脖子，大鲨鱼一甩尾巴，照着海龟抽来。海龟把脖子往壳里一缩，大鲨鱼尾巴正打在海龟那硬硬的壳上，只听“嘣”的一声。大鲨鱼知道上了当，便大吼一声，又向海龟扑来，海龟不慌不忙，一直向前猛蹿。眼看要追上了，突然，从礁石后伸出几条长长的带子，一下子缠在大鲨鱼的身上。大鲨鱼拼命挣扎，哪知越挣扎越紧，一会儿就不能动了。它回头一看，才知道撞到八带鱼的手里。众鱼兵虾将一并拥上，把大鲨鱼砸了个稀巴烂。这当儿，渔姑忙剥开大鲨鱼的肚子，把它吞吃的珠子又重新拿出来，撒在狼牙礁上。从此，那一盏盏红灯，又一闪一闪地出现礁石上。

再说，铁锚的妈妈见儿子一去不返，哭得死去活来。谁知，这天，铁锚突然带着一个漂亮的大姑娘回来了。该村老少都聚拢来，为他家祝福贺喜。从此，渔姑和铁锚就在这渔村里过起了日子。

不知过了多少年，人们不见了铁锚和渔姑。为了纪念这位为民除害的姑娘，就把那只黑鲨鱼骨头盖了一座渔姑庙。有时，渔民们去海上打鱼，碰到了风浪，会看到前边有盏红灯，人们说，这是碰到渔姑了。只要碰到渔姑，再大的风浪，船也不会沉没。

如今，渔姑庙早已成为一片废墟，但这动人的故事依然流传在渔民中间。

11. 鱼娃娃

相传，王徐庄这个地方以前是一片汪洋大海，有一个很动人的传说。

岸上住着一对夫妇，常常吃了上顿断了下顿，靠打鱼勉强度日。一天，妻子生下一子，长得像银娃娃，夫妻给孩子起名叫银娃娃。说来奇怪，这孩子总也长不大，但活泼、可爱、聪明，左邻右舍都很喜欢他，见面总要夸奖一番。

这一天，银娃出外玩耍，回来后母亲见他手里拿着一颗金光四射的圆球，就问："银娃，这东西是从哪里来的？"银娃说："妈妈，我从海边拾来的，很好玩的。"说着顺手就把这颗圆球放在米篓里。

第二天，妈妈去拿米做饭，一看非常吃惊。昨天的米篓里只有一点米，刚够一家人吃的，怎么今天都满了？可能是哪位好心的邻居给的，真是好心的人啊，总是周济我们。妈妈没有怀疑，这一天，一家人第一次吃了顿饱饭。转过一天，她再去拿米，惊奇地发现，米篓里又满了而且竖尖竖尖的，她更是奇怪了，便去打听哪位好心人送的，可没有人说送过。

第三天、第四天，还是那样，且米越来越多。银娃把那颗圆球放在钱袋里，袋里的钱立刻就多起来，啊！原来是这么回事！一家人这才明白，原来这是一颗宝珠。妈妈便把吃不完的米送给穷苦人，让他们吃上饱饭。爸爸便把用不完的钱，分给穷苦人，让他们有钱花。

村上有个老财主听到这个消息，心想，如果我得到那颗宝珠，我就有吃不完的米用不完的钱，享一辈子福啦。于是带领一帮打手来到这家，气势汹汹地说："穷鬼，你家的那颗宝珠是我们家的，你儿子偷了我家的传家之宝，快把宝珠交出来，不然，嗨嗨……"夫妇俩谁也不理他，气得财主胡子乱抖，命令打手们搜。眼看就要搜到了，银娃一个箭步冲上去，一把把宝珠抢在手里说："狗财主，这宝珠是我家的，决不让你抢走！"说完，张嘴把珠吞了下去，财主急得乱蹦，只好走了。

妈妈紧紧抱着银娃说："孩子，你感觉怎么样？哪不好受？"银娃说："妈妈，我渴。"妈妈赶紧给他端来一碗水，银娃喝下去，还喊渴，妈妈又给他端来了一碗水；银娃还喊渴，这样一连喝了二十四碗水，可银娃还说渴。他跑到大海边，尽情地喝着，渐渐地，他变成了一条大金鱼。爸爸、妈妈喊着："银娃……银娃……"这条金鱼在水中点了二十四下头，便游走了。

每年这个时候，便有一条金鱼从远处游来，朝着这对夫妇住的地方点上二十四下头，然后便慢慢地游走了，从此人们就把它叫作"鱼娃娃"。

12. 疙瘩金

从前，孔庄子有一个李老汉，种着几亩地，养着几顷洼。有粮、有鱼，还有苇子，日子过得还算殷实。李老汉虽然六十多岁了，仍然每天下地干活。有一天，在园子上耕地，犁尖"砰"地一响，震得手麻，老汉觉得好奇，就用手扒开表土，露出一块铁疙瘩。挖出来一掂，足有六七十斤重。老汉收工搬到车上运到家，觉得没啥用处，就把它扔在宅坡上。

谁知有一天，村上来了个用破烂换碗的，见了这块铁疙瘩，端详了半天，非要用碗换，李老汉说："换吗？你要有用，就弄去吧。"那人很高兴，把铁疙瘩搬到太平车上，硬是给李老汉留下了一摞碗。

一晃就是几年。这一天，李老汉正在门前编鱼篓子，只见一辆轿车由远而近。到他跟前停住了，从车上下来一个衣着阔气的中年人，李老汉仔细一瞅，正是当年那个换碗的，忙说："几年没见，你发大财了。"那人说："是啊！李大爷，托您的福。"说着那人一摆手，随者从车上抬下两个大礼盒。老汉问："这是干吗？"那人说："那年我在您老这里用碗换去的铁疙瘩，回去一摔打，里面放金光，我再仔细一看，里面却是一块金疙瘩。这不，我在天津卫置了房屋，开了几家商号。要不是您老人家，我哪有今天？今儿个我就是接您老跟我去天津卫享清福，那家业分给您老一半。"

李老汉半天没言语，过了一会才说："你能发财，完全是你个人的福分，今儿个你来接我，说明你仁义。咱俩先交个朋友吧！"那人说："行，太好了！"

"那好，既然咱们是朋友，我就有句话对你讲，人不管有多大家业，千万别忘了本。李家有句老话，勤劳是根本，你回去后千万要记住。"那人感动得直点头。李老汉归根没去天津卫，还是和往年一样种地、上洼。

13. 长芦盐传说

在很古老很古老的年月，那时候渤海滩上是一眼望不到边的芦苇，几乎把大海都罩住了。有一个叫长芦的年轻小伙子，每天带着他的伙伴们，把长长的芦苇割下来运到海滩上，让那些心灵手巧的姑娘编织成各种花纹的席子、篓子，然后运到遥远的地方换回粮食棉布，人们过着美好的生活。这个海滩长大的小伙子，非常能干，他一生下来就比一般的孩子长得清秀、苗条，很像芦苇一样，因此，爸娘就给他起名叫了长芦。

一天，小伙子们像往常一样，唱着歌你追我赶地运芦苇，姑娘们轻轻地哼着古老的小曲，手里不停地编织着细细的芦席。忽然间，海水沸腾了，一下子掀起了冲天大浪，在滚滚的恶浪尖上出现了面目狰狞丑陋的渤海龙王。他大声吼道："你们都听着，我要娶南海龙姑当娘娘，限你们在六六三十六天之内给本王织成三十六万张蓝色的苇席，上边要镶上闪闪发光的日月星辰，我要搭一个从渤海到南海的喜棚！"小伙子和姑娘们先是害怕，后来听到龙王的无理要求，都站了出来愤怒地喊道："我们不给，我们也不织！"气得恶龙张牙舞爪地吼道："大胆的草民，你们胆敢不给，你们胆敢不织，我要把岸边的芦苇统统拔掉，我要把你们统统淹死！"说完他发起威来，霎时黑云密布，狂风大作，无边无际的芦荡里芦苇一下子被连根拔起，卷进了波涛滚滚的大海。接着他又张开血盆大口，径直向人们扑来。

这时，只有长芦奋不顾身冲上去跟恶龙拼命。可他哪里是恶龙的对手？没几个回合就被恶龙的利爪抓住了。正在这时，猛然从天空射下两股剑似的烈火，好家伙，直烧得恶龙哇呀哇呀怪叫，遍体冒烟。恶龙急忙扔掉长芦，抬头一看，是一个小姑娘，红衣红裙，满面红光，两眼喷着烈火。她指着龙王愤怒地说道："我是太阳的火妹妹，不许你祸害百姓，你再不改恶从善，我要活活把你烧死！"龙王听罢冷笑了一声说道："哼哼，你当我怕你一个小毛丫头！告诉你，你哥哥太阳来了也白搭！难道你们不知，金木水火土五行相克，我这水是专克你那火的，我要把你扔进大海里，叫你永远失去火焰！"说罢恶龙一抬头，一股粗大的水柱直向火妹打去，顿时火妹的火焰被灭了，恶龙一爪抓起火妹妹向大海拖去。只听火妹妹挣扎着喊道："长芦哥哥快去找我兄长，他会告诉你如何来救我！"

长芦向东一直走了六六三十六天，在大海和蓝天交界的地方，找到了火妹妹的哥哥太阳，请教救火妹的办法。又向北走了六六三十六天，在大鹏岛上找到了一块铁，这是大鹏鸟从太上老君的炼丹炉里偷来的神铁。他用这神铁在太阳的烈焰下花六六三十六天的时间，打成了六六三十六环的降龙神鞭。

长芦带着神鞭回到了家乡，立即召唤伙伴和姑娘们又来到海滩。长芦站在岸上，抡起降龙神鞭"哗、哗"抽打着海水，每抽一鞭，海水就出现一条深深的鞭痕。不一会儿，只听一声咆哮，恶龙张牙舞爪地浮出了水面，直向长芦抓去。长芦抡动神鞭"咔嚓、咔嚓"两声响，恶龙两颗獠牙被打掉了，他发疯似的猛扑长芦。长芦闪身，灵活地骑在恶龙身上，抡起神鞭猛抽，恶龙求饶了，老老实实地从海底放出了火妹妹。这时，乡亲们都围了上来，要恶龙先把海水退去，再把芦苇还回来。哪知龙王的法力太小，再没有办法恢复原来海滩的面貌。他只是哀求道："别打了，我退水，我退水，我把海水全退了。""不能退！"火妹妹急忙拦道："海水里有宝贝，要他按时把海水送上来，以此赔偿人们的损失！"乡亲们莫名其妙地望着火妹妹。只见她又对着长芦喊道："长芦哥哥，快用神鞭把海水围在沙滩上，不能让他退掉！"说完，她踏着红霞飞上天空，向海水喷出烈火。眼看着地面上的海水像开锅似的一股股白气直冒，变成了朵朵白云。工夫不大，海水不见了，沙滩上留下了厚厚的、闪光的，像白银一样的东西。

长芦抓起一把用舌尖一舔，"哈！"有滋有味的。人们都学长芦的样子，抓起来用嘴尝一尝，顿时，人们发疯似的跳啊、唱啊。在阳光灿烂的海滩上，堆起了一座座洁白晶莹的银山——盐码。战败的龙王驯服了，他遵照人们提出的要求，按时给沙滩送海水，就是现在的涨潮。为了纪念长芦战败恶龙为民造福的功绩，人们就把这儿的盐叫长芦盐。后来，便有了长芦盐场。

14. 龙洼的传说

李村乡南洼有四千多亩，地势平坦土质肥沃，素有“粮仓”之称，从老辈起，就称这片土地为“龙洼”。龙洼之由来，有这样一段传说。

有一年，天气大旱，地里的禾苗枯黄，几十年的大柳树垂着头，枝条干得像绳子一样，水坑干裂的缝隙能放进小孩，水井干得见了底。眼看着人们吃的水都找不到了。人们整天抬着神像去求雨，老天就是一滴雨都不掉。后来人们泄气了，只有躲在屋里唉声叹气，等着活活干死。

这一天，毒辣辣的太阳烤得大地像热锅底，人们隔着鞋底都被烫得不敢挨地，在屋里憋得喘不过气来，孩子们闷得直哭。有几位老人来到洼里，手摸着已经干了半截的庄稼，跪倒在地哭喊着：“老天爷啊，人不让我们活，难道老天爷也想灭绝我们吗！”忽然间天空闪过一道红光，接着一声闷雷，好像天塌一般，霎时间天昏地暗，几个老人吓得趴在地上动也不敢动。不一会儿，只见天上一道闪光的东西转来转去，接着“扑通”一声巨响落到了地上。几个老人偷着一看，“啊！”同时喊着，“这不是一条龙吗！”

老人们慢慢凑到近前，只见那龙张着大口喘着粗气，身子却一动不动，这时天空乌云也没了，火辣辣的太阳几乎把龙身上的鳞晒炸了。老人们心里明白，立即向村子跑去，告诉了乡亲们，众人都说：“龙是吉祥的天神，是专管下雨的，我们不能看着不管！”于是人们为了救这天龙，各家把仅有的一点救命水都端了出来，浇在了龙的身上。一瓢，一碗，一点一点地往龙身上洒水。只见那龙慢慢抬起了头，向人们不住地点头，后来尾巴能动了。动着动着“腾”的一声又飞向天空。

人们抬头望啊，望啊，时间不长，只见天空乌云滚滚，一阵凉风过后，电闪雷鸣，豆大的雨点下了起来。地满了，沟平了，半枯的禾苗得救了，百姓也得救了。人们欢呼、默念，为了永远纪念这件事，就把天龙降落过的地方取名叫“龙洼”。

15. 海神娘娘

在浙江沿海一个渔村里，有一户姓林的打鱼人。每逢丈夫出海，家里少不得香烟缭绕。妻子先后生了四个儿子，想再要个女儿，每次除祷告菩萨保佑海上平安外，还要祷告让他们有个女儿。

这一年的九月九日，刮着大东北风，妻子生下了个女孩。但是丑得吓人，嘴向上翻着，是个豁嘴儿，眼睛小小的并深深陷进去，满脸的麻子。丈夫回家看到这一切，气冲冲地扛着渔网出海了。

第二天，门前来了位骨瘦如柴的跛腿老人。妻子问他要什么，老人说：“我什么也不要，我只想看看你的女儿！”老人端详着她的女儿，脸上露出不易察觉的笑容。“还没起名儿吧？”老人问。“没呢。”“就叫她默殷吧！”老人说罢转身不见了。

小默殷四岁这一年春天，她父亲在海上遇了难，抓住一块木板漂了三天才到岸边，其余的人全部丧生，两天后她父亲连病带累也死了。有一天，小默殷突然对母亲说：“妈妈我要学医了。”妈妈只是叹了口气，没有放在心上。小默殷不知从哪儿找了根针，摸摸索索在身上腿上扎着，浑身上下弄得红肿红肿的。

小默殷年满六岁，那位跛腿老人拄着拐杖又来到了门前，他向小默殷的母亲说，要教给默殷医术。小默殷很喜欢他，老人手把手地教。一年以后，老人对她说：“孩子，你现在能单独给人治病了，我也该走了，你要记住，以后好好给人治病吧！”默殷给老人磕头，等她抬起头时，却不见了那老人。

小默殷家的门前热闹极了，她凭着一根针不知治好多少人的病。这一天，小默殷拿起铜镜梳妆时，竟意外地发现，她的脸儿完全变了，简直认不出自己了。原先的豁嘴没有了，脸上麻子也不见了，她从来也没有想到自己会变得这样美丽。一夜之间，由一个丑女变成了一个仙女一般的女孩。

就在这天晚上，海上刮起大风，山坡上的大树被风连根拔起，海浪像小山一样高，浪顶着天，天连着海。小默殷睡到半夜突然惊醒了，她把嫂子叫醒，急急火火地对嫂子说："嫂子，我哥他们在海上出事了。"嫂子被她一惊一乍的话惊呆了，小默殷不顾一切，穿上衣服拽着嫂子跳上一只小船出海了。"这样大的风浪，你能行吗？""没事儿，嫂子，他们就在东北角上，一会儿就到。"小船箭一般行在海上，船头指的方向海浪纷纷地躲了开去。大约行了一个时辰，小默殷点亮了一盏海灯，灯光所照之处，海面变得风平浪静，一会儿就看到几个人向船游来。哥哥十分惊讶，问他们这么大的风浪是如何来的？小默殷只是笑笑不言语。过了一会儿她便低头沉思了好久之后，含着泪对哥嫂说："哥，你和嫂子回家吧！回去告诉妈妈，就说我过几天就回来，现在还有很多人遇难，你和嫂子要好好侍奉妈妈。"说完，她便给哥嫂磕了个头，然后一转身跳到一块木板上，木板像箭一样向北射去。

后来，小默殷一直没有回家，只是让人捎回信说她忙得很，不能回家了。那次风浪里不知有多少人被她救起。有人看见在渤、黄海交界处的一个渔岛上住着一位仙女，白天挎一个篮子在山坡上采药；又有人看见，八仙过海经过那里，在那里和仙女整整谈了一夜，人们说那铁拐李就是那个小仙女的师父。这样不知过了多少年，就不知小仙女的去向了。但每逢风浪天气，那小海岛上便有一盏灯闪闪发亮。在海里的船，不论遇到多么恶劣的天气，渔民们只要看到桅杆顶上有一盏小小的灯，就会平安无事，渔人们说那是仙女挂的灯，有了这盏灯就能逢凶化吉。

渔民们为了纪念那位仙女，捐了很多钱在海上修建起一座大庙，并为仙女塑了一尊铜像。以后，不论老少，不管多远，出海打鱼前都要到这里烧香还愿，跪倒在仙女的脚下，向这位能救难于人的仙女祷告。

因为她专门解救海中遇难的人，后来，人们就称她为海神娘娘。每一只船上都设一个小佛龛，把精制的海神娘娘小铜像供起来，那座海岛由于修了那座庙也改称庙岛。庙岛就坐落在渤海、黄海的咽喉处，那海神娘娘庙至今还香火旺盛得很。

16. 海鸥的传说

从前，海边上有个小村，有一户老夫妻和一儿一女，家里很穷，常常吃了上顿没下顿。好不容易把一对儿女拉扯成人，老夫妻俩都得了病，这一天老人把儿子叫到身边说道:“儿啊，你已长大成人，以后的日子全靠你了，咱穷人可万万不要偷懒啊！”说完，夫妻俩先后咽了气。

从此，哥哥就带着妹妹过日子。每天哥哥出海打鱼，妹妹就在海边等候，日子虽穷苦，但哥俩过得很高兴。一天，妹妹在海边捡小鱼，被村里一个渔霸看上了。他为把这个漂亮的姑娘弄到手，就想出一个狠毒的计谋：他在村中贴出一张布告，招青壮年出海打鱼，工钱多、时间短。果然，哥哥见了布告动心了。从打爹娘死后，妹妹跟着自己没吃过饱饭，没穿过一件新衣裳，这一次要挣一把钱回来，给妹妹买件花衣裳穿，他背着妹妹报了名。

这天夜里，妹妹突然从梦中醒来，大声地哭喊着:“哥哥，你不要去呀，我什么也不要……”哥哥被妹妹的哭声惊醒，心里好生纳闷，但见妹妹哭得如此伤心，只好安慰说:“哥哥不去，哥哥永远陪着你。”妹妹听到哥哥的声音又睡着了。

天还没亮，哥哥怕渔霸找上门来惊醒妹妹，便悄悄地上工去了。他到了海上，为了多挣些钱就拼命地干活。突然他脑后被重击了一下，可怜的哥哥，都没看见凶手是谁就跌进大海了。顿时，鲜血染红了海水。突然海上刮起一股大风，直刮得天昏地暗。

天亮了，妹妹睁眼见哥哥没有了，起来就朝海边跑去，她望啊，等啊，就是不见哥哥的影子。这时，那个渔霸腆着个大肚子站在她身旁假惺惺地说道:“姑娘，太不幸了，你哥哥被大风刮进海里去了！你不要难过，以后你就住到我家去吧，你要啥我给你啥，我决不会亏待你……”“呸！”妹妹狠狠地吐了他一口说道，“是这样吗？我哥哥真的被风刮进海里吗？”“姑娘，是真的，我对天发誓……”妹妹没等他把话说完咯咯笑了，笑过之后又说:“你叫我住你家，你得先为我哥哥穿孝，祭海！”渔霸点头应道:“行、行！我穿孝……我祭海……”

第二天，全村的人都来到海边看热闹，妹妹身穿重孝服，渔霸也是满身挂白。妹妹祭过大海之后，回头看了看自家的小草屋，又看了看全村的乡亲们，又咯咯地大笑起来。笑过之后，就见妹妹向空中一跃，跳进了大海。就在她入海的那个地方堆起一朵浪花，在雪白的浪花里飞出一只雪白的鸟，“哥哥、哥哥……”地叫着向大海深处飞去。从那以后，人们经常见到这种白鸟在海上“哥、哥”地飞翔，后来人们给这种鸟取名叫“海鸥”。

17.“望海石”的传说

很久以前，在海边居住着几家渔户。有一个年轻人只有一间小草屋，还有一张破旧的网。每天起早贪黑去打鱼，勉强维持生活。邻居们都是好心人，经常帮他做点活计什么的。

有一天，他和往常一样背起渔网去打鱼了。饿着肚子来到大海边，他本想先打几条鱼填饱肚子，可是一连打了好几网才打上来几条小鱼。他又累又饿，丧气地又回到自己草屋。“啊！”他猛一惊，愣住了。怎么自己的小草屋有了篱笆院了呢？院里有鸡、有鸭，还有鹅正在到处乱跑，再看屋里热气腾腾，像是刚熟饭的样子。他没敢进屋，急忙到处去问，问了半天，谁也不知道是为啥。他只好回到家。刚一进屋门，只见一位漂亮的姑娘蹲在灶前烧火，水缸旁边放着一个大海螺壳。他心想，这准是个妖精，就战栗地问：“你是什么人，为什么来我家？”姑娘回答说：“我是大海中的海螺精，想来帮你呀！”年轻人一听更害怕了，他不顾一切抓起水缸旁的大海螺壳就往外跑，一口气跑到海边把海螺壳扔进了大海。可是，就在他一回头的工夫，他的小草屋又恢复了原来的样子，一切都没了。姑娘不见了，年轻人后悔极了，他默默地站在海边，一动不动，直望着大海。渐渐地，变成了一个石头人，无论是风吹雨打，石头人总是望着大海。人们把这块石头叫“望海石”，又叫“悔恨石”。

18. 海堡的传说

很久以前，海边上有一望无际的沙坨，沙坨上什么没有。海风吹来的时候，沙子四处乱飞，天昏地暗。虽说海里有许多鱼虾，可是人们在这里却无法生活。不知过了多少年，海边依然是荒无人烟。

一天，一位四处巡游的神仙来到这里，心里很纳闷：这么富饶的海怎么没有人住呢？忽然，一阵海风吹起沙子直打在他的脸上。他一下子明白了，决心制住这风沙。他从天上折下一根仙杖，把仙杖插在沙滩上，又吹了口仙气。瞬间，仙杖上长出了叶子，一会儿又长出像枣核一样大的东西。仙杖的根延伸到很远，把沙坨固守起来，海风吹起沙子再也不能四处乱飞了。碧绿的叶子衬着红宝石般的小枣，神仙高兴地一跳，谁知跳的劲太大，一下子到了天上，再也下不来了。他很后悔不该这样粗心大意，为了吸取这次教训，就把身上的羽毛拔掉撒在了地上，羽毛一落地竟变成五颜六色的贝壳。海边沙坨被绿油油的仙杖树盖住，再配上金灿灿的贝壳，显得特别美丽。

开始，有一个姓贾的人发现这海边沙坨不见了，就从陆地搬到海边来住，把自己扎的棚子称为堡。时间一长，姓贾的生活富起来，别的姓氏人家也陆续搬来，也仿照贾家堡叫各种各样的堡，就形成一溜海堡的名称。人们在这里一代一代下海捕鱼、繁衍生息。海边上仍然长着仙杖树，就是现在的酸枣树。

19. 干淀的传说

扣村西南六七里，有个大洼，方圆数百亩，丈把深，因洼中不生杂草，人们就把这个大洼称干淀。过去，此地景色秀丽，风光宜人，阳光下，碧波微荡，波光粼粼。星光里，鱼虾游动，荧光闪烁，别有一番情趣。据传说，很久以前，这里来了一个南方“憋宝”的人，此人发现干淀之中，珠光闪耀，瑞气缠绕，心中大喜。他对房东许老汉说："干淀有珠宝，数量不可估测，把它们弄到手，几辈子人都用不尽。"许老汉问："怎么个弄法？"那人说："你找块渔箔，要百年以前的。到时到那里一烧，珠宝就会自己显露出来。"许老汉又问："什么时候弄？"那人说："明年春天我回来就弄，千万要等我！"老汉说："这你放心。"那人就走了。许老汉到洼下庄子找来了渔箔，就等那人回来憋宝了。

第二年春天到了，那人未到。夏天到了，那人仍未到。秋天过去，那人还未到。到了初冬，许老汉再也等不下去了，总想早些看到珠宝是么样的。一天晚上，就一个人用"土牛子"车推着渔箔来到干淀。他拢开水边的草，把那干渔箔支在水边，用火点燃。顿时，干淀四野，青烟缭绕，弥漫了整个夜空。突然间，水边出现了一座广亮的大门，门前灯火明亮，金碧辉煌。许老汉揉揉眼睛有些好奇，就迈步走进去。行不多远，忽闻前边人声嘈杂，走近一看，眼前出现了一个偌大的自由市场，叫卖的，叫买的，讨价还价的，热闹非凡，许老汉先走进粮食市，发现有黄豆、玉米、高粱、小麦……他在一个黄豆摊前蹲下，用手去抓口袋里的黄豆。那个卖黄豆的人见他穿一件露了棉絮的破棉袄，就瞪了他一眼，吓得他赶忙把手缩了回来。他又走进牲畜市，看到一匹金黄色的马驹子，成色很好，十分喜欢。刚想过去问价，忽然间狂风大作，刮得天昏地暗，什么也看不见了。等风停后，许老汉发现自己仍然站在淀水边，身旁是那堆燃烧殆尽的渔箔灰。刚才发生的情况就像做了一个梦，转眼即逝了。许老汉推着小车往回走，只见自己的袖口处有光亮，一闪一闪的，抬胳膊一看，破棉絮里裹着一颗大珍珠。许老汉才明白，这是在那"黄豆"摊上粘来的。他恨自己肉眼凡胎，不识珍宝，不然，定能多抓些出来。

第三年的春天，南方那人才回来，途经干淀时，发现少了灵光宝气，知道出了事儿。他见到许老汉，气色很难看。许老汉如实地讲了那晚的经过，并取出那颗珍珠给那人，那人只是"唉"了一声。第二天，他们又来到干淀，寻找珠宝的去向。那人在渔箔灰下，扒出了一只奇怪的癞蛤蟆。说它怪，不仅是它大如海碗，而且身上生癞处长满了鳞，大如铜钱。他俩把它弄到家中，勤于护理，精心饲养。一年以后，那人在那只大癞蛤蟆身上取下一个大鳞片递给许老汉说："几年来，给您添麻烦不小，虽然大批的珠宝走了，这个小鳞片也够您吃一辈子的。

它可以透体察病，又可探地寻物。以后您就用它来换饭吃吧。”南方那人走后，许老汉试过果然灵验，于是干起了行医的行当，不久便名扬四方。

20. 官洼的传说

“官洼”位于南大港水库的正中，面积不下几万亩，年产芦苇几百万斤，素有“聚宝盆”之说。它虽名“官洼”，过去并不为官家所有，相传是王御史庄冯大财主的洼股子。这话要从光绪年间说起。光绪元年（1875）住在沧州的旗人来东北一百余里的孙家堡养马，立下石碑，改孙家堡为马营。马营东边六七里就是“官洼”，水草肥美，旗人以为“官洼”是官家的地盘，就辟为主要牧马场。这下可苦了王御史庄的冯财主。他带人来到马营，要与旗人辩理，旗人不分青红皂白把他赶了出来。他想争回“官洼”，挽回面子，又深知州城府县决不会给自己评理，就一个人带上银两，来到北京城。

谁知冯财主在京城一住就是几个月，连一点眉目也没有。虽然找过几位老相识，但都因官卑职小帮不上忙，这真急坏了冯财主，他整天走里磨外，饭不想，茶不思，不知如何是好。旅店老板见他这副样子就问道：“冯爷，有大事吧？”冯财主“哎”了一声，把自己的心事儿全讲了出来。旅店老板一听笑了：“冯爷，我当是什么事呢！别发愁，我保您几天后见到庆亲王奕劻。”冯财主问：“怎么个见法？”老板说：“每月初一、十五，庆亲王爷都在景山斗鹌鹑，不管族人、汉人，不分平民、官人，谁有鹌鹑都可以去。您老今天先去鹌鹑市买只好鹌鹑就可以去，再雇个好鹌鹑把式，余下的有我呢！”冯财主按老板说的做妥了。在庆亲王斗鹌鹑的前一天，旅店老板把王爷的鹌鹑把式请了来，二话没说，就塞给他五百两银子。原来王爷的鹌鹑把式与老板是旧交。他见老板如此慷慨，知其必有所求，说：“咱兄弟哪用这个，有什么事讲明白点！”老板说：“是这位冯大爷的一点意思，他有点官司，想见王爷，请你帮个忙。”把式问：“有鹌鹑吗？”冯财主说：“有。”“这得了，我回去打个招呼。咱们明天景山见。”老板又说：“兄弟，明天斗鹌鹑得让冯爷的赢，有办法吗？”“这……”把式犹豫。冯财主又递给他一张五百两的银票，把式说：“这也不难，只要用面糊蘸个小纸卷，让王爷的鹌鹑吃下去就行了。”老板说：“明天就看你了，事成之后还有谢。”

翌日清晨，老板与冯财主来到景山，那里已有许多等王爷斗鹌鹑的人。卯时二刻，王爷的舆轿到了。第一个和王爷的鹌鹑开斗的就是冯财主这只鹌鹑。各自的把式驱使着双方的鹌鹑撕斗起来。那王爷的鹌鹑，确实是好货，一开斗就占了上风，只见它一抖翅膀，又鸽，又拧，威力无比。而冯财主的鹌鹑，只不过是个普通的鹌鹑，哪能与王爷的相比？冯财主眼看自己的鹌鹑要败了，额头上浸出了冷开。忽然，王爷的鹌鹑头直甩，像是有什么东西堵在嗓子里，被冯财主的鹌鹑抓住机会占了上风，不一会儿，把王爷的鹌鹑杀得大败，冯财主这才放了心。王爷感到很奇怪，自景山斗鹌鹑以来，没有败得这样惨过，就问他的把式：“这是怎么回事儿？”把式说：“王爷，人外有人，天外有天。今天算是遇上好鹌鹑了。”王爷问：“怎么个好法？”把式说：“王爷，咱这鹌鹑是不错，十分难得，可惜是个雌的，那只鹌鹑就更难得了，因为它是个雄的。雌遇雄哪有不败之理？”王爷本来不大懂鹌鹑，他斗鹌鹑一是为了消遣，二是为了摆谱。听把式一说，信以为真。就起身走到冯财主这只鹌鹑这儿来，附身瞅了一会儿，不懂装懂地说：“好，好鹌鹑！这鹌鹑是谁的？”冯财主忙过来大礼参拜：“禀王爷，是小人的。”冯财主又说：“小人是沧州王御史庄人，家里有个大洼，遍地都是鹌鹑，这是在洼里捉的。”王爷说：“嗯，不错。你把这鹌鹑卖给我吧，三千两银子行吗？”冯财主说：“只要王爷喜欢，就送与您老人家，权当是小人尽忠尽孝吧。”王爷一听乐了：“好，够意思！你住哪呀？”冯财主如实相告。

冯员外刚回到旅店，外面就来了一辆崭新的轿车。车上下来的人说：“王爷有请冯大爷。”旅店老板说：“冯爷，这回就看你自己的了。”冯财主说：“谢谢店主老板这几天的劳累奔走，见到王爷我是知道该怎么办的。”冯财主上了轿车子，直奔庆亲王府而来。酒席宴上，王爷问：“你那里有多少好鹌鹑，回去多给我捉些送来，本王爷不会亏待你。”冯财主一听，忙起身离席，跪倒在王爷面前：“王爷，这话要是早一年，还不难办到，而如今沧州的旗人占了我的洼放马，鹌鹑一只也没有了，送您的还是去年抓来的呢？王爷，小人家境贫寒，仅靠那洼产换点饭吃，被旗人占去后，连吃饭都成问题了。请王爷给我做主……”说着眼里掉下泪来。王爷一听，非常生气：“竟有这等事儿！你起来，本王为你做主！”就立即写一封信交给冯财主，让他带给沧州知府。

冯财主回到沧州，到府街递上庆亲王奕劻的亲笔书信，知府看后大吃一惊，他上下打量了一下冯财主，忙问道：“您与王爷是什么关系？”冯财主说：“八拜结交，金兰之好！”知府又问：“让出您的‘官洼’，牧马场在哪里好呢？”冯财主一听，有点门道了，就说：“往西南挪挪就可以的。”知府说：“好，就依您。”冯财主回到王御史庄后，心里有了底儿，就带人骑马阅边。牧马场这一挪就挪进了闫家洼，闫家差人进京四处活动，但因庆亲王势力太大，未能奏效，要回洼产无望。

再说冯财主，虽然“官洼”完璧归赵，却又得罪了闫家，庆亲王爷和沧州知府依靠不了多久。就下狠心把自己的爱女嫁于旗人，结为秦晋之好。尽管如此，他临死前，对儿子说：“我死之后，你们要把‘官洼’卖掉，不然冯家还会遭殃的。”儿子听了他的话，把“官洼”卖给孔家庄的几个大户。

21. 刘虎庄窠

“燕王扫北”后，空荡荡的大苇洼里来了洪洞县的王姓和滦县刘姓两家。他们担筐撅篓，吃尽了千辛万苦，在大洼旁扎下了铺，安下了家。王家住地取名王徐庄，刘家住地叫小刘庄，两村相距只三四里。这刘家叫刘圣，二十来岁，五大三粗的汉子，学过几套功夫，十个八个的人近不了身，为人也仗义。因是邻村，与王家十分要好。

谁知，王徐庄东北大洼里有个小村叫刘虎村，有兄弟俩，一个叫刘虎，一个叫刘豹。他们自恃有些武力，在这一带大洼里称王称霸，恃强凌弱，周围百姓都惧怕他们三分。

一次，王家的牛误进了刘虎村洼里地盘吃了点草，刘家二兄弟竟把牛尾巴割下。王家前去论理，反叫刘虎刘豹揍了个乌眼青，好几日起不来炕。刘圣闻讯，去看过王兄，对他说："王兄，这刘虎刘豹欺人太甚，我非给兄出这口气不可！"王兄摆摆手："不可，不可，好人不与恶人斗，还是忍着算了。"刘圣说："王兄，你不用怕，我自有主张。"

不几日，刘虎刘豹接到一封请柬，刘圣设宴要会会二位。刘虎刘豹哈哈一笑："这个不知死的，咱们去给他个眼罩戴戴。"二人腰插钢刀，耀武扬威地来到了小刘庄。刘圣早在门口迎候："失迎，失迎，二人来了屋里请！"二刘进屋一看，炕桌上早摆好酒菜。三人入座，刘圣给二刘满上酒，举起杯来说："二位兄弟，我刘圣好结交豪杰。王兄与我是亲戚，他的事即我的事，只要二位给王兄道个歉，也就作罢，我与二位结为朋友。"二刘你看看我，我看看你，哪把刘圣放在眼里？刘虎鼻子"哼"了一声，猛地拔出刀来，挑起大碗里一块肉，说声："老兄，你先吃了这块肉，咱们再论别的。""呼"的一声冲刘圣的面部刺来，只听"咔嚓"一响，刘圣连肉带刀一口咬在嘴里。刘虎手左拧右拧前推后拽，却进不得退不得。刘圣牙一使劲，刘虎手无奈地松了把。刘圣抓住刀把，将肉吃在肚子里。也从碗里挑起了一块肥嘟嘟的肉，伸在二人面前："你俩谁吃？"刀尖上的油滴答在地上。刘虎刘豹面面相觑，吓得脸如黄纸，头上的汗珠子"啪啪"落地，慌忙双手作拱，连喊："免了，免了。"身子下了炕直往门口退。一出门，二人头也不回，屁滚尿流地往回跑，跑出老远，听得刘圣一声喊："拿着你的刀。"身后"嗖"的一声，二刘慌忙一缩脖，一柄刀"唰"地插在二人面前，地面上只露个刀把。

从此，刘虎刘豹搬出了大洼，再也没敢回来。王家人感谢刘圣的仗义，邀他住到一处。如今，大洼里还有个刘虎庄窠。

22. 狐仙奶奶

大海，从沧州"镇海吼"处一直向东退出 160 里。原来的海底一旦变为陆地，便出现无数个大小沼泽，再经千年冲刷就变成了一望无际、苍茫辽阔的草地苇淀。

明永乐二年（1404），自滦州迁到沧州的王徐、刘胜，在这漫无边际的大洼中选择高处建起了茅屋草舍，打苇捕鱼，繁衍生息，这便是后来王徐庄的发祥地。王徐庄以东百里地势尤其低洼，自然形成一片盆地，也是苇子长得最好的地方，成为先人们倚重的风水宝地。

斗转星移，转瞬已是清朝康熙年间。土生土长的刘奎生，是迁沧刘胜的后代。他继承先人们留下的洼股子，在苇洼搭起窝铺，每天重复着看洼、捕鱼、打猎的营生。一日，他忙完鱼箔上的事便坐在窝铺外，一瓢水一袋烟地闲看行云。忽见天空不远处一片乌云急速飞来，伴随一声炸雷，地面上一道火光直冲到他的身后。他扭身急瞅，见一只狐狸面带惊恐，眼中含着乞求的泪光。奎生见状心生怜悯，急忙将身上的蓝布大褂掀起罩住狐狸。只见那片乌云在他头顶上空盘旋辗转，久久不散；而且雷声不断，电闪火燎；继而风雨大作，天地晦暗，如临末日。而身下的狐狸，瑟瑟颤抖，伏地噤声。奎生心里明白，这野畜遭遇天谴，怕是在劫难逃，或许救它不得。但是转念一想，这百里大洼，狐兔蛇獾，俱是生灵，它们各自生存，从未见任何生物祸害于人，岂会触犯天条？其中或有冤情也未可知。同情之心叠加护生之念，使奎生毅然挺立于雷电风雨之中，任天旋地转，毫不挪动。久而久之，风云雷暴终于散去。

次日，奎生早起下洼，远看铺上烟气袅袅升起，以为又临祸事，连忙赶回。却不见烟从何起，窝铺也完好。伸手掀开门帘，眼前的景象令他惊愕不已：只见灶台上盆碗中饭菜蒸腾着热气，诱人的香气迎面扑鼻。他愣住了，左思右想也不知是谁来给做的饭菜，心中说不出是喜是怕、还是担心。既然饿了就不管别的，干脆来个秋风扫落叶，吃个盆干碗净。随后数日天天如此，他想探明究竟，便一天比一天早回家。说来也怪，这饭也是一天比一天早熟，把个奎生纳闷得不行。他每晚辗转反侧，难以入眠，最后只好跪在铺前望空而拜："何方神圣眷顾小的，望乞现身，容我面谢！"话音未落，只见活脱脱貌似天仙的一位妙龄少女站在他的面前，他这一惊又是非同小可。"妾身乃得道狐女，本姓郭氏，只因得恩人搭救，经家母允准，特来以身相许，望恩公不弃！"奎生听罢，想这狐仙如此知恩图报，只怕强过人类，哪还顾得什么人妖之别？“只是上仙如此尊贵，乡野粗人哪里担当得起……”狐女嫣然含笑，手挽奎生臂膀，自是百般温存。当晚同住窝铺，成了本家族的狐仙奶奶。

婚礼是补办的。村里人忙碌着，少不得要布置新房，打扫庭院，张贴大红喜字。床上叠好三铺三盖，内门挂上红色门帘，船头船尾用红花点缀。点燃门外桌案上两支红蜡烛，照耀着墙上的大红喜字闪闪发光。司仪朗声宣布：“天地情缘，吉时已到，请新人入场。一拜天地，二拜高堂，夫妻对拜，送入洞房，鸣炮——”一霎时，三管鸟枪对空轰响。

一晃就是三年，奎生已是两个孩子的爹了。夫妻恩爱有加，日子过得相当滋润。在这个人口不算多的村庄里，左邻右舍倍增羡慕。狐仙奶奶清淑贤惠，相夫教子孝敬公婆，里里外外操持家务；又做得一手好针线，且能行医治病。村里任何疑难之事，没有她不能解决的。全村人无不尊敬，都道是菩萨下凡、天仙转世。

忽一日，狐仙奶奶似有隐衷，夜间千般温存万分蜜意之后对奎生说道：“我与你三年夫妇限期已到，不日将要分离，此是天数，不可违抗。你也不必悲伤。我走后你可到张家孙村张大户家维护庄田（做上门女婿），还你一个和我一般模样的夫人。儿子们皆为半仙之体，你不能教化，不可留于你处，须随我一同离开。你也不要找寻我们。”

奎生闻言，如同再次遭遇晴天霹雳，好端端一个家庭眼看要骨肉离散，岂能不感悲伤？只是天意难违，纵是千般挽留，终究无济于事。只有凄凄泪眼，绵绵情意，陪度这难眠之夜。

数日后的一天清晨，一道人忽然造访，狐仙奶奶一见赶忙施礼，口称阿爹。道人一脸严肃说道：“吾儿尘缘已尽，即刻携子进京，不可延误！”顿时，奎生及全家人失声号啕，跪倒一片，爷爷奶奶欲留孙子却也不能，眼巴巴目送亲人消失在蒙蒙晨雾之中。

话说奎生谨遵狐仙奶奶的嘱咐，强忍悲痛来到张家孙村。略一打问，果有一张姓大户，家有待字千金，性格粗不拘礼，偏偏要与大苇洼渔猎之家结亲。连忙托媒说合，很快达成婚约。

奎生与张氏完婚后，生有洁、义、伟三子，家运昌隆，日子过得没得说。车马挂、四合院、良田百亩，衣食无忧且乐善好施，成为一方绅士。

奎生于乾隆年间去世，三个儿子想到父亲一生辛劳，议定高规格礼葬。请了两班戏子，搭起长廊灵棚，僧道云集，法事七天，礼毕后将灵柩引到祖茔安葬。

发丧当日，灵棚内忽然多出两位守灵人，披麻戴孝，面容惨戚，一切礼数备极周全，却是谁也不认识。兄弟间心照不宣，并无言辞相互问答。灵柩安葬之后，此二人又忽然消失，杳无踪影，也不知去向何方。

无人刨根究底，只留下美好传说。

参考文献

《黄骅县志》《黄骅市志》《盐山县志》《南大港农场志》《渤海新区发展史》《沧州地区水利志》《沧州市志》《黄骅市文物志》《黄骅市博物馆馆藏文物精品》《沧县志》（民国二十二年版）、《沧州新志》（清康熙十三年版）、《沧州志》（清乾隆八年版）等。

民间故事选自《沧州地区民间故事选》《中国民间文学集成黄骅县资料卷》《中国民间文学集成南大港资料卷》《渤海的故事》等。

图书在版编目（CIP）数据

图锦 / 许建国主编 . -- 北京 : 中国文史出版社 , 2025. 1. -- （文化黄骅）. -- ISBN 978-7-5205-5068-0

Ⅰ . K928.702.24

中国国家版本馆 CIP 数据核字第 2024Q926R1 号

责任编辑：梁玉梅

出版发行：中国文史出版社
社　　址：北京市海淀区西八里庄路 69 号　邮编：100142
电　　话：010-81136606　81136602　81136603（发行部）
传　　真：010-81136655
印　　装：河北鹏盛贤印刷有限公司
经　　销：全国新华书店
开　　本：889mm × 1194mm　1/16
印　　张：121
字　　数：1756 千字
版　　次：2025 年 1 月北京第 1 版
印　　次：2025 年 1 月第 1 次印刷
定　　价：968.00 元（全六册）

流年

文化黄骅丛书

许建国 主编

中国文史出版社

《文化黄骅丛书》第三辑《流年》

执行主编：曹　羽

编者：张华北　严　明　王福利　时建林

摄影：沈新生　王建勇　郑　勇　闫　明　康　磊　张建广　姜春霖　赵俊杰
　　　刘连升　张国文　魏志广　宋文峰

篆刻：李　侃　李中辉

目录

匠心

武魂

和者

尚意

综述

非物质文化遗产，简称“非遗”，与“物质文化遗产”相对应。

在中国，非物质文化遗产是指各族人民世代相传，并视为其文化遗产组成部分的各种传统文化表现形式，以及与传统文化表现形式相关的实物和场所。

非物质文化遗产是文化多样性中最富活力的重要组成部分，是人类文明的结晶和最宝贵的共同财富，承载着人类的智慧、人类历史的文明与辉煌。

2003 年 10 月 17 日，联合国教科文组织第 32 届大会通过《保护非物质文化遗产公约》，这是人类历史上非物质文化遗产保护事业的重要里程碑。中国是第 6 个加入《公约》的国家。截至 2023 年 12 月，联合国教科文组织非物质文化遗产名录（名册）共收录 730 项遗产项目，对应于 145 个国家。其中，中国非遗项目共计 43 项，总数位居世界第一。国内截至 2023 年 12 月，具有中国特色的国家、省、市、县四级非物质文化遗产名录共认定非遗代表性项目 10 万余项。

黄骅市地处渤海之滨，自古就属九河下梢，特殊的地理环境造就了独特的地域文化，可谓历史积淀深厚，文化资源丰富。至今已有几十项非物质文化遗产项目申报获批，其中国家级非遗项目有 2 项，省级非遗项目有 16 项。

《流年》共记录了 35 项非物质文化遗产项目。其中气势磅礴、雄风浩荡的麒麟舞，距今已有 300 多年历史、轻灵洒脱的贾氏青萍剑，已经成为了国家级非物质文化遗产。

《流年》共分六部分：味道、妙方、匠心、武魂、和者、尚意。

“味道”记录了传统制盐、吊炉烧饼、面花、万二烧鸡、紫花苜蓿挂面、何桥八大碗、虾酱、糟梭鱼、葛氏牛羊肉、大洼美食四吃、大洼面食四吃的制作技艺。

“妙方”记录了王氏千金贴膏、王氏西夏膏和万灵接骨丹的制作技艺。

“匠心”记录了桅羽儿制作、杨氏风船制作、前韩传统狮子道具制作、沈氏德隆堂木艺、吕氏拓补木艺的技艺。

“武魂”记录了贾氏青萍剑、白猿通臂拳、后街五虎棍、高氏迷踪拳、柔式八极拳、太师鞭、周氏秘宗拳多个传统武术项目。

“和者”记录了麒麟舞、桃园同乐会吹歌、高家口古乐、黄骅渔鼓、前韩传统鼓乐几个乡俗音乐项目。

“尚意”记录了渤海渔村剪纸、面花模子雕刻技艺、王氏烙画和洼稀庄子烙画几个非遗项目。

这些非物质文化遗产项目，是黄骅人的文化自信，是植根于黄骅人内心深处的温暖和挂牵，也是黄骅人缱绻的乡愁。生活在这片土地，流年经年，是一代又一代黄骅人的幸福。

味道

百味之祖

一、历史

黄骅市地处古代齐国北端、幽南之南，《周礼 · 地官 · 职方氏》记载：“幽州其利鱼盐。”《史记》称：“燕有鱼盐枣栗之饶。”黄骅产盐历史悠久，从西周开始产盐，到春秋已盛产，是中国盐业的发源地之一。《黄骅县志》记载：“宋之盐以河北称冠，元之盐以河间著，明则银花玉液，驰誉长芦。”黄骅海盐统称“长芦盐”。一段人工制盐的久远记忆，至今流传。

辛立灶村是黄骅最早采用传统工艺制盐的村落，也是至今仍延续以盐业为主的产盐专业村，村名中的“灶”字，即为古意，“煮海为盐的灶地”。2008 年 8 月在该村东南发现一战国时期遗址，发掘出诸多古代煮盐器具。据河北省文物部门考证，战国时期这里的先民就有用陶罐熬盐的历史。

二、传承

原始制盐是一门技术性很强的手工技艺。西周迄明初，制盐以煎熬方式生产，史称“煮海为盐”，后为淋盐，明代中期逐步改煎为晒，纳潮制卤，通过风

和阳光对结晶池中的卤水进行蒸发，结晶成盐。迄今辛立灶村中各滩埝头（制盐技术高手）和抱锨（有经验的制卤老盐工）秉承传统制盐技术，沿用“五莲子法”“扬花看卤法”等测试卤水，“老、浅、短”的结晶方法，已改良为“新、深、长”分段的新结晶工艺。且传承有序，至今已有八代。

辛立灶村人工制盐传承谱系

代别	姓名	性别	出生年月	文化程度	传承方式	学艺时间	居住地
第一代	姬青林	男	1773 年	不详	师承	不详	辛立灶
	姬贵林	男	1775 年	不详	师承	不详	辛立灶
第二代	姬福顺	男	1811 年	不详	师承	1828 年	辛立灶
	姬福权	男	1817 年	不详	师承	1834 年	辛立灶
第三代	姬秀峰	男	1844 年	不详	师承	1861 年	辛立灶
	姬乐峰	男	1849 年	不详	师承	1866 年	辛立灶
第四代	姬玉发	男	1899 年	不详	师承	1916 年	辛立灶
	姬玉贵	男	1910 年	不详	师承	1927 年	辛立灶
	姬印龙	男	1902 年	不详	师承	1918 年	辛立灶
	姬印红	男	1911 年	不详	师承	1917 年	辛立灶
	姬印明	男	1912 年	不详	师承	1918 年	辛立灶
	刘景川	男	1912 年	不详	师承	1919 年	辛立灶
第五代	姬金山	男	1923 年	小学	师承	1938 年	辛立灶
	姬金坡	男	1928 年	小学	师承	1944 年	辛立灶
	姬金祥	男	1937 年	小学	师承	1952 年	辛立灶
	姬金生	男	1945 年	初中	师承	1962 年	辛立灶
	姬金国	男	1947 年	小学	师承	1963 年	辛立灶
	姬长生	男	1940 年	初中	师承	1958 年	辛立灶
第六代	姬长来	男	1948 年	小学	师承	1965 年	辛立灶
	姬成林	男	1947 年	小学	师承	1963 年	辛立灶
	姬成国	男	1949 年	小学	师承	1965 年	辛立灶
	姬成起	男	1953 年	小学	师承	1969 年	辛立灶
	任连峰	男	1959 年	初中	师承	1980 年	辛立灶
第七代	姬成勇	男	1971 年	初中	师承	1988 年	辛立灶
	姬申奎	男	1975 年	初中	师承	1995 年	辛立灶
	辛月苍	男	1965 年	初中	师承	1990 年	辛立灶
第八代	姬泰凯	男	1990 年	初中	师承	2008 年	辛立灶

三、工艺

手工制盐工艺技术性很强、工序复杂，包括修滩、整池、纳潮、制卤、结晶、采收、堆坨、运输等主要环节，根据不同滩型、不同季节，制卤方法也不同，一般分为平赶卤、横赶卤、咸水倒扬或者深水制卤、冰下抽咸等。结晶采收过程中需要扒盐、赶浑、活渣、吊盐、撩码、苫封等工序，各滩地的埝头们都需要有多年的丰富经验和技术才能胜任。

具体程序如下：

1. 修摊。在滩地上开挖若干格子滩田，直接利用海水，由高而下，接滩田走水制卤。

2. 整池。分为泡池、除泥、晾晒、轧礴、清扫等步骤。

3. 纳潮。旧时的海水来源是在海边挑水沟。潮汐时，海水自然流到滩地水沟里叫纳潮。然后两人用柳条编好的水斗从水沟里往池子里打水。1951 年改用摇车，由二人摇车提水。1953 年改为水车，用驴拉水车提水。1956 年改为风车，有风时，风吹风车带动水车提水，没风时人工推动。到 1958 年后建起扬水站，利用机器、水泵抽水，现改为电机提水。

4. 制卤。这是关键，又俗称“赶卤”“导卤”。从一个池子流到另一个池子、盐度从低到高的过程叫赶卤，25 度的卤水才能结晶成盐。各滩埝头全凭多年经验，沿用五莲子法和扬花看卤法测试盐度。五莲子法即取数颗重量不同的莲子，依次编号，试卤时，将一号莲子投于卤水中能直立者，称“一个劲儿”，卤水到“八个劲儿”时为饱和。扬花看卤法即用铁锨将卤水扬起后，视其卤花的颜色、起落时间测定浓度。一般白花为 12—13 波美度，蓝花约 18 波美度，卤水在一定时间内起花不落约 20 波美度，红花为 24 波美度。现在有的年轻埝头也间或使用波美比重表测卤。

5. 结晶采收。

扒盐：原始扒盐由人用木耙子在池内把盐堆积成若干堆，再由人用筐抬到坨地，然后用木锨撩成大盐堆。后来改成大盐耙子由人拉着扒盐，然后由人用小推车往坨地推盐，一年扒三茬盐。

赶浑：扒盐后卤水混浊，用大耙子把浑水赶出去，换上清卤水，重新结晶成粒大色白的新盐。

活渣：盐池结晶时，盐粒硝在一起，需由人工用专用耙子把盐疏松，叫活渣，到了一定的厚度再扒盐。

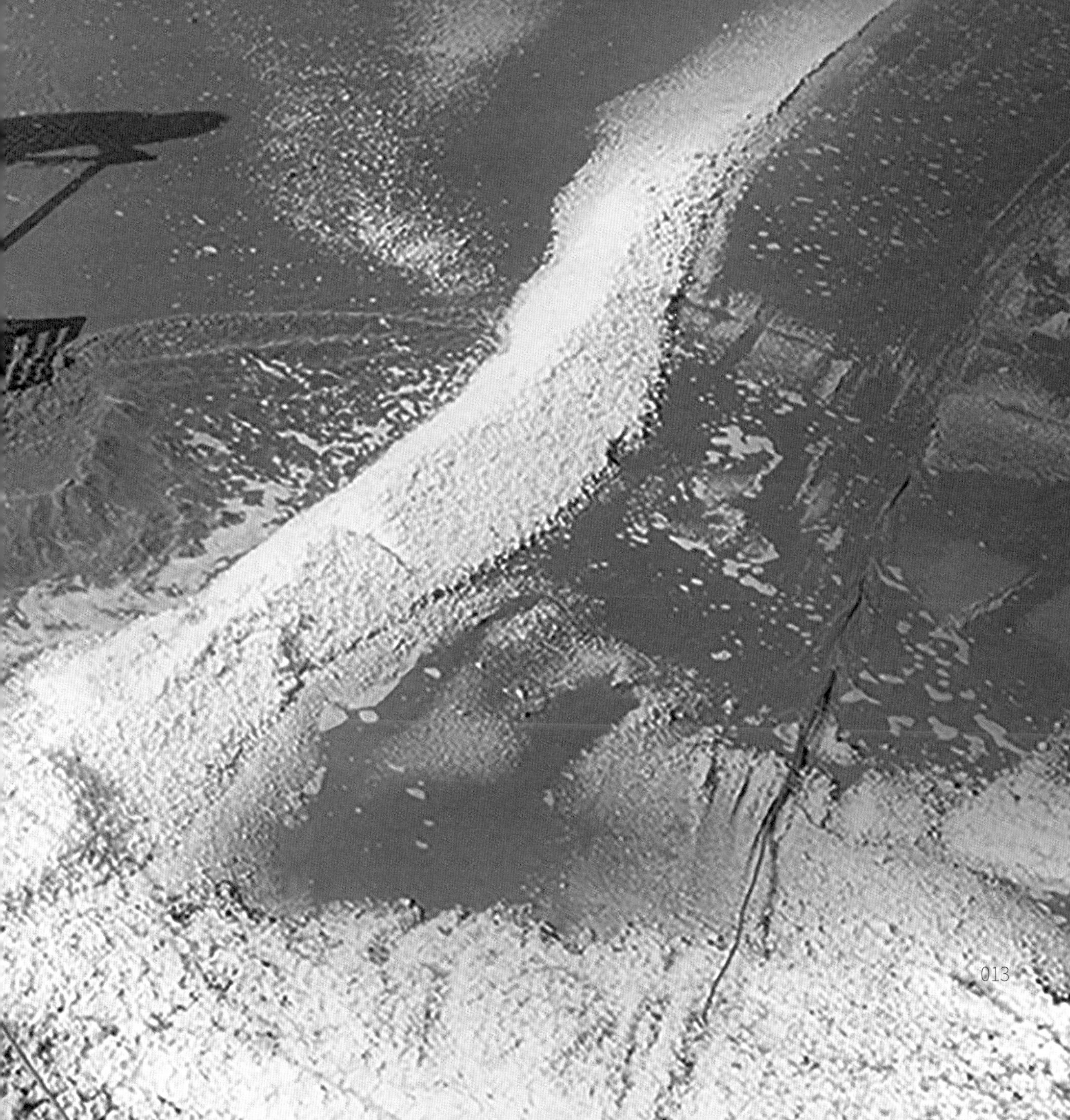

四、影响

民国以前，盐的用途主要为食用，用于民食和淹渍；民国初年，民族化学工业兴起，盐开始成为化学工业原料，农牧业、渔业生产用盐也开始增加。当代工业和化工业更是离不开盐。传统人工制盐技艺省时省力，成本低，效率高，其产生和发展，为人们提供了繁衍生存、健康生活的重要保证，对人类生产生活意义重大。

人工制盐技艺具有天然生产、原始工艺的绿色生态含义和文化价值。人工制盐完全没有工业污染，能为子孙后代留下一方蓝天和净土。这在工业污染严重的今天，尤其具有重要的环保意义，值得保护。

五、传承人

辛立灶村的产盐历史悠久，从姬氏家族的族谱中也能体现出来。据族谱记载：1792 年姬氏两兄弟姬青林、姬贵林在先辈们传统制盐工艺的基础上加以改进，开始改煮盐、淋盐为开滩晒盐，于海边滩涂修池，依次灌海水晒之，经风吹日晒，盐即结晶而出。此法较刮土淋盐简便，又省时节薪，深受盐民欢迎。清末，今黄骅境内各盐场才全部改为晒制。

如今，出生于世代盐民家庭的姬金权、姬成国成了第六代代表性传承人，甚至出现了第七代、第八代更为年轻的传承人。勤劳的辛立灶人，托起了人工制盐的明天。

吊炉饼香

一、历史

据考证，吊炉烧饼制作技艺最早来源于西域。一条遥远的丝绸之路，连接起西域回族人的先祖阿拉伯人，他们和中国内陆通商贸易。一串串驼队穿行荒漠地区，干旱少雨，日照时间长。为使食物携带方便和储存长久，聪明的西域人用泥土做炉桶，在炉的内侧贴面饼，用牛粪做燃料烤熟，时人称烤饼。汉代班超通西域时，便于携带、保质可口的胡饼、馕便传入汉朝。盛唐时期，饼类食品在华夏大行其道。至明代，国人不断改进，用铸铁做成吊炉烤制烧饼，工艺独特。采用上等面粉、小磨香油、上等芝麻、精制红糖熬制的糖稀等做原料，烤出来的烧饼味美耐吃。黄骅后街村，是老城区中心典型的回族村落，王氏先祖是在唐代时从阿拉伯迁入中国的，明永乐初年由南京迁居此地，六百年间聚居成为回族村落。清末开始流行制作吊炉烧饼，至今已有 130 余年的历史。

二、传承

清光绪年间（1890 年前后），黄骅财神庙村仉氏开始制作吊炉烧饼，后街村人王云龙、张云亭等将吊炉烧饼制作技艺引进，立炉制作，逐步形成回族特色的吊炉烧饼。烧饼制作投资少、即做即卖，适合家庭作坊制作。吊炉烧饼手艺迅速在后街回民村流传，又扩展至黄骅城区周边诸多村庄，一时百余户人家炊烟缭绕，烤饼甚忙。

20 世纪 60 年代初，神州大地陷入了三年困难时期，只有在回族节日，后街回族的王、常、张、李等各姓村民才会做些吊炉烧饼食用。党的十一届三中全会后，后街村民重操旧业，盘起吊炉，生火烤饼。后街王氏的王荣庆、王吉庆、王象敖，张氏的张连华、张丙林、张振海，还有常振岗、李双龙、李云坡等，家家小屋的作坊里燃起了烤饼的烟火。吊炉烧饼制作技艺成为后街回族独特的民间传统面食制作技艺，以家庭作坊的形式传承下来。2009 年被列入河北省非物质文化遗产名录。

黄骅吊炉烧饼制作技艺传承谱系

代别	姓名	性别	出生年月	文化程度	传 承方 式	传承时间	传承地点
1	王云龙	男	1878 年	私塾	言传身教	1890 年	后街村
2	王俊成	男	1913 年	私塾	言传身教	1925 年	后街村
3	王吉庆	男	1945 年	高小	言传身教	1957 年	后街村
3	王荣庆	男	1963 年	初中	言传身教	1978 年	后街村
4	王书伟	男	1967 年	初中	言传身教	1982 年	后街村
1	常连递	男	1890 年	私塾	言传身教	1905 年	后街村
2	常振岗	男	1953 年	初中	言传身教	1978 年	后街村
1	王象敖	男	1936 年	私塾	言传身教	1951 年	后街村
2	王银生	男	1955 年	私塾	言传身教	1978 年	后街村
1	张云亭	男	1870 年	私塾	言传身教	1890 年	后街村
2	张恩喜	男	1892 年	私塾	言传身教	1910 年	后街村
2	张恩顺	男	1904 年	私塾	言传身教	1922 年	后街村
3	张风霞	男	1915 年	私塾	言传身教	1930 年	后街村
4	张志华	男	1949 年	初中	言传身教	1964 年	后街村
4	张连华	男	1963 年	初中	言传身教	1976 年	后街村
1	张新华	男	1937 年	高小	言传身教	1952 年	后街村
2	张振海	男	1963 年	初中	言传身教	1976 年	后街村
1	张清田	男	1930 年	高小	言传身教	1945 年	后街村
2	张丙林	男	1951 年	高中	言传身教	1964 年	后街村

注：家庭作坊传承，每组序数为一个家庭，1、2、3、4 为传承代系。

三、工艺

原有的吊炉是将铸铁板固定在炉子上方，不便操作。后街人王俊成、刘金岭等对吊炉进行改进，炉内上部悬铸铁板或厚铁板做烤饼盘，炉顶外再用转轮连接铸铁板。转动中烤制温度均匀，烧饼烤制效率提高，品质稳定。吊炉上下封闭，前有炉孔，后设烟道，一侧留灯孔，一盏灯泡将内膛照得通明。烤制烧饼原用劈

柴、玉米芯做燃料，现多用锯末，死火烘烤既不起焰，火力又均匀持久。

后街的吊炉烧饼可烤制三种：千层烧饼，多层瓤子，外脆内软，外黄内白，面香可口；糖烧饼，香甜可口；干式烧饼，中部鼓起，上圆下平，柔韧适口。后街吊炉烧饼以千层烧饼为主，大烧饼，一斤面可做四个，内薄瓤七八层；小烧饼，一斤面可做七个。

后街人制作烧饼固守着百年的工艺。吊炉烧饼的制作要经过二十几道工艺，即砸芝麻、炒芝麻、簸芝麻皮、发面、生炉、擦炉、和面、擀剂子、搓条、擀片、抹油、（放糖）、捏沿卷上、捏团、抹水、捏边、粘芝麻、上炉、烤饼、铲饼出炉等。每一道工艺严格操作到位、精益求精；历史上后街村采用自种优质小麦、黑芝麻，本村黄豆榨制豆油为佳。选购优质红糖做原料。

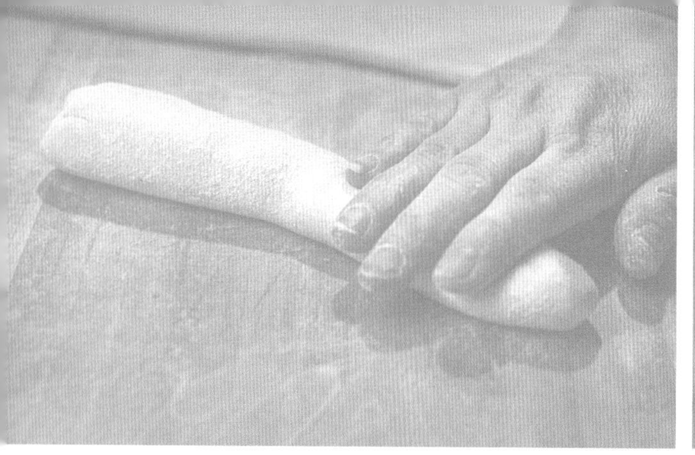

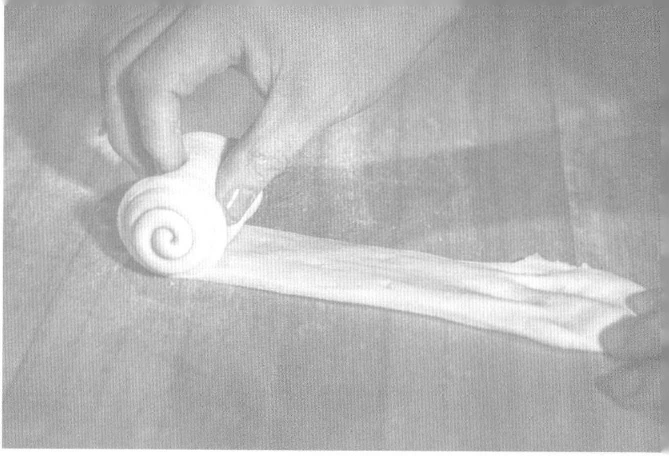

四、影响

后街吊炉烧饼形美如金盘，口感劲道香甜，不仅作为美食对外销售，还是回族人一种用于镇邪和祈求吉祥的食品，每逢圣斋期间和回族人无常（去世）时，清真寺或丧主家多用烧饼给孩子、老人和参加丧事的回民食用，祈祷免病灾避祸。回民礼尚往来也常以吊炉烧饼相送。民国 27 年（1938），焦定远时任新海（今黄骅）设治局长官，常在后街考察，闻香留步，经常购吊炉烧饼解馋，对这一民间烧饼大为赞赏，欣然挥笔为清真寺书写下一块“信一不二”牌匾，传为佳话。

后街烧饼传统的制作工艺不仅保证了烧饼的品质，还具有鲜明的民族性，回民出售时把清真的小木牌挂在簸箩边上，讲究洁净、美观和货真价实，大街小巷洋溢着烧饼的香味。

后街吊炉烧饼因其物美价廉、颇具特色，每日制作后总是销售一空，供不应

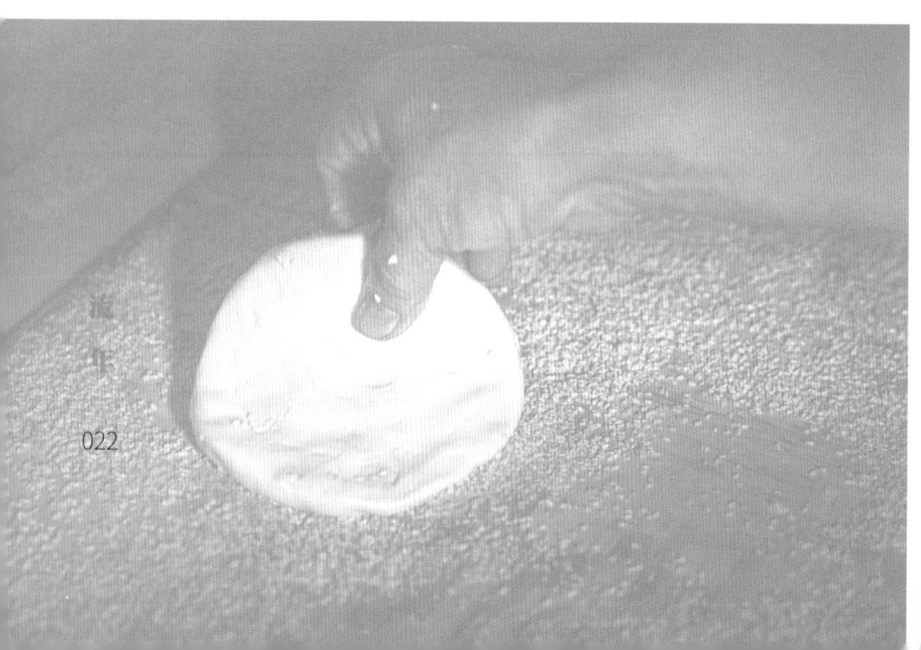

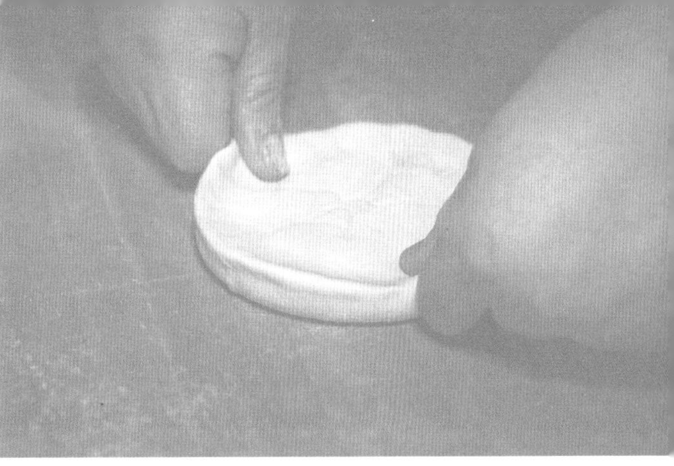

求，声誉甚高，远近闻名，成为黄骅一大特色食品，具有较高的食品文化价值，2009 年被列入河北省非物质文化遗产名录。

五、传承人

吊炉烧饼制作以家庭作坊分散传承，有历代传承人王云龙、常连递、王象敖、张云亭、张新华、张清田、王俊成、常振岗、张恩喜、王吉庆、张连华等。主要传承人张振海，1963 年出生，后街村人，回族，初中文化，1976 年从其父张新华学习吊炉烧饼制作技艺。坚守传统手工制作，夫妇二人辛勤劳作，薄利多销，勤劳致富，其儿子、女儿和亲属常抽空来帮助做烧饼。张振海家每天做出的烧饼都由各饭店、销售点预订，只留少量的饼零售，常常是饼一出炉，便销售一空。张振海被评选为河北省级非物质文化遗产代表性传承人。

妙花千般

一、历史

我国面食历史悠久，上溯到新石器时代，先民就已经开始食用面食。面花制作在魏晋便有萌芽，唐宋时期已经盛行，到了清代，民间面花有了更多的记载。随着时代的变迁，面食制品日益重视审美，并与当地习俗、信仰相结合，形成了丰富多彩的面花。民众在祈福辟邪的民俗文化心理支配下，制作出样式新颖美观、色彩鲜艳动人的民间艺术品——面花。

流年

黄骅境内用模子磕出的面花就是其中之一，此外农家蒸制的麦垛、刺猬、仓官（田鼠）、兔子等面花也独具地方特色。

据黄骅县志记载，明朝朱元璋的四子燕王朱棣，以“靖难”诛奸、入京“扫碑”为名，大肆杀戮。战乱致使中原大地白骨成堆、田园荒芜，黄骅本地只有齐家务附近的居民因大雾幸免于难。朱棣建立永乐王朝后，于永乐二年（1404）开始了朱元璋之后的第二次大规模移民活动。穷苦贫民自山西洪洞迁徙至此，在渤海之滨扎根繁衍。

由于本地土质盐碱，粮食产量很低，人们食不果腹、朝不保夕，面粉尤显珍贵。逢年过节，祭拜神灵祖先，拿不出像样的供品，便用平日舍不得吃的面粉，蒸制成鸡、鱼、麦垛、刺猬、仓官等形状的面食，作为供品进行祭祀。追思先人、祷告上苍，祈求来年五谷丰登，家中富足。

二、传承

黄骅市这一面花祭祀习俗世代相沿，并不断丰富其内涵。随着多少代人的辛勤耕作，粮食产量不断提高，人们生活逐步改善，面花已不再局限于年节祭祀活动。每逢人生礼仪、婚庆嫁娶等大事，家家户户都要蒸制面花，面花逐渐成为人们走亲访友的必备礼品。

随着当地习俗的盛行，能工巧匠们雕刻出木质模子专门制作面花，极大丰富了面花的艺术内涵，提升了面花的审美观赏性。

一代一代，家家户户，黄骅面花制作技艺大都是母女口传心授，再加上个人凭着生活中得来的艺术领悟力代代相传。

三、工艺

磕制面花

1. 以精白面粉为原料，通过发面、搋面、揉面、磕花、饧花、蒸制等多道工序完成。

第一步：发面。用肥面（家家户户蒸制面食都要预先留出一块发酵好的面团，以备下次使用，俗称肥面、老肥）与面粉揉和在一起，经过大约 12 小时的发酵过程，面完成发酵，兑上碱水揉搓，以面没有酸味为宜。

第二步：搋面。将干面粉掺入发酵好的面中，加水揉和到一起（俗称搋面）。搋面一般由年轻力壮的青年人完成，面搋得越硬越好，将搋好的面放置一会儿（俗称饧面）。

第三步：揉面。面饧好后，放到面板上大力揉搓（以前也使用木杠轧），经过反复揉搓出的面蒸出来的面花蓬松白净，筋道可口，有纹理层次。揉好的面经过手揪或刀切，分成拳头大小的面团，根据模子的形状揉成光洁的形状备用。

第四步：磕花。把揉好的面团放入面花模子，经过挤压，待模子一端的面充分接触、背面一端摁平以后，只要在面板上轻轻一磕，线条明快、不同形状的面花就活灵活现地展现在眼前。

第五步：饧花。磕出来的面花，挨个儿摆放在盖帘上，放到热炕上，饧上大约半个小时，便可以装锅了。

第六步：蒸制。用麦秆铺锅，将饧好的面花放入大锅中进行蒸制，大约15—20分钟即可完成。蒸熟的面花，图案清晰，清香四溢，吃起来松软香甜。

2. 面花造型以寓意吉祥、富贵、喜庆的动植物为代表。典型图案有鱼（寓意富贵有余）、石榴（寓意多子多孙）、鸡（寓意大吉大利）、桃子（寓意逃避厄运）、苹果（寓意平平安安）、艾叶（避邪）以及十二生肖等。

3. 用麦秆蘸取红色颜料点在蒸制好的面花中间，俗称“打点儿”。一般打单点儿，婚嫁时打双点儿，取成双成对、双喜临门之意，也有用高粱秆和火柴做成的梅花点儿，取花开富贵之意。当年有丧事的人家，打蓝点儿。

特色面花

1. 麦垛。将蒸好的馒头剥掉外皮，用新擀的面皮包裹，象征着麦子丰收后垛成的大垛。再取面团揉成面条三根，两根呈十字搭在包好的馒头上，一根横向围在馒头中间，象征着捆麦垛的草绳。用剪刀在馒头上剪刺，最后在馒头顶上放置用面做成的“元宝”或“聚宝盆”，上锅蒸制完成。

2. 刺猬、仓官。将揉好的面，擀成圆皮，包上素白菜馅，制成椭圆形状，用黑豆按在头的两侧做眼睛（仓官则用红豆）。用梳子压两圈痕迹代表脖颈，用剪刀剪出耳朵、嘴、全身的刺（仓官则不剪刺）。用小块面做成“口袋”或“元宝”驮在背上（仓官则还要捏一条尾巴），上锅蒸制完成。刺猬和仓官都有储藏食物的习惯，麦垛是丰收的象征，人们借此做供品，表达了对生活富足的美好期盼。

四、影响

黄骅面花采用象征、变形、夸张等多种艺术表现手法，造型美观、形意结合、构思独特、惟妙惟肖，极富表现力和感染力，将当地民众的生活情趣、爱好和追求表现得淋漓尽致，将食用性和欣赏性完美融合。

黄骅面花是民俗文化的历史积淀。千百年来淳朴的民风、民俗潜移默化地造就了当地人民独到的审美理念，在这种审美理想、审美情感的推动下，能工巧匠把人们的内心世界投射到现实生活，化作可供人们欣赏的外在审美对象，具有较强的审美性和文化内涵。这种相沿承袭的古老文化心态自始至终贯穿下来，在民间文化史上留下了不可忽视的一笔。

五、传承人

黄骅面花世代相传，时至今日，代表性传承人有三位：陈金芳、郭玉华、白俊华。

陈金芳、郭玉华均出生在羊二庄镇前街村，长大后又均嫁于本村，两人受当地民俗环境影响，对制作黄骅面花情有独钟，每逢年节，都随奶奶、母亲、婶婶大娘们一起做面花。随着年龄的增长，逐渐掌握了全部的蒸制手艺，做出的面花光洁鲜亮，造型完美，形象逼真，栩栩如生，软硬适度，香甜可口，受到邻里的夸赞，人称一对巧媳妇，成为黄骅面花制作技艺的代表人物。

白俊华打小喜欢面花制作，天生手巧，灵感丰富，凭借自己对日常生活的细心观察，对传统面花样式不断进行改良和创新，21 岁时嫁到前街村，是值得村里年轻人学习的土专家。

万殊一味

一、历史

烧鸡，作为中华传统美食，有着悠久的历史。南北不同，手法各异，皆有地域口味。因“鸡”与“吉”谐音，寓意“大吉大利”，民间素有“无鸡不成席”的说法，足见鸡在民间宴席上的地位。逢年过节，再拮据的家庭也会设法买一只鸡，为了那份美好的祈求，为了讨一份吉利，这就使得鸡肉成为餐桌上的主角之一。

万二烧鸡，源于清代，距今已有 200 多年历史。历代传人谨守回族人本分，依清真食品洁净雅美之要，辅以 20 余种符合清真食品原则的纯天然香辛佐料和中草药，放入自家秘制的陈年老汤煮制。烧鸡成品，体形丰满，具有“味、型、香”三绝。色泽杏黄，鲜艳挂油，嫩而脆香，肥而不腻，久嚼味长，兼具滋补食疗之功效。

黄骅地处津南古道，系南北通衢要路，北达京津，南接齐鲁，百年前燕赵、齐鲁民众走京下卫闯关东，均由此路过，别无他途，凡经此地品尝万二烧鸡者，无不将其奉为美食。现如今万二烧鸡已成为黄骅当地及周边群众逢年过节、馈赠亲友的首选特色食品。

二、传承

万二烧鸡制作技艺，自张宏民始。其后，张曾林、张德奎等阿拉伯文功底深厚，对阿拉伯饮食文化有所认知，并参照前代清真饮食的制作工艺，丰富精纯了万二烧鸡的技艺。因为有中药的加入，使其在单纯的食用之外，又增加了食补的功效。20 世纪三四十年代，王殿凤在艰难的生存环境里，依然传习自家的技艺。张国香得到祖母、母亲的技艺之后，励精图治。义乌之行，使得万二烧鸡走出了家门，行销全国。如今万建臣、万建霞、张艳萍、万品泽、万俊泽等传承人，均掌握了传统的技艺。

万二烧鸡制作技艺传承谱系

代别	姓名	性别	出生时间	文化程度	传承方式	传承时间	传承地点
第二代	张曾林	男	1852 年	不详	家族传承	不详	羊三木
第三代	张德奎	男	1877 年 6 月	阿拉伯语 5 年	家族传承	不详	羊三木
	张树增	男	1908 年 2 月	私塾 3 年	家族传承	1920 年	羊三木
	王殿凤	女	1914 年	私塾 3 年	家族传承	1926 年	羊三木
第四代	吴秀兰	女	1934 年 6 月	私塾 3 年	家族传承	1945 年	羊三木
	张国香	女	1956 年 1 月	初中	家族传承	1975 年	羊三木
	张国福	男	1960 年 9 月	高中	家族传承	1980 年	羊三木
	张国旺	男	1968 年 4 月	初中	家族传承	1988 年	羊三木
	万树生	男	1954 年 8 月	初中	家族传承	1978 年	羊三木
	万建臣	男	1979 年 9 月	高中	家族传承	2002 年	羊三木
	万建霞	女	1984 年 6 月	大学	家族传承	2004 年	羊三木
	张艳萍	女	1979 年 8 月	大学	家族传承	2005 年	羊三木
第六代	万品泽	男	2003 年 1 月	大学在读	家族传承	2016 年	羊三木
	万俊泽	男	2010 年 2 月	初中在读	家族传承	2016 年	羊三木

三、工艺

万二烧鸡制作工艺极为繁复。每一个流程都很严谨，必须是健康的活鸡。取内脏、褪毛，程序不能颠倒，水温不能过热，再用净水清洗。必须身端、衣净、心洁，学习基本的清真知识。

活鸡预检，每一只鸡必须形状饱满，有严格的成熟时间，只能晚，不能早于一定的年限。

煮制：首先放入秘制的陈年老汤，随后放入成型的生鸡，放盐，上面用铁箅子负重压住，烧开焖数小时。再将汤烧开，捞出控净老汤。火候是关键，也是秘密所在。

上色熏制：空锅烧热，放糖，苹果树锯末，将鸡连同箅子一同入锅，盖锅盖数分钟，出锅。

封装：一般都是现做现卖，远销的话，需装入真空袋，高压真空封口，高温杀菌，冷却，烘干检查。

四、影响

该技艺创始人张宏民，生于道光十一年 (1831)。他结合当地群众饮食习惯，独创具有浓郁地方特色的清真食品。张宏民之后，张氏烧鸡技艺逐步完善，在家族内世代传承。

五、传承人

羊三木创制了多种清真饮食，万二烧鸡是其中一枝奇葩。张宏民是万二烧鸡的创始人。张德奎，被人称为乡老二爷，喜看《三国演义》，侠肝义胆。参看元代《饮膳正要》，将其汤料增补，使其更具食疗之功用，名其为清雅汤，味醇而不厚，烧鸡制作技艺更上一层楼，使张氏烧鸡享誉当地。后来，王殿凤举家闯关东，在艰难的岁月中，依然不忘传承。张国香自幼耳濡目染，15 岁开始系统学习烧鸡制作技艺。后与万树生结婚，万家烧鸡在当地也小有名气，她将两家烧鸡制作技艺进一步改进，将古老的烧鸡技艺定名为万二烧鸡。再笃守教典中“准许买卖而禁止重利”，忌一本万利、巧取豪夺。万千行业，德焕其知，利得一铢，不欲其二。又暗合中国传统文化道之一生、二之为继、三致广大，注册“万二”商标。2005 年开始公司化经营，在选料、工艺、配方等方面引入先进的生产流水线，古法新用。如今万建臣、万建霞、张艳萍已成为传承的主力，第六代也开始崭露头角。

麦香绿竹

一、历史

中国面食文化由来已久，秦时人们已能够将米、小麦等粮食磨成粉末，并加工成可口的美食。面条始于汉代，宋元时期出现了挂面。紫花苜蓿的种植，源于两千年前。汉武帝时期，张骞出使西域，发现大宛血马喜食紫花苜蓿，就将种子带回关内。此事载于《史记 · 大宛列传》："马嗜苜蓿，汉使取其实来，于是天子始种苜蓿、蒲陶肥饶地。"《元史 · 食货志 · 农桑条》："令各社布种苜蓿，以防饥年。"苜蓿作为药材，具有清脾胃、利肠道、下膀胱结石的功效。维生素含量丰富，蛋白质含量亦高。

在欧洲，紫花苜蓿还有一个耳熟能详的名字：幸运草。人们把它压平，用来赠送朋友。

紫花苜蓿对土壤具有较强的适应性，但以微碱沙土为好。紫花苜蓿挂面制作

技艺，是黄骅市常郭镇后王桥村张氏家族传承的手艺。吃苜蓿挂面多在麦收时节，那时生活水平很低，一顿面条都让人心驰神往。有顺口溜曰："吃绿面，喝绿汤，吃饱肚子好上场。"紫花苜蓿挂面，应始于饥荒的年代。清嘉庆年间，后王桥张氏先人摘来荒野中的紫花苜蓿，加上少得可怜的面粉，做成挂面，这便成了一家人的美食。由此张家度过了饥荒，也成就了紫花苜蓿挂面。张氏家族不忘其本，又将挂面制作技艺精化、细化、作坊化，世代传承近二百年。

二、传承

紫花苜蓿挂面，源于清嘉庆年间，当时的紫花苜蓿挂面技艺，只是为了活命，度过饥荒。后来各代传承人精选优质的旱碱麦、上好的紫花苜蓿，对技艺进行改进、增益，终成做工精细、口感爽滑、色泽诱人的品牌挂面，加之苜蓿的营养价值很高，成为周边群众面食桌上的必备。张效良为了自家品牌的保护，注册商标为"绿竹"。一来可映照挂面本来的颜色，二来也祈盼着紫花苜蓿挂面生产，如竹子一样节节高，由此丰润自家的日子。竹有节，虚可凌云，虚怀可纳。

紫花苜蓿挂面制作技艺传承谱系

代别	姓名	性别	出生年月	文化程度	传承方式
第一代	张作肃	男	1803 年	私塾	创始人
第二代	张高氏	女	不详	私塾	家族传承
第三代	刘贵娥	女	1929 年	私塾	家族传承
第四代	谷秀平	女	1956 年	小学	家族传承
第五代	张效良	男	1982 年	中专	家族传承
第六代	张洪振	男	2009 年	小学	家族传承

三、工艺

1. 选取优质旱碱麦、上等的苜蓿（清明前后为佳），比例适当。
2. 和面，用水和就成面团。
3. 饧面，需要饧发一段时间。
4. 揉面，一遍又一遍，将面揉出质性。
5. 擀面（现在因工厂生产，改为轧面），将大面剂用擀面杖擀成薄片。
6. 切条，用玉米面做哺面，叠好，切成细条。

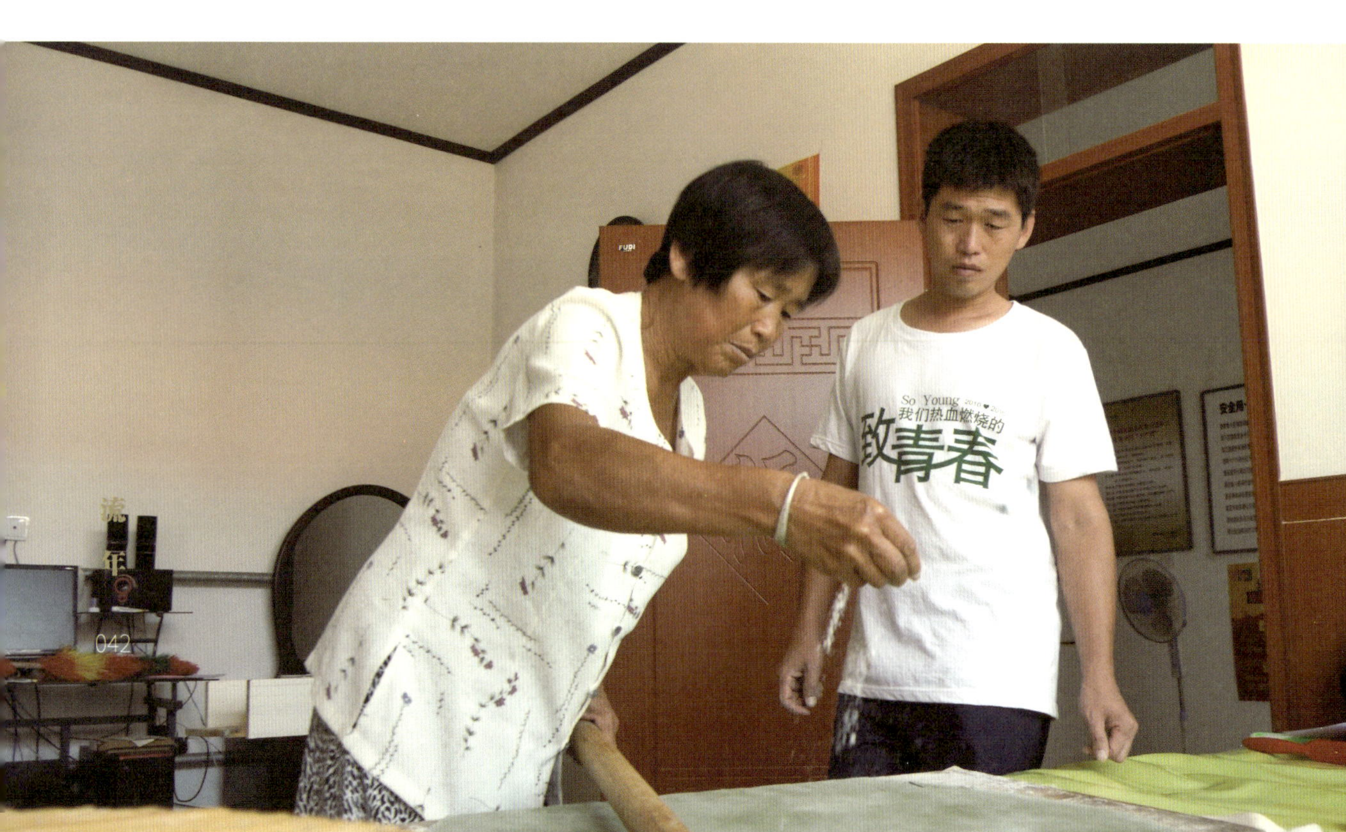

7. 自然晾晒，须阴凉处。

8. 切割包装。

四、影响

早先，紫花苜蓿挂面，在贫瘠的日子里填饱了人们的肚囊。后来，渐渐成为平民百姓的挚爱，原料易得，技艺简单易学。张氏家族家风醇厚，乐善好施。饥荒之年，每遇逃荒者，必煮一碗热面条为其充饥。赢得过路者的道谢，赢得邻人的好口碑，誉美乡里。当今，为了幸福地生活，很多农民放弃土地，出门打工，种地的农民越来越少。旱碱麦的产量越来越低，上好的苜蓿不好种植。原料的短缺制约了挂面制品的生产，成了紫花苜蓿挂面发展的瓶颈。

五、传承人

经济潮涌，利益当先。寻常的食品为了好口味，多被施以各种食品添加成分，对健康造成伤害，食品安全性可忧。

然而，张效良、张洪振爷儿俩始终坚守着初心，依然是做工精细，材料真纯，口味纯正。他家的紫花苜蓿挂面制作技艺，也许在未来的节点上，会有一个更大的突破。他们也想通过这些长长细细的挂面，唤起远方游子的乡村情感。

黑碗乡愁

一、历史

清朝乾隆年间盛行满汉全席，八大碗属于其中之一“下八珍”，属汉族菜系，辗转流传至民间，在东北三省格外盛行。尤其是富人之间相互攀比，逢年过节、婚丧嫁娶均用八大碗招待宾客。何桥村里因贫穷吃不上饭而随兄长闯关东的徐连玉，当年在赵氏地主家厨房帮忙，经常看见厨子做八大碗，他觉得这是一门谋生的手艺，起初偷偷学艺，后来正式拜赵家厨师为师，开始苦学烹饪技术。30 年后（民国时期）徐连玉回乡，把技艺传给侄子，经过几代传承，八大碗制作技艺最终留存下来。

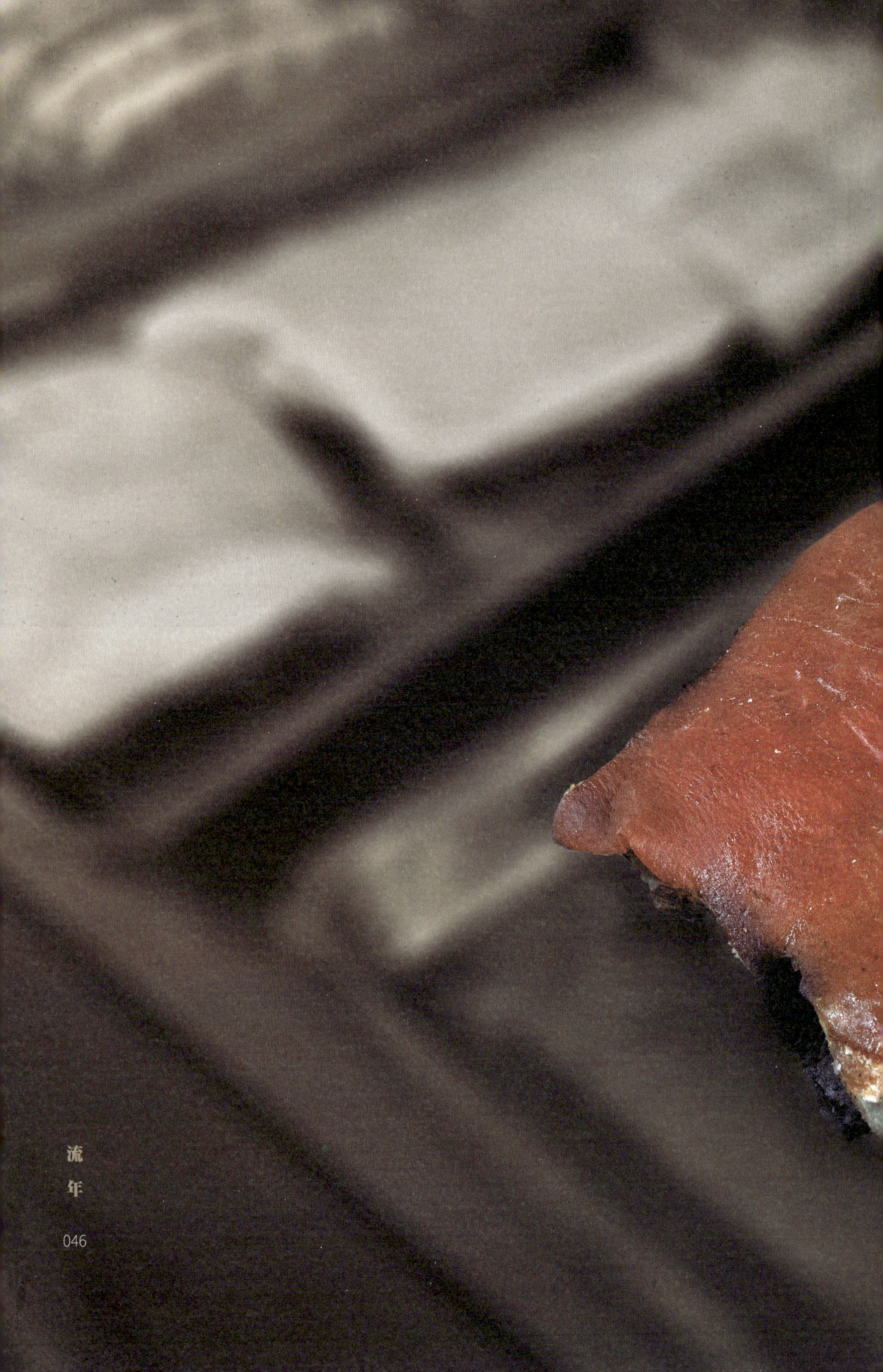

二、传承

何桥八大碗制作技艺传承谱系

代别	姓名	性别	出生年月	文化程度	传承方式	传承时间	传承地点
第一代	徐连玉	男	1893 年	文盲	师徒	不详	吉林
第二代	徐云忠	男	1926 年 3 月	小学	家族传承	1948 年	何桥村
第三代	徐复林	男	1948 年 5 月	小学	家族传承	1976 年	何桥村
第四代	徐林燕	女	1974 年 12 月	初中	家族传承	2000 年	何桥村
	张秀菊	女	1979 年 3 月	中专	家族传承	2003 年	何桥村

三、技艺

传统特色八大碗

何桥八大碗，以精选猪肉为主要食材，通过炖、煮、熏、炸、烧、焖、溜、晾、蒸等多种工序完成。八道菜分别是：白髓、红髓、卷帘、松肉、方肉、大肉丸子、鸡丝、鲤鱼。

第一步：选主料

将 100 公斤左右成猪（大约 100 天出栏，因此时的猪肉鲜嫩，胆固醇含量低）屠宰后，取带皮（必须带猪皮）肋扇肉及带皮后肘肥肉（胸脯肉、五花肉），白肉至肉皮的厚度不能超出 6.5 厘米，煮熟后不能超出 5 厘米。

第二步：炖、煮肉

把选好的带皮肋扇肉放入锅中，加入适量水，大火烧开中火炖煮，再加入自制煮肉包（内含花椒、大料、山柰、白芷、丁香、肉蔻等）及葱、姜、蒜、盐、味精等各种调料焖制，肉烂入味停火。

第三步：熏肉

把煮好的带皮肋扇肉放到熏锅中熏成酱红色为适宜。

第四步：晾肉

将煮、熏好的肉放到特制箅子上进行晾凉冷却（晾肉非常重要，否则会影响扣肉的味道和外形）。

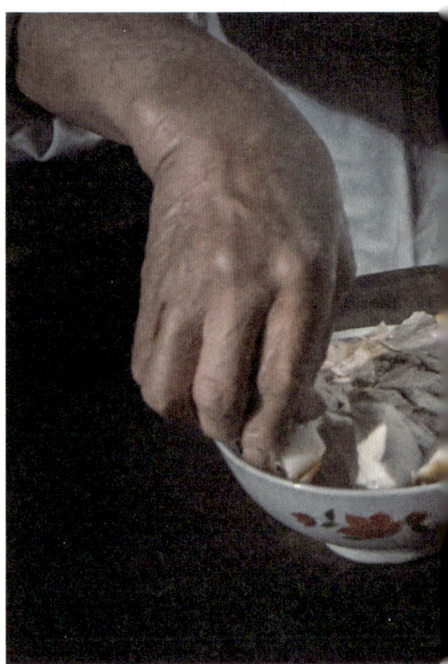

第五步：各种扣碗的制作方法

1. 白髓：取以上晾好的带皮肋扇肉，通过修整切出 10×5×0.5 厘米左右的肉片 15 片，然后猪皮面贴碗底整齐排列，上层用豆腐垫底再次放入盐、味精、葱、姜、蒜、香油等调料上锅蒸。

2. 红髓：取熏好的带皮肋扇肉，其制作方法同白髓。

3. 方肉：取熏好的后肘肥肉切成 2 厘米见方的肉块 16 块，肉皮冲碗底整齐排列。其余制作方法同白髓。

4. 大肉丸子：取五花肉适量及后肘精瘦肉，剁成肉馅（不能用绞肉机，否则会破坏猪肉的元素结构，丢失重要营养成分），放入葱、姜、蒜、味精、盐、鸡蛋等在油锅内熘炸而成。

5. 松肉：首先用鸡蛋制成薄如白纸的圆饼，然后用前肘肉剁成肉馅（不用绞肉机），放入葱、姜、蒜、味精、盐、鸡蛋等，用鸡蛋圆饼包好成饼状，上锅蒸熟后切成松肉片，整齐排列碗中，上层放入事先制好的粉条和葱、姜、蒜、味精、盐等调料再次上锅蒸。

6. 卷帘：取腱子肉剁成肉馅（不用绞肉机），用鸡蛋圆饼卷成圆柱状后上锅蒸熟，切成卷帘片整齐排列碗中。其余制作过程同松肉。

7. 鸡丝：取鸡胸脯肉，上铁锅木材火，加入自制调料包及葱、姜、蒜、盐、味精等调料，炖煮至八成熟，顺鸡肉纤维方向手撕成细丝（不能用刀，以便保留完整的鸡肉纤维），且整齐排列碗中。上层制作方法同松肉。

8. 鱼：取 1.8 斤至 2.0 斤的新鲜鲤鱼一条红烧。

注意事项：除鲤鱼外，其余各菜品在上锅蒸制之前均用黑陶瓷碗盛装，然后再整齐排列在笼屉中，开锅后，利用水蒸气蒸 30 分钟，即可上桌大饱口福。

创新特色八大碗

黄骅市属沿海城市，渤海湾盛产螃蟹、虾、皮皮虾，各种贝类及鱼。何桥八大碗第三代传承人徐复林，多年来通过研究沿海人们的饮食习惯，结合八大碗的饮食风格，将部分海鲜与八大碗的制作方法相结合，形成了一套独创的海鲜八大碗菜品组合。

1. 白髓、红髓、方肉用虾仁（虾仁通过水溜挂糊，确保营养物质在蒸制过程

中不丢失）垫碗，增加了八大碗的营养价值。

2. 将皮皮虾肉剁成泥与卷帘馅搅拌在一起，做成皮皮虾卷帘，提高了八大碗的食用价值。

3. 将鲅鱼剁成泥与松肉馅搅拌在一起，做成鲅鱼松肉，海鲜特色突出。

4. 将毛蚶肉剁成泥与大肉丸子馅搅拌在一起，做成毛蚶肉丸子，增加了八大碗的魅力价值。

5. 鸡丝，则用蛤蜊肉垫碗。

四、影响

何桥八大碗属于传统特色饮食文化，起源于乾隆年间满汉全席的“下八珍”，属汉族菜系，因其制作讲究、营养丰富、美观大方，深受百官喜爱。后流传至民间，在逢年过节、婚、丧、嫁、娶时食用，老百姓也喜欢至极。

五、传承人

何桥八大碗制作技艺在民国时期由徐连玉从东北带回老家，至今已传承四代。第三代传承人徐复林是代表性传承人。

鱼米之香

一、历史

远古时代，渔猎并称。陆地以狩猎为生，沿海湖泊之处，则用木石击之。后渔猎方式随时代变化。食色，性也。民以食为天，吃饱了才能进行各种生产活动。

《史记》载："燕有鱼盐枣栗之饶。"又载："太公至国，修政，因其俗，简其礼，通商工之业，便鱼盐之利。而人民归齐。"足证鱼盐之利，雄济天下。渤海湾，因九河下梢，使得鱼虾鲜美，被称为"东方宝藏""蓝色粮仓"。斯地丰饶，故能引得众人来归。下海捕鱼，引水晒盐。劳其力，足其食，得其利，繁衍生息，此黄骅沿海二十四堡之来源。有史志载者，皆明季以后之事。清王庆元竹枝词："春风争唱枣芽黄，秋雨潮来雁过霜。听说海船昨日到，鱼虾转贩羊二庄。"鱼虾贩卖是得利之途径，也是持家之本。鱼虾的食用有多种方法，但是储存是个棘手问题。当时运输条件不允许，也没有冷冻设备，只能或腌制，或晒干，或水炸。这些方法，时间过长，都不得当。晒干、腌制的鱼，还会起油、变质、变味。如何保持鱼的滋味、虾米的味道？是当时先祖面临的大问题。为了保持较长的储存时间，有人尝试将鱼稍加盐、晾晒、切块，用熟米饭加油，装坛密封、发酵，开坛后发现，味道极佳，糟鱼始成。

虾酱制作技艺、糟梭鱼技艺，为渔民生活的食用必需，具体时间不可考，约略迟于海堡初成的时间。最初，以糟鲙鱼为最。因鲙鱼绝种，易得梭鱼，但糟鱼味道依然。

虾酱大葱生食，美其名曰：青龙探海。炒熟后，大饼蘸虾酱葱，美味可口，也已成为黄骅向外主推的美食。

近年，糟梭鱼走进央视《行走的餐桌》、河北卫视《幸福大联盟》栏目，名声大振，食客纷纷。

二、传承

起初，糟鱼以鲶鱼为主，多油味美。后鲶鱼稀见，才改为梭鱼，也可用马口鱼、鲅鱼。虾酱制作以虾米为佳，曲虾次之，近年以养殖对虾代替，不若先前的虾酱味道醇厚。那时的虾酱，透出一股海之原味，尤以麦黄虾酱为上上品，那股清香是不能代替的。几百年的传承过程中，历代渔民多方实验，转益多师，方法归一，使得制作技艺逐渐成熟、纯正。当下挂起的所谓金字招牌，不是某一家足可代表，而是海堡一个渔民的整体，世代坚守着提升着这些技艺。他们心地纯净，侠肝义胆，乐善好施。这些技艺展现的是祖辈的智慧与生存技巧，承继的是对祖辈的崇敬与恪守。

三、工艺

糟梭鱼制作，以小满节或秋后为宜，以其肥度择之。

选料：选取一斤以上梭鱼数条。

制作：1. 梭鱼刮鳞、去内脏，用刀从中间片开。晾晒一小时，时间上午 10 点到下午 3 点为最佳。再加少许盐腌制，取出再次晾晒。

2. 小米煮成黏糊状（也有大米、小米掺在一起的），食用油加花椒、大料，加热（以前用动物油）成熟油，晾凉。

3. 装坛，一层鱼，一层米饭（时米饭已与油混拌均匀）。

4. 将鱼坛密封。

5. 先在恒温下，再放置在阳光下晒制，使用其均匀受热。后以恒温静待其慢慢发酵，使米香濡之出糟。

虾酱制作

选料：取新鲜虾米数十斤，看肥瘠，再按比例放盐。以麦黄虾米为佳，秋后虾米次之。曲虾多秋后腌制。

工序：1. 拣出杂质，使其干净，略顿之，控净水分。

2. 将虾米、海盐混合，以口味的轻重按比例放盐，抓拌均匀，放入坛子或大缸。用白布封口，早先多是大缸，用缸帽盖之。

3. 放置在阳光下，每天搅拌，使其散出杂味，后用盐封口放置。

如今虾米不易见，曲虾减少，多以对虾制酱。

挑拣对虾，用清水洗净掐头去尾，用刀或绞肉机，剁成或绞成黏稠状。其他与虾米酱的方法同之。虾头也可做酱，须拾取虾头里的胃，剪去虾针，再剁或者绞。其他制作方法相同。

四、影响

虾酱、糟梭鱼，最初是海堡人季节交错时的储存必需，鱼虾有时节限制，经过制作成为过冬的应口之食。历经数代海堡人的精心研制，味道愈纯。当年食过糟梭鱼的人，已鲜见矣。时代更迭，技艺不失。只是，作为原料的虾米顿失。近年，因海水污染日益严重，梭鱼的鱼质大不如以前，味道大变。但仍有不少的海堡人，努力地守着那片贫瘠的海，守着这些技艺，如海之潮汐。

五、传承人

二十四堡祖辈皆喜糟梭鱼、虾酱，此为常见的民间手艺，以自己食用为归旨。手法虽同，味道大异，因时、因质、因把控的方法而异。

起先，糟梭鱼只是渔民、渔妇的拿手好戏。现在，好多有学识的人也成了制作虾酱、糟梭鱼的主力军，如陈秀煜、陈椿江父子，为了虾酱制作技艺，建立了工厂化传承基地。张福堂、周之利老当益壮，承续着古老糟梭鱼的技艺。更有如杜吏仓者，擅诗文，精医道，糟梭鱼的方法也很是独到。期待有越来越多的海堡人，通晓虾酱、糟梭鱼的制作方法，留住曾经的味道，留住曾经的乡愁。

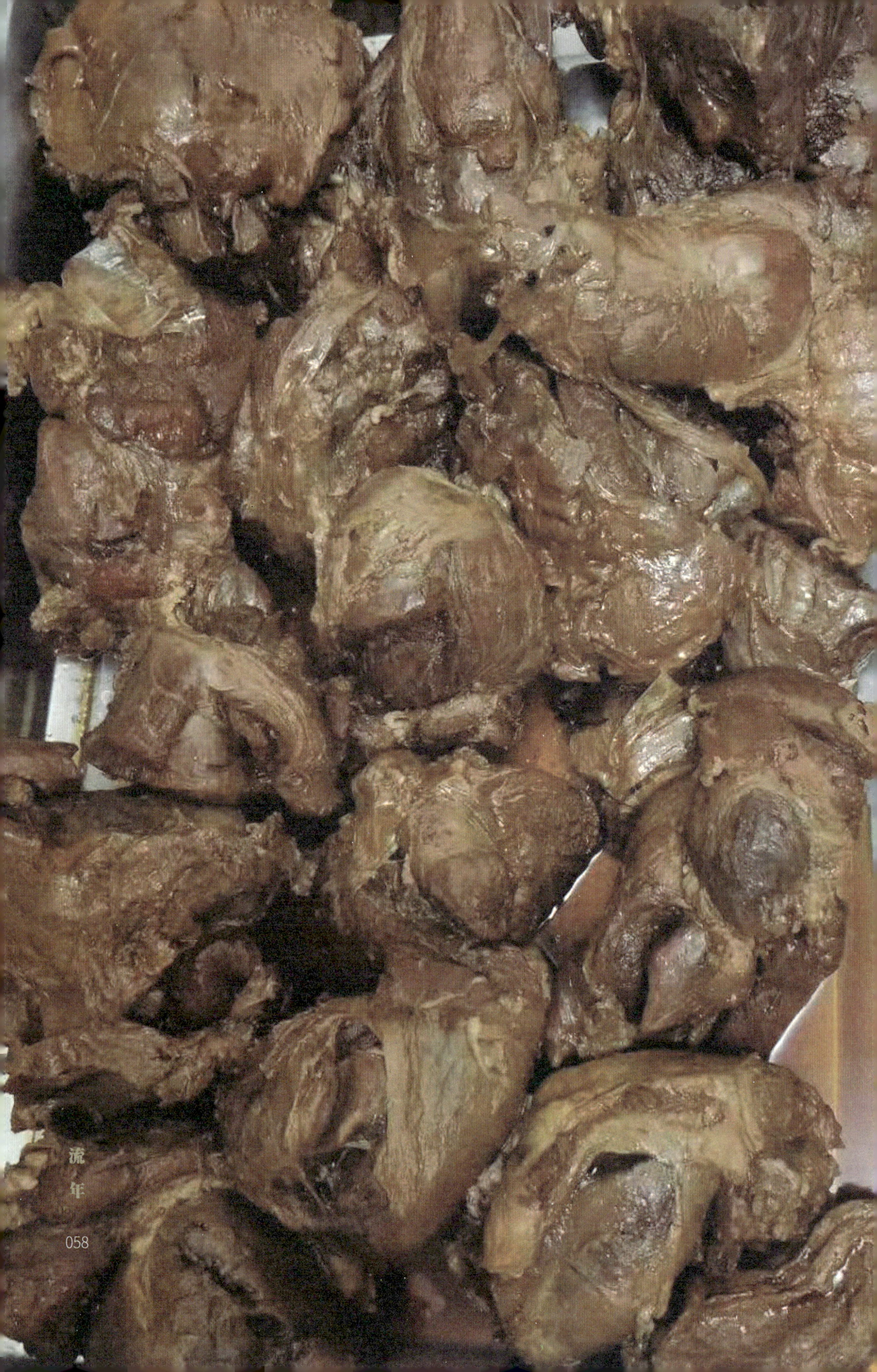

犇羴可味

一、历史

远古时代，我们的祖先根据生活需求，以及对动物的认识程度，先后选择马、牛、羊等六畜进行饲养驯化。《礼记》中，将牛羊列为“太牢”。“天子食太牢，牛羊豕三牲俱全，诸侯食牛，卿食羊，大夫食豕，士食鱼炙，庶人食菜。”正如《左传·曹刿论战》中“肉食者鄙”之讥语，等级分明。《洛阳伽蓝记》中：“羊者，陆产之最。”羊之为鲜，羊之为美。

清真牛羊肉制作技艺，可溯至唐宋，成熟于明清。明代时期，移民来迁，羊二庄原本属沃野良乡，回族人聚集颇多，黄骅清真牛羊肉制作也随之诞生，其技艺精纯者，当属羊二庄葛家。羊二庄葛氏，居羊二庄后街，勤俭持家，德风堪铭。最初制作小磨香油，后又制作清真牛羊肉，技艺独到，享誉周边及盐山、孟

村。葛氏家风醇厚，生意兴隆，20 世纪 40 年代为鼎盛期。新中国成立后，牛羊肉制作技艺受到了限制。他将小磨香油制作技艺无私献出，其后成为后街村副业的主要来源，耕牛严禁宰杀，只能清炖羊肉。改革开放后，葛氏牛羊肉制作技艺重获新生。

二、传承

清真牛羊肉制作技艺，是回族人的必修技艺。方法流传颇多，葛氏清真牛羊肉，立足本地，恪守清真食品之洁净雅美。创始人葛庆文，汲取清真食品的古法，去伪存真，老汤的调制堪称一绝，奠定了葛氏清真牛羊肉技艺的基础。后继者尊崇古法，与时为变，更注重口味下的养生功效，老汤不变，肉质也不变，技艺得到有力保护。老汤百年，味道醇厚。

葛明生制作牛羊肉的技艺来自母亲刘金荣的真传。1995 年，他在香港商人陈满棠的帮助下，在黄骅205国道边开设了清炖牛羊肉餐厅，其独特的清真口味，让食客一饱口福，衍生了清真羊蝎子、羊排、酱牛肉。葛明生在此开店，还有一个不成文的规定，顾客结账时，只要说再要一份带回家孝敬父母，这一份便分文不收。葛氏有力地弘扬了尊老之风。2019年，向国家工商总局申请注册“葛壮壮”商标，使得这一品牌得到了保护。

三、工艺

1. 选料。牛肉须新鲜，先用冷水浸泡，清洗瘀血，用板刷将肉清洗干净，剔除骨头。然后切成肉块，并放入清水中冲洗一遍，按肉质的老、嫩分别存放。

2. 调酱。锅内加水，稍加温后，放入食盐、黄酱，煮沸后再煮一段时间，盛入容器备用。

3. 牛肉装锅。以老、嫩次序码好。

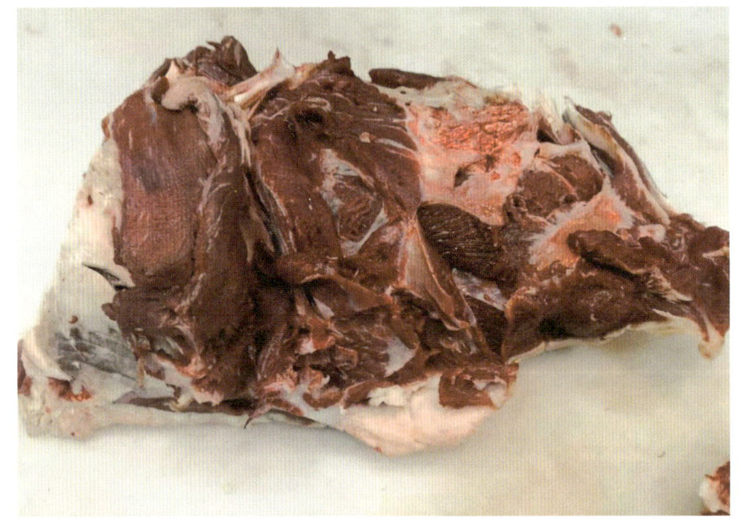

4. 酱制。牛肉在锅内放好后，倒入调好的酱汤。煮沸后，再加配料。先用旺火，后用文火。

5. 出锅。出锅时要用特制的铁拍子，把肉块一块一块地从锅中托出，随手舀去锅内原汤冲洗，将牛肉码在屉盘中，冷却后即为成品。

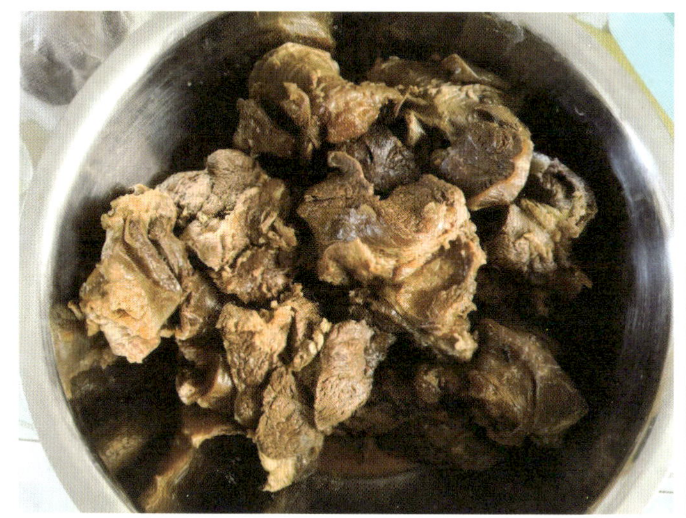

四、影响

葛氏清真牛羊肉制作技艺，始于清末，盛于民国。20 世纪 90 年代，技艺重现，并火爆开来。现在，牛羊养殖大多使用速成饲料，产生了速成牛羊，使得肉质大不如前。葛明生努力而艰难地守护着那一爿属于自己的清真空间。

五、传承人

葛明生坚守葛氏百年老字号，守住清真食品的根本，不用饲料速成的牛羊肉，坚持用料纯正，配料天然，炖制自然。葛氏后继者葛坤，也在认真地恪守着葛氏家风，用料实，配料足，利薄却味真。

大洼美食

一、历史

南大港区域为历史上著名的洼淀区，属九河下梢。其南大港湿地史称“母猪港”，是古代泄洪入海之地，原面积 32 万亩，今存 11 万亩。民众俗称大洼。春秋时即有人类在此生息繁衍。1957 年黄骅县将南大港、北大港大洼淀筑堤引水，在周边垦荒，1958 年建起南大港农场。南大港内盛产淡水鱼，历史上，洼淀区周边的民众耕地较少，主要以洼淀为生产地，以养苇、围猎、治鱼、晒小盐等维生。民众夏秋季看洼、下洼劳作，冬季冰上收苇，常在野外扎窝棚生活。就地捕捞鱼虾，用简便易行的烹调方法做饭，饭菜一锅同时做熟，形成传统的四种美食：鲜鱼汆汆汤、贴饼子熬小鱼、大饼虾酱葱、锅炮（bāo）鱼大白菜，皆为深得民众喜爱的吃食。

二、传承

大洼四种美食历史悠久，历代洼淀区民众制作食用。明清时期，广泛流传于渤海湾沿海洼淀区一带。大洼美食主要在洼淀区周边的王徐庄等村庄传承，尤以刘氏等家族传承为主，明初王徐庄刘氏一世祖刘胜至刘铁成已传承 18 代、600 余年。民众以当地盛产的鱼虾和旱地粮菜为主要原料，四种吃法在当地民间流行。因就地生产食材、鱼虾新鲜、制作简便快捷，形成味道鲜美、营养丰富的吃食。新中国成立后，随着人民生活水平的提高，制作原料有了增加，制作技艺有所改进。大洼美食四吃也因其口味鲜美，制作技艺逐渐流传至天津、沧州等地。昔日大洼的四种吃食也被许多餐馆列为美食。

大洼美食四吃制作技艺传承谱系

代序	姓名	性别	出生年月	文化程度	传承方式	传承时间	传承地点
第一代	刘宗绪	男	1821 年	私塾	言传身教	1836 年	南大港
	任氏（宗绪妻）	女	1825 年		言传身教	1845 年	南大港
第二代	刘世平	男	1860 年	私塾	言传身教	1875 年	南大港
	王氏（世平妻）	女	1868 年		言传身教	1888 年	南大港
第三代	刘同福	男	1904 年	私塾	言传身教	1919 年	南大港
	曹氏（同福妻）	女	1911 年		言传身教	1931 年	南大港
第四代	刘从祥	男	1938 年	中专	言传身教	1953 年	南大港
	吕淑芹（从祥妻）	女	1941 年	小学	言传身教	1961 年	南大港
第五代	刘铁成	男	1968 年	初中	言传身教	1973 年	南大港
	张云霞（铁成妻）	女	1969 年	初中	言传身教	1975 年	南大港
第六代	刘洪毅	男	2000 年	大专	言传身教	2015 年	南大港

三、技艺

鲜鱼汆汆汤：选麦穗鱼、油光鱼、刺挠鱼、梭鱼、吉头鱼等鲜鱼洗净。锅中水烧开后，溜入鲜活鱼，加盐、酱油、葱姜蒜等作料，盖锅煮开。开水烫玉米面，适量加水和面，手捏面攥紧成两头尖的汆汆状，中型枣大小，一个个即攥即溜入沸水锅中，直至溜完，搅拌匀，盖锅煮熟即可食用。

大饼虾酱葱：用蚊帐布网在河渠中拉网捞蜢虾（俗称虾丝），洗净放入大缸中，加盐拌匀，上盖放至室外腌制月余，直至成为赭蓝色、有酱香的虾丝酱。明代初期以小麦、小米、大豆等磨粉做饼，明代中期后加入玉米磨粉做饼。现代则是精选本地旱冬小麦，以石磨磨成粉，用于烙饼。所选之葱，早春用稜沟葱，晚春至秋季用小割葱，冬季用大葱。大饼需烙成多层饼，虾酱则以小碗盛生酱，配葱。大饼卷生虾酱、大葱即食。现代改进配方后，则以虾酱加鸡蛋，配用葱花炒熟。

贴饼子熬小鱼：选用鲜活小鲫鱼、小梭鱼、油光鱼等，本地黄玉米面。做法：锅中水烧开后，熘入鲜鱼，加盐、葱姜蒜等作料，盖上锅盖煮开。和面至不干不稀，手拍成掌状，在锅内水面上方贴饼一圈。盖上锅盖，用中火烧煮至鱼汤半干，停火少顷即可食用。

锅炮鱼大白菜：选用小麦穗鱼、刺挠鱼、油光鱼、鲫鱼、淡水小虾，以热锅中小火炮至多半干，置阳光下（网罩防蝇）暴晒成鱼干，放网兜内挂墙上存用。白菜用本地青麻叶大白菜。做法：熬青麻叶大白菜，将干鱼浸泡洗净后完整放入锅中，放入葱、姜、蒜等作料，熬好即可食用。

鲜鱼汆汆汤、贴饼子熬小鱼、锅炮鱼大白菜，菜饭同熟。大饼虾酱葱，简便适口，搪时抗饿。四种美食均风味独特，鲜美可口。

四、影响

四种美食来自民间，采用传统手工操作，讲究面食、菜肴的美感与口感，注重色、香、味、形的协调。所选用食材均为当地生产的粮菜作物。如自然洼淀的鱼类，旱地生产的冬小麦、黄玉米、大白菜等，口感好，营养亦十分丰富；制作简便易行，传承不衰，与粗犷、豪爽、淳朴的“大洼文化”融合，具有较高的食用价值、营养价值和文化价值。由最初野外劳动生活的饮食，成为民间家庭生活、招待宾客、举办宴会的特色美食。大洼美食四吃制作技艺逐渐由洼淀区流传至天津、沧州等地。

五、传承人

王徐庄刘氏传承人刘铁成，从小耳濡目染，跟着大人学习制作。每逢过年过节，或是招待亲朋，他总要亲自下厨做菜。选料严格，手工制作，坚守传承的传统要求。做鲜鱼汆汆汤，必选用鲜活小型鱼类，汆汆必在开锅后手攥下锅。做大饼虾酱葱，总要先亲手做虾酱，腌制成赭蓝色、有酱香的虾丝酱备用；白面要精选本地旱冬小麦，用石磨磨粉。贴饼子熬小鱼，要选用鲜活小鱼，选用本地黄玉米面；掌握火候，以小鱼刺软肉肥、饼子有黄锅巴为佳。做锅炮鱼大白菜，白菜以本地青麻叶为上品，帮薄纤维少，叶肥心紧，叶质脆嫩、口感好。

刘铁成出身教师家庭，年轻时当过工人，改革开放后毅然下海创业，开办餐馆。又投入资金建起一座三星级宾馆和港成美食城。在美食城制作大洼美食，传授制作技艺，深受各地客人赞赏。2021 年，大洼美食四吃制作技艺以其鲜明特色被列入市级非物质文化遗产名录，他也成为代表性传承人。走进美食城，大洼美食的“非遗”铭牌在餐厅墙上熠熠闪光。

面食四吃

一、历史

南大港，位于渤海新区、黄骅东北部，东临浩瀚的渤海。南大港区域为历史上著名的洼淀区，其南大港湿地史称“母猪港”，民众俗称大洼，历史上水泽充沛，盛产各种鱼虾和苇蒲。据考证，当地春秋时即有人类在此生息繁衍。

历史上，洼淀区的民众耕地较少，主要以洼淀为生产地，以养苇、围猎、治鱼等维生。1958 年建立农场，周边开垦荒地种植。

历史上，民众用小麦、小米等磨粉做面食，明中期后以小麦、玉米等磨粉制作面食。春节期间，制作戗面面花、戗面馒头上供、食用，寓意合家团圆、福寿安康；正月十五制作麦子垛、面刺猬，用于填仓日上供和食用，以祈五谷丰登、招财进宝、阖家幸福。四种面食作为传统面食，一直流传至今，长盛不衰。

二、传承

大洼面食四吃，历史悠久，为南大港区域传统的四种面食：戗面面花、戗面馒头、麦子垛、面刺猬。在春节和正月十五期间，当地民众普遍蒸做四种面食。在节庆、喜宴、待客时，蒸做戗面面花、戗面馒头食用。四种面食主要在南大港王徐庄刘氏等家族传承。

大洼面食四吃，明清时期，流传于渤海湾黄骅沿海洼淀区一带。具有独特的美食价值、营养价值。大洼面食制作精细，外形美观，硬朗耐嚼，香中带甜，成为过年过节、婚庆喜宴、餐馆待客的一大特色食品，给人们带来生活的情趣和吉祥的象征。百食而不厌，传承长盛不衰，与当地粗犷、豪爽、淳朴的“大洼文化”相融合，具有浓厚的民俗风情，伴随一代又一代大洼人，走到国泰民安、丰衣足食的新时代。

大洼面食四吃制作技艺传承谱系

序号	姓名	性别	出生年月	文化程度	传承方式	传承时间	传承地点
第一代	刘宗绪	男	1821 年	私塾	言传身教	1836 年	南大港
	任氏（宗绪妻）	女	1825 年		言传身教	1845 年	南大港
第二代	刘世平	男	1860 年	私塾	言传身教	1875 年	南大港
	王氏（世平妻）	女	1868 年		言传身教	1888 年	南大港
第三代	刘同福	男	1904 年	私塾	言传身教	1919 年	南大港
	曹氏（同福妻）	女	1911 年		言传身教	1931 年	南大港
第四代	刘从祥	男	1938 年	中专	言传身教	1953 年	南大港
	吕淑芹（从祥妻）	女	1941 年	小学	言传身教	1961 年	南大港
第五代	刘铁成	男	1968 年	初中	言传身教	1973 年	南大港
	张云霞（铁成妻）	女	1969 年	初中	言传身教	1975 年	南大港
第六代	刘洪毅	男	2000 年	大专	言传身教	2015 年	南大港

注：表中序号为传承代序。

三、工艺

饯面面花：春节前选用旱地冬小麦面粉，采用民间老肥面发酵，人工揉成饯面，使之比较干硬。用手工做出面花，或用木模具扣出。造型有单双鱼、鲤鱼、蝙蝠、鹁鸽、凤凰、金鸡、牡丹、石榴、桃子、白兔、囍字、福字、元宝等，象征喜庆吉祥。上锅蒸熟后，揭起锅盖时在面花上点红点，放凉后装布袋，置入空缸内，春节期间随时取出食用。

饯面馒头：春节前夕同饯面面花一起制作，用手工搓揉成半圆形，表面、底面须光洁无裂印。饧好面后上锅蒸熟，揭起锅盖时在正中点一个红点。放凉后同面花一起放置，上供、食用。昔日普通人家因家境差，即以玉米面蒸成馒头状，外面包裹白面做成，美其名曰："称金裹银"。

麦子垛：在正月十五那一天，揉成饯面制作而成。采用春节蒸好的饯面馒头或金裹银馒头，揭皮后外包一层发面，用面搓成条，用剪刀剪成麦穗状，竖十字缠贴上。再横向缠一道麦穗条，呈捆绑状，精致者在穗头上剪出小刺猬。顶上贴放一个银子锞形面团或放枣的小面花。周围均剪出穗状印，外形如麦子垛，整体1.5—2 斤。蒸熟后放入面食口袋，置于空水缸内存放。在十天后的正月二十五填仓日取出上供、食用。

面刺猬：在正月十五时与麦子垛一起制作。面刺猬馅为素馅，将粉条、豆腐皮、豆腐、大白菜、油馃子切碎，用泡软的黑豆做刺猬眼，用剪刀剪出"刺猬"全身的"刺"和"尾巴"，压出"嘴"和"屁股眼"。背上放一个元宝形面团，称银子锞。上锅蒸熟，放凉后，与麦子垛一起装进布袋，置入空缸存放，填仓日取出上供、食用。

面粉选自本地旱冬小麦、黄玉米。饯面面花、饯面馒头形状美观，硬朗耐嚼，香中带甜，既营养丰富，又耐于存放。既是家常食品，又是餐馆美食。

四、影响

历史上，大洼是南大港人赖以生存的地方。粗犷豪放的大洼人，也不失心灵手巧。每到年节，就会拿出平时舍不得吃的旱地麦，在石磨上磨出面粉，罗出最白的面，在大瓦盆里用老肥面发酵，揭面揉成戗面，做面花、做馒头，过年时一家人团团圆圆，上供祭祖，除旧迎新，吃面花，吃馒头。正月十五元宵节，还要做麦子垛、面刺猬，放烟花，度佳节。填仓节时，上供祭祀，祝愿风调雨顺、吉祥如意。

四种面食来自民间，讲究外形的美观与口感，所选用面粉和馅料多为当地生产的优质产品。无污染，营养丰富，制作精细，色香味形俱佳，是民间家庭生活、举办宴会，以及餐馆的特色面食。

用于上供、喜庆的食用品，象征福寿吉祥、五谷丰登，传承不衰。与当地粗犷、豪爽、淳朴的“大洼文化”融合，具有较深厚的历史人文底蕴。

五、传承人

大洼面食四吃产生于民间，传承在洼淀区，并延伸至沿海和周边区域。以王徐庄刘氏传承为著。明代永乐年间，刘氏一世祖刘胜迁至本域，历代传承此四种面食。刘铁成，1967 年生，南大港王徐庄刘氏十九世孙。改革开放初期从工厂辞职，毅然下海创业，投资建起宾馆和港成美食城，在美食城制作面食和传授技艺，现任港成集团董事长。每逢春节及其他节庆日，刘铁成都要下厨亲手制作，选材严格，制作细致，为大洼面食制作技艺非遗代表性传承人。大洼的面食也让来宾舌尖留香、流连忘返。

妙方

琳琅千金

一、历史

王氏琳琅千金贴膏始于清嘉庆年间，为王氏先人据唐代药王孙思邈《千金方》和明代医圣李时珍《本草纲目》等中医典籍，结合当地人文和自然特征，经多年摸索实践研制而成。琳琅千金贴膏发源之初，只是王氏家族内部使用，密不外传。成长期约在同治年间（1862—1874），距今约200年历史。早期只是把此方当成方便自己、周济乡邻的一剂良方。世代积德行善，秘方得以传承。

清末民初，王氏千金贴第四代传承人王书堂走上专业从医的道路，在天津医界颇具影响力，王氏千金贴也真正成形，为更多的患者和业内人士广泛认可和称道。

二、传承

第四代传承人王书堂在天津坐堂，回乡后与夫人悬壶施方，于是王氏千金贴膏有了更进一步发展。第五代传承人王正伦结合多年临床实践，又做了进一步改良，使得该方又有新的普及。

王氏琳琅千金帖传承谱系

代别	姓名	性别	出生年月	文化程度	传承方式	学艺时间	居住地址
第一代	王履占	男	不详	举人	家族传承	不详	刘皮庄
第二代	王徽典	男	不详	不详	家族传承	不详	刘皮庄
第三代	王成山	男	不详	不详	家族传承	不详	刘皮庄
第四代	王书堂	男	1886 年 6 月	不详	家族传承	不详	刘皮庄
	张丙伟	女	1889 年 3 月	不详	家族传承	不详	刘皮庄
第五代	王正伦	男	1933 年 3 月	初中	家族传承	不详	黄骅
	张凤兰	女	1930 年 6 月	不详	家族传承	不详	黄骅
第六代	王佑祥	男	1949 年 6 月	大专	家族传承	不详	刘皮庄
	王佑卿	男	1966 年 2 月	高中	家族传承	不详	黄骅
	王佑丰	男	1970 年 11 月	大学	家族传承	1989	黄骅

三、技艺

王氏千金贴膏作为中医祖传秘方，具有温润化瘀、止痛消炎、去毒通络的疗效。药性平和而持久，自然而熨帖，无毒副作用。与其他贴膏相比，在取材、制作、疗效诸多方面，具有独特的品质和特性。

最初贴膏制品一般取绫子作为底衬，将药均匀涂抹在上面，呈内圆外方形状，然后对折存放。用的时候，取小火近烤令贴膏融化，趁热贴于患处。近年来，为使贴膏更适合普通百姓，也经常采用普通牛皮纸为衬，使成本更加低廉，且不影响疗效，受到广大群众欢迎。

商標
松茂堂參茸莊
松茂堂
松茂堂參茸莊
吉林新山人參

王氏千金贴膏选用麝香、红花等名贵药材，既治腺体方面疾病，如乳腺、腮腺、颌腺、淋巴腺、甲状腺、扁桃体、前列腺增生（结节、发炎等症），也治筋骨疾病，如颈肩腰增生、四肢疼痛、跌打损伤、红肿、气滞血瘀等。同时，还有辅助口服散剂和丸剂、丹剂。品类齐全，疗效显著。

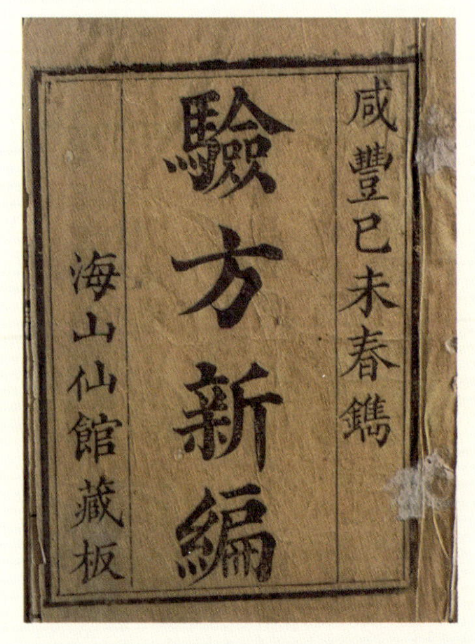

四、影响

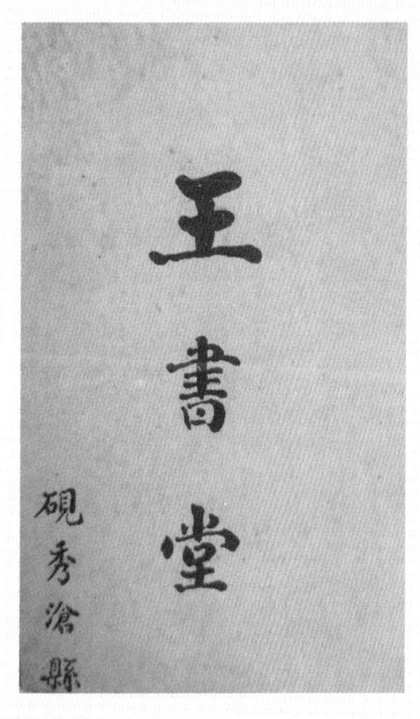

琳琅医药黄骅王氏千金贴膏发祥于黄骅市羊三木乡刘皮庄村，多年来以其独特疗效为黄骅、沧州以及京津等地百姓所称道，特别在治疗颌腺炎、腮腺炎、乳腺炎、扭挫伤、风湿、增生等症方面，疗效尤为突出，被誉为“一贴灵”。

琳琅医药文化是名副其实的百年老字号，其核心理念是“仁者成大道，妙手济苍生”，堪称真正的文化传承。

五、传承人

王氏千金贴膏代表性传承人王书堂（1888 年 6 月—1949 年 8 月），字砚秀，出身中医名家，是千金贴第四代传承人，也是琳瑯医药文化集大成者。王书堂亦出身武术世家（十一世祖良卿公任明山海关游击将军，十六世祖履占公为清武举人，赏五品顶戴花翎）。王书堂生逢乱世，家道中落，科举无望（19 岁中秀才），遂赴天津学医，先到天津松茂堂当学徒“拉药橱”，先后学习了《黄帝内经》《伤寒杂病论》《本草纲目》等医学典籍，同时潜心研究《名医类案》《校正石室秘录》《临证指南医案》《验方新编》等名家方剂，学成后正式在天津琳瑯医馆坐堂行医。凭借家学基础，又得名师指点，德业并进，声名鹊起，在天津医界有口皆碑。曾多次为时任天津市市长的张自忠及家人出方施治。现有张氏谢札留存："砚秀先生如晤：俗务在身，匆匆不及面陈。前者，幸得先生妙手巧施、丹心独运，经年顽疾始得痊愈。特奉薄礼，以表谢忱！ 张自忠 民国廿六年八月二日"。天津当时正是首都附近的水陆码头，可谓鱼龙混杂。特别是 1937 年后，抗日战争全面爆发，京津陷落，王书堂先生只得回乡避乱。当地权贵乡绅争相延邀。其中，时任伪军司令李景文曾多次备轿力邀，遭到拒绝后，恼羞成怒，找借口派人损其右臂，但先生依然不予屈就。王书堂与夫人张丙维相继从医多年，以高尚的医德、精湛的医术，为世人称道。毕生潜心医道，有《临床日记》存世。《日记》中对千金贴膏配制施用又做了详细的归纳整理，在配伍熬制上几经增益调整，其温润化瘀、止痛消炎、去毒通络的疗效特点更加突出，为千金贴（琳琅腺体贴和筋骨贴）的最终形成定型起到关键性作用。

王氏千金贴膏第六代传承人王佑丰，多年受家庭熏陶，对中医、中药有着浓厚兴趣。对家传的医学典籍，如《黄帝内经》《伤寒杂病论》《脉经》《本草纲目》等潜心研读，并经常陪伴父辈应诊施治，积累了丰富的临床经验，对王氏千金贴膏在配方制作上多有心得，以更加人性化的治疗方法，使古老的中医药学焕发出新的生机。

膏泽四方

一、历史

王氏西夏膏历史悠久，距今已有八百余年。据王氏祖上传说，此方为西夏国宫廷治疮专用配方，由一位御医掌管制作。1227 年西夏国灭亡，战乱中，御医被迫南逃，途中结识一位王姓逃荒者。二人搭伴同行，建立了深厚的友谊，并结为异姓兄弟。几年后，御医不幸染上疟疾，不治身亡。临终前将宫廷秘方交于王氏。明永乐年间，王氏后裔迁居盐山县羊二庄（今黄骅市羊二庄镇），西夏膏自此落户黄骅。西夏膏在原有治疮基础上不断更新，扩大了治疗范围，疗效更加

显著。

万灵接骨丹诞生的具体年代已无从考证。家族传说，清朝道光年间，王立奎当过道人，跟一位法号本真的和尚念经作法。本真和尚喜好武术，年轻时在药王庙学了正骨手法以及接骨丹药制作技艺，他不仅做法事，还为当地骨折患者免费救治，治愈者不计其数。王立奎忠厚和善，勤奋好学，擅长吹笙，是本真和尚最信任、最得意的佛门俗家弟子。本真和尚便把正骨手法和接骨丹药技法传授于他。自此王氏家族又多了一项中医技艺。

二、传承

王氏西夏膏和万灵接骨丹经过王氏家族世代相传，日益发扬光大。

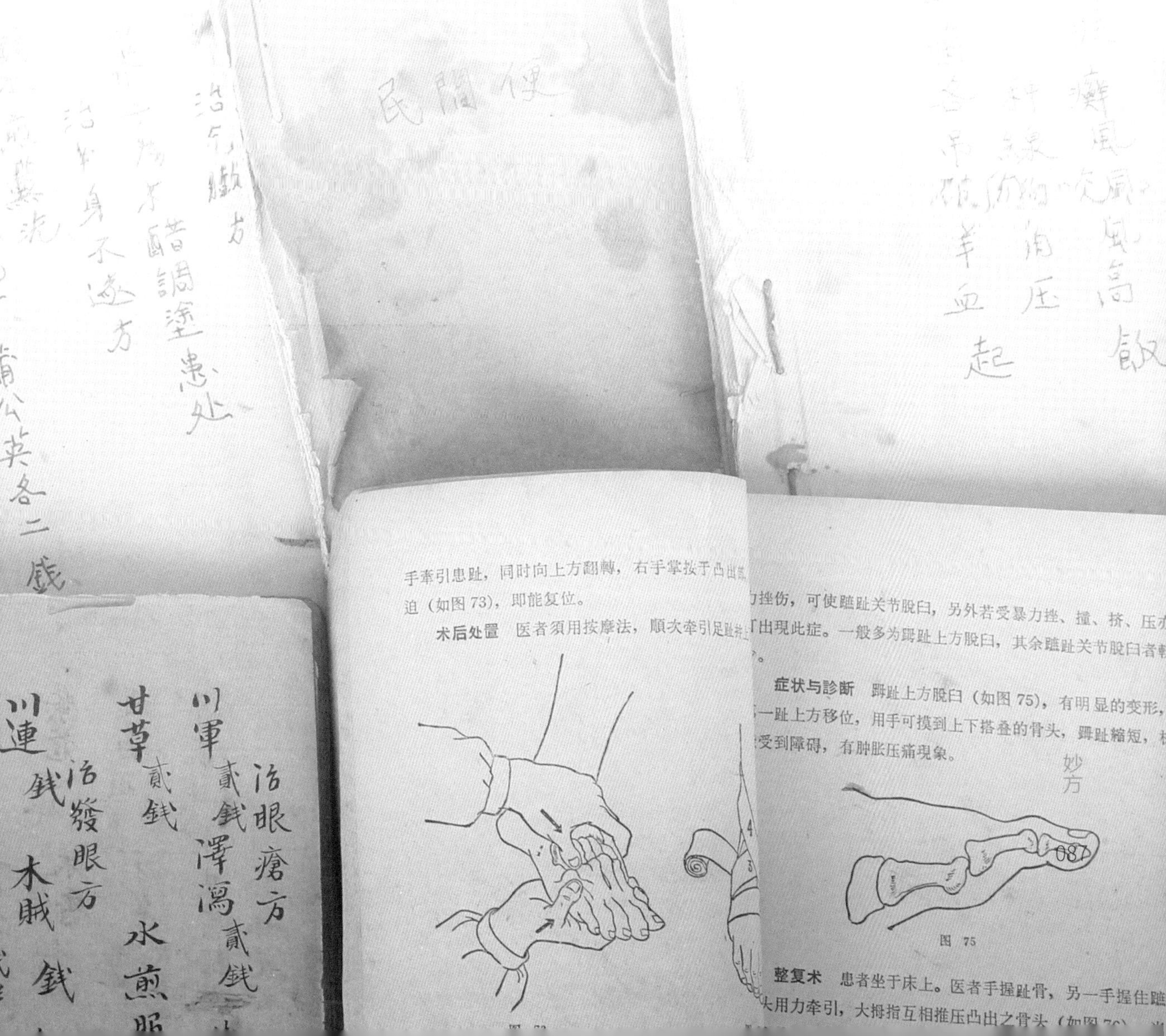

王氏家族西夏膏制作人传承谱系

代别	姓名	性别	出生年月	文化程度	传承方式	传承时间	居住地
第一代	王安发	男	不详	私塾	父传子	不详	羊二庄前街
第二代	王立奎	男	不详	私塾	父传子	不详	羊二庄前街
第三代	王玉兴	男	不详	私塾	父传子	不详	羊二庄前街
第四代	王占清	男	1895 年	私塾	祖父传孙	1915 年	羊二庄前街
第五代	王耀甲	男	1919 年	小学	父传子	1940 年	羊二庄前街
第六代	王旭晨	男	1942 年	中专	父传子	1992 年	黄骅市区
第七代	王炜星	男	1967 年	高中	祖父传孙	1992 年	黄骅市区

王氏家族接骨丹药传承谱系

代别	姓名	性别	出生年月	文化程度	传承方式	传承时间	居住地
第一代	王立奎	男	不详	私塾	本真和尚传	不详	羊二庄前街
第二代	王玉兴	男	不详	私塾	父传子	不详	羊二庄前街
第三代	王占清	男	1895 年	私塾	祖父传孙	1915 年	羊二庄前街
第四代	王耀甲	男	1919 年	小学	父传子	1940 年	羊二庄前街
第五代	王旭晨	男	1942 年	中专	父传子	1992 年	黄骅市区
第六代	王炜星	男	1967 年	高中	祖父传孙	1992 年	黄骅市区

三、技艺

西夏膏为外用软膏，系中药与麻油熬制而成。膏体呈红褐色，柔软细腻，散发一种特殊的香气。可盛于各种器皿中，封存暴露均可，不易变质，不影响疗效。配方主药：壁钱幕、银朱、冰片、麝香等。能够清热解毒、止血、止痛，去腐生肌。适用于灼、咬、磕碰等各种皮外伤。对烧烫伤、炸伤、溃疮、创面感染、术后刀口不愈合等疗效尤为显著。西夏膏与其他外用软膏的制作工艺大致相同，基质采用优质麻油，按照炸料、过滤、下药粉、黄蜡收膏等步骤制作完成。西夏膏制作也有独特之处，一是药材采集要求较高。比如壁钱幕必须秋分时节采集，槐嫩枝须手指粗细等。二是药引的功用添加了几分神秘色彩。例如，用针做药引，针必须是女人做过针线活的。据说意在取借女人灵巧的手气。加热材料最好是秫秸穰，火柔软，毒性小。药熬好后，趁热倒入瓷碗内，搅拌至烟尽，置于潮地三天后即可使用。熬好的药膏色泽鲜嫩，软硬适度，易于涂抹。

万灵接骨丹为浅褐色醋制软膏，具有醋与药的混合香气。膏体软硬适度，略带粘性，贴敷于患处不流不散，有一定的渗透力。配方主药为五倍子、乳香、自然铜、冰片、麝香等。具有活血散瘀、接骨续筋，消肿镇痛之功能。适用于各种部位的开放性及闭合性骨折、筋骨扭伤、跌打损伤、瘀血肿痛等。经多年临床验证，疗效显著，特点突出，深受乡民推崇。万灵接骨丹具有独特的熬制方法。首先将药粉放入铜锅或不锈钢锅内，加入适量食醋，用木棒搅拌为糊状。然后用小到中火加热，并用木棒由里到外一顺儿不停搅动。待交替出现三软三硬后停火。制好的药膏呈浅褐色，软硬适度。趁热摊于敷料上，凉至身体能够承受为度，撒上冰片等芳香通窍类药粉，贴敷患处。

湯三大碗去金銀花再入前六味煎至一碗
酒以醉爲妙便睡醒了便愈忌房事一個月如不
治楊梅大瘡第一方

四、影响

西夏膏传承久远，历经世间风雨沧桑八百余年，有着深厚的历史和文化底蕴，堪称中华民间医药宝库中的一朵奇葩。西夏膏出自宫廷，流传民间，以其显著的止痛效果和突出的抗感染功能，创造了医学奇迹。改革开放以来，西夏膏“万能神药”的美誉不胫而走，进而辐射到京、津及周边县市。有数家医院的大夫，主动推介西夏膏用于医学上较为棘手的褥疮、术后液化等难以愈合的疮口，其地域影响力不言而喻。西夏膏还有一定的国际影响力。2005 年，日本明成有限会社通过小鼠实验证实了药膏的确切功效，提出购买配方，遭到我方拒绝后，双方达成研发合作意向。年末日本派代表和我方一同前往中东地区进行调研与临床，在阿富汗边境治愈三个炸伤感染患者，赢得当地华裔药商和当地居民的赞叹。

万灵接骨丹源于寺庙，历史久远，富有传奇色彩。因疗效显著，由黄骅逐步辐射到天津及周边地区，造福了更多患者。

五、传承人

西夏膏第五代、万灵接骨丹第四代代表性传承人王耀甲，1919 年 3 月出生于羊二庄前街村。他从小喜欢收集民间偏方秘方，整理的手抄本有八册之多。1940 年王耀甲接过家传秘方西夏膏，开始了制药行医和临床研究工作。他在多年的临床实践中把西夏膏由单一治疗疮痈逐步改进为以治疗烧烫伤、创面感染、术后液化为主，成为更具时代意义的药方，并依从积德行善的祖训，深受村民爱戴，享有“神老头”的美誉。

同年，王耀甲开始跟随父亲学习正骨手法，并接手接骨丹药熬制技术。中年后，由于身体原因，王耀甲不再接诊骨折患者，再加上儿女们都不在身边，正骨手法没能传承后代，留下终生遗憾。

西夏膏第七代传承人、万灵接骨丹第六代传承人王炜星是第二个代表性传承人。

第二代传承人　王耀甲

匠心

飞龙祥天

一、历史

桅羽儿，也作桅鱼，原本是风船上的风旗。风船在海上，需要时刻注意风的方向，桅羽儿随之产生。《拾遗记》记载，古时刻木或铜作鸟形，旋转于船桅上，用以辨别四方的风，称为相风，又称相风鸟。汉朝铜制测风器“铜凤凰”，晋朝用轻巧的木质相风代替了铜制测风器。几经变化，定为龙头凤尾之形，意为祈愿之真诚。

明万历年间，海堡村落形成，当时渔民以鱼盐为利，风船是他们生活的主体。作为辨识风向的桅羽儿，由从单纯的实用，变成对幸福生活的追寻，几经变形，终成龙头凤尾之形状。当安稳于渔民之家时，那份敬畏、祈盼、纯粹，又提纯、强大了渔民的内心，也陶冶了渔民纯净、善良、侠义的性格。

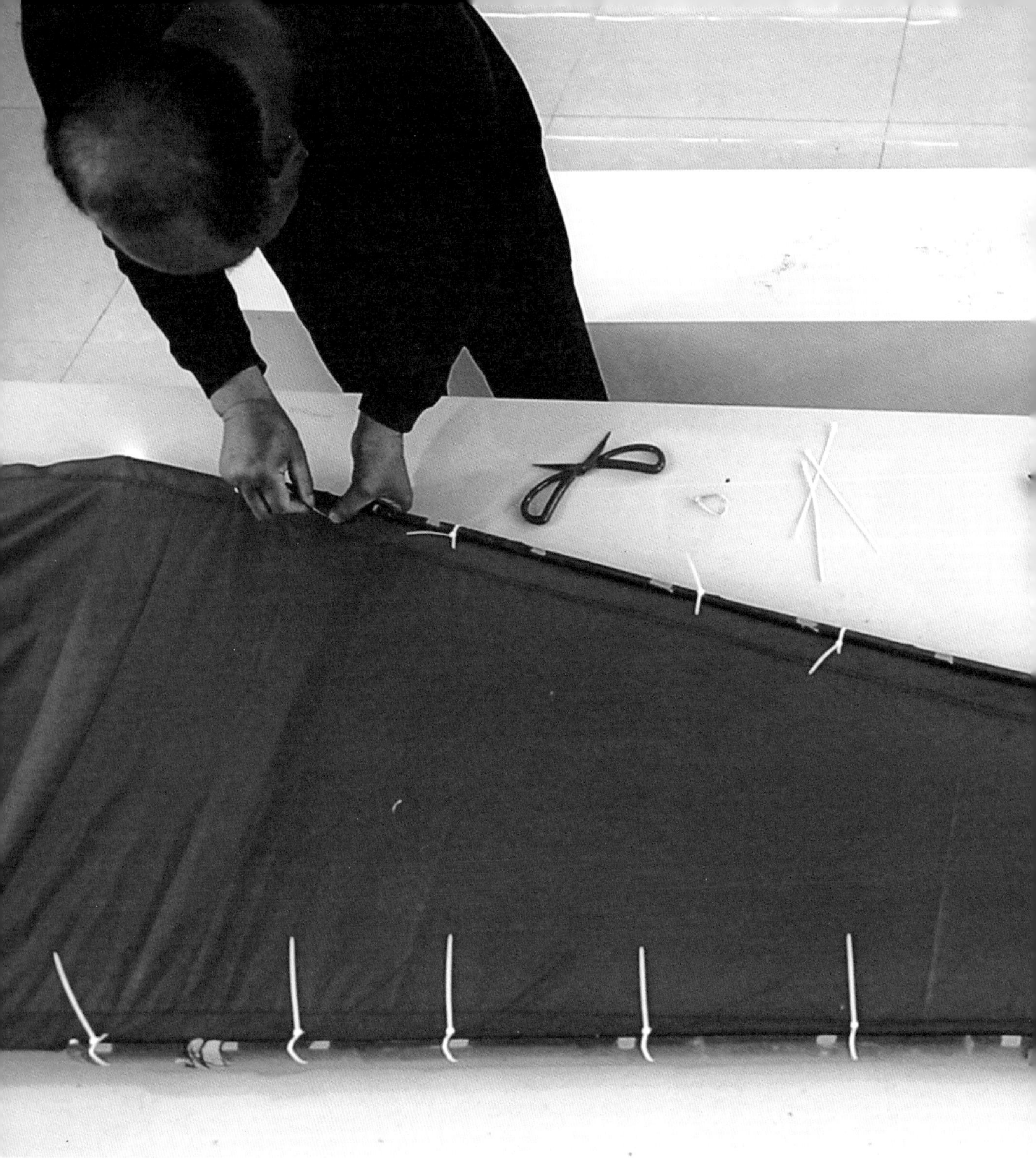

二、传承

渔民以海为生，出没于疾风恶浪里，瞬间生死，险情频现。桅羽儿是风向辨识的标志，也是渔民昂扬的斗志。如是，锤炼了海堡人坚毅坦荡的性格。他们嗓门高，说话快，脾气急，做事干净利索，这些都是拜风高浪急的海上生活所赐。在风浪里行走，桅羽儿是他们心中的旗帜。他们更懂得互助团结，敬畏感恩，无私施与。海天之间，茫茫无依，依靠就是彼此的团结与爱护。大自然是他们的老师，让他们重新认识自己，放下欲望，回归纯净，回归原本，海是纯净的，它不容一点污浊，它会把污浊的东西涌推到岸边。它育养着海里的一切生物，也滋养着与它相依相生的渔民。

每一个地方，有每一个地方的风俗。大同小异，不外是祈福纳吉、平安和顺。桅羽儿，当脱离了海上的疾风险浪，安稳在渔民院里的时候，那份简单的风俗，顿时纯净丰满起来。祥瑞之海天，笑傲于风雨。桅羽儿制作几经变化，最初，就是简单的木质长细梯形加一块红布。随后，梯形中加些图案，以铜钱为主，取财禄之寓意。最终，以龙头凤尾为形。灵顺兆瑞，福禄祯祥。渔民自有他们的崇拜，敬天地君亲师，敬天妃娘娘。那盏灯，在天妃娘娘的手上，在渔民的心里。他们常说，在家敬父母，与人为善，化仇为德，退让心胸阔，潮流一海平。

桅羽儿制作技艺传承谱系

代别	姓名	性别	出生日期	学历	籍贯
第一代	张金昌	男	1745 年	私塾	大辛堡
第二代	刘长发	男	1789 年	私塾	关家堡
第三代	姬长胜	男	1822 年	私塾	辛立灶
第四代	刘振强	男	1846 年	私塾	关家堡
第五代	刘玉瑞	男	1867 年	私塾	刘家堡
第六代	王金华	男	1896 年	私塾	小辛堡
第七代	张长瑞	男	1907 年	私塾	关家堡
第八代	刘炳发	男	1925 年	私塾	关家堡
第九代	刘瑞祥	男	1934 年	小学	关家堡
	杨明坤	男	1957 年	小学	大辛堡
	史义胜	男	1943 年	小学	歧口村
第十代	闫春海	男	1965 年	初中	关家堡
	杜宝槐	男	1967 年	高中	季家堡

三、工艺

桅羽儿制作，择时日，沐浴更衣，诚心净意。先选板，多以红松为主。长方形，刨净。描线，描出龙头形状。用旋锯按描线，旋出龙头。用雕刀仔细雕刻出龙眼、龙牙、龙舌、龙耳，雕刻出纹路，补鳞、上彩。龙头三分一处打一竖眼儿，为桅羽儿安置时的穿孔。扎制过程用两片竹片条镶钉在龙头后三分之一处，上长下短，用以扎制裁出的凤尾形红布。龙头凤尾，呈现吉祥祈福之意、威武华美之合。

桅羽儿大多为亲自制作，如为他人扎制，是不收取费用的，求制人来迎取桅羽儿的时候，只以两个苹果、一条同乐鱼为谢资，寓意平安同乐。渔民就是这么重义又朴厚。桅羽儿制作技艺以刘瑞祥、闫春海、杜宝槐等人为最佳。

四、影响

竖立桅羽儿，成为海堡人一个庄严隆重的风俗。冬春之交，选个吉时，渔民们沐浴更衣，鞭炮震响，锣鼓撼血。立桅羽儿如同立桅杆一样的，众人合力，拉起来，固定妥当。仪式就是这么简单纯净。竖立起来的桅羽儿，迎风飞舞。灵顺的流线，舞动着舒朗的祥和，它是海堡人的祥祉，是真正的平安符。《易经》有言："飞龙在天，乃位乎天德。"立桅羽儿，是不能有女人参加的。但是海边女人对桅羽儿的崇敬，非他人能比。表面上粗手大脚的，其实，她们的心手很细，年底的面花出自她们灵巧的手，细致板省的布鞋出自她们的手，美味的饭菜出自她们的手。她们心思缜密，每每听到风声，她们的心，紧紧地和着风声起伏。尤其是昏黑无边的夜晚，她们听着风声，能觉察出风的级别。桅羽儿又成为游子的乡魂，每每在梦中飘荡着。只是，近年海洋资源的匮乏，使得好多海堡人被动地脱离那片海，他们依然希望渤海污染减轻，海乡复苏，鱼虾来归。

五、传承人

桅羽儿制作，是每一代海堡人履约的传承。竖立桅羽儿，是海堡人沿袭的风俗，他们恪守着。海乡正月，桅羽儿飒飒，迎着开海的东风，舞开一冬的沉郁。娘娘庙前锣鼓喧天，鞭炮齐鸣。那面撼血大鼓，只有纯净坦荡的海堡人才能敲得那么振奋人心。庙里香烟缭绕，一支支朴素的香，一个个真挚的祈愿。他们在祈福，祈愿新的一年，收获平安，收获甘甜的幸福。

锦帆玉食

一、历史

我国的制船历史，当远溯石器时代的腰舟、皮囊、筏。后有舟，舟即是船。《周易·系辞下》记载，“刳木为舟，剡木为楫”。中国舟船文化萌生的标志性器物是河姆渡文化中的有段石锛。舟船文化发端于距今八千年以前，黄河、长江与海洋共同孕育了中国的舟船文化。船的历史可以说是人类文明的传播史、发展史。据史料记载，商代已能制作有舱的木板船；战国时期铁箍在游艇制作上得以广泛应用；汉代又加以桨、锚、舵；帆的文字记载始于东汉；宋代已使用罗盘针、隔水舱、十桅十帆的风船。舟船文明由唐至元臻于成熟。到了 15 世纪，中国已成为能够制造世界最大最牢固试航性最优越的船舶的国家。明清的海禁导致中国造船业迅速滑向低谷。新中国成立后，制船业又得以迅猛发展。

《史记》载，齐地渔盐之利，雄济天下。黄骅即为齐之辖地。徐福东渡，以及近年海丰镇发掘的文物，足以证明黄骅境内使用风船的历史悠久。

海堡真正形成村落，始于明万历年间。皆因渤海湾鱼虾鲜美，海盐丰富，人们自陆地迁来而成为渔民。明清海禁，这片海成了苦海，曾经预想的甘甜变为苦涩。开禁后，风船逐渐成为渔民的出海工具，渔民生活得到改善，制作技艺随之发展。大辛堡杨氏手工风船技艺，就是其中的佼佼者。

杨氏风船制作技艺，世代沿袭已久，有“传长不传次，传媳不传女”之说，距今已有 150 余年的历史。

二、传承

第一代传承人杨长春，生于 1875 年，自幼随其父学习木工，掌握制船技术，又有家传铁匠手艺。当时，风船作为当地沿海渔民主要的生活工具，技艺价值非常高，杨长春用心琢磨，反复推敲，逐渐形成杨家风船技艺风格并摸索总结出一套独门绝技。

他不囿于约定俗成，又督促其子杨少容（生于 1895 年）在 14 岁时就去北塘拜茅师傅为师，春、夏、秋从事海洋生产，冬闲跟师傅学艺，使得家学与师承相结合，海洋生产经验与制船经验完美结合，所制风船自成体系。杨家手工制船技艺运用五行之法和一条线法，君臣之法相辅相成，龙形意象以顺遂、圆满和顺为旨归，安全、快捷、轻便，海洋适应性能极佳。杨氏风船制作技艺远近闻名。后续者皆承续其真知，复知其原本，手艺极其精致。

杨氏风船制作技艺传承谱系

代别	姓名	出生年月	文化程度	学艺方式	学艺时间	居住地
第一代	茅师傅	不详	不详	师徒传承	不详	天津北塘
	杨长春	1875 年	不详	家族传承	1885 年	大辛堡村
第二代	杨少容	1895 年	私塾	家族传承	1908 年	大辛堡村
第三代	杨景辉	1922 年	私塾	家族传承	1937 年	大辛堡村
第四代	杨明华	1955 年	高小	家族传承	1969 年	大辛堡村
	王之双	1961 年	高中	家族传承	1979 年	关家堡村
	杨明胜	1964 年	初中	家族传承	1979 年	大辛堡村
	杨明收	1967 年	初中	家族传承	1979 年	大辛堡村
第五代	杨文俊	1982 年	高中	家族传承	2002 年	大辛堡村
	王　野	1990 年	大专	家族传承	2012 年	关家堡村
	杨文运	1990 年	高中	家族传承	2012 年	大辛堡村
	杨　硕	1994 年	高中	家族传承	2012 年	大辛堡村
第六代	杨金贺	2005 年	高中在读	家族传承	2016 年	大辛堡村
	杨佳贺	2011 年	小学在读	家族传承	2016 年	大辛堡村

三、工艺

选材

制作风船选用东北兴安岭松木，因为松木耐腐性好，适宜做船底。硬杂木选择榆木、枣木，用于船的上杆、长期摩擦的地方。

排制过程

木工在制船师的指挥下，按照制作要求，严谨操作。根据船的长度，对木料进行处理，锯成4—5厘米厚的板材，刨平待用，木材对接采用参张口法，节省木料用节张口法，船上的零部件则视余料的大小、形状、材质端材而制，其中一部分需用硬杂木。再通过撂底、放站、圆槎、墁赶、立桅、冠篷、冠舵七大部分，每项再辅以细琐工序制作完成。基用线找平，看弯是否顺当。

1. 撂底：刮板，先

将木板刮平，放线，圈弯，对缝，压弯，放梁根、梁板。

2. 放站：第一层挨泥站，依次大腊、卡子、骨板，然后用七种杠法将木板播内压固定。

3. 圆槎：圆前槎第一层是齐眉槎，第二层是财神板，第三层是斧子头，随后放船牙。圆后槎第一层是齐眉槎，第二层是顶舵筋，随后是封槽板。舵盘上置挂耳，挂耳上放置大关。

4. 墁赶：将船板铺好，放挡水梁，分前后，前面叫前扑头，后面叫挡艄板。档分明杆、背杆，然后立楣子、放蓑夫、放眠梁，眠梁上放虎牙、鹿枷。

5. 立桅：桅质材料选用松木，桅下左右两边各锯一块表皮，使其见方，长度略低于窝深，打一眼为栓眼，桅杆顶部削圆为和尚帽状，上

置桅羽儿（风旗）。

6. 冠篷：用竹竿、白布做原料，竹竿均匀摊开，缝制而成。上面是秤杆，下面是坐竿。

7. 冠舵：由舵杆、舵筋、舵栅板、舵夹、舵押组成，舵押上安置立人、三把抓。

四、影响

起初，海堡的渔船只是出海捕鱼。民国时期，有经济意识的渔民又开始组建货运船队，风船运输比陆运快、货物的容量更大，所以生意兴隆。当时，出现了诸如海发、同聚号之类的堂号。这种风船较渔船大，为适应长期远航，风船制作选用的板材更好，其制作要求也更为严格。抗日战争时期，杨氏风船曾几次为黄骅同志所在的部队运送粮食、物资。黄骅市的地名，就是为了纪念牺牲的黄骅，这是传承红色基因的又一个范例。

机帆船的兴起，逐渐淘汰了风船。近海资源的匮乏，海洋污染的日益加剧，迫使渔民只能使用钢壳船，开启远海捕捞作业的模式。但是杨氏风船技艺，依然相对完好地保存传承下来，这是对纯净海天的呼唤，对一帆风顺的美好向往。

五、传承人

大辛堡杨氏风船制作技艺历史悠久，杨氏族谱中的杨长春、杨少容、杨景辉、杨明华各有其独到之处，以其一身之技，传承、完善、发展着制作技艺。如今，杨文俊从事水产品交易，也以此营生养艺，风船制作遵其规制，又参考历代船形，技术日渐精进，在浮喧的当下，应续了祖辈的遗愿。杨硕、杨金贺、杨佳贺也成为后起之秀，继续着纯净的祈念。

帆影远去，渔民的生存方式还在，风船制作技艺的口诀还在，刀砍斧剁的笨重还在，纯净的风俗还在。它依然留在老杨家，乃至很多喜欢这门手艺的海堡人传承里，留在人们对一帆风顺恒久的期盼里。

狮舞吉祥

一、历史

近三百年来，黄骅市齐家务乡前韩村一直保留着舞狮的风俗，所用道具皆为本村民间艺人手工制作。

前韩村舞狮中的道具形象属于北狮。其制作技艺是清代中期（约 1720 年）本村村民岳中松闯关东时在大连学艺带回老家的。随着世代相传，工艺也不断改进，扎制技艺越来越丰富。

二、传承

前韩传统狮子道具制作技艺传承谱系

代别	姓名	性别	出生年月	学艺时间	文化程度	传承方式	居住地
第一代	岳中松	男	1700 年 3 月	1720 年 2 月	私塾	师徒	前韩村
	张生中	男	1715 年 4 月	1729 年 5 月	私塾	师徒	前韩村
第二代	张桂东	男	1780 年 8 月	1800 年 6 月	私塾	师徒	前韩村
	岳洪武	男	1801 年 5 月	1820 年 5 月	私塾	师徒	前韩村
第三代	张秀廷	男	1829 年 8 月	1843 年 3 月	私塾	师徒	前韩村
	岳宣忠	男	1838 年 9 月	1854 年 8 月	私塾	师徒	前韩村
第四代	岳儒林	男	1864 年 3 月	1884 年 12 月	私塾	师徒	前韩村
	岳林松	男	1875 年 10 月	1895 年 9 月	私塾	师徒	前韩村
第五代	郑吉瑞	男	1900 年 11 月	1920 年 2 月	私塾	师徒	前韩村
	岳连元	男	1909 年 10 月	1933 年 8 月	高小	师徒	前韩村
第六代	岳文升	男	1900 年 8 月	1930 年 9 月	高小	师徒	前韩村
	岳文海	男	1934 年 8 月	1949 年 7 月	高小	师徒	前韩村
第七代	岳开洲	男	1944 年 2 月	1958 年 6 月	初中	师徒	前韩村
	岳丙月	男	1945 年 4 月	1970 年 4 月	初中	师徒	前韩村
	任云生	男	1951 年 12 月	1972 年 8 月	初中	师徒	前韩村
第八代	岳开一	男	1958 年 8 月	1988 年 5 月	初中	师徒	前韩村
	郑玉凯	男	1963 年 10 月	1990 年 8 月	初中	师徒	前韩村
第九代	岳桂全	男	1973 年 4 月	2000 年 3 月	初中	师徒	前韩村
	岳明胜	男	1976 年 10 月	2001 年 6 月	初中	师徒	前韩村

三、技艺

前韩传统的狮子道具扎制工艺较复杂，大概需要两间屋子的场地，至少两人扎制一个月才能完成。

材料和工具

1. 材料：竹片 20—30 斤，白布 1.4 丈，苘麻 40 斤，细铁丝 5 斤，粗铁丝 10 斤，牛皮纸 10 斤，帆布 12 平方米，眼眉模具 1 对，犄角模具 8 对大的、4 对小的，泡沫块半斤，红绿黑白漆各 2 斤，红、黄、绿食品色各 1 斤，玻璃镜片大小 20 块，亮油 1 斤，强力胶 2 斤。

2. 工具：剪子、锤子、卷尺、电刨子、自制铁梳子等。

制作过程

1. 扎制狮子头。第一步，劈竹片。第二步，用粗细铁丝扎制椭圆形狮子头，再连接出上下颚和耳朵，并在椭圆体里面依八字形安装手柄，上下颚分别填充泡沫（原来用高粱秆穰），再糊三层牛皮纸。第三步，在椭圆体外表面缝上白布，再用牛皮纸最少糊一遍，接着把大小镜片（最少 8 个）分别粘在耳朵、头顶和头后上面，然后糊第二遍。第四步，把糊好的犄角狮子眼眉、眼睛分别安在狮子头上。在两只狮子头上，分别用红绿漆各刷两遍，然后在镜片四周等处画梅花、牙齿等。

2. 扎制狮子身。梳理苘麻，上色，捞出晒干。用染色后的苘麻在尼龙绳上按固定花式套扣，把整条尼龙绳全部拴满，共拴 6 段。6 段狮毛分两边缝在帆布上。然后，做狮子脊背（原来用白布缝制条形小口袋，内填高粱帽，现在用海绵包好，并用绳子扎紧，并涂黄色）。最后，用上色的苘麻扎制尾巴，以及狮子头、耳朵和脖子上的鬃毛，后放置、组装完毕，再在狮子头下面拴上一串铜铃铛。表演时铜铃铛一响，清脆悦耳。扎制后的狮子色彩艳丽。狮子身由红、黄、绿三种颜色的苘麻构成，狮子头由红、黄、绿、白、黑五种颜色的苘麻构成，一只只五彩缤纷的狮子便呈现在人们的眼前。

四、影响

狮舞，又称“狮子舞”“舞狮”“舞狮子”。狮子在人们心目中为瑞兽，象征着吉祥如意，民间舞狮活动寄托了民众消灾纳福的美好意愿。

前韩狮子扎制是一种集裱糊、扎制、绘画于一体的综合造型艺术，它不同于南方狮子的文秀细腻，极具北方粗犷豪放的霸气，造型夸张，形象活泼，色彩鲜艳、对比强烈，且诙谐幽默，具有较高的艺术价值。

每逢重大节日或庆典时，前韩村所扎制的狮子经常受邀到天津大港、静海等地演出。这种土生土长的文化遗产散发着奇异的光辉，世世代代深受民众喜爱。

五、传承人

第一代传承人岳中松闯关东，将狮子轧制技艺带回家乡，自此世代相传，至今已有九代传承。

第七代传承人岳开洲，时为前韩村狮子扎制手艺的代表性传承人。

老人自小师从其父岳文升，父亲扎制时，他便好奇地在旁边静静观看，一蹲就是半天。14 岁时，他正式向父亲学艺。

岳开洲心灵手巧，勤奋好学，进步很快。偶尔忘记，就会被父亲严厉地训斥，他时常委屈得落泪，但仍坚持一步步学习。削竹片时，手指时常被削破，鲜血直流，但是他一直咬牙坚持。正是由于他的坚忍和勤奋，不到两年时间就熟练地掌握了狮子扎制技艺。岁月流转，岳开洲成为一个优秀的手艺人，并积极传播非遗文化，希望后人也能一代一代发扬光大。

悠悠木心

一、历史

木工技艺历史悠久，渊远流长，是中国传统文化瑰宝之一。从古至今，形式繁多，应用广泛。那些精绝的木艺精品，依然惊艳世人，体现了劳动人民无穷的智慧。《考工记 · 总序》载，凡攻木之工七：轮、舆、弓、庐、匠、车、梓。木匠的技艺范畴包括建筑结构、家具制作、雕刻艺术等。由于古代建筑和家具大多采用木材制成，木匠技艺成就对中国建筑文化的形成与发展产生了深远的影响。鲁班为其祖师，后继者独运匠心，各臻其美。木艺是时代、思想、感情、审美诸多因素的结晶。明清是我国古代家具发展的鼎盛时期。黄骅，滨海小城，自明代以来，居民自各地迁徙而来，此中不乏能工巧匠。彼此的交流融合，丰富和发展了木工技艺。木工技艺多为家族间心传口授，由此更完整、缜密。

沈氏德隆堂、吕氏拓补木艺，是黄骅保存相对完整的传统木工技艺，传续着精致的古典。

沈氏德隆堂木艺，长于家具、雕刻，精巧、细致、唯真，是黄骅市黄骅镇财神村沈氏家族相袭的手工技艺，自沈元龙始，距今二百余年。

吕氏拓补木艺，独擅鲁班凳，开张顺遂，闭合如一，是黄骅市常郭镇周郭庄村吕氏家族世袭的技艺。吕士成为始祖，后来吕氏家族世代传承，已历二百余年。

二、传承

沈氏德隆堂，始传人沈元龙，十余岁即随其父学习木工。自幼聪颖，好学善思，木工手艺日渐精进。闲暇之余，取来废余木料，依趣自仿。偶尔被父亲发现，观其物，有匠心，稚中有巧，天赋极高，甚是欢喜，后授其木工技艺，倾己所有。沈元龙仍不足其学，遂拜曾在皇宫做木工的张师傅为师，以木演理，终于茅塞大开，历经几个寒暑，其木工手艺日臻成熟，形成自己的风格，精细纯和，巧夺天工。弱冠之年，名传乡里。识木之德，守仁之厚，德之厚之，智德福隆，冠以德隆堂，以甄别其他木艺之名，驰名一方。其后百余年间，他的传人继承和发展了沈氏德隆堂木艺。使用的工具有十大类一百余种，木工作品有三百余种。技艺多口授心传于家族内部，其技甚秘，后集几代木艺之精髓，辑有《德隆堂木艺集成抄本》，分列图解各种木艺制作过程及修身学艺之道。有序曰："木艺师祖鲁班，吾辈当遵之崇之。欲习木艺，先悟其德，知仁守本，规矩于心，妙识纹理，灵慧艺成。后辈当从其艺，而遵行之。德隆堂木艺，精选木料，精工制作，循纹识理，自然而然，以榫对接，各具丰神。"可惜，此抄本毁于"文化大革命"中。沈氏隆德堂木艺，选料为纹理细密、质地细腻的上等木材，采用拉、刨、锯、压等技艺。木工制作，榫接自然，流线和畅。雕刻有直刀、斜刀、平刀、镂空等雕法。木材经过选料、晾晒、清表、构图、造型、精雕、修饰、磨光、上油、阴干等上百道工序，方制作完毕。木工制作品以外，沈氏德隆堂还复制古船，雕刻寓意吉祥的花鸟鱼虫、祥禽灵兽等。

沈维章，自幼承家学，17 岁去天津从事木工制作，1956 年去北京，时值故宫维护，1957 年在天津大学做木工，后供职于少公庄木材厂。因为父母年迈，他只好放弃"铁饭碗"，1962 年回家。先在村上给供销社加工家具农具，后在公社的修造厂负责翻砂木模计算，成为当时模具制作的领先者。

沈凤龙，自幼跟随父亲沈维章学习木工技艺，天资聪颖，在传统技艺的基础上融入现代元素，制作出航空母舰等大型作品。作品以具有现代特色的亲和力、吸引力，得到更多人的青睐，成为家庭摆件的新宠。作品高雅细腻，造型完美，形制逼真。传统技艺与现代艺术的巧妙融合，使德隆堂焕发了生机。

鲁班凳系列，鲁班凳俗名“瞎掰”，据说为鲁班发明，一块木板，运用拓扑学原理，环环相扣，榫卯连接，以缺补缺，经过锯、刨、凿、磨、封蜡等几十道工序制作而成。吕士成，清嘉庆年间在造办处下属机构制作木质军需物资，学得鲁班凳手艺，后来告老还乡，为吕氏拓补技艺的始祖。吕秀春儿时与父亲学木工活，父亲为考考他，把技艺传给他。当下木工行业凋零，这门手艺只是作为吕氏家族的传家宝传承着。吕明信坚守于动荡的年代，吕秀春执着于浮喧的当下。

三、工艺

沈氏德隆堂木艺从选料、晾晒、清表、构图、造型、修饰、磨光、上油、阴干诸多环节，都有自家之秘诀。

选料：选用优质红花梨木、榆木、松木等高密度木材，纹理细腻，料形适宜，尤其讲究，形质毫厘不差。

烘干：采用蒸汽烘干法，使木材达到均匀受热，保持原形且不开裂，更能有效杀死虫卵，使木质保持更加长久。

清表：将木材表面处理，找到作品预期的纹理。

构图：绘制作品图形，尤其是大型实物造型作品，依据原形按比例缩小，须准确无误。

组合或雕制：雕制作品依形上刀，大型的分部分解、依比例细琢成之。排制作品，依形组合，过长则以张口接之，结合多用榫卯。

修饰：将作品组合起来，进行打磨装饰。

抛光：用细砂纸抛光，增强作品纹理清晰度，刷上底油。

上漆：此道工序最为繁复，须反复七次，将漆浸入木材，作品可长久不腐。

晾干：保证作品在适宜的温度、湿度下晾干，提高作品的光泽度，达到满意的观赏效果。

吕氏拓补工艺选料、画线，遵循同一个比例划分，也就是说，同一器形做完的成品，看上去只是整体大小的放大或者缩小，各个部位的角度、弧度和比例都是一致的。要做到这一点，就要牢记黄金分割原则，然后灵活地运用到实际操作当中。然后就是凿眼环节，该环节和别的木工活大不相同，其中的榫卯结构非常不好把握，它既是榫又是卯，阴阳互补，相互咬合。凿深或凿宽一毫米，打开后就是个窟窿。凿浅或凿窄一毫米，就打不开。而且所有的眼都是倾斜的，并且同一平面所有眼的倾斜度必须一致，否则打

开后就会出窟窿。再就是开缝环节，首先使用的小锯子都是自制的，市场上买不到正好适合的工具，然后一锯下去，分割阴阳，两面都要，而且缝隙要直、间隙要匀，分割完后，既要活动自如，间隙又不能过大从而影响美观。一个作品从画线、凿眼、开缝到最后打磨完成，整体长度的间隙总和为 3—5 毫米，宽度的间隙总和为 1—1.5 毫米，厚度的间隙总和不能大于 2 毫米。单单这些数据要求，

作为纯手工制作工艺，就是极难把握的，没有相当的功底简直无法完成。现在的数控设备又不能完全替代手工，有很多部位，在数控设备上是无法完成的。

1. 选料：吕氏拓补木艺，选料对木制材料的要求相当苛刻，白檀、黄檀、小叶檀、花梨木等，无疤、无虫眼、韧性密度优质，为硬木材料，断料后须阴干一年以上做防裂处理备用。

2. 刮料：将备用的木料先用锯截成长宽适度的板材刨平，找方（四面皆为90 度）。

3. 画线：根据板材的长度、宽度、厚度等因素，结合作品的具体使用要求，确定各部位的比例尺寸。

4. 凿眼：把画好线的木料固定在长凳上，然后用斧子、凿、铲刀、卡尺等工具，掌握好斜度、深度、平整度，完成凿眼。

5. 开缝：把剔凿好的木料按顺序开缝，先小后大，再壆弯等依次完成。

6. 研磨：开缝完成，打开上面，斜肩部、直肩部、通缝部，依序研磨直至缝隙均匀、受力均衡。

7. 抛光：做到无锯痕、无凸凹、无毛刺。

8. 刮磨：将制品每一个面都用专用刮刀细致刮磨，直至细腻光滑为止。

9. 封蜡：用风枪吹掉粉末，加蜂蜡用焊枪加热涂抹均匀，浸入木料中，其后清除，再用棉布擦拭直至上光。

四、影响

木制技艺，须用工、用力、用心。沈氏德隆堂木艺每一代都十分精致，受到域内乃至周边地区人们的追捧。吕氏拓补木艺，是一块木板的传奇。阴阳之变，几代人精研于此，同样博得人们挚爱。

五、传承人

木之为艺，心之为声。古老的技艺，在当下，假借一些现代技艺手段可以做到快捷方便，但是每一个细微之处，必须施之以人工，执之热烈，操之精纯，因此，沈氏德隆堂木艺、吕氏拓补木艺，每一件木艺，在传承人手中，都是心血的结晶，亦是艺术之新生。

沈凤龙，自幼师从父亲沈维章学习木工技艺，天资聪颖，在传统技艺的基础上，融入现代元素。作品以具有现代特色的亲和力、吸引力，得到更多人群的青

睐，成为家庭摆件的新宠。

锯木飞雪，刨花迎春。绳木之矩，意规于心。寒暑数载，铁木交响。渐次领悟，因木赋形，得用其长，木直中绳，心规如意，入得木艺门径。那些俗谚也反复体味：“一料二线三打眼。”“立一卧九，不推自走，立一卧八，费力白搭。”“木匠看尖尖，瓦匠看边边。”后玩味今古，参合古典，转益多师，成就大器。技湛于八仙桌、仿古凳、书橱、衣橱、炕琴、博古架、茶台等各式家具制作，又兼雕制吉禽瑞兽、古船微型，以合民间祈福纳祥之属，摆件各赋其名，一叶祥和，二龙戏珠，三羊开泰，柿柿如意，五福临门，鲤跃龙门，百鸟朝凤，龙凤呈祥，雕璞琢玉，板结古元，复现天工。专家评其作品，古典中蕴含现代，巧妙能典。他多次荣获省市文化创意大奖，为众多收藏家所收藏。

木艺有心，才有温度，才有品质。木艺制作是往复，亦是复制之后的升华，取径领秀，独一无二。同一制品，轻车熟路，形同而貌异，辙不同轨，风神注之。就像那一树叶子，没有两片相同的，技艺亦是如此。昨日之心与今日之心不同，执之热烈，操之精纯，因此，沈凤龙的德隆堂木艺，每一件都是艺术的新生。

艺为德之仁，质为识之慧。闲暇时，沈凤龙常去北京、西安，就是为了亲近那些古老的木制技艺。附近的老木工师傅都成了他的忘年之交。他复原的郑和、致远等古船参加省市展览，让更多的人看到了木艺的极致，唤起了更多爱好者共研此艺。十年树木，百年树人，用心用意，薪火永传。

与沈凤龙同样坚守的，还有吕秀春，他的吕氏拓补木艺，复活着那些精巧的鲁班凳系列，让世人惊叹。木立于心，心御之巧，手精于臻，大成于器。

武魂

青萍剑影

一、历史

青萍剑剑术优雅，身法灵活，飘忽不定，步法准确，手法巧妙，是中国剑术中的佼佼者。从风格上论，尤其高雅。无论是青萍剑这个名字，还是一招一式的名称，都极具文化气息，寓意深远，恢宏大气，显示了青萍剑深厚的文化底蕴以及修炼青萍剑所必需的修为。

追溯历史，“青萍”是古代传说中的利剑，能切金玉、断毛发，锋利无比。《抱朴子》云：“青萍、豪曹，剡锋之精绝，操者非羽、越，则有自代之患。”这就是说，像青萍剑、豪曹剑这般精绝的利刃，不是普通人能使用的，因为宝剑锋利无比，而且带有灵气。只有项羽、彭越这样的大英雄，才配使用它，否则会伤害到自己。由此看出，学习青萍剑强调修为、功底和毅力，艺不轻授。

此外，青萍还是一种水生植物，又称浮萍。青萍寄身于碧波之上，于清风之中来去漂忽。青萍，这种在世人眼里没根基、不牢靠，在青萍剑门人眼里，恰恰是剑术中的最高境界，从容坦荡，凡人所不识不悟。青萍剑术也恰如青萍状态，身剑合一，轻灵转折，似进犹退，有青萍潇洒之形，萍踪不定，令人防不胜防，胜敌于瞬间。

综合以上身法、步法、手法以及古代宝剑美名，更兼青萍剑术高妙，攻防交替、招不虚发，因而以青萍命名。三百年美誉，也是实至名归。

二、传承

据清道光年间《青萍剑法全谱》记载，青萍剑术发源于江西省龙虎山天师府，为潘元圭道长所创，距今已有近三百年的历史。全套剑法原有六趟 365 式，以应周天之数。潘道长传青萍剑于山东省沂水县泥古庄孟教华；孟教华传济南府临邑县冯希汤（道号和玉）；冯希汤传山东省无棣县杨鄂林（字棣园）。至此，青萍剑走出道门，流入俗家。

清代中期，杨鄂林将青萍剑术传于原盐山县大韩村（今黄骅市黄骅镇）贾云鹤。贾云鹤在杨鄂林的严格教习下，悉数贯通了青萍剑术六趟 365 招式，以剑术名震津南，人称“飞仙剑侠”。从此，青萍剑在河北黄骅市开枝散叶，黄骅市亦成为近代青萍剑术的发祥地，贾氏青萍剑得以闻名天下。

三、技艺

贾氏青萍剑招多式美，套路结构严谨，剑法规整，剑路近捷，变化多，少重势。

贾氏青萍剑如今共有六趟 373 式。第一趟：迎风挥扇；第二趟：运斤生风；第三趟：浮云罩顶；第四趟：白马分鬃；第五趟：遥锁风池；第六趟：二龙吐须。

贾氏青萍剑历史资料翔实丰富，训练体系科学完整。现存青萍剑古剑谱详细记载了历代传承人的传承关系和剑术内容，其中《学剑要诀》《练功八法》《剑批》《剑断》是指导剑术训练和实战应用的重要理论基础。

贾氏青萍剑剑术对门路、方位、攻击部位的要求极为严格，讲求据守中门，线路清楚，目标明确。青萍剑练习时有“内、中、外”三门，剑谱有云：“八方而以中宫为之极。”持剑在手，前后立线为“中线”，亦称“中门”；左右分别为“内线”和“外线”，亦称“内门”和“外门”。剑法的运用、步法的行走进退，都在“三门”之中变化。

贾氏青萍剑在训练方法上规矩甚严。学习青萍剑术，要求循序渐进，注重基础。初习青萍剑，要先练基本剑法。通常以击法、格法、刺法、洗法为基础，结合运剑的不同手法，再加以斩、抹、挑、提、劈、点、截、挂、扫等 20 多种基本剑法，配合弓步、马步、丁步、歇步等基本步型。先以定步，使剑法清晰、手法灵活、姿势正确；后以活步，做到身、步、手、足协调一致，“内、中、外”三门门路清楚，剑的运行路线和方向正确，虚实分明；再以剑法、步法、眼法的组合，力求身剑合一。这样循序渐进，以至于达到“手柔而能长，足捷而能远”，使剑法训练由感性到理性逐步提高。

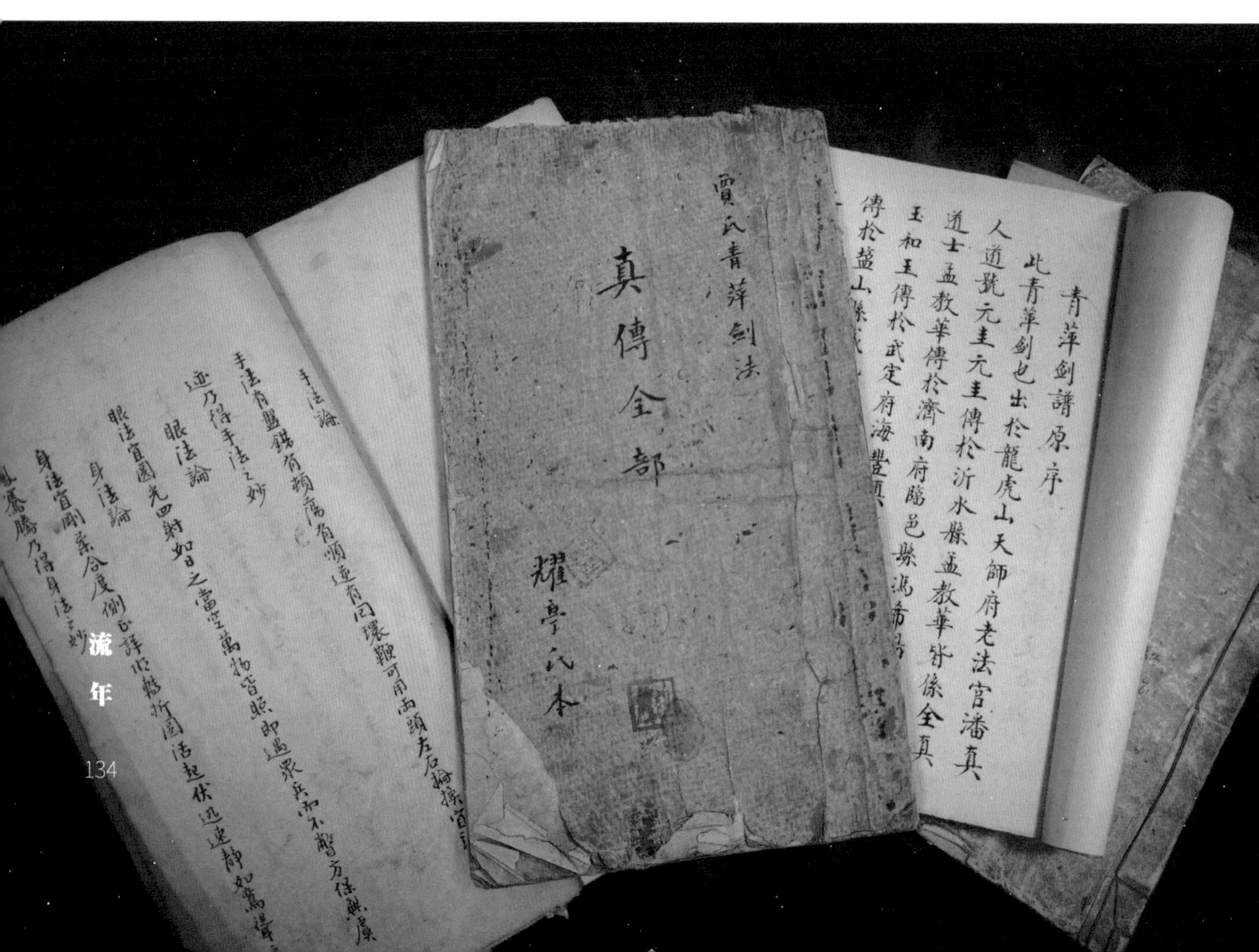

待基本剑法纯熟之后，进行套路练习。第一、二趟剑，以基本剑法为主，讲究身正步稳、剑法明晰，旨在掌握身手配合规律、步法变化法则以及门路部位；第三、四趟剑，以技击运筹为主，在于虚实相辅、正奇并用，进一步掌握青萍剑法的招式变化规律；而第五、六趟剑，最是剑中精华部分，动作虚无缥缈、灵活多变。习练者在手法、步法、门路准确的前提下，注重身法的变化，要求身法充盈于剑法之中，通过俯仰起落，拧转吞吐，以身运剑，使身剑融为一体。青萍剑谱中讲“身法圆转灵便，无论或进或退，或侧或跨，皆视其兵器之来路，借因用之”，做到“因敌而变，剑无成法”，故有“形无定踪、招无定式”之说。

剑断对劈是青萍剑法的高级实用阶段，既是剑术招式的实际应用，又是习练者之间相互印证的实践过程，也是对习练者掌握与领悟程度的检验。

青萍剑源于道家，道家长于练气。练习青萍剑，可使人的心绪由浮躁至宁静，怡养心神，超然于物外，具有很高的养生、健身乃至审美价值。

四、意义

青萍剑术具有很高的实用和研究价值。在实战中，虚实相应，攻防交替。招中套招，式内藏式；先发、后发齐用，正出、奇胜并举。先发制人时，“敌未动我先动，先声夺人，敌随动我变机，承其仓皇失措之际，进击其虚”。后发制人时，“沉着待敌，彼不动我不动，彼初动我先至，于对方初动之时伺机制敌”。

青萍剑理论是体育竞技的瑰宝，具有很高的养生和健身价值。青萍剑术，轻灵转折，迂回巧妙，潇洒飘逸。其动作轻而不浮，沉而不僵；在意念的引导下，强调内在劲力，含而不露，达到神与意合、意与体合、体与剑合；动中求静，气沉丹田，人剑相应。

五、传承人

第五代传承人贾云鹤将青萍剑传于族弟贾灵泉、表弟刘文石。贾灵泉传子贾丙辉（字耀亭）；刘文石授徒马振祥（字云樵）。马云樵武功卓越、剑法精湛，于清朝光绪年间护卫尚书李殿林督学江南，史料赞其“青萍剑法则未有能与为敌者，可谓绝技矣”。马云樵晚年还乡，把走南闯北一生所学所得，与同门师弟贾耀亭切磋砥砺，优选出八式剑法。二人又将这八式剑法穿插融入剑术套路当中，由此原来的 365 式发展到现在的 373 式。

第七代传承人贾耀亭（贾丙辉），打破门户之见，广收门徒，传承人遍及京津。贾勃生 (又名贾肇旺)、贾肇山、张树森、刘青峰、范镇林、宁子光、刘滋茂等人深得贾耀亭之青萍剑精髓。如今孔令春、王文耕、齐晓鹏、王得芳、任忠来、王旭江、于秀军、范放委、贾肇星、陈庆珠等已成为第九代传承人中的佼佼者。

与别家剑术不同，传承人们习练青萍剑不带剑穗，沿袭青萍剑招式特点，以利于身法、步法、手法的运用，完整地保留着青萍剑的原始风貌。

白猿通臂

一、历史

通臂拳的流派较多，内容、风格各异，主要流派有白猿通臂、五行通臂、独流通臂、合一通臂、洪洞通臂等。

通臂拳的源流其说不一。据有关文献和拳谱遗存文字的记载，通臂拳为五代时期著名将领韩通所创。韩通历仕后晋、后汉、后周三朝，一生屡建奇功，尤其在后周时期

位高权重，意欲阻止赵匡胤“陈桥兵变”而被赵匡胤部将所杀。其后赵匡胤为了纪念这位忠勇节义之士，追封韩通为中书令。据说韩通所使用的就是通臂拳，故有通臂拳是韩通所创或所传之说。白猿通臂拳《谱书》记载：“通臂者，韩通展雄俱肘骨一根，穿背而用。前伸后屈，前出后应，突入直撞，故曰通臂。”

随流派不同，通臂拳名称中有人用手臂的“臂”，有人用脊背的“背”，有人用齐备的“备”。目前“通臂”“通背”基本通用。

二、传承

白猿通臂拳由韩通所创，辗转相传数代后，在清朝初年传至陕西省延安府王延明。王延明是一代通臂拳大家，并擅长水摩鞭法，当年有“神臂金鞭王延明，威震陕甘宁”之说。

浙江省吴兴县金沙镇钮凤鸣、钮凤山兄弟二人，自幼习武，因打抱不平伤及豪绅，充军来到延安府。钮氏兄弟追慕王延明，登门拜师，苦练五年，深得其奥妙。其后拜别师父，全家几度迁徙，于康熙四十八年（1709）来到沧州盐山县城北大韩村镇（今黄骅市黄骅镇）定居。钮氏兄弟闭户授艺，传钮朝宸；钮朝宸除传本族钮万金之外，收当地贾书府为徒。至此，白猿通臂拳法遂由钮、贾两家流传开来。

三、技艺

1. 套路众多

拳术主要套路：溜腿架（又称六盘腿）、四门小架、金鸡夺窝、沙金拳、白猿通臂、四门拳、八卦拳、二郎拳、大红拳、黑虎拳、一百单八腿、对练拳等。

器械主要套路：士基枪、枪山、金花枪（又称绝户枪）、子胥枪、三十六路大枪、大枪对扎、对刺枪、十八参刀、四门刀、六合刀、双刀、春秋刀、太师鞭、水摩鞭、虎尾鞭等。

内功心法：罗汉行功、练手余功、童子八手等。

2. 拳理高妙

《拳谱》记载有《短打十戒》《短打要论》《八刚》《十二柔》《手法总论》《练拳歌诀》，以及《长拳短打论》等武术理论综述。

3. 打法犀利

白猿通臂拳出击迅猛，随击随收，变化莫测。其眼神，远望近视，左顾右盼，与动作协调一致。其步法，稳健而灵活，伺机而变。在劲力上，强调沉、长、冷、脆等。

白猿通臂拳打法独特，攻防合理，具有较强的技击实战价值。白猿通臂拳法，其动作大劈大挑，大开大合，运动特点鲜明，功架舒展大方。白猿通臂拳行拳突击，强调力出于背、发于肩、送于肘、达于手，主宰于腰，要求头、肩、臂、掌、胯、膝协调一致。出手前伸后屈，前臂舒展，后臂随进，两臂经过双肩而相互贯通。其拳法出击迅猛，变化莫测，随击随收，难以揣摸。出腿强调明、暗、奇、绝等，招法精妙，威胁极大。实战中要求三节明、四梢齐、中节随，蓄势以待矫若灵猿，伺机发动恰似猛虎。

白猿通臂拳虚实分明，刚柔并济，全身整体劲力的发生与传送，都是在全身放松的基础上、在腰的作用下，通过沉身切胯、撑肩拔背的有序协调配合而完成，出手松活弹抖，随曲就伸，双臂如鞭，做到劲力饱满，蓄发自如，一气呵成。正如《拳谱》中所说："进退内有虚实，虚实中有进退。""刚者不可屈，硬者不可破；柔者如迎风抖条而缠绕不脱，软者如白水浸沙而无微不入。"

4. 内外兼修

白猿通臂拳内外兼修，注重内功修炼，内功心法有《罗汉行功》《练手余功》《童子八手》等。拳谱中讲："行功一道，宜清心寡欲，存神固气。由心经而达身体，行功自然流畅。"《拳谱 · 心法论》又说："凡手眼身步皆赖一心为主宰，欲定心，先平气。"白猿通臂拳习练时，要求气沉丹田，以意领气，使攻防进退与呼吸意念紧密配合。意到、神到、拳到、步到，意动气生，以气催力，力贯肩背，气透掌指，做到神与意合、意与体合，行气血、通周天、培元气。

四、影响

1. 保留原始风貌。白猿通臂拳动作特点鲜明，功架舒展大方，套路结构严谨，自成一家。保留原始风貌，具有独特风格。

2. 史料翔实系统。《拳谱》《族谱》对渊源、流传、传人事略、动作要领、技击含义、手法总用等记载完备、翔实。其传播和习练的各种方法、各项内容科学完整，切合实际，指导性强，利于后人传承习练。

3. 极高实战价值。白猿通臂拳套路结构紧密，风格冷烈，劲力沉长，起伏顿挫，身法多变。大劈大挑，大开大合。放长击远，攻守兼备，具有较强的实战价值。

4. 内外兼修功法。白猿通臂拳内外兼修，注重内功修炼，具有强身健体的作用。

五、传承人

白猿通臂拳于钮、贾两门主要为族内传授，不外传。直到第八世贾耀亭才破除门户之见，对外收徒。一时从学者络绎不绝，但由于该拳种强调基本功，时间长，难度大，多数半途而废，得其真髓者仅贾勃生、贾肇山、刘青峰、范振林、宁子光数人。

贾勃生七岁随祖父贾耀亭读书习武。贾勃生家传有六趟子胥枪法，以左把枪称雄；后来跟随同门师兄钮钟麟学习钮氏家传的金枪、士基枪、三十六路大枪、枪山、大枪对扎等，以上也都是左把枪。贾勃生对于拳术、刀术、枪法、剑法无一不精，是第九代传承人中的集大成者。贾勃生倾其毕生精力来丰富和传承白猿通臂拳。在器械上，白猿通臂拳门派的左把枪在武林中独树一帜。

第十代传承人孔令春、省级代表性传承人王文耕师从贾勃生，创建白猿通臂拳研究会，抢救挖掘拳术拳理，为白猿通臂拳的传播做出了很大的贡献。

棍舞扬威

一、历史

黄骅后街五虎棍，又称五虎盘龙棍、舞花棍。流行于黄骅后街村，该村2300人，是回族聚居村，至今已有600多年的历史。相传五虎棍为宋太祖赵匡胤所创，登基前曾与郑子明打败拦桥索钱的恶霸董家“五虎”，因兵器为棍，遂

演为五虎棍。赵匡胤登基成为宋代开国皇帝，其五虎棍也随着他的文治武功传于民间。后街五虎棍传人为王氏，王氏远祖在唐代时由阿拉伯国家进入中国。明朝永乐二年（1404），锦衣漕运守备武德将军王沐浴由南京举家迁滦州，后辗转迁此地。后街五虎棍即为王沐浴所传。

二、传承

昔日的古村，濒临苦海，荒洼连绵。明初各地移民会聚，习武之风盛行。一身武艺的王沐浴心怀保家卫国之心，劳作之余，传授武艺，一副五虎棍抡得风狂虎啸，简便易学，传遍全村男儿。五虎棍由战场的格斗武术变为强身健体技艺，后街的男儿人人操练不息，作为必学的传家技艺。

五虎棍，代代相传。由明清至民国，王氏诸多文人武士，迁居张家口、小站、北京、大连等地，其武艺随之在各地生根开花。如清代后街人王马为五品武官，驻任张家口把总，五虎棍即随之传于部下。

“文革”中，五虎棍濒于失传，党的十一届三中全会后，经王氏后人整理传授，部分得以保存。五虎棍传承具有民族性，在回民中演习，体现刚毅坚强的尚武精神；同时具有群众性，后街男性村民中，由幼童至老年，极为普及。由明代至今，已传 25 代。

后街五虎棍传承谱系

代别	姓名	性别	出生年月	文化程度	传承方式	学艺时间	居住地
1	王沐浴	男	1370 年前			约 1380 年	羊三木
2	王藻	男	明代不详		言传身教		羊三木
3	王塘	男	不详		言传身教		羊三木
4	王锡淳	男	不详		言传身教		羊三木
5	王沂泉	男	不详		言传身教		羊三木
6	王盈	男	不详	太学生	言传身教		羊三木
7	王都	男	不详		言传身教		韩村
8	王自新	男	不详	文庠生	言传身教		韩村
9	王化行	男	不详	文庠生	言传身教		韩村
	王化	男	不详	文庠生	言传身教		韩村
10	王时可	男	不详	文庠生	言传身教		韩村
	王学	男	不详	文庠生	言传身教		韩村
	王权	男	不详	文庠生	言传身教		韩村
11	王际期	男	不详	文庠生	言传身教		韩村
	王际堂	男	不详	文庠生	言传身教		韩村
	王启堂	男	不详	文庠生	言传身教		韩村
12	王景曾	男	不详	廪膳生	言传身教		韩村
	王年汉	男	不详		言传身教		韩村
13	王懿	男	不详	文庠生	言传身教		韩村
	土鸿	男	不详		言传身教		韩村
	王利斌	男	不详		言传身教		韩村
14	王人凤	男	不详	文庠生	言传身教		韩村
15	王廷栋	男	不详		言传身教		韩村
16	王宝卿	男	不详		言传身教		后街村
	王绍虞	男	不详		言传身教		后街村
17	王佐朋	男	1895 年		言传身教	1902 年	后街村
18	王象河	男	1918 年 5 月		言传身教	1925 年	后街村

续表

代别	姓名	性别	出生年月	文化程度	传承方式	学艺时间	居住地
19	王文生	男	1920 年		言传身教	1927 年	后街村
	王陆生	男	1937 年 3 月	初中	言传身教	1944 年	后街村
	王林生	男	1949 年 4 月	初中	言传身教	1956 年	后街村
	王双生	男	1962 年 12 月	初中	言传身教	1969 年	后街村
	王全生	男	1958 年 8 月	初中	言传身教	1965 年	后街村
	王祥生	男	1930 年 6 月	初中	言传身教	1937 年	后街村
20	王志华	男	1958 年 12 月	初中	言传身教	1966 年	后街村
	王志杰	男	1963 年 2 月	初中	言传身教	1970 年	后街村
	王志峰	男	1964 年 6 月	高中	言传身教	1971 年	后街村
	王志勇	男	1963 年 12 月	初中	言传身教	1970 年	后街村
	王志猛	男	1984 年 7 月	初中	言传身教	1991 年	后街村
	王志雄	男	1990 年 5 月	初中	言传身教	1997 年	后街村
	张福起	男	1964 年 7 月	初中	言传身教	1971 年	后街村
	张国君	男	1964 年 6 月	初中	言传身教	1971 年	后街村
	张金胜	男	1975 年 3 月	高中	言传身教	1982 年	后街村
	常洪楼	男	1975 年 2 月	初中	言传身教	1982 年	后街村
21	王树彬	男	1967 年 2 月	初中	言传身教	1975 年	后街村
	王书鹏	男	1990 年 10 月	高中	言传身教	1997 年	后街村
	王书增	男	1993 年 8 月	初中	言传身教	2000 年	后街村
	王亚雄	男	1991 年 5 月	高中	言传身教	1998 年	后街村
	王浩	男	1996 年 12 月	初中	言传身教	2003 年	后街村
	王超	男	1985 年 5 月	初中	言传身教	1992 年	后街村
	王晓	男	1989 年 11 月	中专	言传身教	1996 年	后街村
22	王孝龙	男	1989 年 10 月	初中	言传身教	1996 年	后街村
	王孝鑫	男	1990 年 7 月	高中	言传身教	1997 年	后街村
	王孝东	男	1996 年 11 月		言传身教	2003 年	后街村
23	王友文	男	1993 年 10 月		言传身教	2000 年	后街村

续表

代别	姓名	性别	出生年月	文化程度	传承方式	学艺时间	居住地
24	王德武	男	1964 年 9 月	初中	言传身教	1971 年	后街村
24	王德钰	男	1992 年 12 月		言传身教	1999 年	后街村
	王德鑫	男	1989 年 9 月		言传身教	1996 年	后街村
25	王发祥	男	1991 年 12 月	高中	言传身教	1998 年	后街村

三、技艺

五虎棍都是男性村民习练表演，有双人对打或多人双向对打，亦可排兵布阵。每人持一根 160—180 毫米或两根 70—80 毫米长的白蜡杆棍，棍法有老八下、九棍、挑棍、双鼻子、拦腰、跺子、四门、四虎子、憋虎子、罗花及排兵布阵的车轱辘圆、五虎穿心等。回民身着白色衣帽，改系腰带，以锣鼓伴奏。除后街王氏外，其他五个回族姓氏大部分村民都会演习五虎棍。棍法原有套路 72 套、420 式，尚存近 20 套。

棍法特征：急猛多变。如急风暴雨又如行云流水，凶猛剽悍又灵巧多变；攻防相济。可双人对打或多人对打，亦可排兵布阵，攻防自如。

排兵布阵，群体边打边形成龙形转圈。车轱辘圆形成后，外围继续龙形转打，五虎穿心展开格斗，五组单棍对单棍或单棍对一人短双棍进入圈心混战打斗。双队混打，一队如蛟龙出海，一队如猛虎下山。双方短距离对打，一时棍棒飞舞，噼啪声响成一片，如海浪澎湃，如山崩岩裂。锣鼓钹伴奏急切，打斗纠缠难分难解。双人对打也无比精彩，王双生与王志杰叔侄对垒，王志杰与老武术师对阵，手下毫不留情。棍飞棒舞，凝神聚气，闪展腾挪，凶猛剽悍。在纷繁多变的打斗中，队友们穿插了老八下、九棍、挑棍、双鼻子、拦腰、跺子、四门、四虎子、憋虎子、罗花棍法等。

历经沧桑岁月，黄骅五虎棍除具有实战防身武技之外，已演变成兼有娱乐性质的表演。

四、影响

后街王氏的五虎棍，在传承中把全村各姓氏团结在一起，“上至白发苍，下至开裆裤”，只要一棍在手，人人都可舞几招，虎虎生风，威猛八面。五虎棍攻守兼备，是武术中的精华，并能强身健体；作为后街村回族节日的表演活动，参与表演群众多，声势浩大。

清代后街村举人王鸿，精通棍法，就任保定府府学教授，诲教皇室子弟，在保定一代被誉为快棍王；举人王利斌，精研棍法，曾邀朝廷右都监察御史金鍊来后街，村民以五虎棍表演迎接大清御史。一时鼓声震天，棍声激荡，龙腾虎跃。时值后街村清真寺正在修缮，金鍊高兴之余，提笔书写金匾一块“万殊一本”。抗日战争时期，宋哲元部 29 军 44 旅 3 团 6 连的大刀队驻军后街，回族武术教官常振芳带队求教后街五虎棍，战斗力大增，后在抗日战场大显神威。

1982 年，后街五虎棍走进了沧州地区少数民族运动会运动场，黄骅五虎棍在武术之乡脱颖而出，获得大奖。1986 年、1990 年，由常联会、张福起、王双生、王志杰、王志峰、王志勇代表沧州地区走出沧州，在河北省第一、第二届少数民族运动会上大显身手，赢得了很高的荣誉。2002 年以来，五虎棍演出队参加沧州市“狮城之春”民间艺术会演等，多次斩获殊荣。

五虎棍作为历史悠久的民间武术技艺，包含了浓厚的地方特色，具有较高的实战价值、观赏价值和文化价值。

五、传承人

五虎棍作为后街村传统武术，“文革”中曾被当作“四旧”，不能公开演练传授。村民王象和、王文生、王林生等领着孩子，在院落里暗中练习，传承不息。党的十一届三中全会后，后街五虎棍迎来生机。王象和之子王全生、王双生，竖立起振兴五虎棍的旗帜，几十名孩子在他们周围学习五虎棍。

王双生，1962 年 12 月生，后街村人。自幼习武，拜过名师。参加河北省第一届少数民族运动会，1990 年参加河北省第三届（承德）少数民族运动会，参加沧州“狮城之春”民间艺术会演，还多次带队参加地方比赛。现为五虎棍教练。

王志杰，1963 年 2 月生，后街村人。后街五虎棍组委会会长。自幼拜王文生为师，习练五虎棍，深得棍法精髓。参加 1982 年沧州市少数民族运动会，1986 年、1990 年河北省第一、第二届少数民族运动会，2002 年沧州“狮城之春”民间艺术会演，并多次带队参加地方表演。

王双生、王志杰二人多次带队参加省市和全国少数民族传统体育运动会、会演。王双生作为五虎棍省级非遗代表性传承人，带队和他的乡亲子弟们走出家门，把精湛的五虎棍和武术技艺带到了石家庄、宁夏、天水、武当山，以及香港、吉隆坡。一块块国家级、省市级和国际大赛的奖牌挂满了墙。

高氏迷踪

一、历史

迷踪拳是中华古老拳种之一，相传为少林达摩祖师所创。在 1500 余年间，迷踪拳名人辈出。据说宋朝周侗精通迷踪拳，所传弟子甚众，包括抗金名将岳飞以及《水浒传》一百零八将中的林冲、卢俊义、武松等人。近代迷踪拳高手有大侠霍元甲，曾于上海创办精武体操会，以尚武精神和爱国情怀，倡导“以武保国强种”，曾经吓退过俄国和英国大力士，打败过日本武士，使迷踪拳名扬海内外。

关于迷踪拳的起源有许多传说，随着不同传说也衍生出多个名称，如燕青拳、秘宗拳、迷踪拳、猊拳等。

育运动
增强人民体质
武德揚威

德藝雙馨
河北高氏国术研究会
河北高氏武术协会
高氏迷踪拳研究会
授予高家口武馆
武术专业培训基地
高氏迷踪拳培训基地
光耀千秋
高氏迷踪
武魂

二、传承

沧州一带的迷踪拳自山东武师孙通开始。按照古代《拳谱》记载，山东泰安人孙通跟随兖州府张先师学习迷踪拳，学成之后遵照师命遍访名师高友，走遍大江南北，功力日增。其间还曾经进入少林演武厅切磋学习。孙通博采众长，不断改进拳术，《拳谱》赞之为“炉火纯青集大成”。数年后，孙通返归兖州，在一次与师妹张玉兰比试武艺时，不小心误伤了师妹。孙通深感愧对师恩，只得远遁他乡，后来在沧州黄骅市定居下来，传授迷踪拳，授徒数百人。

此拳自清乾隆初年传至沧州黄骅，至今已有三百余年。孙通在黄骅市科牛村（原属沧县）传于氏，于氏传授给高家口刘氏，刘氏传高锡林，高锡林传高清槐，高清槐传其子高玉亭，高玉亭为高氏迷踪拳的重要传播者。

高氏迷踪拳是沧州市境内迷踪拳五大流派之一，集中流传于河北省黄骅市吕桥镇高口村及周边地区，近几十年开始对外传播。

三、技艺

高氏迷踪拳单练拳术套路有迷踪架子、迷踪十二路弹腿、迷踪四路练手拳、迷踪靠、迷踪查拳、溜腿架子等。

对练拳术套路有八折、桃斩、小银锤、擒拿手等。

单练器械套路有六和刀、春秋刀、六和枪、大枪、太师鞭、青萍剑、昆吾剑、天罡剑、行者棒、太子棍、疯魔棍、十三节鞭、方天画戟、双锏、双钩、双剑、三节棍等。

对练器械套路有单刀进枪、双刀进枪、三节棍进枪、空手夺刀、朴刀进枪、拐子进枪、空手夺枪、枪对扎、刀对砍、三路条子等。

在习练步骤上，高氏迷踪拳讲究“先功后拳，先易后难，步步深入，层层提高”。从桩功、身功开始，同时习练架子和弹腿，强调身形要“活”。有了一定基础后，习练徒手和器械单练套路。相当熟悉后，再练徒手和器械对练套路。最后进行散手练习。习练迷踪拳又讲究三个阶段：筑基阶段、脱俗阶段、化境阶段。

高氏迷踪拳法的风格和特点为：疾极、隐进、猝击，刚柔并济，虚实妙用。古谱云："斜腰歪胯迷踪拳。"拳式古朴无华，讲究实用，招招式式，非攻即守。实战时，讲求乘敌之势，借敌之力，借力打力。基本招法为：远踢近打贴身摔，上崩下砸中间挎。迷踪拳练法上强调内外兼修、阴阳结合。

在劲力上，高氏迷踪拳化拙归巧，易僵为灵，练求明劲、暗劲、横劲、廾合劲、抖放劲、螺旋劲等。技法上讲究全身为法，动即是法，尤以靠、抱、粘、拗、顶、弹、拨、挎、掸、提、撩、缠、击、拦、卷十五字技法要诀为精华。

身法独特，尤重腿功。身形上讲究"抱桩为虎形，提拦为马形，搭袖为鸡形，盘坐为蛇形"。身法讲究挺胸收腹，歪腰斜胯。十分重视下盘功夫练习，有"入门先蹲三年桩、踢三年腿"之说。架子和弹腿主要是练腿功的。腿法变化多端，有踢、蹬、踹、搓、跺、撩、扫等十余种，"手是两扇门，全凭脚打人"。步法要求轻灵自然，如猿纵，似猫行。

四、影响

高氏迷踪拳招式独特，招法惊险精奇，诡诈多变，行踪诡异。尤其以狸猫上树、霸王摘盔、拗步横擂、摆步映身、抖手盘花、砍拦转身等招法独特，行踪诡异，技击性很强。

高氏迷踪拳内容翔实丰富，训练体系科学完整。遵循“先功后拳，先易后难，步步深入，层层提高”的原则，并且因人施教。

高氏迷踪拳套路编排合理，难易适中。整套练手拳法由简到繁，由易到难，步步提高，非常适合各类人群练习。架势工整，动作不沉不僵。在意念引导下，注重劲力的内在表现，含而不露。习练时神与意合，意与体合。动中求静，气沉丹田，身拳相应。因此，可怡养心神，具有较高的养生和健身功用。

五、传承人

第五代传承人高锡林视迷踪拳为至宝，天资聪颖，且勤学苦练，武功高深。

高锡林迷踪拳只传高氏子弟，自家绝技从不轻易示人。

第六代传承人高清槐传儿子高玉春、高玉亭和族人高清春。高清槐父子武德高尚，功夫深奥，在当地有极高的威望，乡邻拜师学艺者云集，因此高氏迷踪拳迅速风靡，武风炽盛，技艺愈加精进，理论日益完善。在高氏迷踪拳的发源地高家口村，高氏族人基本上人人都会几手迷踪拳。高玉亭在黄骅本地，传授门徒逾两千人。其大哥高玉春在辽宁大连传授高氏迷踪拳，最多时拥有十几个传授站，门徒数千人。

20 世纪 80 年代，随着武术热的兴起，全国各地的武术爱好者慕名而至，其中仅湖南一个地区就达数十人。目前湖南门人又将高氏迷踪拳带到了海南省。

第八代传承人高恩武、高恩义二人，一方面整理挖掘拳法拳理，另一方面从事武术传播，所授徒弟在各级比赛中屡获殊荣。自 90 年代，黄骅市高家口武馆翻盖一新并几度扩建，高氏迷踪拳研究会相继成立。其中高恩义弟子刘毅在山东临沂兼任国术馆馆长，成为高氏迷踪拳又一分支。

如今，高氏迷踪拳以其古老博深、刚柔并济、注重实用、身法独特的鲜明个性，从黄骅走向全国，享誉武林。

八极刚柔

一、历史

八极拳的流派众多，其发源和传播有不同说法。在八极拳门内有个共识，其早期形成与传播中最重要的人物非吴钟莫属。此人生活年代为雍正乾隆年间，因此八极拳至少有近三百年的历史。

“文有太极安天下，武有八极定乾坤。”八极拳名家辈出。吴钟三闯南少林，一支大枪纵横全国，被誉为“南京到北京，神枪数吴钟”。神枪李书文也是绝世高手，据《沧县志》记载，能用大枪点杀墙壁上的苍蝇，而墙壁上不留痕迹。末代皇帝溥仪的保镖霍殿阁、蒋介石的警卫员刘云樵、毛泽东主席的警卫员李健吾都是八极拳传人。

缘于太极拳超强的实战价值，我国部队、武警所用的擒拿、格斗都吸收了八极拳拳法和理论。

二、传承

柔式八极拳从传承上尊吴钟公为一世祖，其后传承人为吴永、王长锡、曹井田、强瑞清、李海亭、刘继武、于汝棠、于秀军等。《拳谱 · 刚柔论》云："手柔而能长，足捷而能远。"这就是柔式八极拳"舒展圆活，力大筋长，劲力通透，以快制人"的核心要义。

兼收并蓄，是八极拳人不懈的追求。第四代传承人曹井田晚年将劈挂拳术精心研究后糅进八极拳。第五代传承人强瑞清晚年提出了"柔式八极拳"的概念，并悉心教导小徒弟李海亭。其后将劈挂、形意等拳术不断融入八极拳中，风格愈加鲜明。

1933 年 7 月，李海亭 (第六代)、刘继武（第七代）参加在青岛举行的第十七届华北运动会，刘继武拳跤并用，力克强敌，荣获擂台赛第二名。

三、技艺

1. 套路功法

套路：金刚八式、小架、大架、大八极拳、六大开、飞虎拳、三十六路拳、劈挂拳、青龙拳、梅花拳、形意五行拳等。

器械：六合枪、春秋刀、行者棒、劈挂刀、太师鞭、纯阳剑、青萍剑等。

功法：经外奇穴道家丹功、练手余功、罗汉行功、易筋经等。

2. 手法步法

以手法细腻、步法明晰见长。例如，金刚八式是其基本动作操练方法，也可将单式穿成基础套路，它的每一式练法都有明确要求。第一式撑锤，就要求在出拳、进步和姿势的变化上严格按照“拧、弓、撑”三字方针，做到身正步稳、沉肩实腹、精神内敛。动作协调一致，猛暴突击，打出沉坠劲和整体撑拔的十字劲。

3. 发力特点

柔式八极拳行拳突击，要求下盘根基稳健，强调力生于足，发于腿，达于手指，主宰于腰。全身整体劲力的发生与传送，都是全身上下自然舒松，腰是发动机，在腰的作用下，通过头顶项领、沉肩实腹、撑肩拔背的有序协调配合而完成。

“崩开裹进，硬开硬打，三盘连击。”八极拳的劲力是通过脚步碾搓带动身体三盘拧转而发出的，拥搓步、跺碾步是八极拳发力的根源。八极拳一极触动，百极响应，动如崩弓，发如炸雷，势动神随，疾如闪电。

4. 技击特点

柔式八极拳不仅融入了形意拳和劈挂拳的技法和理念，还融合了易筋经和经外奇穴道家功法的循经行气，拳势简捷古朴，手法细腻，步法明晰。它把八极拳的贴身靠打（近距离）、崩撼突击（刚）和劈挂拳的放长击远（远距离）、圆活灵

动（活）完美地结合在了一起。

5. 理论体系

柔式八极拳理论别具一格，自成体系。比如其标志性“动如绷弓，发若炸雷”的发力风格，在《八极拳谱》就有“力必出于自然，又贵于沉实厚重，活泼虚灵，如是方能运使自然，得心应手”的指导思想。诸如十字劲、沉坠劲、缠丝劲等，《八极拳谱》强调：“劲出于顺熟，不出于强力，出强力则滞。巧出于久练，全赖日积月累，久练精熟，即可得心应手。艺精于思，熟思则精。”

6. 武医结合，相得益彰

柔式八极拳的医学部分是经外奇穴道家功法，通过指针点按等手法，治疗多种常见病症。道家功法的基础是修心养气，即丹道。久练可使人“内外坚实，心神镇定”。此外，骨伤科技术对八极拳训练具有保护与指导作用。

四、影响

1. 历史价值

柔式八极拳古朴典雅，动作特点鲜明，功架舒展大方，套路结构严谨。传承脉络清晰，历经近三百年仍完整保留淳朴、古拙的气息，具有重要的历史价值。

2. 技击实战价值

柔式八极拳套路结构严谨，雄浑冷峻，劲力沉长，身法灵活。其动作舒展沉实，力大筋长，恢宏大气。其拳法出击迅猛，蓄劲如张弓，发劲似放箭，三盘连击，八节并用，十打九跨，随击随收。一招一式，追求技击实战效果。

3. 科学文化价值

柔式八极拳的传播理念，深具我国传统武术文化内涵。其资料丰富，对动作要领、技击含义、手法功用等均有翔实的记述。同时，柔式八极拳具有自己完善的训练体系，利于后人传承习练和发展保护。

4. 开发利用价值

柔式八极拳刚柔并济，内外兼修。它以技击应用为基础，手法、步法、气息符合人体生理学。其拳架身正步稳，力大筋长，符合人体运动力学。练习时要求气沉丹田，以意领气，可以通周天、培元气，使内气充盈、精神饱满，达到益寿延年的效果。

五、传承人

在习练和传播过程中，八极拳门人历来注重博采众长。

第六代传承人李海亭、刘继武经神枪李书文的指点，将易筋经的调息和形意拳的劲力发放融入八极拳中。

第八代传承人于汝棠先生又将经外奇穴道家功法的循经行气糅入八极拳的演练过程之中。

至此，八极拳的刚猛崩撼、形意拳的恢宏霸气和劈挂拳的圆活灵动完美结合，使得拳械风格舒展圆活、儒雅大气，展现了柔式八极拳的柔中寓刚和协调一致。

第九代传承人于秀军创立柔式八级拳研究会，义务收徒近 30 年，门徒数百人，其师徒在各级赛事屡获殊荣。

太师鞭魂

一、历史

太师鞭独树一帜、享誉武林，历来备受武术爱好者青睐。相传，太师鞭由殷商时期的闻仲太师所传，故称太师鞭。按照先秦刑法规制，对于犯了小错的官员打鞭子，对于犯了小错的学生打棍子，《尚书·舜典》云，“鞭作官刑，扑作教刑”。闻太师是管理官员的，轻重由己，所以他的兵器被称为太师鞭。

赵匡胤建立宋朝，为防止藩镇割据，对兵器制造强化管理，于是在仁宗时代出现一部百科全书式的兵书——《武经总要》。该书图文并茂地介绍了诸多兵器，其中就有鞭。

太师鞭在黄骅传播已有三百年历史。清朝康熙年间，钮氏兄弟二人将太师鞭与白猿通臂拳一起传入河北省黄骅市境内。

二、传承

据《钮氏族谱》记载，浙江省乌程县（今吴兴县）钮凤鸣、钮凤山兄弟自幼习武，后从陕西省延安府王延明学艺五年，深得其奥秘。王延明是当地的通臂拳名家，尤其擅长水摩鞭法，有“神臂金鞭王延明，威震陕甘宁”之说。钮氏兄弟艺成别师，全家几经迁徙，于清康熙四十八年定居黄骅市黄骅镇。因此黄骅太师鞭和白猿通臂拳皆尊钮氏兄弟为一世祖。

钮氏族人尽皆习武，子侄中尤以钮朝宸最为出色。钮朝宸除授艺于钮万金外，并收当地望族子弟贾书府为徒。至此，太师鞭法遂由钮、贾两家流传开来。

三、技艺

太师鞭法共三趟，即水摩鞭法第一趟、水摩鞭法第二趟和虎尾鞭法。另有埋伏式鞭法，乃是太师鞭的实战应用之法——进长敌短之法。埋伏式鞭法包含两部分内容：一为进长之法，俗称鞭擎枪，也称鞭枪大战、鞭法进枪、鞭枪对击等；一为敌短之法，俗称双鞭对击、鞭法对击、对鞭等。

太师鞭有完整的理论体系，高屋建瓴。《鞭法论》《手法论》《眼法论》《身法论》《步法论》《心法论》等语言精练，寓意深邃，被近现代武术家高度认可。

太师鞭有独立的训练体系，层次分明。从基本功到手法入门，到套路进阶训练，再到适应不同格斗环境的实战训练，乃至细化到应对长器械和短器械之分。

太师鞭有丰富的训练内容，科学实际。28 种基本技法，既可以单独练习，又可以随意组合练习。40 种埋伏攻守要诀，变化无穷，鞭出虚实不定。太师鞭熔刀、枪、剑、棍等传统兵器为一炉，既有棍之勇武、刀之威猛、锤之强劲、剑之灵动，又有枪之神出鬼没。虽为短兵，却可以短兵长用，具有极强的技击实战价值。

太师鞭套路结构合理，招法严谨，长期练习能提高人体的力量、速度、耐力、灵敏度和协调性，是极好的强身健体项目。

四、影响

1. 历史价值

源自西北，根植黄骅，经历代传承注入了深厚的文化底蕴，传授规矩森严，保留着武术的原始风貌，具有独特的风格。留有大量的、翔实的武术理论，文字资料科学、系统、完整。

2. 兵器文化

鞭的形制精美，凝聚了传统文化内涵，自带非遗元素。轻重适度，长短得宜，为古代短兵之代表。造型别致，外观优雅，选材精良，可做收藏。

3. 实战价值

太师鞭奇正相生、变化无穷。它融刀、枪、剑等传统兵器为一体，既有重兵器的沉实勇猛，又有剑的灵动洒脱，兼具枪的神出鬼没。虽为短兵，却可短兵而长用，具有极强的技击实战价值。

4. 健身价值

太师鞭古朴典雅，功架规整，威武雄浑，内外兼修。兵器偏重，而招式变化相对儒雅大方，仪态雍容，符合人体生理学和运动力学，是理想的群众健身项目。

五、传承人

太师鞭门内重视文化学习和传承，门中从古至今，文化人居多。如清末年间的太师鞭第七代传承人刘文石，既是乡试文魁，又是一代武术大家。

旧传太师鞭仅有一趟水摩鞭法，又称十三鞭。尽管招法精妙，但略显短小单薄。第七世传承人刘文石不仅习练太师鞭，还精通青萍剑、纯阳剑、八卦剑，尤其是青萍剑深得贾氏青萍剑一代宗师、表哥贾云鹤真传。刘文石聪慧过人，通过不断摸索，不断将剑法融入鞭法，创编了第二趟水摩鞭法和虎尾鞭法。两趟新鞭

法在沉实中带有灵动，起伏迅速，转折圆活。后来，刘文石为了便于鞭法的学习和实用，又在原有埋伏式鞭法的基础上加以整理，概括为进长、敌短两个系列。与此同时，刘文石还将自己对于太师鞭的心得和见解记入《鞭谱》。

如今社会广泛习练的太师鞭即第二趟水摩鞭法、虎尾鞭法和鞭法进枪、鞭法对击。刘文石的太师鞭法深得当年的南京国术馆器重，太师鞭通过南京国术馆走出黄骅市。因此才有了民国时期姜容樵先生的“太师鞭共四趟”之说。

太师鞭器械精美，源于其制作相对随意，在形制大体不变的基础上，传承人往往根据自己的喜好加以变通。刘文石对太师鞭形制加以归纳提炼，最后用太极、三才、九宫、十二次等文化元素给太师鞭造型赋予了传统文化属性和吉祥寓意。

第八世传承人贾耀亭自幼随父亲贾灵泉习武，贾灵泉与刘文石是儿女亲家，因此贾耀亭尽得刘文石真传，并且与刘文石另一位高足马振祥交好。马振祥早年名震江湖，闯荡一生，晚年还乡。二人早晚切磋，贾耀亭的太师鞭法日臻化境。

自第八世传承人贾耀亭开始，太师鞭打破门规，广收门徒。得其精髓者有其嫡孙贾勃生、义子宁子光以及张树森、刘青锋、范镇林、刘滋茂等人。

黄骅是近代太师鞭的发源地，且传承不断，人才辈出。第十代传承人王德芳、齐晓鹏、王旭江、王希杰等均已崭露头角。

周氏秘宗

一、历史

秘宗拳出自少林，是古老拳种之一，又名燕青拳、弥祖拳、迷踪拳、秘宗艺等。

沧州与天津接壤，由于地缘文化密切，在武术界习惯将沧州、天津放在一起论述，作为武术之乡，沧州常常放在天津前面。在沧州、天津一带，秘宗拳来自同一个源流，即乾隆年间的山东武林高手孙通。孙通之后，秘宗拳在沧州、天津主要衍生为五大支系，分别是沧州孙庄子陈善支系、天津静海县（今大港区）苏家园周氏支系、沧县科牛村于氏支系、东光县安乐屯支系和沧县李龙屯庙智远和尚支系。沧州秘宗拳各支系传人，都尊孙通为一世祖。

二、传承

据《拳谱》记载，清乾隆年间，山东孙通传艺于苏家园周长生。自此秘宗拳便在周氏家族世代传承。

此后又遇名师。罪臣年羹尧的副将吕铜锤避难多年，辗转来到静海，被周家拳房收留。吕铜锤传授周长生三趟对砍闪手刀和长兵绝技戚门大枪。本已炉火纯青的秘宗拳，再次融进实用霸气的皇家秘技，使周长生一脉秘宗拳的格斗技术和理论更加完善，形成了周氏秘宗的独特风格。

周氏秘宗拳于民国年间流入黄骅。如今周氏秘宗拳主要流传于黄骅市吕桥镇何桥村及周边地区。

三、技艺

1. 套路众多，内容丰富

徒手单练有秘宗架子、燕青架子、遛腿架、小势、练手拳、燕青拳等。徒手对练有八折、桃花散、小引锤、下搬拦、大滚锤、小滚锤、三十六把扣子等。

器械单练有秘宗大枪、戚门大枪、六合枪、双枪、六合刀、双刀、四门刀、春秋大刀、拐子、行者棒、草镰等。器械对练有单刀进枪、双刀进枪、双钩进枪、三节棍进枪、对扎枪、闪手刀、三路条子、二郎棍、六路条子、三节棍对打等。

2. 训练独特，规矩森严

因该拳种小势（虚步、丁步）过多，且套路中又有一步多手的动作变化，所以十分注重下盘功夫的训练。“一势两架练三年，三年以后再进拳。”初学者入门头三年基本上都是先盘架子（即秘宗架子和燕青架子），打遛腿架（即秘宗十二路弹腿），再练小势，这是习练周氏秘宗拳的必修课。

架子和小势是注重下盘基本功训练的功法套路。盘架子时，上肢不发力，配合下肢步法的移动，进行手型、手法的基本功练习，动作轻柔绵长，形似太极，但暗藏杀机。小势除了架子的走势外，上肢多发力动作，注重身法、呼吸、意念的结合，使上下、左右、开合、吞吐协调一致。秘宗十二路弹腿是基本拳法和腿法相结合，增强身体协调性与爆发力的基本功练习，通常是习练者每天正式练拳前的头一个小套路，故曰遛腿架。

具备上述基础后，才可以习练徒手单练和器械单练套路。待套路动作熟练掌握后，再进行徒手对练和器械对练套路的练习。最后根据每人的习练情况再进行拆招训练，继而进入实战练习阶段。

3. 功架端正，刚柔并济

习练周氏秘宗拳讲究轻重、缓急、吞吐、绵脆，并附以提、托、聚、沉等用气法，文火发力，气达鼻出，只有内外兼修，才能达到上乘功夫。该拳种在训练中对步法、身法、手法等都有严格的要求。其步法讲八字：颠、行、摆、拔、买、跪、偷、叉，要求插裆套步、闪展腾挪、蹿蹦跳跃。身法讲八要：含、叠、闪、侧、避、靠、进、缩，强调提顶松沉、虚实分明。手法讲八法：刁、拿、锁、扣、滚、挂、缠、掳，体现拧转开合、柔顺自然。实战中，出拳讲究坠肩，多发弹劲，正所谓“拳打坠肩火烧手，合膝扣裆门不留”，进攻时机讲“旧力已过，新力未发”。

4. 刀枪秘技，冷兵之冠

对砍闪手刀分上、中、下三趟：上趟叫刀见刀，刀法直接，硬打硬拼；中趟叫刀不见刀，不招不架，借力打力；下趟叫见刀不见刀，刚柔相济，出奇制胜。戚门大枪为明代抗倭名将戚继光操练士兵时所创，一直到清代仍为皇家军队所用。二者均具有极强的实用性。

5. 三十六把扣子，刁钻凶狠

周氏秘宗拳的三十六把扣子（擒拿术），招式严密、手法刁钻，巧打人体生理极限，常引对手于绝境，在武林中独树一帜。

四、影响

历史价值：风格独特，有近三百年历史，很好地保存了传统武术的原始风貌。

文化价值：历史资料翔实丰富，训练体系科学完整。保存有祖传《拳谱》与《族谱》，《练拳歌诀》《拳论》《招法破法》《临敌秘诀》等具有很高的理论价值。

实战价值：周氏秘宗拳风格冷烈，劲力沉长，身法多变，每招每式非攻即守。其拳法踢、打、摔、拿技术全面，攻防合理。其器械特别是刀、枪、棍、棒等更是独具特色。

健身价值：刚柔并济，内外兼修。该拳种老幼皆宜，长期练习具有良好的强身健体作用。

五、传承人

孙通传第二代周长生。周长生收留年羹尧副将吕铜锤，将皇家军队的对砍闪手刀和戚门大枪融入迷踪拳。第三代周崇泰、周崇礼。第四代周义（世明）、周六（世态）皆为一代宗师。周六入京，被站殿将军赵长庚看中，举荐入朝，遇蛮横的达木索王当场挑衅，周六后发制人，用反擒拿掰断其手臂。周六又引荐堂兄周义入朝，当即被录用。《周氏族谱》记载四世周义，云："世明公为晚清皇家武官，声望赫赫。"咸丰帝赐匾周氏"武师世家"。

民国中期，黄骅市吕桥乡吕秉逊邀请第六代传人周凤池携家眷来黄骅市吕桥定居传艺。从此，周氏秘宗拳进入黄骅，黄骅市成为周氏秘宗拳的重要传承地。周凤池门徒中有名噪一时的武师吕秉逊、周俊山、吕秉兰、吕宝田等人。

第八代传人徐复楼 12 岁拜师吕秉逊，20 岁又随少林门名家李玉安习练搏击术，将少林格斗完美融入周氏秘宗拳，并积极从事武术的推广和发展。为弘扬周氏秘宗文化，2017 年徐复楼带领周氏秘宗拳门人反哺天津苏家园，常年开班授拳，深受当地百姓的喜爱。

和者

麒麟瑞舞

一、历史

麒麟舞历史悠久，唐代著名河北籍诗人高适有“万骑争歌杨柳春，千场对舞绣骐驎”的诗句。

据黄骅民间艺人讲述，麒麟舞原本是皇宫中的表演艺术，称为“麒麟圣舞”，为皇家各类庆典中必有的演出。据民间考证，黄骅麒麟舞的形成时间不晚于清朝乾隆年间（1736—1795）。据老艺人杨印海回忆小时候听太爷爷杨燕春讲述，明朝灭亡之后，本地一位皇宫艺人将麒麟舞绝技带回家乡齐家务，教乡亲们娱乐玩耍，乡亲非常喜爱，随从者甚多，并逐步演变成节日表演。此后，黄骅麒麟舞远近闻名。

1999 年，齐家务镇桃园村农民企业家刘致广创办黄骅市麒麟舞民间艺术团，在保留麒麟舞传统特色的基础上，通过民间艺术家的指导，又进行了新的编排，

参加了喜迎澳门回归的庆典暨全国首届中华舞龙大赛，中央电视台“相逢 2000 年”专题节目对其进行了拍摄转播，并荣获全国第十届“群星奖”银奖。

二、传承

据老艺人吴宝安记述，新中国成立前，齐家务镇大王庄麒麟舞曾下关东演出。村民石广志讲述，早年大王庄麒麟舞曾到内蒙古多伦进行表演。后由于道具运输不便，只在本村和附近村庄及天津南郊表演。战乱年代，中断若干年。

新中国成立后，齐家务镇各村麒麟舞又呈现繁荣景象。据《黄骅县志》记载，大王庄麒麟舞于 1981 年由沧州地区文化馆录像。

大王庄村麒麟制作艺人传承谱系

代别	姓名	性别	出生年月	文化程度	传承方式	学艺时间	居住地
第一代	吴宝安	男	1908 年	不详	师承	1925 年	大王庄
第二代	杨印海	男	1936 年 6 月	小学	师承	1953 年	大王庄
第三代	李学耀	男	1949 年	初中	师承	1976 年	大王庄
	王凤柱	男	1952 年	初中	师承	1981 年	大王庄
第四代	杨志凯	男	1974 年 1 月	初中	师承	1990 年	大王庄

大王庄村表演艺人传承谱系（20 世纪 30 年代初开始）

代别	姓名	性别	出生年月	文化程度	传承方式	学艺时间	居住地
第一代	杨如彬	男	1909 年	不详	师承	1930 年	大王庄
	董文仲	男	1908 年	不详	师承	1930 年	大王庄
	尤桐发	男	1910 年	不详	师承	1930 年	大王庄
	王战友	男	1907 年	不详	师承	1930 年	大王庄
第二代	刘连池	男	1939 年	小学	师承	1950 年	大王庄
	徐树山	男	1931 年	小学	师承	1950 年	大王庄
	王秀田	男	1949 年	初中	师承	1964 年	大王庄
	王聿连	男	1936 年	小学	师承	1950 年	大王庄
第三代	王风桐	男	1934 年	小学	师承	1950 年	大王庄
	李晓清	男	1948 年	初中	师承	1964 年	大王庄
第四代	王风柱	男	1952 年	初中	师承	1968 年	大王庄
	董祥信	男	1952 年	初中	师承	1968 年	大王庄
	徐振和	男	1954 年	初中	师承	1968 年	大王庄

三、技艺

麒麟舞民间艺术分为麒麟的扎制技艺和麒麟的表演技艺。

黄骅麒麟舞中的麒麟造型是集龙头、鹿身、马蹄、牛尾、狼额于一身，身披五彩鳞甲，分大、中、小三种尺寸。其中，装扮齐整的“巨麟”身高 3 米多，体长 4 米多，高大威猛，气势夺人。大麒麟道具重 45 公斤，中麒麟道具重 37.5 公斤，小麒麟道具重 30 公斤。

传统的扎制方法，使用竹木做成骨架，用宣纸糊好，再用画笔绘出鲜艳的鳞甲等。这样做出的麒麟道具容易破损。后来民间艺人改进了工艺，用竹木做出骨架后，用稀白布包裹好，再用彩色丝绸和镭射纸做出一片片鳞甲，一只麒麟大约要用 400 个大鳞片、350 个小鳞片装饰，把鳞片缝制在麒麟的白布外套上，头部还要用到油彩、锡布等，这样做出的麒麟色彩鲜艳、形象逼真且结实耐用。道具各部位都有相应的尺寸比例，稍有误差麒麟便舞不起来。

麒麟舞表演时用大鼓、云锣、大锣、小锣、铙钹、吊钹、唢呐伴奏。一红一绿，代表一雌一雄，成对出场，金童玉女端坐其上。每只麒麟由两位青壮小伙足踏高跷，一前一后装扮，前者腰挎麒麟头，做骑麒麟状，后者在其内做尾部表

演。二人身托几十公斤的麒麟道具，前者通过一系列小动作暗示尾部演员的表演，一明一暗，配合默契，浑然一体，协作完成闪、转、腾、挪等系列动作，表演技巧高、难度大，动作剧烈。尾部表演灵动与否是体现舞技高低的关键所在。全场六大四小十只麒麟在锣鼓唢呐的伴奏下一起跳跃舞动时，演出场面气势磅礴、雄风浩荡。

传统的原始套路有麒麟送子、吉祥如意、合乐团圆等。民间表演的套路、程式有麒麟踏宝、麒麟送子、祈福、赠禄、献寿、纳喜、呈祥吐瑞、合乐团圆、长笑人间、天宫赴宴等。穿插托宝童子和天兵天将，通过旋子、跟头、前后侧空翻、插翻、托举、六人窜宝等主要动作，丰富内容，烘托气氛，吸引观众。

齐家务
小王庄
麒麟会

四、影响

黄骅麒麟舞是燕赵民间艺术宝库中的一个亮点。高大威猛的黄骅麒麟，素有“北方麒麟”之称，展示了燕赵地域的人文风貌，演绎和诠释着优秀民间舞蹈艺术的底蕴与内涵。凭借威风凛凛、色彩绚丽的艺术造型，糅进杂技表演惊、险、奇、绝的高难度动作，伴以铿锵锣鼓、激情唢呐，带给观众不同凡响的艺术震撼。威风凛凛的麒麟，饰以绚丽的色彩，加之铿锵有力的锣鼓音乐，恢宏浩大的表演场面，为民间增添喜庆热闹的气氛，深受当地人民喜爱，对丰富人民群众的文化生活、构建文明和谐社会，有着积极的作用。

五、传承人

麒麟的扎制技艺传承人杨印海，18 岁开始向当地艺人学习麒麟舞并师从吴宝安学习麒麟的扎制手艺。杨印海在多年的扎制实践中，摸索探究麒麟扎制技巧，改进用料，由从前的纸糊改用丝绸，延长了麒麟的使用寿命，增强立体感，增加饰物，使麒麟头部造型形象逼真，栩栩如生。他根据麒麟的高矮确定其他部位的比例尺寸，平衡度掌握到位。

麒麟的表演技艺传承人王凤柱，20 世纪 80 年代从艺，酷爱麒麟舞表演艺术，有扎实的基本功和过硬的麒麟舞技艺，在当地老艺人和乡亲中间有较高声誉。

吹歌远追

一、历史

同乐会吹歌最早起源于明末清初的京津冀地区，距今已有数百年历史。起初，是人们在亲人去世后，请同乐会（民间俗称“道爷”）通过吹、打、念、演奏，追忆亲人。

桃园村传统文化底蕴深厚，位于承载浓厚历史文化的娘娘河南岸，与天津大港区毗邻，东靠津汕高速公路，南邻子牙新河，西接205国道，人杰地灵，物产丰富，历代村民都非常重视传统文化教育，古老的同乐会吹歌在这方热土孕育发展。

二、传承

清光绪年间，有民乐爱好者刘振庠、刘长会等七人自带乐器，先后到小道口村、垛庄村（今属大港区和静海区）拜师学艺，所有技艺均由师傅口耳相授，往返路途以步代车，学艺生涯十分艰辛。

民国时期，在刘振庠、刘长会的影响下，又有刘金铎、刘金敬、许延庭等六人加入，并添置乐器，同乐会粗具规模。老师傅帮带新徒弟，闲暇之时苦练技艺，乐队综合实力有了很大提高。

20 世纪 40 年代，几位年长的师傅相继作古。刘秀林、刘崇贵等七人加入同乐会，第二代传承人许延庭精心传授，乐队队员苦心操练，乐队整体技艺有了长足进步，带动同乐会进入鼎盛时期。

1962 年，刘光林、刘树槐等 10 人加入同乐会，老师傅刘金铎主教打击乐器，许延庭主教管乐和念功。

后来，早年迁居津郊的第三代传承人刘秀林（许延庭亲传弟子）回桃园定居，使同乐会达到了新水平。

桃园同乐会吹歌在乐队成员和乡亲们的多方努力之下，活跃在乡间村落，为四方百姓义务服务。

桃源同乐会吹歌传承谱系

代别	姓名	性别	出生年月	学艺方式	学艺时间	居住地
第一代	刘振基	男	1875 年	师徒传授	1890 年	桃园
	刘振庠	男	1873 年	师徒传授	1890 年	桃园
	刘振顺	男	1868 年	师徒传授	1890 年	桃园
	刘长立	男	1872 年	师徒传授	1890 年	桃园
	刘长山	男	1871 年	师徒传授	1890 年	桃园
	刘长会	男	1874 年	师徒传授	1890 年	桃园
	刘长方	男	1877 年	师徒传授	1890 年	桃园
	许玉成	男	1880 年	师徒传授	1890 年	桃园
第二代	刘金恩	男	1906 年	师徒传授	1924 年	桃园
	刘金铎	男	1909 年	师徒传授	1924 年	桃园
	刘金龙	男	1892 年	师徒传授	1924 年	桃园
	刘金顺	男	1894 年	师徒传授	1924 年	桃园
	许延庭	男	1901 年	师徒传授	1924 年	桃园
	刘崇明	男	1909 年	师徒传授	1924 年	桃园
	刘世林	男	1884 年	师徒传授	1924 年	桃园
	刘金镜	男	1906 年	师徒传授	1924 年	桃园
	刘炳城	男	1901 年	师徒传授	1924 年	桃园
	王焕章	男	1892 年	师徒传授	1924 年	桃园
第三代	刘秀林	男	1922 年	师徒传授	1937 年	桃园
	刘崇贵	男	1924 年	师徒传授	1937 年	桃园
	刘崇林	男	1908 年	师徒传授	1937 年	桃园
	刘崇岐	男	1926 年	师徒传授	1937 年	桃园
	刘之润	男	1925 年	师徒传授	1937 年	桃园
第四代	刘光林	男	1941 年	师徒传授	1962 年	桃园
	刘树槐	男	1945 年	师徒传授	1962 年	桃园
	刘臻林	男	1926 年	师徒传授	1962 年	桃园
	刘学旭	男	1947 年	师徒传授	1962 年	桃园
	刘树礼	男	1947 年	师徒传授	1962 年	桃园

续表

代别	姓名	性别	出生年月	学艺方式	学艺时间	居住地
第四代	刘学造	男	1949 年	师徒传授	1962 年	桃园
	刘润林	男	1939 年	师徒传授	1962 年	桃园
	刘树海	男	1943 年	师徒传授	1962 年	桃园
	刘荫桐	男	1931 年	师徒传授	1962 年	西聚馆
	刘世臣	男	1945 年	师徒传授	1962 年	西聚馆
	张文庆	男	1948 年	师徒传授	1962 年	东聚馆
第五代	刘炳志	男	1971 年	师徒传授	1990 年	桃园
	刘玉泉	男	1950 年	师徒传授	1990 年	桃园
	刘朝林	男	1939 年	师徒传授	1990 年	桃园
	刘之深	男	1955 年	师徒传授	1990 年	桃园
	刘致政	男	1945 年	师徒传授	1990 年	桃园
	刘学生	男	1942 年	师徒传授	1990 年	桃园
	刘学杰	男	1919 年	师徒传授	1990 年	桃园
	刘之瑞	男	1946 年	师徒传授	1990 年	桃园
	刘学斌	男	1940 年	师徒传授	1990 年	桃园

三、技艺

桃园同乐会吹歌使用笙、管、笛、胡、唢呐等乐器吹奏，采用G调、四二拍，吹、打、念交替使用，曲目内容古朴无华，沿用古老工尺谱，吹奏的传统曲目有《苏武牧羊》《十供养》《八句赞》《柳青娘》《拜坛曲》《翠屏花》《四成仙》《小人烦》《四首佛》《和乐凤》《悲叹》等20余首，根据需要按序演奏。

同乐会吹、打、念结构严谨，配合默契，起头结尾，音、信、暗、号来交替，整通长达一个半小时，无人指挥，但演奏有序，协调统一，可谓天衣无缝。

1. 吹：以小管为主，笙、低音胡、唢呐配音。鼓、架锣子、小镲、铛子打拍节。典型曲目如《苏武牧羊》。

2. 打：以鼓为主，钹、铙、大镲子、锣配合，按鼓、铙、钹、铙、锣、土镲子交替，主次分明，铿锵有节。典型曲目如《天下通》《大斗鸡》《小斗鸡》《结四》《通头鬼字眼》《前网子》《大排鼓》《小通慢排》《二三板子》《后网子》《关人掌》等。

3. 念：以铛子为主，配以小镲子、磬、架锣子、小锣、笙配音。既有名称，又有词句，典型曲目如《十二孝》《流河言大赞》《骷髅》《无极悲叹》《四句毛头》《大王灵赞》《三奠茶》《三归赞》《渡桥》《六句赞》等。

和

四、影响

在艺术形式方面，同乐会吹歌传承了原汁原味的民间技艺，最大程度地保留了原生态的艺术特色。吹歌所含内容，继承了中华民族追忆先人、不忘传统的孝道思想和理念，且寓教于乐，易在民间传播。同乐会遵守古训，义务服务一方百姓，为民间所喜闻乐见，以其独有的魅力在民间享有盛誉。

五、传承人

第四代传承人之一刘光林，1962 年拜师学艺，吹、打、念俱佳，有“飞钵”之称。

第四代传承人之一刘树槐，1962 年拜师学艺，主攻小管，吹、打、念亦俱佳，对古老曲目颇为精通。

古乐遗曲

一、历史

捷地减河起自河北省沧州捷地镇，至黄骅歧口经高头挡潮闸入渤海，流经沧县、黄骅二县市，流经区域土地肥沃，人丁兴旺，人杰地灵，物产丰富，传统文化氛围浓郁。河北省黄骅市吕桥镇高家口村位于黄骅市西北部、捷地减河南岸，是当地有名的文化村落。村内现有保护传承非常完整的高家口中林庙、南花园九圣祠、高氏迷踪拳武馆、高家口舞狮班、高家口古乐班等。

高家口古乐是一种古老的、原生态的民间音乐。据村中老人记述，明洪武年间高氏祖先奉诏移民至高家口村，将此古乐带入该村，由高祖导公传授，距今约六百年历史。

二、传承

高家口古乐记谱和传承均采用工尺谱方式，由传承人之间口递口传授。高家口古乐班有“不准增加乐器种类、不准改变演奏方式，严格按老艺人传下来的规矩进行演奏（表演），不准走样”的班规。

康熙三十四年（1695），高氏先祖高圣裕、高圣魁整理工尺谱，时有工尺谱4部，有打击乐曲2部，谱200余篇；吹的乐曲篇2部，谱120余篇；唱的经文8部，谱300余篇。光绪年间高玉符整理老版吹、拉的工尺谱15种，打的工尺谱41种，合计版1部。

高家口古乐传至1932年，由于水灾饥荒，生活所迫，第十五代主要传承人高玉符携家外出谋生，被迫断代。至1935年，第十六代传承人高云集外出寻师，学艺三年整，于1939年学艺期满归家，高家口古乐得以恢复传承。后又出现断代达12年。1976年，在第十六代传承人高云集、高玉东、郭恩堂的带领下，重找古谱曲、经文，经四年口对口传授与交流，古谱乐曲、经文得以恢复。

高家口古乐传承谱系

代别	姓名	性别	出生年月	文化程度	传承方式	传承时间	居住地
第一代	高导公	男	明洪武十五年一月	不详	家族	洪武二十四年	高家口
第十五代	高玉符	男	光绪十六年二月	私塾	师徒	光绪二十六年	高家口
	高玉金	男	同治末年八月	私塾	师徒	光绪十二年	高家口
	高清棠	男	同治七年三月	私塾	师徒	光绪四年	高家口
	高希琴	男	光绪五年十二月	私塾	师徒	光绪十六年	高家口
	高双衡	男	光绪十九年二月	私塾	师徒	光绪三十一年	高家口
	高双珂	男	光绪十七年十月	私塾	师徒	光绪三十年	高家口
	高双祥	男	光绪二十三年四月	私塾	师徒	宣统二年	高家口
第十六代	高玉尧	男	1914 年 12 月	私塾	师徒	1928 年	高家口
	高玉柱	男	光绪二十九年八月	私塾	师徒	1915 年	高家口
	高玉东	男	1919 年 10 月	私塾	师徒	1928 年	高家口
	高云霄	男	1912 年 3 月	私塾	师徒	1923 年	高家口
	高云集	男	1918 年 6 月	私塾	师徒	1936 年	高家口
	高玉沾	男	1926 年 11 月	私塾	师徒	1936 年	高家口
	高恩崇	男	1918 年 2 月	私塾	师徒	1936 年	高家口
	郭景全	男	1916 年 6 月	私塾	师徒	1929 年	高家口
	高玉德	男	1920 年 3 月	私塾	师徒	1935 年	高家口
第十七代	高国堂	男	1942 年 10 月	小学	师徒	1956 年	高家口
	高国栋	男	1947 年 5 月	小学	师徒	1963 年	高家口
	高国洪	男	1958 年 5 月	小学	师徒	1963 年	高家口
	高国桥	男	1947 年 8 月	小学	师徒	1963 年	高家口
	高国敬	男	1956 年 9 月	小学	师徒	1968 年	高家口
	高全进	男	1956 年 10 月	高中	师徒	1967 年	高家口
	高国华	男	1935 年 2 月	小学	师徒	1963 年	高家口
第十七代	高树玺	男	1949 年 10 月	小学	师徒	1970 年	高家口

续表

代别	姓名	性别	出生年月	文化程度	传承方式	传承时间	居住地
第十八代	高树合	男	1954 年 6 月	小学	师徒	1992 年	高家口
	高恩平	男	1954 年 3 月	小学	师徒	1992 年	高家口
	高志兴	男	1956 年 4 月	小学	师徒	1992 年	高家口
	高洪军	男	1969 年 6 月	初中	师徒	1993 年	高家口
	高振栋	男	1974 年 7 月	初中	师徒	1993 年	高家口
	高振邦	男	1977 年 12 月	初中	师徒	1993 年	高家口
	高延峰	男	1980 年 12 月	初中	师徒	1993 年	高家口
	高振川	男	1980 年 2 月	初中	师徒	1993 年	高家口
	高延元	男	1981 年 12 月	初中	师徒	1993 年	高家口
	韩淑香	女	1971 年 6 月	初中	师徒	1997 年	高家口
	孙娜	女	1981 年 6 月	初中	师徒	1997 年	高家口
	闫玉晨	女	1979 年 8 月	初中	师徒	1997 年	高家口
	孟淑霞	女	1973 年 8 月	初中	师徒	1997 年	高家口

三、技艺

高家口古乐有坐乐和行乐两种主要形式，保留着原汁原味的古鼓吹乐“吹、打、拉、唱”的四大遗风。有时打，有时吹，有时拉，有时唱，有时唱打，有时吹拉打，有时打拉唱合奏。采用降 B 调、四二拍，曲目内容古朴无华，特色鲜明。

高家口古乐吹、打、拉曲目为古老的工尺谱，因用工、尺等字记写唱名而得名，利于文化水平不高的人们口递口传授。

吹：主要用管子领奏，管、笙、笛、箫、海笛合奏，打击乐器鼓、磬、木鱼、钹、铙、镲、铛、云锣、大小云锣、手铃打击节拍。其典型曲目有《八仙庆寿》《大小人凡》《豆儿黄》《和乐凤》《苏武牧羊》《太极韵》等。

打：以吹管等领奏，有鼓、磬、木鱼、钹、铙、镲、铛、云锣、大小云锣、

手铃开板，以整通乐曲《头一二通管子》《三排鼓》《紧刹慢开》《小网子》合奏开始，独立打击乐谱《大小斗鸡》《长通》《七星》《贺跋》《开二、三板》等。

拉：有乐器低音胡（龙头琴）、二胡。拉的乐曲与吹的乐曲基本相同，其典型乐曲有《柳青娘》《太极韵》。

唱：以唱经为主，配以鼓、磬、木鱼、钹、铙、镲、铛、云锣、大小云锣、手铃等打击乐器伴奏。其主要经文有《招请曲》《三皈赞》《天地经》《亡灵偈》《请圣偈》《观灯》《渡桥》等。

四、影响

技艺展现形式方面，传承了原汁原味的民间古乐谱，保存了部分古乐器，最大限度保留了原生态的技艺特点；唱词所含内容，继承了传统的儒释道思想理念，以劝人行善积德、立德立功为要旨。

遵守古训，义务服务一方百姓，丰富了民间大众文化生活，在当地享有很高声誉。

五、传承人

高家口古乐班现由第十七代传承人高国洪主持。高国洪带人整理新版吹、拉的工尺谱一部 15 种；打的工尺谱一部 41 种；唱的经文 4 部 100 余篇。高国洪遵古训，下苦功，重传承，其吹、打、拉、唱颇具功底，尤其是唢呐独奏，高如云端缠绕，低如黄土盘旋，或嘹亮，或低沉，动人心魄，驰名于方圆百里。

鼓板道情

一、历史

黄骅渔鼓发祥于河北省黄骅渤海湾畔的渔村，其代表村落为冯家堡，距市区东南 38 公里处。以渔业为主，主要出产螃蟹、鱼类、对虾、青虾、毛蚶等。

起初，黄骅渔鼓是渔民冬闲时自娱自乐的一种艺术形式，曾被渔民当作一种“唤头”（当地对叫卖吆喝的习惯称谓），到内地农村卖海货时招揽顾客之用。形成时间当不晚于清同治年间（1862—1874），距今有 200 多年的历史。相传由一位因灾荒而流落于沿海渔村的外乡渔鼓艺人所传授。

每到歇海或年节，人们闲来无事，就凑在一起唱些渔鼓段子，自娱自乐，热闹非凡。当时，渔民把唱渔鼓直白地称为“打渔鼓”或“三句弯子调”。在当地沿海二十几个渔村中，口口相传，代代相传，久唱不衰，足以见其艺术生命力的顽强。

民间艺人不断汲取当地民间音乐的营养和精华，在演唱实践中完善曲调，充实渔家民风习俗等内容，使黄骅渔鼓逐步演变成为一个节奏明快、曲调舒畅、极具浓郁乡土气息的独特曲种。

二、传承

据《沧州戏曲春秋》《盐山志》记载及老艺人回忆，“打渔鼓”最早的演出记录大概在清朝同治年间，第一代艺人杨文炳、王起彬曾与十几个人带着戏装去山东济南卖海蜇、虾酱，在济南街头表演了渔鼓小戏《三度林英》《杨宗宝搬兵》《降人生》等，很受观众欢迎，差点使正在演出的大型戏曲演出凉台，于是留下了“小渔鼓顶大戏”的佳话。

1950 年，经黄骅县委、民间艺人和文艺工作者协商，把“打渔鼓”正式命

名为“黄骅渔鼓”。

新中国成立初期，黄骅渔鼓代表性传承人杨宝山率领五人组成的演出队，代表村里去参加沧州专区业余文艺演出，自编自演的渔鼓剧《韩湘子下山》在会演中获得一等奖。

1960年杨宝山排练的名为《共产党恩如山》的渔鼓节目，参加了河北省群众文艺会演大会，在天津的中国大戏院演出，荣获铜牌奖章。

20世纪五六十年代，南大港农场文工团以黄骅渔鼓曲调为基础，编排过大小两部戏曲作品《渤海风采》《忆苦思甜》，是该曲种的一种外延和升华，产生了较大影响，随之渔鼓小调在更大范围内流行传唱，风靡一时。

70年代，音乐工作者还用黄骅渔鼓曲调创作了表演唱《共产党恩如山》、女声小合唱《红太阳高照渤海湾》、小歌舞《渤海怒潮》等，几次参加河北省文艺会演均获奖，特别是《共产党恩如山》曾进京向中央领导同志汇报演出，由中央人民广播电台播放一周。

80年代以后，黄骅文艺工作者根据渔鼓调子编排的音乐节目《接海》《海是龙故乡》《渔鼓敲起春潮的歌》等几次演出和参赛，既丰富和发展了黄骅渔鼓的音乐，又扩大了黄骅渔鼓在全国的影响。

黄骅渔鼓传承谱系

代别	姓名	性别	出生年月	文化程度	传承方式	学艺时间	居住地址
第一代	杨文炳	男	1863 年	不详	师徒传承	不详	冯家堡
	王起龙	男	1865 年	不详	师徒传承	不详	冯家堡
	王起彬	男	1866 年	不详	师徒传承	不详	冯家堡
第二代	杨风林	男	1865 年	不详	师徒传承	不详	冯家堡
	杨风玉	男	1872 年	不详	师徒传承	不详	冯家堡
	赵玉堂	男	1884 年	不详	师徒传承	不详	冯家堡
	王恩贵	男	1886 年	不详	师徒传承	不详	冯家堡
	杨玉海	男	1892 年	不详	家族传承	不详	冯家堡
第三代	杨宗荣	男	1908 年	私塾	师徒传承	不详	冯家堡
	杨宝山	男	1933 年	小学	家族传承	不详	冯家堡
	时金楼	男	1934 年	不详	师徒传承	不详	冯家堡
	时金行	男	1937 年	不详	师徒传承	不详	冯家堡
	刘沫芳	男	1941 年	不详	师徒传承	不详	冯家堡
第四代	王洪山	男	1967 年 7 月	高中	师徒传承	2006 年 7 月	冯家堡
	何文洪	男	1969 年 4 月	大学	师徒传承	2006 年 7 月	贾家堡
	尹汝来	男	1972 年 7 月	高中	师徒传承	2006 年 7 月	黄骅市
	赵小溪	女	1979 年 10 月	大学	师徒传承	2006 年 7 月	黄骅市

三、技艺

黄骅渔鼓使用的伴奏乐器为渔鼓和简板。截一米长的竹筒，一端蒙上鱼皮即成渔鼓；简板由硬木制成，略呈弧形。

黄骅渔鼓传统演唱形式：由一人领唱，七八人伴唱，伴唱者坐长条板凳围成一圈或席地而坐，怀抱竹筒制成的渔鼓，左手执木质弧形简板击节，右手击鼓，另有一人敲木鱼，如彩唱则装扮人物，形式简朴而热烈。围观的老弱妇孺皆可同时参与句尾的衬唱，是一个以群体演唱为主的曲种，也有单人唱、双人唱。单人站唱，则是现代才采用的表演形式。

黄骅渔鼓是一种板腔体和曲牌体相结合的艺术形式。音乐节奏节拍变化十分灵活，4/4、3/4 的拍节交替出现，音乐极富特性。其板式包含 [散板][慢板][平板][数板] 等，所唱曲牌以 [耍孩儿] 为主，另有 [三拔气] 等，此外还有 [韵白][边白][上场引子][上场诗] 等。词格以七言为主。因为每段大多是三句，民间艺人又称它“三句弯子调”。唱词中常加衬字，唱段末句帮腔。唱腔由上下句构成，主体唱腔可反复使用，长达四十多句。唱腔音乐以徵调式为主，调高一般是 1=bB，曲调平稳流畅，长于叙事，属带变宫的六声音阶。[耍孩儿] 为北曲曲牌，在河北的民间音乐和戏曲音乐中使用较多。[耍孩儿] 又俗称 [娃娃儿]，由八句唱词构成，词格通常为二、三、三、三、七、七、七、七，也可只唱五句，称“八句娃娃五句跑”。黄骅渔鼓一向无专业艺人，渔民大都用来自娱自乐。现今业内经常借用它的音乐元素来创作音乐节目。

黄骅渔鼓演唱书目有《南游记》《北游记》《降人生》《三度林英》《杨宗保搬兵》《酒色财气》《东游记》（八仙的故事）和《西游记》（唐僧取经的故事）等，其中“四游”（《南游记》《北游记》《东游记》《西游记》）为长篇曲目，余者皆为中篇。小段有《韩湘子下山》《小蟠桃会》《大蟠桃会》《白猿偷桃》《二老公下棋》《李翠莲盘道》等。

四、影响

1. 黄骅渔鼓作为渔鼓道情类的一个曲种，与河北其他地方的同类曲种是迥异其趣的。虽传说为外地传入曲种，但经与《中国曲艺音乐集成·山东卷》和《中国曲艺音乐集成·河南卷》比对，未见有音乐形态相类者，所以是有其独立艺术品格的。

2. 黄骅渔鼓的演唱曲目丰富而少有与其他曲种相重者，如《南游记》《北游记》《东游记》《西游记》，均为其他曲种所未见。

3. 音乐节奏节拍变化十分灵活，慢板凄苦，快板豪放，4/4、3/4 的拍节交替出现，音乐极富特性，是民间曲艺音乐的奇葩。

4. 从演唱曲艺文学的角度讲，语言丰富，特色鲜明，人物造型立体感强。

5. 由黄骅渔鼓曲调改编的《共产党恩如山》《渤海风采》等优秀曲目，内容积极向上、催人奋进，为当时“苦海盐边”的渔村增添了无穷乐趣，极大地丰富了广大渔民的业余文化生活，同时也起到了凝聚人心、弘扬渤海湾人奋发向上精神的积极作用。

6. 黄骅渔鼓二百多年的发展演变过程，印证了黄骅沿海渔民的生活变迁，为研究当地民风民俗提供了佐证。

7. 黄骅渔鼓受众面广，群众性强，易于传唱，深受当地渔民的喜爱。

五、传承人

第三代传承人杨宝山，出生于冯家堡村，父亲杨玉海也是一位渔鼓艺人。杨宝山自幼跟父亲学唱渔鼓曲子，其演唱吐字清晰、韵味纯正，显示出深厚的功力，并对传统曲目进行了记录整理。

新中国成立初期，他率领五人组成的演出队，代表村里去参加沧州专区业余文艺演出，自编自演的渔鼓剧《韩湘子下山》在会演中获得一等奖。

1960 年，杨宝山等编排的渔鼓节目《共产党恩如山》，参加了河北省群众文艺会演大会，在天津的中国大戏院演出，荣获铜牌奖章。2006 年，河北省文化厅为艺人杨宝山颁发黄骅渔鼓代表性传承人证书。

鼓乐其镗

一、历史

黄骅市齐家务镇前韩村地处华北平原，位于市区西北部，东临 205 国道，西接 104 国道，北倚天津滨海新区，交通便利，民风淳朴。该村传统鼓乐历史悠久，主要是数百年来或单独表演或为舞狮、秧歌、落子等传统节目伴奏的音乐。

据民间考证，前韩传统鼓乐起源于清代顺治年间，距今约有四百年历史。最初由岳氏、张氏先人为村里文落子等打镲鼓点所用。

二、传承

清嘉庆年间，岳氏先祖岳中恒闯关东时，将大连民间的镲鼓点精华技艺带回老家，与本村的镲鼓点相结合，经过八代人的传承与创新，发展成为独特的鼓乐技艺，流传至今。

20 世纪 30 年代末在沧县兴济镇举办的比赛中，大鼓、舞狮和高跷均获得第一名；每逢重大节日，前韩鼓乐班常受邀到天津大港、静海和青县等地演出。

作为一门独具风采的民间艺术，在力与美的完美结合间，在技艺的传承发展中，前韩传统鼓乐早已渗透到村民生活的各个角落，形成了“无人不知鼓，无庆不敲鼓”的习俗。

前韩传统鼓乐传承谱系

代别	姓名	性别	出生年月	学艺时间	文化程度	传承方式	居住地
第一代	岳中恒	男	1720 年 6 月	1748 年 3 月	私塾	师徒	前韩村
	张生诚	男	1755 年 1 月	1770 年 8 月	私塾	师徒	前韩村
	郑大峰	男	1754 年 3 月	1772 年 2 月	私塾	师徒	前韩村
第二代	岳洪国	男	1800 年 9 月	1815 年 4 月	私塾	师徒	前韩村
	张桂林	男	1804 年 8 月	1818 年 10 月	私塾	师徒	前韩村
	郑长贵	男	1803 年 5 月	1835 年 5 月	私塾	师徒	前韩村
第三代	岳开武	男	1835 年 7 月	1875 年 12 月	私塾	师徒	前韩村
	张芳廷	男	1868 年 5 月	1880 年 11 月	私塾	师徒	前韩村
	郑吉宾	男	1868 年 8 月	1883 年 10 月	私塾	师徒	前韩村
	郑绍印	男	1870 年 2 月	1889 年 11 月	私塾	师徒	前韩村
	岳化林	男	1872 年 6 月	1890 年 3 月	私塾	师徒	前韩村
第四代	张永泰	男	1890 年 3 月	1912 年 4 月	私塾	师徒	前韩村
	岳连城	男	1892 年 5 月	1909 年 6 月	私塾	师徒	前韩村
	任廷芳	男	1890 年 9 月	1911 年 7 月	私塾	师徒	前韩村
	韩希河	男	1892 年 10 月	1915 年 9 月	私塾	师徒	前韩村
	张电龙	男	1885 年 3 月	1905 年 6 月	私塾	师徒	前韩村
第五代	岳开荣	男	1900 年 2 月	1921 年 5 月	私塾	师徒	前韩村
	任明山	男	1902 年 3 月	1922 年 4 月	私塾	师徒	前韩村
	岳文海	男	1934 年 8 月	1949 年 6 月	私塾	师徒	前韩村
	岳开珍	男	1942 年 7 月	1956 年 5 月	高小	师徒	前韩村

续表

代别	姓名	性别	出生年月	学艺时间	文化程度	传承方式	居住地
第五代	韩焕廷	男	1943 年 3 月	1955 年 2 月	高小	师徒	前韩村
	张祥春	男	1943 年 8 月	1956 年 3 月	高小	师徒	前韩村
第六代	岳开清	男	1952 年 8 月	1969 年 1 月	初中	师徒	前韩村
	岳丙树	男	1949 年 10 月	1972 年 2 月	初中	师徒	前韩村
	岳文通	男	1951 年 6 月	1972 年 2 月	小学	师徒	前韩村
	任玉兴	男	1948 年 11 月	1972 年 3 月	小学	师徒	前韩村
	张祥武	男	1950 年 3 月	1973 年 6 月	初中	师徒	前韩村
	郑玉明	男	1955 年 10 月	1976 年 2 月	小学	师徒	前韩村
	任云岭	男	1955 年 2 月	1976 年 6 月	小学	师徒	前韩村
第七代	任玉章	男	1966 年 12 月	1985 年 6 月	高中	师徒	前韩村
	郑玉江	男	1965 年 5 月	1985 年 7 月	初中	师徒	前韩村
	郑玉航	男	1962 年 10 月	1986 年 2 月	初中	师徒	前韩村
	张志文	男	1964 年 10 月	1987 年 1 月	初中	师徒	前韩村
	郑玉凯	男	1963 年 8 月	1987 年 10 月	初中	师徒	前韩村
第八代	郑满春	男	1972 年 4 月	1998 年 2 月	初中	师徒	前韩村
	岳勋宇	男	1994 年 10 月	2005 年 6 月	初中	师徒	前韩村
	郑亚东	男	1991 年 10 月	2006 年 1 月	初中	师徒	前韩村
	任玉明	男	1990 年 12 月	2009 年 9 月	初中	师徒	前韩村
	张其峰	男	1972 年 10 月	2002 年 6 月	初中	师徒	前韩村
	任福东	男	1986 年 12 月	2003 年 7 月	初中	师徒	前韩村

三、技艺

前韩传统鼓乐有大鼓和小鼓之分，大鼓鼓面直径 80 厘米，小鼓鼓面直径 40 厘米。整体以单人击打为主，伴奏乐器主要有大镲、小镲、锣、银锣、笙等。鼓乐可以单独表演，也可以作为舞狮、秧歌、落子等传统节目的伴奏音乐。演奏人员 5—10 人。表演的曲目有《开场锣鼓》《狮子舞》《高跷》《落子》《秧歌》等。

每逢重大节日及庆典时演出，表演时着红、黄、绿三色服装。

四、影响

前韩传统鼓乐具有一定的社会价值，主要体现为增强凝聚力和营造气氛等。鼓乐一经奏出，就意味着某项礼俗活动的进行。在重大庆典时，鼓乐队的奏乐不仅耗资小，还可营造出单靠视觉效果难以比拟的声势。

在重大节日或庆典时，前韩鼓乐班经常受邀到天津大港、静海和青县等地演出，这些土生土长的文化遗产因其极富地域特色而代代传承，散发着奇异的光辉，越来越受到群众的喜爱。

五、传承人

第六代传承人岳开清，1968 年向本家叔叔岳文海学习打鼓技艺。当时生活条件艰苦，平常舍不得用鼓，就用桌子和板凳来替代鼓进行练习。后来岳开清对任玉章、郑玉江、郑玉航、张志文四名本村弟子悉心培养，通过几年的言传身教、严格教导，弟子们的技艺已日渐成熟。

设施薄弱。
百业俱兴，唯村庄基础

尚意

妙剪人生

一、历史

剪纸艺术起源于汉代，是一种以纸为载体，以剪刀或刻刀作为工具的艺术创作。有专家说，剪纸是古老先民对青铜器、竹简、兽皮的记事呈现内容的一次演变。历经唐宋明清诸朝代，历焕其新。拙者守其真，巧者工其变。风在民间，艺随心智。杨先让先生说，剪纸，是妇女创造的母体艺术中的平面造型，是民间美术的基础部分，与民生实用和民俗节令不可分离。可以说，民间美术没有纯粹审美观赏的，都是与生活或民俗上各种实用目的相结合。但是渔村剪纸只是为了愉悦自己，艺术的创作动机在这里纯化到了极点。

剪纸多以红纸为主要材质，艺展性情。术分南北，各有机杼，皆应民间之幸福美好的朴素思想，臻善自我。渤海渔村剪纸，流传于黄骅市海堡各村，始于明代，成熟于清，鲜明的地域性、突出的艺术表现手法，使其竟立于剪纸艺术之林。多以民间淳朴意象，复以巧妙变形，得出形质。后经历代剪纸人的淬炼，在苦海岸边，人们渴求着美好的日子，每每以此宁静自己的内心，唤醒自我的能动。纯净的祈盼，使得渤海渔村剪纸艺术上升了一个高度。身置渤海渔村，用心为剪，以纯朴的古风为经、那片涌动的大波为纬，题材广泛，花样繁多。涉及戏曲人物、神话传说、花鸟虫鱼、吉禽瑞兽、福禄寿喜，拙稚不乏精巧，表现渔民对美好生活的向往，最终形成线条粗犷、构图舒放、意蕴丰赡的渤海渔村大主题。

二、传承

渤海渔村剪纸，始于赵国英。她兼收当时民间意象，将民间的剪纸与渤海渔村的民俗、海产品结合起来，形成了有着浓郁地域色彩的剪纸艺术形式。用这种艺术语言，唤醒纯净，祈愿美好幸福。后续者皆随心于矩中，用自己朴素的艺术观念完善着渤海渔村剪纸。当今，韩宝菊在汲取渤海渔村剪纸精髓的同时，转益多师，大胆创新，以渔村的地域为主色，以海边生活、民间故事为主旨，形成了自己独特的艺术风格。题材丰富，故事语言鲜明，构图丰满，构思巧妙，大气灵动。1995 年，《渤海潮》荣获首届“中华巧女”手工艺品大奖赛优秀奖。2004 年，

《鸡有五德》荣获中国民间文艺最高奖　　山花奖。《十二生肖》《黄骅印象》《沧州印象》《渔家风情》成为政府对外赠送的礼品。

2012 年 5 月，白金磊毅然辞职，与母亲一道开启了渤海渔村剪纸之路。同年 10 月，黄骅市渤海渔村剪纸艺术有限公司成立。2016 年秋，与黄骅镇政府在东常庄建立剪纸艺术风情小镇，成立韩宝菊剪纸艺术工作室，此地成为黄骅独特的文旅打卡地，引来众多的旅游者。

三、工艺

从形式上，渤海渔村剪纸多用红纸，悦目耐看，因为红色原本就是中国传统剪纸文化的主色调。红纸剪成的各种图案，民间百姓中的图腾、祥瑞，应用红色，更为喜庆热烈。单色剪纸之外，还有更为复杂的勾绘染色剪纸、拼色剪纸，兼有北方剪纸的粗犷质朴、南方剪纸的细腻秀丽。装饰感强，民间味浓。其构图十分丰富，个性鲜明，造型生动，构图饱满，刀工精细，真切表现出海洋生活的气息。

在红纸的背面起稿，画出轮廓，以心御剪，随意生发。

心剪，不起稿，以兴剪之，此种作品，更具神韵，随意之中，突出剪纸艺人澎湃的表现力。采用这种剪法，剪纸者必须功底深厚，对自然观摩精微，手法精纯，对欲剪内容了然于心，才能应手出彩。

四、影响

渤海渔村剪纸，多是渔村妇女日常生活的艺术消遣。每一个渔村的女人，都尝尽了人间的悲欣。生活中的一次又一次打击（有时坎坷致命），化成心底的祈愿，真实与虚化，完美呈现于尺幅，剪纸于不经意间，成就了艺术品质。多随心不随线。赋形尚意，不板不滞。巧妙变形，突显内心。以古濡今，追求线条的质感，追求形制的饱满，焕发了渔村剪纸的恒久魅力。当下浮喧，扰攘着好多年轻人，渤海渔村剪纸，用艺术呼唤平静，引导着他们宁静内心、完善自我，应对繁复的未来。

五、传承人

渤海渔村剪纸历史悠久，从渤海渔村剪纸艺术年谱中可窥得一二，赵国英在综合剪纸艺术形式的时候，更注重其地域性，用心剪着渔村妇女的心路历程。韩宝菊得赵国英、王恩荣、李兰多人指导，又转益多师，时习日知，终于形成自己的风格。白金磊更是出其右

者，年轻的思绪，更具张力。艺海无涯，时悟时新。他们娘儿俩近些年致力于残疾人剪纸艺术的培训，让他们得一技之长，在社会上找到了自己的位置。又用剪纸唤回了几个患孤独症的孩子。这是怎样的传承啊！德之大者，春风化雨。

在这片潮汐的海上，那些执着于渤海渔村剪纸艺术的人，在这片潮汐的海上心剪着未来。那生生不息的艺术源泉，就是那片奔涌的海。

刀下生花

一、历史

黄骅市面花模子雕刻技艺，是杨二庄镇高官庄村高姓族人世代沿袭下来的手工工艺，俗称“刻花模子”，是当地传统面食面花的制作工具。其雕刻工艺以家庭作坊的形式传承下来，能够追忆的年代距今约有 150 年。

二、传承

高氏族人面花模子雕刻技艺采用家族传承和师徒传承方式世代沿袭，其传承谱系如下：

高官庄面花模子雕刻技艺传承谱系

代别	姓名	性别	出生年月	文化程度	传承方式	学艺时间	居住地
第一代	高东洋	男	1858 年	不详	家族传承	1867 年	高官庄
第二代	高升和	男	1886 年	不详	家族传承	1891 年	高官庄
第三代	高文忠	男	1913 年	私塾	家族传承	1925 年	高官庄
第四代	高殿华	男	1963 年	初中	家族传承	1976 年	高官庄
第五代	李淑华	女	1964 年	初中	师徒传承	1988 年	高官庄

续表

代别	姓名	性别	出生年月	文化程度	传承方式	学艺时间	居住地
第六代	高兴东	男	1959 年 10 月	初中	师徒传承	1992 年	高官庄
	李富华	女	1961 年 9 月	初中	师徒传承	1992 年	高官庄
	高立才	男	1964 年 3 月	高中	师徒传承	2003 年	高官庄
	张玉明	女	1964 年 6 月	初中	师徒传承	2003 年	高官庄
	高殿国	男	1975 年 11 月	初中	师徒传承	1992 年	高官庄
	李世城	男	1975 年 1 月	初中	师徒传承	1992 年	高官庄
	高勇	男	1988 年 8 月	高中	家族传承	1998 年	高官庄
	高林娜	女	1990 年 2 月	高中	家族传承	1999 年	高官庄

三、工艺

黄骅面花模子选用东北兴安岭的柳椴木。因为柳椴木质细腻、柔韧度好并且无毒无味，雕刻出的作品纹理清晰、牢固，不易脱落，无毒无味，更适合传统美食——面花的加工制作。

雕刻采用阴刻（凹刻、挖膛）技艺，运用直刻、斜刻、平抢、转刻等多种雕刻刀法，采用象征、变形、夸张等多种艺术表现手法，随感而作，一气呵成。

雕刻过程如下：

1. 选料。先将柳椴木加工成厚度合适的板材，用木条间隔，在室外自然晾晒，其间翻动木板，使之晾晒均匀，待木板完全晾干后，截掉晒裂的两端，剔除木板中的节疖子等杂质，移至室内存放备用。

2. 刨板。将备用的木板先用锯子截成长宽适宜的板材，再用刨子刨掉木板上的尘土和锯毛。

3. 画外壳。根据板材的长度和宽度选取雕刻的花样，将面花外壳纸样放在木板上，依样画出外壳。

4. 凿形状。把画好外壳的木板固定在长凳上，然后用斧子、凿子以及平铲等工具沿着外壳内侧剔出深约 10 毫米的凹膛。

5. 截板。把凿好形状的木板根据需要截成包含一个或两个花样的短木板。

6. 修壳。按照花样弯曲程度，用大小不同的半圆铲去掉外壳多余部分，再用半圆勺形抢铲剔除内壳多余部分。

7. 挖膛。在外壳内侧已剔出深约 10 毫米凹膛的基础上，使用半圆勺形抢铲沿着花样纹路继续向下深挖 10 毫米左右，以形成的凹膛光滑、无毛刺为标准。

8. 刻花。这一过程是整个雕刻的核心，无固定样式，均凭作者对生活的领悟，凭借艺术想象、灵感和直觉，进行独创的艺术构思，随感而作，一气呵成。

9. 净板。是整个雕刻的扫尾过程。用小刨子细刮花模的外壳，再用细砂布打磨花模的内壳残渣，最后用毛刷将内壳中残留的木屑清除。

四、影响

黄骅面花模子雕刻技艺是民俗文化的积淀。雕刻内容多取材于农村生活，以寓意吉祥的花卉、动物为主，反映当地人民的生活情趣、爱好和追求，是黄骅人民生活理念、艺术观念、审美选择和审美感受的完美表达。

黄骅面花模子采用阴刻（凹刻、挖膛），运用象征、变形、夸张等多种艺术表现手法，利用直刻、斜刻、平抢转刻等雕刻手法，为雕刻艺术的发展提供了直接证据。

黄骅面花模子，集艺术鉴赏性与功能实用性于一身，雅俗共赏，不仅在黄骅市及周边县市享有盛誉，而且产品远销北京、天津、山东、陕西、内蒙古、云南及东北三省。中国台湾、韩国、日本等地客商也慕名而来，专门定制面花模子，作为工艺品收藏。

五、传承人

黄骅面花模子雕刻技艺的第一代传承人高东洋，生于 1858 年，八九岁便随其父学习木匠手艺，心灵手巧，因当地盛行面花制作，便潜心研究面花模子。他将寓意吉祥的花、鸟、鱼等动植物凹刻在木板上，供制作面花使用。在其后的百余年中，他的传人继承和发展了面花模子的雕刻工艺。

第四代代表性传承人高殿华，1976 年从其伯父高文忠学习面花模子雕刻工艺。他雕刻技艺精湛，自创斜刀、圆铲、半圆勺形抢铲、平铲等 30 余种雕刻工具，并亲自用混钢打制而成。其他传承人所用工具均出自高殿华之手。

第五代代表性传承人李淑华，1988 年师从其丈夫高殿华学习面花模子雕刻工艺。她绘画技艺娴熟，构思巧妙、不拘一格，自创雕刻花样 100 余种，其他传承人所用雕刻花样均由她亲自传授。

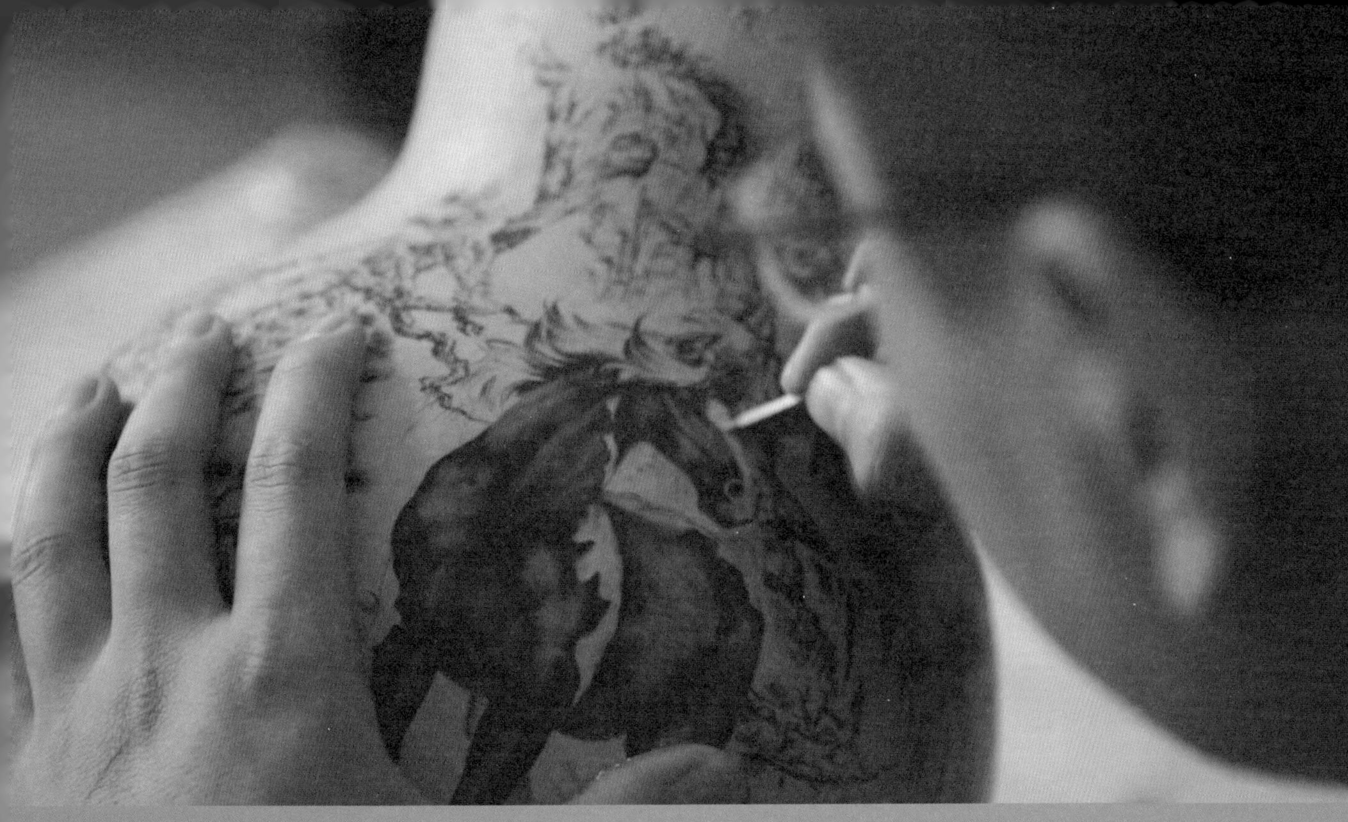

铁笔丹心

天地有大美，工艺造型，续古维新，各有其质。黄骅工艺美术，有其特定的潜质，烙画正呈其异彩，后续力量浩浩，当以黄骅烙画、洼稀庄子烙画为最。

一、历史

中国烙画艺术渊远流长，又名火画、火绘、火针刺绣。源于秦汉，历代匠人为其赋禀，各臻其鼎。地域不同，风格迥异。黄骅烙画艺术，是黄骅后街王氏心口相传的工艺技艺。王氏烙画由王菁莪首创，最初多为家具的使用技艺，后王莲峰得异人相授，又结合宋元绘画，使烙画艺术得以深化，从单纯的生活层面跃升为文人艺术，后续者迹其履新，画幅工妙，已有近四百年历史。另一家洼稀庄子烙画，以地域文化为基点，融合传统烙画技艺，形成颇具村庄特色的烙艺，传承150余年。

黄骅烙画以木板、葫芦为尺幅，以烙铁做笔墨，采用传统中国画技法，勾、勒、皴、擦、点。黄骅烙画须依于仁游于艺，师造化，通心源，轻重缓急，自然而然。时仁尝评之，镞镞能新，不落窠臼者也。烙画铭曰："人在宇内，画在幅中，灵慧于心，廓然从容。心窍开，而百艺通。"烙画步骤为：起稿、勾线、烙画、上色、提亮、落款、装裱。烙画随心不随线，先低温勾描轮廓，然后按画幅意象，增加烙铁温度，以分出层次，渐得气象。烙画不是一次成形，需分次用烙铁涂抹，求其水墨之韵，以达烟云满纸的效果。烙铁的手法须细心领会，层层深入。细、匀、准、顿、收，多以山水瑞兽、花鸟虫鱼，习袭回民，民族题材蹊径自得。随意深远，意象万千。身处方寸，寄托情意，不拘不躁，布白有机，细密有方，竟于方寸之狭可挥洒万里，作品精深幽和，给人以幽深宏阔之美。

民国时期，刘云山在津门创建丰庆堂，以烙画为业，技湛津沽，被称为"津沽葫芦刘"。后经几代人，细心揣究，自出机杼。又广以地域为基点，形成自家风貌。烙法即心法，德仁之才，方出颖慧真知；思悟其化，可盈天地丰神。随心不随线，以意独行，神完气足，心意尺幅，宏浩博远，技法娴熟，丰神盈注。刘玉栋，自幼随祖父、父亲学习家传烙画技艺，又别开生面，借鉴国画、书法、西画、雕刻诸多元素，融入其真。工写有致，蕴藉细腻，层次朗然，意境邃远，备受世人青睐。

二、传承

黄骅后街王氏，明万历初定居于此。祖居南京，在金陵文化的熏陶下，王氏家族在拓展自家家业的同时，以五虎棍强身健体，以诗文为其逸兴，人才辈出，砥柱中流者胜之。又以烙画名之。以木板、葫芦为尺幅，以烙铁做画笔，运用中国传统绘画的勾、勒、皴、擦、点等手法，加之轻重疾徐、偏正、曲直等变化，

神采其间，墨韵十足。作品风格清雅、邃远，木板无言沉静，陡增尺幅妙韵，葫芦原本为文玩雅物，烙以清韵，更益其珍，为民间美术之珍也。

此外，烙画又是其修养兴趣的一个艺术手段，苦于无纸笔，以烙铁木板代替之，后又能以此营养生计。清嘉庆年间，黄骅后街王菁莪开宗，王莲峰是黄骅烙画之集成者。因缘巧合，得异人范昀相授，结合自己的体悟，形成自家风采，著有《王氏烙画心最》，可让后继者按书入门，渐次进入烙画登峰之极。他以民间的匠心，兼容文人的雅兴。王莲峰本就灵慧手法，体道于精，悟本于儒，志于道，据于德，依于仁，游于艺。画亦艺也，进乎妙，则不知艺之为道、道之为艺。亲和自然，慧然本心。自王菁莪开宗，代代相传，无断绝也。今以王志杰、王坤父子为最，在继承自家密钥的同时，恪守至理无今古，学养其真，又结合自己的体悟，丰富着王氏烙画艺术。

王志杰沉淫于黄骅烙画艺术多年，潜心其真，作品幽远清雅。多幅作品被各机构或私家所收藏。王坤大学毕业后，成为美术老师，业余承继家法，融其所学，更出其右。于家传之慧，融合自己的体悟，作品更具妙韵，独出其右，画幅高妙，古境邃深，折桂于各级展览，为黄骅烙画艺术之佼佼。不与浮世争炫妍，但求他年我为名。他沉静于一，潜者为学，慧悟其深，结合当代色彩，烙画作品在传统的手法中，有了生动的时代特色。

三、工艺

烙画艺术多以木板葫芦宣纸为尺幅，采用传统中国画技法，勾、勒、皴、擦、点。不以线为矩，当从其心。师造化通心源，轻重缓急，自然而然。不绘其形，惟妙其真。

1. 起稿。以材质的大小，决定画面。铅笔画出雏形，详略有致。

2. 勾线。以烙铁勾出形状，烙出大致轮廓，以意为线，以画幅为矩，随意散发。

3. 烙画。细致烙烫，轻重缓急。小家之玉，入细入微。随意施之，云逸风神。不同于笔墨，烙画的深浅，提按的用力之点，最讲手法、心法。

4. 上色。着之以色，敷之以彩。

5. 提亮。即留白，循中国传统文化之韵，效中国画之精髓，画幅之间，虚实有心。

6. 落款。押印首，落名章，题款。

7. 装裱。与其他纸、绢、帛同质，不过是木板而已。

四、影响

黄骅烙画艺术，源于最醇厚的民族习俗、村庄风韵。后继者加以自己的学识，对民间烙艺进行汲取、提纯，丰富、弘展了黄骅烙画的艺术水平。烙画艺术在实用方面，多为家具上的装饰、扇骨上的风雅，或者一些文玩。民国时期的文聚兴、丰庆堂，皆名丰津沽，是黄骅烙画艺术历史的具象缩影。新中国成立后，烙画依然是家具制品上的主打装饰画。近年，烙画脱离了实用，更趋向艺术层面，材料更加多样化，近年的彩色烙画更有别致，艺术表现手段更丰满、灵活。

五、传承人

阅微知著，大千颖心。当下的电脑、数控，可以复制得很精细，竞相者霍霍，炫人耳目。鱼目混珠可长久乎？珠自有其真彩。机器，永远是机器，而非同有灵魂的人。依然有像王志杰、王坤、刘玉栋之流的坚守，用自己的铁笔，抵御时下庸俗的复写者。圣人不凝滞于物，而能与世推移。与天为徒，与古维新，以心写心，妙绘大我人生。

黄骅烙画艺术，根植于黄骅这块古老的土地。岁月更迭，艺术常新。加之自身的学养，濡润着自家的传统艺术。每有大家里手，作品远播省内外。

图书在版编目（CIP）数据

流年 / 许建国主编 . -- 北京 ：中国文史出版社，2025. 1. -- （文化黄骅）. -- ISBN 978-7-5205-5068-0

Ⅰ . G127.224

中国国家版本馆 CIP 数据核字第 2024ZU5792 号

责任编辑：梁玉梅

出版发行：中国文史出版社
社　　址：北京市海淀区西八里庄路 69 号　邮编：100142
电　　话：010-81136606　81136602　81136603（发行部）
传　　真：010-81136655
印　　装：河北鹏盛贤印刷有限公司
经　　销：全国新华书店
开　　本：889mm × 1194mm　1/16
印　　张：121
字　　数：1756 千字
版　　次：2025 年 1 月北京第 1 版
印　　次：2025 年 1 月第 1 次印刷
定　　价：968.00 元（全六册）

根脉

文化黄骅丛书

许建国 主编

中国文史出版社

根脉

文化黄骅丛书

许建国 主编

中国文史出版社

《文化黄骅丛书》第一辑《根脉》

执行主编：谷　园

编者：吴汝峰　讴阳北方　曹　羽　张华北　王福利　杨宝恒

摄影：张建广

篆刻：李　侃　李中辉

玖 民国时期

综述

黄骅是一座有着悠久历史的城市，据《黄骅县志 · 建置沿革》记载：

旧石器时代晚期细石器时，县境内已有人类活动。

夏、商两代，县境属兖州。

西周时，属齐州。

春秋战国时期，为齐、燕两国交界地带，南部属齐，北部属燕。

秦王嬴政二十六年（公元前 221 年），设柳县（县治在今羊二庄回族乡大马庄东南 5 公里处），属济北郡（郡治博阳，今山东省泰安市）。

西汉，高祖五年（公元前 202 年）设章武县（县治在今故县村北）。

高祖六年（公元前 201 年），封戎赐为柳丘侯，设柳丘侯国（国都在今羊二庄前街村）。后元元年（公元前 143 年），废柳丘侯国。

后元七年（公元前 157 年），封窦广国为章武侯，原章武县更名章武国。元狩元年（公元前 122 年），废章武侯国，复章武县。

景帝六年（公元前 151 年），封公孙邪为平曲侯，设平曲侯国（国都在今大贾象村）。中元二年（公元前 148 年），废平曲侯国。

元朔四年（公元前 125 年），封刘阳为柳侯，设柳侯国（国都在今海丰镇村）。

元朔五年（公元前124年），封公孙敖为合骑侯，设合骑侯国（国都在今市区北郛堤城，亦说郛堤城为合骑侯国戍兵之所）。元狩二年（公元前121年），废合骑侯国。

初元五年（公元前44年），封刘隆为宛乡侯，设宛乡侯国（国都在今旧城村）。

汉章武县、柳丘侯国、章武侯国、平曲侯国、柳侯国、合骑侯国、宛乡侯国，均属幽州刺史部渤海郡。

新朝元年（公元9年），柳侯国、宛乡侯国自灭。

东汉，废柳县，属地分别并入章武、高城2县。章武县更属冀州刺史部章武郡，郡县同治（治所在今故县村北）。西汉高祖五年（公元前202年）置高城县（治所在今盐山县故城赵村），属冀州刺史部渤海郡，郡治南皮（今南皮县城东北5公里处）。

三国时（公元220—265年），属魏地。章武郡治迁东平舒（今大城县），境内仅存章武县，属冀州渤海郡。今境由章武、高城2县分领。

西晋（公元266—316年），章武县属冀州章武国（国都东平舒）；高城属冀州渤海国。成宁三年（公元277年）章武县改属渤海郡。晋太康十年（公元289年）章武县改属清河国（国都在今邢台市清河县）。晋太安元年（公元302年）章武县还属渤海郡。

十六国时，章武县属章武郡。

北魏正光年间（公元520—525年）析章武县西北境地置西章武县（治所在今乾符村），属章武郡。

北齐（公元550—577年）章武县、西章武县并入高城县，属瀛州浮阳郡（郡治今沧县东关）。天保七年（公元556年），高城县治所北迁至大留里（今旧城村）。

隋开皇十六年（公元596年）在西章武县故城置鲁城县，属河间郡。开皇十八年（公元598年），高城县改名盐山县，属渤海郡。

唐武德四年（公元621年），改盐山县为东盐州。贞观元年（公元627年），复盐山县。乾符元年（公元874年），以年号改鲁城县为乾符县。盐山、乾符2县均属沧州。

五代（公元907—960年）时，乾符、盐山2县同属沧州。

北宋乾德二年（公元964年），乾符县并入清池县。

金（公元1115—1234年），袭宋制。清池、盐山2县均属河北东路沧州。

元（公元1206—1368年），清池、盐山2县属中书省河间路沧州。

明洪武二年（公元1369年），清池县并入沧州，盐山亦为沧州辖县。

明洪武九年（公元1376年）盐山县治从大留里迁至香鱼馆（今盐山县城）。此后559年，境地南部为盐山属地，北部为沧州属地。境内无县治。

清初，沧州、盐山同属河间府。雍正七年（公元1729年），沧州升为直隶州，雍正九年（公元1731年），盐山县隶属天津府。

民国2年（公元1913年），沧州降格为县，与盐山同属直隶省渤海观察使。民国3年（公元1914年），改属津海道。民国17年（公元1928年），直隶省改称河北省。

民国25年（公元1936年），析沧县东北部和盐山北部置新海设治局，驻韩村，属河北省第七督察区。

民国26年（公元1937年）冬，日军侵占齐家务，大地主袁康侯受日军支持于齐家务成立伪新海县。

民国27年（公元1938年），中国共产党北方局决定把新海县划归中共山东省委领导。同年夏，中共冀鲁边区工作委员会开辟新海抗日根据地，建立新海县抗日民主政府。

民国28年（公元1939年），日军侵占新海。在韩村建立伪新海县政府。

民国31年（公元1942年）1月，冀鲁边区析新海、盐山、沧县3县边缘区成立青城县。同年冀鲁边区于齐家务建津南县。

民国32年（公元1943年）11月，新海县与青城合并为新青县，并于次年1月成立抗日民主政府。

民国34年（公元1945年）9月，新青县解放，为纪念黄骅烈士更名黄骅县，属山东省渤海行政公署一专署，是年津南县撤销。

民国35年（公元1946年），复建津南县，属山东省渤海区三专署。

民国37年（公元1948年），黄骅县、津南县划归河北省冀中行署第八区。

1949年初，津南县部分并入黄骅县。8月，黄骅县属河北省沧县专区；1958年6月，属河北省天津专区（驻沧州）；12月，划归河北省天津市。1961年6月1日，黄骅隶属河北省沧州地区。

1989年11月，黄骅县改为黄骅市。1993年6月19日，黄骅市改为省直辖市，由沧州市代管。

古人治史讲究采铜于山、鉴空衡平、史德为先，本书亦志于此，以上述“沿革”为框架，考订史实，拾遗补阙，重点梳理相关历史人物事迹与遗址遗迹的来龙去脉，发掘地域文化精神资源，彰显“士尚名节，俗重信义”之旧传统，光前裕后，以史为鉴，感召来者。

壹　夏商及以前

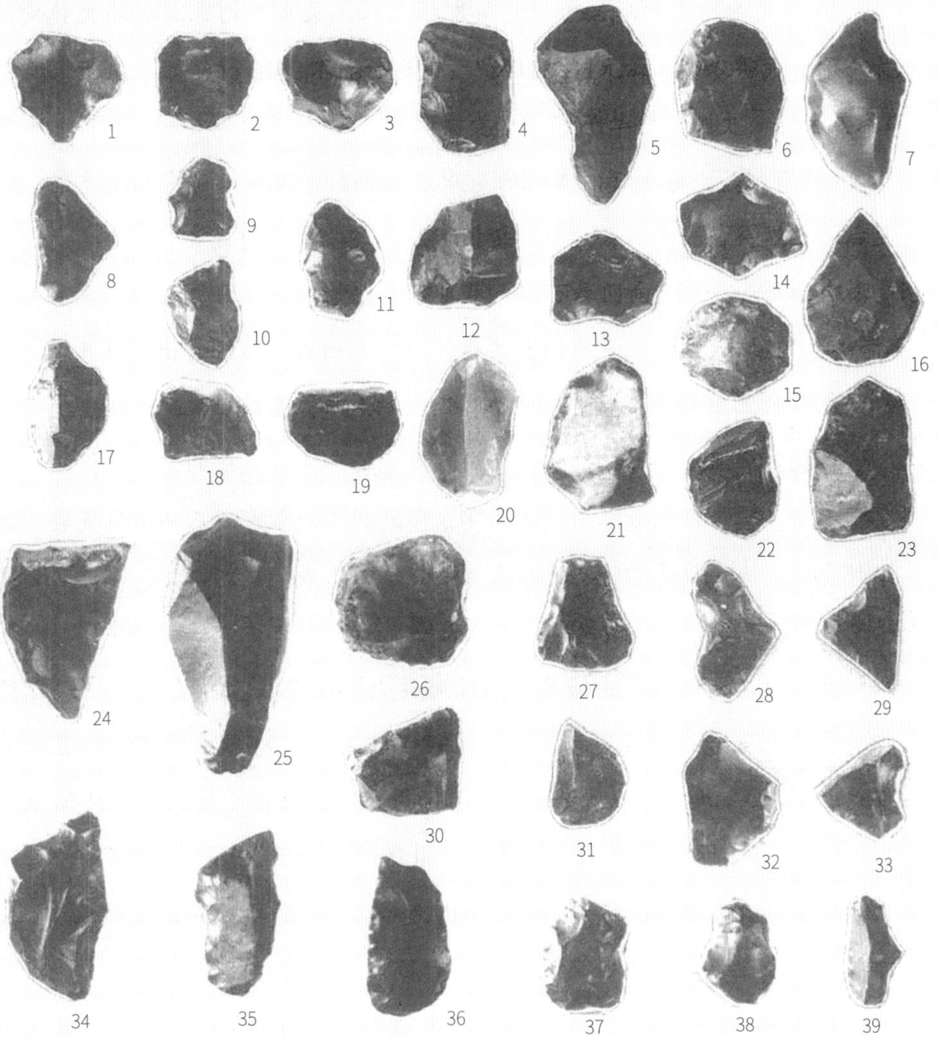

1.2. 石片
3.11.18. 复刃刮器
4.5.23.39. 长刮器
6.12.19.21.26. 圆头刮器
7.8.10.28—30.32.34. 尖状器
9.20.27.33.36—38. 双边刮器
13.14.17. 多边刮器
15. 圆刮器
16.22.31.35. 雕刻器
24.25. 石核

河北黄骅发现的细石器

《考古》1989 年第 6 期刊载安志敏执笔的学术报告《河北黄骅发现细石器》:

1987 年春，河北省文物研究所发掘工人王文泉在河北黄骅城关镇发现细石器，随后沧州地区文物管理所和黄骅县文物保管所前后在这里采集到 60 件石制品。1987 年 4 月 25 日，我们又作了进一步的调查和了解，并采集到 40 件石制品。参加这次工作的有中国社会科学院考古研究所安志敏，沧州地区文物管理所王敏之、卢瑞芳，黄骅县文物保管所魏兰香和中国历史博物馆安家环……关于黄骅细石器的年代尚缺乏直接的证据，由于形制和类型属于细石器的范畴，又没有陶器共存，同华北细石器传统的诸遗存具有共同性，在年代上应大体相当。此外，从古代海岸线的变迁上，也可提供间接的年代证据。渤海沿岸的成陆年代，由于贝壳堤和考古遗迹的发现，提出一些新的线索。据调查试掘证实，从天津东郊到黄骅一带有着三四道贝壳堤。这些贝壳堤是海生贝壳动物的遗骸在海潮作用下形成的自然堆积，可以看出陆地向海里延伸的痕迹；贝壳堤上的人类活动遗迹，又为成陆后的年代下限提供一定的标志，一般是由海岸向内陆对贝壳堤依次编号（Ⅰ—Ⅳ）。关于这些贝壳堤究竟是三道还是四道？各家的说法不一，所标出的具体位置也互有差异。今依最近发表的说法予以调整：Ⅰ道仅存在于较北的蛏头沽至马棚口一带，进入黄骅境内与Ⅱ道汇合；Ⅱ道为歧口至狼坨子；Ⅲ道为沙井子至常庄；Ⅳ道为同居至苗庄，最后一道的南端苗庄位于黄骅县城东南约 4 公里。根据考古遗迹和碳 -14 测定，各道贝壳堤的大体年代如下：Ⅰ道在天津境内为明清；Ⅱ道为唐宋，碳 -14 断代距今约 1000 — 2000 年；Ⅲ道为战国；Ⅳ道为商周或更早，碳 -14 断代距今约 4000 — 5000 年。由此可见，第四道贝壳堤生长在四千多年以前，那么位于堤西的黄骅县城关镇，其成陆年代应该更早，结合这里有细石器的存在，又没有早期陶片共存，表明这些遗存应早于新石器时代，而不可能过晚。……在试掘的同时，我们还在附近作了广泛的调查，共采集到六十余件石制品，证实它的分布范围约为五万平方米。

黄骅市博物馆藏细石器

据此可知，最晚在距今 7000 年以前的新石器时代，在今黄骅市域就已有人类繁衍生息。

《尚书 · 夏书 · 禹贡》记载大禹治水分天下为九州。后世学者据此考证并绘制了不同版本的《禹贡九州岛图》。较早的如北京图书馆藏南宋淳熙四年（1177）雕版墨印地图《九州山川实证总图》：

再如北京图书馆藏南宋淳熙十二年（1185）雕版墨印《禹贡九州山川之图》：

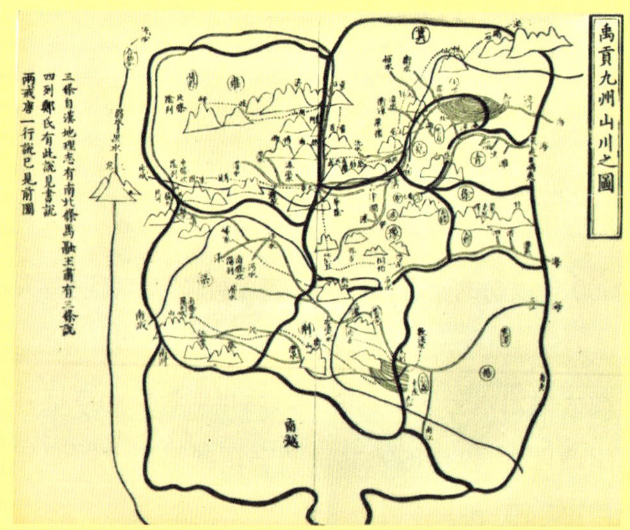

由《九州山川实证总图》可见，当时的黄骅市域属兖州；而据《禹贡九州山川之图》，则属冀州。《禹贡》关于两州情况记载如下：

> 冀州：既载壶口，治梁及岐。既修太原，至于岳阳；覃怀厎绩，至于衡漳。厥土惟白壤，厥赋惟上上错，厥田惟中中。恒、卫既从，大陆既作。岛夷皮服，夹右碣石入于河。
>
> 济河惟兖州。九河既道，雷夏既泽，澭、沮会同。桑土既蚕，是降丘宅土。厥土黑坟，厥草惟繇，厥木惟条。厥田惟中下，厥赋贞，作十有三载乃同。厥贡漆丝，厥篚织文。浮于济、漯，达于河。

究竟属哪一州？或北部属冀，南部属兖？争议关键在于对当时黄河下游河道的考证。

（一）遗址遗迹

- **古贝壳堤**

黄骅域内有六道古贝壳堤，它们直接反映了黄骅地区海岸线变化情况，见证了沧海桑田的历史变迁。旧志所记“蛤蜊桥”可能就是其中一道贝壳堤。目前在黄骅市吕桥镇大王御史庄和小王御史庄的两处贝壳堤遗址保存状态较好。

清康熙版《盐山县志·古迹》记载：

> 蛤蜊桥，在板塘东南十里许海滩中，众蛤聚积成岭，当潮汐之冲，潮至辄没，潮平脊露，人取食之，久不损。其势如桥，人往来其上，故以桥名。

清嘉庆版《长芦盐法志·古迹》记载：

蛤蜊桥，在富民场东南海滩中。积蛤成岭，当潮汐之冲，潮至辄没，潮平脊露如桥，其上通往来云。

《文物春秋》2008 年第 4 期刊载任海燕《黄骅古贝壳堤》：

黄骅古贝壳堤位于河北省黄骅市沿海，总面积为 117 万平方米，其中核心区面积 10 万平方米，位于张巨河村以南，后唐堡村以北，为重点保护区域；缓冲区面积 35 万平方米，实验区面积 72 万平方米，由 6 条贝壳堤组成。这 6 条贝壳堤均与现代海岸线平行，代表不同时代的海岸位置，根据离海远近，自西向东依次命名为 1–6 号。

1 号沈庄—东孙村贝壳堤，位于黄骅市东南侧，北起沈庄，向南过孙村南延约 1.5 公里；2 号苗庄—同居贝壳堤，位于黄骅市东南约 3 公里处；3 号许官—武帝台—沙井子贝壳堤，从中捷农场三分场境内通过，北起天津巨葛庄，南抵黄骅的许官，多呈埋藏状态；4 号脊岭泊刘洪博贝壳堤，位于黄骅关家堡以西的脊岭泊西侧，绵延长达 3 公里多；5 号歧口—狼坨子贝壳堤，分布在黄骅现代海岸高潮线，呈东南—西北走向；6 号歧口—赵家堡低潮贝壳堤，位于歧口高头村至赵家堡向海 2.2 公里的低潮滩。

贝壳堤是由生活在潮间带的贝类死亡后的硬壳经波浪搬运，在高潮线附近堆积形成的。它是海岸变迁和海平面变化的真实记录，可为研究古海洋变迁、环境变化趋势提供天然底本，对于海洋科学研究及预测今后的环境变化趋势，为各级政府制定地区经济发展规划，具有重要的科学价值。

黄骅曾是古黄河的入海口，黄河所携带的丰富营养使这里成为贝类的理想栖息地。随着黄河入海口的变迁，大量的贝类在大海的作用下破碎乃至变成粉末，被冲积成独特的贝壳堤坝。据考察，最西面离岸最远的 1 号堤形成至今已有 6150 年，最东面的 6 号堤至今仍在潮起被淹、潮落出露的低潮滩上，形成至今只有 1030 年，两者相距 30 公里，年龄相差 5120 年。这 6 条贝壳堤说明，6150 年以来黄骅海岸线始终处于剧烈的变化之中。

古贝壳堤还有护岸作用和一定的经济价值。这些由贝壳、无孔虫、介形虫、藻类为主要成分的古贝壳堤可以防止风暴潮造成的海水内侵，还可以阻隔盐碱渗透，保护堤内的农田。其中6号堤北起天津，南接海兴，长约60公里，曾是一道不可多得的天然海挡。它高约2～3米，东西宽约1500米，上面长满了酸枣树，还出产沙参、麻黄、枣仁、土元等多种名贵药材。由于植被繁茂，这里也成了狐狸、獾、野兔的乐园。堤上沙层疏松，有利于雨水蓄积，随便挖一个坑就会有水源源不断地渗出。这道贝壳堤不仅替渔村挡住了大潮，而且也是渔民的天然航标，在遥远的海上，渔民们远远地看到这条绿堤，就如同看到了温暖的家园。

上世纪70年代以来，由于当地沿海群众对古贝壳堤内在的科学价值不了解，作为成本低廉、开采容易的天然饲料添加剂和建筑材料，贝壳堤被大量采挖，甚至造田，致使黄骅市境内的6条古贝壳堤均遭到不同程度的破坏，地面部分大多已不复存在，仅存后唐堡至张巨河之间近千米的部分堤段。据中国科学院地理研究所研究员李保田说，上世纪80年代古贝壳堤的宽度还有70多米，现在仅剩下30多米，长度也在减少，所以对这一自然遗产进行切实有效的保护迫在眉睫。

1995年，全国人大代表陈超英等在八届全国人大三次会议上提出了加强黄骅古贝壳堤保护的议案。1998年9月23日，古贝壳堤被列入河北省自然保护区名单，以地面残存的古贝壳堤为核心区，并规划了35万平方米的缓冲区和若干实验区。近年来，河北省及黄骅市政府采取了多种措施，以加大对古贝壳堤的保护力度。黄骅市政府发布了《关于加强古贝壳堤管理的通告》，严令禁止擅自在古贝壳堤保护区内挖沙、取土及可能造成古贝壳堤现状损害的任何活动。同时，黄骅市有关部门和沿海乡镇运用各种宣传手段，向沿海群众普及有关科学知识，使大家了解保护古贝壳堤的重大意义。黄骅市政府还在古贝壳堤旁垒起防护墙，设立临界碑，竖起铁栏杆，并派专人看护，使乱采滥挖现象得到了有效控制，古贝壳堤得到了较好的保护。

黄骅古贝壳堤与美国圣路易斯安那州古贝壳堤和南美洲苏里南古贝壳堤并称为“世界三大古贝壳堤”。它是目前世界上保存最为完整的古贝壳堤，属海洋地质自然遗迹，是渤海西岸7000多年来成陆过程的重要产物。据科学考证，其发育规模、时间跨度和包含的地质古环境信息为世界所罕见，在国际第四纪地质研究中占有重要位置。古贝壳堤是不可再生的大自然杰作，让它完好保存并继续流传下去是我们这一代人的共同义务。

贰 周朝

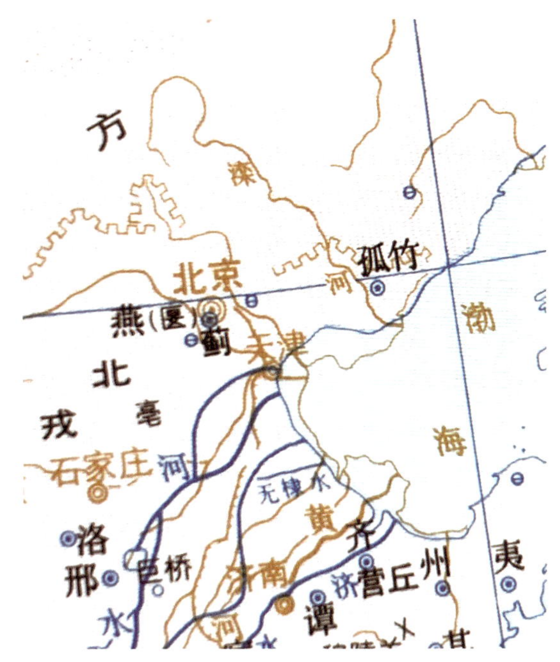

西周处燕、齐之间（据谭其骧《中国历史地图集 · 西周》）

《史记 · 周本纪》记载了武王灭商建周后分封诸侯的情况，齐、燕等诸侯国由此成立：

> 于是封功臣谋士，而师尚父为首封。封尚父于营丘，曰齐。封弟周公旦于曲阜，曰鲁。封召公奭于燕。封弟叔鲜于管，弟叔度于蔡。余各以次受封。

《史记 · 齐太公世家》记载了齐国成立初期的情况，包括疆界情况：

> 大公至国，修政，因其俗，简其礼，通商工之业，便鱼盐之利，而人民多归齐，齐为大国。及周成王少时，管蔡作乱，淮夷畔周，乃使召康公命大公曰："东至海，西至河，南至穆陵，北至无棣，五侯九伯，实得征之。"齐由此得征伐，为大国。都营丘。

《史记 · 燕召公世家》记载了燕国成立初期的情况，未记载疆界：

周武王之灭纣，封召公于北燕。

由谭其骧《中国历史地图集 · 西周》可见，当时黄骅市域处燕、齐之间，亦处于无棣水北即当时黄河下游三条河道之间。复旦大学历史地理研究中心傅林祥著《沧桑河山：江河万古》中论述了这三条河道的情况：

黄河自进入历史时期起，直到战国中叶下游河道两岸全面筑堤以前，其基本流向都是流经河北平原，在渤海湾西岸入海。当时……黄河下游还没有修筑堤防，河床被泥沙淤高后，每遇汛期就漫溢泛滥。每隔一段时期，又改走新道。《汉书 · 沟恤志》说周定王五年（公元前602年）河徙，只是记载到的其中一次改道而已。在这河道纷乱的时代，历史文献还是记载了三条流路比较明确的黄河下游河道。第一条是《山海经 · 北山经》记载的大河，大致从今河南荥阳县广武山北麓起，经过新乡、滑县，沿着太行山东麓北流，东北至永定河冲积扇南缘，折而东流，经今大清河北一线，至今天津市区入海。第二条是《尚书 · 禹贡》记载的大河，在今河北深县以上（即以南）的流向与《山海经》大河相同，自深县以下，河道偏东，流经今冀中平原，在今天津市区南部入海。第三条是《汉书 · 地理志》里记载西汉时的大河，却是一条春秋战国以来早已形成的大河河道，其流路在今河南浚县西南古宿胥口以上与《山海经》《禹贡》大河相同，自古宿胥口以下，东北经今濮阳西南，折北经馆陶东北，又东经高唐南，北经东光西，又东北流今黄骅县东入海。这三条河道中，经常流经的是《汉书 · 地理志》记载的大河，有时也走《山海经》《禹贡》记载的大河，也出现过二股并存的局面，所以历史文献上很早就有“河间”（两河之间）的地区名。

按此论，《禹贡》“黄河道”在天津市区南部入海，则黄骅市域在夏商时期属兖州。而此论述又称：“《汉书 · 地理志》记载‘黄河道’为‘经常流经’，则黄

东周春秋时期处燕齐之间（据谭其骧《中国历史地图集 · 春秋》）

骅市域在冀兖之间，为当时最主要的黄河入海口。”总之，黄骅是中华民族的母亲河长期滋养浸润的一方土地，长期处于冀兖两州、齐燕两国交界之处。

康熙版《盐山县志 · 沿革》记载：

东周战国时期处燕齐之间，后期属赵（据谭其骧《中国历史地图集 · 战国》）

盐山，古渤海国侯钜肇封之土，以封为氏曰封钜，唐渤海隶冀州，虞历幽州，考之《夏书》，九河既道，言兖州事也。《寰宇记》云：九河在沧州。则盐邑似应属兖州，而旧志称“冀兖二州之域”。既云兖，又云冀，未知何本。周封吕尚于齐，北至无棣。无棣即此地也。战国属燕。汉为定县，为高城县，为千童县，既章武、柳县俱在今境。

同治版《盐山县志 · 沿革》记载：

直隶布政司天津府盐山县（前志云，勃海国古钜灵肇封之土，以封为氏，曰封钜。《府志》据班固《古今人物表》，封钜为黄帝师，无封国说，且汉初方有勃海郡名，佐禹治水六臣有巨灵，亦不作“钜”。事属荒渺，定为诬，删之是矣。兹据正史古疏断自唐虞，括其要于左。），唐隶冀州，虞隶幽州（旧志），夏兖州之域（前志）。按，《府志》谓冀、兖二州地，自系统一府言之。前志曰，县应属兖州。旧志谓，冀、兖二州之域，既云兖，又云冀，未知何据。考《禹贡锥指》云，九河皆入勃海，并在兖东，徒骇最北，至天津直沽口，与冀分界；鬲津最南，至山东乐安县，与青分界。盐山在府南将三百里，又东南四百余里方至乐安，其专属兖州可知。《钞志》以兖州九河既道，不言及海，引青州海滨广斥语，定盐山为兖、青二州之域，未免臆断。周，无棣属齐（前志），秦置郡县，有上谷郡、齐郡，邑在两君之界（宋乐史《太平寰宇记》）。

近代贾恩绂《盐山新志 · 沿革篇二》记载：

盐山在禹贡为兖州之域，为九河游荡出没之区。旧志云，唐隶冀州，虞隶幽州，盖非也。冀境虽广，在三河以内不得逾东河之东。胡氏谓云，九河八枝在兖，徒骇冀兖共之。盐山地左海而右东河，当徒骇下游之南，其非冀州也，明甚。幽州则今涿易以北至塞外之地，方位在兖州西北，尤不相及也。而臆度者又曰，冀、兖二州之域，或曰青、兖二州之域。青居大河之南，冀、青分界处，前人谓在今山东乐安境，北距盐山几四百里。冀固失矣，青更未得也。故三代以前，决属兖州。凌夷至于春秋，齐桓塞八流，自广泽国，化为大陆，瓯脱渐隶版图。或以盐山为燕、齐交界之区者，亦非也。《尔雅》“十薮”曰：齐有海隅，燕曰昭余祁。燕齐各异其薮，而海隅之地舍沧州、庆云之外，实别无漠之乡，此去燕薮三百余里，不宜相混（周官：兖州泽薮曰大野，似指此。与《尔雅》鲁曰大野说，岐）。且始皇六年，赵伐齐取饶安。饶安在今境内，是齐有盐之南境也。《括地志》云，燕留城在今沧州治北十七里，其以南皆齐境。可知盐山在燕留东南，是齐有盐之北境也。故春秋战国决属之齐，惟春秋以前，此邦未尝一见载籍，宁惟盐山由渤海西上，抵河间以东，北行抵天津以南，纵横三百余里，既无山川表识，又无古国遗墟，佚闻往事更无论矣。三代前，去此邦最近之古地，如大陆之见《禹贡》，山戎之载《春秋》，皆在九河以西、以北，独九河以东渺无佐证，仅一碣石名胜，而汉儒穿凿，又移之永平。于是，九河经流之区益付之洪荒无稽之列。召陵一役，筦子四至，始有无棣之说。其三至，皆河海山陵，惟无棣古无稿诂，以意例之，非山即薮。或曰无棣者，无尽也，泽薮广漠无尽。审是即《尔雅》“海隅”之异名也。或曰无棣者，不毛之义。九河入海之区，延袤数百里，平衍无山，惟一童山矗海之右，可为表识，古号碣石，后名马谷者，是也。无棣、穆陵，均为山表，审是即碣石之异名也。曰海隅，曰无棣，乃此邦最古之名称。而碣石犹在然疑之间，详见《古迹篇》。盖春秋前之可考见者，仅此。夫战国以后，河间东迄海之地彰彰矣，顾不见称于古籍者，此殆有说。盖大禹导河，不与水争地，河间以东为九河泛滥之区，交河以东为逆河翕受之境。其以九河为在沧盐，暨以逆河专为海门者，皆未历其境之臆说也。逆河所及，南北几二三百里，水盛则弥漫无际，水衰则分为数道，交河以东，河道百岐，不得限之以九。而经流所过，又不过二三故渎，故盐山、海丰一带全属逆河公境，三代以上略如今之东淀、西淀，杳无居人。始悟禹功千年不弊者，此无限之尾闾与有赖焉。直至春秋，九河渐淤，齐人始据而有之。河徙以后，田庐日增，直至战国，而河间、渤海诸名始著，直至嬴秦而盐山境内始有柳县之设。是以三代古籍不惟盐山无可考见，即河间以东十余州县，地无古名，人无土著，除九河、逆河、碣石一一可征外，绝无故实可稽。是故也。

（一）遗址遗迹

- **燕齐台**

今黄骅市官庄乡大阎台村始建于明永乐年间，据传此地为燕齐界阕，故村名初为燕齐台，后演变为大严镇台，1958 年改称大阎台。相邻小阎台村，初名小燕齐台，后演变为小严镇台，1958 年改为小阎台。有唐宋时期瓦当出土。

《史记 · 齐太公世家》记载齐桓公二十三年（前 663）割地给燕庄公：

> 二十三年，山戎伐燕，燕告急于齐。齐桓公救燕，遂伐山戎，至于孤竹而还。燕庄公遂送桓公入齐境。桓公曰："非天子，诸侯相送不出境，吾不可以无礼于燕。"于是分沟割燕君所至与燕。

《史记 · 燕召公世家》亦记载此事：

> 燕君送齐桓公出境，桓公因割燕所至地予燕。

唐代李泰主修的《括地志》记载：

> 燕留故城在沧州长芦县东北十七里，即齐桓公分沟割燕君所至地与燕，因筑此城，故名燕留。

- **齐堤**

康熙版《盐山县志 · 古迹》记载：

八景。福泉晓钟、王曼晴芜、龙潭月色、小山雪霁、封墩夕照、古堤烟柳、海岸潮声、故城暝鸦。

同治版《盐山县志·古迹》记载：

长城堤。堤来自西南，绵亘数郡，由南皮、沧州入县境，历帽圈、牛留、马褚等村，曲折迤逦东北，及于海滨。或曰神禹古堤，曰齐长城，曰汉之金堤，曰宋陈尧佐所筑，约系昔人障水故址，如近时豫东黄河两岸所谓缕堤、遥堤者，俗称长城岭。唐刘长卿《无棣沟诗》云，“长城作楚关”，或即指此。

贾恩绂《盐山新志》记载：

齐堤。齐堤俗呼长城堤，旧志以古堤烟柳为邑中八景之一者，此也。《同治志》云，堤来自西南，绵亘数郡，由南皮、沧州入县境帽圈、王金庄、贾金庄、牛留、褚马等村，曲折迤逦东北，至于海滨。而不能指为何堤。今按，堤为单堤，当是有右而无左。堤南最近为无棣沟，而贾金庄以下直趋东北，与沟东行方向远背，其非无棣之堤，明甚。而无棣沟北至屯氏，中间无一古渠。据今河道显见者而言，屯氏距堤亦复遥遥，且无对岸之堤，以相印证，殊为疑窦。窃尝沓心参稽，始敢援据《汉志》，定为齐堤。盖齐桓塞八流以自广，河专行徒骇一渎。而徒骇即屯氏之旧道也。《汉沟洫志》贾让策云，堤防之作起战国，雍防百川，各以自利，齐与赵、魏以河为境。赵、魏濒山，齐地卑下，作堤去河二十五里，东抵齐堤。则西泛赵、魏。赵、魏亦为堤防，去河二十五里。虽非其正水，尚有所游荡。此堤见诸载记，以此为最古，亦最为深切着明。盖齐以河为界，堤以外尽以与河，故但作南堤，而不设北堤。东光、南皮即齐之西境，当日齐堤之首，当在东光、南皮一带，其西亘数郡者，正让所谓赵、魏亦为堤防者也。其所谓二十五里者，考屯氏南皮以下，东抵今沧州之蔡家洼，河则稍屈而东南，行抵孟村。正《唐书》所谓，姜师度开清池东南二十里之毛氏河者。孟村南至罗潭一带，为堤过之处，适符二十余里。孟村以下，河形多隐，而大致东行，入盐山境之曾家庄，土人犹世传为王莽河。曾庄正南距帽圈、王金庄一带，亦适符二十余里。再东，此河北行，而堤亦北行，至褚马等村，去旧城杨寨之屯氏河亦二十余里。方向不异，道里无讹，谓非屯氏之堤而何？盖齐桓时虽曰自广，犹因水道之自然而不肯自冒曲防之禁。至战国时，始各谋自利，以邻为壑而不恤。此疑一释，可获反三之益。一可即此堤以定田齐之西北二界；一可知屯氏即禹迹之徒骇，决非臆说；一可知古徒骇之在天津，决属谬论，故曰，东抵齐堤，则西泛赵、魏，若河趋今之天津，固当西泛燕，而不泛赵、魏矣。堤既在南，自不能求河于北。汉儒一语千金，固若此哉。

康熙版《盐山县志》记载蒲州祁凤《古堤烟柳》诗：

万里平堤何代荒，空留烟霭锁垂杨。
纤腰袅娜风丝乱，瘦影飘摇雪练长。
翡翠暗藏莺睍睆，鹅黄晴弄絮颠狂。
夕阳映处苍苍色，枉使行人断寸肠。

《河北民政刊要》1933 年第 21 期《河北省盐山县名胜古迹古物调查表》中有关齐堤的记载：

齐堤，在今治南廿余里张帽卷村南，公有，遗迹尚存，公安局保管。

黄骅市旧城镇大堤柳村名，当取自此堤，所谓“古堤烟柳”之谓。

叁　秦朝

秦朝属巨鹿郡与济北郡（据谭其骧《中国历史地图集 · 秦朝》）

《史记 · 秦始皇本纪》记载，公元前 221 年，秦始皇实行郡县制，“分天下以为三十六郡”。由谭其骧《中国历史地图集 · 秦朝》可见，当时黄河由今黄骅市域东入海，河道南属济北郡，北属巨鹿郡。市域现有当时遗迹郛堤城、瓮棺墓葬群与丱兮城，与秦朝著名的徐市（一作：徐福）东渡事件有关。

《史记 · 秦始皇本纪》记载，秦始皇统一天下后进行了一次西巡四次东巡。公元前 219 年，他第一次东巡，封禅泰山，然后曾至渤海，而后有徐市带数千童男女海上求仙之事。

于是乃并勃海以东，过黄、腄，穷成山，登之罘，立石颂秦德焉而去……既已，齐人徐市等上书，言海中有三神山，名曰蓬莱、方丈、瀛洲，仙人居之。请得斋戒，与童男女求之。于是遣徐市发童男女数千人，入海求仙人。

公元前215年，秦始皇第三次东巡，曾至碣石，后世有学者论证，此“碣石”即今黄骅市南几十公里处的碣石山，俗称大山。

三十二年，始皇之碣石，使燕人卢生求羡门、高誓。刻碣石门。坏城郭，决通堤防……燕人卢生使入海还，以鬼神事，因奏录图书，曰“亡秦者胡也”。始皇乃使将军蒙恬发兵三十万人北击胡，略取河南地。

公元前210年，秦始皇第四次东巡，《史记》记载他先至会稽祭大禹，立石颂德，然后北上，改走海路。

并海上，北至琅邪。方士徐市等入海求神药，数岁不得，费多，恐谴，乃诈曰：“蓬莱药可得，然常为大鲛鱼所苦，故不得至，愿请善射与俱，见则以连弩射之。”始皇梦与海神战，如人状。问占梦，博士曰：“水神不可见，以大鱼蛟龙为候。今上祷祠备谨，而有此恶神，当除去，而善神可致。”乃令入海者赍捕巨鱼具，而自以连弩候大鱼出射之。自琅邪北至荣成山，弗见。至之罘，见巨鱼，射杀一鱼。遂并海西。至平原津而病……七月丙寅，始皇崩于沙丘平台。

由这段记载可知，秦始皇死前最后一次东巡的路线，之所以有长途海路，应与“徐市入海求神药”有关。由“遂并海西，至平原津而病”，可知秦始皇当时海上巡行的终点即在黄骅市域的古黄河入海口，由此进入黄河，穿越黄骅市域，溯流而上，至今德州市域的平原津而病。可以想见，秦始皇当时结束海上漂泊后，在黄骅进入内河，很可能登岸驻跸于当时的郛堤城、卬兮城，并检视徐市入海相关情况。

（一）遗址遗迹

• 郛堤城及瓮棺葬群

郛堤城遗址位于今黄骅市区北 1.5 千米处，北临石碑河，东距 205 国道 40 米。城址平面略呈方形，周长约 2 千米。瓮棺葬群位于郛堤城遗址西北 200 米处。出土青铜戈、铜箭镞、陶盖豆、陶壶、陶碗、陶鼎、陶釜、陶钵、陶盆、陶甑、铁印、瓦当等战国文物多件。

康熙版《盐山县志 · 古迹》记载：

> 郛堤城。在县东北七十里，又名合骑城，汉公孙敖封合骑侯即此。

全国重点文物保护单位
郛堤城遗址
中华人民共和国国务院 2019年10月7日公布
河北省人民政府 立

嘉庆版《长芦盐法志》记载：

伏猗城，在盐山县韩村北利国场界，相传筑以防猗卢者。

同治版《盐山县志 · 古迹》记载：

郛堤城。在县东北七十里，又名合骑城，汉公孙敖封合骑侯即此。《畿辅通志》："武帝时，以敖击匈奴封，今盐山县有合骑城。"

又记载：

伏猗城。《长芦盐法志》："在盐山县韩村北，相传猗芦甚盛，特筑此城以防之。"按，志语未甚明晰，考元魏之先有猗卢者，居定襄之盛乐（地与盐山隔远），晋怀愍时日盛，而忠于帝室，曾遣兵助戍晋阳，勿庸设戍防之也。此城之筑，载《盐法志》，或芦苇盛时藉以防枭徒欤。俟考。

宣统元年（1909），汪士元、相国治编辑《直隶省统计文表录要》记载：

郛堤城，汉公孙敖封合骑侯即此。

贾恩绂《盐山新志》记载：

郛堤城。城在县东北七十里韩村镇之西北，基趾宛然。《长芦盐法志》作"伏猗城"，云防猗卢而设。《同治志》疑其附会。惟此称始于何时亦不可考，而"郛堤"之号似即"伏猗"之讹音也，又相传汉合骑侯公孙敖所封之城即此，盖因胡三省有合骑在渤海高城之说，姑取是以实之耳。《班表》"合骑侯"下注"高城"，梁玉绳谓，"合骑"非地名，盖以战功为号如"冠军侯"之类，《甘延寿传》云，益置"扬威""白虎""合骑"之校，可证敖号“合骑侯”而食邑于南郡之高城县。胡三省谓渤海高城，非也。渤海高城本都尉所治，并非侯国。公孙宏见为丞相尚止食平津一乡，其不以封敖，明矣。据此，则合骑诚非乡邑之名，此城自难附会。且以方隅而论，韩村一带，在汉初应属章武，而不属高城，班氏既不云章武，其不近高城，益明。胡氏，元人，或当时此城已有合骑之说，胡氏始据以为断，亦未可知。果尔，此城虽非合骑，其建设在元代以前，必矣。土人常掘得箭镞、古盎之类。镞，铜质，三棱，知为屯防驻兵之所。《同治志》既载“伏猗”，又载“合骑”，亦殊失检！（《方舆纪要》以合骑城载入盐山，而以郛堤为合骑之讹。）

《河北民政刊要》1933 年第 21 期《河北省盐山县名胜古迹古物调查表》中有关郛堤城的记载：

郛堤旧城，汉合骑侯公孙敖所知之城，在今治北八十里韩村镇，公有，故址尚存，第六分驻所保管。

20 世纪 80 年代郛堤城旧照

1945 年 12 月，《黄骅县全年工作总结报告》中也提到郛堤城：

郛堤城：城在韩村西北四五里。相传为金宋时代穆桂英摆天门阵于此。现在八门峻垣、基址宛然。又说是伏狄城，以防狄卢而设。究竟在何年代，全不可考。又相传为汉合骑候（侯）公孙敖所封之处，郛堤即“伏狄”之讹，不知合骑，乃系勇号，并非地名，此城自难附会。但是，本地人常掘得箭镞古盏之类。镞，铜质、三棱，方知为屯防驻兵的地方，并知道是铜器时代所筑的，年代很久。

郛堤城今貌

郛堤城遗址出土铜戈

郛堤城遗址出土瓦当

瓮棺葬发掘现场

儿童瓮棺

1982年，郛堤城遗址被河北省政府命名为河北省重点文物保护单位。

2016年5月，郛堤城施工中发现瓮棺葬遗迹，随后持续发掘出113座，绝大多数为儿童瓮棺葬，初步判断该区域儿童瓮棺葬总数可能近千座。

2017年5月12日到15日，瓮棺葬与古代东亚文化交流国际学术研讨会在黄骅市召开，与会专家的24篇相关论文结集出版，其中山西大学考古系主任李君《黄骅郛堤城时代与性质的初步认识》总结了2014年由他率队对郛堤城址进行调查和发掘的情况，提到：

> 通过对郛堤城城墙、城门和城内建筑遗址的发掘，结合出土和采集的遗物，我们大致可以判断该城址初建时代当为汉代。在城墙墙体堆积中还发现有大量战国陶片，且陶片多为燕国红陶釜、豆等生活用器，应可表明在筑城前该地就已存在战国先民的生活遗址。此外，在城内建筑区域发现有隋唐时

期遗迹和遗物，我们判断该城址至迟沿用到隋唐时期。在汉代和隋唐之间，没有发现这个时期的遗物，可能说明在魏晋南北朝时期该城一度被废弃。

在城内建筑基址的地层中发现大量蚌壳等现象，并结合该地区历史上海进、海退活动，我们推测，郛堤城不光是单纯的军事城址，城内发现的大量建筑遗迹，不仅说明该城当时有相当数量的人口，而且作为一处位于海岸边或非常接近于海边的城址，郛堤城可能同时兼具码头的性质。

2016 年在黄骅市西北部地区，距郛堤城最近处仅 100 多米的范围内，发现墓葬 113 座，绝大多数为瓮棺葬，砖瓦墓仅占少数，而且墓主人多为幼儿或少年，成人墓葬仅 3 座。该次发现的瓮棺不仅数量众多、规模较大，而且非常有特色。瓮棺葬是一种以陶器为葬具的丧葬方式。在我国，以陶瓮、罐等为棺具的墓葬最早出现于七八千年的新石器时代前期，广泛分布于黄河中下游和长江中下游，并且一直延续至历史时期。战国秦汉时期，在河北、天津、北京、辽宁等环渤海地区以及朝鲜半岛、日本等地还在流行这种丧葬方式。郛堤城城外这批瓮棺葬墓群与城址恰好可以结合为一个整体——有生

郛堤城址地理位置及其周边城镇示意图

亦有死。此外，在郛堤城周边发现有与其相互临近的千童镇和丱兮城，二者在当时所处的地理位置与郛堤城相当，功能和性质也应该大体相同。结合历史史实分析，我们推测，郛堤城很可能是与徐福东渡密切相关的一个城址，它与千童镇、丱兮城共同承担了一个集聚人员、培训人员的作用，然后从该城址就近出发。

如果把郛堤城、瓮棺葬群与徐福东渡这三者相互联系，便更加印证了瓮棺葬群与徐福东渡的联系。那么，作为二者载体的黄骅便是中国古代东亚地区文化交流中的一个非常重要的起点，或者枢纽。黄骅地区历史悠久，人文荟萃，文物丰富，不仅在沿海发现有战汉时期与徐福东渡密切相关的郛堤城，在金元时期也发现以瓷器为主的贸易集散地的海丰镇遗址。总之，黄骅地区作为中外文化交流的海上的一个重要枢纽，在两个重要阶段的文化交流输出过程中起到了非常重要的作用。如果将黄骅地区发现的郛堤城和城外的瓮棺葬作为切入点，从此处着手，研究环渤海地区战国秦汉时期及与周边不同地区文化间的相互联系，将会对探讨未来海上丝绸之路的文化交流问题产生深远的意义。

有学者认为，郛堤城是迄今知道的距海岸线最近、保存完整、面积较大的唯一的秦汉古城。

2019 年 5 月 13 日，海上丝绸之路保护和联合申报世界文化遗产城市联盟联席会议在南京召开，黄骅郛堤城遗址与海丰镇遗址入选全国 21 个城市的 55 个海丝史迹点。

2019 年 10 月 7 日，郛堤城遗址被国务院公布为第八批全国重点文物保护单位。

2020 年 9 月 28 日，郛堤城遗址公园正式对外开放。

郭堤

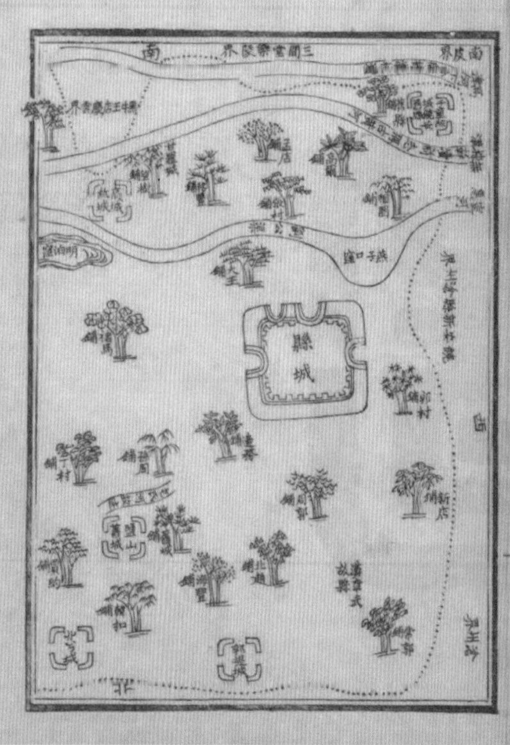

同治版《盐山县志》县境全图

根脉

- **丱兮城**

丱兮城遗址位于今黄骅市羊二庄镇南街村西北 1 千米处，城址呈正方形，东西长 570 米，南北宽 570 米。出土陶罐、漆器等战汉时期文物。

康熙版《盐山县志 · 古迹》记载：

丱兮城。在县东北，按《舆地志》，秦始皇遣徐福发童男女数千人至海求仙，因筑此城侨居童男女，汉为千童县，东汉改饶安县。

康熙版《盐山县志 · 艺文》记载明代名臣王翱的诗《丱兮城》：

秦帝求仙筑丱城，千童意换尔长生。
羡安诳诱无消息，万古犹惭二世名。

康熙版《盐山县志 · 艺文》还记载明代霍堂的诗《丱兮城》：

（秦徐福求仙筑此，日本即其裔也。）
丱兮城里鸟关关，词客行看泪欲潸。
西北渐添新杜岩，东南无改旧青山。
登台汉武终须悔，入海徐生竟不还。
日本至今风浪恶，教人空恨水潺湲。

嘉庆版《长芦盐法志 · 历代营建》记载：

丱兮城，在沧州东南阜财场界，秦始皇遣徐福将童男女千人入海求蓬莱，置此城以居之。故名。亦名千童城。汉置千童县，属渤海郡。后汉灵帝时改为饶安。宋省为镇。

同治版《盐山县志 · 古迹》记载：

卯兮城。在今治东北七十里。案《舆地志》，高城东北有卯兮城，秦始皇遣徐福发童男女千人至海求蓬莱，因筑此城侨寓男女，汉因置千童县，后汉改曰饶安。府县志皆从其说，遂贻误至今。考《水经注》，无棣沟又东迳新乡城北——《地理志》之高乐故城也（即今南皮之董村镇），沟分为二：无棣沟（干渎）又东迳乐陵郡北，又东屈而北出，又东转，迳宛乡故城南，又东南迳高城县故城（时县城尚未迁徙，故字疑衍），南与枝渎合。枝渎上承无棣沟，南迳乐陵郡西，又东南迳千童县故城东——《史记·王子侯表》故"重"也，一作"千锺"，灵帝改为饶安也（沧州治），又南，东屈东北，注无棣沟（干渎）。又东北迳功城北，又东北迳盐山入海。约二沟大势皆由西南而东北，干渎自乐陵北，历迳高城南；枝渎迳乐陵西，又东南迳千童县东。辨其形方，枝渎在南，干渎在北，千童实在高城西南，《舆地志》谓千童在高城东北，因以卯兮城当之，将无棣沟之干渎、枝渎作一水读，则言迳千童城在高城后，且"童"与"卯兮"义近，致有此误，而曰"童"曰"锺"则又何说？况高城东北为卯兮，南为乐陵，人皆知之。《水经》明云，乐陵郡西又东南，迳千童。如指卯兮为千童，是乐陵应在高城西北方隅，大不相合。《旧唐书》，武德元年移饶安治于平童（即千童）故城，贞观十二年复移治于浮水故城，故有旧饶安、新饶安之称。宋俱废为镇，并入清池。《金史》，清池县有旧饶安镇、新饶安镇，是千童为旧饶安县，即今旧县镇，明甚，与卯兮城无涉，何得以卯兮城当千童而统指为饶安耶？惟卯兮城之名传之已久，如境中宛乡、合骑各城虽非古县，而因事立城，或自有说，若《一统志》谓，卯兮于古亦无据，概为驳删，殊不必耳。

宣统元年（1909），汪士元、相国治编辑《直隶省统计文表录要》记载：

卯兮城，秦始皇遣徐福赴海求仙，因筑此城侨寓，童女号为卯兮。

《盐山新志》记载：

丱兮城。城在今治东北七十里杨二庄之西北，始见于《舆地志》云："高城东北有丱兮城，秦始皇遣徐福发童男女千人至海求蓬莱，因筑此城，侨居童男女，号丱兮城。汉因置千童县。"其说殊为可据，盖汉去秦近，若丱兮果系无稽，必无千童之设，决也。惟后世因千童由丱兮而起，遂谓千童丱兮为一，其误显然。千童即后汉之饶安，东北去丱兮且一百二十里，不容相混，古人名地不过取，故实之距近者以为名，而不必符其实者，此类殆难枚举，胶柱以求，殊失之迂。谓千童因徐福侨寓而得名则可，谓侨寓之丱兮即千童县则不可也。旧志及天津府旧志俱沿其误，谓饶安即丱兮遗迹，《同治志》始辨其谬当已。今遗址距秦置之柳县密迩，三代入海故道必皆在此，柳县之设本以河海之交先辟为邑。徐福东来，必仰给海口县官为具衣食舟楫，而后浮海。其侨寓以待，亦固其所然。由是以推，足征九河贡道决在今之南大沽口，益无疑矣。

2011年梁振刚编《历代沧州诗选粹》收录明清时期丱兮城相关诗词数首：

童子采药来，相将凌扶桑。徐福诞妄流，大言欺秦皇。至今丱兮城，秋草填斜阳。（清朝顺治时期长芦盐运使司沧州通判张璨作）

海上红云碧树齐，女墙落日乱乌啼。含台半逐溪山改，杜治平随禾黍低。自把青宫师狱吏，却教黄口觅丹梯。商山四皓皆白发，何用连城聚丱兮。（清朝顺治时期河间府同知钟谔作）

六国渐次归强嬴，祖龙恣睢意气盈。世间万事逞胸臆，所难致者唯长生。海滨方士窥风指，竞夸有药能不死。真仙栖止三神山，常与俗尘隔烟水。就中徐福最荒唐，稔知亶州土物藏。纵横广袤千余里，据此何减夜郎王。遂言蓬莱饶灵药，渐愧西皇礼意薄。贻以振女与令男，然后金丹乃可索。秦皇自矜迈等伦，聪察秋毫过鬼神。岂知昏蒙受面谩，一语遂杀三千人。吁嗟乎！人孰无父母，怀抱兼襁负。顾复鞠育恩且勤，相期他年养黄耇。讵意一朝委穷屿，倚门倚闾空延伫。阶前兰玉掌中珠，竟与君王充苞苴。巨舰苍茫入海行，徐福留王无归程。鲍鱼狼藉沙邱路，千秋犹吊丱兮

城。天道好还纷可数，祸福倚伏皆自取。君不见，咸阳市上檌杜旁，十二公子十二主。（清朝康雍时期左方焘作）

徐福耽迂怪，求仙万里游。筑城对员峤，切汉起高楼。云海祖龙望，秋风童女愁。千年余旧垒，神迹竟悠悠。空城足禾黍，风露晚骚萧。古瓦青苔死，荒蹊老树烧。山盘双髻翠，烟结六铢绡。遥忆婵娟聚，仙笙动暮潮。（清朝乾隆时期阎循观作《丱兮城怀古》二首，并标注城为徐福所筑。）

始皇噬六国，百代皆焚坑。黔首制以死，独自寻长生。古纵有神仙，神仙讵有此。吕氏一奇货，复为徐市市。千帆航金宝，自王东海东。筑城置男女，神仙付秋风。坐使虎视儿，目断咸阳宫。丱兮复丱兮，一往无时发。借问沧海使，何如骊山卒。三千望三千，十万穿三泉。三山不可望，三泉早已穿。徒令童男女，千载化荒烟。（清朝嘉道时期端木国瑚作）

荒原茫茫地势起，云是丱兮城旧址。丱兮城名自何起，始自祖龙秦天子。祖龙为帝愿为仙，国享万世岁享千。眼前欲觅长生药，下诏征求遍垓埏。徐福应诏来咸阳，臣有异术求仙方。请选三千童男女，随臣远觅白云乡。秦王闻之心深许，搜括闾阎小儿女。儿泣女涕聚此城，悉听徐福乘风举。吁嗟乎！徐福巧借帝王权，携此男女海中天。第一或在蓬莱峰，否则得意亦虬髯。秦王望福福已渺，輼车鱼载关东道。（清朝道光时期刘曾珂作）

2016 年，河北省文物保护研究所发掘丱兮城遗址，发掘工作小组依据县志等文献资料、史学家观点和遥感测绘等手段，初步认为丱兮城可能由秦朝徐福建造，是东渡的出发点。这次发掘就是为了弄清楚城墙的建筑形式、夯筑情况，同时根据城墙包含物确定建筑年代，用实物来证明原来的推断。另外，2016 年初在城址外围西部发掘出战汉时期墓葬，墓内出土带“兮”字陶片。

丱兮城墓出土的带“兮”字文陶片及拓片

肆 汉朝

西汉属幽州勃海郡，域内曾设章武、柳国、高成等行政建制（据谭其骧《中国历史地图集 · 西汉》）

东汉属冀州勃海郡，域内曾设章武县，部分属高成县。（据谭其骧《中国历史地图集 · 东汉》）

（一）遗址遗迹

- **战汉章武故城**

战汉章武故城遗址位于黄骅市常郭镇故县村北，由大小两座城组成。小城居南，呈长方形，东西长 145 米，南北宽 132 米，面积 19140 平方米，现小城全被村民房屋覆盖。大城居北，基本呈长方形，东西长 285 米，南北宽 220 米，面积 62700 平方米。出土布币、刀币、陶壶、陶罐等战汉时期文物多件。

至晚成书于战国的《山海经 · 海内东经》记载：

> 滹沱水出晋阳城南，而西至阳曲北，而东注渤海，入越章武北。漳水出山阳东，东注渤海，入章武南。

《战国策 · 燕策》记载：

> 昔者楚取章武，诸侯北面而朝。

《汉书 · 地理志第八上》记载：

> 本秦京师为内史，分天下作三十六郡。汉兴，以其郡〔太〕大，稍复开置，又立诸侯王国。武帝开广三边。故自高祖增二十六，文、景各六，武帝二十八，昭帝一，讫于孝平，凡郡国一百三，县邑千三百一十四，道三十二，侯国二百四十一。
>
> 汉承百〔王〕之末，国土变改，民人迁徙，成帝时刘向略言其〔地〕分，丞相张禹使属颍川朱赣条其风俗，犹未宣究，故辑而论之，终其本末著于篇。
>
> 赵地，昴、毕之分野。赵分晋，得赵国。北有信都、真定、常山、中山，又得涿郡之高阳、鄚、州乡；东有广平、巨鹿、清河、河间，又得渤海

郡之东平舒、中邑、文安、束州、成平、章武，河以北也；南至浮水、繁阳、内黄、斥丘；西有太原、定襄、云中、五原、上党。上党，本韩之别郡也，远韩近赵，后卒降赵，皆赵分也。自赵夙后九世称侯，四世敬侯徙都邯郸，至曾孙武灵王称王，五世为秦所灭。

《汉书 · 地理志第八上》又记载：

勃海郡（高帝置。莽曰迎河。属幽州），户二十五万六千三百七十七，口九十万五千一百一十九。县二十六：浮阳（莽曰浮城）、阳信、东光（有胡苏亭）、阜城（莽曰吾城）、千童、重合、南皮（莽曰迎河亭）、定（侯国）、章武（有盐官。莽曰桓章）、中邑（莽曰检阴）、高成（都尉治也）、高乐（莽曰为乡）、参户（侯国）、成平（虖池河，民曰徒骇河。莽曰泽亭）、柳（侯国）、临乐（侯国。莽曰乐亭）、东平舒、重平、安次、脩市（侯国。莽曰居宁）、文安、景成（侯国）、束州、建成、章乡〔侯国〕、蒲领（侯国）。

《汉书 · 地理志第八上》另记载：

魏郡（高帝置。莽曰魏城。属冀州），户二十一万二千八百四十九，口九十万九千六百五十五。县十八：邺（故大河在东北入海），馆陶（河水别出为屯氏河，东北至章武入海，过郡四，行千五百里）……

以上括号内为东汉初班固《汉书》中原注，另记载金城郡下属河关县：

河关（积石山在西南羌中。河水行塞外，东北入塞内，至章武入海，过郡十六，行九千四百里）。

《史记索隐》注“章武”：

地理志县名，属勃海。

《史记正义》注“章武”：

《括地志》云：“沧州鲁城县。”

《史记·项羽本纪》记公元前207年项羽主持分封诸侯提到“南皮”：

陈余弃将印去，不从入关，然素闻其贤，有功于赵，闻其在南皮，故因环封三县。

唐代颜师古《汉书注》注“南皮”：

阚骃云：章武有北皮亭，故此云南。

唐代李贤《后汉书注》注“南皮”：

南皮，今沧州县也。章武有北皮亭，故此曰南皮。

同治版《盐山县志》记载：

章武废县。前志谓汉时章武在今境，府志据纪要驳云：章武城在大城县，即章武郡治及西章武县城，若浮阳郡章武县城即沧州乾符故城，均不在盐山，亦云辨矣。惟考《水经注》：浮水于浮阳县界东北，迳高城县之宛乡城，又东迳章武县故城，又东迳簋山北，又东北迳柳县故城南，在盐山县直东（距宋治七十里）。如乾符（距盐山迤北一百二十里）果为汉章武县城，浮水既迳其城，不能东北迳柳城南也。《寰宇记》：废乾符县在州（旧治）北一百里，本章武县地。不言城。又称：章武故城在乾符东南，盐山西北。

《一统志》及《通志》亦谓：盐山西北有章武故城。所指方隅皆合是沧州城正东，与盐山接界处，应有汉章武县城。今盐山治北四十里（旧城西北）有村曰故县村，北地尚名城壑，彼处故老傅闻，亦谓往昔曾经有城。附近十里井、五里铺似计距城而言，其方隅实与《寰宇记》《一统志》《通志》说皆相符，当即汉县无疑！特年远地僻，前修志者未明指出耳。统论之，曹魏时始置章武郡（嘉平元年杜恕徙章武郡，郡城似在乾符），汉时县城仍存属之（隋以前郡国与所属县同名同城，《山东考古录》详言之）。晋泰始元年置章武国，又有西章武县（在今青县大城境），均不与汉时县城混也。魏氏《土地记》：章武县东有汉武帝南北二台，相去六十里。《通志》曰：台在盐山东北七十里韩村镇东三十里，此南台也。是今盐山有章武境之确证，何得谓章武不在盐山耶？又汉县废于何时，史无明文，考《北魏地形志》载："沧州浮阳郡章武县"（注，晋属章武，后属沧州），又"瀛州章武郡"（注，晋置章武国，后改），"西章武县"（注，正光中分沧州章武置），是汉县晋魏时固在也。《隋书·地理志》：开皇初罢章武郡置平舒（在今青县大城境）。两章武县史不再见。十六年置鲁城（唐改乾符，即曹魏章武郡治），又置浮水（分高城地置），窃意是时汉章武县半入高城，高城北并地较广，故析其西南地，置浮水耳。

贾恩绂《盐山新志》记载：

章武故县。章武之名昉自汉初，郡县并设始于曹魏，而郡之废在于隋，县之废又在隋前，或魏或齐，史缺有间也。郡治有二：一为窦广国始封之国，在今沧州东北，魏武析河间、渤海置章武郡者即此；一为东平舒，在今大城县境，西晋移郡治于此，而史不详其年，惟章武国下云，泰始元年置。洪亮吉辨其为误，谓其前既云魏武所置，不应又云泰始年置。窃谓徙治平舒当即其年，史文语有讹夺耳。县治亦有二：一为汉县，在今盐山常郭铺之故县村北；一为北魏正光析置之县，在今大城县之南，析汉县地以置之，西章武也。汉章武之地广矣！《汉书·地理志》，大河、屯氏皆云至章武入海，而东汉柳县亦并入章武。《水经注》，清河由漂榆城（即柳县之异名），知其东境抵海矣。《北魏志》，“西章武”下注云，“正光中析沧州章武置”。知其西北抵大城矣。其故城在盐山北四十余里，知其南境抵盐山矣。惟郡与县毗连袤广，几二百余里，分界处殊不可详。大抵北属之郡，南属之县，以今方隅考之，郡县故地所辖，今则分隶五县：盐山盖得其南境，沧州盖得其中境，大城、青县、静海盖得其北境。北境殆尽郡地，南境殆尽县地，中境殆郡县兼之。周、齐无《地志》，《隋志》无章武县，故知县废于齐周之间。《隋志》，开皇初，罢郡为平舒县，十六年又置鲁城县。盖晋代郡治虽与平舒同城，而平舒东南所兼郡地甚广，故于曹魏郡城故治更析置鲁城县。是年并析高城地置浮水，盖高城并有章武之后，地亦过广，故亦析其南境，初置浮水。史文虽不具当日情事，可以想象而得也。各书于章武故城，均云在沧州，无知在盐山者，皆误于鲁城乾符即章武故城之说。惟魏氏《土地记》云：“章武县东有汉武帝台”，为章武故城在盐之孤证。而《同治志》据《水经》《寰宇记》考证方隅，其说始定。《水经注》云：浮水东北经高城之宛乡，又东迳章武故城，又东迳篋山北，又东北迳柳县故城。《南寰宇记》云：废乾符在沧州旧治北一百里，本章武县地。又云：章武在乾符东南，盐山西北。据此则章武乾符碻非一地，而沧城正东与盐山接界处，自应有汉章武故县。今盐山治北四十里村曰故县，村北故城遗趾宛然，坿近十里井、五里铺，其名尚存，核其方隅，与诸书所戴悉合，此可订方志之缺略已至。乾符、鲁城亦非一地，均在沧州东境百里，同居、宗旺左。近《名胜志》，鲁城距旧州东七十里，又三十里为乾符城，是也。古系郡地，今属沧州，均与盐山无涉。兹弗详。

1985 年 7 月黄骅文保人员对章武故城遗址现场勘察记录：

章武城遗址位于黄骅市常郭乡故县村北 200 米，距市区 9.8 公里。该城城墙及建筑全无，遗址现全部变为耕田。章武城分为大城和小城，大城居北，小城在南，大城壕痕迹明显，东西均为 13 米，凹进 30 公分。在大城东

黄骅市常郭镇故县村章武故城遗址

南角（城外）现有高1.5米，面积98.4平方米封土台，传说为点将台。此城址面积：大城62700平方米，东西长285米，南北长220米。小城面积19140平方米。采集遗物：云纹瓦当（完整）、刀布币、绳纹砖瓦、绳纹灰陶器口沿、灰陶纺轮、灰陶夹砂瓮沿等。

综合以上资料分析：

（1）《史记》《汉书》所记“章武县”，在今黄骅市域。

（2）由《山海经》记，可见“章武”之名由来久矣，至晚在战国，黄骅市域即（部分）属章武。《战国策》提到的“昔者楚取章武”，此“章武”虽未必是黄骅之章武，亦足见此地名在战国已有。

（3）《汉书 · 地理志》记载战国七雄之一的赵国在发展壮大过程中，提到“又得渤海郡之东平舒、中邑、文安、束州、成平、章武河以北也”，可见章武县在战国中期已有，而且当时县域即被黄河分为南北两部分，故有赵得“章武河以北也”之说。谭其骧先生似乎理解为当时章武主城区在黄河以北，所以在《中国历史地图 · 西汉》把章武标注于河之北。也可见，在战国中后期，处于燕、齐交界的黄骅市域曾被赵国占领。所以，《中国历史地图 · 秦朝》巨鹿郡包括了黄骅市域北部。巨鹿郡主要为原赵国区域，《水经 · 浊漳水注》记：“始皇二十五年灭赵，以为巨鹿郡。”

（4）汉因秦制，汉高祖刘邦主要以黄老道家思想治国，所谓“高祖增二十六”主要是对原秦朝三十六郡进行拆分，未见史料中提及，他对县级区划做大调整，所以，当时的章武县作为勃海郡下属县，很可能是因袭秦朝设置。

（5）《汉书 · 地理志》记载，元狩四年（前 119），汉武帝任东郭成阳与孔仅为大农丞，在河东安邑县、渤海章武县、蜀郡临邛县、辽东平郭县、南海番禺县等三十八处设盐官，主管盐的产、运、销。章武“有盐官”，也是勃海郡唯一有盐官的县，可见当时章武在全国财政中的地位，似亦可见章武盐业生产传统应早于汉代之前。而且作为大河入海之地，有其地理坐标意义，在此设县亦有必要。

（6）“南皮”本为“亭”，刘邦早年即为亭长，而“南皮亭”名源于“章武有北皮亭”，可知南皮之名应晚于章武，南皮设县亦必晚于章武设县。而项羽分封时，即有南皮，可见章武县至晚在秦朝已设。

（7）同治版《盐山县志》所论“章武废县”，和贾恩绂《盐山新志》所论“章武故县”均论定，汉章武县治所在今常郭镇旧县村北。考古也支持这一点。当无疑。而《盐山新志》所记“章武之名昉自汉初”，似不确。考古断代为战汉时期，并有赵国刀布币出土，大致可佐证以上所论。

• 柳县故城

柳县故城遗址位于羊二庄镇张八寨村西南 2500 米外，城址呈方形，城墙大多无存，残存北城墙东西长 480 米，宽 7 米，高 0.7—1.5 米。遗址所在地曾多次发现文物，以包括战国陶鼎、陶豆，汉代陶豆、陶杯等。

黄骅市章武县城遗址出土的瓦当

黄骅市章武县城遗址出土的安阳布币

黄骅市章武县城遗址出土的燕国刀币

《汉书·高惠高后文功臣表第四》记载汉高祖分封功臣事：

（汉高祖）即皇帝位，八载而天下乃平，始论功而定封。讫十二年，侯者百四十有三人。

《史记·高祖功臣侯者年表第六》记载：

国名	柳丘
侯功	以连敖从起薛，以二队将入汉，定三秦，以都尉破项籍军，为将军。侯，千户。
高祖十二	七六年六月丁亥，齐侯戎赐元年。
孝惠七	七
高后八	四 四　五年，定侯安国元年。
孝文二十三	二十三
孝景十六	三　四年，敬侯嘉成元年。 十　后元年，侯角嗣，有罪，国除。
建元至元封六年三十六，太初元年尽后元二年十八	
侯第	二十六

《汉书·高惠高后文功臣表第四》记载：

姓名谥号	柳丘齐侯戎赐
侯状户数	以连敖从起薛，以三队将入汉，定三秦，以都尉破项籍军，为将军，侯，八千户。
始封	六月丁亥封，十八年薨。
位次	三十九。
子	高后五年，侯安国嗣，三十年薨。
孙	孝景四年，敬侯嘉成嗣，十年薨。
曾孙	后元年，侯角嗣，有罪，免。户三千。
玄孙	元康四年，赐玄孙长安公士元生诏复家

《汉书·王子侯表》记载：

姓名谥号	柳康侯阳已
属	齐孝王子
始封位次	（元朔四年）四月乙卯封，薨。
子	敷侯罢师嗣
孙	于侯自为嗣
曾孙	安侯携嗣
玄孙	缪侯轲嗣
六世	侯守嗣，王莽篡位，绝。

康熙版《盐山县志·古迹》记载：

按旧志，章武城在县西北，古柳城在县东七十里，定城在饶安废县东南四十里，今无遗迹可考，至鸡笼镇、咸平镇、海润镇、利丰镇、幞头镇，旧志载《金史》，今无考，概删之。

柳县故城遗址

同治版《盐山县志·古迹》记载：

柳县故城。《寰宇记》，在盐山东七十里。《方舆纪要》，柳县城，汉置，属勃海郡，武帝封齐孝王杨已邑，后汉省。《风俗记》，高城东北五十里有柳亭（又名柳邱），故县也，世谓之辟亭，非矣。《水经注》，浮水又东北迳柳县故城南，隋炀帝初，高丽渠帅突地稽率其部降，居之柳城，十二年从幸江都，寻放还柳城。案，此城在邑境，记注皆同，前志以无遗址可考，删之，然究系一邑，故实应仍列录。

贾恩绂《盐山新志》记载：

柳县废县。柳县之置，古于高城，盐山县治当以柳为数典之祖。东汉县废，并于章武；章武又废，乃隶高城。旧志不详城址，乃其疏也。春秋以前，河间东迄海之地，南北二百余里为大河浸注泛滥之域，无所谓居民都邑也。河徙后，渐为大陆。屯氏下游入海之地，正当柳县之南。北方浮海者，必以此为市舶要冲。徐福有丱兮故址，汉武留高台遗筑，秦汉柳县必河海交通之大埠，概可想见。秦以前，此邦古地除西南境饶安而外，无一邑一乡见诸古籍，而始皇独于海滨荒漠之区首先置县者，盖入流既塞北，道犹存，水道交通咸萃于此地，辟民聚首在此乡，县城之置，职此之由。宋后，盐河又以漕盐着重，盐河再废，地旋为墟。明清以来，又成僻壤。境地兴废与时转移，以今衡古，几莫明其先辟之何因也。柳之治所，凡三县居其一，侯国居其二。秦初置齐郡，地在今污湾头村东十里，明代号南长坨。汉高帝封戎赐为柳邱侯之地，即在今之杨二庄，武帝时国除，为柳镇。武帝封齐孝王子刘杨已为柳侯之地在秦县北十里，明代号北长坨，莽篡，国除。东汉省，亦曰柳镇，乃改前之柳镇为杨镇。元末又改曰杨二镇，今讹羊尔庄。刘杨故国省为柳镇之后，唐迄宋元，易名而不易镇，寻秦县者，往往以此当之，谓国除后，秦县即移治于此。考国除在新莽之世，而中兴后柳县并入章武，未尝复置，柳县移治之说殆为未碻。惟二县距仅十里，蒙以县名差只毫厘，厥后史册地志罕见称述。惟《十六国春秋》云：后赵石勒使王述煮盐角飞城，石虎以城滨漂榆，号漂榆城。《水经注》：清河又东迳漂榆邑故城南，俗谓之角飞城。魏《土地记》，高城东北一百里，北尽漂榆。《水经注》又云，浮水又东北迳柳县故城。伏氏《地理风俗记》：高城东北五十里有柳亭故城，世谓之辟亭，非也。诸书所记，为此地复见载籍之始。《同治志》引隋炀帝时高丽突地稽降居柳城，此乃永平之柳城，与此无涉。此地或名柳县，无名柳城者也。唐宋改为通商镇，辽金元为海丰镇，后世繁盛者，皆以行盐之故。元末开惠民河，柳境盐河淤塞，盐务场灶尽移于杨二镇，柳侯故城遂废为墟。由秦迄今，县治侯国均终西汉，而县城之废在于汉。柳镇之废，迄于元。曰柳县，南长坨也。城曰角飞、漂榆，镇曰通商、海丰，一地四名者，北长坨也。杨二镇虽有柳邱之号，而邱实在柳镇西去杨镇稍远，详见柳亭下。漂榆津为地甚广，自柳县北抵天津，俗号卫南污者皆是也。元开惠民河，北大沽河口顺利津水北注，而与济北盐河新开津水去南益远，与盐山几不相涉，津水今归塘夹河，由南趋北，去柳县且近百里，盖地势迁变使然也。《同治志》以津水距远，不敢谓漂榆城在盐山，反以《方舆纪要》在盐山东北之言为误，盖泥今以求古，其失若此。（《方舆纪要》作县南六里亦少误）。

贾恩绂《盐山新志》又记载：

柳邱柳亭。柳邱在柳河北岸，上有柳亭，与柳侯故国毗连，即今海丰镇西南是也。此地与柳县同时得名，为盐山最古之迹。汉高帝封戎赐为柳邱侯国，虽在邱西之杨二镇，其得名实以此邱。邱本河上沙岭，崔嵬如山，古有柳亭，相传即柳侯游憩之所。当日土山耸翠，柳阴蔽天，左襟大海，俯瞰大河，棹歌帆影，荡胸娱目，亦胜概也。《水经注》“浮水”下引《风俗记》曰：高城县东北五十里（柳亭距汉高城不止五十里，五字当误），有柳亭，故县也，世谓之辟亭，非也。据此，则今之柳河故渎其为浮水旧道无疑。赵石勒令王述煮盐亦即此地。明初《李柳西笔记》，今柳邱下有亭户，即灶户也。柳西又疑此即北皮亭。考北皮亭在南皮北六十里，非其地矣。今邱为民田渐就平夷，然犹易辨识云。

贾恩绂《盐山新志》又记载：

侯塚。村在海滨，有巨塚三，土人呼曰大王堂、二王堂、三王堂，村即以此得名，距古柳县杨二镇皆甚迩，必柳邱侯或柳侯之墓。考柳侯传六世，国除；柳邱侯传四世而国除，此墓有三，意者其戎赐子孙之墓欤？

结合以上《汉书 · 地理志》所记勃海郡所辖县国情况及《史记》《汉书》表记来看，该柳丘国很可能在今天的海兴县域马骝山（俗称小山）周围，该山实为火山灰堆积的山丘，呈黑红色，骝字意为黑鬣、黑尾的红马，可能早期本为“骝丘”，俗谓“柳丘”，进而名其国。《汉书》所记，汉高祖封功臣戎赐为柳丘侯，“八千户”，应有误，因为像樊哙、陈平等名将重臣不过封五千户，应以《史记》所记“千户”为准，大致为“乡侯”，至其汉景帝后元年（前 143）戎赐曾孙戎角国除时，发展至二千户，初具县的规模。然后，汉武帝元朔四年（前 125）封刘阳已（汉高祖庶长子齐王刘肥之孙）为柳侯，其封地柳国可能即是原柳丘国，后传至公元 9 年王莽篡汉，国除。之后，可能改为柳县。

《后汉书 · 郡国志》记载：

凡前志有县名，今所不载者，皆世祖所并省也……勃海郡：高帝置。雒阳北千六百里。八城，户十三万二千三百八十九，口百一十万六千五百。南皮、高城侯国、重合侯国、浮阳侯国、东光、章武、阳信（延光元年复）、修（故属信都）。

东汉已无柳国或柳县。

沧州师专主办的《渤海学刊》1995 年第 4 期刊发的邢承荣《西汉柳侯国（柳县）的建置沿革及其遗址考证》论述比较客观。总之，历史上的柳丘国、柳国主要区域应在今天的海兴县域，部分区域包括治所有可能在黄骅。

贾恩绂《盐山新志》所记“始皇独于海滨荒漠之区首先置县”似无可靠凭据，故谭其骧《中国历史地图集 · 秦朝》亦未采用。贾恩绂以《水经注》所记，浮水经篋山北，又东北迳柳县故城南，判定“柳县废县”即柳县、柳国、柳丘国治所在今之杨二庄，此似为确论。

黄骅柳县故城遗址距丱兮城遗址直线距离不过 5 千米，也有一种可能，两城一为柳县故城遗址，一为柳丘国遗址，而实际的丱兮城即今郛堤城。

柳县故城出土的灰陶杯

柳县故城出土的灰陶鼎

柳县故城出土的灰陶豆

- **武帝台、扳倒井**

武帝台遗址位于黄骅城东北约 10 千米，中捷农场总部东北 5 千米处，为砂基（蛤砂）土台，现高 6 米，边长 65 米，面积约 13000 平方米。台上及附近散见陶釜、豆残片及粗绳纹陶片等汉代遗迹，曾采集汉五铢钱。台上原有刘猛将军庙，今废。

《史记 · 孝武本纪》记载汉武帝求仙问药情况：

> 少君言于上曰："祠醪则致物，致物而丹砂可化为黄金，黄金成以为饮食器则益寿，益寿而海中蓬莱仙者可见，见之以封禅则不死，黄帝是也。臣尝游海上，见安期生，食臣枣，大如瓜。安期生仙者，通蓬莱中，合则见人，不合则隐。"于是天子始亲祠醪，而遣方士入海求蓬莱安期生之属，而事化丹沙诸药齐为黄金矣。居久之，李少君病死。天子以为化去不死也，而使黄锤史宽舒受其方。求蓬莱安期生莫能得，而海上燕齐怪迂之方士多相效，更言神事矣。

又记载汉武帝数次东巡情况：

> （元封元年）春正月，行幸缑氏……行，遂东巡海上。夏四月癸卯，上还，登封泰山……行自泰山，复东巡海上，至碣石。自辽西历北边九原，归于甘泉。二年冬十月，行幸雍，祠五畤。春，幸缑氏，遂至东莱。夏四月，还祠泰山。至瓠子，临决河，命从臣将军以下皆负薪塞河堤，作瓠子之歌。赦所过徙，赐孤独高年米，人四石。还，作甘泉通天台、长安飞廉馆……（元封二年）朝鲜王攻杀辽东都尉，乃募天下死罪击朝鲜。六月，诏曰："甘泉宫内中产芝，九茎连叶。上帝博临，不异下房，赐朕弘休。其赦天下，赐云阳都百户牛、酒。"作《芝房之歌》。秋，作明堂于泰山下。遣楼船将军杨仆、左将军荀彘将应募罪人击朝鲜。……（太初元年）十二月，禅高里，祠后土。东临勃海，望祠蓬莱。春还，受计于甘泉。……（太初）三年春正

月，行东巡海上。夏四月，还，修封泰山，禅石閭。

《汉书·朝鲜传》记载汉武帝派兵征服朝鲜的情况：

（元封二年）天子募罪人击朝鲜。其秋，遣楼船将军杨仆从齐浮勃海，兵五万，左将军荀彘出辽东，诛右渠。……故遂定朝鲜为真番、临屯、乐浪、玄菟四郡。

北魏《土地记》记载：

章武县有武帝台，南北有二台，相去六十里，基高六十丈，俗云汉武帝东巡海上所筑。

郦道元《水经注·淇水注》记载：

东北经浮阳县西……浮渎又东北经汉武帝望海台，又东注于海。

《魏书》记载：

章武，汉属渤海，有汉武帝台。

《旧唐书·太宗本纪》记载：

（贞观十九年）冬十月丙辰，入临渝关，皇太子自定州迎谒。戊午，次汉武台，刻石以纪功德。

康熙版《盐山县志》记载：

武帝台，在韩村东北三十里，世传汉武帝筑之，望海求仙。

康熙版《盐山县志》又记载：

扳倒井，在武帝台下，有妇人汲水，一行人索罂饮马，妇弗与。其人扳倒井口，引马自饮，今欹井如故。

康熙版《盐山县志》又记载明代王翱诗：

武帝台。地筑高台几丈余，登临望海有仙居。晚年下诏方衣悔，栾大文成总是虚。

扳倒井。帝台南下冽寒泉，威猛非凡暂息鞭。妒妇夺罂悭饮马，幡然扳倒不知年。

康熙版《盐山县志》又记载明代杨文卿诗：

武帝台。玉辇经游处，高台接海天。白云仙迹远，落照鸟飞还。

扳倒井。望仙台殿锁烟霞，台下荒芜眢井斜。壮士知归何处去，深云杳霭乱鸣蛙。

同治版《盐山县志》记载：

汉武帝台。即望海台。《畿辅通志》，在盐山东北七十里，韩村东三十里，此南台也。《魏氏土地记》，章武东百里，有汉武帝台，台有二，相去六十里，基高六十丈，传系武帝东巡海上所筑。《唐书》，贞观十九年，自高丽班师入临榆关，次汉武帝台，顾问侍臣，对曰：此燕齐之士为汉武求仙处实录云。汉台余基三成，傍有祠室茔域，其地俯大海，长阔接天，岸多峻石奇险错列。太宗刻石纪功而还。

同治版《盐山县志》又记载：

扳倒井，在武帝台下。

宣统元年（1909），盐山名医张锡纯出版《医学衷中参西录》，其中提及武帝台：

旋覆花，《神农本草经》原言味咸，今坊间所鬻旋覆花，苦而不咸，用之似无效验。惟邑武帝台，为汉武帝筑台望海之处，地多咸卤，周围所产旋覆花，大于坊间鬻者几一倍，其味咸而兼辛，以治膈食甚效，诚无价之良药也。

夫植物之中含咸味者甚少，惟生于咸卤之地，故能饶有咸味，与他处所产迥异。为僻在海滨，无人采取购买，其处居民亦不识为药物（俗名六月菊），但取其作柴，惜哉！

宣统元年，汪士元、相国治编辑《直隶省统计文表录要》记载：

汉武帝台，传系武帝东巡海上所筑，台有二，此系南台。

贾恩绂《盐山新志》记载：

武帝台一名望海台，其见载记始于北魏之世。《地形志》云：章武有汉武帝台。《水经注》云，浮水又东北，迳汉武帝望海台。又清河东迳汉武帝故台，《北魏土地记》曰：章武县东百里有武帝台，南北有二台，相去六十里，基高六十丈。俗云，汉武帝东巡海上所筑。二书皆以台属章武，盖北魏时章武早并柳县之地，高城尚在其南界，故云属章武也。据康熙《畿辅通志》云，浮水所经，盖台也。又云，望海市台在沧州东四十里，武帝台在盐山东北七十里。按，武帝台其一无考，岿然独存者惟盐山之一台。通志似以望海市台为其一者。然盐山之台在望海市之东北，果尔则当曰北台，不当曰南台。二台皆以望海为名，其方隅与六十里之说，亦不相远，惟苦无佐证，姑备一说可耳（望海市，后人谓周穆王东游所筑，显为附会，周初沧盐均无居人也）。至《唐书》，太宗自高丽班师入临榆关，次汉武台，顾问侍臣，对曰：此燕南之士为汉武求仙处。《实录》又云，台余基三成，旁有祠室茔域，地俯大海，长阔接天，岸多峻石，奇险错列。太宗刻石纪功而还。所论则是惟其地似在昌黎。盖此台虽有祠室，而岸无一石可以镌刻，岂临榆左近别有汉武之台与此同称欤？然永平古迹，既无可考见，而刻石之文各书又无一可征。盖疑莫能明也。

乾隆版《沧州志》记载：

望海市台，在沧州东四十里。(《畿辅通志》) 周穆王乘八骏东游海上筑之以望海市，故名。(州旧志)

望海台，旧志作武帝台，在沧州东北。(《畿辅通志》) 章武县东百里有汉武帝台，南北有二，相去六十里，基高六十丈，俗去汉武东巡海上所筑。唐史贞观十九年，自高丽班师入临榆关，次汉武台，顾问侍臣。对曰：此是燕齐之士为汉武求仙处。太宗刻石纪功而还。(《天津府志》)

《河北民政刊要》1933 年第 21 期《河北省盐山县名胜古迹古物调查表》中有关武帝台的记载：

武帝台，汉武帝东巡海上所筑，在今治东北一百一十里，公有，故址尚存，第六分驻所保管。

民国二十五年（1936），冀察政务委员会秘书处第三组编《河北省盐山县地方实际情况调查报告书（抄本）》中有关武帝台的图文介绍：

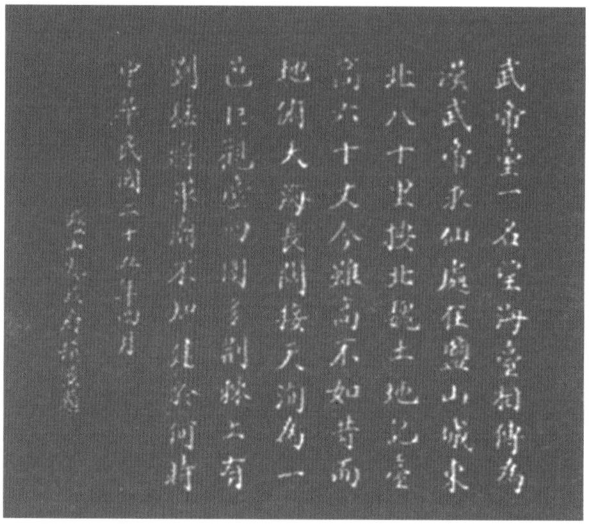

1945 年 12 月，《黄骅县全年工作总结报告》中也提到武帝台，刘猛将军庙在当时还存在。

武帝台：亦名望海台。在盐山县志上，为八大景之一。据土人相传，为汉武帝东巡海上所筑，又云汉武帝求仙处，遗址巍然，上有庙宇一座（很小），就是草汙里一个土台子。因为地面广大，老百姓常说："扳倒井子、武帝台，不带干粮回不来。"又因为台上有土井子，水甜，说是汉武帝的饮马井（碎砖尚在）。

1980 年，天津文物部在台东 600 米处深 1.5 米的地方发掘出两只瓮棺葬，考察结果为汉墓。

2011 年梁振刚编《历代沧州诗选粹》收录明清时期武帝台相关诗词数首：

汉武亦痴人，神仙宁有哉。封禅临渤海，秋风登高台。复读句丽词，一样生悲哀。（清朝顺治时期长芦盐运使张璨作《武帝台》诗）

云烟漠漠大荒开，此日犹存武帝台。玉殿遐承金掌露，瑶池竟进紫霞

杯。如闻帝语空中降，恍睹仙踪海上来。琼岛蓬宫何处觅，惟余土块长莓苔。（清朝乾隆时期盐山县教谕刘文彦作《武帝台》诗）

武帝英武填胸臆，创制恢宏天八极。自谓承平一事无，思得神仙来休息。嵩呼三声意兴豪，旦夕之间似有天人来共遨。六龙急驾驱海上，层台高筑望巨鳌。一人慕仙不惮劳，一家事鬼苦相鏖。甘露白云事恍惚，不若各宫所得木人可以按数付法曹。却老方虚少君死，巫蛊狱具太子逃。上有好者下必甚，作之俑者抑犹未知转念一郁陶。望仙仙不来，海上一台郁风埃；思子子不来，湖上一台长蒿莱。青草白沙海上路，遥遥直接湖之隈。通天柏梁何处是，即此两台对峙已足以动后人哀。家之不齐谁之过，夫子不正贻之灾：董申赵汲皆人望，未闻风谏相追陪。田子千秋智何甚，一言能教天心回。盖自祀灶以来，至是始知事无显功皆虚妄，唾手欲挽日西颓。轮台诏下竟何补，当年事迹人能数。错认儒术在文章，欲使规模高千古。万里穷兵九州贫，半世求仙一身苦。今日海上台已倾，行人犹指台边土。雄才大略失德多，终不若惜彼百金不筑露台之君为令主。（清朝李裕霈作《武帝台怀古》诗）

通天初建柏梁火，北狩东巡志犹颇。神歌一唱交门宫，仿佛仙人向祠坐。求仙心急到蓬莱，更作临榆望海台，峻石当门猿鹤立，狂澜拍岸鱼龙回。燕齐方士终朝侍，神山离即灵仙至。落叶哀蝉不忍闻，妻孥脱屣本非易。骑鸾跨凤总荒唐，海上空传不死方。风雨萧萧茂陵树，台前谁爇返魂香？（清朝潘振甲作《武帝台怀古》诗）

城南一片寒鸦起，蜃楼万丈生海底。飓风吹浪高拍天，谁信神仙终不死。神仙仿佛居蓬莱，音容缥缈空徘徊。行人下马系枯树，秋风落日独登台。台高矗矗今已古，不是秦皇是汉武。芦蒿满地静无人，龜罥罘红覆土。当年武帝罢鏖战，卫霍勋名绘便殿。文成五利帛饭牛，七十二家竞封禅。一心欲觅长年药，抛弃鸾舆思跨鹤。登台翘首望方壶，帝王那及神仙乐。仓卒巫蛊起青宫，鼎湖冤结由江充。博望苑中春草绿，泉鸠水畔野花红。花开花落春风好，思子宫边春又老。夕阳重上望思台，西河泪洒心如捣。倾国倾城在何处，儿女英雄今始悟。可怜一诏下轮台，白云黄叶秋风来。吁嗟乎！不

求佛不求仙，几经沧海成桑田。留得此台葬魂魄，茂陵回首空云烟。（清朝道光时期华长卿作《武帝台怀古》诗）

2008年，武帝台被确定为河北省第五批省级重点文物保护单位，保护范围以武帝台台基边缘为基线，东扩30米，西扩50米，南扩50米，北扩50米。

北京大学考古文博学院高崇文教授《从黄骅考古发现谈战国秦汉时期对环渤海的开发》论述：

黄骅境内有武帝台，相传是汉武帝东巡海上时所筑。《水经注·清水》载："清河又东分为二水，枝津右出焉，东迳汉武帝故台北。《魏氏土地记》曰：章武县东一百里有武帝台，南北有二台，相去六十里，基高六十丈，俗云汉武帝东巡海上所筑。"后世文献多云武帝台是"燕齐之士为汉武求仙处"。但早期文献则云"汉武帝东巡海上所筑"，"汉武帝望海台"。以此观之，武帝台可能还是与汉代对渤海的开发、利用有关。《汉书·武帝纪》载，元封二年（前109年），"朝鲜王攻杀辽东都尉，乃募天下死罪击朝鲜"。斯年秋，武帝东巡至泰山，"作明堂于泰山下"，紧接着便"遣楼船将军杨仆、左将军荀彘将应募罪人击朝鲜"。《汉书·朝鲜传》则载："天子募罪人击朝鲜。其秋、遣楼船将军杨仆从齐浮渤海，兵五万，左将军荀彘出辽东，诛右渠。……楼船将齐兵七千人先至王险。"该卷末胡三省考证云："仆从齐浮渤海，盖自青莱以北，幽平以南，皆滨于海，其海通谓之渤海，非指渤海郡而言也。"青莱至幽平滨海之地多属齐国，汉武帝封齐孝王九子为侯之地多分布在这一带，前述齐孝王子阳已就被封至柳县为柳侯。杨仆所率齐兵也应是在这一带募集的，所以称之为"齐兵"。实际上，汉武帝在此前一年就已考察了这一带。《汉书·武帝纪》载，元封元年夏四月，武帝"登封泰山，降坐明堂。……行自泰山，复东巡海上，至碣石。自辽西历北边九原，归于甘泉"。不论此"碣石"是大山"碣石"，还是绥中"碣石"，由泰山至"碣石"总要到今黄骅一带海滨。黄骅一带自秦代以来就是大的出海港，有利于重兵乘船出海，近海一带的齐兵又具有丰富的航海经验，以此推测，杨仆率五万兵就应当是由此出海去朝鲜的。汉王朝东去朝鲜，设为四郡，这是当时的一件国家大事，汉武帝亲自到此地遣兵点将是完全可能的。综合上述分析，黄骅境内的“武帝台”就有可能是武帝“点将台”，而不是“求仙台”。

汉武帝“东临渤海，望祠蓬莱”，此台必与求仙有关，可知他必至徐市求仙侨居千童的丱兮城。正常来讲，他临海筑台，当在丱兮城之东。所以，康熙版与同治版《盐山县志》所绘“县志全图”上，均把武帝台标注于“丱兮城”正东。由此亦可推知，今之郛堤城可能实为“丱兮城”。“郛堤城”很可能是民间俗称“市底城”（徐市的城）的谐音。而现在被称为丱兮城遗址的，可能是柳（丘）国遗址。康熙版《盐山县志》首次记郛堤城，称又名“合骑城”；《盐法志》又记为“伏猗城”；同治版《盐山县志》又把郛堤城、伏猗城记作两个城；民间还有疑其为“武帝城”“无棣城”者。足见，“郛堤”只是俗语语音。另外，考古发现该城墙土质是沙土，有违正常筑城所用材质，极不坚实，应当是仓促之间，就地取土所建，以应临时之需，而非正常居民或军事之用。考古还发现，城外竟有密集的上千儿童瓮棺葬，不可思议！此或正为“千童”之本意。徐市当时可能在城内进行过神秘的祭祀和筛选、淘汰儿童的活动，细思极恐！贾恩绂《盐山新志》记，城内曾发现箭镞、头盔。这些有可能是徐市所携带。《史记》记：“方士徐市等入海求神药，数岁不得，费多，恐谴，乃诈曰：‘蓬莱药可得，然常为大鲛鱼所苦，故不得至，愿请善射与俱，见则以连弩射之。’”另外，徐市没必要在这么近的距离设两城，即今之所谓郛堤城和丱兮城来“侨居童男女”。总之，今“郛堤城”很可能即徐市所筑丱兮城，城内曾进行神秘祭祀，死掉上千童男女，给当地人造成巨大的心理阴影，致使这座城成为禁地，成为一座“被诅咒的城”，再无人敢进入使用，也无人敢破坏。只有隋唐时期，曾有人贪利，不顾此忌讳，在此烧制日用瓷器，时间很短暂就不干了。所以，这样一座沙土城几乎完好地保存了两千多年。

• 麻姑城、麻姑祠

麻姑城，晚清后已无城迹，址在今黄骅市齐家镇大麻沽村，村西北有麻姑祠

遗址，近代开挖北排河时埋于堤下。当地麻姑祭祀文化历汉唐至今两千余年流传有续，比福建沿海自北宋建妈祖庙供奉妈祖早一千多年。

乾隆版《沧州志·古迹》记载：

麻姑城，在沧州北。（《畿辅通志》）麻姑城在乾符废县界，汉武东巡至此，祀麻姑因名。（《寰宇记》）

民国《沧县志·古迹》记载：

麻姑城，《魏书·地形志》："章武县有大家姑祠，俗云海神，或云麻姑神，不云有城。"《寰宇记》："废乾符县有麻姑城，引《郡国志》云，汉武东巡至此祀麻姑，故有此名。亦无去县方向里数。”《大清一统志》称：“在沧州北。”吴伟业有《过麻姑城诗》。

明朝著名诗人吴伟业《吴梅村集》载其诗：

《过沧州麻姑城》：汉皇刻石祀麻姑，此地金支光有无？琼岛楼台迎鸟使，水衡盐铁待龙屠。中原烽火山东乱，军吏诛求海上租。不数戈船诸将在，玉坛缥缈诅匈奴。

清朝著名诗人王士禛《渔洋山人精华录》载其诗：

《河间从山公乞沧酒》：五畤新成礼百神，同时衔命帝城闉。朔风初过毛苌里，西日难遮庾亮尘。丹荔黄蕉炎海路，茂林修竹镜湖滨。今宵且乞麻姑酒，别后俱为万里人。

乾隆版《天津府志·诗文》记载：

《经麻姑城作（李之峰）》：天苍苍，水茫茫，风软沙平占道长。孤村远树苍烟外，一片夕阳烘大荒。行人荡臆豁双目，翻讶万里归尺幅。路旁陵丘埋荆榛，殷勤下马访樵牧。皤然一叟来徐徐，我其讯之为植锄。今朝瓦砾昔城阙，莞尔笑指废墟。传言好道汉孝武，元封之间屈指数。丹砂却老灶无灵，金茎擎露天何补。武皇求仙意转浓，恍惚如悟形与容。西驾

河間從山公乞滄酒

五畤新成禮百神同時啣命帝城闉朔風初過毛萇里西日難遮庾亮塵丹荔黃蕉炎海路茂林修竹鏡湖濱今宵且乞麻姑酒別後俱為萬里人

滄州古麻姑城

曾探王母宅，东巡更觅麻姑踪。当年此地为沧海，古来几度桑田改。蓬莱方丈并瀛州，遥隔一水但烟霭。筑坛东望坐可招，彷徨依稀见垂髫。珠帘月挂香云袅，画壁风微绣旆飘。麻姑遗事君知否？愿君少憩为君剖。鸡鸣一去果登仙，鹤返千年谁记寿。世人艳说王方平，尸解蝉蜕旧有名。忽招少女颜如玉，更来吴下驻行旌。蔡经自是阆苑客，欣扫蓬荜挹光泽。驾迎凰辇肃仪形，旋窥鸟爪负鞭策。至今犹忆玳筵开，镂金之盘紫霞杯。龙绡鸳绮眩银海，凤髓麟脯泄玉醅。别来一笑五百年，转眼沧桑几变迁。近见蓬莱水复浅，会看溟海又为田。一从异迹达天阙，祀等岳渎严对越。讵知可望不可即，幻影终同水底月。前有曼倩复千秋，婉讽直谏忠爱周。蓬莱宫里候仙人，一朝星散虾与鳅。君不见，封禅制，金声玉振缥缃丽，遗书司马虽千年，考瑞倪宽嘲万世。又不见，嵩高山，太室巍巍云汉间。但见三呼史有谀，浪传万岁神何悭。试看麻姑城头草，几度荣枯天地老。况君与我等蜉蝣，何劳吊古伤抱，君且行矣，我且笑指东林月又辉。

雍正版《新修长芦盐法志》记载：

汉武帝求仙海上，祀麻姑，其村故名麻姑村，即今大麻沽村。

民国徐世昌《麻姑城》诗：

麻姑城外路迢迢，南海行程此去遥。谁诵阮亭旧诗句，一尊沧酒送星轺。

麻姑形象最早记载于东晋葛洪《神仙传·王远传》：

王远，字方平，东海人也。举孝廉，除郎中，稍加至中散大夫，博学五经，尤明天文图、识河洛之要，逆知天下盛衰之期，九州吉凶，观诸掌握。后弃官入山修道，道成，汉孝桓帝闻之，连征不出，使郡牧逼载，以诣京师，远低头闭口，不肯答诏。乃题宫门扇板四百余字，皆说方来之事，帝恶之，使人削之，外字始去，内字复见，字墨皆彻入板里。方平无复子孙，乡里人累世相传共事之。同郡故太尉公陈耽，为方平架道室，旦夕朝拜之，但乞福消灾，不从学道。方平在耽家四十余年，耽家无疾病死丧，奴婢皆然，六畜繁息，田蚕万倍，仕宦高迁。后语耽云："吾期运将尽，当去，不得复停，明日日中，当发也。"至时，方平死，耽知其化去，不敢下著地，但悲涕叹息曰："先生舍我去耶，我将何如？"具棺器，烧香，就床上衣装之，至三日三夜，忽失其尸，衣带不解，如蛇蜕耳。方平去后百余日，耽亦死。或谓耽得方平之道化去，或谓方平知耽将终，委之而去也。

其后，方平欲东之括苍山，过吴，往胥门蔡经家。经者，小民也，骨相当仙，方平知之，故往其家。遂语经曰："汝生命应得度世，故欲取汝以补仙官，然汝少不知道，今气少肉多，不得上升，当为尸解耳。尸解一剧须臾，如从狗窦中过耳。"告以要言，乃委经去后，经忽身体发热如火，欲得水灌，举家汲水以灌之，如沃焦石，似此三日中，消耗骨立，乃入室以被自覆，忽然失其所在。视其被中，惟有皮头足具，如今蝉蜕也。去十余年，忽然还家，去时已老，还更少壮，头发还黑。语其家云："七月七日，王君当来过，到其日，可所作数百斛饮食，以供从官。"乃去。到期日，其家假借盆瓮作饮食数百斛，罗列覆置庭中，其日方平果来，未至经家，则闻金鼓箫管人马之声，比近，皆惊，不知何所在。及至经家，举家皆见方平，著远游冠，朱服虎头鞶囊，五色绶带剑，少须，黄色，长短中型人也。乘羽车，驾五龙，龙各异色，麾节幡旗，前后导从，威仪奕奕如大将军也。有十二玉壶，皆以腊蜜封其口，鼓吹皆乘麟，从天上下，悬集，不从道行也。既至，从官皆隐，不知所在，惟见方平坐耳。须臾，引见经父母兄弟，因遣人召麻姑相问，亦莫知麻姑是何神也。言方平敬报，久不在民间，今集在此，想姑能暂来语否？有顷，信还，但闻其语，不见所使人也。答言："麻姑再拜，不见忽已五百余年，尊卑有序，修敬无阶思念，烦信承来，在彼登当倾倒，而先被记当案行蓬莱，今便暂住，如是当还，还便亲觐。愿未即去，如此两时间。"麻姑来，来时亦先闻人马之声，既至，从官当半于方平也。麻姑至，蔡经亦举家见之。是好女子，年十八九许，于顶中作髻，余发散垂至腰，其衣有文章而非锦绮，光彩耀日，不可名字，皆世所无有也。入拜方平，方平为之起立。坐定，召进行厨，皆金玉杯盘无限也，肴膳多是诸花果，而香气达于内外，擘脯而行之松柏炙，云是麟脯也。麻姑自说："接待以来，已见东海三为桑田，向到蓬莱，水又浅于往昔，会时略半也，岂将复还为陵陆乎。"方平笑曰："圣人皆言，海中行复扬尘也。"麻姑欲见蔡经母及妇侄，时经弟妇新产数十日，麻姑望见，乃知之曰："噫，且止，勿前。"即求少许米至，得米，便以撒地，谓以米祛其秽也，视米皆成真珠。方平笑曰："姑故少年也，吾老矣，不喜复作此曹辈狡狯变化也。"方平语经家人曰："吾欲赐汝辈酒，此酒乃出天厨，其味醇酿，非俗人所宜饮，饮之或能烂肠，今当以水和之，汝辈勿怪也。"乃以一升酒合水一斗，搅之，以赐经家人，人饮一升许，皆醉。良久，酒尽，方平语左右曰："不足复还取也。"以千钱与余杭姥，相闻求其酤酒。须臾信还，得一油囊，酒五十斗许，信传余杭姥答言，恐地上酒不中尊者饮耳。又麻姑手爪不如人爪形，蔡经心中私言，若背大痒时，得此爪以爬背，当佳也。方平已知经心中所言，即使人牵经鞭之，曰："麻姑，神人也，汝何忽谓其爪可以爬背耶？"便见鞭著经背，亦不见有人持鞭者。方平告经曰："吾鞭不可妄得也。"

经比舍有姓陈者，失其名字，尝罢县尉。闻经家有神人，乃诣门叩头，求乞拜见，于是方平引前与语，此人边乞得驱使，比于蔡经。方平曰："君且起，可向日立。"方平从后视之曰："噫，君心不正，影不端，终不可教以仙道，当授君地上主者之职。"临去以一符并一传著小箱中，以与陈尉，告言："此不能令君度世，止能令君竞本寿，寿自出百岁也，可以消灾治病，病者命未终，及无罪犯者，以符到其家，便愈矣。若有邪鬼血食作祸者，带此传以来社吏，当收送其鬼。君心中亦当知其轻重，临时以意治之。"陈尉以此符治病，有效事之者数百家，陈尉寿一百一十一岁而死，死后，其子孙行其符，不复效矣。

方平去后，经家所作饮食数百斛，在庭中者悉尽，亦不见人饮食之也。经父母私问经曰："王君是何神人？复居何处？"经答曰："常治昆仑山，往来罗浮山括苍山，此三山上，皆有宫殿，宫殿一如王宫，王君常任天曹事，悉关王君，王君出时，或不尽将百官，惟乘一黄麟，将数十人侍，每行，常见山林在下，去地当数百丈，所到，山海之神皆来奉迎拜谒，或有千道者。”

后数年，经复暂归家，方平有书与陈尉，真书廓落大而不工。先是无人知方平名远者，起此，乃因陈尉书知之。其家于今，世世存录王君手书及其符传于小箱中，秘之也。

（二）人物事迹

康熙版《盐山县志 · 寓贤》记载：

考古名贤所至，山川景物藉以不朽，地以人重信矣。棠阴茇憩，逮久弥思；德星聚临，历世如在。余微可溯，僻壤与有光焉。因博采其遗泽在人令德足式者，即偶尔税驾，亦谨书之，殆懿好之，不容已焉。志寓贤。

旧志所载人物除本地籍贯的前贤外，还包括曾寓居本地的名贤，如封国诸侯、郡县长官等，通过史书相关记载，亦可略知当时风土民情，本书也择其著名者载入。有的本地前贤仅郡籍可考，县籍无考，本书亦收入，与有光焉。旧志记入人物考辨不足者，本书也略作补证。

- **章武侯窦广国**

《史记 · 外戚世家》记载：

窦皇后兄窦长君，弟曰窦广国，字少君。少君年四五岁时，家贫，为人所略卖，其家不知其处。传十余家至宜阳，为其主入山作炭，暮卧岸下百余人，岸崩，尽压杀卧者，少君独得脱不死。自卜数日当为侯，从其家之长安。闻窦皇后新立，家在观津，姓窦氏。广国去时虽小，识其县名及姓，又常与其姊采桑堕，用为符信，上书自陈。窦皇后言之于文帝，召见，问之，具言其故，果是。又复问他何以为验？对曰："姊去我西时，与我决于传舍中，丐沐沐我，请食饭我，乃去。"于是窦后持之而泣，泣涕交横下。侍御左右皆伏地泣，助皇后悲哀。乃厚赐田宅金钱，封公昆弟，家于长安。绛侯、灌将军等曰："吾属不死，命乃且县此两人。两人所出微，不可不为择师傅宾客，又复效吕氏大事也。"于是乃选长者士之有节行者与居。窦长君、少君由此为退让君子，不敢以尊贵骄人。窦皇后病，失明。文帝幸邯郸慎夫人、尹姬，皆毋子。孝文帝崩，孝景帝立，乃封广国为章武侯。长君前死，封其子彭祖为南皮侯。

《史记·张丞相列传》记载：

张苍免相，孝文帝欲用皇后弟窦广国为丞相，曰："恐天下以吾私广国。"广国贤有行，故欲相之，念久之不可，而高帝时大臣又皆多死，余见无可者，乃以御史大夫嘉为丞相。

《汉书·外戚恩泽侯表》记载：

姓名谥号	章武景侯窦广国
侯状户数	以皇太后弟侯，万一千户。
始封	孝文后七年六月乙卯封，七年薨。
子	孝景七年，共侯定嗣，十八年薨。
孙	元光三年，侯常生嗣，十年，元狩元年坐谋杀人，未杀，免。
曾孙	
玄孙	

据以上记载可知，公元前 157 年，刚刚即位的汉景帝封其舅窦广国为章武侯，从此章武县成为其封国。章武有一万一千户人口，为当时大县。《汉书·百

官公卿表》记载：

县令、长，皆秦官，掌治其县。万户以上为令，秩千石至六百石。减万户为长，秩五百石至三百石。皆有丞、尉，秩四百石至二百石，是为长吏。百石以下有斗食、佐史之秩，是为少吏。大率十里一亭，亭有长。十亭一乡，乡有三老、有秩、啬夫、游徼。三老掌教化。啬夫职听讼，收赋税。游徼徼循禁贼盗。县大率方百里，其民稠则减，稀则旷，乡、亭亦如之，皆秦制也。列侯所食县曰国，皇太后、皇后、公主所食曰邑，有蛮夷曰道。凡县、道、国、邑千五百八十七，乡六千六百二十二，亭二万九千六百三十五。

窦广国身世传奇，周勃、灌婴等权臣担心吕氏外戚悲剧重演，曾为其择师友，故颇有德行、才能，“为退让君子，不敢以尊贵骄人”“贤有行”，汉文帝一度欲任命他为宰相。他的姐姐窦猗房作为汉文帝皇后、汉景帝太后，汉武帝太皇太后，极有权威，可以想见其封国章武必为富庶之地。之后，章武国传至窦广国的孙子窦常生，于公元前 122 年免除侯爵封国。章武复为县。

- **宛乡侯刘隆**

《汉书 · 王子侯表》记载：

姓名谥号	宛乡侯隆
族属	楚思王子
始封	（元始五年）闰月丁酉封，四年免。

西汉元始五年即公元 5 年，汉平帝封刘隆（汉宣帝孙子楚思王刘衍之子）为宛乡侯，侯国封地无考，公元 9 年王莽篡汉，国除。

同治版《盐山县志》记载：

宛乡城。城今无考，按《水经注》，浮水自浮阳东北，迳高城县之宛乡城。又无棣沟迳乐陵郡北，又东屈而北出，又东转迳宛乡故城南。考此城与章武县城约其方隅，均在盐山西北境，而章武名最著，宛乡侯封故只称城，固不同章武故城之可名故县也。

贾恩绂《盐山新志》记载：

宛乡。《水经注》凡二见：一云，无棣沟由高乐故城东分为二渎，又东迳乐陵郡北，又东屈北出，又东转迳苑乡县（县字疑衍）故城南，又东南迳高成县故城南；一云，浮水于浮阳县界东北迳高成县之苑乡城北，又迳章武县故城北。以方隅考之，二水相距甚远，无棣所经，在今治之南；浮水所经，在今治之西北，至近亦不下六七十里，决非一地。《同治志》主在北之说，谓城今无考，而不疑两说之抵牾，盖尝参稽史文，乃知城南之宛乡为其本地，城北之宛乡盖侯封也。南宛乡本隶重合，疑在今乐陵境内。北宛乡乃汉平帝元始元年所封刘隆之地。郦氏独系以高城，此正与不属高城之宛乡为别白之词耳。惟两城皆不详其处。明初李柳西笔记谓，齐之甘罗城在汉为宛乡城，又云，刘隆故封在大留里（即旧城）。据郦说方隅应在今常郭左右。果尔，则南北两宛乡皆在今境之内矣。惟单文孤证，不知其所据何书，不敢目为定论也（郦既云在章武故县西，大留里之说自不为确）。盖宛乡即宛（苑）康之故里。《康传》章怀注，重合在乐陵城西。今乐陵北境即盐山，则重合为县之时，其北境与高城亦必参错。甘罗城在高城故县之南稍西。以方隅而论，李氏之说尚不谬于郦氏，惜无载籍可证，不得不以宛乡宛康归之乐陵，但据北宛乡侯封为我有耳（《初学记》云："宛乡今在盐城县界，城即山字之讹。"）至宛乡或作苑乡，《水经注》旧刻作宛，今刻改作苑。《渊明集》，宛康作宛。《北魏志》云，重合有苑康冢，作苑。今《汉书》或讹作范。《万姓通谱》以为宛苑姓通，然以北方姓氏而言，苑姓多而宛姓希见，则各书作宛乡宛康者，或悉当作苑欤。

贾恩绂所记"北宛乡乃汉平帝元始元年所封刘隆之地"，时间有误，平帝封刘隆为元始五年。

- **平曲侯公孙昆（浑）邪**

《史记 · 孝景本纪》记载，汉景帝封浑邪为平曲侯：

> 六年春，封中尉绾为建陵侯，江都丞相嘉为建平侯，陇西太守浑邪为平曲侯，赵丞相嘉为江陵侯，故将军布为鄃侯。

《史记 · 卫将军骠骑列传》记载，汉景帝封公孙贺父公孙浑邪为平曲侯，后坐法失侯：

> 将军公孙贺。贺，义渠人，其先胡种。贺父浑邪，景帝时为平曲侯，坐法失侯。贺，武帝为太子时舍人。武帝立八岁，以太仆为轻车将军，军马邑。后四岁，以轻车将军出云中。后五岁，以骑将军从大将军有功，封为南窌侯。

《史记 · 绛侯周勃世家》记载，汉景帝封周勃子周坚为平曲侯，至汉武帝时期有罪国除：

> （周亚夫）因不食五日，呕血而死。国除。绝一岁，景帝乃更封绛侯勃他子坚为平曲侯，续绛侯后。十九年卒，谥为共侯。子建德代侯，十三年，为太子太傅。坐酎金不善，元鼎五年，有罪，国除。

《史记 · 三王世家》记载，汉宣帝封广陵王刘胥一子为平曲侯：

> 会昭帝崩，宣帝初立，缘恩行义，以本始元年中，裂汉地，尽以封广陵王胥四子：一子为朝阳侯；一子为平曲侯；一子为南利侯；最爱少子弘，立以为高密王。

《汉书·公孙刘田王杨蔡陈郑传》记载：

公孙贺字子叔，北地义渠人也。贺祖父昆邪，景帝时为陇西守，以将军击吴楚有功，封平曲侯，著书十余篇。

《汉书·艺文志》记载：

公孙浑邪十五篇。平曲侯……右阴阳二十一家，三百六十九篇。

《汉书·地理志》记载：

东海郡（高帝置。莽曰沂平。属徐州），户三十五万八千四百一十四，口百五十五万九千三百五十七。县三十八……平曲，莽曰平端……平曲，侯国。莽曰端平。

由上可见，平曲侯国应属东海郡，传承有序，似与黄骅无关。今《黄骅市志》（2013年版）记，西汉黄骅市域“建过6个侯国，即柳丘侯国、章武侯国、平曲侯国、柳侯国、合骑侯国、宛乡侯国”，似有误。

- **合骑侯公孙敖**

《史记·卫将军骠骑列传》记载：

将军公孙敖，义渠人。以郎事武帝。武帝立十二岁，为骑将军，出代，亡卒七千人，当斩，赎为庶人。后五岁，以校尉从大将军有功，封为合骑侯。后一岁，以中将军从大将军，再出定襄，无功。后二岁，以将军出北地，后骠骑期，当斩，赎为庶人。后二岁，以校尉从大将军，无功。后十四岁，以因杅将军筑受降城。七岁，复以因杅将军再出击匈奴，至余吾，亡士卒多，下吏，当斩，诈死，亡居民间五六岁。后发觉，复系。坐妻为巫蛊，族。凡四为将军，出击匈奴，一侯。

该传还记载了元朔五年（前 124）公孙敖跟从卫青北征匈奴立军功，被封侯时汉武帝的诏词：

护军都尉公孙敖三从大将军击匈奴，常护军，傅校获王，以千五百户封敖为合骑侯。

《史记索隐》注解“合骑侯”：

非邑地，而以战功为号。谓以军合骠骑，故云“合骑”，若“冠军”“从骠”然也。

《汉书·景武昭宣元成功臣表》记载：

号谥姓名	合骑侯公孙敖
功状户数	以护军都尉三从大将军击匈奴，至右王庭得王侯，元朔六年，从大将军，益封，九千五百户。
始封	以五年四月丁未封，至元狩二年，坐将兵击匈奴与骠骑将军期，后，畏懦当斩，赎罪。
子	
孙	
曾孙	
	高城

前载贾恩绂《盐山新志》“郛堤城”条论此甚详，公孙敖之合骑侯与黄骅无关。

- **隽不疑刚正明决**

《汉书·隽疏薛平彭传》记载：

隽不疑，字曼倩，勃海人也。治《春秋》，为郡文学，进退必以礼，名闻州郡。武帝末，郡国盗贼群起，暴胜之为直指使者，衣绣衣，持斧，逐捕盗贼，督课郡国，东至海，以军兴诛不从命者，威振州郡。胜之素闻不疑贤，至勃海，遣吏请与相见。不疑冠进贤冠，带櫑具剑，佩环玦，褒衣博带，盛服至门上谒。门下欲使解剑，不疑曰："剑者君子武备，所以卫身，不可解。请退。"吏白胜之。胜之开合延请，望见不疑容貌尊严，衣冠甚伟，胜之屣履起迎。登堂坐定，不疑据地曰："窃伏海濒，闻暴公子威名旧矣，今乃承颜接辞。凡为吏，太刚则折，太柔则废，威行施之以恩，然后树功扬名，永终天禄。"胜之知不疑非庸人，敬纳其戒，深接以礼意，问当世所施行。门下诸从事皆州郡选吏，侧听不疑，莫不惊骇。至昏夜，罢去。胜之遂表荐不疑，征诣公交车，拜为青州刺史。久之，武帝崩，昭帝即位，而齐孝王孙刘泽交结郡国豪杰谋反，欲先杀青州刺史。不疑发觉，收捕，皆伏其辜。擢为京兆尹，赐钱百万。京师吏民敬其威信。每行县录囚徒还，其母辄问不疑："有所平反，活几何人？"即不疑多有所平反，母喜笑，为饮食语言异于他时；或亡所出，母怒，为之不食。故不疑为吏，严而不残。始元五年，有一男子乘黄犊车，建黄旐，衣黄襜褕，著黄冒，诣北阙，自谓卫太子。公交车以闻，诏使公卿将军中二千石杂识视。长安中吏民聚观者数万人。右将军勒兵阙下，以备非常。丞相御史中二千石至者（立）〔并〕莫敢发言。京兆尹不疑后到，叱从吏收缚。或曰："是非未可知，且安之。"不疑曰："诸君何患于卫太子！昔蒯聩违命出奔，辄距而不纳，春秋是之。卫太子得罪先帝，亡不即死，今来自诣，此罪人也。"遂送诏狱。天子与大将军霍光闻而嘉之，曰："公卿大臣当用经术明于大谊。"繇是名声重于朝廷，在位者皆自以不及也。大将军光欲以女妻之，不疑固辞，不肯当。久之，以病免，终于家。京师纪之。后赵广汉为京兆尹，言"我禁奸止邪，行于吏民，至于朝廷事，不及不疑远甚"。廷尉验治何人，竟得奸诈。本夏阳人，姓成名方遂，居湖，以卜筮为事。有故太子舍人尝从方遂卜，谓曰："子状貌甚似卫太子。"方遂心利其言，几得以富贵，即诈自称诣阙。廷尉逮召乡里识知者张宗禄等，方遂坐诬罔不道，要斩东市。一〔云〕姓张名延年。……赞曰：隽不疑学以从政，临事不惑，遂立名迹，终始可述。

史书记隽不疑为西汉勃海郡人，又言绣衣直指暴胜之“东至海”而不疑请与相见，可见其有可能为黄骅市域中人。其刚正明决，不媚权贵，实显此方水土之民风。其母教子为善，尤为动人。

- **龚遂治勃海**

《汉书·循吏传》记载：

龚遂，字少卿，山阳南平阳人也。以明经为官，至昌邑郎中令，事王贺。贺动作多不正，遂为人忠厚，刚毅有大节，内谏争于王，外责傅相，引经义，陈祸福，至于涕泣，蹇蹇亡已。面刺王过，王至掩耳起走，曰：“郎中令善愧人。”及国中皆畏惮焉。王尝久与驺奴宰人游戏饮食，赏赐亡度，遂入见王，涕泣行，左右侍御皆出涕。王曰：“郎中令何为哭？”遂曰：“臣痛社稷危也！愿赐清闲竭愚。”王辟左右，遂曰：“大王知胶西王所以为无道亡乎？”王曰：“不知也。”曰：“臣闻胶西王有谀臣侯得，王所为拟于桀纣也，得以为尧舜也。王说其谄谀，尝与寝处，唯得所言，以至于是。今大王亲近群小，渐渍邪恶所习，存亡之机，不可不慎也。臣请选郎通经术有行义者与王起居，坐则诵诗书，立则习礼容，宜有益。”王许之。遂乃选郎中张安等十人侍王。居数日，王皆（去逐）〔逐去〕安等。久之，宫中数有妖怪，王以问遂，遂以为有大忧，宫室将空，语在昌邑王传。会昭帝崩，亡子，昌邑王贺嗣立，官属皆征入。王相安乐迁长乐卫尉，遂见安乐，流涕谓曰：“王立为天子，日益骄溢，谏之不复听，今哀痛未尽，日与近臣饮食作乐，斗虎豹，召皮轩，车九流，驱驰东西，所为悖道。古制宽，大臣有隐退，今去不得，阳狂恐知，身死为世戮，奈何？君，陛下故相，宜极谏争。”王即位二十七日，卒以淫乱废。昌邑群臣坐陷王于恶不道，皆诛，死者二百余人，唯遂与中尉王阳以数谏争得减死，髡为城旦。宣帝即位，久之，渤海左右郡岁饥，盗贼并起，二千石不能禽制。上选能治者，丞相御史举遂可用，上以为渤海太守。时遂年七十余，召见，形貌短小，宣帝望见，不副所闻，心内轻焉，谓遂曰："渤海废乱，朕甚忧之。君欲何以息其盗贼，以称朕意？"遂对曰："海濒遐远，不沾圣化，其民困于饥寒而吏不恤，故使陛下赤子盗弄陛下之兵于潢池中耳。今欲使臣胜之邪，将安之也？"上闻遂对，甚说，答曰："选用贤良，固欲安之也。"遂曰："臣闻治乱民犹治乱绳，不可急也；唯缓之，然后可治。臣愿丞相御史且无拘臣以文法，得一切便宜从事。"上许焉，加赐黄金，赠遣乘传。至渤海界，郡闻新太守至，发兵以迎，遂皆遣还，移书属县悉罢逐捕盗贼吏。诸持鉏钩田器者皆为良民，吏无得问，持兵者乃为盗贼。遂单车独行至府，郡中翕然，盗贼亦皆罢。渤海又多劫略相随，闻遂教令，实时解散，弃其兵弩而持钩锄。盗贼于是悉平，民安土乐业。遂乃开仓廪假贫民，选用良吏，尉安牧养焉。遂见齐俗奢侈，好末技，不田作，乃躬率以俭约，劝民务农桑，令口种一树榆、百本㒸、五十本、一畦韭，家二母彘、五鸡。民有带持刀剑者，使卖剑买牛，卖刀买犊，曰："何为带牛佩犊！"春夏不得不趋田亩，秋冬课收敛，益蓄困实菱芡。劳来循行，郡中皆有畜积，吏民皆富实。狱讼止息。数年，上遣使者征遂，

议曹王生愿从。功曹以为王生素耆酒，亡节度，不可使。遂不忍逆，从至京师。王生日饮酒，不视太守。会遂引入宫，王生醉，从后呼，曰：“明府且止，愿有所白。”遂还问其故，王生曰：“天子即问君何以治渤海，君不可有所陈对，宜曰‘皆圣主之德，非小臣之力也’。”遂受其言。既至前，上果问以治状，遂对如王生言。天子说其有让，笑曰：“君安得长者之言而称之？”遂因前曰：“臣非知此，乃臣议曹教戒臣也。”上以遂年老不任公卿，拜为水衡都尉，议曹王生为水衡丞，以褒显遂云。水衡典上林禁苑，共张宫馆，为宗庙取牲，官职亲近，上甚重之，以官寿卒。

此则记载，可见当时勃海郡当时多为齐国故地，故曰“齐俗奢侈，好末技，不田作”云云，“末技”指工商业，似与当时章武有渔盐之利有关。王生为勃海郡人，知人多智。

《汉书·王贡两龚鲍传》记载：

鲍宣，字子都，渤海高城人也。好学明经，为县乡啬夫，守束州丞。后为都尉太守功曹，举孝廉为郎，病去官，复为州从事。大司马卫将军王商辟宣，荐为议郎，后以病去。哀帝初，大司空何武除宣为西曹掾，甚敬重焉，荐宣为谏大夫，迁豫州牧。岁余，丞相司直郭钦奏：“宣举错烦苛，代二千石署吏听讼，所察过诏条。行部乘传去法驾，驾一马，舍宿乡亭，为众所非。”宣坐免。归家数月，复征为谏大夫。宣每居位，常上书谏争，其言少文多实。是时帝祖母傅太后欲与成帝母俱称尊号，封爵亲属，丞相孔光、大司空师丹、何武、大司马傅喜始执正议，失傅太后指，皆免官。丁、傅子弟并进，董贤贵幸，宣以谏大夫从其后，上书谏曰：窃见孝成皇帝时，外亲持权，人人牵引所私以充塞朝廷，妨贤人路，浊乱天下，奢泰亡度，穷困百姓，是以日蚀且十，彗星四起。危亡之征，陛下所亲见也，今奈何反复剧于前乎！朝臣亡有大儒骨鲠，白首耆艾，魁垒之士；论议通古今，喟然动众心，忧国如饥渴者，臣未见也。敦外亲小童及幸臣董贤等在公门省户下，陛下欲与此共承天地，安海内，甚难。今世俗谓不智者为能，谓智者为不能。昔尧放四罪而天下服，今除一吏而众皆惑；古刑人尚服，今赏人反惑。请寄为奸，群小日进。国家空虚，用度不足。民流亡，去城郭，盗贼并起，吏为残贼，岁增于前。凡民有七亡：阴阳不和，水旱为灾，一亡也；县官重责更赋租税，二亡也；贪吏并公，受取不已，三亡也；豪强大姓蚕食亡厌，四亡也；苛吏繇役，失农桑时，五亡也；部落鼓鸣，男女遮迣，六亡也；盗贼劫略，取民财物，七亡也。七亡尚可，又有七死：酷吏殴杀，一死也；治狱深刻，二死也；冤陷亡辜，三死也；盗贼横发，四死也；怨仇相残，五死也；岁恶饥饿，六死也；时气疾疫，七死也。民有七亡而无一得，欲望国安，诚难；民有七死而无一生，欲望刑措，诚难。此非公卿守相贪残成化之所致邪？群臣幸得居尊官，食重禄，岂有肯加恻隐于细民，助陛下流教化者邪？志但在营私家，称宾客，为奸利而已。以苟容曲从为贤，以拱默尸禄为智，谓如臣宣等为愚。陛下擢臣岩穴，诚冀有益豪毛，岂徒欲使臣美食大官，重高门之地哉！天下乃皇天之天下也，陛下上为皇天子，下为黎庶父母，为天牧养元元，视之当如一，合尸鸠之诗。今贫民菜食不厌，衣又穿空，父子夫妇不能相保，诚可为酸鼻。陛下不救，将安所归命乎？奈何独私养外亲与幸臣董贤，多赏赐以大万数，使奴从宾客浆酒霍肉，苍头庐儿皆用致富！非天意也。及汝昌侯傅商亡功而封。夫官爵非陛下之官爵，乃天下之官爵也。陛下取非其官，官非其人，而望天说民服，岂不难哉！方阳侯孙宠、宜陵侯息夫躬辩足以移众，强可用独立，奸人之雄，或世尤剧者也，宜以时罢退。及外亲幼童未通经术者，皆宜令休就师傅。急征故大司马傅喜使领外亲。故大司空何武、师丹、故丞相孔光、故左将军彭宣，经皆更博士，位皆历三公，智谋威信，可与建教化，图安危。龚胜为司直，郡国皆慎选举，三辅委输官不敢为奸，可大委任也。陛下前以小不忍退武等，海内失望。陛下尚能容亡功德者甚众，曾不能忍武等邪！治天下者当用天下之心为心，不得自专快意而已也。上之皇天见谴，下之黎庶怨恨，次有谏争之臣，陛下苟欲自薄而厚恶臣，天下犹不听也。臣虽愚戆，独不知多受禄赐，美食太官，广田宅，厚妻子，不与恶人结雠怨以安身邪？诚迫大义，官以谏争为职，不敢不竭愚。惟陛下少留神明，览五经之文，原圣人之至意，深思天地之戒。臣宣呐钝于辞，不胜惓惓，尽死节而已。上以宣名儒，优容之。是时郡国地震，民讹言行筹，明年正月朔日蚀，上乃征孔光，免孙宠、息夫躬，罢侍中诸曹黄门郎数十人。宣复上书言：陛下父事天，母事地，子养黎民，即位已来，父亏明，母震动，子讹言相惊恐。今日蚀于三始，诚可畏惧。小民正月朔日尚恐毁败器物，何况于日亏乎！陛下深内自责，避正殿，举直言，求过失，罢退外亲及旁仄素餐之人，征拜孔光为光禄大夫，发觉孙宠、息夫躬过恶，免官遣就国，众庶歙然，莫不说喜。天人同心，人心说则天意解矣。乃二月丙戌，白虹奸日，连阴不雨，此天有忧结未解，民有怨望未塞者也。侍中驸马都尉董贤本无葭莩之亲，但以令色谀言自进，赏赐亡度，竭尽府藏，并合三第尚以为小，复坏暴室。贤父子坐使天子使者将作治第，行夜吏卒皆得赏赐。上冢有会，辄太官为供。海内贡献当养一君，今反尽之贤家，岂天意与民意邪！天（下）〔不〕可久负，厚之如此，反所以害之也。诚欲哀贤，宜为谢过天地，解仇海内，免遣就国，收乘舆器物，还之县官。如此，可以父子终其性命；不者，海内之所仇，未有得久安者也。孙宠、息夫躬不宜居国，可皆免以视天下。复征何武、师丹、彭宣、傅喜，旷然使民易视，以应天心，建立大政，以兴太平之端。高门去省户数十步，求见出入，二年未省，欲使海濒仄陋自通，远矣！愿赐数刻之间，极竭罜罜之思，退入三泉，死亡所恨。上感大异，纳宣言，征何武、彭宣，旬月皆复为三公。拜宣为司隶。时哀帝改司隶校尉但为司隶，官比司直。丞相孔光四时行园陵，官属以令行驰道中，宣出逢之，使吏钩止丞相掾史，没入其车马，摧辱宰相。事下御史，中丞侍御史至司隶官，欲捕从事，闭门不肯内。宣坐距闭使者，亡人臣礼，大不敬，不道，下廷尉狱。博士弟子济南王咸举幡太学下，曰："欲救鲍司隶者会此下。"诸生会者千余人。朝日，遮丞相孔光自言，丞相车不得行，又守阙上书。上遂抵宣罪减死一等，髡钳。宣既被刑，乃徙之上党，以为其地宜田牧，又少豪俊，易长雄，遂家于长子。平帝即位，王莽秉政，阴有篡国之心，乃风州郡以罪法案诛诸豪桀，及汉忠直臣不附己者，宣及何武等皆死。时名捕陇西辛兴，兴与宣女婿许绀俱过宣，一饭去，宣不知情，坐系狱，自杀。……世祖即位……两龚、鲍宣子孙皆见褒表，至大官。赞曰：……王、贡之材，优于龚、鲍。守死善道，胜实蹈焉。

《汉书 · 何武王嘉师丹传》记载：

元始三年，吕宽等事起。时大司空甄丰承莽风指，遣使者乘传案治党与，连引诸所欲诛，上党鲍宣，南阳彭伟、杜公子，郡国豪桀坐死者数百人。

《汉书 · 儒林传》记载：

伏生，济南人也，故为秦博士。孝文时，求能治尚书者，天下亡有，闻伏生治之，欲召。时伏生年九十余，老不能行，于是诏太常，使掌故朝错往受之。秦时禁书，伏生壁藏之，其后大兵起，流亡。汉定，伏生求其书，亡数十篇，独得二十九篇，即以教于齐、鲁之间。齐学者由此颇能言尚书，山东大师亡不涉尚书以教。伏生教济南张生及欧阳生。张生为博士，而伏生孙以治尚书征，弗能明定。是后鲁周霸、雒阳贾嘉颇能言尚书云。欧阳生字和伯，千乘人也。事伏生，授倪宽。宽又受业孔安国，至御史大夫，自有传。宽有俊材，初见武帝，语经学。上曰："吾始以尚书为朴学，弗好，及闻宽说，可观。"乃从宽问一篇。欧阳、大小夏侯氏学皆出于宽。宽授欧阳生子，世世相传，至曾孙高子阳，为博士。高孙地余长宾以太子中庶子授太子，后为博士，论石渠。元帝即位，地余侍中，贵幸，至少府。戒其子曰："我死，官属即送汝财物，慎毋受。汝九卿儒者子孙，以廉洁著，可以自成。"及地余死，少府官属共送数百万，其子不受。天子闻而嘉之，赐钱百万。地余少子政为王莽讲学大夫。由是尚书世有欧阳氏学。林尊字长宾，济南人也。事欧阳高，为博士，论石渠。后至少府、太子太傅，授平陵平当、梁陈翁生。当至丞相，自有传。翁生信都太傅，家世传业。由是欧阳有平、陈之学。翁生授琅邪殷崇、楚国龚胜。崇为博士，胜右扶风，自有传。而平当授九江朱普公文、上党鲍宣。普为博士，宣司隶校尉，自有传。徒众尤盛，知名者也。

《后汉书·卓茂传》记载：

初，茂与同县孔休、陈留蔡勋、安众刘宣、楚国龚胜、上党鲍宣六人同志，不仕王莽时，并名重当时。

《后汉书·徐璆传》记载：

献帝迁许，以廷尉征，当诣京师，道为袁术所劫，授璆以上公之位。璆乃叹曰："龚胜、鲍宣，独何人哉？守之必死！"术不敢逼。术死军破，璆得其盗国玺，及还许，上之，并送前所假汝南、东海二郡印绶。司徒赵温谓璆曰："君遭大难，犹存此邪？"璆曰："昔苏武困于匈奴，不队七尺之节，况此方寸印乎？"后拜太常，使持节拜曹操为丞相。操以相让璆，璆不敢当。卒于官。

《后汉书·蔡邕列传》记载：

蔡邕字伯喈，陈留圉人也。六世祖勋，好黄老，平帝时为郿令。王莽初，授以厌戎连率。勋对印绶仰天叹曰："吾策名汉室，死归其正。昔曾子不受季孙之赐，况可事二姓哉？"遂携将家属，逃入深山，与鲍宣、卓茂等同不仕新室。

宋《太平御览》记载：

列异传曰：故司隶校尉上党鲍子都少时上计掾，于道中遇一书生独行，时无伴，卒得心痛。子都下车为按摩。奄忽而亡，不知姓名。有素书一卷、银十饼。即卖一饼以殡，其余银及素书着腹上。咒之曰：若子魂灵有知，当令子家知子在此。今使命不获久留。遂辞而去。至京师，有骢马随之，人莫能得近，唯子都得近。子都归行失道，遇一关内侯家。日暮住宿，见主人，呼奴通刺。奴出见马，入白侯曰：外客盗骑昔所失骢马。侯曰：鲍子都上党高士，必应有语。侯曰：若此乃吾马，昔年无故失之。子都曰：昔年上计遇一书生，卒死道中。具述其事。侯乃惊愕曰：此吾儿也！侯迎丧，开椁视银书如言。侯乃举家诣阙上荐，子都声名遂显至，子永、孙昱并为司隶。及其为公，皆乘骢马。故京师歌曰：鲍氏骢，三入司，再入公，马虽疲行步转工！咸集教曰：司隶校尉旧号卧虎，诚以举纲而万目理，提领而众毛顺。

同治《盐山县志》卷末《轶事》亦载此事。

黄骅市博物馆编《黄骅文物志·聚落址》记载：

鲍家庄遗址。遗址位于旧城镇旧城村西北 300 米，东临 205 国道，南为东北排干渠，遗址西北角有一现代取土坑。遗址南北长 300 米，东西宽 200 米，面积 60000 平方米。形状基本呈长方形，中部隆起，高约 1 米，四周低缓，呈龟背形。第二次文物普查时发现地表暴露遗物有绳纹砖、绳纹瓦及瓷器残片。第三次文物普查，采集酱釉瓷片、白瓷片、钧窑青瓷片、青花瓷片等标本，多为碗、瓮的底足和口沿。根据遗物推断，遗址为汉、宋、金、明几个时期聚落址。2012 年 9 月被黄骅市人民政府公布为黄骅市第三批县级文物保护单位。

鲍宣守死善道，道德、学问为一世楷模！史书记其为勃海郡高成县人，具体为何乡村无载。今黄骅市旧城镇区北有汉代遗址，其地名为“鲍家庄”，汉时属高城县，后延续至明代，极有可能为鲍宣故邑。附近地区再无含“鲍”字的村名。

• 桓少君鹿车共挽

《后汉书 · 列女传》记载：

勃海鲍宣妻者，桓氏之女也，字少君。宣尝就少君父学，父奇其清苦，故以女妻之，装送资贿甚盛。宣不悦，谓妻曰：“少君生富骄，习美饰，而吾实贫贱，不敢当礼。”妻曰：“大人以先生修德守约，故使贱妾侍执巾栉。既奉承君子，唯命是从。”宣笑曰：“能如是，是吾志也。”妻乃悉归侍御服饰，更著短布裳，与宣共挽鹿车归乡里。拜姑礼毕，提瓮出汲。修行妇道，乡邦称之。宣、哀帝时官至司隶校尉。子永，中兴初为鲁郡太守。永子昱从容问少君曰：“太夫人宁复识挽鹿车时不？”对曰：“先姑有言：‘存不忘亡，安不忘危。’吾焉敢忘乎！”

《后汉书 · 列女传》又记载：

> 汝南袁隗妻者，扶风马融之女也，字伦。隗已见前传。伦少有才辩。融家世丰豪，装遣甚盛。及初成礼，隗问之曰："妇奉箕帚而已，何乃过珍丽乎？"对曰："慈亲垂爱，不敢逆命。君若欲慕鲍宣、梁鸿之高者，妾亦请从少君、孟光之事矣。"

古人讲夫妻恩爱常用两个典故：一曰举案齐眉，二曰鹿车共挽，或合称鸿案鹿车。由桓少君可见汉时这方百姓民风淳厚，妇道贤良。

- **鲍永不坠家风**

《后汉书 · 鲍永传》记载：

> 鲍永，字君长，上党屯留人也。父宣，哀帝时任司隶校尉，为王莽所杀。永少有志操，习欧阳《尚书》。事后母至孝，妻尝于母前叱狗，而永即去之。
>
> 初为郡功曹。莽以宣不附己，欲灭其子孙。都尉路平承望风旨，规欲害永。太守苟谏拥护，召以为吏，常置府中。永因于为谏陈兴复汉室，翦灭篡逆之策。谏每戒永曰："君长机事不密，祸倚人门。"永感其言。及谏卒，自送丧归扶风。路平遂收永弟升。太守赵兴到，闻乃叹曰："我受汉茅土，不能立节，而鲍宣死之，岂可害其子也！"来县出升，复署永功曹。时有矫称侍中止传舍者，兴欲谒之。永疑其诈，谏不听而出，兴遂驾往，永乃拔佩刀截马当匈，乃止。后数日，莽诏书果下捕矫称者，永由是知名。举秀才，不应。
>
> 更始二年征，再迁尚书仆射，行大将军事，持节将兵，安集河东、并州、朔部，得自置偏裨，辄行军法。永至河东，因击青犊，大破之，更始封为中阳侯。永虽为将率，而车服敝素，为道路所识。
>
> 时赤眉害更始，三辅道绝。光武即位，遣谏议大夫储大伯，持节征永诣行在所。永疑不从，乃收系大伯，遣使驰至长安。既知更始已亡，乃发丧，出大伯等，封上将军列侯印绶，悉罢兵，但幅巾与诸将及同心客百余人诣河

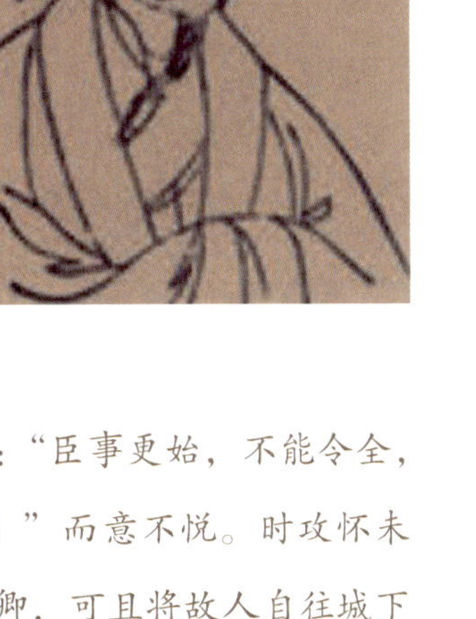

内。帝见永，问曰："卿众所在？"永离席叩头曰："臣事更始，不能令全，诚惭以其众幸富贵，故悉罢之。"帝曰："卿言大！"而意不悦。时攻怀未拔，帝谓永曰："我攻怀三日而兵不下，关东畏服卿，可且将故人自往城下譬之。"即拜永谏议大夫。至怀，乃说更始河内太守，于是开城而降。帝大喜，赐永洛阳商里宅，固辞不受。

时董宪裨将屯兵于鲁，侵害百姓，乃拜永为鲁郡太守。永到，击讨，大破之，降者数千人。唯别帅彭丰、虞休、皮常等各千余人，称"将军"，不肯下。顷之，孔子阙里无故荆棘自除，从讲堂至于里门。永异之，谓府丞及鲁令曰："方今危急而阙里自开，斯岂夫子欲令太守行礼，助吾诛无道邪？"乃会人众，修乡射之礼，请丰等共会观视，欲因此禽之。丰等亦欲图永，乃持牛酒劳飨，而潜挟兵器。永觉之，手格杀丰等，禽破党与。帝嘉其略，封为关内侯，迁扬州牧。时南土尚多寇暴，永以吏人痍伤之后，乃缓其衔辔，示诛强横而镇抚其余，百姓安之。会遭母忧，去官，悉以财产与孤弟子。

建武十一年，征为司隶校尉。帝叔父赵王良尊戚贵重，永以事劾良大不敬，由是朝廷肃然，莫不戒慎。乃辟扶风鲍恢为都官从事，恢亦抗直不避强御。帝常曰："贵戚且宜敛手，以避二鲍。"其见惮如此。

永行县到霸陵，路经更始墓，引车入陌，从事谏止之。永曰："亲北面事人，宁有过墓不拜！虽以获罪，司隶所不避也。"遂下拜，哭尽哀而去。西至扶风，椎牛上苟谏冢。帝闻之，意不平，问公卿曰："奉使如此何如？"

太中大夫张湛对曰：“仁者行之宗，忠者义之主也。仁不遗旧，忠不忘君，行之高者也。”帝意乃释。

后大司徒韩歆坐事，永固请之不得，以此忤帝意，出为东海相。坐度田事不实，被征，诸郡守多下狱。永至成皋，诏书逆拜为兖州牧，便道之官。视事三年，病卒。子昱。

论曰：鲍永守义于故主，斯可以事新主矣。耻以其众受宠，斯可以受大宠矣。若乃言之者虽诚，而闻之未譬，岂苟进之悦，易以情纳，持正之忤，难以理求乎？诚能释利以循道，居方以从义，君子之概也。

昱字文泉。少传父学，客授于东平。建武初，太行山中有剧贼，太守戴涉闻昱鲍永子，有智略，乃就谒，请署守高都长。昱应之，遂讨击群贼，诛其渠帅，道路开通，由是知名。后为沘阳长，政化仁爱，境内清净。

荆州刺史表上之，再迁，中元元年，拜司隶校尉。诏昱诣尚书，使封胡降檄。光武遣小黄门问昱有所怪不？对曰：“臣闻故事通官文书不著姓，又当司徒露布，怪使司隶下书而著姓也。”帝报曰：“吾故欲令天下知忠臣之子复为司隶也。”昱在职，奉法守正，有父风，永平五年，坐救火迟，免。

后拜汝南太守。郡多陂池，岁岁决坏，年费常三千余万。昱乃上作方梁石洫，水常饶足，溉田倍多，人以殷富。

十七年，代王敏为司徒，赐钱帛什器帷帐，除子得为郎。建初元年，大旱，谷贵。肃宗召昱问曰：“旱既大甚，将何以消复灾眚？”对曰：“臣闻圣人理国，三年有成。今陛下始践天位，刑政未著，如有失得，何能致异？但臣前在汝南，典理楚事，系者千余人，恐未能尽当其罪。先帝诏言，大狱一起，冤者过半。又诸徙者骨肉离分，孤魂不祀。一人呼嗟，王政为亏。宜一切还诸徙家属，蠲除禁锢，兴灭继绝，死生获所。如此，和气可致。”帝纳其言。

四年，代牟融为太尉。六年，薨，年七十余。

子德，修志节，有名称，累官为南阳太守。时岁多荒灾，唯南阳丰穰，吏人爱悦，号为神父。时郡学久废，德乃修起横舍，备俎豆黻冕，行礼奏乐。又尊飨国老，宴会诸儒。百姓观者，莫不劝服。在职九年，征拜大司农，卒于官。

子昂，字叔雅，有孝义节行。初，德被病数年，昂俯伏左右，衣不缓带；及处丧，毁瘠三年，抱负乃行；服阕，遂潜于墓次，不关时务。举孝廉，辟公府，连征不至，卒于家。

《后汉书·冯衍传》记载：

更始二年，遣尚书仆射鲍永行大将军事，安集北方……永既素重衍，为且受使得自置偏裨，乃以衍为立汉将军，领狼孟长，屯太原，与上党太守田邑等缮甲养士，捍卫并土。

及世祖即位，遣宗正刘延攻天井关，与田邑连战十余合，延不得进。邑迎母弟妻子，为延所获。后邑闻更始败，乃遣使诣洛阳献壁马，即拜为上党太守。因遣使者招永、衍，永、衍等疑不肯降。……永、衍审知更始已殁，乃共罢兵，幅巾降于河内。帝怨衍等不时至，永以立功得赎罪，遂任用之，而衍独见黜。永谓衍曰："昔高祖赏季布之罪，诛丁固之功。今遭明主，亦何忧哉！"衍曰："记有之，人有挑其邻人之妻者，挑其长者，长者詈之，挑其少者，少者报之，后其夫死而取其长者。或谓之曰：'夫非骂尔者邪？'曰：'在人欲其报我，在我欲其骂人也。'夫天命难知，人道易守，守道之臣，何患死亡？"顷之，帝以衍为曲阳令，诛斩剧贼郭胜等，降五千余人，论功当封，以谗毁，故赏不行。

- **王调上书救师**

《后汉书·李杜列传》记载：

后岁余，甘陵刘文、魏郡刘鲔各谋立蒜为天子，梁冀因此诬固与文、鲔共为妖言，下狱。门生勃海王调贯械上书，证固之枉，河内赵承等数十人亦要鈇锧诣阙通诉，太后明之，乃赦焉。及出狱，京师市里皆称万岁。冀闻之大惊，畏固名德终为己害，乃更据奏前事，遂诛之，时年五十四。

乾隆版《沧州志·人物·忠义》记载：

王调，渤海人，太尉李固门生也，固为梁冀所诬，策免下狱。调贯械上书以证其枉。公族进阶，渤海人危言深论，不隐豪强，公卿以下莫不畏其贬议。

王调冒死上书，营救其师李固。李固为东汉名臣，被外戚梁冀迫害致死。

- **天下卧虎巴恭祖**

《后汉书·党锢列传》记载：

巴肃，字恭祖，勃海高城人也。初察孝廉，历慎令、贝丘长，皆以郡守非其人，辞病去。辟公府，稍迁拜议郎。与窦武、陈蕃等谋诛阉官，武等遇害，肃亦坐党禁锢。中常侍曹节后闻其谋，收之。肃自载诣县，县令见肃，入合解印绶与俱去。肃曰："为人臣者，有谋不敢隐，有罪不逃刑。既不隐其谋矣，又敢逃其刑乎？"遂被害。刺史贾琮刊石立铭以记之。

《后汉书·党锢列传》又记载：

自是正直废放，邪枉炽结，海内希风之流，遂共相摽搒，指天下名士，

为之称号。上曰“三君”，次曰“八俊”，次曰“八顾”，次曰“八及”，次曰“八厨”，犹古之“八元”“八凯”也……郭林宗、宗慈、巴肃、夏馥、范滂、尹勋、蔡衍、羊陟为“八顾”。顾者，言能以德行引人者也。

《后汉书·党锢列传》又记载：

大长秋曹节因此讽有司奏捕前党故司空虞放、太仆杜密、长乐少府李膺、司隶校尉朱寓、颍川太守巴肃、沛相荀翌、河内太守魏朗、山阳太守翟超、任城相刘儒、太尉掾范滂等百余人，皆死狱中。

晋陶潜《广群辅录》记载汉末党人“八顾”：

有道太原介休郭泰，字林宗，天下和雍郭林宗；太常陈留圉夏馥，字子治，天下慕恃夏子治；尚书令河南巩尹勲，字伯元，天下英藩尹伯元；河南尹太山平阳羊陟，字嗣祖，天下清苦羊嗣祖；议郎东郡阳平刘儒，字叔林，天下珐金刘叔林；冀州刺史陈国项蔡衍，字孟喜，天下雅志蔡孟喜；颍川太守渤海高城巴肃，字恭祖，天下卧虎巴恭祖；议郎南阳安众宗慈，字孝初，天下通儒宗孝初。

民国贾恩绂《盐山新志》记载：

巴肃墓。据范书，肃，高城人，被收时自载诣县，既遇害，刺史贾琮刊石立铭以记之。其墓自在盐山，非若鲍氏后迁潞安也。今巴姓多居东北乡，云其祖墓在周家庄之西，地名盘古店，疑肃墓当在是。惟其子孙少闻人，遂致湮没耳。然名贤风义兴起百世，固不当听其湮也。姑志之，以为表章之先声云。

由“今巴姓多居东北乡”似可知巴肃家在当时高城东北，即今黄骅市域。

• 陆康治高城

《后汉书 · 陆康传》记载：

陆康，字季宁，吴郡吴人也。祖父续，在《独行传》。父褒，有志操，连征不至。康少仕郡，以义烈称，刺史臧旻举为茂才，除高成令。县在边垂，旧制，令户一人具弓弩以备不虞，不得行来。长吏新到，辄发民缮修城郭。康至，皆罢遣，百姓大悦。以恩信为治，寇盗亦息，州郡表上其状。光和元年，迁武陵太守，转守桂阳、乐安二郡，所在称之。

时灵帝欲铸铜人，而国用不足，乃诏调民田，亩敛十钱。而比水旱伤稼，百姓贫苦。康上疏谏曰："臣闻先王治世，贵在爱民。省徭轻赋，以宁天下，除烦就约，以崇简易，故万姓从化，灵物应德。末世衰主，穷奢极侈，造作无端，兴制非一，劳割自下，以从苟欲，故黎民吁嗟，阴阳感动。陛下圣德承天，当隆盛化，而卒被诏书，亩敛田钱，铸作铜人，伏读惆怅，悼心失图。夫十一而税，周谓之彻。彻者通也，言其法度可通万世而行也。故鲁宣税亩，而蝝灾自生；哀公增赋，而孔子非之。岂有聚夺民物，以营无用之铜人；捐舍圣戒，自蹈亡王之法哉！传曰：'君举必书，书而不法，后世何述焉？'陛下宜留神省察，改敝从善，以塞兆民怨恨之望。"书奏，内幸因此谮康援引亡国，以譬圣明，大不敬，槛车征诣廷尉。侍御史刘岱典考其事，岱为表陈解释，免归田里。复征拜议郎。

会庐江贼黄穰等与江夏蛮连结十余万人，攻没四县，拜康庐江太守。康申明赏罚，击破穰等，余党悉降。帝嘉其功，拜康孙尚为郎中。献帝即位，天下大乱，康蒙险遣孝廉计吏奉贡朝廷，诏书策劳，加忠义将军，秩中二千石。时袁术屯兵寿春，部曲饥饿，遣使求委输兵甲。康以其叛逆，闭门不通，内修战备，将以御之。术大怒，遣其将孙策攻康，围城数重。康固守，吏士有先受休假者，皆遁伏还赴，暮夜缘城而入。受敌二年，城陷。月余，发病卒，年七十。宗族百余人，遭离饥厄，死者将半。朝廷愍其守节，拜子俊为郎中。

少子绩，仕吴为郁林太守，博学善政，见称当时。幼年曾谒袁术，怀橘憧地者也，有名称。

裴松之注《三国志》引谢承《后汉书》记载：

康，字季宁，少惇孝悌，勤修操行，太守李肃察孝廉。肃后坐事伏法，康敛尸送丧还颍川，行服，礼终，举茂才，历三郡太守，所在称治，后拜庐江太守。

《三国志·吴书·陆逊传》记载：

陆逊，字伯言，吴郡吴人也。本名议，世江东大族。逊少孤，随从祖庐江太守康在官。袁术与康有隙，将攻康，康遣逊及亲戚还吴。逊年长于康子绩数岁，为之纲纪门户。

《三国志·吴书·陆绩传》记载：

陆绩，字公纪，吴郡吴人也。父康，汉末为庐江太守。绩年六岁，于九江见袁术。术出橘，绩怀三枚，去，拜辞堕地，术谓曰："陆郎作宾客而怀橘乎？"绩跪答曰："欲归遗母。"术大奇之。孙策在吴，张昭、张纮、秦松为上宾，共论四海未泰，须当用武治而平之，绩年少末坐，遥大声言曰："昔管夷吾相齐桓公，九合诸侯，一匡天下，不用兵车。孔子曰：'远人不服，则修文德以来之。'今论者不务道德怀取之术，而惟尚武，绩虽童蒙，窃所未安也。"昭等异焉。

绩容貌雄壮，博学多识，星历算数无不涉览。虞翻旧齿名盛，庞统荆州令士，年亦差长，皆与绩友善。孙权统事，辟为奏曹掾，以直道见惮，出为郁林太守，加偏将军，给兵二千人。绩既有躄疾，又意存儒雅，非其志也。虽有军事，著述不废，作浑天图，注易释玄，皆传于世。豫自知亡日，乃为辞曰："有汉志士吴郡陆绩，幼敦诗、书，长玩礼、易，受命南征，遘疾逼厄，遭命不永，呜呼悲隔！”又曰：“从今已去，六十年之外，车同轨，书同文，恨不及见也。”年三十二卒。长子宏，会稽南部都尉，次子睿，长水校尉。

陆康（126—195），东汉末名臣，曾任高成县令，后为汉室死节。三国名将陆逊由他抚养成人。陆逊率领吴军打败刘备的夷陵之战与官渡之战、赤壁之战并称三国时期三大战役。其子陆绩也是一代风流人物。

汉儒吕图

同治版《盐山县志·人物志·儒林》记载：

汉，吕图，字世阶，名字见汉隶书《鲁峻碑》。考峻治鲁诗兼颜氏春秋，学为儒宗，图则其高弟也。熹平元年，峻卒，图与同门为峻立碑。碑阴载姓名，上层门生十七人，首列沛国谯人丁直，次即渤海蒿城吕图，知图实峻门都讲，必通经硕儒矣。末列渤海量合梁愘，下层门生二十人，有渤海南皮刘扶、刘盛名，皆图同郡人。郑浃漈谓，此碑蔡邕书。《后汉·郡国志》，渤海郡属无量合、蒿城。“量”当是“重”，“蒿”即“高”也。

汉《鲁峻碑》碑阴拓片（部分）

吕图，字世阶，东汉晚期大儒鲁峻的得意门生，担任“都讲”，类似助教之职。鲁峻去世后，他与同门为之树碑立传，并署名于碑阴。该碑为汉隶名碑，流传至今，颇有影响。

伍　魏晋南北朝

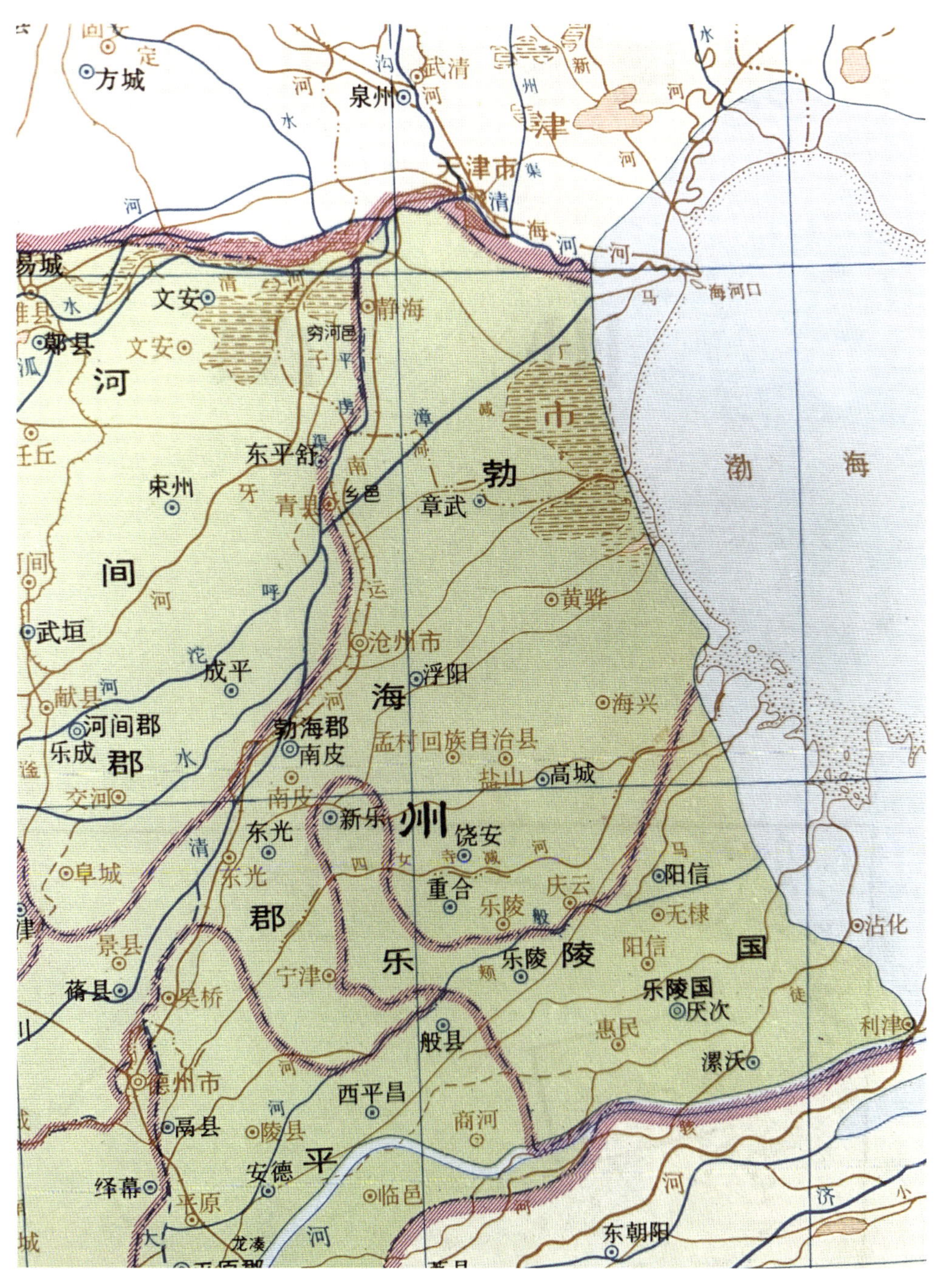

三国时期主要属冀州勃海郡，域内设章武县，部分属高城县（据谭其骧《中国历史地图集·三国》）

西晋主要属冀州章武郡国章武县，部分属勃海郡高城县。（据谭其骧《中国历史地图集 · 西晋》）十六国时期，曾先后属成汉、后赵、冉魏、前燕、前秦、后燕、魏等，所属郡县与西晋略同

南北朝时期先后属魏、东魏、北齐、北周治下瀛州（沧州）章武郡章武县和浮阳郡高城县（据谭其骧《中国历史地图集 · 南北朝》）

《渤海学刊》1993 年第 4 期刊载海兴学者刘立鑫《渤海郡和章武郡的历史沿革》:

渤海郡设于西汉初，废于唐初，持续了八百年。章武郡设于东汉末，废于隋初，存在了近四百年。二郡的设置对渤海西沿岸地区的封建政治经济起过重要作用。

西汉建立后，在地方实行郡（王国）县（侯国、道、邑）制。高祖五年（前 202 年）分巨鹿、济北二郡（一说分齐、巨鹿，广阳三郡）置勃海郡，以东滨渤海得名，治所在浮阳（今河北沧县东南旧州镇)。初期，境内设有浮阳、高成（都尉驻地)、东光、千童、高乐、临乐、南皮、阜成、中邑、章武、柳、东平舒、文安、安次、柳丘、阳信等县与侯国。武帝时为了加强中央对地方的控制，将全国分为十三州刺史部，勃海郡属幽州刺史部。此时勃海郡所辖县（侯国）大部分保留下来。并新增了重合、成平、柳、参户、合骑、平曲、修市、東州、重平、广、定等侯国。昭帝后，又封增了景成、建成、蒲领、章乡等侯国。到了平帝元始二年（2 年）勃海郡辖有浮阳、阳信、东光、阜成、千童、重合、南皮、章武、中邑、高成、高乐、成平、东平舒、重平、安次、文安、東州、建成、定、参户、柳、临乐、修市、景成、章乡、浦领，共 26 个县与侯国，256377 户，905119 口人。此时，勃海郡北界广阳、渔阳郡；西界河间、涿郡；南界信都、平原郡；东滨海。大致相当今天津市、河北安次以南，河北文安，泊头、卓城以东，山东陵县、乐陵、无棣以北的地区。面积约 16000 平方公里。

西汉末，王莽改十三州刺史部为十二州，并大改郡县名。勃海郡改为迎河郡，治浮城，属幽州，仍领勃海郡所属 26 县，其中 11 县更名：浮阳改称浮城、阜城改称昌城、章武改称桓章、中邑改称检阴、高乐改称为乡、容乐改为乐亭、南皮改为迎河亭、修市改称居宁、成平改为泽亭、阳信改为东顺亭、柳改为柳亭。

东汉初，光武帝复十三刺史部制与西汉郡县名，并革新吏制、兼并郡县。章帝建初四年（79 年）东光改隶乐成国。和帝永元二年（90 年）阜成、成平、文安、东平舒、束州五县改隶河间国。永元六年（94年）勃海郡由幽州刺史部改属冀州刺史部。永元七年（95年）东光还属。永元八年（96年），安次改隶广阳郡。同年，信都国的修县划归郡属。从光武帝到和帝初，阳信、定、中邑、高乐、千童、柳、临乐、重平、修市、景成、章乡、蒲领、建成等县（侯国）被并废。安帝延光元年（122年）复阳信县治。同年，勃海郡治由浮阳迁往南皮（河北南皮东北）。顺帝永和五年（140年）时，勃海郡辖南皮、高成、重合、浮阳、东光、章武、修、阳信八个县与候国，132389户，1106500口人。郡境北界广阳、渔阳郡，西界河间、安平、清河国，南界平原、乐安国，东临勃海。大致相当今天津市以南，南运河以东，南界与前汉略同，面积约12000平方公里。灵帝时在千童故城置饶安县。献帝建安十八年（213年）分平原、勃海郡地置乐陵郡，阳信属乐陵郡。建安末，分河间的文安、东平舒、束州，勃海的章武，置章武郡、治东平舒（今河北大城），属冀州。东汉末期，郡县二级制已变成州、郡、县三级制。魏晋南北朝时，随着州郡的不断增设，勃海郡的范围缩小，南方还出现了侨置的勃海郡。章武郡没有太大的变化。

曹魏时勃海郡并入阜成（由河间还）、广川（由清河划归）二县，领南皮、东光、浮阳、饶安、高城、重合、修、阜成、广川九县。魏末，章武郡废，所属县还属。魏武帝泰始元年（265年）复章武郡治改名章武国，仍治东平舒、领原辖四县。勃海郡改称勃海国，所属县没变。咸宁三年（277年）勃海国复称勃海郡，并析修县置东安陵县属郡。太康元年（280年），勃海郡领县十，九县同魏，又加东安陵，四万户。郡境南界乐陵、平原郡，北界章武国，西界安平、河间国、东际渤海。大致相当今沧州市、海兴县以南，南运河以东，马颊河以北地区，面积约8000平方公里。章武国统东平舒、文安、束州、章武四县，一万三千户。境地南界勃海郡，西界河间国，北界燕、渔阳，东滨渤海。大致相当今大清河、海河以南，文安、大城以东，沧州市、海兴县以北的地区。面积约5000平方公里。太康十年（289年）勃海郡废，所领县并入清河国。惠帝太安元年（302年）复设勃海郡于南皮，仍领原属各县。晋末，勃海的广川、阜城县划入广川郡。十六国时，勃海、章武国（郡）先后为后赵、冉魏、前燕、前秦、后燕、南燕的冀州所辖。所领县同魏晋略同。

北魏太武帝初（424年），勃海郡改为渤海郡，又改为沧水郡。所属东安陵，称安陵。正平元年（451年）重合入安陵。文成帝太安四年（458年）沧水郡治由南皮移至东光（今东光城关）孝文帝太和十一年（487年）分定、冀州地设瀛州，治赵军都城（今河间城关）。同年析沧水郡的饶安、高城、浮阳，章武郡的章武，在浮阳置浮阳郡。浮阳、章武郡属瀛州，沧水郡仍属冀州。太和十八年（494年）复设重合属沧水郡。太和二十一年（497年）沧水郡改称渤海郡。太和二十二年（498年）复设平昌属渤海郡。宣武帝景明初浮阳郡废，所属县入章武郡。延昌二年（513年）河间郡的成平划入章武郡。孝明帝熙平二年（517年）分冀，瀛州地设沧州，治饶安（今盐山旧县镇）。同年，复浮阳郡治于浮阳，属沧州，冀州渤海郡的重合、平昌划归沧州乐陵郡。正光中（522—523年）分浮阳章武县北地置西章武县，属章武郡。东魏孝静帝兴和三年（541年）绾流民在高城县立东西河郡与隰城县，武定七年（549年）罢。武定时，渤海郡领东光、南皮、修、安陵四县，37972户，140482口人。辖区大致相当今东光、南皮、景县、吴桥的大部分区域，面积约2600平方公里。浮阳郡领饶安、浮阳、高城、章武四县，26880户，98458口人。辖地大致相当今黄骅、沧县、盐山、孟村、海兴的大部分区域，面积约3700平方公里。章武郡领平舒、束州、成平、文安、西章武五县，38754户，162870口人。辖境大致相当今青县、大城、文安、静海的大部分、黄骅、河间、泊头、沧县的小部分区域，面积约5000平方公里。北齐文宣帝天保二年（551年）章武县废入高城县。天保七年（556年）束州县废入文安、平舒县，西章武县废入高城、文安县。北周静帝大象二年（580年）置长芦县，属章武郡。

隋实现国家统一，并对行政区划进行调整。唐兴道制，废止郡治。隋文帝开皇元年（581年）分浮阳、河间、章武郡地，在长芦置漳河郡（今沧州市），属瀛州。开皇三年（583年），罢渤海、章武、浮阳、漳河四郡，所领县分属冀、瀛、沧州。开皇六年（586年）以废乐陵郡地置棣州，治阳信

（今山东阳信县西南）。同年置无棣县，属沧州。开皇十六年（596年）于长芦县治（今沧州市）置景州。同年，设滴河、蒲台，复厌次，均属棣州。又设浮水属沧州。开皇十八年（598年）改高城为盐山、浮阳为清池县。炀帝大业二年（606年）改并沧、棣州为沧州。大业三年（607年）改沧州为渤海郡，治阳信。同年，废景州。浮水县废入盐山县。隋末，渤海郡辖阳信、乐陵、饶安、南皮、清池、盐山、厌次、无棣、滴河、蒲台十县，122909户。郡北界河间，西界平原，南界齐、北海郡，东临渤海。面积约13000平方公里。唐高祖武德元年（618年）改渤海郡为沧州，治清池县（今沧县旧州）。

（一）遗址遗迹

• 曹操修的平虏渠

建安十一年（206），曹操为北征乌桓，用兵前开凿平虏渠，经今黄骅市齐家务镇乾符村（乾符故城）附近。

《三国志·魏书·武帝纪》记载：

> 三郡乌丸承天下乱，破幽州，略有汉民合十余万户。袁绍皆立其酋豪为单于，以家人子为己女，妻焉。辽西单于蹋顿尤强，为绍所厚，故尚兄弟归之，数入塞为害。公将征之，凿渠，自呼沲入泒水（泒音孤），名平虏渠；又从沟河口（沟音句）凿入潞河，名泉州渠，以通海。

唐李吉甫《元和郡县图志》卷十八记载：

> 平虏渠，在（沧州鲁城县）郭内。魏武北伐匈奴开之。

宋乐史《太平寰宇记》第六十五卷记载：

平虏渠在（沧州乾符）县南二百步，魏建安中于此穿平虏渠以通漕运，北伐匈奴，又筑城在渠之左，大海在县东一十四里。

民国《沧县志·疆域沿革》记载：

按《寰宇记》称，魏武于建安中北伐，穿平虏渠，在乾符县南二百步，又筑城于渠之左。据《元和志》，此渠即在鲁城县郭内。

历史地理学家史念海《中国的运河》记载：

唐鲁城县在今沧州市东北，青县正东，西距青县不下五六十里。这里正是汉时滹沲水流经的地方。那时的泒水流经今静海县之北。今静海县南距青县以东的鲁城故县并不很远，平虏渠开凿在这里乃是很有可能的。

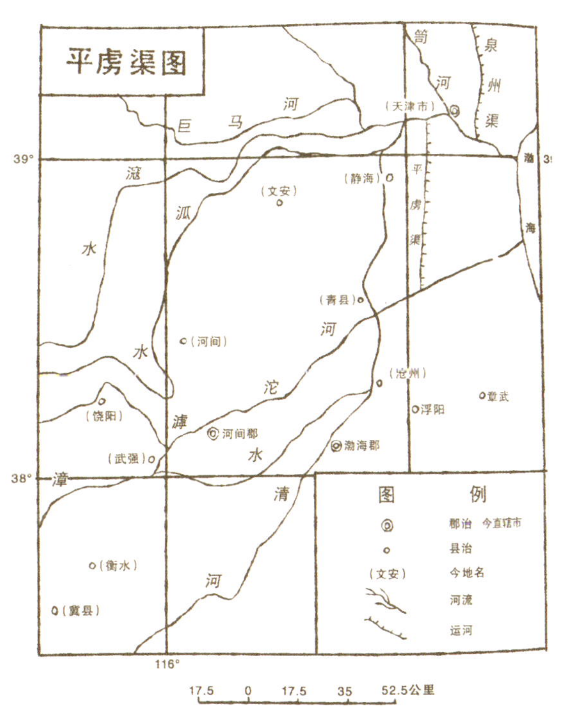

史念海《中国的运河》附图十三《平虏渠图》

• 石勒煮盐的角飞城、漂榆邑

漂榆城、角飞城遗址在今羊二庄乡海丰镇村南。十六国时期，后赵石勒曾派人在此地煮盐，为当时重要盐产地。

《水经注》卷九记载：

> 清河又东迳漂榆邑故城南，俗谓之角飞城。《赵记》云：石勒使王述煮盐于角飞。即城异名矣。《魏土地记》曰：高城县东北一百里，北尽漂榆，东临巨海，民咸煮海水，藉盐为业。即此城也。清河自是入于海。

民国《盐山新志》记载：

> 赵石勒据柳镇为角飞城，石虎以地滨漂榆津，号为漂渝城。水经注谓：漂榆故城俗谓之角飞城，石勒使王述煮盐角飞城者同城异名是也。唐宋号通商镇，辽金号海丰镇。元末移镇杨二庄，由是柳无镇之名。今柳亭北尚名海丰镇，沿其名，实一村落也。

• 北朝佛教造像

黄骅市博物馆现藏北朝佛教汉白玉石造像 60 余尊，都是上世纪 80 年代初在旧城镇旧城村和滕庄子镇岭庄村出土。它们反映了北朝时期黄骅市域人民宗教文化活动的情况。

黄骅市博物馆编《高城佛光——黄骅市博物馆藏北朝石刻造像菁华》（上海书画出版社 2020 年 9 月第 1 版）中收录了河北省博物院原副院长刘建华著《黄骅出土白石造像研究》：

> 一九八〇年初冬，黄骅市区南约二十公里的旧城镇旧城村，村民动土中发现了石造像，当即报告有关部门，遂后由黄骅县文化馆文物干部魏兰香率人对此地进行了清理。此次清理出土的石造像共计五十八件（块）。一九八一年在黄骅市西南约十五公里的滕庄子乡岭庄村发现了六件石造像。

两次出土的石造像均为白石造像，完整者甚少，大多仅残存基座，刻有发愿文的有五十二件，其中刻有纪年发愿文的四十四件。这是黄骅及沧州乃至整个冀东南地区历年来出土数量最多的佛教造像，为研究这一地区的古代佛教信仰与社会生活提供了珍贵的实物资料。

古黄骅地区在北朝时主要经历了北魏、东魏、北齐三个北方王朝近二百年的统治，但它远离当时的政治中心，以其得天独厚的渔业、农业和盐业滋养着生活在这片土地上的黄骅人，他们的精神信仰主要是佛教。那么都有哪些人信仰佛教，他们信仰佛教的哪些内容呢？古黄骅地区的佛教造像有哪些特点？这在文献中是找不到的，恰恰是这批出土的白石造像，特别是刻有发愿文的白石造像，为我们揭示了其中的历史谜团。

一、佛教信仰与白石造像的出现

佛教作为一种外来的宗教信仰何时传入河北尚无明确记载，据史料推测：至迟在公元三世纪末佛教信仰已传播到河北境内的古中山地区。公元四世纪至六世纪下半叶，河北经历了十六国时期的后赵、冉魏、前燕、后燕和北朝时期的北魏、东魏、北齐等北方王朝的统治。

其中十六国时期，后赵统治河北时间最长，由于统治者石勒、石虎崇信西域高僧佛图澄，致使佛教在后赵全境得以快速发展，佛教造像作为佛教信徒顶礼膜拜的尊像随之流行，并形成了自己的艺术风格。佛教传播与发展的中心地区主要集中在古邺城和古中山地区。现存纪年最早迄今我们见到最早中国佛教造像也发现于这两个地区。

北朝时期，北魏拓跋氏统治河北时间最长，从道武帝皇始二年（三九七）占领中山至孝武帝永熙二年（五三四）亡国，长达一百三十七年，因此，发现的各种质地的佛教造像数量较多。东魏从建国到灭亡仅存十六年（五三四—五五〇），发现的造像数量并不多。北齐高氏统治河北地区虽然只有二十七年（五五〇—五七七），但所发现的造像数量远远超过了北魏。特别是白石造像，工艺精湛，造像精美，创造了河北佛教造像艺术的鼎盛繁荣，在中国佛教史上留下了灿烂辉煌的篇章。

以白色的大理石制作佛教造像，是河北地区有别于其他地区的佛教造像。十九世纪以来被零星发现并大多流失海外，故鲜为人知。五十年代至今，随着白石佛教造像的陆续出土，越来越引起了学术界的广泛关注。目前已公布的数据显示，白石造像的发现地点有三十余处，主要集中在河北中南部及邻近的山西、山东地区，造像时间大致从北魏、东魏、北齐至隋、唐，宋、明时期在个别地区仍可见到白石造像。发现白石造像数量最多的有两处，一处是一九五三年至一九五四年发掘的曲阳修德寺佛教造像埋葬坑，出土石造像及残件两千两百余件。因另一处是二〇一二年在临漳县习文乡吴庄村北发掘的佛教造像埋葬坑，出土石造像及残件两千八百九十五件，加之大量的造像碎片，总数量近三千块，所出土的造像大多数是白石造像。所用的白石，白润如玉，俗称“汉白玉”。这种石料主要出产于河北省曲阳县黄山。

黄山，又名少容山，位于曲阳县城南约八公里的羊平镇之北，海拔三百零二米，主峰之上现存八会寺隋代刻经龛。黄山地下矿藏丰富，主要分布在黄山以西的山间盆地之中，面积大致在七十平方公里。矿藏品种以雪花白大理石为主。黄山白石的开采与利用始见于汉代，现在仍在开采，据《曲阳县志》载：“黄山自古出白石，可为碑志诸物，故环山诸村多石工。”

迄今我们见到最早的白石人物雕刻作品出自河北省满城县西汉第一代中山国国王刘胜墓，墓中共出土了五身圆雕石俑像。白石被运用到佛教造像上最早的实例见于北魏晚期，东魏、北齐时期白石被大量用来制作佛教造像，特别是北齐时期白石造像无论是数量、质量、艺术水平、制作工艺等方面都达到了登峰造极、无以复加的境地。隋、唐、宋、明时期仍流行白石造像，但无论是数量、质量、艺术水平、制作工艺等都是渐行渐衰，往日的辉煌一去不复返了。

考古发现白石造像首先出现在以定州、曲阳为中心的古中山及周边地区。东魏时期以石家庄为中心的古常山地区也流行白石造像，东魏天平元年（五三四）迁都邺城后，白石造像以其洁白如玉、细腻润泽的特质脱颖而出，成为邺都佛教造像艺术的新宠，北齐时白石造像风靡邺城，并遍布河北中南部、东南部地区。

黄骅出土的白石造像（以下简称“黄骅造像”）表明：古黄骅地区的白石造像至迟在东魏早期就出现了，这批造像与河北佛教传播中心出土的白石造像有着密不可分的关联。

二、黄骅造像的艺术风格

黄骅造像中，除一尊为北齐圆雕佛坐像（头部缺失）外，其余皆为背屏式浮雕造像。背屏式浮雕造像由背光、主尊、像座、基座构成，通体为一整石雕凿而成。像座多为宝装或简装莲瓣圆形座，基座多为长方形，一般基座的三面或四面刻发愿文。

雕刻工艺以浅浮雕、高浮雕为主，有的辅以线刻、彩绘，东魏武定年间出现了局部使用透雕工艺的技法，北齐时期出现了整体使用透雕、圆雕工艺的技法。

东魏造像

造像题材与组合：释迦佛坐像、佛立像、菩萨立像、半跏坐思惟菩萨像。造像均刻有纪年发愿文，其中：佛像三尊，一佛二弟子佛坐像（释迦）一尊，一佛二菩萨佛立像两尊；菩萨单尊立像八尊，半跏坐思惟菩萨单尊像两尊。

造像风格：武定年间（五四三—五五〇）是新旧造像风格的交替阶段，那种“秀骨清像，褒衣博带”的北魏晚期造像风格已近尾声，趋向“身体健壮、阴刻双线衣纹”的风格逐渐成熟，并定型为东魏造像的艺术风格。

佛像：高圆肉髻，光素无饰。面圆丰颐，体健壮，双肩削，外着双领下垂袈裟，双阴线衣纹。

菩萨像均为单尊立像，面相丰圆，头戴三莲瓣宝冠，冠宽大，宝缯带较长，戴项饰，凹胸挺腹，裸上身，下着长裙，帔巾长宽，在腹前打结或穿环下垂至膝上绕肘部，呈“X”形，由内向外翻出，沿体侧垂至基座上。体形分为健壮和修长两种，体健壮者披巾较宽，多在腹前交叉穿环；体修长者披巾较窄，多在腹前打结。这些特点都是东魏时期菩萨立像中常见的做法。

思惟菩萨像均为半跏坐单尊像，面相、形态与菩萨立像相似，衣纹细致，线条流畅。像座为圆形高座，多光素无饰。制作工艺采用局部透雕工艺。

造像背光保存较完整的均为尖拱形，唯思惟菩萨为圆形光头。基座早期光素无饰，武定年间基座的正面与两侧面雕刻香炉、供养人、护法双狮等。发愿文均为魏体，字体工整，清晰。多数发愿文在刻字前，先刻出细线的方格，再在格内刻字。

图一　武定二年比丘僧胜所造释迦坐像

武定二年（五四四）比丘僧胜所造释迦坐像（图一），头部残缺，禅定结跏坐，身体清秀，衣纹细密，服饰下摆外张呈八字形，完全覆盖了像座，胁侍弟子双手合十，胡跪。束腰长方形须弥基座等特征都体现了北魏晚期的造像风格。

图二　武定七年比丘僧惠休等卅一人所造一佛二菩萨立像

武定七年（五四九）比丘僧惠休等卅一人所造一佛二菩萨立像（图二），佛像高圆肉髻，面相丰圆，双肩削，内着僧祇支，胸前系带，外着双领下垂袈裟，双线衣纹，右手无畏印，左手与愿印，跣足立于宝装覆莲像座上。胁侍菩萨头戴三莲瓣饰宝冠，宝缯带垂至肩两侧，双肩上有圆形饰物。微鼓腹，帔巾在腹前交叉打结穿璧，呈“X”形下垂，再上绕双臂沿体侧下垂至像座两侧。一手执莲蕾，一手执桃形物，跣足立于莲蓬像座上。三尊像座的形制也很优美，以主尊宝装大莲座为中心，从莲座两侧各伸出莲茎，茎向上各出两荷叶托莲蓬作为胁侍菩萨的像座。造像局部使用了透雕工艺，雕刻细致，线条流畅，充分表现了东魏时期的造像风格。

北齐造像

造像题材：弥勒佛像、佛立像、菩萨立像、半跏坐思惟菩萨像、交脚坐菩萨像（残存基座）。造像组合除单尊、双尊、三尊像外，还出现了一铺五尊、七尊的造像，刻有纪年发愿文的三十尊，残存发愿文的七尊，其中：佛像三尊，弥勒佛三尊，立像两尊，一佛二辟支二菩萨五尊立像一尊；单尊菩萨立像十二尊，双尊菩萨立像十二尊，三尊菩萨立像七尊，半跏坐思惟菩萨三尊像三尊。

造像风格：北齐天保年间（五五一—五五八）形成了“面相丰满，身体健壮，双肩齐亭，薄衣贴体，衣纹疏朗”的北齐造像风格，此时的佛像多身体健壮，菩萨像则以体修长者为多。

此时期无完整的佛像，从残存佛头与佛身可见低平肉髻，面相丰圆，短颈，身体健壮，薄衣贴体，衣纹疏朗，线条自然而流畅，裙摆短，覆于座上沿。

菩萨像有单尊、双尊立像和一铺三尊立像，形制上延续了东魏武定定型的两种形制。

思惟菩萨像均为半跏坐一铺三尊像，形态与菩萨立像相似，衣纹简疏。像座仍为圆形高座，多光素无饰。制作工艺仍采用局部透雕。

天保年间菩萨单尊立像还在流行，不见释迦佛。菩萨双尊立像和一菩萨二胁侍三尊立像、一菩萨二弟子思惟像及基座正面雕博山炉、双狮的做法等一些新题材和形制都出现在天保年间。

北齐晚期造像风格普遍趋向简化，造像多为身体修长，线条浅细，有的只雕出面相、躯体的轮廓，而通体只刻画一二道阴线来象征衣纹，有的通体不刻衣纹，或用彩绘表现简单的衣纹。

天统年间（五六五—五六九）前后造像题材和形制更加丰富，一铺多尊造像、交脚菩萨像及基座上雕刻神王像、涅槃像，背光上雕刻飞天托宝塔、菩提树等内容和整体透雕工艺、圆雕工艺的雕刻技法都出现在这一时期。

整体透雕工艺的运用，增强了造像的动感和透视感，使人物更加生动、鲜活。北齐整体透雕造像仅存三尊，均残存像座及基座的下部，基座正面雕刻博山炉与护法双狮。

图三　天保五年高城县王主比丘僧法洛等二十人造菩萨单尊立像

天保五年（五五四）高城县王主比丘僧法洛等二十人造菩萨单尊立像（图三），背光上部残缺，是北齐早期造像中保存较好的观音立像，也是早期造像“面相丰满，身体健壮，双肩圆润”的代表作，菩萨面相丰圆，头戴三莲瓣宝冠，冠顶覆宝缯，缯带沿头部两侧自然下垂，在臂外侧雕翘起的饰物。颈戴项饰，上着僧祇支，下着长裙。帔巾较宽，在腹部交叉穿环打结呈“X”形，向上绕肘沿体侧下垂至莲座两侧，衣纹紧密。身体健壮、墩实。稍鼓腹，右手执莲蕾，左手执桃形物。尖拱形背光，光体无饰，背面下部有凸起的半圆形。像及背光残留彩结痕迹。

图四　天统三年徐思礼造思惟菩萨三尊像

天统三年（五六六）徐思礼造思惟菩萨三尊像（图四），通体光素圆润，未刻纹饰，主尊身上残留彩绘的痕迹，帔巾下端残留绿彩的痕迹。基座正面无饰，右侧面和背面刻发愿文。此像与曲阳修德寺出土的武平四年（五七三）思惟菩萨三尊像的形制相同，这种简约的风格一直延续到隋代末年。

图五　北齐武平七年清信仕牛惠璨造观音双尊立像

北齐武平七年（五七六）清信仕牛惠璨造观音双尊立像（图五），是北齐灭亡前一年的造像，双观音通体光素圆润，未刻衣饰，彩绘的痕迹依稀可见，背光无饰，上部雕出兽首头顶宝塔。基座正、两侧面光素无饰，背面刻发愿文。

北齐武平七年十一月改年号为隆化，同年十二月后主高纬传位于幼子高恒，改年号为承光元年（五七七）即北周建德六年，正月，北周攻下齐都邺城，二月周武帝宇文邕遣军平定北齐境内各地反抗势力，北齐灭亡。武平七年当为北齐亡国的前夕，家破国亡的危险无时不在，牛惠璨造像正是作于这种战乱之时，造像虽然简约，但一丝不苟，发愿文为魏体，字体工整、清晰。刻字前，先刻出细线的方格，再在格内刻字，是北齐造像发愿文中刻字最好的，表现了匠人处危不惊，心安向佛，雕刻佛教圣神的虔诚。

唐代造像

一铺五尊小龛像，为总章二年（六六九）刘苟与弟、妹为□娘敬造的阿弥陀佛，通高三十八厘米。（图九）造像为整石通雕，造像正面（前面）浮雕背光、尊像和基座，基座正面中间雕一力士双膝跪地，头顶博山炉；两侧各雕一供养人；外两侧各雕一狮子。主尊阿弥陀佛高肉髻，面相丰圆，双肩削，结跏坐于光素束腰圆形座上，两侧雕二弟子双手合十，二菩萨一手置胸前，一手执物置体侧，四胁侍皆跣足立于圆形矮座上，背光上方两侧各雕一飞天。所雕人物特点：皆身体修长，薄衣贴体，无衣纹，仅在腕部、腰部阴刻一条横线，以示袖口与裙腰。造像背面及两侧通体呈尖拱形，未磨光，留有凿迹，背面下部刻发愿文。此造像所用石材不纯，杂质较多，成色不佳，雕刻简粗，其制作工艺完全不能与北朝相比。沧州、衡水地区没有发现制作优良的唐代造像，但曲阳、邺城、邢台等地却出土了不少较为精美或大型的唐代白石造像。

图六　武定四年王妙所造太子思惟像

三、黄骅造像中具有特别意义的造像

武定四年（五四六）王妙所造太子思惟像（图六），保存完整，制作精良，将浅浮雕、高浮雕、线刻、透雕、圆雕、彩绘等多种工艺集于一身，更重要的是这尊太子思惟像的装饰手法也很特别，如：头戴三莲瓣冠，冠前中部至宝缯带中部装饰串珠花链饰；圆形头光内以赤色绘出弦纹边饰，墨色绘出花卉纹；左手执系带香袋，抚右脚踝处，右手残，帔巾沿体侧飘至像座两侧，雕出蝴蝶形花饰再飘垂至基座上，这些特点在东魏同时期思惟菩萨造像中是没有的，此像是这批造像中最为精美的，也是东魏同时期白石造像中的佳作。

图七　武定五年高城县许道安寺比丘僧□讲造一佛二菩萨立像

武定五年（五四七）高城县许道安寺比丘僧□讲造一佛二菩萨立像（图七），背光顶部和右侧残缺，整体残断，对接。主尊佛面相丰圆，细眉细眼，素髻，高圆肉髻，髻顶略残，双肩削，头大身小，外着双领下垂袈裟，右衣角自右腋下绕过腹前搭向左肘处下垂。内着僧祇支，胸前系带打结，右手残，左手施与愿印。跣足立于宝装莲座上。佛像面部、颈部及裸露的胸部残留黄彩，眉眼、发髻、袈裟上部、系带、部分衣纹阴线施墨彩。袈裟两臂及搭肘处衣褶和部分衣纹施红彩。墨绘圆形头光，光内墨绘直线莲纹。胁侍菩萨：左侧像头戴冠，冠上覆宝缯，面圆。体修长，裸上身，下身长裙，衣纹紧密。帔巾在腹部交叉穿环打结呈“X”向上绕肘外沿向体侧下垂，两侧帔巾自肩部下垂沿体侧至莲台像座两侧，菩萨身上及莲瓣像座上均残留红彩的痕迹。右侧像残存腿下部。举身大背光，正面墨彩、红彩施火焰纹边饰，背面残存彩绘痕迹。此像是比丘僧□讲为供养而敬造的佛像，也是东魏造像中个体最为高大，雕刻、彩绘最为艳丽的一尊造像，更重要的是主尊佛所着袈裟体现了上衣搭肘式佛衣的三衣形制。

图八　天保九年魏延儁造菩萨单尊立像

天保九年（五五八）魏延儁造菩萨单尊立像（图八），面相长方，头戴三莲瓣冠，冠上覆宝缯，头大身小。通体不见衣纹，只雕出帔巾贴体，帔巾腹前打结，呈“X”形，举身背光素光无饰。尖角单片莲圆座，基座无饰，背面刻发愿文。此像与邺城北吴庄造像埋藏坑出土的天保六年（五五五）皇海伯所造观世音单尊立像相似，因此，这尊菩萨立像也应是一尊观世音造像。

魏延儁造观世音立像所表现出来的薄衣贴体、衣纹疏朗的特点恰恰是北齐著名画家曹仲达“曹衣出水”画风的体现，这种艺术风格应是接受了来自印度笈多王朝（四世纪—六世纪）佛教艺术的影响。“薄衣贴体，衣纹疏朗”的风格在天保年间就已形成，以皇室成员赵郡王定州刺史高叡于天保七年所造的三尊白石佛像和小龛佛像为代表的那种“肉髻低平，面相丰圆，身体健壮，肌体丰圆，薄衣贴体，衣纹疏朗，线条简洁，刀法柔润”的北齐造像风格，成为有别于其他时期的独特造像艺术。由此可见这种式样的造像首先是在皇室宗亲造像和邺城皇家经营的响堂山石窟中出现，并引领着北齐境内佛教造像的主流，对河北周边地区影响甚大，这种影响一直到盛唐时期还可见到。

赵郡王高睿在天保七年时曾任沧州刺史，天保年间沧州与邺城之间的往来密切也在情理之中。黄骅造像中“薄衣贴体，衣纹疏朗”的造像并不多，且多为晚期之作，但这种造像形制似乎来自当时国都邺城造像风格的影响。

天统二年（五六五）一佛四胁侍一铺五身立像（图九），主尊佛：肉髻矮小，面相方圆，体健壮，内着僧祇支，胸前系带，外着双领下垂式袈裟，

图九　天统二年一佛四胁侍一铺五身立像

衣纹浅细疏朗。两侧内胁侍身着僧衣，双手合十，右侧像头顶雕螺形尖髻，左侧像头顶雕半圆形肉髻。外胁侍菩萨头戴三莲瓣宝冠，裸上身，下着贴体长裙，腰系带，披巾沿体外侧垂至像座上沿。背光正面上部雕四身飞天，飞天通体无饰，雕出飘带。上两飞天手托宝塔。基底无饰，左、右两侧和背面刻文浅细，模糊不清，不可识读。

此像弟子与菩萨之间的螺形髻胁侍像，在北朝石刻造像或造像碑中常有出现，因其头顶螺形尖髻、身着僧衣的形象既不同于菩萨，也不同于弟子，虽作为佛的胁侍出现，但对于他的身份学术界并无终结性定论。

……

北齐造像中最精彩的当属透雕神王像基座。（图十）

基座中空，三面采用透雕工艺，基座正面中央雕二裸童跪坐手托莲荷纹博山炉，两侧各雕一护法狮子（右狮残缺），狮抿嘴龇牙，鬃发上扬，狮身无饰，外侧各雕一身神王像，左侧神王像残缺，右侧神王右臂残，执物不清。

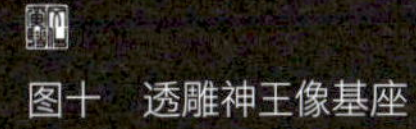
图十　透雕神王像基座

基座两侧面各雕三身神王像。左侧仅存一身，神王手执风袋，当为风神王。右侧中间像头部残缺，据其执物特征，分别是龙神王、河神王、珠神王。神王像均头戴莲冠，宝缯带垂至肩两侧，面相浑圆，细眉长眼，戴项饰，裸上身，稍鼓腹，腰系带，下着紧身裤，双腿盘坐，足着靴。帔巾由双肩外侧垂下，绕肘部，由内侧向外沿双膝外飘垂至座上沿。

基座背面浮雕释迦牟尼佛涅槃图。释迦佛头枕圆形长枕，右侧卧，仅存前半身，佛身后雕十一个弟子和八株娑罗树。

基座台面中心位置上残存一主尊的圆莲像座和帔巾的下端，像座前面残留两处凸起于圆形座体的遗迹，似为两脚踏物痕迹，两侧各残存一株菩提树下端，台面上凿有六个圆孔，当为安插胁侍之用，据此推测此基座原为一铺七尊交脚弥勒菩萨坐像的基座。虽主体造像无存，但基座雕刻内容所表现出来的佛教内涵与制作工艺却是这批造像中最杰出的。

交脚菩萨与基座雕八身神王像的做法与邺南城西门外出土的北齐透唯一铺七身交脚弥勒菩萨像相同，神王像特点与同时出土的北齐透唯一铺七尊释迦坐像基座上的神王像十分相近。

神王像出现于北魏时期，北齐时期更为流行，成组的神王像最早出现在龙门北魏石窟和巩县石窟中。北响堂石窟和南响堂石窟中也有成组的神王像。东魏武定元年（五四三）骆子宽等七十人造石佛像，在基座的三面雕十神王并刻所雕神王像之名，为后人研究神王像提供了可靠的资料。

……

黄骅这尊弥勒菩萨交脚坐一铺七尊像透雕基座不仅用材优质、工艺精湛、雕刻细腻、线条流畅、造像生动，而且集中了北齐时期白石造像的多种题材、组合、形制等，古中山、古邺城、古常山三个地区的造像特点在这尊造像的基座上都有不同的体现。此造像还将浅浮雕、高浮雕、线刻、透雕、圆雕、榫卯安插等多种工艺技法集于一体，充分展现了制作者独特缜密的设计理念和独具匠心的高超技艺。如果这尊造像是完整的话，其精美绝伦当为河北白石造像之佼佼者。

四、造像题材与佛教信仰

在这批造像中计有佛像九尊，其中有刻铭的四尊，即：释迦佛一尊，弥勒佛两尊，阿弥陀佛一尊。菩萨立像三十九尊，其中单尊菩萨像二十尊、双尊菩萨像十二尊、一菩萨二胁侍立像七尊，菩萨立像中有刻铭为“观世音”像三尊、“观音”像六尊。由此可知，无论是单尊、双尊，还是三尊菩萨立像，都应为观世音菩萨像。单尊思惟菩萨像两尊，一思惟二胁侍三尊像四尊，思惟像中有刻铭为“太子思惟”像两尊。交脚弥勒菩萨一铺七身像一尊。

依据纪年发愿文和造像形制分析，可以将黄骅地区北朝时期佛教题材与佛教信仰基本还原，即东魏时期释迦信仰正在流行，弥勒信仰与观音信仰亦流行，但观音信仰渐渐成为佛教信仰的主体，时释迦造像以禅定结跏坐一佛二菩萨的形象出现，弥勒造像应以一佛二胁侍立像的形象出现，观音造像以单尊立像的形象出现。北齐时期弥勒和观音信仰更加流行。弥勒除以三尊佛立像的形制出现，还以交脚菩萨七尊像或思惟菩萨的形象出现，而观音则多以双身观音立像和一观音二胁侍的形象出现，观音信仰的流行远远超过弥勒佛的信仰。

释迦佛即释迦牟尼佛，他是佛教的创始人，本为古印度迦毗罗卫国（今尼泊尔南部）太子，姓乔答摩，名悉达多。成佛后被称为释迦牟尼，释迦即族姓，牟尼即“圣人”。尊称为佛陀，亦称佛祖、如来佛祖。在佛教传入中国后，以释迦佛为主尊的造像数量最多。从现存释迦造像来看，在北魏中期最为流行，大致从北魏晚期开始由盛转衰，至北齐末年几近消失。白石造像中的释迦佛多以禅定结跏坐，右手施无畏印，左手施与愿印结跏坐、倚坐、立像等形象出现。而以半跏坐思惟菩萨（即以左腿下垂、右腿弯曲搭在左腿上、右手扶脸颊，呈思惟状）形象出现，表现的是释迦牟尼成佛前当太子时在菩提树下沉思的情景。

黄骅的释迦造像有两种形象：一种是禅定结跏坐一佛二菩萨的形象，此形象是北朝时期常见的释迦牟尼佛形象；另一种是半跏坐思惟菩萨，黄骅半跏坐思惟菩萨像中有两尊标明“太子思惟”像。都是王妙在武定四年十月十五日即佛教的“十斋日”同时敬造的两尊思惟菩萨像。王妙在这一天为“七世父母，后为亡过父母，自为己身现存大小”和为“七世亡父母，后为亡夫王华化自为己身居家眷属”各造太子思惟像一尊，祈愿“七世先亡，托生西方净妙国土，生生世世知佛闻法，常与佛会，所求如意”。此“太子”正是乔达摩·悉达多太子，他在菩提树下苦思冥想，如何解脱人生四苦，如何觉悟成道，发誓“不获佛道，不起此座”，终于大彻大悟，领悟到解脱生死之道，入道成佛的真谛。

弥勒佛，乃未来佛，据《弥勒上生经》《弥勒下生经》等记载，弥勒原出生于婆罗门家庭，后为佛弟子，先佛入灭，上生于兜率天内院，经四千岁（据称相当于人间五十六亿七千万岁）当下生人间，于华林园龙华树下成佛，广传佛法。弥勒佛作为未来佛也是信众信仰的主要偶像，弥勒佛在佛教中占有非常重要的地位。现存纪年最早的弥勒出现的时间几乎与释迦佛同时。……北魏时期弥勒信仰在河北地区盛行，佛像有禅定结跏坐像；右手施无畏印，左手施与愿印结跏坐像、半跏坐、倚坐和一佛二胁侍立像等形象。弥勒菩萨像则有右手施无畏印或执莲蕾，左手施与愿印交脚坐、思惟半跏坐等形象。白石造像中的弥勒佛像出现在北魏晚期，东魏仍盛行，北齐时期尚可见到。神龟三年（五二〇）定州中山上曲阳邑义二十六人造弥勒佛立像，是白石造像中纪年最早的弥勒佛像。

黄骅的弥勒造像主要有两种形象。其一，一佛二胁侍三尊佛立像，弥勒佛右手施无畏印，左手施与愿印，身着双领下垂式袈裟，跣足立于圆莲座上，这是弥勒佛造像中常见的形象。

其二，交脚坐弥勒菩萨七尊像，此造像仅残存基座，但造像布局、形制和邺南城西门外出土交脚坐弥勒菩萨七尊像的造像风格极为相近，迄今已发表的透雕白石交脚坐弥勒菩萨七尊造像仅此两尊，而透雕一铺七尊造像的形制多在邺城地区流行，由此推测，黄骅这尊透雕白石交脚坐弥勒菩萨七尊造像或许来自当时的国都——邺城。

观世音造像是这批出土造像中数量最多的，观世音以单尊立像、双尊立像、三尊立像的形象出现，从东魏时期开始观世音造像就占据了佛教造像的主流，直至北齐末年长盛不衰。

观世音，初称“光世音”，又称“观音”“观自在”等，他是大乘佛教中的十地菩萨，其信仰大致在公元三世纪由印度传入我国后，迅速发展，盛行中土，供奉观世音的寺院遍布大江南北，正所谓“家家观世音，户户阿弥陀”。

……

黄骅的北朝观音像无论是单尊、双尊还是一铺三尊像虽在面相、体形、服饰、帔巾等方面都随着朝代的更替而有所变化，唯有一手执莲蕾，一手执桃形器的形制始终没有变化。

黄骅出土白石造像观世音造像数量是最多的，从东魏的单尊观音像发展到北齐的双观音像、观音携带胁侍的一铺三尊像，观音造像数量的不断增多，反映了当地观音的信仰远远超过了对佛的信仰，始终是佛教信仰的主流。佛像本是佛教的教主，其地位与身份都高于观音菩萨，但在这里，佛像倒是寥寥无几，观音像反而处处皆是呢？这是因为观世音菩萨是一位平易近人慈悲善良的救世主，《普门品》中记载了观世音菩萨的种种神力和灵验，众生的种种苦难观音皆可救济，“大慈大悲、救苦救难”是观音信仰的主要特征。观音是遍于一切、平等救济的大菩萨，信奉者不必选用特别的饮食或改变生活方式，也不需要举行任何仪式更无须做任何事迹以获得拯救，遇难众生只要虔诚笃信地诵念其名号，“菩萨即时观其音声”，前往拯救解脱，救度世人免于各种危难。他会帮助处于任何困境中的任何人，绝不因其社会地位或性别而起分别心。正因如此，观音信仰在远离当时政治、经济、文化中心的偏安之隅——古黄骅地区得以迅速发展，他的信仰者几乎全部是当地的普通僧尼和平民百姓。

北朝时期古黄骅地区盛行佛教，这与当时的历史环境密切相关。东魏特别是北齐时期，皇室自相残杀，皇位频繁更替，社会矛盾激化，时局动荡不安，经济衰退，民不聊生，北齐、北周的战乱不断，战争的残酷，造成大量流民迁徙，居无定所，土地荒芜，经济萧条。在这种社会背景下，上至皇室宗亲、达官贵族，下至微官小吏、平民百姓都把安定祥和的生活向往和愉悦的精神都寄托在佛教上。皇室开凿响堂山石窟，建大窟，雕大像，修建皇家寺院。重臣刻石经、建寺塔。百姓结社造像、修庙供养。造像因用材、大小、工艺、精美程度等各不相同，社会任何阶层皆可根据各自的经济实力恭请不同的造像供奉。

黄骅出土的纪年造像中有十三尊标明为高城县寺僧信徒邑义所造。时代从兴和元年（五三九）至天保五年（五五四），其中六尊是高城县六个寺院的寺僧所造，可见自东魏起，至北齐末年，高城境内寺院林立，信徒众多。在其周边地区形成了一个以僧尼信徒和民间社团组织为主体的佛教信仰传播地带。

黄骅出土白石造像的艺术风格同时受到邺城、定州、曲阳、石家庄等地区的造像风格影响，以高城县为中心的古黄骅地区是冀中南地区佛教造像艺术与信仰向冀东南地区传播的交汇点，是名副其实的佛教信仰与传播的重要地区。

五、北齐天保八年比丘僧度造思惟弥勒像的重要史料价值

……

六、造像发愿文所反映的民间佛教社团的发展

从造像发愿文中可知，时高城县城至少已有六座较大的佛寺，其中常乞寺、常神寺、常绥寺、常世子寺等四座佛寺在东魏兴和初年就存在了。佛教信众有僧、比丘、比丘尼、沙门、沙门尼、佛弟子、清信士（清信男）、清信女等。佛教社团有邑义、法义等，社团成员包括大维那、维那、大像主、像主、邑人、王主、王人等。

这些信众中除了佛寺僧尼外，很重要的一点是民间佛教团体——“邑”的建立与壮大。在这里邑已不是古代封地、城市的代名词了，而是指某一地

域内由僧尼与在家佛教信徒混合组成或仅由在家佛教信徒组成的佛教团体，又称邑义、邑会、法义。邑义在僧尼参与或指导下，结集信众，聚敛财物，从事造像、修寺、建塔、营斋、诵经等活动。主事者主要有邑主、邑老、邑长、邑维那、邑师等，成员称邑人、邑子等。

古黄骅地区东魏时期的佛教造像功德主还是以佛寺僧尼和信徒个人为主，到武定年间出现了寺僧率家族或信徒二十至四十人共同出资造像，发愿文中出现了大像主、像主、王主、王人、大维那、维那等与佛教社团相关的名词。

……

上述发愿文中所反映出的古黄骅地区北朝时期的民间佛教社团是以一定地域为基础，多以姓氏结邑，“邑义”出现在东魏时期，“法义”出现在北齐时期，结邑的目的是敬造佛像。造像的日期多选在十斋日和佛教节日，结邑的成员基本上是佛寺的普通僧尼和普通的平民百姓，而没有官员或名僧。

七、黄骅白石造像埋藏之谜

这批造像中基本完整的只有两尊（北齐武平七年双菩萨立像和唐代总章二年阿弥陀佛像），断接复原的两尊（东魏武定四年思惟菩萨像、武定七年一佛二菩萨立像），其余全是无法复原损坏残缺的残像或造像基座，这种损坏非自然损坏而是人为所致。在这些造像中只有一尊唐代总章二年（六六八）的阿弥陀佛像，却为造像的埋藏时间下限提供了线索。那么这批造像为什么被人为地损坏，又埋藏起来呢？这与中国历史上的“三武一宗灭佛”有关吗？

“三武一宗灭佛”是指北魏太武帝拓跋焘、北周武帝宇文邕、唐武宗李炎和五代后周周世宗的四次灭佛之举。距黄骅北朝造像制作时间较近的是北周武帝时的“灭佛”运动。

北周武帝灭佛始于建德三年（五七四），周武帝下诏：“禁佛、道二教，经像悉毁，罢沙门、道士，并令还民。并禁诸淫祀，礼典所不载者，尽除之。”建德六年（五七七）正月，北周军攻人邺城，二月周武帝遣军平定北齐境内各地反抗势力，北齐亡。北周统一北方。周武帝在原齐境内推行禁佛之令，焚毁佛迹，毁寺四万，强迫三百万僧、尼还俗，使北方佛法寺像几近灭绝。据此推测，北周占领古黄骅地区当在建德六年二月之后，周武帝的禁佛之令随即到达，当地的佛教寺院与造像在劫难逃，所幸次年（五七八）五月周武帝病逝，佛法渐复。

黄骅岭庄村出土的六尊白石造像，虽有不同程度的损坏，但比旧城出土的造像要好些，造像时代均为东魏、北齐时期，应该是一次性埋藏的。这似乎表明：在某个特定的时间段内，当地偶遇突发事件，有人故意损坏了佛像，佛教僧俗信徒悄悄地将这些已被损坏的造像收集起来，埋于地下。因此，岭庄这些造像的损坏、埋藏应与北周武帝灭佛有关。

旧城埋藏的造像集中了东魏早期至北齐末年的造像，造像功德主主要是高城县寺院僧尼及信众，也有邻近的章武县、饶安县、乐陵县的僧尼与信众，造像残缺不全，多残存基座，或身首异处，这些被损坏的造像也应与北周灭佛有关。按说这些在北周灭佛中被损坏的造像，不久即被自愿、自觉、自发组织起来的佛教僧俗信徒埋藏起来了。问题是在这些残缺造像中又混杂着一尊唐代总章二年的小龛阿弥陀造像，这就使得旧城这批造像的埋藏时间复杂神秘，扑朔迷离。那么这批造像的埋藏会和唐武宗“灭佛”有关吗？

唐武宗灭佛，自会昌二年（八四二）始，至其驾崩（八四六），灭佛时间共六年。史称“会昌法难”。会昌五年（八四五）佛教遭遇了灭顶之灾，会昌五年八月，诏书明令拆除寺庙四千六百余所，小寺院四万余所，佛经大量被焚，佛像烧熔铸钱，强令二十六万多僧尼还俗，古印度和日本和尚也不能幸免。唐朝是一统华夏的帝国，这次“灭佛”运动是全国性的，所以对佛教的打击是致命的，古黄骅地区亦在其中。但是从总章二年（唐小龛阿弥陀佛的造像时间）到会昌二年（八四二），中间相隔了一百七十四年，若从埋藏的北齐最后一尊佛像的制作年代（五七六）算起到会昌二年已过去了二百六十六年，其间只发现了这一尊唐代造像，这么长时间在这一地区再未发现佛教造像和相关的遗迹，不仅如此，而且在整个冀东南地区至今尚未发现隋代造像。唐代纪年造像仅存两尊阿弥陀佛和三尊小龛造像，均为唐高宗时期的造像。因此，这批造像的埋藏似与唐武宗灭佛无关。

根据当年清理埋藏坑记录，坑内地层已扰乱，石像掺杂在残碎瓦砾层中，层下铺一层黄沙土，土中无遗物。黄沙土下为生土，这应是一个埋藏坑，这些造像的岁月痕迹区别并不大，如果这尊唐代造像是后来偶然混进来的，那么这批造像的埋藏可能与北周灭佛有关，如果是集中一次埋藏的，则有可能是唐高宗时期在某个特定的时间内偶遇突发事件，僧侣信众匆匆将这些已被损坏的造像深埋于地下，不为人知，保护了信众崇拜的佛教尊像与心中的信仰。当然这些我们都无从得知，文献资料中寻觅不到，也没有相关的实物资料来证明，这确实是个千年不解之谜。

如今这批白石造像的出土，拂去了一千四百多年的岁月尘埃，重现了它的精致与优美，揭示了北朝时期佛教信仰的发展与盛行，在古黄骅历史上留下了浓墨重彩的华章。

《文物春秋》2009 年第 4 期载张凤英《黄骅市博物馆藏北朝石造像选介》：

黄骅市博物馆收藏有多件北朝石造像，本文选择 4 件保存较好、较重要的略作介绍。

1. 东魏武平七年（576 年）菩萨双尊立像，完整。底座长 19.9 厘米，宽 10.3 厘米，通高 40 厘米，重 9570 克。菩萨为双尊，动作、衣饰基本相同。均面相扁圆，头戴三莲瓣形冠，宝缯带垂至双肩。体修长，通体圆润，薄衣贴体，无衣纹，帔巾沿体侧下垂，与像座相连。腿部残留赤彩痕迹，跣足立于矮平素座上。尖拱形背光上部前倾，正面上端中央雕有一兽。兽口衔忍冬纹，头顶方形单层塔。塔由塔檐、塔身、塔顶、覆钵、塔刹组成。背光背面下部雕凸起的半长圆形。底座正面两侧抹角，中部残留彩绘遗痕，背面划格刻铭文："武平七年清信仕牛□□造像一为居眷［大］小［亡］□现在居时成佛"。字体工整、清晰。

2. 北齐天统四年（568 年）一佛四胁侍造像，较完整，背光上端残。底座长20.2厘米，宽10.2厘米，通高38.3厘米，重9650克。主尊佛面相方圆，五官集中，颈粗短，体健壮，头大身小，内着僧祇支，胸前系带，外着双领下垂式袈裟，右衣襟于腹前搭向左腕外侧下垂，左手施与愿印，右手施无畏印，跣足立于莲瓣为单片尖角的圆形莲座上。两侧辟支衣纹简洁，头顶螺尖形髻，着通肩袈裟，双手合十，素圆墩。两菩萨均头戴三莲瓣形冠，裸上身，下着裙，帔巾沿体侧下垂至莲座上沿，一手侧举执莲蕾，一手至体侧执桃形物。四胁侍均跣足立于素光圆座上。背光尖拱形，尖部残，正面上部雕四身飞天。飞天亦头大身小，通体无饰，飘带向上飞扬。上层两飞天双手托宝塔，塔上部残；下层两飞天一手至胸前，一手侧举执物，似莲蕾。背光背面下部雕凸起的尖拱形饰，底座无饰，背面刻发愿文，因字迹较浅，不甚清楚，仅见“大齐天统四年十月十日”10字。

3. 东魏武定五年（547年）一佛二菩萨立像，整体残断。底座长29.5厘米，宽15.2厘米，通高61厘米。主尊面略呈长圆形，宽额，两颊丰满，细眉长眼，直鼻小嘴，短颈。素髻，肉髻高大，上部残缺。彩绘圆形头光，内用墨线绘放射状线纹。双肩削，体修长，凹胸挺腹。上着双领下垂式袈裟，右衣襟于腹前搭向左肘外侧下垂，胸前系带打结，垂至腹前；下着长裙，贴体下垂至莲座两侧。双线衣纹，线条直硬。右手残，似施无畏印，左手施与愿印，跣足立于宝装莲座上。左侧菩萨戴冠，冠上覆长巾，面相丰腴，戴颈饰。帔巾宽大，由双肩垂下，在腹前交叉打结穿璧，呈“X”形下垂，体侧帔巾垂至莲座两侧。左手于体侧，执物不清，右手侧举至胸前，执莲蕾。跣足立于简装圆角莲座上。有圆形头光。右侧菩萨残存双膝以下部分。三尊像均残存彩绘痕迹：主尊发髻、眉、眼原施黑色，面、胸部涂土黄彩，袈裟施墨彩，裙施赤彩；胁侍长裙下部残留朱彩。举身背光上部残，下端宽于底座，正面边饰墨彩火焰纹，其余脱落不清，背面似有彩绘痕，下端雕凸起的半圆形。底座素光，背面刻发愿文：“大魏武定五年岁在丁卯四月十四日高城县许道安寺比丘僧□讲敬造石［像一］躯所供养”。

4. 北齐天保五年（554年）菩萨立像，背光残。底座长21厘米，宽10.3厘米，通高33.2厘米，重8280克。菩萨面圆，戴三叶冠，冠顶覆长巾，沿头部两侧自然下垂至两臂。身体健硕，上着僧祇支，下着长裙。帔巾较宽，于腹部交叉穿环打结呈“X”形，两侧自肩部下垂至莲座。右手执莲蕾，左手执桃形物，衣纹较细密。举身背光为尖拱形，上部残，最宽处在中上部。背光正面无饰，背面下部有凸起的半圆形。莲座上的莲瓣肥圆，为尖角单片。像及背光残留彩绘痕迹。底座正面光素，背面和两侧刻铭文：“大齐天保五年二月廿五日高城县王主比丘僧法洛合法义廿人等各为父母敬造玉像壹区邑人周灵真周刘显文刘元伯义郑子常故人郑宗主郑宗宝书像吕万居人刘爱郑故人刘显光郑宾□郑□□□□□□□周清宾王显光故孙宾王彭徐□□文王锺”。

（二）人物事迹

- **曹魏名臣杜恕卒于章武**

《三国志·魏书·杜恕传》记载：

恕字务伯，太和中为散骑黄门侍郎。恕推诚以质，不治饰，少无名誉。及在朝，不结交援，专心向公。每政有得失，常引纲维以正言，于是侍中辛毗等器重之。时公卿以下大议损益，恕以为“古之刺史，奉宣六条，以清静为名，威风著称，今可勿令领兵，以专民事”。俄而，镇北将军吕昭又领冀州，乃上疏曰：帝王之道，莫尚乎安民；安民之术，在于丰财。丰财者，务本而节用也。方今二贼未灭，戎车亟驾，此自熊虎之士展力之秋也。然搢绅之儒，横加荣慕，扼腕抗论，以孙、吴为首，州郡牧守，咸共忽恤民之术，修将率之事。农桑之民，竞干戈之业，不可谓务本。帑藏岁虚而制度岁广，民力岁衰而赋役岁兴，不可谓节用。今大魏奄有十二州之地，而承丧乱之弊，计其户口不如往昔一州之民，然而二方僭逆，北虏未宾，三边遘难，绕天略帀；所以统一州之民，经营九州之地，其为艰难，譬策羸马以取道里，岂可不加意爱惜其力哉？以武皇帝之节俭，府藏充实，犹不能十州拥兵；郡且二十也。今荆、扬、青、徐、幽、并、雍、凉缘边诸州皆有兵矣，其所恃内充府库外制四夷者，惟兖、豫、司、冀而已。臣前以州郡典兵，则专心军功，不勤民事，宜别置将守，以尽治理之务；而陛下复以冀州宠秩吕昭。冀州户口最多，田多垦辟，又有桑枣之饶，国家征求之府，诚不当复任以兵事也。若以北方当须镇守，自可专置大将以镇安之。计所置吏士之费，与兼官无异。然昭于人才尚复易；中朝苟乏人，兼才者势不独多。以此推之，知国家以人择官，不为官择人也。官得其人，则政平讼理；政平故民富实，讼理故囹圄空虚。陛下践阼，天下断狱百数十人，岁岁增多，至五百余人矣。民不益多，法不益峻。以此推之，非政教陵迟，牧守不称之明效欤？往年牛死，通率天下十能损二；麦不半收，秋种未下。若二贼游魂于疆场，飞刍挽粟，千里不及。究此之术，岂在强兵乎？武士劲卒愈多，愈多愈病耳。夫天下犹人之体，腹心充实，四支虽病，终无大患；今兖、豫、司、冀亦天下之腹心也。是以愚臣，实愿四州之牧守，独修务本之业，以堪四支之重。然孤论难持，犯欲难成，众怨难积，疑似难分，故累载不为明主所察。凡言此者，类皆疏贱；疏贱之言，实未易听。若使善策必出于亲贵，亲贵固不犯四难以求忠爱，此古今之所常患也。

时又大议考课之制，以考内外众官。恕以为用不尽其人，虽才且无益，所存非所务，所务非世要。上疏曰：

书称“明试以功，三考黜陟”，诚帝王之盛制。使有能者当其官，有功者受其禄，譬犹乌获之举千钧，良、乐之选骥足也。虽历六代而考绩之法不著，关七圣而课试之文不垂，臣诚以为其法可粗依，其详难备举故也。语曰：“世有乱人而无乱法。”若使法可专任，则唐、虞可不须稷、契之佐，殷、周无贵伊、吕之辅矣。今奏考功者，陈周、汉之法为，缀京房之本旨，可谓明考课之要矣。于以崇揖让之风，兴济济之治，臣以为未尽善也。其欲使州郡考士，必由四科，皆有事效，然后察举，试辟公府，为亲民长吏，转以功次补郡守者，或就增秩赐爵，此最考课之急务也。臣以为使当显其身，用其言，使具为课州郡之法，法具施行，立必信之赏，施必行之罚。至于公卿及内职大臣，亦当俱以其职考课之也。

古之三公，坐而论道，内职大臣，纳言补阙，无善不纪，无过不举。且天下至大，万机至众，诚非一明所能遍照。故君为元首，臣作股肱，明其一体相须而成也。是以古人称廊庙之材，非一木之支；帝王之业，非一士之略。由是言之，焉有大臣守职辨课可以致雍熙者哉！且布衣之交，犹有务信誓而蹈水火，感知己而披肝胆，徇声名而立节义者；况于束带立朝，致位卿相，所务者非特匹夫之信，所感者非徒知己之惠，所徇者岂声名而已乎！

诸蒙宠禄受重任者，不徒欲举明主于唐、虞之上而已；身亦欲厕稷、契之列。是以古人不患于念治之心不尽，患于自任之意不足，此诚人主使之然也。唐、虞之君，委任稷、契、夔、龙而责成功，及其罪也，殛鲧而放四凶。今大臣亲奉明诏，给事目下，其有夙夜在公，恪勤特立，当官不挠贵势，执平不阿所私，危言危行以处朝廷者，自明主所察也。若尸禄以为高，拱默以为智，当官苟在于免负，立朝不忘于容身，洁行逊言以处朝廷者，亦明主所察也。诚使容身保位，无放退之辜，而尽节在公，抱见疑之势，公义不修而私议成俗，虽仲尼为谋，犹不能尽一才，又况于世俗之人乎！今之学者，师商、韩而上法术，竞以儒家为迂阔，不周世用，此最风俗之流弊，创业者之所致慎也。

后考课竟不行。乐安廉昭以才能拔擢，颇好言事。恕上疏极谏曰：

伏见尚书郎廉昭奏左丞曹璠以罚当关不依诏，坐判问。又云“诸当坐者别奏”。尚书令陈矫自奏不敢辞罚，亦不敢以处重为恭，意至恳恻。臣窃悯然为朝廷惜之！夫圣人不择世而兴，不易民而治，然而生必有贤智之佐者，盖进之以道，率之以礼故也。古之帝王之所以能辅世长民者，莫不远得百姓之欢心，近尽群臣之智力。诚使今朝任职之臣皆天下之选，而不能尽其力，不可谓能使人；若非天下之选，亦不可谓能官人。陛下忧劳万机，或亲灯火，而庶事不康，刑禁日弛，岂非股肱不称之明效欤？原其所由，非独臣有不尽忠，亦主有不能使。百里奚愚于虞而智于秦，豫让苟容中行而著节智伯，斯则古人之明验矣。今臣言一朝皆不忠，是诬一朝也；然其事类，可推而得。陛下感帑藏之不充实，而军事未息，至乃断四时之赋衣，薄御府之私谷，帅由圣意，举朝称明，与闻政事密勿大臣，宁有恳恳忧此者乎？

骑都尉王才，幸乐人孟思所为不法，振动京都，而其罪状发于小吏，公卿大臣初无一言。自陛下践阼以来，司隶校尉、御史中丞宁有举纲维以督奸宄，使朝廷肃然者邪？若陛下以为今世无良才，朝廷乏贤佐，岂可追望稷、契之遐踪，坐待来世之俊乂乎！今之所谓贤者，尽有大官而享厚禄矣，然而奉上之节未立，向公之心不一者，委任之责不专，而俗多忌讳故也。臣以为忠臣不必亲，亲臣不必忠。何者？以其居无嫌之地而事得自尽也。今有疏者毁人不实其所毁，而必曰私报所憎，誉人不实其所誉，而必曰私爱所亲，左右或因之以进憎爱之说。非独毁誉有之，政事损益，亦皆有嫌。陛下当思所以阐广朝臣之心，笃厉有道之节，使之自同古人，望与竹帛耳。反使如廉昭者扰乱其间，臣惧大臣遂将容身保位，坐观得失，为来世戒也！

昔周公戒鲁侯曰“无使大臣怨乎不以”，不言贤愚，明皆当世用也。尧数舜之功，称去四凶，不言大小，有罪则去也。今者朝臣不自以为不能，以陛下为不任也；不自以为不智，以陛下为不问也。陛下何不遵周公之所以用，大舜之所以去？使侍中、尚书坐则侍帷幄，行则从华辇，亲对诏问，所陈必达，则群臣之行，能否皆可得而知；忠能者进，暗劣者退，谁敢依违而不自尽？以陛下之圣明，亲与群臣论议政事，使群臣人得自尽，人自以为亲，人思所以报，贤愚能否，在陛下之所用。以此治事，何事不办？以此建功，何功不成？每有军事，诏书常曰：“谁当忧此者邪？吾当自忧耳。”近诏又曰：“忧公忘私者必不然，但先公后私即自办也。”伏读明诏，乃知圣思究尽下情，然亦怪陛下不治其本而忧其末也。人之能否，实有本性，虽臣亦以为朝臣不尽称职也。明主之用人也，使能者不敢遗其力，而不能者不得处非其任。选举非其人，未必为有罪也；举朝共容非其人，乃为怪耳。陛下知其不尽力也，而代之忧其职，知其不能也，而教之治其事，岂徒主劳而臣逸哉？虽圣贤并世，终不能以此为治也。

陛下又患台阁禁令之不密，人事请属之不绝，听伊尹作迎客出入之制，选司徒更恶吏以守寺门，威禁由之，实未得为禁之本也。昔汉安帝时，少府窦嘉辟廷尉郭躬无罪之兄子，犹见举奏，章劾纷纷。近司隶校尉孔羡辟大将军狂悖之弟，而有司嘿尔，望风希指，甚于受属。选举不以实，人事之大者也。嘉有亲戚之宠，躬非社稷重臣，犹尚如此；以今况古，陛下自不督必行之罚以绝阿党之原耳。伊尹之制，与恶吏守门，非治世之具也。使臣之言少蒙察纳，何患于奸不削灭，而养若昭等乎！

夫纠擿奸宄，忠事也，然而世憎小人行之者，以其不顾道理而苟求容进也。若陛下不复考其终始，必以违众忤世为奉公，密行白人为尽节，焉有通人大才而更不能为此邪？诚顾道理而弗为耳。使天下皆背道而趋利，则人主之所最病者，陛下将何乐焉，胡不绝其萌乎！夫先意承旨以求容美，率皆天下浅薄无行义者，其意务在于适人主之心而已，非欲治天下安百姓也。陛下何不试变业而示之，彼岂执其所守以违圣意哉？夫人臣得人主之心，安业也；处尊显之官，荣事也；食千钟之禄，厚实也。人臣虽愚，未有不乐此而喜干迕者也，迫于道，自强耳。诚以为陛下当怜而佑之，少委任焉，如何反录昭等倾侧之意，而忽若人者乎？今者外有伺隙之寇，内有贫旷之民，陛下当大计天下之损益，政事之得失，诚不可以怠也。

恕在朝八年，其论议亢直，皆此类也。

出为弘农太守，数岁转赵相，以疾去官。起家为河东太守，岁余，迁淮北都督护军，复以疾去。恕所在，务存大体而已，其树惠爱，益得百姓欢心，不及于畿。顷之，拜御史中丞。恕在朝廷，以不得当世之和，故屡在外任。复出为幽州刺史，加建威将军，使持节，护乌丸校尉。时征北将军程喜屯蓟，尚书袁侃等戒恕曰："程申伯处先帝之世，倾田国让于青州。足下今俱杖节，使共屯一城，宜深有以待之。"而恕不以为意。至官未期，有鲜卑大人儿，不由关塞，径将数十骑诣州，州斩所从来小子一人，无表言上。喜于是劾奏恕，下廷尉，当死。以父畿勤事水死，免为庶人，徙章武郡，是岁嘉平元年。恕倜傥任意，而思不防患，终致此败。

初，恕从赵郡江，陈留阮武亦从清河太守征，俱自薄廷尉。谓恕曰："相观才性可以由公道而持之不厉，器能可以处大官而求之不顺，才学可以述古今而志之不一，此所谓有其才而无其用。今向闲暇，可试潜思，成一家言。"在章武，遂著《体论》八篇。又著《兴性论》一篇，盖兴于为己也。

四年，卒于徙所。

杜恕（197—252），字务伯，京兆杜陵人。三国时期魏国大臣，历任弘农太守、赵国相、河东太守、淮北都督护军、御史中丞、建威将军、护乌丸校尉、幽州刺史等官职，受到征北将军程喜栽害，曹魏嘉平元年（249），贬为庶人，流放于章武郡，三年后在章武去世。其奏疏多为千古名篇，另著《体论》八篇、《兴性论》一篇、《笃论》四卷。

- **三国章武太守殷褒**

《隋书·经籍志》记载：

魏章武太守《殷褒集》一卷（梁二卷）。

《太平御览》第409卷记载：

《殷氏世传》曰：殷褒，字玄祚，渤海府君之子。河南郑廉，始出寒贱，又未知名，见而友之。廉父常居肆，乃就拜其父於市，众皆惊。廉由是显名，位至司徒。

《艺文类聚》第19卷记载：

《殷氏世传》曰：殷褒为荥阳令，广筑学馆，会集朋徒，民知礼让，乃歌曰：荥阳令，有异政，脩立学校人易性，令我子弟耻讼争。

《艺文类聚》第23卷记载殷褒《诫子书》：

夫道也者，易寻而难穷，易知难行也。故京房之徒，考步吉凶之变，而不能自见其祸，更为姚平所诫，此道之难知也。省尔之才，不及于房，而吾言，过于平矣。昔正考父三命滋恭，晏平仲久而敬之。曾颜之徒，有若无，实若虚也。况尔析薪之智，欲弹射世俗，身为谤先，怨祸并集，使吾怀朝父之忧，为范武子所叹，亦非汝之美也。若朝益暮习，先人后己，恂恂如也。则吾闻音而识其曲，食旨而知其甘，永终吾余年矣，复何恨哉！古人有言，思不出其位，尔其念之，尔其念之。

- **西晋章武太守曹志**

《三国志·魏书·陈王传》记载：

（曹植）遂发疾薨，时年四十一。遗令薄葬。以小子志，保家之主也，欲立之。初，植登鱼山，临东阿，喟然有终焉之心，遂营为墓。子志嗣，徙封济北王。……志累增邑，并前九百九十户。

裴松之注《三国志》引《曹志别传》记载：

志字允恭，好学有才行。晋武帝为中抚军，迎常常道乡公于邺，志夜与帝相见，帝与语，从暮至旦，甚器之。及受禅，改封鄄城公。发诏以志为乐平太守，历章武、赵郡，迁散骑常侍、国子博士，后转博士祭酒。及齐王攸当之藩，下礼官议崇锡之典，志叹曰："安有如此之才，如此之亲，而不得树本助化，而远出海隅者乎？"乃建议以谏，辞旨甚切。帝大怒，免志官。后复为散骑常侍。志遭母忧，居丧尽哀，因得疾病，喜怒失常，太康九年卒，谥曰定公。

《晋书·曹志传》记载：

曹志，字允恭，谯国谯人，魏陈思王植之孽子也。少好学，以才行称，夷简有大度，兼善骑射。植曰："此保家主也。"立以为嗣。后改封济北王。武帝为抚军将军，迎陈留王于邺，志夜谒见，帝与语，自暮达旦，甚奇之。

及帝受禅，降为鄄城县公。诏曰：“昔在前世，虽历运迭兴，至于先代苗裔，传祚不替，或列藩九服，式序王官。选众命贤，惟德是与，盖至公之道也。魏氏诸王公养德藏器，壅滞旷久，前虽有诏，当须简授，而自顷众职少缺，未得式叙。前济北王曹志履德清纯，才高行洁，好古博物，为魏宗英，朕甚嘉之。其以志为乐平太守。”志在郡上书，以为宜尊儒重道，请为博士置吏卒。迁章武、赵郡太守。虽累郡职，不以政事为意，昼则游猎，夜诵《诗》《书》，以声色自娱，当时见者未能审其量也。

咸宁初，诏曰：“鄄城公曹志，笃行履素，达学通识，宜在儒林，以弘胄子之教。其以志为散骑常侍、国子博士。”帝尝阅《六代论》，问志曰：“是卿先王所作邪？”志对曰：“先王有手所作目录，请归寻按。”还奏曰：“按录无此。”帝曰：“谁作？”志曰：“以臣所闻，是臣族父冏所作。以先王文高名著，欲令书传于后，是以假托。”帝曰：“古来亦多有是。”顾谓公卿曰：“父子证明，足以为审。自今已后，可无复疑。”

后迁祭酒。齐王攸将之国，下太常议崇锡文物。时博士秦秀等以为齐王宜内匡朝政，不可之藩。志又常恨其父不得志于魏，因怆然叹曰：“安有如此之才，如此之亲，不得树本助化，而远出海隅？晋朝之隆，其殆乎哉！”乃奏议曰：“伏闻大司马齐王当出藩东夏，备物尽礼，同之二伯。今陛下为圣君，稷、契为贤臣，内有鲁、卫之亲，外有齐、晋之辅，坐而守安，此万世之基也。古之夹辅王室，同姓则周公其人也，异姓则太公其人也，皆身在内，五世反葬。后虽有五霸代兴，桓、文谲主，下有请隧之僭，上有九锡之礼，终于谲而不正，验于尾大不掉，岂与召公之歌《棠棣》，周诗之咏《鸱鸮》同日论哉！今圣朝创业之始，始之不谅，后事难工。干植不强，枝叶不茂；骨鲠不存，皮肤不充。自羲皇以来，岂是一姓之独有！欲结其心者，当有磐石之固。夫欲享万世之利者，当与天下议之。故天之聪明，自我人之聪明。秦、魏欲独擅其威，而财得没其身；周、汉能分其利，而亲疏为之用。此自圣主之深虑，日月之所照。事虽浅，当深谋之；言虽轻，当重思之。志备位儒官，若言不及礼，是志寇窃。知忠不言，议所不敢。志以为当如博士等议。”议成当上，见其从弟高邑公嘉。嘉曰：“兄议甚切，百年之后必书晋史，目下将见责邪。”帝览议，大怒曰：“曹志尚不明吾心，况四海乎！”以议者不指答所问，横造异论，策免太常郑默。于是有司奏收志等结罪，诏惟免志官，以公还第，其余皆付廷尉。

顷之，志复为散骑常侍。遭母忧，居丧过礼，因此笃病，喜怒失常。九年卒，太常奏以恶谥。崔褒叹曰：“魏颗不从乱，以病为乱故也。今谥曹志而谥其病，岂谓其病不为乱乎！”于是谥为定。

曹志（？—288）是三国魏武帝曹操之孙，曹植庶出的小儿子，被曹植立为嗣子继承封爵，晋代魏后曾任章武太守。当时章武郡治所在今黄骅市齐家务镇乾符村。

- **科斗垒豪杰王眘**

《晋书 · 载记第四》记载：

章武人王眘起于科斗垒，扰乱（石）勒河间、渤海诸郡。勒以扬武张夷为河间太守，参军临深为渤海太守，各率步骑三千以镇静之，使长乐太守程遐屯于昌亭为之声势。

《晋书 · 载记第五》记载：

勒西夷中郎将王胜袭杀并州刺史崔琨、上党内史王眘，以并州叛于勒。

乾隆版《沧州志 · 纪事》记载：

建兴年章武王眘兵起……是时地属石勒，王眘起兵虽云“扰乱”，然实晋人也，故特书“起兵”以予之。

民国版《沧县志 · 古迹》记载：

科斗垒在城东北七十里，后赵录：章武人王脊起兵于科斗垒扰乱掠河间渤海诸郡，其地即今之科牛庄。

王昚（shèn），西晋章武人，于今黄骅市齐家务镇科牛庄起兵对抗后赵石勒。

- **附肤落毛神射手贾坚**

清汤球《三十国春秋辑本》辑十六国时期史官范亨《燕书》记载：

贾坚传。贾坚，字世固，弯弓三石余。烈祖以坚善射故，亲试之，乃取一牛，置百步，上召坚使射，曰："能中之乎？"坚曰："少壮之时能令不中，今已老年，正可中之。"恪大笑。射发一矢，拂脊，再发一矢，摩腹背，附肤落毛，上下如一。恪曰："复能中乎？"坚曰："所贵者以不中为奇，中之何难？"一发中之。坚时年六十余矣，观者咸服其妙（《御览》七百四十四）。烈祖问坚年，对以受新命，始及三载（坚本冉闵章武太守，永和七年为慕容评所擒）。烈祖悦其言，拜乐陵太守。（《通鉴晋纪考异二十一》）

《晋书·载记第十》记载：

（冉）闵章武太守贾坚率郡兵邀（慕容）评战于高城，擒坚于阵，斩首三千余级。

《资治通鉴·晋记》记载：

[东晋永和六年（350）]九月，燕王（慕容）俊南徇冀州，取章武、河间。初，勃海贾坚，少尚气节，仕赵为殿中督。赵亡，坚弃魏主闵还乡里，拥部曲数千家。燕慕容评徇勃海，遣使招之，坚终不降；评与战，擒之。俊

以评为章武太守，封裕为河间太守。俊与慕容恪皆爱贾坚之材，坚时年六十余，恪闻其善射，置牛百步上以试之。坚曰："少之时能令不中，今老矣，往往中之。"乃射再发，一矢拂脊，一矢磨腹，皆附肤落毛，下下如一，观者咸服其妙。俊以坚为乐陵太守，治高城。……逢钓亡归渤海，招集旧众以叛燕。乐陵太守贾坚使人告谕乡人，示以成败，钓部众稍散，遂来奔。……燕泰山太守贾坚屯山茌，荀羡引兵击之；坚所将才七百余人，羡兵十倍于坚。坚将出战，诸将皆曰："众少，不如固守。"坚曰："固守亦不能免，不如战也。"遂出战，身先士卒，杀羡兵千余人，复还入城。羡进攻之，坚叹曰："吾自结发，志立功名，而每值穷厄，岂非命乎！与其屈辱而生，不若守节而死。"乃谓将士曰："今危困，计无所设，卿等可去，吾将止死。"将士皆泣曰："府君不出，众亦俱死耳。"乃扶坚上马，坚曰："我如欲逃，必不相遣。今当为卿曹决斗，若势不能支，卿等可趣去，勿复顾我也！"乃开门直出。羡兵四集，坚立马桥上，左右射之，皆应弦而倒。羡兵众多，从堑下斫桥，坚人马俱陷，生擒之，遂拔山茌。羡谓坚曰："君父、祖世为晋臣，奈何背本不降？"坚曰："晋自弃中华，非吾叛也。民既无主，强则托命。既已事人，安可改节！吾束自立，涉赵历燕，未尝易志，君何匆匆相谓降乎！"羡复责之，坚怒曰："竖子，儿女御乃公！"羡怒，执置雨中；数日，坚愤惋而卒。

贾坚（？—358），勃海郡人，曾任冉魏章武太守、前燕乐陵太守，后为前燕死义尽忠，是历史上著名的射箭高手。

- **北魏拓跋洪超议立沧州**

北齐人魏收撰《魏书·昭成子孙列传》记载：

辽西公意烈，昭成子力真之子也。……子叱奴，武川镇将。叱奴子洪超，颇有学涉。大乘贼乱之后，诏洪超持节兼黄门侍郎绥慰冀部。还，上言："冀土宽广，界去州六七百里，负海险远，宜分置一州，镇遏海曲。"朝议从之，后遂立沧州。卒于北军将、光禄大夫。

拓跋洪超，又名元洪超，为北魏昭成帝拓跋什翼犍的玄孙。北魏延昌四年（515）到熙平二年（517）在今沧州附近地区曾爆发大乘教起义。起义被平定后，拓跋洪超被派到当地巡视。随后，北魏朝廷接受其提议设立沧州。

• 北魏京兆王育母王昙慈

《华夏考古》2022 年第 1 期刊载《洛阳定鼎北路北魏王昙慈墓发掘简报》，介绍了北魏冀州章武崇和里人王昙慈墓发掘情况，并附墓志图片及释文：

广宗君王昙慈，冀州章武崇和里人也，后稷之苗裔。故持节冠军将军平州刺史王使君之孙，长乐太守王侯之女，大魏中书监、京兆王元愉之育母也。餐神炜之灵，析凝体之仪。中因家难，遂步紫庭。履宫掖也，长雍明之誉；处国第也，备淳肃之风。内钦景范，外谟冲则。乃嘉祥褫纪，晦汵流氛。以正始元年岁在甲申十二月癸酉朔廿二日甲午春秋五十九寝疾薨于国第。予以鞠养之恩，五情悲骇。追惟永往，痛切弥深。宾僚悼恻，内外楚裂。以正始二年岁次乙酉日月会于大梁，廿七日丁酉迁窆于帝都之夕（西），穀洛之阳，伊川之西阜，王城之北刚（岗）。松门洞望，幽馆沉华。镌石图言，式照遗芳。其辞曰：

悬基蓊郁，茂绪绵联。开光月甸，接彩春。重辉世映，迭道日鲜。禀德承华，蹈美长年。风铄离景，惠浓寅烟。方山即岱，偶水成河。望也如神，就也如波。诲予以仁，育予以和。量均金玉，器牟衡阿。实兹璅昧，询勖实多。庶休遐历，报养颐龄。玄鉴匪恤，祉奔妭形。椒楹灭馥，琁几埋馨。悲伤厚鞠，痛惋恒冥。存亡简迹，奄异垣杨。敢题泉石，流列余贞。

关于王昙慈家世及相关问题，《书法研究》2020 年第 12 期刊载陈花容《新见〈北魏王昙慈墓志〉考释》，其中论述：

王昙慈是冀州章武崇和里人，北魏章武郡治所大致位于今河北省沧州市范围。她终于北魏宣武帝正始元年（504），终年五十九，则她约生于太武帝太平真君七年（446）。祖父王公官至持节、冠军将军、平州刺史，冠军将军为从三品阶，平州治所在辽西郡肥如县，治所范围大致在今河北省卢龙县。父亲王侯官至长乐太守，长乐郡治所在今河北省冀州市范围。志文未记载王昙慈祖、父辈的名讳，我们无法确知她的家族情形，但根据以上官职任所及户籍地，不难发现，王氏家族长期在河北范围内生活和任官，在当地有一定影响力。……王昙慈是北魏孝文帝之子京兆王元愉的“育母”。……笔者认为《王昙慈墓志》就是元愉亲自撰写的（此时元愉年仅 17 岁），可见元愉和“育母”王昙慈之间感情很好。……从《王昙慈墓志》始，魏碑书风开始转型，由野趋文，由霸悍奇崛逐渐转向温和典雅，一直到后来隋唐楷书的法度化完备。我们把此墓志看作魏碑书风转化的拐点，应该并不为过，从这一点来说，《王昙慈墓志》的书史意义似乎大于它的艺术价值。

墓主籍贯的考证，是考释墓志类文章的重要内容，王昙慈的籍贯——冀州章武崇和里，在北朝乃至中国历史上出现的频率并不高，是目前已知带有“章武”二字最早的墓志。此处陈花容仅以“王昙慈是冀州章武崇和里人，北魏章武郡治所大致位于今河北省沧州市范围”一笔带过，但其背后的历史信息对于研究黄骅在北魏时政区的划分具有重要意义。由墓志推断，她终于北魏宣武帝正始元年（504），终年 59 岁，则她约生于太武帝太平真君七年（446）。在其生活的年代，黄骅当时所属的政区变化较大。北魏初，章武县和高城县延续之前的行政区划，分别属章武郡和渤海郡管辖。渤海郡曾改为沧水郡，太安二年（456），移治东光，寻又省，复为渤海郡。太和十一年（487），划瀛州渤海郡之饶安、浮阳、高城三县以及章武郡之章武县置浮阳郡。今黄骅市域所在的高城、章武二县自汉末之后，重新划归一郡管辖。景明（500—503）初年，浮阳郡废置，饶安、浮阳、高城、章武四县划归章武郡。她去世的年份为北魏宣武帝正始元年（504），当时浮阳郡已经废置，章武重新划归章武郡，章武郡的治所在西章武县（今廊坊市大城县）。

而墓志中的章武，既不言郡，又不言县，当指章武郡章武县，故王昙慈的籍贯在今黄骅境内。在魏晋南北朝，里作为一级带有户籍编制意义的基层组织，并不等同于村，主要出现于城市或与城市相关的人口密集地区，并因而形成与村的地理差别，故崇和里当为章武县城邑中的居民聚居区。

元愉（488—508），鲜卑族，北魏孝文帝元宏（拓跋宏）第三子，太和二十一年（497）被封京兆王，后叛乱兵败自杀。大统元年（535），其子元宝炬称帝建立西魏政权，追谥其为文景皇帝。

• 北齐章武太守祖珽

《北史 · 祖珽传》记载：

珽字孝徵，神情机警，词藻遒逸，少驰令誉，为当世所推。起家秘书郎，对策高第，为尚书仪曹郎中，典仪注。尝为冀州刺史万俟受洛制《清德颂》，其文典丽，由是齐神武闻之。时文宣为并州刺史，署珽开府仓曹参军。神武口授珽三十六事，出而疏之，一无遗失，大为僚类所赏。时神武送魏兰陵公主出塞嫁蠕蠕，魏收赋《出塞》及《公主远嫁诗》二首，珽皆和之，大为时人传咏。

珽性疏率，不能廉慎守道。仓曹虽云州局，及受山东课输，由此大有受纳，丰于财产。又自解弹琵琶，能为新曲，招城市年少，歌舞为娱，游集诸倡家，与陈元康、穆子容、任胄、元士亮等为声色之游。诸人尝就珽宿，出山东大文绫并连珠孔雀罗等百余匹，令诸妪掷樗蒲赌之，以为戏乐。参军元景献，故尚书令元世俊子也，其妻司马庆云女，是魏孝静帝故博陵长公主所生。珽忽迎景献妻赴席，与诸人递寝，亦以货物所致。其豪纵淫逸如此。常云："丈夫一生不负身。"

已文宣罢州，珽例应随府，规为仓局之间，致请于陈元康。元康为白，由是还任仓曹。珽又委体附参军事，摄典签陆子先，为画计，请粮之际，令子先宣教出仓粟十车。为僚官捉送。神武亲问之，珽自言不署，归罪子先，神武信而释之。珽出而言曰："此丞相天缘明鉴，然实孝徵所为。"性不羁，放纵。曾至胶州刺史司马世云家饮酒，遂藏铜叠二面，厨人请搜诸客，果于珽怀中得之。见者以为深耻。所乘老马，常称骝驹。又与寡妇王氏奸通，每人前相闻往复。裴让之与珽早狎，于众中嘲珽曰："卿那得如此诡异，老马年十岁，犹号骝驹，奸耳顺，尚称娘子。"于时喧然传之。后为神武中外府功曹。神武宴僚属，于坐失金叵罗，窦太令饮酒者皆脱帽，于珽髻上得之，神武不能罪也。后为秘书丞，领舍人，事文襄。州客至，请卖《华林遍略》。文襄多集书人，一日一夜写毕，退其本曰："不须也。"珽以《遍略》数帙质钱樗蒲，文襄杖之四十。又与令史李双、仓督成祖等作晋州启，请粟三千石，代功曹参军赵彦深宣神武教，给城局参军。事过典签高景略，景略疑其不实，密以问彦深。彦深答都无此事，遂被推检。珽即引伏。神武大怒，决鞭二百，配甲坊，加钳刑，其谷倍徵。未及科，会并州定国寺成，神武谓陈元康、温子升曰："昔作芒山寺碑文，时称妙绝，今定国寺碑当使谁作词也？"元康因荐珽才学并解鲜卑语。乃给笔札，就禁所具草，二日内成，其文甚丽。神武以其工而且速，特恕不问，然犹免官，散参相府。

文襄嗣事，以为功曹参军。及文襄遇害，元康被伤创重，倩珽作书，属家累事，并云："祖喜边有少许物，宜早索取。"珽乃不通此书，唤祖喜私问，得金二十五挺，唯与祖喜二挺，余尽自入，又盗元康家书数千卷。祖喜怀恨，遂告元康二弟叔谌、季璩等。叔谌以语杨愔，愔嚬眉答曰："恐不益亡者。"因此得停。

文宣作相，珽拟补令史十余人，皆有受纳，而谘取教判，并盗官《遍略》一部。时又除珽秘书丞，兼中书舍人。还邺后，其事皆发。文宣付从事中郎王士阏推检，并书与平阳公淹，令录珽付禁，勿令越逃。淹遣田曹参军孙子宽往唤。珽受命，便尔私逃。黄门郎高德正副留台事，谋云："珽自知有犯，惊窜是常。但宣一命向秘书，称奉并州约束，须《五经》三部，仰丞亲检校催遣。如此，则珽意安，夜当还宅，然后掩取。"珽果如德正图，遂还宅，薄晚，就家掩之，缚珽送廷尉。据犯枉法处绞刑，文宣以珽伏事先世，讽所司，命特宽其罚，遂奏免死除名。天保元年，复被召从驾，依除免例，参于晋阳。

珽天性聪明，事无难学，凡诸伎艺，莫不措怀。文章之外，又善音律，解四夷语及阴阳占候。医药之术，尤是所长。帝虽嫌其数犯刑宪，而爱其才技，令直中书省掌诏诰。珽通密状，列中书侍郎陆元规，敕令裴英推问，元规以应对忤旨，被配甲坊。除珽尚药丞，寻迁典御。又奏造胡桃油，复为割藏免官。文宣每见之，常呼为贼。文宣崩，普选劳旧，除为章武太守。会杨愔等诛，不之官。授著作郎。数上密启，为孝昭所忿，敕中书、门下二省断珽奏事。

珽善为胡桃油以涂画，为进之长广王，因言："殿下有非常骨法，孝徵梦殿下乘龙上天。"王谓曰："若然，当使兄大富贵。"及即位，是为武成皇帝，擢拜中书侍郎。帝于后园使珽弹琵琶，和士开胡舞，各赏物百段。士开忌之，出为安德太守，转齐郡太守。以母老乞还侍养，诏许之。会南使入聘，为申劳使。寻为太常少卿、散骑常侍、假仪同三司，掌诏诰。

初，珽于乾明、皇建之时，知武成阴有大志，遂深自结纳，曲相祗奉。武成于天保频被责，心常衔之。珽至是希旨，上书请追尊太祖献武皇帝为神武，高祖文宣皇帝改为威宗景烈皇帝，以悦武成。武成从之。

时皇后爱少子东平王俨，愿以为嗣，武成以后主体正居长，难于移易。珽私于士开曰："君之宠幸，振古无二。宫车一日晚驾，欲何以克终？"士开因求策焉。珽曰："宜说主上云：襄、宣、昭帝子俱不得立，今宜命皇太子早践大位，以定君臣。若事成，中宫少主皆德君，此万全计也。君且微说，令主上相解，珽当自外表论之。"士开许诺。因有彗星出，太史奏云除旧布新之徵，珽于是上书，言："陛下虽为天子，未是极贵。案《春秋元命苞》云：'乙酉之岁，除旧革政。'今年太岁乙酉，宜传位东宫，令君臣之分早定。且以上应天道。"并上魏献文禅子故事。帝从之。由是拜秘书监，加仪同三司，大被亲宠。

既见重二宫，遂志于宰相。先与黄门侍郎刘逖友善，乃疏侍中尚书令赵彦深、侍中左仆射元文遥、侍中和士开罪状，令逖奏之。逖惧，不敢通，其事颇泄。彦深等先诣帝自陈。帝大怒，执珽诘曰："何故毁我士开？"珽因厉声曰："臣由士开得进，本无心毁之。陛下今既问臣，臣不敢不以实对。士开、文遥、彦深等专弄威权，控制朝廷，与吏部尚书尉瑾内外交通，共为表里，卖官鬻狱，政以贿成，天下歌谣。若为有识所知，安可闻于四裔？陛下不以为意，臣恐大齐之业隳矣！"帝曰："尔乃诽谤我。"珽曰："不敢诽谤，陛下取人女。"帝曰："我以其俭饿，故收养之。"珽曰："何不开仓振给，乃买取将入后宫乎？"帝益怒，以刀镮筑口，鞭杖乱下，将扑杀之。大呼曰："不杀臣，陛下得名；杀臣，臣得名。若欲得名，莫杀臣，为陛下合金丹。"遂少获宽放。珽又曰："陛下有一范增不能用，知如何！"帝又怒曰："尔自作范增，以我为项羽邪？"珽曰："项羽人身亦何由可及，但天命不至耳。项羽布衣，率乌合众，五年而成霸王业。陛下藉父兄资财得至此，臣以谓项羽未易可轻。臣何止方于范增？纵拟张良，亦不能及。张良身傅太子，犹因四皓，方定汉嗣。臣位非辅弼，疏外之人，竭力尽忠，劝陛下禅位，使陛下尊为太上，子居宸扆，于己及子，俱保休祚。蕞尔张良，何足可数！”帝愈怒，令以土塞其口，珽且吐且言，无所屈挠。乃鞭二百，配甲坊。寻徙于光州。刺史李祖勋遇之甚厚。别驾张奉礼希大臣意，上言珽虽为流囚，常与刺史对坐。敕报曰：“牢掌。”奉礼曰：“牢者，地牢也。”乃为深坑，置诸内，苦加防禁，桎梏不离其身，家人亲戚不得临视，夜中以芜菁子烛熏眼，因此失明。

武成崩，后主忆之，就除海州刺史。是时陆令萱外干朝政，其子穆提婆爱幸。珽乃遗陆媪弟悉达书曰：“赵彦深心腹阴沈，欲行伊、霍事，仪同姊弟岂得平安！何不早用智士邪？”和士开亦以珽能决大事，欲以为谋主，故弃除旧怨，虚心待之。与陆媪言于帝曰：“襄、宣、昭三帝，其子皆不得立，令至尊独在帝位者，实由祖孝徵。又有大功，宜重报之。孝徵心行虽薄，奇略出人，缓急真可凭仗。且其双盲，必无反意。请唤取，问其谋计。”帝从之。入为银青光禄大夫、秘书监，加开府仪同三司。

和士开死后，仍说陆媪出彦深，以珽为侍中。在晋阳通密启，请诛琅邪王。其计既行，渐被任遇。又灵太后之被幽也，珽欲以陆媪为太后，撰魏帝皇太后故事，为太姬言之。谓人曰：“太姬虽云妇人，实是雄杰，女娲已来无有也。”太姬亦称珽为“国师”“国宝”。由是拜尚书左仆射，监国史，加特进，入文林馆，总监撰书；封燕郡公，食太原郡干，给兵七十人。所住宅在义井坊，旁拓邻居，大事修筑。陆媪自往案行，势倾朝野。

斛律光甚恶之，遥见窃骂云：“多事乞索小人，欲作何计数！”尝谓诸将云：“边境消息，处分兵马，赵令恒与吾等参论之。盲人掌机密来，全不共我辈语，止恐误他国家事。”又珽颇闻其言，因其女皇后无宠，以谣言闻上，曰“百升飞上天，明月照长安”。令其妻兄郑道盖奏之。帝问珽，珽证实。又说谣云：“高山崩，槲树举，盲老公背上下大斧，多事老母不得语。”珽并云：“盲老公是臣”，自云与国同忧戚，劝上行，语“其多事老母，似道女侍中陆氏”。帝以问韩长鸾、穆提婆，并令高元海、段士良密议之，众人未从。因光府参军封士让启告光反，遂灭其族。

珽又附陆媪，求为领军，后主许之。诏须覆述，取侍中斛律孝卿署名。

孝卿密告高元海，元海语侯吕芬、穆提婆云：“孝徵汉儿，两眼又不见物，岂合作领军也？”明旦面奏，具陈珽不合之状，并书珽与广宁王孝珩交结，无大臣体。珽亦求面见，帝令引入。珽自分疏，并云：“与元海素嫌，必是元海谮臣。”帝弱颜，不能讳，曰：“然。珽列元海共司农卿尹子华、太府少卿李叔元、平准令张叔略等结朋树党。遂除子华仁州刺史，叔元襄城郡守，叔略南营州录事参军。陆媪又唱和之，复除元海郑州刺史。

珽自是专主机衡，总知骑兵、外兵事。内外亲戚，皆得显位。后主亦令中要数人扶侍出入，著纱帽直至永巷，出万春门向圣寿堂，每同御榻，论决政事，委任之重，群臣莫比。自和士开执事以来，政体隳坏，珽推崇高望，官人称职，内外称美。复欲增损政务，沙汰人物。始奏罢京畿府并于领军，事连百姓，皆归郡县；宿卫都督等号位从旧官名，文武服章并依故事。又欲黜诸阉竖及群小辈，推诚延士，为致安之方。

陆媪、穆提婆议颇同异。珽乃讽御史中丞丽伯律，令劾主书王子冲纳赂，知其事连提婆，欲使赃罪相及，望因此坐，并及陆媪。犹恐后主溺于近习，欲因后党为援，请以皇后兄胡君瑜为侍中、中领军，又徵君瑜兄梁州刺史君璧，欲以为御史中丞。陆媪闻而怀怒，百方排毁，即出君瑜为金紫光禄大夫，解中领军，君璧还镇梁州。皇后之废，颇亦由此。王子冲释而不问。珽日以益疏，又诸宦者更共谮毁之，无所不至。后主问诸太姬，悯默不对。三问，乃下床拜曰：“老婢合死，本见和士开道孝徵多才博学，言为善人，故举之。此来看之，极是罪过，人实难容，老婢合死。”后主令韩凤检案，得其诈出敕受赐十余事，以前与其重誓不杀，遂解珽侍中、仆射，出为北徐州刺史。

珽求见分疏，韩长鸾积嫌于珽，遣人推出柏阁。珽固求面见，坐不肯行。长鸾乃令军士牵曳而出，立珽于朝堂，大加诮责。上道后，复令追还，解其开府仪同、郡公，直为刺史。

至州，会有陈寇，百姓多反。珽不闭城门，守陴者皆令下城静坐，街巷禁断人行，鸡犬不听鸣吠。贼无所闻见，莫测所以。或疑人走城空，不设警备。至夜，珽忽令大叫，鼓噪聒天。贼众大惊，登时走散。后复结陈向城，斑乘马自出，令录事参军王君植率兵马，仍亲临战。贼先闻其盲，谓为不能拒抗，忽见亲在戎行，弯弧纵镝，相与惊怪，畏之而罢。时提婆憾之不已，欲令城陷没贼，虽知危急，不遣救援。珽且守且战十余日，贼竟奔走，城卒保全。卒于州。

祖珽曾任北齐章武太后，后下罪双目失明，复起为一代名臣，权倾朝野，实为史上少有之奇人。

- **北齐老乡绅常文贵**

《文物》1985 年第 9 期刊载沧州地区文化局王敏之撰《黄骅县北齐常文贵墓清理简报》：

河北省黄骅县西才元村社员在 1977 年 3 月平整土地时发现一古墓，随即上报。沧州地区文物组及时与县文教科、县文化馆等共同进行了清理。现将清理情况简报如下。

墓葬形制

该墓位于旧城公社旧城大队东南约 1500 米，南距西才元村约 500 米（图一）。墓地原为高约 1 米的土台，东西 27 米，南北 33 米。墓室位于土台

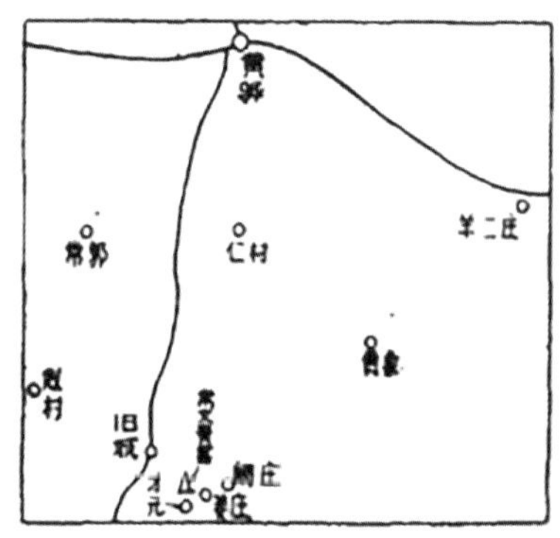

图　墓葬位置示意图

根脉

西端。

墓葬为砖砌单室，墓室略呈圆形。东西 4.9 米，南北 6.2 米。四壁外凸，壁高 2.6 米，厚 0.7 米。墓壁砌法为三横一竖，墓底铺砖。墓向南偏东 10 度。墓门在南壁中部，已被破坏。据社员介绍，门内有砖券甬道，宽约 1.5 米，高约 2.2 米，长约 2 米，门以砖封堵。墓顶早年坍塌，砌法不明，乱砖积土填满墓室。墓壁高出地表约 0.5 米。

墓室内葬具已朽，中间横陈骨架两具，头向东，当是夫妇合葬。另据社员反映：墓门内左右尚有较小的骨架各一具，墓门封门砖外另横陈骨架一具。此三具骨架是晚年并入或当时殉葬，尚不明。

随葬品

因墓顶早年塌陷，并被扰乱，故随葬遗物皆散乱破碎，清理时所见遗物分布的大致情况是：墓室东南角出大型武士俑、小型男女陶俑和青瓷碗、陶牛、陶马、陶骆驼；东壁下出陶鸡、陶马；西南角出镇墓兽，平放墓志；西北角墙根下出陶猪、陶羊。此外尚有男、女俑零散出于积土之中，瓷碗出于骨架附近。

随葬品共六十九件。

（一）陶俑四十五件

武士俑　两件。只残存足部各一片。

文吏俑　九件。其中五件头戴风帽，穿肥袖长袍，双手拱于袖内。高 24 厘米（图二）。其余四件头戴小冠，穿长袍，广袖。二俑右手执物，二俑双手作拱。高 25、27 厘米（图二）。

（上图）图二　文吏俑
（下图）图三　文吏俑

执盾俑　四件。戴小冠，穿短褐，腰束带，缚裤。左手执盾，右臂前屈作执物状。高 22.5 厘米（图四）。

执事胡俑　五件。高鼻深目。戴尖盔，穿短袍，腰束带，缚裤。右臂上屈作执物状。高 23 厘米（图七）。

图四　执盾俑

图七　执事胡俑

鼓乐俑　十件。戴小冠，穿短袍，腰束带。右手前屈，左手执鼓。高21.5厘米（图六）。

女立俑　五件。梳高髻，穿长衫，窄肩细腰。右手前屈，原执有物。高22厘米（图八：右1—3）。

女执盆俑　一件。坐式，梳矮髻。高14厘米（图八：左1）。

执箕俑　一件，已残。

另有八件俑，均残缺。

（二）陶动物模型十三件

镇墓兽　一件。残损严重。

马　四件。长40、20余厘米各两件，均残（图九：右1—2）。

牛　一件。长37厘米（图五）。

骆驼　一件。只残存头部（图九：左）。

猪　三件。合模一、单模二。长17厘米（图一〇）。

羊　两件。合模一，卧式。长15厘米（图一〇）。

鸡　一件。长12厘米（图一〇）。

图六　鼓乐俑

图八　女执盆俑、女立俑

图五　陶牛

图九　陶骆驼、陶马

图一〇　陶猪、陶羊、陶鸡

（三）其他十一件

青瓷碗　五件。直口，假圈足，外壁下部露胎。高 7.5—8 厘米，口径 12—13.5 厘米。

陶碗　一件。细泥红陶质，无釉。

铜环　四件。粗 1 厘米，环径 8 厘米。

墓志　一合。青石质。素面盝顶志盖，盖面有两个未穿透的孔。志文共十五列，列十八字，行间有刻线。志石长 46.5、宽 46、厚 8.5 厘米（图一一）。

君姓常諱文貴字蔚榮滄州浮陽郡高城縣崇
仁鄉脩義里人也君風能章絶自懷磈磊之風
長居不群非無亮朗之節但春秋未高瞎領可
貴大齊天保七年旨遣杜尚書板除兗州瀛
縣令雖光皇西岳東神莫轉至皇建元年復贈
青州樂安郡太守不那烏兔遞遷星機迭換
運懸車忽委虞谷嗣子領群次子領賓弟三息
領欄弟四息領高等哀慕號泣深懷創鉅痛書
夜啼恨倍切靖樹之悲各竭子道思報劬勞幼
子亭親易取木邊山弟二息領賓等訪工中壤
栢槨以就不失其制大齊武平二年歲次辛卯
二月己卯朔四日壬午轜輪祖柩高墳脩奄永
固千齡刊石銘之者矣其詞曰 生能獨桀死
久孤雄千神来奉万鬼竟脩情存亮朗不變恒
風地上五侯泉下三公

图一一 墓志

小结

墓志载，墓主常文贵，字蔚荣，沧州浮阳郡高城县崇仁乡修义里人。“大齐”（北齐）天保七年（556 年）“板除”（诏授）“兖州瀛县令”，皇建元年（560 年）“复赠青州乐安郡太守”，武平二年（571 年）葬。

沧州，北魏熙平二年（517 年）分瀛、冀二州置，领郡三：浮阳、乐陵、安德。浮阳郡，太和十一年（487 年）分渤海、章武置，属瀛州，景明初并章武，熙平二年复。领县四：饶安、浮阳、高城、章武。高城，汉置，后汉曾为高城侯。隋开皇十八年（598年）始更高城为盐山。故城在今盐山县东南，城墙遗迹至今犹存。沧州初治饶安（今盐山旧县），隋徙浮阳。开皇十八年改浮阳为清池。清池即今之沧县旧州，故址在今沧州市东南20公里。

志文中“羸”应写作“嬴”，音“盈”，古与“嬴”通，应不是“羸”的笔误。按上冠“兖州”，地当在山东。查山东古有“嬴”地，为春秋齐邑。《左传》桓公三年，“公会齐侯于嬴”；哀公十一年，“公会吴子伐齐，……克博……至于嬴”。秦置县，唐废。故城在山东莱芜县西北20公里汶水之北，俗名城子县。嬴县去兖州200余里，古时州辖疆域较广，北魏时沧州辖境南北达五六百里，嬴属兖州也不为远。

青州，北齐以前历代建置多达七处，此处应指汉置青州，故治在今山东临淄县。历代变迁较频，北魏时曾移置青州于乐安，后又移于东阳城（今山东益都县）。志文所载当系此时。乐安郡，南朝宋置，故治在今山东广饶县。

北朝时期的墓葬，在我区曾发现数座，但均遭破坏。此墓所出陶俑等与其他同期墓葬所出为同一类型，墓志年代确凿，为研究北齐服饰、雕塑及考证历史地理位置提供了一批新的实物史料。

参加发掘者：晋长鸿　孟广明　陈德卿　宗永光　王敏之

常文贵墓志铭文：

君姓常，讳文贵，字蔚荣，沧州浮阳郡高城县崇仁乡修义里人也。君夙能卓绝，自怀硍磊之风；长居不群，非无亢朗之节。但春秋未高，瞻颜可贵。大齐天保七年，旨遣杜尚书板除兖州羸县令。虽光貌西垂，东神莫转。至皇建元年，复赠青州乐安郡太守。不那乌兔递迁，星机运换，算运悬车，忽委虞谷。嗣子领群，次子领宾，弟三息领标，弟四息领壹等，哀慕号泣，深怀创巨痛，昼夜啼恨，倍切靖树之悲，各竭子道，思报劬劳。幼子壹，亲即取木边山；弟二息领宾，访工中壤，柏椁以就，不失其制。大齐武平二年，岁次辛卯二月己卯朔四日壬午，輀轮祖柩，高坟备奄。永固千龄，刊石铭之者矣。其词曰：

生能独桀，死亦孤雄。千神来奉，万鬼竞修。情存亢朗，不变恒风。地上五侯，泉下三公。

《北齐书·帝纪第四》记载：

（天保九年）秋七月辛丑，给京畿老人刘奴等九百四十三人版职及杖帽各有差。

《北齐书·帝纪第六》记载：

皇建元年八月壬午，皇帝即位于晋阳宣德殿，大赦，改乾明元年为皇建。诏奉太皇太后还称皇太后，皇太后称文宣皇后，宫曰昭信。乙酉，诏自太祖创业已来，诸有佐命功臣子孙绝灭，国统不传者，有司搜访近亲，以名闻，当量为立后；诸郡国老人各授版职，赐黄帽鸠杖。

结合常文贵墓志铭和《北齐书》等相关记载，常文贵应为北齐时期高城县崇仁乡的老年乡绅。墓志铭文记“大齐天保七年，旨遣杜尚书板除兖州羸县令”，实际可能是，他在北齐天保九年（558）的那次“版授高年”的活动中，被授予了“兖州羸县令”的“版职”即荣誉官衔。“天保七年”可能为误记。然后，不久近八十岁的常文贵就去世了，“光貌西垂，东神莫转”。不过，在稍后北齐皇建元年（560）的那次“诸郡国老人各授版职”活动中，他仍然被追赠为“青州乐安郡太守”。然后，停柩浮厝至北齐武平二年（571）下葬墓所，并刊石铭。简报记“墓门内左右尚有较小的骨架各一具，墓门封门砖外另横陈骨架一具”，此三人可能是浮厝期间少亡之子孙或奴仆。

常文贵墓出土的武士俑、文吏俑、鼓乐俑、女立俑等随葬品：

陶马

陶牛

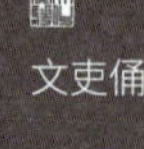
文吏俑

鼓乐俑

易学大家颜恶头与吴遵世

《北史·艺术传》记载：

颜恶头，章武郡人也。妙于《易》筮。游州市观卜，有妇人负囊粟来卜，历七人，皆不中而强索其粟，恶头尤之。卜者曰："君若能中，何不为卜？"恶头因筮之，曰："登高临下水洞洞，唯闻人声不见形。"妇人曰："妊身已七月矣，向井上汲水，忽闻胎声，故卜。"恶头曰："吉，十月三十日有一男子。"诣卜者乃惊服曰："是颜生邪？"相与具羊酒谢焉。有人以三月十三日诣恶头求卜，遇《兑》之《履》。恶头占曰："君卜父，父已亡，当上天，闻哭声，忽复苏，而有言。"其人曰："父卧疾三年矣，昨日鸡鸣时气尽，举家大哭。父忽惊寤云：'我死，有三尺人来迎，欲升天，闻哭声，遂坠地。'"恶头曰："更三日，当永去。"果如言。人问其故，恶头曰："《兑》上天下土，是今日庚辛本宫火，故知卜父。今三月，土入墓，又见宗庙爻发，故知死。变见生气，故知苏。《兑》为口，主音声，故知哭。《兑》变为《乾》，《乾》天也，故升天。《兑》为言，故父言。故知有言。未化入戌为土，三月土墓，戌又是本宫鬼墓，未后三日至戌，故知三日复死。"恶头又语人曰："长乐王某年某月某日当为天子。"有人姓张，闻其言，数以宝物献之，豫乞东益州刺史。及期，果为天子，擢张用之。恶头自言厄在彭城。后游东都，逢彭城王尔朱仲远将伐齐神武于邺，召恶头令筮。恶头野生，不知避忌，高声言："大恶。"仲远怒其沮众，斩之。

《北史·艺术传》记载：

吴遵世，字季绪，勃海人也。少学《易》。入恒山，忽见一老翁，授之开心符。遵世跪，水吞之，遂明占卜。后出游京洛，以卜筮知名。魏孝武帝之将即位，使之筮，遇《否》之《萃》，曰："先否后喜。"帝曰："喜在何时？"遵世曰："刚决柔，则春末夏初也。"又筮，遇《明夷》之《贲》，曰："初登于天，后入于地。若能敬始慎终，不失法度，无忧入地矣。"终如其言。后齐文襄引为大将军府墨曹参军。从游东山，有云起，恐雨废射，戏使筮。遇《剥》，李业兴云："坤上艮下，《剥》。艮为山，山出云，故知有雨。"遵世云："坤为地，土制水，故知无雨。"文襄使崔暹书之云："遵世若著，赏绢十匹；不著，罚杖十。业兴若著，无赏；不著，罚杖十。"业兴曰："同是著，何独无赏？"文襄曰："遵世著，会我意，故赏也。"须臾云散，二人各受赏罚。皇建中，武成以丞相在邺下居守，自致猜疑，甚怀忧惧。谋起兵，每宿辄令遵世筮。遵世云："自有大庆。"由是不决。俄而赵郡王等奉太后令，以遗诏追武成。更令筮之。遵世云："比已作十余卦，其占自然有天下之征。"及即位，除中书舍人，固辞老疾，授中散大夫。和士开封王，妻元氏无子，以侧室长孙为妃，令遵世筮。遵世云："此卦偶与占同。"乃出其占书云："元氏无子，长孙为妃。"士开喜于妙中，于是起叫而舞。遵世著《易林杂占》百余卷。后预尉迟迥乱，死焉。

赵辅和，清都临漳人也。少以明《易》善筮为齐神武馆客。神武崩于晋阳，葬有日矣，文襄令文宣与吴遵世等择地，频卜不吉。又至一所，筮遇《革》，咸云凶。辅和少年，最在众人后，进云："《革卦》于天下人皆凶，唯王家用之大吉。《革象辞》云：'汤武革命，应天顺人。'"文宣遽登车，顾云："以此地为定。"即义平陵也。有人父为刺史，得书云疾。是人诣馆，别托相知者筮。遇《泰》，筮者云："此卦甚吉。"是人出后，辅和谓筮者云："《泰》，乾下坤上，则父入土矣，岂得言吉。"果凶问至。有人父疾，托辅和筮，遇《乾》之《晋》，慰谕令去。后告人云："《乾》之游魂。乾为天，为父，父变为魂，而升于天，能无死乎？"亦如其言。大宁、武平中，筮后宫诞男女及时日，多中，遂至通直常侍。入周，亦为仪同。隋开皇中，卒。

颜恶头与吴遵世，一为北齐章武人，一为北魏渤海人，都为易学史上著名人物，或许都曾在今黄骅市域生活过，可约窥当时本地文化之一斑。

陆　隋唐五代

隋朝主要属渤海郡盐山县，部分属河间郡鲁城县（据谭其骧《中国历史地图集·隋》）

唐朝主要属河北道沧州盐山县，部分属鲁城县（后改乾符）。五代时期略同（后周时乾符并入清池县）（据谭其骧《中国历史地图集·唐》）

《隋书·地理志》记载：

渤海郡（开皇六年置棣州，大业二年为沧州）统县十，户十二万二千九百九。阳信（带郡）、乐陵（旧置乐陵郡，开皇初郡废。十六年分置鬲津县，大业初废入焉）、滴河（开皇十六置。又有后魏湿沃县，后齐废。有关官）、厌次（后齐废，开皇十六年复）、蒲台（开皇十六年置）、饶安（旧置沧州、浮阳郡，开皇初郡废，大业初州废）、无棣（开皇六年置）、盐山（旧曰高成。开皇十六年又置浮水县。十八年改高成曰盐山。大业初省浮水入焉。有盐山、峡山）、南皮、清池（旧曰浮阳，开皇十八年改）……

河间郡（旧置瀛州）统县十三，户十七万三千八百八十三。河间（旧置河间郡，开皇初郡废。大业初复置郡，并武垣县入焉）、文安（有狐狸淀）、乐寿（旧曰乐城，开皇十八年改为广城，仁寿初改焉）、束城（旧曰束州，后齐废。开皇十六年置，后改名焉）、景城（旧曰成平，开皇十八年改焉）、高阳（旧置高阳郡，开皇初郡废。十六年置蒲州，大业初州废，并任丘县入焉）、鄚（有易城县，后齐废。开皇中置永宁县，大业初废入焉）、博野（旧曰博陆，后魏改为博野，后齐废蠡吾县入焉。有君子淀）、清苑（旧曰乐乡。后齐省樊兴、北新城、清苑、乐乡入永宁，改名焉。开皇十八年改为清苑）、长芦（开皇初置，并立漳河郡，郡寻废。十六年置景州，大业初州废）、平舒（旧置章武郡，开皇初废）、鲁城（开皇十六年置）、饶阳（开皇十六年分置安平、芜蒌二县，大业初省入焉）。

《旧唐书·地理志》记载：

沧州上。汉渤海郡，隋因之。武德元年，改为沧州，领清池、饶安、无棣三县，治清池。其年，移治饶安。四年，平窦建德，分饶安置鬲津县。五年，以清池属东盐州。六年，以观州胡苏县来属，州仍徙治之。其年，又省棣州，以滴河、厌次、阳信、乐陵四县来属。贞观元年，以瀛州之景城，废景州之长芦、南皮、鲁城三县，废东盐州之盐山、清池二县，并来属。

又以滴河、厌次二县属德州，以胡苏属观州，仍移治于清池。又省鬲津入乐陵，省无棣入阳信。八年，复置无棣县。十七年，以废观州之弓高、东光、胡苏来属。割阳信属棣州。天宝元年，改为景城郡。乾元元年，复为沧州。旧领县十，户二万五十二，口九万五千七百九十六。天宝领县十一，户十二万四千二十四，口八十二万五千七百五。在京师东北二千二百一十八里，去东都一千三百八十二里。

清池。汉浮阳县，渤海郡所治。隋改为清池县，治郭下。武德四年，属景州。五年，改属东盐州。贞观元年，改属沧州。

盐山。汉高城，古县在南。隋改为盐山。武德四年，置东盐州，领县一。五年，又割景州之清池来属，仍置浮水县。贞观元年，省东盐州及浮水县，以清池属沧州。

南皮。汉县，属渤海郡。至隋不改。武德四年，属景州。贞观元年，改属沧州。

长芦。汉参户县，属渤海郡。后周改为长芦。武德四年，割沧州之清池、南皮二县，瀛州之鲁城、平舒、长芦三县，于此置景州。其年，陷刘黑闼。五年，贼平，置景州总管府，管沧、瀛、东盐、景四州。又分清池县属东盐州。贞观元年，废景州，以平舒属瀛州，南皮、鲁城、长芦三县属沧州。旧治永济河西，开元十六年，移于今治。……

乾符。隋鲁城县。武德四年，属景州。贞观元年，改属沧州。乾符年，改为乾符。

《新唐书·地理志》记载：

沧州景城郡，上。本渤海郡，治清池，武德元年徙治饶安，六年徙治胡苏，贞观元年复治清池。土贡：丝布、柳箱、苇簟、糖蟹、鳢鲟。户十二万四千二十四，口八十二万五千七百五。县七：（西南有横海军，开元十四年置，天宝后废，大历元年复置）清池（紧。西北五十五里有永济堤二，永徽二年筑；西四十五里有明沟河堤二，西五十里有李彪淀东堤及徒骇河西堤，皆三年筑；西四十里有衡漳堤二，显庆元年筑；西北六十里有衡漳东堤，开元十年筑；东南二十里有渠，注毛氏河，东南七十里有渠，注漳，并引浮水，皆刺史姜师度开；西南五十七里有无棣河，东南十五里有阳通河，皆开元十六年开；南十五里有浮河堤、阳通河堤，又南三十里有永济北堤，亦是年筑。有甘泉二，十年，令毛某母老，苦水咸无以养，县舍穿地，泉涌而甘，民谓之毛公井；有盐）、盐山（紧。武德四年置东盐州，五年，以景州之清池并析盐山置浮水县以隶之。贞观元年州废，省浮水，以清池、盐山来属。有盐）、长芦（上。本隶瀛州。武德四年，以长芦、平舒、鲁城及沧州之清池置景州。贞观元年州废，以平舒还隶瀛州，长芦、鲁城来属）、乐陵（上。本隶棣州，武德八年来属，大和二年又隶棣州，寻复来属）、饶安（上。武德四年析置鬲津县，贞观元年省入乐陵）、无棣（上。贞观元年省入阳信，八年复置，大和二年隶棣州，寻来属。有无棣沟通海，隋末废，永徽元年，刺史薛大鼎开）、乾符（上。本鲁城，乾符元年生野稻水谷二千余顷，燕、魏饥民就食之，因更名）。

《旧五代史·郡县志》记载：

沧州长芦县、乾符县（周显德三年十月，并入清池县）、无棣县（周显德五年，改为保顺军）、弓高县（周显德六年二月，并入东光县）。

《新五代史·职方考》记载：

沧州长芦、乾符，周废入清池。

（一）遗址遗迹

• 乾符（北章武、鲁城县）故城

乾符（北章武、鲁城县）故城位于黄骅市齐家务乡乾符村。城址呈方形，南北长 420 米，东西长 500 米。城墙原高 4 米，宽 15 米，现仅存北城墙西段，残长 104 米，高 2 米，最宽处 13 米。城内曾发现砖井、房址等遗迹，出土陶罐、陶盘、军司马印等战汉时期文物多件。民国《沧县志》考证，曹操在汉末设章武郡，筑此城为治所，而且“魏晋以后郡治自在此城”。

《大明一统志》卷二记载：

乾符城，在沧州故城北一百里，本隋鲁城县。唐乾符初生野稻二千余顷，燕魏饥民就食之，因更名。

乾隆版《沧州志 · 遗闻》记载：

乾符城。唐乾符初，生野稻水谷二十余顷，燕、魏饥民就食之，因名。元仁宗时，命集贤学士承旨赵孟頫绘图，藏诸秘阁。（《名胜记》）

嘉庆版《长芦盐法志 · 历代营造》记载：

乾符城，在沧州东北八十里严镇场界，本鲁城县，属河间郡。唐乾符初，生野稻二千余顷，燕魏饥民就食之，因以年号为名。后周并入清池。宋初仍为鲁城县，属沧州。寻废为乾符镇。又为乾符寨。金亦曰乾符镇。

民国《河北通志稿》记载：

章武故城。在沧县东北八十里。《清统志》：汉置。文帝后七年封窦后弟广国为侯国，属勃海郡。《魏志》：嘉平元年，杜恕徙章武郡，盖魏初置郡也。晋移郡治东平舒，以县属之。后，魏太和十一年，改属浮阳郡。高齐省。隋开皇十六年，改置鲁城，县属河间郡。唐武德四年，属景州。贞观元年，改属沧州。《元和志》：县南至州一百里。《寰宇记》：隋置鲁城县，取长芦县北平虏城为名。仍改虏为鲁。唐乾符元年，县东北有野稻水谷连接二千余顷，燕魏饥民悉来扫拾。俗称圣米。二年敕改为乾符县。周德二年并入清池。《九域志》：清池县有乾符寨。《金史·地理志》：清池县有乾符镇，旧志故城在州东北八十里。《名胜志》：（鲁）城在州东北七十里，又三十里为乾符城。案《寰宇记》，以乾符为后魏所置之西章武，而以汉章武为在其州东南，盐山县西北。近志又以汉章武在大城县，参考道里，盖此为汉章武，在大城者乃西章武也。《畿辅通志》。案《盐山县志》，此城距盐山迤北一百二十里。

民国《沧县志·疆域沿革》记载：

北魏章武郡城、鲁城县城、乾符县城、乾符寨。《魏书·地形志》，章武郡平舒县有章武城，有城头神。《水经注》，清漳枝渎，谓之濊水，自参户亭分为二渎，一水迳亭北，又迳东平舒故城南，《魏土地记》曰，章武郡治。故世以为章武城。非也。《元和志》，沧州鲁城县在州北一百里，汉章武县。《寰宇记》，废乾符县在州北一百里，本汉章武县地，后魏于今县理置西章武县，高齐省。开皇十六年，置鲁城县，取长芦县北平虏城为名，仍改名为鲁。又云城头将军在此县。按，汉章武县详前，此非是，北魏章武郡治平舒。古州郡与所治县不同城者甚多，平舒所有之章武城自是郡城。城头祠既在乾符，乃乾符为平舒地之确证。其东南境有汉章武县地耳，西章武县故城在大城南四十里非此城也。《地形志》，西章武下亦有章武城，北魏初立县，而其地已有故城，未详何代所立。《大清一统志》谓，魏章武郡治，汉县，晋移治东平舒，与《水经注》正相反，未敢从。又按《寰宇记》称，魏武于建安中北伐，穿平虏渠，在乾符县南二百步，又筑城于渠之左。据《元和志》，此渠即在鲁城县郭内。然则，此城即曹操所筑，疑后汉建安中已立章武郡于此。凡曹操所立之郡，别筑城者十之七八，如长广郡、东莞郡、东安郡皆是。此城本界章武、平舒之间，故郦注谓章武、平舒两县皆尝为郡治。其实，魏晋以后郡治自在此城！《元和志》不知，以为汉章武县。《寰宇记》知汉县不在此，又以为西章武县。如此城未尝为魏章武郡治，《元和志》不应误作汉县也。姑备一说存考。《唐书·地理志》，乾符本鲁城，乾符元年生野稻水谷二千顷，燕、魏饥民就食之，因改名。《名胜志》，鲁城在沧州东北七十里，又三十里为乾符城，误甚。

- **盐山旧城**

盐山旧城遗址是北齐至明代 820 年间高城和盐山县治所在地，位于黄骅市旧城镇旧城村，原名“大留里”。城墙大部分被毁，现仅存南城墙墙基，城内地表可见绳纹瓦、布纹瓦及各色釉瓷片，年代特征为汉代至唐宋。出土商代灰陶豆，战国陶罐、陶壶，汉代军假司马印、陶扑满等文物多件。另外，在遗址西南 2 千米发掘汉墓两座，出土较多汉代陶器。北齐常文贵墓也在城址附近。2008 年，旧城古遗址被列为省级文物保护单位。

明万历版《河间府志》卷二记载：

盐山县城池。旧城原在大留里，洪武九年，知县吴文靖移于本县香鱼馆，即今治。

清同治版《盐山县志·古迹》记载：

大留里县北四十里，隋唐宋元俱治此。即旧城。

民国贾恩绂《盐山新志·古迹》记载：

盐山旧城即大留里。盐山之名，始于隋开皇十八年，城在今治北四十里，名旧城者是也。其初徙为高齐天保七年，尔时尚名高城，及隋改曰盐山，此一城有二名矣。地本号大留里，自名盐山后，迄今不改。历隋唐后五代、宋元为县治，至明洪武九年始南徙于香鱼馆，即今理也。唐武德四年，罢盐山，置东盐州，领县一。五年正月，东盐州王才艺杀刺史田华以应刘黑闼。九月，州人马君德以城叛附刘黑闼。贞观元年，罢东盐州仍为盐山县。天宝十四年，盐山尉穆宁与清池尉贾载共击斩安禄山伪太守刘道元于清池，皆此城也。

清康熙版《盐山县志·艺文》记载明代祁凤、杨文卿、杨彤庭等人题咏盐山旧城诗：

荒城半没叹人非，万点慈乌向晚归。侧翅不堪投故垒，噪声犹自趁斜晖。尘销寒郭千林暗，路近层霄四而飞。野草闲花空吊古，瞑烟眺望久忘机。（祁凤《故城瞑鸦》

何年移置青齐道，遗壤颓墉犹四围。白骨满田牛上垅，淡烟浮庙草钩衣。客过都当瓦砾后，鹤来岂止人民非。秦宫汉殿亦兴废，天地无穷哀雁

飞。(杨文卿《过旧城》)

寒烟细雨锁城闉，鸟雀颓墉似唤人。金谷铜铊成日暮，高原石马自秋春。公孙不见开津阁，童女应难致海神。吟对青山一挥泪，夕阳西去水粼粼。(杨彤庭《旧城吊古》)

《河北民政刊要》1933 年第 21 期《河北省盐山县名胜古迹古物调查表》记载：

高城县旧城，汉时所筑，在大留里，距今治四十里，公有，故址尚存，第四分驻所保管。

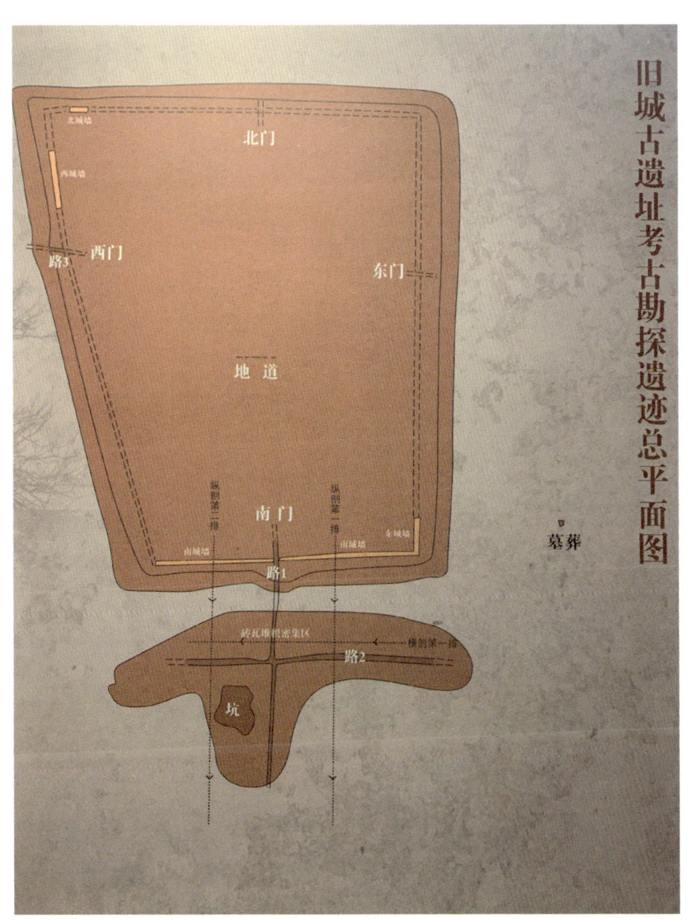

《青岛时报》1933 年 12 月 3 日第 7 版刊发新闻《盐山发现古物——金副都统印》记载：

> 盐山通讯，本县第五区郛堤城镇，原为宋代设置之高城遗址，沧海桑田，几经变迁。年来附近土人，耕种其地，屡有古物发现，惟得者视为奇珍。月前有镇中居民丁如滋，督率雇工数名，同在故城遗址中心处，掘土制坯，掘至深曰六尺许，忽发现古印一颗，遍体绿锈重重，几度擦磨，始露真相。该印为铜质方钮，刻篆体文，文曰：副都统之印。记者考诸史册及本县县志所载，知为金代副都统之印信，距今已八百余年矣。当此印出土时，因挖掘者众，皆欲攫为己有，曾一度发生争执。嗣经乡长从中调解，暂归乡公所保存。但未久即被县政府侦知，谕令该乡长送呈民教馆图书部陈列，任人参观云。

旧城古槐

黄骅市海拔最高点位于旧城遗址（11.1389 米）

- **大左庄隋唐盐业遗址**

大左庄隋唐盐业遗址位于黄骅市羊二庄镇海丰镇村东南约 4 千米处，是渤海沿岸首次发掘的隋唐时期的制盐作坊遗址，出土文物除盐业生产工具外，还包括铜环权、石环权等盐业交易相关物品。2021 年入选“河北百年百项重要考古发现”名单。

《考古》2021 年第 2 期刊载雷建红等撰《河北黄骅市大左庄隋唐时期制盐遗址发掘简报》：

> 大左庄遗址位于河北省黄骅市羊二庄回族镇东南部，南距黄石高速公路（G1811）0.35 公里，西北距全国重点文物保护单位海丰镇遗址 2.5 公里，东距海岸线 15 公里，海拔高约 3 米。2016 年秋，遗址周围建设虾池时挖出大量沟纹砖及瓷片，考古人员经过初步调查后确定其为一处隋唐时期遗址。因被破坏严重，河北省文物考古研究院等单位迅速成立考古队对遗址进行勘探及抢救性发掘。经过勘探，可知遗址现存面积约 3000 平方米。此次发掘地点位于遗址西部，发掘工作从 2016 年 10 月开始，2017 年 7 月结束。勘探发掘遗迹上百处，其中较有代表性的遗迹有井、灶、灰坑、灰沟、草木灰堆积和柱洞，出土各类遗物百余件。……大左庄遗址是渤海沿岸首次发掘的隋唐时期的制盐作坊，目前对该地区这一时期制盐工艺的研究还比较少。从文献记载和已发掘的其他时期盐业遗址看，以煮盐为特征的海盐生产工艺主要有原料获取、高浓度卤水制备、煎盐等三个主要步骤。从大左庄遗址的遗迹及其布局来看，该作坊基本具备上述功能。发掘区北部地势最高处为盐井区，J1–3 深 3.55 ～ 4.35 米，在本地浅层卤水埋藏深度之内。遗址西南部的四处草木灰堆积与东南部多个形状规则的黏土坑为作坊的制卤区。综合《熬波图》《天工开物》等文献的记载和以往的考古发现，我们认为遗址西南部成片分布、底面平整、分层明显的草木灰堆积可能与“刮卤摊场”有关。在商周时期双王城、南河崖制盐作坊遗址已发现有类似的遗迹，但学界对其性质仍有争论。大左庄遗址 TC1—4 有一些新的特征，如堆积由层层夯实的草木灰薄层构成，但层与层之间不见钙化物硬面。在 H114、H115、G13 等遗

2021 年度黄骅大左庄遗址考古发掘现场航拍图

迹的废弃堆积和 Z10 西侧发现有大量白色钙化物，这些可能与定期修治摊场、集中处理垃圾有关。发掘区东部的规则黏土坑出现了多种组合关系，在吉林大安尹家窝堡辽金制盐遗址、重庆郁山镇中井坝明清制盐遗址均发现有组合关系的淋卤设施。大左庄遗址的发现可能会更新我们对于这类设施出现年代的认识。……

大左庄遗址出土的石环权、铜环权

（二）人物事迹

- **隋朝循吏王伽**

《隋书 · 循吏列传》记载：

王伽，河间章武人也。开皇末，为齐州行参军，初无足称。后被州使送流囚李参等七十余人诣京师。时制，流人并枷锁传送。伽行次荥阳，哀其辛苦，悉呼而谓之曰："卿辈既犯国刑，亏损名教，身婴缧绁，此其职也。今复重劳援卒，民独不愧于心哉！"参等辞谢。伽曰："汝等虽犯宪法，枷锁亦大辛苦。吾欲与汝等脱去，行至京师总集，能不违期不？"皆拜谢曰："必不敢违。"伽于是悉脱其枷，停援卒，与期曰："某日当至京师，如致前却，吾当为汝受死。"舍之而去。流人咸悦，依期而至，一无离叛。上闻而惊异之，召见与语，称善久之。于是悉召流人，并令携负妻子俱入，赐宴于殿庭而赦之。乃下诏曰："凡在有生，含灵禀性，咸知好恶，并识是非。若临以至诚，明加劝导，则俗必从化，人皆迁善。往以海内乱离，德教废绝，官人无慈爱之心，兆庶怀奸诈之意，所以狱讼不息，浇薄难治。朕受命上天，安养万姓，思遵圣法，以德化人，朝夕孜孜，意在于此。而伽深识朕意，诚心宣导。参等感悟，自赴宪司。明是率土之人非为难教，良是官人不加晓示，致令陷罪，无由自新。若使官尽王伽之俦，人皆李参之辈，刑厝不用，其何远哉！"于是擢伽为雍令，政有能名。

隋代循吏王伽的事迹，是古代以诚纵囚、人性执法的重要案例。清康熙年间，王伽入祀盐山乡贤祠。

- **隋朝酷吏库狄士文**

《隋书 · 酷吏列传》记载：

库狄士文，代人也。祖干，齐左丞相。父敬，武卫将军、肆州刺史。士文性孤直，虽邻里至亲莫与通狎。少读书。在齐袭封章武郡王，官至领军将军。周武帝平齐，山东衣冠多迎周师，唯士文闭门自守。帝奇之，授开府仪同三司、随州刺史。高祖受禅，加上开府，封湖陂县子，寻拜贝州刺史。性清苦，不受公料，家无余财。其子常啖官厨饼，士文枷之于狱累日，杖之一百，步送还京。僮隶无敢出门，所买盐菜，必于外境。凡有出入，皆封署其门，亲旧绝迹，庆吊不通。法令严肃，吏人股战，道不拾遗。有细过，必深文陷害。尝入朝，遇上置酒高会，赐公卿入左藏，任取多少。人皆极重，士文独口衔绢一匹，两手各持一匹。上问其故，士文曰："臣口手俱满，余无所须。"上异之，别加赏物，劳而遣之。士文至州，发擿奸隐，长吏尺布升粟之赃，无所宽贷。得千余人而奏之，上悉配防岭南，亲戚相送，哭泣之声遍于州境。至岭南，遇瘴疠死者十八九，于是父母妻子唯哭士文。士文闻之，令人捕捉，挝捶盈前，而哭者弥甚。有京兆韦焜为贝州司马，河东赵达为清河令，二人并苛刻，唯长史有惠政。时人为之语曰："刺史罗刹政，司马蝮蛇瞋，长史含笑判，清河生吃人。"上闻而叹曰："士文之暴，过于猛兽。"竟坐免。未几，以为雍州长史，士文谓人曰："我向法深，不能窥候要贵，必死此官矣。"及下车，执法严正，不避贵戚，宾客莫敢至门，人多怨望。士文从父妹为齐氏嫔，有色，齐灭之后，赐薛国公长孙览为妾。览妻郑氏性妒，谮之于文献后，后令览离绝。士文耻之，不与相见。后应州刺史唐君明居母忧，娉以为妻，由是士文、君明并为御史所劾。士文性刚，在狱数日，愤恚而死。家无余财，有子三人，朝夕不继，亲友无内之者。

厍（shè）狄士文，袭父厍狄干爵为北齐章武郡王，降隋，入《酷吏传》，而以清廉著名。

- **唐朝盐山县尉穆宁讨贼**

《旧唐书 · 穆宁传》记载：

穆宁，怀州河内人也。父元休，以文学著。撰《洪范外传》十篇，开元中献之。玄宗赐帛，授偃师县丞、安阳令。

宁清慎刚正，重交游，以气节自任。少以明经调授盐山尉。是时，安禄山始叛，伪署刘道玄为景城守，宁唱义起兵，斩道玄首。传檄郡邑，多有应者。贼将史思明来寇郡，宁以摄东光令将兵御之。思明遣使说诱，宁立斩之。郡惧贼怨深，后大兵至，夺宁兵及摄县。初，宁佐采访使巡按，常过平原，与太守颜真卿密揣禄山必叛。至是，真卿亦唱义，举郡兵以拒禄山。会间使持书遗真卿曰："夫子为卫君乎？"更无他词。真卿得书大喜，因奏署大理评事、河北采访支使。宁以长子属母弟曰："惟尔所适，苟不乏嗣，吾无累矣。"因往平原，谓真卿曰："先人有嗣矣！古所谓死有轻于鸿毛者，宁是也。愿佐公以定危难。"真卿深然之。其后，宁计或不行，真卿迫蹙，弃郡，夜渡河而南，见肃宗于凤翔。帝问拒贼之状，真卿曰："臣不用穆宁之言，功业不成。"帝奇之，发驿召宁，将以右职待之。会真卿以抗直失旨，事遂止。

上元二年，累官至殿中侍御史，佐盐铁转运使。副元帅李光弼以饷运不继，或恶宁者，诬谮于光弼，光弼扬言欲杀宁。宁直抵徐州见光弼，喻以大义，不为挠折。光弼深重之，宁得行其职。宝应初，转侍御史，为河南转运租庸盐铁等副使。明年，迁户部员外郎。无几，加兼御史中丞，为河南、江南转运使。广德初，加库部郎中。是时河运不通，漕挽由汉、沔自商山达京师。选镇夏口者，诏以宁为鄂州刺史、鄂岳沔都团练使，及淮西鄂岳租庸盐铁沿江转运使，赐金紫。时淮西节度使李忠臣贪暴不奉法，设防戍以税商贾，又纵兵士剽劫，行人殆绝。与宁夹淮为理，惮宁威名，寇盗辄止。沔州别驾薛彦伟坐事忤旨，宁杖之致死。宁坐贬虔州司马，重贬昭州平集尉。

大历四年，起授监察御史，领转运留后事于淄青。间一年，改检校司封郎中、兼侍御史，领转运留后事于江西。明年，拜检校秘书少监，兼和州刺史，理有善政。居无何，官罢。代宁者以天宝版籍校见户，诬以逋亡多，坐贬泉州司户。宁子赞，守阙三年告冤。诏遣御史按覆，而人户增倍，诏书召宁，除右谕德。宁强毅，不能事权贵。执政者以为不附己，且惮其难制，故处之散位。宁默默不得志，且曰：“时不我容，我不时殉，则非吾之进也，在于退乎！”辞病居家，请告几十旬者数矣。亲友强之，复一朝请。上居奉天，宁诣行在，拜秘书少监。兴元初，改右庶子。德宗还京师，宁曰：“可以行吾志矣。”因移病，罢归东都。贞元六年，就拜秘书监致仕。

宁好学，善教诸子，家道以严称。事寡姊以悌闻。通达体命，未尝服药。每诫诸子曰：“吾闻君子之事亲，养志为大，直道而已。慎无为谄，吾之志也。”贞元十年十月卒，时年七十九。

《旧唐书 · 穆宁传》记载：

宁居家严，事寡姊恭甚。尝撰家令训诸子，人一通。又戒曰：“君子之事亲，养志为大，吾志直道而已。苟枉而道，三牲五鼎非吾养也。”疾病不尝药，时称知命。

穆宁（716—794），唐朝名臣，曾任盐山县尉。他在唐“安史之乱”时期的杰出表现，定然离不开盐山当地吏民的支持。其诫子书足堪流芳百世。

唐乾元元年（758），50 岁的颜真卿自蒲州刺史贬为饶州刺史，与时任大理寺评事、摄监察御史穆宁等同游华岳庙，题记此。

- **唐朝鲁城县令周待选死节**

《新唐书 · 周宝传》记载：

皇唐乾元元年歲次戊戌冬十月戊申真卿自蒲州刺史
蒙恩除饒州刺史十有二日辛亥次于華陰與監察御
史王延昌大理評事攝監察御史穆寧評事張澹華陰令
劉暠主簿鄭鎮同謁金天王之神祠顏真卿題記

周宝，字上珪，平州卢龙人。曾祖待选，为鲁城令，安禄山反，率县人拒战，死之。祖光济，事平卢节度希逸为牙将，每战，得攻鲁城者，必手屠之。

周待选作为鲁城县令，率领县人抵抗安禄山，死节。其子周光济为将，继续与安禄山军作战，凡俘虏曾攻击鲁城者，皆亲手杀之。《礼记 · 曲礼上》记载，“父之仇，弗与共戴天”。光济如此为父复仇，亦一奇。

• 五代沧州枭雄毛璋

《旧五代史 · 唐书 · 毛璋传》记载：

毛璋，本沧州小校。梁将戴思远帅沧州，时庄宗已定魏博，思远势蹙，弃州遁去，璋据城归庄宗。(《玉堂闲话》：戴思远任浮阳日，有部曲毛璋，为性轻悍。尝与数十卒追捕盗贼，还宿于逆旅，毛枕剑而寝。夜分，其剑忽大吼，跃出鞘外，从卒闻者愕然惊异，毛亦神之。乃持剑祝曰：“某若异日有此山河，尔当更鸣跃，否则已。”毛复寝，未熟，剑吼跃如初，毛深自负。其后戴离镇，毛请留，戴从之。未几，毛以州归命于唐庄宗，庄宗以毛为其州刺史，后竟帅沧海。)

历贝州、辽州刺史。璋性凶悖，有胆略，从征河上，屡有战功。梁平，授沧州节度使。王师讨蜀，以璋为行营右厢马军都指挥使；蜀平，璋功居多。明年，萧墙祸起，继岌自西川至渭南，部下散亡，其川货妓乐，为璋所掠。明宗嗣位，录平蜀功，授邠州节度使。

璋既家富于财，有蜀之妓乐，骄僭自大，动多不法，招致部下，缮理兵仗。朝廷移授昭义节度使，璋谋欲不奉诏，判官边蔚密言规责，乃僶勉承命。洎至潞州，狂妄不悛，每拥川妓于山亭院，服赭黄，纵酒，令为王衍在蜀之戏。事闻于朝，征为金吾上将军。其年秋，东川节度使董璋上言：“毛璋男廷赟赍父书往西川，虑有阴事。”因追廷赟及同行人赵延祚，与璋俱下御史台狱。廷赟乃璋之假侄，称有叔在蜀，欲往省之，亦无私书，诏停任，令归私第。初，延祚在狱，多言璋阴事，璋许重赂，以塞其口。及免，延祚征其赂，璋拒而不与，以至延祚诣台诉璋翻覆，复下御史台讯鞫。中丞吕梦奇以璋前蒙昭雪，今延祚以责赂之故，复加织罗，故稍佑璋。及款状上闻，或云梦奇受璋赂，所以狱不尽情，执之，移于军巡。璋具状曾许延祚赂未与，又云曾借马与梦奇，别无行赂之事。朝廷惩其宿恶，长流儒州，赐死于路。

《资治通鉴·后唐纪五》记载：

昭义节度使毛璋所为骄僭，时服赭袍，纵酒为戏，左右有谏者，剖其心而视之。帝闻之，征为右金吾卫上将军。

《旧五代史·僭伪列传·刘守光传》记载：

天祐三年七月，梁祖自将兵攻沧州，营于长芦。仁恭师徒屡丧，乃酷法尽发部内男子十五已上、七十已下，各自备兵粮以从军，闾里为之一空。部内男子无贵贱，并黥其面，文曰“定霸都”，士人黥其臂，文曰“一心事主”。由是燕、蓟人民例多黥涅，或伏窜而免。仁恭阅众，得二十万，进至瓦桥，汴人深沟高垒以攻沧州，内外阻绝，仁恭不能合战，城中大饥，人相篡啖，析骸而爨，丸土而食，转死骨立者十之六七。自七月至十月，仁恭遣使求援于晋，前后百余辈，武皇乃征兵于燕，仁恭遣都将李溥夏侯景、监军张居翰、书记马郁等，以兵三万来会。十二月，合晋师以攻潞州，降丁会，乃解沧州之围。

毛璋（？—929），沧州人，县籍不详，五代时期后唐将领，曾任沧州刺史，其事迹尽显五代军阀酷虐气焰。其前，沧州地区曾为军阀刘仁恭、刘守光父子占据对抗后梁，其战乱情景惨绝人寰。

后唐著名太监焦彦宾

《九国志 · 焦彦宾传》记载：

彦宾，字英服，沧州清池人。少聪敏，多智略，事武皇，尤所委信。及庄宗即位，迁左监门卫将军，充四方馆使，出护邢州军。

《旧五代史 · 唐书 · 庄宗纪》记载：

[后唐庄宗同光元年（923年）]五月辛酉，彦章夜率舟师自杨村浮河而下，断德胜之浮桥，攻南城，陷之。帝令中书焦彦宾驰至杨刘，固守其城；令朱守殷撤德胜北城屋木攻具，浮河而下，以助杨刘。是时，德胜军食刍茭薪炭数十万计，至是令人辇负入澶州，事既仓卒，耗失殆半。朱守殷以所毁屋木编筏，置步军于其上。王彦章以舟师沿流而下，各行一岸，每遇转滩水汇，即中流交斗，流矢雨集，或全舟覆没，一彼一此，终日百战，比及杨刘，殆亡其半。己巳，王彦章、段凝率大军攻杨刘南城，焦彦宾与守城将李周极力固守。梁军昼夜攻击，百道齐进，竟不能下，遂结营于杨刘之南，东西延袤十数栅。六月己亥，帝亲御军至杨刘，登城望见梁军，重壕复垒，以绝其路，帝乃选勇士持短兵出战。

《旧五代史 · 李周传》记载：

会庄宗北征，周与寺人焦彦宾守杨刘城。梁将王彦章以数万众攻之。周日夜乘城，躬当矢石，使人驰告庄宗，请百里趋程，以纾其难。庄宗曰："李周在内，朕何忧也！"遂日行二舍，不废畋猎，既至，士众绝粮三日矣。及攻围既解，庄宗谓周曰："微卿九拒之劳，诸公等为梁人所擄矣。"

《新五代史 · 孟知祥传》记载：

初，知祥镇蜀，庄宗以宦者焦彦宾为监军，明宗入立，悉诛宦者，罢诸道监军。彦宾已罢，重诲复以客省使李严为监军。严前使蜀，既归而献策伐蜀，蜀人皆恶之，而知祥亦怒曰："焦彦宾以例罢，而诸道皆废监军，独吾军置之，是严欲以蜀再为功也。"掌书记毋昭裔及诸将吏皆请止严而无内，知祥曰："吾将有以待其来！"严至境上，遣人持书候知祥，知祥盛兵见之，冀严惧而不来，严闻之自若。天成二年正月，严至成都，知祥置酒召严。是时，焦彦宾虽罢，犹在蜀，严于怀中出诏示知祥以诛彦宾，知祥不听，因责严曰："今诸方镇已罢监军，公何得来此？"目客将王彦铢执严下，斩之。明宗不能诘。

宋朝句延庆《锦里耆旧传》记载：

（后唐庄宗同光四年）甲戌，北都留守孟知祥除授同中书门下平章事，充剑南西川节度使，到府。戊寅，魏王以孟公至大慈寺，拜僖宗御容。又至延祥院见伪蜀少主真容，并令扫抹塑北方天王一身，至今存焉。庚寅，魏王发离成都归京，至绵州，康延孝以殿后军作乱，回趋成都，屯广汉川。王颇有忧色，护军焦彦宾指画讨伐，与东川节度使董玮会军，擒康延孝，送至利州。魏王斩之。于是两川平定。

焦彦宾，后唐奠基人李克用和开国皇帝李存勖的亲信宦官，经常担任特使。在后唐灭后梁的关键战役杨刘之战中，他作为监军与主将李周坚守杨刘城直至"绝粮三日"，为后唐胜利发挥了关键作用。后来，他又作为蜀地监军，为后唐平定蜀地出谋划策，还经历了孟知祥反叛后唐建立后蜀的情况。

- **李盛、宋钦、刘谈金石传名**

赵万里《汉魏南北朝墓志集释》收录了隋朝鲁城人李盛的墓志：

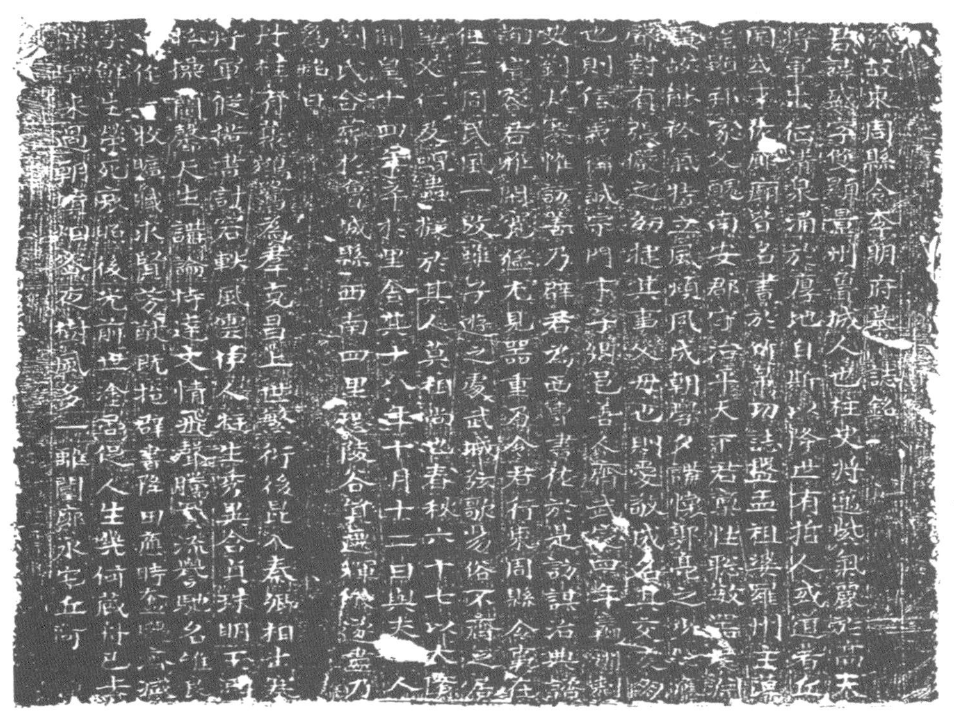

齐故東周县令李明府墓志铭

君讳盛，字双显，景州鲁城人也。柱史将迈，紫气丽于高天；将军出征，清泉涌于厚地。自斯以降，世有哲人。或道著丘园，或才佐廊庙，皆名书于竹帛，功志于盘盂。祖婆，罗州主簿，望显邦家。父丑，南安郡守，治平天下。

君秉性聪敏，器度渊广，故能衿气特立，风规夙成。朝学夕讲，怀郭亮之少聪；应声对□，有张偃之幼捷。其事父母也，则爱敬成名；其交友朋也，则信义称诚。宗门才子，乡邑善人。齐武定四年，瀛州刺史刘凝，褰帷访善，乃辟君为西曹书佐。于是访谋治典，咨询礼容。君雅闲宽猛，尤见器重，乃令君行東周县令事。在任二周，民风一改。虽子游之处武城，弦歌易俗；不齐之居单父，仁及蜾虫。拟于其人，莫相尚也。春秋六十七，以大隋开皇十四年卒于里舍。其十八年十月十二日与夫人刘氏合葬于鲁城县西南四里。恐陵谷贸迁，辉猷遂尽，乃为铭曰：

(李盛墓志铭及盖拓片，据《汉魏南北朝墓志集释》)

丹桂有丛，鵷鹭为群。克昌上世，繁衍后昆。入秦卿相，出塞将军。纵横书计，宕轶风云。伊人挺生，秀异含贞。珠明玉润，松操兰馨。天生讲论，特达文情。飞声腾实，流誉驰名。唯良作牧，旷职求贤。芳猷既挹，辟书降田。应时奋飏，济减享鲜。生荣死哀，照后光前。世途局促，人生几何？藏舟已去，隙驷来过。朝坟烟密，夜树风多。一离闉廓，永宅丘阿。

另有出土的唐朝鲁城县丞宋钦的墓志：

大周故沧州鲁城县丞宋钦墓志铭

君讳钦，字敬□，其先广平府人也。曾祖讳进，隋金紫光禄大夫、相州刺史。朝飞皂盂，外才二□。夕下彤□，内弘四方。祖讳明，隋并州太原县令。击柱扬高，夜鱼家□。功隆制锦，彩翟朝驯。父林，内秉少微，外和大朴。□若余庆所钟，休祯允集。词林凤□，飞□思于烟霞；笔□□惊，落银钩于鱼□。转任沧州鲁城县丞。□太河之□□，陪游百里，而君达命，曾无愠焉。秩满归第，诛乎□草，坟辔丘园，侣风出于山庄。伴琴书于帷弈，逮乎耳顺。□散机心，庇影禅枝，藻才智水。春秋七十有二。大周长寿二年十

宋钦墓志铭拓片，据《汉魏南北朝墓志集释》

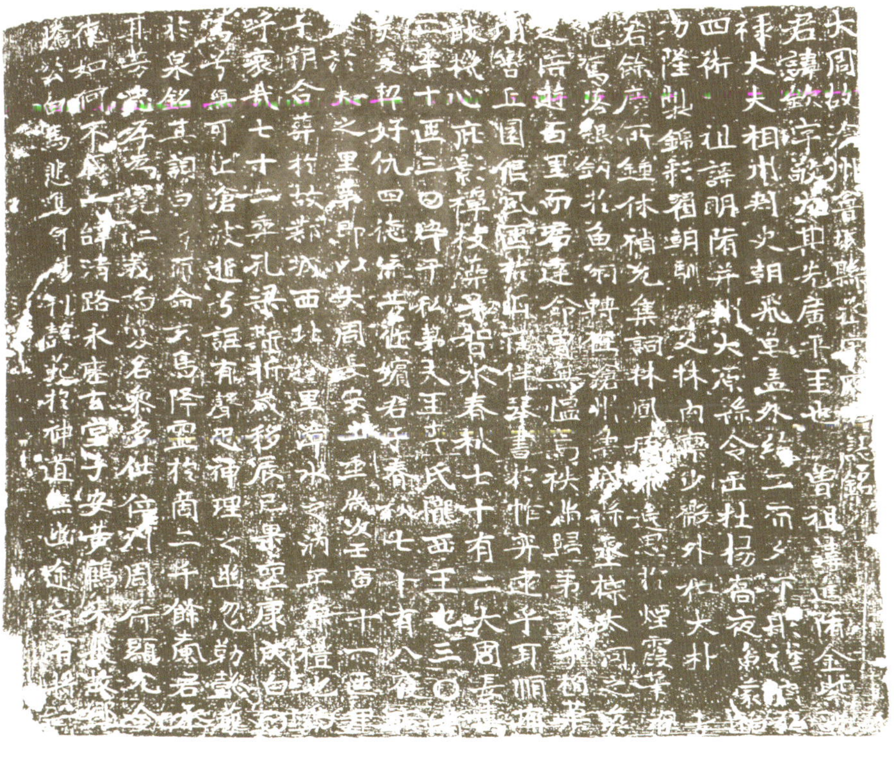

月三日终于私第。夫人李氏，陇西人也。三□□□，爱契好仇；四德流共，作嫔君子。春秋七十有八，寝□□于夫之里第，即以大周长安二年岁次壬寅十一月甲子朔，合葬于故邺城西北八里漳水之汭平原，礼也。呜呼哀哉！七十二岁，孔梁斯折，岁移辰巳，果□康成。白日惊兮无可止，沧波逝兮讵有声。恐神理之幽，忽勒懿苑于泉。铭其词曰：天命玄鸟，降灵于商。二千余岁，君承其芳。忠孝为冠，仁义为裳。名参多仕，位列周行。显允令德，如何不□。一辞清路，永瘗玄堂。子安黄鹤，来飞故乡。腾公白马，悲鸣□伤。刊懿范于神道，无幽途之有将。

民国《沧县志 · 金石》收录了唐朝鲁城县令刘谈的墓志：

同经略副使沧州鲁城县令刘公墓志铭

清光绪□年，王官屯朱姓掘出，存兰氏家，石方尺五寸，厚三寸。

公讳谈，字再平，始自唐尧元妃之□刘累之后，因著其氏也。洎乎隆汉，光建丕绪，深源茂叶，垂芳迄今，因为易州易城盐台里人也。祖讳敬宗，皇遂城府折冲；考讳仁贵，皇朝散郎试德州司士参军；不坠士家，迭扬于代，或武功以自致，或儒行以所推。公即士曹第十一子也。气淳行谨，质挺诚忠，资于诗礼可闻，立于箕裘可绍。弱冠之岁，乡党有称，乃从事公门，而展能良□顷因于役，爰至于□实着吏才，元戎特荐充驱使者。至贞元十一年，奏授承务郎试沧州鲁城县丞。至十二年，又充孔目判官。贞勤干能，允叶繁剧。十五年，又改充作坊将。十六年，奏授临津县丞。贰邑驰方，六安载美。十九年，又奏授鲁城县令。一同思爱，三异期能。廿年，改充同经略副使兼都知兵马使押牙。骥足展而有期，鹤鸣闻而屡振，冀增门庆，岂变祸胎。明神何叹，良哲俄奄，忽降斯疾，而逝斯辰。奈何中年，旋去长夜？至乙酉岁三月卅日，终于浮阳集善坊之私第也，春秋五十有四。夫人河东柳氏。一从家室，十有星霜，主馈之道不逾，如宾之敬无怠。固期偕老，岂谓先衰。嗣子二人：长懿奴，次魏子，并居幼稚，未解哀号。痛老母

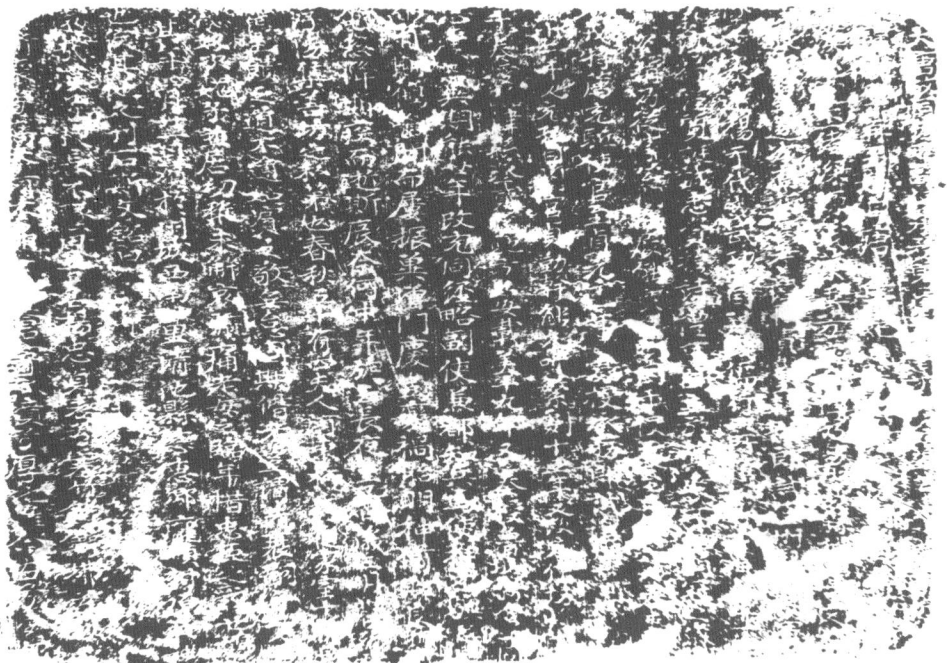

刘谈墓志铭拓片

之临年，惜忠臣之辞世，呜呼！以其年四月廿一日殡于州城西南廿里清池县慈惠乡庞顺村原之礼也，俟其地久，刊石斯文。铭曰：

远哉汉兮枝长，不坠风兮名汤，忠贞表兮寒竹，锋锷拂兮秋霜。何折坏兮乔木，何不吊兮彼苍，寄孤坟兮厚地，惟今古兮空伤。

李盛（528—594），曾任北齐束周县令，卒于隋开皇十四年，当时鲁城县还未置，其停柩待葬的时间很可能长达五年，正是在这一段时间内，隋文帝置鲁城县（596）。因此志文中所写的李盛的籍贯以及卒葬地，都是以埋葬之年的行政属地名为准。“景州鲁城人”表明鲁城县当时属于景州，可与《太平寰宇记》所记“隋开皇十六年于西章武故城置鲁城县，属景州”相印证。景州也置于本年，大业二年（606）废，这段时间鲁城一直属于景州的辖区。《隋书·地理志》记载鲁城县属于瀛州（河间郡），是因为大业三年（607），隋炀帝改州为郡，以郡统县，实行郡县二级制，景州被罢，鲁城县归属河间郡。这方墓志是目前所见的最早记载鲁城县地名的墓志，对于研究黄骅区域内行政区划的演变具有重要意义。

宋钦（622—693），曾在唐朝任鲁城县丞。

刘谈（752—805），易州易城人，唐贞元十一年任鲁城县丞，贞元十九年升为鲁城县令，两年后卒于任上。

- **孝子张建立**

《册府元龟》卷 140《帝王部 · 旌表四》记载：

> 乾宁五年（898 年）己未，沧州乾符县人张建立割股治母病，母卒，割心沥血祭，辫发跣足庐于墓所三十年，敕旨以其乡为孝友乡和顺里。

《沧州志 · 人物 · 孝友》记载：

> 后唐张建立，沧州乾符人，割股治母病，母卒，割心沥血以祭，辫发跣足庐于墓所三十年。(《续文献通考》)

柒 宋金元

宋金元时期均属沧州盐山县，北部属清池县（据谭其骧《中国历史地图集·北宋》）

《宋史·地理志》记载：

沧州，上，景城郡，横海军节度。崇宁户六万五千八百五十一，口一十一万八千二百一十八。贡大绢、大柳箱。县五：

清池。（望。熙宁四年，省饶安县为镇入清池。有乾符、巷姑、三女、泥姑、小南河五寨。政和二年，改巷姑曰海清，三女曰三河，泥姑曰河平）

无棣。（望。治平中，徙无棣县治保顺军，即县治置军使，隶州）

盐山。（紧）

乐陵。（紧。熙宁二年，徙治咸平镇）

南皮。（中。熙宁六年，省临津县入焉）

保顺军。（周置军于沧州无棣县南三十里。开宝三年，又以沧棣二州界保顺、吴桥二镇之地益焉，仍隶沧州）

《金史·地理志》记载：

沧州，上，横海军节度。宋景城郡。贞元二年来属。户一十万四千七百七十四。县五、镇十一：

清池。（置河仓。有浮阳水、徒骇河）镇五（长芦、旧饶安、乾符、郭疃。旧有郭侨，后废）

无棣。（有老乌山、鬲津河）镇一（分水）

盐山。（有盐山、浮水）镇四（海丰、海润，后增利丰、扑头二镇）

南皮。（置河仓。有大、小台山、永济渠、洁河）镇一（马明）

乐陵。（有鬲津河、笃马河、钩盘河、旧有会宁河、永利、东中三镇、后废）

《元史·地理志》记载：

河间路，（上）唐瀛州。宋河间府。元至元二年，置河间路总管府。户七万九千二百六十六，口一十六万八千五百三十六。领司一、县六、州六。州领十七县。……沧州，（中）唐改景城郡，复仍为沧州。金升临海军。元复为沧州。领五县：清池，（中）乐陵，（中）南皮，（下）无棣，（下至元二年，并入乐陵县，以县治入济南之棣州，寻复置）盐山。（下）

《元史·仁宗纪》记载：

（延祐元年五月）徙沧州治于长芦镇。

《元史·顺帝纪》记载：

（至正十八年）毛贵陷清、沧州，遂据长芦镇。

（一）遗址遗迹

- **海丰镇港口遗址**

海丰镇遗址位于黄骅市区东 25 千米羊二庄镇海丰镇村与杨庄村之间，南北约 1200 米，东西约 1900 米，面积 228 万平方米。遗址为中间高四周渐低的台地，中心最高处为东西向土岗，高出周围地表 3 米左右。2000 年、2003 年先后由河北省文物研究所、沧州市文物处和黄骅市博物馆联合发掘清理出大量金代灰坑和房基，出土文物以瓷器居多，且多为定、钧、磁州、井陉等名窑。专家根据文献和考古发掘出土文物判定海丰镇遗址是金元时期瓷器和盐业贸易的重要港口。2015 年 1 月，“一带一路”战略与沧州渤海新区（黄骅港）发展机遇高层研讨会上，吉林大学冯恩学教授依据考古发掘的最新研究成果，指出：海丰镇港是金元时期北方海上丝绸之路的北起点。遗址的发掘，为研究我国北方古代港口城镇历史变迁史、手工业发展史、交通史、对外经济交流史提供了丰富的实物资料，具有重要意义。2006 年 5 月被国务院公布为第六批全国重点文物保护单位。

2016 年 8 月，海丰镇遗址文物保护设施建设项目启动。遗址现场发现金元时期建筑基址及人类活动遗迹。

2019 年 5 月，海上丝绸之路保护和联合申报世界文化遗产城市联盟联席会议在南京召开，黄骅市海丰镇遗址与郛堤城遗址作为河北省仅有的 2 处遗产点入选全国 21 个城市的 55 个海丝史迹点。

2019 年 9 月，海丰镇遗址博物馆正式开馆。

《晋书 · 载记第二十五》记载：

先是，河间人褚匡言于（冯）跋曰："陛下至德应期，龙飞东夏，旧邦宗族，倾首朝阳，以日为岁。若听臣往迎，致之不远。"跋曰："隔绝殊域，阻回数千，将何可致也？"匡曰："章武郡临海，船路甚通，出于辽西临渝，不为难也。"跋许之，署匡游击将军、中书侍郎，厚加资遣。匡寻与跋从兄买、从弟睹自长乐率五千余户来奔，署买为卫尉，封城阳伯，睹为太常、高城伯。

《宋会要辑稿 · 方域十二 · 东京京路市镇 · 沧州》记载：

盐山县：韦家庄镇，景祐四年置。海丰镇，（政和）三年以韦家庄镇改。海盈镇，三年以第四甲镇改。

《元史 · 百官志》记载：

京畿都漕运使司，秩正三品。运使二员，正三品；同知二员，正四品；副使二员，正五品；判官二员，正六品；经历一员，正七品；知事一员，从八品，提控案牍兼照磨二员，掌凡漕运之事。世祖中统二年，初立军储所，寻改漕运所。至元五年，改漕运司，秩五品。十二年，改都漕运司，秩五品。十九年，改京畿都漕运使司，秩正三品。二十四年，内外分立两运司，而京畿都漕运司之额如旧。止领在京诸仓出纳粮斛，及新运粮提举司站车攒运公事。省同知、运判、知事各一员，而押纲官隶焉。……

通济仓（中统二年置），广贮仓，（至元四年置）丰润仓，（至元十六年置）丰实仓。已上四仓，每仓各置监支纳一员，正七品；大使一员，从七品；副使一员，正八品。通惠河运粮千户所，秩正五品，掌漕运之事。至元三十一年始置，中千户一员，中副千户二员。都漕运使司，秩正三品，掌御河上下至直沽、河西务、李二寺、通州等处儹运粮斛。……

荥阳等纲，凡三十：曰济源，曰陵州，曰献州，曰白马，曰滏阳，曰完州，曰河内，曰南宫，曰沂莒，曰霸州，曰东明，曰获嘉，曰盐山，曰武强，曰胶水，曰东昌，曰武安，曰汝宁，曰修武，曰安阳，曰开封，曰仪封，曰蒲台，曰邹平，曰中牟，曰胶西，曰卫辉，曰浚州，曰曹濮州，每纲皆设押纲官二员，计六十员。秩正八品。每编船三十只为一纲。船九百余只，运粮三百余万石，船户八千余户，纲官以常选正八品为之。……

大都河间等路都转运盐使司，秩正三品，掌场灶榷办盐货，以资国用。使二员，正三品；同知一员，正四品；副使一员，正五品；运判二员，正六品。首领官：经历一员，从七品；知事一员，从八品；照磨一员，从九品。国初，立河间税课达鲁花赤清沧盐使所，后创立运司，立提举盐榷所，又改为河间路课程所，提举沧清课盐使所。中统三年，改都提领拘榷沧清课盐所。至元二年，以刑部侍郎、右三部郎中兼沧清课盐使司，寻改立河间都转运盐使司，立清、沧课三盐司。十二年，改为都转运使司。十九年，以户部尚书行河间等路都转运使司事，寻罢，改立清、沧二盐使司。二十三年，改立河间等路都转运司。二十七年，改令户部尚书行河间等路都转运使司事。二十八年，改河间等路都转运司。延祐六年，颁分司印，巡行郡邑，以防私盐之弊。

盐场二十二所，每场设司令一员，从七品；司丞一员，从八品。办盐各有差。利国场，利民场，海丰场，阜民场，阜财场，益民场，润国场，海阜场，海盈场，海润场，严镇场，富国场，兴国场，厚财场，丰财场，三叉沽场，芦台场，越支场，石碑场，济民场，惠民场，富民场。

《元史·河渠志》记载：

御河，自大名路魏县界经元城县泉源乡于村度，南北约十里，东北流至包家渡，下接馆陶县界三口。御河上从交河县，下入清池县界。又永济河在清池县西三十里，自南皮县来，入清州，今呼为御河也。

至元三年七月六日，都水监言："运河二千余里，漕公私物货，为利甚大。自兵兴以来，失于修治，清州之南，景州以北，颓阙岸口三十余处，淤塞河流十五里。至癸巳年，朝廷役夫四千，修筑浚涤，乃复行舟。今又三十余年，无官主领。沧州地分，水面高于平地，全藉堤堰防护。其园圃之家掘堤作井，深至丈余，或二丈，引水以溉蔬花。复有濒河人民就堤取土，渐至阙破，走泄水势，不惟涩行舟，妨运粮，或致漂民居，没禾稼。其长芦以北，索家马头之南，水内暗藏桩橛，破舟船，坏粮物。"部议以滨河州县佐贰之官兼河防事，于各地分巡视，如有阙破，即率众修治，拔去桩橛，仍禁园圃之家毋穿堤作井，栽树取土。都省准议。七年，省臣言："御河水泛武清县，计疏浚役夫一十，工八十日可毕。"从之。

至大元年六月二十九日，左翼屯田万户府呈："五月十八日申时，水决会川县孙家口岸约二十余步，南流灌本管屯田，已移文河间路、武清县、清州有司，多发丁夫，管领修治。"由是枢密院檄河间路、左翊屯田万户府，差军并工筑塞。十月，大名路浚州言："七月十一日连雨至十七日，清、石二河水溢李家道，东南横流。询社长高良辈，称水源自卫辉路汲县东北，连本州淇门西旧黑荡泊，溢流出岸，漫黄河古堤，东北流入本州齐贾泊，复入御河，漂及门民舍。窃计今岁水势逆行，及下流漳水涨溢遏绝不能通，以致若此，实非人力可胜。又西关水手佐聚称，七月十二日卯时，御河水骤涨三尺，十八日复添四尺，其水逆流，明是下流涨水壅逆，拟差官巡治。"

延祐三年七月，沧州言："清池县民告，往年景州吴桥县诸处御河水溢，冲决堤岸，万户千奴为恐伤其屯田，差军筑塞旧泄水郎儿口，故水无所泄，浸民庐及已熟田数万顷，乞遣官疏辟，引水入海。及七月四日，决吴桥县柳斜口东岸三十余步，千户移僧又遣军闭塞郎儿口，水壅不得泄，必致漂荡张管、许河、孟村三十余村黍谷庐舍，故本州摘官相视，移文约会开辟，不从。”四年五月，都水监遣官与河间路官相视元塞郎儿口，东西长二十五步，南北阔二十尺，及堤南高一丈四尺，北高二丈余，复按视郎儿口下流故河，至沧州约三十余里，上下古迹宽阔，及减水故道，名曰盘河。今为开辟郎儿口，增浚故河，决积水，由沧州城北达滹沱河，以入于海。

泰定元年九月，都水监遣官督丁夫五千八百九十八人，是月二十八日兴工，十月二日工毕。

《元史·兵志·兵制》记载：

世祖中统元年六月，诏罢解盐司军一百人。初，解盐司元籍一千盐户内，每十户出军一人，后阿蓝答儿倍其役。世祖以重困其民，罢之。七月，以张荣实从南征，多立功，命为水军万户兼领霸州民户。诸水军将吏河阴县达鲁花赤胡玉、千户王端臣军七百有四人，八柳树千户斡来军三百六十一人，孟州庞抄儿赤、张信军一百九十人，滨棣州海口总把张山军一百人，沧州海口达鲁花赤塔剌海军一百人，睢州李总管麾下孟春等五十五人，霸州萧万户军一百九十五人，悉听命焉。

《元史·世祖纪》记载：

（至元二十五年二月）浚沧州盐运渠。

（至元二十六年二月）浚沧州御河。

《盐山县志·古迹》记载：

海丰镇，在县东北九十里，瓦砾成岭，绵亘里许，今岭旁村落仍名海丰镇。

民国《盐山新志·古迹》记载：

海丰镇载在《金史》，天津未兴之前，为海口第一繁盛之区。在汉为柳国，在晋魏为漂榆邑、角飞城，在唐宋为通商镇，在辽金为海丰镇，至元盐业不振，渐废为墟。

《文物春秋》2014年第10期刊载河北省文物保护中心马冬青《海丰镇的兴盛与衰落》，全文如下：

海丰镇村隶属于河北省黄骅市羊二庄乡，位于黄骅市东南25公里，东距渤海湾20公里。对于很多人来说，这是一个陌生的名字，但在历史上特别是金代曾名噪一时。《金史·地理志》记为“盐山县四镇之首”。《盐山新志》曰：“海丰镇载在金史，天津未兴之前为海口第一繁盛之区，在汉为柳国，在晋魏为漂榆邑、角飞城，在唐宋为通商镇，在辽金为海丰镇，至元盐业不振，渐废为墟。……今附近有村犹沿海丰镇之名。”

海丰镇遗址，1986年发现，位于今海丰镇村南邻。由于朔黄铁路、石黄高速公路等相继经过，2000年、2003年、2004年，河北省文物部门分别进行过三次考古发掘，证实这是一处以金代遗迹、遗物为主且内涵丰富的文化遗存，其中尤以大量砖建筑基址和精美瓷器的出土引人注目。因其濒临渤海湾的特殊地理位置，一些专家、学者认为该遗址可能是金代海丰镇旧址，与贸易集散、瓷器出口等关系密切。2006年被国务院公布为第六批全国重点文物保护单位。

中国历史上对外贸易自隋唐以降，海路渐盛，有名的如唐代四大港（交、广、泉、扬）、北宋三司（广、杭、明）、南宋四大港（广、杭、泉、明），元代则更有八大港等，多是古代瓷器出口的大港，但均位于南方，而北方却近乎空白。因而海丰镇遗址的发现、发掘与定性，对于研究金代瓷器的产出、交通运输以及对外贸易等都是很有意义的。

一、金代海丰镇的繁荣

海丰镇遗址分布在海丰镇村南至杨庄之间的大片区域内，为一高出周围平地的岭地。今地表散布有较多的白瓷片以及砖、瓦、陶片，遗物分布面积约在50万平方米以上。遗址约中部有一道东西向隆起的土岭，当地人称之为“海丰岭”“马鞍岭”。经考古工作者调查、钻探，马鞍岭及其周围是遗址最丰富的地区。2000年、2003年的发掘区位于马鞍岭北侧，是遗址次丰富区。其中2000年的第一次发掘入选当年全国重要考古发现。两次共揭露面积2000多平方米，清理出较多的灰坑、砖建筑残基、夯土墙、灶以及道路、水井等各种遗迹。文化层厚2～4米，从上到下依次为明清、元、金各时期遗存，其中尤以金代遗存最为丰富。金代砖建筑有的规模较大，墙体较厚，室内铺地砖横、竖、侧铺皆有，还发现了较大型的龙形鸱吻。发现的灶有的分布密集。这些现象告诉我们，这里不是一般的民宅，可能与官署或商业活动有关。在遗址约东部还出土了一道南北向的夯土墙，宽3米左右，推测可能是城墙的一部分，或是阻挡海水的堤坝。出土遗物中以瓷器残片最为丰富，所见至少有河北的定窑、井陉窑、磁州窑，陕西的耀州窑，河南的钧窑，浙江的龙泉窑，江西的景德镇窑等的产品，其中河北诸窑的金代瓷器总量占到90%以上。瓷类以生活用瓷为主，如碗、盘、盆、瓶、壶、盒等，也有玩具及其他类，如瓷枕、砚台、围棋、象棋、骰子、小动物、彩绘人物等。以窑口论，如定、井陉窑的印花、刻划花、点彩，磁州窑的红绿彩、白地黑绘、剔划，以及耀州窑的青瓷印花、不明窑口的绞胎瓷等，总体上数量大，精品多，而且大部分器物没有使用过的痕迹。

海丰镇遗址的发掘表明，较大型的建筑基址及大型龙形鸱吻的出土，比较密集的灶的发现，还有南北众多窑口的精美瓷器汇集于一地，数量之大，远非一般遗址所能及，更不可能仅仅是当时的生活垃圾。可以想象，当时林立的店铺、连片的盐池、如山的盐堆、繁忙的水陆运输、人声鼎沸和车水马龙的街道等等，交织成一幅繁忙的市场景象。故此有专家认定此即是金代海丰镇旧址。它是利用了滨海以及距河北诸制瓷名窑较近的地理优势，在唐宋

海丰镇遗址出土瓷器

1. 磁州窑篦划纹碗　2. 磁州窑白地黑花罐　3. 磁州窑黑釉盏　4. 磁州窑白底粉红瓶　5. 磁州窑黑白双釉褐彩碗　6. 磁州窑红绿彩盏　7. 磁州窑虎形枕　8. 定窑划花碗　9. 定窑斗笠盏　10. 定窑划花碟　11. 定窑白瓷钵　12. 定窑器盖　13. 定窑执壶　14 钧窑敛口碗　15. 钧窑盘　16. 龙泉窑青瓷碗　17. 龙泉窑青瓷碗　18. 耀州窑青瓷碗　19. 耀州窑青瓷碗　20. 景德镇青白釉瓷碗　21. 景德镇青白釉瓷碗　22. 景德镇青白釉高足杯圈足

（图片来自《2000 年黄骅市海丰镇遗址发掘报告》《华瓷吉彩：黄骅市海丰镇遗址出土文物》）

1. 海丰镇遗址出土棋子　2. 海丰镇遗址出土骨笛、骨簪　3. 磁州窑红绿彩持镜人物俑　4. 磁州窑红绿彩持扇人物俑　5. 磁州窑珍珠地梅瓶　6. 定窑黑釉盏　7. 磁州窑虎形枕　8. 磁州窑绿釉诗文枕

通商和漕盐的基础上，发展成为以瓷器为主的贸易集散地，并可能由此出口东亚、东南亚各地。同时，海丰镇的繁荣也是金代政治、经济的集中体现。金代初期，因连年战争，经济萧条，统治者采取了一系列有利于生产和商业恢复的政策，包括开放关津、榷场贸易、鼓励农耕、减免赋税和贷款利息、疏浚交通、民族融合等等。到金熙宗时，为了适应对外商业发展的需要，分别在宋和西夏边境设置了很多贸易榷场，经济逐步走向繁荣。经济的发展必定带动大批商业城镇的兴盛，海丰镇金代的繁盛正是这种经济背景下的产物。

二、海丰镇繁荣追溯——秦之柳县

约在商周以后，海丰镇一带的大海渐渐退去，形成了一大片沼泽化的滨海平原，即今老百姓所称之“退海地”。因其水资源中盐度太高，长期以来多为旱地农业，工业以晒制海盐为主，著名的长芦盐场即位于今海丰镇村东广阔的区域内，素有“苦海盐边”之称。故谭其骧先生认为：“春秋以前，河间以东、迄海之地南北二百余里为大河浸注泛滥之域，无所谓居民都邑也。”谭先生曾长期致力于对历史上黄河多次改道的研究，他认为在春秋以前的河北平原中部，一直存在着一片极为宽广的古代文化遗址和城邑聚落的空白区，其大致范围西以京广铁路为限，东至今徒骇河一线。但考古学的发展逐渐证明，河间以东之地在春秋以前并非无“一乡一邑”可寻，像任丘哑巴庄，沧县陈圩、倪杨屯，黄骅后街等皆为商周以前遗址，黄骅市省级文物保护单位伏狄城一带还出土过完整的商代陶鬲。不过总的说来，河间以东春秋以前的古文化遗存分布密度远不及太行山东麓一带，黄骅以东更是寥寥。这无疑与黄河曾多次淤塞、改道和乱流入海密不可分。而黄骅以东古文化遗存少则同时与海岸线的形成年代有关。故有史载：“直至春秋，九河渐淤，齐人始据而有之。河徙后田芦日增。直至战国而河间、渤海诸名始著。直至嬴秦始有柳县之设。”因此，可以认为海丰镇至金代繁荣的形成可以追溯到秦代柳县之设。

柳县，因柳河而得名。县志皆以为柳县必河海交通之大埠，秦以前此地除西南饶安外，无一邑一乡见诸史籍，而始皇独于荒漠之区首先置县者，“盖八流既塞，北道犹存，水道交通咸萃于此”。但是水道交通只是其中的一个必要条件，其根本原因恐怕还是由于政治、经济方面的需要。封建统治者为了巩固其统治地位，就必须对经济生活中一些至关紧要的产品实行垄断经营，从而最大限度地占有和使用这些产品在生产和流通中的利润。史载“齐以渔盐雄天下”，而盐之利也一直是封建经济的主要来源之一，历朝历代都想方设法加强对盐类商品的生产与管理。《汉书・地理志》记载，汉初就已在渤海郡章武县（旧城在今黄骅市故县村）设有盐官。唐代与盐有关的官甚多，如“盐铁使”“度支盐铁转运使”“常平铸钱盐铁使”“水陆运盐铁租庸使”“盐铁两税使”“榷盐使”“盐池使”及副使等。至宋已形成一整套较完备的盐业生产、运输、销售、税收等管理制度。金代盐铁管理方面最高级别的都转运司使官至正三品，其下分别有同知（从四品）、副使（正五品）、盐铁判官（从六品）等，而且还设有专门的机构，如转运使、盐使司、盐司等。《金史・食货志》中称：“榷货之目有十，曰：酒、曲、茶、醋、香、矾、丹、锡、铁，而盐为称首。”足见盐在人们日常生活和国家经济中的重要地位。《读史方舆纪要》卷 14“盐山县”：“海，县东七十里，潮汐所至，土皆咸卤，煮而为盐，其利甚广。今沿海有场，设官司之，长芦盐利出于县者十之五六。而柳县之地正位于今盐山东及东北（今黄骅境域），据有滨海之地，亦正当齐之北境。”所以柳县之设，正说明了秦时此地不仅水道通畅，更是渔盐丰富的产地。

柳县治所，因“境地兴废，与时转移”，故其地未详，诸说不一。《盐山新志》认为在今羊二庄“东南十余里处”，明时称“南长坨”。《河北省地名志・沧州分册》称：“柳县治所在今黄骅县羊二庄东南十余里，弯弯头村东十里处。”《黄骅县志》则认为柳县故城遗址位于羊二庄乡大马庄东南 5 公里。1986 年黄骅县文物普查时，曾在许官乡东偏北 2.5 公里处发现一段夯土墙，东西长 480 米，宽 7 米，残高 0.7 ～ 1.5 米。同时还发现夯土墙北约 25 米处有一道约 8 米宽的东西向古河道，还于周围捡到一些灰陶盆、罐的残片。当时普查者推定此即柳县故城所在地。

经实地考察，今羊二庄东、东南5公里之内只有一白坨子（称大辛坨子）和一黑坨子。其中黑坨子在今海丰镇东南，早已成为一片平地，只有地表可捡到一些金元时期的瓷片和砖块。白坨子位于齐庄东1公里余，现是一高1.5～3米、面积约1000平方米的台子，台子东为一望无际的卤水池子。经探，台子尚有1米多厚的文化堆积层，地表亦可见金代以后的瓷片。因此推测黑、白坨子都应是金元及其后的渔村或渔民打鱼的临时驻扎地。

又考察1986年文物普查所记，许官乡东北之柳县故城，其北不远为古柳河，前述古城墙北墙及其北护城河地貌现象依旧。同时又在许官村人所称“东岭子”以东发现一道南北向的土岭，从现场看适与北墙相接，可能即城之西墙。虽然城内地表砖瓦陶片难得一见，但我们还是认为此即柳县故城（即秦代柳县城）。查《水经注》淇水，有载：“浮水故渎（即柳河）东北经高城县之苑乡城北（即盐山旧城），又东经章武县之故城南。又东经簏山（魏土地记曰：城东北五十里有簏山，长七里）北，浮渎又东北经柳县故城南，……又东注于海。”此所记柳县在柳河之北，与调查所见柳河南岸之柳县不合。查秦柳县之后，汉高祖和汉武帝又在其附近的柳河北岸相继封戎赐为柳丘侯（今羊二庄一带），封齐孝王子刘阳为柳侯（今海丰镇一带），分别见于《史记·高祖功臣侯者年表》和《史记·建元以来王子侯者年表》。此正《水经注》柳县下注：“武帝元朔四年封齐孝王子刘阳为侯。地理风俗记曰高城县东北五十里有柳亭，故县也，世谓之辟亭，非也。”又《汉书·地理志》卷28上：“柳县（颜注曰侯国）为高帝置，属渤海郡。”由此可知汉初亦设有柳县，柳丘侯应封于柳县。因此推测秦之柳县因汉初柳县的设立旋即废弃不用，故今城内地表遗物很少，地貌变化不大。后世知秦柳县者寥寥，史家学者每每提及柳县，概皆以汉柳丘侯或柳侯封地当之。

海丰镇遗址发掘航拍图

三、海丰镇的衰落

前引《盐山新志》言：海丰镇在魏晋南北朝时曰漂榆邑（此与《水经》漂榆邑地望不合），唐宋曰通商镇。目前考古发掘资料尚无法证明这一点。因为海丰镇遗址发掘部分中最早的文化层为金代形成，虽偶见唐代的假圈足瓷器残片，也只能视其为混入的早期遗物而已。但可以肯定，东汉迄宋，这一带不会是荒漠之区，因其地正位于柳河（《水经》所记之浮水）岸边，自古为盐运必经之地，至少可以肯定，至唐宋时，海丰镇一带早已是通商之地。《黄骅县志》还记述有人曾在海丰镇遗址上采集到汉代的灰陶罐、唐白釉碗底、宋元鸡腿瓶底、银锭、铜币等。当然，金代以前情况如何，尚需进一步的工作去揭示。

到金代的海丰镇，经过前后千余年的发展，曾一度成为"海口第一繁盛之区"，入元以后渐趋衰落。对于海丰镇衰落的原因，可归结为三：

其一，如《盐山新志》所言："至元盐业不振，渐废为墟。"盐是取之不尽、用之不竭的资源，人类对盐的需求随着社会的发展有增无减，那么能够导致盐业不振的原因应与交通特别是水上交通密切相关。推测流经海丰镇入海的柳河长期疏于治理，被上游带来的大量泥沙淤塞，水上运输之路日渐艰涩，故《盐山新志》认为"宋后盐河又以漕盐著重，盐河再废，地旋为墟，明清以来又成僻壤"。

其二，元代天津兴起并取而代之。元朝时期，天津成为南粮北运的交通枢纽和大都出海的门户，因此海路、陆路都有着比海丰镇更优越的条件。同时元代又相继开通会通河、通惠河，使江南漕粮等物运往大都畅通无阻。故《盐山新志》言："元开惠民河（此应指会通河、通惠河），河道纵行，凡岸以东横河并废。"

其三，金代海丰镇除了漕盐外，已发展成为以贸易瓷器为主的海滨大镇，而同时期河北诸瓷窑也一派繁荣景象，其产品尚能被当时人们所普遍接受。元代的统一结束了宋金对峙的局面，无论是商业还是经济利益，对于元帝国来说，河北瓷器已不再像金时那么重要。河北诸窑的瓷器烧造也渐如残花败柳，今非昔比，而中国制瓷中心、对外瓷器贸易再一次被南方诸窑垄断，因此海丰镇的瓷器贸易也就失去了赖以生存和发展的必要条件。

海丰镇旧址大约至明代已形成大致与今无异的土岭地貌，繁华盛景早已成为过去，相当一部分居民不得不离开这片曾商贾云集、棹歌帆影之地，另谋生路。据调查，海丰镇人中的一支约于300年前辗转迁移到了距海更近的今狼坨子废村，成了完全以出海打鱼为生的渔民，而后来的海丰镇人大多是在清初由南京等地迁来的移民。

• 黄骅盐场金元盐业遗址

黄骅盐场盐业遗址位于黄骅市羊二庄镇海丰镇遗址东北6千米处，位于今沧州盐业集团长芦黄骅盐场作业区内，东距渤海湾约9千米，南距黄骅大左庄隋唐制盐遗址约6.5千米，遗址面积达900平方米。

黄骅境内目前发现的古代盐业遗址，除了大左庄隋唐盐业遗址、黄骅盐场金

黄骅盐场金元盐业遗址

元盐业遗址及海丰镇盐业遗迹之外，还有扳倒井、辛立灶、丱兮城、齐庄等 10 余处古代盐业遗址，结合相关史料记载，可见黄骅在古代盐业及经济史上占据重要地位，亦可见盐业兴衰与古代黄骅区域发展紧密相关。

《宋史 · 食货志 · 盐》记载：

> 久之，缗钱所入益耗，皇祐中，视旧额几亡其半。陕州录事参军王伯瑜监沧州盐山务，献议商人受盐沧、滨二州，以囊贮之，囊毋过三石三斗，斗为盐六斤，除三斗为耗勿算，余算其半。予券为验，州县验券纵之，听至所鬻州军并输算钱；即所贮过数，予及受者皆罚，商人私挟他盐，并没其赀。时知沧州田京，与伯瑜合议上闻，召试行之。逾年，岁课增三万余缗，遂以为定制。熙宁八年，三司使章惇又请榷河北盐，诏提举河北、京东盐税周革

入议，将施行焉。文彦博论其不便，乃诏仍旧。

《金史·食货志·盐》记载：

金制，榷货之目有十，曰酒、曲、茶、醋、香、矾、丹、锡、铁，而盐为称首。贞元初，蔡松年为户部尚书，始复钞引法，设官置库以造钞、引。钞，合盐司簿之符。引，会司县批缴之数。七年一厘革之。初，辽、金故地滨海多产盐，上京、东北二路食肇州盐，速频路食海盐，临潢之北有大盐泺，乌古里石垒部有盐池，皆足以食境内之民，尝征其税。及得中土，盐场倍之，故设官立法加详焉。然而增减不一，废置无恒，亦随时救弊而已。益都、滨州旧置两盐司，大定十三年四月，并为山东盐司。二十一年沧州及山东各务增羡，冒禁鬻盐，朝论虑其久或隳法，遂并为海丰盐使司。十一月，又并辽东等路诸盐场，为两盐司。大定二十五年，更狗泺为西京盐司。是后惟置山东、沧、宝坻、莒、解、北京、西京七盐司。

《元史·忠义·耶律天祐传》记载：

天祐袭职，从天倪攻取益都诸城，略沧、棣，得户七千，兼沧、棣州达鲁花赤，佩金符。时金盐山卫镇盐场未下，天祐以计克之，岁运盐四千席，以佐军储。

金时，盐一席为250斤，四千席即100万斤。

《盐业史研究》2023年第6期刊载张宝刚、马小飞《黄骅市盐场遗址及其价值》：

河北沧盐集团长芦黄骅盐业有限公司制盐遗址（以下简称“黄骅市盐场遗址”）位于河北省沧州黄骅市海丰镇村东北6千米处，西北距黄骅市约26千米，东距渤海湾约9千米，南距黄骅大左庄隋唐制盐遗址约6.5千米。

海丰镇金代卤水井

2018年河北省文物考古研究院、山东大学考古与博物馆学系及黄骅市博物馆联合开展盐业考古专项调查，在海丰镇至黄骅盐业有限公司一带发现10余处古代盐业遗址，年代多为唐至金元时期，黄骅市盐场遗址为其中之一。该遗址位于现代晒盐池间，地表散布较多宋金元时期陶、瓷片，且发现有面积较大的红烧土及草木灰堆积。遗址周边半径约500米范围内尚有两处遗址与其堆积特点、时代大致相同。

黄骅市盐场遗址局部因基建大面积取土被破坏，较多陶、瓷片及遗迹现象暴露于地表。2020年4月1日，黄骅市博物馆工作人员再次对该遗址进行调查及系统勘探，确认了遗址面积及其时代，并于4月5日组建考古队进行抢救性发掘。本次发掘共布方7个，清理出房址2座，盐灶3座，灰坑15个，发掘面积900平方米。

……

本次发掘清理出土瓷、陶和铜钱等各类遗物，铜钱有至元道宝、宋元通宝和景德元宝等，均为北宋较早时期的铜钱。但由于宋钱在金元时期仍大量使用，故无法据此推断遗址准确年代，能根据出土的部分器物进行初步推断……初步判断该遗址的年代为金元时期。

……

目前渤海沿岸地区发现并公布材料的金元时期盐业遗址仍数量较少，其缺环亟待填补。黄骅盐场金元时期盐业遗址的发现，上承唐代大左庄煮盐遗址，下启明清时期黄骅境内的长芦诸盐场，形成了东周以来黄骅盐业发展的完整谱系。虽然该遗址发掘面积较小，但却是渤海湾西岸地区首个科学发掘的金元时期盐业遗址，且清理出首个与制盐作坊同时的盐工生活区，对研究金元时期的制盐工艺、作坊布局、盐场管理及盐工生活等提供了重要材料。

《盐业史研究》2007年第6期刊载黄骅市博物馆馆长张宝刚《黄骅海丰镇盐业兴衰史》：

据《盐山新志》记载："海丰镇在天津未兴之前为海口第一繁荣之区……至元盐业不振，渐废为墟……海丰镇为繁盛之区皆以行盐故也……"说明海丰镇的兴衰与盐业密不可分。2000年4月和2002年5月，为配合朔黄铁路建设，河北省文研所会同沧州市文物管理处、黄骅市博物馆对黄骅市羊二庄海丰镇遗址进行了两次发掘，面积达2000平方米，从现场发现了19个盐灶，同时还出土了十几粒莲子（莲子在古代用来测试盐卤的浓度。11世纪时，姚宽用莲子测试盐卤的质量。其方法是，选出较重的莲子，将10粒莲子投入水中，若有3粒或4粒浮出，便是浓盐卤；若5粒浮出，便是最浓的盐卤；若浮起的莲子不足3粒，则盐的质量必定是很差的；倘若10粒都沉底，这种盐水即便经过蒸煮也不会得到食盐。元代的陈椿对此进行了改进，制成一种莲子式的液体比重测量计。他写道："采石莲先于淤泥内浸过，用四等卤分浸四处，最咸卤浸一处，三分卤一分水浸一处，一半水一半卤浸一处，一分卤二分水浸一处。后用一竹管盛此四等所浸莲子四枚于竹管内，上用竹丝隔定竹管口，不令莲子漾出。以莲管吸卤试之，视四莲子之浮沉以别卤咸淡之等。"这四枚经不同液体浸泡过的莲子相当于比重不同的色球，其原理与现代的浮子式比重计很相近。明代对这种比重计又做了改进，即只用一枚莲子来测定盐卤的浓度，其原理与现代的浮笔式液体比重计相似）。由此可以推断，此地当时制盐业的兴盛。其盐灶的形状大同小异，由烟道和灶膛组成。灶膛皆为圆形，用半头砖砌成，下大上小，直径0.4～0.5米、残存高0.2～0.4米；烟道呈斜坡状，有砖砌和土壁两种。通过对盐灶的复原，再现了当时海丰镇作为金宋时期我国最大的一处内陆码头经济繁荣、文化兴盛、交通发达的盛况。

两千多年来，海丰镇人民世代相袭，以制盐为业，历经春秋的始兴，唐、宋、辽、金的中盛，明中叶的极盛和明后期至清、民国间的衰落，解放后又蓬勃复兴。

一、盐业的肇始

春秋时期，齐国大臣管仲为谋求富国强兵，建议齐桓公"煮海为盐"，发展盐业，以鱼盐之利称雄天下。黄骅当时地处齐国北部，盐业始兴。秦始皇时期，因此地鱼盐富饶设柳县（在羊二庄东南十余里即今海丰镇附近）。西汉元封元年（前110年），桑弘羊为治粟都尉，请置大农部丞37名，分驻全国产盐多的郡县，全国始设盐官38处管理盐政。渤海郡章武县（县治今黄骅市故县村北）为首批置盐官之县，时今海丰镇一带已有盐民小规模煮盐，盐运以水路为主。王莽时期（9—23年），渤海西岸发生大海侵，"天尝连雨，东北风，海水溢，西南出，浸数百里，九河之地已为海所渐"。九河之地包括今之天津、宁河及黄骅一带，海水浸没约一百年，盐业、农业均遭摧毁。东汉末年，渤海郡高城东北一百里，北尽漂榆（今黄骅市海丰镇附近），东临巨海，民咸煮海水，以盐为业。到1800年前的东汉时期更呈现了“万灶青烟皆煮海”的盛况，所产原盐运抵当时的国都长安。西晋愍帝建兴元年（313年），后赵主石勒派王述在角飞城（城本故柳县即今海丰镇村）煮盐，场灶范围相当于今黄骅沿海盐场及今海兴县境（《水经注》载）。北魏武帝永熙三年（534年），在沧、瀛、青、幽四州“傍海煮盐”，以沧州为最盛，多达1484灶（《盐山新志》载为4884灶），而沧州之场灶，多在今黄骅市海丰镇附近。时盐运水路以柳河（北临海丰镇）航运为要津。过角飞城（今海丰镇），西南经羊二庄，西至章武县治所（今黄骅市故县村），再经高城县治北（今盐山故城赵村）复西行沧州捷地，经达长芦（今沧州市），连接漳、衡二水。陆路由羊二庄经沧州而总汇瀛州（河间）为转运，西行行销各地。

二、鼎盛时期的盐业

唐、宋、辽、金，为海丰镇盐业兴盛时期。唐代以前，海丰镇盐民煎盐为一家一灶或数家合灶，官府派吏监督收税。唐中叶盐铁恢复专卖，设度支盐铁转运使，理财专家刘晏整顿盐法畅运，以广财源。高宗时重开浚无棣河，内河航运盛况再现，海丰镇一带盐运繁忙，往来经商的船只经常阻塞了河道，当时得名“通商镇”。唐代诗人刘长卿所作“晚来潮正满，处处落帆还”的诗句正是描写当时盐场矗立、商贾云集、一川白浪、帆樯如织的盐业盛景。辽金之际，沧州司设盐场9处，晋献16州始得河间煮盐之利，于是塞北各州尽食沧盐。据《盐山新志》载：沧盐之极盛启于五代金辽，南场之盐犹复偏给北方泉州（时海丰场属南场）。至金代，海丰镇一带盐业更盛。《金史·食货志》卷四十九载：“益都，滨州旧置两盐司，大定十三年（1173年）四月，并为山东盐司。二十一年，沧州及山东各务增羡，冒禁鬻盐，朝论虑其久或隳法，遂并为海丰盐使司。……是后惟置山东、沧、宝坻、莒、解、北京、西京七盐司。”金大定二十二年（1182年），沧州、山东两盐使司合并为海丰盐使司。海丰镇盐场成为沧州、山东一带主要产盐区。元至明初，盐业大发展，长芦盐运使司所辖南、北二司各有12场。北十二场设青州分司管理，主管称运判；南十二场设沧州分司管理，主管称运同。海丰场时属沧州分司（时沧州分司署衙在今黄骅市羊二庄乡海丰镇一带），范围东界大海，连深州海盈旧场（盐山县苏基），西北过孟洼至武帝台，接利国场（今黄骅城区）。盐民户籍属地为今河北省沧州、盐山、黄骅、青县，山东省乐陵、庆云，是历史上的鼎盛时期。元代惠民河的开挖，横断并淤塞柳河河道，使海丰镇运盐水道受阻，从此废水易路，内河航运由陆路运输取代，其盐业一度衰落，渐废为墟。明太祖洪武年间（1368—1398年），盐业转衰为盛，海丰场主管改称盐课司大使，场衙设在今黄骅市羊二庄。据《盐山新志》记载：明初沧州分司运同驻羊二庄东街以辖南司十二场。靖难之役，因盐民阻燕军南下而遭杀戮，南司诸场尽废，盐业大衰，致使河南省北部地区"民皆淡食"。明祖永乐（1403—1424年）初，山西、山东、北京及浙江一带移民陆续迁来，场灶重立，诸场恢复，以海丰场规模最大，产量最高。山西省洪洞县李柳西迁来此后，观海丰场煮盐盛况，曾著《杨二镬（镬：古代煮盐的大锅）志》一书，详记海丰场制盐规模、煮盐过程以及产盐数量。明世宗嘉靖元年（1522年）迁洪洞、福建、南京盐民来海丰场传授晒盐技术，海丰场率先易煎煮为滩晒，开长芦盐区滩晒制盐技术之先河。据《长芦盐志》载：明嘉靖元年，在今河北省黄骅、海兴县境内，"有大口河一道，源出于海，分为五流，列于海丰、深州海盈两场之间，河身通东南而远去。有福建一人来传此水可以晒盐，让灶户高淳等于河边挑修一池，隔为大、中、小三段，次第浇水于段内，晒之，浃辰（即十二天）则水干，盐结如冰。以后，海丰场灶户高登、高贯，见此法比刮土淋煎简便，各于沿河一带择方便滩地，亦修池晒盐。共占官地一十二顷八十亩，建立滩地四百二十七处，所晒盐斤，或上纳丁盐入官，或卖于商人添包"。长芦盐运使刘思贤询知晒盐利厚，曾减征盐课以资鼓励，可惜此举并未得到明王朝重视，变革迟缓。而清初却得到全面推行，为盐业发展的中兴奠定了基础。据《盐山新志》记载，镬产所占唯柳河潮道在焉，镬在柳河北场，在河南李家桥，此明代南场未并时海丰一场之可敌者，西北接严镇场入沧州界延广二百余里。其实，海丰场滩分南北。南滩于羊二庄东南20公里，设滩20副，各有进潮沟1道。北滩位于羊二庄东北17.5公里处，设滩18副，共有进潮沟6道，全场年产盐5000～6000包（每包293.5公斤）。时海丰场场署在今羊二庄西街。嘉靖后期，盐税苛重，造成盐民逃逸，出现“有场无灶”“有灶无丁”的局面。各场灶滩，草荡多为豪强侵占。长芦盐区诸场萧条，海丰场几近废弃。明穆宗隆庆三年（1569年），海阜场并入海丰场。按当时的规模，海丰场在长芦盐区属上等场，产盐量居各场之首。

海丰镇制盐灶台遗迹

三、盐业的衰落

明朝后期，北司水运路畅（北司前身为北场，唐庄宗以赵德钧镇芦台军，因置盐场为榷盐院谓之新仓，为北场发轫之始。辽金以后遂与南场代兴）；南司（以海丰场为主）唯靠陆运，盐业生产呈北盛南衰局面。据《盐山新志》记载：万历二十一年（1593 年），姚思仁奏请与北所运判互调，谓北所产多，事繁，同知法令易行；南所产少，事简，运判已足催办，请将两司所辖地方印务互调。于是以运判驻羊二庄者十余年及三十九年运判乃移驻长芦。明初，南所为运同，北所为运判，尚有重南轻北之意。万历互调之时北盛南衰已可见。此后，海丰仅一大使驻之，其盛衰之源皆由运道通塞之故，非昔产而今竭也。清顺治时，经巡盐御史亲临海丰场清查，共有灶地 334 顷 46 亩。康熙（1662—1722 年）时，虽曾推广晒制之法，大规模开滩晒盐，终因盐路不畅、运输不便，未能持久。康熙十七年（1678 年）海丰场存滩 97.5 副。十八年（1679 年），深州海盈并入海丰（因并场，故面积较前广），共有灶地 868 顷 88 亩。乾隆四十六年（1781 年），青州分司改称天津分司。道光十二年（1832 年），裁撤沧州分司，所辖海丰、严镇二场归属天津分司。光绪（1875—1908 年）期间，严禁刮土淋盐，巡役借故敲诈，加之原盐运销不畅，制盐无利，盐民弃滩改业者十有八九，海丰场滩田面积为 590 顷 79 亩。民国元年（1912 年），海丰场存滩仅 16 副，全年产盐仅 300 余包，其主管改称所长。民国 6 年（1917 年），海丰场被裁废。黄骅境内无官办盐场，所存民间制盐虽未间断，但频遭禁令，加上战乱干扰，危乎殆尽。至 1944 年，黄骅仅存民间散滩 10 副。

四、新中国成立后盐业的复兴

1945 年，黄骅县解放。县政府大规模组织晒盐，在原海丰场内左庄、辛立灶开海滩 200 余副。1947 年，黄骅境内又开井滩 277 副，淋滩 387 副。1949 年，中华人民共和国成立后，由于缺乏系统的管理，加之滩田形状不

一、规模不同、生产工艺落后、生产能力低下、产品质量粗劣、劳动生产率低、产量低而不稳，一般年产量在5000吨左右，仅能供应当地群众食用。1952年，黄骅县根据产大于销、运输困难的现状，对全县制盐业进行了调整，保留了原海丰场内二处盐田，存滩152副。1957年，全国原盐紧缺，国务院发出《关于恢复扩建和新建盐场的指示》，经国家计委轻字第136号文批准，沧县专区工业局在黄骅县羊二庄乡齐庄村东部兴建长芦黄骅盐场（《长芦盐志》载：该场系古、近代著名的产盐区。元设海丰诸场，产量为河北之冠）。原设计南北长40公里，东西宽20公里，总面积75万多亩，全部工程分二期进行。第一期工程1958年6月动工，投资1360万元，于1960年春建成投产，开滩80副，占地1288亩，分一、二两个分场。建场后，因运输困难造成原盐积压，加之国民经济失调，1961年长芦黄骅盐场开始陆续裁减工人。1962年全部停产，仅留300名职工维护生产设备，处理存盐。1965年，在原二场的基础上恢复生产，逐渐形成规模，为轻工部长芦盐务局直属中型制盐企业。1966年正式生产，修复滩田20.6副，总面积29013亩，产盐7506吨。此后的40年，长芦黄骅盐场通过改进生产技术、扩大滩田面积，产盐量逐年迅猛增长。

2006年，长芦黄骅盐场原盐总产量达到96万吨，再创历史最高水平，总产量位于全国同行第三位。海盐运输已从传统的水、陆运发展成为海运、公路、铁路等现代化运输，呈蓬勃发展之势。

（二）人物事迹

- **北宋名将刘遇**

《宋史·刘遇传》记载：

刘遇，沧州清池人。少魁梧有膂力。周祖镇大名，隶帐下。广顺初，补控鹤都头，改副指挥使。宋初，迁御马直指挥使，俄领汉州刺史，改领眉州。累迁控鹤右厢都指挥使、领琼州团练使。从征太原，以功迁虎捷右厢，改领蔚州防御使。开宝六年，转侍卫步军都虞候、领洮州观察使。征江南，领步军战棹都指挥使。时吴兵三万屯皖口，遇会诸路兵破之，擒其将朱令赟、王晖等，获戎器数万，金陵以平，录功加领大同军节度。车驾雩祀西洛，命率禁卫以从。

太平兴国二年，出为彰信军节度。四年，征太原，与史珪攻城北面，平之。进攻范阳，师还，坐所部失律，责授宿州观察使。五年，从幸大名，复保静军节度、幽州行营都部署，护筑保州、威虏、静戎、平塞、长城五城。八年，徙镇滑州。晨兴方对客，足有炙疮痛，其医谓火毒不去，故痛不止。遇即解衣，取刀割疮至骨，曰："火毒去矣。"谈笑如常时，旬余乃差。遇性淳谨，待士有礼，尤善射，太宗待之甚厚。雍熙二年，卒，年六十六，赠侍中，归葬京师。

刘遇（920—985），宋初名将，曾率宋军在皖口大败南唐后主李煜的主力军队，深得宋太宗赵匡义器重。史书记其"割疮至骨"的风度，不亚于关羽刮骨疗毒，可谓"赛关公"。

• 北宋贤相张知白

《宋史 · 张知白传》记载：

张知白，字用晦，沧州清池人。幼笃学，中进士第，累迁河阳节度判官。咸平中疏，言当今要务，真宗异之，召试舍人院，权右正言。献《风宸箴》，出知剑州。逾年，召试中书，加直史馆，面赐五品服，判三司开拆司。

江南旱，与李防分路安抚。及还，权管勾京东转运使事。周伯星见，司天以瑞奏，群臣伏阁称贺。知白以为人君当修德应天，而星之见伏无所系，因陈治道之要。帝谓宰臣曰："知白可谓乃心朝廷矣。"东封，进右司谏。又言："咸平中，河湟未平，臣尝请罢郡国所上祥瑞。今天下无事，灵贶并至，望以《泰山诸瑞图》置玉清昭应宫，其副藏秘阁。”

陕西饥，命按巡之。寻知邓州。会关右流佣至境，知白既发仓廪，又募民出粟以济。擢龙图阁待制、知审官院，再迁尚书工部郎中，使契丹。知白以朝廷制官，重内轻外，为引唐李峤议迁台阁典藩郡，乃自请补外，不许，遂命纠察在京刑狱，固请，知青州。还京师，求领国子监。帝曰：“知白岂倦于处剧邪？”宰臣言：“知白更践中外，未尝为身谋。”乃迁右谏议大夫、权御史中丞、拜给事中、参知政事。

郊礼成，迁尚书工部侍郎。时同列王曾迁给事中，犹班知白上，知白心不能平，累表辞之。曾亦固请列知白下，乃加知白金紫光禄大夫，复为给事中、判礼仪院。曾罢，还所辞官。时王钦若为相，知白论议多相失，因称疾辞位，罢为刑部侍郎、翰林侍读学士、知大名府。及钦若分司南京，宰相丁谓素恶钦若，徙知白南京留守，意其报怨。既至，待钦若加厚。谓怒，复徙知白亳州，迁兵部。仁宗即位，进尚书右丞，为枢密副使，以工部尚书同中书门下平章事、会灵观使、集贤殿大学士。时进士唱第，赐《中庸篇》，中书上其本，乃命知白进读，至修身治家之道，必反复陈之。

知白在相位，慎名器，无毫发私。常以盛满为戒，虽显贵，其清约如

寒士。然体素羸，忧畏日侵，在中书忽感风眩，舆归第。帝亲问疾，不能语，薨。为罢上巳宴，赠太傅、中书令。礼官谢绛议谥文节，御史王嘉言言："知白守道徇公，当官不挠，可谓正矣，谥文正。"王曾曰："文节，美谥矣。"遂不改。知白九岁，其父终邢州，殡于佛寺。及契丹寇河北，寺宇多颓废，殡不可辨。知白既登第，徒行访之，得佛寺殿基，恍然识其处。既发，其衣衾皆可验，众叹其诚孝。尝过陕州，与通判孙何遇，读道旁古碑凡数千言，及还，知白略无所遗。天圣中，契丹大阅，声言猎幽州，朝廷患之。帝以问二府，众曰："备粟练师，以备不虞。"知白曰："不然，契丹修好未远，今其举者，以上初政，试观朝廷耳，岂可自生衅邪！若终以为疑，莫如因今河决，发兵以防河为名，彼亦不虞也。"未几，契丹果罢去。无子，以兄子子思为后，仕至尚书工部侍郎致仕。

清嘉庆版《长芦盐法志·历代人物》记载：

张知白，字用晦，长芦人。真宗朝以进士累官河阳节度判官。时西北用兵知白独疏当茂农功，省刑罚及取士之制。仁宗朝拜中书门下平章事。在相位，慎名器，无毫发私。卒，谥文节。

《宋史·选举》记载：

淳化四年，选人以南郊赦免选，悉集京师。帝曰："并放选，则负罪者幸矣，无罪者何以劝？"乃令经停殿者守常选。又诏："司理、司法参军在任有犯，遇赦及书下考者，止与免选，更勿超资。"工部郎中张知白上言："唐李峤尝云：'安人之方，须择郡守。朝廷重内官轻外任，望于台阁选贤良分典大州，共康庶绩。'凤阁侍郎韦嗣立因而请行，遂以本官出领郡。今江、浙州郡，方切择人，臣虽不肖，愿继前修。"帝曰："知白请重亲民之官，良可嘉也。"然不允其请。

《宋史·卷三百一十》记载：

论曰：李迪、王曾、张知白、杜衍，皆贤相也。四人风烈，往往相似。方仁宗初立，章献临朝，颇挟其才，将有专制之患。迪、曾正色危言，能使宦官近习，不敢窥觎；而仁宗君德日就，章献亦全令名，古人所谓社稷臣，于斯见之。知白、衍劲正清约，皆能靳惜名器，裁抑侥幸，凛然有大臣之概焉。宋之贤相，莫盛于真、仁之世，汉魏相，唐宋璟、杨绾，岂得专美哉！

乾兴元年（1022），34 岁的范仲淹曾上书时任尚书右丞、枢密副使的张知白，称颂道：

恭惟右丞，维岳降神，仪我华旦。文以鼓天下之动，学以达天下之志。始乃育大节，历小位，艰难备思，造次惟道。践七谏之清列，奉万枢之密府。奏议森乎朝听，顾问沃於天心。早以位峻中司，礼严百辟，人神协赞，贰于台宰。邴侯之问，系乎惨舒；叔相之才，著於礼乐。而常居以正色，动惟至诚。名可巽而道不可屈，怀可卷而节不可降。故昨让庙堂之高，回星象之度。能轻人之至重，易人之至难。故道清朝廷，名高泰山，盖尽美矣。

北宋名相司马光写给儿子司马康的家训《训俭示康》中记载：

张文节为相，自奉养，如为河阳掌书记时，所亲或规之曰："公今受俸不少，而自奉若此。公虽自信清约，外人颇有公孙布被之讥。公宜少从众。"公叹曰："吾今日之俸，虽举家锦衣玉食，何患不能？顾人之常情，由俭入奢易，由奢入俭难。吾今日之俸岂能常有？身岂能常存？一旦异于今日，家人习奢已久，不能顿俭，必致失所。岂若吾居位、去位、身存、身亡，常如一日乎？"呜呼！大贤之深谋远虑，岂庸人所及哉！

《全宋文·卷一八九》载张知白诗二首：

申枨字续鲁人赠鲁伯今进封文登侯赞

洙泗之秀，横经鲁堂。

名亚十哲，道尊五常。

时巡驻跸，阙里增光。

封侯锡命，永代流芳。

公良孺字子幼鲁人赠东牟伯今进封牟平侯赞

子幼真贤，从师宣父。

服膺大猷，配享终古。

运属圣神，时巡邹鲁。

五等疏封，三纲式叙。

《文献》2001年第1期刊载原国家图书馆张秀民《宋张文节公（知白）年谱》：

一、宋张文节公（知白）年谱序

宋张文节公讳知白，字用晦，沧州清池人。其生平立朝大节，详于《宋史》本传。综公一生为国为家，惟忠惟孝。其出而牧民也，赈恤灾民，所至感怀，称循吏。其在朝也，请重亲民之官，留意军马刍粮之数，校印古医书，以惠天下之病者，罢诸不急营造，以苏民力。而知契丹之不入寇，尤有先见之明。贵为宰相，自奉俭约如寒士，较之一旦富贵，而妻妾之奉，宫室之美，一掷百千万不以为意者，贤不肖相去为何如耶？公谓“由俭入奢易，由奢返俭难”，尤为千古名言。故司马温公特以之训其子孙，我张氏裔孙，尤当世世奉为宝训焉。他若拔晏殊于童稚，拒太后赐美婢，不忘桑赞之恩，不记王钦若之怨，辍俸以助贫士戚纶之丧，皆宅心忠厚，可为世法。公幼笃学，颖悟过人，王元之称其文章之美。今千载下读公遗文，本于经术洋洋数千言不休，开此后万言书之先河。呜呼！蓄道德而能文章，非公之谓欤？宜乎范文正尊之若泰山北斗，而史称为贤相也。

公之子孙其后由沧州而迁浙江之宁海，由宁海而新昌而嵊县。我嵊永富乡瞻山张氏始迁祖建中公，讳伍字子什者，于公实为玄孙，建中公为姑丈姚公舜明（后迁诸暨）之东床，迎居相府，后承命享有永富太师之宅，时在政和元年（1111），见状元马涓赠张公建中归永富文（瞻山张氏宗谱引全文）。建中公之子孙世居剡西瞻山，耕读传家，世有令德，余则文节公二十八世孙也。

又四明张氏亦称系出文节公后，宋亡，义不仕元，浮海至三韩，称高丽张氏。明初返国，所谓鄞县雍睦堂张氏也。明季苍水公讳煌言者，精忠保国，挽狂澜于既倒，终乃杀身成仁，忠烈之气与宋文文山先后比美。贤德之后必有达人，固非仅我张氏之光焉。

余幼时阅瞻山张氏《家谱》，始知为文节公后，其后负笈鹭门，得读《宋史》。及来燕，入中秘，多阅世间未见书，凡有关于公之遗言轶事，一一抄录之，岁月既久积之成册。家君以余留心先世及乡邦文献，尝命秀雄弟自《家谱》中逸录《元代彬六公手卷》，始知公之生卒年岁，乃得据以为公之年谱，可以补正史之阙焉。十载秘阁，一事无成，百感交集，道德文章上不逮文节公忠烈公之万一，近又负双亲之期望，配颜人世，实忝厥祖，愧何如耶？罪何如耶？而今而后其可不知所勉乎？

1945 年 10 月张秀民书于北海西国立北平图书馆编目组

二、宋张文节公（知白）年谱

二十八世孙秀民敬编

一岁宋太祖建隆二年（961）

是岁始祖文节公生。公姓张氏讳知白字用晦，沧州清池人。父讳骞，为盐亭令。公幼好学，盐亭公喜曰："大吾门者子矣！"遂不复仕（《宋史》本传、《东都事略》，生卒据《元彬六公手卷》，盐亭公仅见于宋王偁《东都事略》）。

九岁开宝二年己巳（969）

盐亭公终于邢州。

二十九岁太宗端拱二年己丑（989）

登进士第，徒行往邢州，访父殡于佛寺，得之。任静戎军解州推官、定武军掌书记。

四十二岁真宗咸平五年壬寅（1002）

任河阳节度判官。十一月庚申公上疏言："王者当奉时令，茂功典、省刑罚及取士之制。"帝览而嘉之；召公赴阙，试舍人院，除右正言（宋李焘《续资治通鉴长编》作左正言，此从《宋史》）献《凤底箴》。

四十四岁景德元年甲辰（1004）

官右正言、直史馆。闰九月戊辰，诏公与李防分诣江南东西路，理系囚，访民疾苦，祠境内山川，旱故也。

四十五岁景德二年乙巳（1005）

正月戊午，公言："江南诸州惟袁州有盗二人未获，余郡皆狱空。"

四十六岁景德三年丙午（1006）

官京东转运使、右正言、直史馆。时京东颇有群盗，依阻山河为民患。五月辛亥命公等相视所部州军，分为五路，各置巡检司，令督捕之。周伯星见，百官称贺。六月丁丑公独上疏，以为"人君当修德以应天，星之见何系焉"？帝览疏嘉纳，谓辅臣曰："知白以谏官在外，而乃心朝廷，可谓知所职矣！"特诏奖谕之。

四十八岁大中祥符元年戊申（1008）

九月癸未公上言："咸平中天下多上祥瑞，当时河、湟未平，臣尝论奏请一切罢去。今天下无事，灵赐并至，望以《泰山诸瑞》，按品目模写，置正副二本，一藏秘阁，一纳中闱，俟昭应宫成，饰诸绘事，传之不朽。"从之。

四十九岁二年己酉（1009）

官右司谏、直史馆。正月乙酉命公按巡陕西路，去冬华解少雪，谷价腾贵，流民入唐。邓州转运司言，濒河仓庾，止有二年之蓄，故遣使视之。丙戌，公言“先诏郡国有祥瑞不得以闻，止报礼部。封禅以来，珍符骈集，今郡国悉以上闻，望申明前制”。从之。

知邓州。十一月壬子朔，公言“陕西流民相继入境，有欲还本贯而无路粮者，臣诱劝豪民出粟数千斛，计口给之，以半月为准，凡就路总二千三百家，万二百余口。其支贷有余者悉给贫者”。诏奖之。

五十岁三年庚戌（1010）

官待制。十一月壬辰，帝召公与向敏中等对于崇政殿，命坐。

五十一岁四年辛亥（1011）

六月庚辛，命公与陈彭年等同详定阁门仪制。九月己丑公以工部郎中、龙图阁待制，为契丹国主生辰使，薛惟正副之。

五十二岁五年壬子（1012）

七月己巳，公以龙图阁待制上疏，请重亲民之官，并自请补外。帝曰：“知白援引故事，请重亲民之官，良可嘉也。然以其累更外任，方在要职。”不许。辛未，命公同纠察在京刑狱。

五十六岁九年丙辰（1016）

四月壬辰，公以工部郎中、龙图阁待制，为右谏议大夫、权御史中丞。公自青州归（知青州未详何年，《青州府志》亦未载）朝，表求判国子监。帝曰：“知白岂倦于处剧耶？”宰臣言：“知白更践中外，未尝为身谋，亦可嘉也。”时执宪久阙，特命授之。

九月丙午，以公为给事中，与陈彭年、王曾并参知政事。

五十七岁天禧元年丁巳（1017）

二月癸未，公以新除工部侍郎、参知政事为金紫光禄大夫，依前给事中，加功臣勋邑。余如故。先是公以郊恩进秩，再表固让，帝不许。复奉章恳请入对，自陈者数。帝敦谕终不能夺。给事中参知政事王曾曰：“臣与知白并新蒙擢用，今又增秩，实不遑安，望并寝恩命。”帝曰：“知白恳让无他意，但以卿为谏议大夫、班在上，己为给事中在下，固让之，欲品秩有叙尔。且近臣著位以先后为次，苟坚确如此，朕亦无吝。”曾又曰：“知白才识素优，况先朝登名，比臣实为宿旧，原升知白班在臣上，则两得其宜。”帝不许，乃从知白所请，而优加名数焉。

五月乙卯，以高邮军民荀怀玉为本军助教，以其出米、麦三千斛，济饥民故也。仍诏自今为例。公曰："自古入粟拜爵，皆归公廪，今则不然，民或阻饥，自相假贷，官为受领，均给贫穷，陛下深轸皇慈，特加旌赏，斯令典也。"

辛酉，帝以在京军马刍粮数示宰臣，曰："顷者张知白欲知此数，故特示卿等，大凡国用，有备乃无患。"

五十八岁二年戊午（1018）

十二月辛丑，公与宰相王钦若议论多相失，因称疾辞位。丙午，罢为刑部侍郎、翰林侍读学士、知天雄军。帝赋诗饯之。辅臣以杂学士出藩，并翰林侍读学士外使，皆自公始。

五十九岁三年己未（1019）

十一月戊午，诏公序班在玉清昭应宫副使林特之上，时公自天雄军徙应天，许便道朝觐故也。己未，公言"河北提举捉贼司，指使殿侍王应捕贼有劳，身中重创"。命补三班借职。

六十岁四年庚申（1020）

七月癸亥，帝谓诸臣曰："参政亦难得人……既而曰张知白何如？"钱惟演言："知白清介，使参政则可，恐未可为宰相。"帝颔之。

九月己酉，诏公等各举常参官堪钱谷任使者二人，限十日内具名以闻。

六十一岁五年辛酉（1021）

知应天府。十月戊申，公言"通判秘书丞任中师临事明干，究民利病"。有诏褒奖。

十二月壬戌，公以知应天府、翰林侍读学士、兵部侍郎徙知亳州。初公在中书与王钦若不协，于是钦若分司南京，丁谓欲公修怨也，已而公待钦若加厚。谓怒，故徙之。

六十二岁乾兴元年壬戌（1022）

十一月壬午，公以翰林侍读学士、尚书右丞为枢密副使。

十二月范仲淹有上公之书。

六十四岁仁宗天圣二年甲子（1024）

冬契丹大阅，声言猎幽州。朝廷患之，以问二府，皆请备粟练师，以待不虞。公独言“契丹修好未远，今其举兵者，以上初政，观试朝廷耳，岂可自生衅耶？若终以为疑，莫如因今河决，以防河为名，万一有变，亦足应用”。未几，契丹果罢去。

六十五岁三年乙丑（1025）

十二月癸丑，加公工部尚书、平章事、集贤殿大学士（《东都事略》、《彬六公手卷》均作天圣三年拜相。宋徐自明《宋宰辅编年录》及李氏《长编》作三年十二月癸丑拜相，今从之）。

庚申，诏宰相枢密使叙班如故事，而曹利用志骄，尚居公次相上。

六十六岁四年丙寅（1026）

二月庚戌，王曾请下三馆校《道藏经》。帝因言“其书多载飞炼金石方药之事，岂老氏五千言之约哉？”公曰：“陛下留意于此，乃治国清净之道也。”壬戌，帝曰：“朕于声伎固未尝留意，内外燕游皆勉强耳。”公曰：“陛下盛德，外人岂知之？原令吕夷简备书《时政记》。”

六十七岁五年丁卯（1027）

四月辛卯，赐新及第人闻喜燕于琼林苑，遣中使赐御诗及《中庸篇》一轴。帝先命中书录《中庸篇》，令公进读。至修身治人之道必反复陈之。

壬辰，先是帝谓辅臣曰：“世无良医，故夭横者众，甚可悼也。”公对曰：“古方书虽存，率多舛谬，又天下学医者不得尽见。”帝乃命医官院校定《黄帝内经素问》及《难经》、《病源》等，下馆阁看详。乙未，诏国子监摹印颁行。

六月先是太后大出金帛重修景德寺。公因言“按〈五行志〉宫室盛则有火灾，近者洞真、寿宁观相继火，此皆土木太盛之证也。请自今罢诸不急营造，以答天戒”。帝纳其言。

公最器程琳，九月己未，琳为谏议大夫、权御史中丞。当除命，公喜曰：“不辱吾笔矣！”琳上疏请罢土木营造，蠲被灾郡县逋租。

六十八岁六年戊辰（1028）

二月壬午，公薨于位，享年六十有八（年岁据《彬六公手卷》，惟壬午作壬子）。公体素羸，忧畏日侵，在中书，忽感风眩，舆归第。帝亲问疾，已不能语，卒。为罢社燕，赠太傅中书令。太后临奠之。家中以贫辞，敕葬。诏送终之具悉从官给，且谕王曾等令共恤其家。公在相位，清约如寒士，慎重名器，称贤相焉。礼官谢绛议谥文节，御史王嘉言"以为公守道徇公，当官不挠，可谓正矣，请谥文正。"王曾曰："文节美谥矣！"遂不改。夫人王氏，无子，以兄子子思公为后。

2002年第2期又刊载了陈伟芬、俞信芳《〈宋张文节公（知白）年谱〉续貂》：

五十五岁大中祥符八年乙卯（1015）

二月，青州武王庙生芝一本，公时为青州知州，以图献。（《宋史·五行志》）

……

五十九岁天禧三年己未（1019）

十二月，以工部侍郎参知政事张文节公为刑部侍郎，充翰林侍读学士，知天雄军。公恳求罢免侍读。学士使外，自此始也。（《辑稿·职官六》）按：先生年谱作二年（1018）。

六十二岁乾兴元年壬戌（1022）

初仁宗即位，尚少，太后称制。有漕臣刘复者，自京西还，言在庾有出剩粮千余斛，乞付三司。后问曰："卿识王曾、张知白、吕夷简、鲁宗道乎？此四人岂因献羡余进哉！"（《宋史·后妃传》）

……

六十七岁天圣五年丁卯（1027）

十二月九日，赐张子思同进士出身。

天圣五年（1027）十二月九日，赐奉礼郎张子思同进士出身。

六十八岁天圣六年戊辰（1028）

三月，赠文节公太傅中书令（《辑稿·仪制十一》）。

四月二十日，文节公下葬。

仁宗天圣六年四月诏曰："故宰相张知白以二十葬，发引，辍其日朝参。"（《辑稿·礼四一》）文节公葬于清池县南二里中山高士岗。

《甬上青石张氏家谱》卷二《系录·第一世》："后葬于清池县南二里中山高士岗。周围四亩。"原案："清池在今直隶天津府沧州东，南四十里中山，在青县南岩悬瀑布，土名高士岗。"

文节公有《御史台仪制》六卷（《宋史·艺文志》）。

张知白（956—1028），字用晦，号清叟，北宋端拱二年（989）进士，后官至宰相（"以工部尚书同中书门下平章事、会灵观使、集贤殿大学士"），天圣六年卒于任上，获赠太傅、中书令，谥文节。其为官"无毫发私""清约如寒士"，所论"由俭入奢易，由奢入俭难"为千古名言，被司马光盛赞为"大贤"，不愧千古贤相。其父张鸾曾任盐亭县令。

• 北宋大臣弭德超

弭德超，沧州清池人。李符、李琪荐之，给事太宗晋邸。太宗即位，补供奉官。太平兴国三年，迁酒坊使、杭州兵马都监，又为镇州驻泊都监。

初，太宗念边戍劳苦，月赐士卒银，谓之月头银。德超乘间以急变闻于太宗曰："枢密使曹彬秉政岁久，得士众心；臣从塞上来，闻士卒言：'月头银曹公所致，微曹公我辈馁死矣。'"又巧诬彬他事。上颇疑之，出彬为天平军节度。以王显为宣徽南院使，德超为宣徽北院使，并兼枢密副使。

德超谮曹彬事成，期得枢密使，乃为副使；又柴禹锡与德超官同，先授，班在其上。故德超视事月余，称病请告，居常怏怏。一日诟显及禹锡曰："我言国家大事，有安社稷功，止得线许大官。汝等何人，反在我上，更令我效汝辈所为，我实耻之。"又大骂曰："汝辈当断头，我度上无守执，为汝辈所眩惑。"显告之，太宗怒，命膳部郎中、知杂滕中正就第鞫德超，具伏，下诏夺官职，与其家配隶琼州禁锢，未几死。

弭德超，北宋大臣，以愤言失官送命，可为后世戒。

• 北宋名臣索湘

《宋史 · 索湘传》记载：

索湘，字巨川，沧州盐山人。开宝六年进士，释褐郓州司理参军。齐州有大狱，连逮者千五百人，有司不能决。湘受诏推鞫，事随以白。太平兴国四年，转运使和岘荐其能，迁太仆寺丞，充度支巡官。改太子右赞善大夫，转殿中丞，充推官，拜监察御史。九年，河决，坏民田，命与户部推官元玘同按行。会诏下东封，与刘蟠同知泰山路转运事，又为河北转运副使。湘经度供馈，以能干闻。事集，加屯田员外郎。

明年，契丹入寇，王师衄于君子馆，敌兵乘胜据中渡桥，塞土门，将趋镇州。诸将计议未定，湘为田重进画谋，结大阵东行，声言会高阳关兵，敌以为然，即拥众邀我于平虏城。夜二鼓，率兵而南，径入镇阳，据唐河，乘其无备破寨栅。及敌兵觉，悉遁走。雍熙中，召为盐铁判官，改驾部员外郎。端拱二年，河北治方田，命副樊知古为招置营田使。会议罢，复为河北转运使。转虞部郎中，选为将作少监。居无何，有讼其擅易库缣以自用者，坐授膳部员外郎、知相州。时有群盗聚西山下，谋断澶州河桥，入攻磁、相州，援旗伐鼓，白昼抄劫。邻郡发兵千人捕逐，无敢近。湘择州军得精锐三百人，侦其入境，即掩击而尽擒之。转运使王嗣宗以状闻，诏复旧官，命为河东转运使。湘以忻州推官石宗道、宪州录事胡则为干职，命以自随，所至州郡，勾检其簿领焉。二人后皆历清要。明年，王超等率师趋乌白池，抵无定河。水源涸绝，军士渴乏。时湘已辇大锹千枚至，令凿井，众赖以济。

真宗即位，入为右谏议大夫。复充河北转运使，属郡民有干酿，岁输课甚微，而不逞辈因之为奸盗。湘奏废之。德州旧赋民马以给驿，又役民为步递，湘代以官马兵卒，人皆便之。会内殿崇班阎日新建议，请于静戎、威虏两军置场鬻茶，收其利以资军用。湘言非便，遂止。又言事者请许榷场商旅以茶药等物贩易于北界，北界商旅许于雄、霸州市易，资其懋迁，庶息边患。诏湘详议以闻，乃上言曰："北边自兴置榷场，商旅辐凑，制置深得其宜。今若许其交相贩易，则沿边商人深入戎界，窃为非便。又北界商人若至雄、霸，其中或杂奸伪，何由辨明？况边民易动难安，蕃戎之情宜为羁制。望且仍旧为便。"会有诏规度复修定州新乐、蒲阴两县，湘以其地迫窄，非屯兵之所，遂奏罢之。

湘少文而长于吏事，历边部，所至必广储畜为备豫计，出入军旅间，颇著能名。先是，边州置榷场，与蕃夷互市，而自京辇物货以充之，其中茶茗最为烦扰，复道远多损败。湘建议请许商贾缘江载茶诣边郡入中，既免道途之耗，复有征算之益。又威虏、静戎军岁烧缘边草地以虞南牧，言事者又请于北砦山麓中兴置银冶，湘以为召寇，亦奏罢之。

咸平二年，入为户部使。受诏详定三司编敕，坐与王扶交相请托，擅易板籍，责授将作少监。三年，出知许州，徙荆南，复为右谏议大夫、知广州。四年，卒，诏遣其子希颜护丧传置归乡里。

民国《盐山新志·古迹》记载：

按，光绪《通志》载，公孙宏墓即封墩，俗传也。又载张村店东南七里有铫期墓。此皆因古墓而附会者，故从删削。又载王僧墓，因饶安故地牵连得书。然其地今属沧州境，自应归沧也。《通志》于明以后，凡有碑志者皆载其墓，稍失之滥。冢墓之列古迹者，以其名行可贵也。有碑即载，将不胜其繁兹。稍变其例，但择名行昭著者，以续《同治志》之未备。余则各详金石，以类相从，名实庶得各尽。又旧传大高尔庄左近或耕古墓，其柩题宋索湘之墓。耕者掩之，遂失其处。湘盐邑名宦也，其墓不传，可惜！《同治志》称，赵顺里有宋家茔，茔中砖石琢刻精工，传有贵戚葬此。而马闸口亦有古墓，曾出大瓶二、香炉一。又二十年前于旧城左近，有耕者发见刘黑闼之墓。黑闼，漳南人，其伏诛在洺州，距漳南甚近，不应远葬盐山。如果不诬意者，盐人马君德等尝据土以叛附黑闼，岂其不忘故主，窃其尸以来葬欤？然人不足称，何有于墓！固当与莫辨谁氏者，一例削之也。恐人疑漏略，附记于此。

索湘（？—1001），北宋盐山人，开宝六年（973）中进士，官至谏议大夫、知州，以“长于吏事”著称于时。

• 北宋盐山知县李参

《宋史·李参传》记载：

李参，字清臣，郓州须城人。以荫知盐山县。岁饥，谕富室出粟，平其直予民，不能籴者，给以糟糠，所活数万。

通判定州，都部署夏守恩贪滥不法，转运使使参按之，得其事，守恩谪死。知荆门军，荆门岁以夏伐竹，并税簿输荆南造舟，积日久多蠹恶不可用，牙校破产不偿责。参请冬伐竹，度其费以给，余募商人与为市，遂除其害。

历知兴元府，淮南、京西、陕西转运使。部多戍兵，苦食少。参审订其阙，令民自隐度麦粟之赢，先贷以钱，俟谷熟还之官，号“青苗钱”。经数年，廪有羡粮。熙宁青苗法，盖萌于此矣。

朝廷患边费益广，参建议辇钱边郡，以平估籴，权罢入中法。比其去，省榷货钱千万计。召为盐铁副使，以右谏议大夫为河北都转运使。与安抚使郭申锡相视决河，议不协；又与真定吕溱相恶，二人皆得罪，参移使河东，知荆南。

嘉祐七年，召为三司使，参知政事孙抃曰：“参为主计，外台将承风刻剥天下，天下之民困矣。”乃改群牧使。诏王安石、王陶置局经度国计，参言：“官各有职，臣若不任事，当从废黜。不然，乞罢此局。”从之。

治平初，加集贤院学士、知瀛州，赐黄金百两，帅臣有赐自参始。再迁枢密直学士、知秦州。蕃酋药家族作乱，讨平之，得良田五百顷，以募弓箭手。居镇阅岁，未尝以边事闻。英宗遣使问故，对曰：“将在边，期于无事而已，不敢妄以寇贻主忧。”以疾解边任，判西京御史台，起知曹、濮二州。神宗久知其才，书姓名于殿柱。以知永兴军，不行，卒，年七十四。

参无学术，然刚果严深，喜发擿奸伏，不假贷，事至即决，虽簿书纤悉不遗，时称能吏。

李参（1006—1079），北宋郓州须城人，曾任盐山知县，遇俭年，令富家将余粮平价出售，救活饥民上万人。后历多地任知州等职，“时称能吏”。任陕西转运使时，苦于兵多粮少，乃命百姓于春季估算盈余粮数，先贷给钱，待谷物成熟以后还官，号称“青苗钱”，此为王安石新法中“青苗法”的先导。

- **金朝宰相孙即康**

《金史·孙即康传》记载：

孙即康，字安伯，其先沧州人。石晋之末，辽徙河北实燕、蓟，八代祖延应在徙中，占籍析津，实大兴，仕至涿州刺史。延应玄孙克构，辽检校太傅、启圣军节度使。即康，克构曾孙，中大定十年进士第。章宗为右丞相，是时，即康为尚书省令史，由是识其人。章宗即位，累迁户部员外郎，讲究盐法利害，语在《食货志》。除耀州刺史，入为吏部左司郎中。上谓宰臣曰：“孙即康向为省掾，言语拙讷，今才力大进，非向时比也。”宰臣因曰：“即康年已高，幸及早用之。”上问：“年几何矣？”对曰：“五十六岁。”上复问：“其才何如张万公？”平章政事守贞对曰：“即康才过之。”上曰：“视万公为通耳。”由是迁御史中丞。

初，张汝弼妻高陀斡不道，伏诛。汝弼，镐王永中舅也，上由是颇疑永中。永中府傅尉奏永中第四子阿离合懑语涉不轨，诏同签大睦亲府事绔与即康鞫之。第二子神土门尝撰词曲，颇轻肆，遂以语涉不逊就逮。家奴德哥首永中尝与侍妾瑞云言：“我得天下，以尔为妃，子为大王。”绔、即康还奏，诏礼部尚书张暐复讯。永中父子皆死，时论冤之。顷之，迁泰宁军节度使，改知延安府事。

承安五年，上问宰相："今汉官谁可用者？"司空襄举即康。上曰："不轻薄否？"襄曰："可再用为中丞观之。"上乃复召即康为御史中丞。泰和三年，除参知政事。明年，进尚书右丞。六年，宋渝盟有端，大臣犹以为小盗窃发不足恤。即康与左丞仆散端、参政独吉思忠以为必当用兵，上以为然。

上问即康、参知政事贾铉曰："太宗庙讳同音字，有读作'成'字者，既非同音，便不当缺点画。睿宗庙讳改作'崇'字，其下却有本字全体，不若将'示'字依《兰亭贴》写作'未'字。显宗庙讳'允'，'充'字合缺点画，如'统'傍之'充'，似不合缺。"即康奏曰："唐太宗讳世民，偏傍犯如'葉'字作'贳'字，'泯'字作'泜'字。"乃拟"熙宗庙讳从'面'从'且'。睿宗庙讳上字从'未'，下字从'笞'。世宗庙讳从'系'。显宗庙讳如正犯字形，止书斜画，'沇'字'銃'字各从'口'，'兑''悦'之类各从本传。"从之，自此不胜曲避矣。进左丞。宋人请和，进官一阶。

旧制，尚书省令史考满优调，次任回降。崔建昌已优调兴平军节度副使，未回降即除大理司直。诏知除郭邦杰、李蹊杖七十勒停，左司员外郎高庭玉决四十解职，即康待罪，有诏勿问。章宗崩，卫绍王即位，即康进拜平章政事，封崇国公。大安三年，致仕。是岁，薨。遣使致祭。

《金史·食货志·盐》记载：

（明昌）三年六月，孙即康等同盐司官议："军民犯私盐，三百里内者盐司按罪，远者付提点所，皆征捕获之赏于贩造者。猛安谋克部人煎贩及盗者，所管官论赎，三犯杖之，能捕获则免罪。又滨州渤海县永和镇去州远，恐藏盗及私盐，可改为永丰镇与曹子山村，各创设巡检，山东、宝坻、沧盐司判官乞升为从七品，用进士。"上命猛安谋克杖者再议，余皆从之。尚书省奏："山东滨、益九场之盐行于山东等六路，涛洛等五场止行于沂、邳、徐、宿、滕、泗六州，各有定课，方之九场，大课不同。若令与九场通比增亏。其五场官恃彼大课，恐不用力，转生奸弊。"遂定令五场自为通比。旧法与盐司使副通比，故至是始改焉。

《金史 · 贾铉传》记载：

上议置相，欲用铉，宰臣荐孙即康。张万公曰："即康及第在铉前。"上曰："用相安问榜次？朕意以为贾铉才可用也。"然竟用即康焉。

《金史 · 卷九十九》记载：

惟孙即康诡随，乃骤至宰相。古所谓斗筲之人，即康之谓矣。

孙即康（？—1211），祖籍沧州，在金朝第七位皇帝完颜永济时期官至宰相（平章政事）。五代后晋晚期，沧州地区由辽国控制，当地大量人口被强制北迁，其间孙即康八世祖孙祖延举家迁至析津县。析津在金代改名大兴。孙即康曾参与改革盐法，相关史料也反映了沧州及黄骅当时盐业情况。

- **金朝清池主簿夹谷守中**

夹谷守中，咸平人，本名阿土古。大定二十二年进士，历清池、闻喜主簿，补尚书省令史，除刑部主事、监察御史、修起居注。转礼部员外郎、大名治中，历嵩珠、北京、临洮路按察副使。以忧去官，起复同知曷懒路兵马都总管府事，坐事谪韩州刺史，寻复同知平凉府事。大安二年，为秦州防御使，迁通远军节度使。至宁末，移彰化军，未行，夏兵数万入巩州。守中乘城备守，兵少不能支，城陷，官吏尽降，守中独不屈。夏人壮之，且诱且胁，守中益坚，遂载而西。至平凉，要以招降府人，守中佯许，至城下即大呼曰："外兵矢尽且遁矣，慎勿降。"夏人交刃杀之。

兴定元年，监察御史郭著按行秦中，得其事以闻。诏赠资善大夫、东京留守，仍收其子兀母为笔砚承奉。

夹谷守中（？—1213），本名阿土古，金大定二十二年（1182）进士，曾任清池主簿，官至节度使，与西夏军作战，兵败死节。

• 金朝沧州盐副使赵重福

《金史·循吏传》记载：

赵重福，字履祥，丰州人。通女直大小字，试补女直诰院令史。转兵部译史、陕西提刑知法，迁陕西东路都勾判官、右藏库副使、同知陈州防御事。宋谍人苏泉入河南，重福迹之，至鱼台将渡河，见前一舟且渡，令从者大呼泉姓名，前舟中忽有苍惶失措者，执之果泉也。改沧州盐副使。岁饥，民煮卤为盐卖以给食，盐官往往杖杀之。重福曰："宁使课殿，不忍杀人。"岁满，课殿当降，尚书右丞完颜匡、三司使按出虎知其事，乃以岁荒薄其罚，除织染署令。大安三年，佐户部尚书张炜调兵食于古北口，迁都水少监，行西北路六部郎中，治密云县，俄兼户部员外郎。贞祐二年，以守密云功迁同知河间府事，行六部侍郎，权清州防御使，摄河北东路兵马都总管。三年，河间被围，有刘中者尝与重福密云联事，劝重福出降，重福不听。是时，河间兵少，多羸疾不任战，欲亡去。重福劝其父老率其子弟，强者战、弱者守，会久雨围乃解去。迁河东北路转运使，致仕。元光二年，卒。

《明史·徐问传》记载：

徐问，字用中，武进人。弘治十五年进士。授广平推官。迁刑部主事，历兵部，出为登州知府。地滨海多盗，问尽捕之。调临江。修筑坏堤七十二。转长芦盐运使。运司故利薮，自好者不乐居。问曰："吾欲清是官也。"终任不取一钱。累迁广东左布政使。……久之，就迁户部尚书。复引疾去，卒于家。问清节自励。居官四十年，敝庐萧然，田不满百亩。好学不倦，粹然深造，为士类所宗。隆庆初，谥庄裕。

赵重福（？—1222），金朝大臣，曾任沧州盐副使，宁可不要政绩而贬官，也不刻薄沧州百姓。另，明朝长芦盐运使徐问“终任不取一钱”，亦为时人称颂。

• 金朝沧海公王福

《金史 · 王福传》记载：

> 王福，本河北义军，积战功累迁同知横海军节度使事、沧州经略副使。兴定元年，福遣提控张聚、王进复滨、棣二州，以聚摄棣州防御使，进摄滨州刺史。久之，福与聚有隙，聚以棣州附于益都张林。
>
> 兴定三年九月，福上言：“沧州东滨沧海，西连真定，北备大兵，可谓要地。乞选重臣为经略使，得便宜从事，以镇抚军民。”朝廷以福初率义兵复沧州，招集残兵，今有众万余，器甲完具，自雄一方。与益都张林、棣州张聚皆为邻境。今利津已不守，辽东道路艰阻，且其意本欲自为使，但托词耳。因而授之，使招集滨、棣之人，通辽东音问：“今若不许，宋人或以大军迫胁，或以官爵招之，将贻后悔。”宣宗以为然，乃以福为本州经略使，仍令自择副使。会福有战功，迁遥授同知东平府事、权元帅右都监，经略节度如故。兴定四年，封为沧海公，以清、沧、观州，盐山、无棣、乐陵、东光、宁津、吴桥、将陵、阜城、蓨县隶焉。
>
> 四月，红袄贼李二太尉寇乐陵，棣州张聚来攻，福皆击却之。李二复寇盐山，经略副使张文与战，李二大败，擒其统制二人，斩首二千级，获马三十匹。七月，宋人与红袄贼入河北，福婴城固守。益都张林、棣州张聚日来攻掠，沧州危蹙，福将南奔，为众所止，遂纳款于张林。东平元帅府请讨福，乞益河南步卒七千、骑兵五百，滑、浚、卫州资助刍粮，先定赏格，以待有功。朝廷以防秋在近，河南兵不可往，东平兵少，不能独成功，待至来年春，使东平帅府与高阳公并力讨之，乃止。

王福，沧州豪强，拥众万余，自雄一方，兴定四年（1220）被金朝封为沧海公。当时距金朝灭亡只有十来年，由《金史》其传所记，可略知当时本地情景。

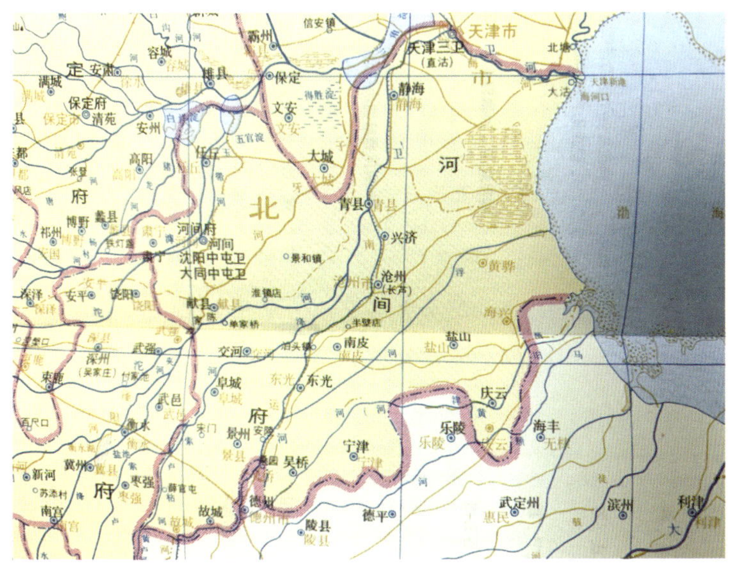

明朝属河间府沧州和盐山县（据谭其骧《中国历史地图集·明》）

清朝自雍正后属天津府沧州和盐山县（据谭其骧《中国历史地图集·清》）

《明史·地理志》记载：

河间府（元河间路，直隶中书省）洪武元年十月为府，属河南分省。二年三月来属。领州二，县十六。北距京师四百十里。弘治四年编户四万二千五百四十八，口三十七万八千六百五十八。万历六年，户四万五千二十四，口四十一万九千一百五十二。……沧州。洪武初，以州治清池县省入。（旧治在东南。洪武二年五月徙於长芦，即今治也。东滨海。西有卫河。南有浮河。北有长芦巡检司）西距府百五十里。领县三：南皮（州西南。卫河在县西）、盐山（州东南。东滨海，产盐。东南有盐山）、庆云（州东南。洪武六年六月析山东乐安州北地置，来属）。

《清史稿·地理志》记载：

天津府：冲，繁，疲，难。初隶天津道。明，卫，河间地。雍正三年为直隶州，以顺天之武清，河间之青、静海来属。武清寻还旧隶。九年升府，置附郭县。降沧州并所属三县来隶。天津道、总兵、长芦盐运司、通永镇总兵驻。咸丰十年，海禁洞开，置三口通商大臣。同治九年，废为津海关道，以总督兼北洋钦差大臣，驻保定，半岁一移节。府城，三岔口西南。光绪庚子，拳匪乱，夷为平地。西距省治四百六十里。广二百二十里，袤三百八十里。北极高三十九度十分。京师偏东四十七分。领州一，县六。

天津，冲，繁，疲，难。倚。雍正九年置。

……

青，冲，繁，疲，难。府西南百六十里。顺治末，省兴济入之。雍正三年自河间来隶。

……

静海，冲，繁，疲，难。府西南七十里。雍正三年自河间来隶。

……

沧州，冲，繁，疲，难。府西南二百里。明属河间。雍正七年升直隶州，寻降来隶。海，东百三十里。南运河自南皮入，右出为捷地减河。其北兴济减河自青入。其南石碑河上承王莽河，自南皮入，汇为母猪港，至歧口入焉。东南：宣惠河亦自南皮入。有严镇场盐大使。砖河、祁口、捷地、旧州四镇。风化店、孟村、李村三巡司。砖河水、陆二驿。

南皮，繁，难。府西南二百七十里。雍正中，自沧州来隶。

……

盐山，繁。府南二百六十里。雍正中，自沧州来隶。海，东北百二十里。宣惠河自州入。古黄河髙津自南皮入，错出复入，并入山东乐陵。东有废无棣沟。海丰场在羊儿庄，与旧县置巡司二。狼坨子、韩村、高家湾三镇。

庆云，简。……

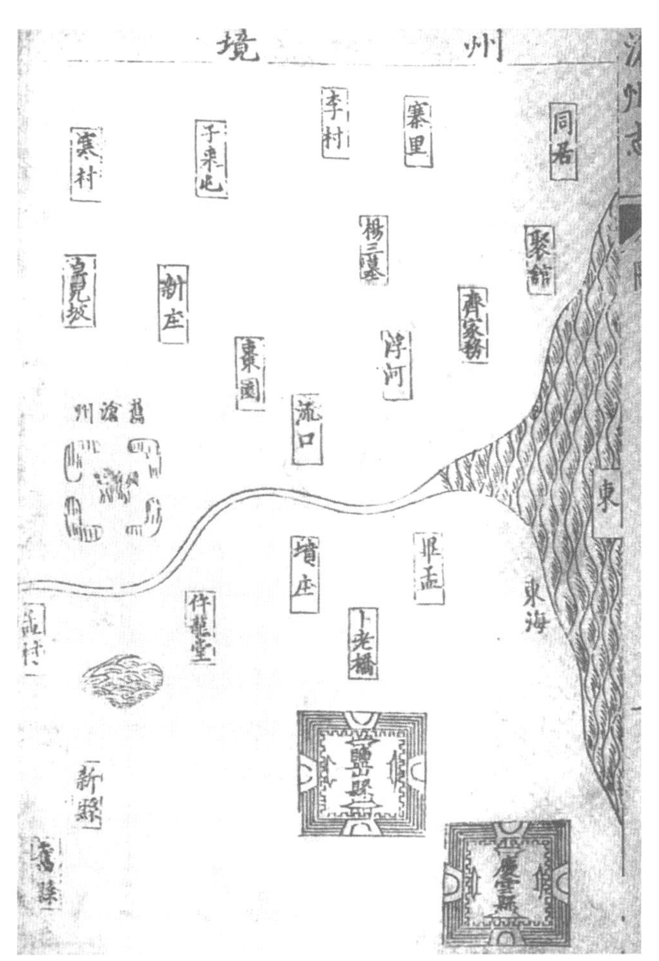

万历《沧州志》沧州东部地区

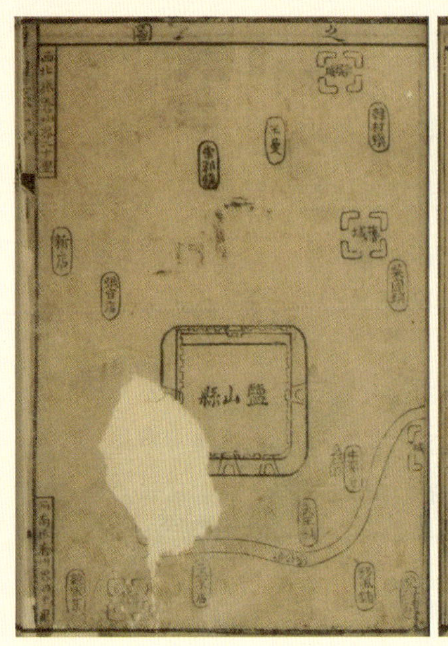
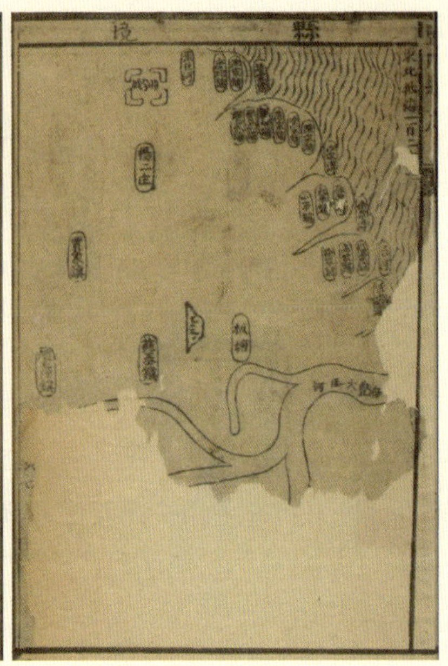

康熙版《盐山县志》县境图

同治版《盐山县志》县境图

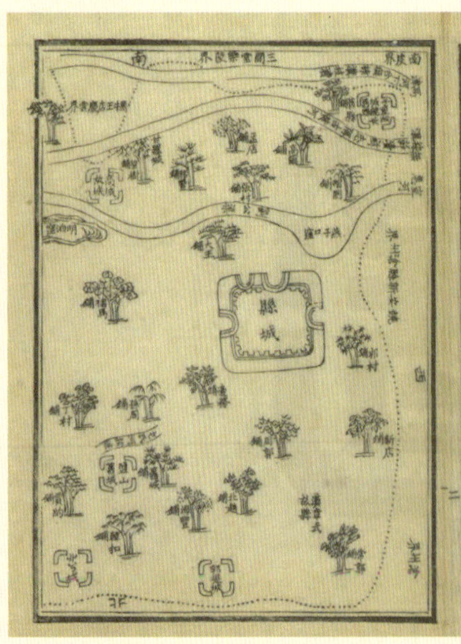

（一）遗址遗迹

- **明代碑刻**

黄骅市博物馆现藏创置先斯院赡田碑、华严寺碑、碧霞元君祠碑等明代碑刻。

创置先斯院赡田碑高 231 厘米、宽 75 厘米、厚 30 厘米，发现于今黄骅市官庄乡官庄村，系明朝崇祯九年（1636）时任长芦盐运使韩应龙所立。碑文记载了韩应龙出资建设救助残疾人的“先斯院”，并购置“赡田”以保障院费的情况，其善行义举令斯民感恩至今，“官庄”亦由此得名。“先斯”之意出于《孟子》。清乾隆《天津府志》《沧州志》、嘉庆《长芦盐法志》和民国《沧县志》对此碑碑文都有记载。

《孟子·梁惠王下》记载：

> 老而无妻曰鳏。老而无夫曰寡。老而无子曰独。幼而无父曰孤。此四者，天下之穷民而无告者。文王发政施仁，必先斯四者。诗云：哿（gě）矣富人，哀此茕独。

创置先斯院赡田碑

嘉庆版《长芦盐法志 · 营建 · 捐施》记载：

先斯院，在沧州南薰门外，前明运使韩应龙捐建。中为正厅三间，东、西北三面各建栖止屋八间，每间安置锅一口、席一领、被一条，以收养警贫残废无告之民，榜其名曰“先斯院”。复捐置赡田二十七顷六十二亩，坐落沧州马里通庄，召佃租种，无论水旱丰歉，每年收租银一百两，又四十两交纳沧州地亩钱粮。乾隆四十年，分司钱树将地收回，官为经理，详明运使清丈造册。五十三年分司金忠沂详定章程，檄委批验大使催收租银，每年除完粮散给警贫外，余为岁修院屋庄房之用。

《沧州师范专科学校学报》2007 年第 9 期刊载张玉、胡庆林《官庄“创置先斯院赡田碑”考》：

“创置先斯院赡田碑”现在黄骅市官庄靠近捷地减河南岸原关帝庙遗址，岁月的流失已使碑体与碑座分离、倒地。碑身长 231 厘米，宽 75 厘米，厚 30 厘米，碑座高 47 厘米，长 88 厘米，宽 58 厘米。碑身正面的顶部为半圆形，模糊可辨篆体碑额“创置先斯院赡田碑记”，碑文为阴刻楷体，绝大部分字迹漫漶不清，所幸官庄中学八十高龄老教师刘玉煊是位有心人，1966 年“细四清”运动中，他在撰写村史时将正反两面碑文全部抄录下来，征得老先生同意，笔者试作标点断句，现转抄如下：

正面碑文：

创置先斯院赡田碑记

养济孤贫，守土者之责也。予督鹾无民社寄，日奉大司农檄转运两关盐务。徼有天幸，引疏而课足，俾西北一带执戟荷戈之士，尽腾饱无脱巾之虞，犹恐厥职未克称。方今灾异频仍、寇虏交讧、闾左十室九虚，当事者蒿目攒眉，忧兵忧饷。余乃沾沾焉取无告穷民而先欲济之，无乃非当务之为急。昔人云，一介之士，苟存心于利物，必有所济。余何人斯，肉食而鄙，未有远谋，上佐国计，乃下顾斯民，鸠形鹄面，甚至疲癃残疾，目瞽天日不见，乃终岁不挂寸缕、不饱半菽者，所在有之，目击而心悲焉。即间为分俸以赈，聊佐一时之急，而小惠未遍，其与几何？已又思之，穴深寻则臂之长有所不及矣，矧河水涸而思泣以益之，不憨甚耶？无已，就目前所见而不忍见者，为风雨饥寒之虑，惟有筑舍以居，买田以养，在今日为创置，于他年为成规，即所及无几，聊以存吾利物之心，其一念焉者而已矣。去城百步许，御盐厂右，原系长芦官基，环起一院，中立正厅三间，为早暮赈穷君子散赈时驻节之座。东西北三面，各建栖止贫民之屋八间，共计二十四间，每间安置锅一口、席一领、被一床。榜其门曰：先斯院。复捐俸银四百三十五两，置买生员王廷鉴马里通庄庄房一所，小民灶地二十七顷六十二亩，折算行粮大民地一顷三十六亩四分四厘；大灶地八顷六十七亩六分，在沧州孝二里行粮，虽非沃壤，颇系良田。召募总佃李光辉、李开立、曹尚言三人租种，无论水旱丰歉，每年纳租银一百两整，按期给散贫民；又四十两交纳沧州地亩钱粮。取有李光辉等认状在卷，生员王廷鉴卖契附卷。其为地也，析之二百七十三段，每段各有四至，开列在册，一切兼并窃据之弊，或可免矣。至于种租人户，年远日久，不无奸顽拖欠，所望后之君子，毋曰非当务之为急也，一加意焉已耳。存心利物，人人所同，当无俟余言之为谆谆者。

时崇祯九年岁次丙子仲夏吉日

大中大夫、长芦都转运盐使司运使、奉敕清理直省盐法行道臣事、楚人韩应龙谨记立石

背面碑文：

先斯院赡田官庄地亩数

计开

孙计春种地一顷九十六亩

马应春种地一顷四十五亩

任长泰种地一顷四十五亩

殷国玉种地七十二亩

张顺种地一顷四十六亩

尹成种地七十三亩

李豹种地四顷四十亩

王应元种地一顷四十五亩

林子明种地二顷八十八亩

郭见种地二顷九十二亩

肖玉种地一顷七十五亩

陈忠种地一顷一十二亩

尹计春种地六十五亩

郭文炳种地一顷三十亩

丁计红种地六十亩

郭立业种地九十六亩

张五等种地一顷四十亩

以上共计地二百七十三段

宅基并场园共地三十六亩

成种地共二十一顷三十七亩

荒地共六顷一十三亩

崇祯九年六月朔立

从碑文可知，“创置先斯院赡田碑记”为明末崇祯九年丙子（1636年）仲夏即农历五月时任长芦盐运使的韩应龙所作。从背面碑文“崇祯九年六月朔立”，可知立碑时间为当年的农历六月初一，距今已371年了。“创置先斯院赡田碑记”不仅记载了长芦盐运使韩应龙捐出俸禄救助残疾人的事迹，而且为我们了解研究明末沧州地方史提供了珍贵的史料。

第一，完整展现了创置先斯院赡田碑的真实面目，纠正了清乾隆八年《沧州志》、民国22年《沧县志》中所载碑文的一些谬误。官庄在明清时属沧县，直到民国22年《沧县志》成书时，仍属沧县，故“创置先斯院赡田碑记”在乾隆八年《沧州志》以及民国22年《沧县志》中皆有收录，两志中的碑文内容、字数完全相同。只是《沧州志》“创置先斯院赡田碑记”题记下面有两行小注“一置先斯院中一置马里”（此处有脱文“通庄”二字），指此碑有二，一通放置在沧州城先斯院中，另一通放置在马里通庄。这与当地人们的传说“碑有两通，一在官庄，一在沧州城”相符，原放置在先斯院的碑石今天仍静静地躺在沧州市文庙内，篆体的“碑阴”二字清晰可见，与《沧州志》卷六《盐政·运使》记载的“韩应龙，……任商惠灶，立先斯院，……院在城南，有碑文”可以互证。据此以及碑文记载的“去城百步许，御盐厂右，原系长芦官基”可知，先斯院在沧州城南百步许位置，查乾隆八年《沧州志》所载康熙十三年《沧州新志全图》，先斯院的确切位置应在沧州老城外西南、今解放桥东运河边。

乾隆八年《沧州志》、民国22年《沧县志》抄录的“创置先斯院赡田碑记”与官庄碑石上的原碑文相比不甚相同。一是字数少，官庄创置先斯院赡田碑正面碑文连同碑额共679字，背面碑文为232字；两志中的“创置先斯院赡田碑记”连同碑额共623字，较碑石少了56字，而且没有背面碑文。二是一些文字错误，两志书“创置先斯院赡田碑记”中“赡田”皆写成“瞻田”。据查，古今典籍中，没有“瞻田”一词，但有“赡田”之说。查《汉语大词典》“赡田：赡养家口的田地。明郑仲夔《耳新·正气》：‘至庶妹母奉事吾有年，当足其衣食，拨与赡田收租以给之。’《明史·潞王翊传》：‘翊居藩，多请赡田、食盐，无不应者。’”此说只限于“赡养家口的田地”，其意并不全面。另见《浙江通志》卷二百五十七《碑碣三》有《城隍庙赡田碑》，这里的“赡田”是指以土地收入赡养僧众、作为庙宇经费的田地。明王守仁《王文成全书》卷七《文四·万松书院记》有“乃修书院，益广楼居斋舍为三十六楹，具其器用，置赡田若干顷，揭白鹿之规，抡彦选俊，肄习其间，以倡列郡之士而以属之”。此处“赡田”是指以其收入作为书院经费的田地。两志书中还有一些错句、脱文。如原碑文中“己又思之，穴深寻则臂之长有所不及矣，矧河水涸而思泣以益之，不憨甚耶？”意思是说，自己又考虑，洞穴深八尺手臂再长也探不到底，况且黄河干涸想用哭泣的泪水来增加水量，不是太愚蠢了吗？两志书中却错写成“己又思之，穴深寻财臂之长有所不及探，矧河水涸而思泣以益之不甚耶”，将“则”字错写成“财”字，多了一“探”字，少了一“憨”字，使人不知所云。又，原碑文中“孝二里”，两志书写成“孝一里”等等，不一一列举。三是删削了有关韩应龙身份、籍贯的重要记述，原碑文下款有“崇祯九年岁次丙子仲夏吉日，大中大大、长芦都转运盐使司运使、奉敕清理直省盐法行道臣事、楚人韩应龙谨记立石”50字，但两志书所载碑文中，除了“创置先斯院赡田碑记”题目后有“韩应龙”名字外，下款只有“崇祯九年岁次丙子仲夏谨记”12字，删除了韩应龙作为“大中大夫、长芦都转运盐使司运使、奉敕清理直省盐法行道臣事”的官阶、职务以及籍贯为“楚人”的重要信息。

第二，“创置先斯院赡田碑记”详细记载了明朝崇祯九年（1636年）长芦盐运使韩应龙以个人俸禄救助“疲癃残疾”人的感人事迹。有关韩应龙事迹，在黄骅当地代代相传，几乎妇孺皆知，说他从小贫困，曾受残疾人恩惠，做了官，知恩图报，买了大片土地，盖了二十四间房，赡养了二十四位年老残疾人，一人去世后，再接纳一残疾人收养。《沧县志》卷之十六《大事记》载“崇祯九年（丙子）盐运使韩应龙设先斯院，建屋置田，以备颠连无告者食宿”。《沧州志》卷六《盐政·运使》记“韩应龙，光化人。崇祯十年（笔者注：此处将崇祯九年错写成十年），任商惠灶，立先斯院，捐资置房二十余间，地二十七顷余，养育孤独历今百有余年，无告者皆食其德”。这些记载与韩应龙所撰碑文内容基本相同。关于韩应龙任长芦盐运使时间，《沧县志》卷之七《职官》记载：“韩应龙，光化举人，崇祯五年任。”下一任盐运使“林曾，龙溪举人，十一年任”。可知韩应龙担任长芦盐运使的时间是在崇祯五年（1632年）至十一年（1638年）的六年间。

韩应龙在长芦盐运使任上，“日奉大司农檄转运两关盐务。微有天幸，引疏而课足，俾西北一带执戟荷戈之士，尽腾饱无脱巾之虞，犹恐厥职未克称”。但此时已是明朝末期，“方今灾异频仍，寇虏交讧”，（“寇”即指李自成领导的明末农民起义，“虏”指兴起于东北的女真族后金政权。）“闾左十室九虚”，作为管理盐务“督鹾无民社”的长芦盐运使韩应龙虽不若“当事者蒿目攒眉，忧兵忧饷”，但同样“上佐国计，乃下顾斯民”，认为“苟存心于利物，必有所济”。于是“乃沾沾焉取无告穷民而先欲济之，无乃非当务之为急”。这些无告穷民“鸠形鹄面，甚至疲癃残疾，目瞽天日不见，乃终岁不挂寸缕、不饱半菽者，所在有之”，使韩应龙“目击而心悲焉”。曾经欲“分俸以赈”，也只能“聊佐一时之急，而小惠未遍，其与几何”？然“已又思之，穴深寻则臂之长有所不及矣，矧河水涸而思泣以益之，不憨甚耶”？不得已，“就目前所见而不忍见者，为风雨饥寒之虑，惟有筑舍以居，买田以养，在今日为创置，于他年为成规”。即使“所及无几”，杯水车薪，也只能尽力而为，“聊以存吾利物之心，其一念焉者而已矣”。在这里，韩应龙详细叙述了欲救助“无告穷民”的心路历程。

韩应龙利用任长芦盐运使的职务之便，在原有的“长芦官基，环起一院，中立正厅三间，为早暮赈穷君子散赈时驻节之座”的基础上，又在“东西北三面，各建栖止贫民之屋八间，共计二十四间，每间安置锅一口、席一领、被一床。榜其门曰：先斯院”。又“复捐俸银四百三十五两，置买生员王廷鉴马里通庄庄房一所，小民灶地二十七顷六十二亩，折算行粮大民地一顷三十六亩四分四厘，大灶地八顷六十七亩六分，在沧州孝二里行粮，虽非沃壤，颇系良田。召募总佃李光辉、李开立、曹尚言三人租种，无论水旱丰歉，每年纳租银一百两整，按期给散贫民；又四十两交纳沧州地亩钱粮”。为保证此举善始善终，韩应龙用心良苦，“取有李光辉等认状在卷，生员王廷鉴卖契附卷。其为地也，析之二百七十三段，每段各有四至，开列在册”。将佃户名字、租种土地数额刻在碑石的背面，希望以此使“一切兼并窃据之弊，或可免矣”。又忧虑“至于种租人户，年远日久，不无奸顽拖欠”，言辞恳切地期待“所望后之君子，毋曰非当务之为急也，一加意焉已耳。存心利物，人人所同，当无俟余言之为谆谆者”。故立此碑，以告诫后人。

从明朝末年的崇祯九年（1636 年）韩应龙创置先斯院、置买田地救助无告穷民，到《沧州志》成书的清乾隆八年（1743 年），整整 107 年，韩应龙“养育孤独历今百有余年。无告者皆食其德”。直到今天，人们还在传颂着韩应龙的善举，马里通庄也因“赡田官庄”（见“创置先斯院赡田碑记”

背面碑文）改名为“官庄”，一直沿用至今。关于改村名的时间，乾隆八年《沧州志》所载康熙十三年《沧州新志全图》中捷地减河南岸有“官庄”而非“马里通庄”，故改名时间应在明崇祯九年（1636 年）设赡田官庄后至清康熙十三年（1674 年）前的二十八年间。

虽然，韩应龙救助的只是少数无告穷民，如他所说“聊以存吾利物之心”，但在战乱频仍的明朝末年，在荒滩碱地贫瘠的沧州，其影响是深远的。作为封建时代的一名官员，能心系民生，身体力行，捐出俸银，救助贫穷，其精神是难能可贵的，对我们今天建设和谐社会也有着深刻的启示。

（特别感谢为本文提供碑文的刘玉煊老先生）

滄州志 卷之六

許天贈 黟縣人進士萬曆十二年任　李肅 河源人進士萬曆十三年任

蔡斗移 蘄水人進士萬曆十七年任　姜奇芳 監利人進士萬曆十九年任

阮尚寶 太和人進士萬曆二十年任　何繼高 山陰人進士萬曆二十二年任

瞿汝稷 常熟人官生萬曆三十四年任　陳啓生 餘姚人恩生萬曆四十年任

張雲翼 山西太平人進士萬曆四十二年任

韓初命 掖縣人舉人萬曆四十七年任　吳從誠 潛江人舉人天啟二年任

孫鳳翔 陽信人進士天啟四年任　楊夔熊 聞喜人舉人崇禎元年任

韓應龍 光化人崇禎十年任恤商惠竈立先斯院捐資置房二十餘間地二十七頃餘養育孤獨歷今百有餘年無告者皆食其德院在城南有碑文詳藝文志

分司

乾隆版《沧州志·盐政·运使》内页

华严寺碑高2.2米，宽0.89米，厚0.26米，是明代崇祯年间重修严华寺时所立。结合相关旧志记载，包括对另一块已失传的华严寺碑的记载，可知华严寺位于今黄骅市区中心，始建于明正统五年（1440），后数次重修，至清代中期废弃，其间不乏高僧主持。亦可知黄骅市区所在地曾名金沙镇，又名韩村，明初“居人落落”，至清末已为“诸镇冠”等历史情况。碑文尚可辨识“长芦利国场盐课司大使”等字样，可资黄骅盐业史研究，所提及沈、贾诸人或为今黄骅相关氏族先人。

华严寺碑

同治版《盐山县志·寺观》记载：

华严寺二：一在县东北韩村镇，明正统五年建；一在县东马村，国朝顺治五年建。观音寺二：一在县北常郭镇，一在县东北羊尔庄。……石佛寺二：一在县东北摩诃村，明洪武六年建；一在县东北贾象镇，万历年间建。……接引寺，在城北寨里庄，国朝顺治七年建。……望海寺，在旧城镇东。……玉皇庙三：一在小南门街西，旧在街东，国朝顺治十四年移建今处；一在城东八里；一在羊尔庄。……碧霞元君祠二：一在百尺杆村前土阜上；一在羊尔庄正东，国朝道光二十年重修。

民国《盐山新志·金石》记载：

韩村华严寺碑文，嘉靖己未孟夏吉日立。碑无撰人，据碑，寺本弘治二年僧人闻深所建，此为僧人法兴重建者。“己未”则嘉靖三十八年也。文颇俚俗，不录。

民国《盐山新志·金石》又记载：

韩村华严寺碑，赐进士出身陕西管通省清军屯盐驿传按察使副使王公弼撰，巡抚西宁道陕西按察司佥事加俸一级邑人杨彤廷篆额，文安郎陕西西安府知盩厔县事邑人杨王休书丹。

碑略云：盐山北七十里有金沙镇，一名韩村，有华严寺。相传，寺初立时，居人落落，非若今巨姓大族人文炳蔚，为诸镇冠也。寺之废，不可悉。最近者，万历四十一年尝更新之。静老沈君建藏经室一所，参军贾公从学主其成，地基则强九思所施也，造像请经，旧有碑记，未几仆废，请重建碑以记之。云云。末云，崇祯十一年岁次戊寅五月吉立。今寺废，碑亦亡。公弼系沧州人。彤廷见文苑。王休后仕至潼关佥事，潼关破，降李自成，为兵部政府。福王定逆案，杨王休与牛金星并列一等。当潼关初破，乡人讹传王休殉节死，邵处士汝德弗之信。前志载。俄闻一绝句为王休作也。时皆议邵之苛，已而果从贼人，始服邵之知人。乡人耻言其姓字，所存者独此迹矣。为附着之。

1945年12月《黄骅县全年工作总结报告》记载：

华岩寺：建造年月无可考，看碑文于万历年重修，村人贾从学主办的，地基是强文思舍的，又有明末一碑，是高湾人杨夕休的撰文，因年代久远，夷为民居，地基尚名大寺（在城关镇内）。……金沙镇：即韩村旧名，在今村迤北二三里许的吴家楼就是，后因兵燹，南移华岩寺四周居住，取以佛为心意思，改名韩村，移在何年，则不可考。据韩村开始迁来四姓（沈范贾赵）推测，或在明初。

• 长芦海丰、严镇盐场

长芦盐区海丰、严镇两场创立于元朝初期，分别位于今黄骅市羊二庄镇和齐家务镇，它们历经元、明、清三朝，延续600余年，见证了黄骅的历史兴衰。由于制盐工艺在明朝后期由煮盐改为晒盐，而且很多区域至今仍然是盐业生产区，致使相关遗址遗迹难以寻觅。不过，相关的史料记载较为丰富，从中可见，相较宋金以前，黄骅盐业在元、明、清三代呈逐渐衰落之势。其主要原因在于运路不畅。一般认为，元代在疏浚南北运河时，造成黄骅境内连通运河的柳河被淤塞，黄骅盐业的水路运销从此受阻，陷入“场灶多，岁有余盐囤积而不能售”的窘境。由此，境内原有的利国、利民、阜民、海阜等盐场逐渐裁废，清中朝后只余海丰、严镇两场。而天津由于水、陆、海运便利，而且近代以来开通了铁路运输，故自清初便逐渐取代有着“长芦”之名的沧州，成为整个长芦场区的中心。海丰、严镇两场也终于在民国7年（1918）被最终裁废。相关研究，对于今天的地域经济建设发展仍然有着深刻启示。

严镇盐场旧址村民捐献的明代石权，
黄骅博物馆藏

海丰盐场旧址出土的清代盐商铁权，
黄骅博物馆藏

《明史·食货志·盐法》记载：

洪武初，诸产盐地次第设官。都转运盐使司六：曰两淮，曰两浙，曰长芦，曰山东，曰福建，曰河东。盐课提举司七：曰广东，曰海北，曰四川，曰云南；云南提举司凡四，曰黑盐井，白盐井，安宁盐井，五井。又陕西灵州盐课司一。……明初，置北平河间盐运司，后改称河间长芦。所辖分司二，曰沧州，曰青州；批验所二，曰长芦，曰小直沽；盐场二十四，各盐课司一。洪武时，岁办大引盐六万三千一百余引。弘治时，改办小引盐十八万八百余引。万历时同。盐行北直隶，河南之彰德、卫辉二府。所输边，宣府、大同、蓟州。上供郊庙百神祭祀、内府羞膳及给百官有司。岁入太仓余盐银十二万两。……（正统）十一年以山东诸盐场隶长芦巡盐御史。……

清嘉庆版《长芦盐法志·营建·衙署》记载：

巡盐御史衙署，旧在京师宣武门外，每岁一巡直隶、河南、山东盐务，仍京师、天津、沧州、山东皆有行馆。……（康熙）七年，御史孟戈尔代以衙署在京，无事退居私室，恐滋弊端。天津为盐务总汇之地，奏请移天津，督催引课为便，其在京衙署交与工部。从之。……

长芦盐运使司衙署，向在沧州新城内西南隅，临南熏门，左倚察院，右接运判衙署。康熙十六年，因商人告运居北所者众，督催引课，道远非便，遂移至天津……

沧州分司衙署，旧在海丰场之羊儿庄，后移驻沧州城内西南隅。……

海丰场大使衙署，在盐山县羊儿庄街东，赁居民房。严镇场大使衙署，在沧州同居镇。向无衙署，赁居民房。乾隆五十三年，大使汪元玠捐费自买民房二十间，重加修葺，共价银三百两，移交后任认银住屋在同居镇东街。……

长芦公所，在运使署街北。旧长芦盐务在沧州，自康熙十三年运使于津城赁居民房，众商因购买公所于此。

嘉庆版《长芦盐法志 · 图识》（科学出版社 2009 年点校本）记载：

海丰场图识

海丰场，在盐山县之羊儿庄，为沧州分司所属，距运司三百六十里，距分司一百二十里。东滨海，接山东海丰县境，故以名场，由刘家庄、姜各庄有运盐车道；南近马古山，有仙人洞；西归并深州海盈场；西北过孟洼至武帝台，接旧裁之富民、阜财两场界。其地有关帝庙、魁星楼、真武庙、大寺。场员公署在羊儿庄。滩自东北刘家庄滨海如带。户籍在山东乐陵、海丰及沧州、庆云等县。归并海盈场，滩荡皆废。

海丰场图

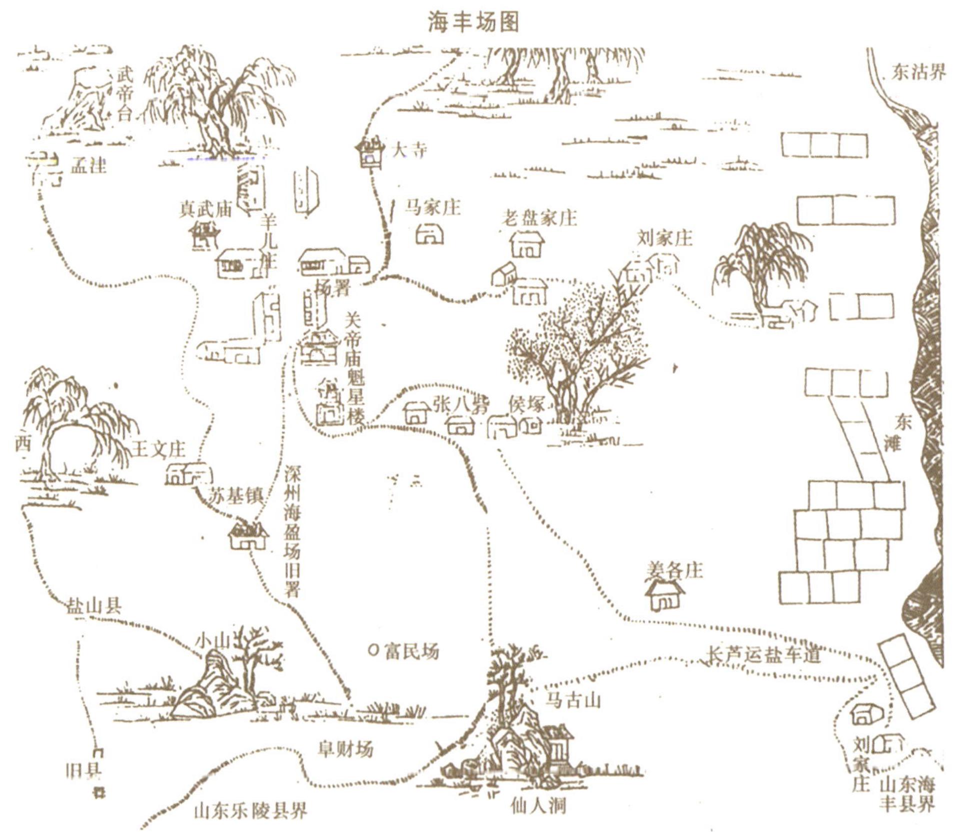

嘉庆版《长芦盐法志·图识》（科学出版社 2009 年点校本）记载：

严镇场图识

严镇场，在沧州同居村，为沧州分司所属，距运司一百二十里，距分司九十里。初隶北场，于明隆庆三年归属南场。场员公署在同居村。东滨海一带皆滩地，西界唐官屯，南抵已裁之利国场旧界，北连兴国、富国两场界。其地有玉皇阁、娘娘庙，由道口至关帝庙有盐坨。户籍在玉田、丰润、沧州、东光等十二州县，延广一百二十里。

严镇场图

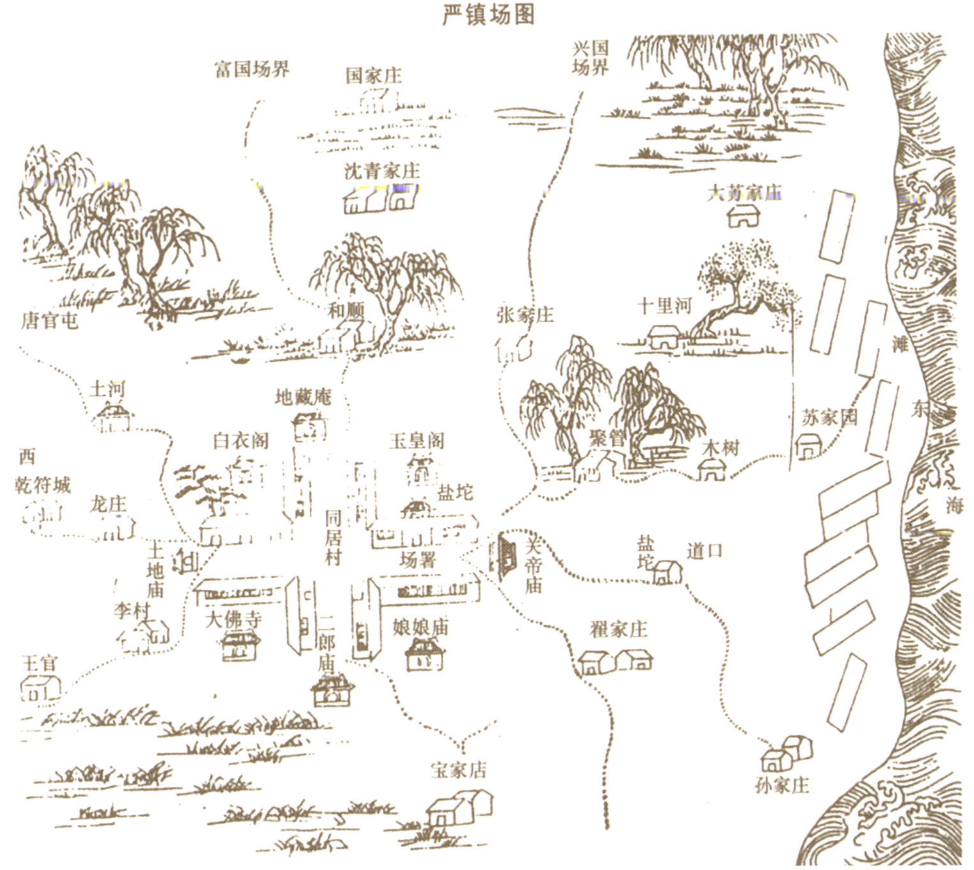

《盐业史研究》2014年第2期刊载杨荣春《明清长芦严镇场考略》:

……

二、严镇场概况

严镇场是长芦盐区规模较大的盐场，元朝至元二年至七年置场。场署位于沧州同居镇，今河北黄骅市同居村。明初，隶属北场青州分司（北司）。明隆庆三年（1569），裁并南场3、北场1，所司不均，遂将严镇场改隶南场沧州分司（南司）。严镇场分布地区在今黄骅市北部沿海，所辖滩地“凡二村曰东港、曰北港，旧有运盐河一道”。有坨地两处：道坨（今河北黄骅市道口庄附近）、同坨（今河北黄骅市同居村附近），所产之盐陆运至坨地储存出售。

清代的严镇场，据《长芦盐法志》记载：“距运司百二十里，分司九十里。东近海，西界唐官屯，南抵利国，北连兴国、富国，广百二十里。户籍在玉田、武清、宝坻、丰润、沧州、南皮、盐山、宁津、交河、青县、静海、东光十二州县，原额灶丁五百十二丁，一百八十六户，共男妇大小六千九百一十八口。坨二，鑊二十有四，滩处场东北七十余里。”关于严镇场大使衙署的情况，据《长芦盐法志》载：“衙署，在沧州同居镇。向无衙署，赁居民房。乾隆五十三年，大使汪元玠捐赀自买民房二十间，重加修葺，共价银三百两，移交后任认银住屋，在同居镇东街。”

三、严镇场生产

自古我国的海盐生产为煎煮，史称“煮沸为盐”。长芦盐区各场自始亦采用“煎煮”方式，煎煮盐的首道工序是控淋制取卤水，即先制卤，后煎盐的两步制盐法。据《长芦盐法志》载：“煎者，灶丁秋日刈荡草以煎盐，而藏其灰。至十一月凿海水藏之，待开春晴暖以后，淋卤汗锅煎之。周十二时为一伏火，成六锅，锅得盐百斤。诘旦出坑灰晒于亭场间，俟盐花浸入灰内，则仍实灰于坑以取卤。其试卤也，投石莲沉而下者淡，浮而横侧者半淡。煎皆耗薪，必浮而立于卤面者乃咸，以此入锅，可顷刻成。将成时投皂荚数片，始凝为盐。”明前期，严镇场也是“煎法”制盐，采用掘井取卤之法。在近海处或地下卤水丰富的地区掘井，待地下卤水集结于井中，吸出用来煎盐。至明朝中期，长芦盐区的海丰场（今河北黄骅市羊二庄镇）和深州海盈场（今河北海兴县苏基镇）易煎为晒，海盐生产由煎制改为滩晒，这是海盐生产技术上的重大变革。晒盐不用锅灶、不需要燃料，成本低、产量高，与其相邻的严镇场也受这一革新成果的影响很大。

清初，长芦盐区开始由南向北推行滩晒，也有仍行煎制者，据《盐法议略》载：“十场产盐，由煎而成者三，为石碑、为济民、为归化；由晒而成者四，为兴国、为富国、为海丰、为严镇；若丰财、越支、芦台三场，旧皆半煎半晒。”至乾隆八年，“南场裁留之严镇、海丰二场，皆滩晒，无锅煎”。由此说明，清初严镇场已经在制盐生产工艺上做了重大的革新，弃煎为晒。这样既节约生产成本，又降低了劳动强度，盐产量也大幅度增加。

在盐产品上，长芦盐区各场因生产工艺不同，所产之盐的形制、味道也有所差异。煎制之盐，其形散，呈末状，称为“末盐”。晒制之盐，其形颗，成颗粒状，称为“盬盐”。“盬（音 gǔ）盐”其味次于“末盐”，“末盐”为上等。清代，严镇场滩晒之盐皆为“盬盐”。

关于严镇场的晒盐生产，据（乾隆八年版）《沧州志》载：“晒盐法，则于近海之区预掘土沟，待海潮漫入，复于沟旁坚筑池九层或七层，自高而低俟潮退，两丁绳系柳兜，挽沟中咸水倾入最高一层池，注满晒之。然后放入第二池，又灌高地使满，逐层放至末池，投石莲试之既咸矣。乃趁晴曝一日，以木杷扒起堆贮如高墉，更以泥封覆其上，待商至而批发之，所谓盬盐。”这是海滩晒制方法。因我国北方冬季寒冷，不利于滩晒，天气、温度、蒸发均影响结晶，故严镇场与采用滩晒方法的长芦盐区其他各场生产季节均在春、秋两季。当然，根据卤源不同，晒制分为海滩、井滩、淋滩晒制三种类型。严镇场在采用上述海滩晒制的同时，还有井滩晒制，有井 216 眼。关于严镇场的井滩晒盐，据《河北省志·盐业志》载：“掘井汲取地下卤水晒盐。井深根据地下卤水的深浅而决定，四五尺到一丈左右不等。井旁修筑晒池，用人力柳斗戽取井水灌入贮水池，依次放入白水圈、结晶池，也有直接放入白水圈或结晶池的，蒸发五六日至十余日结晶成盐。”至清康熙十七年，“长芦南所严镇场井盐、海盐晒滩二百八副”。至此，严镇场的晒盐已初具规模，使其成为继芦台场（晒滩222副半）后，当时长芦盐区的第二大盐场。

• 七女冢

七女冢在旧城南，传为七个女儿为父亲所筑。康熙版《盐山县志》和民国《盐山新志》均有记载，并记明清士人赞颂七女孝行的题咏数首，今虽已无遗迹可寻，犹可想见当时极重孝道的民风。

清康熙版《盐山县志·古迹·坟墓》记载：

七女冢，在旧城南，传有生七女者，死后女为抱土筑坟，因名。

清康熙版《盐山县志·艺文》记载明代杨文卿诗：

七女冢

长堤东望郁苍苍，抱土人亡复几霜。
行路相过空叹息，孤坟野草自斜阳。

清康熙版《盐山县志·艺文》记载明代杨彤庭诗：

七女冢

十里霜飞木叶丹，临风驻马一盘桓。
三家市隐荒村合，七女坟余抔土干。
卧垅牛羊皆趁日，叫天鸿雁欲冲寒。
谁知此地沧桑变，野老相过掩泪看。

民国《盐山新志》记载：

七女冢，在旧城南，云有生七女者，父死，女为抱土筑坟，故名。王忠肃有诗云：哀哉七女筑亲坟，抱土累累不记春。尚想当年同尽孝，行人到此倍伤神。邵汝德《雨霁道经七女冢诗》云：云破荒原旭日升，披榛浥露此盘桓。微茫雨脚痕犹湿，仿佛坟头泪未干。环佩归来乡土异，松楸剥去海天寒。漫言缓急无关女，何限累累不忍看。

- **鱼骨庙**

鱼骨庙，在旧县志中均有记载，大概由鲸的骨架为主体结构建成，位于今黄骅市南排河镇冯家堡村南，今无存，传为抗日战争时期被日本人炸毁。这是反映了黄骅古代渔业发展情况的标志性建筑。黄骅自古有渔盐之利，关于盐业发展的史料颇多，渔业史料极少。《明史 · 食货志》记载，明代专门负责渔业税收的“河泊所”一般只在黄河以南地区设置，黄河以北唯在黄骅地区设置一所。康熙版《盐山县志》还记载了当时河泊所的吏员情况，12 名吏员全部为外地人，亦可见当时渔业税制管理之严。

康熙版《盐山县志 · 古迹》记载：

鱼骨庙，在唐坨铺前，梁为鱼脊，椽为鱼肋，筋络相连，至今如故，不知所始。

同治版《盐山县志 · 古迹》记载：

鱼骨庙，在唐坨铺前，梁为鱼脊，椽为鱼肋，筋络相连，至今如故，不知所始。

民国《盐山新志》记载：

鱼骨庙，在唐坨铺前，前志云不知所始。梁为鱼脊，椽为鱼肋，筋络相连。

聚馆古贡枣园

《明史 · 食货志 · 商税》记载：

河泊所惟大河以南有之，河北止盐山县。凡税课，徵商估物货；抽分，科竹木柴薪；河泊，取鱼课。

康熙版《盐山县志 · 职官志》记载清朝盐山河泊所情况：

国朝……河泊所（俱吏员）刘本源，山东茌平县人；陈鼎，山西稷山县人；王堂，陕西周至县人；燕逊，山西灵石县人；刘禄；王英，陕西人；王金，河南人；田颖，陕西渭南县人；丁柱，山东蓬莱县人；宋文远，山西文水县人；王彦芳，山东寿光县人；武三略，山东东平州人。

- **古贡枣园**

古贡枣园位于黄骅市齐家务乡聚馆村，所产冬枣在明清时期曾作为贡品进献皇帝。现存枣园面积 1000 亩，园内有明清时期护园房屋两座，古寺庙遗址一处，树龄 100 年以上的冬枣树 1067 株，600 年以上 198 株，是我国现存栽培历史最长、面积最大品质最好的古贡枣园。2002 年 6 月聚馆古贡枣园被国家确定为“原产地域保护区”。2006 年 5 月被国务院公布为第六批全国重点文物保护单位。

全国重点文物保护单位
聚馆古贡枣园
中华人民共和国国务院于二零零六年五月二十五日公布
河北省人民政府于二零零六年六月三十日立

乾隆版《沧州志·物产·果属》记载：

枣，早熟者曰灵枣，脆美宜鲜食。小枣后熟，多肉，晒干者可行远。大者曰婆枣。木甚坚。

民国《沧县志·物产·果属》记载：

枣，种类甚多，惟小枣最切民用。

民国《静海县志·土地部·果属》记载：

枣，种类颇多，近年有冬枣，晚熟，实大而脆，甘美异常，津市水果佳品之一。乡人在枣初熟时以酒腌之，名曰“醉枣”，系吾乡之特品。《封禅书》：安期生之枣大如瓜。

《中国文物报》2006年10月13日刊发记者郭桂香《黄骅聚馆古贡枣园保护与利用高层论坛在故宫举行》，全文如下：

本报讯 10月10日，一场别开生面的文物保护与利用论坛在北京紫禁城内举行，这就是由中国文物研究所与河北省委合作主办、沧州市人民政府和黄骅市人民政府承办的全国重点文物保护单位“黄骅聚馆古贡枣园”保护与利用高层论坛。

之所以说它别开生面：首先，论坛的对象是我国第一个植物类国保单位，它是鲜活的；其次，主办方不仅将古贡枣园“搬到”了会场，也带来了它的丰收果实，与会者步入会场前先得“穿过”枝繁叶茂、果实累累的古冬枣树，并可品尝酥脆香甜、皮薄肉厚的“国宝”——黄骅冬枣。

聚馆古贡枣园位于河北省黄骅市齐家务乡聚馆村，南临娘娘河，北至津港分路，素有“千亩贡枣园”之称。经专家鉴定，园内现存百年以上的古冬枣树1067株，其中198株距今已有600多年的历史，是我国现存栽培历史最长、面积最大和品质最好的古贡枣园。园内所产冬枣也以其皮薄、肉嫩、酥脆和味甘的独特品质闻名遐迩，是为明清帝王提供贡枣的枣园。2004年，被河北省政府列为省级文物保护单位；2006年5月，聚馆古贡枣园被国务院批准为全国重点文物保护单位，成为中国冬枣唯一“国保”级品牌，同时也开创了中国文物保护的新门类。

罗哲文、吕济民和张德勤等文物保护、博物馆、经济学和园艺专家从文物保护和生物学等角度对聚馆古贡枣园的价值及其保护与利用作了阐述，认为聚馆古贡枣园作为植物类列入全国重点文物保护单位在过去是没有过的，它说明我国文物保护的内涵在深化，范围在扩大，是对文物保护事业新的发展，是创新；聚馆古贡枣园的形成是人类智慧的结果，包含了人类丰富的创造力和辛勤的劳动，具有历史价值、科学价值和文化艺术价值，是对文化遗产内涵的发展。

与传统意义上的国保单位和一般意义上的文化景观不同，聚馆古贡枣园包含了人类创造的意志，是活的和有生命力的。对活态的文化遗产如何保护，聚馆古贡枣园无疑对文物保护理论和实践也带来了新的课题。专家们建议，聚馆古贡园应严格按照《文物保护法》的规定，做好“四有”工作，尽快建立保护机构；配备专人，对枣园进行周密的管理；划定保护范围，竖立保护标志；建立记录档案；深入研究古枣园的形成和发展历史，为枣园的发展、利用奠定基础。文物的保护和利用是相辅相成的，它的保护和利用要结合起来，要和黄骅社会经济的发展结合起来。聚馆古贡枣园是一个特殊的国保单位，是对固有的和传统文物理念的突破，生命之树常青，理论常常是灰色的，理论只有及时跟上时代的步伐，才能指导实践。专家们希望黄骅人在享受这份珍贵文化遗产的同时，应在它的保护和利用上积极探索，为文物保护理论的发展作出贡献。

• 张宗禹墓

晚清捻军领袖张宗禹墓位于黄骅南大港三分场孔庄子村南。墓呈圆锥形，外部砌筑红机砖，高 2.5 米，直径 5 米，墓前立有一水泥结构墓碑，碑阳镌刻楷书“捻军领袖张宗禹之墓”。1982 年 7 月被河北省人民政府公布为第二批省级文物保护单位。

张宗禹墓

民国《沧县志·轶闻》记载：

清同治七年，西捻张总愚之乱。官书谓，捻窜至茌平境之广平镇，被围于徒骇、黄、运之间，大股歼灭。张总愚携八骑走至徒骇河滨，投水死。然故老或谓，此督师者之饰词也。张酋败后，逃至邑治东北之孔家庄，变姓名为“童子师”，后二十余年病死，即葬于其庄，至今坏土尚存焉。其临殁时告人曰：吾张总愚也！先是，庄人恒见其醉饮时辄持杯微呼曰：杀呀！因怀疑莫释，至是始恍然。

（二）人物事迹

• 李柳西与燕王扫北

民国贾恩绂《盐山新志·人物·文学》记载：

明李柳西，本籍山西洪洞，永乐中迁民实畿辅，柳西迁于盐山，居杨二庄东之洼湾头。以东邻汉之柳县，自号柳西，原名竟佚。当靖难兵往来河间以东，沧盐民忠义奋发御之境上。燕王怒，赤其地。柳西至盐，青磷白骨，震怵心目，遍访土人，得其遗事，私著《义民录》一书。恐遭刑禁，藏之子女，遗嘱永不得示人。燕王屠戮义民事，当时以为深讳，稗官野史无敢志者，惟此书是以补正史之缺。而柳西子女泥于祖训，明鼎革犹不敢出，竟至散失，论者惜之。柳西学问优长，来盐时访求九河故道，足历目验，著《九河辨》一书。于“夹右碣石”“逆河”独具心得，论创诂确，有裨经训。其略曰：盐山即马谷，马谷即碣石，未尝沦于海者，盖禹贡皆以山川表识疆域，无以舟车表识者，禹施功皆由冀始，由冀而东，河南为右，由北而南，海西为右，经明云“夹右碣石”，则碣石必在河海两右相夹之地，可知今盐山在海之西岸，与大河之南岸，与经文“夹右”之说吻合，其证一。山之特立者曰碣，由直北至山东南北相去几千里，当九河下游者，惟盐山适在其间，绝无仅有，与碣石名义相合，其证二。汉宋诸儒多言海水西溢，碣石九河胥沦于海者五百余里，今海岸左近柳县二城皆秦汉遗址，海之未尝西溢也甚明，其证三。汉儒以碣石求之永平，抑思骊城县之碣石在大山之下，舍大而识小，已不近情，而又无河道可以附会，今盐山通顶皆石，一峰特立，又为平原特出之山，近在鬲津之南，北距大河亦不过五十里，其证四。至"逆河"，非九河并为一河，亦非海潮上逆之谓，盖九河在交河以上则播为九，交河以下则百道千歧不得限以九河之目，水大则汪洋巨浸南北二百余里，皆逆河公境，皆可名以"逆河"。水小则南北二流，南为鬲津，北为徒骇是也。盖碣石属之盐山，柳西实发其端。而阳信刘世伟、清初顾炎武皆尝主持是说，而不知柳西实为椎轮之始。其考订盐山疆域沿革用力亦勤，又著《谈玄》一书，于风云雷雨诸说多合于西人地文之学，出自明初儒者，尤为创获。时盐场南所犹未大衰，柳西因业盐，为盐户，遂著《杨二镬志》，于当时盐场源流建置载之亦详。惟子孙颇世儒业，于所著诸书代有羼益，不可离析，反累本真云。

民国贾恩绂《盐山新志·金石》记载：

来钟寺在羊尔庄，今久圯，钟亦无存，此据李柳西自记原稿。柳西，山西洪洞人。永乐时迁民实畿辅，柳西迁于盐，驻污湾头。时盐场就荒，有司以柳西充海丰场第一镬长。初来水土不适，染疴月余，无医，自检《素问内经》，因自处方剂，病良已。柳西以为更生，发愿建寺，奉黄帝，左右奉十代名医。铸钟一悬，连纽高五尺，口径三尺五寸。居中纬线三行界，作上下二层，四周经线三行界。上下各作八格，上八格仿汉尚方篆，作"寂然不动，感而遂通"八字。下八格仿钟鼎篆，每格十一行，行十字，叙其迁徙业盐愈病之由。末作铭词。

民国贾恩绂《盐山新志·故事略·兵事》记载：

元定都燕京，盐山近在畿甸，故久不被兵。元亡，明徇下畿南，以常遇春出西路，徐达出东路。盐山，达所徇也。当时，兵过辄下，无兵燹之灾。而惨剧最烈者，反以靖难之祸为仅见。当燕王棣之南犯也，其见诸史籍者，惟沧州之役及移营庆云之汊河，为在此境，余皆取道河间以西保定、真定一路。其实，燕军之战德州、攻济南，纵横出没，惟天津以南、济南以北被祸为最酷。建文以盛庸驻德州，吴杰、平安守定州，徐凯、陶铭筑沧州，互相犄角以窥燕。燕王以德、定二州皆城坚守备难猝下，独沧州土城溃圮日久，天寒雪冻筑之不易，乘其未备急趋攻之，此土崩之势也。乃下令扬言征辽。徐凯谍知，果不为备，遣兵四出伐木，昼夜筑城。燕兵抵天津直沽，忽令军士沿河而南。军士曰："征东，何南也？"王曰："望气利用南耳。"乃诏诸将曰："沧州所备者惟青县、长芦，其东道硅垛、灶坡等处无水，彼必不为备，可径至城下也。"一昼夜疾行二百余里，遇侦骑尽杀之，比晓至沧州。凯方运土筑城，至城下方觉，亟命守堞。众股栗不能甲。燕兵四面攻之，张玉帅壮士由城东北隅肉薄而登，遂拔其城，生擒凯等。余众悉降，燕将谭渊尽坑杀之。沧城由是破废，后乃移治长芦沧城，距盐山今治仅五十里。其时，沧盐居民争起义，以抗燕军。燕军恨之，遂赤其地，畿南兵祸之惨遂为亘古所仅见！燕王立，永乐二年始迁民以实之，迄今土人率云"燕王扫北，此邦之民为化字军吞噬无遗"。当日燕军过此者，盖以"化字"为号。燕王即位，屠戮忠节之士，凡畿南抗拒起义及燕军虔刘一空，均厉讳之。山西李柳西者，永乐时始迁盐山者也，初至时，白骨青燐，怵惊心目，乃搜访遗事，辑为《义民录》一书，以文禁方严，遗教子孙永不得示人以贾祸。其家传至清代，犹守其训不敢出，卒致散亡。惜哉！惜哉！既无以补正史之缺，而燕南诸郡县所在抗节受屠夷之祸者，亦不止盐山为然，此书不存，坐使前朝义烈与燕王残暴均付湮没，固不仅李氏之不幸已。自燕军屠民之后，民获安堵，不见兵革者数世。

民国贾恩绂《定县志·志余·兵事篇》记载：

至燕兵之屠戮燕南，赤地千里，燕王厉讳之，不见史册一字。其实，燕赵之民虽在起义抗拒，燕兵所至屠戮无遗，观定州及各县氏族多永乐迁徙而来，土著绝少，即知当日残杀已空，不能不迁民以实之，其视战争蹂躏之害为尤烈也。《盐山志》载，明初有李柳西者，山西洪洞人，永乐初迁盐山，值靖难兵过后，畿南几无孑遗，盖燕军过境，民起义抗拒，遂赤其地。柳西访求遗事，作《义民录》，以国禁严，戒子孙不得问世，故其书不传。

民国《沧县志·方言》记载：

永乐二年的。讥物之老旧也。明成祖靖难之师数次南下，而沧盐一带人民死亡逃散殆尽，故至今有"燕王扫北"一语。今之居斯土者，概于永乐二年由他方迁而来者，考世家大族之家乘，其永乐以前之家寥寥若晨星焉。是以潮物之老旧，亦以永乐二年为止。

民国《青县志·故事·兵事》记载：

惠帝建文元年，燕王靖难兵起，河北人民逃散几无孑遗。建文二年，徐凯屯沧州备燕。燕王诏诸将曰："沧州所备者，惟青县、长芦，其东道砖垛、灶坡等处无水，彼必不为备，可径至城下也。"果拔其城，生擒凯等，余众悉降。见《明史》。畿南之民多起义抗燕军者，燕军恨之，遂赤其地。至今犹呼"燕王扫北"云。邑之土著问无元人，率以永乐二年迁此。邦之人士为燕兵所屠戮，死无遗类，可想而知矣。

民国十八年傅振伦《新河县志·传闻》记载：

当明燕王南伐之北返也，兵士所过遍受骚扰，俗谓之"燕王扫北"。

明永乐间，畿辅花子菌流行，菌可于灯火中入人鼻为患致命，故人民夜不燃灯，以防之。其后人民死亡殆尽，土地荒芜，始以山西洪洞县老鹳窝人民迁移于此。据云，山西人均令迁移，惟留长子、长媳承祀而已。故今本地居民皆称来自老鹳窝。

《明史·五行志》记载：

疾疫。永乐六年正月，江西建昌、抚州，福建建宁、邵武自去年至是月，疫死者七万八千四百余人。八年，登州宁海诸州县自正月至六月，疫死者六千余人。邵武比岁大疫，至是年冬，死绝者万二千户。九年七月，河南、陕西疫。十一年六月，湖州三县疫。七月，宁波五县疫。正统九年冬，绍兴、宁波、台州瘟疫大作，及明年，死者三万余人。景泰四年冬，建昌、武昌、汉阳疫。六年四月，西安、平凉疫。七年五月，桂林疫死者二万余人。天顺五年四月，陕西疫。成化十一年八月，福建大疫，延及江西，死者无算。正德元年六月，湖广平溪、清凉、镇远、偏桥四卫大疫，死者甚众。靖州诸处自七月至十二月大疫，建宁、邵武自八月始亦大疫。十二年十月，泉州大疫。嘉靖元年二月，陕西大疫。二年七月，南京大疫，军民死者甚众。四年九月，山东疫死者四千一百二十八人。三十三年四月，都城内外大疫。四十四年正月，京师饥且疫。万历十年四月，京师疫。十五年五月，又疫。十六年五月，山东、陕西、山西、浙江俱大旱疫。崇祯十六年，京师大疫，自二月至九月止。明年春，北畿、山东疫。

《寻根》2008年4月刊载赵春万《"燕王扫北"之我见》：

燕王扫北究竟是怎么回事？笔者认为，这是靖难之役中朱棣为解决兵源、财源问题而进行的大规模强制性移民活动，也即是将拉锯战中的冀鲁民众迁移到他的根据地北平一带。

为了说明问题，需了解一下明初的兵制、屯田及移民情况。

明初兵制主要实行卫所制度。大体上1120人为一千户所，112人为百户所，5600人为卫。兵与官皆附卫为籍，世世不改。附籍之后，受地执业，有室家，长子孙一家之内为军及官者一人，其余人丁，官之子弟为舍人，兵之子弟为余丁，既为出缺时充补，又为正兵及官调发时或操练时执耕稼之事。卫所制度，实际上就是兵农合一的制度。一个百户所或一个千户所，既是一个军事战斗单位，又是一个农业生产单位，明初的兵可以说无军不屯，这和当时盛行的民屯结合起来，构成了明初的屯田制度。朱元璋自我赞赏这种制度说：我养百万兵，不费百姓一粒米。而这种军屯、民屯，在明洪武年间又是和大规模的移民情形结合起来的（但这时移民主要是向边远地区或京师移民）。

朱棣发动靖难之役的前三年，战争主要发生在冀鲁及山西部分地区，而且战争呈现拉锯战状态。有史书讲：朱棣“常乘胜逐北，亦屡濒于危，所克城堞，兵去旋复为朝廷守，三出三返，所据仅北平、保定、永平三郡而已”（孟森著：《明清史讲义》，中华书局1981年版）。为了支持战争，燕王不得不把搜括兵源、财源的范围扩大到兵力所及的地方，于是就把成批的老百姓驱赶到北平一带实行军屯或民屯，以确保兵源和财源补充。这种竭泽而渔的做法较之南军的坚壁清野更绝，而这种移民又是朱元璋时开始的移民活动的继续，和既定的军屯、民屯制度相结合，成为必要而又行得通的办法。

有史料可以证明以上看法：靖难之役刚起，为了扫除后方之忧，燕王率众北趋大宁：“以计入其城，居七日，挟宁王权，拔大宁之众及朵颜三卫卒俱南。”（《明史·成祖一》）战争刚开始，燕王就采取了将大宁民众迁徙到北平附近的做法。

“（建文二年七月癸未）上（朱棣）遗书喻世子曰：‘谍报敌将平安领兵十余万……将合势攻德州，今德州尚余粮十万，但虑寡不敌众，且山东新附义勇军今皆挈家归北，不绝于道，亦虑为敌所邀……汝即令高燧将万余人南出，初营于彰义门，明日移营于卢沟河西，又明日营良乡，如将与我军合势者，使敌闻之，必狐疑不敢轻进。四五日后……则我之粮舟及新军皆过直沽矣。’”（《太宗实录》）这里说的是燕王朱棣用疑兵计接应德州北运的粮草及归北的民众。从“山东新附义勇军今皆挈家归北，不绝于道”看，大批鲁北民众被驱赶到燕王的根据地北平附近，从而造成鲁北一带民众稀少，后来不得不移民到这一带。

燕王扫北的上述解释符合“扫”的历史用法，如《汉书·英布传》：“大王宜埽淮南之众，日夜会战彭城下。”颜师古注：“埽者，谓尽举之如埽地之为”，埽同扫。同理，“扫北”就是“尽举民众北去”。

《沧州师范专科学校学报》2007 年 3 月刊载于秀萍、童广俊的《明初沧州移民的到来及移民聚落的形成》：

元末明初的战乱使直隶沧州人口锐减，为弥补人口损失，明洪武、永乐年间分别组织了向该地的移民，这一情况在沧州各县志中多有记载，“经过元末农民战争和明初‘靖难之乱’，河北居民稀少，田园荒芜，自洪武四年（1371 年）开始，从外地 30 县向河间移民，永乐间又多次从山西等地移民至河间等地”。经考证明初沧州移民的来源主要有山西、塞外小兴州、山东即墨、江苏南京、安徽凤阳，以及浙江、湖南的一些地方。随着移民的到来，移民聚落形成，封建秩序在明初的沧州重新建立。

……

明初沧州移民的最主要来源就是山西移民，“从洪武四年（1371 年）到永乐十四年（1416 年），由山西向河北移民 9 次，在任丘建村 57 个”。《肃宁县志》也记：明洪武至永乐年间移民建村达 157 个，占全县 227 个自然村的 70%，其中，从山西洪洞县移民立庄 141 个，洪武年间立 2 个村，建文年间立 1 村，永乐初年立 138 个村。盐山县现有的 412 个自然村中，有 314 个村是永乐初（1404 年）移民所建，占总数的 76%，其中有 139 个村系山西洪洞大槐树移民所立。献县现有的 500 个村庄中，由山西迁来的 290 个，其他方志也都有类似记载。所以“在中国移民史上辐射范围最广、影响最大的一个移民发源地，大概要算山西洪洞大槐树了”，致使现今仍有许多人熟悉这样一句话：问我祖先来何处，山西洪洞大槐树；问我故乡叫什么，大槐树下老鸹窝。这是一种集体记忆的流传。

……

据《明太宗实录》卷34、卷46记山西迁民实来自太原、平阳、泽、潞、辽、沁、汾二府五州，大槐树下广济寺是类似今天“移民局”样的颁发移民证件、路费的地方。

……

统观收集到的乡土资料，发现今沧州一带人民，多系永乐二年（1404年）前后迁此占产立庄的。对此流传下来的沧州志书多有记载，民国五年《交河县志》记：“成祖永乐二年迁大姓实畿辅，邑内居民多由外省迁至，土著甚少，诏开闲田，永不起科。”民国二十二年的《沧县志》也载：“成祖永乐二年，迁大姓实畿辅，沧州居民土著甚少，大抵皆外省迁至者。”“明永乐二年（1404年）诏迁民以实畿辅，江苏、山西、山东、河南、滦州之民相继来境内占地立村。”“明永乐初，朝廷三次诏迁山西、山东、江苏等地之民实畿辅，南皮人多数于永乐二年前后迁此占产立村。”“盐山县居民姓氏多在明永乐初（1404—1407年）从山东、山西、河南、江苏及河北东北部移民而来。”“明永乐二年前后，福建、广东、湖南、山东、河南、湖北等地移民来县定居。”沧州故老相传，明清时有“戴刘吕王、于迟孙庞”八大望族，多为明初迁来，他们共同支撑起沧州的人文大厦，其中“刘姓”有三家之说，即“刘辛庄刘”（始祖母扶遗孤讳兴于永乐二年同始叔祖讳海从驾北迁——刘辛庄光绪九年《刘氏族谱》）、“集北头刘”（义公于永乐二年自山东迁居沧州——《沧州刘氏家谱》）、“城里回回刘”（永乐二年由南京应天府二郎岗迁来——《河北省志》1995年），都为永乐二年迁沧。

李柳西，明朝初年由山西洪洞迁至今黄骅市羊二庄镇，著《义民录》《谈玄》《九河辨》《杨二镬志》等书。其中《义民录》记载了明初燕王朱棣“靖难之役”期间，黄骅当地人民忠君报国奋起抵抗燕军南下的义举，由此也造成了“燕王扫北，此邦之民为化字军吞噬无遗”，近乎人烟绝迹的悲惨局面。所谓“化字军”，一说为当时燕军某番号，一说为某种瘟疫“花子菌”的谐音。笔者赞同后者，所谓“大军之后，必有凶年”，战争越惨烈，死伤越重，暴发瘟疫的可能性就越大。《明史·五行志·疾疫》记载了明朝大量瘟疫流行情况，死者动辄数万，靖难之役后随即在沧、盐等地暴发瘟疫，可能因还在战争动荡期，史官未记。而“燕王扫北”，很可能是指朱棣迁南方民众北上之意。总之，明朝初期的黄骅市域曾经历浩劫，在此世代繁衍的人民死散殆尽。而今天生活在这方土地上的人民，其先祖多为此后由各地迁来。

• 明朝名臣王翱

《明史 · 王翱传》记载：

王翱，字九皋，盐山人。永乐十三年，初会试贡士于行在。帝时欲定都北京，思得北士用之。翱两试皆上第，大喜，特召赐食。改庶吉士，授大理寺左寺正，左迁行人。

宣德元年，以杨士奇荐，擢御史，时官吏有罪，不问重轻，许运砖还职。翱请犯赃吏但许赎罪，不得复官，以惩贪黩。帝从之。五年巡按四川。松潘蛮窃发，都督陈怀驻成都，相去八百余里，不能制。翱上便宜五事：请移怀松藩；而松茂军粮于农隙齐力起运，护以官军，毋专累百姓，致被劫掠。吏不给由为民蠹，令自首毋隐；州县土司遍设社学，会川银场岁运米

八千余石给军，往返劳费，请令有罪者纳粟自赎。诏所司议详运粮事，而迁蠹吏北京，余悉允行。

英宗即位，廷议遣文武大臣出镇守。擢翱右佥都御史，偕都督武兴镇江西，惩贪抑奸，吏民畏爱。正统二年召还院。四年，处州贼流劫广信，命翱往捕，尽俘以还。是年冬，松潘都指挥赵谅诱执国师商巴，掠其财，与同官赵得诬以叛。其弟小商巴怒，聚众剽掠。命翱及都督李安军二万征之。而巡按御史白其枉，诏审机进止。翱至，出商巴于狱，遣人招其弟，抚定余党，而劾诛谅，戍得，复商巴国师。松潘遂平。六年代陈镒镇陕西，军民之借粮不能偿者，核免之。

七年冬，提督辽东军务。翱以军令久驰，寇至，将士不力战，因诸将庭谒，责以失律罪，命左右曳出斩之。皆惶恐叩头，愿效死赎。翱乃躬行边，起山海关抵开原，缮城垣，浚沟堑。五里为堡，十里为屯，使烽燧相接。练将士，室鳏寡。军民大悦。又以边塞孤远，军饷匮，缘俗立法，令有罪得收赎。十余年间，得谷及牛羊数十万，边用以饶。

八年以九载满，进右副都御史。指挥孙璟鞭杀戍卒，其妻女哭之亦死。他卒诉璟杀一家三人。翱曰："卒死法，妻死夫，女死父，非杀也。"命璟偿其家葬埋费，璟感激。后参将辽东，追敌三百里，事李秉为名将。

十二年与总兵曹义等出塞，击兀良哈，擒斩百余人，获畜产四千六百，进右都御史。十四年，诸将破敌广平山，进左。脱脱不花大举犯广宁，翱方阅兵，寇猝至，众溃。翱入城自保。或谓城不可守，翱手剑曰："敢言弃城者斩。"寇退，坐停俸半载。

景泰三年，召还掌院事。易储，加太子太保。浔、梧瑶乱，总兵董兴、武毅推委不任事，于谦请以翁信、陈旺易之，而特遣一大臣督军务，乃以命翱。两广有总督自翱始。翱至镇，将吏詟服，推诚抚谕，瑶人向化，部内无事。明年召入为吏部尚书。初，何文渊协王直掌铨，多私，为言官攻去。翱代，一循成宪。

天顺改元，直致仕，翱始专部事。石亨欲去翱，翱乞休。已得请，李贤力争乃留。及贤为亨所逐，亦以翱言留，两人相得欢甚。帝每用人必咨贤，贤以推翱，以是翱得行其志。

帝眷翱厚，时召对便殿，称“先生”不名。而翱年几八十，多忘，尝令郎谈伦随入。帝问故，翱顿首曰：“臣老矣，所聆圣谕，恐遗误，令此郎代识之，其人诚谨可信也。”帝喜。吏部主事曹恂已迁江西参议，遇疾还。翱以闻，命以主事回籍。恂怒，伺翱入朝，捽翱胸，掴其面，大声诟詈。事闻，下诏狱。翱具言恂实病，得斥归，时服其量。

五年加太子少保。成化元年进太子太保，雨雪免朝参。屡疏乞归，辄慰留，数遣医视疾。三年，疾甚，乃许致仕。未出都卒，年八十有四。赠太保，谥忠肃。

翱在铨部，谢绝请谒，公余恒宿直庐，非岁时朔望谒先祠，未尝归私第。每引选，或值召对，侍郎代选。归虽暮，必至署阅所选，惟恐有不当也。论荐不使人知，曰：“吏部岂快恩怨地耶。”自奉俭素。景帝知其贫，为治第盐山。孙以荫入太学，不使应举，曰：“勿妨寒士路。”婿贾杰官近畿，翱夫人数迎女，杰恚曰：“若翁典铨，移我官京师，反手尔。何往来不惮烦也！”夫人闻之，乘间请翱。翱怒，推案，击夫人伤面。杰卒不得调。其自辽东还朝也，中官同事者重翱，赆明珠数颗，翱固辞。其人曰：“此先朝赐也，公得毋以赃却我乎。”不得已，纳而藏焉。中官死，召其从子还之。为都御史时，夫人为娶一妾，逾半岁语翱。翱怒曰：“汝何破我家法！”即日具金币返之。妾终不嫁，曰：“岂有大臣妾嫁他人者？”翱卒，妾往奔丧，其子养之终身。李贤尝语人曰：“皋陶言九德，王公有其五：乱而敬，扰而毅，简而廉，刚而塞，强而义也。”然性颇执。尝有诏举贤良方正、经明行修及山林隐逸士。至者率下部试，翱黜落，百不取一二。性不喜南士。英宗尝言：“北人文雅不及南人，顾质直雄伟，缓急当得力。”翱由是益多引北人。晚年徇中官郭聪嘱，为都御史李秉所劾，翱自引伏，盖不无小损云。子孙世官锦衣千户。

《明史 · 卷一百七十七》记载：

天顺、成化间，六部最称得人。王翱等正直刚方，皆所谓名德老成人也。观翱与李秉、年富之任封疆，王竑之击奸党、活饥民，王复之筹边备，姚夔之典秩宗，林聪、叶盛之居言路，所表见，皆自卓卓。其声实茂著，系朝野重望，有以哉。

明朝张萱《西园闻见录·正大》记载：

王公翱，字九皋，盐山人，永乐乙未进士二甲第一，改庶吉士，原官吏部尚书，以忠清为英皇所任信。成化二年，上诏营其第于盐山，有司承媚于外，多列屋若干，公悉拆去之，曰：非诏旨也。每退朝，于公卿前孑然独立，不与人言。时马昂为兵部尚书，崔公为兵部侍郎，公直以名呼之。公在吏部，门无请托。太平侯时与上蹴戏，自意可以开请，会朝退，从后徐呼公。公问：为谁？侯以名自通，即以事启。公不顾，厉声曰：不谙事！侯惶恐而退。仲孙以荫入监，应秋试，以有司印卷白公。公曰：汝才尚可登第，吾岂忍蔽之。顾汝学尚未成，万一误中选，则防一寒士矣。且汝已有阶可得仕，何必强所不能，以幸冀非分耶！裂卷火之。公之夫人为其从子请官，举觞跪进。公大怒，起手击夫人于地，即出，仅使人慰之，事卒不行。公一女嫁为畿辅某官妻，公夫人甚爱女，每迎女。婿固不遣，恚而语女曰：而翁长铨，迁我京职，则汝朝夕侍母。且迁我如振落叶耳，故吝者何？！女寄言于母。夫人一夕置酒跪白公。公复大怒，取案上器击夫人，出驾而宿于朝房，数旬乃还第。婿竟不调。公余退宿朝房，非朔望月令谒先祠，未尝归家。门无私谒，苞苴不敢近。权势嘱托婉而拒之，忘情恩仇，尝曰：吏部岂报恩仇地耶！以疾致仕，卒年八十四，谥忠肃。

康熙版《盐山县志·艺文·碑铭》记载：

太保吏部尚书谥忠肃王公翱神道碑

彭时大学士

公讳翱，字九皋，姓王氏，其先世家滦州。自公之父避元季兵乱，徙居沧州之盐山，故今为盐山人。生有异征，气清质秀，甫十岁能读书，父即勉以仕进，克自勤励，学遂有成。

永乐乙未，登陈循榜进士第二甲第一名，改庶吉士。

甲辰，授大理寺左寺正，因诖误，左迁行人。

宣德丙午，因庐陵杨文贞荐，升行在山东道监察御史。当是时，任风纪者多事矫激，惟公谨重达大体，上下贤之。

乙卯，升都察院右佥都御史。

正统丙辰，奉敕镇守江西，政不苛刻，吏民畏爱。未几，往浙江，除土豪，理盐法，能声大著。

己未，四川松潘番贼为乱，命将往征，以公赞军务。公欲怀以恩信，有来降者，即以所赐白金宝楮，易牛酒犒之，番首商巴感悦，率土番来归，受约束者一十八寨，边境以宁。

辛酉，出镇陕西，饬兵备。

壬戌，往辽东提督军务。时辽东守将累失机，朝廷以为忧，特简任公，且授以便宜之权。公至，治障塞，严斥，仍简阅戍卒更老弱，赈贫穷，配鳏寡，俾咸室家，人人感激。其治诉讼，专行赎罪法，虽人命亦然，曰偿命无益死者之家，而财或足以济其用，故行之不疑。有指挥孙璟者，因漏关鞭戍卒至死，其妻女哭之，相继死，他卒被鞭者诉璟杀一家三人。公判曰："甲死以罪，妻女死于夫父，非杀也。"其令璟偿葬埋费。璟后为将，有名，非公优容不及此。

癸亥，升左副都御史。

丁卯，率师出境，破虏有功，升右都御史。

己巳，升左都御史。是年秋，虏酋也先分寇广宁，公下令坚壁清野以困之，贼乃遁去。公在辽东十数年，勤训练，广储蓄，食足兵强，为诸边最。其拔用将校如施聚、焦礼辈，皆以勇略知名。

景泰壬申，召理都察院事，寻加太子太保。会广东、西贼寇扰攘两镇将官互相观望不即捕。朝廷命公总督两广军务。公至，推诚谕，诸蛮向化者多。思恩知府岑瑛，土官也，屡有劳效，或疑其反侧。公令瑛领兵屯桂林听调，人言乃息。其他土官，有争战者，公度势量情，予夺得宜，人心帖服。

癸酉，少傅王文端公以清德雅望居吏部，年且老矣。朝廷思得刚明果断以济之，乃召公还，命以太子太保兼吏部尚书，士大夫以得人相庆。

乙亥，公年逾七十，乞致仕，不允。已而乞归展省，又不允命有司为公起第县郭西，盖以慰安其心也。公掌铨，孑孑持公道进退人才，必察其实，而于抑幸进、杜请托尤严，选法为之一清。天顺丁丑，英宗复位，罢旧宫保。公上疏乞致仕。南阳李文达公言于上曰："王翱廉谨老成，吏部非此人不可。"乃不听其去，任用益笃。已而文达被谗黜，公力言其淳实可用，以故文达复被宠任焉。当是时，上眷遇公加隆，特官其子国子生为锦衣卫副千户，而赏赉以金帛束带、锦绣衣服、银币玩器等物，岁无虚月，屡召与近臣同游西苑南城，及扈从猎近郊，燕赐优渥。一时擢用廷臣，惟公言是听，有出他人荐者，亦必待公而决也。每召见便殿，访问从容呼以"老王"而不名，其见敬礼如此。

辛巳，加太子太保。

甲申，上嗣位，赐银五十两、钞五千缗。是冬，命遇雨雪免朝，乙酉春，复加太子太保。公年虽高，精力如少壮人，然无岁不引年致仕，皆蒙优诏褒答勉留不果行。

丁亥，公有疾。上召中贵挟御医往视，并致白粲上尊之赐。七月疾益笃，其请益恳切。上不得已，允之。居数日，遣中贵赍赐救谕并金织衣一袭、银三十两、钞三千缗，时已不能就道。至十一月初六日，卒于京邸，距其生洪武甲子二月十二日，享年八十有四。

上闻讣，嗟悼。赠特进光禄大夫太保，谥忠肃。遣官谕祭坟，给驿送还其乡，以卒之明年五月初二日，葬于帽架圈之原。

曾祖进昌，祖大老，父得林，俱赠光禄大夫、太子太保、吏部尚书，曾祖妣徐，祖妣刘，妣张，俱夫人。

配宋氏，先公二十三年卒，累赠夫人，次张氏，亦先卒。子男一，即泞，女一，适河南参政贾杰。孙男二，长田，次，国子生。女二曾孙男女二。

公天资仁厚，操履端方，居官莅政，谨绳墨，蹈规矩，一毫不苟。且其待人，外若毅而中实宽和。好恶所加，善者悦而恶者怨。论事语简而质，是是非非，确乎其不可易。持己廉洁无私，而自奉甚俭薄，自初仕勤劳于外，与晚处庙堂皆然，未尝以壮年易其心，盖年愈高而志愈勤，守愈约，忠君爱国之诚愈笃而弗懈，真厚德君子也。迹其所以享盛福荣名，无愧于古之大臣者，其在此欤？

大宗伯姚公状公行，详且实矣。公子欲刻石置于神道，请余文之。余素敬重公，苟可以焯德信后，义奚容辞，惜乎文不足以概其实也。铭曰：

有美王氏，世居于滦。积善秉义，隐处是安。迁移盐山，遂定厥家。再传而显，揭德振华。其振伊何，自公特起。降诞之祥，虹光兆异。乃励儒业，乃第科名。臻历显位，骏望铿。公出四方，宪度清肃。弊革利兴，兵民攸服。其在中朝，恪秉铨衡。贤才汇进，治道乃成。公何能然，惟德之进。惟公惟廉，惟明惟慎。公以接物，绳直准平。廉以律己，玉洁冰清。勤以莅事，夜寐夙兴。慎以存心，晨惕夕兢。祗事五朝，始终如一。为国元老，为士矜式。官跻一品，寿逾八旬。推古较今，如公几人。公今往矣，谁不嗟悼。匪私于公，惟德是好。渤海故郡，高坟峨峨。於戏忠肃，千载不磨。

明朝鲍应鳌《名臣谥考·忠肃》记载：

王翱，吏部尚书，赠太保，成化年谥。推贤尽忠、正己摄下。北直隶盐山县人。

明朝焦竑《玉堂丛语·宠遇》记载：

王翱被赏赉金玉束带锦绣衣服银币玩器等物，岁无虚月。屡召与近臣同游西苑南城，及扈从猎近郊，燕赐优渥。一时擢用廷臣，惟公言是听。有出他人荐者，亦必待公而决。每召见便殿访问，从容呼以“老王”，而不名。其见敬礼如此。

《明史·李贤传》记载：

时劝帝延见大臣，有所荐，必先与吏、兵二部论定之。及入对，帝访文臣，请问王翱；武臣，请问马昂。两人相左右，故言无不行，而人不病其专，惟群小与为难。曹钦之反也，击贤东朝房，执将杀之，逼草奏释己罪。赖王翱救，乃免。

清康熙版《大兴县志》记载：

王翱，字九皋，盐山人，后迁居京师，刻苦读书，永乐十三年进士，改庶吉士，历升佥都御史，西移抚四川，靖商巴之乱，专布恩信，遂定。统七年，辽东兵变，敕翱提督，遂留抚之，斩将事之不用命者，乃出行边。自山海直抵开原，斥堠千里，边储充足，由塞破敌，累立战功。景泰三年召还，加太子太保。会两广有蛮寇，用尚书于谦荐命，总督两广军务。明年蛮平，召为吏部尚书。严考察，公铨匠，抑奔竞，铨政肃然。所引用耿九畴轩輗年富、李秉、程信等，一时称得人。英宗复辟，宰臣李贤坐事外黜，翱力言其才，得留内阁。上进退大臣，时时召见，呼“老王”而不名。成化元年，加太子太保。三年予告致仕，卒年八十四。赠太保，谥忠肃。翱端方强毅，清白俭约。诏营第于盐山，有司承风多所构造。翱曰非诏旨也，悉撤去。为蒙宰明于知人，进贤唯恐不及。虽古名臣何以加焉？！

清康熙版《滦志补·列传一》记载：

王翱，字九皋，黄家疃社人。公自作墓碑云：吾祖葬滦十世，吾生五岁，值元季乱，父徙沧之盐山，登永乐乙未科进士。

清康熙版《盐山县志·坟墓》记载：

太保坟，在帽架圈，忠肃王公墓也，明成化二年敕建。

王翱（1384—1467），字九皋，一生辅佐明朝六帝，曾为首任两广总督，官至吏部尚书，刚明廉直，死后获赠太保，谥号忠肃。他祖籍滦南，父亲王得林为避元末战乱，举家迁至盐山落籍，住在当时县城即今黄骅旧城镇所在地。关于他的廉明事迹，除了《明史》等史料记载之外，还有一个民间广为流传的故事，明朝皇帝恩赐他“跑马圈地”，骑马跑一天，能圈多少地就封他多少地，而他不贪，只在今黄骅羊三木跑马圈了方圆不过百米的贫瘠的盐碱地。笔者恰好是羊三木人，村中长者称在原羊三木完全小学南边曾有一片盐碱地确实被称为“王天官”。传说，王翱还趁皇帝来看这块小封地的机会，申请为当地人免了赋税。

另外，王翱父亲在元末举家迁至盐山的史实，亦反映了元明之际黄骅地区人口迁入情况。

- **明朝名臣马昂**

明代项笃寿《今献备遗 · 马昂传》记载：

马昂，字志高，沧洲人，乡举入国子监，授序班。正统二年荐升监察御史，整饬大同兵备。八年升刑部右侍郎，改副都御史，参赞甘肃军务，劾都督王喜罪。辽东守臣贡驼马，齐勤蒙古军都诸蕃掠去，昂出战，擒大酋索诺木奔。景泰初，病乞还朝，勒致仕。四年，荐起总督军务，代盐山兼巡抚两广，擒伪将军周铁等三人，升右都御史。七年，平斗峒贼，转左都御史。天顺元年，致仕，入见，复留命巡视山西还院。二年，陈汝言坐赃下狱论死，代为兵部尚书。五年，番寇陕西，昂总督军务，与怀宁侯孙镗西征。师且出，会曹钦反，与镗击贼。贼诛，加太子少保，仍掌部事。裕陵每召对，询将官短长，用边镇巡抚，亦令南阳、盐山与昂议。茂陵即位，改户部尚书，与都御史林聪简十二营军，致仕。卒年七十八。赠少保，谥恭襄。

明朝陆应阳《广舆记》记载：

马昂，字景高，沧州人，仕至户部尚书，谥恭襄。在中枢时，与冢宰王翱均为英宗眷注。凡有简任，文则委于翱，武则委于昂。虽参决于大学士李贤，贤必奏召二人御前畴咨，故所用皆得人。

《明史》无马昂传，然相关记载颇多，如《明史 · 景帝纪》记载：

（景泰五年三月）甲子，总督两广副都御史马昂破泷水瑶。

《明史 · 食货志 · 盐法》记载：

旧例中盐，户部出榜召商，无径奏者。富人吕铭等托势要奏中两淮存积盐，中旨允之。户部尚书马昂不能执正，盐法之坏自此始。势豪多搀中，商人既失利，江南、北军民因造遮洋大船，列械贩盐。乃为重法，私贩、窝隐俱论死，家属徙边卫，夹带越境者充军。然不能遏止也。

《明史 · 魏元传》记载：

（成化四年）九月，彗星见。元率诸给事上言：……四方旱涝相仍，民困日棘，荆、襄流民告变。陛下作民父母，初无儆惕，仅循故事，付部施行。而户部尚书马昂，凡有奏报，遇上意喜，则曰“移所司处置”；遇上意怒，则曰“事窒难行”；微有利害，即乞圣裁。首鼠依违，民更何望。……

《明史 · 黄珂传》记载：

（正德四年）亦不剌寇边，珂偕总兵官马昂督军战，败之木瓜山。

《明史 · 石天柱传》记载：

（正德）十一年，都督马昂进其女弟，已有娠，帝嬖之。天柱率同官合词抗论，未报。又上疏曰："臣等请出孕妇，未蒙进止。窃疑陛下之意将遂立为己子欤？秦以吕易嬴而嬴亡，晋以牛易马而马灭。彼二君者，特出不知，致堕奸计。谓陛下亦为之耶？天位至尊，神明之胄，尚不易负荷，而况幺么之子。借使以陛下威力成于一时，异日诸王宗室肯坐视祖宗基业与他人乎？内外大臣肯俯首立于其朝乎？望急遣出，以清宫禁，消天下疑。"卒不报。

《明史·徐文华传》记载：

马昂纳妊身女弟于帝，又疏谏曰："中人之家不取再醮之妇。陛下万乘至尊，乃有此举，返之于心则不安，宣之于口则不顺，传之天下后世则可丑。谁为陛下进此者，罪可族也。万一防闲阔略，不幸有李园、吕不韦之徒乘间投隙，岂细故哉。今昂兄弟子侄出入禁闼，陛下降绌等威，与之乱服杂坐，或同卧起，坏祖宗法，莫此为甚。马姬专宠于内，昂等弄权于外，祸机窃发，有不可胜言者。乞早诛以绝祸源。"亦不报。

《明史·佞幸·江彬传》记载：

初，延绥总兵官马昂罢免，有女弟善歌，能骑射，解外国语，嫁指挥毕春，有娠矣。昂因彬夺归，进于帝，召入豹房，大宠。传升昂右都督，弟炅、昶并赐蟒衣，大珰皆呼为舅，赐第太平仓。给事、御史谏，不应。尝幸昂第，召其妾。昂不听，帝怒而起。昂复结太监张忠进其妾杜氏，遂传升炅都指挥，昶仪真守备。昂喜过望，又进美女四人谢恩。

清朝黄文炜、沈青崖《重修肃州新志》记载：

马昂，直隶沧州人，以右副都御史正统中任巡抚，狷介特立，育材恤下，边人至今称之。官至兵部尚书。

明朝鲍应鳌《明臣谥考·恭襄》记载：

马昂，户部尚书，赠少保，成化年谥。敬顺事上，因事有功。北直隶沧州人。

明朝沈德符《野获编·武宗诸嬖》记载：

《武宗实录》：宣府都督马昂妹已嫁毕指挥，有孕矣，以其善骑射，献之上。能胡语、胡乐，大爱之。后上幸昂第，召昂妾侍寝。昂不可。上怒而起，并昂及女弟俱疏之。至《世宗实录》又云，陕西总兵马昂先因单任，结太监张忠靖，献妹于上。昂同其弟炅、昶，并分守阳和。太监许金，至指挥毕春家，夺其妻，昂大被宠，传升昂右都督。昂又进其美妾杜氏，兄弟俱赐蟒。又炅亦传升都指挥，守备仪真，复买美人四人进之豹房，名曰谢恩。后世宗即位，尽出诸女还其家。是马昂当时之妾，未尝不承恩，而昂及妹并未尝疏也。二录不同如此。

乾隆版《沧州志·人物》记载：

马昂，字景高，其先河南祥符人，移籍沧州。中永乐癸卯乡试，以会试下第，入国子监。宣德丙午，授行在鸿胪寺序班。正统丁巳，用廷臣荐升监察御史，奉命整饬宣府大同偏头关兵备，及巡按陕西、淮扬、徽州等处，所至有声，宽猛相济，不为渊察。癸亥，升刑部右侍郎，改右副都御史，参赞甘肃军务。日夕讲求边计，谨斥堠、明烽火，筑城设险，声势联络，虏不能犯。先是赤斤蒙古军东等卫番族恣肆抄掠，至强劫总兵进贡马驼。昂率众讨之，擒其伪初王锁南奔并妻子，械送京师。自是番人不敢近边。已巳，北虏寇甘州，昂令人畜悉入城堡，简精锐，选骑射，躬出屯山隘，以伺之。虏闻遁去。景泰庚午，以乞疾忤旨，致仕。甲戌，两广寇乱起，昂总督两广军务兼巡抚，乃大布朝廷威德，帅总兵方岳并土官兵民进剿，生致伪将军周铁、盛盘、马蹄等，献阙下。上使行人授以彩币、宝钞，升右都御史。丙子，征斗峒贼，平转左都御史。天顺丁丑，还理院事。戊寅，升兵部尚书。时上励精图治，慎简六卿，吏部则尚书王翱，兵部则昂也，用人事悉委之。或未决，则咨于大学士李贤。贤有所荐举，必曰：臣所知如此，宜召部臣再审之。及昂与翱至，上前亦多与贤语相符。会石亨等革各边巡抚，军官因纵肆贪暴，士卒疲敝。上知其误，欲复之，乃召贤，命会王翱与昂议，推选得十六人，俱以京官巡抚其地。后石亨事发，凡冒功得官者俱革。贤因言，在京军官老弱残疾者，令兵部渐次调外，然后徐补其缺，可省冗费。其事虽贤从中主持，而行之不扰，昂有力焉。辛巳，虏寇孛来拥众迤西。上命怀宁侯孙镗帅师御之，而以昂节制其军。刻日出师，是夕，曹钦反漏下，四鼓举兵犯阙。时禁门未启，钦纵火焚东西皇城门及东华门。迨晓，王师始集，镗督诸军先登，昂以精兵殿之。王师锐甚，贼众披靡，自辰自酉大破之。论功行赏，进昂太子少保，仍掌兵部事。自是，上宠待逾厚，赏赉无虚日。衣有撒哈喇者，虽勋戚不可得，昂与赐焉。甲申，宪宗嗣位，信任益笃，调户部尚书。寻奉敕同右都御史林聪、给事中潘礼、陈越按籍点军士。既毕，分精锐为十二营，以备调用。更籍军帅之贤否者，以行黜陟。虑事后多变，又预为禁约。其议多自昂发之也。戊子，年七十，时灾异迭见，力求退避。从之。既归日，惟教子孙读书，或诣村庄课僮仆耕种。耆德晚福，士林忻羡。丙申五月卒，年七十八。讣闻赠少保，谥恭襄。昂天性孝友，母有疾，忧形于色，视诸犹子爱逾己。出祖产，悉推与之。其在官时，部属持堂稿咨禀，略窜数语，即事理明允，虽积思者不能过云。（纂列卿记。按，《明史》未列恭襄传，列卿记所载行，实綦详。又分见户兵二部中，因合纂二传以补史家之缺。）

马昂（1399—1476），字景高，沧州人，祖籍河南，举人出身，屡建军功，累官两广总督、兵部尚书、户部尚书等职，与王翱齐名。《明史》记载，明英宗选用大臣都先征询他俩的意见，“文臣，请问王翱；武臣，请问马昂”。然而，他把已经嫁人怀孕的妹妹，进献给明武宗朱厚照以邀宠，终入《佞幸传》，为后世齿冷，又恰与王翱流誉史册成鲜明对比。

- **明清沧州第一宦族**

天一阁藏咸丰二年修《沧州戴氏族谱·谱首》记载：

一世，荣，字无考；先世浙江绍兴府余姚县人，初迁山西洪洞县，再迁直隶景州，明永乐二年迁沧州，居李村镇，入赞二里六甲民籍；配王氏；葬李村茔；子一：庆。

二世，庆，字无考；配陈氏；葬李村茔；子二：宣、昇。

三世，宣（长门），字朝用，行一，以孙贵，诰赠资政大夫、都察院右都御史兼兵部尚书，寿五十门岁；配冯氏，诰赠夫人；葬李村茔；一子：臣。

四世，臣，字诚卿，以子贵，诰赠资政大夫、都察院右都御史兼后部尚书，寿六十二岁；配萧氏，诰赠夫人；继配刘氏，诰赠大人；始葬沧州城东茔；子二：才（萧夫人出）、仁（无传）。

五世，才字子需，号晋庵，嘉靖癸卯甲辰联捷进士，授行人司行人，历升户科给事中，巡视光禄寺，吏科右给事中、左给事中、工科左给事中、兵部都给事中、南京太仆寺少卿、都察院右佥都御史，巡抚甘肃，右副都御史、巡抚陕西、河南、大理寺卿、刑部右侍郎、左侍郎、户部左侍郎、都察院左佥都御史，督理粮饷，都察院右都御史兼兵部右侍郎，总督陕西三边，兵部尚书兼右都御史，仍督三边，南京都察院掌院、刑部尚书、南京兵部尚书，参赞机务。诰授资政大夫。卒赠太子少保，赐祭四坛，崇祀乡贤忠义两祠。寿七十三岁。配田氏，诰赠夫人。继配穆氏，诰封夫人。葬城东茔。子二：绍科（田夫人出）、绍庭（穆夫人出）。

六世，绍科，字思济，号绎所，行一，庠生，以恩荫任前军都督府，经历转太仆寺丞、户部陕西司员外、山西司郎中，督理宣府粮备，陕西苑马

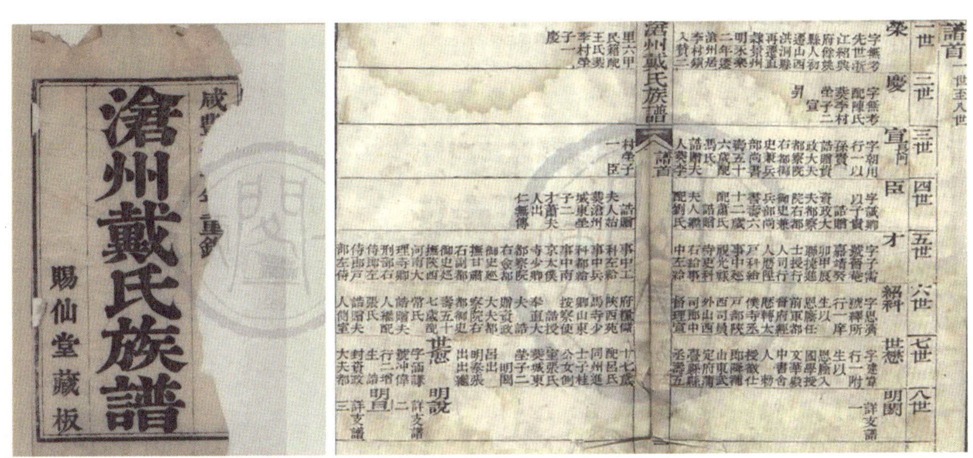

寺少卿，山东按察使。诰授奉直大夫。诰赠资政大夫、都察院右都御史。寿五十七岁。配常氏，诰赠夫人。继配张氏，诰赠夫人。侧室赵氏，诰赠夫人。葬城东茔。子二：世懋、世愈，俱赵夫人出。绍庭，字念所，行二，诰赠中顺大夫、太仆寺少卿，寿二十三岁……

七世，世懋，字建韦，行一，附生，以恩荫入国学，授文华殿中书舍人，敕授征仕郎，降补山东武定府蒲台县县丞。……世愈，字涵谦，号冲伟，行二……子八：明说……

民国《沧县志·人物·名宦》记载：

戴才，字子需，其先景州人，徙沧州五世至才，生而颖异，幼如成人。嘉靖十三年，成进士，授行人。二十八年，擢户科给事中。二十九年秋，俺答内犯，薄都城。议增兵加赋。才抗疏言：畿辅、山陕频年募兵市马，劳费已甚，而复议增马；江南诸郡先期输纳科银，而更议增赋；是竭泽而渔也！下部议，竟格不行。三十一年，转吏科右。三十二年，转左。内艰服阕，补工科左，寻升兵部给事。才以倭夷猖獗，闽广用兵无虚岁，乃疏陈三事，曰：亟剿灭、慎防守、驭客兵。下所司行之。升南京太仆寺少卿。寻历州县，精心牧政。外艰服阕，升右佥都御史，巡抚甘肃。方遭寇兵，才至，抚其疮痍而休息之。为请帑，垦荒兴水利，简兵将，习技击，饬烽堠。虏入辄遭创去，虏退则建学明教，振废省刑。抚甘五年，斩首捕虏数百人，修筑墩墙千百计，招徕降口若干，夺获羊马器械无算。以积劳，晋副都御史，巡按陕西。甫至，有秋防之役，即移镇原州，峙刍粮，守要害。比及瓜期撤防，套虏忽入延绥，杀总兵郭江，执副总兵时銮去。非才所辖地，言者误及之也。诏归，就核。事白，仍以原官巡抚河南。未几，入为刑部侍郎。才持法平允，所定买休卖休诸律，著为令。四年八月，宣大总镇以谍者言，东西虏酋当大举入寇。京师戒严，诏改才户部左侍郎兼右佥都御史，督饷事。才言，虏势叵测，征发贵豫，请令密云诸处司计之臣，悉心筹划，益广储蓄，俾应援兵马。在所关支，如取诸寄。虏侦我有备，旋解散去。是年冬，升右都御史兼兵部右侍郎，总督陕西三边军务。才三莅陕西，益熟其利弊，故举劾咸当。中卫南有裴家川，腴地万顷，民苦虏不得耕作。才为筑墙建堡，请以固原守备某督兵营田，遂屹然成巨镇。俺答请开马市。才上疏，极言其非。当国者恶之，讽以第开四市，赏可立至。才正色曰：徇下而谩上，便身图不计国是，有臣如此，将焉用之！寻有旨切责，才竟开甘肃市。后才改官兵部尚书，继命参赞南京机务，以母忧归家。居数十年，屡荐不起。卒年七十三。

民国《沧县志·人物·儒行》记载：

戴明说，字道默，别号岩荦，才曾孙也。祖绍科，山东按察司佥事，父世愈，增广生。明崇祯七年，明说成进士，授户部陕西司主事，督通州西仓，清理积蠹，不避劳怨。三年，献粮万余石，诏加俸一年、赐金十二两。十二年，擢吏科给事中。十四年，转礼科右给事中。十五年，转左。凡朝政民瘼，直陈无隐，疏凡十余上，多人所不敢言者。而论宣督及速奏剿功洛变重大二疏，尤触时相忌。首辅温体仁谋为冯铨复官，明说二疏力争。体仁深恨之，拟出明说于外，赖吏部尚书郑三俊持之而止。十七年三月，擢兵科给事中。时流贼已逼，诸臣多欲借端南遁，明说疏陈中兴本计，请止南迁，且抗言曰：

“时事至急，今群臣多欲效拮据于东南，并无请效捐糜于西北者，无非欲舍我君父而去耳！此后请缨者即立补，勿任其观望事外。”上悟命明说，以修撰兼户兵二科都给事中。数日内，拜十二疏而已，无可为矣。清朝定鼎，复补明说兵科都给事中，俄擢太常寺少卿。顺治四年，擢正卿。五年，擢户部右侍郎，寻转左。六年，加右都御史。十年，缘事谪河南布政司参政，分守南汝道。兵燹之余，仅存孑遗，明说请蠲饷银四千两、草豆二万余，禁私罚，恤水灾，清河夫，严保甲，一时盗戢而民苏焉。南阳镇兵二千，又益以他镇兵，皆驻于宛，协剿郧襄寇。明说措饷戢兵，恩威并著。诸将各戒所部曰：“南阳公神明也不可犯。”闾阎得无扰。抢攘之际，重建府学，弦诵不废。督抚交章推荐，

清顺治皇帝“御笔赐户部尚书戴明说”钟馗图
（台湾故宫博物院藏）

时望益隆。十一年，擢广西右布政使，旋内召。十二年，擢刑部右侍郎，即转左，俄拜户部尚书。时国用匮乏，有为练饷之议者，明说曰：“此前朝弊政也，终我之任不敢更蹈覆辙。”十三年，又缘事谪四译馆少卿。十四年，转右通政使。十五年，母卒，衰绖徒跣，号哭还里。见者流泪。方杜门读礼，有追沧州旧欠狐皮等银八千两之檄。明说曰：“我司计时，已奉诏赦民欠此，胡来者？”持恩诏于巡抚前力争，得停征，河间通属沾惠者数万家。初，明说书京城悯忠祠额，列前衔。十七年，为忌者所劾，落职。十八年，父卒，哀毁益不胜。明说本邃于理学，叠遭大故，欲以全归之道仰报父母，爰受业于容城孙奇逢之门，学养益粹，尽屏声色，立遣二妾，闭户治心，身体实践，务为敬慎、仁让之行，学者称“定园先生”。博学善悟，诗与王铎、吴伟业齐名，兼工书画。受世祖特达之知，御赐银印一方，勒“米芾画禅，烟峦如觌，明说克传，图章用锡”十六字。著作甚富，详《艺文》。卒年七十二。子五，王纶、王缙最知名。

美国波士顿美术馆藏。宋徽宗《五色鹦鹉图》卷首钤此印，印文：“米芾画禅，烟峦如觌，明说克传，图章用锡”

戴明说《竹石图》。石家庄文保所藏

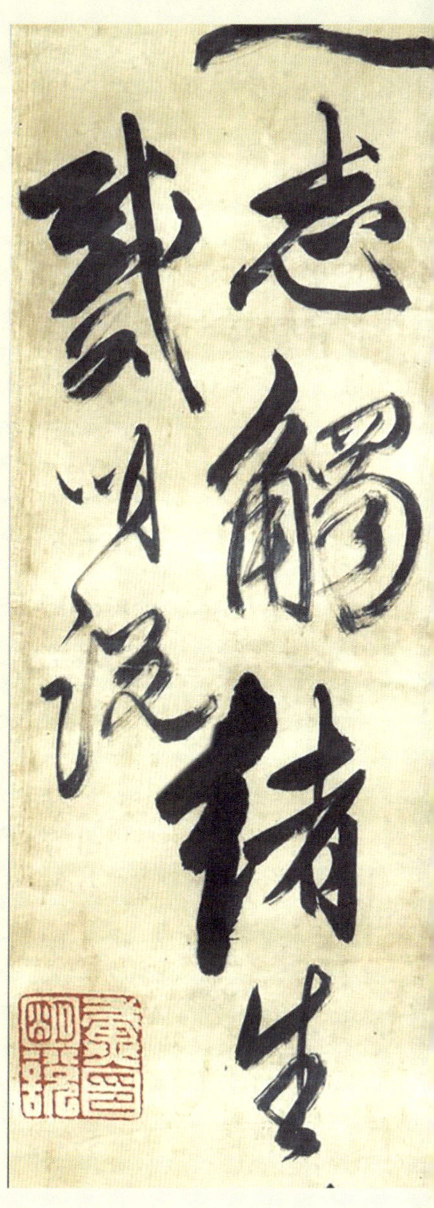

戴明说行书临家侄帖（局部）。天津杨柳青画社旧藏

光绪版《钜鹿县志·艺文上》载《布政使杨公犹龙传》:

世祖章皇帝政务之暇兼涉书画，画喜沧州戴明说，书自董华亭而外无取也。

清吴伟业《梅村家藏稿》载《戴沧州定园诗集序》:

余尝思，自古诗人享盛名、履高位者，代不数见。唐人如张曲江、高达夫庶足以当之矣。曲江晚年忧谗畏事，达夫五十始显，佐戎幕，历兵间，其登眺诸作类有堙郁、抑塞之感焉。先朝如李长沙、王弇州皆以绝代之才位至卿相，遘际平世，雍容歌啸，领袖群流，跌宕骚苑，於乎又何盛也。余于天下，思一见其人不得，乃今得之沧州戴公！公工文章，善书画，为诗深浑奇峭、超迈绝伦。洊登三事，再世侍中，父子俱列台阁。赐召见，给笔札，丹青墨宝照耀殿壁。赋诗纪事，天子动容，甚至亲洒宸翰以赐之。文人遭逢，可谓隆矣！公余丰暇，品藻人士，殷勤赏接，长缣短幅淋漓墨渖，残膏剩馥沾丐海内，风流文采掩映一时。

嗟乎！十余年来，宿素凋谢，文事衰歇，宾朋之赏会，景物之流连，诚未有如今日之戴公者也。公将刻其诗，余得受而读之，乃见其身经丧乱，俯仰悲凉，蔓草铜驼，潸然兴感。洎乎谪宦南阳，中原灌莽，千里极目，追念昔人战斗胜负故处，贳酒悲歌。抚羊令之遗碑，过张衡之故里，徘徊凭吊，泣数行下。然后知，公虽席丰履盛，而忧危佗傺之意未尝不一发之于诗。其所得者，盖已深矣。余友合肥龚公孝升与公相知为最，其才地名位亦相亚。孝升之诗慷慨多楚声，余辄读辄泣，且疑其何以至是。今又得公所作，乃知文人才士所蕴略同，而非寻常拘墟之见可得而窥测者也。是为序。

清乾隆版《沧州志·艺文》记载：

前户部尚书定园戴公传

陈遇尧

余向读史，久而知，从来绳人之易，并士君子自立之难也。或励精少壮，朝生鸳鹭之光；或砥行末年，野增川原之重。其心良亦若矣！吾于定园公，有足传焉。

公讳明说，字道默，别号岩荦，晚年习静定园，故学者称之云。公始祖荣，自景州徙沧。荣生庆，庆生宣，宣生臣，臣生才，癸卯甲辰成进士，由大行历南大司马，赠太子少保，赐祭葬。公督三边时，自宣以下，皆赠右都御史。才生绍科，承荫历官陕西苑马寺少卿，兼山东按察佥事科。仲子世愈，邑增生，即公父，以公贵，并同卿公，俱晋右都。

公生颖异，不欲闻米盐刀具事，封公器之，令业二戴。公十二岁应郡试，金坛蔡公见而叹曰："此他日黑头公也！"冠多士。明年舞勺，为侍御左忠毅公面录，补弟子员。丁卯，以戴记魁于乡，时珰祸方烈，公与同谱金伯玉、王敬哉诸公杞忧侃侃，以天下事自任。甲戌，成进士。乙亥冬，授户部陕西司主政，督通州西仓。咫尺春明，积蠹交通，厂卫公清勤劳瘁，一意厘剔，虽中使总监既撤复设，群小耽耽，无能中公者。潞河频苦兵，丙子戊寅，□供军饷，转输无匮。三年，及瓜，积羡万余。报成奏□。制曰：可加俸一年，钦赏十二两。时怀宗先帝有科道不必尽由考选之，谕遴部司充侍从。大司农程公国祥以公膺厥选。己卯夏，改授吏科。辛巳夏，升礼垣右。壬午春，转礼垣左。时陈公龙正方著《阳明全书》，公览有省，然于理学事犹未深会也。公性忠爱恳挚，日以尧舜其君为志，凡朝政民瘼，慷慨入告，无少忌。凡政本之强有力者，皆动色相争，履虎者数。其于圣德也，则有勤政、强兵、求言三疏，中兴四事疏，圣政崇要一纲四目疏，驳同官三教一理疏，至请罢中官一遣十员并止朱大典纳银四十万疏，尤为举朝不敢言。其于天变也，有举宪臣刘宗周、金光辰疏。其于时政也，有安攘实效疏、速饷实着疏、畿民抚恤疏、唐藩大变疏、亟罢练总疏、恩恤漕役疏。其于言路也，有申救熊汝霖、陈燕翼、李清、阴润，救廷杖熊开元、姜采等疏。至随事纠弹鹰鹯、鸟雀者，指不胜屈。其触时之大者，论宣督，则开隙韩城；速奏剿功雒变重大二疏，则开罪武陵。壬午春，宜兴以首辅入督，即欲为涿鹿复官。涿鹿、宜兴年姻也，举朝嗫嚅无敢言。公乃具阳德方新二疏，张胆指斥。宜兴恨入骨，乃一日例转科员十人，欲出公于外。时太宰郑公三俊昌言曰："老冢臣一生强项，须发星星白矣，前择兵都部议，沧州丰骨嶙峋，原疏现在御前，若改我故步，为政府逐直谏、报私嫌，断断乎其不可也！"乃中止。后宜兴曲庇罪督范志完，公悉其不法事。疏上，留中，旋赐磬于甸人。宜兴旋伏法。甲申三月，升公兵科都，而时事已岌岌矣。公受事，见绅士涣散无固志，即拜中兴本计一疏，请止南迁，坚城守。在廷诸臣召对时，皆竞谈兵饷，借题南遁。时溧阳以编修入对，自荐招兵。公乃具欺刁宜饬一疏，抗言曰："时事至急，今廷臣群欲效拮据于东南，并无请效捐縻于西北者，无非欲舍我君父而去耳！臣请，此后诸臣请缨者，即当立补现任，勿令其立身事外逍遥观望。"上悟其诈也，即以修撰兼户兵二科都给事。公时恳避垣务，上不允。公呕心流涕，自初十至十二日，共拜十二疏，皆不发矣。

都城之变，公两缳一溺，皆以太夫人救而夺厥志。公乃护太夫人旋里。甲申夏，清朝定鼎，驱剿群氛，遣锦衣慰留南下诸臣，并疏畿绅以闻。复补兵都。公首疏，恭谢复仇大义，即控陈青齐河北秦豫善后事宜。悉嘉纳。乙酉灯宵，公初授至善之傅于大史胡公此庵讲席，与厚庵曹公同学。夏，升常少。秋，移理少。丁亥夏，晋常正。国初典制未详，律例未定，公历任不激不随，皆协厥当。戊子科，升户部右侍郎，寻转左。己丑冬，以世庙亲政，加右都御史。公游刃，烦剧生节咸宜，望大着。时溧阳复自南投诚，以史撰躐少宰夺情受事，公闻而叹曰："钧衡非甲胄之司，端揆乃纪纲之首，一旦变衰绖而锦绮，其心安焉而不辞！如百官四海何？"时有媚溧阳者以告，溧阳感旧嫌益大，忿必欲陷公于党，以锢之。乃以甄别为名，朦请上传，与一时逆案诸臣俱谪贬本朝。部堂向无出任两司者，有之自溧阳驱异己者始。当日，合肥龚芝麓公之言曰："昔君子以邪正辨同异，今以异同分好恶。决取舍，始于寡昧无识而益以忮悁之胸与爱僧之口，即使膺、滂再生，宁有幸乎？吾友岩荦，霆立霜断，乃与所排击者一日论贬，此灵均所不期于子兰、贾生所不期于绛灌者也！”闻者壮之。癸巳春，谪分守南汝参政。

宛南受寇患在诸郡先，烽燹之余，仅存孑遗。公下车即申蠲王驾军过备饷银四千两、草豆二万余，抵兑正赋。揭参浙川署官禁私罚，以惩贪；恤水灾清河夫，以苏困；严保甲，以固圉。且宛地犬牙郧襄，寇剿剥腹，除本镇兵二千外，抚军复移高、孔二镇兵办协剿事。公措饷安戢，与诸将交欢。诸将各饬所部曰：“汝等其恪守纪律，南阳公神明也，不可犯！”公在宛，无扰民于市者。公于拮据噢咻之余，复移建府学于故藩旧址。右文作士，剑犊潢池，顿有弦歌乐郊之意。公屹然西南长城矣。时三省总督马公豫、抚吴公郧、抚朱公皆交章首推公可大用。公望益大著。

甲午夏，忌公者复例移公粤西右辖。封事上，世祖曰：“久不见戴某矣，不知何故？外谪岂有弹劾者耶？”屡以询词院诸臣。时溧阳方以专恣不职伏法，而护局者尚不欲为公白也。白公无故去国者，唯简讨王公熙一人而已。逾时传上谕，言公磨励已久，着赐环入都，以对品京堂用。乙未春，补刑部右侍郎，仍二品服俸，即转左。时刑狱殷繁，每事三复奏，先启王，而后拜疏。公左方右圆，凡一切章疏京详参送并日行满汉诸件，戴星出入，剖决如流，无留牍焉。时各司应诏条议，公看详议覆，一洗烦苛。世祖大悦，三月即简公户部尚书！公悉国计、洞民瘼，厘剔之中默行轸恤。时国用匮乏，屡议生节有为再加练饷之议者，公曰：“此先朝弊政也，终我之任，期期乎不敢。”丙申春，因考核司属朱世德。德，辽人也，主者私宽其逋税之罚。公争而不得□，世主乃革主者职，而降公，非公罪也。本年夏，调四译馆少卿。丁酉夏，转右通政。上方欲大用公，戊戌春，公闻太夫人病，泣涕乞省。上不允。旋升公太仆卿。公再陈终养，而太夫人之讣音至矣。公躄踊崩裂以不得含敛为恨。吁恩祭葬归。

近时丁忧官皆安车山都，公以为非，衰绖徒跣，恸号还里，见者皆流涕。抵里，哀毁苫块，鸡骨茕茕，忆太夫人遗言，修门东禅院以竟先志。嗣因读吕泾野先生语录曰“父母生身最难，须将圣贤言行体贴在身上，令此身做圣贤肢体，方是孝顺”，公痛哭曰：“奉养不逮，惟此可以自□。”乃究心大易，无间寒暑。时公正社门，忽檄追沧邑□欠狐皮等饷八千两。公曰：“我司计时，接奉恩诏，已赦民欠至十一年，胡为有此？”公持诏争于抚军董公，遂停征。凡瀛属之议征未行与半征未完者，皆以公言止。瀛民沾惠者数万余。

先时，乙未科，公长公以戊子乡魁及第，授编修，同乡某公起庶常官，要路争体统。长公曰：“庶常分前后辈，鼎甲不与焉。载在词林典故，非臆说也。”某公怒。时世庙欲试词臣以藩臬事，长公参藩江右。某公嗾巡方为劾，谋泄，遂迁怒及公。庚子年，世庙有甄别之举，公正守制于籍，廉其事不得，乃罗织公书悯忠寺扁列前衔及都门谢孝事为罪，募台省论之。无应募者，某乃自为弹文，逼吏部落公职。从来内及甄别不及在籍，部院堂上不出单，不具疏，以示公，此前朝迄今旧例也。部院破例具疏论在籍者，亦自某公之报私嫌始。公两器君欲为公白于阙，公曰：“奚白？为事有公论，众口在焉。题扁书全衔，孝子谢墓志，从来有之，果罪否乎？吾诚不能动物，道不信友，宜唾面自励，以助动忍。若腾口舌辨是非，匪学人事也。”绝口不言而茂修益力。辛丑年，公次公，戊戌进士，任南昌推官，以蔓事议降。公亦怡然无愠色，惟修身事父，尽子职而已。

是岁夏，太公忽见背，公益恸不能胜，继白里门，尽贷积逋，以广先德。时悼怙恃双亡，风木不再，襄事之余益勉于学。至十二月，乃拜教孙钟元先生门，以闲邪存诚之义相质。时公弟有苦讼比部者，以河浒田质百五十金，归而还其券，复措钗钏二百金为助。壬寅夏，读《周易程傅》，以夬九五未光之释，见人心一有欲则离道之言得要领焉，六月复与曹厚庵商诚无为、几善恶之旨，皆体会诸家而用其所长，收舍身心，一洗嗜好。九月，公遣嫁其如夫人张姬。癸卯春，公得不语症，竟日始苏，然心地炯然，理道井井不乱，手书著《病中偶见录》。病之日，公自憾曰：“下堂失足，古人忧之，况我剧疾乎？”因誓绝欲，为守身计。甲辰四月，公复还刘姬于其父。两姬皆工音律。去之日，公缉其歌谱焚之。微吟曰：“翠眉鸾镜今何在，白雪阳春未有词。不挂一丝无个事，正宜闲看本来时。”此盖公性有所得，而于声色外好漠如也。是时，太翁久逝，恶仆有侵戴氏之资以自肥者，惧公之察及也，乃为公构家难，离间至戚，树公敌以祸公。甲辰乙巳间，有揭于都者，有辱于门讼于里者，公杜阁静听，付不闻见而自反省察益力。有诬偿二百金者，有赠以原分千里之产者，有鬻城宅一区济价数百金者，其煽祸之由释不问。锺元先生闻之，叹曰："定园入眼出手皆有确据，可谓脚踏实地矣！"乙巳春，锺元先生自夏峰还容城。公遣子敦趋下榻，备悉知行修悟异同等说，以究文成之秘。别时著《惩忿窒欲说》，篇终以东廓甘泉努力相期，惓惓也。嗣后邮筒切劘无虚岁。丁未，次公迎养邗江。公泛小艇，登惠泉，礼顾端文、高忠宪二公祠，访其语录以归家，务付诸子。不接人，不轻语，明窗静榻，一茗一香而已。公自解组来，崇俭朴、尚礼让、惜字、戒杀、助葬掩骼、施药及粥，大抵以立达为心，不能屡悉。

先时，公于丙戌、丁亥、乙未文武殿试三充读卷官，两膺钦赏。公博学能悟，公余苦心风雅，为诗与王觉斯、吴骏公、范箕生齐名，兼善书画，特受世庙之知。其应制诗则五七律、五绝各一；画则山水前后十八幅，竹石十二幅，素统二十四执。蒙赐御画者七，上载公名者四，及貂冠、蟒裘，复赐银图章，勒"米芾画禅烟峦如觌明说克传图章用锡"十六字。公谢表有云"愿格物致知，以正心者正笔；观文成化，以惜墨者惜才"等语。公每事不忘忠爱如此。

公著述有《六朝及明历朝诗家两集》《唐诗类苑选》《篆书正》《礼记提纲广》等书，晚年有《定园近集》《邹鹿合编》《偶见录》行世。吾于是而深有感也。

公伟略渊识，直口朴心，留意在国是人材，而姜桂偏不挫于权贵，托契在正人君子，而嚬笑独不假于佥人。皓乎！元祐之杰也！逮栖心濂洛，藏名丘壑，忍人所难平，舍人所难割，布素厖眉，混迹童叟耳。噫嘻！公时际百难！当公壮也，天不从人，雍熙上愿，徒勤之梦魂；逮公老也，力未从心，砥砺血诚，永矢诸日月。二十年来，其澡身浴德，克己讼愆者，日有孳孳毙而后已。此其气岂不可壮，而其志不亦深可悲哉？余故曰，自立之难也。

公嫡配孙夫人，五子三母。长王纶，榜眼，由编修历官江西督粮参议；

次王缙，进士，现官行人；四王絜，廪生，殇，皆嫡出。三王绶，官荫监生，胡妾出。五王绰，廪生，黄妾出。诸孙四世绳绳，俱不赘。

余齿加公十龄，曩同公游于泮，恐后死者未公悉也，因留绝笔，备述以俟后之君子。是为传。善夫，夏峰夫子怀友之诗曰："沧州讼往愆，晚节抉其秘。"愚广其意。

时康熙庚申五月长至日。

清朝国史馆编《贰臣传》记载：

戴明说传

戴明说，直隶沧州人。明崇祯七年进士，由户部主事累迁兵科都给事中。流贼李自成陷京师，明说从贼。贼遁，明说逃归原籍。本朝顺治元年六月，以招抚天津锦衣卫百户危列宿，荐起原官。九月，疏言井陉、太原盗贼尚多，剿除宜速。其各路兵马经制既定者，按时拨饷，各处钱粮恩诏蠲缓者，令抚按实力奉行。十月，又言天下初定，人情尚怀疑贰，请严纵容盗贼之罪，优盘获奸细之赏。二年二月，疏言流贼李自成兵败气夺，应急发兵剿擒，秦中士民或会为贼用，当湔雪以安反侧，遣督抚督率官吏专心抚字。俱下所司知之。五月，迁太常寺少卿。九月，调大理寺少卿。四年，迁太常寺卿。五年，擢户部右侍郎。六年，加右都御史衔。七年，给事中杜笃祜劾户部不奏销钱粮及徇私注差等事，尚书谢启光降二级，明说罚俸。八年，甄别部院，大臣论曰："戴明说在户部于同官贪婪，不能秉公力争，反唯唯听命，历来销算，事属同官者必据为己有，明系希望有司求己销算，其操守不洁可知。姑念年力尚壮，降三级调外用。"十年，补河南汝南道。十一年四月，迁广西布政使。七月谕："吏部戴明说年力富强，才识明敏，向经降调惩诫，必洗涤自新，遇京堂缺补用。"十二年正月，授刑部右侍郎。二月，转左。三月，擢户部尚书。十三年二月，因河西务分司朱世德亏缺额税，明说议援赦免罪。上责其瞻徇，降四级调用。六月，调太常寺少卿。十四年，迁右通政。十五年，迁太仆寺卿，丁母忧归。十七年，左都御史魏裔介劾明说居心浮躁，前在户部时，家有庆贺事，必循告司官，希图馈送，丁忧回籍后，私入京师，有乖礼制。疏下，部议革职。寻死。

《中国书画》2020年第1期刊载薛龙春《王铎与戴明说》，介绍了戴明说与中国书法史上的宗师级人物王铎的深挚友情和文化交流情况，是艺术史上难得的佳话，从中亦可感受戴明说的文化艺术造诣和心境：

王铎与戴明说相识于戴任职户部之后。崇祯十二年（1639），王铎曾为戴明说作《临帖轴》，同时也向戴求画，《见戴给谏岩荦画山水甚奇，求之以歌》云："戴君多学未易测，人知封事救时棘。不知诗画皆古人，虚远孤高不着色。胸中元气不可当，恍惚蛮山就沧浪。……千岩万岩造无尽，心渐深入精神生。居之可以顿忘老，苦被官缚入不蚤。……我虽忧时壮志浓，其道难行山可容。为我写出祝融谷，添染江山浓淡峰。"此时的王铎正在失意之中，在上一年与杨嗣昌的斗争中，他也被降三级照旧管事，而他的几位友人如黄道周、刘同升、赵士春、何楷、林兰友、马思理等则结局更为悲惨。在诗中，他自称忧时却不为所容，而戴明说创造的山水田园正是他向往的栖身之所。

入清之后，王铎与戴明说毗邻而居，有频繁的书札往还。在顺治三年（1646）三月的一封信中，王铎视戴氏为挚友，以雅道相尚："长安中风尘鏖鏖，足下独窥雅道，日与昔人古处，锐于饥渴，左提右挈，行当狎主葵丘。仆以郳莒从事焉，然不敢不勉，但恨仆瓮天蠡海，其何以自策也，执鞭弭以仰沫于坛坫之下。"二人的诗文集中也留下了大量共同游览或是宴集的诗作，如《定园诗集》所收《同王觉斯学士游紫芝白石山房》《感敬哉贻酒，柬王觉斯学士》《闻觉斯与玄道上拟山游有念四首》《于石氏医室赠山水图，同觉斯》《同觉斯夜坐》《周计百画竹行》等，《拟山园选集》诗集收《崖内柬道默》《岩荦邀饮先农坛，雨中同北海、二如、岱云》《道默、文衣同坐汪洋斋》《傈直岩荦午刻招饮，时韫退、玉叔、枚先亦见招，闻括苍事白，因识所怀》《孝仲招集远心阁前院，同岩荦、雪航》等。他们的共同友人有王崇简、黄甲第、周治、孙承泽、孙昌龄、张鼎延、宋之普、乔钵、赵进美、宋琬、孙廷铨、吴达等，其中不少是降清贰臣。

顺治八年（1651）四月，顺治帝亲政之后，王铎奉命祭告秦蜀，归途于汉中罹患重病，次年二月卒于故乡。启行之前，他曾有书致戴明说，索画及诗，以壮行色。《与戴明说》云："望先生作送弟诗祭山渎，为光重。""大笔山水画超迈绝伦，与古人齐，世鲜有深知者，天眼非易遘也。弟治装，欲囊中载奇峰翠岚而南，时一展观，如对先生耳。"戴明说亦称："祭告秦蜀之役，先生急索余画及俚言为别。"戴所作诗即《送王觉斯大宗伯祭告秦蜀之行二首》，他为王铎作山水一帧，王收到后有一回书："画至此，苍老秀润，有骨有神，弟喜甚，捧之夸耀于人，如此精诣，外人安得知乎？谢谢。裱之，携之行李，又有一华岳矣。""骨"与"神"常常是王铎评论古画所用的术语。这幅山水由王铎装裱之后纳之行李，果真是壮游之具了。

在王铎去世之后，戴明说在写给其子王无咎的信中，忆及王铎对他的教诲。他自称旧奉王铎书画教，继复以诗歌见知。在整理行箧时，看到王铎所寄断简残批，藏歌积札，不禁声泪俱下。戴明说认为，王铎执经史六书之柄，昭如日星，灏淼如河汉，但他常常移夜与戴浊酒长吟，无所靳惜，"不佞梦检余生一二朋友中，宁可易得"？在所作《遥哭王觉斯尚书四首》小序中，戴明说再一次谈及他和王铎深厚的友情："觉斯先生文祖周秦，诗字综汉魏晋唐诸家。向余掖垣辟咡，乙酉后乃比邻。每勉余曰：'公画胜诗，诗胜字，画道渺穆，难世语，诗字微绪，其岌岌乎，公曷图之？'……呜呼，余生后先生，其何以副先生之策彗也。"他将王铎对他的评价与勉励视为一种鞭策。在诗中，戴明说提到他们毗邻而居，时有唱和："北地每怜评旧史，东邻久许和新章。"而王铎的书画则令戴明说激赏："笔腾骏骨乾坤老，画悟峨眉雷雨余。"他也引王铎为知音，他们在买醉中有着共同的愁绪，又都熟谙对方书画的深意："许我能知愁里醉，惟君能解画中诗。"

……

在清初，王铎与戴明说经常一道观画聚谈。有一次王铎约游汪公园：

"汪公园虚席候先生，翳然青苍，聚谈挥麈，何可无戴安道高论也。弟作数行，鹄立俟履声珊珊，其乐孔皆。"信写完之后，王铎又补书："主人有古画，同一披观，何啻游五城十二楼。"可见观览古画对于戴明说颇有吸引力。有时王铎借得古画，也约戴明说同观："新借李唐、米元晖、高房山，皆真笔至宝也。主人甚秘重，先生趁日晡过我一观，明日即来取归耳。"李唐、米友仁、高克恭，都是难得一见的大家，或许戴明说没有及时前往，画很快被主人取回，当戴提出借观时，王铎怪其姗姗来迟："画前日业取去矣，何不蚤遣苍头借观？"有时，王铎也与戴明说一同鉴赏古画，如范宽《雪山楼观图》上有王铎小楷题识："范宽沉着，无虚浮气。"对幅小行书又题云："华原范中立真笔，古骨远韵，世鲜其俪，良为至宝。丁亥（1647）春日王铎鉴定。"这件作品上也有戴明说的鉴定观款："范华原真迹，丁亥四月，戴明说观。"

百无聊赖之际，王铎时常借翻阅书画自娱，"弟病疟后岑寂之极，偶一披瞩字画，辄作敷愉。又不耐读书，读书则头晕臂楚矣"。有时也向戴明说索观藏画，"有得好画轴与册不？如有，令银鹿持来，贫冗中一快事也。望之，切切"。王铎及其兄弟王镛、王鑨是明清之际重要的收藏家，戴明说也有同样的志趣。鼎革动乱之后，他在北京大量收购散出的绘画与刻帖，系于张僧繇名下的《雪山红树图》就是他的藏品之一。不过大部分时候，都是戴明说请求王铎为他的藏画鉴定。在王铎写给戴明说的信中，屡屡提到鉴定题跋，"画题奉上，覥之耶"？

民国《沧县志·人物·儒行》记载：

戴王纶，字经碧，幼颖悟，读书抉奥旨，解说多出人意表，文有奇气，书法潇洒遒媚。顺治十二年，一甲二人及第，授翰林院编修，历任江西布政司参议粮驿道。旋里后，诗画益古，奥绝蹊径。每晨作书一通，一时楷模之。

民国《沧县志·人物·儒行》记载：

戴王缙，字绅黄，学问渊雅。顺治十五年，连捷进士，授江西南昌推官，回避改扬州缺裁，改授山东德平知县。食用俱取之家中。德平距沧二百余里，其别墅孝林庄去德平尤近，每秋即令佃人运薪米至署，清节一时无两。重修邑乘，时称博洽。内升行人，迁御史，巡西城。寻以福建道监察御史巡视两淮鹾务，未抵任而卒。所著详《艺文》。

民国《沧县志·人物·儒行》记载：

戴暻，字俛孳，康熙四十七年举人，工诗、古文词，书法兼摹诸家，曲尽其致。

民国《沧县志·人物·儒行》记载：

戴寅，字统人，聪慧绝伦，康熙四十六年举人，随兄至京师，与吴茂山、汪武曹、何屺瞻诸名士游，学益进。为文千言立就，诗步晚唐，画仿宋元，尤工填词。授江西定南知县，以事罢归。性豪放不羁，不问家人生产。卒年五十五。

嘉庆版《长芦盐法志·人物·进士》记载：

戴寅，严镇厂人，康熙戊子科。

民国《沧县志·人物·儒行》记载：

戴宽，字敷在，明说族曾孙，康熙三十八九年连捷进士，选庶吉士。诗文新颖秀发，多逸趣，识者谓得王士正风格。以疾归里。清圣祖南巡，献诗八章，温旨嘉奖。卒年三十二，士林惜之。

嘉庆版《长芦盐法志·人物·进士》记载：

戴宽，严镇厂人，康熙庚辰科，官翰林院庶吉士。

民国《沧县志·人物·儒行》记载：

戴鸾图，字纶谱，家贫力学，道光六年选拔贡生，八年举于乡，署宁晋县教谕，率生徒以实行。子问善亦以选拔贡生举于乡。

民国《沧县志·人物·儒行》记载：

戴问善，字华使。父鸾图，母氏刘。生而岐嶷，读书五行俱下。年十四，入州庠。道光己酉，由廪生中拔萃，朝考第一，中本科举人。屡试春闱不第。同治中，以大挑选保定新城县教谕。其教士，先德行后文艺，谆谆然惟忠孝是务。尝谓，士当志在经世，若仅以文字为剌取科名之具，大背朝廷求贤之本意。士皆化之。光绪改元，升补蔚州学正，教士一如任新城时。后以老乞休，优游林下，晚号清净老人，著有《明净书室诗文集》，藏于家。子官彤、官彭，孙四华，孙春笙、春和、春麓。官彤，字召伯，幼承家学，豪于诗文，以侍父远官蔚州，二十八岁始入泮，七举乡试不第。光绪壬午科，卷已荐，旋以额满见遗。家世素贫积，父奉政公二十年之清俸，以之置田园、起庐舍，皆一手经营，措置裕如。父以其有综理才，悉以家政委之。亲友有贫乏者，一言告贷，无不立应。所居之村或有骨肉相争、邻里相斗，他人所不能调停者，皆赖彼一言而决。光绪庚子，拳匪肃起，村人议设坛炉，官彤识为邪术，恐其召祸也，严束己之子弟及佃人不得习拳。事后，村中无一人被累者。宣惠河梁家场桥朽败，行人裹足，官彤劝募重修，首先捐资，闻者争先恐后，不数日醵资数千，刻期告成。由是行人称便。其利物济人皆此类也。年六十有六，终于家。著有《听鹂书室诗文集》，子孙皆以耕读世其家。

民国《沧县志·人物·儒行》记载：

戴延韶，字希夔，州庠生，明宫保才十世孙也。赋性安和，寡言少怒，凡所为图章、篆隶、花卉，皆取法先正而静穆之气溢于笔楮，尤蕴藉工诗。为母姜孺人殉粤军之难，著有《沧桑列女吟》一卷、《彤辉吟草》一卷。又佐于编修，光甲册封琉球，著《袖海集》一卷，因号袖海客子。年五十二卒。

民国《沧县志·人物·儒行》记载：

戴广涵，字镜源，先世自浙之某县迁沧州，世有科第，为州望族。广涵性纯泊，既领乡荐，绝意仕进从政。门内事父与继母，朝夕在侧，不命之退不敢退，应使给需未尝失措。年五十余，犹有婴儿之慕。亲殁，五日一哭奠，至于服除，哀如初丧。兄弟六人以道义相切劘，无违言，无忤色。子弟亦服习其教，雍雍如也。广涵虽遗外世事，而乡里善举，或有急难，力所及无不为。一准以义，不以利害迁就。事成，不任受德。曰：吾所当为耳。性好学，诸经皆有解说，尤喜宋儒之书，深究而力践之，已老而劬学如故。鸡鸣而兴，夜分而寝，虽疾病不辍。临终，犹著《病中录》以自勉。古所称为己之学，其庶几焉。光绪十年正月卒，岁七十有九。弟恩涵，与兄齐名，咸丰壬子科举人。

民国《沧县志·人物·儒行》记载：

戴岚，字晓峰，天性孝友，刻苦力学，中戊寅科举人，授平谷县学正。平俗士不嗜学，岚招诸生集学宫，诱掖教导，士习丕变。学使大为嘉奖。寻告归，平邑士庶多人饯送境外。嗣设帐静邑独流镇，教授生徒。一时及门生徒辈，登贤书捷南宫者，蝉联不绝。岚天资、学力皆臻其极，惟文章憎命，屡蹶春闱。天定胜人，其信然乎。

民国《沧县志·人物·儒行》记载：

戴万森，号艮山，邑庠生，性疏荡澹泊，不慕名利，嗜酒，工诗，书法笔力遒健，人以米颠目之。沧郡渤海书院匾额，其遗迹也。晚年益纵情诗酒，辟小园二亩杂植花木，构茅屋三椽，栖迟偃仰，翛然物外，有孤山林和靖遗风。

沧州师范学院于秀萍2007年撰《〈沧州戴氏族人钩沉〉——河北沧州地方文化资源的典型展示》中记载：

故老相传，在明清时代的沧州有八大家族：戴、刘、吕、王、于、迟、孙、庞，其中以戴氏居首，其家族发展历程在明清两代具有典型性。

戴氏发迹始于五世祖戴才，戴才科举高中与沧州的民族构成有关联，沧州是一座回汉杂居的古城，其中回族刘氏是于明初由南京二郎岗“随龙保驾”而来到北方定居，发展到第八世刘桓谷，成为一位以开办私塾为业的先生，就是他出资培养，戴才金榜题名。戴才进入仕途，不忘师恩，遵师嘱在师门前小河上建石桥一座，以方便过往，这座大石桥的修建为沧州增加了一条俗谚：“刘家石桥戴家修，戴家修桥刘家走，刘戴一家”，这是沧州回汉关系融合的一件典型事例，同时也成就了戴才行善积德之功。自是戴氏重视诗书，发展科举，以后代有闻人，成为声名一方的科举家族。

戴氏家族的发达还与它奉行的婚姻原则有很大的关系。戴氏是传统的中国式家族，婚姻习惯自然也脱不了传统，《礼记·婚义》说：“婚姻者合二姓之好”，即在古代，婚姻是两姓两家族之间的事情，不是个人的事情。容城大儒孙奇逢在定家规时又说：“择德以结婚姻。”沧州戴氏遵循以上原则，在缔结婚姻方面是很慎重的，形成了自己的选择标准，即他选择联姻家族的标准是科举文化与德业，笼统地说即该家族的文化背景。张杰教授曾有结论："在科举家族的婚姻行为中，除了从政治上考虑之外，更受重视的是双方的文化背景，在中间起决定作用的往往是家族的文化素养，而不是权力和财富，在相当大的程度上，科举家族的婚姻行为，突出体现出一种文化行为。"明清两代沧州为畿南重镇，科贡接踵，人文茂盛，出现了一大批科举家族，像任丘边氏、李氏，南皮张氏，集北头刘氏，东光马氏，景城纪氏，河间戈氏、刘氏、吕氏、王氏，交河李氏、苏氏族，等等，沧州戴氏通过与他们结亲就和他们共同支撑起了沧州的人文大厦。

家谱资料显示的戴氏家族的通婚信息是：与戴氏联姻的家族几乎个个皆为官宦之家或儒士之家，在此仅举几例为代表：

《戴氏族谱》：戴明召，娶南宁府知府、封赠南京兵部尚书范永年之女；戴绍科，子二，长世懋，娶郡人宝庆府知府吕子桂女，次世愈，娶青县学生王茂学女；孙女二：一字广东道御史王国祚孙、郡学生阶子兆兰；一字宝庆府知府吕子桂孙、郡庠生咏子祖。

范氏、吕氏、王氏都是明清两代沧州有名的科举大族，范永年是沧州吴桥著名大学士范景文的父辈，吕子桂是沧州有名的清初第一榜眼吕缵祖的祖父，王国祚是明朝广东道监察御史，这些人都居官在外，但家族影响仍在家乡，仅略举资料就能看出这些家族之间不仅有联姻，而且多是世代结亲，通过这种方式建立起的家族关系网，使我们更不可小视家族力量在地方上形成的深远影响。

更多的资料表明，沧州大族之间不仅世代互结姻亲，还与其他地方的文化大族结成姻亲，这样就更扩展了他们的文化影响。

戴氏族谱：戴王纶，戊子经魁，乙未赐进士及第一甲二名，娶户部左侍郎王讳公弼女，继娶江南巡按御史、至圣裔孔讳胤樾女。

以上包含了沧州戴氏与山东曲阜孔氏的联姻情况，山东曲阜孔子世家是中国传统思想文化的发源地家族，他们之间的联姻更是典型的文化联姻。

……

戴明说人称“定园公”，所以定园就是指的戴家园，戴氏于明朝永乐二年在明初大移民中由浙江绍兴府余姚县大戴村迁沧，五世祖戴才官至明兵部尚书，父母去世后，嘉靖皇帝为其父母赐茔墓祭葬，选址在八里屯，即现在的戴家坟村西立坟，坟土全部用船沿运河从浙江绍兴老家运来，大批船队源源不断地到达，坟茔用土已够，其他的土戴才就命令卸在了运河西岸，由于这部分江南土终年湿润，土质好，戴才的曾孙清户部尚书戴明说就利用其在运河西岸建起了一片私家园林，这片园林占地一百二十亩，大门朝东，壮观华丽，门口上有定园公亲书匾额：“戴府定园”。园内有居所、有祠堂、有庙宇、有学堂，远看绿荫碧瓦、鸟语花香，近观建筑别致、幽静素雅，是个治学的好场所。戴氏族人以吟诗作画功力见长，除了家族的培养，应该也是得益于此园林所提供的优雅氛围，其中戴明说还因此屡获清世宗奖赏，并赐银图章一枚，上刻“米芾画禅，烟峦如觌，明说克传，图章用锡”十六个字，戴明说致仕后，许多书画作品都是在定园完成的，存留至今的卷轴如《墨竹图》等，珍藏于故宫博物院、河北省博物馆、重庆市博物馆，江苏省美术馆等十几家单位，具有很高的艺术价值。

沧州戴氏祖籍浙江余姚，明永乐二年（1404）迁居今黄骅齐家务乡李村，传至五世戴才发迹，中进士，官至兵部尚书。随后成为明清两朝科第世家，先后参加科考者多达 251 人，出榜眼 1 人，进士 4 人，举人 14 人（其中武举 3 人），监生 70 人，贡生 17 人，庠生 57 人，廪生 12 人，增生 10 人，武生 10 人，其他科目 56 人。为官者达 95 人，其中武官 10 人，官居七品以上 30 人、五品以上 8 人，一品尚书 2 人。计有布政司参议、监察御史、盐运使、按察使、太医官、翰林院庶吉士、文华殿中书舍人、知县、州判、县丞、县典史、教授、学正、教谕、训导和守备、千总、营官、巡检等官职，有 6 人被授赠资政大夫兼右都御史，7 人被授为中顺大夫、中宪大夫、奉政大夫、奉直大夫，2 人被封赠明远将军，2 人被封赠武略骑尉，堪称明清沧州第一宦族。尤其戴才曾孙戴明说，不仅官至一品，而且文采风流，诗文书画冠绝一代，是明末清初最著名的沧州人。后代戴王纶、戴王缙、戴暻、戴宽、戴寅、戴廷韵等也都入“儒行传”，多有诗文书画传世，可谓“诗书继世长”。

戴才（1514—1586），字子需，号晋庵，官至南京刑部尚书、南京兵部尚书，赠太子少保。

戴明说（1609—1686），字道默，号岩荦，号定园，明末官至兵科给事中，清初官至户部尚书、东阁大学士。其为官以直言进谏、勤政爱民著称，其绘画备受清顺治帝和时人推重，书法深受王铎影响，学问受益于孙奇逢，著作有《定园诗集》《定园文集》等。其长子戴王伦、次子戴王缙亦中进士，且戴王伦为榜眼，是沧州清朝仅有的两个榜眼之一。

- **明朝廉吏曹梅**

康熙版《盐山县志 · 人物 · 进士》记载：

> 曹梅，字龙洲，知县孜孙。嘉靖丙辰科，累官南京户部郎中。政事之暇，手不释卷。旋里时，行李萧然。

民国《盐山新志 · 人物》记载：

> 曹梅，字龙洲。父孜，由举人知河南修武县，平易多惠政。梅由进士任户部主事，榷京师商税，于常数外积羡余银，俱进诸朝。后迁南京户部员外，榷扬州，税羡余亦进诸朝，毫丝不染，为一时廉能之最！政事之暇，手不释卷。

曹梅（1518—1573），字子和，号龙洲，进士出身，官至南京户部郎中，以廉能著称于时。曹梅墓在今黄骅市旧城镇大六间房村曹氏祖茔，墓侧有残损石碑。

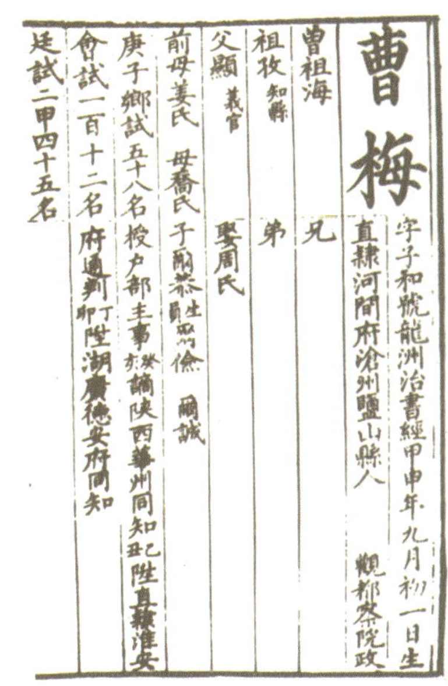
曹梅
字子和號龍洲治書經甲申年九月初一日生
直隸河間府滄州鹽山縣人　觀都察院政
曾祖海　兄
祖玫 知縣　弟
父顯 義官　娶周氏
前母姜氏　母喬氏　子爾恭 生員　爾徐　爾誠
庚子鄉試五十八名授戶部主事 癸未 謫陝西華州同知 乙丑 陞直隸淮安
會試一百十二名　府通判 丁卯 陞湖廣德安府同知
廷試二甲四十五名

《明代进士登科录汇编·曹梅》

- **清初高僧释恒基**

同治版《盐山县志·人物志·方外》记载：

> 僧恒基，韩村镇华严寺二十七世宗派也，善书、能诗、精内典，性嗜酒，然研究经义，每昼夜不倦。一日有悟，遂作戒饮歌以自矢。后云游名胜诸招提，至津门古佛寺，推为方丈。时河督于襄勤公成龙寻查河口至寺，与谈终日，辨论不穷，通达无滞。书赠“现身说法”额，以奖之。

僧恒基，清初高僧，丁诗词、书法、佛理俱有很高造诣，而且嗜酒，极有性情，曾常住韩村镇（今黄骅市区）华严寺修行，后转至天津古佛寺任方丈，与清初名臣于成龙交游，颇受推重。前文曾记华严寺情况，由此可略窥当时黄骅区域宗教、文化情况。而恒基弃此去彼，似乎也反映了当时黄骅区域渐衰落，而天津区域渐兴盛的时代变化。

清初名宦刘泽霖

民国《盐山新志·人物》记载：

刘泽霖，字雨若，号甘露。父国裕，敦笃德行。泽霖性刚直，遇事敢为，以拔贡任陕西汉中府同知，筑修汉水长堤，民赖其利，号为“刘公堤”。时吴逆为平西王，由汉移滇兵，骄甚，债折居民子女人口，号泣满道路。泽霖惩其尤不法者，复倡捐数千金赎回，流离子女赖以完聚者千余家，阴德尤厚，民有“救苦刘观音”之称。升凤翔府知府，令行禁止，政无不举，作《劝民七歌》，民风丕变。凤宝扶岐积欠十数万金，官民交病，泽霖反覆痛切上陈，院司亦为流涕，竟得全豁。凤郡人为刊《莅凤简言》以纪其政。入觐时，便道归里，知盐邑苦通草之累，谋诸当事，力请缴还部价，代民偿四百七十余金，累以永绝，乡里赖之。著有《莅凤简言》四卷，祀陕西名宦祠。

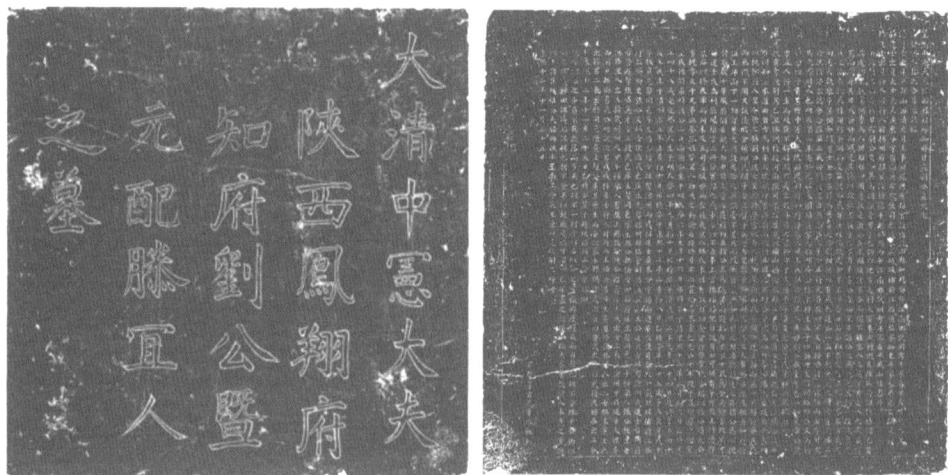

刘泽霖墓志铭及盖拓片

民国《盐山新志 · 金石下》记载：

陕西凤翔府知府刘公墓志

（在城西北里许）

邑知县即墨黄贞麟撰

广东领南道沧州张文炳篆额

行人司行人沧州戴王缙书丹

余莅任之始，即与甘露刘公交知。其为倜傥奇男子也，访以地方之利害事宜，必慷慨直陈无所谓隐情。惜己者，其处乡里族党间，尝为人排难解纷，周急扶危，出于义激，虽顶踵弗吝，而独不能容人之过，不肯受人之欺，或慢骂而显斥其非，或擿发而如见其隐，以故乡里族党亦多有不喜公者，而究亦谅公之无他也。大约戆直之气本于天性，颇与余同，而交益深。公或执性稍过，余亦不惮苦口，而公辄乐闻，益昵就余。冢君肯武志向远大，执举子业问字于余，余亦乐得而磨砻之，务期相与以有成也。迨公一病不起，余哭之痛。兹肯武捧其行状，泣涕求志。余念莅盐三载，所称深交者，无逾公父子，今且行矣，曷敢以不文辞。按，公讳泽霖，号雨若，字甘露，其先滦州人也，明永乐二年迁于邑之才元镇，遂家焉。祖明庵公隐于耕，生五子。仲号冲寰，讳国裕，即公父，笃行好学，以覃恩赠如子官。前母张氏赠宜人，继王氏早卒，母张氏赠宜人。刘氏今在堂，孝养如一曩昔。公昆季五人，行一，生而歧嶷，不好嬉戏。六岁，出就外塾，名噪于乡。顺治丁亥，补弟子员，有声黉序。戊子科试第一，以覃恩拔贡考授别驾。己丑，依例改授河南陈州卫，经历截缺补山西沁水县，二尹虽微员必尽厥职。己亥，升陕西汉中府同知。汉水灌田自古为利，年久堤坏，肆害特剧，而水利且因之不均起争端焉。公目击心伤，为筑堤若干丈，树以桃柳，行人至今歌之，号“刘公堤”云。至于修学宫以养人才，锄豪强以扶善类，供应王师而无一不办，体察民隐而无微不周。又设法醵金，赎回民间子女之质于兵营者，完聚千余家，此尤阴骘之大者。癸卯，升凤翔府知府，复值王师南下，一切刍茭夫舆，设处给之无误，毫不累民。而凤属巨害无如影射之难清与积逋之莫措，公悉心搜剔，数十年夙弊洞若观火，即申请上台反覆，痛切直指，公至为流涕。题豁者不下数十万金，其余善政不可殚述。士民为刊《莅凤简言》二册，皆实录也。甲辰题叙即升。戊申，以不善事上官，拂袖归里。自谓，有田可耕，有子可教，且将优游泉石，以终天年。何未及五旬遽厌世而长往哉！宜人滕氏，秉性贞淑，自幼食贫作苦，常脱簪以佐公读。凡公事亲孝友，于兄弟抚养孤侄，皆宜人助成之。勤俭若将终身不以翟褕易寒素也。先公十年，没于凤翔署中。侧室王氏，性颇柔顺，后公二日而殒。公生于前明天启六年九月十六日卯时，卒于国朝康熙十二年二月初六日巳时，享年四十八岁。子五人：肯武，拔贡；绪武、捷武、瞻武、接武皆庠生。女三、孙二、孙女四，今卜康熙十二年十一月二十五日合葬于县城西之新阡。

铭曰：呜呼！以公之少负不羁磊落而多英也，胡不一列乎科名？以公之宦辙所历随处而有声也，胡不晋陟乎公卿？以公之壮岁归田课读而课耕也，胡不登年以观厥成？呜呼！留一己不尽之福，将以贻夫奕世；敷前人未竟之业，期以卜诸佳城！惟公夫妇，偕彼小星，尚其含笑九泉伫见后嗣之峥嵘！

刘泽霖（1626—1673），字甘露，号雨若，祖籍滦州，明永乐二年迁居盐山才元镇（今黄骅市旧城镇才元村），官至陕西凤翔府知府，救助疾苦，造福一方，入陕西名宦祠。著有《莅凤简言》四卷。

- **清初县令黄贞麟**

《清史稿 · 循吏传》记载：

黄贞麟，字振侯，山东即墨人。顺治十二年进士。十八年，授安徽凤阳推官，严惩讼师，阖郡懔然。大旱，祷雨未应，贞麟曰：“得无有沈冤未雪，上干天和乎？”於祷雨坛下，立判诸大狱，三日果雨。江南逋赋案兴，蒙城、怀远、天长、盱眙各逮绅民百余人系狱候勘。狱不能容，人皆立，贞麟曰：“彼逋赋皆未验实，忍令僵死於狱乎？”悉还其家。及讯，则或舞文吏妄为注名，或误报，或续完，悉原而释之，保全者五百家。

河南优人硃虎山，游食太和，发长数寸，土猾范之谏与昝姓有隙，诬以藏匿故明宗室谋不轨。事发，江宁推官不敢问，以委贞麟，贞麟力白其诬。逮至京师复勘，刑鞫无异，乃释昝姓而治之谏罪。颍州民吴月以邪教惑众，株连千余人，贞麟勘多愚民无知，止坐月及为首者。捕人索财於水姓，不得，指为月党，追至新蔡杀之。乡人来救，并诬为月党。抚镇发兵围之，系其众至凤阳。贞麟廉得实，惩捕而尽释新蔡乡人。其理枉活人类如此。旋以他事解官，得白。

康熙九年，改授直隶盐山知县，地瘠而多盗，立法牌甲互相救护。有警，一村中半守半援，盗日以息。清里役，逃亡者悉与豁除，不期年，流民复业数百家。十二年，旱，谓父老曰："大吏使勘灾者至，供给惟官是责，不费民一钱。"及秋徵，吏仍以旧额进。贞麟曰："下输上易，上反下难。待准蠲而还之，反覆间民必受损。"立令除之。又永革杂派陋例，民皆感惠。内擢户部山西司主事，山西闻喜邑丁徭重，力请减之。监督京左、右翼仓，因失察侵盗罢职，卒於家。

康熙版《盐山县志》载黄贞麟撰《增修序》：

岁壬子，诏修天下一统志书，命直省各以山川、土田、户口、赋役、人物、风俗、疆域要害，条例于书，以备采辑。由是而方伯而守令，咸集舆论、稽故实，综核恐后。县以所志呈之府，府会县载为府志，上于省，省集府志成为省志，达诸部，诏令所至，不钦承者。

贞麟固陋不文，承乏盐邑，惧无以光泽斯土，中自愧焉。窃谓世道之患莫大乎乱，古今之是非，志非以传信耶？邈矣三代，名实纷纭，君子伤之，属辞立义，岂无其征？而为不肖所窃，乃独行违俗，或潜德之不彰，悲夫！世无清议，人道息矣。载笔之士而迫横口、屈请寄，又安取此？

盐山志成于康熙辛亥，为前任朱公纂修，麟幸属后尘，享有成迹，庶免乱是之惧，乃盐之诸生数请订正不已，缙绅先生又请之不已，乡之父老又请之，佥曰："邑乘录贤，宁独褒扬是寄，亦曰前有可慕，后将效焉。"盐虽小，材不可枉，某某节孝、某某孝义，志所遗也。彼蹈仁持义，自不计名身后，而史氏不书，起后之疑，失不在小。且夫移风易俗，长人之责也。盐不睹有道之训，渐于时会，今不逮古。幸侯之莅止，抚我课我，谆谆铎书是谕，将改观焉。君子大复古，奈何其仍之。

麟不获辞，乃取朱公所志，节孝增修，风俗删正，附以厘弊数条，余无异辞，苟为逢世希名，不衷于度，则有盐之父兄子弟在。

康熙十二年，岁在癸丑，知盐山县事即墨黄贞麟撰。

康熙版《盐山县志·赋役》记载：

革除弊款勒石详文

直隶河间府沧州盐山县为积弊已革，恳申勒石，以垂永久事本年四月十五日，据乡官傅继说等、生员赵广等、乡民孙希等呈前事，呈称："窃惟国计之治忽，视民生之利害，而民生之利害赖司牧之兴除。诚使目前已获安全，日后犹知遵守，乃称宜民尽善道也。夫弊端之积，由来有渐，初或以区画未当，或以厚利可居，或左右欲济其私，而微言以中；或始初原欲便民，而遵行失实，乃至益岁滋，以故势重难返。虽上台尝以禁止私派、严革杂项檄下所属而上下相蒙，为害斯固。盖以民财只有此数，杂项繁多，遂并正供不给。丰年犹可支持，一遇岁歉，公私交匮，地荒民逃之害，即本诸此。

恭逢台下莅任以来，约己恤民，悉诸弊害而除之，民获安堵但恐苏息未几，继此难必，前辙可鉴，害可胜言。呈乞台下，既为真父母视民如子，未有父母而不为其子谋久长者。恳将后开弊款转申各上台，俾得勒诸石碑，以垂永久。外以培民生，内以固国本。上舒名上台夙夜之忧勤，则盐之子子孙孙俱食弘德于不朽矣。款列于后，须至呈者等情呈县。据此，该盐山县知县黄贞麟看得，盐山滨海下邑土碱民贫，数十年来，加之以水旱，累之以逃盗，赋税日诎，狱讼繁兴，城垣只存瓦砾，村落更复寥寥。官罹降革，民苦流离，盐之困殆已极矣。揆厥所由，实盐民之劫，非盐民之罪也。以仅存之皮骨，供无穷之溪壑，功令炳若日星，奉行视为故事。自里差以及细务，无非额外科征，朘民膏血，嗟此孑遗，乌得不富者日贫，贫者日遁耶？

职谬叨民牧，目击心伤。康熙十年八月莅任之后，细心查访随事革除，只期尽下吏职掌，体各宪鸿慈，原不敢掠美沽名，轻上听。今据盐邑绅士百姓以为杜之目前，未必除之异日，行之一时，不如垂之永久。职为地方起见，不辞嫌怨，冒昧胪陈，伏乞宪台垂念残疆积弊，苦累民生，俯示宪石勒石。

民国《盐山新志·法制》记载：

旧志载，康熙九年，黄贞麟请裁差徭十项。

黄贞麟（？—1694），字振侯，山东即墨人，康熙年间任盐山知县，勤政爱民，兴利除弊，蠲除杂税差徭，百姓受惠。后入《清史稿·循吏传》。相关记载亦可略见黄骅当时社会情景。

- **清朝老秀才杨焘元**

民国《沧县志·人物·儒行》记载：

杨焘元，城东杨春庄人，天资颖异，好学不倦，年十五应州、府院试，皆第一。一应乡试，即罢举业。致力于经史子集各书，晚年尤研精佛学。平生讲学最久之地为盐山之百尺杆、柳林庄。与盐山李孝廉念兹朝夕过从，彼此谈论，深相契。凡念兹有所疑必以问，问无不知，知无不答。念兹称为益友，其为人敬佩如此。其所著述有《四书管窥》一书，余多散佚不传。

杨焘元，清代秀才，沧县城东杨春庄（今黄骅市滕庄子镇杨春庄村）人，一生沉浮乡间、湮没无闻，幸有书传世，得入旧志儒行传。

玖 民国时期

《冀察政务委员会公报》1936 年第 72 期刊发了当时的河北省政府关于成立新海设治局的政令，主要内容如下：

查本省沧盐两县所属滨海区域，地面辽阔距县窎远，遥治颇难，且向为土匪出没之区，亟应筹备设治，俾资治理，以清匪患，兹特划定沧县第五区全部及盐山县第五区第六区之大部各沿海地方二百三十八村，为设治区域，名为新海设治局，指定韩村为设治局地点，委任刘凤池代理设治局局长，归沧县区行政专员督察指挥。并指定河北省新海设治局组织条例，于二十五年九月二十九日公布施行，刊制木质关防一颗，文曰："新海设治局关防"，颁发启用。该局行政司法经费，由民政财政两厅另编预算，照三等县额数办理，除委任并分行外，合行抄发新海设治局组织条例，设治计划，设治局区域简图，并检发木质关防。

另外，该公报还附了此前拟成立新海设治局的计划，主要内容如下：

拟划定某某设治局计划

一、设治理由

甲　沧盐两县滨海区域地面辽阔，遥治颇难，且匪患时起，素称难治，亟宜划区设治以清匪患。

乙　沧盐两县海岸线纵长一百一十余里，为海防重地，有设治就近协防之必要。

丙　沧属祈口地方为捷地域（减）河与兴济河入海海口，较大船舶可以随潮往来，与盐山沿海十八铺均为走私地区，非设治协助查缉不足以断绝来源。

丁　沧盐两县滨海区域鱼盐之利甲于全省，沧属之同居镇及道口两处、盐属之羊二庄尤为产盐名区。在昔盐产丰饶，自盐产停办，弃货于地，已均废为荒瘠之区，滩荒辽阔，谷草不生，人民贫苦，迥异往昔。不亟为设治管理，难免奸民发生事端。

基于以上种种理由，沧盐两县滨海区域划地设治实有必要。

二、设治局名称

据前述应行设治各点，谨拟定设治局名称数则，敬请采择：

慕义　立忠　富民　敷仁　明德　兴海　兴安　永静

三、区域范围

查沧县沿海区为该县第五区，沿海区亦为该县第五区，而盐山第六区介于此两区之间，故划区设治，须将沧县第五区全部、盐山第五区、第六区之大部一并划入范围之内，方成局势。此次划界拟北自沧县第五区之南堤村起，经吕郭庄、王吉庄、韩庄子、葛古堂至李官庄止，与兴济县划分，划出面积计三千一百七十四方里。又沿沧盐旧界，迤南自刘月庄起，经于常庄、刘常庄、郑仁庄、刘谋庄、仙庄、大湾、汗头、张皮庄至蔡庄子止，与盐山划分，划出面积计三千五百四十二方里，两县合计划出六千七百一十六方里，东西宽七十七里，南北长一百四十里，成为一狭长形，东临渤海，南邻盐山及山东无棣，西界沧县、青县，北界天津静海。

四、设治局所在地

查该区域内可作设治局所在地者有二：一为盐山属之韩村，一为沧县属之吕家桥，二村互距四十里，按全区域计，吕家桥实为偏北，韩村则稍偏西南，酌量情势，以韩村较为适宜。

五、区域内村庄及人口粮租数目

一属于沧县者

甲　村庄　一百零六村

乙　人口　七万零四百二十五名口

丙　粮租　一万二千三百七十六元零零二厘（当沧县粮租未划分前百分

之十七略强）

二属于盐山者

甲　村庄　一百三十二村

乙　人口　八万三千零一名口

丙　粮租　七千六百五十三洋二角零三厘（当盐山粮租未划分前百分之十五略弱）

六、划出区域内地方附捐及其他杂税数目

甲　属于沧县者

一、地方附捐洋一万三千四百九十三元

二、契税洋三千六百元

三、牲畜牙税洋五百元

四、屠宰牙税洋五十五元

五、秤鲜果牙税洋二百五十元

六、斗行牙税洋六百七十八元

七、牲畜正附税洋八百九十元

八、屠宰正附税洋一千三百八十五元

乙　属于盐山者

一、地方附捐洋一万一千六百五十六元八角八分一厘

二、契税洋三千八百九十四元五角

三、牲畜税洋一千八百四十元

四、屠宰税洋一千一百六十元

五、牲畜牙税洋九百五十二元

六、斗行牙税洋一千七百九十元

七、秤行牙税洋七百五十六元

八、屠宰附税洋三百七十八元

《历史地理》2014 年 7 月刊载傅林祥《抗战时期日伪河北省政区变迁》：

新海设治局，初在原治韩村西北 60 里处齐家务办公。1939 年 3 月 21 日迁回原治。“经与天津特务机关联络妥协”，渤海道尹呈请改县，省政会议于 1943 年 5 月 12 日议决核准。

民国沧县全境图，据民国《沧州志》

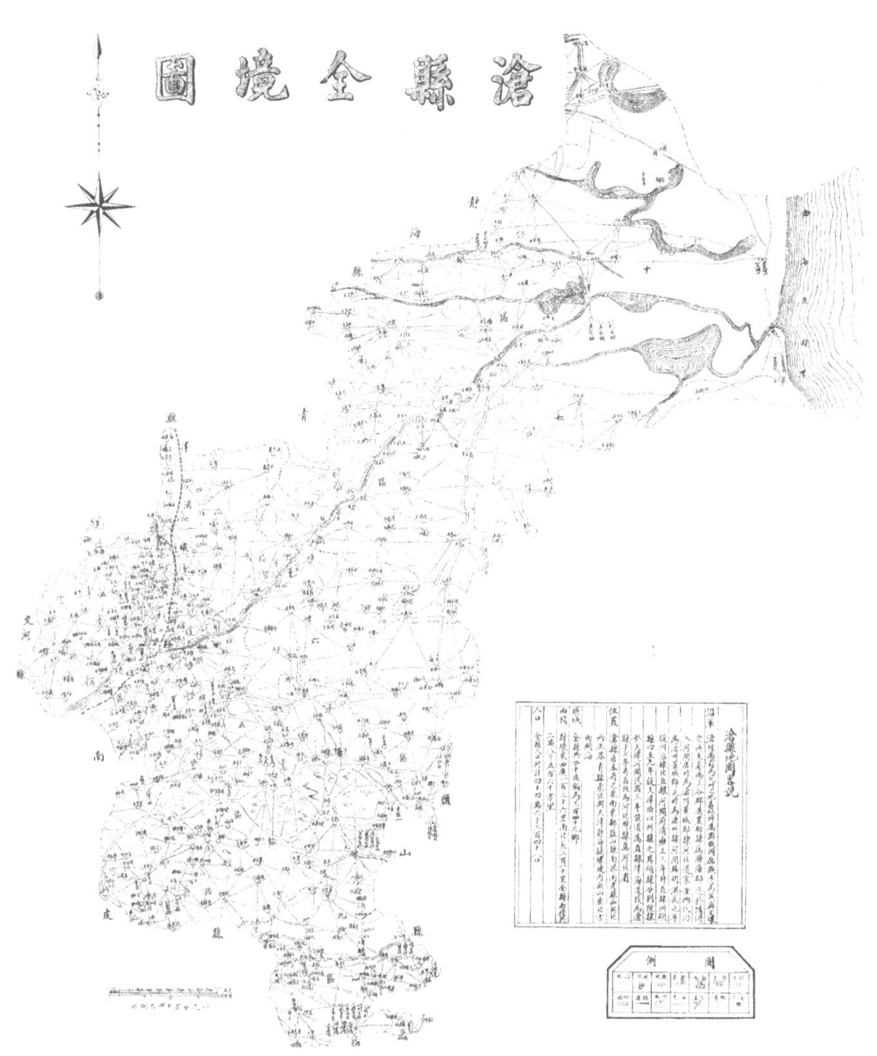

（一）遗址遗迹

- **张锡纯故居**

张锡纯故居位于黄骅市黄骅镇大仁村，始建于清咸丰初年，为青砖土坯结构，正房四间，东西厢房、门楼及南房遗址若干，占地面积 234 平方米，迄今已有 160 余年历史，系中国近代医学宗师张锡纯先生故居地（教书行医处），也是清末黄骅地区中西医汇通思想的重要传播地和汉军旗人文化的传承地。

张锡纯（1860—1933），字寿甫，盐山县张边务人，仁村刘氏甥，少年、青年、壮年时代在此宅前后居住累计 10 余年，近现代中国中医学界的医学泰斗，中西医汇通学派代表人物之一。1881 年，张锡纯携仁村刘氏两表侄赴京参加顺天乡试，落第后游学津沽兼习医理，回籍后长期以教书行医为业。1901 年，义和团运动失败后张锡纯隐居仁村，教书行医近三年，修订民间验方 3 册。1909 年，张锡纯完成大著《医学衷中参西录》前三期初稿。1910 年，仁村刘氏姑爷张慎为之作序，后相继付梓。1912 年，张锡纯应德州驻军统领之邀，任军医正之职。1918 年，应奉天军政两界之请，在沈阳创办我国首家中医医院——立达医院。1924 年，《医学衷中参西录》第四期出版。1927 年，充直鲁联军军医处处长之职。1928 年，在津设立中西汇通医社，《医学衷中参西录》第五期出版。1930 年，《羚羊角辩》（单行本）在上海出版。1931 年，《医学衷中参西录》第六期修订完成。1933 年春，张锡纯在天津创办国医函授学校，八月初八日病逝。翌年《医学衷中参西录》第七期出版。

《医学衷中参西录》全书逾百万言，其中张锡纯自拟方约 200 个、古人成方或民间验方亦约 200 个、重要医论百余处，涉及沧州境内数十个临床医案，几乎无一方、一药、一法、一论不结合临床治验进行说明。因此，张锡纯被尊为“医学实验派大师”。

- **赵博生故居**

赵博生故居位于黄骅市滕庄子乡慈庄村。遗址为土房三间，总长 13.6 米，进深 5 米，房基为青砖砌筑，砖墙基设芦苇隔碱层，上部墙体为土坯砌筑，外表抹麦秸垛泥，屋顶为芦苇苫顶，门窗采用木制。院子为麦秸垛泥的土墙，院子长 13.6 米，宽 12.7 米。院子东侧有一间偏房，建筑工艺同正房。1956 年黄骅县人民政府对赵博生故居进行翻建。赵博生故居 2009 年 7 月被沧州市人民政府公布为第四批市级文物保护单位，是沧州市青少年教育基地、沧州市国防教育基地、黄骅市退役军人思想政治教育基地。

- **黄骅烈士牺牲地遗址**

黄骅烈士牺牲地遗址位于羊二庄回族镇大赵村，大赵村黄骅烈士牺牲地为 5 间土房，总长 18 米，进 5.5 米，建筑面积 375 平方米。房基为青砖砌筑，砖墙基设芦苇隔碱层，上部墙体为土坯砌筑外表抹麦秸垛泥，屋顶为芦苇苫顶，木质门窗。院落长 18 米，宽 7.9 米，因年久失修，房屋已严重老化，2006 年 8 月按照历史原貌在原址上修建。修建后的院落总占地面积 3200 平方米，坐北朝南，分为南、北两院。南院正房依据黄骅烈士牺牲时的原景设计陈列。北院面扩间，屋内陈列着在羊二庄牺牲的烈士遗像、遗物和生平简历，记述羊二庄籍烈士的英雄事迹。原址东侧新建纪念馆，纪念碑西侧建纪念亭。院正中竖立黄骅同志全身塑像，正南方耸立着聂荣臻亲笔题词的“黄骅烈士纪念碑”。2009 年 7 月被沧州市人民政府公布为第四批市级文物保护单位。

（二）人物事迹

- **近代司法独立先驱刘若曾**

民国《宣化县新志·宦迹志》记载：

刘若曾，字仲鲁，直隶盐山县人，幼负奇禀，读书过目成诵，惟纯孝。咸丰间，发逆陷盐山，公父殉难，时公方幼，哀毁逾成人，至是茹素终其身。母太夫人苦节守志，抚孤成立，有欧母风。公幼承母训，以清光绪乙酉解元，成己丑进士，旋入翰林，受编修。甲午，典试河南，充壬辰会试同考官。历膺会典馆、政务处、宪政编查馆各要差，京察一等，授湖南辰州府知府。调长沙府，升通海道。旋随五大臣出洋考察政治。还京，授大理院长。公通籍后，所历皆清要。朝右巨制鸿文多经手订，再掌文衡，得人尤甚。长法院时，诸事多草创，公筹划经营，规模宏远，当事者倚如左右手。而公退食余间，惟以读书课士自娱。主讲宣化柳川书院最久。宣居北徼，风户晚开，公秀掖奖劝，成就甚众。一时知名之士皆出公门下。民国建元，政体改革，直省人士举公为民政长。公一切措施务持大体，不屑于急功近名。故民国元二年间，直省秩序独获安，全公之力也！嗣因时艰日棘，辞职家居。公素负重望，前大总统冯、今大总统徐皆公夙交，屡欲援引，而公竟矢志不出云。

《清史稿·宣统皇帝本纪》记载：

（宣统三年二月）己丑，外务部上勋章赠赏章程。命度支部右侍郎陈邦瑞、学部右侍郎李家驹、民政部左参议汪荣宝协纂宪法。以诚勋为广州将军，溥颋为热河都统。以贝子溥伦为农工商部尚书，世续为资政院总裁，李家驹副之，刘若曾为修订法律大臣。……

十一月甲子朔，袁世凯请废臣工封奏旧制。乙丑，命前署湖北提法使施纪云、前光禄寺少卿陈钟信四川团练。丙寅，成都尹昌衡、罗纶以同志军入总督衙，劫前署四川总督、川滇边务大臣赵尔丰执之，不屈，死。戊辰，赠恤死事广东潮州镇总兵赵国贤。壬申，皇太后命召集临时国会，以共和立宪国体付公决。初，袁世凯遣唐绍仪南下，与民军代表伍廷芳讨论大局，以上海为议和地，一再会议，廷芳力持废帝制建共和国，绍仪不能折，以当先奏闻取上裁，遂以入告。世凯奏请召集王公大臣开御前会议，终从其言。至是，乃定期开国民会议于上海，解决国体。甲戌，各省代表十七人开选举临时大总统选举会于上海，举临时大总统，立政府于南京，定号曰中华民国。戊寅，劝亲贵王公等输财赡军。大理院正卿定成免，以刘若曾代之。

《四川师范大学学报》2005 年 5 月刊载冉琰杰《清末编修民律之争议》：

刘若曾是光绪十五年（1889）进士，当过翰林院庶吉士、国史馆协修纂修、文渊阁校理、会试同考官、河南乡试正考官、八旗学堂副总办、湖南辰州府知府。光绪三十二年（1906）六月任太常寺卿，同年九月改为大理院少卿。从刘若曾履历可知，他对修史、科考、学务有经验，但法律方面的工作较沈家本资历浅。宣统元年（1909）七月，《申报》报道了刘若曾的近况，称他是“礼教家之专门”，以孝行闻名，最得张之洞器重，被赞为“才堪大用”，将升授礼部侍郎。虽然他没有真的进入礼部，但从其仕途经历、品行、传闻情况来看，他于宣统三年（1911）被任命为修订法律大臣，说明朝廷对待新律编纂的倾向性态度变化，即更加偏重维持礼教。

……

刘若曾担任修订法律大臣后，修律态度和办事方针都以维持礼教为宗旨，甚至有另起炉灶之意。《大公报》探知，刘若曾“决定将尚未入奏的法律草案，亲加详阅，大为修改，总期符合礼教，便利通行”。《北京日报》载文说："修订法律大臣既经易人，办事方针亦略有改变，闻沈大臣手中所业经订成各草案，现在刘大臣均拟另行纂辑云。"《大公报》亦报道："刘仲鲁少卿对于修正法律一事，抱定维持礼教宗旨。"至于民律，刘若曾很不满意其中的亲属编和继承编，有意今后奏呈民律时，将两篇除开，暂时不奏。法律馆的汪荣宝在宣统三年（1911）五月十一日日记中写道："到修订法律馆，子健告予亲属及承继法中，问题甚多，仲鲁畏首畏尾，意主迁就，现拟将此两编提开，暂不具奏，委诸将来编纂云。甚矣！编订法典之难也。"九月，修订法律大臣果然抛开亲属、继承编，只将民律草案的总则、债权、物权编上呈御览，奏折称："凡亲属、婚姻、继承等事，除于立宪相背酌量变通外，或取诸现行法制，或本诸经义，或参诸道德，务期整饬风纪，以维持数千年民彝于不敝……亲属、继承二编，关涉礼教，钦遵叠次谕旨，会商礼学馆后再行奏进。"十月，辛亥革命爆发，时局骤变，民律草案不了了之。北洋政府修订之清末民律，虽未颁行，但民间诉讼仍以清末民律草案为法理依据之一。

刘若曾书法

民国《沧县志·文编》记载：

沧州救灾记

刘树鑫

光绪三十有四年岁戊申，畿辅亢旱，赤地千里。自正月至于六月不雨，粮价翔贵，民艰于食，饿殍流离者道相望。直隶总督杨公士骧特为奏请平粜振抚、蠲缓租赋。朝廷立沛恩施。饥民全活者无算。沧州旱灾与毗连之南皮、东光、盐山诸县相等，邻境皆据实申报，列入灾重之区。沧居诸县之中，独未能一律沾恩。大理院卿刘公若曾慨然悯之，于是与学部侍郎严公修、翰林院侍讲学士李公士钤、三品军机章京华公世奎函达直督津守及沧牧，为州人力陈疾苦，遂蒙大府派员覆勘。其灾情较重者九十七村续为上达，得缓催科。更于尤重灾区由振抚局拨银三千两设局，平粜以济民食。并请于顺直助振局派员查勘，施放冬抚。一时沧境灾黎不啻再生，二三父老感刘公拯救之德，嘱余笔之，以表弗谖。余曰："诸君第知感刘公拯救之德，而不知公之志更有在也。盖自秦汉以来，吏治日弊，贪官污吏往往鱼肉小民以饱其私橐，其居要津者又以任重事繁不及察民间细事，所以亿万生灵呼吁无门，不得不冤沉海底。虽人主有爱民之至意，而其恩亦莫由下。沛今国家奋然立宪，政治聿新，林林总总者皆引领以观盛治。公之为是举也，盖以宣皇仁、达舆情，破蒙蔽之锢习，开自治之先声。从今上下一体，休戚相关，图自强而御外侮，将有深裨乎中兴大局者。此乃公之本意，而岂徒系乎桑梓之私哉！夫士君子束发读书，便当以先忧后乐为己任。后世儒者读书之志不明，故其达也于苍生亦毫无补救。今公本平日之学，广同仁之抱，而隐然寓其为国、为民之深心，此其志概为何如？而顾区区持乡闾之颂祷以为公荣，不且转嫌其隘哉？"众曰："虽然不邀誉者，公之志也；而同声颂德莫能自已者，乡人感激之忱也。是不可以强违。"余既然其说，遂为之记。

海兴博物馆藏刘若曾为其亡妻所撰《清封一品夫人亡室刘夫人行状》，全文如下：

呜呼！夫人仅卧病六日而遽舍我以去耶?！迹其贤孝渊静，一生习勤惜福，虽年逾古稀，而耳目聪明，齿未一落，诸孙绕膝含饴足娱人，咸谓大耋之征，乃忽奄弃人世，俾余怆怀暮年，愿虚偕老，能勿悲哉?

夫人吾盐山之韩村人。盐邑刘氏多家，皆非同族。吾家世居仙庄，源自山东武定，夫人上世迁自滦州而源山西洪洞，故素通姻戚。

夫人曾祖讳梦弼，字肖岩，以道光辛巳恩科举人，任抚宁、永清两县教谕，为世耆儒。祖讳延诏，议叙佐贰。父讳焕经，无子，生有三女，长即吾嫂，夫人其季也。

嫂来吾家时，余方在嬉戏俎豆之岁，嫂器之，请于堂上，愿以季妹字余。先父光禄公，先母赵太夫人欣然许之。盖既因嫂知夫人贤，且以家人不睦多由姒娣，姒而娣他人不如娣其妹，故余兄弟自少至老，怡怡然无间，乃叹先人用意之深远也。

夫人家本素封，自祖父时中落，而吾家自先公戊辰殉难，亦骤贫。夫人及笄后，其父母先后亡，茕无所依，乃未届吾婚娶之岁而即来归。先母以女抚之，夫人亦事姑如母。时吾兄馆谷薄，岁歉租不足给，先母乃率吾嫂及夫人纺织度日。余每自塾归，焚膏自课，午夜机杼轧轧与书声相间，此家庭至乐，迄今思之，如在天上矣。外舅工绘事，善雕镂，为世所称，吾嫂及夫人皆得其遗传。夫人性敏慧，尤有巧思，故花卉刺绣，擅有长技，一时闺阁求缋绣者纷至，每得其酬资，供余修脯，此伉俪逸事，亦世所稀有也。

余己卯入庠，即应京兆试，而母骤婴疾，卒于里，及余归，已不及见。侍疾附身，皆赖兄嫂，而夫人佐之，以弥余缺憾。及余兄弟鬻田营葬，而夫人力赞其成，初不虑及日后饘粥之何出也。

迨后余领乡荐，上玉堂，历官中外，禄入渐丰，夫人每以养不逮亲为憾。初无居官之乐，忆及幼时艰难，恒以不忘在莒之念，交相砥砺，此岂仅鸡鸣戒旦者哉。故终其身，勤以持躬，俭以自奉，衣不易新，食不重味，余持此尚有出入时，夫人则毕生以之，晚年斋素有定，日益澹泊矣。

壬寅、乙巳之交，随余出守沅湘，不干外事。及余随使泰西，而眷属犹居长沙。余在美国，闻观察常镇之命；在德国，闻升任京卿之命，余方驰函属其北上，而夫人已先期戒行。时长子驹贤从余海外，家皆幼稚，夫人指麾区画，率全家上下数十人，间关数千里抵沪俟余，毫无贻误。及相见，余谓曰："君随宦半生，未尝离余而展治事之才，今次劳苦君矣。"

夫人二十三岁时，生女孝兰（嫁后易名纫兰）。越八年，生子驹贤。其后子女数人皆夭折。存者虽爱若掌珠而必教以大义。

兰适南皮张宗瑛。瑛饶文学，后所著有《雄白集》传世，家本儒素。夫人则曰："吾女为文人妻，胜于膏粱纨绔子万万矣。"兰后不永年，夫人每痛于心而不自言。忆宣统间，瑛婿来京省余夫妇，夫人为新其衣履，手自制之，而针线间吾见其有泪痕也。

驹贤年十六，为县学生，两试京兆不第，而科举已废，遂游美国康奈耳大学，历六年始毕业。夫人虽倚闾情切，而初不以天涯游子之念易其断杼励学之心。

当壬辰、乙未间，夫人抱病数年，乃为余置篷徐氏，逾岁而病乃已。徐氏生子孝桐、女孝蓉、孝芷，爱之无异所生。断乳后，即躬自育之，与同寝食。桐就外傅与蓉未遣嫁以前，未尝一日离嫡母侧也。芷及笄，未字而殇，夫人痛之若兰。

余性疏阔，不耐理家，仕宦后一以家事诿诸夫人，凡男钱女布、朝暮齑盐，皆夫人一身任之，以及其终，终日持筹簿记，一钱不虚糜。群子孙、仆从数十人，禀命取进止，各如其意以去。

惟近十余年来，食指浩繁，时艰孔棘，拮据状况，尚不及余未第时。夫人每为余忧之，唏嘘坐叹，出其中年私积，尽为余公用，至手无余赀而不自惜。嗟乎！余有负夫人多矣。

性素孝，既不逮事舅，而奉姑维谨，相依为命。吾母逝后，洁精祀事，馈献必亲，朝夕必入祠供香，七旬后犹然，虽祁寒暑雨，非甚疾病，未尝遣子妇也。怜母家终鲜兄弟，而以从弟为父后，并出己资改葬亲柩，其宗祧不坠，非夫人之力不及此。闻人急难，竭力拯救，待朋侪倾诚相与，久而弥笃。幼辈接以慈爱。故夫人之卒，凡常相与往来者无不痛哭失声。其平素可知矣。

夫人少历艰虞，中年多病，四十后乃转健强，处境多顺，惟近年时患嗽疾，性不喜药，每延医而弗服方。月来，饮食稍减，步履仍如平时。阴历十月廿八夜，因着凉腹泄作喘，乃困床褥，医谓气血两亏，药无甚效。初四夜，又泄，喘益亟。子妇环守，呼救无术。天明，溘然而逝。实戊辰十一月初五日辰时。享年七十有二，与吾嫂寿数同。

子驹贤，简任职任用前内务部佥事科长，娶桐城吴氏；孝桐，前交通部科员，娶新城王氏。孙元猛、元耆、元鑫，俱幼读。孙女五人。

余少夫人三岁，唱随五十余年，回首前尘，恍如梦境。自顾薄德，葬兄之后，又罹此酷，自今已往，亦复何心人世。且余本寠人也，中年科第仕宦，所视无非悲境鲜民，隐痛除吾兄嫂外惟夫人知之。今先后俱逝，更无知我之人矣。

呜呼悲哉！爰忍痛濡毫，拉杂书之，以遣余怀，并谂诸当代立言君子，或垂鉴焉。

盐山刘若曾谨状

刘若曾（1860—1929），字仲鲁，清末民初直隶盐山人，今黄骅市旧城镇西仙庄村人。光绪十一年顺天府乡试中解元，光绪十五年中进士，后历任辰州知府、太常寺卿、大理院少卿等官职，被张之洞赞“才堪大用”。宣统三年被任命为修订法律大臣，主持修订《大清民律草案》。辛亥革命后，历任大理院正卿、北洋政府直隶民政长、参政院参政等职。1929 年，病故于北平，被誉为“中国近代司法独立先驱”。民国《沧州县志》记载了他积极施救沧州灾情的善举。

- **爱国将领、国术之魂张之江**

作家出版社 2007 年出版黄骅籍作家赵吉琴为张之江所作长篇传记文学《上将雄风》，原黄骅市委主要领导为该书作序言：

张之江像

张之江将军是国民革命时期著名的爱国将领，在北伐革命战争中，他统率西北军18个师，22万之众，旗幡猎猎，铁甲奔涌，马蹄踏着关山，人喊马嘶，挺身南口阻击直、奉、晋、直鲁张宗昌、褚玉璞联军59万军阀大军，使北伐革命势如破竹直逼武汉，为北伐革命胜利立下赫赫战功。

鏖战半年，鲜血染红南口河峦山川。

张之江胸中发出呐喊：军阀无义战，蒋介石独裁，北伐胜利又将如何？一位英勇无比的骠骑将军，一位代冯玉祥统率西北军的统帅，决定签发总撤退命令，他毅然在总撤退命令上签了自己的名字。历史无情地把他推上了军事统帅的峰巅，他似乎在蒙劫之后有所感悟，所谓支援北伐革命，惹得干戈四起，是战争制止战争，抑或还是一场新旧混战的替代？欲救国救民，结果仍国将不国，人民仍逃离不开内战的火海！撤退，他没有羞辱的感觉，在他提笔签字的刹那间，他看到了笔下生还了无数生灵。

张之江，是一位爱国爱民的高级将领，一位传奇式的豪杰，一位爱国强种的倡武先贤，也是一位弘扬基督教义、拯民于水火的信徒。总司令、西北边防督办张之江，演完了蒙难者的悲剧，从此结束了他在西北军戎马倥偬的历史。他下决心不再参与内战。签字的欣慰与忏悔，使他痛哭欲绝，竟至颜面抽搐，口歪眼斜，致使后来归国的冯玉祥见此情景，抱着张之江大哭不止，挥笔写下：

代我统全军担当大任，

佩兄诚热血泣涕陈情。

冯、张二人的感情、志向和人格，时人评之曰：志同道合，同路同归。

张之江在冯玉祥部下历任旅长、师长、军长、察哈尔都统、绥远省都统、西北边防督办、西北军总司令；西北军参加北伐战争后历任广东省国民政府委员，北伐总司令部高级参谋主任、参谋长，连任南京国民政府委员、禁烟委员会委员长，素有“第二林则徐”之名。在江苏绥靖督办任上，惩顽匪、杀毒枭，被时人誉为“包公再世”，被选为第六届国民党中央执行委员。抗日战争爆发，游说宋哲元发动卢沟桥事变，协助李宗仁指挥中国部队大战台儿庄，取得台儿庄大捷，被授陆军上将衔，后退出军界任中央国术馆馆长。蒋介石退台后，张之江说服一些朋友没有随蒋赴台。蒋介石派人劝他去台，他不仅谢绝还劝说一些西北军将领留下来，他和其他人一道迎来新中国的诞生。1950 年，张之江担任全国政协特邀委员，毛主席赞誉他“热忱爱国”。1956 年当选为中国国民党革命委员会中央委员。

张之江将军是黄骅人民的自豪。黄骅人民没有忘记他，已经把一个穷苦落后的黄骅变成了欣欣向荣的小康市。今年黄骅市委、市政府进一步落实科学发展观，提出建设新黄骅的新思路，展现了黄骅灿烂的未来。

我任黄骅市委书记期间，便对黄骅产生了极大的兴趣，历史上的黄骅，渤海潮，潮汛空蒙，海滩闪金耀银，百里海岸线浅滩碧黄盐碱荒蒿海盐晶莹，飞蝗红荆蛙鸣于野，蝉声彻耳洪荒苍凉，风萧萧兮黄沙滚，涛声掩空卷宇尘。就是在这片古蛮洪荒的大野里，走出许多忠贞爱国的志士，还有牺牲在这片土地上的烈士，如发动宁都起义的著名共产党人赵博生，被毛泽东主席赞誉为“热忱爱国”的张之江，为保卫黄骅而血洒黄骅的黄骅烈士，等等，文人、侠士之多，不胜枚举。这片荒野培育了这些铁骨铮铮的英雄人物。……张之江将军是黄骅人民的骄傲，宣传张之江将军，就是宣传黄骅，就是为黄骅大发展快发展做贡献。

团结出版社 2015 年出版张之江外孙万乐刚著《张之江将军传》，该书序言：

中国近现代史一直贯穿着战争，或者说战乱，有内战，有外国入侵，是一个特殊的年代，也是一个人才辈出的年代。战争给民族带来了灾难，给人民带来了痛苦，需要有无数英雄挺身而出、前仆后继的奋斗来解脱这些苦难，使国家和人民迎来新生。

张之江将军是那个年代里一颗耀眼的将星，他的一生贯穿着一个主题思想，就是为国为民、爱国爱民、忧国忧民。

他参与三造共和，是辛亥革命之滦州起义的幸存者，出生入死，推翻帝制；反对袁世凯复辟，他一马当先，联络蔡锷，参加云南起义，讨伐洪宪帝制；北京廊坊起义，他任第一路军前敌总指挥，粉碎了张勋复辟。他三次参加推翻帝制的革命，为建立共和国立下不朽功勋。

他是一个爱国爱民的将军，为中国历史做出了卓越的贡献，芳泽人间，永载史册。1926 年，他任西北边防督办和国民军总司令期间，亲自指挥南口战役，以寡敌众，以弱战强，顽强抗击北方所有军阀达半年之久，国共两党趁此机会发动北伐战争，一举消灭多派军阀，在形式上统一了中国。为此两党都一致高度赞扬张之江领导和指挥的南口战役为中国革命做出的贡献。

张之江将军一生亲历大小战役战斗近百次，为创立共和、消灭军阀，赢得抗日战争的胜利奋战不息。

张之江参加过的大战有：滦州起义、云南起义、讨伐张勋、陕西战役、扬名民国史的郑州战役、推翻北洋军阀吴佩孚统治的杨村战役、打垮奉军主力李景林的天津战役、有深远历史意义的南口战役、闻名中外的台儿庄战役等。

他是民国历史上罕见的两任陆军上将，由于他出众的能力和贡献，1925 年北洋政府授予他陆军上将衔，1946 年国民政府晋升他为陆军上将。

他在察哈尔都统任上，为察哈尔省铺路造桥，兴建工业，开办学校。他在 1925 年于张家口建造的清河桥，新中国成立后一直在使用，几十年来仍造福当地人民。他任全国禁烟委员会主席期间，在全国范围内厉行禁烟，取得显著效果，被社会各界誉为“林则徐第二”。

他是中国国术的奠基人和倡导人，亲手创立了中央国术馆和国术国立体育师范专科学校，把中国武术升华到国术，第一个把中国武术推向世界。在他大力提倡下，中国武术代表团于1936年第一次参加柏林奥运会，轰动国际体坛，中国国术从此走出国门走向世界。为了表彰他的功勋，国际奥委会授予张之江奥林匹克勋章。

张之江从各个方面积极投身抗日战争，曾担任第五战区高等军事顾问，亲自参加著名的台儿庄战役，为抗日战争的胜利立下了功勋。

新中国成立后，党和政府充分肯定他的历史功绩，特邀他为全国政协委员，民革请他担任民革中央委员。毛主席亲自写信给他，赞扬他："热忱爱国。"

《北京体育大学学报》2018年11月刊载冯香红、杨建英、杨建营《张之江武术思想的主旨及其当代价值》：

1957年，张之江（中）在中南海怀仁堂

1927年张之江毅然决定脱离军界，把主要精力投入到发展武术方面。从改“武术”为“国术”到创立中央国术馆，从举办国术国考到将武术推向世界，从创立国术国立体育师范专科学校到向国民政府提出一系列加强武术教育的提案等等，都是他对自身武术思想的亲身实践。1934年蒋介石派孔祥熙到家中三请张之江，拟让他担任军政部长，都被婉言谢绝。他说：“我不愿做官，我愿提倡武术，我提倡武术比做官起的作用大。”张之江之所以认为提倡武术对国家民族的贡献比担任军政要职更大，是因为他发现身体羸弱、精神不振是当时中华儿女普遍存在的问题，而传统的中华武术正是解决这个问题的良方。在《中央国术馆缘起》中他这样说：“我国民气不振，相习成风，年龄尚未就衰，魂魄已游墟墓。”在《提倡国术之要旨》中他又说：“吾国暮气深沉之民族，尤酣睡漏舟之中，尚不思觉醒耶！吾人提倡国术，唤醒民众，急起图强，荡除暮气，奋发朝气。”正因为张之江倡导武术是站在整个国家民族高度，所以，他才认为相比做官而言提倡武术作用更大。张之江的这种武术思想与第一部分所述的众多仁人志士“拯救文化、拯救民族”的思想是一脉相承的。

简言之，张之江提倡武术的最主要目的是实现国家民族层面的强种救国。翻阅《张之江先生国术言论集》，“强种救国”一词至少出现了15次，是使用频率最高的一个词语，此外，还不断出现“强身强种”“健身强种”“自卫卫国”等相近词语。对于以武术强种救国的思想，他在很多场合一再强调。如“练习国术的大目标，就是强种救国”（《年考勖中央国术馆同志》）；“强种就是根本救国的要图，强种救国就是本馆唯一的使命”（《十九年五卅纪念勗中央国术馆同志》）；“本馆最大的使命，在谋全民身体之强健，务期达自卫生存，强种救国之目的”（《二十年告诫中央国术馆同志》）；“强国必先强种，强种必先强身”（《中央国术馆成立大会宣言》）；等等。强种救国是贯穿于张之江武术思想之始终的一条主线，这也是其浓重的爱国情怀的最直接体现。

张之江（1882—1966），今黄骅市滕庄子镇留老人村人。1903年加入北洋

西北军时期的张之江

常备军，后在北洋军第一混成协任排长。1910 年编入清军陆军第二十镇，后加入冯玉祥的“武学研究会”。1911 年参加滦州起义，失败后被递解回籍。1912 年任晋北东路军司令部参谋。1914 年加入北洋军第 16 混成旅，后成为冯玉祥的五虎上将之一。1921 年冯部扩编为师，任 21 旅旅长。1922 年任第 7 混成旅旅长。1924 年参加了第二次直奉战争，任冯军第一路军司令。北京政变后，曾任国民军第 1 军师长、骑兵旅长、察哈尔都统等职。1926 年，冯玉祥通电下野后，任西北边防军督办、西北军总司令。同年率部与奉直联军激战于南口，失败后退绥远。9 月，冯回国在五原誓师北伐，从此国民军转入国民党旗下。1927 年 12 月，代表冯玉祥出席国民党第二届中央执行委员会第四次全体会议。此后留居南京，任国民政府委员、军事委员会委员。北伐战争第二阶段，任参谋总长，并担任蒋冯之间首席联络官。1928 年 4 月任南京国术馆馆长。此后历任全国禁烟委员会主席、苏北清乡督办、国术研究院院长、军事参议院上将参议等闲职。抗日全面爆发后，曾任国民参政会第二、第三、第四届参政员，国民党第六届中央执行委员，制宪国大代表。中华人民共和国成立后，曾任全国政协委员会特邀委员、中国国民党革命委员会中央委员。1966 年 5 月 12 日去世。他被毛主席称赞“热忱爱国”，他对于中华武术的发扬光大影响深远。

宁都起义领导者赵博生

1933年2月4日中国共产党中央苏区机关报《斗争报》第一期刊发吴亮平《追悼赵博生同志》：

五军团副总指挥兼十三军军长赵博生同志，于一九三三年一月八日黄狮渡之役，在与敌人肉搏血战之中，英勇地牺牲了。

博生同志年三十六岁，河北省沧县慈庄人，家庭背景系破产的中农。他自保定军官学校第六期毕业后，即在河南陕西等地的白军内服务，历任旅长、军参谋长等职，一九三〇年蒋冯混战发生，西北军失败以后，博生同志即率领特务旅内富有革命性的同志数百人，前往陕南谋入汉中，以图加入红军，惜当时因种种客观条件的障碍，博生同志之志未能得逞。一九三一年春到孙连仲二十六路军任参谋长，以后二十六路（军）来赣，博生同志，即派人用各种方法，向红军接洽，并且自己加入了共产党，在光荣的宁都暴动中，博生同志是主要的领导者。

博生同志在旧社会中，虽身为白军高级军官，但是极端的刻苦耐劳，并且时时以工农劳苦群众的利益为怀。在一九二九年，陕西因数载荒旱，灾民流离失所，工农劳苦群众因饥寒而死者十之七八，而军阀官僚的剥削摧残，尚有加无已。博生同志在这时到陕西，目睹此种惨痛的状况，即深刻地痛恨

赵博生像

国民党军阀，并明白地认清了国民党的真面目，博生同志的思想，在此时已经决定倾向于共产党。

博生同志曾对人说："我每天预备死，然在未死时，活一天，就要坚决奋斗为工农劳苦群众谋利益一天"，博生同志革命思想的坚决，由此可见。在一九三一年"宁暴"以前，博生同志在与其他同志谈话中常说："我们所住的，所穿的全是工人作成的，我们所吃的，全是农人费了无限的血汗耕种而得的，离开了工农劳苦群众，我们是一时一刻也不能生存的，时刻想到，我们为工农劳苦群众的利益，并为我们自身的解放起见，即拼命流血牺牲，亦在所不辞。"因努力革命宣传与刻苦耐劳工作的结果，博生同志使二十六路军士兵群众深刻的革命化，使自己成为革命士兵群众所爱戴的领袖。不久，博生同志即领导了二十六路军的革命士兵，举行了光荣的宁都暴动，竖起了辉煌的苏维埃的红旗。

自"宁暴"以后，博生同志对于红五军团的建设工作，起了伟大的作用。在一年零十四天的中间，博生同志是始终站在党的正确路线上，以其最大的努力，为苏维埃政权而奋斗的。去年水口之役，博生同志左臂受伤，有同志劝他稍为休养，他回答道："流血良少，微伤何足虑？"博生同志英勇刻苦的精神，更于此可见。

当国内阶级斗争绝顶尖锐化，而英勇红军正在加紧粉碎敌人大举进攻之际，博生同志的牺牲，自然是我们革命的一个极大损失，虽然我们听到博生同志的噩耗，是无限的悲哀，可是我们是不徒然哭泣的。我们知道，博生同志是为工农解放的事业而牺牲的，是为苏维埃政权而牺牲的，是为中华民族的解放而牺牲的。他的死是光荣的、伟大的。他所领导的英勇的宁都暴动，不但在中国革命的历史上，而且在世界革命的历史上，留下最光荣的一页，博生同志将与博生县（宁都县改名）永垂不朽。我们纪念博生同志，应该时时刻刻记住他与阶级敌人肉搏血战的英勇精神，他的刻苦耐劳的斗争，继续这精神，来更用力地加紧我们的动员工作，准备一切牺牲，集中一切力量，争取战争的全部胜利，完成博生同志所留给我们的伟大的革命任务！

博生同志虽死，他的革命精神，将长留于中国革命工农的心坎之中！

《党史文苑》2007 年 9 月刊载洪梅《赵博生与宁都起义》：

从此后，赵博生在特支的领导下，以自己公开代行二十六路军军务的身份，利用当时部队中不断高涨的抗日反蒋情绪和渴望找到出路的军心，积极稳重、因势利导地在士兵和高中级军官中开展工作。一天，在军人大会上，他把一张预先画好的大地图挂在会场的正中央，对在座的官兵们说："大家看到了这张图上的红笔画出来的地方吗？这就是被日寇侵占了的地方，日寇就要侵略到我们关内了，我们能坐以待毙吗？对，我们不能！我们要挽救民族的危亡。不想做亡国奴，就需要我们有勇气冲破一切障碍，选择一条正确的道路，去抗击日寇。"什么是正确的道路，他虽没有明白地说出来，但大多数的官兵都能意识到。当时根据地对二十六路军散发的传单和一路上墙上刷写的标语中，就有这样一条："二十六路军的弟兄们，要想真正抗日反帝，就要联合红军，到红军中来！"而且就在前不久，二十六路军中七十四旅二团一营一个建制班，在班长的带领下，集体携械投奔了红军。

赵博生常对其属下说："我们所住的、穿的，全是工人做成的，我们所吃的全是农民流着血汗耕种的，离开了工农劳苦群众，我们是一刻也不能生存的。所以如果时机到了，我们一定要为工农劳苦大众的利益，同时也为我们自身的解放，去拼命、流血，甚至牺牲。"在他的启发下，很多官兵都有了抗日的思想。有的甚至当着他的面大骂蒋介石："大好河山都快丢尽了，蒋介石不让我们去抗日，要我们来剿什么红军。我看红军才是真正抗日的队伍，不如我们去联合红军抗日去。"

后来，赵博生又团结了一心想抗日，且对共产党的革命精神非常钦佩的七十三旅旅长董振堂和对蒋介石积有旧怨的七十四旅旅长季振同。季振同在听了赵博生和董振堂的想法后，毫不迟疑地说："行，我们干脆和红军联合起来，打日本去。"不久，他们就派人与红军总司令朱德取得联系，朱德听了汇报后，当即表示欢迎二十六路军起义加入红军，并就如何做好起义工作作了详尽的安排。

11 月 14 日晚，在共产党的领导下，赵博生、董振堂、季振同等人对起义的各项工作进行了认真的研究和周密的部署后，正式宣布起义。由于准备充分，部署周密，起义取得了成功，只是在夺取二十五师师部和电台时，发生了枪击，伤了三人，死了两人。还有就是李松崑带走了城北四十里外驻砍柴岗的一个团，其余各部包括一个军直、两个师直、六个旅直、十一个整团共一万七千多名官兵全部参加了起义。

起义成功了！拂晓，宁都全城到处响彻着“解放”“自由”的欢呼声，插在总指挥部屋顶和城门楼上的鲜艳红旗，在这个古城的上空迎风招展。看着这一切，赵博生兴奋地挥笔写下了“解放”两个字。

天大亮后，全体起义将士整装待发，在赵博生的带领下，扯下了帽子上的国民党党徽，撕碎了国民党的青天白日旗帜。随后，浩浩荡荡开往苏区，起义部队受到了沿途老百姓的热烈欢迎。中央革命军事委员会的代表王稼祥、刘伯坚、左权等同志到宁都城东南六十里的固厚圩迎接。

赵博生见到老朋友刘伯坚时，忙迎上去紧紧握住刘伯坚的手。刘伯坚关切地说：“博生啊，昨晚，我可是一夜没睡好觉哇，实在是担心你们的安全。”赵博生爽朗地笑着说：“让蒋介石通缉我吧，我这几块骨头是属于苏维埃的了！”

赵博生自作《革命精神之歌》歌词：

先锋！先锋！热血沸腾。先烈为平等牺牲，作人类解放救星。侧耳远听，宇宙充满饥寒声。警醒先锋！个人自由全牺牲。我死国生，我死犹荣。身虽死精神长生。成仁！成功！实现大同！

赵博生（1897—1933），今黄骅市滕庄子镇慈庄人。1917 年毕业于保定陆军军官学校。1924 年到 1931 年在冯玉祥部及国民革命军第 26 路军任职。1931 年加入中国共产党。1931 年 12 月，领导了举世闻名的宁都起义，后参加红军，任红 5 军团参谋长兼 14 军军长。1933 年 1 月牺牲，时年 36 岁。2009 年，被评为 100 位为新中国成立作出突出贡献的英雄模范之一。

- **八路军冀鲁边军区司令员黄骅**

《解放日报》1943 年 8 月 29 日刊发《黄骅同志二三事》，全文如下：

听到黄骅同志（原名金山，因调地方工作关系简称黄骅）为党光荣牺牲的消息，使我感到无限的惋惜。黄骅同志是湖北人，现年三十岁，家庭成分是贫农，他自己是学徒出身。十六岁就参加了红军。被红军抚养长大起来的，是一个坚定勇敢的青年干部。

黄骅同志，中等身材，有一副和蔼的面孔，他的一颗门牙上包着黄金，“金牙齿”是同志们给他的绰号。长征中，起初在教导师三团任政委，部队改编后，调干部团任政指，从事为党培养干部的工作，到陕北后，任学校政治学生第三连政指兼政治教员。一、二、四方面军会合后，学校扩大，他就任步校二团政委（即教导师，庆阳时代）。抗战后，黄骅同志被调到山西地方军事部工作，后调任陈支队副支队长，三九年底，陈支队向敌后平原开

黄骅像

拔，他到冀鲁边任副司令员，在他领导下，坚持了冀鲁边四年最艰苦的对敌斗争，“黄骅”的名字，是被群众熟悉而热爱着的。

黄骅同志为了中华民族，为了坚持敌后冀鲁边的抗战，为了党的胜利，在和万恶的日本军阀战斗中光荣的牺牲了，他的牺牲是中华民族，是我党，是冀鲁边群众的损失。他牺牲了，但他艰苦奋斗的精神、优良的品质和工作作风，我们是永远不会忘记的。

黄骅同志和我在一起工作差不多三年的光景，忆及已往，他有许多优点值得我们学习。长征中，在未渡湘江前，师政治部召开各团政委联席会上，休会时在我俩的闲谈中，他说：“老李，我们这些人，没有老婆又没有孩子，有什么可以顾虑呀？从生到死就要为革命干一辈子，反动军的子弹不知道什么时候找我们的麻烦，我们时刻准备为党牺牲自己。你说你不会死？如果我们被打死的话，互相纪念，多打死几个反动军，报报仇！”

黄骅同志第一个值得学习的地方，是对于组织与上级负责同志的尊重。当上级机关工作计划发到他的手中，他就很认真的看两三遍才放手，不了解的地方很虚心的再问上级，在他根据上级计划具体布置自己门团的工作时，又电复请示上级对于他所计划的是否适当。

他拟定计划的时候，不是独断，他很谦逊的与各级干部共同研究商讨，当别人提出正确意见时他能虚心的接受。他负责政治工作时能征求军事干部的意见，他负责军事工作时能与政治干部商量，因此，他拟定的计划都是很周密的。

他在执行工作计划过程中，能够检查自己的工作计划是否适当，督促下级执行，不断征求上级对他执行计划过程有什么指示批评，请示上级告诉他执行的方式方法。当上级指出错误或缺点时，他能冷静的接受与改正。

黄骅同志平时对于领导者是非常尊敬的，他能体谅上级，绝没有与组织和上级领导者对抗的现象，上级分配的工作，他总是无条件的服从，而且认真的完成党给予他的工作任务。

黄骅同志的第二个值得学习的地方，是他的和蔼、谦逊、冷静的态度。

黄骅同志所以被群众爱戴和敢于和他接近，是因为他富于革命的热情与待人的诚恳和蔼。他对同志和下级，总是笑容可掬的，找不到一点轻浮和虚伪，同时，他又能用他那实事求是的真诚，耐心的说服别人。

黄骅同志所以被人们爱戴，是由于他的谦逊态度。对于自己善于检讨，对于别人善于尊重和采纳人家的正确意见，不骄傲自大，碰到疑难问题不放松，尽他所能的诚恳的告诉和帮助别人。他埋头苦干，不好为人师，不个人突出，不爱出风头。他经常征求别人对他的批评和指教，时时感到自己赶不上革命的需要，感到能力不够，怕完不成党所给予他的工作任务。

黄骅同志是一个善于冷静思考的人，他爱在寂静的地方想问题和反省自己。向书本、向工作报告、向上级的指示学习。在工作困难环境中，不慌不忙，不急躁，别人向他发牢骚时，他总是站在党的立场上去耐心解释或改正的批评，他是以他冷静镇定态度对待和处理一切事物的。

黄骅同志的恋爱观也是很正确的。他的老婆阎 × 秀，是一个经二万五千里长征磨炼的农民妇女，他俩于一九三六年底在庆阳结婚。黄骅同志曾对我说过："老李，你提供些意见。"我对他说："……文化程度低一点，别的我没有意见。"他接着说："她经过长期的锻炼，政治条件是很好的，文化程度低，我们慢慢帮助她。但是文化程度高，政治不坚定，也是危险的，只要忠实革命……"

黄骅同志对于她，以同志友爱的精神，进行耐心的帮助。据说，阎 × 秀进步很快，文化程度也大大的提高，现在可以看书报，可以写信了。这就是黄骅同志正确的恋爱观所获得的结果。

中共山西省委党史办公室主办的《党史文汇》1998 年 2 月刊载牛崇辉《悲歌一曲英雄泪——黄骅烈士纪事》：

在济南市英雄山烈士陵园里，长眠着一位 32 岁的八路军将领，他就是曾任红军大学干部团政委、中共山西省委军事部长、晋西南游击支队队长、冀鲁边军区副司令员的黄骅。

……

黄骅同志二三事

阿光

《解放日报》剪报（部分）

日军大佐说，八路的黄骅很厉害。

1937年七七事变，揭开了中国人民抗日战争的帷幕。9月，黄骅随八路军115师由陕西东渡黄河，进入山西。当时，日军正由晋北向晋南大举进犯。晋北数县接连沦入敌手，太原岌岌可危。为了加强山西全省的抗日救亡运动的领导，黄骅被任命为中共山西省委军事部长。10月中旬，黄骅随山西省委离开太原南下，沿途在太谷、祁县、平遥、介休等地通过牺盟会建立抗日游击队，发展共产党员。12月，黄骅随山西省委转战吉县，正遇刘少奇同志回延安参加中央会议。刘少奇找林枫、黄骅、张友清、张稼夫等人谈话，并指示“地方上要抓紧组织游击队，在当地坚持抗日斗争”。为了执行这一指示，省委决定由黄骅选派几十名红军干部到晋西南各县组织游击队。在黄骅亲自带领下，几十名红军干部深入各县，依靠各县党组织和牺盟会工作人员，在两个月内很快建立了十几支游击队约2400人。黄骅为了锻炼游击队，打击敌人，经常带领小股部队摸日军岗哨、袭击日军炮楼，搞得鬼子晕头转向。他特别擅长打游击战，多谋善断，机智灵活。他能在敌人重兵进攻的险恶环境中驾驭战局，说打就打，说走就走；他能在几万敌人围追堵截的夹缝中带着小股部队忽东忽西，神出鬼没，行走自如，穿插敌人之间。晋西南反顽斗争中，黄骅指挥晋西支队一团和新军一个团共2000余人出击隰县，正面阻击顽军。他摸准敌情，抓住战机，采取时而大踏步前进，时而大踏步后退，快打快撤，机动灵活的战术，消灭了顽军一个营及一个团部，使据守在隰县的顽军旅部仓皇逃遁。

黄骅本人作战勇敢，每战都是冲锋在前，退却在后，恶战苦战总是身先士卒，哪里危险就冲向哪里。即使遇到险难，他都能以其大智大勇化险为夷，转危为安。1943 年 1 月，黄骅刚由晋西北调至山东，正赶上部队在庆云县争取了百余名伪军反正，他亲自去接收并带到严家坞休整。孰料汉奸告密，几路日军在拂晓前包围了驻地。黄骅两次率部突围都难以出去，情况十分紧急。他曾率领部队和敌人打过多少仗，对手既有国民党的正规军、杂牌军，也有保安团、民团、土匪等各色各样的反动武装，还有日本鬼子、皇协军，他们都没有捞到便宜，都奈何他不得。可这一次太窝火，真有全军覆没之危。他在屋里走来走去，忽然看到蜷缩在大门外刚刚反正的伪军，于是计上心来，他命令骑兵排向严家坞西北方向冲击，吸引敌人火力，自己亲自率领尚未换装的伪军为先导，借此迷惑敌人，向东北方向突围。晨雾中，鬼子不明真相，没有拦截。黄骅率部又一次从日军的铁壁合围中冲出。日军大佐捶胸跺脚发出悲叹："八路的黄骅大大地厉害，活捉他给赏钱！"

警卫连长说，黄司令员死得十分悲壮。

1943 年 4 月，黄骅调任冀鲁边军区副司令员兼 115 师教导第 6 旅副旅长。冀鲁边紧靠渤海，地面平坦开阔，日伪军占据了全部重镇和交通要道，抬头见岗楼，迈步登公路，我军行动十分困难。黄骅根据敌强我弱的情况，创造和发展了以小块根据地为依托，以小股便衣游击队为主的斗争形式，在广大群众的配合下，深入敌区，建立党组织，筹粮筹款，打击敌顽，取得了一个又一个胜利。

就在黄骅在敌后抗日战场浴血奋战的时候，一支暗箭已向他逼近。冀鲁边军区司令员邢仁甫，是个曾当过忠义救国军司令，后来投奔八路军的内奸，为了获取叛变投敌的筹码，把暗杀我军高级干部的目标指向了黄骅。1943 年 6 月，邢仁甫身为司令员带着小老婆和几个亲信去望子岛游玩，政委王卓如去一地委检查工作，副政委周贯五去山东分局开会，军区只有副司令员黄骅主持工作。29日，黄骅在军区驻地新海县大赵村召开军事会议，了解分析敌情，总结经验，部署下一步的军事工作。为了避免机关和会议在一起目标过大，黄骅安排军区政治部主任刘贤权带领机关不参加会议的同志转移到距大赵村十几里的毕家王文村。军区警卫部队只留了一个连和少数警卫、通讯人员在大赵村服务会议。

6月30日下午6时，会议正在进行中，军区手枪队队长冯冠魁带领10余人突然闯进司令部院里。哨兵拦住，不让进会场。冯冠魁讲道："不是我要进去，邢司令员有急事找黄副司令员，耽误了事你能负责吗？"

哨兵放行了，冯冠魁推开会议室的大门，双手举起两把匣子枪对准正在低头记录的黄骅开了枪。黄骅头部中弹，鲜血溅洒墙壁，当场牺牲。与黄骅遇刺牺牲的还有军区干部、战士7人，重伤3人。冯冠魁行刺后，被军区警卫连长一枪打伤，冯边逃边叫喊："这是邢司令员叫干的。"暗中与日本鬼子勾结的邢仁甫，事发之后逃到天津公开降日，成为民族败类。

32岁的黄骅牺牲了，军区警卫连长哭泣着告诉人们，黄司令员死得十分悲壮。数以万计的冀鲁边区人民拉起挽幛，供上祭品，为黄骅送行。从新海到无棣几十公里的路边，数不尽的人们目送黄骅遗体远去……为了纪念这位英勇善战的八路军将领，党和人民政府将新海县命名为"黄骅县"。黄骅，便伴着悲壮，名垂中华史册。

花山文艺出版社2008年出版黄骅老作家王新华历时二十多年完成的长篇传记文学《英雄黄骅》，其中搜集整理了《黄骅同志生平》：

黄骅同志生平：

1911年2月8日（清宣统三年辛亥正月初十），生于湖北省丽新县木石港区凤凰乡良上村（现为木港镇下彭村良上组）。1918年给本村地主放牛。

1919年，受村民资助在本村小学读书。

1922年，给地主黄志祥家做勤杂工。

1924年，跟江西瑞昌籍吴师傅学木匠。

1925年，参加儿童团并任团长。

1927年，跟随中共地下党组织进行革命活动。

1928年5月，秘密参加赤卫队。

1929年春，加入中国共产党。10月参加红军，转战湖北东南，消灭地主武装，升任班长，1930年7月随部队攻取岳州（今岳阳市）升任排长，接着两次参加攻打长沙。

12月，第一次反“围剿”中升任连指挥员。

1931年9月第三次反“围剿”结束，升任营政治指导员兼党支部书记。

1933年4月，第四次反“围剿”胜利，被选派到瑞金红军大学深造。

12月留红军大学工作，任政治辅导员。

1934年10月长征开始，任干部团四营（特科营）政委12月，领导特科营乌江架桥。

1935年1月，参加贵州土城枫村坝战斗。

2月，参加攻取老鸦山战斗。

3月，参加团以上干部会议，听取传达遵义会议精神。

5月，参加抢渡金沙江战斗。

6月上旬，翻越终年积雪的夹金山。

6月17日，到达四川懋功，红一方面军与红四方面军会师。

7月干部团同，红四方面军的红军学校合并，改编为新的红军学校。干部团改称特科团。

8月，走出四川松潘，过草地。

10月，攻占六盘山，到达陕北。

11月，参加瓦窑堡会议。

1936年6月，红军学校改称“中国抗日红军大学”，任干部二团政委。

1937年2月，与顾兰青结婚。

4月，任中共山西省工委军事部长。

10月，任中共山西省委军事部长。

11 月，举办山西党员干部训练班。

12 月，顾兰青在延安生下第一个孩子。

1938 年 1 月，带学员参加洪洞县马牧村随营学校，指导训练陕西新军。

2 月，成立山西省委卫队（对外称一一五师第一游击大队），任队长，亦称晋西支队（又叫晋西青年抗敌决死队）。

3 月，参加午城战斗。

5 月，任中共晋西南党委军事部长。

12 月，任一一五师、晋西独立支队（即陈、黄支队）副支队长。

1939 年 1 月，代表晋西南区党委到延安汇报。

4 月，开始时刻关注阎锡山的分裂活动。

7 月，发现内战危机，提出迎接“突发事件”。

8 月，击溃鲁豫边境国民党第六军石友三部的进攻。

10 月，在隰县张家川召开各县党代表会议，提出“天要下雨，要准备雨伞”的口号，警惕内战危机。

12 月，粉碎阎锡山对八路军和新军的多次进攻。

1940 年 4 月，任鲁西军区副司令员，兼第三分区司令员创建鲁西北抗日根据地。

1941 年 2 月，任一一五师教导六旅副旅长，兼冀鲁边军区副司令员。

3 月，带部队越津浦过莱芜向鲁东北转移。

5 月，到山东清河区。

6 月，顾兰青生下第二个孩子。

7 月，到冀鲁边区（以下内容包括黄骅同志本人活动及边区军事重大事件）。正值日军推行第二次“治安强化运动”。其主要内容是：发展乡村自卫力量，与军警协作，剿灭共产党；进行大规模“扫荡”，“铁壁合围”，长期清剿，修碉堡、公路，封锁根据地。

做好稳定陈二虎的工作。

计划打通冀鲁边与清河区两根据地的作战方案。

8 月 1 日，拿下旧城据点。

9月4日，政治部主任杨忠带十七团南下，在惠民县被敌包围，打通两根据地作战的首战受挫。

9月20日，杨承德率十六团南下，与清河区联合行动，

一路歼敌攻坚，经10余日，两军胜利会师，打通冀鲁边区与清河区联系。

10月，杨庄战斗，击毙日军40人，伪军多人，获机枪2挺，步枪200支。第一军分区成立人民武装科和子弟兵团。

11月，划出沧县、盐山、新海三县的边沿建青城县。

抵制日本第三次“强化治安运动”。

1942年6月，盐山县高湾村遭遇战。

2月，庆云县大桑树村遭遇战。3月，抵制敌人第四次“治安强化运动”，这次敌人主要实行所谓“治安肃正”“总力战”“囚笼政策”和“保甲制度”拔除南皮刁公楼据点（歼敌近百人）和盐山沙泊张据点（敌人死伤一部分，另一部分夜间逃窜）。

4月，接待一一五师教导六旅旅长兼军区司令员邢仁甫回边区以及军区参谋处处长陆承道、教导六旅十六团副政委黄荣海军区后勤部政委王文模等40余人来边区。

济阳到商河公路伏击战，缴获敌汽车三辆，物资一部。

拔除齐河张举人庄据点，100多名日伪军死伤大半，其余仓皇逃窜。

5月，开始接待冀中根据地陆续转移到冀鲁边区的军政人员，和马本斋的回民支队，并安排其休整。

6月，鬲津县（现东光、南皮、宁津县各一部）四柳林、大单家、小单家（现属东光县）反“扫荡”战斗。因寡不敌众，我300多名干部战士壮烈牺牲。

中共新海县委成立，叶尚志任书记。

到望子岛向邢仁甫汇报工作。8月，开辟沾化、阳信根据地，击溃伪军头目王福城的“敢死队”500多人的进攻。

拦截伪军曹振东的“扫荡”队，把他们抢劫农民的牲畜和衣物，还给农

民，并缴获部分武器。9月，顾兰青生下第三个孩子。

张大庄突围战。

1943年1月，日军调集济南、德州、惠民等地的日伪军8000余人。于17日、23日、25日先后三次向平原、禹城、陵县、临邑等地进攻，我军奋力突围，有相当牺牲。

主持召开一地委新班子团结协调会，以整风的精神开展批评与自我批评。加强了党的统一领导，建起一个团结战斗的班子。

庆云县严家务突围战。

2月，日伪军两万余人，对乐陵铁营洼“扫荡”，我400人被包围，经激战除少数突围外，伤亡大部，敌人也遭重创。邢仁甫指挥孟二庄战斗。张皮庄召开战斗总结会。

从海上赴清河区开军事会议。

拔除姚庄子据点，一枪未放，俘敌100余人。

敌伪一万人，对乐陵大桑树“合围拉网”，我军三个连、两个排还有两个中队的兵力被包围。指战员向敌人猛冲，杀伤大量敌人，终因寡不敌众，只有少数人突围。

3月，彭德怀、滕代远、罗瑞卿电示冀鲁边区：在敌人大兵力连续“扫荡”“清剿”与严重分割封锁的情况下，要彻底改变斗争形式和组织形式。一切依靠群众，政策指导上要更加小心；采取秘密与公开结合的形式，向敌区开拓，精兵简政，组织短小精悍的武装，开展对敌斗争，积蓄力量，熬过时间，坚持下去。

汾水王反“扫荡”战斗，敌2000余人，包围我三分区党政机关，战斗中，地委副书记张博、副司令员李雪炎牺牲。

4月9日，山东分局根据党中央实行军事领导统一的指示提出冀鲁边区干部配备名单，确定黄骅为冀鲁边区司令员，王如为区委书记兼政委。同时通知邢仁甫赴延安学习。

本月，日伪军纠集大兵，配备汽车，对乐陵、宁津一带“扫荡”，乐陵县政府及县大队共200余人被包围，县长余志远牺牲。

东光县委、县政府和县大队的三连，在东光东大吴村被日军大兵包围，县委书记李光前、县长王哲与敌顽强战斗，除区委书记赵光然等人突围外，其余干部战士大部分牺牲。

6月30日，冀鲁边军区召开军事侦察会议，准备青纱帐一形成即进行大反攻。

大赵村惨案，黄骅牺牲。

2014年8月29日民政部公告（第327号）《民政部公布第一批著名抗日英烈和英雄群体名录》中记载：

黄骅（1911—1943），八路军冀鲁边军区司令员。

黄骅（1911—1943），原名黄为有，学名黄金山，乳名春生，湖北省阳新县良上村人，1929年加入中国共产党，1930年5月参加中国工农红军，曾参加了五次反“围剿”和长征。1943年4月，任八路军冀鲁边军区司令员。1943年6月30日在新海县大赵村被叛徒杀害，时年32岁。1945年，为了纪念黄骅，新海县易名为黄骅县。1953年，黄骅烈士的遗骸由黄骅县迁到济南市英雄山烈士陵园。1987年，聂荣臻亲笔题词的黄骅烈士纪念碑在大赵村落成。2007年，大赵村惨案遗址纪念馆整修开馆，作为爱国主义教育基地，面向社会开放。2014年，黄骅烈士入选民政部公布的第一批著名抗日英烈名录。

风骨

文化黄骅丛书

许建国 主编

中国文史出版社

文化黄骅丛书

许建国　主编

中国文史出版社

大義傳世
熱血丹心

《文化黄骅丛书》编审委员会

《文化黄骅丛书》编辑委员会

《文化黄骅丛书》第二辑《风骨》

目录

综述

黄骅，位于渤海之滨，其历史悠久，文化底蕴深厚，不仅有着丰富的自然资源，还孕育了许多杰出的人物，可谓人杰地灵，充满仁义精神和英雄风骨。

大约在7000年前，就有人类在黄骅境内繁衍生息，古黄河也曾经在这里入海，为这座城市积淀了深厚的历史底蕴。黄骅古为兖州之地，春秋战国时代为齐、燕两国所属。秦始皇二十六年（前221），在今黄骅羊二庄乡置柳县。秦始皇二十九年（前218），方士徐福为秦始皇求长生不老之药，率数千名童男童女渡海到日本，入海前经柳县，在今黄骅市羊二庄西建丱兮城。本册风骨人物，即从徐福写起，共收入西汉章武侯窦广国、北宋贤相张知白、冀鲁边军区副司令员黄骅烈士、领导宁都起义的赵博生烈士、开国少将外交大使刘春将军，以及在地球物理学领域取得丰硕成果且科研成就位于世界前沿的滕吉文院士等51位英贤，另有附表蔡朴、刘子延、韩道仁、贾漫等40位人物的简介。

黄骅，是英雄之城，以英雄的名字命名，承载着对这位抗日英烈的深切怀念和崇高敬意。黄骅烈士，他以坚定的革命信念和出色的指挥才能，为新中国的解放事业做出了贡献，他的名字不仅被这座城市铭记，更成为了这座城市的精神象征。如今，英雄黄骅的雕像静如山岳，与他为之奋斗的这片土地血脉相融、朝夕相伴，昔日战火硝烟散尽，英雄精神于斯永存。赵博生烈士，1924年至1931年间在冯玉祥部及国民革命军第26路军任职，1931年12月，他领导了宁都起义，带领国民革命军第26路军1.7万人加入红军，后担任红5军团参谋长兼14军军长。他的英勇事迹和对革命事业的贡献使他成为中国革命史上的重要人物。2009年，赵博生被评为100位为新中国成立作出突出贡献的英雄模范之一。

黄骅，这方热土又以仁义和清廉精神闻天下。公元前157年，刚刚即位的汉景帝封舅舅窦广国为章武侯，从此章武县成为其封国——《史记》《汉书》所记“章武县”，即在今天黄骅市域。之后，窦广国之子窦定继为章武侯。西汉时窦氏家族的兴起，得益于窦皇后。但窦氏一族很低调，以仁义兴家，从不因为窦皇后而炫耀。直到东汉时，又出了一位窦皇后，就是窦广国的后裔，而东汉窦宪也是窦广国的后裔，大破北匈奴，并且“勒石燕然”，在历史上留下英名，为中国疆域做出突出贡献。

北宋贤相张知白，历事三朝，在所从部门皆有惠政。他生性节俭，在宰相位上，没有丝毫私心，常以骄盛自满为戒，虽然显贵，却清廉节俭如寒士。一代贤相，勤勤恳恳，忧国忧民一生，没有贪图一时安逸、一饷之欢，是真正风清气正的楷模。

英雄风骨，还表现在坚守民族大义和家国情怀上。张之江自幼习武，他在统领西北军时期就非常重视武术，1927 年时局突变，张之江被委任为国民政府军政部长而不就，毅然离开军队，只任国民政府委员，全身心投入倡导“国粹”中华武术运动中。为使中华武术发扬光大，他向南京国民政府申请改武术为“国术”，建立国术研究馆。1936 年 8 月，经过不懈努力，张之江争取到带领中央国术馆队员参加柏林奥运会的机会。中国国术首次亮相，便一举成名。至此，中华武术正式走向了世界体坛，也将这一博大精深的文化传播到了世界各地。

此书中，这些祖籍黄骅或者曾经在这片土地上做出过贡献的名人，他们的成就不仅为黄骅增光添彩，也为后世的人们树立了榜样。他们都是意志坚定、品德高尚和不畏艰难困苦的人，在面对困难和挑战时能够保持坚韧不拔的品格和气质，在家国大义面前，都有着刚正的气概和博大仁义的胸怀。这些风骨人物的精神，正如宋朝诗人李曾伯在《满江红 · 姑射山人》一诗中所写：“留得岁寒风骨在，岂烦造化栽培力。”

徐福：

东渡日本，建城卯兮

黄骅历史悠久，人杰地灵，民间传说众多，其中关于徐福东渡的传说历时两千余年，也有很多的历史佐证。

今黄骅境内的遗迹丱兮城、郛堤城和瓮棺墓葬群，以及今盐山县境内的千童镇（前 202 年，即汉高祖五年，以秦之徐福率数千名童男童女侨寓此邦而于此置千童县，隶属渤海郡，后世撤县改镇），都与徐福东渡有关。

徐福东渡，指的是秦始皇时期派遣徐福出海采仙药、一去不返的事件。

秦始皇统一六国后，认为自己功劳巨大，堪比三皇五帝，取三皇的“皇”，五帝的“帝”，构成皇帝的称号，是中国历史上第一个使用皇帝称号的君主。他自命为始皇帝，希望江山万代传承。但是随着年龄的增长，秦始皇越来越感觉自己力不从心，所以他非常渴望能够长生不老。后来他知道徐福这个人有奇才，于是派遣徐福出海寻找神仙，为他求取长生不老药。

徐福东渡的历史记载最早见于司马迁的《史记》。

《史记 · 秦始皇本纪》记载，秦始皇统一天下后，于公元前 219 年第一次东巡，封禅泰山，然后至渤海，而后有徐市（徐福别名）带数千童男童女海上求仙事。

> ……于是乃并勃海以东，过黄、腄，穷成山，登之罘，立石颂秦德焉而去……既已，齐人徐市等上书，言海中有三神山，名曰蓬莱、方丈、瀛洲，仙人居之。请得斋戒，与童男女求之，于是遣徐市发童男女数千人，入海求仙人。

清人丘琼山《纲鉴合编》曾云："始皇既平六国，凡平生志欲无不遂，唯不可必得志者，寿耳。"一些方士投其所好，编织神仙之说，声称海上有仙人仙药，吃了仙药便可长生不死。徐福就是在这种情况下航行入海的。

"登台武帝终须悔，入海徐福终不还"

秦始皇统一天下以后，只有 12 年的时间，他不畏长途跋涉，四次至东方沿

海巡视，北至碣石，南至会稽，三次到琅琊、之罘（山名，也作芝罘，在今山东烟台市北）、黄腄。

秦始皇二十八年（前 219），第一次东巡。大队人马在登泰山封禅刻石以后，从胶东郡之罘南下琅琊台，又浩浩荡荡前往渤海。他在琅琊刻石中说："普天之下，抟心揖志。器械一量，书同文字。日月所照，舟舆所载。皆终其命，莫不得意。"又说："西涉流沙，南尽北户。东有东海，北过大夏，人迹所至，无不臣者。"秦始皇所向往的是：凡是日月所照的地方，都是他的疆土；凡是人的足迹所到达的，都是他的臣民。

怀着雄心壮志的秦始皇抵达海边，登上礁石，纵情浏览。只见云海之间，山川人物时隐时现，蔚为壮观，令秦始皇心驰神往。

这种景象，本来是海市蜃楼，但方士为迎合秦始皇企望长生的心理，将其说成传说中的海上仙境。方士徐福乘机给秦始皇上书，说海中有蓬莱、方丈、瀛洲三座神山，有仙人居住，可以寻得长生仙药。这位一心想传位万世的始皇帝龙颜大悦，于是根据徐福的要求，百工造船，派数千童男童女随行，出海寻仙。秦始皇本人也在此流连忘返，等候徐福佳音。然而，等来的只是徐福空手而归。

《史记》中称，徐福为"齐人""方士"，燕、齐海上之方士。这些海上的方士精通航海知识并具有丰富的航海经验。像战国时期的燕国宋毋忌、羡门子等高等方士，都能亲自驾船远航。

《辞海》载：

> 徐福，本作徐市，字君房，秦方士，琅琊（今胶南琅琊）人。通道术，精阴阳，与当时的齐国方士侯公、燕国方士卢生均为至交。

徐福博学多才，通晓医学、天文、航海等知识，且同情百姓，乐于助人，故在沿海一带民众中名望颇高。相传，徐福是鬼谷子的关门弟子，学辟谷、气功、修仙，兼通武术。他出山的时候，是秦始皇登基前后，李斯的时代。

据考证，在江苏省连云港市赣榆区金山乡徐阜村，根据当地的地方志，徐阜村在明清两代均称徐福村，至今还流传着徐福率童男童女浮海东渡之事。另一种说法认为，徐福故里为今山东省龙口市。

《史记·秦始皇本纪》记载，公元前221年秦始皇实行郡县制，分天下为三十六郡。

据《黄骅县志》记载：

> 秦始皇二十六年（前221年），在今黄骅羊二庄乡大马庄东南5公里处置柳县。柳县为秦推行郡县制首批置县之一。东汉建武十三年（公元37年），柳县撤消并入章武县。

柳县属齐郡，后从齐郡中分置济北郡，柳县属之。当时，秦之柳县为“河海交通之大埠”，“南北之浮海者，必以此为市舶要冲”。

由谭其骧《中国历史地图集·秦朝》可见，当时黄河由今黄骅市域东入海，河道南部属济北郡，北部属巨鹿郡。

秦始皇二十九年（前218），秦始皇第二次东巡，又到之罘、琅琊。他在之罘刻石中说：“武威旁畅，振动四极。”他想扬威四方最远的地方。

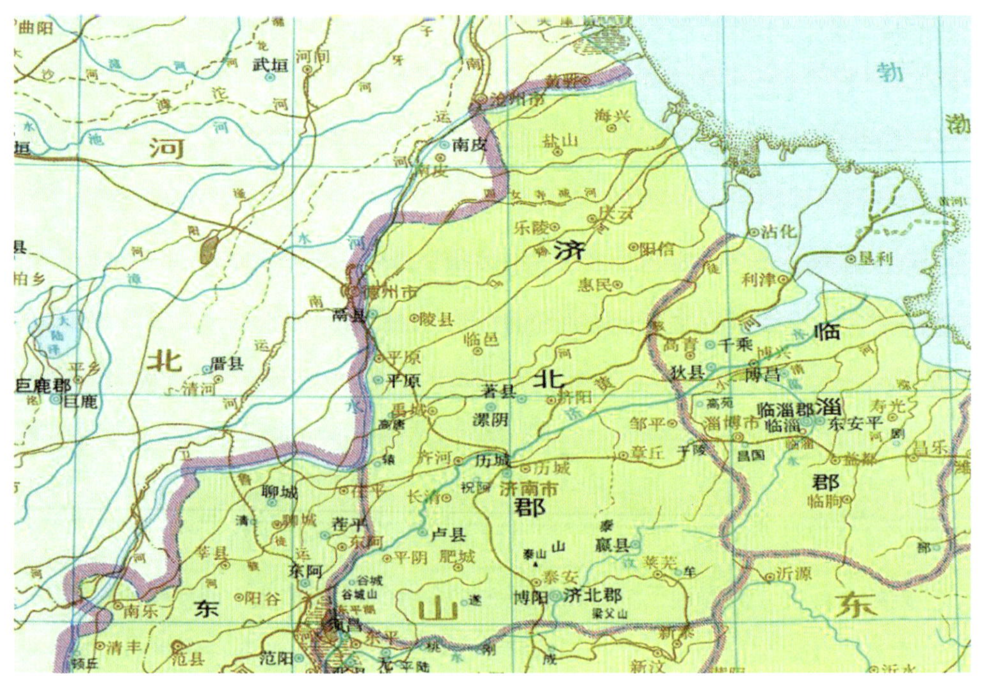

公元前 215 年，秦始皇第三次东巡，曾至碣石，后世有学者论证，此“碣石”即今黄骅市南几十公里处的碣石山，俗称大山。

> 三十二年，始皇之碣石，使燕人卢生求羡门、高誓。刻碣石门。坏城郭，决通堤防……燕人卢生使入海还，以鬼神事，因奏录图书，曰“亡秦者胡也”。始皇乃使将军蒙恬发兵三十万人北击胡，略取河南地。

公元前 219 年，徐福第一次扬帆东渡并没有找到仙山神药，之后的几年中，秦始皇只好继续派方士寻求仙人及长生药。据《史记 · 秦始皇本纪》记载：秦始皇先后派遣卢生、韩终、侯公、石生等齐燕方士入海求仙，折腾几年“费以巨万计，终不得药”。

秦始皇三十七年（前 210），秦始皇第四次东巡。

《史记》记载他先至会稽祭大禹，立石颂德，然后北上，改走海路，再沿海滨北至琅琊。当年徐福入海寻找仙药，已经过去九年了。

> 三十七年，还过吴，从江乘渡。并海上，北至琅邪。方士徐市等入海求神药，数岁不得，费多，恐谴，乃诈曰：“蓬莱药可得，然常为大鲛鱼所苦，故不得至，愿请善射与俱，见则以连弩射之。”始皇梦与海神战，如人状。问占梦，博士曰：“水神不可见，以大鱼蛟龙为候。今上祷祠备谨，而有此恶神，当除去，而善神可致。”乃令入海者赍捕巨鱼具，而自以连弩候大鱼出射之。自琅邪北至荣成山，弗见。至之罘，见巨鱼，射杀一鱼。

秦始皇当即派人传召徐福。徐福因“入海求神药，数岁不得，费多，恐谴”——因为九年前第一次入海求仙，花费了巨额钱财未果，徐福因担心遭到重谴，便谎称由于大鱼阻拦所以未能成功，奏告秦始皇：“蓬莱药可得，然常为大鲛鱼所苦，故不得至。”蓬莱仙山确实有仙药，出海时常遇大蛟鱼阻拦，所以不能到达。徐福请派弓箭手一同前往，见到大蛟鱼用连弩射击。

秦始皇因求长生心切，非但没有问徐福的罪，还日有所思夜有所梦，做梦与海神搏斗。秦始皇找人解梦。占梦方士告诉他：应当除掉求仙寻药道路上的恶神大鲛鱼，这样善神才致。

秦始皇求仙心切，答应了徐福，下令入海时带足捕巨鱼的渔具，准备连弩，第二次派徐福出海。海船由琅琊启程，航行数十里，经过荣成山，再前行到之罘时，果然见到大蛟鱼，当即连弩齐射，大蛟鱼中箭而死，沉入海底。

秦始皇认为此后当可无虞，增派童男童女三千人及各种工匠、技师，携带五谷种子及各种农具，令徐福再度出海求仙药。徐福于是率童男童女和百工，乘船泛海东渡，成为迄今有史记载的东渡第一人。

对于徐福此次东渡，《史记·淮南衡山列传》也有记载："(秦始皇）遣振男女三千人，资之五谷种种百工而行。徐福得平原广泽，止王不来。"

西汉的东方朔在《海内十洲记》中也记载了徐福带童男童女坐楼船去"三神山"寻求长生不老药的故事。五代后周时，开元寺和尚义楚在《义楚六帖》中称："日本国亦名倭国，东海中。秦时，徐福将五百童男五百童女止此国。"

日本佐贺县至今仍留有"徐福上陆地"的标柱，因徐福东渡带去了各种百工匠人及大量五谷种子等，当地人将其奉为"司农耕神"和"医药神"，每年都隆重祭祀。而国内，像青岛的西海岸，连云港的赣榆，宁波的慈溪、象山等，关于徐福东渡的传说，也均成功入选国家级非物质文化遗产目录。

徐福首次渡海的出发地，是在山东半岛南端的琅邪。琅邪是当时的一个古港，早在春秋时，这一带的航海家们就从这里出海，航达朝鲜半岛，而后顺半岛沿岸航行，经过对马岛到达日本九州。

徐福第二次出海的始发港，由于尚没有找到史书详细记载而说法不一。

黄骅现存的当时遗迹——丱兮城、郛堤城、瓮棺墓葬群，与秦朝著名的徐福东渡事件有关。

公元前 210 年，秦始皇最后一次东巡，《史记》记载他先至会稽祭大禹，立石颂德，然后北上，改走海路。

……并海上，北至琅邪。方士徐市等入海求神药，数岁不得，费多，恐谴，乃诈曰："蓬莱药可得，然常为大鲛鱼所苦，故不得至，愿请善射与俱，见则以连弩射之。”始皇梦与海神战，如人状。问占梦，博士曰：“水神不可见，以大鱼蛟龙为候。今上祷祠备谨，而有此恶神，当除去，而善神可致。”乃令入海者赍捕巨鱼具，而自以连弩候大鱼出射之。自琅邪北至荣成山，弗见。至之罘，见巨鱼，射杀一鱼。遂并海西，至平原津而病……七月丙寅，始皇崩于沙丘平台。

由这段记载可知，秦始皇死前最后一次东巡的线路，之所以有长途海路，应与“徐市入海求神药”有关。由“遂并海西，至平原津而病”，可知秦始皇当时海上巡行的终点即在黄骅市域的古黄河入海口，由此进入黄河，穿越黄骅市域，溯流而上，至今德州市域的平原津时生病。可以想见，秦始皇当时结束海上漂泊之后，在黄骅境进入内河，很可能登岸驻跸于当时的郛堤城、丱兮城，并检视徐福入海的相关情况。

徐福率童男童女和百工乘船东渡之后，秦始皇不肯离开，一直等候三个月，不见徐福消息，才怅然而回。这次，秦始皇再也等不到徐福音讯了。秦始皇至平原津（今山东德州）即发病，病死于沙丘平台（今河北邢台广宗县大平台乡大平台村南），而徐福“得平原广译，止王不来”，一去再也不回了。

“秦帝求仙筑丱城，千童意换尔长生”

《黄骅县志》记载：

秦始皇二十九年（前218年），方士徐福为秦始皇求长生药，率500名童男和500名童女渡海到蓬莱，入海前经柳县，在今羊二庄西建丱兮城。

黄骅今有丱兮城遗址。“丱兮”出自《诗经》，“婉兮娈兮，总角丱兮”，“丱”是一个象形字，孩童梳着髻的样子。

南朝顾野王《舆地志》记载：

高城（古地名）东北有丱兮城，秦始皇遣徐福发童男女千人，至海求蓬莱，因筑此城侨居童男女，号丱兮。

后世所编著的史志书籍多从其说。

高城，南北朝时期，北齐天保七年（556），高城县改治大留里，今黄骅市旧城村。隋朝文帝十八年（598）高城县改称盐山县。

康熙版《盐山县志·古迹》记载：

丱兮城。在县东北，按《舆地志》，秦始皇遣徐福发童男女数千人至海求仙，因筑此城侨居童男女，汉为千童县，东汉改饶安县。

丱兮城，在县城东北，按照《舆地志》所记载，秦始皇派遣徐福到海上求仙，随行童男童女数千人，因此修筑丱兮城以供童男童女侨居暂住，以备出海。这里西汉时设置千童县，东汉时改饶安县。

同治版《盐山县志·古迹》记载：

丱兮城。在今治东北七十里。案《舆地志》，高城东北有丱兮城，秦始皇遣徐福发童男女千人至海求蓬莱，因筑此城侨寓男女，汉因置千童县，后汉改曰饶安。府县志皆从其说，遂贻误至今。

……《舆地志》谓千童在高城东北，因以丱兮城当之，将无棣沟之干渎、枝渎作一水读，则言迳千童城在高城后，且“童”与“丱兮”义近，致有此误，而曰“童”曰“锺”则又何说？况高城东北为丱兮，南为乐陵，人皆知之。《水经》明云，乐陵郡西又东南，迳千童。如指丱兮为千童，是乐陵应在高城西北方隅，大不相合。《旧唐书》，武德元年移饶安治于平童（即千童）故城，贞观十二年复移治于浮水故城，故有旧饶安、新饶安之称。宋俱废为镇，并入清池。《金史》，清池县有旧饶安镇、新饶安镇，是千童为旧饶安县，即今旧县镇，明甚，与丱兮城无涉，何得以丱兮城当千童而统指为饶安耶？惟丱兮城之名传之已久，如境中宛乡、合骑各城虽非古县，而因事立城，或自有说，若《一统志》谓，丱兮于古亦无据，概为驳删，殊不必耳。

《盐山新志》记载：

丱兮城。城在今治东北七十里杨二庄之西北，始见于《舆地志》云：“高城东北有丱兮城，秦始皇遣徐福发童男女千人至海求蓬莱，因筑此城，侨居男女，号丱兮城，汉因置千童县。”其说殊为可据，盖汉去秦近，若丱兮果系无稽，必无千童之设，决也。惟后世因千童由丱兮而起，遂谓千童丱兮为一，其误显然。千童即后汉之饶安，东北去丱兮且一百二十里，不容相混，古人名地不过取，故实之距近者以为名，而不必符其实者，此类殆难枚举，胶柱以求，殊失之迂。

谓千童因徐福侨寓而得名则可，谓侨寓之丱兮即千童县则不可也。旧志及天津府旧志俱沿其误，谓饶安即丱兮遗迹，《同治志》始辨其谬当已。今遗趾距秦置之柳县密迩，三代入海故道必皆在此，柳县之设本以河海之交先辟为邑。徐福东来，必仰给海口县官为具衣食舟楫，而后浮海。其侨寓以待，亦固其所然。由是以推，足征九河贡道决在今之南大沽口，益无疑矣。

同治年间《盐山县志》标注丱兮城，在今黄骅东北六里灶；民国《盐山新志》记丱兮城，在今黄骅羊二庄西北。千童城与丱兮城从记载上看不是一座城，还有一定的距离。

据《中国古今地名大辞典》记载：

> 丱兮城，在直隶盐山县东北，相传秦始皇遣徐福发童男女千人，入海求仙，筑城侨居童男女，故名。

《盐山县志》记载：

> 高城县东北岭，旧有丱兮城。

高城县于隋文帝开皇十八年（598）更名盐山县。高城县故城，在今河北盐山县城南 40 里处，距无棣碣石山三四十公里，为汉代渤海郡都尉治所。经河北省有关部门考证，“丱兮城”在今黄骅市的羊二庄附近，旧属盐山县。

同时，千百年来，在今黄骅市羊二庄一带一直流传着这样一个传说，徐福东渡时，丱兮城周围方圆百里正遇大旱，徐福在柳县赈粮济民，救助了许多百姓，深受灾民拥戴，出海之时，徐福撞巨钟，聚千童，百姓送者甚众。（柳县，秦始皇于公元前 221 年置，故治在今黄骅市羊二庄镇大马庄东南五公里处，属齐郡，后从齐郡中分置济北郡，柳县属之。东汉建武十三年，柳县撤销并入章武县。）

后有人讹传徐福入海化作仙石。为纪念徐福，明朝时，百姓聚资在羊二庄建造了石爷庙，内塑徐福石像，挂放巨钟。巨钟内径数米，全铜铸成，撞击之声，响彻百里。此庙保存至“文革”前夕，“文革”中被毁。

2016 年，河北省文物保护部门开始发掘位于黄骅市的丱兮城遗址，发掘工作持续一个月。这次发掘对研究秦代徐福东渡事件以及黄骅港口历史演变具有较高的考证价值。

丱兮城遗址，位于黄骅市羊二庄回族镇南街村西北一公里处，东西长 570 米，南北宽 570 米。来自河北省文物保护研究所的丱兮城发掘工作小组领队佟宇喆介绍说，之前根据县志等文献资料、史学家观点和一些简单遥感测绘等手段，认为丱兮城由徐福建造，是东渡的出发点。这次发掘明确了城墙的建筑形式、夯筑情况，同时根据城墙包含物确定建筑年代，用实物来证明原来的推断。

丱兮城为名胜古迹之一，明代王翱、王士禛等文人墨客留下不少诗文。康熙版《盐山县志·艺文》记载了明代名臣吏部尚书王翱的诗《丱兮城》：

秦帝求仙筑丱城，千童意换尔长生。
羡安诳诱无消息，万古犹惭二世名。

明代著名诗人霍堂的诗《丱兮城》：

丱兮城里鸟关关，词客行看泪欲潸；
西北渐添新杜若，东南不改旧青山。
登台武帝终须悔，入海徐福终不还；
日本至今风浪急，教人空恨水潺湲。

如今丱兮城只留遗址，空叹千载悠悠岁月。

千童文化及徐福东渡的历史意义

盐山县拥有历史悠久的“千童文化”，素有“千童故里”的称号。汉高祖五年（前 202），曾以秦之徐福率数千名童男童女侨寓此邦而于此置千童县，也就是如今的千童镇。如今盐山县千童镇内还有千童祠，内有东渡堂、泰山堂、友谊堂，记载着徐福勇率童男童女、百工巧匠成功东渡及对日本列岛的影响。

明代吏部尚书王翱的诗《丱兮城》诗云：“秦帝求仙筑丱城，千童意换尔长生。”

徐福东渡为秦始皇求取仙药，带些男子同行就可以了，为什么非要带上三千对童男童女呢？

在史料记载中，徐福之所以要求带着童男童女，是要进献给海神的祭品，理由是“海神索要童男童女作为礼物”，要用这三千童男童女为秦始皇换得长生不老之药。

徐福带走这三千童男童女的原因看似拿去献祭，这样的一个理由是让秦始皇相信他，也是为了表明他的“决心”。

不过在后人看来，这应该是徐福对秦始皇的托词。徐福东渡除了这三千名童男童女之外，还有百工匠人、随行等，林林总总数千人，更有五谷种子以及各种农具，或许他早有寻找世外桃源而居之的想法。

第一次出海失败以后，徐福害怕受到惩罚，所以随便找了一个理由，说在海上发现了一条鲛鱼挡住了去路，当时秦始皇还派人去射杀鲛鱼。

等到第二次出海，正巧发生了“焚书坑儒”事件，秦始皇发现那些江湖术士都是骗子，一怒之下将其全都杀光了。

外面到底有没有神仙？徐福心知肚明。所以，徐福哄骗秦始皇，带三千童男童女前去也有可能是为了摆脱皇帝的暴政，为自己留条后路。秦始皇的残虐无道众人皆知，晚年又整天幻想长生不老。徐福自然明白世上根本没有什么仙丹仙药，但如果空手而归，一定死无葬身之地。因此被逼无奈，带领童男童女东渡，从此一去不返。

史料记载，徐福出海寻找仙药，至日本平原和广泽，见此地非常适宜居住，便在此安身定居，繁衍生息，自称秦之徐福。

据日本一些文献记载，徐福是在第七代孝灵天皇之时来到日本的，他先后到达了九州、四国岛和富士山。将七个儿子都改为日本姓氏，分别为福冈、福岛、福山、福田、福畑、福海、福住，然后把他们派往七个地方生活。

后来的秦姓或带有福、波多、波田、羽田、畑、畠等字的姓氏和地方，都和徐福带领的秦人有关。就连日本前首相羽田孜也自称是徐福后人。

不过，徐福东渡的时候，日本是有着原住民的，所以说今天的日本人是徐福的后人是不准确的。但是，徐福东渡确实对日本的弥生文化产生了深远的影响。

徐福带去了水稻等五谷种子，教这里的人们水稻耕作、医药知识、金属冶炼、纺织技术，使日本摆脱了原有的采集、渔猎时代，步入了农耕文明时代；他们学会了冶炼铁器，摆脱了笨拙无效率的石器时代，促进了农业的发展；汉字的传入，对日本民族文字的产生具有借鉴意义；阴阳五行学说以及儒家思想的传入，对日本人民起到了教化作用。

这些对日本社会的发展是具有划时代意义的。直到今天，日本人民仍然把徐福奉为“农耕之神”“医药之神”“纺织之神”。

徐福东渡给日本人民带来了我国先进的文明，而且到目前为止日本官方政府也承认徐福是中日友谊的使者，正是因为徐福的出现给大河文化的产生奠定了基础，徐福当时带领的三千名童男童女也同样在日本国土上安居下来，现在很多的日本国民或许就是这些童男童女的后代。

在日本学术界，研究徐福事迹的学术团体、学者和专家有很多，也有很多研究徐福事迹的文章、著作和专著。从奥野利雄的著作《罗曼之人 · 徐福》一书的内容，可知日本人对徐福的态度，了解徐福对日本社会所产生的影响。

徐福东渡，在 2000 多年前是空前的壮举。但由于徐福第二次扬帆东渡一去不归，致使这个航海事件带有了神秘色彩。

在中国，最初提出徐福东渡到达日本的是五代后周和尚义楚，在《义楚六帖》中称："日本国亦名倭国，在东海中。秦时，徐福将五百童男、五百

童女止此国，今人物一如长安……又东北千余里，有山名‘富士’亦名‘蓬莱’……徐福至此，谓蓬莱，至今子孙皆曰秦氏。”

义楚称，这一说法来自日本和尚弘顺。宋代文学家、史学家欧阳修也认为徐福东渡到日本。明初，日本和尚空海到南京，向明太祖献诗，提到“熊野蜂前徐福祠”。

清末，驻日公使黎庶昌、黄遵宪等人，都参观了徐福墓，并诗文题记。而徐松石在《日本民族的渊源》中说，战国先秦时期，中国东南沿海民众大量往日本移民，徐福率领的童男童女是其中一队，“徐福入海东行，必定真有其事”。

至今日本保存着不少徐福活动的遗迹，如和歌山县徐福和他的随员七人墓、徐福宫，九州岛佐贺县“徐福上陆地”纪念碑、徐福的石冢、徐福祠，另外又有奉祀徐福的金立神社等。

近年，据统计，在日本的徐福遗迹有五十多处。清代驻日使馆参赞黄遵宪写有一诗：“避秦男女渡三千，海外蓬莱别有天。镜玺永传笠缝殿，倘疑世系出神仙。”并注有“日本传国重器三：曰剑、曰镜、曰玺，皆秦制也”。

日本新宫有徐福墓，还有 1071 字的墓碑。在速玉神社内，陈列着徐福所用过的鞍、镫等物。新宫蓬莱山内还有“徐福神龛”，被称为“徐福之宫”。每年都有“御船祭”“灯祭”等，都是祭祀徐福的活动。

徐福东渡日本，促成了一代弥生文化的诞生。那时，日本还没有文字，也没有农耕。徐福给日本带去了文字、农耕和医药技术。为此，徐福自然成了日本人民心目中的“农神”和“医神”。这是随着考古及两国人民之间的交往而逐步被发现和发掘的。日本学界、考古界一种观点认为：弥生文化源于中国北方沿海文化。

日本学者村新太郎著文，盛赞中国稻米传入日本的重大意义。他说：“稻米拯救了日本列岛饥饿的人们。无论如何稻米要比其他一切都值得感谢。米与牲畜、贝类不同，可以长久贮藏。不久，村落形成了国家。”稻米的传入，结束了日本的渔猎生活，开始了农耕。那么，日本把徐福奉为“农神”和“医神”，当在情理之中。

两千多年前，徐福为了摆脱秦朝苛政，寻求“蓬莱仙境”，建立理想乐土的政治愿望，组织力量举行大规模的探险活动，完成了东渡日本的历史奇迹。

一个“方士”的传说，神秘又虚幻。能流传两千多年且经久不衰的背后，是海纳百川的精神内核。我们纪念徐福，其实是纪念一代一代向海而强的探索精神，因为我们的征途是星辰大海。

窦广国：富贵不骄，进退有据

《黄骅县志》记载：

> 西汉高祖五年（前202年），在今黄骅市常郭乡故县村北设章武县。文帝后元七年（前157年），废章武县，改置章武国。武帝元狩元年（前122年），废国复县。

大量资料表明：《史记》《汉书》所记“章武县”，即在今天黄骅市域。由《山海经》所记，章武之名由来久矣，至晚在战国，黄骅市域即属章武。汉因秦制，汉高祖刘邦主要以黄老道家思想治国，所谓“高祖增二十六”主要指的是他对原秦朝三十六郡进行拆分，对县级区划做大的调整，所以，当时的章武县作为渤海郡下属县，很可能是因袭秦朝设置。

1985年7月，黄骅文物保护人员于章武故城遗址现场勘查记录：

章武城遗址位于黄骅市常郭乡故县村北200米，距市区9.8公里。该城城墙及建筑全无，遗址现全部变为耕田。章武城分为大城和小城，大城居北，小城在南，大城壕痕迹明显，东西均为13米，凹进30公分。在大城东南角（城外）现有高1.5米，面积98.4平方米封土台，传说为点将台。此城址面积：大城62700平方米，东西长285米，南北长220米。小城面积19140平方米。采集遗物：云纹瓦当（完整）、刀布币、绳纹砖瓦、绳纹灰陶器口沿、灰陶纺轮、灰陶夹砂瓮沿等。

《史记·外戚世家》记载：

窦皇后兄窦长君，弟曰窦广国，字少君。少君年四五岁时，家贫，为人所略卖，其家不知其处。传十余家，至宜阳，为其主入山作炭，暮卧岸下百余人，岸崩，尽压杀卧者，少君独得脱，不死。自卜数日当为侯，从其家之长安。闻窦皇后新立，家在观津，姓窦氏。广国去时虽小，识其县名及姓，又常与其姊采桑堕，用为符信，上书自陈。窦皇后言之于文帝，召见，问之，具言其故，果是。又复问他何以为验？对曰："姊去我西时，与我决于传舍中，丐沐沐我，请食饭我，乃去。"于是窦后持之而泣，泣涕交横下。侍御左右皆伏地泣，助皇后悲哀。乃厚赐田宅金钱，封公昆弟，家于长安。绛侯、灌将军等曰："吾属不死，命乃且县此两人。两人所出微，不可不为择师傅宾客，又复效吕氏大事也。"于是乃选长者士之有节行者与居。窦长君、少君由此为退让君子，不敢以尊贵骄人。窦皇后病，失明。文帝幸邯郸慎夫人、尹姬，皆毋子。孝文帝崩，孝景帝立，乃封广国为章武侯。长君前死，封其子彭祖为南皮侯。

这是《史记·外戚世家》所记载的史料。记载的这段外戚历史，就是汉文帝的皇后窦氏弟弟窦广国的一段经历。

窦广国，字少君，出生于西汉初年河北清河郡的观津县，也就是今天的河北省武邑县。这户窦姓人家为避战乱，隐居乡里。窦家主母早逝，时运不济，窦家的男主人又不幸掉落河中淹死。为了减轻家庭负担，家中唯一的女儿窦漪房，在朝廷选宫女时，凭着上佳的姿色以良家女入宫。最初窦漪房在吕后身边当了贴身的宫女，但是一入宫门深似海，从此杳无音信。

整个窦家就只剩下年少的两个儿子相依为命。日子实在太过清苦，长子窦长君小小年龄就要担起外出务工养家的重任，留下不过四五岁的弟弟窦少君独自守家。由于家里穷，为了能吃上饭，窦少君只好上街讨饭吃。但是没想到被人贩子拐走，卖给大户人家当奴隶。据史料称，窦少君被卖了十几次，最后被卖到河南宜阳大户人家为奴，主要从事挖煤工作。

《史记 · 外戚世家》记载了西汉时期一次事故。该事故发生于河南宜阳。宜阳位于河南洛河的南岸，宜阳的樊村、丰李两地盛产煤炭，因此这里聚集了很多挖煤和烧炭的工人。窦少君被主人派到深山中挖煤烧炭，白天卖苦力，晚上就和上百名烧炭工一起睡在石崖泥壁之下。谁知道飞来横祸，一天夜里，突然河岸崩塌，整个窝棚都被碎石流泥掩埋，上百名烧炭工都死于非命，只有窦少君因为年小力弱在争抢卧位时被工头排挤到了窝棚边缘，侥幸得以生还。

古人说：“大难不死，必有后福。”古人对突如其来的生死都很迷信，窦少君大概是对自己大难不死感到庆幸，就找人算了一卦，看前途吉凶如何。算命先生对他说，他不但再无性命之忧，要想富贵可以到长安，将来还能封侯。窦少君对这个占卜结果半信半疑。

因为一下子死了这么多奴仆雇工，所有死者的家人都哭闹不休，雇主一家在河南宜阳待不下去了，只得远远地躲到长安城里来避风头。窦少君自然也就跟着主人迁居长安。

窦少君到了长安，便听说了一件很稀奇的事，当朝皇帝新立的皇后也姓窦，而且祖籍与他是一个地方。窦少君忽然想起，这个窦皇后会不会就是小时候入宫的亲姐姐？他大有如梦初醒的感觉，于是壮着胆子上书自陈，说自己就是皇后失散多年的弟弟。

接到上书的官员不敢怠慢，连忙将这个消息汇报给了皇家。

原来，皇后窦氏真的就是窦少君的亲姐姐。多年前，她在吕后身边当贴身宫女。吕后老了以后，准备把身边年轻貌美的宫女送到各封国去，用来做她的眼线。据史料记载，吕后把窦氏送到了代国。窦氏到了代国，被代王刘恒相中，并纳为姬妾，为刘恒生两子一女，长子就是汉景帝刘启。

刘恒，西汉第五位皇帝（前 180 年—前 157 年在位），汉高祖刘邦第四子，汉惠帝刘盈异母弟，母为薄姬。汉高祖十一年（前 196）受封代王。

汉高祖去世后，吕后临朝称制。由于吕后的强势、专制独裁，大肆迫害刘邦的后代，而吕氏一族又掌握朝廷大权，为所欲为，所以造成了刘氏宗室及元老大臣对吕氏的极度仇恨。在吕后活着的时候，他们不得不忍气吞声，吕后死后，刘氏宗室及太尉周勃、丞相陈平等元老大臣发动政变，一起灭了吕氏一族，夺回了大权。但是汉惠帝是吕后的亲儿子啊，如果他继续做皇帝，会放过这些人吗？所以在铲除吕氏一族后，刘氏宗室及元老大臣把吕后立的汉少帝刘弘废掉，迎代王刘恒入京为帝。这就是历史上的汉文帝。刘启为太子，窦氏也被封为太子妃，于是刘启即位后，窦氏也从一介小宫女，成为万人尊崇的皇后。

窦氏当皇后不久，便派人去其家中寻找亲人，但只找到了哥哥窦长君，而父母早已去世，弟弟窦少君不知下落。

窦皇后怀着复杂的心情和文帝一起召见了写信自荐的窦少君。

在窦皇后的盘问下，窦少君所说与窦皇后自己的家都相符。然而岁月荏苒，窦皇后十几年来在宫中养尊处优，面貌与昔日没有太大差别，窦少君当年与姐姐分手时还是幼儿，此时却已成年，他认识姐姐，姐姐却已经认不出他来了。虽然他还记得曾与姐姐一起去采桑而不慎摔下树的事情，窦皇后也不敢贸然认亲。于是又问他：“还有没有别的验证之事呢？”

窦少君毫不犹豫，就把当年姐姐临入宫前，与自己在驿站生离死别、沐发乞饭的情景回忆了一遍。窦皇后听完，喜出望外，控制不住情绪，不顾身份地一把将弟弟紧紧地搂住，姐弟俩涕泗横流。

左右侍女宦官也纷纷伏地，哭泣出声，以衬托皇后的哀伤。文帝对妻子能够与兄弟团聚，也颇为感慨，于是赏赐了窦氏兄弟田地宅院，还有大笔金钱，让他们就近住在长安。

从此这位挖煤的小奴隶，一朝变得富贵。不仅寻得了当皇后的姐姐，而且成为皇亲国戚，在长安落户安家，来了个翻天覆地的变化。

薄太后也对儿媳的身世十分怜惜，紧跟着也下了一道太后令，追封窦皇后的父亲为安成侯，母亲为安成夫人，在窦氏的家乡清河为他们设立墓园，封邑二百户，由地方长官按薄氏宗祠的规模四时祭拜。

窦皇后突然冒出两个兄弟，汉文帝突然有两个舅子，着实让王朝元老们紧张起来。特别是周勃、灌婴等汉朝元老，他们经历过吕氏之乱，如今窦氏两个兄弟突然出现，将来会不会再有什么七大姑八大姨，到时汉朝会不会是窦氏干政呢？

窦少君身世传奇，周勃、灌婴等权臣担心吕氏外戚悲剧重演，于是周勃等老臣出面向文帝进谏，请求文帝对外戚严加管束，说窦氏兄弟出身寒微，不懂礼仪也没有学问，所以不宜封授官职，只做富贵闲人，而且还要选择一些有操行道德和学问的长者与他们毗邻而居，每天监督教导他们才行。

窦皇后也明白大臣们的担心，因此对哥哥和弟弟说，一定要注意自身言行，决不能做越轨的事。

窦氏兄弟都是经历过苦难生死的人，他们明白如今得来的这一切全都靠窦皇后，因此非常珍惜眼前的生活，平时注重言谈举止，不敢因贵生骄，生怕给窦皇后惹是生非。

文帝采纳了老臣们的意见。于是窦长君、窦少君就此被教育成了谦谦君子，时间长了，他们非但不曾参与政事，就连国舅爷的尊贵身份都自觉地忽略不计。

朝廷对窦氏兄弟印象也不错，认为他们颇有德行、才能，也没仗着外戚的身份胡作非为，言行举止都温文尔雅，“为退让君子，不敢以尊贵骄人”，“贤有行”。

文帝即位之后，励精图治，兴修水利，厉行节俭朴素，废除肉刑，实现国家强盛，百姓小康，开启“文景之治”。汉文帝谨慎对待诸侯国势力过大及匈奴入侵中原等问题。对待诸侯王，采用以德服人、以武平乱的态度。对待匈奴，采用和亲止战的方式，营造安定团结、休养生息的政治局面。

《史记·张丞相列传》记载：

张苍免相，孝文帝欲用皇后弟窦广国为丞相，曰：“恐天下以吾私广国。”广国贤有行，故欲相之，念久之不可，而高帝时大臣又皆多死，馀见无可者，乃以御史大夫嘉为丞相。

公元前 162 年，丞相张苍被汉文帝免职，文帝一度欲任命窦少君为宰相，足见对他的器重。窦皇后知道此事后却不同意，连忙劝阻汉文帝，坚决不能任人唯亲，恐怕天下人议论他对窦少君有私心，别到时让大臣说三道四，引起非议，况且窦少君能力一般，根本干不了丞相，让汉文帝从大臣们中选。文帝反复思虑，认为皇后言之有理。窦少君也面见文帝，据理劝说，陈述利弊，坚决不肯接受。汉文帝只好作罢。

据记载可知，公元前 157 年，刚刚即位的汉景帝刘启见舅舅窦少君也没什么官职，就封他为章武侯，未授要职，让其出谋划策。这才应了窦少君找人算命时的那句话："将来封侯。"窦氏姐弟所为，朝野赞誉，对形成文景之治起了重要作用。

从此章武县成为其封国。当时，章武有一万一千户人口，为当时大县。《汉书·百官公卿表》记载：

县令、长，皆秦官，掌治其县。万户以上为令，秩千石至六百石。减万户为长，秩五百石至三百石。皆有丞、尉，秩四百石至二百石，是为长吏。百石以下有斗食、佐史之秩，是为少吏。大率十里一亭，亭有长。十亭一乡，乡有三老、有秩、啬夫、游徼。三老掌教化。啬夫职听讼，收赋税。游徼徼循禁贼盗。县大率方百里，其民稠则减，稀则旷，乡、亭亦如之，皆秦制也。列侯所食县曰国，皇太后、皇后、公主所食曰邑，有蛮夷曰道。凡县、道、国、邑千五百八十七，乡六千六百二十二，亭二万九千六百三十五。

窦少君的姐姐窦猗房作为汉文帝皇后，汉景帝时为太后，汉武帝时为太皇太后，极有权威，可以想见窦少君的封地章武必为富庶之地。之后，窦少君之子窦定，继承章武侯，死后谥号西汉章武共侯。章武国传至窦少君的孙子窦常生，于公元前 122 年，免除侯爵封国，章武复为县。

西汉时的窦氏家族的兴起，得益于窦皇后。但窦氏一族很低调，从不因为窦皇后而炫耀，因此窦少君后裔一直都默默无闻，直到东汉时，又出了一位窦皇后，就是窦少君的后裔，而窦宪也是窦少君的后裔。窦宪创造了历史，他大破北匈奴，并“勒石燕然”，在历史上留下英名。窦氏后裔辉煌，可以说没有窦少君，便不会有窦宪，也不会为中国疆域做出突出贡献。

隽不疑：

临危果决，多谋善断

汉书记载，隽个疑，字曼倩，为西汉渤海郡人。当时的直指使者暴胜之“东至海”而请隽不疑与相见，可见其有可能为黄骅市域中人。隽不疑刚正明决，不媚权贵，实显此方水土之民风。其母教子为善，尤为动人。

曼，含有柔美之意，倩指的是美男子。在汉朝，曼倩作为字的名人有三位：他们是幽默诙谐的智圣——东方朔东方曼倩，屡破大案严而不残的京兆尹——隽不疑隽曼倩，自我弹劾引咎辞职的丞相——於定国於曼倩。

三位曼倩中，东方朔东方曼倩虽然官位不高，但后世的名气最大，传说也最多，多次出现在李商隐、苏轼等诗词方家的辞赋中。於定国於曼倩官位最高，却最谨慎，因气候原因被罢官有点儿冤枉。隽不疑，为人守正孝义，断案严而不残，是位严吏但不是酷吏。可以说，他是西汉时期的一位“青天大老爷”，屡破大案，为民申冤，百姓怀念，青史留名。

《汉书·隽不疑传》记载：

隽不疑字曼倩，渤海人也。治春秋，为郡文学，进退必以礼，名闻州郡。武帝末，郡国盗贼群起，暴胜之为直指使者，衣绣衣，持斧，逐捕盗贼，督课郡国，东至海，以军兴诛不从命者，威振州郡。胜之素闻不疑贤，至勃海，遣吏请与相见。不疑冠进贤冠，带櫑具剑，佩环玦，褒衣博带，盛服至门上谒。门下欲使解剑，不疑曰："剑者，君子武备，所以卫身，不可解。请退。"吏白胜之。胜之开合延请，望见不疑容貌尊严，衣冠甚伟，胜之屣履起迎。登堂坐定，不疑据地曰："窃伏海濒，闻暴公子威名旧矣，今乃承颜接辞。凡为吏，太刚则折，太柔则废，威行施之以恩，然后树功扬名，永终天禄。"胜之知不疑非庸人，敬纳其戒，深接以礼意，问当世所施行。门下诸从事皆州郡选吏，侧听不疑，莫不惊骇。至昏夜，罢去。胜之遂表荐不疑，征诣公交车，拜为青州刺史。久之，武帝崩，昭帝即位，而齐孝王孙刘泽交结郡国豪杰谋反，欲先杀青州刺史。不疑发觉，收捕，皆伏其辜。擢为京兆尹，赐钱百万。京师吏民敬其威信。每行县录囚徒还，其母辄问不疑："有所平反，活几何人？"即不疑多有所平反，母喜笑，为饮食语言异于他时；或亡所出，母怒，为之不食。故不疑为吏，严而不残。始元五年，有一男子乘黄犊车，建黄旐，衣黄襜褕，着黄冒，诣北阙，自谓卫太子。公交车以闻，诏使公卿将军中二千石杂识视。长安中吏民聚观者数万人。右将军勒兵阙下，以备非常。丞相御史中二千石至者立并莫敢发言。京兆尹不疑后到，叱从吏收缚。或曰："是非未可知，且安之。"不疑曰："诸君何患于卫太子！昔蒯聩违命出奔，辄距而不纳，春秋是之。卫太子得罪先帝，亡不即死，今来自诣，此罪人也。"遂送诏狱。天子与大将军霍光闻而嘉之，曰："公卿大臣当用经术明于大谊。"繇是名声重于朝廷，在位者皆自以不及也。大将军光欲以女妻之，不疑固辞，不肯当。久之，以病免，终于家。京师纪之。后赵广汉为京兆尹，言："我禁奸止邪，行于吏民，至于朝廷事，不及不疑远甚。"廷尉验治何人，竟得奸诈。本夏阳人，姓成名方遂，居湖，以卜筮为事。有故太子舍人尝从方遂卜，谓曰："子状貌甚似卫太子。"方遂心利其言，几得以富贵，即诈自称诣阙。廷尉逮召乡里识知者张宗禄等，方遂坐诬罔不道，要斩东市。一姓张名延年。……赞曰：隽不疑学以从政，临事不惑，遂立名迹，终始可述。

被人举荐，官封青州刺史

提起北宋时期开封府的“包青天”包拯，那可是无人不知，无人不晓。他廉洁公正，刚毅不屈，铁面无私，敢于替百姓申不平，京师有“关节不到，有阎罗包老”之语，名传千古。而在西汉时期，也有这样一位“青天大老爷”，屡破大案，青史留名。他，就是隽不疑。

隽不疑是渤海郡人，精通《春秋》，在文学方面有很深的造诣，后来做了渤海郡的文学官，又因他言行举止十分讲究礼仪，为人诚信仁德，名闻于州郡。

汉武帝末年，隽不疑展示自己才能的机会到了。

当时渤海郡盗贼蜂拥四起，汉武帝派暴胜之任直指使者（朝廷特派官员）。暴胜之手持利斧，率兵奉命前往追捕盗贼，并监督考核各郡县的课税情况。其执法范围远达东部沿海一带，遇到不服从命令的人，暴胜之一律按违“军兴”法处死，威震各州郡。

英雄慕豪杰，暴胜之早听说渤海郡的隽不疑有德有才，名气很大，很想见识一下，便派官吏前去邀请隽不疑前来相见。隽不疑知道第一印象的重要性，接到邀请后，整理好衣冠，盛装佩剑，前往拜谒。

到府门，守门人见隽不疑佩剑而来，便拦下他，要求解剑。隽不疑说：“君子之剑，用来防身，不能解，如其不然我将告退。”守门人禀告暴胜之后，暴胜之来不及曳上鞋就起身迎接。远远看见隽不疑戴着进贤冠，挎着陇具剑，佩环玦，长衣博带，仪表堂堂，容貌威严，衣冠壮美，暴胜之急忙请隽不疑进厅堂。

登堂坐定，隽不疑伏地而拜，恭敬地说：“我住在海边，久闻暴公子的威名，现在承您看得起我相邀而来，十分荣幸。”

暴胜之说：“先生有何指教？”

隽不疑道：“我认为，凡是做官的，如果太刚就会容易受挫折，如果太柔就容易荒废政务，因此，最好的办法是在实施威严的同时给予恩惠，然后才可以建功扬名，永远享用天赐的福禄。”

暴胜之不禁肃然起敬，知道隽不疑不是寻常之辈，所以恭敬地接受了他“为官要刚柔并济、恩威并施”的告诫，并向他请教在当时的形势下施政应采取哪些措施和手段。暴府的幕僚都是从各州郡官吏中选拔出来的优秀人才，他们在旁边倾听了隽不疑的言谈后，无不震惊叹服。

双方相谈甚欢，直到深夜隽不疑方才离去。

对于这样的人才，当然不容错过，暴胜之第二天便向皇帝上书推荐隽不疑。求贤若渴的汉武帝当即用公车征召隽不疑到京师，官拜青州刺史。

也许是冥冥之中自有天意，汉武帝没想到，让隽不疑担任青州刺史，竟然在日后帮助了自己的儿子汉昭帝。

当机立断，挫败刘旦谋反

公元前 87 年，汉武帝驾崩，小儿子刘弗陵继位，史称汉昭帝。

刘弗陵继位，让汉武帝的第三子燕王刘旦心中很不是滋味，他为长，刘弗陵为幼，汉武帝“废长立幼”，他不服。原来汉武帝的二子刘闳早在公元前 110 年就去世了，而太子刘据也在公元前 91 年死于巫蛊之祸，皇后卫子夫、太子刘据因受苏文、江充、韩说等人诬陷不能自明而起兵，兵败后自杀，之后数年汉武帝一直没有再立太子。两个哥哥已死，刘旦便有了想法，按照长幼有序，再怎么算，太子的位置非他莫属。但他沉不住气，急于求成，上书请求进京担任皇宫保卫，希望得立为太子。这下惹怒了汉武帝，立杀刘旦派来的使者，并削去刘旦封国的三个县，彻底打消了他当太子的念头。

刘旦怀疑汉昭帝继位是朝中大臣操纵的结果，便暗地里勾结中山哀王之子刘长、齐孝王之孙刘泽等，密谋造反。他们一方面暗中招兵买马，一方面派人到各郡县散布刘弗陵非汉武帝亲生的谣言，以动摇百姓视听，企图在皇位不稳之际谋反。

山雨欲来风满楼，西汉王朝眼看就要遭受一场变故。但谁也没想到，燕王刘旦的庞大谋反计划，竟毁于隽不疑之手。

公元前 86 年 8 月，刘泽与刘旦密谋后，回到齐王封地，意图先除掉青州刺史隽不疑，起兵与刘旦响应。

事情紧锣密鼓地按照计划进行，但还未采取行动，谋反一事便被身边之人刘成向隽不疑告发。隽不疑深感事关重大，他当机立断，先发制人，一方面以迅雷不及掩耳之势，派大批手下将刘泽及其党羽全部捕获，一方面将此事奏报朝廷。刘泽对罪行供认不讳。

汉昭帝下诏派朝廷官员追查此事，果然查出燕王刘旦谋反之事。汉昭帝念及骨肉之情，免除燕王刘旦之罪，而将刘泽等人正法。

燕王谋乱的案子，霍光处理得十分得当，也是给那些对皇位心怀不轨的人提了个醒，敲山震虎了一下，原本微妙的国内形势也就势稳定了下来。

公正审案，深受官民敬重

隽不疑挫败了一起针对朝廷的谋反事件，居功甚伟，深受汉昭帝和辅政大臣大司马霍光的赞赏。一道圣旨，将隽不疑擢升为京兆尹，并赏赐百万钱。

京兆尹治所在长安，相当于首都的市长，事务繁忙。隽不疑新官上任三把火，秉公办事，兢兢业业，对每一个案件都细细梳理，判罚分明，绝不冤枉一个好人，强不怕、弱不欺，明镜高悬，从不做伤害平民百姓之事。百姓都十分拥戴他，一时间“隽青天”之名闻天下。他的故事有很多都流传至今，史载“京师吏民敬其威信”。

隽不疑能够公正断案名垂青史，得益于他有一位像孟母一样的母亲。在他很小的时候，他母亲就教育儿子要团结别人，遇事避让，不要争强好胜，要学会帮助人。有时儿子被别的孩子欺负了，她也不像别的大人那样去找人家评理，而是给儿子讲“一个巴掌拍不响”的道理。在隽不疑担任京兆尹期间，每次巡视审查囚徒的罪状回来，他母亲总是问：“有可以平反的人吗？有多少人被你所救而免于冤死？”如果儿子说有很多平反的人，他母亲就高兴得像个孩子，吃饭也多，睡觉也香；如果说没有能释放的，他的母亲就快快不乐，也没有胃口进食。所以，隽不疑虽然身居高官，但在他仁慈贤良母亲的教导下，执法严厉却不残忍。

母亲的嘱托，百姓的心声，都让隽不疑深感肩上的责任重大，不容丝毫有失，自然更是悉心有加，公正办案。

宋代林同在《贤者之贤二百四十首·隽不疑》一诗中赞扬道：“不疑固严吏，如不顺亲何。图得母喜笑，平反敢不多。”

后来，隽不疑因病离职，死于家中，葬于现宁津县城北二十余里处的大柳镇北。朝廷为其举行了隆重的祭奠仪式。百姓无不怀念这位“隽青天”。

京兆尹继任者赵广汉曾这样评价他：“我可以在臣民之中禁娼之邪，清除不道德行为，但在处理有关国家安危的重大事情上，我和隽不疑相比，还相差很远很远。”

临事不惑，拘捕假冒人子

隽不疑不仅对每一个案件明察秋毫，在大事上也是有理有据，处置果断。

公元前 82 年，汉昭帝已经继位五年。长安城来了位美男子，坐着黄犊车，插着黄色龟蛇旗，穿黄袍，戴黄帽，大摇大摆地一直来到皇帝住所的北门，自称卫太子刘据，要求进宫。当宫廷侍卫拦住他时，他傲慢地说：“快去禀告皇上，就说我卫太子前来求见！”侍卫不敢怠慢，立刻向主管奏章的官员禀告，主管奏章的官员又上报到当朝皇帝刘弗陵那里。一听到多年前自杀的故太子刘据竟然还活着，朝野哗然。

刘据是汉武帝嫡长子，其生母是皇后卫子夫，公元前 122 年被立为太子，人们就称他为“卫太子”。刘据成年后，汉武帝每每巡游天下，便以国事交付于他。卫太子为政宽厚，屡屡平反冤案，深得民心。征和二年（前 91），刘据因为与负责京城治安的绣衣使者江充有了点矛盾，江充便乘武帝在长安城外的甘泉宫养病时进谗言说，皇帝这次生病是太子暗埋小木人诅咒所致。武帝听后大怒，派江充前去查问。

江充颐指气使，一直将刘据往死路上逼，太子想亲自到武帝面前去解释，江充也不允许。刘据忍无可忍，诛杀江充等人。汉武帝误信谎情，暴跳如雷，以为太子刘据谋反，遂急令丞相刘屈氂发兵镇压。刘据无奈，因不能自明而只得起兵自卫。

双方血战了五天，死伤数万人，最终刘据兵败，逃亡至湖县，躲藏在一个老百姓家中。不久被地方官发现，派兵围捕，刘据最终因拒绝被捕受辱而自杀。卫皇后自缢，刘据的两个儿子也被杀掉了。这就是历史上所说的“巫蛊之祸”。

过了一年多的时间，事情才渐渐弄清，所谓太子用巫蛊诅咒一事，纯属诬陷，刘据只是发兵自卫，根本就没有造反的意图。冤案平反后，汉武帝追悔莫及，又十分悲痛，便在长安筑了一座思子宫以寄哀思，在湖县筑了一座“归来望思之台”，盼望太子能魂兮归来，与自己重会于台上。

武帝虽然还有好几个儿子，但此后再也没有立太子，直到病重时，才把霍光等几位重臣召来，要他们辅佐自己最小的儿子刘弗陵继位。

汉昭帝继承皇位时 8 岁，如今，也才 13 岁，怎知如何处理此事呢？于是他连忙向辅政的大司马霍光请教。霍光思来想去，难以决断。因为这件事实在是非同小可，弄不好又会使国家陷入一场大祸乱。

大司马霍光屈指一算，卫太子遇难时是 38 岁，事情已经过去了 9 年，他若侥幸未死，也该 47 岁了，武帝的诸位皇子中只有他是太子，如今应如何处置呢？令昭帝让位给他吗？显然不可能，必然有不少人不服。治他的罪吗？更不行，因为普天之下都知道他是冤死的，十分同情他。封他为王吗？他本是法定的皇位继承人，必然会得到不少人的拥护与支持，谁能保证日后不发生变化？

霍光无奈，只得命令二千石以上的官员都出去看一看，仔细辨认一下，来人是不是真正的卫太子。

当这批高官走出来时，发现这里早已挤满了围观的百姓，足有数万人。人们指指点点，议论纷纷。右将军怕发生意外，调集了大批军队，遍布于宫城，如临大敌一般。

丞相、御史大夫等文武官员仔仔细细地辨认了好一阵子，见到那个人长相颇似刘据，一时之间，谁也不敢轻易下结论。

那个自称卫太子的中年男子坐在车上，两眼看天，似乎对身边发生的一切不屑一顾。

扰攘之间，忽听一声传呼："京兆尹隽不疑大人到！"只见人群中已让出一条过道，隽不疑乘着马车，带着随从来到了。他听人们介绍了情况后，二话不说，命令差役："快将此人拿下！"侍从们答应一声，便一拥而上，将那中年男子拽下车来，捆上双手，逮捕起来。

那中年男子大呼小叫，有威胁，也有咒骂。周围几个官员则忧心忡忡地劝隽不疑："情况未明，此人是不是卫太子，尚未确定，你怎能如此莽撞？姑且等确定此人身份之后，再处理不迟。"

隽不疑镇静地说："诸位，何须害怕卫太子刘据呢？不管是真是假，这个人我抓定了。春秋时期，卫灵公的太子蒯聩谋杀卫灵公夫人南子未遂出逃，为了避难，他逃到晋国去了。后来，等灵公死了，蒯聩之子继位，蒯聩想回国，欲争夺君位，但遭到了拒绝，蒯辄不准他再回来。《春秋》都认为蒯聩之子这样做是对的。现在即便此人真是卫太子，他当年得罪了先帝，如果逃亡在外没有死，现在想回来了，他还是我朝罪人！"于是，隽不疑立即吩咐属下将此人关进大牢。

隽不疑亲自审问，他仔细观察眼前这位"卫太子"，衣着虽华丽，但举止没有一点皇家之风，于是他灵机一动，计上心来，便用墨子的话试探这男子："染苍则苍，染黄则黄，是哪位儒家所言乎？"男子回答："孔夫子所言，谁人不知！"隽不疑又问他小时候的老师是谁？他说日子久了，已记不清了。隽不疑问他母后叫什么名字和一些皇宫礼仪。男子一会儿支支吾吾，一会儿又沉默不语，汗珠也不断从脸上淌下来。

隽不疑看看火候已到，一拍惊堂木，大喝一声："大胆狂徒！你是何人？竟敢冒充卫太子横行霸道、为非作歹！还不从实招来，免受皮肉之苦。"经过几个回合的较量，慑于隽不疑的威严，这名男子很快原形毕露，终于如实交代了实情。原来他叫成方遂（一说成方遂姓张名廷年），家居湖县，以占卜算命为生。刘据身边的一位侍从曾经请他算过一卦，并且说他身材和相貌都很像卫太子。成方遂听了这话后动了心思，想到卫太子的东宫属官及宾客们都已被武帝杀光了，自己若冒充他，定然无人识破，如此就能捞到荣华富贵，于是精心策划了这一幕，诈称卫太子而至阙门外，不想碰到了明察秋毫的隽不疑。结果，他搬起石头砸了自己的脚，落得个“自作孽不可活的下场”。

假冒太子，这是一场彻头彻尾的闹剧。成方遂能做出这样的事，分明就是一个完全不懂政治的人在玩火。他本以为能靠假扮卫太子的方法去向当朝天子要点赏赐，却从未想过做出这一行为必然会让他死路一条。新天子登基的情况下，“卫太子回宫”的政治意义是什么？很显然，“太子”归来，只能要一件东西——那便是皇位。这种形势下，即便是真的卫太子归来，也得按假太子来处理。当然，这层意思绝对不能公开说。而那些三公九卿在一时重压之下，居然也没能理清背后的政治风险，幸好隽不疑适时赶到，以《春秋》大义为名讲了一番道理，才点醒了这帮大臣。

廷尉召乡里认识成方遂的张宗禄等辨认，验明正身。成方遂被判诈骗罪和欺君罪，最终隽不疑将这位冒牌太子腰斩于东市。

假冒太子行骗朝廷的人伏法了，汉昭帝与霍光都松了一口气。他们对隽不疑大加赞赏。汉昭帝说：“朕记得初继位时，刘泽等人犯上作乱，隽卿为青州刺史，挫败了众叛贼的阴谋，今日又为朕除此国贼，果然是国之栋梁！”

霍光褒奖隽不疑道：“公卿大臣都应当像隽不疑这样，饱读诗书，熟悉历史。这样，在处理具体事务时，就能懂得如何运用经术来维护大义。”

经过此事，隽不疑在朝中名声日隆，朝廷官吏们都自愧不如。

霍光对隽不疑刮目相看，打算把女儿嫁给他为妻。霍光是霍去病同父异母的兄弟，以霍家当时的权势，谁都想攀这门高亲。但隽不疑就是隽不疑，他坚决推辞。霍光大为不解。再过了一段时间，隽不疑竟然辞官做一个隐士去了。

隽不疑拒绝攀霍家这门亲，又不愿在仕途上发展，究竟是淡泊名利，还是早已料定官场的沉浮，不得而知，但霍家最终落得个满门抄斩的下场，而这位隽青天却得以保全性命，这是事实。

此后，另一位名臣赵广汉担任京兆尹，他对人说："我在禁止奸邪，办理吏民事务，乃至处理朝廷大事等方面都远不及隽不疑。"

汉有隽不疑，宋有"包青天"，他们之所以受到老百姓的怀念和敬重，就是因为他们公正执法，善于替弱势群体做主，能为百姓带来希望。

龚遂：刚正劝谏，仁厚治民

龚遂，字少卿，山阳郡南平阳县（今山东省邹城市）人，生活在汉武帝至汉宣帝时期。因为通晓儒学而做官，任昌邑王国的郎中令，为昌邑王刘贺效力。刘贺行为不端，龚遂为人忠厚，性格刚毅，多次当面指责刘贺的过失，规劝刘贺向善，但刘贺不以为然。

汉昭帝驾崩后，因昭帝无后，大臣们推选刘贺即位。骄奢淫逸的刘贺最终还是没能听进龚遂的劝说，只做了 27 天皇帝就被废黜，属臣两百多人都遭诛杀，但龚遂因多次劝谏，尽到了一定的职责，被免于一死，罚其剃发，服四年筑城苦役。汉宣帝即位后，龚遂担任渤海太守，因平定盗贼叛乱、鼓励农桑有功，升任水衡都尉，最终死在任上。

渤海郡，中国古代行政区划名。至西汉中后期下辖：浮阳、中邑、章武、柳国、阳信、高成、定国、童乡、千童、重合、重平、高乐、东光、阜城、修市、南皮、景成、参户、東州、东平舒、文安、安次。相当于今河北省沧州市东部、天津市东南部、山东省德州市东北部（乐陵、庆云一带）、山东省滨州市北部。

隋大业三年（607）以沧州改置，治阳信县（今山东阳信县西南西程子坞）。辖境相当于今山东省滨州市、商河县以北，乐陵市庆云县及河北省南皮县以东，黄骅市以南，东至海。唐改置为棣州。

《汉书 · 龚遂传》记载：

> 龚遂，字少卿，山阳南平阳人也。以明经为官，至昌邑郎中令，事王贺。贺动作多不正，遂为人忠厚，刚毅有大节，内谏争于王，外责傅相，引经义，陈祸福，至于涕泣，蹇蹇亡已。会昭帝崩，亡子，昌邑王贺嗣立，官属皆征入。王即位二十七日，卒以淫乱废。昌邑群臣坐陷王于恶不道，皆诛，死者二百余人，唯遂与中尉王阳以谏争得减死，髡为城旦。
>
> 宣帝即位，久之，渤海左右郡岁饥，盗贼并起，二千石不能禽制。上选能治者，丞相、御史举遂可用，上以为渤海太守。时，遂年七十余，召见，形貌短小，宣帝望见，不副所闻，心内轻焉，谓遂曰："渤海废乱，朕甚忧之。君欲何以息其盗贼，以称朕意？"遂对曰："海濒遐远，不沾圣化，其民困于饥寒而吏不恤，故使陛下赤子盗弄陛下之兵于潢池中耳。今欲使臣胜之邪，将安之也？"上闻遂对，甚说，答曰："选用贤良，固欲安之也。"遂曰："臣闻治乱民犹治乱绳，不可急也；唯缓之，然后可治。臣愿丞相、御史且无拘臣以文法，得一切便宜从事。"上许焉，加赐黄金，赠遣乘传。乘传至渤海界，郡闻新太守至，发兵以迎，遂皆遣还，移书敕属县悉罢逐捕盗贼吏。诸持锄钩田器者皆为良民，吏毋得问，持兵者乃为（盗）贼。遂单车独行至府，郡中翕然，盗贼亦皆罢。渤海又多劫略相随，闻遂教令，即时解散，弃其兵弩而持钩锄。盗贼于是悉平，民安土乐业。遂乃开仓廪，假贫民，选用良吏，尉安牧养焉。遂见齐俗奢侈，好末技，不田作，乃躬率以俭约，劝民务农桑，令口种一树榆，百本薤、五十本葱、一畦韭，家二母彘、五鸡。民有带持刀剑者，使卖剑买牛，卖刀买犊，曰："何为带牛佩犊！"春夏不得不趋田亩，秋冬课收敛，益蓄果实菱芡。劳来循行，郡中皆有畜积，吏民皆富实。狱讼止息。

龚遂任渤海郡太守前的经历：刚直不阿，屡次劝谏昌邑王刘贺

龚遂字少卿，山阳南平阳人也。以明经为官，至昌邑郎中令，事王贺。贺动作多不正，遂为人忠厚，刚毅有大节，内谏争于王，外责傅相，引经义，陈祸福，至于涕泣，蹇蹇亡已。面刺王过，王至掩耳起走，曰："郎中令善愧人。"及国中皆畏惮焉。王尝久与驺奴宰人游戏饮食，赏赐亡度，遂入见王，涕泣行，左右侍御皆出涕。王曰："郎中令何为哭？"遂曰："臣痛社稷危也！愿赐清闲竭愚。"王辟左右，遂曰："大王知胶西王所以为无道亡乎？"王曰："不知也。"曰："臣闻胶西王有谀臣侯得，王所为拟于桀纣也，得以为尧舜也。王说其谄谀，尝与寝处，唯得所言，以至于是。今大王亲近群小，渐渍邪恶所习，存亡之机，不可不慎也。臣请选郎通经术有行义者与王起居，坐则诵诗书，立则习礼容，宜有益。"王许之。遂乃选郎中张安等十人侍王。居数日，王皆（去逐）〔逐去〕安等。久之，宫中数有妖怪，王以问遂，遂以为有大忧，宫室将空，语在昌邑王传。会昭帝崩，亡子，昌邑王贺嗣立，官属皆征入。王相安乐迁长乐卫尉，遂见安乐，流涕谓曰："王立为天子，日益骄溢，谏之不复听，今哀痛未尽，日与近臣饮食作乐，斗虎豹，召皮轩，车九流，驱驰东西，所为悖道。古制宽，大臣有隐退，今去不得，阳狂恐知，身死为世戮，奈何？君，陛下故相，宜极谏争。"王即位二十七日，卒以淫乱废。昌邑群臣坐陷王于恶不道，皆诛，死者二百余人，唯遂与中尉王阳以数谏争得减死，髡为城旦。

龚遂在做昌邑国郎中令的时候，昌邑王刘贺荒淫无道，品行不端。龚遂为人忠厚，刚毅果断，从不阿谀奉承，在大节上从不含糊，对内向昌邑王刘贺直言劝谏，对外督责太傅、国相，总是引经据典，陈述祸福得失，忠心无比。

刘贺长时间与骑马的侍从、膳食官吃喝玩乐，赏赐无度，不理政务。龚遂进宫劝谏，双膝跪地而行，痛哭流涕。左右侍从都被龚遂的精神感动得流出眼泪。

刘贺问："郎中令为什么哭呀？"龚遂说："我哀痛封国将要灭亡！希望大王赏赐时间让我说出愚见。"刘贺让左右回避，龚遂说："大王知道胶西王没有德政而灭亡的原因吗？"刘贺说："不知道。"龚遂说："我听说胶西王身边有个阿谀的臣子叫侯得，胶西王所作所为和夏桀、商纣差不多，可侯得却奉承胶西王是尧舜。胶西王对他的阿谀拍马很高兴，经常和他一同起居，只因侯得的谗言，才使胶西王走到这种地步。现在大王您亲近那些奸佞小人，逐渐染上邪恶习气，存亡的关键不能不慎重。我请求选拔通晓经术、有品行、有道义的人做侍郎陪伴您，背诵《诗》《书》典籍，学习礼节法度，这对您非常有益。"刘贺答应了。龚遂于是选拔郎中张安等十人侍奉刘贺。但没过几天，刘贺就厌烦了，赶走了他们。龚遂再行劝谏，以致刘贺捂着耳朵起身走开说："郎中令善于羞辱人。"刘贺终究没有收敛自己胡作非为的荒唐行为。龚遂痛心疾首。

汉昭帝去世，因昭帝无子，所以刘贺被大司马大将军霍光拥立继位。刘贺就把原来的属吏一起带进朝廷。刘贺在朝廷上依旧我行我素，骄奢淫逸，不加检点，龚遂看到这种情况后心怀忧虑而屡次劝谏，刘贺仍不悔改，最终在位 27 天便因"行淫乱"而遭废黜。刘贺的二百昌邑群臣因犯"陷王于恶"的罪名，都遭到诛杀，只有龚遂与中尉王吉、老师王式二人因多次劝谏才免除死罪，但被剃去头发判处四年修城墙的徒刑。

龚遂治理渤海郡，令百姓安居乐业

有史以来，渤海湾因地理位置适合出海捕鱼，及海水煮盐，因此百姓比较富庶，也因此地方风俗奢侈，喜欢工商业，轻视农耕。但西汉时期实施盐铁专营，百姓收入锐减。汉宣帝时期，渤海郡（郡治在今河北沧县东南）及其相邻地区闹荒年，盗贼四起，社会治安混乱，饥民纷纷起来造反，郡守们没有办法治理，换了好几任太守都无法剿灭匪患。

汉宣帝刘询为此寝食不安，下诏选拔一个能胜任的人。汉宣帝十分不满地问大臣："小小乱民都搞不定，那些太守怎么当的？你们说说，谁堪当此任啊？"

朝中大臣一时无人敢言语，推荐对了，不一定有功劳，但推荐错了，汉宣帝定然是要问责的，所以众人都是你推我我推你。丞相见状，知道自己若是再闪躲，只怕汉宣帝一定先拿自己开刀。于是硬着头皮向汉宣帝举荐："臣听说龚遂是个刚正不阿之人，临危不苟，即便面对权贵依旧不退缩，应当可用。"

汉宣帝一听很高兴，如今渤海郡匪患猖獗，正是需要这样的硬骨头去任上治理，于是当即就召见了龚遂。

龚遂是个儒生，为人忠厚，能体恤百姓疾苦，此时已经年近七十。皇帝见他身材矮小毫无威势，内心失望，觉得龚遂并非像人们说的那样，不免对他有轻视之感，对他能否治理好渤海郡表示怀疑。但既然是丞相推荐的人，他也不好太不给面子。

宣帝问龚遂："渤海郡法纪废弛，盗贼四起，动荡不安，我十分担忧。你打算用什么办法来平息那里的盗贼乱民，让我放心呢？"

龚遂回答："渤海郡地处偏远海边，远离京城，那里的百姓没有受过皇上的恩惠教化，不懂礼仪。近来发生灾荒，那里的百姓为饥寒所迫，走投无路，而地方官又不体恤百姓，不加以救济，因此逼得他们起来造反闹事。其实就好像小孩子盗窃兵器，戏弄池畔一样，并非有意为乱。"这一番话，给渤海郡的叛乱改了性质。

说到这里，龚遂看看宣帝，故意用试探的口气问道："皇上派我到渤海郡去，不知道是想要我用武力去镇压他们呢，还是去安抚他们？"

宣帝听了龚遂的分析和回答很高兴，说："朕既然想选用贤良之人来治理地方，本意就是要用德行安抚百姓。"

龚遂说："既然如此，我便有一个请求。我听闻治理秩序混乱的地方，如同解乱绳，不能操之过急，要宽缓有耐心，只有先将紧张的局势缓和下来，然后才能水到渠成地治理好。我请求丞相御史们不要用现有的法令条款来拘束我，让我能够根据实际情况，自主灵活地处理一切。"

宣帝答应了龚遂的请求。经过一席谈话，宣帝改变了对龚遂的看法，认为龚遂是一个有见识的人，任命龚遂为渤海太守，并赏赐他黄金和专车。

龚遂谢恩之后就立刻前往渤海郡走马上任。他乘着皇帝赐的专车没几天就到达了渤海郡的边界。渤海郡的官员听说新的太守来上任了，担心路上不安全，便派出军队前来迎接。可是龚遂却将护送迎接的军队全部都打发回去了，他预见到这样做会发生误会，骚乱的百姓会认为那是来镇压他们的，岂不坏事！他不带随从，单独一人乘车到郡府。

龚遂初来渤海郡，才发现此地形势严峻，上到官员下到百姓，大家都很麻木。

百姓有不少人因为活不下去成为盗匪，或是成为盗匪后被朝廷缉拿，想回头也回不了，索性破罐子破摔，与朝廷作对到底。而官员们时不时地就被朝廷贬斥，也都没了积极性，只要不闹出什么大乱子，就得过且过。

下面的官员们看到龚遂这个新上任的太守，心里很是不以为然，但表面上还是笑嘻嘻地问："太守您初来乍到，可能还不知道这群刁民有多不配合，您看我们该如何镇压他们，要不要杀鸡儆猴，还是……"

"不用了！"还不等这些官员将话说完，龚遂就打断了他们，"曾经多少任太守试图镇压他们，可是最后成功了吗？如今我自有我的方法，你们就不必太多插手，只需要配合我就是了。"

下面的官员们唯唯诺诺地答应了，内心却想正好落得个轻闲。龚遂快速下发了几条公文命令，指示渤海郡所属各县："将早先派出的追捕'盗贼'的官吏全部撤回；凡是拿锄头镰刀的百姓不属于'盗贼'，都是安分守己的良民，官吏不得抓捕审问；只有手持兵器的人才是盗贼，需要追究。"

龚遂颁布的公文和奇特的行为，很快就在各县传开了。许多百姓听到新太守的命令，明白这是朝廷对于他们过往犯下的事既往不咎，只要现在拿起锄头去种地，那就是良民，可以像以前一样过安稳的日子，但若是继续不知悔改，那么不光是他们，连他们的家人也会受到连累，可以说几代人都毁了。

这些盗匪原本也都是良民，他们之所以会成为盗匪都是因为无地可种，也可以说是官逼民反。如今看到龚遂不仅厚待他们，还能对过往的事情既往不咎，同时他们还有地可种，自然就有不少人开始心思活络起来。其实他们也过够了这样整日东躲西藏不能与家人见面的日子，于是就有不少人偷摸跑回家。眼看真的没有人来抓捕他们，官府不以兵革胁迫，这更让不少盗匪看到了好的苗头，有更多的人纷纷弃弓弩刀枪而持镰锄，那些因饥饿铤而走险的百姓纷纷解散，一个接一个地回到家中继续过太平日子。

旬月之间，那些打家劫舍的所谓盗贼也弃恶从善，大部分人回到了土地上，又开始重新去种地。

接着，龚遂打开地方粮仓，赈济贫苦百姓，选用公正廉洁贤良的地方官吏去安抚民心，管理并教养百姓，让大家安心从事各种职业。很快渤海郡全境安定，秩序恢复。

至此，龚遂的新措施还没有结束。龚遂认识到动乱的根子在于经济困难。他见这地方的风俗奢侈，很多人喜欢经商，轻视农业生产，因此粮食就缺乏，一旦遇上了水灾旱灾，还要闹饥荒，还会发生动乱。针对这种情况，他以身作则，带头节俭，劝导鼓励百姓务农种桑。他要求平均每人种一株榆树（榆树的皮和叶在灾荒时可充饥）、一百棵薤菜、五十棵葱、一垄韭菜；每户养两头母猪、五只鸡，力争五谷丰收、六畜兴旺。老百姓有持刀带剑的，龚遂就劝他们卖掉刀剑，购买耕牛。每逢春夏季节，他派官员巡视各地，鼓励百姓不失时机地播种、耕作；到了秋冬季节，就督促百姓及时收割储藏。他还让家家户户多储存干果、菱角、芡实之类，以防灾荒，劝勉人们照规定办事，遵守法令。

经过几年整顿，渤海郡富裕起来了，风气焕然一新，家家有积蓄，百姓安居乐业，官府积蓄充足，社会安定，犯罪和打官司的人寥寥无几，渤海大治。渤海郡这时再呈给汉宣帝的奏折终于不是请兵镇压盗匪，而是渤海郡这一年的收成大增，还有百姓欣欣向荣的生活和对朝廷圣上的感恩。

汉宣帝称赞道："果真海水不可斗量，人不可貌相也，起初我见龚遂垂垂老矣的模样，还在思考下一任渤海郡太守换谁比较合适，没想到这才短短几年，龚遂就让渤海郡焕然一新，的确是个人才！"

随后汉宣帝召见龚遂入京，询问他是如何镇压那帮盗匪的。龚遂微微一笑答道："有时候心急吃不了热豆腐，越是着急镇压他们，就越会让他们团结一心来对抗朝廷。从内部瓦解才是最好的，当有一个人放下屠刀过上了好的生活，其他人看见便会纷纷效仿，这样盗匪团伙自然就不攻自破了。"

汉宣帝眼前一亮，当即又重重赏赐了龚遂，并将他的方法告诉所有大臣，让大家日后效仿龚遂行事：对于百姓要以仁爱居多，体恤为上，这样百姓才会感恩，国家方可太平。

自古以来，暴政产生暴力，暴力又推翻暴政，周而复始，恶性循环。渤海湾的百姓本来可以捕鱼煮盐为生，但朝廷渔盐业专营，又碰上大饥荒，饥民只能聚在一起抱团取暖。而地方官将其定性为造反，还要朝廷出兵平叛，其实是官逼民反。

龚遂看清了渤海郡动乱的本质，上任之前就提出了用安抚之策，幸被汉宣帝采纳，这也是汉宣帝的英明之处；同时，下令即时放下武器参与叛乱的百姓既往不咎，果断止乱；接着开仓放粮，解决燃眉之急；然后劝导百姓四时耕种，做到藏富于民。

所以说，渤海郡的饥民造反，地方官员请求朝廷出兵剿灭，只会造成更大范围的对抗。而让龚遂用劝导的方式，适当地动用国家储备，让渤海郡的百姓组织自救，这是最有效的。老百姓只要丰衣足食，自然安居乐业，谁有那闲心去造反呢？

汉宣帝升任龚遂为水衡都尉，以此褒扬他。水衡都尉主管上林苑，为离宫别馆供应设置各种器物，为宗庙捕取祭祀用的牲口，兼保管皇室财物、铸钱、造船、治水等，是一个很受皇帝亲近的官职，皇帝以此来褒奖他，使他的地位尊崇。龚遂最终老死在任上。

龚遂治渤海，他的目的当然是巩固封建统治阶级的地位，但从历史唯物主义的观点来看，他能体恤民情，心怀百姓，努力发展生产，使社会安定，他所采取的措施是明智的、有效的。

龚遂之所以能够被史书评为好官，正因为他是民本思想的践行者。所谓民本，即以民为本，在古代社会，君主专制，官员高高在上，君本位、官本位是政治、社会常态，所以，提倡以民为本，尤为可贵。

孟子说过这样的话："民为贵，社稷次之，君为轻。"百姓是最重要的，社稷次于百姓，君主的地位是最轻的。龚遂心中装着百姓，胸怀爱民之心，故能够为民请命，对于地方的叛乱，反对使用暴力镇压，主张教化，并积极赈济灾民、选拔良吏、劝课农桑，所以治理升平，他的生平事迹能入选《汉书·循吏传》，理所应当。

龚遂一生以刚正不阿、勇于诤谏、为政清廉而闻名。他关心民众疾苦和国家兴亡，为国家安定、人民乐业做出了贡献，受到了百姓的尊重。后世把他与黄霸作为封建“循吏”（即奉公守法的官吏）代表，合称为“龚黄”，这是对他一生的褒奖和肯定。

鲍宣：

不畏强权，直言敢谏

翻开汉代的历史，特别是西汉一代，会发现一个十分引人注目的现象，即西汉二百年来，出现过许多优秀的监察官，他们政绩卓著，不畏强暴。甚至由于为民请命、触犯权贵而杀身成仁。他们在青史上留下的足迹，构成了我们古老历史上十分灿烂的一章。汉哀帝时的司隶校尉鲍宣，便是其中的一位佼佼者。

鲍宣，字子都，生于西汉末期，不畏强权，敢于直言，守死善道，道德、学问皆为一世之楷模！史书记载，鲍宣为渤海郡高城县人，而其具体之乡村无载。今黄骅市旧城镇区北有汉代遗址，其地名为鲍家庄，汉时属高城县，后延续至明代，极有可能为鲍宣故邑。附近地区再无含有“鲍”字的村名。

《汉书 · 鲍子都传》记载：

鲍宣，字子都，渤海高城人也。好学，明经，后为都尉、太守功曹，举孝廉为郎，病去官，复为州从事。大司马王商辟宣，荐为议郎，后以病去。哀帝初，大司空何武除宣为西曹掾，甚敬重焉，荐宣为谏大夫，迁豫州牧。

岁余，宣坐免。

归家数月，复征为谏大夫。宣每居位，常上书谏争，其言少文多实。是时，帝祖母傅太后欲与成帝母俱称尊号，封爵亲属，丞相孔光、大司空师丹、何武、大司马傅喜始执正议，失傅太后指，皆免官。

丁、傅子弟并进，董贤贵幸，宣以谏大夫从其后，上书谏阻。上以宣名儒。优容之。是时，郡国地震，民讹言行筹。明年正月朔日蚀，上乃征孔光，免孙宠、息夫躬，罢侍中诸曹黄门郎数十人。宣复上书，上感大异，纳宣言，征何武、彭宣，旬月皆复为三公。拜宣为司隶。

时，哀帝改司隶校尉但芫司隶，官比司直。丞相孔光四时行园陵，官属以令行驰道中，宣出逢之，使吏钩止丞相掾史，没入其车马，摧辱宰相。事下御史，中丞、侍御史至司隶官，欲捕从事，闭门不肯内。宣坐距闭使者，亡人臣礼，大不敬，不道，下廷尉狱。

博士弟子济南王咸举幡太学下，曰："欲救鲍司隶者会此下。"诸生会者千余人。朝日，遮丞相孔光自言，丞相车不得行，又守阙上书。上遂抵宣罪减死一等，髡钳。

宣既被刑，乃徙之上党，以为其地宜田牧，又少豪俊，易长雄，遂家于长子。

平帝即位，王莽秉政，阴有篡国之心，乃风州郡以罪法案诛诸豪桀，及汉忠直臣不附己者，宣及何武等皆死。时，名捕陇西辛兴，兴与宣女婿许绀俱过宣，一饭去。宣不知情，坐系狱，自杀。

鲍宣勤奋好学，精通经义，先为县乡啬夫官（乡啬夫掌管本地诉讼和赋税之事），暂代束州县丞（束州，今河北省沧州市河间市东北六十里）。后为都尉太守功曹（汉州郡佐史，掌管记录考查官吏功绩），举孝廉（汉代选举官吏科目之名）被选任为郎（为皇帝的侍从官员，隶属于郎中令，汉武帝太初元年后改称光禄勋，平时轮流宿卫宫廷，皇帝出行则扈从），因病辞官。又为州从事（吏员名，秦汉时郡级政权机构设置从事史，主管文书，并察举非法）。大司马卫将军王商曾征召鲍宣，举荐他为议郎，后又因病离任。

汉哀帝即位之初，大司空何武拜鲍宣为西曹掾（汉制，丞相、太尉属吏分曹治事，有西曹。吏员正者称掾，副者称属。初主领百官奏事，后改为主府内官吏署用），对他非常敬重，推荐他为谏大夫（属郎中令，掌进谏议论），又转任豫州牧（汉十三刺史部之一，辖区约为今河南省东部和安徽省北部）。一年多后，丞相司直（官名，掌佐丞相举不法）郭钦上奏说："鲍宣施政烦琐严苛，他代替郡守，任用官吏办理诉讼，所监察的问题超出了皇上所制定的条例（谓超出公元前106 年诏定的六条之外）。出去巡视考察时车乘规制也不遵典制，驾一匹马，夜宿乡亭，被众人所非议。"鲍宣因此而被免职。回家数月后，又被征召为谏大夫。

不满外戚专权挺身而出，
劝谏哀帝直谏"七亡七死疏"

鲍宣，是西汉哀帝时的名臣，其博学多才，品行高洁。虽出身寒微，但好学明经，凭本身的素养与努力，从担任县乡啬夫等下级官吏开始，历经州丞、都尉、太守功曹、州从事等职，并得到大司马卫将军王商的推荐而为议郎。至汉哀帝初年，由于大司空何武的赏识被推荐为谏大夫，迁豫州牧，进入监察官行列。尤其是汉哀帝曾拜鲍宣为司隶校尉，成为监督河内、河东、河南、左冯翊、右扶风、京兆、弘农七郡的监察官。鲍宣任职司隶校尉，以敢于直言而著称。

鲍宣生活的时代，正值西汉末世。西汉从元帝开始，中央皇权呈衰微之势，朝政衰败，国库空虚，外戚专权，百姓生活困苦。到汉哀帝时，起用傅、丁两大外戚，和王氏家族争权夺利。哀帝的祖母傅氏与哀帝生母丁氏争权，一时竟出现四位太后并尊的荒唐局面。

傅太后权欲熏天，与成帝的母亲王政君说话，甚至直呼她为老太婆，还使人用祝诅诬陷中山太后冯媛，逼她自杀。傅太后只为家族求利，丝毫意识不到摇摇欲坠的王朝危机和空前激化的社会矛盾。

外戚王氏、傅氏、丁氏三大家族中获得封爵，任将军、九卿等高官的达数十人之多，令朝野侧目。一些正派的官员，如丞相孔光，大司空师丹、何武，大司马傅喜等都因违忤太后的旨意而被免官。正当满朝文武都噤若寒蝉之时，身为秩仅八百石的谏大夫鲍宣，却敢力排众议，挺身而出，为尽其作为言官的职责，上书朝廷，把批判的矛头直指汉哀帝本人。

《汉书·卷七十二·王贡两龚鲍传·第四十二》对这段历史记载很详尽：

宣每居位，常上书谏争，其言少文多实。是时，帝祖母傅太后欲与成帝母俱称尊号，封爵亲属，丞相孔光、大司空师丹、何武、大司马傅喜始执正议，失傅太后指，皆免官。

丁、傅子弟并进，董贤贵幸。宣以谏大夫从其后，上书谏曰：

"窃见孝成皇帝时，外亲持权，人人牵引所私以充塞朝廷，妨贤人路，浊乱天下，奢泰亡度，穷困百姓，是以日蚀且十，彗星四起。危亡之征，陛下所亲见也，今奈何反复剧于前乎？朝臣亡有大儒骨鲠、白首耆艾、魁垒之士，论议通古今、喟然动众心、忧国如饥渴者，臣未见也。敦外亲小童及幸臣董贤等在公门省户下，陛下欲与此共承天地，安海内，甚难。今世俗谓不智者为能，谓智者为不能。昔尧放四罪而天下服，今除一吏而众皆惑；古刑人尚服，今赏人反惑。请寄为奸，群小日进。国家空虚，用度不足。民流亡，去城郭，盗贼并起，吏为残贼，岁增于前。

"凡民有七亡：阴阳不和，水旱为灾，一亡也；县官重责更赋租税，二亡也；贪吏并公，受取不已，三亡也；豪强大姓蚕食亡厌，四亡也；苛吏徭役，失农桑时，五亡也；部落鼓鸣，男女遮列，六亡也；盗贼劫略，取民财物，七亡也。七亡尚可，又有七死：酷吏殴杀，一死也；治狱深刻，二死也；冤陷亡辜，三死也；盗贼横发，四死也；怨仇相残，五死也；岁恶饥饿，六死也；时气疾疫，七死也。民有七亡而无一得，欲望国安，诚难；民有七死而无一生，欲望刑措，诚难。此非公卿、守、相贪残成化之所致邪？群臣幸得居尊官，食重禄，岂有肯加恻隐于细民，助陛下流教化者邪？志但在营私家，称宾客，为奸利而已。以苟容曲从为贤。以拱默尸禄为智，谓如臣宣等为愚。陛下擢臣岩穴，诚冀有益豪毛，岂徒欲使臣美食大官，重高门之地哉！

“天下乃皇天之天下也，陛下上为皇天子，下为黎庶父母，为天牧养元元，视之当如一，合《尸鸠》之诗。今贫民菜食不厌，衣又穿空，父子夫妇不能相保，诚可为酸鼻。陛下不救，将安所归命乎？奈何独私养外亲与幸臣董贤，多赏赐以大万数，使奴从宾客浆酒霍肉，苍头庐儿皆用致富！非天意也。及汝昌侯傅商亡功而封。夫官爵非陛下之官爵，乃天下之官爵也。陛下取非其官，官非其人，而望天说民服，岂不难哉！

“方阳侯孙宠、宜陵侯息夫躬辩足以移众，强可用独立，奸人之雄，或世尤剧者也，宜以时罢退。及外亲幼童未通经术者，皆宜令休就师傅。急征故大司马傅喜使领外亲。故大司空何武、师丹、故丞相孔光、故左将军彭宣，经皆更博士，位皆历三公，智谋威信，可与建教化，图安危。龚胜为司直，郡国皆慎选举，三辅委输官不敢为奸，可大委任也。陛下前以小不忍退武等，海内失望。陛下尚能容亡功德者甚众，曾不能忍武等邪！治天下者，当用天下之心为心，不得自专快意而已也。上之皇天见谴，下之黎庶怨恨，次有谏争之臣，陛下苟欲自薄而厚恶臣，天下犹不听也。臣虽愚戆，独不知多受禄赐，美食太官，广田宅，厚妻子，不与恶人结仇怨以安身邪？诚迫大义，官以谏争为职，不敢不竭愚。惟陛下少留神明，览《五经》之文，原圣人之至意，深思天地之戒。臣宣呐钝于辞，不胜惓惓，尽死节而已。”

文中称鲍宣在位为官时，常常上书进谏，据理力争，“其言少文多实”，他的话言辞质朴少有虚文，却朴实而切中时弊，他的上书，绝无任何委婉曲饰之词。

当时哀帝的祖母傅太后想和成帝的母亲同称尊号，并为其亲属封官授爵，丞相孔光，大司空师丹、何武，大司马傅喜等人一开始就坚持正义，因此违逆了傅太后的旨意，于是都被免官。丁、傅二氏外戚子弟都得以加官晋爵，董贤受宠幸而显贵。鲍宣以谏议大夫的身份，继孔光、师丹、何武、傅喜等人之后，上书进谏阻止此事。

鲍宣在《谏哀帝书》中说：“孝成皇帝时，我目睹外戚掌权，人人都牵引自己所亲近的人充满了朝廷，堵塞了贤德之人的晋升之路，使得天下一片混乱，奢侈无度，百姓穷困。因此，发生日食将近十次，彗星四次出现。那些危亡的征兆是陛下亲眼所见的，现在怎么反而又比以前更甚了呢？”

面对足以导致杀身之祸的外戚专权问题，鲍宣无所畏惧。他指责汉哀帝即位后，不但不能纠正成帝朝的错误，反而变本加厉，遂使“外亲小童”“幸臣”充塞公门省户，败坏了朝野的风气：“朝廷大臣中没有正直的儒学之士，没有资格老而富有经验的老人，没有健壮的武士；那些通晓古今历史、能够一呼百应、忧国忧民犹如饥渴而思饮食之迫切者，臣下也没有见到。倚重任用外亲小童及佞幸之臣董贤等在朝廷身居要职，陛下想和这些人一起奉天承运，安定天下，是很难办到的。现今世俗把缺少智慧的人称为能人，把有才智的人看作无能。过去唐尧将共工、驩兜、三苗、鲧四个罪人流放而天下臣服（唐尧放四罪：流共工于幽州，放驩兜于崇山，窜三苗于三危，殛鲧于羽山），今天拜授一个官吏而众人疑惑；古时施以刑罚而人顺服，现在行以奖赏人们反生疑虑。相互请托，施行奸计，奸佞小人日益受到重用。国家府库空虚，费用不足。人民流亡，离开城郭，盗贼蜂拥而起，官吏残害百姓，一年比一年严重。”

鲍宣本是经世致用之臣，他做过县乡小吏、州郡功曹，对社会黑暗、民生疾苦，知之甚深。他的上书超越了那时一般大臣言事往往就事论事的局限，以对普通老百姓命运的极大关注与同情，对西汉末年民不聊生的状态，做了最深刻而全面的概括，即“七亡”与“七死”。这是历史上著名的“七亡七死疏”。

造成百姓失业流离的原因有七：

（一）阴阳不和，水旱成灾；（二）县官重责，更赋租税；（三）贪官污吏侵吞公产，不断地进行搜刮；（四）豪强大族蚕食无厌；（五）苛暴之吏征发徭役，贻误农时；（六）乡间村落时时响起警戒盗贼的桴鼓之声，百姓不分男女都不得不出动围击追捕；（七）盗贼抢劫掠夺百姓财物。

除了这七种导致百姓流离失所的祸端，又有七种导致百姓死亡的因素：（一）被酷吏击杀；（二）判案量刑过于严厉苛刻；（三）冤枉陷害无辜；（四）盗贼突然出现；（五）结怨结仇者相互残杀；（六）年景歉收，人遭饥馑；（七）气候恶劣，疾病流行。

鲍宣尖锐地指出：“百姓有七失而无一得，想要国家安定，实在很难！人民有七死而无一生，想要搁置刑罚，也是很难！这种状况，难道不是公卿及郡守国相等地方官吏贪婪残酷成风所造成的吗？大臣们有幸身居高位，领取丰厚的俸禄，他们中又有谁能体恤百姓疾苦，辅佐陛下流布恩泽教化呢？他们的心思都只用在经营私家利益、招纳收买宾客，贪图不正当的利益而已。大家都以阿谀顺从为贤德，以明哲保身拱手默立只管领食俸禄为聪明，而把像我这样敢于直言的人看作是愚蠢。陛下您选拔大臣，是希望能对朝廷对国家有所帮助，难道陛下只是想让臣子们享受着高官厚禄、锦衣玉食，以增添宫阙殿堂的威严吗？”

鲍宣又说：“天下是皇天的天下，陛下上为皇天之子，下为黎民父母，代替皇天统治养育众生，对他们当一视同仁，公平对待。现在贫苦百姓食不果腹，衣不蔽体，父子夫妇都无力相互保护，实在令人心酸。陛下不救助他们，他们将归附何处呢？为什么只厚待外戚和幸臣董贤，给他们的赏赐多以万数，以致他们的奴婢侍从和门客都视酒肉为最普通低级的饮食，连奴婢侍从都跟着富裕起来了！这是违背天意的。至于汝昌侯傅商则无功而受封爵。官爵不是陛下的官爵，而是天下的官爵。陛下拿不属于自己的官爵授予不当受此官爵的人，却还指望天悦人服，又怎么可能呢？”

在这里，鲍宣表现了一种鲜明的民本思想。与历史上传统的“文死谏”的那些忠臣，虽冒死上书，也不忘歌颂“天王圣明，臣罪该万死”的愚忠相比，不啻有天壤之别！

秉性耿直的鲍宣劝谏哀帝：“方阳侯孙宠（曾任骑都尉，与息夫躬告东平王反谋，封方阳侯，事在哀帝建平四年）、宜陵侯息夫躬，二人诡辩的口才足以打动众人，其势力强大足以独当一面，他们是奸人中的枭雄，是最危险的人物，应当找机会及时将他们免退。至于那些不懂经术的外戚幼童，则应让他们都离任，从师就学。应立即征召原大司马傅喜让他统领外戚。原大司空何武、师丹，原丞相孔光，原左将军彭宣，他们精通经义，都任过博士，且皆位列三公，他们的智谋威信，足以兴立教化、图谋国家存亡之大事。龚胜为司直，守正不阿，郡国都认真对待选举，京畿三辅委输官不敢投机取巧，可以委以大任。

“陛下先前因小有不快于心，不能忍受而罢免了何武等人，国人都很失望。您既然连那一大批毫无功德的人都能容忍，为何就不能容忍何武等人呢？治理天下者应当想天下人之所想，不能只凭一己之好恶行事。上有皇天谴责，下有黎民怨恨，还有敢于直谏的臣下奋起抗争，陛下就是想要减损自己的威德而增添恶人的势力，天下之人也不会听从的。我虽愚钝，难道不懂得多受俸禄和赏赐，做大官，吃美食，扩展田宅，厚养妻子儿女，不与恶人结怨以过安稳日子吗？实在是迫于大义而为，官以谏静为天职，不敢不竭尽愚忠。希望陛下稍加留意，阅览《五经》的内容，探寻圣人至诚至深之意，深思天地的告诫。”

鲍宣的劝谏感情恳切、尽忠守节。哀帝因为鲍宣是名儒，因此对他很是优待宽容，当时没有怪罪于他。

地震日食异象频出，上书请求罢免宠臣

正在这时，郡国发生了地震，民间谣言四起，纷纷占卜求签。第二年（哀帝元寿元年，公元前 2 年），正月初一出现日食。皇上于是征召孔光，以孔光为御史大夫。罢免了孙宠、息夫躬，又罢免侍中诸曹黄门郎数十人。

鲍宣又上书言政，下文为鲍宣《请求罢免董贤书》：

陛下父事天，母事也，子养黎民，即位已来，父亏明，母震动，子讹言相惊恐。今日蚀于三始，诚可畏惧。小民正月朔日尚恐毁败器物，何况于日亏乎！陛下深内自责，避正殿，举直言，求过失，罢退外亲及旁仄素餐之人，征拜孔光为光禄大夫，发觉孙宠、息夫躬过恶，免官遣就国，众庶歙然，莫不说喜。天人同心，人心说则天意解矣。乃二月丙戌，白虹奸日，连阴不雨，此天有忧结未解，民有怨望未塞者也。

侍中、驸马都尉董贤本无葭莩之亲，但以令色、谀言自进，赏赐亡度，竭尽府藏，并合三第尚以为小，复坏暴室。贤父、子坐使天子使者将作治第，行夜吏卒皆得赏赐。上冢有会，辄太官为供。海内贡献当养一君，今反尽之贤家，岂天意与民意耶！天不可久负，厚之如此，反所以害之也。诚欲

哀贤，宜为谢过天地，解仇海内，免遣就国，收乘舆器物，还之县官。如此，可以父子终其性命；不者，海内之所仇，未有得久安者也。

孙宠、息夫躬不宜居国，可皆免以视天下。复征何武、师丹、彭宣、傅喜，旷然使民易视，以应天心，建立大政，以兴太平之端。

高门去省户数十步，求见出入，二年未省，欲使海濒仄陋自通，远矣！愿赐数刻之间，极竭毣々之思，退入三泉，死亡所恨。

译文：

陛下应当像侍奉父亲一样侍奉苍天，应当像侍奉母亲一样侍奉大地，像养育自己的孩子一样养育黎民。陛下即位以来，苍天缺少光明，大地发生震动，百姓间谣言流传相互惊吓。如今日食出现于岁、月、日三始之时（谓岁之始，月之始，日之始，即正月初一），确实令人畏惧。普通百姓在正月初一尚且怕毁坏器物，更何况太阳出现亏缺呢？陛下能深深自责，举用敢于直谏之士以检讨自己的过失，罢免外戚及您身边那些白食俸禄的无用之人，征拜孔光为光禄大夫，审察孙宠、息夫躬的过失和罪恶，让他们免官回到自己的侯国中去，众人和洽，无不欢欣鼓舞！天人同心，人心顺悦则天意和解。到二月丙戌（十六日），白虹犯日，连阴不雨，这是大有忧结未释、人民心中尚有不满的征兆。

侍中驸马都尉董贤与皇室本没有任何亲戚关系，他却靠着巧言令色阿谀献媚而得以晋升，皇上对他的赏赐没有节制，用尽国库资财，合并三处宅第赐给他，尚嫌狭小，又将暴室之地（织造处，在织室令署中）赐予他。董贤父子坐在那里指使着天子的使者和工匠修建宅第，为其府第巡夜打更的吏卒都能得到赏赐。他家上坟或有宴请聚会，都要少府太官供给物资进行操办。全国各地进贡的物品，本是供养皇上的，现在反而都集中到董贤家里，这难道符合天意民心吗？天意民心不可长久辜负，如此厚待董贤，其实是在害他。陛下如果真的怜爱董贤，就应为他向天地谢罪，消除天下人士对他的怨恨，罢免他的官职，让他回归其封国，没收其所乘车舆和各种器物，还给县官。这样，尚可以使他们父子安度余生；否则，为天下人所仇恨者，是不可能长久过安稳日子的。

孙宠、息夫躬二人不宜身居要职，可罢免他们以示天下。再征用何武、师丹、彭宣、傅喜等人，使人民看到一个清明开朗的新气象，顺应皇天之心，建立完善的政治，以中兴天下太平之业。高门距省户仅仅数十步，想要省视不过是一出一入的功夫而已，却尚且二年未省视了（官居高门的鲍宣欲求见身在宫禁的哀帝，虽然仅距数十步，但二年未被考虑），在这种情况下，想要使天涯海角偏僻之地自行通达，太不可能了！希望陛下恩赐片刻时间，让我陈述我的浅见，然后，哪怕是身葬黄泉，我也死而无憾了。

皇上对鲍宣的言论大感惊异，于是采纳了鲍宣的谏言，起用何武、彭宣，十天半月间就重新复任他们为三公，拜鲍宣为司隶。哀帝元寿元年（前 2）二月，哀帝改司隶校尉为司隶，司隶校尉掌纠察京师百官及所辖附近各郡，官位级别相当于司直（即丞相司直，掌佐丞相举不法，秩比二千石）。

秉公执法得罪丞相下狱，太学生请愿皇帝免除死罪

鲍宣为人忠直，不但敢言，而且敢做。身为监察官，鲍宣忠于职守，敢于执法，坚决依法纠察，即使是当朝丞相犯法，也绝不留情。

《汉书 · 鲍子都传》记载：

> 丞相孔光四时行园陵，官属以令行驰道中，宣出逢之，使吏钩止丞相掾史，没入其车马，摧辱宰相。事下御史，中丞、侍御史至司隶官，欲捕从事，闭门不肯内。宣坐距闭使者，亡人臣礼，大不敬，不道，下廷尉狱。

丞相孔光，也是西汉名臣，按制四季均需巡视皇室陵园。一次，其随从官吏在巡视陵园时，不行旁道，违制驾车行驶在驰道中央三丈的御道中乱跑。这在当时是犯法的。秦汉时，君主驰走车马之道，诸使有制可行驰道，但不得行于驰道中央。鲍宣出巡正好遇见，立即纠察，命左右将孔光的随从官吏拘捕，车马扣押。孔光怨恨鲍宣不顾情面，由此耿耿于怀，忍怒受辱，千方百计排挤鲍宣。

哀帝宠任孔光，以为司隶胆敢侮辱丞相，立将此事发令御史中丞查办。御史奉命前往司隶衙署，想要逮捕鲍宣的随从官吏。鲍宣闻信，认为此事做得合法，据理力争，令人闭上署门，不许御史进内拿人。御史被拒回奏哀帝说："鲍宣拒闭使者，无人臣礼，大不敬不道。"哀帝闻奏大怒，便不问是非，命将鲍宣交廷尉下狱。鲍宣因此被冠之以"拒绝接纳使者、没有人臣之礼、藐视朝廷大不敬、不守道义"等罪，被定为死罪，一时竟有性命之忧。此时朝中诸臣，虽皆闻得此事，无奈人人只知保重禄位，无人敢出来犯颜谏阻。

《汉书·鲍子都传》记载：

博士弟子济南王咸举幡太学下，曰："欲救鲍司隶者会此下。"诸生会者千余人。朝日，遮丞相孔光自言，丞相车不得行，又守阙上书。上遂抵宣罪减死一等，髡钳。

宣既被刑，乃徙之上党，以为其地宜田牧，又少豪俊，易长雄，遂家于长子。

鲍宣是为民请命的优秀监察官，早已名满天下。此事传到外间，却有一人闻知后十分愤慨，此人姓王名咸，济南人，现为太学博士弟子。王咸生来极有义气和正义感，他见丞相属官犯法，鲍宣职居司隶理应收捕；哀帝不责孔光纵容属下，反将鲍宣下狱，未免赏罚不公，是非倒置，因此心中不服，便欲设法救出鲍宣。王咸心想：此事须借大众出力，才能办到，现在太学诸生人数不少，他们也闻得鲍宣下狱，只不知人人是否欲救鲍宣，自己必须设法一探。主意既定，王咸连忙用布制成一幡旗，在太学一个宽敞地方，将幡旗高高举起，口中喊道："欲救鲍司隶者，请会此幡下！"王咸此举，早已惊动太学诸生，大家问明情由，莫不争先奔到王咸举幡之处，聚立其下。不到一刻，已经聚了一千余人。王咸举目一看，满心欢喜，遂对众人提出一个办法，全体赞成。

当日丞相孔光闻哀帝将鲍宣下狱，自然十分畅意。次日黎明，依然如常上朝。刚刚行到一处，忽然漫街遍巷来了无数学子，齐向着孔光车马行处围拢上来。孔光吃了一惊，但不知何故。众人聚拢到孔光车前，王咸作为儒生代表，对孔光说道："大众因闻鲍司隶下狱，欲要求丞相上朝恳恩，将他赦罪。"孔光心想：皇帝因他受了鲍宣侮辱，将鲍宣下狱，他若上朝替鲍宣恳恩求赦，不但辜负皇上一番美意，且恐因此触怒皇上，或反办他一个纵容属吏犯法之罪，如此岂不是自寻苦吃？此事万不可徇了众人来意，自误前程。孔光拿定主意，任众人如何劝说，他总推辞不允。

众人见丞相不肯依从，愈聚愈多，将孔光车马围得寸步难行。围了半日，见孔光仍是执意不允，众人觉得无法，只得让开一条路放他出去。孔光脱身，忙命左右推动车马，急奔上朝。孔光去后，一班诸生见丞相如此情形，知他上朝必不肯将此事代奏。众人遂议道："我等昨日所议之策，已经不行，但事已至此，一不做二不休，不如同到朝门上书恳求，或能耸动天听，也未可知。"

众人来到朝门上书请愿。旁有掌管文书官吏，代诸生进呈奏书。王咸组织这一千多名太学生，举着大旗为鲍宣鸣冤叫屈，这可能是有史记载的最早的学生运动。哀帝迫于舆论压力，不敢犯众怒，只得下旨免去了鲍宣的死罪，改为髡钳之刑，即剃去须发如奴隶的形状，用铁圈束颈。大众闻知，也无可奈何，唯有暗中代鲍宣不平。

鲍宣被判刑后，便举家迁徙到上党（郡名，今山西省长治市长子县西南）。他认为上党地区适于农耕和放牧，又很少才智出众的人，容易为首称雄，于是就把家安在上党的长子县（长子县南鲍村有"汉司隶鲍宣"墓碑及墓志铭）。

王莽擅权专政剪除"汉忠直臣"，鲍宣蒙冤下狱自杀而死

《汉书·卷七十二·王贡两龚鲍传·第四十二》记载：

平帝即位，王莽秉政，阴有篡国之心，乃风州郡以罪法案诛诸豪桀，及汉忠直臣不附己者，宣及何武等皆死。时，名捕陇西辛兴，兴与宣女婿许绀

俱过宣，一饭去，宣不知情，坐系狱，自杀。

……世祖即位……两龚、鲍宣子孙皆见褒表，至大官。赞曰：……王、贡之材，优于龚、鲍。守死善道，胜实蹈焉。

元寿二年（前1），在位仅七年的汉哀帝，终因贪色纵情把身子掏空而死，年仅25岁。此时的刘姓皇帝在社会上，包括一部分官僚地主中，已经失去威望，外戚王莽在这种情况下迅速崛起。

哀帝死后，平帝即位。王莽擅权专政，暗地里有阴谋篡夺帝位之心，极力排除打击那些不依附于他的“汉忠直臣”，处死达数百人。

王莽专权，鲍宣不屈从于他，王莽因此对鲍宣十分忌恨。

鲍宣的友人深恐王莽发难，对鲍宣劝说道：“现在人人都趋附王莽，你以一己之力，怎可与他对抗？只要你外表对他表示服从，遇事故作糊涂，这只是举手之劳，却可免灭门之灾，你务必要这样做啊！”

鲍宣义正词严地说：“王莽欺骗天下，世人都被他蒙蔽了，这太令人痛心了！我明知他是汉室奸佞，一定要铲除这个奸党，又怎能对他伪装顺从，任其胡作非为呢？我知道与他对抗的后果，但是，作为忠义之士，我难道贪生怕死吗？”

王莽暗示各州郡罗织罪名，陷害诛杀豪杰之士，如鲍宣与何武等人都要被处死。

平帝元始二年（2），当时指名通缉陇西人辛兴。辛兴与鲍宣的女婿许绀一起到鲍宣家拜访，吃完一顿饭就离开了。鲍宣不知实情。按照汉律，与罪人交关三日以上皆应知情，知情者应坐罪，不知情者不坐。就这样，鲍宣遭陷害受牵连被捕下狱，不堪受辱，在狱中自杀而死。

始建国元年（9）正月，王莽废除孺子婴太子之位，建立新朝，西汉灭亡。

公元25年，光武帝刘秀登基，建立东汉政权。刘秀对鲍宣大加赞赏，下诏褒扬鲍宣，并重用鲍宣之子鲍永继任司隶校尉。据史籍记载，鲍永之子鲍昱于东汉时也曾任司隶校尉，光武帝破格允许在司隶所行的文书中署鲍昱之名，为了让天下知道“忠臣之子复为司隶”。因此祖孙三代皆为两汉名臣。

据说鲍氏父子祖孙任司隶出巡时，常乘菊花青色的骢马。他们是清官，马很瘦。京师中有谚语说，“鲍氏骢，三入司隶再入公，马虽疲，行步工”，这是历史对他们的极高评价。

班固赞曰:《易经》说，“君子之道，或出仕或隐居，或沉默或建言”，他们各自得到道的一个方面，犹如兰、桂诸草木，类别虽不同，而都各显其芬芳。从春秋列国卿大夫及至汉兴以后的将相名臣，留恋官禄耽溺宠幸而致失去世道人心者有多少啊！因此，其中品行高洁之士显得尤为难能可贵……

纵观汉代的历史，尤其是西汉时期，如鲍宣这样才能卓越、正直无私的监察官绝不仅一二人，而是呈群星灿烂之势。这是与西汉一代，特别重视监察制度的建设与监察官的遴选分不开的。

自秦统一中国以来，罢侯置守，实行郡县制，为中央皇权服务的官僚制度从此产生。为加强皇权及对官僚队伍的管理，监察制度便应运而生。秦代首先将周官中负责记事、管理典籍的御史，赋予了监察之任，巡行三十六郡国，以纠举不法。在中央则有御史大夫，为高级行政官吏。但秩仅中二千石，位比九卿，还没有三公之荣。因秦祚短促，一切在草创中，监察制度还不健全，其政治地位也不够明确。

汉承秦制。西汉初年以来，随着重黄老之学无为而治局面的结束，以霸王道杂之为指导原则的汉家制度逐渐确立，官僚队伍也日渐扩大。哀帝时，全国的官吏自丞相至吏佐，已达 13 万余人。一支健全的、有权威的、有卓越行政能力的监察官队伍，是必不可少的。自汉高帝确立了御史大夫的副丞相地位，至成帝时，更名大司空，为三公之一。秩比丞相，月俸四万钱（丞相月俸六万钱）。御史大夫有官署，称御史大夫府或御史大夫寺，设属官多员，由御史中丞负责。其俸禄虽仅为千石，属下级官吏，但因负责御史大夫官署日常事务，身为中央监察官，所以地位尊荣。可以在殿中察举非法，也可以在外监督地方监察官部刺史。至东汉光武帝时，御史中丞朝会时不与众公卿同席，而与尚书令、司隶校尉居别席，称“三独坐”，表示其为皇权的特殊代表。汉成帝时，御史大夫府吏舍已达百余区，井水为之枯竭，可见御史大夫官属之盛。西汉除承秦制健全中央监察机构以外，还开创了地方监察制度的新建制，主要是汉武帝征和四年设置的司隶校尉及元封五年所设十三部刺史。此建制对以后历代监察制度都有深远影响。

关于西汉的中央监察官御史大夫的政治地位自不待言，身为副丞相，位列三公，有作为的御史大夫当然很多。西汉一代，由御史大夫进位为丞相的大有人在。比如汉武帝时的公孙弘，元帝时的匡衡，成帝时的孔光、翟方进等都是。武帝时的御史大夫张汤，虽未得到丞相的官位，但特别受皇帝信任，他是实际上的丞相。成帝时御史大夫谷永曾精辟地概括过御史大夫一职的重要性。他说："御史大夫外佐丞相，统理天下，任职重大，非庸材所能堪。"又说："得其人则万姓欣喜，百僚悦服；不得其人，则大职堕斁，王功不兴。"他的话是一点都不过分的。哀帝时的御史大夫王嘉，坚决反对哀帝宠信幸臣董贤。董贤 22 岁为大司马，家中奴仆都受封赏有官爵。哀帝还要扩大董贤的封地二千顷，王嘉即利用御史大夫的特权，上封事驳回了哀帝的旨意，其权威可谓大矣。

而作为地方监察官的司隶校尉及部刺史，同样出于加强皇权统治的政治需要，又有自己独特的表现。其最突出的特点是位卑权重。所谓位卑权重就是以品秩较低的地方监察官去监督纠举地位高的官员，甚至王公贵族。这是为了调动监察官的积极性和加强其责任感，正如顾炎武所说，"秩卑则其人激昂，权重则能行志"，这是西汉重视监察制度建设所采取的重要措施，许多监察名臣便由此而产生。如部刺史，品秩最低，为六百石，比一个小县的令丞还低，他们的工作任务，主要是根据中央政府的有关法令——六条，来监察地方的大员——二千石，即全国十三部的守令。他们每年易地巡查，向中央政府报告，决定郡守的臧否进退。他们所面对的是某一地的官员，斗争当然激烈，牺牲也在所难免。然而真正履风霜之任的，是既亲民为地方监察官，又直接与中央权贵抗衡的司隶校尉。

司隶校尉本为周官，管理罪徒。汉武帝征和四年，着手建立地方监察机构时，置司隶校尉，当时还是军官，率兵 1200 人，负责维持政治治安，如察巫蛊为奸等。后罢兵去节，专门纠举京畿地区，即京兆尹、左冯翊、右扶风、河内、河东、河南、弘农等七郡。俸禄为比二千石，属中级官吏之最低级。但其纠举的对象往往是王公贵族，即负责"行马以外"。所谓行马，是指宫门外挡马之物。其实是纠举皇太子以下。可见其责任之重大，工作之艰巨。唯其如此，西汉一代监察官之优异者，有许多是司隶校尉。

西汉的司隶校尉，有如鲍宣一样，一般出身寒微，与王公权贵无任何先天性联系。又学有专长，能力卓异，大多是好学明经，或射策甲科高第，熟读经史、律令，还有一定的实际工作经验。如曾任地方吏员、下级地方官等。有很多是从实践中脱颖而出的，而且为人正派，有胆识，疾恶如仇，能不计个人安危。但由于长期与黑暗势力搏斗，也养成了他们峻极深刻、好走极端的特殊职业性格。这往往给他们带来了巨大风险，或牢狱之灾，或杀身之祸，屡见不鲜。杜佑曾说，监察官为“风霜之任”(《通典·职官六·御史台》)，用来形容司隶校尉是非常贴切的。这些司隶校尉虽然成绩卓著，但大部分没有好下场，诸葛丰、孙宝等都因故被免为庶人。

司隶校尉一职，在西汉的监察制度中，之所以产生了举足轻重的影响，还因为它作为地方监察官却被赋予了皇权直接代表的地位。即所谓的“奉使命大夫”。这种特殊地位，增加了它的权威，但也引起许多重臣的排斥，它反映了西汉监察制度建设的过程充满了艰辛。正因为司隶校尉的特殊历史作用，常受到疯狂的抵制。鲍宣本人刚直高节，志在奉公，敢于抵制皇帝祖母傅太后，无惧开罪于太皇太后和一众外戚及宠臣。对于丞相孔光属官的违法行为，也毫不手软。但因此下狱，险些被处死。

尽管如此，由于许多先驱者的奉献，使西汉的监察制度获得成功，尤其是司隶校尉，几乎成为一种正义的象征。东汉亦然。魏晋以后改称司州、扬州刺史。称监察御史那是唐代及其以后的事了。

鲍宣重德义救书生，声名远扬福荫后代

《太平广记》记载：

鲍子都暮行于野，见一书生卒心痛。子都下马，为摩其心。有顷，书生卒。子都视其囊中，有素书一卷，金十饼。乃卖一饼，具葬书生，其余枕之

头下，置素书于腹旁。后数年，子都于道上，有乘骢马者逐之。既及，以子都为盗，固问儿尸所在。子都具言，于是相随往。开墓，取儿尸归，见金九饼在头下，素书在腹旁，举家感子都之德义。由是声名大振。

鲍宣曾以直言敢谏，名重一时。年轻时他不过是个上计掾，一年将近年终，鲍宣携带郡县里记载全年的人口、钱粮、狱讼等各类文件上交朝廷。一路上押解这些东西相安无事，直到有一天，鲍宣无意间遇见一位书生。鲍宣细看此人，不像贫家子弟，却是一人独行，并无奴仆跟随，心中疑惑。

书生行数步，突然面容改色，栽倒在地。鲍宣赶紧吩咐马夫停车，匆匆忙忙下车，问书生身体如何。书生答道："骤患心痛。"说罢呻吟不止。鲍宣见书生在途中得病，无人服侍，心生怜悯，于是为书生按摩腹部，希望书生无恙。可是天不遂人愿，按摩许久，依然无效，鲍宣累得浑身大汗，却还是没有能救活书生。

鲍宣见书生已死，面对这突如其来的变故，心中百感交集，十分悲伤，心想："我与他匆匆见面，未曾问得姓名住址，无从报与他家属知道，我又无力为他收殓，这荒郊野岭，总不能让他暴尸荒野吧？此事如何是好？"

鲍宣感到非常为难，一边思考办法一边为书生收拾遗物。他发现书生随身带有一卷用绢帛写成的书，还有十块金饼。鲍宣有了主意，他从书生遗物里拿出一块金饼，为其买了一副棺木收殓尸体，然后把剩下的九块金饼枕在书生的头下，帛书放在他的身旁。将书生掩埋后，鲍宣对他哭祭一番之后说："假如你的亡魂有灵，你应该让你的家人知道你埋在这里。我现在身负使命，没有办法，也不能在这里久留。"然后鲍宣就离开上路了。

说来也奇怪，鲍宣到了京城，本来人生地不熟的地方，突然出现一匹青白色的骏马一直跟在他的后面，赶也赶不走。最奇怪的是，这匹马性子很烈，好像有灵性一般，任何人都不敢靠近它，唯独对鲍宣很友善，不管他走到哪里，它都紧跟其后。鲍宣也感到奇怪，可是这匹马赶不走，只好任由它去。

鲍宣在京城办完公事后启程回家，由于人生地不熟，走着走着迷路了，天色也渐渐黑了。看见一家关内侯的住宅，便想到这家投宿一晚，让自己的随从递上名帖。

关内侯家的管家看见了跟着鲍宣来的那匹骏马，脸色大变，急急忙忙拿着名帖报告关内侯说："外面来的这个客人偷了我们家以前丢失的那匹马，他是个盗贼！"

关内侯心中也是疑惑，说道："鲍子都是很有名望的人，不可能做这种事情啊，这件事一定另有蹊跷，我们出去看看。"

关内侯出门看见鲍宣旁边的马果然就是自己家丢失已久的那匹，问道："鲍大人，你是怎么得到这匹马的？它是我家过去无缘无故丢失的。"

鲍宣听到这，明白了为什么管家刚才如此失态。鲍宣就把自己路遇书生，书生是如何死去的，他又是如何掩埋尸体，这匹马又是如何跟着他的事情详细地向关内侯说明。

关内侯听完鲍宣的话，非常惊愕地说："你说的这个书生就是我的儿子！我派人找了很久都没有找到，连他骑的这匹马也丢了，没想到……"关内侯掩饰不住丧子之痛，流下伤心的泪水。

鲍宣闻听关内侯说书生是他儿子，心中也暗暗称奇，因想：此事实在凑巧，莫不是书生真是灵魂有知，应了我当年祝告，不然何以他家骏马无故走出跟着我？偏我迷途又在他家借宿？他家见马，才能得知书生死因。

关内侯带着家丁跟随鲍宣到了书生的墓前，挖出棺木，打开一看，果然金子和帛书放的地方都和鲍宣说的一样，九个金饼仍在书生的头下枕着，书还在书生的身旁放着。关内侯非常感激鲍子都的大仁大义，全家向皇帝举荐鲍宣。从此鲍宣声名远扬。

从鲍宣起，到其子鲍永、孙子鲍昱，都官拜司隶之职，直到鲍永和鲍昱被封为国公的时候，他们都喜欢骑青白色的骏马。所以当时京城流传着这样一首歌谣："鲍氏骢，三人司隶再入公。马虽疲，行步工。"意思就是：鲍氏骑马名青骢，三人做司隶，两人封国公，马儿虽疲乏，仕路端正，官运亨通。

鲍宣之妻桓少君：鹿车共挽，夫妻同心

《周易 · 系辞上》："二人同心，其利断金；同心之言，其臭如兰。"这句话，对于处在婚姻关系中的夫妻来说尤为重要，夫妻本是同林鸟，同心同德如兰香。成语"鹿车共挽""夫负妻戴"便是夫妻同心的凝练概括。

"鹿车共挽"，也称"共挽鹿车"，是有关汉代模范夫妻鲍宣与桓少君的典故。"鹿车"是古代一种小车，窄小得仅容一鹿。"挽"就是"拉"的意思。"共挽鹿车"就是两个人拉着小车，"夫妻双双把家还"。后人用这个成语表达夫妻同心、安贫乐道。

《后汉书 · 列女传》记载：

> 渤海鲍宣妻者，桓氏之女也，字少君。宣尝就少君父学，父奇其清苦，故以女妻之，装送资贿甚盛。宣不悦，谓妻曰："少君生富骄，习美饰，而吾实贫贱，不敢当礼。"妻曰："大人以先生修德守约，故使贱妾侍执巾栉。既奉承君子，唯命是从。"宣笑曰："能如是，是吾志也。"妻乃悉归侍御服饰，更著短布裳，与宣共挽鹿车归乡里。拜姑礼毕，提瓮出汲。修行妇道，乡邦称之。
>
> 宣哀帝时官至司隶校尉。子永，中兴初为鲁郡太守。永子昱从容问少君曰："太夫人宁复识挽鹿车时不？"对曰："先姑有言：'存不忘亡，安不忘危。'吾焉敢忘乎！"

鲍宣是西汉末年渤海高城人，年少时曾追随桓少君的父亲学习。桓父学识渊博，在官办学府任职，教授了许多学生，很受学生爱戴。鲍宣的学业极为优异，虽然他出身贫苦，但为人正直，勤奋好学，品行高洁，立志高远，桓父对自己这个弟子非常欣赏。经过长时间的考察之后，桓父更加满意，最后决定将自己的宝贝千金少君许配给他，学生变女婿，亲上加亲。鲍宣可谓是如获至宝，不但学业有成，而且还做了老师的金龟婿。

桓父对桓少君疼爱有加，再加上对鲍宣家境很是了解，桓少君出嫁时，桓父念及鲍宣家贫，给女儿置办了丰厚的嫁妆，欲以此方式接济鲍宣。如此一来，鲍宣不费吹灰之力，不仅抱得美人归，也获得了财富，人财两旺，真是羡煞旁人。可在别人眼中天上掉馅饼的好事，却引发了鲍宣的烦恼。鲍宣心里并不乐意，不愿接受这些财物，他希望靠自己的努力得到富足的生活，而不是靠岳丈的接济，他认为这是一种耻辱。另外，鲍宣有着自己的担心，他害怕妻子从小生在富贵人家，过惯了娇生惯养的生活，习惯了锦衣美饰的装扮，一旦跟着自己过起穷苦日子，怕她承受不了。岳父给的嫁妆，或许会改善他们某一时段的生活，但是自己的日子还得自己过，因此在鲍宣心中，岳父给的嫁妆不但不是馅饼，在某种程度上或许会成为其婚姻不幸的毒药。

鲍宣为人率直，心中的想法没有藏着掖着，洞房花烛夜，鲍宣对桓少君一一道出："你从小生活优裕，很受父母宠爱，习惯了穿漂亮衣服，戴贵重首饰，衣来伸手，饭来张口，亦无可非议。而我出身贫寒微贱，习惯了清贫的生活，我真不敢接受岳父大人的这些礼物。"

少君看着丈夫，没有丝毫犹豫，笑笑说："父亲正是看中你的学业、人品与美德，欣赏你守信重义，才成全了你我的婚事。我从小虽生活富足，有仆人伺候，但如今与你结为夫妻，必得同甘苦共患难，一切尊重你的意见。"

鲍宣笑了，握着妻子的手，心里像吃了蜜般的甘甜，说："爱妻如此一说，甚合我的心愿。"

桓少君在表明态度之后，把随嫁的仆人、婢女及陪嫁的妆奁，用车拉回娘家，全数退还父亲。

桓父怔怔地看着自己从小宠大的女儿，心里有些隐隐的不安：少君从小衣食无忧，能适应鲍家如此简陋的日子吗？

少君看出了父亲的担忧，安慰道："父亲大人不用忧虑，我会很快调整自己，适应夫君家的生活。"

少君说毕，进屋脱下富贵人家常穿的华丽的长衫，取下贵重的头饰与首饰，换上平民百姓常穿的短布衣服，头发绾成普通的发髻，和此前的装扮真是天壤之别。然后，少君只带了些平常的东西装了一辆小车子（古称鹿车），她和鲍宣一道，合力拉上小车，回到鲍宣的家乡。

桓少君首先毕恭毕敬地拜见了公公、婆婆，转身便到院子里拿起水桶去汲水，活脱脱一副乡间农妇的模样。婆婆高兴得眼睛都眯成了一条缝，赞叹道："少君真是个好儿媳，不是一家人，不进一家门！"

桓少君此后一直谨遵妇道，孝敬公婆，相夫教子，乡里人都称赞她是一位贤德的主妇。

从这则典故我们可以看出，鲍宣确实是个很有志气和志向的小伙子，而桓少君也值得称赞，一位娇生惯养的千金小姐，能够舍弃锦衣玉食，跟着鲍宣过穷日子，这非常不容易！可以说，桓少君是从白雪公主到灰姑娘。由桓少君可见汉时这一方百姓民风淳厚，妇道贤良。

桓少君婚后恪守妇道，勤勤恳恳，操持家务，相夫教子，无不尽心。这也使得鲍宣对她敬爱有加。

她遵循的是夫唱妇随的理念，只有夫妻同步，才能使家庭幸福美满。

正是由于桓少君的努力和支持，鲍宣才得以专心读书，很快举孝廉入仕为官，之后一路平步青云，先后担任过汉哀帝时期的谏议大夫、豫州牧、司隶校尉等要职。鲍宣夫妻二人也都被史书立传述德，青史留名。这在古代可谓是凤毛麟角，鲜有耳闻。

鲍宣的儿子和孙子后来也拜为司隶校尉。鲍宣与桓少君二人携手白头，子孙满堂，且子孙皆有所作为，可以称得上是美满的婚姻。他们的成功，在桓少君答应鲍宣并与其共挽鹿车回家的那一刻就已经开始了，如若桓少君当初不能割舍安逸的生活，那么，他们的婚姻或许很早即已结束，即便不结束，也会闹得鸡飞狗跳，不得安宁。

"鹿车共挽"，古人用实例告诉我们一个幸福密码——结婚选对象，主要看重道德品质、文化才干和性情相投，至于地位、财富，可共同努力去创造。否则有了也会失去，关键还是在人。

咏史八首·鲍宣妻

宋代　蒲寿宬

幡然弃旧习，布裙牵鹿车。

拜姑礼云毕，提瓮汲自如。

富贵此一时，何可忘厥初。

却忆当年桓少君，鹿车共挽归乡里

明代　袁　华

钱唐江中涛似雪，钱唐湖头好花月。

钱唐女儿苏小小，艳质清歌两奇绝。

纱窗梦回春已深，黄梅雨润越罗衾。

冶容诲淫古所鄙，千载尚犹传画史。

却忆当年桓少君，鹿车共挽归乡里。

鲍永：忠义传家，刚直不阿

鲍永，字君长，其父鲍宣曾在西汉哀帝时任司隶校尉，被王莽所杀。

鲍氏家族有着悠久的、以诗书明理传家的历史和丰富的伦理道德建设传统。鲍姓在历史上出现过一代又一代对国家对社会对人民做过无私奉献的人，流传着读之人人叹赏、听之无不动容的感人故事。

《后汉书 · 鲍永传》记载：

鲍永，字君长，上党屯留人也。父宣，哀帝时任司隶校尉，为王莽所杀。永少有志操，习欧阳《尚书》。事后母至孝，妻尝于母前叱狗，而永即去之。

初为郡功曹。莽以宣不附己，欲灭其子孙。都尉路平承望风旨，规欲害永。太守苟谏拥护，召以为吏，常置府中。永因子为谏陈兴复汉室，翦灭篡逆之策。谏每戒永曰："君长几事不密，祸倚人门。"永感其言。及谏卒，自送丧归扶风。路平遂收永弟升。太守赵兴到，闻乃叹曰："我受汉茅土，不能立节，而鲍宣死之，岂可害其子也！”敕县出升，复署永功曹。时有矫称侍中止传舍者，兴欲谒之。永疑其诈，谏不听而出，兴遂驾往，永乃拔佩刀截马当匈，乃止。后数日，莽诏书果下捕矫称者，永由是知名。举秀才，不应。

更始二年征，再迁尚书仆射，行大将军事，持节将兵，安集河东、并州、朔部，得自置偏裨，辄行军法。永至河东，因击青犊，大破之，更始封为中阳侯。永虽为将率，而车服敝素，为道路所识。

时赤眉害更始，三辅道绝。光武即位，遣谏议大夫储大伯，持节征永诣行在所。永疑不从，乃收系大伯，遣使驰至长安。既知更始已亡，乃发丧，出大伯等，封上将军列侯印绶，悉罢兵，但幅巾与诸将及同心客百余人诣河内。帝见永，问曰："卿众所在？"永离席叩头曰："臣事更始，不能令全，诚惭以其众幸富贵，故悉罢之。"帝曰："卿言大！"而意不悦。时攻怀未拔，帝谓永曰："我攻怀三日而兵不下，关东畏服卿，可且将故人自往城下譬之。"即拜永谏议大夫。至怀，乃说更始河内太守，于是开城而降。帝大喜，赐永洛阳商里宅，固辞不受。

时，董宪裨将屯兵于鲁，侵害百姓，乃拜永为鲁郡太守。永到，击讨，大破之，降者数千人。唯别帅彭丰、虞休、皮常等各千余人，称"将军"，不肯下。顷之，孔子阙里无故荆棘自除，从讲堂至于里门。永异之，谓府丞及鲁令曰："方今危急，而阙里自开，斯岂夫子欲令太守行礼，助吾诛无道邪？"乃会人众，修乡射之礼，请丰等共会观视，欲因此禽之。丰等亦欲图永，乃持牛酒劳飨，而潜挟兵器。永觉之，手格杀丰等，禽破党与。帝嘉其略，封为关内侯，迁扬州牧。时南土尚多寇暴，永以吏人痍伤之后，乃缓其衔辔，示诛强横而镇抚其余，百姓安之。会遭母忧，去官，悉以财产与孤弟子。

建武十一年，征为司隶校尉。帝叔父赵王良尊戚贵重，永以事劾良大不敬，由是朝廷肃然，莫不戒慎。乃辟扶风鲍恢为都官从事，恢亦抗直不避强御。帝常曰："贵戚且宜敛手，以避二鲍。"其见惮如此。

永行县到霸陵，路经更始墓，引车入陌，从事谏止之。永曰："亲北面事人，宁有过墓不拜！虽以获罪，司隶所不避也。”遂下拜，哭尽哀而去。西至扶风，椎牛上苟谏冢。帝闻之，意不平，问公卿曰：“奉使如此何如？”太中大夫张湛对曰：“仁者行之宗，忠者义之主也。仁不遗旧，忠不忘君，行之高者也。”帝意乃释。

后大司徒韩歆坐事，永固请之不得，以此忤帝意，出为东海相。坐度田事不实，被征，诸郡守多下狱。永至成皋，诏书逆拜为兖州牧，便道之官。视事三年，病卒。子昱。

论曰：鲍永守义于故主，斯可以事新主矣。耻以其众受宠，斯可以受大宠矣。若乃言之者虽诚，而闻之未譬，岂苟进之悦，易以情纳，持正之忤，难以理求乎？诚能释利以循道，居方以从义，君子之概也。

鲍永，字君长。生年不详，卒于东汉光武帝建武十八年（42）。他活动于西汉末年与东汉初年，曾为农民起义军绿林军的重要将领，效命于更始帝刘玄。刘秀即皇帝位后，鲍永又成为东汉初期敢于抗击强梁的地方官。由于鲍永本是刘玄的属将，光武帝刘秀对他并不完全信任，总让他在战争的前线，去完成一些艰巨的任务。刘秀统一中原后，鲍永先后被任为扬州刺史、司隶校尉、兖州刺史等职，后病卒于兖州任上。

鲍永出身仕宦之家，其父鲍宣在西汉哀帝时任司隶校尉，被王莽所杀。鲍永那时为郡府功曹。王莽杀了不愿归附他的鲍宣后，又要灭其子孙，以斩草除根。都尉路平揣摩迎合王莽的心意，打算阴谋加害鲍永，意欲邀功请赏。幸而上党太守苟谏是个正直的官员，他非常同情鲍家的遭际，鲍宣的儿子鲍永、鲍升躲在太守苟谏府中，以求避祸。苟谏将鲍永安排在府中担任自己手下的官吏，时时加以保护，鲍永才免于一死。

鲍永年少时就有志向与节操，立志为父报仇。国仇家恨，迫使鲍永走上了反抗王莽政权的道路。他常在太守苟谏面前谈论西汉末年政局，屡次陈说兴复汉室、剪灭篡权叛逆王莽的计策，表示自己反抗王莽的决心。苟谏怜其为忠义之子，总是好言劝诫他当心灭族之祸，苟谏说：“此事绝非简单，你谋划机密事却做得不够隐秘，当心祸患累及家人。如今最重要的是保护好你自己，容待日后再议吧。”鲍永被他的话打动，虽不能依靠他推翻王莽政权，但内心却十分感激他。

汉平帝刘衎自九岁被立为帝，至 13 岁时开始对王莽怀有怨愤。王莽便在酒中下慢性毒药，使平帝饮后患病，王莽还装模作样上策书祀告太岳，愿以己身替代皇帝，没几天平帝就死了。

王莽举哀服丧，煞有介事，还将年仅两岁的刘婴立为后嗣。不久，他又假托井中出石，石上有“告安汉公王莽为皇帝”字样，并令群臣禀奏太后。太后不信符命之说，太保王舜则坚请，说：“令安汉公行摄皇帝事，居摄践祚，如周公故事。”太后不得已，只好答应。

王莽做了三年摄皇帝而篡汉，建立了新朝。他改制复古，倒行逆施。

苟谏病逝，鲍永像他的儿子一样，亲自护送他的灵柩回家乡安葬。一直伺机陷害鲍永的都尉路平，趁这个机会将鲍永的弟弟鲍升逮捕入狱。

恰值新任太守赵兴到任，闻知此事，慨叹道：“我接受汉朝廷的册封，却不能成就名节，现在鲍宣为名节而死了，我怎么能害他的儿子呢？”于是赵兴命令释放鲍升，又恢复了鲍永的功曹一职。

当时，有人诡称朝廷侍中来了，下榻在传舍。赵兴欲前往拜谒。鲍永怀疑其中有诈，劝说赵兴，赵兴却没理会，仍执意出府。当他欲驾车前往，鲍永拔出佩刀割断了束在马胸前的皮带，赵兴没能去成，才没出现不测。果然，几天后，王莽的诏书便下达了，要求追捕假侍中。此人的身份正如鲍永所料，鲍永因此而知名。

郡里举荐鲍永为秀才，但他一心想报仇，与王莽势不两立，因此没有应征去做官。

王莽的残暴统治，终于导致了西汉末年的农民大起义。新莽末年，荆州大饥，新市人王匡、王凤等领导农民起义，以绿林山（今湖北大洪山）为根据地，故称“绿林军”，数月间发展到 5 万多人，州郡不能制服。各地农民也纷纷起义。当时刘秀和他的哥哥刘縯也在春陵起兵，与各部合兵而进。天下大乱，鲍永眼见复仇的时机已到，便迅速参加了“绿林军”。

刘玄，南阳舂陵人，自称是西汉皇裔，汉景帝刘启之子长沙定王刘发之后，东汉光武帝刘秀的族兄。公元 23 年，刘玄被绿林军在淯水（今南阳白河）之滨拥立为皇帝，年号更始，成为历史上著名的更始帝。同年九月，绿林军攻占长安，推翻了王莽政权。王莽被杀，刘玄入主长安，成为天下之主。

鲍永在绿林军中很有威望，多立战功，连续两次升迁，担任了尚书仆射，并履行大将军职务，持节将兵，安抚河东、并州，攻打青犊部农民军，大破敌军，朝廷封他为中阳侯。

鲍永因要为父复仇而参加了绿林农民起义军，然而，经过战争的锻炼，他的目的就不完全是为了个人，而是要建立一个新式的国家和政权。他参加了农民的队伍，就以一个农民起义的首领要求自己，特别注意与他的部属保持密切的关系。他在担任绿林军的大将军时，“车服敝素，为道路所识”，他乘的车辆所着的服装却从不讲究，陈旧而俭朴，凭这一特点，他的部队一上道，路人皆知是鲍尚书的兵马。这说明鲍永对自己的严格要求。作为中国历史上早期农民起义军的将领，鲍永能这样做，的确是具有一定的见识。

鲍永参加起义军，也十分忠诚于这支队伍。

更始三年（25），更始政权在赤眉军和刘秀大军的两路夹击之下，土崩瓦解。赤眉军攻入长安，刘玄向赤眉军出降，献出传国玉玺，更始政权灭亡，绿林军遂被瓦解。不久，赤眉军杀害了更始皇帝，京城附近的道路被阻断了。后来刘秀大将邓禹遵刘秀之意，将刘玄安葬在长安附近的霸陵。

刘玄败死于长安，鲍永尚在河东，由于道途不通，他还不知道这一消息。这时，已在洛阳登基做皇帝的光武帝刘秀，派遣谏议大夫储大伯拿着符节，征召鲍永。储大伯一再对鲍永说：“忠于故主，这是君子的美德，可如今刘玄已死，千真万确，望将军明察。”鲍永不知更始帝刘玄已被赤眉军所杀，有所怀疑，唯恐受骗而背叛刘玄，便先扣押了储大伯，派人骑快马赶到长安去打探情况。

证实了刘玄的死讯后，鲍永非常悲痛，为更始帝发丧。手下问他有何打算，鲍永叹息说：“天命已定，我不想因为一己之私而多杀人命，我决定归降新帝。”

鲍永释放了储大伯等人，对他礼遇有加，交代说：“我降新帝，非不得已而为之，只要你答应我一个条件，此事马上就办。”

储大伯十分高兴地说：“将军深明大义，但讲无妨。”

鲍永要将自己的军队遣散，只带着各将领和宾客归降刘秀。

储大伯一听便着急了，高声说："天下未定，眼下正是用兵之际，将军何出此言？将军为了自身着想，也该带兵前往，以获重用啊。"

鲍永亦不作解释，封存好上将军列侯的印绶，全部遣散了士兵。他只用幅巾束发而不着冠，穿着平常的服装，带着将领们及与他同心的幕僚百余人，一起去投刘秀。

当鲍永见到光武帝刘秀时，刘秀问他的人马哪里去了。鲍永回答说："臣追随更始皇帝，不能保全他的性命，已是失职。若是再带着他的军队来求取功名，我的内心实在感到惭愧。我不愿以人多势众来为自己谋求富贵，所以把军队遣散了。"光武帝刘秀嘴上虽然夸奖鲍永为人忠义，但是心里却很不满意，对他颇有怨怪。

当时，刘秀坐镇洛阳，与长安赤眉军对峙，急欲攻下关中。向西进军时，在怀城（今河南省沁阳市）遇到绿林军旧部的阻击，连攻三日不能攻克。于是，刘秀便对鲍永说："我攻打怀城三天都没能攻下，关东的人都敬畏佩服你，你可以暂且带你的人亲自去城内劝说他们。"

光武帝授予鲍永谏议大夫之职。鲍永到了怀城后，劝说更始帝封的河内太守归服刘秀。因为鲍永在绿林军中威望颇高，他不费一兵一卒，就说服河内太守开城受降，避免了一场血刃之灾。光武帝非常满意，鉴于鲍永劝降有功，特地将洛阳一座大宅赏赐给他，鲍永竟"固辞不受"。

当时，董宪的副将屯兵于鲁，危害百姓。鲍永又被刘秀封授为鲁郡太守，去平定鲁地的割据势力。鲍永到了鲁地以后，攻打敌军，大败他们，投降的人就达数千人。

光武帝表彰鲍永的功劳，封他为关内侯，调任扬州牧。正赶上鲍永的母亲去世，鲍永辞去官职，回家守孝，把财产全部分给那些贫苦孤弱的子弟。

建武十一年（35），光武帝任命鲍永为司隶校尉。

憎恨官高者为非作歹、欺凌下属，是鲍永的一贯态度。他在做司隶校尉时，也以打击豪强而著称。鲍永不愧是一代司隶的后代，他上任不久，就以弹劾赵王刘良大不敬之罪而轰动京师。

赵王刘良，是光武帝的叔父，位贵而权重，他曾亲手抚育刘秀兄弟长大成人，新莽末年又随刘秀起事，妻子和两个儿子皆被王莽军杀害。刘秀称帝后，刘良被封为赵王，成了当时首屈一指的皇亲贵戚。刘良倚仗权势，常常凌辱京城官吏。

这一年中郎将来歙病故，赵王去参加了葬礼。在回来的路上，恰与右中郎将张邯的车马相逢在城门中，因道路狭窄，交通阻塞。刘良大发王爷脾气，破口大骂张邯的车夫，一面呵斥张邯回车让道，一面又召来城门侯岑尊斥责了一顿，并让他磕头谢罪，羞辱不堪。

鲍永闻知，不顾赵王刘良是多么尊贵的国戚，仍上疏弹劾他的强霸行为："知为诸侯藩臣，蒙恩入侍，明知岑尊为六百石之帝城门侯吏，而肆意羞辱，逼令叩头都道，奔走马头前，无藩臣之礼，大不敬。"赵王刘良因此被降为赵公，由此打击了贵戚的嚣张气焰，整肃了朝廷法度。

鲍永和他父亲鲍宣一样，执法无情，不畏权贵。他的亲人为此担心，鲍永安慰他们说："时世不同了，如今皇上英明，我任此职，当无大患。纵使有难，我也不能辜负皇上对我的信任。"

由于鲍永不避权贵，严于执法，使朝廷风纪肃然，公卿大臣官员们没有不小心谨慎的。鲍永还召扶风人鲍恢担任都官从事，同他一道纠劾不法。这位鲍恢也是刚正耿直、不惧强暴势力的猛士，从此，鲍永更是如虎添翼。有皇亲国戚跑来向刘秀控告鲍永，刘秀只说："皇室的内外亲族应收敛一下自己的行为了，这样才能免受二鲍的惩处。否则让鲍永抓住，朕也包庇不了你们。"由此可见，当时的权贵如此害怕刚正不阿的鲍永。

一次，鲍永到各县视察时来到霸陵，路上经过更始帝的陵墓。鲍永下车要去祭拜，随从的官员百般劝阻，说："大人重情重义，可也要避嫌啊，现在大人身为吾皇大臣，绝不可再拜更始帝了！此事若是让皇上知道，大人的罪名是免不了的。"

鲍永却深情地说："我身受更始帝大恩，做过他的臣子，哪里有经过他的陵墓却不拜祭的道理？如果为了避嫌而假作看不见，于理于情都不妥。即使因此获罪，我也领受了。"鲍永跪拜大哭，泪流满面，极尽哀痛而离去。然后西行，到达扶风，又杀牛做祭品拜祭了苟谏坟墓。

光武帝刘秀知道此事后，果然心中不满，问公卿说：“奉使命出巡，却做这样的事，该怎么处置呢？”太中大夫张湛回答说：“仁义是德行的根本，忠诚是道义的主旨。仁义而不忘死去的老朋友，忠诚而不忘故去的君主，这是德行高尚的人啊。”皇帝这才心中释然。因为太中大夫张湛多方为鲍永开脱，鲍永才最终没有获罪。

鲍永为司隶，不仅纠治不法官吏，还不怕触怒龙鳞，拯救正直的大臣，并为此付出了沉重的代价。建武十五年（39），大司徒韩歆因上陈直言被免官获罪。鲍永认为韩歆敢讲真话，不应受到这种不公正的待遇，他不避风险，反复为韩歆求情。因此触怒了刘秀，被贬出京城，担任东海国国相，至死没再回京。后又因“丈量田地不实”的罪名，遭到追究，同时还有许多郡守因此下狱。光武帝念他昔日的功劳，曾致书鲍永，说：“君日夜冒犯霜露，精神亦极疲劳，以君帷幄近臣，可以兖州牧。”鲍永便去兖州任职三年，病死在任上。

鲍永从参加绿林农民起义军，到东汉初期做地方官，终以忠直谏言而著称。尽管他的行动常常使刘秀动怒，并遭到豪门贵戚的忌恨，但作为地主阶级总代表的刘秀，深知这样的人才是他江山巩固的柱石，还是把鲍永放在了重要位置。鲍永也为东汉政权的巩固做了很大的贡献。

鲍昱：仁政宽厚，义助边军

鲍宣、鲍永父子均为司隶，且都以刚直见称，终不能容于权贵，仕途可谓坎坷。鲍氏到了第三代，境况就大不同了。

《后汉书 · 鲍昱传》记载：

鲍昱，字文泉。少传父学，客授于东平。建武初，太行山中有剧贼，太守戴涉闻昱鲍永子，有智略，乃就谒，请署守高都长。昱应之，遂讨击群贼，诛其渠帅，道路开通，由是知名。

后为沘阳长，政化仁爱，境内清净。荆州刺史表上之，再迁。中元元年，拜司隶校尉。

诏昱诣尚书，使封胡降檄。光武遣小黄门问昱有所怪不？对曰："臣闻故事通官文书不著姓，又当司徒露布，怪使司隶下书而著姓也。"帝报曰："吾故欲令天下知忠臣之子复为司隶也。"昱在职，奉法守正，有父风。永平五年，坐救火迟，免。

后拜汝南太守。郡多陂池，岁岁决坏，年费常三千余万。昱乃上作方梁石洫，水常饶足，溉田倍多，人以殷富。

十七年，代王敏为司徒，赐钱帛什器帷帐，除子得为郎。建初元年，大旱，谷贵。肃宗召昱问曰："旱既太甚。将何以消复灾眚？"对曰："臣闻圣人理国，三年有成。今陛下始践天位，刑政未著，如有失得，何能致异？但臣前在汝南，典理楚事，系者千余人，恐未能尽当其罪。先帝诏言，大狱一起，冤者过半。又诸徙者骨肉离分，孤魂不祀。一人呼嗟，王政为亏，宜一切还诸徙家属，蠲除禁锢，兴灭继绝，死生获所。如此，和气可致。"帝纳其言。

四年，代牟融为太尉。六年，薨，年七十余。

子德，修志节，有名称，累官为南阳太守。时岁多荒灾，唯南阳丰穰。吏人爱悦，号为神父。时郡学久废，德乃修起横舍，备俎豆黻冕，行礼奏乐。又尊飨国老，宴会诸儒。百姓观者，莫不劝服。子昂，字叔雅，有孝义节行。初，德被病数年，昂俯伏左右，衣不缓带；及处丧，毁瘠三年，抱负乃行；服阕，遂潜于墓次，不关时务。

鲍昱，字文泉，约更始二年（24）生，卒于汉章帝刘炟建初六年（81），东汉司隶校尉鲍永之子。鲍昱历仕光武帝、汉明帝、汉章帝三朝，位至司徒、太尉，是东汉初年比较著名的奉法守正、注重实绩的官员。

鲍氏家传齐国欧阳《尚书》。鲍昱从小接受父亲的教诲与学识，精通经学，继承了鲍家风骨，在东平（今山东东平县）以教授为业。

光武帝建武初年，鲍昱的家乡不平静，太行山中有强悍的贼寇。上党太守戴涉听说鲍昱是鲍永的儿子，有智慧有谋略，便亲自登门拜访，任他为高郡县（今晋城市）县长。鲍昱到任后，讨伐群贼，诛其魁首，平定了那里的局势，开通了道路，并因此出名。

后来，鲍昱调任沘阳县（今河南泌阳县）。沘阳县任上，鲍昱爱护百姓，施行仁政，境内安定，亦有仁爱之名。沘阳人赵坚杀人而被监禁，其家尚有 70 岁老母和新娶之妇。他的老母求见鲍昱，诉说苦情，要求为赵家留一根苗。鲍昱同情这家人的处境，但又不能越法纵放赵坚，便让赵坚的妻子来到狱中，与赵坚宿居而怀上身孕。正因为施行这样的仁政，鲍昱受到当地百姓的爱戴。

泚阳地属荆州，鲍昱的政绩受到荆州刺史的重视，上奏朝廷，鲍昱再次被提拔。中元元年（56），光武帝授封鲍昱为司隶校尉。这样，鲍宣、鲍永、鲍昱，三代皆为司隶校尉。

光武帝下诏，让鲍昱在颁发公文时署上自己的姓。鲍昱感到奇怪，问道：“我听说按照旧例，通官文书不注明官员的姓氏，又恰逢司徒颁布军用文书，为何派遣我这个做司隶校尉的在传送文书时却注明姓氏？”皇帝答复说：“我特意要让当今天下的人都知道，忠臣的儿子又担任司隶！”

鲍昱不负众望，在位期间，奉公守正，有他父亲的风范。

汉明帝初年，鲍昱出任汝南太守一职。因汝南郡丘陵、河湖较多，那里曾因西汉末年战争的影响，水利失修，多所废弃，至东汉初，每年堤坝决口损坏，耗费钱财三千多万。经鲍昱上奏朝廷，拨款整治陂塘，他征发民工，在上游修建水闸与石砌的水渠，拦泄得法，成永久性水利工程，水量常年充足，可灌溉更多农田，使当地人民很快殷实富足起来。

汉明帝永平十七年（74），鲍昱代替王敏任司徒，皇帝赐给他金钱布帛、器具和帷帐，让他的儿子鲍德担任郎官。

东汉初年，由于战争刚刚平定，法治尚不健全，所以不少案件的处理，往往随心所欲。光武帝刘秀也曾说过，当时的情况是“大狱一起，冤者过半”。面对这样的现实，在朝中为司徒主管刑狱的鲍昱，十分注意谨慎地处理地方和中央的刑狱。

建初元年（76）大旱，粮价昂贵，百姓不安。汉章帝肃宗初即位，召见鲍昱问他：“旱灾这么严重，怎样才能消除灾祸？”鲍昱在汝南时，因楚王刘英（刘秀之子）谋反自杀，此案拖累经年，其在京师的亲戚、诸侯、州郡豪杰被株连诬陷而死或被徙边的数以千计，此时尚未平息。鲍昱便乘机进言，说这是冤狱不平所致，规谏道：“我听说圣人治理国家，也需三年方能成功。现在陛下刚刚即位，政绩尚未显示，如果施政有所得，又怎么能导致灾祸呢？我先前在汝南任太守时，处理楚王谋反一事，受牵连的有千余人，恐怕也有处理不当。先帝的诏书说，大狱一起，受冤屈的人在一半以上。那些被判流放罪的人与亲人分离，死后成为孤魂，无人祭祀。一人谋反，就使王政受损害。皇上应该让那些迁徙的人及其亲属还乡，废除禁锢的法令，使不景气的重新振兴起来，延续下去，死者生者都各得其所。这样，就可以达到社会的安定祥和。”

皇帝认为鲍昱说得很有道理，同意了他的建议，释放了无故被囚禁的人，从此一改明帝苛察，事从宽厚，放宽刑律，废除苛法五十余条，又颁布胎养令，给每位怀孕的女性赐谷三斛，以鼓励人口生育，同时轻徭薄役，奖励农桑。军事上发兵营救围困西域的三百将士，留下了“十三将士归玉门”的佳话，并两次派兵增援班超。

汉章帝刘炟在位 14 年，社会民生比较安定，生产也有所发展。后世史家将其与明帝统治时期并称为“明章之治”。这同鲍昱的这一席规谏也是分不开的。

汉章帝建初四年（79），鲍昱代替牟融担任太尉。建初六年（81）鲍昱去世，活到了 70 余岁高龄，寿终正寝，是鲍家最幸运的一个。

鲍昱一生从地方到中央，不断升迁，但他始终没有忘记老百姓的利益。他在地方上，能够为百姓兴利除弊，创造条件，恢复发展生产。同时，鲍昱还善理狱讼，能够依照法律，公平合理地处理一些繁难大案。在他担任司徒期间，为准确衡量刑狱、平息诉讼，还制定了《辞讼》七卷、《决事都目》八卷，与当时的法令一起颁行。

鲍昱谨守职责，从不越权谋私，欺下罔上。他在做司隶校尉时，光武帝刘秀曾诏他在招降胡人的露布上加封自己的印章，签注姓名。可按照当时的规定，类似这样的露布是由司徒签署盖印的，光武帝让鲍昱签署的目的，只是要让人知道他自己善于对待忠臣，使前司隶的儿子又做了这个官职。但鲍昱认为这是违反常规的怪事，很不情愿接受。所以，范晔说他在职“奉法守正，有父风”。

总之，鲍昱一生治理地方，有仁爱之政；位在朝廷，又能奉法守正，使讼狱平息。这不仅在当时为东汉政权的巩固有着现实意义，而且对后来的人们也有借鉴意义。

鲍氏一门，三代司隶，其刚正家风代代相传，成为古代监察史上的一段佳话。

鲍昱上疏救耿恭，十三壮士归玉门

在东汉历史上，曾经发生过一次不计代价的救援，为了救援远在西域且被匈奴围困一年之久的戊己校尉耿恭和关宠，东汉朝廷派出七千援兵，先是击败了柳中城的匈奴军，发现关宠已死，然后派出两千兵力翻越大冬天的天山山脉，来到了被匈奴围困近一年的疏勒城。

汉军解救了耿恭一行人，发现耿恭手下数千人在面对匈奴一年多的围攻中，坚守城池，誓死不降，到最后只剩下 26 个人活着，汉军就带着这 26 人回到汉朝最西边的玉门关。这个时候，26 人中又有 13 人去世，只有 13 人活着回到了汉朝，这就是东汉历史上鼎鼎有名的“十三壮士归玉门”的故事。

这故事发生的背景，是东汉政府恢复在西域设置都护府。西汉灭亡后，由于国力尚未恢复，直到汉明帝时期，东汉才对西域用兵，东汉大军在击败匈奴人后，重新设置西域都护府，并任命陈睦为西域都护，耿恭和关宠分为戊己校尉，之后东汉大军回朝，留下陈睦、耿恭、关宠率领数千士兵镇守当地。

东汉军队主力一走，匈奴卷土重来，并且人数众多，陈睦、关宠、耿恭分别被匈奴大军包围，陈睦、关宠战死，而耿恭所部誓死不降，后来转移到疏勒城继续抵抗，同时派使者向朝廷求援。等到朝廷收到信息，已经是几个月后，而且当时正值汉明帝去世，朝廷无法做出决策。直到年轻的汉章帝（肃宗）即位之后，这事才在朝廷上商议。

《后汉书 · 卷十九 · 耿弇列传第九》记载：

> 关宠上书求救，时肃宗新即位，乃诏公卿会议。司空第五伦以为不宜救。司徒鲍昱议曰：“今使人于危难之地，急而弃之，外则纵蛮夷之暴，内则伤死难之臣。诚令权时后无边事可也，匈奴如复犯塞为寇，陛下将何以使将？又二部兵人裁各数十，匈奴围之，历旬不下，是其寡弱尽力之效也。可令敦煌、酒泉太守各将精骑二千，多其幡帜，倍道兼行，以赴其急。匈奴疲极之兵，必不敢当，四十日间，足还入塞。”帝然之。

当时朝廷面对这事意见分成两派，以司空第五伦为首的一派，主张不宜救援，理由是：时间过了很久，而且路途遥远，信息不畅，估计他们早就被杀了，如果救援就是白白浪费时间和精力。司徒鲍昱力排众议，向皇帝建议出兵解救，理由是：汉军现在处于危难之际，如果我们抛弃了他们，对外则纵容了蛮夷的残暴，对内则伤了将士的报国之心，如果以后国家有难，陛下还能指望谁呢？

最终汉章帝听从司徒鲍昱的意见，选择了救援，派出七千大军从敦煌出发，先攻下柳中城，发现关宠已死，然后一些将领不愿意继续前往，只有耿恭手下的范羌执意前往。最终范羌带着两千余人翻越了正处冬季的天山山脉，这是一件非常艰难的事，不知道付出了多大的牺牲。范羌最后成功地到达了疏勒城，冒大雪救援，解救了耿恭。等回到玉门关时，耿恭的所有手下包括他自己在内只有 13 个人活着。

这 13 人衣衫破烂，骨瘦如柴，面容憔悴，浑身上下伤痕累累，没有一处好地方。当玉门关守将接到这 13 人时，深受感动，亲自为他们沐浴更衣，并且还给朝廷上了一封表章，内容大概是这样的：

“耿恭率领少量兵力镇守孤城，抵抗匈奴数万人马，持续一年之久，他们的心力都已经用尽。没有水喝，他们开山挖井，没有粮吃，他们煮弓弩上的皮革吃，抱着必死的心态，前后杀伤杀死敌人成百上千。士卒忠勇，没有给大汉带来耻辱，耿恭的节义，古往今来都是没有的，请求给予赏赐，以激励将士。”

而当时的司徒鲍昱同样上书朝廷：耿恭的节操超过了苏武，应当封爵受赏。那么耿恭具体的功劳是什么？

耿恭在面对匈奴数万大军一年的进攻，誓死不降，打死打伤了很多匈奴人，匈奴用高官厚禄来引诱耿恭，耿恭也不屈服，在极其艰难的环境之下，坚守城池，匈奴派出使者来劝降，耿恭杀了匈奴使者，并把匈奴使者煮了吃。这也成为后来岳飞创作满江红的原型：“壮志饥餐胡虏肉，笑谈渴饮匈奴血”，耿恭所表现出来的功劳是一种气节，一种誓死报效国家、不愿意投敌叛变的气节。想当年苏武被匈奴扣押，在极其恶劣的条件之下，同样是誓死不降，并且在北海放牧 19 年，在空无一人的旷野中，苏武一待就是 19 年，这不是一般人能够承受的，只有报效国家、忠于汉朝那种强烈的精神存在，才能在那样的环境中待 19 年，然后又回到了汉朝。

这就是汉朝的精神。苏武将这种精神发挥到了极限，耿恭则为这种精神注入了热血，与苏武不一样的是，耿恭是在战场上不断打击匈奴，同时兼顾忠于汉朝绝不投降的信念。

苏武出使的时候还是汉武帝时期，回来的时候已经是汉昭帝时期了，苏武被汉昭帝封为掌管少数民族事务的官员典属国，同时赏赐金钱、田产及住宅等财物，苏武还被后来的汉宣帝列入麒麟阁十一功臣之一，这是西汉时期最高的精神和荣耀奖励，只为了奖赏苏武那种誓死不降、一生忠于汉朝的爱国节操。

而汉宣帝对耿恭的奖励是：任命耿恭为骑都尉，同时赏赐牛和酒，任命耿恭的司马石修为洛阳市丞，张封为雍营司马，军吏范羌为共县丞，其他还有九人都被授予羽林之职。

巴肃：慷慨赴死，气节感人

东汉时期，受宦官集团的残酷迫害，太学生把敢于同宦官进行斗争的知名人物，冠以“三君”“八俊”“八顾”“八及”“八厨”等称号。巴肃，为“八顾”人物之一，受党锢之祸牵连被杀。

巴肃（?—169），字恭祖，东汉名士，渤海高城人。

《后汉书·党锢列传》记载：

> 巴肃，字恭祖，渤海高城人也。初察孝廉，历慎令、贝丘长，皆以郡守非其人，辞病去。辟公府，稍迁拜议郎。与窦武、陈蕃等谋诛阉官。武等遇害，肃亦坐党禁锢。中常侍曹节后闻其谋，收之。肃自载诣县，县令见肃，入阁解印绶与俱去。肃曰：“为人臣者，有谋不敢隐，有罪不逃刑。既不隐其谋矣，又敢逃其刑乎？”遂被害。刺史贾琮刊石立铭以记之。

近代贾恩绂《盐山新志》记载：

巴肃墓。据范书，肃，高城人，被收时自载诣县，既遇害，刺史贾琮刊石立铭以记之。其墓自在盐山，非若鲍氏后迁潞安也。今巴姓多居东北乡，云其祖墓在周家庄之西，地名盘古店，疑肃墓当在是。惟其子孙少闻人，遂致湮没耳。然名贤风义兴起百世，固不当听其湮也。姑志之，以为表章之先声云。

由“今巴姓多居东北乡”似可知巴肃家在当时高城东北，即今黄骅市域。

最初，巴肃被举荐为孝廉，后来做过慎县县令、贝丘县长，因为郡府太守为官不正，于是以身体有病为由辞官离开。巴肃后来被征辟到公府中任职，慢慢升任为议郎、颍川太守。

宦官专权，朝政黑暗，巴肃和窦武、陈蕃等人谋划诛杀宦官，整饬朝政。事泄后，窦武等人遇害，巴肃也被牵连遭到朝廷通缉。

中常侍曹节听说巴肃参与了密谋，要逮捕他。巴肃自己坐车前往县府投案。县令看到巴肃到来，走进屋里解下官印绶带，欲弃官与他一起逃亡。巴肃坚持不肯，说道：“作为一个臣子，有了谋划不敢隐瞒，有了罪过不能逃避刑罚。现在已经不能隐瞒谋划了，又怎能逃避刑罚惩处呢？”他随后被害。

巴肃知死不畏，气节感人。刺史贾琮命人立碑刻文来纪念他。

又记载：

自是正直废放，邪枉炽结，海内希风之流，遂共相标榜，指天下名士，为之称号。上曰“三君”，次曰“八俊”，次曰“八顾”，次曰“八及”，次曰“八厨”，犹古之“八元”“八凯”也。……郭林宗、宗慈、巴肃、夏馥、范滂、尹勋、蔡衍、羊陟为“八顾”。顾者，言能以德行引人者也。

又记载：

大长秋曹节因此讽有司奏捕前党故司空虞放、太仆杜密、长乐少府李膺、司隶校尉朱寓、颍川太守巴肃、沛相荀翌、河内太守魏朗、山阳太守翟超、任城相刘儒、太尉掾范滂等百余人，皆死狱中。

王伽：慈悲仁厚，义感囚徒

囚犯，从古至今都是人们所避讳或者厌弃的对象，然而有这么一个人，慈悲为怀，像对天下众生一样对囚犯一视同仁，最终得以将自己一桩美谈流芳百世。他，就是王伽。

王伽，河间章武人，今黄骅旧城人。开皇末年，他担任齐州行参军。齐州，隋朝时山东济南的旧称，而行参军则是由各地公府，如王府、卫率府和州府等自行任命的一种官职，主要参与朝廷军事的讨论执行等，官阶是正八品，是个不大也不小的官。

《隋书·卷七十三·列传第三十八》记载：

王伽，河间章武人也。开皇末，为齐州行参军，初无足称。后被州使送流囚李参等七十余人诣京师。时制，流人并枷锁传送。伽行次荥阳，哀其辛苦，悉呼而谓之曰："卿辈既犯国刑，亏损名教，身婴缧绁，此其职也。今复重劳援卒，民独不愧于心哉？"参等辞谢。伽曰："汝等虽犯宪法，枷

> 锁亦大辛苦。吾欲与汝等脱去，行至京师总集，能不违期不？”皆拜谢曰：“必不敢违。”伽于是悉脱其枷，停援卒，与期曰：“某日当至京师，如致前却，吾当为汝受死。”舍之而去。流人咸悦，依期而至，一无离叛。
>
> 上闻而惊异之，召见与语，称善久之。于是悉召流人，并令携负妻子俱入，赐宴于殿庭而赦之。乃下诏曰：“凡在有生，含灵禀性，咸知好恶，并识是非。若临以至诚，明加劝导，则俗必从化，人皆迁善。往以海内乱离，德教废绝，官人无慈爱之心，兆庶怀奸诈之意，所以狱讼不息，浇薄难治。朕受命上天，安养万姓，思遵圣法，以德化人，朝夕孜孜，意在于此。而伽深识朕意，诚心宣导。参等感悟，自赴宪司。明是率土之人非为难教，良是官人不加晓示，致令陷罪，无由自新。若使官尽王伽之俦，人皆李参之辈，刑厝不用，其何远哉！”于是擢伽为雍令，政有能名。

王伽起先并没有什么突出的事迹，无足称道，只不过为人和善，办事认真，当地认识他的百姓都觉得他是个好官。王伽平日里也不求名利，更不阿谀奉承，以致一直都没有被上级长官所重视，干的都是些出力不讨好的累活。而这些累活里，军营里大家公认最难办的差事当属押解犯人了。

春秋或者近距离还好，要是碰上夏天或是冬天，又或者要远距离押送，那就别提有多苦，一路上受热受寒，吃不好睡不好，还要当心囚犯们逃跑或有人来劫囚，说不定还会有生命危险。

开皇末年，隋文帝愈加暴戾，当时他听闻大将军权武暗地抱怨法律严苛，暴怒之下竟棒杀权武。被施以如此严刑的人在当时不在少数，更别提被判流放的人了，上至大理少卿，下至无名小官，都难逃流放命运。这就苦了王伽这些行参军。

一次，朝廷下令流放李参等七十余人，齐州州府派遣王伽押送这些被流放的囚徒到京城。因为身份是囚徒，这 行人 路只能靠步行前往京城。

当时制度规定，被流放的囚徒要戴上枷锁押送。枷锁，顾名思义，由枷与锁两部分组成。犯人们头上戴的是枷，由两片木板组成，最长的部分有三四米，他们的手也一并被枷锁住，手与头处在一个高度。他们脚上则有铁链相连，中间用大锁锁住。有这么一套枷锁在身上，囚犯们脚步根本迈不开，每走一步都要拖着沉重的大锁，手也一直被迫举高，时间长了血液不流通，胳膊又酸又麻，手腕还被粗糙的边缘磨得惨不忍睹，木枷又极重，他们的肩膀和脖子也承受着巨大的压力。一路下来，七十多名囚犯竟没有一人完完整整，大家都被枷锁禁锢得苦不堪言，身上或多或少都有深深浅浅的血迹，他们的眼里没有一丝光亮，明天对于他们而言似乎成了遥远的可望不可即的泡沫。

王伽与囚犯们一路经过山川湖泊、山间小路，坎坷不平，他自己穿着官服官鞋一路倒还好些，而囚犯们就没这么幸运了。囚犯们身着粗布麻衣，脚踏草鞋，经常走个一两天鞋底便被路上的石子磨穿了，一不小心裸露在外的脚掌便会被划烂，血流不止。而囚犯们身上被枷锁束缚着，更是苦不堪言。

王伽一行走到荥阳，即现在的河南郑州时，王伽看着面色土灰的囚犯们，怜悯他们辛苦，心中的恻隐之情越发浓厚，于是他做出了一个出人意料的大胆决定。

在中途休息时，王伽将囚犯们召集在一起，清清嗓子大声说道：“你们现在这副样子，都是因为触犯了国法，知法犯法，你们的名声与教化已经被自己的所作所为损坏了，所以你们现在枷锁加身，这是罪有应得。但是现在你们要步行走至京城，如此遥远的路途，使得押送你们的兵卒们也苦不堪言，难道你们心中不感到愧疚吗？”

囚犯们听了，纷纷扭头看向一路同行的士兵们。一段日子下来，他们的确都瘦了，有好些人脚上也磨出了水泡，走路一瘸一拐，看起来确实不好受。于是囚犯们低下了头，向周围的士兵以及王伽道歉，以为王伽要借此责罚他们，说不定还会让他们换上更残酷的刑具，心中不免长叹。

王伽看着李参等人都低下了头，言辞恳切地道歉后便一言不发，队内气氛一瞬间跌到了冰点。他心想，这些人看着也不像罪大恶极的穷凶之徒，既然能够及时认识到自己的错误，说明他们本质都是善良的，为什么不给他们多一点信任呢？

王伽沉默了半晌，然后下了决心，重重地将手中的武器放在地上，重新开口：“你们虽然触犯了法律，还劳累了兵卒，但一路走来，你们的辛苦我也目睹。将心比心，你们也没有使我们过多烦心，我相信你们都不是多么可恶的人，所以想给你们去除枷锁，然后在规定的期限内赶到京城集合。这样既免除了士兵们的劳苦，也可以使你们少受点罪，你们能做到吗？”

此言一出，不仅是囚犯，同行的士兵们也都惊呆了，这可是从古至今头一遭啊！

与王伽要好的士兵急忙把他拉到一边，厉声说道：“你知道自己在做什么吗？且不说他们都是犯了法的囚犯，单说你要解开枷锁就已经是大罪了，还让他们在没有看守的情况下自己到京城，哪怕有一个人跑了，你的脑袋都保不住！”

王伽闻言，反而轻轻笑了笑，镇静地安慰道：“我这么做是有原因的：第一，这镣铐属实重量不轻，他们被流放已经足够悲惨了，何苦还要让他们再受这样的罪罚呢？第二，你看这几日大家都瘦了不少，我已经听见许多人暗地抱怨了，走这么长的路，日夜兼程提心吊胆，确实让人心力交瘁。第三，这些囚犯被判处流放而不是更重的罪，说明他们其实并没有犯多么严重的错误，可能只是一时失足罢了，并没有我们想象中的那么坏；再者他们刚才都诚心道歉，说明他们还是存有一丝善念，是值得我们相信的。”

说完这番话后，王伽看到这个士兵有些被打动了，又拍了拍他的背继续补充道：“你放心，一人做事一人当，如果万一出了什么差错，上面怪罪下来，我一人承担，心甘情愿，断不会连累到兄弟们！”

看王伽把话说到这份儿上了，这个士兵也没有更多反驳的话可说了，摇摇头只能作罢。

囚犯们听见王伽要为他们解除枷锁的话，起先不相信。自从他们被判流放以来，亲人们都纷纷离他们而去，更别说所遇到的官员士兵们，个个都将他们视为过街老鼠，走到哪里都会受到轻视和不公的待遇，内心早已千疮百孔，变得异常麻木，对一切都不抱任何希望了。所以他们听了王伽的话后，还是低着头一动不动，以为这只是又一次拿他们取乐的玩笑罢了。

王伽自然明白他们在想什么，于是微微一笑，又开口大声说：“我这番话并不是玩笑，而是真心信任你们，才敢以性命作担保！希望你们能对得起我的一番好意和良苦用心，在约定的时间之前到达。如果有一人逃跑，那么我都会为你们担当死罪。”

一番话激起千层浪，囚犯们你看看我，我看看你，一时间大家还是没有发出声音，似乎都在消化这突如其来的好消息。

片刻后，李参率先大喊一声："感谢大人的大恩大德！"人群一下子沸腾起来，纷纷自发跪下，大声感谢王伽的善举，欢呼声响彻云霄，有些人甚至情不自禁流下了眼泪。

王伽看着眼前跪下的囚犯们，微笑着说："你们不用下跪，能够按时赶到京城会合，就是对我最大的感谢了。"

李参等人听后仍然不肯起来，齐声说："定不毁约！"

于是王伽便信守诺言，真的将囚犯们的枷锁解开，然后就地让士兵和囚犯们一同解散了。

其实，王伽做出如此惊世骇俗之举后，心里也不免打鼓，因为隋文帝对法律极其重视，至开皇末年尤为严苛。有时隋文帝会将那些与他持不同意见的官员定罪为"忤旨"，之后便对他们施加责罚，晚年时隋文帝更是将惩罚手段作为治理下臣的重要方法，而且惩罚的力度也随心而定。在当时，隋文帝几件处死功臣的事传遍了大街小巷，王伽也素有耳闻。甚至在某一年的元旦宫宴上，隋文帝发现有些武官衣帽或佩剑佩戴不够整齐，而御史不知出于什么原因没有加以弹劾，他便处死了这些御史，甚至上前劝解的官员也一并处死。就连那些因为晚征收麦秸、庭院清理不当或者收礼的官员也都或多或少难逃一死。这样一比较，王伽有意放走囚犯的事足够他掉好几个脑袋了。

于是王伽不敢声张，在就地解散押送队伍后，他便快马加鞭赶往京城，在约定地点住下，每日惶惶不安地等待囚犯们的到来。在等待期间，因为自己也不知道李参等人到底会不会信守承诺，王伽经常吃不下饭，就连晚上睡觉都能梦见自己被皇上处死，甚至还连累了家人，夜夜惊醒，常惊得浑身是汗以致睡觉的衣衫都湿透了。而听闻此事的旁人都认定了王伽是死路一条，有些人惋惜这么善良的一个小官竟因囚犯而难逃一死，有些人则笑话王伽痴人说梦，自己都自身难保还去怜悯别人，这下竟因为没用的善心，要将自己的身家性命都搭进去了。

殊不知，王伽的这一善举，让他押送的七十多名囚犯冰冷的心如同重新感受到了春天的阳光，让他们觉得，有人愿以性命为自己担保，那么自己有什么理由辜负真心呢？毕竟以后的生活说不定还很美好。在这样的想法下，囚犯们没有一人抱侥幸心理，反而比被押送时走得还快，他们有的结伴而行，有的独自埋头赶路，但最终目的地都是京城约定好的地点。

这七十多名囚犯竟都如数到达了京城，甚至比约定好的日子还提前了不少时间，这让王伽大受感动，更加坚信了自己人性本善的想法。

很快，这件事被隋文帝知道了，他听到后啧啧称奇，他原本以为只有在严惩的手段下才能有忠臣，然而王伽的举动让他明白了：信任与有的放矢，有时会比责罚更有效果。隋文帝便召见了王伽，与他讨论了许久治臣之道以及慈悲的真理，这让隋文帝大有所获。

在召见王伽之后，隋文帝又召集了那些被流放的犯人，允许他们携带妻儿，在宫中设宴奖赏他们，并悉数赦免了他们的流放之罪。囚犯们感激涕零，携家人在殿中长跪不起，感谢皇上的赦免。

此事之后，隋文帝感触颇深，写下这样一封诏书：

凡是有生命的，都有灵性，懂得好坏，明白是非。如果用至诚治理百姓，明智地加以引导，那么浅俗也会得到教化，人都会从善。从前天下离心，道德灭绝，都因官吏缺乏仁慈之心，百姓胸怀狡诈之意，所以诉讼不息，民风浮薄难以改变。我受命于天，有赡养万千百姓之责，期望遵循圣人的法则，用仁德教化人民，从早到晚孜孜不倦，不敢松懈，用意原本就是如此。王伽深深明白我的心意，诚心宣扬。李参等人受感动而醒悟，自动赶赴官衙。由此可以明白，天下的百姓并非难以教化，实在是官吏没有加以晓谕和引导，导致他们陷于罪恶，无法改过自新。如果官吏都像王伽一样善于教化，百姓都像李参这些人一样明辨善恶知恩图报，实现社会和谐，让刑罚都用不上的境界也就不远了。

王伽因此被破格提拔为雍令。在职期间他仍不忘初心，对待下属和治下的百姓一视同仁，仁慈宽厚，明察秋毫，基本不动用刑罚，美名传遍了四面八方，被当时的百姓奉为一代好官。而李参等人也与王伽结成了莫逆之交，悔过自新，本分生活，从此再没做过违法之事。

索渊：务实多谋，善理军务

索湘（？—1001），字巨川，宋朝时期盐山人（今黄骅境内）。开宝年间进士，后来官至参军。当时齐州有一个大狱的案子，一连逮捕了 1500 余人，当地官吏不能决断。后来索湘奉诏亲自审理，终于真相大白，平反了冤狱。后担任河北转运使等官职。真宗即位，入为右谏议大夫。索湘善于吏治，出入军旅间，能力得到公众的认可。

《宋史 · 卷二百七十七 · 列传第三十六》记载：

索湘，字巨川，沧州盐山人。开宝六年进士，释褐郓州司理参军。

齐州有大狱，连逮者千五百人，有司不能决。湘受诏推鞫，事随以白。太平兴国四年，转运使和岘荐其能，迁大理寺丞，充度支巡官。改太子右赞善大夫，转殿中丞，充推官，拜监察御史。九年，河决，坏民田，命与户部推官元玘同按行。会诏下东封，与刘蟠同知泰山路转运事，又为河北转运副使。湘经度供馈，以能干闻。事集，加屯田员外郎。

明年，契丹入寇，王师衄于君子馆，敌兵乘胜据中渡桥，塞土门，将趋镇州。诸将计议未定，湘为田重进划谋，结大阵东行，声言会高阳关兵，敌以为然，即拥众邀我于平虏城。夜二鼓，率兵而南，径入镇阳，据唐河，乘其无备破寨栅。及敌兵觉，悉遁走。

雍熙中，召为盐铁判官，改驾部员外郎。端拱二年，河北治方田，命副樊知古为招置营田使。会议罢，复为河北转运使。转虞部郎中，选为将作少监。

居无何，有讼其擅易库缣以自用者，坐授膳部员外郎、知相州。时有群盗聚西山下，谋断澶州河桥，入攻磁、相州，援旗伐鼓，白昼抄劫。邻郡发兵千人捕逐，无敢近。湘择州军得精锐三百人，侦其入境，即掩击而尽擒之。转运使王嗣宗以状闻，诏复旧官，命为河东转运使。湘以忻州推官石宗道、宪州录事胡则为干职，命以自随，所至州郡，勾检其簿领焉。二人后皆历清要。

明年，王超等率师趋乌白池，抵无定河。水源涸绝，军士渴乏。时湘已辇大锹千枚至，令凿井，众赖以济。

真宗即位，入为右谏议大夫。复充河北转运使，属郡民有干酿，岁输课甚微，而不逞辈因之为奸盗。湘奏废之。德州旧赋民马以给驿，又役民为步递，湘代以官马兵卒，人皆便之。会内殿崇班阎日新建议，请于静戎、威虏两军置场鬻茶，收其利以资军用。湘言非便，遂止。又言事者请许榷场商旅以茶药等物贩易于北界，北界商旅许于雄、霸州市易，资其懋迁，庶息边患。诏湘详议以闻，乃上言曰："北边自兴置榷场，商旅辐辏，制置深得其宜。今若许其交相贩易，则沿边商人深入戎界，窃为非便。又北界商人若至雄、霸，其中或杂奸伪，何由辨明？况边民易动难安，蕃戎之情宜为羁制。望且仍旧为便。"会有诏规度复修定州新乐、蒲阴两县，湘以其地迫窄，非屯兵之所，遂奏罢之。

湘少文而长于吏事，历边部，所至必广储畜为备豫计，出入军旅间，颇著能名。先是，边州置榷场，与蕃夷互市，而自京辇物货以充之，其中茶茗最为烦扰，复道远多损败。湘建议请许商贾缘江载茶诣边郡入中，既免道途之耗，复有征算之益。又威虏、静戎军岁烧缘边草地以虞南牧，言事者又请于北砦山麓中兴置银冶，湘以为召寇，亦奏罢之。

索湘，宋开宝六年（973）中进士，授官郓州司理参军。

齐州有大案，牵连被抓者 1500 余人，当地官吏不能判决。索湘受诏命考察审讯，案事随即审理清楚，平反了冤狱，没有放过一个坏人，也没有冤枉一个好人。

太平兴国四年（979），转运使和岘向朝廷推荐索湘的才能，索湘升任太仆寺丞，充任度支巡官。后改任太子右赞善大夫，转任殿中丞，充任推官，拜官监察御史。

太平兴国九年（984），黄河决堤，毁坏百姓田地。朝廷命令索湘与户部推官元玘同往考察巡视。适逢皇帝下诏东封泰山，索湘与刘蟠一起知泰山路转运使，他又任河北转运副使。索湘经管供给，以能干闻名。事情完成后，他增职任屯田员外郎。

第二年，契丹入侵，宋军败于君子馆，敌军乘胜占据中渡桥，阻塞土门，就要直趋镇州。宋军诸将商议计策未定下，索湘替将军田重进出谋划策：宋军连接成大队东行，声明要去会合高阳关的宋兵。契丹军信以为真，立即结集于平虏城拦截宋军。夜晚二鼓，宋兵转而南进，直入镇阳，占据唐河，乘契丹不备攻破寨栅，等到契丹兵发觉，全部逃走。

雍熙（984—987）年间，皇帝下诏命索湘任盐铁判官，改任驾部员外郎。端拱二年（989），河北治理方田，命令索湘辅助樊知古，任招置营田使。恰逢朝廷商议停治方田，索湘又任河北转运使。转任虞部郎中，选任将作少监。

索湘任职没多久，有人告他擅自拿官库中的缣（双股丝织成的细绢）自己用，索湘因罪降任膳部员外郎、知相州。当时有百姓聚集于西山下，图谋切断澶州河桥入攻磁州、相州，他们摇旗击鼓，白天进行劫夺。邻郡派兵 1000 多人捕捉，无人敢接近他们。索湘选择州中军士三百精锐，侦探到这些人进入相州境，立即乘其不备攻击，全部捉拿住他们。

转运使王嗣宗把这件事上奏皇帝，皇帝诏令恢复索湘原官级，命索湘任河东转运使。索湘认为忻州推官石崇道、宪州录事胡则很胜任其职，命令他们跟随自己，他所到州郡，检查他们的簿领。石、胡二人后来都官任要职。

第二年，王超等人率领宋军去乌白池，抵达无定河。水源枯涸，宋兵干渴疲乏。这时索湘已经用车运输 1000 多把大铁锹，令用之凿水井，宋兵得以渡过难关。

宋真宗即位，索湘入朝任右谏议大夫，又充任河北转运使。所属郡百姓有人主管酿酒，每年向朝廷纳税甚少，而那些不法之人趁机为奸作盗。索湘奏请朝廷废除掉该制度。德州旧时征调百姓的马供驿站使用，且役使百姓步行传递信函。索湘用军马和士兵代替，百姓都便当多了。

适逢内殿崇班阎日新建议，请求在静戎、威虏两军置场专卖茶叶，收茶利资补军队费用。索湘上书说这不便当，此议遂停止执行。又有议事者，请求朝廷同意榷场的商人、旅客把茶药等物品贩卖于北方边界，允许北方商人、旅客到雄州、霸州市场交易，资助其交易，可能平息边患。皇帝诏令索湘详细计议报告上去，索湘于是上书说："北边自从置榷场以来，商人、旅客从四方聚集到此，旧制置榷场很合时宜。现在若允许他们互相来往买卖，那么我沿边商人深入少数民族界内，我私下认为不便当。况且北方商人如果来到雄州、霸州，他们中间或许混杂着别有用心之人，这从哪里来辨明？况且边境百姓容易动而难于安居，少数民族的情形适合羁縻牵制。希望仍按原制办较为便当。"

恰逢皇帝有令，计划重修定州新乐、蒲阴两县，索湘认为其地十分窄小，不是驻兵的地方，于是奏请罢停之。

索湘读书不多却擅长于吏事，历任边境地区官职。他所到之处，一定储备好物资作为将来备用。他出入军队中，颇以能干著名。先前，宋在边境各州设置榷场，与少数民族互市交易，却从京城车运货物于此用以交易，其中茶叶最为烦扰，且路途遥远多有损坏。索湘建议朝廷允许沿江运茶到边郡入榷场中，既免去路途的损耗，又有赋税的收益。又威虏、静戎两军每年烧边境草地用以防备少数民族南侵，议事者又请求在北砦山脚下开置冶银矿所，索湘认为这会招致敌人，也奏请朝廷罢停此议。

咸平二年（999），索湘入朝任户部使。他受皇命详细编定三司编敕。他因与王扶互相请托，擅自交换板籍，受责降职将作少监。咸平三年（1000），他出任知许州，徙任荆南。再任右谏议大夫、知广州。

咸平四年（1001），索湘逝去，执意归葬家乡。皇帝下诏，命索湘的儿子索希颜护送灵柩运回故里安葬。

神怪传说：索湘受所托，助徐铉灵柩安全渡海

索湘是北宋时期一位颇负盛名的官员。他文化水平一般，但以务实能干著称：他查清了涉及 1500 余人的复杂大案，多次化解作战时的险情难题，一些治世惠民的建议得到朝廷的采纳。《宋史》上评价他“湘少文而长于吏事”。在一些故事类的著作中，有一段索湘与著名文人徐铉的故事。

徐铉（916—991），字鼎臣，是五代到北宋早期的著名大臣、学者、书法家。他与韩熙载齐名，被合称“韩徐”。徐铉先是做南唐大臣，后来跟随后主李煜归顺北宋。赵匡胤那句“卧榻之侧，岂容他人鼾睡”的名言，就是被徐铉逼出来的著名狠话。

当年，宋太祖赵匡胤在统一全国的战争中，发兵攻打南唐。此间，徐铉曾两次奉李煜之命出使宋廷，谋求和平。徐铉据理力争，口若悬河，赵匡胤辩不过徐铉，怒不可遏地手按宝剑说：“不须多言！江南亦有何罪？但是天下一家，卧榻之侧，岂容他人鼾睡乎！”徐铉见状，知道说什么都没用了。之后，南唐被宋所灭，徐铉和后主李煜都归顺了宋朝。

纵使徐铉才高八斗，甘于归顺，在宋廷最终也不会得到信任与重用。淳化二年（991），徐铉被贬为静难军行军司马（属邠州）。当时邠州（今陕西彬州市）是苦寒之地，徐铉不堪风寒，于八月二十六日病死于邠州。

沧州人索湘与徐铉的传奇故事，就发生在这个时候。

徐铉有个朋友是洪州的胡克顺。一天，胡克顺收到了徐铉写来的书信，信上说：“我必死于邠州，你要是有能力，到时候请将我的遗体转海上运归故国，这

就是你这个老朋友对我的厚恩啊。”

不久，传来了徐铉去世的消息。胡克顺有感于徐铉此前的嘱托，于是造了大船，筹了资金，让徐铉的亲属等人前往邠州迎接徐铉的灵柩。

载着徐铉灵柩的大船出海后，海岸边出现一座大的城邑，城中有东海大帝的祠庙。当时，索湘是这座城邑的最高长官。

这天，索湘正在这座海边的城邑中办公，忽见一人前来参见，此人自称是“江南放叟徐铉”，有事相求。索湘平常闻得徐铉大名，就恭敬地迎候他。

徐铉冠服严伟，谈论高逸。只听徐铉说：“我获罪贬在邠州，所幸没有被囚置。现在让我回归故里，我的船来到了您的地界，特来拜谒并有求于您，等晚些时候再来拜见您。”说完人就消失了。

索湘不禁骇然。不久，有海边的官员来报告载着徐铉灵柩的船到了。索湘心有余悸，急忙来到海边船上，对徐铉的儿子说：“你父亲可有画像吗？”答说：“有的。”于是把画像在海边亭子上展开，索湘一看，和此前见到的那个自称徐铉的人相貌相同，分明不是别人冒名顶替。索湘便设席置酒，祭奠徐铉的亡灵。

到了黄昏时分，徐铉又来到索湘面前，对索湘说：“承蒙您的厚爱，十分感谢，真是我的荣幸。我不得已必须来拜见并请求于您！”

徐铉接着说：“当年我在江南为学士时，曾经受一位老朋友之托，将一条宝带送给了知政，为一个案子说情，要求改判。当时我颇有威势，知政不敢违抗就照办了。虽然事情没有枉法，但不免以行贿玷污了我的身名。现在，我的魂魄要经过大海，恐怕东海大帝不容我这曾经有污名的人。您是这里的地方长官，我恳请您为我向大帝祈祷，大帝必不会拒绝您的好言相求。”

索湘有感于徐铉的一片诚心，就为他斋心洁沐，供奉祷告，请大帝宽恕徐铉的过错。于是，徐铉的灵柩过海时，果然没有一点波澜。

薄暮时分，徐铉又来索湘处表示感谢，还带着一张名片，名片上写着：“铉专谢别东坡索君贤者！”然后一派欣然地离去了。

等索湘再打开名片想仔细观看时，名片却灰飞烟灭了。

这段神怪故事记述在宋代僧人文莹的《玉壶野史》中。

“东坡索君”知何意？

徐铉的魂魄化身前来感谢，索湘尚可理解，但他说“我徐铉专程来感谢拜别东坡索湘君您这位贤者”中的“东坡索君”是什么意思呢？索湘对“东坡”二字，百思不得其解，直到他做了左谏议大夫才恍然大悟，明白了“东坡索君”的预言：“湘颇怀东坡之疑，后果为左谏议大夫。”

从《玉壶野史》的行文上看，“东坡”应该和索湘的官职有关。徐铉是以“东坡”来预言索湘最后官至“左谏议大夫”。

在北宋前期，朝廷设“中书门下”和“枢密院”，对掌文武之权。中书门下居东，称“东府”；枢密院居西，称“西府”。谏议大夫是文官，隶属东府，而从唐代开始，谏议大夫的别称是“大坡”。所以，东坡是“东府大坡”的简称，“东坡索君”，暗喻索湘将来官至谏议大夫。而历史上，索湘的确官至谏议大夫，不过不是小说中的“左谏议大夫”而是“右谏议大夫”。

不论索湘与“东坡”的官职有无关系，这段索湘与大文人徐铉类似《聊斋志异》的神怪故事，让人掩卷深思。

《宋稗类钞》是清初的小说笔记类丛书，其中也描述了索湘与徐铉的这段传奇，最后总结这段故事的中心思想：“以此知受赃枉法者，无容于天地之间。”从徐铉的角度，总结说明贪赃枉法的人，是不会被天地所容的。

而我们从索湘的角度来读这段故事，体会到了故事中更多的含义。一是索湘在北宋时期影响很大。小说家把一位著名学者与“少文”以“能名”著称的索湘联系起来，说明索湘在北宋早期是位相当有影响的人物。二是索湘是个无愧于天地的人。他能够向上天祈求免除徐铉行贿的罪过，说明索湘本身有着清正廉洁的名誉声望，是位能够堂堂正正面对上天的君子。

索湘，当年执意归葬家乡沧州。透过岁月的季风，我们品味他能干务实、正直担当的生平和传说故事，也得到了斑驳的历史印记带给我们的启迪。

刘遇：刮骨疗疮，堪比关羽

很多人都说宋朝很弱，实际上宋朝并不弱。宋朝开国皇帝赵匡胤是典型的军人出身，靠着实力黄袍加身，建立了北宋。北宋建立后又南征北战，结束了五代十国的乱世格局，灭了后蜀、南唐、南汉、吴越、漳泉、南平、北汉，这些割据军阀基本是在赵匡胤、赵光义兄弟手中灭掉的。一个能击败这么多割据军阀的王朝，怎么能说军事实力很差呢？北宋不乏名将，比如我们熟悉的狄青、曹玮、李继隆、潘美、宗泽等都是北宋著名将领，还有沧州刘遇。

刘遇（920—985），北宋名将，沧州清池人。宋太祖赵匡胤和宋太宗都十分器重他。刘遇是宋朝官阶最高的武将之一。清池县，唐朝贞观元年（627）为沧州治所。元朝延祐元年（1314）徙州治于长芦故城（今沧州市黄骅市境内），清池为属县。

《宋史 · 卷二百六十 · 列传第十九》记载：

刘遇，沧州清池人。少魁梧有膂力。周祖镇大名，隶帐下。广顺初，补控鹤都头，改副指挥使。宋初，迁御马直指挥使，俄领汉州刺史，改领眉州。累迁控鹤右厢都指挥使、领琼州团练使。从征太原，以功迁虎捷右厢，改领蔚州防御使。

开宝六年，转侍卫步军都虞候、领洮州观察使。征江南，领步军战棹都指挥使。时吴兵三万屯皖口，遇会诸路兵破之，擒其将朱令赟、王晖等，获戎器数万，金陵以平，录功加领大同军节度。车驾雩祀西洛，命率禁卫以从。

太平兴国二年，出为彰信军节度。四年，征太原，与史珪攻城北面，平之。进攻范阳，师还，坐所部失律，责授宿州观察使。五年，从幸大名，复保静军节度、幽州行营都部署，护筑保州、威虏、静戎、平塞、长城五城。八年，徙镇滑州。晨兴方对客，足有灸疮痛，其医谓火毒不去，故痛不止。遇即解衣，取刀割疮至骨，曰："火毒去矣。"谈笑如常时，旬余乃差。遇性淳谨，待士有礼，尤善射，太宗待之甚厚。

雍熙二年，卒，年六十六，赠侍中，归葬京师。

刘遇，少年时身材魁梧，臂力超强。后周太祖郭威镇守大名府，刘遇做了郭威的帐下亲兵。郭威建立后周的第一年即广顺初年，刘遇任禁军骑兵控鹤军都头，后升任副指挥使。

宋朝取代后周的初年（960），刘遇升任皇帝骑兵侍卫御马直指挥使，不久升职衔为遥领汉州刺史，后改遥领眉州刺史。经屡次提拔，升任控鹤军右厢都指挥使、遥领琼州团练使。至此，刘遇成为高级军官。

开宝二年（969），宋太祖亲征北汉，刘遇跟随出征，因功升任禁军骑兵虎捷军右厢都指挥使，遥领蔚州防御使。开宝六年（973），转任禁军侍卫司所属步军都虞候，遥领洮州观察使。

开宝七年（974），宋太祖派军征伐南唐，刘遇任步军战船都指挥使。南唐在皖口（皖河入江口，在今安徽安庆市大观区大观亭附近）屯兵三万，防御宋军。刘遇会合各路宋军击败三万南唐军，生擒其将领朱令赟、王晖等，缴获武器数万，为平定南唐发挥了关键作用。战后，刘遇因功升职衔为遥领大同军节度使，成为宋朝官阶最高的武将之一。

开宝九年（976）春天，宋太祖巡幸洛阳，命令刘遇率领禁军护驾跟随。

开宝九年，宋太祖赵匡胤逝世，享年 50 岁。

宋太祖去世后，其弟赵光义继位。第二年，即太平兴国二年（977），宋太宗将宋太祖一朝的大部分高级军官派出京城汴梁，刘遇出任彰信军（治曹州，今山东菏泽）节度使。

太平兴国四年（979），宋太宗亲征北汉。刘遇与另一将领史珪率军攻打北汉都城太原北城，北汉被灭。宋太宗挥师东进，攻打被辽国占据的幽州，在幽州西北的高粱河（在今北京西直门外）战败。战后，刘遇因所部行军无纪律，被降职为宿州（治今安徽宿州）观察使。

太平兴国五年（980），刘遇跟随宋太宗进驻大名府，复任保静军（治宿州）节度使、幽州行营都部署，监督修筑保州、威虏军、静戎军、平塞堡、长城口等五座城池。太平兴国八年（983），改任滑州节度使。

在滑州（今河南滑县）任上，一天刘遇早起接见客人，忽然感觉用艾灸治疗脚病形成的疮口疼痛。医生说艾灸造成的火毒没有去除，所以总会疼痛。刘遇当即脱下鞋，拿起刀子剜割疮口的肉，直至骨头，并说："火毒去了。"他与客人谈笑如常，全无痛色。十多天后，疮就好了。刘遇"刮骨疗疮"，让人联想起关公的"刮骨疗伤"——三国时，关羽生擒于禁斩杀庞德之后，再次进攻樊城，却被一支带毒的冷箭射中右臂，神医华佗来为他用刀刮骨去毒，血流了一盆，骨上的毒刮完，帐里帐外的人都面色如土，而关羽仍饮酒食肉，谈笑弈棋，全无痛苦之色。意志同样超强的两位名将，同样令人感佩不已。

宋太宗雍熙二年（985），刘遇在滑州去世，享年 66 岁。家人将其接回，葬在京城汴梁，朝廷赠予他"侍中"荣誉职衔。

《宋史》传后论：刘遇因性情敦厚谨慎，对读书人礼遇有加，尤其善于射箭，始终受到宋太祖和太宗的信任和优遇。

宋初武将，多数经历了五代黑暗时代的混战，身上也多有五代武人的悍戾、残酷的作风，刘遇却敦厚谨慎，礼待读书人，非常难得；而他的刮骨疗疮，更可看作关云长刮骨疗毒的续篇，充分显示了武人的壮勇。

张知白：俭以养廉，克己奉公

公元 1028 年的一天，宋仁宗获悉一位老臣病危，亲自带着群臣到其家中探望。当走进府中时，众人都惊呆了，接待他们的女主人身着寒酸的麻布衣服，屋里没有几件像样的家具，病床上躺着枯瘦如柴的老人，缝缝补补的蚊帐，更让心地仁厚的仁宗感慨不已，不禁落泪。几天后这位三朝元老病故，他正是仁宗朝以廉俭著称的宰相张知白。

张知白（956—1028），著名的北宋贤相，三朝元老，效力过的皇帝：宋太宗赵光义、宋真宗赵恒、宋仁宗赵祯。张知白，字用晦，一字端甫，号清叟，北宋沧州清池（今河北沧州东南）人。

清池县，唐朝贞观元年（627）为沧州治所。元朝延祐元年（1314）徙州治于长芦故城（今沧州市黄骅市境内），清池为属县。

效力三朝，清正廉明

《宋史·卷三百一十·列传六十九》记载：

张知白，字用晦，沧州清池人。幼笃学，中进士第，累迁河阳节度判官。咸平奏疏，言当今要务，真宗异之，召试舍人院，权右正言。献《凤扆箴》，出知剑州。逾年，召试中书，加直史馆，面赐五品服，判三司开拆司。

江南旱，与李防分路安抚。及还，权管京东转运使事。周伯星见，司天以瑞奏，群臣伏阁称贺。知白以为人君当修德应天，而星之见伏无所系，因陈治道之要。帝谓宰臣曰："知白可谓乃心朝廷矣。"东封，进右司谏。又言："咸平中，河湟未平，臣尝请罢郡国所上祥瑞。今天下无事，灵贶并至，望以《泰山诸瑞图》置玉清昭应宫，其副藏秘阁。"

陕西饥，命按巡之。寻知邓州。会关右流佣至境，知白既发仓廪，又募民出粟以济。擢龙图阁待制、知审官院，再迁尚书工部郎中，使契丹。知白以朝廷制官，重内轻外，为引唐李峤议迁台阁典藩郡，乃自请补外，不许，遂命纠察在京刑狱，固请，知青州。还京师，求领国子监。帝曰："知白岂倦于处剧邪？"宰臣言："知白更践中外，未尝为身谋。"乃迁右谏议大夫、权御史中丞、拜给事中、参知政事。

时王钦若为相，知白论议多相失，因称疾辞位，罢为刑部侍郎、翰林侍读学士、知大名府。及钦若分司南京，宰相丁谓素恶钦若，徙知白南京留守，意其报怨。既至，待钦若加厚。谓怒，复徙知白亳州，迁兵部。

仁宗即位，进尚书右丞，为枢密副使，以工部尚书同中书门下平章事、会灵观使、集贤殿大学士。时进士唱第，赐《中庸篇》，中书上其本，乃命知白进读，至修身治家之道，必反复陈之。

知白在相位，慎名器，无毫发私。常以盛满为戒，虽显贵，其清约如寒士。然体素羸，忧畏日侵，在中书忽感风眩，舆归第。帝亲问疾，不能语，薨。为罢上巳宴，赠太傅、中书令。礼官谢绛议谥文节，御史王嘉言言："知白守道徇公，当官不挠，可谓正矣，谥文正。"王曾曰："文节，美谥矣。"遂不改。

知白九岁，其父终邢州，殡于佛寺。及契丹寇河北，寺宇多颓废，殡不可辨，知白既登第，徒行访之，得佛寺殿基，恍然释其处。既发，其衣衾皆可验，众叹其诚孝。尝过陕州，与通判孙何遇，读道旁古碑凡数千言，及还，知白略无所遗。天圣中，契丹大阅，声言猎幽州，朝廷患之。帝以问二府，众曰："备粟练师，以备不虞。"知白曰："不然，契丹修好未远，今其举者，以上初政，试观朝廷耳，岂可自生衅邪！若终以为疑，莫如因今河决，发兵以防河为名，彼亦不虞也。"未几，契丹果罢去。

无子，以兄子子思为后，仕至尚书工部侍郎致仕。

张知白幼年好学，宋太宗端拱二年（989）登进士第，经屡次升迁担任河阳（今河南省洛阳市）节度判官。咸平年间张知白上疏，条陈当今国政要务，真宗认为他与众不同，召他在舍人院考试，权授右正言。不久，张知白献上《凤扆箴》，出任剑州知州。一年后，召试中书，加直史馆，真宗面赐他五品服，掌管三司开拆司。后任邓州、青州知府，历任龙图阁待制、御史中丞、参知政事等职。宋仁宗天圣三年（1025）拜相。天圣六年（1028），卒于任上，赠太傅中书令，谥文节。

张知白历事三朝，在所从部门皆有惠政。他生性节俭，在宰相位上，慎用车服爵号，没有一点儿私心，常常以骄盛自满为戒，虽然显贵，却清廉节俭如寒士。

《全宋笔记》中，有田况写的《儒林公议》，他在北宋前期做过枢密使（朝中军事主管，相当于国防部部长）。田况对比记载了当时两位宰相：一位是张知白，说他如何清廉节俭；一位是丁谓，说他如何贪财腐化。两人最后结果各有千秋，作者借此劝诫后人，并重申中国传统价值观。

像张知白这样的官员，当然最符合中国人传统的价值观。细究起来，他身上具备的美德远不止此。

张知白，出身于一个贫苦的家庭。他九岁那年，外出谋生的父亲在邢州（今河北邢台）病逝，其家因无力将其父运回老家安葬，灵柩只能停放在佛寺中。尽管其家贫寒，张知白却自幼好学，他的母亲想方设法让他入学读书。因此，张知白越加自励，嗜读不倦，太宗端拱初年参加科举考试，一举中第，获得进士出身，遂入仕为官。

由于契丹军连年入侵河北，各地遭兵灾，殡葬其父的寺庙颓败废旧，灵柩不能辨别。张知白考中进士后，步行寻访，遍访各寺，才在荒野中找到那座佛寺，他看到大殿的基石，猛然认出了当年他父亲灵柩的停放处。打开一看，其父所穿葬服都一一得到了验证，然后把其父的遗骨移回老家安葬。众人都感叹张知白确实孝顺。

考中进士后，张知白经多次升迁任河阳（今河南孟县南）节度判官。真宗咸平初年，时任河阳节度判官的张知白应诏上书，条陈当今国家要务，敷陈得失，直言极谏，受到了真宗的赏识，特令在舍人院召他面试，擢官右正言。随后，张知白又向真宗进《凤扆箴》，再为真宗称赏，迁为剑州（今四川剑阁）知州。

第二年，张知白又奉诏还京，复试中书，加直史馆，赐五品官服，授判三司开拆司。

景德初年，江南地区发生旱灾，张知白被真宗选中，与三司户部判官李防分任江南东、西路安抚使，巡察各地，赈济灾民。张知白不辱君命，圆满完成了任务，还京迁任权管勾京东转运使事。

这时，周伯星昼现。时人以为此星日见是大吉大瑞的征象，司天监官员亦认为是祥瑞事报奏真宗，群臣伏地跪拜向真宗祝贺。张知白却不以为意，上书说：“自古以来，圣明贤君修德以应天象，讲求治理天下之道。至于星的所见所没，关系并不大。”他认为，国君应修德实干，顺应民意，而周伯星的隐现与国家命运没有什么实质性的关联，借此陈说治理国家的关键政策。张知白劝谏皇帝注重人事，而不能只看天象。有人说张知白是故意卖弄，以惑上听。但真宗认为张知白说得有道理，对众臣说：“张知白可以说是对朝廷忠心尽力了。”

大中祥符元年（1008）秋，真宗赴泰山举行封禅大典。典毕，爵赏百官，张知白晋官右司谏。

针对当时各地纷纷进献祥瑞的状况，他劝谏真宗下诏节制，不宜提倡，说：

"咸平年间，河湟未平，臣主张罢却各地所奏上的祥瑞等物。如今虽说天下无事，灵贶并至，宜应缜思断行，防微杜渐，禁于未然。仍望将《泰山诸瑞图》藏于玉清昭应宫，副本藏于秘阁，不要广为散布，以示朝廷谨慎之意。"

果如张知白所料，正当真宗君臣陶醉沉溺于天下大治之时，全国不少地方却发生了水旱灾荒，陕西的饥荒尤为严重。真宗命张知白巡视陕西。不久，张知白掌管邓州（今河南邓州）。陕西流民这时大批流徙邓州，为救济饥民，张知白令开官仓放粮，又招募百姓拿出粮食来赈济他们，使大量饥民暂时渡过难关。张知白还采取措施，遣返流民回乡复业，使灾情损失减少到最低限度。张知白以其政绩擢升龙图阁待制、知审官院，再提升做尚书工部郎中，出使契丹。

当时朝廷命官，重内轻外，都想方设法谋求京职，不愿做地方官，尤其是不愿到边远地区为官。对此，张知白上书真宗说："唐朝李峤曾说：'安人之方，须择郡守。'如今朝廷重内官，轻外任，又怎么能治理好地方呢？今江浙诸郡正需要选择有才干之士莅任，臣请选任台阁官员补缺地方。"并以身作则，带头请补任外官。真宗以其干练有才，欲改任他为纠察在京刑狱，他仍坚持外补，于是到青州（今属山东）做知府。

任满还京，张知白又要求担任当时官员都不愿任的、最清贫的国子监官职。真宗问："张知白难道是在处理艰巨繁杂的事务上筋疲力尽了吗？"宰相回答说："张知白任职于朝内朝外，未曾为自身考虑过。"真宗非常欣赏其不计较名利、不计较得失的奉献精神，于是升其为右谏议大夫，代任御史中丞，授给事中、参知政事。宰臣们也都夸赞他居官改任、不谋私利的高尚品德。由此，张知白获"清纯"之声。

由于张知白廉洁清正，不为利驱，不为物役，声名日重。大中祥符九年（1016）十月，张知白擢任右谏议大夫、权御史中丞，复加给事中、参知政事。这年，朝廷举行郊祀大典，爵赏百官，他再迁尚书工部侍郎。

这时与张知白一起任参知政事的是左谏议大夫王曾，因为俩人常在一些主要问题上有不同意见，张知白心怀不平。加之资历虽浅但深得皇帝宠任的枢密使曹利用，又事事处处表现出一副唯我独尊的样子，甚至连班位也排在张知白之上，这使张知白更难以忍受，遂几次提出辞职。最后真宗允其请，遂以金紫光禄大夫、给事中，改判礼仪院，王曾也被免去参知政事职。

接着，张知白又与宰相王钦若不和，两人常因政见不同而发生争执，矛盾日深。张知白便再以病提出辞职，遂于天禧二年（1018）十二月，罢为刑部侍郎、翰林侍读学士，出知大名府（今河北大名）。

宋朝以翰林侍读学士出任外官的，即由张知白开始。

张知白离开朝廷以后，朝廷上层的争斗愈加激烈。天禧三年（1019）六月，王钦若被人弹劾罢相，以太子太保出判杭州，复移判河南府（今河南洛阳）。王钦若称病要求回京师就医，新任宰相丁谓因与王钦若有嫌隙，从中阻挠不允，王钦若便擅自回京。对此，丁谓又在真宗面前劾奏王钦若擅离职守，王钦若再被降为司农卿，分司南京（今河南商丘）。为进一步报复王钦若，丁谓以张知白曾与王钦若不睦，又徙调张知白为南京留守，意借张知白以报私仇。

张知白虽曾与王钦若有政见分歧，却很少个人恩怨，他对丁谓借此整人的做法颇为不满。到南京后，不仅没有刁难王钦若，反而对其加以礼遇。丁谓闻知后，大为气恼，复徙调张知白知亳州（今安徽亳州）。

张知白连任几处地方官期间，仍戒奢以廉，克己奉公，体恤民情，为民请命。他在大名时，有宗城人李玭力耕以养母，兄弟邻里间也极谦让，乡人目之为“李孝子”。对李玭的孝行，张知白也极称赏，以“孝义”的典型上报朝廷，李玭因此得朝廷赐粟帛嘉奖。亳州有富豪之家出资修了一座寺庙，请张知白作记，张知白则派人请了极负文名的郓州人穆修撰写。

乾兴元年（1022）二月，真宗病死，仁宗赵祯即位，真宗皇后刘太后垂帘听政。刘太后以张知白为前朝重臣，特召他入京，除授尚书右丞、枢密副使。天圣三年（1025）十二月，复枢密副使加工部尚书、同中书门下平章事、会灵观使、集贤殿大学士，拜为宰相。

这时有情报说，北方契丹政权大规模检阅军队，有可能要入侵宋朝。因仁宗年幼，刘太后执政，朝廷为此十分忧虑。中枢大臣们都主张准备粮食训练军队，以防备不测。唯张知白独持异议，他认为，契丹与宋建交不久，宋辽虽有冲突，但基本上维持了和平共处的友好关系。如今辽方的举动，只不过是因为宋朝新君刚立，欲借此观察宋朝的动静而已，宋朝方面绝不可无端生衅，再启兵锋，不能自造祸乱。他提出，为防万一，可借眼下黄河决口，以发动护河为名，增派驻戍河北的兵力，这样，既不会引起辽朝的怀疑，又能防止不虞。事后，证明他的推断不误，不久，契丹果然撤兵离去。

张知白高居相职，以名位为重，力戒假公济私，其生活作风，力求清约，外出从不铺张，有时他独步大街，不知情的人会误认为他是一介寒士。他又以为政以德、盛衰兴亡的道理劝谏仁宗。当时朝廷举行殿试，凡新中进士，朝廷都赐予《中庸篇》。最初这本书即是由张知白主持编写的。他送给仁宗，并为仁宗进读，详细透彻地讲解“修身治家”之道，意让仁宗慎守祖业，求天下大治。还劝仁宗命人编修《时政记》，意在随时警惕自己的所作所为。

京城洞真宫、寿宁观先后发生火灾后，朝廷意欲修复。张知白便进言仁宗，请罢土木营建，减轻赋役，以答天戒。张知白任职青州时，也曾向朝廷进献祥瑞，由此他认为这些都有损于朝廷之政，应加以限制。

由于张知白为政勤恳，忧怀国事，致使素来羸弱的身体更加消瘦。宋仁宗天圣六年（1028）正月的一天，张知白在中书省忽感风眩之疾，用车拉回到府上，竟一病不起。宋仁宗亲自去询问病情，张知白已不能言语。二月初七卒于家中。仁宗闻之，停了上巳节游宴，罢宴辍朝以示哀悼，赠太傅、中书令。

在集议具赐谥时，礼官谢绛建议赠他谥号文节，御史王嘉言说：“张知白一生为人，遵守道义尽忠于国家，做官不屈于困难与权贵，可以说为人刚正，应赐谥号文正。”宰相王曾说：“据谥法，文节也是美誉。”遂定谥号文节。

种种美德，清官楷模

张知白清俭好学，居相位如布素时，其心逸也。及病革，上幸其家，夫人恶衣以见。及临知白寝所，见其敝毡缣被帐帟质素，嗟美久之，亟令辇帐具卧物以赐。后之称清德者，皆以知白为师。（《儒林公议》）

这段话意思是：张知白在做宰相时，跟以前做平民百姓时一样，安贫乐道，超然于物外。张知白因病，皇上宋仁宗到他家看望，他的夫人穿着很差的粗布衣出来见皇上。进到他的卧室，见床笫用品也大多为粗布制成，而且都很破旧。皇上很感慨，赞美张知白清廉，并令有司赐给张家新卧具。后来那些清廉有德的官员，都以张知白为榜样。

勤俭，是中华民族传统美德，亦是为官从政者的优良品质。张知白是北宋时期著名的廉相，史书记载他“常以盛满为戒，虽显贵，其清约如寒士”，这在奢靡之风盛行的北宋时期是非常难得的。

北宋商品经济繁荣，统治者优待官员，士大夫热衷于歌舞喧嚣、诗酒宴乐，奢靡之风屡禁不止。因为俸禄优厚，许多官员都有条件过奢侈的生活，像宋祁、苏舜钦、蒲宗孟那样耽于享乐的，大有人在。相比之下，张知白这种做法在人们眼中显得尤其可贵。

史载，张知白身体素质不是太好，体弱多病。用现代眼光看，这样的清官，平时多吃点好的，穿点好的，让自己多活几年，也是件于公于私有益的事。以此观之，清廉节俭，既是一种操守和美德，也是一种生活习惯和个人选择。

其实，张知白也有让自己和全家人生活优渥起来的条件。他身为高官，最高时做到宰相，俸禄较之寻常官员更加优厚，完全可以像宋祁、蒲宗孟那样以奢侈为乐，但他却清廉节俭如同身份低微的读书人一般，不被奢靡之风裹挟，不与世俗同流合污。

有人劝他从众，以免被讥为虚伪，劝导者说：“您如今俸禄优厚，但生活还像以往那样节俭。您虽然向来以清廉节俭自守，但是外人常常讽刺您表面效法汉代公孙弘勤俭之举，实则徒有虚名。您还是稍稍改变一下作风，和大多数人一致才好。”

私交比较好的人也曾对他说：“你俸禄那么高，自身生活却这么清苦，像在作秀，何必这样呢？”

张知白回答：“人常说‘浓处味短，淡中趣长’，凭我的俸禄，想要让全家都过上锦衣玉食的生活又有何难？但是世人往往由简朴入奢侈容易，由奢侈回归简朴却很难。我不光为自己考虑，也在为家人后代考虑。试想，如今我的俸禄虽多，但是岂能一直长久，我又能活多久呢？一旦没有了如今的俸禄，但家人却已经习惯了奢靡的生活，不能适应贫困的生活，将来一定会造成更大的损失。我哪里能保证做官、罢官、活着、去世的时候，都像如今这样呢？我现在这样做，让全家跟我一起过节俭的生活，即使我去世了，家人也能像现在这样生活下去。”

张知白的故事告诫我们由俭入奢易，由奢入俭难，应当深谋远虑，不为眼前奢靡的生活所诱惑。

张知白的美德受到皇帝赞誉。他不光生活节俭，从中国人传统价值观看，他身上优点很多。

知恩必报：“桑赞以旌节镇彭城，张文节在幕下。桑月给幕职厨料人十五千以下，文节家贫，食甚众，命倍给之。文节亦止取其半，或不得已过有所用，即具所用之因闻于桑，归其余于帑藏……祥符中，文节为京东路转运使，奏称：‘昔在桑赞幕下，知臣良厚，今赞死葬济州，子弟悉官于外，臣乞每遇寒食，暂至赞墓拜扫。’诏可之。自是岁一往，祭奉之礼如在洎。在相府，凡桑氏子孙来见者，待之有如骨肉。”（欧阳修《归田录》）

肚量大，不公报私仇：张知白任尚书工部侍郎时，王钦若为宰相，张知白与他论议朝政多，后来被罢为刑部侍郎、翰林侍读学士。等到王钦若分管南京，宰相丁谓向来憎恶王钦若，把张知白调过去做南京留守，希望他能报复一下王钦若。没想到张知白到南京后，对王钦若更为优厚。丁谓气得拿他没办法。

不贪恋京城官职，自请外放：在做尚书工部郎中时，张知白认为朝廷设置官员，重朝内轻朝外，为了援引唐代李峤的建议调动台阁之臣主持藩郡事务，就自请补任外官，真宗不应允，就命他纠察在京城的刑狱之事。张知白坚持请求，执掌青州。回到京师，请求领国子监。真宗说：“张知白难道是在处理艰巨繁杂事务上筋疲力尽了吗？”宰相回答说：“张知白任职于朝内朝外，未曾为自身考虑过。”真宗反而觉得他可以大用，此后升他做右谏议大夫、代任御史中丞、授给事中、参知政事。

不好色："天圣中，张文节在政府，国封岁时入见。章献母仪天下，见其二侍婢老且陋，怪其过自贬约，对以丞相不许市妙年者，因敕国封财密市二少婢，或丞相问，但言吾意。"（《渑水燕谈录》）

章献是宋真宗赵恒的皇后，仁宗时称皇太后。以前史料中，曾有王安石夫人买来美女做丈夫的小妾（被王安石拒绝遣走），也有娘娘（就是这位章献皇太后）替仁宗把汴梁城已订婚的女子买进皇宫来"侍候"皇帝，被时任知府范讽追到仁宗跟前要回，还给女子夫家。

这回倒好，娘娘又亲自操心，给张知白买来两个婢女——前后共动用国库三十多万钱，送到张家。原因是什么呢？是同情手下大臣，嫌张知白的两个婢女太丑。挺让人感动。可张知白硬是没要，他的逻辑是："家里已有夫人当初带来的两个媵妾，她们年龄大了，也没地方可去，只会服侍我们到老；娘娘送来的两位女子正值青春年少，应该嫁给同龄少年，让她们守着我这么个老头子，很不合适。太后的圣意我领了，可这两个女子，必须还回去。"然后，他真的让人叫来两个女子的父兄，还了回去。

张知白有如此种种美德，成为世人称道的清官楷模。

另外，张知白一生力学，年轻时就有着超人的记忆力。有一次他路过陕州，恰遇老朋友、陕州通判孙何，两人见面非常高兴，孙何遂邀请张知白游览陕州一带的名胜古迹。张知白对当地存留的许多古碑很感兴趣，回到府第以后，他竟把古碑上数千字的内容全部背诵出来，没有任何遗落，这使孙何大为惊异。张知白的传世著作有《御史台仪制》六卷，还与龙图阁学士陈彭年等一起修定有《阁门仪制》等书。

张知白莅政期间，又极重视人才。他出任江南安抚使时，发现年仅七岁的抚州临川人晏殊聪明不凡，遂以"神童"之名举荐于朝，晏殊后官至宰相。另先后举荐的有赵良规、王沿、贾同、石延年、程琳等名士。他尤器重程琳，在他的扶持下，程琳亦官至宰相。故张知白又有知人之誉。

一代贤相，勤勤恳恳，忧国忧民一生，却没有贪图一时安逸、一晌之欢。相形之下，那些作威作福、挥霍民脂民膏的贪官真的要汗颜到无地自容。

李嗣源：乱世枭雄，体恤百姓

五代明宗李嗣源（867 年 10 月 10 日—933 年 12 月 15 日），字邈佶烈，应州金城县（今山西省应县）人，沙陀族。五代时期后唐第二位皇帝，后唐太祖李克用养子。称帝之后，更名李亶。公元 923 年，李嗣源任横海节度使。

李嗣源善于骑射，骁勇善战，灭后梁，战河北，辅佐晋王李存勖建立后唐。李嗣源屡立战功，累迁成德节度使、蕃汉内外马步军总管、中书令，后受到猜忌。同光四年（926），奉命镇压邺都兵变，率军攻回洛阳。合流叛军反朝廷，后唐庄宗遇害后，自称监国，即位为帝，年号天成。李嗣源在位期间，勤政为民，整顿朝纲，杀贪官，褒廉吏，罢宫人，除伶宦，废内库，注意民间疾苦，取得了一定的政治成绩，号称“小康”。但到了后期，他的身体越发不好，勤政又不能从始而终，权臣安重诲跋扈乱政，藩镇孟知祥割据两川，次子李从荣骄纵不法，以致变乱迭起。李嗣源和自己的儿子李从荣心生芥蒂，李从荣欲逼宫夺位，虽失败被斩杀，但是这件事让李嗣源悲骇不已，最终病重而亡。

横海节度使，又称沧景节度使，唐方镇。横海镇，又名沧景镇。贞元三年

（787）置，治所在沧州（今河北沧县东南，包括今黄骅境部分），辖境屡有变动，但较长时间领有沧、景（治今河北景县东北）、德、棣（治今山东惠民东南）四州，约今天津市马厂减河以南，运河以东，山东浦津路线以东，黄河以北及博兴县北部地区；先后为程日华、程怀直、程怀信、程执恭、李全略（原名王日简）等所割据。太和三年（829）废除，不久复置。太和五年（831）号义昌军。乾宁五年（898）合并到幽州。横海军自贞元四年（788）开始割据，至乾宁五年并入幽州，凡 110 年。五代复为横海军，宋代废除。到宋初赵匡胤“杯酒释兵权”，才彻底结束藩镇割据的局面。

横海镇所辖的主要地区沧州被视为一个军事单位，在唐代开元年间已有痕迹。开元十四年（726），唐政府于沧州置横海军，以沧州刺史为军使。横海军最初由当时的范阳节度使安禄山管辖。《资治通鉴》对此有明确记载：“范阳节度临制奚、契丹，统经略、威武、清夷、静赛、恒阳、北平、高阳、唐兴、横海九军，屯幽、蓟、妫、檀、易、恒、定、漠、沧九州之境。”“横海军在沧州城内，兵六千人。”

《旧唐书》对此也有类似记载：“（开元十四年）辛丑，于定、恒、漠、易、沧等五州置军以备突厥。”玄宗在沧州置的就是横海军。玄宗置横海军的目的就是防备突厥入侵。

正如《新唐书》卷五十《兵志》所云：“所谓方镇者，节度使之兵也，其原始起于边将之屯防者。”横海军的规模不是很大，它只是范阳节度所属九军之一。

横海军后来的发展历程，史书没有明确记载，只有《新唐书 · 地理志》有一些记载：“西南有横海军，开元十四年置，天宝后废，大历元年复置。”

唐德宗建中三年（782）复置，以沧州刺史程日华为军使。贞元四年（788），程日华死，唐政府升横海军节度使，以程日华其子程怀直为节度使。

程怀直好游猎，常几日不归，不理军政，不问士卒饥寒。贞元十一年（795）九月，其从父兄、兵马使程怀信乘其游猎晚归之机，闭门不纳。怀直不得已，奔归京师，怀信即为节度使。永贞元年（805）怀信死，其子程执恭（后改名权）知留后事，朝廷拜其为节度使。宪宗元和十二年（817），唐平淮西镇，执恭惧，举族入朝，朝廷拜其为邠宁节度使。此后，朝廷先后以郑权、乌重胤、杜叔良为横海节度使。

穆宗长庆二年（822），朝廷又以德州刺史李全略为横海军节度使。不久，李全略遣其子李同捷入侍，并贡钱千万。李同捷回沧州后，李全略奏请以其为沧州长史、知州事，兼押中军兵马。朝廷不得已，许其请。于是李全略阴结将士，选拔才武，为传子之计。德州刺史王稷，家资丰厚，善抚士卒，得众之心，为李全略所忌，本人及全家都被杀死。

敬宗宝历二年（826），李全略死，李同捷擅领留后，为获得支持，继承父位，以重金贿赂邻道。朝廷知其用心，终年不发朝旨。太和元年（827），文宗即位后，李同捷遣其掌书记崔从长奉表与其弟李同志、李同巽入朝，表示愿遵朝旨，实际希望朝廷准其承袭父位。朝廷为铲除此镇割据，授李同捷为兖海节度使，而以天平节度使乌重胤为横海节度使。

李同捷以将士留己为托词，不受诏命。棣州刺史栾濛遣使入朝，告其背叛朝廷，为其所杀。于是朝廷遣诸道兵讨伐，德州、棣州百姓惧怕兵祸，多奔于郓州。李同捷又重贿河北藩镇，以求退兵，卢龙（幽州）节度使李载义向朝廷献其所贿玉帛及妓女 47 人。此年十月，乌重胤屡破李同捷之兵。太和二年（828）三月，武宁节度使王智兴攻棣州，焚其三门，又引水灌城。九月，克棣州，守将张叔连降。十月，魏博兵败横海兵，攻拔平原。十二月，武宁军兵马使李君谋攻拔无棣（今山东无棣）。此时，乌重胤已死，朝廷以左金吾大将军李佑为横海节度使，进围德州。四月，克德州，李同捷请降。李佑遣大将万洪代守沧州。宣慰使、谏议大夫柏耆疑李同捷诈降，率三百骑入沧州，杀死万洪，取李同捷及其家属赴京师。至德州界，柏耆又杀死李同捷，献其首于朝廷。

太和三年（829）二月，李佑率诸道兵破李同捷之兵母、妻及子于湖南。八月，朝廷以卫尉卿殷侑为齐、德、沧、景节度使（棣州属平卢）。殷侑至镇后，与士卒同甘共苦，招抚百姓，劝课农桑，由此户口孳殖，仓廪丰实。

自从安史之乱后，唐朝的藩镇之祸愈演愈烈，局势动荡不安，对社会经济的发展造成了严重的破坏。但藩镇之祸和五代十国比起来还是略逊一筹，毕竟五代十国是藩镇之祸的“升级换代版”，面对这样的一个灾难式的时代，历代史家多对五代十国持否定意见。欧阳修在著《新五代史》时不住地呜呼：“五代不仁之极矣。”

五代53年间，共走马灯似的换了八姓13个皇帝，平均在位不足四年，这段并不算著名的乱世留给后人深刻的印象不多。最让人称道的只有两个时期：周世宗柴荣的统一大业和唐明宗李嗣源的守成时期。

虽然五代是著名的乱世，但并非一无可取，在五代前期曾经出现过一个短期“盛世”，就是唐明宗李嗣源“长达”（相对于五代的那帮短命皇帝）八年的“小康时代”。

虽然这个“盛世”在“量”和“质”上都无法和彪炳青史的文景之治、贞观之治和开元盛世相提并论，但相对混乱至极的五代历史来说，却是一个难得的喘息时机，让那些在战乱中饱受苦难的老百姓多了一丝对生活的企盼。

骁勇善战英勇无敌，从武夫到皇帝

历史上往往会有些粗人，在乱世中崛起，成为一方霸主，建立功业，为后人称颂。李嗣源就是位不折不扣的猛将，他本无姓氏，别号“横冲”，英勇无敌，堪比关羽，后来还称帝，并且开创了百姓安居乐业之局面，被罗贯中等人大赞。

一、17岁单骑救主，被称“横冲”

五代十国时期的枭雄李嗣源，生于应州金城，出身卑微。李嗣源和唐庄宗李存勖一样，都是沙陀人，但和李存勖不同的是，李存勖本姓朱邪，而李嗣源生下来却连姓什么都于史无考，属于没有姓氏的部民，只知道名字叫邈佶烈。史载此人自幼骁勇，善于骑射，而且射雁的技术尤为一绝，每发必中。李嗣源13岁便在沙陀族首领李国昌军中效力。李国昌即一代枭雄李克用之父。后来河东节度使李克用欣赏其才，将其收为义子，遂取名李嗣源，即演义中声名赫赫的十三太保之首的大太保。李嗣源“质厚寡言，执事恭谨”，深得李克用的信任。

李克用一生有一死敌，即灭唐的朱温。中和四年（884），李克用与任宣武节度使的朱温大战，被朱温围困在汴州（今河南开封）的上源驿。此战十分激烈，其亲随将领战死无数，李克用也在战斗中差点死于朱温之手。当时李嗣源才17岁，他在李克用惨败被围之时，英勇冲杀，单骑救主，拼死护卫李克用，在乱兵流矢之中舍命将李克用救出。上源驿事件后，李克用对李嗣源倍加赏识，让小小年纪的他统领亲兵，为侍卫长。这也是李嗣源在李克用的13个养子中，并非年龄最大却位列第一太保的重要原因。

乾宁三年（896），朱温与朱瑄、朱瑾兄弟争夺山东地区，派军攻打兖州、郓州（今山东东平）等地。朱氏兄弟向李克用求援，李克用命李存信（四太保）率三万兵马前去救援。李存信屯兵莘县，李嗣源率三百骑兵驰援兖州。李嗣源在任城（今山东济宁）大败梁军，援救朱瑾，解除兖州之围。不久，魏博节度使罗弘信偷袭莘县，击败李存信。李嗣源亲自殿后，掩护李存信撤退。李克用为嘉奖李嗣源，将其麾下五百骑兵猛士命名为“横冲都”。从此，两河地区皆称李嗣源为“李横冲”。横冲，横冲直撞也，此绰号对于李嗣源倒是恰到好处，此后他更是战无不胜，为后唐江山的开创立下不世之功。

二、身经百战，名动天下

李嗣源一生身经百战，所向无敌，以下几场大战使他名扬天下。

【大战葛从周】光化元年（898），李克用义子李嗣昭（二太保）出兵青山口，欲攻打邢州（今河北邢台）、洺州（今河北永年），结果被后梁名将葛从周击败。李嗣昭正处在危急之中时，李嗣源率部横冲而至，在高处摆开阵势，大叫道：“我乃李横冲也！谁是葛从周？我专杀此人，其余士卒都不要妄动！”他纵马横枪驰入梁军阵中，如三国猛将赵子龙一般，左右冲杀，横冲直撞，如入无人之境。李嗣昭也乘机杀出，二人合力，反败为胜。不过葛从周也并非浪得虚名，他顽强抵抗，李嗣源也付出沉重代价，此战他身中四箭，但毫不畏敌，大败对手，从而名动天下，从此“李横冲”的雅号名重四方。

而李嗣源“每有战功，未尝自伐”。“凡所赐与，分给部下”，诸将争功时，常从容说："公辈以口击贼，吾以手击贼！"于是众惭而止。

【两战太原】天复元年（901），后梁名将氏叔琮率五万大军围攻太原，占领河东所属多处州县。李克用困守在太原城内。当时大雨连绵，城墙多有颓坏，太原危在旦夕。李嗣源与李嗣昭分兵四出，不时突攻梁军营垒。梁军屡次攻不破太原，加上粮草不足，最终只得撤退。李嗣源乘势率军追击，一路势如破竹，陆续收复众多失陷州县。

天复二年（902），氏叔琮在蒲县击败晋军李嗣昭、周德威，率军追至晋祠，再次围攻太原。李克用亲自上城，指挥防御督战，后见形势危急，打算弃城逃往云州（今山西大同）。他召集诸将谋议，李嗣源等人坚决反对逃跑。李嗣源亲率敢死队，日夜出城突袭梁军，擒获梁军骁将游昆仑。梁军疲于应对，屡屡失利，只得烧营退走。太原之围终解。

【夹城大战】天祐五年（908），李克用病逝，世子李存勖袭任河东节度使、晋王。同年五月，李存勖亲自援救潞州（今山西长治），命李嗣源与周德威分兵两路，攻打梁军所筑夹城。李嗣源指挥士卒砍掉梁军布置的鹿角阵，并以柴草填平沟堑，从东北角攻入夹城。周德威随后也攻破夹城西北角。李存勖趁机发动总攻，大破梁军，取得夹城大捷，彻底解除潞州之围。此战，李嗣源率先攻入夹城，功居第一。

【柏乡之战，勇比关羽】天祐八年（911），李存勖与朱温大战于柏乡。李嗣源随李存勖参加柏乡之战。李存勖见梁军军容强盛、装备齐整，担心晋军怯战，便有意激李嗣源出战以鼓舞士气。他向李嗣源赐酒，道："大哥，看到梁军的白马都、赤马都了吗？真令人胆战心惊。"李嗣源仰天大笑道："梁军徒有其表，看我如何破之！"他饮掉杯中之酒，面对梁军赤、白两马队，随即挺身上马，一如当年关云长温酒斩华雄之胆略，率部直冲梁军白马都，生擒敌方两员骑将。晋军士气大振，皆奋勇向前，由辰时一直打到未时，终于击溃梁军，取得柏乡大捷。此战，李嗣源大发神威，在梁军阵中往来冲杀，斩获颇多，因功升任代州刺史。

【迫降元行钦】天祐十年（913），晋军名将周德威征讨燕王刘守光，李嗣源分兵攻取山后八军（在今河北省太行山北端军都山迤北地区）。李嗣源在广边军（今河北赤城南）与燕将元行钦交战，他七次射中元行钦，但最后也被元行钦射中大腿。最终元行钦甘拜下风，被迫请降，被李嗣源收为养子。元行钦后来被李存勖索要至麾下，成了李嗣源的为患之虎。

【魏州之战】天祐十三年（916），李存勖与后梁名将刘鄩在故元城魏州（今河北大名）交战。李嗣源率三千骑兵鼓噪奋击，与李存勖内外夹攻，大败梁军。他随后又攻占后梁所属的磁州（今河北磁县）、洺州、相州（今河南安阳）等地，被改任为相州刺史。九月，沧州守将毛璋投降晋军。李嗣源奉命到沧州安抚毛璋，不久又被任命为安国军节度使，出镇邢州。

【幽州保卫战】李嗣源最著名的一战。

天祐十四年（917），契丹围攻幽州（今北京），守将周德威遣使告急。李嗣源力排众议，认为“德威尽忠于家国，孤城被攻，危亡在即，不宜更待敌衰”。李嗣源力主救援，并请率五千突骑为前锋。李存勖便让他与符存审、阎宝会师于易州（今河北易县），一同援救幽州。

李嗣源分析敌我形势，采取“潜行溪涧，袭其不备”的战术，率军翻越大房岭（今北京周口店西），沿山涧东进。他与养子李从珂拼死血战，动员部属说：“为将者受命忘家，临敌忘身，以身殉国，正在今日。诸君观吾父子与敌周旋！”他挺身入阵，击退契丹军多次堵截，进抵幽州城外 60 里处。

当时，契丹骑军突然杀到。李嗣源纵马冲入敌阵，他摘掉盔胄，扬起马鞭，用胡语厉声斥责契丹人道：“汝等无故犯我疆场，我奉晋王之命，率百万之众前来，必将直抵西楼（契丹耶律氏世居之地），灭你全族！”他舞槌奋击，所向披靡，生擒契丹主帅。晋军随后进击，终于大败契丹，解除幽州之围。九月，李嗣源班师，进拜检校太保。

天祐十八年（921），李嗣源联合河中节度使朱友谦、昭义节度使李嗣昭、沧州节度使符存审、定州节度使王处直、天平节度使阎宝、大同节度使李存璋、新州节度使王郁、振武节度使李存进、同州节度使朱令德，三次上表劝进，请李存勖称帝，并各献货币数十万，作为其登基建国的费用，但均被李存勖拒绝。同年十月，李嗣源在戚城（今河南濮阳）大破梁将戴思远，斩首二万级，升任蕃汉内外马步副总管，并加授同平章事衔。

【郓州之战】李嗣源擒获梁朝第一猛将王彦章。

923年四月，李存勖在邺都（今河北大名东北）称帝，建立后唐，是为后唐庄宗。李嗣源进拜检校太傅，兼任侍中。

后唐同光元年（923），李嗣源调任横海军节度使。

战场形势对新立后唐政权殊为不利：当时，梁、唐两军主力对峙于黄河沿岸，一路梁军正急攻泽州（今山西晋城），而后唐潞州守将李继韬却叛附后梁。

同年九月，梁将王彦章率军进逼郓州。李嗣源命李从珂率骑兵迎战，在递坊镇大败梁军前锋，俘获梁将任钊等三百人，迫使王彦章退屯中都（今山东汶上）。十月，唐庄宗自杨刘（今山东东阿北）渡河，进抵郓州。危急之际，唐庄宗李存勖便与李嗣源商议，为切断梁军右翼，让李嗣源率五千步骑兵渡过济水，趁梁军不备袭去郓州。

李嗣源为前锋，亲率五千步骑兵奇袭郓州，并击退梁军反扑，俘虏梁将王彦章，一战而改变战场形势。王彦章号称王铁枪，乃梁朝第一猛将，国之栋梁，此人被擒，后梁便再无重生之望。

【汴州之战】李嗣源攻破后梁国都，梁帝自杀，后梁灭亡。

当时，唐军诸将都认为应先攻占青州、齐州（今山东济南）、徐州、兖州等地，再乘机而动。李嗣源却力排众议，提出西攻汴州之策，建议奔袭汴州，攻取后梁国都。唐庄宗李存勖应允。李嗣源率千骑为前锋，日夜兼程，于初九日抵达汴州，而后挥军攻城，大获全胜。迫使梁帝朱友贞自杀，梁将王瓒开封丘门迎降，后梁正式灭亡。不久，唐庄宗迁都洛阳，升任李嗣源为中书令。

三、功高震主，被逼称帝

鉴于李嗣源为后唐立国创下的不朽功勋，李存勖于同光二年（924）在南郊祭天时，赐李嗣源铁券丹书。在古代，臣子被皇帝赐铁券是一件无上荣光的事情，因为铁券丹书就是免死牌，以后不管犯什么罪，都可以不死。可见李嗣源的地位。史载，李存勖对李嗣源有如此评价：“吾有天下，由公之血战也，当与公共之！”

不久，李嗣源又平定潞州叛乱，擒获贼首杨立，被调为宣武军节度使，兼任蕃汉内外马步军总管。同年十二月，契丹南侵。李嗣源又率军北征，在涿州大败契丹。可以说，在李存勖灭后梁建后唐，以及后唐政权的稳固中，是离不开李嗣源辅助的。但李存勖尽管是一代枭雄，善于打仗，能得天下，但却不善于治理天下，他和许多帝王一样，当上皇帝之后就开始胡来，比如吃喝玩乐、不理朝政，甚至猜忌、打压功臣等，像李嗣源这样有功高震主之嫌的人，自然不会幸免。

同光三年（925），李嗣源调任成德军节度使，移镇镇州（今河北正定）。此时的唐庄宗早已荒怠政务，他重用宦官，甚至伶人，祸乱朝纲，远离像李嗣源、符存审这样的功高老臣，还无罪诛杀了郭崇韬、朱友谦等功臣。李嗣源因位高权重，也受到庄宗的猜忌。

十二月，李嗣源自镇州入朝，庄宗李存勖竟让诸军马步都虞候朱守殷对他进行监视。朱守殷暗中告诫李嗣源，称他已到“德业震主者身危，功盖天下者不赏”的地步，让他早做打算。但忠心耿耿的李嗣源却不把他的话当真，不在乎别人说他有不臣之心的流言。当时，李嗣源常遭流言毁谤，幸有枢密使李绍宏为其开脱，方免遭杀害。

但后来的一件事，把李嗣源逼入绝境，让他真有了反心，并最终接替李存勖称帝。这件事就是历史上有名的邺都兵变。

同光四年（926）二月，魏博戍卒在贝州（今河北清河）哗变，推赵在礼为首领，攻入邺都。唐庄宗命元行钦派兵征讨。元行钦即当初同李嗣源大战而被李嗣源射中七箭并投降的燕将。当时李嗣源欣赏其才，收之为义子。元行钦后来又被李存勖看中，收至麾下，李存勖对他十分信任。此时元行钦率军平叛，却连连失利。李存勖只得起用老将李嗣源，让他率从马直（皇帝亲军番号）北上，会合元行钦平叛。

三月，李嗣源抵达邺都，驻扎于城西南，并定下攻城日期。没料到，从马直却在攻城前夜哗变，他们劫持李嗣源，并称：“既然皇帝不信任你，你何必再为他出力？”他们声称要与邺都叛军合势，拥其称帝河北。叛将首领赵在礼也率军出城将李嗣源迎入邺都，大家都拥立李嗣源代替李存勖，另立朝廷。但此时的李嗣源对李存勖尚存希望，并无取而代之的野心。

李嗣源借口收抚散兵，逃出邺都，抵达魏县。李嗣源命牙将张虔钊前往元行钦营中，召其前来一同平乱。但此时的元行钦却以小人之心度君子之腹，辜负其义父的一片苦心，竟怀疑李嗣源真有反心，于是率一万步骑兵退至卫州（今河南卫辉），并向庄宗李存勖诬奏李嗣源与叛军合谋造反。

这下李嗣源心凉了。他当时初抵魏县时，部下不满百人，后召集霍彦威所部五千镇州军，才稍微恢复了些元气，欲返回成德藩镇，等待皇帝降罪。但霍彦威、安重诲皆反对，建议他返回朝廷，向皇帝当面自辩。

李嗣源此时仍无反心，遂率军南归返回朝廷，并数次上表申诉，向唐庄宗表明心迹，自己对朝廷乃一片忠心。但李嗣源数次申辩，皆被他那个忘恩负义的义子元行钦阻遏，未能上达李存勖。

当时，李嗣源长子李从璟正在洛阳禁军效力，奉庄宗之命去招抚李嗣源，也被元行钦扣留在卫州。面对李存勖和宠臣元行钦的多次猜忌，李嗣源心中难安，犹豫不定，最后不得不采纳女婿石敬瑭的建议（石敬瑭此人城府很深，岂是李嗣源这样直性子的人能抵挡得了的），决定攻取汴州，谋求自立。齐州防御使王晏球、贝州刺史房知温、北京右厢马军都指挥使安审通、平卢节度使符习等皆拥戴李嗣源，率部前来与其会合，李嗣源兵力大增。这也证明李嗣源确有执掌天下的威信。不过此时的李嗣源只是有了觊觎天下之心，还没有下决心要对其旧主李存勖怎么样。

李嗣源的举动，在李存勖看来那是真正的造反，所以他亲自率军东征，讨伐李嗣源，欲坐镇汴州指挥平叛。李存勖命龙骧指挥使姚彦温率八百马军为前锋，又命指挥使潘环率军护卫粮草，要对李嗣源下狠手。但姚彦温、潘环也早受够了李存勖的摆布，于是双双投降李嗣源。

李嗣源很顺利地拿下汴州。庄宗李存勖知道局势已不可挽回，行至万胜镇（今河南中牟西北）便无奈下令回师，仓皇返回洛阳。此时的李存勖基本已是众叛亲离，其部下士卒沿途逃散过半。他决定前往汜水关（今河南荥阳西北），会合长子李继岌统率的征蜀大军，再联兵进剿李嗣源。

这时命运之神真的不再眷顾李存勖。节骨眼上，从马直指挥使郭从谦又突然发动叛乱，率部攻入洛阳兴教门，发动兴教门之变。李存勖亲率宿卫出战抵抗叛军，无奈寡不敌众，结果中流箭身亡。可叹一代枭雄，李存勖在理论上恢复李唐江山，当了三年后唐皇帝就退出了历史舞台，年仅 41 岁。

当时洛阳大乱，通王李存确、雅王李存纪等宗室诸王皆逃散。朱守殷遣使到李嗣源军中，请他速入京城，安定局面。

同年四月，李嗣源率军入洛阳，命诸将平定京中乱势，让百官各安其职，等待李继岌回京继位，并表示自己在安葬庄宗李存勖后便回归藩成德，不愿登基称帝。此时不管李嗣源是真心，还是故意装的，但总之他有个姿态，就是我不想趁火打劫。

此时宰相豆卢革、韦说与枢密使李绍宏、张居翰等率百官劝进，让李嗣源称帝，但都被他拒绝。于是大家又改请李嗣源监国。李嗣源推辞一番之后，盛情难却，入居大内兴圣宫，以监国的名义接受百官朝拜。至此，李嗣源已是大权在握，称帝不称帝都只是个形式而已。

李嗣源任命女婿石敬瑭为陕州留后，防备征蜀大军，同时命各地访寻诸王。安重诲暗中派人杀死李存确、李存纪。申王李存渥、永王李存霸则被乱军所杀，薛王李存礼，皇子李继嵩、李继潼、李继蟾、李继峣皆不知所终。不久，李存勖长子魏王李继岌在渭南县自缢而死，征蜀大军则在任圜的率领下归附李嗣源。李嗣源称帝的障碍被全部扫清。

926 年四月二十日，年已 60 岁的李嗣源在西宫称帝，即后唐明宗。当时他身穿孝服，即位于李存勖的灵柩之前，以表示自己是合法继承，而非篡位。

四、励精图治，勤政爱民

李嗣源虽一介武夫，但却并不猖狂，有自知之明。他称帝时，麾下重臣霍彦威、孔循等人都认为唐朝气数已尽，建议他更改国号。李嗣源却道："本人十三岁便事奉献祖（李国昌），献祖以我为宗亲，待我如亲子。后我又追随武皇（李克用）近三十年，追随先帝（李存勖）近二十年，参与了几乎全部的征战。武皇的基业就是我的基业，先帝的天下便是我的天下，我的功绩更是先帝的功绩，我岂有弃同宗而开异国之理！"李嗣源坚决不改国号，仍旧称"唐"。

李嗣源称帝之后，励精图治，选拔贤俊，执政一年便使得"府库充实，军民皆足，朝纲粗立”。

李嗣源何以被称为“乱世明君”？

其一，李嗣源出身贫寒，对于民间的疾苦非常敏感。

有一年春天，李嗣源在宫中眺望雨后初晴的旷野，远处的山坡上原以为是羊，再仔细一看竟是劳动的百姓。李嗣源内心感慨不已，第二天他亲自赶到那里，去看望百姓。见到有父子三人一同挽犁来耕地，李嗣源当即命人赐他们耕牛三头。

李嗣源经过调查发现，政府实行的铁器由国家垄断专卖的制度给百姓带来了很多弊端，就下诏予以废除。当时，各地由政府部门监制的农具大小不一，形状也不实用，刚刚使用不长时间，就破损难以使用了。近期百姓虽然庄稼丰收，但物价很贱，百姓由于无钱买农具，以致私自铸造，触犯了法律。从此以后，包括农具和其他日用器物，准许百姓自己自由铸造使用，而百姓只需每亩交纳农器钱一文五分即可。

后来，各地官府所属的铸铁机构，除了每年供应军需及其他器物所用的外，只出生铁，并按照现价每斤减十文出卖给百姓，就是熟铁，百姓也可以自选。原来一些官府的经营机构和官吏全部撤销。

李嗣源的做法，不仅给百姓省了花费，更重要的是，百姓自己铸造，提高了产品质量，耐用了，对于农业生产所起的作用更大。由于这项措施效果很好，后晋、后汉和后周都继续推行。

李嗣源又命人为百姓挑选好的农具样式，让百姓照样铸造，进一步为百姓谋福利。有了最上层的体恤和支持，农业发展很快，几乎每年都能丰收，再加上没有战乱侵扰，中原地区的人民生活基本上达到了小康的水平。

其二，除了在政策方面为百姓谋福利外，李嗣源的“以民为本”还体现在他的宽仁爱民上。譬如，为 80 岁以上和年长及有残疾的人免除一年的差役。

有一个老道士，远道而来，李嗣源以为有什么别的事，这人却说他已经有一百零一岁了，请求给个官做，去为李嗣源修造宫殿。李嗣源觉得可笑，但也没有治罪，赏赐了些东西，又赐他名号，然后放他走了。

李嗣源经常到地方巡视，也去水利工程现场查看情况，亲手赐酒给干活的百姓。负责工程的人报告说，百姓的劳役期限 15 天已到，而工程还没有完成，请求再加 5 天役期。李嗣源说，不能失信于百姓，下令让百姓回乡。

在听说有的地方粮食便宜时，李嗣源便很高兴，知道那里的百姓生活富足了。

在爱民方面，李嗣源做得很好，对于大臣一些劝导他爱民的忠言更是铭记在心，时刻不忘。

大臣冯道谈到民事时，说："庄宗在末年时不知道体恤百姓和军士，迷惑于声色歌舞之中，使人怨而国乱。陛下现在威望很高，天下五谷丰登，这也是陛下您实行仁政的结果。愿陛下居安思危。"

李嗣源非常赞同，又问冯道，民间有何疾苦，冯道便给他念了一首聂夷中的诗："二月卖新丝，五月粜新谷。医得眼下疮，剜却心头肉。"

李嗣源听了，异常感动，让左右侍从记录下来，自己经常诵读，以此来提醒自己，常想着百姓的疾苦，为民谋福。

其三，李嗣源在爱民的同时，也勇于承认过错，并及时改正。

这方面有两个典型的例子。一是抚恤冤死儿童的父母，二是放松酒曲的专卖制度。

有一次，巡检军使浑公儿对李嗣源当面报告说，有百姓二人，用竹竿练习搏斗，似乎有反叛之心。李嗣源听了，命石敬瑭去调查处理。后来安重诲说明了事情的真相，原来是两个小孩子在闹着玩，但这时候那两个儿童已经被处死了。李嗣源后悔不已，严厉处罚了所有与此有关的责任人。浑公儿由于诬陷致人死命，处以脊杖二十，罢免所有官职，发配到边远地区的登州（今山东蓬莱）。

石敬瑭由于没有调查清楚真相，致使冤案发生，复奏时还夸大其词，任意诽谤，最终使无辜儿童丧命，使李嗣源有了过错，但念他是李嗣源的女婿，是国亲，而且有功于国家，罚俸禄一个月。这种处罚偏轻了，但特权社会就是这样，贵族和官员有司法豁免，官员犯法一般可以用官的级别抵罪，或者因为皇帝的宽恕而减轻或免于处罚。李嗣源为安抚儿童的父母和亲属，赐绢五十匹，谷子和小麦各一百石。然后下诏，以后不论首都和地方的死刑案件，都要仔细审查，不得徇情枉法。

为表示自责，李嗣源“减常膳十日”，向冤魂谢罪。

后来发生了一件和酒曲有关的冤案，孔循依照酒曲专卖法将一家人杀死于洛阳。李嗣源下诏，放宽酒曲专卖制度，允许民间自己酿造和出售。

对于一些当时人们认为是天谴的自然现象，李嗣源也很认真，检讨自己有什么过失。有一段时间，天气干旱，很长时间没有下雨，李嗣源便召集大臣们，让他们直言自己治国有没有过错。

和五代时期的其他皇帝比起来，李嗣源是非常顾念百姓利益的，还能知错就改。五代时期，在历史上以法律严酷和刑罚残酷而出名，刑罚有断舌、断筋、折足、腰斩、凌迟等酷刑。乱世之中，李嗣源的一些爱民便民措施就显得很可贵，所以才称明君。

其四，为政举措，注重政绩。整饬吏治，严惩贪腐。

唐庄宗在位期间，以门第为任官标准。豆卢革、韦说出身前朝士族，被任命为宰相，但“轻浅无他能”。李嗣源即位后，改以德才为用人标准，将豆卢革、韦说罢相外贬，随即又将二人流放赐死。他要求地方官员肩负起举荐人才的重任，还对各类官员的举荐人数作出规定，后又推行举主与被荐举者治绩或表现挂钩的连坐制度，以确保荐举的质量。

段凝、温韬皆是后梁旧臣，对后梁亡国负有不可推卸的责任，温韬更曾盗掘唐朝皇陵，但二人在唐庄宗同光年间却因贿赂而获得宠信，被赐为李姓。李嗣源监国后，将段凝、温韬剥夺赐姓，放归田里，后又将二人流放、赐死。孔谦担任租庸使，聚敛民财，引起民怨沸腾。李嗣源将其处死，没收田宅，废除其所制定的各种苛敛于民的法令。

朝廷官员出使地方时，常干预地方行政，借机举荐私人，让地方官予以安排。李嗣源对此明令禁止，声明此后再有此类现象发生，一定严惩不贷，不仅干预者要贬官，被荐人也要流配；地方官如若徇情枉法，允许人诣阙上书，亦予处罚。他还对官吏进行严格的考核，规定每年都要对内外文武臣僚进行考校，以便黜陟。

李嗣源对贪污非常痛恨，即位之后惩治贪腐毫不留情。汴州仓吏因贪赃被查处，其中涉案的还有史彦珣。史彦珣是功臣旧将之子，又是驸马石敬瑭的亲戚。

王建立为其求情，希望能减轻处罚。李嗣源却道："王法无私，岂能因为是亲戚而徇情！"李嗣源铁面无私，下令将史彦珣在内的涉案官吏全部处斩。

供奉官丁延徽谄事权贵，因监仓自盗而下狱。侍卫使张从宾等朝中权贵多为他求情，皆被李嗣源拒绝。李嗣源对张从宾道："丁延徽拿着我的俸禄，反而偷盗我的仓储财物，论罪当死！别说是你，就算是苏秦复生，也不能说服我给他减刑！"最终，丁延徽被处死。

汴州仓吏因贪赃被查处，其中涉案的史彦珣是驸马石敬瑭的亲戚。

同时，李嗣源又对清廉干练、政绩突出的官员给予表彰，以为朝野官吏的榜样。灵武节度使张希崇在任内开垦屯田，抚谕番族，治绩出众，李嗣源下诏褒美。大理少卿康澄曾上疏论政，提出治理国家有五种"不足惧"、六种"深可畏"之事，切中治政弊端。李嗣源对他也是优诏奖赏。

其五，减免赋税，体恤百姓。

当时制度，官宦大户拥有一定数量的田地可以免除赋税。许多富裕农户常与官宦大户订立虚假的卖地契约，将田地划归其名下，以此来逃避赋税。地方官员为征够赋税，便将这部分平摊加到普通百姓身上，加重百姓的负担。李嗣源监国后，命各州将账簿送到中书省，由中央来征收赋税，不许地方官员插手。如有民户隐瞒田地亩数，加倍征收其赋税。

朝廷在征收夏秋两季的赋税时，每斗都要加征一升损耗。地方官吏也巧立名目，以征收苛捐杂税。天成元年（926）四月，李嗣源继位后发布的第一批诏书便是免征损耗、制定税收名目、禁止滥征捐税。他同时命各道节度使、防御使等不得苛敛百姓，不得阻挠留难商旅。

同光末年时，朝政混乱，诸道州府都欠有大批租税，累计有二百余万贯。天成二年（927），李嗣源采纳安重诲的奏请，将诸道州府所欠同光三年（925）的租税及天成元年（即同光四年）部分夏税全部放免。

曲禁、铁禁是国家的重要禁令，酒曲、铁器都有国家专营垄断。百姓需向官府购买，不许私下制造。李嗣源于天成三年（928）、长兴二年（931）分别解除曲禁、铁禁，允许民间百姓自行制曲酿酒、铸造铁质农杂具，仅征收每亩五文（后降为三文）的酒曲税以及每亩一文五分钱的农具税。

李嗣源还曾颁布法令，限制高利贷盘剥。他规定，如果债主得到的利息已经达到本钱的数额，就禁止再收利息，只准收回本钱；如果利息累计数是本钱的两倍，则本利都不准再收。

其六，铲除伶宦，整肃朝纲。

伶宦之祸在同光年间尤为突出。李嗣源即位后，严厉打击弄权宦官，宫中仅留宦官 30 人，几百名宦官逃窜山林，或削发为僧，不少宦官被处死。各道宦官监军也全部罢黜。

一些罪恶严重的伶人同样受到惩罚。郭从谦在李嗣源称帝后被族诛。

其七，节省财政，禁止浪费。

唐庄宗在位时，豢养大量嫔妃、伶人、宦官，耗费巨额资财。李嗣源即位后，为节省财政开支，大量裁减为皇帝生活服务的各类勤杂人员。宫中只留内职 100 人、宦官 30 人、教坊 100 人、鹰坊 20 人、御厨 50 人，其余全部裁撤。他选用年老旧人，将年轻美貌的宫女全部放走。诸司使务有名无实者也全部撤销。

党项等蕃族常以献马为名，将良莠不齐的马匹送到京城，朝廷都照价给钱，还供其吃住，加以赏赐，花费甚巨。李嗣源在边疆一带设置马匹买卖场所，不许蕃族再到京城献马，这在很大程度上节省了财政开支。

有一次，李嗣源问枢密使范延光现有的马匹数，范延光说有 3.5 万匹。李嗣源叹息道："朕从戎有四十年之久，太祖在太原的时候，骑兵不过七千，先皇在时也最多一万匹。现在有这么多马，却不能使九州统一，是我养士练将的才能不行啊。我老了，马将奈何？"

范延光又说："臣经常考虑养马负担很重，养一匹马的花费相当于五个步兵，这三万五千匹马，就相当于十五万步兵。没有战争需要，却白白损耗国力，臣担心日子长了难以维持。"

因此，李嗣源下诏禁止朝廷再增加马匹。

其八，削弱藩镇，整顿禁军。

天成二年（927），李嗣源命魏州军校龙晊统率奉节等九指挥 3500 人，戍守卢台军，以备御契丹。龙晊却在卢台率部哗变，杀死副招讨使乌震，最终被官军镇压。李嗣源命将卢台乱军 3500 人及其留在魏州的家属万余人全部处斩。自唐朝至五代长期桀骜不驯的魏博骄兵被基本铲除。

长兴元年（930），李嗣源又发布诏命，规定诸道防御使、团练使、刺史、行军司马、节度副使等职务皆由朝廷命授，不允许诸道自行奏荐。

天成二年，李嗣源任命石敬瑭为汴州节度使，兼任六军诸卫副使、侍卫亲军马步军都指挥使，将唐朝以来的禁卫六军系统与五代时期形成的侍卫亲军逐渐合一。

长兴三年（932），李嗣源将神捷、神威、雄武、广捷等军改编为左右羽林军，分为四军四十指挥（指挥为编制单位），每军设都指挥使一人。

李嗣源常在夜里焚香祷告："我乃一介蕃人，于乱世为众人推戴，并非自愿，我没什么才能，愿上天早降圣人于人间，为百姓做主谋福！"

李嗣源在他 60 岁的时候继位，在位共七年多，实行的一系列改革措施收到了明显的效果。遗憾的是，李嗣源的大臣们却没有很出色的。

后唐明宗李嗣源是五代时期少有的开明皇帝，而且还实行仁政，国家稳定，政治清明，后世对李嗣源多有好评。欧阳修说他："虽出夷狄，而为人纯质，宽仁爱人。"司马光评价他："在位年谷屡丰，兵革罕用，校于五代，粗为小康。"

前面说过，李嗣源勇比关羽，但他的历史功绩比关羽要大得多，且看曾大赞过关羽的罗贯中对他的评价："明宗御极本天成，泣诉庄灵发至诚。外戒游观安社稷，内无声色肃宫庭。亲贤惩蠹褒廉吏，寡过修身几太平。五谷丰登民乐业，汉唐贤主不多称。"

历史评价

李嗣源从戎三十多年，大战小战数百起，在军中的威望甚高，人称李令公，这也是李存勖渐渐对李嗣源疏远的主要原因。在乱世中，失去民心不是最可怕的，最可怕的就是失去军心，其实在"盛世"中何尝不是如此。由于李存勖的昏聩糊涂，酿出魏博兵变，导致李存勖兵败身死。

自唐懿宗以来天下大乱，战争频繁，底层人民苦难深重。五代纷乱，兵糜将残，李嗣源虽少文而多质，但能宽厚待民，行善政，纾民困，实属难能可贵。尤其当国家有难之时，能够以大局为重，救德威如救火；其于局势危亡之时，能够勇于担当，力鼎大局，于两军战阵之前一句：“为将者受命忘家，临敌忘身，以身殉国，正在今日。诸君观吾父子与敌周旋！”其忠义勇气可贯日月。

后唐明宗李嗣源是五代时期一个少有的开明皇帝，李嗣源即位后，革除庄宗弊政，杀死宦官，励精图治，兴修水利，关心百姓疾苦，撤并官僚机构，兵革粗定，连年丰收，加之他在位时间稍长，因此能使国家稳定，政治清明，百姓休养生息，对历史起了一定的促进作用。

但李嗣源晚年也有严重的失误，这主要是他疑心过重，随便杀戮大臣，尤其是连续诛杀宰相任圜和枢密使安重诲，使得君臣离心，父子猜忌，国家元气大伤；且于选择嗣君问题上犹豫不决，遂致其子秦王李从荣恐不得为嗣，趁其病重而兵变逼宫，妄图夺取帝位，结果为禁军击杀。李嗣源遂悲愤而致病重不治。嗣君之选择，亦历史诸代中央专制集权帝王之通病，因其关系重大而生逢乱世，继位之争显得尤其激烈，五代诸国短暂而亡之原因，皆在于此。

赵重福：
宁失考绩，不害百姓

关于长芦与长芦盐：北周大象二年（580），置长芦县，县治在今沧州市境内。据《沧县志》记载，长芦故城在州北十里，属章武郡，即今黄骅境内。长芦盐从西周就已开始获利，西汉武帝时，全国设盐官 34 处，长芦盐坐拥 4 处。元时在长芦设置盐场 22 处，明隆庆时 20 处。那时的盐叫“长芦盐”，长芦盐烧制的盐砖是明清两代皇室的唯一贡盐。

《金史》记载了两则赵重福善待百姓得福报的故事。金朝的赵重福，字履祥，丰州人。赵重福担任沧州盐务副使期间，遇到饥年，百姓用卤水煮盐，卖了钱来换取食物。盐务官往往把这些百姓杖杀。赵重福说：“宁愿使我的盐产量政绩考核不能通过，我也不忍杀百姓。”旧时朝廷对官吏定期考核，政绩最差的称“课殿”。

一年任期满，盐产量政绩考核时，要对赵重福降官，尚书右丞完颜匡等大臣知道了赵重福不忍杀百姓的事，就用这年的盐产量少为理由，减轻了对赵重福的处罚，让赵重福改任“织染署令”的职务。

贞祐三年（1215），赵重福在河间府为官期间，河间府被宋军包围。当时，河间府的金军兵力少，大多是羸弱患病的士兵，不能胜任作战。然而，赵重福却因德政善行得到了上天的护佑，正好碰到下雨，雨久久不停，宋军只好撤军。赵重福免遭兵败被杀的厄运。

赵重福不忍杀百姓，得到了福报，看似偶然，实则必然，这是善恶有报的天理决定的。

《金史·卷一百二十八·列传第六十六·赵重福》记载：

> 赵重福，字履祥，丰州人。通女直大小字，试补女直诰院令史。转兵部驿吏、陕西提刑知法，迁陕西东路都勾判官、右藏库副使、同知陈州防御事。宋谍人苏泉入河南，重福迹之，至鱼台将渡河，见前一舟且渡，令从者大呼泉姓名，前舟中忽有苍惶失措者，执之果泉也。改沧州盐副使。岁饥，民煮卤为盐卖以给食，盐官往往杖杀之。重福曰："宁使课殿，不忍杀人。"岁满，课殿当降，尚书右丞完颜匡、三司使按出虎知其事，乃以岁荒薄其罚，除织染署令。大安三年，佐户部尚书张炜调兵食于古北口，迁都水少监，行西北路六部郎中，治密云县，俄兼户部员外郎。贞祐二年，以守密云功迁同知河间府事，行六部侍郎，权清州防御使，摄河北东路兵马都总管。三年，河间被围，有刘中者尝与重福密云联事，劝重福出降，重福不听。是时，河间兵少，多羸疾不任战，欲亡去。重福劝其父老率其子弟，强者战、弱者守，会久雨围乃解去。迁河东北路转运使，致仕。元光二年，卒。

王佐：治国能臣，忠烈报国

在现在的无棣古城，有一座古朴典雅的牌坊，是为明朝户部尚书王佐敕建的“少保坊”。

> 少保坊：在南门里，为大司农忠简王公建，万历间重修，今废。——《海丰县志·建置志·坊表》（1670 年版）、《无棣县志·建置志·坊表》（1925 年版）

明朝为什么要赠其“少保”，谥其“忠简”？“少保坊”背后又有哪些动人的故事呢？

一部宋史，说起“靖康之耻”恐怕无人不晓，而一部明史如果谈到“土木之变”，恐怕就没有这么大的轰动效应了。但是，“土木之变”同样是震惊中外的大事。明正统十四年（1449），英宗北狩被俘，八年后复位，也是奇迹。在“土木之变”中尽节的忠臣则有当朝户部尚书王佐。

王佐：海丰人。正统元年理长芦盐课，三年提督京师及通州仓场，所至事无不办。(《二十四史：明史》)

王佐是一位名仕，明朝重臣，官至户部尚书，在土木堡之战中捐躯报国，其忠勇尚义之举气贯长虹，在历史长河中熠熠生辉。

正统元年（1436），王佐管理长芦盐课。正统三年（1438），提督京师及通州仓场，所在任上的事务无不尽心办理。

先世淮北，祖占海丰

王佐，字孟辅，生于洪武十七年（1384）八月初九日，殁于正统十四年（1449）八月十五日，享年 66 岁。王佐，出身名门，由举人入太学，仕至户部尚书兼吏部，《明史》有传。

王佐，明代山东海丰王家庄人（今庆云县常家镇三王村）。海丰县简称海邑，至民国 2 年（1913）海丰更名为无棣。至清康熙年间，王家庄分为前王家庄、中王家庄、后王家庄三个村，合称三王村。1946 年，三王村由无棣县划出，归属庆云县。

久掌户部，人称君子

王佐，自幼聪颖，好学不倦，博览群书，贯通经史，晚嗜学问，富有文采，士林重之，且为人坦诚，谙于礼仪，有誉于乡，人称孝廉。明永乐九年（1411），应试中举，随即进入国子监学习，精于理财之道。

永乐十六年（1418），王佐因学问大、品行好，“以学行闻”越级擢任吏科给事中，博得皇太子朱瞻基青睐。

洪熙元年（1425），王佐晋升吏科左给事中，以奏对祥雅、仪表端凝、屡献嘉谋，博得明仁宗朱高炽重视。是年三月二十二日，明仁宗敕命加封王佐为征仕郎、吏科左给事中。

宣德元年（1426），王佐再次被越级提拔为户部右侍郎，明宣宗朱瞻基委以理财重任。当时，太仓、临清、德州、淮徐等地府仓不遵法典，积弊严重。王佐奉令到各处稽查，申饬律例，整顿法度，惩贪治渎，吏治为之一振。

次年，平江伯陈瑄向朝廷上奏运粮兵士困苦，欲抽调民夫代为转运，王佐以“东南民众力已尽”为由，竭力反对。明宣宗依王佐言，仍按原例行事。当年，明宣宗御驾亲征平定汉王朱高煦叛乱后，欲清理朱高煦余党，王佐极力反对扩大株连范围，得免。

宣德六年（1431），王佐转任户部左侍郎，被派往督理通州至直沽的河道疏浚工程。是年五月初二日，明宣宗诰命加封王佐为嘉议大夫、户部左侍郎，封其祖父王均让为嘉议大夫、行在户部左侍郎，追封其父王朴为户部左侍郎，赠其祖母杨氏、母亲靳氏、妻子胡氏均为淑人。

宣德七年（1432），王佐奉旨承办宣府屯田、甘肃军饷等事宜。王佐深明“计然”之策，竭力应办，办事公道，赏罚分明，处事得体，深得朝野赞誉，获赐织金帛丝衣服一袭。是年十一月十七日，《赐户部侍郎王佐敕》云：“西北苦寒，念尔提督转运粮饷辛勤，特赐尔织金帛丝衣服一袭。尔体朕爱恤军民之心，务在区画得宜，俾人不劳，而粮饷足用，庶副委任之重。故敕。”

宣德八年（1433），朝廷命户部侍郎王佐监督京城仓粮，颇有清名。后，朝廷又委王佐督理通州至直沽河的河道疏浚事宜。

王佐为民请命，不单表现在体恤民情上，更重要的是他还能用有效的手段帮助百姓摆脱贫困。《无棣县志》记载：宣德十年（1435），明英宗朱祁镇即位，王佐奉旨出镇河南，查稽地方驻军征敛粮税弊端。他通过认真调查了解，掌握了真实情况，认为征粮总的弊端在于管理不善，于是即刻上书建议：“除边境卫所外，税粮皆有户部督理。”皇帝准奏。全国各地征收粮税事宜按照朝廷新律办理，这便解除了当地百姓被军队肆意侵掠之忧，国库收入也有所增加。不久，王佐被派往甘肃督理军饷。

正统元年（1436）九月，明英宗命户部左侍郎王佐为第一代巡盐钦差，钦差长芦，督理盐税，厘定规章，严加查巡，惩办渎职之吏，重罚枉法之徒，盐道境况井然有序，朝廷激赏之。

正统三年（1438），王佐改任京师及通州仓场总督，政绩茂闻朝野。

正统六年（1441），王佐擢升户部尚书，遂在家乡海丰县城修建一处规模恢宏的尚书府第，人称“王府”。

正统七年（1442）五月，王佐受命为副使，与英国公张辅、兵部尚书杨士奇一起主持钱皇后的册封大典。

正统十年（1445）八月初四日，明英宗再次诰命，封王佐资善大夫、户部尚书，加赠其祖父王均让为资德大夫、户部尚书，加赠其祖母杨氏为太夫人，加赠其父王朴为资德大夫、户部尚书，加赠其母亲靳氏、妻子胡氏、继室李氏均为夫人。

正统十二年（1447），王佐兼署吏部事务。当时，战事频繁，耗资巨大，国库亏虚，全靠王佐从容调剂，节缩有方，国家财力尚未匮乏。

王佐在户部自侍郎为尚书，在部二十余年，政有体要，心无苛隘，忠恕爱民，得大臣体。与人相接，开心见诚，坦然无疑。“在户部久，不为赫赫名，而宽厚有度，政务纠纷，未尝废学，人称其君子。”（《明史·列传第五十五·王佐传》）

正统十四年（1449），王佐在土木堡之役中壮烈殉国。

纵观王佐一生，他为官近四十载，历仕四朝，政有体要，心无苛隘，气度恢宏，忠君爱民，政绩卓然，影响深远。更因其蹈死不顾，忠义朝廷，铮铮有声，备受朝廷和后人赞誉。《大明一统志》盛赞王佐：“务存大体，声誉著闻，器宇洪伟，德量宽平。”《明史》给予王佐高度评价：“在户部久，不为赫赫名，而宽厚有度，政务纠纷，未尝废学，人称其君子。”《名臣传》赞之：“性资魁梧，器宇深厚，政有体要，心无苛隘，耻不若人，晚嗜学问。”《天顺日录》誉之：“忠恕有爱民心，士林重之。与人相接，开心见诚，坦然无疑，光明正大。先生后卒于土木之难，盖有笃实君子之风，咸惜之。”

土木之变，忠烈报国

穷则独善其身，达则兼济天下。王佐从父辈处汲取了仁义的养分，又身体力行地将这种仁义传于后代。侠之小者，为友为邻；侠之大者，为国为民。王佐虽只是一个读书人，但是其身上却有着一股为国为民的仁侠之气。

说到土木堡之变，人们首先想到的会是奸恶无能的大太监王振、昏庸软弱的明英宗朱祁镇和野心勃勃的瓦剌首领也先。似乎很少有人知道在这场战役中有一个人，虽没能影响历史的走向，但却始终坚守着自己的信念和道义，这个人就是王佐。

明正统十四年（1449）春二月，蒙古族瓦剌部落首领也先遣使二千余人贡马，却冒称三千人向明朝政府邀赏，由于专权宦官王振（明英宗朱祁镇的启蒙老师，当时朝政的实际主宰者）不肯多给赏赐，并减去马价的五分之四，没能满足他们的要求，便制造事端挑衅，于这年秋七月统率各部，分兵四路大举入侵，兵锋锐不可当。

边关告急，官兵连连失利，许多边塞城池失守。边境警报日日不断传到朝中。朝廷派遣驸马都尉井源等四将领各率兵一万人，前往抵御。而当时权倾朝野的大太监王振根本不把敌人放在眼里，又想建立奇功以巩固自己的地位，便怂恿明英宗御驾亲征。他认为大军一出，即可取胜，在班师回朝的途中让皇帝路过老家蔚州，以便进一步炫耀权势、光宗耀祖。

在王振的劝说下，英宗下了一道御旨，决定御驾亲征。兵部尚书邝野、户部尚书王佐等朝臣闻言，都大吃一惊，认为这样太冒险了，恳求皇帝收回成命。王振却不依不饶，坚持己见。

文武百官们看到王振的态度，先是沉默，随即就有人附和。这时，兵部尚书邝野站出来反对说："皇上亲征，造成后方空虚，万一瓦剌偷袭京城，将如何应对？"户部尚书王佐也说："眼下秋暑未退，干旱已在北方持续很久，草场青草不丰，水源枯竭，皇上亲征，必是人马浩荡，这饮水问题难以解决。"

然而在王振的怂恿和把持下，明英宗还是决定御驾亲征，命郕王朱祁钰居守京城，太师英国公张辅、太保成国公朱勇等，户部尚书王佐，兵部尚书邝野，翰林学士曹鼐等扈驾从征。

七月十七日，23 岁的明英宗朱祁镇在王振的煽惑、挟持下，仓促间亲率诸公、侯、伯、尚书、侍郎以下 50 万（一说 20 万）大军，浩浩荡荡出了京师。这次所谓的亲征，军队是临时调集起来的，既不了解敌情，又缺乏作战方略，又没有足够的后勤准备。

十九日，大军出居庸关，过怀来至宣府（今河北张家口市宣化区）。大军刚至宣府，即遇暴风雨。连日风雨交加，道路泥泞，人困马乏，粮草供给缺少，大批士卒生病饿死，路上到处横着死尸。王佐、邝野等一批大臣心内十分焦虑，恐出兵不利，不断上书乞留，不可冒进，遭到王振拒绝。

王佐和邝野怀揣奏疏跪于草丛，从早至晚，苦苦哀求，恳求上奏皇上，请求皇上南还，遭王振厉声斥责。邝野还被换乘劣马，挟到营中游行示威。邝野在行军途中掉下马来几乎摔死，有人劝他留下来就医。邝野道："皇帝亲自出征，臣子怎么能借口生病按自己意思行动呢？"

八月初一，英宗带着疲惫不堪的军队抵达大同（今山西大同市），士兵饥寒交迫，怨声载道，军心动摇。得知明军北进，瓦剌兵马假装退避，采取诱敌深入的战略，表面不动声色，静待战机。

王振踌躇满志，军队未经休整，还想继续北上，遭到王佐、邝野等众臣的抵制，钦天临监正彭德清更以天象变化提出了警告。这时，监军郭敬报告敌军实情，又被报西宁侯宋瑛、武进伯朱冕出战阳河口时全军覆没，王振感到形势不利，下令退兵，英宗这才有了兵马南还的意思，留广宁伯刘安镇守大同，大军班师回京。

在即将退兵时，邝野、王佐向皇帝进言：从紫荆关绕道还京最宜，这样才可能不会遇到危险。但王振不知兵事，对可能出现的追兵不可能有所预见，在他看来，危险尚远，何况出征以来，连个敌影都未见过，根本不肯采纳这个意见。王振私心作祟，又让皇帝绕道宣府，临幸自己的老家蔚州（今河北蔚县），按照自己原先回家光宗耀祖的设想去办。但遍地稼穑，路窄人多，逶迤半日，只行十数里。

八月十三日，瓦剌看到明军行军缓慢且畏惧作战，朱勇率三万大军在鹞儿岭与敌战皆死。

八月十四日，英宗率部刚到狼山，也先追兵已近。大军来到距怀来县城只有 20 多里的土木堡，皇帝车驾停驻于土木堡。由于此地的地势较高，附近没有水源，又正当敌人进军的要冲之路，王佐、邝野等人奏请英宗速进怀来城入关避敌，以便防守，并加强后军戒备。但英宗因后押辎重的王振未到，执意等待。王振到后，却不想再走。

王佐、邝野鉴于战事已迫在眉睫，建议分兵严守，提高警惕，同时再请皇帝星夜赶入居庸关，以确保安全。王振不仅不听，反而讥讽王佐等人，大怒道："腐儒怎么知道行军用兵之事，再讲处以死罪！"王佐道："我替社稷百姓出言，何惧死罪？"王振命令身边的侍卫强行架出大帐。邝野、王佐二人心急如焚，却又无计可施，只能呆坐帐中，相对而泣。王振让邝野、王佐跟随老营先行，命禁军将他们看管起来，防止他们生事。也先连夜赶到土木堡。

等到第二天天刚亮，明英宗下令启程，一见到漫山遍野的瓦剌兵，吓得不敢动弹。土木堡缺乏水源，无险要可守，明军又刚刚连吃败仗，士气低落，英宗、王振不敢和敌人交锋。

明军一连被困了三日，人马渴死饿死的不计其数。也先看时机已到，派人到明军大帐，佯装议和。没有主见的英宗信以为真。瓦剌兵退数里，埋伏在险要处，伺机而动。等到明军阵营一拉开，瓦剌兵便两面夹攻，一下子就把饥饿、干渴、疲惫不堪的数十万明军打垮了。

瓦剌兵从土木堡附近的麻谷口进攻，守口的都指挥郭懋抵敌拒战一整夜，已经无力再抵挡，明军大败。这时总兵杨洪领兵驻于宣府，有人劝杨洪赶紧出兵冲击敌军的包围，让皇帝车驾能突围出来。可贪生怕死的杨洪却下令禁闭城门，不肯出兵。

瓦剌军从四面围攻上来，官军兵卒争先奔逃，溃不成军。御营遭敌围攻，护卫亲军保护英宗突围。英宗大惊，拉着王佐说道："悔不听爱卿言，遭此劫难。"王佐即献金蝉脱壳之计，危急之下与皇上互换服装，并令王忠、王义二家将随军突围。二将不忍离主而去，王佐以剑横颈，逼他们速走。

而后瓦剌军攻陷御营，王佐血溅黄衣，为国捐躯。王佐的头颅被砍下献给瓦剌首领也先，经辨认不是明英宗，于是也先下令搜捕，最后在他处俘虏了明英宗朱祁镇。对此，《山东试录（万历元年）》给予王佐高度评价："死难王佐，即古之颜真卿也。"

土木堡一役，明英宗被俘，王佐、邝野等66名大臣罹难，数百名侍从丧生，数十万大军覆没，大量器械、粮草等辎重被缴获。在此役中，王佐始终知道此战前途凶险，恐有不测，屡次奏与英宗，却始终没能挽回败局。但是他却依然选择坚守在皇帝身边，践行着自己忠君爱国、为国为民的信念，直至引颈就戮，代英宗而死。

景泰元年（1450），继位后的明代宗朱祁钰下旨追封户部尚书王佐为少保、光禄大夫。因王佐代英宗义死，头颅被瓦剌士兵割去，故赐"金顶御葬"，用黄金给王佐做了一颗假头，派礼部左侍郎议铭御祭亡灵，按照王侯的礼仪予以安葬。

明宗复位再登基，敕建忠烈王公祠

王佐罹难于"土木之变"，史书有明确记载。

《明史·列传第五十五·王佐传》载："土木之变，与邝野、丁铉、王永和、邓棨同死难。"

《海丰县志·人物列传·宦达·忠节·明·王佐》（1670年版）载："土木之役，王振矫旨，令本兵及公随老营。本兵邝忠肃公屡请入关，而严兵为殿，公竟日跪伏草中，冀上回銮，皆为振所窘，卒及于难。"

《海丰乡土志·耆旧·事业·明·王佐》（1910年版）载："土木之役，王振矫旨，令本兵及佐随老营，佐竟日跪伏草中，请回銮，为振所遏。亡何兵溃，佐死之。"

王佐为国捐躯后，朝廷为旌其气节，尽享殊荣，特赠光禄大夫、少保尚书，谕葬祭，追封三代，赐谥号"忠简"，封其长子为户部主事、次子为监察御史。王佐之大义，忠义千秋，后世敬仰。

侣钟：公正为官，守节不渝

侣钟（1439—1511），字大器，号独山，兖州郓城（今山东菏泽市郓城县）人，祖籍河南，元末遭兵变徙至郓城凤凰岭（今郓城县随管屯镇侣楼村）。侣钟一生坎坷，官至户部尚书，为官清廉，守节不渝，节浮费，充国库，定民心，察冤狱，斗奸佞，刚正不阿，大义灭亲，是一位敢于直言、善主正义的谏臣，为明王朝一代名臣。时至今日，侣钟不畏权势、忧国忧民、公正为官的精神仍然为人们所传颂。

侣姓有两大聚居地，一个是河南的清丰县，一个是山东的郓城县。郓城的侣姓是在元朝末年从清丰迁来的。那个时候，辗转流离、背井离乡的侣家，选了郓城西南部的一片地方，建村落户，开荒种地，以求平安度日，子孙兴旺。经过一代代族人的辛勤努力，百余年后，家族发达，声望甚高。族中人员，无不知书达理，具有高贵之气。

公元 1439 年，那个后来成为明代户部尚书的侣钟诞生了。长辈们见他眉宇阔大，哭声如钟，给他取名为“钟”。侣钟天资聪颖，过目成诵，勤奋好学，先生给他赐字“大器”。黄钟大吕，自然不是瓦缶草芥所能比。侣钟少有大志，学习刻苦，整日诵读不止，先读“四书”“五经”，后读《资治通鉴》、诸子百家，常常闻鸡而起，深夜方眠，终于有成。18 岁即领县邑庠生，21 岁举山东乡贡，于成化二年（1466），经殿试成为进士，授都察院御史，出巡各地。

成化三年（1467），侣钟任浙江道监察御史，考察官吏，巡按州县。他风华正茂，动容清爽，莅事明决。州县官吏无不趋之若鹜，竭尽逢迎。侣钟不为所惑，振纲纪，除奸弊，粹然一身正气，两袖清风，或罢免贪官，或加衔良臣，大事奏请，小事立决，回京后奏章陈言，充分显现了为政才能。

自古官场如战场。成化帝即位后，不放心百官朝臣，遂置西厂，任命太监汪直为总领。汪直倚仗万贵妃，恃宠而骄，擅行逮讯臣民，草菅忠良，满朝文武无不惧怕。兵部尚书项忠驱逐湖广流民，汪直公报私仇，串通他人，诬陷项忠妄杀无辜。成化帝命侣钟及中官会审。

百官或闭门不出缄口自保，或趋炎附势讨好汪直，唯独侣钟不顾个人安危，据实上疏。朝廷听信谗言，驳回上疏，侣钟非但没有救出项忠，反招致汪直的忌恨。自此，事事艰危，汪直伺机报复，而侣钟也更加仇恨奸贼，与汪直势不两立。只恨皇上宠信宦官，万事由着汪直胡为。

兵部侍郎马文升平定边关，捷报传来，汪直欲贪功为己有，诬陷马文升行事乖违，虚报军功。成化帝只知宫廷作乐，不辨真伪，即诏马文升下狱，并累及56 人。侣钟闻之，大义凛然，直闯宫门，面君分辩。侣钟被汪直陷害，成化帝将侣钟交与汪直处置。侣钟受刑之时，依然大骂奸贼，结果被打得皮开肉绽，关进牢狱，一关就是三年。

直到 1483 年，汪直因残害臣民和耗尽国库罪被东厂告发，成化帝才有所觉察，免其官职，并下令“凡厂卫所送囚犯，从公审究，有枉即与辩理，勿构成案”。侣钟幸得沉冤昭雪，出狱复职。

那时朝中的党争兴起，南党以户部尚书太子太师万安为首，依然背靠万贵妃，横行朝里，北党则以吏部尚书、太子太保尹旻为首，两党相互倾轧，你死我活。侣钟属北党朝官，为万贵妃和万安所不容，以莫须有罪名，贬降二级，为曲靖知府。

1488年，孝宗即位，万安欲讨其好，谗进房中术，谁知这位皇帝没有那项爱好，严厉训斥，欲治其罪，万安惊恐，自请离职。孝宗遂下令：“从公审究北党受害朝臣。”

侣钟从曲靖召回，被孝宗重用，复为大理寺右少卿。

蒙古军入寇大同，朝廷命侣钟巡视保定诸府。数月后，侣钟被提升为右副都御史，正三品官，负责审核京师百官刑狱。

弘治三年（1490），侣钟奉命巡抚苏、松诸府灾情，对救灾的事尽心尽力。那时苏、松一带连降苦雨，水灾横泛，饥民达四万余人。可是当地官府怠忽政事，上情不通，下情不达，重灾不赈济，权势者乘机渔利。看到这种情况，侣钟心急如焚，上谏孝宗，反复奏辩，直到孝宗准许他酌情行令。他立即将衙门、官邸、花园、巡抚大臣住处全部封闭，组织所有人员共同抗洪救灾，并制定十余条政令，稳民心，理财政，除奸革弊，肃整风气，终于安然度过灾期。

> 河间濒海民地为势家所据，钟夺还之。召为刑部右侍郎。
>
> 奸商投外戚张鹤龄，乞以长芦旧引十七万免追盐课，每引纳银五分，别用价买各场余盐如其数，听鬻贩，帝许之。后奸民援例乞两淮旧引至百六十万，钟等力持，皆不听。自此盐法大坏，奸人横行江湖，官司无如何矣。（《二十四史·明史》）

侣钟，巡视两淮盐务。河间府濒海地方（应为今黄骅海边），其民地被权势之家侵占，侣钟夺地还民。后来，朝廷召侣钟回刑部任右侍郎之职。

有奸商倚仗外戚张鹤龄，请求将长芦旧引票17万免予追纳盐课，每张引票纳银五分，再另外如数用钱购买各盐场的余盐，听其贩卖，孝宗同意。后来不法之徒援此成例，请乞两淮盐场旧盐引至160万，侣钟等人坚持不同意，孝宗不予理睬。此后，盐法坏乱，奸人横行江湖，官府无能为力。

弘治十三年（1500），侣钟进户部尚书，正二品，掌管天下户口、钱粮。

弘治晚年，财政混乱，国计出现赤字。侣钟为国担忧，寝食不安，上奏皇上，力请减少靡费支出，加强盐务税收，以防中饱私囊。可是皇帝奢靡昏庸，不理朝政，不以为忧，奏章压在龙案几月不发。

佀钟所奏压减开支、肃整税务诸项都各有所指，势必触犯一些朝中大臣、皇亲国戚的利益，其中有张皇后之弟张鹤龄，倚仗权势，干预朝政，混乱盐务。佀钟屡屡上疏，皇帝俱不理会，致使财政大法不可匡救。

佀钟对朝政失去信心，正欲辞官还乡，宦官刘瑾又擅专朝政，与忠臣为敌，查得佀钟之子佀瑞有受贿之事，借此加害佀钟，欲以此要挟佀钟与其同流合污。佀钟素来对子女要求甚严，闻知此事十分震怒，亲手将佀瑞交付三法司处理，并称佀瑞："活不是佀氏子，死不能入族墓。"

佀钟断然将儿子佀瑞绳之以法，大义灭亲，理应恢复名节，然而刘瑾仍对其耿耿于怀，伺机陷害。佀钟视朝政无望，力辞官职，告老还乡。临行，朝廷念其忠贞，赠送宋朝熙宁年间铸造的铜钟一口，以作纪念。

佀钟回乡，并未逃脱刘瑾迫害，罚去其应得俸禄，致使衣食无着，身体每况愈下，卒于正德八年（1513），享年 72 岁。

天子下令，进阶荣禄大夫，长子佀珩荫为国子，次子佀钟璞赠归德州判官。派遣官谕祭治丧，立"明故户部尚书致仕进阶荣禄大夫佀公神道碑"一座，以照其功德。

《明史 · 列传第七十三》记载：

佀钟，字大器，郓城人。成化二年进士。授御史，巡盐两淮。按浙江还，掌诸道章奏。汪直讽钟劾马文升，钟不可，被谮杖阙下。以都御史王越荐，擢大理寺丞，再迁右少卿。寇入大同，廷议遣大臣巡视保定诸府，乃以命钟。居数月，即擢右副都御史巡抚其地。

河间濒海民地为势家所据，钟夺还之。召为刑部右侍郎。丁内艰，僦运艘载母柩南还。督漕总兵官王信奏之，逮下吏。会当路方逐尹旻党，而钟与旻为同乡，乃贬二秩为曲靖知府，改徽州，复入为大理寺左少卿。

弘治三年，以右副都御史巡抚苏、松诸府，尽心荒政。召为户部侍郎总督仓场，寻改吏部。十一年迁右都御史。居二年，进户部尚书。

十五年，上天下会计之数，言："常入之赋，以蠲免渐减，常出之费，以请乞渐增，入不足当出。正统以前军国费省，小民输正赋而已。自景泰至今，用度日广，额外科率。河南、山东边饷，浙江、云南、广东杂办，皆昔所无。民已重困，无可复增。往时四方丰登，边境无调发，州县无流移。今太仓无储，内府殚绌，而冗食冗费日加于前。愿陛下惕然省忧，力加损节。且敕廷臣共求所以足用之术。”帝乃下廷臣议。议上十二事，其罢传奉冗官，汰内府滥收军匠，清腾骧四卫勇士，停寺观斋醮，省内侍、画工、番僧供应，禁王府及织造滥乞盐引，令有司征庄田租，皆权幸所不便者。疏留数月不下，钟乃复言之。他皆报可，而事关权幸者终格不行。

奸商投外戚张鹤龄，乞以长芦旧引十七万免追盐课，每引纳银五分，别用价买各场余盐如其数，听鬻贩，帝许之。后奸民援例乞两淮旧引至百六十万，钟等力持，皆不听。自此盐法大坏，奸人横行江湖，官司无如何矣。

东厂侦事者发钟子瑞受金事，钟屡疏乞休，命驰驿归。正德时，刘瑾摭钟在部时事，至罚米者三。又数年卒。

《国朝献征录·卷之十·户部尚书侣钟传》记载：

户部尚书侣钟，字大器，兖州郓城人，成化丙戌进士。

授监察御史，巡两淮盐，按直隶徽州，又按浙江，皆力持宪典。还，掌诸道奏牍。都御史马文升，巡抚辽东，权阉汪直所中，讽使劾之，钟不应。遂被谮，棰于朝，用都御史王越荐，擢大理寺右寺丞，迁右少卿。

虏犯大同，命钟出抚畿甸，擢都察院右副都御史，巡抚保定等六府，兼督紫荆等关。河间濒海民地，势豪所据，钟夺之还民。

升刑部右侍郎，以内艰，归道。与漕运都督王信卒忤所诉，会当道者不说于钟，谪云南曲靖军民府知府。

弘治二年，服阕，改徽州府，复召大理寺左少卿，迁右副都御史，巡抚苏松诸府，兼总督粮储。择廉干吏，授以法，使监其事，民无流负，运官交兑便之。

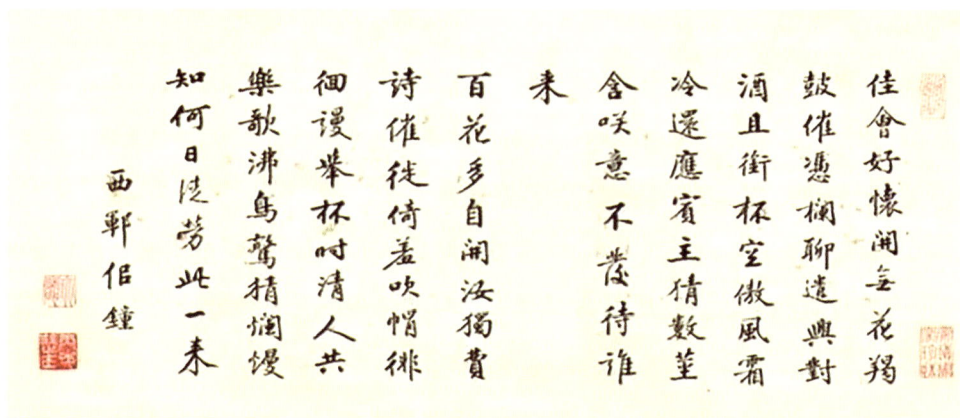

召户部左侍郎，总督京储，改吏部，进右都御史，升户部尚书，稽核羡余，数年，积银四十余万两。虑国用不足，疏汰内降官吏，减内侍及画工、番僧酒馔，又以天下存留粮，岁用不足，请郡王以下量裁处。又言太仓银不宜收入内库，库所蓄金帛不宜修斋、造像及充私赏，城门中官不宜干预国课。其辞苦切。有戚里奏，乞两淮长芦官盐风雨消折之数，钟执无之。会岁报籍，至有私录以进者，钟由是得罪内，不自安，因再疏请老，不许，既而疾甚。会东厂发其子瑞受佥事，复请老，乃许。令给驿归。

十八年，今上即位，诏进荣禄大夫。正德六年十一月，卒，赐祭葬如例。

（备注：可与《明史》记载参照。汪直诬劾马文升事，佀钟仅仅是不回应不参与，并没有主动上书，更没有闯殿直谏皇帝事。或许上文的记载，是后人美化。）

另，佀钟非常关心家乡的文化教育和人才培养。这从他的《科贡题名记》一文可以看出，记曰：

“按《春秋》传，郓为鲁之西鄙，历秦、汉、隋、唐以来，世代辽邈，学政人材，漫不可考。在宋则有晁交元父子以学行闻于时，在元则史公左丞以功业名，樊公参政以忠节名，皆人物之表表者。

“逮我朝洪武初年，诏天下设学养士，以为左理之资。今已百十余年矣。惟兹郓学，建立既久，其题名碑记，寂然无一人虑及。有司视为不急之务，漫不留心。掌教者以为有司之事，置而不理。因循至今，书之版榜，无足怪者。不有诸君慨然举此，则人材这姓名宦迹，不与版榜同朽者几希。噫，其诸君贤于人远矣。此碑一建，则科目之次第，人材之姓名，宦迹之显晦，灿然如指诸掌。其于名教，岂曰小补之哉。斯举也，非特为今日计，将来必有磊落豪杰之士，奋然以取科第，陟显要，登名于上，而文章功业，将与乡先达异世同符，未可量也。诸士勉之，庶不负建碑之意，而与学大有光焉。”

建科贡题名碑，把历代科举得中人的名字列于其上，弘扬文化传统，鼓励后来者学以成才，这是件很重要的事情。虽然主管部门不积极，学校的人认为不是自己的事，但明智之士把碑立起来了。所以，侣钟对他们大加赞赏，并充分说明了立碑的意义。

关于侣钟尚书，民间有不少与之有关的传说。此处略举几例，以证明这位古

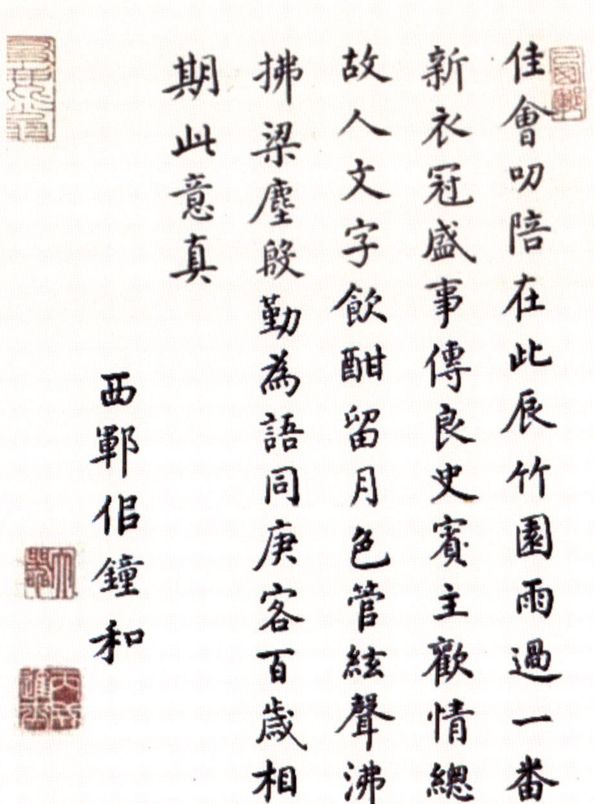

佳會叨陪在此辰竹園雨過一番
新衣冠盛事傳良史賓主歡情總
故人文字飲酣留月色管絃聲沸
拂梁塵殷勤為語同庚客百歲相
期此意真
西鄆侶鐘和

代高官在当地受到的崇敬。

倡钟 28 岁任监察御史巡盐两淮，血气方刚，风华正茂，有案必查，有冤必平，机警诙谐之中就把事情办得妥妥当当。某日有人鸣冤，言及有一恶少，横行乡里，百般欺侮他家。家人忍无可忍，执杖自卫，谁知防卫不当，失手打死了那个恶少。官府被金钱买通，依那家所求，公子命贵，穷人命贱，一人被杀，却判他们家两个男丁死罪，押在死牢，候口问斩。倡钟听说此事，知官府定是因那家权势所迫不得已而为之，只需他改过就是了。这时正值三九季节，大雪飘飘，田野银装素裹，倒有一番景致。当地长官邀倡钟赏雪，倡钟高兴而往，片刻却又回衙。长官不解其意，倡钟说："如此好景，岂能一次赏完！等到来年六月，我再赏他一回。"长官笑道："风景只有一季，哪有冬夏两赏之理？冰雪易融，等不得那时的。"倡钟却说："冰雪尚不能两赏，那么一人被杀，可该两人偿命？"长官顿知所指何事，这位御史大人也得罪不起，回衙便将案件纠正，并登府谢罪。

成化八年（1472），皇上命倡钟出巡松、嘉、湖诸府，派大太监李文随同。巡至嘉善县，满城沸沸扬扬，皆传林知县误勘 13 条人命，民怨极大。倡钟接得冤状，13 条人命，事关重大，遂明查暗访，务必查个水落石出。林知县吓得寝食难安，以重金买通大太监李文，央求他从中说和。明朝太监权压百官，李文自是手眼通天的人物，说一不二，即劝阻倡钟，不要追究此案。倡钟言道："事关 13 条人命，如不再追究，还要你我何用？日后怎向皇上陈表？此渎职之罪是由你顶，还是我顶？奉劝公公若不愿追究亦可，只是要立下文约，日后事发与我无干。"一番话说得李文面红耳赤，不再言语。倡钟遂命差役堆制雪人。雪人堆成，问置何处。倡钟说："置于阴处，免日光融化。"差人置于墙角。倡钟说："不妥，此处尚有光。"又置于河边、林中。倡钟还是说不妥。众人无奈，请示倡钟。倡钟说："放于县衙公堂，那里草菅人命，暗无天日，冰雪定然不化。"于是，那雪人被搬到县衙大堂上。倡钟即令带林知县。林知县跪在雪人旁受审，浑身打战，招认不讳，13 条冤魂由此得到昭雪。

这两个故事，体现了人们对倡钟敢于直言、善主正义、公正为官作风的歌颂。

倡钟爱家乡，极力为家乡出力。时山东连年灾荒，饥民无数，官府赈灾不力，却赋税不减。侣钟日夜忧虑，却苦于没有机会。一日，地方纳贡，各处奇珍异宝，土特产品，放在金殿上争奇斗艳。时山西贡来一只大辣萝卜，足有十几斤重，宪宗皇帝连声称奇，众大臣都附和赞叹，唯有侣钟翻着眼珠大撇其嘴，一副不以为意的样子。宪宗问他何故，他奏道："这有什么稀奇？山东的辣萝卜比这大多了，连最小的也和这个差不多。"宪宗来了兴致，要他也献上一只。侣钟回府便派人去地里挖了一只，只有小指头那么粗细，送上殿去。宪宗瞪眼问："这就是山东的大萝卜？"侣钟苦着脸道："从前的萝卜有水桶那么大，可如今年景不好，出了饥荒，庄稼无收，这还是挖的最大的一只呢。"自此，宪宗便知道山东穷苦。又有一次，君臣们在大殿上闲谈，各自炫耀家乡的菜好吃，侣钟说："你们说的那些，无非是山珍海味猴头燕窝，没什么稀罕，我家乡的黄金丝菜，你们可曾品尝？"众皆不知。侣钟又有意夸赞了一番。宪宗一听又来了兴致，让他弄点来尝尝。侣钟使人去地里摘了一筐豆丝，洗净炒炒，缺油少盐的，弄了一大盘端上去。宪宗一看，妙啊，又弯又细，又黄又匀，果为黄金丝菜，就夹来尝尝。不想这菜又涩又苦，还不如野菜，嚼都嚼不动，愤愤地吐了出来。正想训斥侣钟，却见他大口大口地吞咽，吃得津津有味，不禁奇怪。侣钟边吃边瞅着皇上说："山东人都吃这个，有的连这也吃不上。这就是山东最好的菜。"皇上也就愈发相信山东苦不堪言。

如此数番，侣钟正式奏本道："山东郓城贫苦不堪，民不聊生，究其原因，是无名山占地千顷，蓼儿洼万年不干。望万岁给山东免去皇粮。"皇上虽信山东穷苦，但免粮还是不愿意。皇上特爱下棋，棋艺不错，大臣中没一个能赢得过他，为搪塞侣钟，故意说："你我下棋定输赢吧。"皇上谅侣钟赢不了他。于是二人就在御花园中摆开棋阵。侣钟棋艺也不错，可娘娘在旁帮着皇上，扰得侣钟心烦。侣钟灵机一动，故意将袍袖一扫，扫落了一颗棋子，弯腰去捡，却握了一把娘娘的小脚。娘娘哎哟一声，满面羞红扭头走了。皇上问怎么回事，侣钟连忙跪地奏道："风摆横子落，无意碰了娘娘的脚。"既是无意，也就无罪，二人继续对弈。皇上没了帮手，棋局就不行了，眼看要输，皇上不干了，说儿戏之言，输了也不能免粮。气得侣钟心中直骂。

骂也不顶用，总还得再想办法。侣钟就让人盖了一座房子，盖得奇形怪状，东山墙全用土垒，不用木石，西山墙倒用了两根又粗又长的梁，十分醒目。完工之后，侣钟去请皇上来家游玩，皇上看了这怪房子，不禁笑道：“山东无梁，山西双梁。”侣钟急忙跪地：“谢主隆恩。”皇上十分奇怪：“你谢的什么恩？”侣钟说：“陛下不是说，山东无梁，山西双梁吗？”皇上说：“是啊。”侣钟说：“免了山东的皇粮，这不谢恩吗？”皇上瞪大了眼，但又不想承认。这一回侣钟不依不饶了：“皇上金口玉言，接连口谕两遍，在场的人都听到了，岂能言而无信？”皇上无奈，只得答应派大臣去山东视察。

侣钟亲自陪同那位钦差王大人，由运河南下，至梁山下船，碰巧那天大雾，侣钟带领王大人来到梁山顶上，向南一指，说这就是无名山，那大臣一看，雾中有几座山头，似隐似现，不知何处是边，遂点头，果是无名山占地千顷。又带钦差大臣到了唐塔附近，那时唐塔附近皆是水泽，紫燕与水鸟遮天蔽日。侣钟道：“这就是蓼儿洼。”王钦差一看芦荡起伏，水光点点，误以为唐塔周围的云燕也是水鸟，感觉这水肯定又宽又深，要不然怎会有这么多的水鸟？又点头说：“果然是蓼儿洼万年不干。”回京之后，马上汇报，皇上也就深信不疑，于是正式免除山东三年的粮税。

从故事中，可以看出人们对侣钟的敬仰与崇拜，折射出侣钟的一些精神气。

“轻财足以聚人，律己足以服人，量宽足以得人，身先足以率人”，廉洁自律是官员的立身之本，也是执政能力的基础。古人云：在官惟明，莅事惟平，立身惟清。做一个“明”“平”“清”的好官，应是优秀官员的不懈追求。

韩应龙：

立先斯院，救孤济贫

韩应龙

韩应龙，明代湖广光化人，万历二十五年举人。授南川令，转青州运河同知，寻擢长芦盐运使，致仕回籍。崇祯十五年十二月李自成大军破襄阳，韩应龙不受流“贼”官职，自缢而死，气节可嘉。

> （崇祯）十五年冬，李自成长驱犯襄阳……贼分兵寇宜城、枣阳、穀城、光化、均州……（光化）乡官韩应龙，举人，历长芦盐运使，不受伪职，自缢死。(《二十四史·明史》)

（崇祯）十五年（1642）冬，李自成长途奔袭攻打襄阳……起义军分兵攻打宜城、枣阳、穀城、光化、均州……（光化）乡官韩应龙，举人，曾任长芦盐运使，不接受伪职，自杀。

> 韩应龙，光化人，崇祯十年，任恤商惠灶，立先斯院，捐资置房二十余

间、地二十七顷余，养育孤独，历今百有余年，无告者皆食其德，院在城南，有碑文，详艺文志。（乾隆版《沧州志》）

韩应龙，光化人，在任上体恤优待民众，于崇祯十年（1637）设立先斯院，捐资置办房屋二十余间、地二十七顷有余，用以抚养无依无靠之人，至今已一百多年，无所依靠之人都因其善事而得养。该院在城南，有碑文，详见艺文志。

去城百步许，御盐厂右，原系长芦官基，环起一院，中立正厅三间，为早暮赈穷君子散赈时驻节之座。东西北三面，各建栖止贫民之屋八间，共计二十四间，每间安置锅一口、席一领、被一床。榜其门曰：先斯院。复捐俸银四百三十五两，置买生员王廷鉴马里通庄庄房一所。（《创置先斯院赡田碑记》）

距城一百多步，在御盐厂旁，原来是长芦官房地基，四周围出一院，中间有正厅三间，为早晚救济穷人分发物品时执行公务之旧所。在东西北三面，各建起收留贫民的屋舍八间，共计 24 间，每间安置锅一口、席一领、被一床。在门上题榜：先斯院。韩应龙又捐出个人俸禄 435 两，购买置办生员王廷鉴位于马里通庄的庄房一所。马里通庄，即今渤海新区黄骅市官庄乡官庄村，此碑今存于官庄村。

赵行可：勤于政事，造福一方

赵行可，字子伸，号左峰，明代官员。赵彬五世孙。赵彬自明朝永乐初迁河间长芦利国场（利国场位于今黄骅市境内，故赵彬为黄骅人），占籍盐山。赵行可先后任忻州同知、泾州郡守等职，官至奉政大夫秦府左长史。后人有诗云："龙章凤诰王丞相，赠亲封妻荫子孙；三朝宦游三十载纡金拖紫，五世福衍五百岁子孝孙贤。"2011 年，赵行可墓志铭出土于盐山县东赵庄，其墓为沧州市第五批市级文物保护单位。

《盐山县志》称赵氏为盐山八大家之一。盐山八大家以狼洼赵氏人最多，为八大家之首，其原籍滦州西土尔坨，明永乐初迁盐山东赵庄，同族主要聚集在盐山县东赵庄、故城赵、杨家铺；黄骅市赵子扎、狼洼、阎隆、乔庄、西白庄；黄骅城关大街北、关帝庙、财神庙、慈庄、同居等 80 余个村庄。

赵氏后人，人丁兴旺，人才辈出。后人统计，至民国 19 年（1930），赵氏家族一共有进士、举人近 30 人，秀才 400 余人。

进士：奋霄，炯，尔孙，温，履亨，东秀，培之，文瀛。

举人：洪箓，景皋，景伯，两，尔誢，董，仲，兴祖，元福，克柔，汝辑，廷炎，东魁，廷翰，凤仪，文正，南琛，德舆，基，钟麟，志遂，文林。

赵博生、赵国岭也是赵氏后人。

2011 年 7 月 3 日，沧州盐山县盐山镇东赵庄赵氏后人在修缮祖坟时，出土一方明代官员赵行可的墓志铭。

墓志铭呈正方体形状，保存十分完整，字迹清晰可辨。墓志铭一面用篆书题："皇明奉政大夫秦府长史左峰赵公暨配宜人张氏墓志铭"。另一面为铭文内容，开头是一行竖行楷书："明故奉政大夫秦府左长史左峰赵公暨配宜人张氏墓志铭"。接下来为撰文、书丹、篆额者的官衔和姓名："赐进士资政大夫正治上卿都察院左都御史天津刘焘撰文"；"赐进士出身资政大夫正治上卿奉敕参赞机务南京兵部尚书沧州戴才书丹"；"赐进士奉议大夫山东按察司佥事奉敕整饬辽东开原等处沧州赵宗轨篆额"。

铭文中写道，墓主人赵行可，字子伸，号左峰。生于万历乙酉六月二十日，卒于正德甲戌四月十五日，享年 72 岁。先世永平府滦州人，永乐初，先祖赵彬迁河间长芦利国场占籍盐山。赵行可先后任忻州同知、泾州郡守等职，官至奉政大夫秦府左长史。铭文称，赵行可为官正直，深得百姓爱戴，一生丰功伟绩。

明故奉政大夫秦府左长史左峰赵公暨配宜人张氏墓志铭

赐进士资政大夫正治上卿都察院左都御史天津刘焘撰文

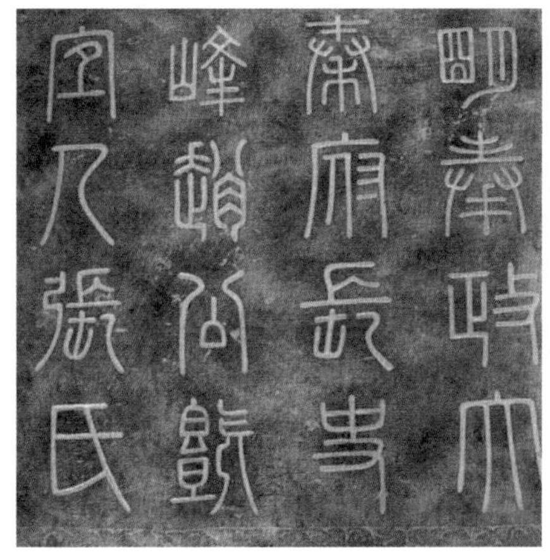

墓志铭（局部）

赐进士出身资政大夫正治上卿奉敕参赞机务南京兵部尚书沧州戴才书丹

赐进士出身奉议大夫山东按察司佥事奉敕整饬辽东开原等处沧州赵宗轨篆额

按状：公讳行可，字子伸，号左峰，先世永平府滦州人。历代既远，家谱久湮。自永乐初有祖讳彬者迁河间长芦利国场，占籍盐山，遂家焉。彬生增，增生凤，俱蓄德弗耀。凤生澄，肄举子业，潜心壁经，有拾芥青紫志，捐馆蚤而不果。肃宗时，公丞行太仆寺，被恩赠如其官。母张氏，赠安人。

公赋性颖悟，立心诚确，早承壁经庭训，十四岁游泮宫，甫十逾载，而有司循乡贡例举入国学卒业为禄养。

嘉靖三十三年冬，授忻州同知，路冲民疲，公佐其守以省费足民，风俗丕变。铨部廉其能，谓公宜大用。

三十七年夏，升山西太仆寺丞。公抵仕，适边檄旁午，百物凋耗。公秉心塞渊，经画马政，期月间当道交奖。

四十五年夏，升保宁府判。公下车禁侵渔，通壅滞，由是馈饷不竭。岁久积羡余三千金，旧以为常例入私囊者，公俱申之抚按，抚按为之奏闻，一时缙绅推重。

隆庆五年春，升泾州郡守。泾乃西鄙地也，土薄民贫，租赋相沿拖逋。公催科有方，抚字得体，吏畏民怀，积欠俱完，有古循良之风，政声丕著。

万历二年春，升公巩昌府同知，分驻河西凉州卫，理屯田，修边备。塞外之俗，百务惟艰。公尽心调停，咸中机宜，一时抚按交荐，有曰“裕边储、开荒田，一方之钱谷充盈；摘奸伏、理冤枉，数年之豪猾敛迹”；有曰“理饷清屯，驰声于六卫；饬戎筑险，保障乎一方”。绩奏当迁，铨部以公为资格所限，内转无缺，而长史乃王相也，遂不以有司限公。

万历六年夏，升秦府长史。公辅王以至诚，王甚礼重焉。任久，加公服色，腰金衣紫，而宦阶之崇殆不让于黄甲矣。甲申岁，以庆贺入京师，其长子一琴，经历通州卫，多疾，公过之，见其貌瘦，叹曰：“汝方疆仕时，而羸弱如斯，吾年过古稀，又何以仕宦为哉？”遂解组归。无何，一琴卒于任，公为之悲痛，而竟不起矣。

公自筮仕以至王相，历仕三朝，宦游三十余载，率以名节为重，廉介自持，所得俸金悉以周急亲友，是以囊无余积，有琴鹤自随之风。

呜呼！公年逾古稀，不为不寿矣；纡金拖紫，不为不荣矣；有子有孙，不为不福矣。公之殁也，可谓无遗憾矣。卒于万历乙酉六月二十日申时，特距生正德甲戌四月十五日子时享年七十有二。

配张氏，赠宜人，贞淑有士行，闺阁严肃，持身勤俭，佐夫以忠贞，教子以耕读，闾里佥拟有孟母之贤。先公卒于万历丁丑九月初八日酉时，距生于正德戊寅十一月初六日戌时，享年六十。

子男二，长一琴，监生，仕征仕郎，通州卫经历，卒。娶刘氏，耆老天伟女。次三捷，廪膳生员，娶刘氏，即予女。女二，一适沧州监生周于德，一适邑庠廪生刘三颂。孙男二，正言，正问，俱一琴出。

时三捷卜是年十月二十四日启宜人之墓，奉公柩合葬于祖茔之次。捧文林郎知宿迁县事孙湛行状冀予为铭，予与公姻亲也，何忍于不铭。铭曰：

爰有哲人，降以瀛东，历任三朝，懋著丰功。龙章凤诰，帝命攸隆。解组归田，有俶令终。贤夫贤妇，并入仙宫。巍巍麟冢，千载高风。

——盐山县盐山镇东赵庄赵氏祖茔出土原石

戴才：促进融合，安定边疆

据咸丰二年（1852）的《沧州戴氏祖谱》记载，戴氏始祖戴荣，在明洪武时期，自浙江绍兴府余姚县，初迁山西洪洞，再迁直隶景州，明永乐二年（1404）迁至沧州李村镇（今黄骅境内李村）。

此后六百多年，戴氏后人孝谨酿良，服勤力穑，在沧州这块热土上，繁衍生息，日益兴旺，逐渐成为书香绵远、生齿日繁的名门望族。迄今已有五千余户，近三万人，以沧州市为中心，散居沧州各县，为沧州地区的发展和繁荣做出了巨大贡献。

据《沧州戴氏祖谱》记载，戴氏家族迁沧后，由于祖宗重善积德，成为当地的名门望族，至明清两朝，戴氏子孙通过科考，得中榜眼一人，进士十四人。特别值得指出的是，沧州历史上只出现了两个榜眼，而戴王伦即为其一。学而优则仕，在沧州戴氏家族，科第学士中，明清两朝为官者达九十五人，其中武官十人，官居七品以上三十人，五品以上八人，一品尚书二人，有六人受赠为资政大夫兼右都御史，七人授为中顺大夫、中宪大夫、奉政大夫、奉直大夫，二人封赠明远将军，二人封赠武略骑尉。为嘉许戴氏重文兴族、齐家治国的贤门良风，明清两朝皇帝先后御赐“司农司马文门风，太史御史贤人家”“渤海源流君思学，沧州阀阅科第家”等语，予以嘉勉。戴氏族人恪守“达则献身天下，穷则善身济民”之族训，为官者，竭力尽忠报国，为民者，服勤力穑，孝谨醢良，因此涌现出很多功勋卓著或颇有建树的官宦。

五世戴才（以始迁沧祖戴荣为一世祖），字子需，号晋庵，戴荣五世孙。明嘉靖二十二年（1543）癸卯举人，嘉靖二十三年（1544）甲辰进士。后官至南京刑部尚书、南京兵部尚书，去世后被追赠为太子太保，是明朝后期重要的高官。（民国《沧县志》）

八世戴明说，在任清户部尚书时，因国家匮乏，有人议加征判公向，他说：“这是前朝失败的政策，只要我在职就不能重蹈覆辙。”在其守孝期间，官府发下檄文，要追缴沧州欠狐皮等银八千两，戴明说知道此等项银已经赦免，就带着诏书去巡抚面前辩理，得以停征，使家乡数万百姓受益。

九世戴王伦，乙未年经殿试，得中榜眼，初被授予翰林院编修的官职，后直升到江西后补驿道。

九世戴王缙，戊戌进士，经逐步升迁，最后做到福建道御台史。

十世戴宽，庚辰年进士，翰林院庶吉士，32 岁病逝。

戴氏家族的男儿如此，巾帼也不让须眉，明清两朝戴氏家族中被皇帝封赠为上至一品夫人下至孺人的有 36 人，被史志载入列女、贞节表入祠的多达 93 人。戴才夫人田氏，对公婆极尽奉养之责，自己卑、谦、退、让，毫无富贵凌人之相，与丈夫以名节相砥砺，临终前还让家人转告戴才要“竭忠报国，扬名显亲，毋以妾为深念耳”。

《沧州戴氏族谱》记载：

戴才，字子需，号晋庵。嘉靖寅卯（1543 年）、甲辰（1544 年）联捷进士，授行人司行人。历升户科给事中，巡视光禄寺，吏科右给事中、左给事中，兵科都给事中，南京太仆寺少卿，都察院右佥都御史巡抚陕西、河南，大理寺卿，刑部右侍郎、左侍郎，都察院左佥都御史督理粮饷，都察院右都御史兼兵部右侍郎总督陕西三边，兵部尚书兼右都御史仍督三边，南京都察院掌院刑部尚书，南京兵部尚书参赞机务。诰授资政大夫，卒赠太子少保。赐祭四坛，崇祀乡贤、忠义两祠。正德九年（1514年）甲戌十一月十三日卯时生，万历十四年（1586年）丙戌九月二十五日酉时卒，寿七十三。配田氏，诰赠夫人；继配穆氏，诰封夫人。葬沧州城东茔。子二：绍科，田夫人出；绍庭，穆夫人出。

戴才曾先后巡抚甘陕，总督陕西三边军务十余年，屡建功勋，为各民族的交流融合、边疆的经济繁荣、国家的安宁做出了贡献。戴才巡抚甘肃时，当时甘肃刚刚遭受寇兵。戴才去后抚起疮痍，兴修水利，开垦农田，加强防卫，建学兴教，造福一方。

个人生平

嘉靖二十二年（1543），举人。

嘉靖二十三年（1544），联捷进士，授行人司行人。

嘉靖二十八年（1549），升户部给事中。

嘉靖三十一年（1552），转任吏部右给事中。

嘉靖三十二年（1553），改任吏部左给事中，以内艰归。服阕，补工部左给事中。历任兵部都给事中、南京太仆寺少卿。以外艰归。服除，升任甘肃巡抚、都察院右佥都御史。累功晋延绥巡抚、副都御史。

隆庆元年（1567），改任河南巡抚。三月，入为大理寺卿。

隆庆三年（1569），升刑部右侍郎，后任刑部左侍郎。

隆庆四年（1570），改任户部左侍郎兼都察院左佥都御史。其年冬，升都察院右都御史，兼兵部右侍郎，总督陕西三边军务。历任兵部尚书兼都察院右副都御史、南京都察院掌院、南京刑部尚书、南京兵部尚书。

戴才去世后赠太子少保。赐祭四坛，崇祀乡贤、忠义两祠。

戴明说：

书追米董，画意清雅

荣为“渤海人文第的沧州戴氏”，清芬浓郁，文人辈出。据有关史志记载，有诗文传世的戴氏族人共 16 人，著述诗文集多达 30 余部。

清朝道光二十六年（1846）编纂的《国朝沧州诗抄》，收编有顺治以来沧州诗人 122 家，1396 首诗歌，其中戴明说（音 yue）、戴王伦、戴王缙、戴景、戴宽、戴寅、戴鸾图等 7 位戴氏族人的作品 211 首，占总诗抄的五分之一。家繁之盛，尤其清户部尚书戴明说一人就有《定园诗集》《定园文集》《历代诗集》《篆书正》《偶见录》《礼记提纲广注》等 12 部著述传世。

戴明说，号严荦，沧州人，甲戌进士。骞谔公忠，不畏强御，居官多所建白，载在史册。（康熙《河间府志》）

历任户部陕西司主事督通州西仓，吏科给事中，礼科右给事中、左给事中，兵科都给事中，太常寺少卿，大理寺少卿，太常寺正卿，户部右侍郎、左侍郎，都察院右都御史，河南南汝参政，广西布政使，刑部右侍郎、左侍郎，户部尚书，提督四译馆少卿，通政司右通政，太仆寺卿。诰授资政大夫。顺治十七年辞去官职。事迹载郡志。(《沧州戴氏族谱》)

戴明说，字道默，别号岩荦，道号定园，晚号定圃，晚年自号铁帚、行一。戴才曾孙。祖绍科，山东按察司佥事。父世愈增广生。有子戴王纶，通过科考，得中榜眼。沧州历史上只出现了两个榜眼，戴王伦即为其一。

戴明说，万历三十七年（1609）己酉九月二十三日子时生，康熙二十五年（1686）丙寅七月十二日戌时卒，寿 78 岁。天启丁卯（1627）中举人，崇祯七年甲戌（1634）中进士。官至大理寺少卿、刑部右侍郎，顺治十三年（1656）擢户部尚书，顺治十七年（1660）去官。诰授资政大夫。戴明说正直敢言，忠诚无私，不畏强权，在任上提出许多建言上疏，载于史册。

戴明说在任户部尚书时，因国家匮乏，有人议加征判公向，他说：“这是前朝失败的政策，只要我在职就不能重蹈覆辙。”在其守孝期间，官府发下檄文，要追交沧州欠狐皮等银八千两。戴明说知道此等项银已经赦免，就带着诏书去巡抚面前辩理，得以停征，使家乡数万百姓受益。

戴明说的母亲王氏知书达理，相夫教子，告诫子孙“不逊声色，不殖货利，是学问之根本”，为人要继承传统，要宿怨藏怒，要谨慎格职，但不畏强暴，不仅儿子为官清正，两个孙子也榜上有名。

戴明说，工书、画，墨竹得吴镇法，尤精山水。世宗时，赐以银质巨章，曰：“米芾、画禅，烟峦如觌，明说克传，图章御赐。”王铎评为博大奇奥，不让古人。天启五年（1625 年）作墨竹图，此图现藏故宫博物院。良熙五年（1666 年）作溪涧高隐图。著定圃集。

戴明说工书善画。作为画家，戴明说擅长山水，他的墨竹，学的是元代吴镇的构图和用笔，作品构图简洁明晰，竹叶往往向背纷披，疏密有致；用墨浓淡适宜，笔笔中锋，遒劲雅致；皴染的墨石，配上行云流水的行书款识，珠联璧合，清雅宜人。天启五年（1625）作墨竹图。此图现藏故宫博物院。

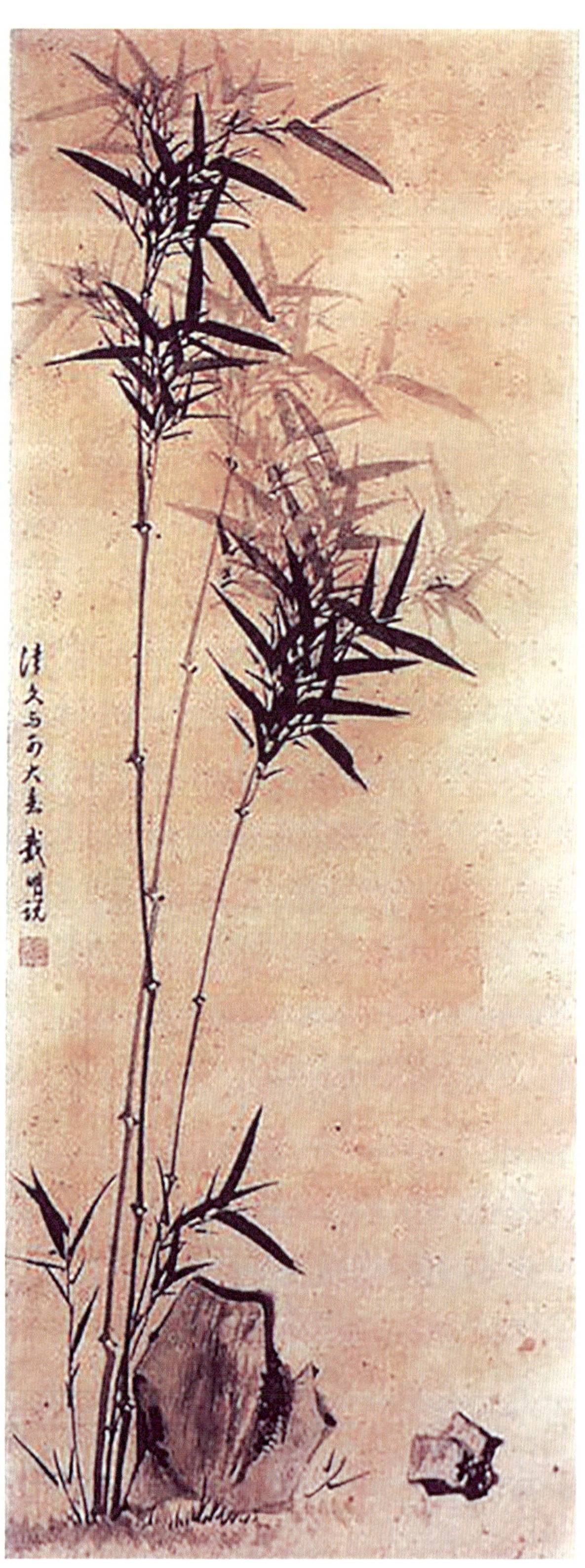

戴明说行草诗轴，绫本，纵 182 厘米、横 47 厘米，河北省博物馆藏。

清世宗曾赐予戴明说银质巨章“米芾、画禅（董其昌），烟峦如觌，明说克传，图章御赐”。东阁大学士、礼部尚书王铎评为“博大奇奥，不亚于古人”。王铎论及戴明说的书法亦说其甚有体式，渐有老成，有二王之风。其子戴王纶书法潇洒遒媚，亦自成一格。

戴明说是善书者，在这件作品中可一目了然，通幅作品写得干练，沉稳中不乏机警，虚实关系掌握得很好，不愧为书画高手。

顺治乙未（1655）仲冬，奉旨写画，蒙赐冠裘各一，银章一颗，赐御笔《老仙图》。

诗文选录：

蜀还行送杨莪萵入都

杨子长征入蜀时，疏林落叶相扶持。杨柳楼头不忍望，归来未厌春风迟。
自古人歌蜀道难，壮士未老头胪寒。夜火山黑虎睛烁，朝槎瀑跌蛟风攒。
纡曲秦蜀多古路，兴亡苍苍横薄暮。霓云低哭玉环坟，霹雳不死青牛树。
五丁妄凿天钩连，粪金梦醒贪人悟。汉川城中有拜台，定军山下生蒿莱。
逐鹿鼎分今已矣，钓鳌恢网胡为哉。缚鸡小儿撑地轴，逝骓错莫拔山哀。
羽扇巾帼两不来，北风吹之成尘灰。太白雪霰飞鸟绝，锦江花草垂苔莓。
山川不可极，去日将复回。孤马玄黄，夕阳淡颓。
生人到此，安能对之久徘徊。
自怜生理哀乐煎，与君且酌长鲸川。燕市珠美如花，劝君珍坠珊瑚鞭。
典貂裘，换麟脯。五侯门峻登龙苦，君行何处友钟鼓。

送杨莪萵入蜀

剑倚峨眉霜鬓寒，孤臣五夜独攀鞍。
岘山剩有江湖泪，别过羊公仔细看。

青县

畿邦初占地，朝议又兴屯。谁引河边骨，来依楼上魂。
畏兵穿小户，避赋去颓垣。舅氏今垂老，荒尊到古原。

题王西樵年丈小像

鹿寨今将问，能封草径无。岳摇惊句老，月定爱禅枯。
尔我千秋外，曹刘一代孤。平山遗落照，莫误洗桐图。

西沽

长风摇海气，日在大河西。诗老惊驼背，途穷妒雁泥。
柳营村牧避，桃口晓沙迷。谁寄文房梦，河间认旧溪。

戴明说的书法具有鲜明的明代书法特征，和他的绘画渊源一样，其用笔源自米芾，并深受董其昌的影响，而较董其昌更为纵横恣肆。

戴明说生活于明清之际，他的书学思想不可避免地受到明代，特别是晚明书风的影响。将心学和禅宗哲学融会在书法之中的董其昌，渲染着一种似乎不食人间烟火的萧散古淡的意境。而黄道周、倪元璐、王铎、傅山等人则以“敏而好古”为标帜，追求雄强、激烈的风格和对动荡的内心生活的表现。戴明说可以说是受到董其昌与王铎的双重影响，正是在这两者之间，他找到了自己的落脚点。从他的书法中可以找到董氏的巧妙、淡泊，也可以窥得类似王铎笔墨狂放的一面。

与其同时的著名画家吴伟业在《梅村诗集》中曰：“明说善书画，尝赐召见给笔札，丹青墨宝，照耀殿壁，长缣短幅，淋漓墨沉。”清世宗曾赐予戴明说银质巨章“米芾、画禅，烟峦如觌，明说克传，图章御赐”。可见皇帝对戴明说的书画极为推崇，把他视为当朝的米芾与董其昌。这即道出了戴明说的翰墨渊源，亦讲出其在书画坛中地位之可观。

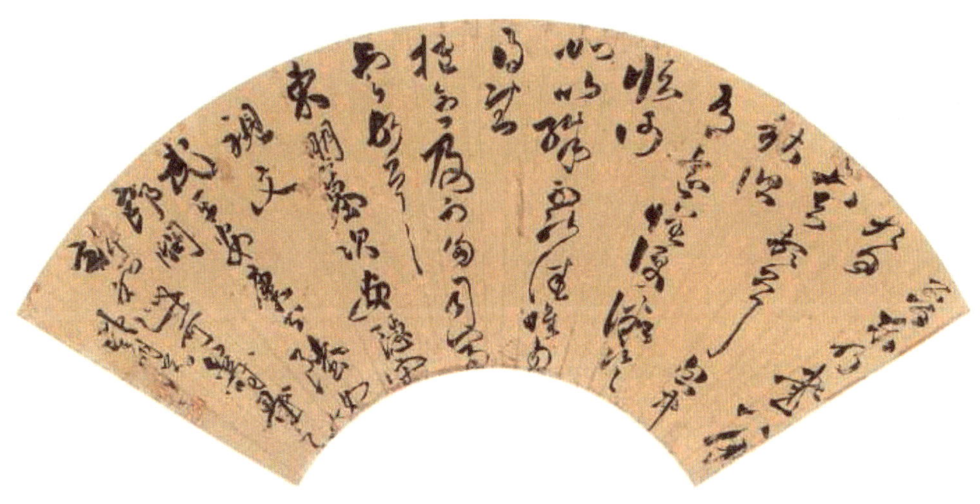

王铎（1592—1652），字觉斯，号嵩樵，河南孟津人，明末清初，以诗书闻名。明天启中进士，明崇祯十六年（1643）任东阁大学士，官至礼部尚书（未赴任），在南明弘光政权中官至大学士，清入关后降清，曾任礼部尚书、官弘文院学士，加太子少保，清顺治九年（1652）病逝，谥号“文安”。

王铎与戴明说相识于戴任职户部之后。明崇祯十二年（1639），王铎曾为戴明说作《临帖轴》，同时也向戴求画。《见戴给谏岩荦画山水甚奇，求之以歌》云：“戴君多学未易测，人知封事救时棘。不知诗画皆古人，虚远孤高不着色。胸中元气不可当，恍惚蛮山就沧浪。千岩万岩造尽，心渐深入精神生。居之可以顿忘老，苦被官缚入不蚤。我虽忧时壮浓，道难可容写出祝融谷，添染江山浓淡峰。”此时的王铎正处于失意之中，在上一年与杨嗣昌的斗争中，他被降三级照旧管事一二，而他的几位友人如黄道周、刘同升、赵士春、何楷、林兰友、马思理等则结局更为悲惨。在诗中，他自称忧时却不为所容，而戴明说创造的山水田园正是他向往的栖身之所。

崇祯七年（1634），戴明说在戍守汝南道时，李自成攻克北京，戴明说投降。顺治元年（1644）李自成败，逃出北京，戴明说回到原籍。据《清史列传》七十九卷 · 砺式臣传》记载：“本朝顺治元年六月……戴明说荐起原官。”

顺治元年（1644），戴明说入清为官，顺治二年（1645）五月，迁太常寺少卿。

晚明时期，世人皆知国家极其腐朽，民众涂炭。可以说，戴明说投于李自成马下、清人招降又再次入朝，都是实现自己为官之志的一种选择。

清顺治二年五月十五日，王铎在南京降清。同年九月，王铎随多铎赶赴北京，十月到达北京。由此，王铎再次与戴明说同在朝中为官，此时二人相识已有十余年。

入清之后，王铎与戴明说毗邻而居。二人除同在明朝为官，随后降清的经历外，又都有另一段相似的政治经历。王铎曾在南明弘光小朝廷任次辅，心中确实有中兴之业，他所拟奏章非常多，涉及各个方面问题，但其艰辛“如哑人吞黄蘗，最苦之味，填在心区”。王铎为保全南京城民众的安危，选择投降清廷，在历史大潮流下承担起家国民生的责任，却没有得到下一任王朝的信任。二人都曾以为在新的权力中心能施展自己的抱负，但在现实中事与愿违。

二人有频繁的书札往还。在顺治三年（1646）三月的一封信中，王铎视戴氏为挚友，以雅道相尚：“长安中风尘鳖鳖，足下独窥雅道，日与昔人古处，锐于饥渴，左提右挈，行当狎主葵丘。仆以邾莒从事焉，然不敢不勉，但恨仆瓮天蠡海，其何以自策也，执鞭弭以仰沫于坛坫之下。”二人的诗文集中也留下了大量共同游览或是宴集的诗作，如《定园诗集》所收《同王觉斯学士游紫芝白石山房》《感敬哉贻酒，东王觉斯学士》《闻觉斯与玄道士拟山游有念四首》《于石氏医室赠山水图，同觉斯》《同觉斯夜坐》《周计百画竹行》等。《拟山园选集》诗集收《崖内东道默》《道默、文衣同坐汪洋斋》《孝仲招集远心阁前院，同岩荦、雪航》等。他们的共同友人有王崇简、黄甲第、周治、孙承泽、孙昌龄、张鼎延、宋之普、乔鉢、赵进美、宋琬、孙廷铨、吴达等，其中不少是降清贰臣。

顺治三年四月，王铎为戴明说作《临阁帖卷》。此卷卷尾有题跋：“丙戌夏孟雨霁，时和作诗二首，诵左传廿七页，同九舅碧云披观书史，时岩荦戴先生过我茅舍，以良纸求书，为之摩古，以见字学匪师心强回笔端也。”由落款描述的情景可知，当时正值盛夏，雨后王铎又与其九舅碧云讨论《左传》观书史，雅致正浓，可见王铎并未邀请戴明说，戴不请自来，证明两人关系极好。且戴明说是带

着良纸而来，自是符合王铎的心意，二人之间已有相互默契的情谊。戴明说此行正是向王铎索书学习古人笔法，在“纸墨相发”的情形下，又正值“时合气润”，自然能收获王铎精心之作《临阁帖卷》。

顺治四年（1647）六月，王铎为戴明说《竹石图》题字，内容为“笔势崚嶒，殊自孤高”。仅八字简练涵丰，自是王铎对戴明说画作艺术水平的肯定，其中同样包含王铎对戴明说内心世界的解读：二人皆为降臣，在朝中共鸣强烈，虽名节已亏，寄人篱下，但绝不做奸佞小人，坚守清白。

此幅《竹石图》中，翠叶繁茂，有干云冲霄之姿，其下湖石如虎，笔致倔强，是戴氏画中很精的一幅。尺幅极大而保存良好，明黄的绫本与湛然的墨彩相映，令人心神俱畅。此轴以淡墨作石，以重墨写竹枝，翩翻飞动，迎风作态。用笔迅疾，而疏密浓淡无不得宜，气韵兼胜，功力毕具，是其精作。

戴明说的这幅《竹石图》，现为石家庄文物管理所收藏。戴明说时任大理寺少卿，而王铎已经是太子少保、户部尚书、文渊阁大学士，荫中书舍人。而且王铎要比戴明说年长 16 岁，二人的交往并没有因为官职与年龄的差距而受到影响。王铎在一封给戴的信中写道："画寂寂无余情，如倪云林一流，虽略有淡致，不免枯干，尪羸病夫，奄奄气息，即谓之轻秀，薄弱甚矣，大家弗然。"而由此可知，戴、王二人友情甚笃，且自有默契之谊。

同年八月，王铎为戴明说诗《定园诗集》作序，《定园诗集》王铎序："道默与予交者十余年矣，贫见其字，又见其画。后居同巷，又见其诗……吾于道默之诗大有期也，字画小道，且不精不大不尊。"王铎对其诗文评价极高，书法上王铎是戴明说的前辈，可以说二人在诗文上可互相借鉴学习。

顺治八年（1651）在王铎辞官回乡之前，两人往来都十分频繁。在王铎受命祭告华山前，作诗《喜出京》："侥得出京甸，飘然寄远纵。"可看出王铎时下已有归隐之意。其实早在顺治二年，王铎就有归隐之意。翻阅王铎顺治元年后的作品，尤其是行草书立轴与长卷作品，内容大多是与朋友往来的赠诗，并且此阶段跋古人名书字画数量较多，顺治三年一年之内跋古人书画就达 12 幅。王鑨《红药坛七言律》卷五《哭觉思长兄》称："社稷存时曾恸哭，乾坤劫后已虚无。"张彦缙在《依水园后集》卷二《王觉斯先生传今》中也曾写道："先生从军麾人都，天子拜官如旧，时年五十四矣。先生欷歔泣下曰：'吾之壮也，且幽折三十年，志未明，今老矣，不能报恩。于是顾诸子勉以宣力事圣朝，自是颓然自放……'"以上均印证了王铎《喜出京》中渴望归隐的真实想法。

顺治八年四月，顺治帝亲政之后，王铎奉命祭告秦蜀，归途于汉中罹患重病，次年二月卒于故乡。启行之前，他曾有书致戴明说，索画及诗，以壮行色。《与戴明说》云："望先生作送弟诗祭山渎，为光重。""大笔山水画超迈绝伦，与古人齐，世鲜有深知者，大眼非易遇也。弟治装，欲囊中载奇峰萃凤而南，时一展观，如对先生耳。"戴明说亦称："祭告秦蜀之役，先生急索余画及俚言为别。"戴明说所作诗即《送王觉斯大宗伯祭告秦蜀之行二首》。戴明说对王铎祭告之行，多是对其路途平安顺利的一种祈祷，此时王铎已年过花甲，戴明说却刚过不惑，正值当年，自然想不到是最后一别。

戴明说为王铎作山水一帧，王收到后有一回书：“画至此，苍老秀润，有骨有神，弟喜甚，捧之夸耀十人，如此精诣，外人安得知乎？谢谢。裱之，携之行李，又有一华岳矣。”“骨”与“神”是王铎评论古画所用的术语，这幅山水，王铎装裱之后纳之行李，果真是壮游之具。

顺治八年冬，王铎由蜀归家后抱病服药，于孟津城内魂归故里。戴明说闻讯沉痛思友，在《定园诗集》之《寄王籍茅书》言：“不佞旧奉尊大人书画教，继复以俚什见之前长安忧悄中……”又在五言律诗《新郑过友园》中写道：“昔觉斯先生曾聚饮，书大草数十幅。”王铎酒后书写几十幅作品，数量委实令人吃惊。曾经王铎有“用字换官”的机会，明未灭时，魏忠贤让心腹求其字十幅，王铎掷其绢于

地。王铎是看重朋友之人，在其眼里朋友间的情谊远大于“求官”。此诗中戴明说还写道，“尚书今不见，雪夜怅良逢”，表达了他对旧时光景的怀念，同时，也能感到他对朋友去世难以释怀，想念非常，对王铎的殒世心中很是痛惜。

王铎去世之后，戴明说在写给其子王无咎的信中，忆及王铎对他的教诲。他自称旧奉王铎书画教，继复以诗歌见知。在整理行箧时，看到王铎所寄断简残批、藏歌积札，不禁声泪俱下。在所作《遥哭王觉斯尚书四首》小序中，戴明说再一次谈及他和王铎深厚的友情：“觉斯先生文祖周秦，诗字综汉魏晋唐诸家。向馀掖垣辟咡，乙酉后乃比邻。每勉余曰：公画胜诗，诗胜字，画道渺穆，难世语，诗字微绪岌岌乎曷？余生后先生，其何以副先生之策彗也。”他将王铎对他的评价与勉励视为一种鞭策。在诗中，戴明说提到他们毗邻而居，时有唱和：“北地每怜评旧史，东邻久许和新章。”而王铎的书画则令戴明说激赏：“笔腾骏骨乾坤老，画悟峨眉雷雨馀。”他也引王铎为知音，在买醉中他们有着共同的愁绪，又都熟知对方书画的深意：“许我能知愁里醉，微君能解画中诗。”

由于王铎、戴明说的贰臣身份，所以在历史中的地位并不高，尤其戴明说所存史料不多，但其书画造诣是值得肯定的，王铎曾评价他：“博大奇奥，不让古人。”王铎的书法造诣在其存世时就已声名远播，朝中权贵宴请求字，但在乾隆时期归入贰臣勺舀，书坛渐失王铎书法，对于书法传承和创新来说，都是一种损失。

戴明说生前曾遇顺治帝的隆恩，死后又被贬为贰臣，这样的大起大落，让人再一次感慨历史的残酷。世人的评说已不重要，戴明说的书法便会让他不会淹没于历史的洪流之中。他的丹青墨宝，在清朝可以照耀殿壁，想必在今日，也能被世人所瞩目。

李柳西：遍访遗民，记录兵祸

李柳西，本籍山西洪洞，永乐中迁民实畿辅，柳西迁于盐山，居杨二庄东之洼湾头。以东邻汉之柳县，自号柳西，原名竟佚。当靖难兵往来河间以东，沧盐民忠义奋发御之境上。燕王怒，赤其地。柳西至盐青磷白骨，震怵心目，遍访土人，得其遗事，私著《义民录》一书。恐遭刑禁，藏之子女，遗嘱永不得示人。燕王屠戮义民事，当时以为深讳，稗官野史无敢志者，惟此书是以补正史之缺。而柳西子女泥于祖训，明鼎革犹不敢出，竟至散失，论者惜之。时盐场南所犹未大衰，柳西因业盐，为盐户，遂著《杨二镬志》，于当时盐场源流建置载之亦详。（民国《盐山新志》）

李柳西，本籍为山西洪洞，永乐年间迁民用于充实国都周边，李柳西迁于盐山，居住在杨二庄东面的洼湾头（今黄骅市羊二庄镇洼湾头村）。因其东面与汉朝时设置的柳县相邻，自号柳西，原名竟然无记载。

明初“靖难之役”，燕王所率靖难之兵将沧州周围地区的居民几乎屠杀殆尽，也就是民间传说的“燕王扫北”。广袤荒野，只见残垣断壁和难民的遗骨。

李柳西到盐山后，看到到处青磷白骨，残壁废墟，触目惊心，震惊不已，于是遍访当地百姓，知悉旧事，个人著就《义民录》一书，真实地反映了当时目不忍睹的惨状。李柳西害怕因此触犯刑律，为避免杀身之祸，让子女藏好此书，留下遗言，叮嘱其后人：永远不要拿出来让人看到。燕王屠戮义民之事，当时被认为有很大忌讳，稗官野史没有敢记录者，唯有此书用以补正史之缺。但李柳西子女拘泥于祖训，朝代更迭，依然不敢把书拿出来示人，以致最后散落无存。人们谈论起来感到很可惜。当时盐场南所还没有明显衰落，李柳西日常所业与盐有关，为盐户，于是著《杨二镬志》，对于当时的盐场源流建置记载得也很详细。

关于“靖难之役”和明永乐移民

朱元璋建立明朝后，将其 24 个子侄分封全国各地为藩王。第四子朱棣为燕王，驻守燕京北平（今北京），苦心经营 18 年后，成为藩王中势力最强者。

洪武三十一年（1398）朱元璋病死，太子朱标早夭，皇孙朱允炆继位，他感到藩王们对他的权力威胁，与大臣齐泰和黄子澄共议，采取了削藩措施。朱棣王位受到威胁，为了保住王位，打出诛“奸臣”齐（泰）、黄（子澄），为国“靖难”的旗号，于建文元年（1399）起兵。主战场是济南以北，河间与德州一带，即山东北部，河北南部，沧南一带遭屠杀最甚。

建文二年（1400）冬季，朱棣派部将谭渊率部佯装攻辽东，途中奔袭沧州城（今旧州），一路避开大道到达沧州。沧州守军仓促应战，战争打得非常惨烈，燕军从城东北角拼搏登城，一举攻下沧州，沧州守军都督徐凯被生擒。

当时，燕军杀死守军 1 万多人，活埋三千投降士卒。沧州军民被杀 6 万余人。内外几乎被杀戮一空，出现了活埋、杀死军民的“万人坑”，旧沧州彻底被毁灭了，战后州治移至长芦（今沧州市区）。

“靖难之役”历时三年十一个月之久，燕军到处受到当地军民的抵抗。燕军与朝廷军南北拉锯式的战争，害苦了百姓，燕军所到之地烧杀抢掠，尸骨遍野。民间把这种来回拉锯式的战争，特别是从南打到北，民间称为“燕王扫北”。

盐山十四户村原为古村，燕军到时只有十四户人家藏于窖中，幸免于难，村名遂改“十四户”。今以“留舍”命名的八个村庄，那时也只留残垣和少量房舍。后来的移民被称为“留舍”。赵河《张氏祖谱》记载云：“大明燕王，杀灭北直，志不遗类，渤海人民为之一空。”

“靖难之役”是历史上发生在直隶（今河北）的一场残酷的战争，战争区域人口几乎灭绝，为有史以来一场灭绝人性的战争。

“靖难之役”后，移民成为立国之急务。据记载，明朝先后数次从山西的平阳、潞州、泽州、汾州等地移民，他们中经山西洪洞县的大槐树处办理手续，领取“凭照川资”后，向全国广大地区迁徙。

通过这种方式，明初经洪洞县大槐树处迁往全国各地的移民，达百万人之多，其时间之长、规模之大、影响之深，不仅在中国历史上是空前的，在世界移民史上也是罕见的。

永乐初年，大批移民从山西、江苏、山东等省迁入沧州。尤以来自山西洪洞的最多，洪洞人口稠密，自然就成了重要的移民集散中心之一。当时官府在洪洞县城北的广济寺设局驻员，办理移民事宜。广济寺旁有一棵长势茂盛的大槐树，于是就有了“问我祖先来何处？山西洪洞大槐树”的传说。

移民对故土难舍难离，为防移民路上逃跑，官府派官员押送，用绳子将移民胳膊捆上，人人相连，路上有人需方便时，叫押送兵解开绳索，完后再捆上。当今“解手”一词就产生于此。自 1404 年开始，陆续迁来的居民开始在这片土地上繁衍生息，几百年开垦耕作，逐步呈现了草茂粮丰的盛景。

天长日久，风月无情地淡漠了山西移民对故土的记忆，只有那离别时的大槐树，铭刻在人们心头，进而变成了故土象征性的符号，深深融入移民后裔的血脉中。

曹梅：

善理财税，清廉不染

曹梅，明代南京户部郎中，正五品。今河北省黄骅市旧城镇大六间房村人。史书对曹梅的评价很高：平易多惠政，为一时廉能之最。

《盐山县志》（清同治版）和《曹氏族谱》记载：

> 曹梅（1518—1573年），字子和，号龙洲，河间府盐山县大六间房村人。庚子（1540年）乡试58名，授户部主事，会试112名，廷试（1556年）二甲第45名进士，赐进士及第，诸大绶榜。开创40年盐山县无进士之空白。
>
> 癸亥（1563年）谪陕西华州同知、乙丑升直隶淮安府通判，丁卯（1567年）升湖广德安府同知。迁南京户部员外侍郎，贵州清吏司郎中。榷京师商税，于常数外积羡余银俱进诸朝，毫丝不染，为一时廉能之最。政事之暇，手不释卷。行性开爽，语文畅腴，度越品流，以居官清谨勤敏著称。今存诗12首，文2篇。

因为官政绩显赫，授奉政大夫，其夫人周氏也被封为宜人（明清时，五品官妻、母封宜人）。其父曹孜，明朝成化十三年（1477 年）丁酉科顺天乡试，第 36 名举人。任河南修武县知县，再调陕西沔县知县。有惠政，政尚和平，所至民皆悦安。

曹梅墓碑是在旧城镇大六间房村发现的，封土仍存，但墓碑已残破并断为四块陷入地下，仅有一小部分露在地面，其中较大一块字迹仍清晰可辨。

明朝墓碑在黄骅极少有发现，此块墓碑碑文是明代刑部右侍郎（后迁南京右都御史、户部尚书，死后赠太子少保）王好问撰文，翰林院编修刘元震（天启年间赠礼部尚书）丹书，篆额人则是篆修第一部《盐山县志》的河南卫辉府通判、邑人赵润。该墓碑为研究黄骅地方史、明史和古代书法艺术提供了极为重要的实物资料，是黄骅市历史文化的重要见证。

南京户部郎中曹公梅墓表

刑部右侍郎乐亭王好问撰文

翰林院编修任邱刘元震书丹

卫辉府通判邑人赵润篆额

公之先世，在玉田县雁红桥，与予乐亭相近，后虽南徙盐山，犹在畿内。故嘉靖庚子与予同举于乡，且与予同游国学，交谊密厚，后又同官南京。益敦夙好，迨其疾危乃执予手曰：不意今为异域之鬼矣，竟卒于客邸，其棺木殡殓予盖亲为经理，真异姓之骨肉也。

今择葬有日矣，其子尔恭求予表其行实，予见之，不觉涕泪潸然下也。乃为之详其始末，以昭诸今传诸后焉。按公姓曹名梅，字子和，号龙洲，高大父士元生，曾大父海，海生祖孜，孜举成化丁酉乡试，仕为河南修武尹，后调陕西沔县尹，政尚和平，所至民皆悦安。父显，义民官，性好施予济人急乏，后先相承，积德隆厚。公登嘉靖丙辰第。盐山自弘治壬戌后进士之科，天荒者五十年始得公焉。人皆谓必陟高显，乃授户部主政榷京师商税，于常数外积余银二千余两，俱进诸朝，一毫不染。继监兑小滩镇军需事毕，迥当路者所忌。乃左迁华州同知。值陕西乡试巡按钟公延之入院主试，其所取俱知名英俊，遂迁淮安府通判，再迁德安府同知。随在靖恭，节次荐扬，乃迁南京户部员外榷扬州税。又积余银千余两进诸朝，继迁本部贵州清吏司郎中，检阅部志内载：洪武初立钞匠库廊以安集众工后，因钞停止，被豪强侵库廊为己业，乃具呈本部复行，题请归诸公家。每岁僦赁银二百余两，建立坊碑二座以为表识，二百余年蠹弊一旦革除矣。三年考绩蒙朝命推恩所自，考妣俱受貤封，时该超迁，偶得痰疾，竟不能起。己志未伸，群情未副，盖未喻天意之何居也。

公生于正德十三年九月初一日，卒于万历元年四月初五日，享年五十有六，诰封奉政大夫。配周氏封宜人，子三，长尔恭，次尔俭皆监生，季尔诚生员早卒。孙一、孙女五。葬在万历五年二月二十六日，县东北四十里许六间堂祖茔之次。呜呼！公之行性开爽，语言条畅，文词丰腴，度越品流。居官清谨勤敏，履历险夷，初终一节，宜大展施，而卒不获，乃寿亦不永，痛哉痛哉！世之欲知公者，其尚考征于予言。

——黄骅市六间房村曹氏先茔原碑

刘泽霖：修堤兴学，锄强扶善

刘泽霖（1626—1673），字雨若，号甘露。今黄骅才元村人。逝后葬盐山城西，后人移盐山西街居住。为官政绩斐然。清顺治戊子（1648）科拔贡，考授通判，借补河南陈州卫经历。缺裁调补山西沁水县县丞，升陕西汉中府同知。清康熙二年（1663）任凤翔府知府，分巡法道，诰授中宪大夫，奉部崇祀名宦祠。

刘泽霖著有《莅风简言》四卷。刘青武，刘泽霖长子，陕西清涧县知县。

刘泽霖（1626—1673年），直隶盐山城里人，拔贡，清顺治十六年（1659年），任汉中府同知。初，吴三桂驻汉中（1648—1658年），重利剥民，后移驻云南时，索债火急，百姓典卖子女，号泣遍野。泽霖挺身执法，逮治逼债害民者，又率先捐金，赎回男女数百口。泽霖尤留心水利。南郑旧有柳边堰（在今汉台区武家坝附近），为壅沙所坏，堤不能固。泽霖疏凿得宜，又栽柳固沙，使该堰复能溉田。

附《陕西凤翔府知府刘公泽霖墓志铭》：

邑知县即墨黄贞麟捐

广东领南道沧州张文炳茶额行人司行人沧州戴王缙书丹

余莅任之始，即与甘露刘公交知，其为同侻奇男子也。访以地方之利害事宜，必慷慨直陈，无所谓隐情。惜己者其处乡里族党间，尝为人排解份周，急扶危出于义激，虽顶罐弗吝面独不能容人之过，不肯受人之欺或谩骂面显斥其非，或搪发而如见其隐。以故乡里族党亦多有不喜公者，而究亦凉公之无他也。大约憨直之气本于天性，颇与余同而交益深。公或执性稍过，余亦不弹苦口，面辄乐闻益暖就余，家君肯武志向远大，执举子业问字于余，余乐得面磨础之务，期相兴以有成也。迨公一病不起，余哭之痛兹，肯武捧其行状。泣涕求志，余念莅盐三载、所称深交者无输公父子，今且行矣，曷敢以不文辞。

按公讳泽霖，号雨若，字甘露，其先滦州人也，明永乐二年迁于邑之才元镇，遂家焉。祖明庵公隐于耕，生五子，仲号冲寰讳国裕，即公父。笃行好学，以覃恩赠如子官，前母张氏赠宜人，维王氏早卒。母张氏赠宜人，刘氏今在堂，孝养如一日。公昆季五人，行一，生而此疑，不好嬉戏，六岁出就外名噪于乡。顺治丁亥补弟子员，有黉序。戊子科试第一，以贯恩拔贡考授别驾。己丑，依例改授河南陈州卫经历，裁补山西沁水县二尹，虽微员必尽厥职。己亥，升陕西汉中府同知。汉水灌田自古为利，年久堤坏，肆害特剧。而水利且因之不均起争端焉。公目击心伤，为筑堤若干丈树以桃柳行人，至今歌之，号刘公堤云。至于修学宫以养人材，锄豪强以扶善类，供应王师而一不办，体察民隐而无微不周，又设法酬金赎回民子女之质于兵营者，完聚千余家。此尤阴陟之大者。

癸卯，升凤翔府知府，复值王师南下，一切刍茭夫兴设处，给之无误，毫不累民面风属巨害，无如影射之难。清与积通之莫措，公悉心搜，别数十年夙弊。洞若观火，即申请上台，反复痛切直指。公至为流涕，题露者不数十万金。其余善政不可阐述，士民为刊《莅风简言》二册，皆实禄也。甲辰，题叙即升。戊申，以不善事上官，拂袖归里。自谓有田可耕，有子可教，且将尤游泉石，以终天年。何未及五旬，遽厌世而长往哉。宜人滕氏，秉性贞淑，自幼食贫作苦，常脱簪以佐公读，凡公事亲孝友于兄弟，抚养孤侄，皆宜人助成之。勤俭若将，终身不以翟袖易寒素也，先公十年殁于凤翔署中。侧室王氏，性颇柔顺，后公二日而殒。公生于前明天启六年九月十六日卯时，卒于国朝康熙十二年二月初六巳时，享年四十八岁。子五：青武，拔贡；绪武、捷武、瞻武、接武皆庠生。女三，孙二，孙女四。今卜康熙十二年十一月二十五日合葬于县城西之新阡铭曰：

呜呼！以公之少负不属，磊落而多英也，胡不一列乎科名。以公之宦辙所历，随处而有声也，胡不晋陟乎公卿。以公之壮岁归田，课读而课耕也，胡不登年以观厥成。呜呼！留一已不尽之福将以贻，夫奕世敷前人未竟之业。期以卜诸佳城。惟公夫妇，偕彼小星。尚其含笑九原，伫见后嗣之峥嵘。

注：《陕西凤翔府知府刘公泽霖墓志铭》载同治版《盐山县志》（金石下）。

黄贞麟，字方振，号振侯。山东即墨人，顺治十二年（1655）进士，康熙九年（1670）任盐山县令。刘泽霖，才元村人，解甲归田后，葬于盐山西新茔。至后人迁盐山西街，称西街刘。人才辈出，刘曾璬为八曾之目，刘庆凯等均为盐山一时望族之秀。张文炳，沧州人，清顺治三年（1646）进士，授中书舍人。戊子年陕西副主考官，仕至布政使参议。

戴王缙，戴明说仲子。联捷进士，选南昌府推官，以回避改迁扬州推官，复裁缺，补山东德平知县，升监察御史、两淮盐运使。

该铭文的点睛之笔是“不善事上官，拂袖归里”。人生留下缺憾，不会应酬的刘泽霖，英年早逝，惜哉！

于履平：急公好义，扶危济困

民国 22 年《沧县志》卷八《人物》记载：

> 于履平，字衷和，大科牛村人。清嘉庆丙子（1816 年）科武顺天中式第 72 名举人，己卯科（1819 年）会试中式第 16 名进士。钦点御前侍卫。性清介，笃友谊。遇有急难，锐身任之，推与其末也。尝有贫苦卖妇者，为赎而归之，夫妇感泣去。遇弟友爱，而教必严。

今黄骅李村、大科牛村于氏收录《黄骅史稿》的明清科举人士达 26 人，是境内科第家族之一。

“沧州八大姓”中的于姓在沧州占据重要地位，分南北两支。南支尊栾公为一世祖，子孙主要在今沧县东于桥、史家堤等处；北支尊福公为一世祖，子孙主要分布于今黄骅、沧县、青县、天津大港区崔庄、道口和沧州市内。栾公、福公为叔伯兄弟。明永乐二年（1404）从山东文登大水泊迁沧州，分两地占产定居。

沧州南北两支于氏世代以耕读为业，诗书继世。男以孝闻，女以节显。文化渊源深厚，能人志士层出不穷。数百年间尤重儒学，读书业儒，务学而好问，亲师而取善，登庠序擢科名者延绵不绝，代不乏人，可谓济济照人耳目。

于履平，于氏北支十一世。嘉庆丙子科（1816）武乡试中式第七十二名武举人，己卯恩科武殿试金榜三甲三名，赐同武进士出身，授蓝翎侍卫。

于履平性情耿直清正，重情重义。凡遇到急难之事，都会挺身而出，勇于承担风险。曾经有一家贫苦人士，为了生计不得已卖掉妇人，于履平赎回了妇人，把她送回家中，夫妇感激涕零。对于兄弟，于履平非常友爱，但是管教起来必定严厉。

《嘉庆朝起居注》记载：

> 己卯年十月十九日戊申，兵部将新科中式武举徐开业等带领引见，上钦定甲乙分别营卫用，一甲一名徐开业授为头等侍卫，一甲二名秦钟英、一甲三名梅万清授为二等侍卫。二甲之杨录之、赵毓柱、谭龙光、吕恒安、张同道授为三等侍卫。三甲之陈大魁、马善宝、于履平、张承浚等十人授蓝翎侍卫。常景运、计锦珩、关彪等十三人俱以营守备用；何明德、朱鹏飞、王德成、杨銮等十二人俱以卫守备用。

于履平身材高挑，气宇轩昂，一表人才，武功扎实超群。一次大内举行武功竞技，一名身怀绝技的侍卫一个扫堂腿能断六根木桩，于履平一个扫堂腿能断八根木桩，令众侍卫折服。

一年嘉庆皇帝举行木兰秋围。打猎过程中，一只硕大的黑熊中箭发怒，径直向嘉庆帝冲来，情急之中，一侍卫拉弓射箭未中要害，于履平抽箭上弦，一发饮羽正中咽喉，黑熊倒地而亡。嘉庆帝目睹全景，一颗悬着的心终于放了下来，马上把于履平擢升为御前侍卫。

清制，御前侍卫一职由满蒙勋戚子弟和少数武进士担任，汉人担当此职实属少见。况且御前侍卫一职常在皇帝身边，待遇很高，地位非常尊贵，也是一种特殊的政治待遇。更重要的是，仕途的升迁调补途径宽松。

宫中一管事太监见于履平年轻有为，深得皇帝垂青，他日必成大器，设法巴结攀附。一次，太监要求和于履平结为兄弟，遭到于履平严词拒绝。碰了灰的太监恼羞成怒，总想方设法陷害于履平。一天，管事太监吩咐一名小太监假冒贵妃之命传于履平到贵妃寝宫。于履平不知是计，如命而至，寝宫内空无一人。正在待命，管事太监带一伙人来到寝宫，见于履平身挎腰刀，诬陷于履平图谋不轨。皇帝听后勃然大怒，命将于履平推出午门斩立决。于履平身首异处，死尸不倒。围观众人见此惨相均说，身遭冤屈，身体不倒。后经查实于履平确系冤屈。皇帝也深为惋惜，予以平反昭雪。诰封于履平祖父于本世武德骑尉，诰封其父于焯宣武都尉，诰封其叔父于熊宣武都尉。

戴寛戴寅兄弟：
好学上进，诗文流传

乾隆八年（1743）修《沧州志·人物》记载：

戴宽（1678—1709），字敷在，号裕庵。李村人。起田间，幼颖悟，嗜学。游天津学于姑丈刘旭家，简练以为揣摩。岁庚辰，年甫冠。康熙己卯（1699年）庚辰（1700年）科联捷进士，官翰林院庶吉士。诗文新颖秀发，多逸趣。有《登吴山第一峰》句云："振策上吴峰，人在飞鸟背。吴越两邮亭，沧海一襟带。何处辨齐州？苍苍但烟霭。"一时传诵，称为阮亭（王士祯）后身，以病乞假归。清圣祖皇帝南巡，宽迎驾河干，温旨慰劳，赋诗八章，以记其事。卒年三十二，士林惜之。著有《裕庵太史剩稿》，今存诗百首。

戴寅（1680—1733），字统人，又字东溟，号敬亭。李村人。宽弟，聪慧绝伦。清康熙四十七年（1708年）举人，第一百八十四名。随兄至京师

与吴茂山、汪武曹、何屺瞻诸名士游，学益进，为文词千言立就。诗臻晚唐妙境，画仿宋元。尤工填词。著有《黑貂裘传奇》，远近传诵。授江西定南县、丰县知县。以事罢，性豪放不羁，不事家人产，贫甚，年五十五终。今存诗百首。

诗文选录：

鹰澶道中

戴寅

荒难催客梦，侵晓踏征尘。岭路余千折，山车衹一输。
帽檐低碍树，潭影倒句人。莫向东山去，山灵笑此身。

多景楼感怀

戴寅

无端风雨满山楼，楼外长江忽倒流。海气乍沉瓜步树，潮声暗送秣陵秋。

六朝割据僧粗记，一发中原我欲愁。往事伤心还极目，侧身天地叹浮沤。

旅夜

戴寅

孤馆残镫尽，矬窗落月斜。河声犹在枕，客梦已还家。

身世悲蓬转，风霜感鬓华。六千归路远，强半尚天涯。

戴锡恩父子：捐资兴学，义护桑梓

民国22年《沧县志·人物》记载：

戴锡恩，1843—1915年，字言，李村人。赐五品职衔。慷慨好义，资助读书士子，俾可成就。创设两级学校，自治研究所、戒烟会、保卫团，皆捐资首倡，底于完善而后已，士皆德之。庚子拳匪滋事，锡恩力辟邪说，全村未受其害。是年德兵过境，保卫枪械尽被掠去，大肆威吓锡恩，谒其渠魁，抗办不屈。支应费二百八十余金，独力筹塾，合村人民安全无恙，胥一人维持之力，村人至今衔感焉。

戴翼，1864—1946年，字鹏云，锡恩子，号贻谋。李村人。庠生，民间诗人、教育家。继父锡恩办学校，亲讲经书，今存诗176首，文3篇。

戴锡恩（1843—1915），字言，今黄骅市李村人，官赐五品衔。戴锡恩为人慷慨仗义，喜欢资助读书士子，使其能够有所成就。他创设了两级学校，自治研究所、戒烟会、保卫团，都是捐资首倡者，尽心尽力，直到事情完善。人人都颂扬他的高贵德操。

庚子年，有拳匪滋事，戴锡恩全力驳斥不正当的言论，全村未受其害。这一年，德兵过境，用于保卫的枪械全部被德兵掠去，并大肆威胁恐吓戴锡恩，戴锡恩见到他们的首领，抗辩不屈。德兵勒索二百八十余金，戴锡恩独力筹措。全村百姓安全无恙，全部靠戴锡恩一人维持之力，村人至今心怀感激。

戴翼（1864—1946），字鹏云，戴锡恩之子，号贻谋。秀才，民间诗人、教育家。戴翼继承父亲戴锡恩的风范，办学校，讲经书，今存诗 176 首，文 3 篇。

张昌龄：为官勤勉，辞官孝母

张昌龄，字寿延，号鹤年，回族，今黄骅东湾村人。监生。历任山东东昌府同知、东平州州同、湖北德安府（今湖北安陆）知府。诰授朝议大夫。

清光绪版《德安府志》记载：

> 张昌龄，盐山监生，乾隆二十七年（1762 年）六月任德安知府。母已高寿，申请奉养。
>
> 附：题报德安府知府张昌龄生母侯氏现年七十三岁，请准回籍终养。所遗专衔简缺应归部选。
>
> 兵部右侍郎，兼都察院右副都御史，巡抚湖北等处地方，提督军务，记录三次臣李因培谨题：为生母年老援例恳请终养事，该臣看得德安府知府张昌龄。据湖北布政使三宝会同按察使雷畅详称，该员有生母侯氏现年七十三岁，止生该员一人，虽有兄张宏奎，系嫡母尉氏所生，实属同父异母。援例详请回籍终养，准。武汉黄德道庐谦查明张昌龄任内仓库钱粮螳无亏空，政

务亦无怠忽，出具印结移司，详请终养，前来臣查定例官员，父母年七十以上家无次丁，准其终养。母年七十以上，虽有兄弟而同父异母者准其侍养等语。今张昌龄之母侯氏现年七十三岁，虽有兄张宏奎系嫡母尉氏所生，实系同父异母与侍养之例相符。查张昌龄心地明白办事稳妥应请准予终养。俟将来应补之日照例补用。除结送部并移咨直隶督臣。传取该员原籍印结就近送部，外臣谨会题请留。

贾云鹤：精习剑法，声名远播

贾云鹤（1831—1888），字飞仙，生于清乾隆年间，卒于清光绪年间，今黄骅市城关人，出生于武术世家，青萍剑第五代传人。

青萍剑术，传有百余年，是一套高雅、实用的稀有剑法，风格柔和、儒雅、舒展大方，适于健身，又雷厉风行，招不虚发，长于战阵，堪称武林瑰宝。

青萍，最初是古代剑器名称。东汉陈琳在《答东阿王笺》中写道："君侯体高世之才，秉青萍、干将之器。"传说主要有三个分支，即袁氏青萍剑、杨氏青萍剑和贾氏青萍剑。青萍剑术始于明末清初，是江西龙虎山天师府姓潘道号元圭的老法师首创。第二代传人是山东沂水县孟皎华，第三代传人是济南府临邑县冯希扬，第四代传人杨鄂林。贾云鹤是青萍剑第五代传人。

贾云鹤自幼习武，到 20 岁时，已练得身轻如燕，力大无穷。但他不满足已有成就，想拜山东省无棣县杨家集杨鄂林为师，习学青萍剑法。

杨鄂林查知贾云鹤为人正派，尚节重义，又为其诚心感动，决定收为徒弟。贾云鹤精心专学，加之有一定武功底子，剑术提高很快，深受其师钟爱，杨鄂林将青萍剑术全套三百六十五式悉数传给他。

贾云鹤满师回家。一年冬天，族人来找他，说有两牛一驴被匪抢走，贾云鹤立即带徒弟寻踪追去。追到毕孟村，见牛驴圈在一院中，贾云鹤便让徒弟将牛驴牵回，而他自己仗剑堵住房门断后。匪徒听到院中响动，拥出屋来，贾云鹤施展轻功，从小院到胡同，又从胡同到谷场，把众匪徒引得团团转，却碰不到他一下。匪首知道遇上劲敌，招呼众匪徒逃走了。

贾云鹤一直精习剑法，行侠仗义，扶危济贫，使青萍剑法声名远扬。贾云鹤将剑法传胞弟贾灵泉、亲表兄弟刘文石。贾灵泉传子贾耀亭。

刘文石传马云樵。马云樵苦练剑法，深得其中奥妙，曾护卫清代尚书李荫墀督学江南，纵横数千里，搏击甚多，未遇敌手。马云樵回乡后，倾心指教贾耀亭，使贾耀亭的剑法达到炉火纯青的地步。

经三代长期演练实战，青萍剑术不断发展、补充，形成了独具风格和六蹚（也叫六趟、六路；现仅见每路六十招式，合计三百六十五式之青萍剑法）三百七十三招式贾氏青萍剑。

青萍剑剑谱原序：

> 此青萍剑也，出于龙虎山天师府老法官潘真人，道号元圭。元圭传于沂水县孟教华。全系全真道士。孟教华传于济南府临沂县冯希汤，道号和玉。和玉传于武定府海丰县杨鄂林，字棣园。棣园传于盐山县城北大韩村镇贾云鹤，字飞仙。飞仙，余之表兄也，余与表兄最相得，及门授业，口讲指画，无密不宣。听受既久不无一得，虽然难言之矣。昔郭子仪著剑谱三十二卷，谱中五行生克、阴阳升降、寒来暑往等语，令人难以体会，是以仅凭遗文往往错讹误解，因而历赖口授以继衣钵。由于剑术卓越超伦，惟恐歹徒窃据，向有三不传之戒：不忠不孝者不传，无气节者不传，见利忘义者不传，传于匪人坐罪于师。今余备录剑名，非敢言谱，谨存以备遗忘耳。清道光岁次庚寅韩村镇刘文石序。

贾氏青萍剑全部套路六蹚三百七十三招式，结构严密紧凑，手眼身法配合恰

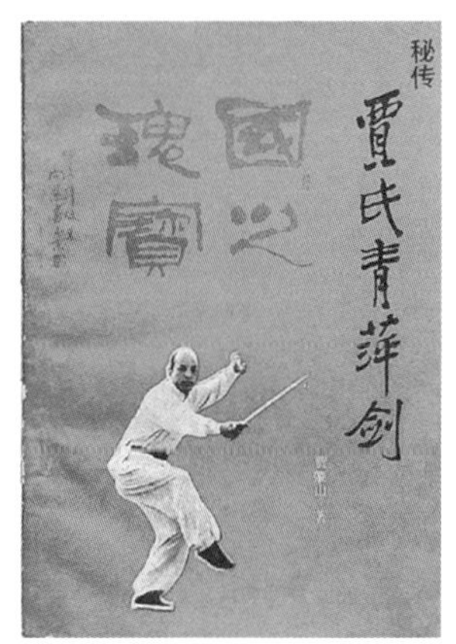

当，习练时刚柔相济，虚实相应，起伏转折，蹿跨跳跃，巧妙迂回，对身体锻炼比较全面。此剑包括击、格、刺、洗、斩、抹、剁、削、勒、截、盖、撩、拨、扫、砍、磋、扑、掠、扎、拖、钩、劈、提、搅、钻、冲、点、诱、引、托、撇、绞、逗、滚等三十六技击运用法，并有上中下三盘的姿势与动作，内容十分丰富。

剑路中既有取捷径迫敌之招，又有破擒拿、危中致胜之道。剑多连用，前一剑为后一剑设伏，后一剑奏前一剑之功。剑出虚实不定，欲左先右，欲右先左，出奇制胜。剑通阴阳，上一剑为阳，下一剑为阴，阴阳交织，反正相扣，变化无穷，神出鬼没。

此剑最突出的特点是，招数多，少重势，无花招舞姿，剑路近捷。每招每式都有实战价值，格斗中走最便捷的路线，注重于对方腕内二三寸，突出体现了以近取胜的特长。

另一特点是，每一招式都有一个形象雅致的名称。如迎风挥扇、横扫千军、灵猫扑鼠、双蛇出洞、回马插花、青龙摆尾、雪里寻梅、百鸟朝凤、玉虎旋风、童子抱琴等。

贾氏青萍剑既可每蹚单练，亦可一气呵成。它虽招式繁多，但多而不滥，杂而不杂，每一蹚都有自己突出的特点，练起来有如苍龙搅海，猛虎下山，拨云见日，别开洞天之感；更有蜻蜓点水，风浪跃鲤，长虹饮涧，渊中求珠之妙，对陶冶情操、增强体质、提高攻防能力可谓善莫大焉，不愧为剑术中的一枝奇葩。

贾耀亭：潜心剑术，传承光大

贾氏青萍剑，现已列入沧州市第一批非物质文化遗产名录。

贾耀亭（1877—1963），字丙辉，今黄骅市城关人，出身武术世家，自幼天资聪敏，记忆力惊人。贾耀亭从小习武，一点即通，练就了一身扎实的基本功，完整继承了贾氏青萍剑法，深得贾氏青萍剑法之奥秘。1933 年，贾耀亭受南京中央国术馆馆长张之江邀请，赴南京进行剑术观摩表演，赢得全场赞誉，张之江赠予七星宝剑。从此，中央国术馆方有青萍剑。

贾耀亭锐意进取，潜心研讨，对贾氏青萍剑的剑理、剑法、剑义，进行总结、提炼和发展，形成了独具风格的“贾氏青萍剑法”。他整理注释了四川峨眉山玉溪洞秘传本“八卦剑”“纯阳剑”，连同“贾氏青萍剑谱”，为我国武林三瑰宝。

贾耀亭思想解放，见识高远。为强民救国，他在家乡创办了文武学堂，传播青萍剑术和文化知识。抗日战争爆发后，他鼓励儿孙走上革命道路，参加抗日救亡和抗日武装。他深明大义，不为日伪政权的威逼利诱所动，拒绝到伪政权任职，耕种自食，忍饥挨饿，体现出一代习武之人的高风亮节。

贾耀亭与师兄马振祥磋商，优选出八式剑法，将青萍剑由三百六十五式发展为三百七十三式，修改部分剑式名称，重修《青萍剑谱》，撰写序言，使青萍剑术更臻完善。

贾耀亭打破戒律约束，开门授剑，授徒多人。1953 年至 1960 年，他在天津就养，仍在南开公园义务教剑。1963 年，贾耀亭去世。

刘若曾：维新修法，会审奇案

刘若曾（1860—1929），字仲鲁，号沂庵，今黄骅市旧城镇西仙庄人。为官政绩斐然，一生勤敏廉洁，品行端正，被称为中国近代求法独立之先驱。

刘若曾自幼聪颖好学，课满即考为秀才，进而中举。清宣统元年（1909）刘若曾被选入翰林院。后，刘若曾任长沙知府，从此，开始了他的仕途生涯。清授光禄大夫大理院正卿。宣统三年（1911）转任修订法律大臣，署法制院院使。曾会审清末四大奇案之春阿氏案。戊戌变法后，刘若曾赴美国考察，回国后，任直隶民政长、总统府顾问等。

为官期间，刘若曾不忘乡里，捐资兴学，解囊济贫，赈济灾民，备受敬仰。民国 18 年（1929）病故于北平。

今存诗 4 首，文 6 篇。生平家世，载光绪二十二年（1896）《顺天府乡试珠卷（刘若曾卷）》。

刘若曾自幼读书习文，后因家境穷困中途辍学，外出谋生，闯荡于韩村（今黄骅市城关）一带，被一老者收留继续读书。清光绪十一年（1885）顺天乡试第一名，23 岁中举，27 岁中进士。改庶吉士，次年任翰林院编修。

光绪十七年（1891）改国史馆协修官。

光绪十八年（1892）任正黄旗官学考校官、会试同考官。

光绪二十年（1894）任河南乡试正考官，次年改翰林院撰文官。

光绪二十三年（1897）任协办翰林院事，教习庶吉士，功臣馆纂修官。

光绪二十四年（1898）任奏办院事兼庶常馆提调官。

光绪二十六年（1900）授文渊阁校理，并捐款为家乡建学堂。

光绪二十七年（1901）任方略馆纂修官、国史馆纂修官。

光绪二十八年（1902）任八旗学堂副总办、湖南辰州府知府、长沙知府。

光绪三十二年（1906）任太常寺卿，同年改大理院少卿。

宣统元年（1909）刘若曾被选入翰林院。

宣统三年（1911）任修订法律大臣、内阁法制院院使、大理寺正卿。曾会审清末四大奇案之春阿氏案。后任大理院少卿，正三品。

在清代，大理寺是审查重大案件的“三法司”之一（另两个是刑部、都察院），“刑部受天下刑名，督查院纠察，大理寺驳正，而刑部之权特重”。19 世纪末 20 世纪初，在西方势力的不断冲击下，清政府不得不进行改革，实施一系列新政。

清政府在政治体制上做出了重大尝试：光绪三十二年实行“丙午改制”，对中央官制作出大规模调整。清廷当年颁布的一系列官制改革的上谕中，有一条对后世带来了极为重要的影响：“刑部著改为法部，专任司法；大理寺著改为大理院，专掌审判。”

随着这条上谕的颁布，诞生了当时的“最高审判机构”：大理院。这也被看作近代中国全新司法体系的建立。

戊戌变法后，刘若曾赴美国考察，回国后，于民国三年（1914）任直隶民政长、参政院参政、总统府顾问等职，为中国近代求法独立之先驱。

1921 年 9 月积极为家乡赈灾奔走、倡导救灾。

民国 18 年（1929），刘若曾病故于北平。

其子刘驹贤（约 1885—1956），近现代藏书家、书商，字伯骥，一字千里。

其家藏书甚富，他最喜收藏袖珍本与精刊初印本，如曾收藏有何焯手校本《文苑英华》全套、叶树廉校抄本《石林燕语》、吴瞟手校本《西斋集》等，元刻本《韵府群玉》、明嘉靖本《三谢诗集》、绛云楼旧藏《国史经籍志》等，其书店和藏书室名为“传经堂”“弼印斋”，藏书印有“千里过目”“刘千里所藏金石书画”“盐山刘氏伯骥印”等。病故后，所藏书被售于琉璃厂藻玉堂书店。

直隶民政长刘若曾（右四）

民国22年《沧县志》有《沧州救灾记》记载：

光绪三十有四年，岁戊申畿辅亢旱，赤地千里。自正月至于六月不雨，粮价翔贵，民夏子食，饿殍流离者道相望。直隶总督杨公士骧特为奏请平粜赈抚，捐缓租赋，朝廷立沛恩施，饥民全活者无算。沧州旱灾与毗连之南皮、东光、盐山诸县相等，邻境皆据实申报列入灾重之区。沧居诸县之中，独未能一律沾恩。大理院卿刘公若曾，慨然悯之，于是与学部侍郎严公修、翰林院侍讲学士李公士珍、三品军机章京华公世奎函达直督津守及沧牧，为州人力陈疾苦。遂蒙大府派员覆勘，其灾情较重者九十七村，续为上达。得缓催科，更于尤重灾区，由振抚司拨银三千两，设局平粜，以济民食，并请于顺直助振局派员查斯放冬抚。一时沧境灾黎不啻再生。二三父老感刘公拯救之德，嘱余笔之以表弗谖。余曰：诸君第知感刘公拯救之德，而不知公之志，更有在也。盖自秦汉以来，吏治日弊，贪五吏往往鱼肉小民，以饱其私，其居要津者，又以任重事繁，不及察民间细事，所以亿万生灵呼吁无门，不得不冤沉海底。虽人主有爱民至意，而其恩亦莫由下沛。今国家奋然立宪，政治聿新，林林总总者，皆引领以观盛治，公之为是举也。盖以宣皇仁、达舆情，破蒙蔽之固习，开自治之先声，从今上下一体，休戚相关。图自强而御外侮，将有深裨乎。中兴大局者，此乃公之本意。而岂徒系乎桑梓之私哉。夫士君子束发读书，便当以先忧后乐为己任，后世儒者读书之志不明，故其达也，于苍生亦毫无补救。

今公本平日之学，广同仁之抱，而隐然寓其为国为民之深心，此其志，概为何如？而顾区区持乡闾之颂祷，以为公荣，不且转嫌其隘哉。众曰：虽然不邀誉者，公之志也，而同声颂德，莫能自已者，乡人感激之忱也。是不可以强违，余既然其说，遂为之记。

注：本记作者刘树鑫。该记述说刘若曾进士为家乡父老受灾出力振呼，实为功德之举，应予发扬光大。身为大理院卿中央级官员的刘若曾，心系家乡灾情的善举，在今天也有指导意义。

为家大人七十微寿文启

家父兄弟五人次居第三，自幼读书敏悟过人。吾在先大父时号素封好，施济乡里称善人焉。咸丰戊午先大父举于乡，历署藁城县训导，嗣授南乐县教谕，在任十二年，兴学育才，息争弭乱，善政不可枚举。合郡奉为师表，南乐邑人刊石颂德，又尝请祀名宦，虽格于成例，邑人至今犹称道弗衰。先大伯父二伯父均壮年绩学有声库序。家父随侍先大父任所，饫闻庭训早岁入泮，后凡立身涉世，以至古人植品励学诸大端，莫不默识而详说之，周旋埙篪之间互体亲志。日相切劘故所造益邃。光绪五年，先大父疾终任所，家父哀毁逾制殆不胜丧，既又思人子当以继述为孝，益自刻苦，不沾沾为帖括计经史之外，兼通诸子百家，言服阕应岁试，以冠军食饩棘闱，屡荐不售，甲乙之间尝游京师典诸乡先生游。又日，阅邸抄稔知时事，日非科名无益于世，益进求所以救时安人之策。庚子拳教交间土匪乘问峰起，始以仇教为口实，继以抄泰相号召，居民一夕数警加以剿匪之兵。尾其后往往良莠不分，殃及无辜。

家父不忍坐视，出为斡旋。贼来议抚，兵来馈饷，又所居固大村，恐被焚掠但修好寨。身任其艰指费垫营始观成。而万家之安全得保焉。既而抚恤教民，色设专局而学教案兴，教民倚神甫牧师为护符，气焰不可向迩。邻村有被伊等藉端误陷者，如亲某某二命是也。有据实指控者，如杀某某三命是也。纠结经年，波澜迭起。家父周旋于神牧师之间，不避险危，据理抗争卒使虚者知愧。实者轻减，和平解决，人咸德之推为古道细宗。此乡之人所共闻共见者也。

惟兵赞之后，岁屡告灾，家计益落。及贡成均签掣县丞，或族敦劝分发到省。家父尝谓古之为贫而仕者多矣。以有代耕之标也。令则禄不足以养，非苟且你存不能以自活，诚若此，不持。不足荣吾身反以导吾亲。自此遂绝意进取教授，后进诱被常如不及，而馆穀所人恒分润或里之困，乏者一如。先大父时又精岐黄学，民国成立，尝往来津沽间，活人其多。向不受酬，今年七十矣。发尚全黑，齿牙不摆动，耳目聪明，犹日以临帖看书自娱。夏历正月十六日生辰，亲故议称觞以为寿，毓椿一再请命不许，且邮书训赵毓椿撰写的启文，毓椿谓当此时势得安居乐生足矣。何寿为汝能勤乃职即可以安慰吾心矣。毓椿窃自思维人子之事其亲也。莫大乎易扬。毓椿学行无似，不足以仰承，堂构羁迟差次以，交通阳隔不克迎养，窃念家父慧学励节而不遇于时。思得有道能文之君子，锡之寿言，俾得持献以为光宠，而藉以不朽当亦家父所乐闻，而毓椿谨百拜以求者也，无任主臣。

盐山赵毓椿顿首谨启

注：赵毓楼字授青，行一，关帝店村人。议叙从九品，候补巡检。官至民国开鲁县征收局长，开鲁县隶属内蒙古自治区。该启由刘若曾题写。

答刘仲鲁书

甲午（清）马其昶

往吾与足下游，至乐也。无旬日不见，见未尝不善旌，过相敕也，不见未尝不思也。别久矣，吾之情犹是也。前足下过此，甚喜，以为可谋永朝永夕之欢，竟不能然。譬之饿者嚵焉求哺，终不得食，斯已矣，尝鼎一指而挥之去，此人之情，能无怨望者哉！

辱书乞言于我，并承惠《中州名贤集》，多荷！多荷！仲鲁虚受之怀犹昔也。贤者进修之诣，岂一弹指顷所能测？又其昶方自愧德业无所就，虽欲效前时，有不知所为言者，顾盛指不可不答记。尝与孙佩公语：“境遇困人，贤者不免。”佩公深感动其言。盖非独贫约为困也，脱蓬累而之显，其困乃弥甚。《易》曰：“困于金车，吝。”

孟子之称大丈夫者，“富贵不能淫，贫贱不能移”。足下不移之操，吾既见其然矣，继自今当更有以观足下之处显也。《诗》不云乎：“靡不有初，鲜克有终。”士未有不始终坚持一守而能有立于世者也。

其昶开春即南返，自北归隐故山，与公等盖日远矣。天寒，惟朝夕珍摄。不宣。

译文：

过去我与您交往，十分开心。我们从不会超过十天不见面，一见面就会将对方好的品质大加褒扬，不足之处互相指正告诫，不见面一定会想念对方。到今天我们分别时间已经很长了，我对你的思念之情还是那样强烈。之前你到我这里来，我感到十分欣喜，本以为可以求得早晚永久欢快地相处，最终却不能这样。这就好似饥饿的人张口求哺，最终得不到食物一样。过往就这样结束了，好像望着满鼎的食物，我却只能用手指头沾来尝尝，不得果腹之饱，这样的人之常情，我能不抱怨且有所期望吗？

您屈尊写信向我寻求意见，我也并承蒙您馈赠《中州名贤集》一书，多谢！多谢！仲鲁您虚怀若谷接受他人之言的胸襟还像以往一样。贤能之人学业上达到的境界，怎么是你我短时间只言片语所能揣测的呢？而且我最近正惭愧自己的德行和功业上没有成就，虽然想要效仿之前，有时却不知自己所言，只是盛情难却不可不回答。我曾经和孙佩公说：“境况和遭遇使个人困窘不堪，贤能的人也不能幸免。”佩公被我的话深深打动。大概不只生活上的贫穷是困顿，假如漂泊流落却处于显要之位，他的困顿才更为严重。《易经》里说：“处于显位，未必一定就好，也可能遭到困难而带来悔恨。”

孟子称为大丈夫的人，“钱财和地位显贵却不能使他的心志扰乱，贫困和地位低贱却不能使他的志向改变”。 您处于贫贱时能坚持不移自己的操守，我已见到是那样的了，今后一定能看到您处于富贵时的好品行。《诗经》不也说嘛：“事情都有它的开头，但很少人能坚持到底。”读书人中没有自始至终能坚持自己的原则进而立足于世的人。

我开春时节就向南返回故里，从北方归隐故乡山下，以后和你们相见大概更是遥遥无期了。天寒气冷，望早晚添衣保重。不一一细说了。

注：刘仲鲁即刘若曾。刘若曾去信请教“避修之诸”，马其昶回信答复。马其昶（1855—1930），字通伯，晚号抱润翁，安徽桐城人，桐城派末期代表作家，清末民初著名作家、学者，曾任学部主事，后任京师大学堂教席。他出身翰墨世家，其祖父马树章，任太常寺典簿。其父，讳起升，议叙同知衔。

马其昶少时从学于吴山、姚思赞等先生。他聪明且发愤好学。稍长，受业于方东树，师事桐城作家方宗诚、吴汝纶。民国 5 年（1916），清史馆聘为总纂，主修儒林、文苑及光宣大臣传。凡一代的名臣宿儒流闻逸事，搜求极勤，撰稿内容颇丰，而又褒贬矜慎，成《清史稿 · 儒林 · 文苑》若干卷，实为有清一代的重要文献。该文载《抱润轩文集》第九卷。

马其昶的思想是正统儒家思想，有明显的保守性，但他经历了清末的变法维新运动和辛亥革命，时势对他有所影响。他在清末有一定的改良要求，在民国初年曾反对袁世凯称帝，但不激烈。

此文叙作者与刘生的友情，并勉以无论处贫处显，都要有“不移之操”。贫固然是困境，而有了显要的地位，也是困境，甚至其困更甚。因为有了权势，就可能滥用，就有人巴结逢迎，利用你来干坏事。因此，处于显境更应警惕，更要坚持节操。作者此论，一反常人之见，是很有道理的。

赵霆生：创建支部，发动群众

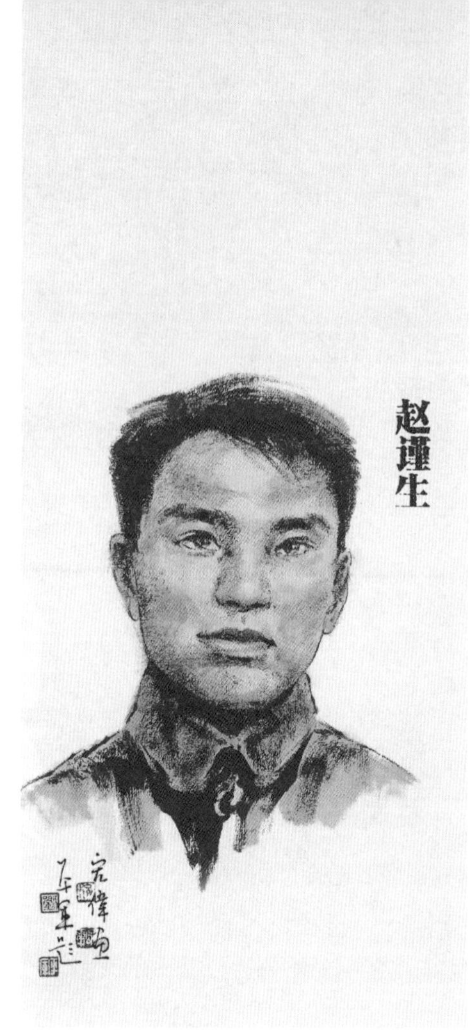

赵谨生（1881—1940），今黄骅市羊二庄镇张八寨村人，新海县中共党组织的主要创建者之一。

赵谨生幼时在本村私塾读书，后在许孝子学校任教。九一八事变后，津南地区掀起轰轰烈烈的抗日救亡运动，身为教师的赵瑾生，被轰轰烈烈的抗日救亡运动所鼓舞，面对国家和民族危亡，他的心再也难以平静，毅然抛下年已花甲的老母亲和尚未成年的儿子，于民国 22 年（1933）离开学校去汉阳寻求救国道路。1935 年，赵谨生加入了中国共产党。

由于新海县境内被地方反动封建势力和土匪武装所控制，反共顽固势力猖獗，进步力量还很弱小，党组织的活动只能秘密进行，为了便于开展工作，党员都以某种合法职业为掩护，进行单线联系。1938 年，赵瑾生调到中共冀鲁边区委员会。同年 10 月，他被特委派到新海县开展党的地下工作，秘密发展党员，建立党的组织，发动群众开展抗日救亡运动，他与韩道仁、辛日让、杨洪才取得联系，介绍三人入党，成立了新海县第一个党组织——孟二庄党支部。

在赵谨生领导下，经过艰苦的工作，党员队伍不断壮大，经上级党组织批准于 1939 年 3 月建立了中共新海县工作委员会，隶属冀鲁边特别区委，驻地孟二庄，赵谨生任工委书记。工委建立时，正值日军侵占新海县城，并在羊二庄设立日伪据点，新海县很快沦为日伪统治，党的地下活动面临更大的困难。赵谨生通过中华民族解放先锋队开展抗日宣传，派民先队队员打入敌人内部搜集、传递情报。

1939 年秋，工委与活动在新盐（新海、盐山）、新棣（新海、无棣）边境的抗日武装取得联系，并主动为他们搜集传递情报，在反“扫荡”斗争中，赵谨生领导党组织发动群众开展破路斗争，并在村周围挖了一道道交通沟，使孟二庄、羊二庄村的周围形成纵横交错的交通沟网，对阻止敌快速部队行动起了重要的牵制作用，对我军利用地形打击敌人起了重要作用。

1940 年春，正当新海县抗日斗争形势不断好转之时，赵谨生去向党组织汇报工作，途经望树一带时与日军遭遇，不幸落入魔爪，壮烈牺牲，时年 51 岁。

修缮后的赵谨生烈士故居

张之江：讨袁抗日，倡武救国

张之江（1882—1966），生于今黄骅市滕庄子镇留老人村，字紫珉，号子茳，别号天行。西北军著名将领。中国国术（武术）主要倡导人和奠基人。其为人重德守义，办事雷厉风行，刚决果断，是西北军五虎上将之首。张之江平时关心民众疾苦，并倡导、支持贫民教育。其治军严明，善吃苦耐劳，被冯玉祥赞为“饿死不作一声的硬汉”。

张之江幼年上私塾，随祖父攻读诗书，并习练武术。1901 年，张之江应征入清朝新军。起初为骑兵，先后参加辛亥革命时推翻清廷腐败帝制的滦州起义与反对袁世凯称帝的云南起义。在京郊南口大战中，任国民军总司令，缴讨军阀，有力地配合了北伐军胜利进军。后升至陆军上将。曾任察哈尔都统西北边防督办、代理国民军总司令、国民政府禁烟委员会主席。他在禁烟时展现出的决心和强硬的作风让群众赞为“第二个林则徐”。后建立南京中央国术馆，并出任馆长。1936 年，张之江选拔武术队参加第十届奥运会，声名大振，奥运会执行主席特命为表演队摄制纪录片，并授赠一枚荣誉奖章。

新中国成立后，张之江任全国政协委员，受到毛泽东等党和国家领导人的接见，1966 年病逝。

酷爱武术应征入伍，与冯玉祥成莫逆之交

清光绪八年（1882）七月二十一日，张之江出生于留老人村一个农民家庭。幼年家贫，自幼酷爱武术，八岁随祖父习武读书，练就一身好武艺。18 岁时应童子试，补诸生。

1903 年，清政府组建新军，施行征兵制，留老人村应征青年寥寥。张之江父亲是村正，送张之江应征入伍。从北洋常备军，张之江被选入常备军学兵营学习骑兵，因识文墨，升迁较快。

1907 年 5 月徐世昌任东北三省总督，邀张之江任新建北洋第一混成协骑兵营哨官。在军中，张之江接触了一些反满志士，阅读了揭露清政府残酷统治、主张维新的书籍，逐渐萌发了反清革命思想。

1910 年 9 月，张之江所在第一混成协与另外两个团合编为北洋陆军第二十镇，他任第四十协第八十标骑兵营排长。其间，与三营管带冯玉祥成为莫逆之交，经常一起发表言论，抨击清王朝的腐败统治。

1911 年 10 月，辛亥革命爆发，张之江受同盟会毓昆的影响，与新军将领王金铭、施从云等共谋滦州起义。12 月张之江参加滦州起义，被任命为骑兵司令，率一排驻守金山嘴，起义声势撼清廷之胆。

1912 年 1 月滦州起义不幸失败，冯玉祥被解职回原籍，王金铭等同志被杀害，张之江只身逃离第二十镇，化装潜逃上海，即上书上海沪军都督，请缨参加北伐革命。

同年，张之江被任命为晋北东路司令部第二等参谋，一度兼代东路司令官。3 月，冯玉祥重新任左路备补军（统领为陆建章）第二营营长，张之江入北京将校研究所学习。

晋升少将，反对袁世凯复辟帝制

1914 年 11 月，张之江回冯玉祥部供职，任第 16 混成旅（旅长冯玉祥）教官、参谋，从此成为冯玉祥的臂膀。

1915 年 12 月，袁世凯宣布接受帝位，推翻共和，复辟帝制，改中华民国为“中华帝国”，并下令废除民国纪元，改民国 5 年（1916）为“洪宪元年”，史称“洪宪帝制”。

袁世凯复辟帝制的活动遭到全国上下民众的强烈反对。12 月 25 日，蔡锷将军在云南发起讨袁护国运动，组织护国军与唐继尧、李烈钧联名宣布云南独立，并率军向北、向东进攻，次年形成全国规模的反袁斗争。

1916 年 1 月，护国军入川。张之江随冯玉祥与刘云峰部作战，讨伐洪宪帝制。3 月 25 日，张之江被授为陆军骑兵中校并加陆军骑兵上校衔，30 日，授为陆军骑兵上校并加陆军少将衔。

张之江与蒋鸿遇一起秘密见刘云峰，又单独去见护国军总司令蔡锷，多方奔走磋商，接洽停战。5 月 22 日，张之江促成四川将军陈宧反袁，宣布四川独立，第 16 混成旅改为护国军第 5 师，将当地游击部队与收编的川军合编成第 3 团。

冯玉祥任命张之江为团长，率部打败北洋军的反攻。

6 月 6 日袁世凯去世，7 月后，冯玉祥部队回驻廊坊。

击溃张勋复辟，晋升陆军中将

1917 年 1 月，冯玉祥被迫去职，张之江任第 16 混成旅骑兵营营长，驻防京畿。7 月，张勋复辟，冯玉祥下天台山讨伐，张之江率骑兵营在廊坊一带击溃了张勋的辫子兵。

1918 年 6 月，第 16 混成旅驻防湖南常德，张之江任第 16 混成旅第 2 团团长，负责城防治安，日本士兵入城时拒不接受岗哨检查，酿成流血事件。张之江命令，坚决打击日兵嚣张气焰，维护了国家尊严。7 月 29 日晋为陆军少将。9 月任第 16 混成旅第 2 团团长。

1920 年 7 月 6 日，冯军北返，驻军河南信阳，未参与直皖大战。1921 年 6 月，张之江随冯玉祥入陕西讨伐陈树藩。8 月 5 日，第 16 混成旅扩编为陆军第 11 师，冯玉祥任师长，张之江任第 22 旅旅长。

1922 年 4 月，第一次直奉战争爆发。张之江率部随冯玉祥进军河南赵倜。5 月 5 日，赵军偷袭郑州，张之江部军力单薄，仍奋力应战，在增援部队的配合下击溃赵部，驱逐了盘踞河南省多年的军阀赵倜。10 月，张之江任第 7 混成旅（由河南新募 5 团新兵中抽拔两团组编）旅长。

“北京政变”成功，加陆军上将衔

1911 年辛亥革命成功后，民国成立，清室退位。但不幸革命成果被袁世凯窃夺。从此，军阀割据，连年混战，国无宁日。

1916 年 6 月 6 日袁世凯死后，除了滇、桂、粤、晋等军阀割据一方，称王称霸外，北洋军阀逐渐分裂成三大派系，即段祺瑞的皖系、张作霖的奉系、吴佩孚的直系。各派之间为争夺权力，矛盾重重，斗争十分激烈。在这些实力派的操纵下，北洋政府总统频频更换，从黎元洪到冯国璋，从徐世昌到曹锟。

作为皖系首领的段祺瑞，把持北洋政府多年，虽未当上总统，但野心不死，其骄横跋扈深为直奉两系不满。终于，直皖战争爆发。1920 年 7 月，直系曹（锟）、吴（佩孚），联合奉系张作霖，一举打败了皖系段祺瑞，段祺瑞被迫通电辞职。此后，张与曹、吴得势，北洋政府为直奉两系所控制。但利益所驱，双方矛盾日益加剧。1922 年 4 月 29 日，第一次直奉战争终于爆发。结果，直系吴佩孚打败了奉系张作霖。奉军退回东北，宣布东北“自治”，闭关自守，休养生息。曹、吴则一手把持北洋政府，以中央政府自居。

1923 年 10 月 5 日，曹锟经过贿选当上了总统。而此时张作霖自恃军事力量日渐强大，遂于 1924 年 9 月 4 日致电北京，痛斥曹锟，并于 9 月 15 日向直军宣战。张作霖自任总司令，分兵三路，入关讨伐曹吴。总统曹锟急忙任命握有重兵的吴佩孚为讨伐军总司令，分兵三路迎击奉军。这样，第二次直奉大战爆发。

冯玉祥被任命为“讨逆军”第三军总司令，率部出古北口迎战奉系军阀的军队。17 日，张之江被任命为直军第 3 军第一路司令。21 日，冯玉祥部陆续自北京向热河开拔，以张之江部为先遣队。

10 月 19 日，冯玉祥决心发动“北京政变”，下达了全军班师回京的命令。

10 月 22 日午夜，冯玉祥率部返回北京，从城北的安定门进城。部队不费一枪一弹，包围了总统府，迫使直系军阀控制的北洋政府下令停战并解除吴佩孚的职务，监禁总统曹锟。

这就是震惊中外的“北京政变”，这次政变也称“首都革命”。

1924 年 10 月 24 日，孙岳与冯玉祥、胡景翼、邓宝珊共同发动兵谏，一举推翻了贿选总统曹锟政权，有力制止了军阀混战。随后，冯、胡、孙组建了国民军。冯玉祥将其所部改组为国民军，任总司令兼第 1 军军长，胡景翼任第 2 军军长、孙岳任第 3 军军长。

25 日，张之江等参加了“北苑会议”，受命率部赴杨村，迎战吴佩孚直系沿京津铁路的反扑。11 月 2 日，张之江旅与胡景翼军败吴佩孚军于杨村，俘其旅长潘鸿钧，将吴部击溃。

冯玉祥的部下、新任北京警备司令的鹿钟麟奉冯玉祥之命，驱赶末代皇帝溥仪。鹿钟麟率领了一支 20 人左右的手枪队从神武门进入紫禁城，手枪队首先将紫禁城的“护城队”缴械，而后命令溥仪在三个小时内交出玉玺并搬出皇宫，并在景山上架起了大炮对准了皇宫。当天早上，溥仪正在储秀宫吃水果，接到三个小时内搬走的命令后，他试图与英国师傅庄士敦和外界取得联系并得到帮助，但就连电话线也已被冯部剪断。溥仪派来谈判的人被鹿钟麟威胁道：如果不听话，那他就开炮。事已至此，溥仪随后颁布了退位诏书。下午 4 时，五辆汽车进入紫禁城。在遣散了太监宫女后，鹿钟麟胁迫溥仪及其后妃亲属离开故宫。载着溥仪和后妃以及货物的车队移出了紫禁城，他们暂时搬入溥仪父亲爱新觉罗 · 载沣位于什刹海的醇亲王府中。民国之后存在了 13 年的小朝廷，宣告结束。

1924 年 10 月 25 日，冯玉祥召开军事会议成立了临时的“摄政内阁”，决定请皖系军阀段祺瑞担任“中华民国临时政府”执政，电请孙中山入京共商国是。孙中山接受邀请，于 1924 年 11 月 10 日发表《北上宣言》，宣布对内要打倒军阀、对外要推倒军阀赖以生存的帝国主义，废除不平等条约。

孙中山北上后即病，1925 年 3 月 12 日病逝于北京。4 月 9 日冯玉祥驱逐段祺瑞，随即被奉系击败，撤出北京，在南口大战坚持 3 个月，后撤回至西北偏僻地区。

“北京政变”后，张之江升为察哈尔都统，兼国民军骑兵第一旅旅长，成为西北军首位地方大员。12 月 15 日，第 4 混成旅 3 个营在张家口哗变，劫掠全市。16 日，张之江率军前往张家口惩处前任都统张锡元之兵变，诱杀了叛兵 300 余人，内有团营长军官多人。

1925 年春，张之江任国民军第五师师长，在察哈尔积极进行经济建设，整顿财政税收，清除积弊，修筑马路，修建电话电报线，提倡畜牧，移民垦荒，建筑张家口清河大桥，因而受到百姓好评，美名流传一方。

5 月 1 日，张之江被加陆军上将衔。

冯玉祥通电下野，张之江代理国民军总司令

冯玉祥发动“北京政变”后，推翻直系曹锟政权，将所属军队改为国民军。与此同时，张作霖率领的奉军攻占了山海关、秦皇岛，直系军全线崩溃，吴佩孚无奈被迫乘军舰渡海南逃。

奉系在与冯玉祥的斗争中夺得政权之后，重新将段祺瑞推举为领导人。段祺瑞执政府成立，形成了奉系与国民军共同控制北洋政府的局面。而后随着奉军入关，张作霖的野心急剧膨胀，想要拥有更大的权力。国民军则利用占据北京的优势，力求通过段祺瑞政府谋求最大的政治利益。

因此，国民军、奉军双方不断围绕控制中央政权及争夺地盘等问题，发生了冲突。但是，国民军实力较弱，又面临吴佩孚再起的威胁，暂时不敢立即与奉系决裂。之后，冯玉祥因为支持孙中山的北上而受到张作霖排挤，张作霖将冯玉祥排挤到西北地区。

1925 年 1 月，冯玉祥就任西北边防督办，而他的军队也被整编成西北军。

在苏联的支持下，冯玉祥所部达到 15 万人。

1925 年底，冯玉祥的国民军参加吴佩孚和孙传芳联合发动的反奉战争。

1926 年 1 月，直、奉联合，攻击国民军。兵强马壮的奉系很快就将冯玉祥的军队击败。

1926 年 1 月 1 日，冯玉祥通电下野。4 日，冯玉祥再电段祺瑞辞职，将职权交张之江，并以张之江任察哈尔司令。10 日，段祺瑞准冯玉祥辞职，张之江署理西北边防督办。

从北洋军阀的各大战争中可以看出，北洋军阀之间是有这样一条不成文的规矩的：只要通电下野，便无杀身之祸。通电下野也成为多个军阀首领保命、保存实力的手段。

冯玉祥下野，去苏联考察，由张之江接任西北边防督办、西北军总司令，代冯玉祥统率西北军。

南口战役，张之江任总司令

1926 年 4 月，张作霖、吴佩孚、张宗昌、阎锡山等各派军阀，组成了“讨赤联军”，向国民军大举进攻。

4 月 7 日，直鲁联军对北京国民军施行总攻击。

9 日，鹿钟麟发动政变，驱逐段祺瑞。

10 日，国民军与直鲁联军激战于北京东南。

11 日，吴佩孚对北京政变不表示谅解，命鹿钟麟、张之江下野交出部队。

12 日，奉军及直鲁军向京东、京南猛烈攻击。

15 日，国民军被迫放弃天津、北京，撤至南口预设阵地防守。位于北京西北郊区昌平县的南口镇，这里是通往绥远的交通要道，燕山山脉的一个山口，地势险恶，易守难攻。

5 月 6 日，国民军改编为七个军（鹿钟麟、宋哲元、李鸣钟、刘郁芬、郑金声、门致中、石友三），张之江任总司令。

8 日，成立政治讨论会（西北设最高政治委员会），张之江任会长，鹿钟麟、张秋白副之，并竭力维持西北银行钞票，凝神备战，主守南口多伦。

张之江独立指挥了现代史上这场闻名的南口大战，这是中国内战的一次重大军事斗争。这场仗，一打就是半年。从 1926 年 5 月至 8 月，这场战役在北京附近长期吸引了直隶军和奉军的主力，造成了南方的空虚，有力地支持了国民革命南方军的北伐。

5 月 31 日，吴佩孚抵保定。6 月 3 日，吴决定对国民军三路进攻，东路田维勤，中路王为蔚，西路魏益三，奉鲁军分攻多伦、南口。

6 月 18 日，张垣会议结束，将南口、晋北、多伦三方军队略事改编，由张之江正式任命郑金声为东路总司令，担任南口防务；鹿钟麟为西路总司令，担任晋北方面；宋哲元为北路总司令，担任多伦方面，以抵御直鲁联军。

张之江指挥国民军 15 万人，在东起内蒙古多伦、西到晋北的千里战线，抵抗奉、直、晋三系军阀的联合进攻，与北洋军队激战于南口。张作霖和吴佩孚的主力部队都集中在这一方面，并集中大炮和飞机轮番轰击。刘汝明指挥所部浴血奋战，岿然不动。

8 月 1 日，奉鲁军及吴佩孚军对南口、怀来总攻击。张学良亲自督战攻南口，正面并以重炮轰击。

7 日，国民军各路与奉鲁军激战于南口昌平。11 日，南口国民军因奉军（邹作华部）炮兵猛烈之轰击，损失颇重，同时复受多伦汤玉麟、戢翼翘及怀来田维勤之威胁，渐不能支持。

南口战役，激战约四个月之久，国民军因处于三面包围之中，伤亡过半，弹尽粮绝！14 日，多伦失守后，张之江和鹿钟麟决定国民军撤退到西北。15 日，张之江下令撤退。

国民军刘汝明师向西北撤退，旅长王书箴被俘，奉军即占南口。此战国民军死伤一万余人，奉鲁军二万余人。

8 月 17 日奉军高维岳、戢翼翘等占领张家口。张之江、鹿钟麟退向绥远、包头一带。国民军高级将领各有主张，不相协调，韩复榘、石友三投阎锡山，蒋鸿遇拒绝西撤。张之江困难重重，难以指挥。

9月11日，张之江赴库伦。鹿钟麟与宋哲元、郑金声等，尚拥国民第1、2、3军余部约三万，守包头。

这一时期，南方革命军的实力不断壮大，已经先后消灭了吴佩孚、孙传芳等人的军队主力，势如破竹。

冯玉祥五原誓师参加北伐，张之江积劳成疾回南京养病

9月14日，赴苏联考察学习的冯玉祥在李大钊等人的敦促下欣然回国参加北伐。张之江闻讯后即乘船迎接。

9月17日，冯玉祥依靠苏联和中国共产党的支持，集合退守绥远一带的国民军，在绥远五原举行誓师大会。这就是著名的“五原誓师”。冯玉祥率领国民军宣誓集体加入中国国民党、参加国民革命。冯玉祥任国民军联军总司令。张之江任国民联军第1军军长，兼西北边防督办。

根据冯玉祥的请求，中共中央选派刘伯坚、邓小平等200多名共产党员和积极分子，到国民军联军中从事政治工作，协助国民军训练干部、整顿队伍，使这支军队的战斗力很快得到恢复和提高，策应南方国民革命军参加北伐战争。随后冯玉祥率部经宁夏入甘、陕，与北伐军会师中原。

冯玉祥与南方革命军合作，共同打击张作霖所在的奉系军队，并逼迫段祺瑞下台。段祺瑞不得以，通电下野，从此退出政坛。随后的几年时间内，国民革命军的北伐战争胜利，北洋军阀割据中国的局面结束。

1927年6月初，张之江随国民联军进入河南。28日，受聘为豫陕甘考核院院长。7月6日，特任国民政府委员、国民政府军事委员会委员，27日就任。

8月1日，张之江任国民革命军第2集团军北路军总司令。12日，奉冯玉祥命由郑州南下赴武汉，联络靳云鹗、魏益三两部。9月17日，再次被推举为

军事委员会委员。

11 月 17 日，张之江、方声涛到汉晤李宗仁、程潜后，20 日晚同轮赴南京，21 日抵达，请国民政府速派军北伐援第 2 集团军。12 月 8 日回郑州。9 日，特任南京国民政府委员。

12 月 26 日，冯玉祥又派张之江到上海，受冯玉祥之命为国民军全权代表驻南京首席联络官，代表冯玉祥出席国民党四届四中全会。张之江积劳成疾，受寒患口歪眼斜症，于是离开西北军，在南京养病，结束半生戎马生涯。

创立南京中央国术馆，选拔武术精英参加奥运会

张之江自幼习武，多习劈挂拳。他在统领西北军时期就非常重视武术，规定凡西北军均须通过练拳、劈刀、刺枪、体操四项主要科目。在南京养病期间，中西医药治疗均对他的中风症状不见效。他的警卫余国栋教他学练太极拳，身体竟很快恢复了健康。于是张之江更加笃定武术是中国的国粹，是一项国宝，真有祛病强身之效。

1927 年时局突变，张之江急流勇退，被委任为国民政府军政部长而不就，毅然离开军队，脱离军界，只任国民政府委员，全身心投入倡导武术运动中。他认为："国术是中华民族所固有的国粹，应将其由民间推向上层。"

1928 年，国民革命军北伐宣告结束。张之江向南京国民政府申请改武术为"国术"，以提高武术的重要性，并建立国术研究馆，以便系统整理，提倡推广。

这种学术教育机构应当向教育部申请备案，可是教育部百般刁难，不予支持。张之江在无可奈何的情况下，找到当年辛亥革命云南起义的老朋友、时任国民政府常务委员李烈钧。李烈钧当即拍板："教育部既然不承认，那么就由国民政府直接领导，经费由国库开支。"

在李烈钧的支持下，1928 年 3 月，张之江创立南京中央国术研究馆并任馆长（馆址位于南京西华门头条巷）。张之江一心以振兴国术、选贤任能为宗旨，

他不计前嫌，三请精通武当剑和内家拳术的李景林任副馆长，终邀得他担任国术馆重要领导。建馆之初，国术馆设少林、武当两个门派：少林门主要包括少林拳、查拳、弹腿、八极拳、劈挂拳等，门长是王子平；武当门主要包括太极拳、形意拳、八卦掌等，门长是高振东。

中央国术馆成立不久，国民政府即通令各级行政区设立相应机构。因此 30 年代初，各省市均相继成立地方国术馆。

张之江对中国武术的最大贡献，是以国民党政府中央国术馆为龙头，提倡消除门派之争，整理散落民间武术资料，创立武术统一研究机构。

6 月，国术研究馆正式易名为“中央国术馆”，它是中华民国时期主管国术的中央行政机构之一。

中央国术馆建立之后，为使中华武术更为光大，还创办了《国术周刊》杂志，请武林名宿介绍自己门派的技艺。从武术源流到其功法的演练，从攻防招数到对拆破解，从拳法到拳理，从长兵到短兵等武术问题，无不进行系统的研究整理。各派大师如贾氏青萍剑一代宗师贾耀亭、清末著名武术大师米连科等名流在周刊上发表的学术论文，大大弘扬了中华武术文化，在当时产生过很大影响。

张之江还以身作则，逾不惑之年，坚持跟吴峻山学习八卦。中央国术馆第一期只招收了一个班 56 名学员。这是因为对入馆学员要求十分严格，要求学员必须有一定的武术基础，招考时，除对考生的枪、刀、剑、棍四大器械演练进行测试外，还要求学员能够通过口试说出各种器术的精要。

被录取的学员在国术馆学习不但不收任何学杂费用，其衣食所需全部由国术馆供给。入馆后的学员发穿校服，校服的前心和后背分别有“强种救国”和“自卫奋斗”八个大字。国术馆当时提出的口号是：“强我宗族，壮我国魂，洗刷‘东亚病夫’，振兴黄帝子孙”。馆训则是：“自强不息”。

中央国术馆门户之见日少，而习武风气焕然一新。各派武师互相切磋，取长补短。最值得一提的是马英图，自西北军大刀队扬威后，他始终把发扬国术事业当成己任。他的代表拳种八极为我国武林中的瑰宝，其中攻中有防，防中寓攻，招数连贯，能上、中、下三盘连击，劲足势猛，进步似电，见机变化，奥妙无穷。八极拳是攻防性很强的技击拳种，此拳出世后，一般不会轻易传人。但马英图通晓民族大义，以发扬国术事业为重，无私地把八极拳全部奉献，使八极成为国术馆的必修课之一。

中央国术馆自 1928 年成立至 1937 年抗战全面爆发近十年间，共收了五期学生，总人数估计不超过五百人。抗战全面爆发后，不少学员都投入抗战事业，被分配到各部队中任武术教官。抗战、内战结束后，分处海峡两岸的武术教师，有不少是出身于中央国术馆。中央国术馆对于近代中国武术发展有着不可磨灭的贡献。

1928 年 7 月 24 日，国府会议决任蒋中正、冯玉祥、阎锡山、李宗仁、李济深、何应钦、张之江、李烈钧、陈绍宽为禁烟委员，张之江为主席，曾再三恳辞，未获允准，对毒品采取禁运、禁贩、禁吸的措施。

1930 年 1 月，张之江任江西清乡督办，并兼任江苏省民团训练所所长。4 月爆发中原大战，张之江采取回避态度，并未参战。

9 月 18 日，张学良通电入关，冯玉祥的西北军土崩瓦解。

30 日，张之江、马福祥自南京赴柳河，谒见蒋介石，商议西北军问题。

11 月 3 日，国民政府特任张之江为军事委员会江苏绥靖督办公署督办，所部第 25 路军梁冠英部，下辖第 33 师等，对西北军残部予以安抚。

1932 年 6 月 25 日，张之江特任军事参议院上将参议。

1933 年 5 月，张之江又创办了国术体育传习所，自任所长。

1934 年国术体育传习所改为“国立国术体育专科学校”，张之江任校长。1935 年，被派往欧美各国考察体育，曾率南洋旅行团去南洋各国宣传发扬国术的活动，对武术的宣传卓有成效。

1936 年 1 月 22 日，国民政府叙任张之江为陆军中将。7 月 9 日，给予国民革命军誓师十周年纪念勋章。

1936 年，第 10 届奥运会在德国柏林举行。张之江发起并在上海主持选拔国术界国手。8 月，张之江亲率中央国术馆派队员参加柏林奥运会，组织国术代表队进行武术表演，使西方第一次见到中国武术。国手中的张文广、温敬铭、傅淑云、刘玉华等都是中央国术馆的学生，他们在德国的武术表演轰动了世界体坛。西方世界也开始向神秘而博大的中国武术投来注意的目光，当时当地的报纸称赞

参加柏林奥运会的中国武术队代表

武术有三大价值：体育价值、攻防价值、艺术价值。舆论界更称："中国国术具有艺术、舞蹈、奋斗三大特色，反映了中华民族悠久历史文化及尚武精神。"

张之江为此获得了该届奥运会以五环为标志的纪念章，并被誉为"中国国术开始走向国际体坛的第一人"。回国后，9 月 26 日特加陆军上将衔。

至此，中华武术正式走向了世界体坛，也将这一博大精深的文化传播到了世界。从柏林回来后，张之江亲领中国武术表演队到新加坡、马来西亚、菲律宾等地表演，为中华武术的传播不遗余力。国术、国体两馆创办多年来，成绩显著，得到全国各界人士的称赞。

抗战全面爆发，参与指挥台儿庄战役

1937 年 7 月，卢沟桥事变，日军全面侵华，华北战场上的国民党军节节败退，日军气势汹汹，步步紧逼。消息传来，国术馆的师生们义愤填膺，纷纷请战，很多学生要求参军抗战。张之江一向主张抗日，曾几次向蒋介石请缨带兵到抗日前线，都被蒋拒绝。

台儿庄战役中的武术家张之江

1938 年 1 月，正在张之江急得在屋子里哀叹之时，时任第五战区司令长官的李宗仁给张之江打来电话，并派人送来公函，聘请张之江任第五战区司令长官部高级顾问，辅助李宗仁协调指挥西北系各将领。因为当时参加台儿庄战役的大多是西北军，孙连仲的第 2 集团军、韩复榘的第 3 集团军、张自忠的第 59 军和庞炳勋的第三军团等都是西北军。那些西北军将士大多都是张之江的老部属，对他非常信任，便于指挥。

李宗仁的邀请正合张之江的心意。他积极行动，带着 50 名国术馆学生赴第五战区司令长官部参加工作。而张之江的外甥宋茂田正是其中一员，他被安排为张之江的贴身卫兵，负责掌管机要文件。这 50 名国术馆学生很多是沧州人，人人武功高强。

3 月，张之江参与指挥台儿庄战役，为台儿庄大捷建言献策，并多次历险。李宗仁很尊重张之江，为确保他的安全，亲自为他挑选卫队队员。

有一次，张之江到曹县视察遇到了险情。驻守曹县的是第 3 集团军孙桐萱部，第 3 集团军是西北军的老班底，将领大多是张之江的老部下。张之江带领国术馆的学生军和卫队前往曹县视察阵地。在陇海路的一个小车站，三架敌机前来空袭。车站无防空设施，张之江他们凭借着武功好，每人抱着一棵大柳树与敌机周旋，敌机用机关枪扫射了一个钟头飞走了，他们无一人受伤，后来孙桐萱派来一辆大卡车把他们接到了曹县。

张之江等人住在曹县城东关的一个教堂里。由于汉奸告密，有一天夜晚，400 多名日本骑兵包围了教堂，形势异常危险。但是张之江非常镇定从容，向手下人说道："你们不用怕，敌人远道偷袭，没有重武器。我们藏在屋里，在暗处，敌人在明处，来多少打死他们多少。"他们用的是木把勃朗宁手枪、快慢机，枪法很好，日军不敢靠近。他们边打边试图突围，但敌人的人数众多，最后只剩十几个人。就在紧要关头，孙桐萱派一个团赶到，给他们解了围。

台儿庄战役期间，张之江全面参与了作战计划的制订，他建议李宗仁除阵地战外，采取游击战术，发挥西北军近战、夜战的特长杀伤日军。这个建议被李宗仁采纳，在台儿庄战役进入白热化的时候，第 2 集团军多次组织敢死队、奋勇队，利用夜间偷袭日军，用手榴弹炸、用大刀砍，直杀得日军鬼哭狼嚎。

正是中国军人以血肉之躯，顽强地抗击武装到牙齿的日本侵略军，经过半个多月的鏖战，歼敌 1 万余人，取得了震惊中外的台儿庄大捷。

拒绝赴台，担任新中国政协委员

中央国术馆自 1928 年成立至 1937 年间，张之江始终坚持"强种救国，御侮图存，术德并重，文武兼修"的馆训，校歌中也有"明耻教战，强种御侮"，因此吸引并培养了大批热血青年和爱国华侨学生。抗战全面爆发后，不少学员都投身到抗日烽火中，被分配到各部队中任武术教官。

台儿庄战役后，张之江致力于国术馆的迁徙事宜，南京沦陷前，国术馆和国术体育专科学校从南京迁出，经长沙、桂林，迁到昆明。1940 年，中央国术馆迁到重庆北碚。李宗仁送给他一辆载重卡车，用来运输教职工的眷属、物资和文件等。其实这段时期的经费来源已断绝，中央国术馆基本上是名存实亡。

1945 年 5 月 19 日，陈之江当选为国民党第六届中央执行委员。10 月 10 日，获抗战胜利勋章。

1945 年抗战胜利后，国家百废待兴。中央国术馆亦忙于复馆，但南京馆址已毁于战火。张之江四处奔走，利用时任北平行营主任李宗仁和河北省主席孙连仲等老关系，终于找到天津河北体育场作为馆址。

1946 年，教育部长朱家骅得知中央国术馆在天津复馆，并改为私立，随即提出教育部拨经费，欲把中央国术馆改回国立。

1946 年 7 月 31 日，张之江晋升陆军上将并退为备役。11 月，选任制宪国民大会代表。

1948 年，中央国术馆从天津大资本家处募得 12 万元做建馆之用，但在这笔捐款到手之前，天津已宣告解放，中央国术馆亦“寿终正寝”。

新中国成立前夕，张之江拒绝赴台。毛泽东、周恩来对张之江甚为尊重，一再函电慰问，并特邀为政协委员（担任第二、三、四届全国政协委员），请其早日莅京，共商国是。张之江欣然应命，迅即进京，参加全国政治协商会议，并被选为中国国民党革命委员会中央委员。

1955年2月，宋茂田陪同张之江从北京开会返回上海后，11日，毛泽东主席曾致信张之江，对他的爱国热忱表达敬意。

1956年2月，张之江参加全国政协二届二次会议，在会议上发言，对发展中国武术提出自己的见解。同年秋，国家体委在北京举行全国武术表演，张之江应聘为总裁判长。

毛泽东等国家领导人接见张之江，鼓励他重建武馆，把中国武术发扬光大，推广到世界各地。张之江奔走筹划一时，正当满怀壮志，重建武馆之际，不料突然瘫痪，卧床达15年之久。

因疾病缠身，终壮志未酬，1966年5月12日，张之江在上海华东医院逝世，终年85岁。

张之江的前半生，戎马倥偬，奔走革命；他的后半生，提倡武士，强身救国。

张之江将军的一生为国为民，爱国爱民，忧国忧民。他是辛亥革命之滦州起义的幸存者；反对袁世凯复辟，联络蔡锷，参加云南起义，讨伐洪宪帝制；北京廊坊起义，他任陆军前敌总指挥，讨伐张勋复辟。他是一个爱国爱民的将军，1926年，他亲自指挥南口战役，以寡敌众，以弱战强，顽强抗击北方所有军阀达近半年之久。国共两党乘此机会发动北伐战争，一举消灭各派军阀，统一中国。

张之江本人是武术高手，致力于体育教育，多次率团出国考察，弘扬中华武术，提倡术德并重，文武兼修，主张博采众长，反对门户之见。著有《东游感想录》《国术与体育》《国术与国难》等书。

王书堂：悬壶救世，力拒汉奸

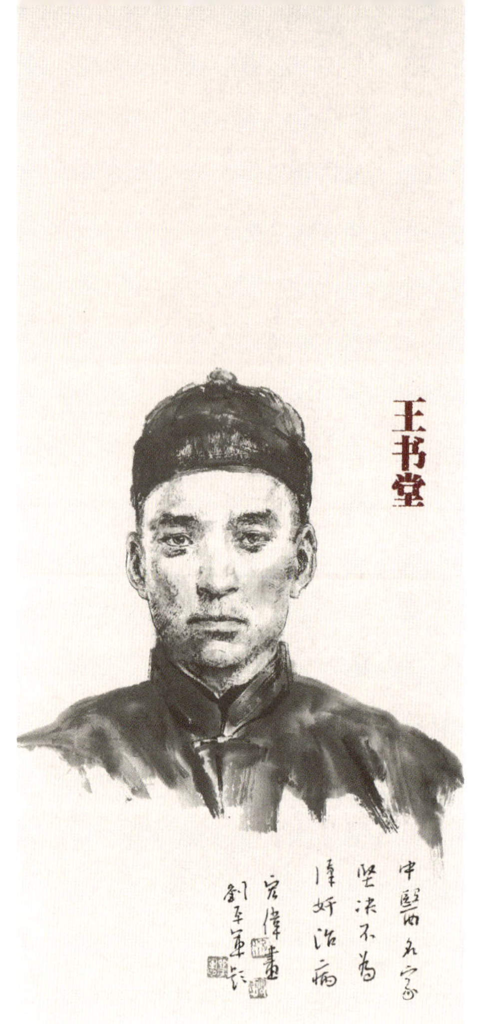

王书堂（1888—1949），字砚秀，今黄骅市羊三木乡刘皮庄人，回族，中医名家，沧州市级非物质文化遗产项目黄骅千金贴第四代传承人，琳琊医药文化集大成者。

王书堂出身书香门第，19 岁已中秀才，武术世家（十一世良卿公任明山海关游击将军，十六世履占公为清武举人赏戴五品顶戴花翎），后生逢乱世，家道中落，科举无望，遂赴天津学医，先到天津松茂堂当学徒“拉药橱”，先后学习了《黄帝内经》《伤寒杂病论》《本草纲目》等医学经典，同时潜心研究《名医类案》《校正石室秘录》《临证指南医案》《验方新编》等名家验方，学成后正式在天津琳瑯医馆坐堂行医。

王书堂凭借家学基础，又得名师指点，德业并进，声名鹊起，在天津医界有口皆碑。王书堂曾多次为时任天津市市长张自忠及家人出方施治。张自忠将军亦曾作谢札予以答谢。（附谢札：“砚秀先生如晤：俗务在身，匆匆不及面陈。前者，幸得先生妙手巧施、丹心独运，经年顽疾始得痊愈。特奉薄礼，以表谢忱！

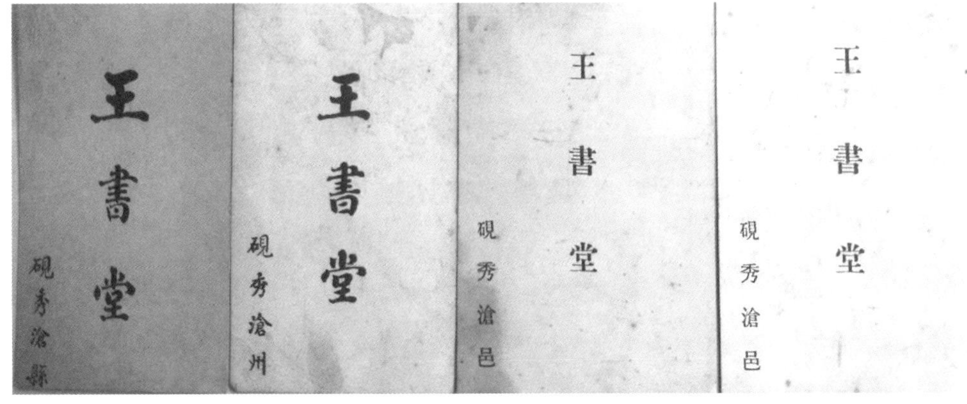

张自忠　民国廿六年八月二日。”）

天津当时是水陆码头，鱼龙混杂的地方。特别是 1937 年后，抗日战争全面爆发，京津陷落，王书堂只得回乡避乱。当地权贵乡绅争相延邀。其中，时任伪军司令李景文曾多次备轿力邀，都遭到王书堂拒绝，他坚决不为汉奸治病。李景文恼羞成怒，找借口派人损其右臂，但依然不予屈就。

抗日战争期间，王书堂不顾危险，利用自己行医的身份帮助抗日志士脱困。程林亭，孟村县宋庄子乡（原高河乡）东宋村人。抗日战争时期，程林亭曾任沧县一分区武工队队长，负责冀鲁边区锄奸反特工作。1984 年河北美术出版社出版的连环画《除奸反特斗顽敌》，就生动记载了程林亭等抗日英雄，在运河边、渤海滩上与敌人英勇斗争的故事。据程林亭及其族孙黄骅市农业局干部程宝祥回

忆，在一次锄奸行动中，因寡不敌众，武工队被“高帽队”打散了，情况十分危急，程林亭只好隐蔽到“堡垒户”家里。不料，“高帽队”搜到堡垒户刘金发家，把刘奶奶杀害了。在刘金发家没有找到武工队队员，“高帽队”端着滴血的刺刀，到王书堂家搜查。幸好王书堂和夫人张秉维早有准备，冒着生命危险，提前把程林亭隐蔽在自家的地窖中。当“高帽队”冲进院里来搜查，张秉维坐在炕上怀抱着二孙子有度，故意把孩子拧得号啕大哭，捂着鼻子告诉闯进来的汉奸：孩子得了疟疾，他们作为有名的医生都治不了，恐怕活不了多久了。“高帽队”一听疟疾吓了一跳，害怕传染，简单地搜查了一下，骂骂咧咧地走了，最终帮程林亭躲过一劫。

这件事王书堂夫妇过后就忘了，从来没有对人说起过。但程林亭自己和他的后人没有忘记，始终对黄骅这片土地和这里的人民怀有一种特殊的感情，始终不忘黄骅感念黄骅。新中国成立后，程林亭曾历任黄骅县县长、沧州地区粮食局局长、广州市二轻局局长等职。三年困难时期，他多次为黄骅拨款拨粮，救济黄骅百姓。上世纪七八十年代，程林亭也多次携夫人和子女回黄骅看望老战友、老同志、老朋友、老“堡垒户”。1985 年又一次来黄骅探望，由于王书堂夫妇已经去世，程林亭携夫人及县委组织部副部长王景州与王书堂之子王正纯、王正伦，还有村上的几个老农会干部王长升及家属、李宪华、李荣良一起，在王书堂夫妇曾

经居住的老房子前合影留念。在那个风雨如磐、血雨腥风的年代里，结成的这样一段历经生死淬炼的革命感情和友谊弥足珍贵。

王书堂与其夫人张丙维相继从医多年，以高尚的医德、精湛的医术，为世人称道。晚年潜心研究医道，有《临床日记》存世。《日记》中对千金贴膏配制施用又作了进一步归纳整理，对千金贴膏在配方上几经增益，其温润化瘀、止痛消炎、去毒通络的疗效特点更加突出，为千金贴（琳琅腺体贴和筋骨贴 ）的最终形成定型，起到了关键性作用。逐步形成琳瑯腺体贴、筋骨贴和琳瑯提毒散、祛疡散四大系列，主治范围包括：乳腺、腮腺、淋巴结核、扁桃体、疖子、脓肿、颈肩腰关节疼痛、脉管炎、静脉曲张、甲沟炎、灰指甲以及口腔溃疡、中耳炎、烫伤、褥疮、疱疹、脚气等。以确切的疗效、良好的口碑，闻名遐迩，京津冀鲁豫前来求医问药者络绎不绝。

王书堂行医几十年来始终坚持悬壶济世造福桑梓，对病人不分贫富，有钱没钱都看病，对家境困难的百姓做到来者不拒、分文不取，一生收干儿子干闺女一百余人，一时传为佳话。

2008 年 12 月，黄骅琳瑯千金贴被列入沧州市第二批市级非物质文化遗产名录。黄骅琳瑯医药文化，以其精湛的技艺、神奇的疗效、良好的口碑，焕发出无限活力和生机。

赵博生：宁都起义，红军猛将

赵博生（1897 年 9 月 7 日—1933 年 1 月 8 日），原名赵恩溥，乳名连科，别字博生，今河北省黄骅市滕庄子镇慈庄人。1917 年毕业于保定陆军军官学校。1924—1931 年在冯玉祥部及国民革命军第 26 路军任职。1931 年加入中国共产党。1931 年 12 月接受中央革命军事委员会关于在第 26 路军举行武装起义的指示，先后联络 73 旅旅长董振堂、74 旅旅长季振同，争取季旅 2 团团长黄仲岳，一起领导了震惊中外的宁都起义，带领 26 路军 17000 余人参加红军。后改编成红五军团，赵博生任红五军团参谋长兼 14 军军长。1933 年 1 月 8 日，在第四次反"围剿"战斗中，赵博生牺牲于江西省金溪县长源庙，时年 36 岁。

心怀壮志，投笔从戎

光绪二十三年（1897）9 月 7 日，正是白露节气，赵博生出生在慈庄村一户农民家庭。赵博生自幼天资聪慧，深得祖父赵逢春和祖母宠爱。赵逢春共有五子，三子赵以立和五子赵以元都从军。赵博生的父亲赵以明排行第二，是个憨厚、朴实的农民，赵博生的母亲刘氏心灵手巧，能耕会织。赵博生还有一个弟弟赵恩洪，一家三代十几口人，俭朴勤劳，和睦相亲，日子过得比较富足。

赵博生 7 岁入本庄私塾，勤奋好学，成绩优异，深受师长喜爱，他年少便有鸿鹄之志，喜欢热心助人。

赵博生 9 岁那年，本村恶霸赵以林诬陷赵博生的祖父是土匪，买通盐山县衙，派衙役前来拘捕。祖父知道有理也难以说清，便去外地躲了起来。衙役把赵博生作为人质押进监狱，家里人变卖土地家产，才把他赎出来。赵博生要找赵以林拼命，被家里人拦住。经历了这场官司，家境日渐败落，赵博生心中埋下了疾恶如仇的种子。祖母决心继续供赵博生读书。他立志攻读，格外用心。

17 岁，赵博生读完私塾。此间他深受辛亥革命的影响，决心要改造社会，立志要救国救民。这期间，正是辛亥革命以后，军阀混战，帝国主义列强虎视眈眈，妄图瓜分中国，农村凋敝，民不聊生。赵博生一心希望自己的报国之志能在军队里得到实现。

1914 年，经其叔叔赵以立介绍，赵博生在保定陆军军官学校做旁听生，半年后考入该校第六期正规班学习。

痛恨军阀混战，投奔冯玉祥

保定军校中外闻名，与人才辈出及对中国近代史影响之大分不开。仅民国改元后 11 年间的毕业生，即达 6553 人。其中不少毕业生成为中国近代革命史上的知名人物，为中国人民的革命事业立下了不朽的功勋，还有不少人成为民主革命的骨干。如叶挺，是我党著名的军事将领，中国人民解放军创始人之一；傅作义，抗日名将，追求进步的国民党员；蒋光鼐，杰出的爱国民主人士和政治活动家，功勋卓著的抗日名将，民革领导人和创始人，新中国纺织工业的主要领导人；蒋百里，民国时期著名军事学家，与广东李浴日、云南杨杰同为中国军事学巨擘，驰名海内外……

赵博生时刻牢记守信、守时、苦读、勤练、爱校、爱国的校训，经过两年堪称艰苦卓绝的学习训练，几次越级、跳班，于 1917 年夏，以“特优”的成绩毕业。

赵博生被分配到皖系军队北京北苑第 1 师步兵 3 团 2 连当见习官。这一年，赵博生正满 20 岁。最好的青春年华，满心的报国壮志，初入军旅，踌躇满志，满以为可以为国为民干一番事业，可是却在严酷的现实面前碰了壁。

1916 年 6 月袁世凯的皇帝梦破灭，不久因肾衰竭死于居仁堂。内部权力之争逐渐激烈，形成了皖、直、奉三大派系。直皖战争后，赵博生又转入直系，担任无线电中队长。第二次直奉战争中，他又落到奉系军队中。

三大军阀部队赵博生都经历体验了一遍。如此几经转折，三易其伍，赵博生清楚地看到反动政府和反动军阀根本不能拯救民众于水火之中，反而给民众带来更加深重的灾难，而他自己只不过是在被别人当枪使，作为一种工具被驱赶到军阀混战的前线，他自己所追求的救国救民的理想，早已被击得粉碎。苦闷中，赵博生跟好友发出这样的悲叹："中国政治这样腐败，社会这样黑暗，我真不想在这里做事了，我想下去拉洋车……"

在苦闷焦灼中，赵博生不断听说冯玉祥的部队纪律严明，官兵都佩戴着"不扰民、真爱民、誓死救国"的臂章。赵博生毅然投奔其表叔张之江，投入冯玉祥的部队。

冯玉祥因其出身比较贫苦，对部队军纪的要求相对也较为严格。赵博生在这样的环境和气氛中，又看到了希望，非常刻苦自励。他不吸烟，不喝酒，不带妻室，所获薪金，除维持自己的俭朴生活外，其余都用以奖励和救济士兵。由于他作战勇敢，多谋善断，再加上不贪财，不爱女色，爱护部下，尤其是具有抗御外敌、救国救民的明确志向，使得他在军中很快赢得新秀可嘉的声望，军职也逐级提高。

北京政变，挥师西北

张之江和冯玉祥是结拜兄弟，滦州起义的战友，感情深厚。张之江与赵博生是同乡，论起辈分，赵博生叫他表叔。此时赵博生已升任副团长，行军打仗常有良策，而且有勇有谋、身先士卒、爱民如父母的精神令全旅官兵钦佩。张之江非常器重赵博生的人品才气，对他喜爱有加。

1924 年 10 月，"北京政变"成功后，推翻了军阀统治，冯玉祥将所部改称国民军，自任总司令兼第 1 军军长。冯玉祥电请孙中山入京共商国是。孙中山毅然接受邀请决定北上，并于 11 月 10 日发表《北上宣言》。

赵博生欣闻孙中山先生决计北上，无比兴奋，他企盼着中山先生就任大总统，中国就有希望了。三民主义就像一盏黑夜中的明灯，那个时候他坚信，要救国必须实行三民主义。

由于赵博生的声望和才能，他的职位也逐步提高，历任团参谋、团副、参谋处长、旅参谋长等职。“北京政变”后，赵博生担任第 5 旅参谋长，常对部下做讲演，他比喻说：“中国好比将要倒塌的一座大楼，人们住在里面将有死亡的危险，这大楼必须落地重修，才能坚固。这是吾辈军人的天职！”

“北京政变”给赵博生造成了一种幻觉。他朦胧地感觉到，似乎这就是“重修大楼”的开始。但是这种幻觉并没有维持多久。

因为，政变成功之后，孙中山还没起身北上，与冯玉祥一起反对吴佩孚的奉系军阀张作霖，却与他分道扬镳了。张作霖直接违背了战前与冯玉祥达成的奉军不入关的承诺，反而大举入关，冯张各部冲突不断。段祺瑞临时执政，与张作霖联合排挤国民军，计划将冯玉祥驱逐出北京政坛。冯玉祥无能为力，只好称病辞职。

就这样，“北京政变”一个月后，溥仪逃入日本使馆，开始卖国生涯；冯玉祥又遭张作霖排挤，被迫下野。三个月后，被冯玉祥邀请进京的孙中山因肝癌病逝于北京。民国政府，再度落入北洋军阀手中。

短短数月，政治风云突变，北京几易其主，这让年轻的赵博生一时无法接受，也无法理解，他不知道国家的命运将如何。

1925 年春，段祺瑞为把冯玉祥彻底挤出北京，消除隐患，召唤已经宣布下野的冯玉祥，任命他为西北边防督办，并要他将部队整编为 6 个师，人数在 15 万左右，取消国民军番号，称为“中华民国西北边防军”，简称“西北军”。

西北是出名的苦寒之地，冯玉祥原本拒不受命，他不甘心就这样远离政治中心。中国共产党的创始人之一李大钊，与冯玉祥多次会晤，共商救国救民大计。张之江、赵博生等众将也力劝冯玉祥接受任命，挥师西北有利于发展军队，在发展中等待机会，保存实力，伺机东山再起。

冯玉祥思虑再三，于是受命再度出山。

血战南口，五原誓师

受进步势力欢迎的冯玉祥和他所率领的西北军，被以张作霖、吴佩孚为代表的国内外反动势力仇恨和反对，各军阀在“讨赤”名义下联合起来，发动对国民军的八面围攻。

冯玉祥自知不敌，为缓和矛盾，摆脱困境，于 1926 年元旦通电下野，将西北边防督办职务和国民军交给完全信任的张之江署理和统率，自己赴苏联考察。

在这种艰难时刻，很多意志薄弱的将领纷纷动摇徘徊，幸亏有赵博生等这样深明大义、真正抱定救国救民思想而不计较个人利益的将领在张之江身边。赵博生竭尽所能，为张之江出谋划策。

南口大战激战约四个月之久，西北军打得可谓艰苦卓绝。因处于三面包围之中，伤亡过半，弹尽粮绝。

南口大战虽败犹荣。危难之时，李大钊先后三次电请冯玉祥回国，希望他整理旧部，配合南方的国民军北伐。1926 年 8 月，在中共党员刘伯坚、苏联顾问乌斯马诺夫等陪同下冯玉祥启程回国。

1926 年 9 月，冯玉祥在五原誓师，宣布拥护孙中山三大政策，响应北伐。国民革命军中建立了政治工作制度，共产党人刘伯坚担任政治部主任。政治部在刘伯坚领导和邓小平具体帮助下，选派了许多名共产党员、共青团员作为政治工作人员分赴各军、师成立政治处，担任政治训练、宣传教育和民运工作。共产党人卓有成效的工作和爱国爱民思想深深影响着赵博生和广大官兵。

赵博生惊奇地看到，在短短时间里，军中气氛焕然一新，这支几经重创、濒于瓦解的西北军，又恢复了元气，军心比以前更加旺盛，部队规模扩大，战斗力显著增强，到处生机勃勃。赵博生敬佩这些共产党人，尤其是刘伯坚，让他总感觉共产党人身上仿佛有一种特有的磁力，深深地吸引着他。西北军中盛传着一句话：听刘主任一次演讲，可抵三月饷。赵博生感到和这些共产党人在一起，革命顺心，人生有奔头，国家前途光明。

赵博生智勇双全，多谋善断，屡次立功，深受冯玉祥和张之江重用，升任旅参谋长、特种兵旅旅长、军参谋长。

蒋介石叛变革命，赵博生代理军长

冯玉祥的国民革命联军先解西安之围，而后准备出兵潼关，与北伐革命军会师中原。至 1927 年 3 月，长江中下游地区均被北伐军占领，夺取了半个中国。

此时，赵博生任第 31 军参谋长，转战河南，策应北伐战争。赵博生看到了革命即将胜利的大好形势，对前途充满了信心。

然而，万万没想到，投机革命的蒋介石，在窃取了国民党的党、政、军大权之后，实行军事独裁的野心日益暴露，悍然发动了震惊中外的四一二反革命政变，大肆屠杀共产党员及革命群众，无耻地叛变了革命。从此，蒋介石和他的追随者完全从革命统一战线中分裂出去，血雨腥风掩盖了半壁河山，北伐的胜利果实被断送，轰轰烈烈的大革命被蒋介石的屠刀扼杀了！中国，苦难的中国，又一次陷入水深火热的暗夜里。

就在这时，李大钊在北京遇难的噩耗传来，全军上下无不悲痛万分。

1927 年 6 月 22 日，冯玉祥与蒋介石在徐州举行会议。会议的结果，出乎所有革命者的意料——冯蒋决定合作，联合反对共产党！冯玉祥回到郑州，即下令“清党”。首先解职的是中共党员、国民军政治部主任刘伯坚。另有 40 余名中共党员被查出。顷刻间，军中革命空气遽然消散，赵博生所崇敬的大批共产党人被清洗，有的黑夜失踪，有的被捕入狱。

赵博生倾向革命，对国民党反对派背叛革命大肆屠杀共产党人表示强烈愤慨，不满冯玉祥在徐州会议以后对共产党人的举动，他常对有觉悟的官兵说：“我每天都准备着死，在未死之前，活一天就坚决地为工农劳苦群众奋斗一天！”此时的赵博生又一次陷于深深的失望之中。

赵博生和冯治安此时驻军河南，冯治安已升任第 14 军军长。1929 年北伐结束后，冯治安进入陆军大学学习，走之前，冯治安力荐参谋长赵博生代理军长职务。

赵博生任代理军长的消息传遍全军，一时前来祝贺者众多。赵博生却力劝众人，礼物全退，不摆宴席。他说："感谢众弟兄厚意！博生与大家历经血雨腥风，以身报国，只求拯救民众于水火之中，不为高官厚禄。前日革命有望成功，蒋介石却突然中途背叛，令人发指！可叹我军轰轰烈烈之大好形势，竟毁于一旦，我等革命军人又将报国无门……"

赵博生亲自创作《革命精神之歌》在部队教唱："侧耳倾听，宇宙充满饥饿声。警醒先锋，个人自由全牺牲。我死国生，我死犹荣。身虽死精神长生……"

赵博生虽为代理军长，却继续保持着刻苦自励的生活作风。他长期生活在旧军队里，并且做了官，当了将军，旧军队流行的许多恶习对他也不无影响，但他没有忘记"救民于水火"的初衷，能在一定程度上保持劳动人民的本色，保持比较艰苦的生活作风，这同生活在旧军队里特别是做官的许多人，感到死亡无常，过着及时行乐、醉生梦死的罪恶生活，有很大区别。

赵博生也没有沾染不良嗜好，酒烟必戒，不贪财，不好色。在西安时，他在日记中写道："妻丑无子，不再纳娶。"他的婚姻是祖母、父母包办的，妻子蔡云霞是老家人，个子矮，不漂亮，没多少文化，但他并没有抛弃她。他在西安的时候，已经身兼三四职，月薪达五百大洋，他除了吃饭，钱都用来买书和支援朋友，没有积蓄。他的好友当年找他谋生，他慷慨地说："有我吃的，就有你吃的，有我穿的，就有你穿的。"

赵博生也不向家里寄钱。1929 年，家里向他要钱，他回信说："咱们家里生

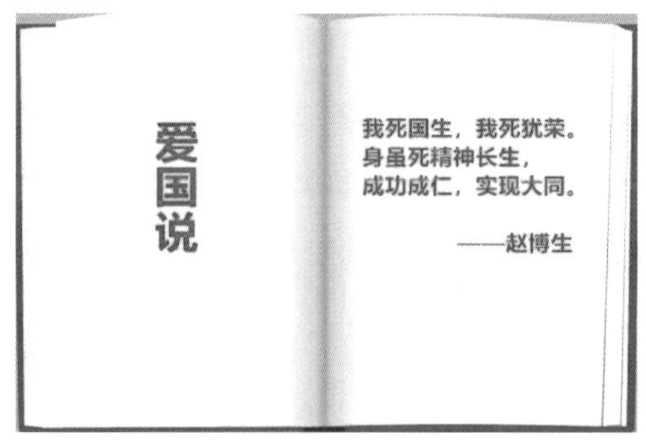

爱国说
我死国生，我死犹荣。
身虽死精神长生，
成功成仁，实现大同。
——赵博生

活比头几年好多了，有饭吃有衣穿就可以了。置地、拴马车、雇长工，都是剥削人的事情，我不赞成。我最恨那些克扣军饷的将军，刮地皮的贪官！我不能同他们一样，把不义的钱财寄到家里发大财，那是罪过！”赵博生把家庭看得很轻，目的是无牵挂地献身革命，正如他平时跟人说的：“性命随时可以牺牲，家中无有顾虑。”

在私人生活上，赵博生尽量从俭，他随军不带家属。军官们经常劝他把夫人接到部队里来，早晚有个照顾。赵博生笑笑说：“现在军阀未倒，军阀赖以生存的帝国主义未倒，你争我夺，把国家弄得乱腾腾的，革命比什么都要紧。把妻子接来是拖后腿，更麻烦，还是等到打倒了帝国主义、封建军阀再说吧。”

当时军队中安插亲友的歪风很盛，赵博生对此很反感。他的弟弟赵恩荣找到西安，想让他在军队里给安排个好职位，赵博生坚决反对，他亲自出面把弟弟安排到西北实业印刷局当了一名普通工人。

1929 年，赵博生的妻子蔡云霞唯一的一次来西安看望他。赵博生给妻子买了两件新衣服，都是用布料做的。那些身穿绫罗绸缎的地方官太太见了，都笑话军长太太寒酸。赵博生对蔡云霞说：“你不要学那些什么官太太穷讲究，爱打扮，更不要学她们坐吃山空的习气。”

赵博生平时常穿带补丁的衣服，在官兵中影响很大。有一次军官教导大队的士兵问他：“赵参谋长，你是将军，有条件穿呢子军服，为什么偏穿带补丁的衣服？”赵博生回答说：“我也喜欢穿呢子军服。没有重大军事活动，还是穿粗布军衣好，老百姓连这样的衣服还穿不上呢！”因此，赵博生在西北军中被称为真正不要钱的将军。他之所以能够清廉自守，能够出污泥而不染，是与他同情劳苦大众，胸怀救国救民的抱负分不开的。

主力军被收编，孙连仲邀出山

1930 年，中原大战失败，冯玉祥主力军被蒋介石收编。赵博生痛恨军阀混战，不愿屈从，决定率领觉悟高、有爱国热情的特种兵旅教导大队摆脱军阀的控制，建立一支真正为老百姓打仗、为救国救民而战斗的爱国军队。赵博生号召大家离开西安，另谋一条革命的道路，得到官兵们的响应。官兵们一致推举赵博生为司令，成立“三民主义救国军”，开辟革命新路。但在部队到达东江口时，遭遇土匪武装袭击，因寡不敌众，部队退守深山。部队在深山坚持 20 余日，不得不解散，并相约待机再举。

在经历多次挫折失败之后，各种能走的路赵博生都走了，结果仍然是壮志难酬、报国无门。赵博生进行了深刻反思，对中国共产党的认识进一步加深，认为共产党是“真正要革命的”，共产党“有坚定的信仰”，与其联合才“可能是一条生路”。

1931 年，赵博生受国民革命军第 26 路军军长孙连仲力邀，出任第 26 路军总参谋长。

孙连仲，国民革命军二级陆军上将，著名抗日将领。冯玉祥的十三太保之一，抗日战争时期因坚守台儿庄而闻名中外。孙连仲在率部接受改编时，蒋介石对这支拥有 5 万人的军队，却只给了 个“26 路军”的番号，而且改编之前，将两个骑兵师压缩为一个骑兵师，连同装甲列车、野榴炮和重迫击炮部队调出，脱离 26 路军建制，把剩余的四个步兵师强令缩编为两个步兵师。明知这是严重削弱 26 路军的兵力，孙连仲却对蒋介石毫无办法。

孙连仲

26 路军比起蒋介石的嫡系部队，处处矮三分，士兵月饷只有嫡系部队的百分之七十。蒋介石对这个部队显然是不信任的，26 路军官兵在早期的军阀混战中吃过蒋军的亏，收编后又备受歧视，心里对蒋介石都憋着一股怨气。

孙连仲得知赵博生在郑州吉鸿昌部闲居的消息，喜出望外。孙连仲深知赵博生勇敢、机智、多谋善断，尤其长于做参谋工作，抓教育、管理部队、襄理军务是一把好手，能够支撑全局，一定会扭转 26 路军的局面，于是孙连仲三顾茅庐，终于把赵博生请到军中。

开赴江西“剿共”，多次派人找党

整编后的 26 路军有两个师、六个旅，总部分设参谋、军需、军官、粮秣、运输、机要、书记八大处。赵博生见 26 路军军容不整，军纪不严，官兵们经常扰民，为整顿纪律、教育官兵爱国爱民，他上任后亲自兼任教育长，抓全军的教育工作。

赵博生为了进一步整顿军纪，逐步实现今后的理想，又组建了一支总部高级执法队，为整肃军纪起了很大作用。

1931 年 1 月，春节还未过完，就接到蒋介石的命令，要 26 路军赶赴江西参加对中央苏区的第二次“围剿”。蒋介石告知孙连仲，部队到达江西后才能发饷。赵博生果断献策：“不去的话，老蒋必以违抗军令处置；去，则是蒋介石排除异己、一石二鸟的手段。只能将计就计，走一步看一步，到时候，随机而变。”

赵博生去找董振堂，他们是河北老乡，又同是保定军官学校毕业，私交很好。原任 13 师师长的董振堂，在 26 路军改编时被降为 73 旅旅长。两人一致认为，就当前的形势，只能在开赴江西后寻找共产党，找到刘伯坚，是将来的出路。

26 路军被调至江西“剿共”战争前线。在蒋介石的军队屡屡被歼的不利形势下，赵博生多次向孙连仲建议：“应尽量避免与红军作战，不要两败俱伤。”

董振堂和赵博生的主张不谋而合，他率 73 旅作为 25 师的开路先锋，根本不想和红军作战，他不愿让弟兄们去为蒋介石卖命。

26 路军开到宜黄，已是接近中央苏区的前沿地带。进入革命根据地后的环境，对这些本来就不愿到南方来打内战的广大官兵来说，在思想上发生了很大的变化，反战情绪更加高涨。赵博生经常想起刘伯坚主任以及许许多多朝夕相处的共产党人，经过几次挫折和失败，他愈加感到共产党人方向的正确性和人格的伟大。他毅然决定：找共产党去！

赵博生找个理由，亲自去了一趟上海，因为当时人们都知道共产党中央就在上海，找到了刘伯坚就找到了共产党，找到了共产党，26 路军就会有新的生路。然而费尽周折，始终没有探出眉目来。

赵博生回来后，又派心腹参谋李青云外出寻找刘伯坚等人。但当时党组织的活动处于秘密时期，李青云在上海没有组织关系，虽然尽了最大的努力，也只得高兴而去，扫兴而归。

首战失利进驻宁都，秘密组织武装起义

26 路军驻守宁都期间，九一八事变爆发。在赵博生和董振堂、季振同等爱国将领的带领下，26 路军官兵强烈要求回北方抗日救国，不料遭到蒋介石的拒绝和堵截，使第 26 路军广大官兵与蒋介石的矛盾加剧。赵博生、董振堂和季振同等爱国将领，开始寻找抗日救国的新出路。

蒋介石下了严令，命 26 路军死守宁都。两万多人的队伍，困守孤城，米菜买不到，只能以糟坏的陈米充饥，盐水下饭。由于不是嫡系部队，他们备受歧视，薪饷、军需、医药、供应方面与嫡系部队悬殊，部队对蒋介石的不满情绪日益增长。又因 26 路军官兵几乎都是北方人，水土不服，疟疾流行，又缺医少药，几月间士兵死亡数千，军心浮动。官兵们的厌战情绪蔓延开来，都不愿与共产党领导的红军开战。

在此情况下，中国共产党在第 26 路军秘密工作的特别支部接受党中央的指示，因势利导，发展党员，积极开展争取工作，加紧进行兵运活动。

在民族危亡的关键时刻，26 路军中的中共地下党特别支部与赵博生取得了联系。

1931 年 10 月，赵博生被中共中央批准加入中国共产党（还有一种说法，赵博生大革命时期已入党），从此开始了新的人生之路。他一颗壮怀激烈的心，一腔报效国家的热血，终于有了用武之地。

赵博生积极认真完成党交给的任务，使党在 26 路军中的兵运工作，进入了一个新的阶段。

退守宁都之后，孙连仲深深感到 26 路军驻在江西只有死路一条，为了自身的安全和避免战败之责，以及不抗日之罪名，他向蒋介石称病，借口养病离开部队到上海去了。临走之前，孙连仲把 75 旅旅长李松崑提升为 25 师师长，代总指挥，总参谋长赵博生代行军务。

起义条件趋于成熟，赵博生与地下党组织准备发动武装起义。却不料，12 月初，26 路军中共地下党特别支部的三名负责人名单落入敌人手里。蒋介石急电孙连仲，严令缉拿和清除 26 路军中的共产党员。孙连仲当时不在宁都总部，电令落到主持军务的赵博生手里。在这万分危急的时刻，赵博生想方设法化险为夷，与特别支部成员紧急商讨应急办法，决定乘孙连仲和第 27 师师长不在宁都

赵博生烈士唯一存世的照片

的有利时机，一面发出“遵令即办”的电报敷衍蒋介石，一面派人到中央苏区向中央革命军事委员会报告准备发动起义的有关事宜。

中革军委批准了起义计划，毛泽东、朱德、叶剑英等指示中共特别支部和赵博生同志，抓住有利时机举行武装起义，尽最大的努力，争取全部暴动。

赵博生在向中央苏区中革军委汇报情况之后，临危受命，接受了带领全军起义的任务。赵博生团结和争取了 73 旅旅长董振堂、74 旅旅长季振同、74 旅 1 团团长黄中岳等 26 路军高级将领，并通过他们又联络了一批进步的中下层军官，紧锣密鼓地加紧起义。

赵博生在做通董振堂、季振同的工作后，派出中共党员郭如岳前往瑞金与刘伯坚联系。刘伯坚接见郭如岳后，致信赵博生、董振堂、季振同等人，对他们率部起义表示欢迎，还就起义时间、组织工作和注意事项等作了一系列具体指示。中革军委派王稼祥、刘伯坚、左权携电台到宁都城东南的固厚圩就近联络指导，同时部署红 4 军第 12 师进至宁都、广昌间的会同地区，监视蒋介石的嫡系部队，策应起义。

周密部署，起义成功

季振同，时任 26 路军中实力最强的 74 旅旅长，为人精悍，重信用，讲义气，果断勇敢，更兼一身高强武艺，好交朋友，佩服真正有才干的人，同情革命。为了坚定季振同起义的决心，赵博生和董振堂共推季振同任起义总指挥，并与“特支”决定将起义总指挥部设在 74 旅旅部，把一部分军饷也搬到这里。赵博生不带卫兵，只身一人出入 74 旅，表示一切信赖季振同。

1931 年 12 月 13 日上午，74 旅的少校副官李达押着骡马大队，载着两万多套冬装和军饷，浩浩荡荡地进了城。棉衣和军饷立即下发。而起义的几支骨干部队，正时刻处于戒备状态，随时准备紧急集合，执行各项任务。

12 月 14 日下午，赵博生、董振堂、季振同、黄中岳按计划指派部队控制电

宁都起义总指挥部旧址

台、指挥机构等要害部门和通往苏区的交通要道，加强城内城郊的警戒。

晚上，赵博生利用总参谋长的身份，准备了一场鸿门宴，宴请团以上主官。除了 25 师师长李松崑称病未到，其余应来的军官都到了。赵博生向大家讲明形势和第 26 路军的处境及出路后，宣布起义加入红军。

大部分军官听后都表示赞同起义，少数几个顽固分子反对。赵博生叫特务排把这几名反对起义的军官捆了起来。赵博生命令各旅长、团长留在原地，由各旅、团参谋长拿着他们的印章，以他们的名义回去调动部队，按指定时间带到指定地点集合待命；又让逮捕起来的旅、团长交出私章，因为国民党军队规定，主官不在，必须有其私章方能调动部队。然后赵博生指派各旅团的骨干回去，以他们主官的名义调动部队，按照指定地点按时集合。

各起义部队按预定目标一起行动，枪声、呼叫声、奔跑声、喊杀声响彻宁都城。随即赵博生、董振堂、季振同、黄中岳等人立即赶到 74 旅旅部，开始指挥整个部队的起义。

与此同时，派部队将第 25 师师部包围缴械。除师长李松崑越墙逃跑并带走驻城北 20 公里以外石上的一个团外，全军 1.7 万余人携带武器 2 万余件参加起义。在此期间，还逮捕了宁都县县长、靖卫团长等反动官吏和逃居宁都县城的地主豪绅。

15 日拂晓，全城响彻“解放”“自由”的欢呼声，宁都起义成功了！起义部队从宁都县城开赴中央苏区。

红 5 军团诞生，英雄血洒疆场

起义成功后，26 路军改编为中国工农红军第 5 军团。

季振同为红五军团总指挥，董振堂为红五军团副总指挥兼 13 军军长，赵博生为红 5 军团参谋长兼 14 军军长，黄中岳为 15 军军长。

赵博生先后任红 5 军团 14 军、13 军军长，军团参谋长、副总指挥，率部参加赣州、漳州和南雄水口等战役。每战他都亲临前线，部署周密，指挥果断，屡建战功，荣获中华苏维埃共和国临时中央政府授予的一级红旗勋章。

赵博生接过勋章还不到一个月，就血洒疆场。

1933 年初，国民党军集中 4 个师的兵力分两路向苏区进犯，赵博生奉命率领红 5 军团 3 个团据守长源庙一带山脉，配合主力在黄狮渡一带消灭敌人。他指挥部队连续打退数倍于我军的敌人，坚守住了阵地，出色地完成了钳制任务。

1 月 8 日，赵博生亲自率领由军官组成的突击队，发起猛烈的反冲锋，与敌人展开激烈的肉搏战。赵博生在与敌人相距只有百余米的地方指挥作战，激战中，子弹打光了，手榴弹投没了，他指挥战士们捡起石块当武器……敌人被打退了，阵地守住了，主力部队取得了全歼敌人 6 个团的胜利。但是红 5 军团杰出的指挥员赵博生却不幸中弹，因弹片深嵌脑部，抢救无效壮烈牺牲，年仅 36 岁。

赵博生的牺牲，在红 5 军团引起了极大的悲痛。这不仅是红 5 军团的损失，也是我党我军的损失。为了纪念宁都起义的领导者、红 5 军团的缔造者之一赵博生，1 月 13 日，中华苏维埃共和国临时中央政府将宁都县改名为博生县，并在瑞金叶坪广场上建造了方形建筑“博生堡”以示纪念。朱德总司令亲笔题写了“博生堡”三个苍劲有力的大字。

赵博生烈士的遗体被安放在他领导起义的宁都县城城西的山下。他的英名和功绩，与山河共存，与日月同辉！

赵博生烈士一生虽然很短暂，但是他为中华民族的解放事业做出了贡献，他成功地领导了中国苏维埃革命中一次重要的士兵暴动——宁都起义，在中国革命史上有着光荣的地位。中革军委在当时就指出："宁都暴动是中国苏维埃革命中的一个最伟大的士兵暴动，是革命历史上伟大的光荣的一页。"

宁都起义，是在内战紧张、外患严重、民族危亡的紧急关头爆发的，原国民党 26 路军带着两万多件武器加入红军中来，在国民党数次"围剿"、大军压境的不利环境下，极大地振奋了全国，特别是振奋了中央革命根据地的军心民心，使苏区军民更加坚定了国民党必败、红军必胜的信心。宁都起义在国民党军队中引起很大震动，沉重打击了以蒋介石为首的反动派，有力地支持了中央苏区的革命斗争的后续大发展，这支近两万人的生力军，使当时的中央红军兵力由 3 万余人猛增到 5 万余人，壮大了革命力量。

正如当年参加过起义的原 26 路军第 25 师中校参谋孙毅将军所说："宁都起义是代价最小、兵力最大的一次起义，赵博生在这次起义中所发挥的重要作用。"

尤为重要的是，这支起义队伍给红军送去了众多杰出的军事指挥干部。从宁都起义这支部队中，走出了 30 名开国将军，其中有上将李达，中将孙毅、王秉璋、孙继先、李雪三、韩振纪，少将苏进、王谦、李化民、王振祥、刘放等 24 位将军。但是当年参加宁都起义的许多关键人物先后都牺牲了，比如赵傅生、董振堂、季振同、刘振亚、李青云等，他们的丰功伟绩将永远铭刻于人民心中。

毛泽东主席这样评价赵博生烈士，说他是"坚决革命的同志"，并指出："以

宁都起义的精神用于反对日本帝国主义我们是战无不胜的。”

这支起义部队被改编为红五军团，成为中央红军中的一支劲旅，为反“围剿”斗争做出了重大贡献。特别是在长征中担任最艰巨的后卫任务，打了许多恶仗、硬仗。紧要关头，红5军团指战员往往手持大刀上阵，与敌军短兵相接，杀得敌人血肉横飞，闻风丧胆，被誉为“铁流后卫”。

中华人民共和国成立后，在宁都建有赵博生烈士陵园和赵博生烈士之墓以及石雕像。在河北石家庄华北军区烈士陵园内建有赵博生同志纪念亭。

“宁都霹雳响天晴，赤帜高擎赵博生。虎穴坚持神圣业，几人鲜血染红星。”1962年八一建军节前夕，叶剑英为缅怀中国工农红军高级指挥员、宁都起义主要领导人赵博生写了这首诗，高度赞扬他为人民解放事业而壮烈牺牲的英雄事迹。

2009 年 9 月 10 日，在中央宣传部、中央组织部、中央统战部、中央文献研究室、中央党史研究室、民政部、人力资源社会保障部、全国总工会、共青团中央、全国妇联、解放军总政治部等 11 个部门联合组织的“100 位为新中国成立作出突出贡献的英雄模范人物和 100 位新中国成立以来感动中国人物”评选活动中，赵博生被评为“100 位为新中国成立作出突出贡献的英雄模范人物”。

为了保护革命烈士遗迹，建设爱国主义教育基地，2014 年 12 月 14 日，宁都起义 83 周年之际，在黄骅市滕庄子镇慈庄村，赵博生烈士故居经过修缮后正式对外开放。故居内设置了以“身虽死精神长生”为主题的展览，介绍了赵博生无私奉献的光辉一生。

胡伯翰：抗击日寇，四次会战

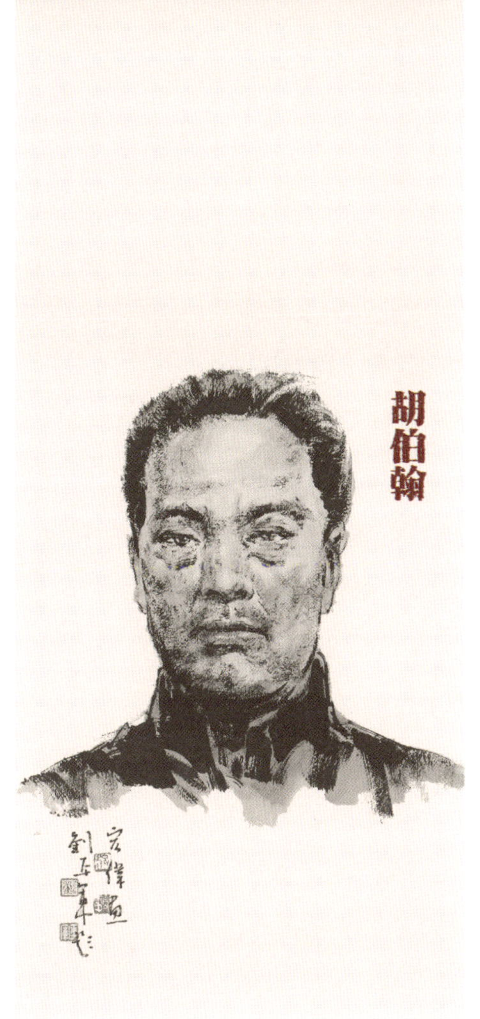

胡伯翰（1900—1973），原名维屏，别字伯翰，今黄骅市滕庄子镇西胡庄人。

胡伯翰是保定陆军军官学校出身的国民党陆军中将，早年参与中央陆军军官学校武汉分校重建，20 世纪 30 年代参与中央陆军军官学校驻豫军官教育团之教育训练事宜，对于民国时期黄埔军校教育有过贡献。抗战时期，任国民党军第 196 师师长、第 90 军副军长，河南第五区保安司令，重庆卫戍司令部参谋长、防空副司令，第 39 集团军副司令兼新 8 军军长等。抗战胜利后，任北平警备副司令兼北平防空司令部副总司令。1949 年赴台湾，曾任台湾糖业公司董事。1973 年在台北病逝。

1900 年 9 月 21 日，胡伯翰生于西胡庄一个耕读家庭。幼年私塾启蒙，继考入盐山县立蒙养学堂就读，毕业后考入直隶沧县中学。

中学毕业之际，正值直隶总督署向中学招生。胡伯翰遂于 1918 年 6 月上旬，考入保定陆军军官学校第 8 期，分配在步兵科第 1 队受训学习。

1922 年 7 月胡伯翰毕业，分发北洋政府陆军检阅使署学兵团，任步兵队少尉、中尉教习，陆军检阅使署上尉参谋。

1924 年春，胡伯翰应邀入川，任暂编四川陆军第 7 混成旅（旅长甘泽霖）第 3 团第 1 营营长，参加川境军阀混战。

1925 年初返回北方，任国民军第 2 军（军长胡景翼、岳维峻）第 1 混成旅（旅长马华瑜）第 3 团团副，随部驻军陕州地区。

1926 年 1 月，任国民军第 3 军（军长孙岳）第 1 师（师长何遂，后改为中央暂编第 4 师）司令部中校参谋。

1926 年 8 月，胡伯翰应邀南下广州，任国民革命军第 1 军（军长蒋介石兼）第 20 师（师长钱大钧）司令部学兵队少校队长。

1927 年春，任国民革命军总司令部北路军总指挥（钱大钧）部特务营中校营长，随军参加粤闽浙等省北伐战争。

1928 年春，任国民革命军第 1 集团军（总司令蒋介石兼）总预备队（总指挥朱培德）第 32 军（军长钱大钧）第 69 师（师长蔡熙盛）第 3 团团长，率部参加第 2 期北伐冀鲁豫省战役。

1928 年 8 月，国民革命军部队编遣，任缩编后的第 1 集团军（总司令何应钦）第 3 师（师长钱大钧）第 8 旅（旅长蔡熙盛）第 16 团团长。

1929 年春，胡伯翰任该师第 8 旅（旅长蔡熙盛）副旅长，兼任步兵第 15 团团长，率部参加中央军讨伐唐生智部湘军和新桂系集团的军事行动。原新桂系统辖的第 4 集团军总司令部随营军官学校学生 1000 余人，由湖北荆沙迁移武汉，为使这部分学员不致流离失所，钱大钧部奉命收留这部分学员，并于 1929 年 4 月初命名为中央陆军军官学校武汉分校，其间胡伯翰奉钱大钧之命，参与筹备武汉分校，还将陆军第 18 师、第 50 师军官教导团 500 多名学员，并入本校编为军官补习班，后改编为步兵第 4 大队。

1929 年 4 月 28 日，武汉分校正式成立，胡伯翰被武汉分校教育长钱大钧聘任为步兵科科长。1929 年 6 月 16 日举办开学典礼，奉命主持该校步兵科训练与教学。

黄埔军校在大陆二十五载，除了历经广州→南京→成都迁移的本校之外，不同时期还有多所分校存在，武汉分校无疑是其中非常重要的一个。1936 年出版的《中央陆军军官学校史稿》中便有这么一段记载："武汉分校规模之宏大不亚于黄埔本校，有男女学生及入伍生 6000 余人，实为中国腹部武装革命势力之大本营。"

此时的武汉分校已经完全中央化，与大革命时期的武汉分校显然没有实质性的关系。国民政府已经在形式上统一全国，各项事业均有所发展。这个时期的武汉分校，是教育体系最健全、教职人员最充分、教育设施最完善的一个时期。

1930 年春，因中原战事爆发在即，武汉分校学员奉命整编组成陆海空军总司令部教导第 3 师（师长钱大钧），胡伯翰任该师司令部步兵指挥官。1930 年 4 月，任该师步兵第 1 旅旅长。

1930 年 5 月中原大战爆发后，胡伯翰率部参加中央军讨逆的济南战事。战后返回中央陆军军官学校武汉分校，续任第 7 期学员总队总队长。武汉分校第 7 期学生得以在相对稳定的环境下完成学业，毕业后亦多分发至中央嫡系部队任职，有着较高的成才率，本期毕业学生最终任职少将及以上者不下百人，其中杨伯涛、尹俊、戴坚、戴朴、石补天、方懋锴等人便是在军界中成就较高者。此外，军统一些人名鼎鼎的特务诸如白世维、徐远举等人，也是出身于此。

1930 年 7 月中旬，中央陆军军官学校武汉分校第 7 期学员毕业，胡伯翰主持将武汉分校步兵科 1443 名学员分配到各个部队，其中他先前任职的第 3 教导师分配学员最多，为 196 名。接着，他参与中央陆军军官学校武汉分校第 8 期学员招生事宜。1930 年 10 月 15 日，入伍生入校，计有 1428 人参加入伍生训练，胡伯翰续任第 8 期学员总队总队长。

1931 年九一八事变之后，全国上下爱国热情高涨，武汉分校学生总队也组织了武装示威游行。

1931 年 12 月，胡伯翰任陆军第 89 师（师长钱大钧兼）副师长，与钱大钧统辖第 265 旅（旅长张雪中）、第 267 旅（旅长袁守谦），下辖步兵第 529 团（团长郭礼伯）、第 530 团（团长项传远）、第 533 团（团长胡松林）、第 534 团（团长陈大庆），除胡松林为黄埔军校第 2 期生外，其余皆系第 1 期生，足见其在黄埔嫡系将领中资望甚高。

1932 年 3 月 1 日，武汉分校奉令停办，学生总队改编为第 8 期第 2 总队，并入南京中央陆军军官学校，师生全体迁移南京，武汉分校遂告结束。

1934 年 1 月，应刘峙邀请，胡伯翰任南京中央陆军军官学校驻豫军官教育团（团长刘峙兼）副团长，协助刘峙主持该教育团日常事宜。

1935 年 1 月，胡伯翰任南京国民政府军事委员会驻豫绥靖主任（刘峙）公署副官处处长。

1936 年 3 月 4 日，被国民政府军事委员会铨叙厅颁令叙任陆军步兵上校。1936 年 7 月 6 日，任命为豫皖绥靖主任（刘峙）公署副官处处长。

1937 年 4 月 26 日，国民政府行政院议定组成豫苏皖三省军事整理委员会，刘峙为主任，东北军将领为委员，他被刘峙任命为该委员会下设办公室第 2 组组长，负责裁减整编东北军部队。

1937 年 5 月 21 日，胡伯翰被国民政府军事委员会铨叙厅颁令晋任陆军少将。

抗日战争全面爆发后，胡伯翰任第一战区第 26 军团（军团长万福麟）第 90 军（军长彭进之）第 196 师师长，率部参加淞沪会战。

1938 年 7 月 15 日，任第 17 军团（军团长胡宗南）第 90 军（军长李文）副军长，协助黄埔 1 期生李文统辖第 53 师（原湘军部队，师长李韫珩、曹日晖）、第 109 师（原东北军部队，师长赵毅、李树森），率部参加武汉会战诸役，战后所辖两师皆损失惨重，被迫接受胡宗南部改编整训。

之后胡伯翰得卫立煌举荐，于 1938 年 9 月 9 日，被国民政府颁令派为河南省第五区行政督察专员，兼任该区保安司令部司令官。

1939 年 5 月 30 日，国民政府颁令：胡伯翰免河南省第五区行政督察专员兼保安司令官本兼各职。后被刘峙举荐，派任重庆卫戍总司令（刘峙）部高级参谋，不久，任代理参谋长，兼任重庆防空司令部副司令官。

国民革命军第 39 集团军，于 1940 年 4 月 9 日奉令组建，首任集团军总司令为石友三。后因石友三经常伪装抗日，与日伪军勾结，1940 年 12 月 1 日，新 8 军军长高树勋奉重庆军事当局密令，将石友三扣押后处决。后卫立煌兼任该集团军总司令，高树勋就任第 39 集团军副总司令。1942 年，高树勋升任该集团军总司令。重庆国民政府军事委员会为掌握抗日前沿的河北民军部队，鉴于胡伯翰与高树勋同为河北盐山人，早年又同在西北军服务，相熟相知，故于 1942 年 10 月 2 日，派胡伯翰赴华北，任冀察战区（总司令蒋鼎文）第 39 集团军总司令（高树勋）部副总司令。

1943 年 10 月 15 日，胡伯翰兼任新 8 军军长，统辖陆军新编第 6 师（师长马润昌）、暂编第 16 师（师长吴求剑）、暂编第 29 师（师长张汉全）等部，全军官兵近两万人。曾率部参加豫西会战、鄂北会战诸役并与日军作战。

1944 年 12 月，胡伯翰因足伤赴西安治疗，伤愈后赴重庆，任军事委员会高级参谋。1945 年初，第 39 集团军总司令高树勋升任冀察战区总司令，胡伯翰为冀察战区副总司令职。

1945 年 3 月，胡伯翰被保送至陆军大学甲级将官班学习。1945 年 5 月毕业，再奉派华北履职，任冀察战区总司令（高树勋代理）部副总司令。1945 年 6 月 30 日，冀察战区奉命裁撤，所属部队并入第十一战区。

抗日战争胜利后，胡伯翰参与第十一战区日军受降仪式及接收事宜。

1945 年 10 月 30 日，高树勋率新编第 8 军部队 1.3 万人，在河北磁县马头镇举行起义时，胡伯翰在北平疗伤治病。

1946 年春，胡伯翰任北平警备总司令（陈继承）部副总司令，兼任北平防空司令部副司令官。1946 年 5 月 10 日，被授予胜利勋章。1946 年 7 月 31 日退为备役。

1946 年 11 月 19 日，胡伯翰被推选为（制宪）第一届国民大会代表。1948 年 4 月，当选为第一届国民大会第一次会议主席团成员，于南京参加第一届国民大会会议。

1948 年 9 月 22 日，由国民政府军事委员会铨叙厅颁令叙任陆军中将。

1949 年春，迁移台北定居。

1954 年 2 月，当选为台湾“国民大会”第一届第二次会议主席团成员。

1958 年 7 月退休，受聘任台湾糖业公司董事。

1973 年 1 月 3 日在台北因病逝世。台湾出版有《陆军中将胡伯翰先生纪念集》等书。

王玉珩：红军报务，电台专家

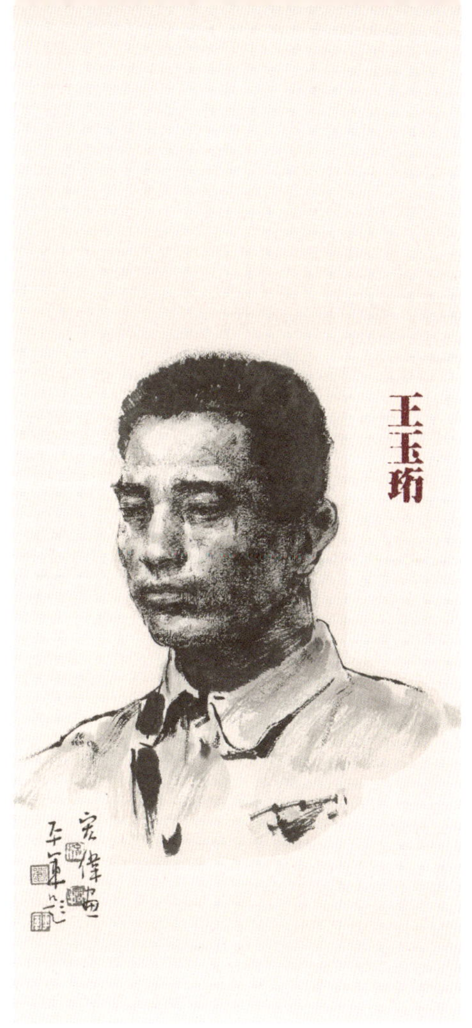

王玉珩（1905—1977），今黄骅市南大港农场扣村人，出身农民家庭。少年被保举到盐山县城读书，就读初中期间，以优异成绩考入河北省保定陆军无线电队，继而转入浙江无线电队学习电传技术，练就一身过硬技术，从此与电台报务结下不解之缘。

1931 年，王玉珩任国民党第 54 师电台报务员，受中国共产党的影响，加入中国工农红军，任中国工农红军总司令部侦察电台报务员。不久，加入中国共产党。在此后的 14 年艰苦岁月里，王玉珩由于其出色的电传技术和对党的赤胆忠心，始终工作在党和军队的核心枢纽机构。

在长征路上，王玉珩担任红军军委电台报务主任、红四方面军总指挥部电台报务主任、中央无线电台第一台台长等职，他的精湛技术和负责精神多次受到中共中央军委领导人表扬。

解放战争时期，王玉珩担任东北铁路总局电务部副部长职务。

中华人民共和国成立后，王玉珩长时期担任铁道部电务系统的领导职务，铁道部科学技术委员会领导，铁道部副部长。

“文革”期间，王玉珩遭受“四人帮”迫害，被迫离开北京。平反后返京，于 1997 年病逝。临终前，王玉珩担任铁道部科学技术委员会专门委员。

王佩琪：早期党员，组织农运

王佩琪（1905—1931），今黄骅市旧城村人，出身农民家庭。他是黄骅第一位共产党员。民国 12 年（1923）考入直隶省沧县二中，学习期间，受五四运动进步思想影响，积极参加爱国运动，成为二中学生中的核心人物。

1926 年 8 月，中共津南特派员兼国民党特派员刘格平，从天津到沧州一带创建地下党组织。经同班同学郝树模引荐，王佩琪认识了刘格平。

郝树模是南皮郝庄人，与刘格平是同乡，他父亲郝何斋老先生与刘格平家是世交，交往甚笃。因为刘格平原来就对郝树模有较深刻的了解，就和他谈了来沧的任务。郝树模明白后非常高兴，又找来两个追求进步的同学，一个是王佩琪，一个是东光曲庄的曲作民。他们四人在一家回民饭馆里，以请客吃饭的形式，交流了思想。刘格平见三人很坚决，就明确发展他们三人为共产党员，成立中共直隶省沧县第二中学党支部。这也是津南地区的第一个共产党支部，郝树模任支部书记，王佩琪、曲作民为支部委员。考虑到以国民党的面目在同学中开展活动更方便些，刘格平又明确他们三人都跨党成为国民党员，并建立国民党分部，但其性质是共产党的组织，亦由郝树模负责。这样，王佩琪三人就成为有着双重身份

津南地区的革命创始人——刘格平（右）

的中共地下党员。当时，共产党员以个人名义参加国民党，是中共三大决议，统战工作的需要。

沧县第二中学党组织积极开展活动，倡导科学与民主，反对军阀暴政，把一批信仰共产主义的积极分子团结在自己的周围，吸收献县的戈本捷、卢冠英，宁津一位姓牛的学生加入了共产党。他们于 1927 年毕业离校，在学校播下革命的种子。从此，沧县二中成为津南革命策源地。

入党以后，王佩琪的眼界变得更加开阔。每逢节假日回家，他就会借助旧城大集或庙会，组织附近村子的知识青年，敲锣打鼓地高喊“打倒军阀”“打倒帝国主义”等口号，宣传革命思想。在王佩琪的努力下，越来越多的人开始了解中国共产党。

1927 年，蒋介石叛变革命，中国共产党受到很大冲击。这一年冬天，中共津南特委书记刘格平再次找到王佩琪。王佩琪斩钉截铁地表明了自己坚决跟着中国共产党的决心。受刘格平的指示，王佩琪在旧城一带秘密建立党组织，开展农民运动。王佩琪腾出家里的几间房子办农民夜校，以此为阵地向农民进行马克思主义启蒙教育。

1928 年春天，王佩琪被聘任为盐山植才小学校长。在教书时，他先教学生文化知识，再讲革命道理，把提高文化水平和传播革命思想结合起来。课堂上，他经常给学生们介绍十月革命、马克思列宁主义等，教育学生们要革命，要立志为人民办好事。他以教学为掩护，与党员学生王俊峰一起秘密培养和发展党员，建立党小组。

为扩大影响，他们经常在夜间油印反帝反封建的宣传传单，白天组织学生贴在街上的各个角落，使广大群众对共产党有了初步认识。王佩琪还办起了习字班和女师训练班，提高人们的文化水平，宣讲革命道理，宣讲反帝反封建和妇女解放，让更多人了解共产主义，把共产主义的种子播撒在人们的心间。

民国 18 年（1929），随着国民党政权在北方的巩固，中国共产党的处境变得越来越艰难。王佩琪便转移到了阜城县大龙湾教书。由于在大龙湾仍难以站住脚，为躲避盐山国民党党部的追捕，王佩琪先后转移到了德州和天津。在天津寻找党组织，未能取得联系，王佩琪险些被国民党抓走，幸亏一个同乡警察偷偷报信，他才得以逃出去。最后去了吉林省榆树县的一个小山沟里教书，生活贫苦。由于多年在外颠沛流离，积劳成疾的王佩琪在榆树县待了不到半年就得了严重的肺病，经常大口吐血，身边也无人照料。

1930 年，王佩琪拖着病体回到故乡旧城，同党组织取得联系，继续宣传革命，鼓舞人们坚持斗争。

1931 年清明节，王佩琪病逝于旧城，年仅 26 岁。

七旬老人王铁柱站在革命烈士英名录前，指着一个名字激动地说：“你看，这是我四爷爷王佩琪，他是咱黄骅第一位共产党员。”

张九江：抗日锄奸，弹无虚发

张九江（1905—1996），回族，黄骅市常郭镇故县村人。早年张九江曾远赴马来西亚谋生。回国后，在东北参加了张作霖的奉系第 16 旅。直奉大战后，因厌倦了军阀混战解甲归田。1936 年 6 月，张九江参加了刘震寰创建的抗日武装，担任刘震寰警卫员、渤海军区回民支队锄奸团组长、手枪队队长等职务。战斗中，张九江冲锋陷阵，弹无虚发，是当时闻名遐迩的“神枪手”。张九江一生经历战斗无数，亲手击毙的日伪军超过百人。

初试锋芒

1938 年农历二月初，回民抗日救国军（回民支队前身）的 18 名战士在偷袭敌人后，匆匆转移。张九江走在最前面，当年已经 32 岁，在队伍中算是年龄最大的，但他是一名新兵。队长刘震寰暂时让他当交通员，给他发了一支手枪，因为这种枪每次只能打一发子弹就需重新装弹，因此叫作“单打一”。

队伍走到沧州城东戴庄子附近，忽然发现大批日本“扫荡”队，向他们包围过来。刘震寰命令部队向六卜村转移。这时，一辆大卡车满载着日本兵直追上来，拼命地叫喊着：“捉活的，捉活的！”

战士们急速撤退，但距离还是越来越近，眼看部队就要被敌人追上，张九江迅速掏出手枪，往回一甩，只见汽车司机的脑袋开了花。汽车左右扭了几扭，一头栽到地沟里。日本兵吓得纷纷跳下车，都往汽车底下钻。就这样，战士们边打边撤，终于甩掉了敌人。

小王庄突围

1938 年 5 月的一天，担任锄奸团第一组组长的张九江带领十几名战士，来到沧州小王庄，白天隐蔽，夜间开展斗争。

一天夜里，沧州大汉奸刘佩忱派出一个营的兵力突然包围了村庄，把全村的人赶到村北大场上集合。

张九江判断，突围不是良策，因为敌人已经严密布防，盲目突围会暴露目标，白白送死，只有在敌人的大部队进村后，武装人员分散到巷道住户，乘其不备杀出去，才不会受到更大的损失。于是战士们分散隐蔽，有在正房的，有在偏房的，有在屋角的。张九江站在屋门后，通过门缝观察情况。

敌人进村后，挨户踢门搜查。不多一会儿，一伙伪军来到了他们藏身的院里，其中一个高声喊：“有人吗？”见没人应声，几个伪军先后进了正房，前面的一个用刺刀刚掀开门帘，张九江一枪把他击毙了。另三个伪军转身就跑，又被他三枪打死。

这时，战士们趁机冲到街上，向村外突围。张九江为掩护战士们，撤在最后。尾追的敌人都向他围拢过来。只见他手持双枪，左右开弓，接近的敌人纷纷倒地。

到了村口，敌人调来一挺机枪，稳在土台子上，准备向他射击。没等机枪手扣动扳机，张九江举枪射击，机枪手的脑袋就开了花。旁边的副射手马上接替，张九江回手又一枪，副射手也报销了。

在战士们的接应下，张九江也冲出了敌人的包围圈。这一仗，打死日伪军20多名，我军无一伤亡。

击毙吴学周

1940年春天，张九江接受了铲除汉奸吴学周的任务。吴学周是沧县吴庄子东排（现隶属黄骅市官庄乡）的伪村长，他家房顶上修着个小炮楼，上面经常有岗哨监视四周。

这天晚上，张九江找了个机会，带人潜伏到了吴学周邻居家的房顶上，准备找时机下手。这时吴学周的岗哨也发现了有动静，就把吴学周叫上了岗楼。

一名战士发现岗楼上有人，首先打了一枪，却没击中目标。

吴学周操起了捷克式机关枪打过来。

张九江忙藏在屋檐下还击，但天太黑，打了好半天，双方谁也没打到谁。

张九江很着急，便心生一计，半天没有打枪，任凭吴学周开火。

吴学周打了一阵，听不到对方的枪声，便从炮楼的垛口探出头来寻找目标。就在这一刹那，张九江全神贯注，见隐隐约约的影子晃了一下，就把手枪向上一甩，只听“哎哟”一声，正击中吴学周的脑袋。

智取旧城据点

1941 年 8 月 1 日，为了纪念回民大队建军一周年，大队决定拔掉旧城敌伪据点。旧城据点由敌人的警备队、警察局和敌伪炮楼三处组成，共有百十号人。居高临下，武器装备充足，强攻不好接近。大队决定由张九江带手枪队乔装打扮进入，里应外合，全歼敌人。

张九江和战友们化装成卖西瓜的小贩，来到警备队。见门口正好无人站岗，便直接闯了进去。

一个伪军游动哨发现了他们，正要开枪，战士吴学广冲过去，一手拨开伪军的大枪，一把手枪顶在伪军的脑门上，扣动扳机，不料是个臭子儿。接着，另一名战士也向这名伪军开了一枪，却没有打中。这时，伪军抱住了吴学广，两人摔倒在地，滚在一起。张九江把手枪指向了两人的头部，一声枪响，伪军的脑袋开了花。

战士们冲进伪军的宿舍，将正在午睡的几十名伪军俘虏了，并占领了炮楼。

这时，张九江看到旁边警察局的敌人还在开火，就大声喊道："警察局那边的汉奸们，你们听明白了，炮楼和警备队的人都投降了，你们马上停止射击，缴枪投降！要不然，我张九江可要开枪了！"说着，把手里大枪的枪栓一拉，发出一阵哗啦声。

警察局里的伪军一听，再也不敢抵抗，乖乖举手投降了。

抗日战争胜利后，张九江隐居东北务农。1991 年在刘皮庄族侄张长岗的安排下，落叶归根，晚年回到故乡刘皮庄落户。1996 年去世，享年 91 岁。

张九江的事迹在当地广为流传，感染了许多人。为铭记历史，缅怀先烈，2014 年，刘皮庄村为张九江重新立了墓碑。

2016 年"张九江纪念馆"在黄骅市羊三木回族乡刘皮庄村开馆，由其族侄张长岗出资筹建。

黄骅：舍生忘死，魂留黄骅

黄骅（1911—1943），原名黄金山，出生于湖北省阳新县良上村。黄骅的父亲名叫黄修玉，是一个忠厚纯朴的农民，母亲温柔和顺，是一个贤妻良母。黄骅有两个哥哥，还有几个姐姐，他们的家庭非常贫困，一家数口，沉重的生活担子全压在父亲黄修玉的身上。黄骅的父亲每天起五更，睡半夜，结果积劳成疾，在黄骅不到两周岁的时候，就离开了人间，黄骅父亲死后不久，大哥被血吸虫病夺去了生命。母亲在失去丈夫和儿子的双重打击下，也与世长辞了。母亲的去世，在黄骅幼小的心灵上留下了不可磨灭的创伤。黄骅的嫂子柯九菊，是个心地善良、贤惠的女人，在艰难困苦中主动挑起了抚养黄骅的重担，她对待黄骅胜过自己的亲生骨肉，十分疼爱他，这使黄骅在失去母亲的痛苦中得到了安慰。

黄骅在七八岁的时候，由于生活所迫，嫂子只好含着眼泪，忍痛把他送到地主家里放牛，小小的黄骅受尽了地主的打骂和虐待。因此在他的心灵上埋下了仇恨的种子。

1920 年，黄骅 9 岁，外村的柯汉卿先生来良上村办学，黄骅总是扯着嫂子的衣角，哭闹着要到学堂念学，左邻右舍，看着可怜的小黄骅，都很心疼他，你给几升米，他出几文钱，把黄骅送进了学堂。黄骅天资聪明，刻苦用功，成绩优异，深得先生的赏识和同学们的赞扬。但是，黄骅家里实在太穷了，连吃糠咽菜的生活也无法维持，因此，黄骅只读了两三年书就失学了。柯汉卿先生深感惋惜。后来学堂里缺一个炊事员，柯先生在征得黄骅哥嫂同意的情况下，动员黄骅到学堂去当了一名炊事员，黄骅常常利用挑水、劈柴、做饭的间隙，勤学苦读，还挤时间去旁听，晚上看书直到深夜。文化知识水平提高很快。两年后，柯先生走了，黄骅被辞退了。

1925 年秋天，黄骅 14 岁，江西有个木匠到良上村来做工，这个木匠姓吴，叫什么名字一直没查出，后来和黄骅一起参加了红军。木匠吴师傅见识广，为人忠诚老实，晚上他常给村里的人讲岳飞、洪秀全和《三国演义》等故事，这些民族英雄的高大形象和可歌可泣的动人事迹在黄骅的脑海留下了深刻的印象。黄骅总喜欢到吴师傅那去玩，吴师傅见他聪明伶俐、活泼可爱，便询问他愿不愿意学木匠活儿，黄骅一听非常高兴，满口答应。在学木匠活过程中，黄骅增长了不少见识，开阔了视野，从吴师傅那里也明白了很多的道理。在路途中所见所闻的一些人间不平之事，他极为愤恨。心想，穷没有根，富没有种，立志要救贫。

黄骅 15 岁时，良上村和周围村庄联合组织成立了儿童团，黄骅被选为儿童团团长。1928 年，黄骅 17 岁，参加了阳新县赤卫队，由于革命立场坚定，工作积极负责，能出色完成组织交给的各项任务。

民国 18 年（1929），党组织批准他加入了中国共产党。民国 19 年（1930）黄骅参加了中国工农红军，在他的带动下，不到 60 户的良上村就有 14 名青年参加了红军。后来他又参加长征，经二万五千里长征到达延安，历任班长、排长、连长、营长、团参谋长等职。1941 年 4 月，他调到 115 师教导 6 旅任少校副旅长。同年 7、8 月间，又调到冀鲁边区任 115 师教导 6 旅副旅长兼冀鲁边军区副司令员。

黄骅由一个红军战士到红军团长，由红军团长到抗日将领，他职务变了，但他不摆官架子，不搞特殊化。黄骅身居要职，体弱多病，按当时规定他可以吃“保健饭”“保健菜”，但他不肯吃，而是和广大战士同甘苦共患难。黄骅经常教育干部和战士：不要忘记过去，不要忘记老百姓，要时刻关心群众的疾苦。在抗日战争最艰苦的时期，八路军过的是军事共产主义生活，菜金非常低，每人每天不到一角五分钱，在这种情况下，黄骅常对爱人讲："我们还要省下一点钱粮，去救济苦难的同胞。"黄骅穿着也极为朴素，夏天穿绿军装，冬天穿黄军装，和战士们一样。在 1937 年，26 岁结婚时，他也没有换一件衣服，并经常告诫自己叮嘱妻子：要朴素，不要与别人比穿得好，要比学习好，比工作好。

黄骅的爱人顾兰青，是四川人，家里很穷，没进过学堂，红军经过四川时，她参加了革命，黄骅为了提高她的文化水平，为党做更多的工作，有空就教她识字、翻译电文、写日记。他常对爱人说："要好好学习，我到前方打仗，不要挂念，以免影响学习和工作。"

黄骅自己生活简朴，特别注重联系群众。民国 31 年（1942）在狼坨子养病时，他拒绝组织上照顾的"保健饭"，坚持和战士们一起吃煮玉米和煮黄豆。当他发现机关食堂伙食不好时就深入炊事班，当了一个星期的司务长，使食堂伙食大为改善，干部战士都很满意。

黄骅同志刻苦学习，无论在解放区还是在敌后，无论在长途行军之后，还是在激烈战斗的间隙，他始终坚持学习，文化程度、政治素质、思想修养都有很大

提高。黄骅对于干部和战士的学习，同样抓得很紧。他带头执行机关每天学习两个小时的制度。这样，司令部很快掀起了一个学习文化政治的热潮，这对部队的思想建设、提高部队战斗素养都起了很大的推动作用。黄骅调任冀鲁边区副司令员后，以高昂的革命热情，领导冀鲁边区军民进行轰轰烈烈的抗日救国运动，并取得了一个又一个胜利，很快在部队和地方干部群众中建立起了很高的威信。

在边区工作期间，黄骅最先发现了军区司令邢仁甫（第 15 师教导 6 旅旅长兼军区司令员，后叛变）的消极动摇情绪，对他进行了严肃耐心的劝导。邢仁甫站在极端个人利己主义的立场上，对黄骅同志极为嫉妒和不满，视之为眼中钉，经常在部队干部战士中散布黄骅同志的坏话，骂黄骅是“南蛮子”，污蔑说“南蛮子排挤地方干部，是为了抢占地盘”等，挑拨地方干部与黄骅同志的关系。

1943 年春，上级决定调邢仁甫到延安党校学习，军区司令员的职务由黄骅接替。邢仁甫接到通知后，不但不认为这是一次接受教育的好机会，反认为是黄骅在背后捣鬼，有意夺他的军权，于是对黄骅更加怀恨在心。邢仁甫拒不执行上级决定，借口青纱帐还没起来，没有掩护不安全，要等青纱帐起来再走，拖延时间，准备对策。

1943 年 5 月，邢仁甫召集其亲信杨静侯、潘特、刘永生、邢朝兴等人来岛上开会，说：“上面调我去受训，实际是撤我的职。我一走你们好比没娘的孩子，多可怜。这一切全是‘南蛮子’黄骅搞的，如果没有他，我们也不会到这地步，不如干脆把他干掉。没有了黄骅，边区就没有了军事干部，上面也就不会再让我走了……”于是，一个刺杀黄骅同志的行动方案，在邢仁甫的直接授意下策划出来。

民国32年（1943）6月30日，黄骅同志在新青县大赵村主持军区侦察通讯工作会议，分析敌情，部署秋季反“扫荡”任务。参加这次会议的还有司令部参谋长陆成道、侦察副股长崔光华、除奸科长陈云彪等人。

会议紧张地进行了一天，约到下午6时，会议室门外走进一个名叫周云洪的人，此人进屋后向黄骅同志递交了介绍信。黄骅同志阅后，令周云洪暂到管理股休息，周云洪当时没有立即退出会场，和其他同志说话。这时，军区手枪队队长冯冠奎奉邢仁甫密令闯入会场。周云洪看到冯冠奎后，向旁边一闪身，冯冠奎即在周云洪的旁边掏出手枪打响了，首先中弹的是黄骅和陆成道同志，接着是齐耀庭等同志，前后仅约两分钟的时间。

警卫员听到枪声赶到时，和行刺后逃跑的叛徒冯冠奎相遇，当场被冯冠奎打死。警卫连闻讯赶到，叛徒冯冠奎等已逃出村外，再加上遍地都是青纱帐，已无法追踪。在这次惨案中，有黄骅、陆成道、陈云彪等八名同志牺牲，有四名同志身负重伤。

1945年9月，为纪念黄骅烈士，经山东省委批准，将新青县正式命名为黄骅县，属山东省渤海区。1953年黄骅烈士的遗骸被迁到济南市英雄山烈士陵园。2014年8月，黄骅被列入党中央、国务院批准的第一批著名抗日英烈和英雄群

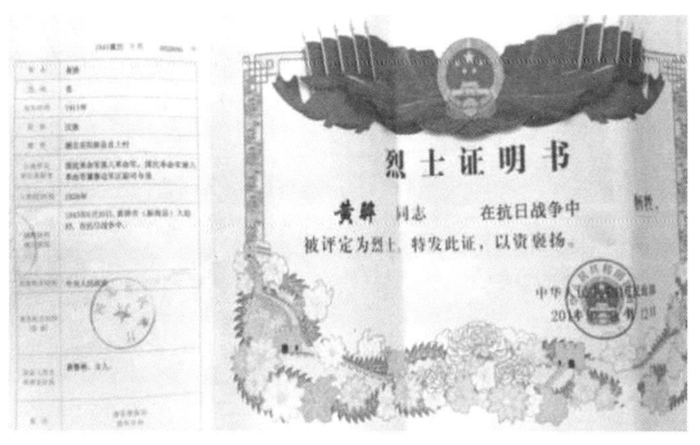
烈士证明书

黄骅 同志 在抗日战争中 牺牲，

被评定为烈士，特发此证，以资褒扬。

体名录。1989 年撤县建黄骅市。

1988 年 6 月，当地政府在黄骅牺牲地大赵村竖起了纪念碑，聂荣臻元帅的亲笔题词“黄骅烈士永垂不朽”镌刻在纪念碑上。

2007 年 6 月 29 日，黄骅市在羊二庄回族镇大赵村隆重举行黄骅烈士牺牲地遗址修复工程落成仪式，特邀烈士故乡阳新县的领导及烈士的女儿女婿参加。为更好地纪念烈士，落成仪式当日，阳新县与黄骅市缔结为友好城市。双方在协议中承诺，发挥各自优势，在各个领域开展广泛的交流与合作，实现共同繁荣。

1989 年国务院批准撤县建黄骅市。2009 年 9 月，在全国“双百”人物评选中，黄骅烈士入选湖北省“为新中国成立做出突出贡献的 50 名荆楚英雄模范人物”。

刘震寰：回民支队，抗日英豪

刘震寰（1912—1971），回族，孟村回族自治县大北赵河人。1932 年刘震寰开始接受进步思想，并参加抗日救亡宣传活动。1935 年 8 月加入中国共产党。入党后，刘震寰便和王帽圈村党支部书记辛忠江组织起有 20 多名回族青年参加的抗日游击队。全国抗战初期，他走村串户，向群众宣传抗日救国道理，并积极组织抗日武装。1938 年初，刘震寰任沧县抗日游击队第 2 大队队长，不久，任沧县第 6 区区长。1939 年 6 月，任津南支队第 6 大队队长。

1940 年 7 月，刘震寰任冀鲁边区回民救国总会武装部长及回民大队大队长。1940 年 8 月 1 日，冀鲁边区回民大队成立，一年间，发展到 400 余人。

为适应斗争形势的需要，经冀鲁边军区批准，1941 年 11 月，回民大队升编为冀鲁边区回民支队，刘震寰任支队长，1943 年改称渤海军区回民支队。随后刘震寰相继任新海县、黄骅县县长，在刘震寰的率领下，这支回民武装活动在沧县、盐山、新海（黄骅）一带，取得一次又一次战斗的胜利。

回民支队初建时，就攻克了李天木、大白兔、风化店 3 个日伪据点，创造了三战三捷的战绩。后又拔掉了旧城据点，在天口村击败了三倍于我的日军。刘震寰亲自率领两名队员奇袭捷地据点，俘虏伪军一个班，缴获12支枪。1943年，回民支队又相继拔掉姚庄、辛店、苏基等据点。1944年，刘震寰指挥回民支队在赵高庄子、山后村的伏击战及花寨、减河等战斗中均取得较大的成果。花寨战斗中，在双方兵力悬殊的情况下，回民支队战士英勇无畏，打得敌人死伤惨重，生擒日军指挥官森田，使日伪军闻风丧胆，再也不敢轻举妄动。

经过抗日战争的战斗洗礼和血与火的锤炼，回民支队迅速发展、成长、壮大起来，到1945年8月日本投降时，这支初建时人数很少、装备极差的队伍已发展到近2000人，装备得到根本改善，成为一支强大的人民武装。

从回民支队建立到抗战胜利的5年中，刘震寰率领的回民支队驰骋在冀鲁战场，参加较大战斗达100余次，先后攻克敌据点20多个，歼灭日伪军1300多人，缴获各种火炮20多门，机枪10余挺，步、手枪1500余支以及其他战利品。1943年，刘震寰任敌伪军工作委员会主任，在争取两面派、开展敌伪军工作方面卓有成效。1944年3月，刘震寰在挂甲林收编了伪刘佩臣部张凤祥等30余人。1945年2月，刘震寰利用内线袁世昌等人教育争取齐家务伪军自卫团，解放了齐家务，收编伪军自卫团300余人，建立了回民支队减北大队。

抗战胜利后，渤海军区回民支队整编为21旅63团，刘震寰任团长。1946年，刘震寰任东北民主联军回民支队长兼党委书记。他带领回民支队指战员，在保卫东北铁路安全、抢修铁路桥梁等战斗中做出成绩，受到第4野战军的通令嘉

奖，铁道兵团给他记大功一次。1949 年 7 月，回民支队改编为铁道兵团第 2 师，刘震寰任师长兼衡阳铁路局副局长。

1951 年 4 月，刘震寰率铁 2 师赴朝参战，参加了第五次战役、反绞杀战、反登陆紧急备战和战洪峰抢修铁路的斗争，荣获朝鲜民主主义人民共和国二级国旗勋章、二级自由独立勋章。归国以后，刘震寰带领铁道兵团回族干部参加了祖国大西北的社会主义建设，先后任甘肃省委统战部部长、西海固自治州党委书记、宁夏回族自治区工委秘书长、民政厅厅长、宁夏回族自治区党委常委、统战部部长、政协副主席、革命委员会副主任等职。

1955 年，刘震寰被授予解放军铁道兵大校军衔，被授予二级独立自由勋章、二级解放勋章。

1971 年 12 月 28 日，刘震寰病逝于青岛，享年 59 岁。

刘宝田：组织民众，抗日县长

刘宝田（1915—1940），今黄骅市羊二庄镇西刘庄人。

民国 20 年（1931），刘宝田考入盐山公费师范学校。在校读书期间，受共产党员邸玉栋影响，刘宝田开始阅读进步书刊，逐步接受马列主义。他和同学们一起利用标语、传单揭露贪官污吏的罪行。毕业时，因有共产党嫌疑，未被分配，由人介绍到中泊庄教书。

民国 25 年（1936），刘宝田加入中国共产党。

民国 26 年（1937）七七事变后，他和杨洪恩、齐耀庭等人在羊二庄组织抗日救国会十一分会。在国民党区党部控制的羊二庄前街小学任教时，为抗日武装收集了大量情报。

民国 27 年（1938），刘宝田受党组织派遣，到盐山参加华北民众抗日挺进纵队。

民国 28 年（1939），无棣县抗日民主政府成立，刘宝田任县长。

民国 29 年（1940）5 月，刘宝田等人在曹庄子被土匪包围，他在掩护众人脱险后越墙突围时，被匪徒打伤，面对拥上来的匪徒，刘宝田拉响了手榴弹，壮烈牺牲，年仅 25 岁。

孙敬文：

领导学运，献身石化

孙敬文（1916—1998），今黄骅市楼东村人。

1931 年 8 月，孙敬文考入沧县直隶省立第二中学校（1970 年定名沧州市第一中学）。不久，九一八事变爆发，孙敬文立即投入中国共产党沧州地区党组织领导的抗日救亡运动。他努力学习进步书刊，结识了许多共产党员和进步青年，受到了革命思想的启蒙教育。

1932 年 10 月，孙敬文在校秘密加入中国共产主义青年团，先后担任该校的团支部书记和共青团津南特委委员，在学校创办《心声月刊》，经常发表抗日救亡文章。

1934 年，孙敬文因为闹学潮被校方追查，被迫转到北平，考入私立镜湖中学，很快找到党团组织。

1935 年 12 月，孙敬文转为中国共产党党员。

九一八事变之后，日本帝国主义加紧侵略中国。他们在东北地区推行殖民地化统治的同时，利用南京国民政府的不抵抗主义，把侵略魔爪一步步伸向华北，民族危机日益严重。

1935 年五六月间，日本侵略者密谋策划，在天津和河北等地制造事端，并以武力相威胁，先后迫使南京国民政府达成了《何梅协定》和《秦土协定》，把包括平津在内的河北、察哈尔两省的大部分主权奉送给日本。之后，日本帝国主义积极策动所谓华北五省“防共自治运动”，策划成立由其直接控制的傀儡政权，全面在华北进行政治、经济、文化侵略。“华北之大，已经安放不下一张平静的书桌”，激起北平各阶层人民的极大愤慨。

1935 年 12 月 9 日，北平大中学生数千人举行了抗日救国示威游行，反对华北自治，反抗日本帝国主义，要求保全中国领土的完整，掀起全国抗日救国新高潮。这就是一二 · 九运动，是中国共产党领导的一次大规模学生爱国运动。

北平学生的爱国行动，得到了全国学生的响应和全国人民的支持，形成了全国人民抗日民主运动的新高潮，推动了抗日民族统一战线的建立。一二 · 九运动公开揭露了日本帝国主义侵略中国、吞并华北的阴谋，打击了国民党政府的妥协投降政策，大大地促进了中国人民的觉醒。它配合了红军北上抗日，促进了国内和平和对日抗战。它标志着中国人民抗日民主运动新高潮的到来。

孙敬文是一二 · 九爱国学生运动的组织领导人之 。他参加了党领导下的中华民族武装自卫会和北平市学联，被选为学联的领导成员，在一二 · 九运动中担任北平学联总交通。他还是北平市学联党的领导核心——学联党团的成员之一。

在复杂的斗争环境中，孙敬文表现出不畏艰险、机智灵活的斗争艺术和宣传群众、组织群众的领导才干。1936 年 9 月，孙敬文担任中共北平市学委委员。

1937 年七七事变后，他根据党组织的安排，全力以赴地组织支援 29 军抗战和学联党团人员撤退的工作。1937 年 10 月，孙敬文奉命奔赴延安，到中央党校学习。

1938 年 2 月，孙敬文调入中共中央青委举办的安吴堡青训班工作，先后担任连指导员、组织科科长和党总支副书记。后来，他作为西北青年战地工作团区团长，率领三个分团奔赴晋东南根据地，协助地方开展群众运动，宣传抗日统一战线，发展抗日武装力量，建立和巩固抗日民主政权，经受了根据地反“扫荡”斗争的严峻考验，胜利完成了任务。

1940 年 12 月，在国民党发动的第一次反共高潮中，四川省委遭到严重破坏，孙敬文临危受命，赴四川担任川康特委委员兼青委书记和上川东特委书记。他以中学教员的身份为掩护，积极重建党的组织，恢复党的活动。

1942 年 6 月，孙敬文调入重庆新华日报社，先后担任报社党总支书记、营业部主任。针对国民党军警宪特的严密封锁，他努力组建报童报丁队伍，领导营业部全体同志采取多种形式扩大报刊发行。

1946 年 1 月，孙敬文调到北平军事调处执行部工作。

1946 年 6 月，张家口第一次解放，孙敬文调任张家口市委民运部长和企业党委书记。不久，内战全面爆发，孙敬文随军撤出张家口，转战于冀热察边区，任区党委委员、宣传部部长。他与区党委一起发动群众，实行土地改革，支援解放战争。

1948 年 12 月，张家口第二次解放，孙敬文再度进入张家口，先后担任中共察哈尔省委宣传部部长，张家口市委书记、市长，察哈尔省委副书记、省政府副主席，参与领导了接管城市、支援平津战役以及恢复生产等大量工作。

1953 年 2 月，察哈尔省被撤销，孙敬文调京工作，先后担任建筑工程部城市建设局局长、国家城市建设总局副局长、城市建设部副部长和建筑工程部副部长，是新中国城市规划和建设事业的开拓者和领导者之一。

1958 年 10 月，孙敬文调任石油工业部副部长，参与组织和领导了大庆石油会战和原油加工会战，为实现中国石油自给做出了重要贡献。

1965 年 2 月，孙敬文调任建筑工程部代理部长和党组书记，随后又调任国家基本建设委员会第一副主任、党组副书记，协助谷牧同志组织三线建设。

1966 年，“文化大革命”开始后，孙敬文在受到冲击、身处逆境的情况下，坚持原则，明辨是非，仗义执言，尽力保护同志，坚持指挥生产。

1969 年 10 月，孙敬文被下放到“五七”干校劳动，继续接受审查。

1971 年 8 月，恢复工作后，孙敬文先后担任天津市生产指挥部副主任、天津市革委会副主任、石油化学工业部副部长和党的核心小组副组长。在工作中，孙敬文与“四人帮”的倒行逆施进行了坚决的斗争。在天津，他不顾江青及其同伙的干扰和破坏，大胆起用老干部和技术专家，加强石油化工基地建设和港口、电站、水源和天然气工程建设，竭尽全力地为天津的发展做了大量基础工作。

1975 年 10 月，重返石油战线后，他协助康世恩同志，团结广大职工，一方面同“四人帮”展开坚决的斗争，保护革命同志，一方面冲破“四人帮”破坏国民经济的重重压力，积极组织开展辽河及冀中石油会战，建成了大庆 30 万吨合成氨装置，为中国石油化学工业的发展和原油产量突破一亿吨做出了突出的贡献。

1976 年，粉碎“四人帮”以后，孙敬文坚决贯彻执行党的十一届三中全会的路线、方针和政策，拥护中央确定的引进国外先进技术的决策。

1978 年 1 月，孙敬文与李人俊一起率中华人民共和国石油代表团访问美国，回国后向党中央、国务院提出了对外开放合作勘探开发海上石油的建议，得到了中央领导同志的充分肯定，从此揭开了中外合作开发中国海上石油资源的序幕，开创了中国石油和石化工业对外开放的新局面。

1978 年 4 月，孙敬文就任化学工业部部长、党组书记。他团结和带领广大职工，整顿企业，深化改革，组织引进了一批国外先进技术和装备，为发展中国现代化的化学工业和石化工业奠定了坚实的基础。

孙敬文是中国石油、石化战线的杰出领导者，党的第八次全国代表大会代表，第五届全国人大代表，第六、七届全国人大常委会委员。

1995 年，孙敬文离休。

1998 年 11 月 3 日，孙敬文因病医治无效，在北京逝世，享年 82 岁。

姜思民：

抗日爱民，敌伪胆寒

姜思民（1917 1941），原名姜仁琪，今黄骅市旧城镇姜庄人。姜思民先后在本村私塾、许孝子高小、天津觉民中学和南开大学读书。参加革命后，为表达一心为民的心愿，他将自己的名字改为姜思民。

1936 年，姜思民考入天津南开大学，在南开大学受到革命思想影响，积极参加学校组织的抗日救国宣传活动，1937 年加入中国共产党。1938 年 7 月，他离开学校，受中共党组织派遣，回到家乡开展抗日救亡运动，任盐山县五区区委负责人。

姜思民的伯父姜毓村是当地地方民团的团长，拥有人枪数百号。为此，姜思民经常给伯父做工作，使之倾向抗日，将之争取到抗日战线上来。1938 年 10 月，在他伯父的配合下，收缴了姜庄民团的所有枪支，又连夜乘机收缴了大郭庄民团的枪支，扩大了抗日武装力量。

1938 年 12 月，盐山县第四区抗日民主政权建立，姜思民任第四区即旧城区区长。1939 年 1 月，因有人告密，姜思民被捕。同年 4 月，经党组织营救出狱，姜思民出狱后，调到南皮县二区任区长。1941 年 4 月，姜思民调任新海县县长兼县大队长，后又任盐新支队队长。其间，他率领部队开展反奸锄霸斗争和游击战争，指挥武装力量伏击日伪军，拔除敌军据点、处决汉奸、特务，给日伪军以无情打击，令敌人闻名丧胆，老百姓称其为专杀日本鬼子和汉奸的“姜阎王”。

1941 年 11 月，汉奸李斌侯（绰号李九沟子）派人请姜思民，说要共商统战大计。姜思民想借机阐述共产党的抗日救国主张，便把县大队埋伏在冲寺口一带，只身前往常郭据点，他见到是李斌侯的传令班长出来接他，知道进去没有好处，转身就走。传令班长向姜思民打了一枪，没有打中，姜思民边还击边向李子札村撤退。

李斌侯率伪军随后赶来，围住村子。姜思民藏在李玉柱家偏房的空棺材里。伪军包围了院子，爬上房顶，浇上煤油，把房点着。姜思民冲到院中，四面屋顶上的伪军一齐开枪，姜思民当场牺牲，年仅 24 岁。

刘贯一：铁骨英魂，坚贞不屈

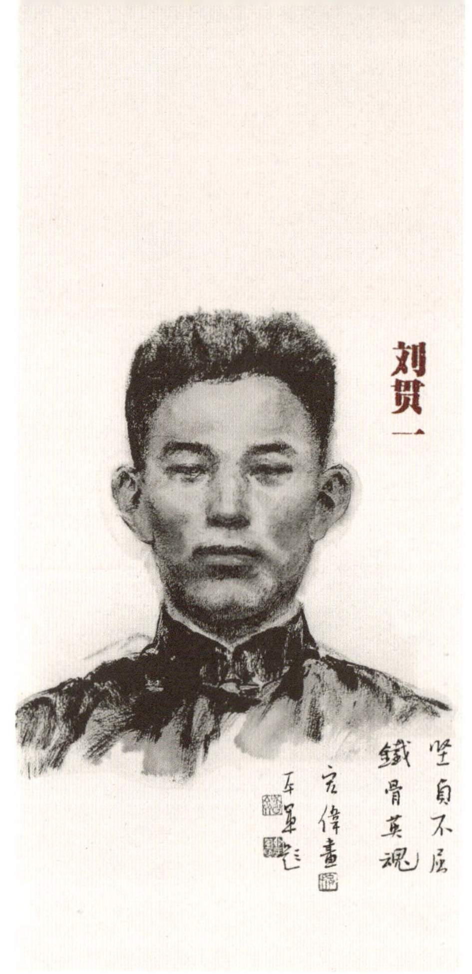

刘贯一（1918—1946），原名刘保恕，字方华。今黄骅市旧城镇西仙庄村人。1937 年盐山中学毕业后，刘贯一赴天津探寻革命道路。1939 年春，参加新海县中华民族解放先锋队。1942 年 12 月，刘贯一加入中国共产党，历任党的仙庄村地下联络员、解放区仙庄村村长、旧城区文教助理、贾象区副区长等职。抗日战争时期，受地下党组织派遣，刘贯一以教员身份为掩护，向进步青年宣传抗日救国道理，不畏艰险，多次秘密为抗日武装搜集和传递情报，并发动群众粉碎敌伪“扫荡”。1946 年 11 月，刘贯一在与国民党反动派“还乡团”的战斗中被捕。面对敌人的威逼利诱、酷刑折磨，他坚贞不屈，最终惨遭杀害，年仅 28 岁。

为革命改名“贯一”

刘保恕，1918 年 8 月出生于今河北省黄骅市西仙庄村一个农民家庭。家中除父母外，有 3 个哥哥和 3 个姐姐。在刘保恕 8 岁时，父亲刘允之不幸去世，靠母亲一手拉扯长大。

刘保恕读书非常刻苦，全家人节衣缩食供他上学。孙中山先生的《三民主义》和《论语》《孟子》等书对他产生了很大的影响。“富贵不能淫，贫贱不能移，威武不能屈”的做人信条和孙中山先生“天下为公，世界大同”的政治理想，在他心里打下了崇尚正义、追求真理的烙印。

1934 年，直隶盐山中学在全省 126 所中学考试中，连续三年名列全省第一，取得免试初中升高中的奖励。就在这一年，16 岁的刘保恕以优异成绩考入盐山中学。

早在 1926 年 10 月，盐山中学就建立了共青团支部，1928 年又建立了党支部，传播进步思想和开展革命活动由来已久，中共津南特委刘格平点燃的革命火种在盐山中学燃烧。大批优秀青年学子走上了革命道路，比刘保恕早的黄骅籍同学有刘玉柱、刘春、辛国治等，晚一届的同学有王连芳、王猛等。后来，有的同学为国捐躯，成为革命英烈，有的同学经历战火的洗礼，成为共和国将军和领导人。

1934 年，刘贯一以优异成绩考入当时河北省名校盐山中学，在这里受到革命进步思想的熏陶，为自觉走上革命道路奠定了思想基础。图为刘贯一所在中 12 班师生毕业照（1937 年 6 月），三排左六为刘贯一。

在校期间，刘保恕不但学习成绩名列前茅，在进步思想的影响下，他还参加抗日救亡、抵制日货等各种活动，懂得了抗日救国的道理，为自觉走上革命道路打下了思想基础。

1937 年七七事变后，华北沦陷，各类学校停办。刚刚初中毕业的刘保恕，没有机会像高届同学那样，凭着优异的成绩到北京、天津读书深造。毕业后回到家乡仙庄村，与阎隆村的姑娘赵恩丽结婚成家。赵恩丽身材高挑，皮肤白皙，端庄秀丽，善良贤惠，刘保恕对这桩婚事非常满意，婚后过着平静幸福的生活。然而随着日寇侵华暴行的不断加剧，国家遭受蹂躏，人民生活在水深火热之中。满怀爱国热情的刘保恕义愤填膺，毅然说服母亲和新婚妻子，只身赶赴天津寻求抗日报国之路。

在一位亲戚的帮助下，刘保恕进入一家工厂做工，切身感受到帝国主义的侵略、资本家的剥削给劳苦大众带来的深重灾难。他白天做工，晚上就到地下党组织设立的秘密场所，如饥似渴地倾听共产主义思想宣传。当时，日伪军横行霸道，烧杀抢掠、无恶不作。刘保恕看在眼里，恨在心里。为了表达革命到底的意志和决心，他借用《论语 · 里仁》里“吾道一以贯之”之意，把自己的名字改为“贯一”。

抗战路上光荣入党

1938 年，因母亲患重病，刘贯一回到家乡，在本村小学当了一名教师。同年 10 月，长子刘镇山出生。当年盐山中学同学、共产党员张解民常与他往来，给他讲解党的主张，带他学习毛主席的《论持久战》，更加坚定了刘贯一坚决抗战的决心和必胜的信心。

刘贯一在张解民的影响下，革命热情更加高涨，一边教学，一边参加抗日活动。

1939 年，日军侵占新海县（今黄骅市）后，到处修据点、建炮楼，人民群众陷入日伪军的黑暗统治中。为了实现抗日救国的愿望，刘贯一参加了中华民族解放先锋队，利用小学教员身份为掩护，以课堂为阵地宣传抗战。通过一段时间的观察，刘贯一把勇敢机灵的孩子组织起来，成立儿童团，站岗放哨，参加抗日活动，在仙庄村一带点燃了坚决抗日的星星之火。

刘贯一参加“民先队”的经历、进行抗日斗争的出色工作，新海县党组织十分重视，决定把刘贯一发展为仙庄一带的地下联络员，为冀鲁边区回民支队收集、传递情报。

盘踞在旧城据点的日伪军，经常到周围村庄烧杀抢掠，回民支队决定拔除这颗“毒牙”。刘贯一利用集日机会，多次进出旧城，摸清了据点里有日伪军 150 余人和武器配备情况，掌握了集日的时候日伪军常常离开据点导致内部空虚的情报。回民支队依据此情报，制定了拿下据点的方案。

1941 年 8 月 1 日，回民支队里应外合，一举端掉旧城据点，共打死敌人 5 人、俘虏 35 人，缴获步枪 50 余支、小炮 4 门、机枪 1 挺。此战给予日伪军沉重的打击，受到冀鲁边军区的嘉奖。

1941 年 3 月到 1942 年 10 月，日伪军对华北地区实行“铁壁合围”，进行拉网式“大扫荡”，抗战形势进入十分艰苦的阶段。根据冀鲁边区党委“反封锁”斗争的指示，刘贯一发动群众挖抗日交通沟，使根据地内沟路连成网，为抗日部队隐蔽和战斗提供便利。这些抗日交通沟成了敌人的“绊马索”“丧命沟”。

为了打击日伪经济掠夺，刘贯一教育学生劝说乡亲，要使用冀鲁边区发行的北海币，坚决抵制使用伪币。仙庄集市上主管粮食买卖的“斗公”叫魏万祥，为说服他在交易中使用北海币，刘贯一多次登门，讲日本侵略者烧杀抢掠的罪行，说明拒用伪币就是抗日的道理，只有大家团结一心，才能把日本人赶出中国。魏万祥终于和其他几家面粉作坊只收北海币，拒用伪币，不再为日伪军提供粮食。

面对残酷的斗争形势和随时面临的牺牲，刘贯一更加坚定了革命斗争的决心。地下党组织根据刘贯一的表现，确定他为党员发展对象，并委派陈省三、许铁政对他重点培养帮助。

1942 年 10 月 14 日，刘贯一的盐山同学、他的姐夫、志同道合的挚友、共产党员张解民不幸被捕、英勇牺牲。家仇国恨集于一身，刘贯一的革命意志更加坚定，加入党组织的愿望更加迫切。

1942 年 12 月的一个夜晚，昏黄的煤油灯下，刘贯一高举右拳，发出了铮铮誓言，光荣地加入了中国共产党。

入党后，刘贯一忠诚地贯彻党的指示，配合回民支队开展瓦解敌军工作。发动群众给伪军记“黑红点”、建“功劳簿”，使附近据点的伪军不再死心塌地为日军效力，有的还投诚参加了回民支队。

誓死不叛党，壮烈牺牲

抗日战争胜利后，刘贯一被选为仙庄村村长。他和皮凤臣、李洪印等一起，领导建立以贫雇农为骨干的村农会和妇救会、姊妹连等群众组织，开展了轰轰烈烈的减租减息、反奸反霸群众翻身运动。

针对群众思想上的顾虑，刘贯一从最穷的农户着手，培养运动积极分子，群众觉悟有了很大提高。同时，针对地主分子的不同表现，采取灵活的斗争方式，将仙庄塑造成为减租减息运动的先进典型。在解放韩村战斗中，他带领群众运送粮食弹药，护送领导，有力地支援了渤海军区部队作战。

为了贯彻党中央的决定和上级指示，黄骅县委部署开展减租减息“四十天运动”。1946 年 2 月 17 日至 19 日，刘贯一参加了县委在旧城召开的部分村骨干分子大会，会上推广了仙庄村的先进做法。由于刘贯一工作成绩突出，以高度负责的精神，出色地完成了党组织交给他的多项任务，旧城区委决定，将他调任区里担任文教助理。

1946 年 5 月 18 日，刘贯一的次子出生，为唤醒民众、动员群众进行革命斗争，他给孩子取名为“醒民”，寄予他对后代坚决革命、永远跟党走的殷切希望。

1946 年春，在减租减息“四十天运动”中受到批斗的地主恶霸，为了配合国民党军队对解放区的进攻，纠集在王徐庄大洼，组成国民党反动武装“还乡团”，向新生的人民政权和翻身解放的群众发起疯狂反扑，在全县制造了数十起

参加革命斗争的皮凤臣，父母在仙庄惨案中被“还乡团”杀害。图为幸免于难的皮凤臣（中）、皮凤和（左）、皮凤桐（右）三兄弟。

惨案。

6 月 25 日拂晓，“还乡团”500 余人偷袭仙庄村，区联防队进行了英勇抗击，因寡不敌众，队长肖连华等 18 人壮烈牺牲。未来得及转移的村干部王立恺、妇女救会主任徐连芳、皮凤臣的父母等 9 人惨遭敌人杀害，这就是震惊全县的“仙庄惨案”。

“仙庄惨案”发生后，“还乡团”反动气焰更加嚣张。扬言“对仙庄刘贯一、皮凤臣两家，一定要斩草除根”。7 月 2 日，刘贯一的表弟、仙庄村运动积极分子赵玉文被杀害。7 月中旬，仙庄村自卫队长李洪印被枪杀在自己家里。

面对战友和亲戚相继被“还乡团”残杀的形势，刘贯一将生死置之度外，勇敢地站在斗争一线，与“还乡团”进行针锋相对的斗争。

1946 年 9 月，刘贯一因工作成绩突出，组织能力强，文化程度高，基层经验丰富，善于做群众工作，被调任新组建的贾象区担任副区长。刘贯一是在国民党反动派向解放区人民举起屠刀的紧急时刻，挺身而出，担任贾象区副区长。

1946年11月10日傍晚，两路“还乡团”赶到仙庄村，并窜到郭庄村，疯狂反扑贾象区。此时，贾象区委书记张乐、区长张旭东和副区长刘贯一等一行30余人，正驻扎在郭庄西北四里外的浪洼村。刘贯一随区长带区中队，前去郭庄解救乡亲。

敌我双方展开了激烈的交火。由于敌众我寡，区长张旭东一边战斗一边指挥区中队撤退。途中，张旭东的耳朵被打穿。撤到阎隆村附近时，敌人增援人马赶来，局势更加不利。

为了掩护战友，刘贯一频频射击，吸引敌人火力。到六间房村的时候，他的子弹打光了，腿部中弹倒在地上。通讯员皮凤臣背起他就跑。

敌人越来越近，身负重伤的刘贯一用力推开通讯员：“快跑，别管我！”皮凤臣不肯走，刘贯一坚定地命令：“快撤，不要为我再搭上一条命！”皮凤臣只能流着眼泪跑回区里报告，刘贯一不幸被捕，他把生的希望留给了战友。

敌人押着刘贯一返回“还乡团”老巢王徐庄村的途中，路过仙庄村歇脚。乡亲们闻讯赶来，大家焦急万分，纷纷表示要想办法救刘贯一，不能让他落入敌人手中，但又束手无策。

刘贯一的妻子赵恩丽得知丈夫被捕的消息，心急如焚。赵恩丽打发10岁的侄女秀贞和8岁的大儿子镇山，以送棉裤的名义去看望刘贯一。

刘贯一受伤躺在担架上，幼小的儿子依偎在他的身边，哭泣不止。刘贯一的手脚被捆绑着不能动弹，在敌人的监视下，他镇定自若。他安慰着哭泣的儿子，平静地说：“孩子，我没事。回去吧，告诉家里人，别担心我。”

从被捕的那一刻起，刘贯一没有丝毫惊慌害怕，反而淡定从容。他深情地告别养育他的家乡村庄，平静地安抚骨肉亲人，大义凛然，视死如归，宣示着对党的信仰忠诚。

刘贯一被押到“还乡团”老巢王徐庄，团长李景文传下话来，谁也不许动刘贯一，妄图劝降利用刘贯一为国民党服务。这时，区委因没有力量与敌人硬拼，派中间人去王徐庄谈判，计划用俘虏的两个“还乡团”小队长把刘贯一换回来。

被捕后，敌人威逼利诱，劝说他只要脱离共产党，马上给个官当。面对敌人的劝降利诱，刘贯一不为所动，坚定地回答：“我的文化是为穷苦百姓服务的，不是为法西斯办事的。让我投降，你们做梦去吧！”

“还乡团”的刽子手在张树青的指使下，对刘贯一进行惨无人道的酷刑折磨，鞭抽、棍打、灌辣椒水……无所不用其极。这些都没能动摇刘贯一的革命信念。

刘贯一被打得皮开肉绽，几次昏死过去，却仍不低头。他的钢铁意志威震敌胆，有个同村的“还乡团”小头目看着刘贯一的惨状都禁不住流泪了，劝他：“你这是何苦呢？你不怕死不要紧，你怎么不想想你的老娘、老婆和孩子呢！说句软话得了。”但任凭敌人严刑和利诱，刘贯一丝毫不妥协。敌人气急败坏地说：“这刘贯一的嘴比石头还硬！撬不出一句软话来。”

敌人从没放弃利诱刘贯一的最后一线希望。“还乡团”团长李景文许诺说：“刘贯一，只要你投降，脸上打烂的肉不要紧，到天津给你补上，你们全家马上就能团圆。”刘贯一斩钉截铁地说道：“我就是死，也不吃汉奸饭！”

敌人穷凶极恶，用尽一切手段，刘贯一铁骨铮铮，宁死不屈。他用高昂的头颅回答死亡威胁，用挺立的脊梁面对敌人的严刑拷打。

“还乡团”的匪徒们，无法理解宁死不屈的刘贯一，肉体的折磨、生死的考验、亲情的羁绊都动摇不了他的信仰和意志！共产党员刘贯一，这位历经血雨腥风考验的革命者，气宇轩昂，慷慨赴死。

1946 年 11 月 13 日清早，北风呼啸，寒气袭人。无计可施的敌人，把被折磨得奄奄一息的刘贯一押到王徐庄西南角的钮家缺连，丧心病狂地用刺刀把他挑进坑内活埋了。

刘贯一，面对酷刑折磨和血腥屠刀没有屈服。在生命的最后一刻，他牵挂的是党的事业和苦难中的群众。为了履行入党时的铮铮誓言，为了崇高的共产主义理想，为了水深火热之中的劳苦大众翻身解放，为了革命的胜利，他英勇地走向了刑场，走完了短暂而光辉的一生。那一年，他年仅 28 岁。

刘贯一牺牲的噩耗传来，区委决定，要千方百计把刘贯一同志的遗体抢回来。

11 月 17 日深夜，贾象区中队一个班和仙庄村的几位乡亲，悄悄赶往王徐庄村。18 日凌晨两点钟，找到了刘贯一的埋葬地点。大家轻轻挖开埋着刘贯一的泥土，小心地解开他遗体上的绳索，慢慢地将他放在马车上。战士们含着眼泪，

把这位不屈的英雄护送回家，魂归故里。天亮时分，战士们将刘贯一的遗体拉回家乡。

11 月 18 日中午，贾象区委、区公所，在仙庄村为刘贯一同志举行了隆重的追悼会。区领导、区中队战士、烈士家属以及众乡亲满怀悲愤，护送着刘贯一的灵柩，将他安葬在刘氏祖坟。同时，区委将两个“还乡团”头目就地正法，以告慰刘贯一烈士的在天之灵。

刘贯一母亲得知儿子牺牲的消息后痛不欲生，三个月后，老人带着对小儿子的思念，带着对敌人刻骨的仇恨，离开了人世。那一年，刘贯一的大儿子镇山 8 岁，小儿子醒民仅有 6 个月大。坚强的妻子赵恩丽，常常用刘贯一的英勇事迹教育两个孩子，让他们铭记自己是革命烈士的后代，活得要有尊严，做人要有骨气，要努力地为党和人民工作。

刘贯一的小儿子刘振起（小名醒民），在母亲的谆谆教导下，在父亲刘贯一的革命精神影响下，勤勉奋进，1966 年 4 月加入中国共产党，1965 年 9 月考入北京工业学院（今北京理工大学），1970 年 6 月大学毕业。1970 年 8 月，刘振起成为光荣的解放军空军战士，后成长为中国人民解放军高级将领，2008 年 7 月晋升空军上将军衔。2011 年 8 月，任第十一届全国人民代表大会教育科学文化卫生委员会副主任委员。中共十七大代表 ，中共第十七届中央候补委员，第十一届全国人大代表，2013 年 3 月当选第十二届全国人大常委会委员。

刘贯一烈士牺牲后的第三年，新中国成立。黄骅县人民政府向刘贯一的家人颁发了《革命牺牲人员家属光荣证》，对刘贯一崇高的精神和事迹予以褒奖。在牺牲情形一栏中写道：“被俘不屈”。

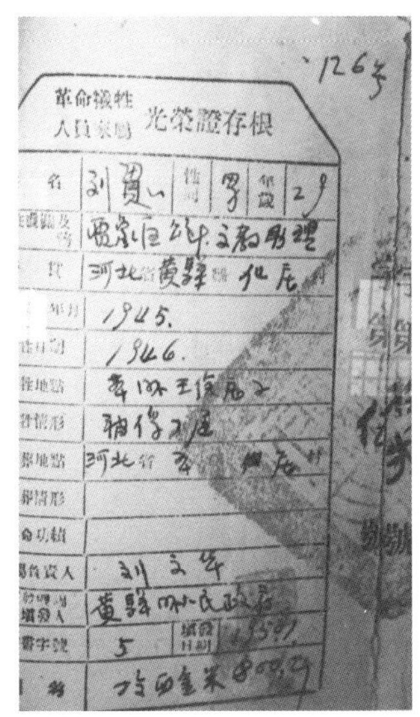
革命犧牲人員家屬 光榮證存根

黄骅县人民政府为刘贯一烈士颁发的《光荣证》存根

1951 年 4 月，“还乡团”团长李景文，这个罪恶多端的大汉奸被从沈阳押回黄骅，接受人民的审判。李景文供述了残害刘贯一烈士的罪行。李景文、张树青、马金亭、马兴元等“还乡团”头目相继被执行枪决，结束了他们罪恶的一生。

在黄骅这块红色热土上，刘贯一烈士的英雄事迹代代流传。

为了缅怀、纪念刘贯一烈士，《人民日报》《解放军报》《河北日报》《沧州日报》等先后报道了他的感人事迹。中共中央党史研究室《百年潮》刊登了《追寻英雄的伟岸身影》，详细介绍了刘贯一烈士的英雄壮举。2010 年，黄骅市委市政府编辑出版《铁骨英魂——刘贯一烈士生平事迹》一书，并决定在全市党员中开展学习刘贯一烈士生平事迹的活动。

为了更好地保护革命烈士故居，2018 年 4 月，旧城镇政府对刘贯一故居进行了最大程度的复原，通过图片、文字、革命老物件等，更好地挖掘和展示了刘贯一生前事迹，再现烈士的一生。刘贯一的革命故事在这里流传，红色薪火在这里传承。很多党员干部、市民、游客来到这里瞻仰、纪念这位革命英雄。

中央军委原副主席迟浩田上将，1947 年曾在黄骅地界养伤，与黄骅籍王世延将军、辛国治将军等老前辈有着深厚的战斗情谊，对黄骅市有着深厚的革命感情。他应黄骅市委、市政府的请求，以 90 岁高龄，为黄骅烈士陵园题写“继承先烈遗志，建设美丽黄骅”，为旧城革命烈士事迹展馆题写“缅怀先烈，振兴老区”，为纪念刘贯一烈士殉难七十三年题写“坚贞不屈铁骨铮铮，浩然正气永垂不朽”，充分表达了革命前辈崇尚英雄、期许后人的情怀和希望。

先烈回眸应笑慰，擎旗自有后来人。刘贯一烈士已经离开我们 77 年了，但他和革命先烈们，用鲜血浇筑的红色基因早已深深地植根于黄骅大地，融入黄骅人民心中，成为建设美丽富强黄骅之魂。

拂去岁月的浮尘，英雄刘贯一从历史深处走来，他坚强伟岸的形象越发清晰高大。他，志存高远，追寻真理永不停步；他，信仰坚定，始终忠诚党的事业；他，无私无畏，为人民翻身解放舍生忘死；他，坚贞不屈，铁骨英魂辉映千秋。

刘春：开国少将，外交大使

刘春（1918—2007），曾用名刘长春，今黄骅市羊二庄镇齐庄村人。学生时期，刘春参加了一二 · 九运动，加入中华民族解放先锋队，1937 年加入中国共产党。全国抗战时期，他毅然投身革命，英勇抵抗日本侵略者。解放战争时期，为中华民族解放事业立下了卓著的战功。1952 年赴朝作战，任中国人民志愿军炮兵指挥所政委，获朝鲜民主主义人民共和国二级国旗勋章。戎马一生的他，1955 年被授予中华人民共和国少将军衔，荣获一级解放勋章、二级独立自由勋章。1961 年调外交部工作，开启了 24 年的外交生涯，先后出任五国大使：中国驻老挝首任大使，驻土耳其首任大使，驻坦桑尼亚大使兼驻塞舌尔首任大使，驻埃及大使，被誉为“将军大使”，并荣获老挝友谊勋章。1988 年 7 月，被中央军委授予中国人民解放军二级红星功勋荣誉章。担任第六届、第七届全国政协委员。

1918 年 9 月 11 日，刘春出生于河北盐山县（今黄骅）齐庄村。在盐山中学就读时，刘春就接触到了红色思想，一颗种子在他心里悄然生根发芽。中学毕业后，1935 年 9 月，在叔父刘钟淇的资助下，刘春前往北平中国大学附中（中大附中）求学。高中读书期间，他接受马克思列宁主义思想，满怀救国之志，参加了一二 · 九抗日救亡运动。1936 年春，刘春成为中国共产党领导的青年组织——中华民族解放先锋队成员，任小队宣传委员和副区队长。

1937 年七七事变，全民族抗战爆发后，由于无法继续求学，刘春便和一些同学离开北平来到山东，在泰山武训小学任教员并从事抗日宣传工作，参加泰安县民众抗日总动员委员会活动。同年 11 月，刘春在泰安加入中国共产党。

1938 年 1 月初，刘春参加八路军，参加了中共山东省委直接领导的徂徕山起义，从此走上革命道路，任山东人民抗日游击第 4 支队 1 中队特务连副班长、政治战士、指导员、支部书记。

1938 年 7 月，刘春任山东人民抗日游击队第 4 支队 4 团 3 营和第 3 支队独立营教导员，第 3 支队 8 团政治处主任，第 4 支队教导大队 3 营教导员、分支书记。

1939 年 8 月，国民党反共顽固派秦启荣集中四千兵力（辖翟超部），进攻活动于淄河流域的八路军山东纵队 3 支队 10 团、4 支队新 1 营及淄川抗日武装，持续 10 余日，制造了“淄河事件”。

王凤麟（1911—1942），黑龙江省牡丹江市卧龙河村人，八路军山东纵队攻坚爆破战术的先行者和创造者。1939 年 5 月，王凤麟任山东纵队第 4 支队第 3 营营长，指导员刘春，他们率部作战勇猛顽强，受到山东纵队司令部的嘉奖。

1940 年 3 月底，山东纵队第 4 支队廖容标司令员率领 3 营（营长王凤麟、指导员刘春）由莱芜铁车出发，长途奔袭，经过博山夏庄，翻过大山经池上往太河流域方向前进。而他们这次的任务是攻打国民党顽固派翟超，打冲锋的任务交给了 3 营 11 连（连长杨子廉、指导员张慧源）。

一路上封锁消息，经过三天四夜急行军，部队抵达了翟超所在部的驻地田庄。趁着天黑，谭副连长带一个排占领田庄西北山顶，截住敌人退路。

1940 年 4 月 4 日拂晓，廖容标司令员指挥八路军第 4 支队 3 营（营长王凤麟、教导员刘春），在 10 团 1 营和淄川、益都县独立营的配合下，向国民党苏鲁战区第 3 纵队第 9 支队司令翟超率部驻扎的田庄，发起攻击，史称“田庄战斗”。

杨连长带领尖刀排迅速把敌人在山头上安置的哨所拔掉，随后冲下山头直捣翟超司令部。敌人还没完全弄清状况，就被打得四处逃窜。

翟超司令部门口战斗最为激烈，敌人的特务队负隅顽抗，被 11 连的战士用机关枪、冲锋枪、手榴弹打散。战士们冲进翟超的屋子，一看床上乱七八糟，像是刚刚逃走的样子，床前有一双女人的绣花鞋，床头上还有一杆大烟枪。

翟超不见了，战士们继续追击。在一条小河沟里，到处都躺着敌人的尸体。战士们发现其中一个人留着小平头，黄白脸，小个子，穿着一身便衣还赤着脚，就询问俘虏的士兵。被俘士兵小声说道：“这就是我们的翟司令。”

原来，战斗打响后，睡梦中的翟超还没来得及把衣服穿好就顺着河沟仓皇逃跑，没想到被我军战士击毙。

战斗结束后，在缴获的文件中发现有翟超 4 日召开军事会议的通知，文称：“共军廖容标部潜来博山牟庄一带，意图不明。于明天上午九点，在司令部驻地召开团营长会议，商讨对付廖部的办法。”

此战获胜后，淄川县抗日民主政府县长赵一川主持召开了 300 余人的庆祝大会，号召不愿意做亡国奴的人们和民主政府携起手来打击日本侵略军。

田庄战斗旧址

1940 年 9 月，刘春任山东纵队第 4 支队 1 旅政治部组织科长、党委委员。

1943 年初，任鲁南军区第 3 团代政委、政委，第 1 军分区副政委、地委副书记。

担任山东纵队 1 旅 3 团（后改鲁南军区 3 团）政委的刘春始终带领战士们冲锋在前，奋勇杀敌。他始终坚信，中国共产党一定会取得胜利，全国人民一定会获得解放。

1944 年 8 月至 1945 年 8 月，刘春任中共鲁南地委书记、第 1 军分区副政委兼政治部主任，毕业于抗日军事政治大学第 2 期。

1945 年 8 月，刘春任山东解放军第 8 师政治部副主任，津浦前线野战军第 8 师政治部主任。

1946 年 1 月，刘春任新四军兼山东军区山东野战军第 8 师政治部主任，华东野战军第三纵队政治部主任。

怀揣着对党的信任与热爱，刘春先后参加了鲁南、豫东、济南、淮海、渡江等重大战役。

1949 年 9 月，刘春任华东军区特种兵纵队副政委兼政治部主任、政委，任第三野战军第 22 军政治部主任。

新中国成立后，刘春任中国人民解放军华东军区炮兵副政委、政委。

1952 年赴朝作战，参加抗美援朝战争，刘春任中国人民志愿军炮兵指挥所政委，获朝鲜民主主义人民共和国二级国旗勋章。

1955 年，中国人民解放军首次实行军衔制，798 位将领被授予少将军衔，刘春成为开国少将中的一员。

1956 年 6 月，刘春任中国人民解放军军事学院（南京）炮兵系政委，炮兵学院（宣化）副政委。1960 年 10 月，刘春任解放军炮兵政治部主任。为国家培养优秀炮兵人才做出了卓越贡献。

戎马一生的他获得了众多荣誉：一级解放勋章、二级独立自由勋章、朝鲜二级国旗勋章等，这些也是对他一生峥嵘岁月的最好见证。

1961 年 11 月，刘春又接到了新的工作任务，正式调入外交部，开启了外交生涯。

他先后任驻老挝经济文化代表团副团长、代团长。1962 年 7 月，任中国驻老挝大使馆临时代办，同年 10 月，正式任中国驻老挝首任大使。

当时驻老挝代表团的住址是一所土建民房，只有三间房和一间过厅，大部分人只能住在自带的军用帐篷里，白天闷热晚上寒冷，直到一个月之后才搬进新建的木架草棚内。外交工作环境十分艰苦，供电困难，夜里只能依靠蜡烛办公；供水困难，只能去大街对面县政府院内的水井里担水。虽然这么困难，刘春从不觉得苦，再艰难的环境也不会影响他的工作。

1969 年，刘春归国，担任外交部亚洲司司长。当时毛泽东主席、周恩来总理正在开展乒乓外交，刘春得以介入许多高层决策。

1971 年，周恩来总理要求就中国乒乓球队是否参加第 31 届世界乒乓球锦标赛一事进行讨论，讨论的结果由刘春汇报。他向周恩来总理汇报了讨论的过程，如实地报告说：讨论结果，大部分人的意见是不去。听到这个结果，周恩来总理的两道浓眉皱了起来。他戴上眼镜，双手捧起第 31 届世界乒乓球锦标赛的抽签名单，反反复复地看着，久久不说一句话。过了一会儿，周恩来总理抬起头来，问刘春："你的意见呢？"刘春回答："我的意见还是去为好。"他伸出手来，捅了捅身边的宋中，示意他讲话。但是宋中没有吭声，刘春便指着宋中对周恩来总理说："这位是主战派。""哦，宋中同志，你为什么'主战'呀？"周恩来总理问。宋中把他的理由向总理报告了。就这样，周恩来总理下决心参加第 31 届世界乒乓球锦标赛。

1972 年，刘春任中国首任驻土耳其大使。

1976 年，任中国驻坦桑尼亚大使，1978 年兼中国首任驻塞舌尔大使。

1980 年，任中国驻埃及大使。

1982 年 6 月，刘春调回国，从事培养外交人才工作。从 1982 年 6 月至 1986 年，任外交学院院长、党委书记，享受正部级待遇。他上任后，对学院进行了全面规划建设，为适应新形势下外交干部的培训，奠定了良好基础。

1988 年，刘春任中国亚非学会副会长、中东学会会长、中国老挝友协会长。同年 7 月，被中央军委授予中国人民解放军二级红星功勋荣誉章。

1994 年 10 月，刘春离休。

刘春将军是第六届、第七届全国政协委员。他忠于党，忠于祖国，忠于人民，戎马倥偬，军功卓著，为中国人民的解放事业做出了重要贡献；在外交战线上，刘春将军呕心沥血，无私奉献，为维护国家的尊严和人民的利益不怕牺牲，不畏挑战，不辱使命，为国家的外交事业做出了重要贡献。

刘春将军在去世前，将一生经历中积累的诗作编成《随感诗草抄》出版，并赠送给陈毅元帅的长子、对外友协陈昊苏会长。陈会长在复函中给予了很高评价，称他为“中国革命的老战士，身兼文武，职通内外，转战南北，出使东西，跨越生死，阅历古今”。

《随感诗草抄》汇集了刘春将军在 60 年多年的工作和生活中感悟书写的诗词，真实地记录了刘春将军从国家危亡时期的普通书生到共和国将军、大使、大学校长和全国政协委员的战斗、工作和生活经历。老人一生的传奇经历全都浓缩在自己创作的诗词里。2007 年 3 月，刘春将军将 110 册自己的《随感诗草抄》捐献给故乡黄骅，表达自己对家乡的怀念之情。

刘春将军特别关心家乡的发展，工作之余回过几次家乡黄骅。他为人和善，特别朴实，每次回来都会在村里到处走走看看，了解一下村庄的发展，每次回来都会感慨家乡的变化。

2007 年 8 月 17 日，刘春将军在北京逝世，享年 89 岁。

王连芳：冀鲁抗日，扎根云南

王连芳（1920—2000），回族，河北省盐山人。13 岁参加革命，18 岁入党，20 岁筹建冀鲁边区回民支队，27 岁任沧州首任副市长。曾任冀鲁边区回民抗日救国总会主任、冀鲁边军区回民支队政委、渤海区回民协会总会主任。新中国成立后，历任国家民委某处长，中共云南省委边疆工委副书记、省委民族工作部部长，云南省第六届人大常委会副主任，第六届全国政协委员。

冀鲁边区回民支队（后称渤海军区回民支队），是抗日战争期间活跃在华北东南鲁北地区的一支少数民族抗日武装。从诞生之日起，就与日伪军展开了英勇斗争，立下了不朽战功，在中华民族抗击日本帝国主义侵华战争史上，谱写了光辉一页。王连芳和刘震寰等是冀鲁边区回民支队的创始人。

七七事变以后，日军占领华北大部地区，收买一些民族败类、反动军阀、政客以及大回奸马良等，在北平成立了傀儡政府和伪“中国回教联合会”，推行“以华治华”“以回治回”的反动政策。1939 年后，回奸刘佩忱任敌伪沧（县）盐（山）新（海）“剿共”总司令，驻防韩村（今黄骅市区），利用武力和伪“回教联合会”宗教组织，对孟村回族聚居地区及冀鲁边区各地回族村落进行严密控制。他们大力鼓吹“中日亲善”“中日共荣”“回回争教不争国”，强迫回汉族青年参加伪“皇协护民军”，充当日军帮凶。冀鲁边区回民支队就是在这样的历史背景下创建起来的。

冀鲁边区是回族汉族群众聚居的地方，回民很多。日军侵略者的铁蹄践踏中华国土、回奸刘佩忱卖国求荣的可耻行径，激起了广大人民群众的无比仇恨，纷纷要求参加抗日救国斗争。沧县县长丁润生和津南支队六大队长刘震寰，在分析形势研究策略时，深感有必要建立一支打出民族旗号的回民武装，粉碎敌人“以回治回”的阴谋。在专署会议上，丁县长提出这个建议，并向边区党委、军区正式报告。1940 年 5 月，边区党委决定建立“冀鲁边区回民救国总会”和“冀鲁边区回民抗日大队”，并指派王连芳、刘震寰二人分别负责“回救总会”和“回抗大队”的筹建工作。

1940 年 7 月 20 日，“冀鲁边区回民救国总会”在宁津县魏家庵宣告成立，王连芳任总会主任，丁溪野、韩道仁为正副宣传部长，刘震寰为武装部长兼敌工部长，曹奎为宗教事务部长。根据军区决定，在同次会上宣布成立冀鲁边区回民大队。为了扩大影响，于 1940 年 8 月 1 日，在沧县东南部的新县镇（今属孟村回族自治县）清真寺广场，召开有 12 个回族村庄群众参加的庆祝大会，庆祝冀鲁边区回民抗日大队的成立。刘震寰任大队长，王连芳任政委，张文林为指导员。

在党的领导和群众帮助下，部队不断发展壮大，不到一年时间，从开始时的 18 个人发展到四五百人。1941 年 9 月，军区批准回民大队升级扩建为冀鲁边区回民支队，刘震寰任支队长，王连芳任政委。回民支队下设四个大队和一个手枪队。一大队长兼政委张文林；二、三、四大队长，分别由张文和、李玉池、刘喜三担任，手枪队长由张九江担任。

回民支队成立后，积极配合地方政权开展统战工作，重点是争取、团结上层人士，开辟新地区，发展和巩固根据地。在各大队中培养发展了一批优秀战士为中共党员，建立了党支部，形成了坚强的领导核心。部队还利用战斗空隙，进行政治教育、军事技术训练，提高了部队战士的军政素质。回民支队抓住有利时机，依靠群众，连续打了几个胜仗，重创了敌人。遭此打击，一些据点里的敌人

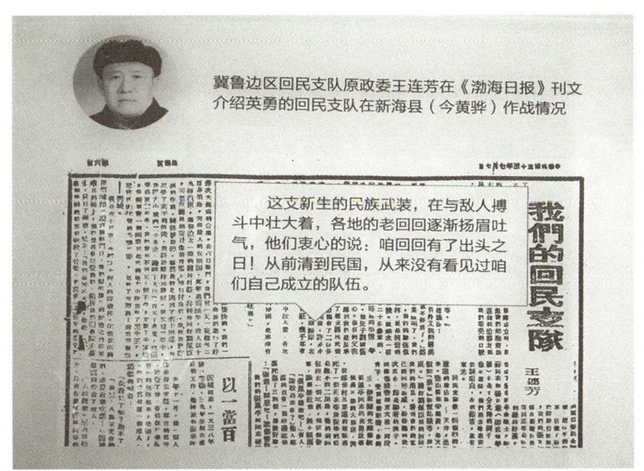
冀鲁边区回民支队原政委王连芳在《渤海日报》刊文介绍英勇的回民支队在新海县（今黄骅）作战情况

这支新生的民族武装，在与敌人搏斗中壮大着，各地的老回回逐渐扬眉吐气，他们衷心的说：咱回回有了出头之日！从前清到民国，从来没有看见过咱们自己成立的队伍。

我們的回民支隊

王連芳

以一當百

闻风丧胆，再也不敢轻易出来抢劫了。

王连芳为了搞好统战工作、分化瓦解敌人，几次孤身涉险，独闯虎穴。刘佩忱为控制回民聚居地区，特派丁庄子回民马营长率几百名伪军，驻扎在孟村、辛店等据点。1940 年秋后一天，王连芳夜探虎穴，只身闯进了马营长家，对其进行抗日救国教育。马营长为之感动，保证他的兵在战场上枪朝天上放，不伤害老百姓，不破坏根据地。冀鲁边区回民支队在刘震寰和王连芳的带领下，还打了不少漂亮仗。

到了抗战后期，日军面对抗日军民的顽强抵抗，烧杀抢掠愈加疯狂。

面对险峻形势，回民支队跳出活动中心区域，采取游击战术，伺机消灭敌人。

整装待发的回民支队战士

智取姚庄，奇袭辛店，韩村伏击战，赵高庄痛歼日伪，挂甲林收编伪军，打了很多漂亮仗。经过艰苦的斗争，回支终于度过了困难时期，保存了力量，树立了军威。

1945年5月，回民支队接连打了三次胜仗，震慑了浮河两岸三县的敌人，受到军区通令嘉奖。群众称之为“五日三捷，威震浮河”。1945年8月15日，日本宣布无条件投降。八路军集中优势兵力力挫顽抗之敌。回民支队参与解放无棣城，消灭了国民党顽固派6旅张子良部，随后又解放了阳信、惠民、小安城、盐山、庆云、新海韩村、埕口子等城镇。

这支部队从1940年建立到1945年，与日本侵略者、汉奸英勇作战100余次，攻克敌人大小据点40多个，歼灭日军、汉奸2000多人，缴获长短枪2600余支、机枪10多挺、各种炮20多门。由初建时期的20多人，发展壮大成为一支具有1800人的抗日武装。

不久，回民支队接受中央军委命令进行整编，挺进东北，踏上了新的征程。冀鲁边区回民支队开赴东北后，留下30人的手枪队。1946年，以手枪队为基础，王连芳筹建了渤海一分区回民大队，队伍很快发展到1000多人，于是，渤海军区一军区回民支队建立。

1947年解放沧州时，因部队老骨干多，支队打得非常出色，被派驻火车站保卫铁路。当时解放区的回汉群众一边麦收一边参战，4天内动员200名干部、2万多名民兵、1000副担架、3000辆大车，群众捐粮7万公斤，柴13万多公斤，钱300多万元。27岁的王连芳任沧州市首任副市长。

当年6月15日上午，大汉奸刘佩臣被活捉。王连芳有意把刘佩臣关到他原来的住宅里，并问他故地重游有何感触。面对自己曾悬赏杀死的老对手王连芳，刘佩臣矢口抵赖，并拿出逃跑时埋在地下的白崇禧赠给他的签名照片，表示当汉奸时是接受国民党的领导。但谎言掩盖不了罪恶，7月7日，刘佩臣被处决。

王连芳两次筹建回民支队，审判大汉奸刘佩臣。他30岁赴云南工作，用饱含忠诚的汗水、泪水和鲜血，换来了当地民族团结的欣欣气象。王连芳80年的人生中，有67年在为民族解放和民族团结而奋斗。

2000年，沧州人所敬爱的王政委，在昆明金家山回民公墓长眠。每年都有群众自发去祭奠。尊崇和怀念，超越了岁月的消磨，跨越了万水千山。

辛国治：

南征北战，政治建军

辛国治（1921—2013），河北黄骅人。海军南海舰队原副政治委员，四届全国政协委员。1955 年被授予大校军衔，1964 年晋升为少将，曾荣获独立功勋荣誉章。历任中国人民解放军总政治部宣传部副部长、青年部部长，北海舰队政治部主任、副政治委员，南海舰队副政治委员等职，为部队革命化、现代化、正规化建设做出了贡献。

投笔从戎，领导新海县抗日救国运动

辛国治出生在渤海西岸的渔村杨家堡，该村旧址位于现在的渤海新区冯家堡北约三公里处，1939 年被海啸淹没。其家境十分贫困，14 岁时，父亲在海上遇到大风暴，船翻人亡，尸首未见。被生活所迫，辛国治随母投靠亲友迁居他乡。

辛国治自幼聪颖，爱学习，好读书，非常用功，虽因家贫只能在冬仨月上学，但学习成绩十分优秀。他 7 岁读私塾，13 岁读高小，16 岁到盐山中学读书，每次考试都是第一名，经常受到老师和同学们的赞扬和学校的奖励。

1937 年，日寇发动卢沟桥事变，辛国治毅然中断学业投笔从戎，加入了共产党领导的中华民族解放先锋队。1937 年 11 月，辛国治任新海县抗日救国总会第十一分会秘书，负责领导新海县抗日救国运动。

1938 年 6 月，辛国治被分配到冀鲁边区抗日救国总会军政学校学习，思想政治上逐渐成熟起来，加入了中国共产党。之后，主要做部队学校的政治工作，担任冀鲁边区军政学校政治队支部书记。

军政学校结业后，辛国治先后担任过八路军 115 师东进抗日挺进纵队第 6 支队连政治指导员、支队政治处宣教股股长，115 师教导第 6 旅政治部宣教科科长、组织科科长，渤海军区第二军分区政治处副主任、主任等职，组织开展游击战争。这期间，辛国治到处奔波，向当地群众特别是热血青年宣传抗日救国思想，并在此基础上组织成立了“新海青年学生抗日救国会”，发展到几十人，这些青年后来都成了骨干，其中有些成长为高级干部。

身先士卒，在前沿阵地做政工

冀鲁边区北面是天津，南靠济南，西面是津浦路，东面是渤海湾，战略地位十分重要，战斗异常频繁。辛国治同志带领部队开展游击战，坚持反“扫荡”，带头冲锋陷阵，曾先后三次负伤。在商河战斗中，由于分区主力部队调出去攻打大城，留下了几个县区队，而商河城内有敌人 1000 多人，装备很强。为了完成任务，他们采取挖战壕的办法四面包围敌人，不让敌人脱逃。等到半个月后主力部队打回来，将这股敌人全部消灭，无一漏网。这种挖深沟战壕以补充兵力不足的办法，是辛国治在战术方面的一个创举，受到了上级的表扬。

1941 年，辛国治来到冀中，向冀中军区的领导汇报了冀鲁边区和与冀中军区接壤地段的斗争形势，并向他们说明了哪些地区是根据地，哪些地区是敌占区，哪些地区是游击区。这些情况对冀中军区粉碎日寇 1942 年的“大扫荡”发挥了重要作用。

解放战争时期，辛国治历任渤海军区第二区政治部主任、副政治委员，山东兵团渤海纵队第 11 师政治部主任，率部参加了潍县、济南、淮海、渡江、上海等重大战役。在每次战斗中，辛国治都全面细致地努力做好火线政治工作，积极配合军事指挥员，完成战斗任务。淮海战役中，为了围困敌人，寒冬腊月他同部队吃、住、睡都在战壕里，一直坚持了一个多月，而且还和战士们一起亲自用喇叭向敌人喊话，全面展开政治攻势。在上海战役中，一连半个月都是梅雨季节，许多时候都在泥水中滚爬，战斗十分艰苦。辛国志坚持在前沿阵地做政治思想工作，保证了战役的胜利。

总结经验，培养“南京路上好八连”

新中国成立后，辛国治历任华东军区公安部队政治部副主任、政委、上海警备区政治部主任。遵照毛主席对大上海要“打好、进好、看好”的指示，参加了解放上海、警卫上海、建设上海的整个过程，一直在上海工作了 10 年，为建设和保卫大上海做出了贡献。

1949 年 5 月 27 日上海解放，第八连随之进驻上海，担负警卫和巡逻任务。奉命在上海南京路执勤的八连，身处繁华的闹市，每天面对的是“十里洋场”的香风熏雨。辛国治多次来到在南京路上值勤的八连，和连队的干部战士一起学习，一同站岗，帮助他们从生活到思想上克服种种困难和干扰，在南京路上站稳了脚跟。连队官兵始终牢记人民军队的性质宗旨，不为“十里洋场”的灯红酒绿所惑。他们自制针线包缝补衣服，穿自己编的草鞋，逐渐形成“节约五个一”“艰苦奋斗四个自己动手”等传统，把勤俭节约的优良作风扬成一面永不褪色的旗帜，小小针线包，承载了八连“拒腐蚀，永不沾”的精神底色。

后来，辛国治主持起草了《南京路上好八连政治工作经验》报给总政治部。

南京路上“好八连”的雕像

这个文件，在部队中特别是基层建设中产生了重大影响，得到中央和军委首长的高度赞扬，号召各部队学习好八连的先进经验，做好新时期的政治思想工作。

1963 年 4 月 25 日，国防部发布命令，授予上海警备区某团八连“南京路上好八连”荣誉称号。毛泽东主席欣然赋诗《八连颂》予以赞扬。周恩来总理为八连题词并接见了该连的代表。朱德、陈云、邓小平、陈毅等同时为八连题词。

南京路上好八连成为我军的一面旗帜。

坚持真理，为部队政治建设呕心沥血

1958 年，部队贯彻中央加强军队文化教育的指示，在部队普及高等教育。上海警备区进展比较快，时任上海警备区政治部主任的辛国治在广州全军政工会上做了《关于提高部队指战员文化素质》的发言，被总政治部誉为是“三篇好文章”之一，介绍给全军，对于推动当时全军的文化教育起到了积极的作用。

部队实行兵役制改革后，1960 年军委扩大会议决定总政治部成立青年部，委任辛国治为青年部部长。青年部的主要工作是加强部队共青团的建设，在辛国治的领导下，部队广泛开展学习毛主席著作，学雷锋，开展“五好战士”和“三手”即神枪手、神炮手、技术能手活动，在广大青年战士中产生了积极的影响，提高了基层部队的军事素质，培养了大批优秀接班人。

1964 年，辛国治晋升为少将军衔，历任总政治部宣传部副部长、青年部部长，北海舰队政治部主任、副政治委员，南海舰队副政治委员，中国人民政治协商会议第四届全国委员会委员，第九届共青团中央常委。

“文革”期间，辛国治三次被打倒，三次站起来，被批斗和关押了七年。直至党的十一届三中全会以后才恢复了工作。1981 年 10 月，辛国治调任海军北海舰队副政委，在青岛工作了两年多时间，又调到南海舰队。

1985 年辛国治被批准离休，身虽离岗，心不离岗，仍关心部队的工作，经常与新任干部谈心，交流经验，提出合理化建议，深受尊重和爱戴。

1993 年辛国治回到沧州省亲，在参观了沧州及沿海地区建设的新貌之后，忆昔思今，双眼泪流，即兴写了如下诗句：

苦海沿边千万年，
如今变成金银滩。
一望无际养殖场，
万顷碱地可晒盐。
大口河成万吨港，
大港苇湾是油田。
境内铁路连公路，
层层高楼紧相连。
烈士墓前良久立，
杯杯好酒洒九泉。
今日巨变缘何起，
新旧社会两重天。

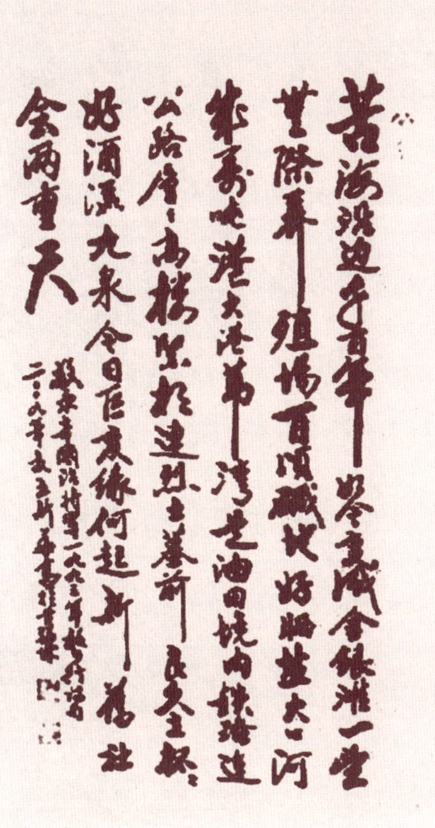

2013年7月22日，辛国治因病医治无效，在山东青岛逝世，享年92岁。

王世延：身经百战，无衔将军

王世延（1921—2015），今黄骅市楼西村人。1938年10月参加八路军。1939年3月加入中国共产党。

民国10年（1921）2月9日王世延出生于今黄骅楼西村。1938年10月，17岁的王世延参加抗日队伍，次年加入中国共产党。

抗日战争时期，王世延历任八路军第115师东进抗日挺进纵队6支队学员、文书、连政治指导员，八路军第115师教导第6旅16团政治处组织干事、营代理政治教导员，冀鲁边军区第3军分区基干营政治委员，冀鲁边垦区军分区兼独立团营政治委员，中共渤海军区第3军分区海防工委书记兼海防大队政治委员，中共黄骅县委书记兼独立团政治委员，多次参加冀鲁边、渤海抗日根据地反“扫荡”、反“蚕食”等战役战斗。

解放战争时期，王世延在中共中央华东局党校学习，后任山东军区渤海军区第1军分区17团政治处主任，第18团政治处主任，渤海军区新编第11师17团副团长兼参谋长，华东野战军渤海纵队11师18团团长，中国人民解放军第3

野战军第 9 兵团第 33 军 99 师 297 团政治委员，淞沪警备区教导团第一副政治委员，先后参加了沧州、周村、张店、昌乐、济南、淮海、渡江等战役。

中华人民共和国成立后，王世延历任中国人民解放军华东军区公安部队军政干部学校政治部主任兼干部处处长，中国人民解放军华东军区公安部队军政干部学校第二副校长，中国人民解放军上海警备区第 11 师第一副师长兼参谋长，中国人民解放军上海警备区副参谋长，中国人民解放军陆军第 27 军副参谋长，中国人民解放军陆军第 27 军 79 师政治委员，中国人民解放军陆军第 27 军政治部主任，第 27 军副政治委员，为部队革命化、现代化、正规化建设做出了贡献。

1972 年 1 月 4 日至 1973 年 6 月 26 日，王世延任中国民用航空总局副政治委员兼政治部主任。

1973 年 6 月 26 日至 1981 年 8 月，王世延任中国民用航空总局副政治委员。

1981 年 8 月至 1983 年 9 月，王世延任中国人民解放军北京卫戍区副政治委员。1983 年 9 月至 1986 年 11 月任中国人民解放军北京卫戍区顾问（副兵团职）。

所获荣誉：

1955 年 9 月，王世延被授予大校军衔。

荣获三级独立自由勋章、二级解放勋章。

1988 年 7 月，王世延被中央军委授予中国人民解放军独立功勋荣誉章。1988 年 9 月，中国人民解放军第二次授衔前离休，被称为无衔将军。

2015 年 2 月 25 日，王世延同志因病医治无效，在北京逝世，享年 94 岁。

滕吉文：地学院士，成果丰硕

滕吉文，地球物理学家，1934 年 3 月 14 日出生于黑龙江哈尔滨市，原籍河北省黄骅市滕庄子乡。1956 年 7 月，毕业于东北地质学院地球物理系，1962 年 12 月，从苏联科学院大地物理所毕业，并获得物理—数学副博士学位。先后在中国科学院地球物理研究所、中国科学学院昆明地球物理研究所、中国地震局地震地质大队、中国科学院地质与地球物理研究所等单位工作。1999 年 10 月，当选为中国科学院地球科学部院士 。现任中国科学院地质与地球物理研究所研究员，吉林大学教授、博士生导师。长期从事岩石圈物理学研究。

科研成就：位于世界前沿

1934 年，滕吉文出生在黑龙江省哈尔滨市的一个铁路工人家庭。抗战全面爆发后，他随父亲辗转江西、湖南、广西等地漂泊。1952 年，还没读完高二的滕吉文参加高考，本想报考唐山铁道学院车辆制造和桥梁涵洞专业的他，最终选择了“服从祖国建设需要”，进入当时的东北地质学院应用地球物理系学习。

1956 年大学毕业填报志愿时，滕吉文再次写下“服从组织分配，愿意到最艰苦的地方去”，最终被分配到中国科学院地球物理研究所。

1958 年，仅学习了三个月俄文的滕吉文考上了苏联科学院大地物理所研究生。

1962 年 12 月，滕吉文从苏联科学院大地物理所毕业，并获得物理—数学副博士学位。回国后，滕吉文长期从事地球物理学与地球动力学研究。20 世纪 60 年代，进行了绕射波场动力学难题的研究，并进行了物理模拟。

20 世纪 70 年代，滕吉文率先在青藏高原开展深部地震探测和综合地球物理场研究，首次提出巨厚地壳与相对薄岩石圈结构这一理念。

20 世纪 80 年代，在中法合作中，滕吉文深入研究了地壳与上地幔结构和深层动力过程，从而首次得出青藏高原地壳巨厚、相对薄岩石圈和层块速度结构，恒河平原北缘与雅鲁藏布江之间为印度板块与欧亚板块的碰撞—挤压过渡带，喜马拉雅地带重力未达平衡，且为强线性磁异常带的结论。后来又提出了喜马拉雅陆—陆碰撞双层楔板新模型。

20 世纪 80—90 年代，滕吉文首先在川滇及攀西裂谷带进行了深部地球物理探测，发现并提出其为“被动活化”的古裂谷论点与论据，对攀西裂谷深部构造特征和演化的动力过程及世界裂谷系的分类做出了新贡献。同时，他详细研究了中国东部及陆缘地带地球物理场效应和岩石圈结构，并探讨了它们与太平洋板块运动的关系。

20 世纪 90 年代至今，滕吉文院士基于二维和三维地震体波和面波频散对强烈地震“孕育”、发生和发展的深部介质和构造环境、渤海湾潜在地幔热柱的深部介质和构造背景、造山带与盆地的深层动力过程及油气沉积盆地形成的“镜相”模型，在东亚大陆动力学和地震各向异性等领域进行了深入研究，均取得了重要的新进展。

在地球物理学领域里，滕吉文取得了一批在国内外有影响的成果。根据 2020 年 3 月中国科学院地质与地球物理研究所网站显示，滕吉文在国内外学术刊物上已发表论文 300 余篇，出版专著 10 部，同时还培养了硕士、博士和博士后 60 余人。

基于以上研究成就，根据 2020 年 3 月中国科学院网站显示，滕吉文于 1985 年获中国科学院重大成果奖一等奖，1986 年获中国科学院科技进步奖特等奖、一等奖，1987 年获国家自然科学奖一等奖，1992 年获中国科学院自然科学奖一等奖以及国家和中国科学院攻关奖各一次。

滕吉文先后担任过国家 305 攻关项目专家组成员，中国科学院动力大地测量开放实验室、岩石圈构造演化开放实验室，地矿部应用地球物理开放研究实验室和中国石油总公司重点实验室（物理模拟）的学术委员会委员，国际 IGCP267 中国组成员（三维地球物理），中国地震学会岩石圈深部探测专业委员会副主任，中国地球物理学会大陆动力学研究会副会长，中国科学院学位委员会委员，地球物理教学委员会主任，吉林大学地球探测科学与技术学院双聘院士 。

滕吉文院士参加工作以来，一直奋斗在岩石圈物理与地球动力学的第一线，为地球物理学这一边缘和前缘学科的发展积极努力。多年来的刻苦研究与深化、积累与建设、发现与创新使其形成了一个较完整的科学体系。曾主持了青藏高原、攀西构造带、华北及陆缘、华南地区、西北造山带与沉积盆地等多项国家和院（部）级重大与重点研究项目及国际合作项目多项，并均取得一批高水平的成果和得到中国国内外专家们的高度评价。（“科普中国”评语）

滕吉文参加工作以来，一直奋斗在岩石圈物理与地球动力学的第一线，他与同人们携手合作为我国岩石圈物理与动力学研究领域的开辟和发展做出了杰出贡献。（吉林大学评语）

大国匠心：九次爆炸推翻青藏高原地壳“叠加说”

精于工，匠于心，大国匠心，匠心坚守。工匠精神不仅是一种职业精神，更是一份精益求精的追求和历经风雨的坚守，它在匠人们不断地精雕细刻中升华，化身成为国人的铠甲，带领国人抵御纷乱、勇往直前，赋予我们跨越山海的勇气。

滕吉文曾主持青藏高原、攀西构造带、华北及陆缘、华南地区、西北造山带与沉积盆地等多项国家和院（部）级重点研究项目及国际合作项目。

1975 年，滕吉文带队首次系统地开展青藏高原地球物理探测和研究。在高原湖中成功进行了 9 次水下爆炸试验，最终得到了第一手科研精细数据，纠正了当时国际上对青藏高原唯“地壳叠加说”和“地壳重力均衡学说”等理念，创建了陆—陆板块碰撞的新模型，开启了一系列相关国际合作项目的实施。

当时 41 岁的滕吉文，以中国科学院青藏高原综合科学考察队地球物理分队首席科学家的身份带队进藏，首次对青藏高原地球物理进行系统观测和深部过程研究。他形容青藏高原是世界上最年轻、最高的高原，也是构造最复杂的高原。对于地球物理学来讲，当时是块尚未被开垦的处女地。

“上穷碧落下黄泉，两处茫茫皆不见”，滕吉文经常用白居易《长恨歌》中的诗句来形容什么是地球物理学。进藏前，滕吉文查阅了大量文献资料，脑子里不断盘旋着各种问题：为什么青藏高原那么高？地壳那么厚？地下那么热？有那么多地震……而整个科考的投入非常大，涉及重力场、古地磁、电磁波感应场、地热环境、天然地震等的观测和标本采集。其中最重要的一项，是通过人工爆炸来研究地球内部结构和动力学状态。

在成都军区协助下，滕吉文将 60 吨 TNT 炸药运入青藏高原进行湖中水下爆炸试验，第一次爆炸试验选择在羊卓雍措进行。

据滕吉文回忆：当时下炸药的时候受到湖底巨石阻隔，下不去，这是非常麻烦和危险的，因为不是几斤或几十斤炸药，而是三吨 TNT 炸药，水柱起来后威力堪比核爆炸。为排除故障，一些技术人员率先跳进水中，工兵也跟着跳了下去。三吨炸药不轻，移开障碍物需要时间，而湖里都是从雪山上流下的冰水，他们下水几分钟就感到喘不过气来，上岸后再下水，折腾好多次，但没有一个人喊苦，排除了险情都十分高兴。

后来，第一次水下爆炸成功的消息传到北京，时任国务院副总理的方毅得知后亲自批示："科考队同志们很辛苦，很努力，要给予表扬。"

此次青藏科考，滕吉文带队在水深 20—50 米的羊卓雍措、普莫雍错、纳木错共进行了 9 次爆炸试验（3t，5t，9t，10t，15t），并且次次取得了成功。通过这些爆炸，滕吉义和团队进行了亚东—当雄近 500 公里的长剖面观测，成功获得了地下深达 100 公里之内的地壳、地幔结构信息，这也是我国科技人员在青藏高原腹地采集的第一批宝贵的地球物理数据。

在首获第一手地球物理数据的背后，是青藏高原严峻的自然环境和科考队员的数次遇险。

据滕吉文回忆：一开始让他负责该项目的时候，他确实有些担心，将这一由 18 个部门、228 人组成的队伍带进青藏高原进行科学试验是不得了的事。首先要克服自然条件，缺氧三分之一，食、住、行与实施都很艰难。那时进藏科考每天早餐是一块压缩饼干，冲一杯奶粉。刚开始大家觉得挺好吃，但长时间吃就不行了。住宿方面则是"走到哪儿住到哪儿"，不管是对贴满牛粪的帐篷，还是黑得发亮的被子，大家都没有一句怨言。

除生活条件艰苦外，整个科考过程也是险象环生。重力测量组一次行驶在盘山道时，由于路况差，不慎发生车辆侧翻，滚了几道盘山路后幸好被一块大石头拦住。车上同事最担心的不是自己，而是仪器状况。那时这台重力仪器是从美国引进的，经过了好多渠道，所幸仪器没坏，车也没坏。

还有一次去羊卓雍措检查工作，滕吉文和藏族司机住进了一所兵站。睡觉前，藏族司机帮滕吉文整理好被子，并再三对他叮嘱："第一，不能脱衣服；第二，不能躺下睡觉；第三，一切听我的。"直到第二天早上，藏族司机才向滕吉文道出原委："在高原缺氧的环境下，曾有不少汉族人因为睡觉，一觉就过去了，所以我让你靠着睡了一宿，不至于出问题。"

然而，状况还是发生了。进藏后不久，由于高原缺氧，滕吉文的牙齿开始松动。到拉萨陆军医院看病，医生让他马上回北京。他说不能回去，必须在这里，因为他是总指挥！后来医生建议滕吉文先到海拔相对低的亚东待一段时间。到亚东后，滕吉文一共掉了 7 颗牙，之后回到拉萨工作。第二年牙齿又开始松动，他就干脆把牙都拔掉，为的是持续入藏工作。

由于抽调了原成都地质学院一个班的 40 多个学生进藏考察，滕吉文答应科考完成后给该学院讲一学期的课，可没牙怎么办？滕吉文嗓门大，讲课问题不大，但吃饭是个问题。幸好他大学时分到他们学校的老师，曾任团支部书记的袁庆华，看滕吉文不能吃饭，就天天、顿顿给他做馄饨吞着吃。回京后，滕吉文才把牙镶上，从 40 多岁开始就满口假牙了。

青藏高原综合科学考察队回京后，受到时任国务院副总理的方毅等国家领导人接见，并在 1979 年 12 月受到时任国务院总理的华国锋同志签署的嘉奖令。让滕吉文高兴的是，这次青藏科考取得的首批数据和成果，引起了国际地球物理学界的极大关注。

此次科考前，美国学者 Holmes 早期曾提出过一个猜想，认为青藏高原地壳之所以有七八十千米的厚度，可能是由两个地壳叠加而成。1855 年，美国两位物理学家艾瑞和普拉特提出了"地壳重力均衡学说"，认为喜马拉雅山脉隆起时重力已达均衡。

滕吉文通过此次科考得到的结论是：喜马拉雅山的隆升确实很高，达到 8844.43±0.21 米。在这样一个高山地区，从加德满都开始测量，它的重力均衡异常是 +120 毫伽；翻过喜马拉雅山，一直到雅鲁藏布江，均衡重力异常才趋近于零，即近达均衡，而在整个喜马拉雅山麓地带是不均衡的。有力地证明了美国两位物理学家的判断是不对的。

滕吉文团队还通过爆炸研究，证实了青藏高原不是由两个地壳叠加而成，而是一个有序的成层地壳，是印度次大陆板块与欧亚大陆板块陆—陆碰撞的结果，这与海—陆碰撞完全不同，并且形成了一个宽达 300 多公里的“碰撞挤压过渡带”。通过古地磁工作，还证实了印度次大陆块体与欧亚大陆板块之间首先在西构造结处相碰后，块体呈逆时针旋转，后又在东构造结处碰撞，从而得到了青藏高原各板块如何衔接的证据。

1980 年 5 月，青藏高原科学讨论会在北京召开，180 位中国科学家和来自法、美、俄、加、日、瑞等 18 个国家的 77 位外国科学家参加了此次会议。会上，滕吉文和我国另外一位地球物理学家作了大会报告。

在我国召开地球物理国际会议还是第一次。大会开幕当天，美国麻省理工学院著名地球物理科学家 Peter Molna 见到滕吉文的第一句话是：“滕教授，咱俩先别客套，你告诉我，青藏高原上地幔顶部的速度是多少？”滕吉文回答他：“8.1±0.05 千米 / 秒”。Peter Molna 听后当场跳了起来：“我是第一个知道这个数据的人！”

以此次讨论会为契机，我国与西方国家首次开启了青藏高原地球科学研究的合作。1980—1982 年，中法开展合作项目“喜马拉雅地质构造与地壳上地幔的形成演化”，又一次获得了青藏高原雅鲁藏布江以南、以北两条 EW 向共长约 1200 公里人工源深地震宽角反射 / 折射剖面的探测等第一手观测数据。

我国第二次青藏科考于 2017 年启动，滕吉文是科技部对该项目进行最后审查的专家之一。他直言，第二次青藏科考的主要工作不是地球物理学，而是气象、土壤、冰川等生态项目的考察。滕吉文坦言：“地球物理太花钱了，并且车到不了的地方，我们没有办法去，设备上不去。”

理念创新，才是真正的创新

为“对得起院士这份名誉”，滕吉文仍在坚持每天研读国内外最新学术资料，每年坚持发表两篇论文，并将自主创新，特别是理念创新视为科技强国的根本。“越过地平线触摸地球动态脉搏”，是他一生都在追求的奥义。

在 60 多年的科学生涯中，滕吉文一直强调在国家战略需求和自主创新导向下的学科交叉和深化认识地球本体研究。

几十年的执教生涯，自主创新也始终贯穿在滕吉文的教学理念中。滕吉文认为，科技强国同样需要自主创新，而理念创新才是真正的创新。“招生时要提倡学科交叉，学生毕业时也不要全留或强留。如果学术近亲繁衍，科学永远发展不了。”

滕吉文特别重视在研究中提高自主创新能力。他认为，引进了设备技术，不等于引进了创新思维，更不等于引进了创新能力。其实进口很多科学仪器和设备的起因，是科学家和技术专家为了研究和解决某一科学问题和国家基础学科难点，一台仪器的性能和数据测量常常就是为了解决某一科学问题。此后，商家是为了营利，批量生产销售。在这个产业化的过程中，很多技术指标被降低。如果一味地、长期地只强调引进仪器和设备技术，反而会降低我们的创新能力。因为对地球深部，特别是深部物质与能量的交换及其深层动力过程的研究，是全球地球科学的前沿与难题，也是整个地球科学研究的核心。所以，必须注重科学上的自主创新。滕吉文经常听到一些科技人员和学生在提交成果报告时或者在研究论文中很满足地说：“我的结果与外国某某得出的结论相似或一致。”他听了之后感慨万千，难道这也算是我们可以骄傲的成果吗？要是我们只满足于对别人的理论、方法和结论添加一点数据和证据，那就太没出息了。现在国家很需要科学创新，因为中国需要发展，而真正的发展，需要原始创新的支撑。中国地球科学家们必须在科学前沿的问题上发出自己的强音。

滕吉文现在在做一件事，由我国与越南接壤的凭祥，向北一直到中蒙边界满都拉，探测这条线长达 3000 多公里的剖面。加起来已坚持 10 多年了，还剩最后一段人工爆炸工作未完成。这是一条经过很多盆地、山脉、矿藏、地震区、油气田区，内涵非常丰富的世界上第一条连续的超长综合地球物理大剖面。滕吉文院士希望能把这件工作做完，完成平生一件大事。

2023 年 5 月 20 日，作为庆祝吉林大学地学学科暨原长春地质学院创建 70 周年系列活动之一，中国科学院院士、中国科学院地质与地球物理研究所研究员、地球探测科学与技术学院 1956 届校友滕吉文做客吉林大学鼎新讲座，以“对当代地球物理学研究进程与发展中的几点认识和思考”为题，为吉大师生带来精彩的学术分享。国家“万人计划”教学名师、地球探测科学与技术学院刘财教授受学校委托，为滕吉文院士颁发“鼎新讲座纪念牌”。

人物附表

蔡朴

蔡朴（1511—1582），字子初，号野庵，沧州严镇场（今黄骅市齐家务镇同居村）人，灶籍。治《易》。嘉靖二十三年（1544）联捷进士，三甲第55名。任阳武知县，山东道监察御史。巡视宣大、河南，以疾乞归。

蔡朴墓志铭：

明敕封文林郎

山东道监察御史野庵蔡公暨配敕封孺人王氏合葬墓志铭

赐进士第资政大夫正治上卿都察院左都御史兼兵部左侍郎天津刘焘撰

赐进士第资政大夫正治上卿南京兵部尚书参赞机务同郡戴才书

赐进士第奉议大夫山东按察司佥事同郡赵宗执篆

按状，公讳朴，字子初，别号野庵，先凤阳灵璧人也。永乐初，高祖迁河间长芦严镇场，占籍沧州，因家焉。曾祖讳祥，以明经举，历官山西浑源州知州；祖讳英，隐德弗耀；考讳汶，号遯斋，通《周易》，精楷书，为郡名儒，后以公显，敕封如其官；母顾氏，敕赠孺人。

公生而颖异，禀渎岳之精，苞灵曜之纯，兼资九德，总修百行，弱冠补郡庠员。文词书翰，迥出流辈，人皆以公辅期之。

嘉靖癸卯，领顺天乡荐，连登甲辰进士。乙巳，授河南阳武县尹。公居上有体，政匹龚黄，恩及黎庶，是以吏畏民怀。履任未久，政声懋著，当道者交荐于朝，遂召入，拜山东道监察御史，正色立朝，宦戚敛手，有真御史之谣。

癸丑，巡视宣大。时遭虏患残伤，米价腾涌，公悉加优恤，各给本色三月，士卒均得实惠，赖以全活者无算。每虑永宁等处寨堡单薄，难以防御，乃亟行修缮，建敌台百座，空心敌楼数座，计需七八千金，皆取给于年例积镪，秋毫无扰于官民。

初，两镇与虏互市，及开市未果，仍肆抢掠而去。公谓无益羁縻，徒损威重，即上疏九重，圣明嘉纳，遂罢边市，特诏加俸二级。谏行言听，功在疆圉者不可数纪。

乙卯，代巡河南，霜旆所至，遐迩澄清。公性耿介，不随时好，当道有忌公者，公遂以疾乞归。蹈鸿举之迹，翔区外以舒翼，急流勇退，居林下三十余年，绝世超伦，不萌功名之念，虽大位未跻，而时人高尚其德，有重于卿相之位也。其友弟□庵栻，朝夕训诲，期以联芳。及长，入太学，凡燕游必与共乐。尝悼妹氏早逝，遗甥祝多祜靡依，特加钟爱，亲自课校，俾其学成而蜚声庠序，其笃谊骨肉之情类如此。

方其优游林下，结盟泉石，淡然自得，性不为欲滑，情不为物诱，守贞自（持），日惟棋枰酒卮，与耆旧偕乐，以终余生而已。偶遘一疾，遽尔羽化，公可谓含光醇德，百世作程，资始既正，有俶令终，存荣没哀，死而不朽者也。

呜呼！公卒万历壬午十月初六日巳时，距生正德庚午十二月初三日巳时，享年七十有三。

配孺人王氏，引礼官澜女，幽闺庄静，克闲妇道，其事舅姑，洁苹藻，躬纺绩，夙夜匪懈，每脱簪珥为公易书，惟以薄淡自奉，后膺宠封，除霞帔之外，别无纨绮之服，恩及房帏，有樛木之风。仲子在襁褓失恃，孺人多方调护，无异己出，其贤淑为闺门所推让。先公抱疾者十八年，奄奄不绝，及公逝，不五月而随以告终，如有夙约然者，其事亦奇已哉！卒万历癸未三月二十三日戌时，距生正德己巳九月二十八日寅时，享年七十有五。侧室于氏，温柔淑慎，亦贤而有德者，先公十三年卒。

子二：长克承，王孺人出，光禄寺监事，娶张氏，南皮县兵备副使安轩公谧女，继娶青县学生春田公畯女；次克顺，于氏出，太学生，娶余女。女二，长适河间卫鸿胪寺序班工延宾，次适青县学生曹志学，王孺人出。孙男锡，克顺出。孙女四，克承出，长适武城县丞吕一元子庠生纬，次聘庠生赵慎微子光宦，二尚幼。

克承等以癸未之十月二十二日奉柩启窆，合葬于城东南五里之原，卜新兆也。余与公亲连姻娅，义倍恒情，乃据乡进士明所孙湛述录行实而为之铭。

铭曰：渤海之野，沧水洋洋。爰有哲人，迥出寻常。忠以事君，振肃朝纲。孝以荣亲，宠锡龙章。道与时违，养晦韬光。栖迟衡门，与世相忘。棠棣交辉，兰桂含香。天作之合，偕老高堂。山颓蕙萎，相继云亡。夙世有盟，鹤驭同翔。

卜吉高原，衍庆储祥。穆穆清风，山高水长。

长子蔡克承墓志铭：

明迪功郎光禄寺监事仰山蔡公暨配孺人张氏合葬墓志铭

赐进士出身承德郎，刑部贵州清吏司主事，河东通家侍生仇时古撰。

赐进士第中宪大夫，山东提刑按察司兵备副使，同郡眷生王显仁书。

赐进士第文林郎山东登州府文登县知县，交河通家晚生石三畏篆。

今长芦严镇场蔡氏，号巨族，伊始祖派出直隶凤阳府灵璧县。文庙初乃北徙，占籍直隶河间府沧州，一再世高祖祥，以明经起家，历任知山西浑源州事。祥生英，英生汶，汶精于《易》，且工楷书，先补郡庠博士弟子员，后以子贵为封公。汶生朴，中式嘉靖癸卯科举人，成甲辰科进士，知河南阳武县事，召拜山东道监察御史，号野庵，立朝有声。

野庵生公，讳克承，字继甫，别号仰山，暨公弟讳克顺，字从甫，别号后山，少有才名，颉颃黉序。

侍御春秋高，且不耐督家人产，尽以付两公，两公遂不得竟举子业，各援例入光禄，一为监事，一为署丞，缘终养惧，不肯赴前职。及侍御公指馆舍，两公孺慕罔极，惟是丰草长林，甘心遁世，友乐欢爱，足挽挠风然。

后山则举男子三，曰锡，曰钰，曰铨，而锡已长，称茂才。仰山唯举女子四，每以箕裘未续，忧形于色。后山公揣得其意，即从襁褓中解钰授之，俾为嗣子，祖宗之派绵而兄弟之情益笃矣。

万历癸卯，后山长逝，仰山公孤立无聊，形影相吊，郡缙绅先生培山王侍御公、干峰王宪副公攛入社中，花香酒气、诗韵棋声，相与娱乐者十余年，郡侯俯徇，月旦宾请乡饮，公唯勉就者再。

不佞判长芦鹾事，以添注故，遂馆公家，见其人修容雅度，翩翩欲仙，及周览其庭庑则殖殖然，几席则秩秩然，左右则平平然，乃今而后，知其料理精闲习久也。

居无几何，公构疾简出，万历四十八年庚申正月十四日亥时，遂尔弥留，讣音四出，予为雪涕者久之。距生嘉靖二十五年丙午十二月二十四日亥时，得寿七十有五。嗣是予奉简命量移北部，偶一念及，未尝不惄焉如輖饥者。

厥子钰适捧今缮部副郎王梅和公公弼行状，乞铭于予，予曰：丈夫之生也，自悬弧蓬至盖棺，惟论其德之贞淫，弗论其显晦之阶为予夺，论其才之良楛，弗论其升沉之数为妍媸，禔躬涉世，万目群起而瞩曰：某也若而品，则心仪之而啧啧羡之者，必君子也，即衡泌也可；某也若而品，则心夷之而咄咄啐之者，必庸夫也，即崇膴也，奚其可？按状，公性恬漠，则声华绝矣，公行严饬，则跖（足也）黜矣，公心仁惠，诸凡内族外姻，婚葬必周，则困穷扶矣，然而孝友施于有政，尤生平懿媺之大者。

配孺人张氏，南皮县宪副安轩公谧女，生于嘉靖二十六年丁未七月初四日申时，于万历三年乙亥七月二十六日巳时先公卒，性行淑匀，真堪敌体。继孺人孙氏，青县学生春田公畯女，勤俭慈祥，绰有和熊画荻风致。

男钰，虽弱冠，勉继书香，娶王氏，郡庠生施仁女。长女，适郡庠学生吕纬，实平陆县尹吕一元子；次女，适郡庠增广生赵光宁，实兖州府别驾赵慎微子；张孺人出。又次女，字郡刘敬浚，实缮部主政刘子延子；又次女，适郡冯君聘，实宁阳县尹冯昭子，李副室出。

孙男二：震华、震蕃，未聘。孙女一，字郡庠生刘生兆子庆阔。

天启二年壬戌二月廿五日辛卯，将扶公柩之郡城南隅侍御公佳城之次，合张孺人共瘗之，因志而为之铭。铭曰：

左沧海而浩淼，右卫河而旋绕，繄维樸城之阳，是为光禄之兆。龙去鼎湖，鹤归华表，尔（上大，下百）貊而容窅，爰贲光于松茑，俾尔后而矫矫，乃箕裘之是绍，以似续乎绣衣之杪。

刘子延

刘子延（1529—？），字体仁，号静山，利民场（今黄骅市常郭镇毕孟）灶籍，沧州人。治《诗经》，嘉靖三十四年（1555）乙卯科乡试第48名，三十五年（1556）会试第183名，殿试三甲第86名。初任观大理寺政。三十六年（1557），授浙江慈溪知县。三十八年（1559），升南京工部都水司主事。致仕。有文《重建名宦乡贤祠记》载万历《沧州志》卷六《艺文志》。明嘉靖三十五年刘子延从黄骅毕孟村搬至沧州市东南4公里处建村，史称刘进士庄，今属沧县汪家铺乡。

乾隆《沧州志》存其诗两首，其一为《沧州送李北海入都》：

独驾风尘远，翩翩访旧过。孤琴携槜李，长剑抚行窝。磊落文园草，清新郢里歌，凤城春有待，君去任悬河。

其二为《贺张时庵刺史生子》：

刺史廉明声载道，渤海于今有大造。秋风好梦入罗帏，夜月祥麟降穹昊。之无岐嶷识见早，磊落箕裘世相保。待看双凤渡河东，金樽重向他年倒。

万历《沧州志》卷六《艺文志》载其文《重建名宦乡贤祠记》：

国家之待名贤，生则禄食于朝，殁则血食于庙，凡以重功德而垂风教也。

沧州旧有名宦、乡贤二祠，岁久圮废，时祀者每暂附于启圣祠中。因循久之，殊非伦制。

我牧守时庵张公，政教之暇，进师生于明伦堂而谓之曰：“名宦、乡贤，诵法孔子而成者也。祠不于庙中而于他处，非事理之宜也。”乃复谋及乡士，酌以义礼，以先师庙南向，配哲侍侧庭中，升堂入室者也，贤哲分列两庑，得其门而入者也，二祠宜于棂星门内，望宫墙于数仞者也。公所谓等而上之，则庑矣是也。

佥谋既定，公捐俸金，聚材鸠工。名宦祠基势坐东西向，乡贤祠基势坐西东向，砌以砖石，覆以瓦砾，涂以丹雘，绘以黝碧，各为四楹。经始于万历十二年八月，落成于本年十月之终。左中设名宦，而神主俨然奕乎其东；右中设乡贤，而神主秩然肃乎其西。奥窔屹焕，映泮水而倒影；峙对爽垲，夹奎壁以联辉。上以恢弘朝廷之制度，下以快睹士人之心志，前以崇报名贤之功德，后以垂示仕学之规范，尽伦尽制，善政善教，公之功伟且远矣。于名宦数公中求之，公特表表首出者，即公之名于官，则知公之贤于乡。然则，公之所以建祠而风世，实公之所以章志而贞教者也。后之仕与学者，苟能等而上之，得其门，升其堂，入其室，庶不负公建祠嘉惠之盛意云。

赵宗轨

赵宗轨（1514—？），字希清，号西塘，严镇场（今黄骅市齐家务镇同居村）灶籍，沧州人。治《诗》，嘉靖三十二年（1553）进士，三甲第295名，历工部主事、员外郎中、山东按察司佥事，整饬辽东开原等处。有文《贺右泉老亲丈重封帐辞（有引）》载《三录汇编》之《按察录》、《直隶河间府青县大渡口四世修桥记》载沧县大渡口村《苏氏家谱》、《小直沽批验盐引所记》载隆庆《长芦盐法志》卷三《公署》。

李观光

李观光（1543—？），字宾之，又字贞于，沧州海丰场（今黄骅市羊二庄镇）人，灶籍。万历五年（1577）进士，三甲第93名。初任山东肥城知县，六年（1578），转诸城知县。升兵部主事。十三年（1585），升通政司右参议。十九年（1591）四月，转通政司左参议。

于廷栋

于廷栋，字惺涵，于常庄人，崇祯三年（1630）庚午科举人，由举人任山西猗氏县知县。崇祯癸未冬，李自成兵临城，竭力守御，城垂陷，悬印于堂，衣冠泣拜，从容自缢。（民国《盐山新志》）

李震成

李震成，字霖九，号蘧庵，沧州科牛庄（今黄骅市齐家务镇大科牛）人。崇祯十五年（1642）壬午科乡试第一名，十六年（1643）进士，三甲第 130 名。

入清，顺治二年（1645），授山西闻喜知县，升绛州知州。擢刑部主事，又升本部员外郎、郎中。三年（1646）七月，为丙戌科乡试山东考官；九月，任为河南按察使司佥事、提调学政。七年（1650）四月，为陕西布政使司参议、分守关西道。以艰归。携家卜居苏门山，从容城孙奇逢究心理学，注经以课子。善书。卒年八十三。

《崇祯十六年癸未科进士履历便览》："李震成，霖九。《诗》，二房。辛酉年十二月十一日生。北直隶河间府沧州人。壬午乡试一名，会试第 229 名，三甲第 220 名。户部观政。"

张允吉

张允吉（1625 年 9 月 24 日—1689 年 1 月 13 日），字合征，回族，黄骅市段庄村人。清例仕。援例任山东巨野县知县，诰封奉政大夫。候补同知加知府衔。升东昌府同知。清康熙二十三年（1684），张允吉先后相继增修，迨后偕学博略为文庙补葺。赠朝议大夫。载清同治七年（1868）修《盐山县志》。段庄张氏家族是以例仕步入朝堂的典范。清代十余人为文官武将。

道光修《巨野县志》记载：

> 张允吉，盐山县人，立法严明，士民慑服。

刘振基

刘振基（官员），字见龙，号宜孙，怀人。黄骅市大杨村人。清顺治八年（1651）辛卯科举人。顺治十五年（1658）戊戌科孙承恩榜，殿试三甲第 186 名进士。历任四川资县知县，南城兵马司指挥。赋性宽和，传家清白，为士不纳奔女，居官不启藏金。由进士任四川资县知县，甘苦同民，多善政。升南城兵马使司指挥，以廉明坐镇台使，交荐其贤，至事关梓里皆义任之。

清同治《盐山志》卷九《人物》。

于三友

于三友，字益迎，黄骅市大科牛村人。清康熙乙未（1715）科贡生，《沧州武术志》1991 年版载为武进士，在伦理孝道方面享誉一时。

乾隆八年《沧州志》《沧州武术志》记载：

于三友，孝事嫡母，十三岁补诸生，同郡贤达咸器之。父殁，朝夕泣奠墓下，三年如一日。兄弟七人，庭无间言。居二母丧，哀毁如父殁时，致疾卒。邻里仆妪感其孝咸为流涕。子沂，雍正领乡荐，授涿州学正，人谓至孝所致。

于三友，对亲生嫡母非常孝顺。他 13 岁便补诸生。古代经考试录取而进入中央、府、州、县各级学校，包括太学学习的生员，生员有增生、附生、廪生、例生等，统称诸生。关键在这个“补”字上，一般指进入国学学习，类似于今天的免试入学。民间极端俊异者，也可进入，但须由地方层层考试选拔推荐，学习生活费用、往返省亲路费，朝廷负担。同州郡的贤达之士都很器重他。

父亲去世后，于三友悲痛异常，从早到晚在墓前哭泣祭奠，三年如一日。兄弟七人，和睦亲厚十分团结。后来母亲病逝，于三友悲哀绝望如同父亲去世时的情形，竟然悲痛过度以致病逝。邻里乡亲都被于三友的大孝感动的流泪。

于三友的儿子于沂，雍正年间领乡荐，授涿州学正，人们都说这是至孝所致。

祝其玉

民国 22 年《沧县志》卷九《人物》记载：

祝其玉（1729 年 9 月 24 日酉时—1768 年 1 月 21 日子时），字蕴山，原名纯琇。夫人沈氏，商籍，黄骅市李村人。清乾隆壬申（1752）万寿恩科顺天乡试副榜，癸酉（1753）科中式举人。由八旗觉罗官学教习，期满引见以知县即用，选授山东冠县知县，高唐州知州。著《吹剑录诗集》，今存诗 38 首。

赵廷翰

赵廷翰（1741—1815），字墨庄，号玉章，黄骅市狼洼村人。狼洼村赵氏家族祖孙几代步入科举，誉称科举世家。

赵廷翰由举人，知福建之建阳县。家敦孝友，学宗程朱，一生笃学，力践实修，为官清廉，爱民洁己，诗文传世。解粗后就馆训子弟，文行推重，一时远近从游门多硕彦，教投青县陈氏尤久。会手植双槐于斋前，其后人尚勤培护，以名其堂，昭垂教泽于不忘云。著有《墨庄文集》及《四书语镓汇解》16 卷。

同治七年（1868）《盐山县志》记载：

清乾隆四十二年（1777）举人。官福建尤溪、寿宁、建阳知县。以廉吏称，解职归里。一生笃学力践操行清廉。授学于乡，重教子弟。诲人不倦，其学宗程朱，力践实修文行重，一时门多知名之士。青县陈氏延以课其子弟，敬礼备至。陈氏世其文学，为青邑望族，溯其渊源，必称墨庄先生，尝手植双槐于陈氏斋前。后人勤培护之，以志教泽。著有《墨庄文集》《四书谱录汇解》十六卷。今存诗四首，文三篇。

《建阳县志》卷五记载：

赵廷翰，字墨庄，直隶天津府盐山人，举人，嘉庆三年（1798 年）任建阳知县。生平家世，载道光十年（1830 年）《顺天府乡试朱卷·赵廷翰卷》。

祝抡元

祝抡元，生于1773年12月26日，字冠军，号椒园。黄骅市李村人。为官有政绩。

民国22年《沧县志》卷九《人物》记载：

戊戌（1838年）选授四川叙州府筠连县知县，捐资修学宫、创建育婴堂、养耆院、寡妇院，民怀其德。县民邓君赞孝子也，其妻有外遇，唆其继母呈送忤逆。抡元密访得实，严惩其妻，一时有神君之号。

土匪李景洪肆行劫掠，抡元躬入贼巢，擒其党十三也。庚子（1840）署顺庆府广安州知州。勅授奉直大夫，诰赠中宪大夫，晋赠资政大夫。道光二十一年大水，州城几没，抡元为文以祭水如故，遂怀印投水水立退，抡元亦无恙。筠连与广安皆为立生祠焉。有著作。

陈良才

陈良才（1790年9月7日—1865年5月17日），字樸斋，黄骅市贾象村人。清嘉庆戊寅（1818）恩科顺天中试第147名武举人，由京营千总累升至右营游击、北营参将。赏戴花翎又升中营副将。

清同治七年（1868）修《盐山县志·武功》记载：

陈良才（武），由武举京营效力授南城汛左哨千总，期满以精力强壮、弓马习练，升中营守备，旋因拿获巨盗王三等叠升至北营参将，后又屡次捕盗有功，军政明敏，蒙恩奖励，赏戴花翎。奉旨补授中营副将。

刘步方

刘步方（1800 年 4 月 2 日—1889 年），字仙崖，号墨樵。黄骅市聚绾村人。

民国 22 年《沧县志》卷八记载：

刘步方，清道光甲辰（1844）科举人，性狷介，沉毅有气骨，家境綦贫勤学不辍，淹通史，博览百家，尤深于易理。设馆教授生徒，以崇正学、敦廉隅为本。晚年双目失明，犹谆淳训诲诸生。还立耸听，无敢少懈。子培棠。年 89 岁而卒。著《荆左诗草》。今存诗 1 首，文 3 篇。

于镜蓉

于镜蓉，生于 1811 年 2 月 20 日，字元符，号莲航，黄骅市李村人，教育家。

民国 22 年《沧县志》卷八《人物》记载：

于镜蓉，40 岁中举。同治二年任昌黎县教谕，敕授修职佐郎，创办碣阳书院并任山长。倡导闻以清真雅正为正宗，士以励学敦品为本。

袁诞

袁诞，字邃亭，黄骅市齐家务村人。廪贡生，少年有声，庠序工书，师法平原。入国子监肄业，每课辄冠，其曹期满议叙，以教职用。历任赞皇、广平、顺义、玉田等县教谕，所至以培植人才为己任。在赞皇诸生无力求学，辄赠以书资俾得专心利学。一时文风大起，寒士登科第者连绵不绝。解职归，士子眷慕钱送者逾千人。性孝友，弟兄同居翕然和乐始终无间，晚年家居远近亲族群推为一乡之望，事无巨细成取谘焉。清道光十三年（1833）大饥，饿殍相望，倡捐义谷助赈，全活无算，蒙落宪奖，以匾额复蒙督宪题奏，加一级，记录一次。

参考资料：民国 22 年《沧县志》卷八《人物》。

袁荫元

袁荫元（1816 年 9 月—1899 年 1 月），字心梅。黄骅市齐家务村人。清代增生，候选知县。慷摄尚义，博学多闻，劳绩卓著。

民国 22 年《沧县志》卷八《人物》记载：

袁荫元，字心梅，增贡生。慷摄尚义，博学多文，工书法精岐黄。早年失怙，遂决意进取。清咸丰三年粤军渡江沿运河北上，上谕各州县办团练防御、大宪知荫元才，联衔奏为沧静青三县团练使。劳绩卓著以知县用。同治七年（1868）捻军入境，荫元亲率团勇与捻军激战。捻匪败窜海滨一方，得保安全。

县东北一带，地势卑污兴济附近各村，每值雨涝水势如建瓴汹涌而下，数十村尽城泽国。荫元建挑沟（王家沟子）之议，借青县陈仁麒请于州牧及列宪允行，由青县境大王庄挑至沧境大港入海。数十村实受其福。同治十年（1871）岁大饥，乞食者塞途，倡办义赈。与从弟兆元、轸元等捐集谷三千石。设粥厂以赈饥民，赖以全活多。又乐与士子交游，寒儒助以膏火，应试者助以川资。贞节忠义题请旌表，桥梁道路兴作工役，无不竭力以成其事。至好谋能断尤为时矜式。大城王廷锦令蓬莱，青县陈燕昌宰长子县，李念兹官刑部疑狱，先后函请案例荫元恒引经折断，皆成信谳。晚年优游林下。

著有《云叶斋诗抄》，尝云凡事总求过得去，此心先要放平来，即此可见其为人。

刘培棠

刘培棠（1825—1898），字憩园，黄骅市聚绾村人。清同治三年（1864）甲子科第89名举人。诗文著称。

民国22年《沧县志》卷八《人物》记载：

少颖悟才识过人。博览经史，入目成诵，文气俊逸，诗句豪迈，畅谈古今齿颊风生，座客倾倒。注释《七家诗集》，著《咏史百首》刊行于世，脍炙一时，其余著作惜散佚无存。游其门者多掇甲第。卒年七十三。

孙德有

孙德有，字懋园，号春塘，黄骅市六十六村人。清廪贡生。有大义，诗文著称。

民国《沧县志》卷八《人物》记载：

事亲养葬尽礼，亲族中贫无以养者，必赡之。不能读书者，必躬教之，有过面加训责，继以涕泣。考试助以资斧，朋友有急赒给不吝。而平生实资舌耕，无余资也。好为诗，吐弃凡庸，自成一家。生平吟咏诗多入《畿辅诗钞》《沧州诗钞》。著《春草轩诗钞》6卷。今存诗8首。

祝兰祥

民国22年《沧县志》卷八《人物仕进表》记载：

祝兰祥，生于1835年5月26日，字香国，号韵图。行七，隆儿庄村人，后迁太平村六间房居住。清光绪元年（1875）乙亥恩科举人，第144名，40岁中举。官甘肃敦煌县知县。光绪二十三年（1897）任会宁知县，饮加四品衔，升甘肃肃州（今酒泉）知州。礼资爱士，常捐廉资助贫穷读书人以津贴费用。善断讼狱，审判定案专事德化，不尚刑威。是故，狱无冤案，讼风大减。在任不及二年，良善感恩，刁黠做迹。在堂自题：民情困苦，亦自亲尝，岂至今面忘？在昔物力维艰，久经体验，敢利己以损他人？关心民间疾苦，可见一斑。（《会宁县志》）

另，祝兰祥生平家世，载光绪元年（1875）《顺天寤乡试硃卷·祝兰祥卷》。

祝永清

民国22年《沧县志》卷八《人物仕进表》记载：

祝永清，李村人。监生。历署浦城县、霞浦县知县。清同治九年（1870）以鹿港同知奉旨接替梁元桂，任台湾府知府。而此官职是台湾清治时期受台湾道制约的台湾地方父母官。赏戴花翎。为清台湾第十六任知府。

祝氏自清雍正五年迁入李村居住，至清末，科举人士达14人。时人称之为科举世家与望族。

贾清澜

贾清澜（1847—1927），字静泉。黄骅市坑西村人。清末民国当地教育家。在韩村兴办学堂，呕心沥血，嗣因办学成绩卓著，受到清政府重视，例授五品衔。盐山县令孙毓琇赠自制匾额“道宜可风”。

程炳泰

程炳泰（1857—1935），黄骅市齐家务乡同居村人。程炳泰，性情慷慨，慈善，医者无不欣然。他深得静海县“神针”刘连如真传，又加以发挥，针砭立见奇效。其针法有三：子午流注法——以脉定干支，以干支定十二经病，时上有穴，穴上有时，万病一针；脉起八卦灸法；十指化合针灸法。针法技术广为传播。程氏针法传子传孙等多人，受业门徒甚众。

杨仲明

杨仲明（1870—1952），中国伊斯兰教学者。名敬修，以字行，号秀真，经名萨里哈，回族。1870 年（清同治九年）阴历七月，杨仲明生于今河北省黄骅市东段儿庄。时黄骅称盐山，在河北省东南部海边，毗连山东。这一带因为靠海边，七地多盐碱，地方很苦，再遇到荒年，就更困难了。在杨仲明七八岁时，举家逃荒到了百余里外的天津海下新城镇，后又定居北京花市。他自幼在清真寺、私塾习经读书。及长，在华北各地清真寺从名师学习《古兰经》及经注学、教义学、教法学。

杨仲明在河北沧州游学期间，在著名阿訇李正光的指导下，既学经学，又坚持自修汉语，钻研经、史、子、集及儒、释、基、伊诸教学理，学业大进。他学识渊博，思想开阔，富有进取精神，故被称为“杨才子”。他痛感经堂教育衰微不振，主张改革经堂教育，倡导中、阿文教育并重，以振兴宗教教育，培养新式人才。曾先后在河北三河县、玉田县、丰润县和辽宁盖县、沈阳市、绥远（今内蒙古呼和浩特市）、太原等地清真寺任阿訇和应邀讲学，弟子众多。

1908 年在北京创建“京师教育总会”，推行新式教育，于 1911 年编撰了《中阿初婚》（1—4 册）新式教材。1924 年，他同时子周、王静斋等在天津创了阿文大学，还一度在成达师范学校任教。1898 年始完成《四教要括》一书，1908 年刊印。后又专注于教义学的研究和《古兰经》的汉译工作，完成了《教心经注》（《奈赛斐教典诠释》）和《古兰经大义》（上、中、下 3 册）的通译稿及《亥帖注解》选译稿，均刊印传世，影响颇大。

刘玉荣、赵学方

刘玉荣（1886—1945），女，黄骅市常郭乡赵子札村人。

赵学方（1937—1945），刘玉荣之子。为掩护地下交通员，母子同时被害。

抗日战争胜利后，刘玉荣家成为地下交通站，一家人多次协助交通员完成任务。民国 34 年（1945）9 月 19 日，国民党河北省保安第 7 团第 2 大队中队长李殿起率人包围刘玉荣家，搜捕地下交通员。刘玉荣把交通员说成自己的儿子加以掩护。由于村长通敌告密，刘玉荣惨遭杀害。李殿起把刘玉荣的小儿子赵学方押到方庄子村，企图问出交通员下落，再行搜捕。赵学方见母亲被杀，激起满腔仇恨，骂不绝口，李殿起恼羞成怒，命人把赵学方拉到村外杀害，年仅 14 岁。

刘凤楼

刘凤楼（1893—1964），字毓桐，黄骅市城关人。自幼家境富裕，聪颖好学，遂中秀才。

民国 6 年（1917），刘凤楼于天津水产专科学校毕业，因成绩优异，被举荐赴日本留学，就读于北海道水产试验一场，同时函读早稻田大学政治法律系。

民国 18 年（1929）归国，执教于浙江水产专科学校。

七七事变后，刘凤楼弃教归乡，隐居扣村务农。其间，家乡沦陷，他带头抵制日货，严词拒绝日本人邀请，不做翻译，表现出凛然正气。抗日战争胜利后，刘凤楼反对腐败的国民党政府，毅然拒绝到科学院任职。

中华人民共和国成立后，为振兴家乡教育事业，刘凤楼先后任教于黄骅师范学校、黄骅中学，并当选为黄骅县人民政府副县长，担任河北省政协委员。1964 年病故。

高凤仪

高凤仪（1893—1976），黄骅市常郭镇中泊庄人，民间正骨医生，与善治疗疔疮的白龙江（赵村乡白庄人）、专疗嗓疾的张玉普（孟村回族自治县泊北村人）并称民间医生的“路（指津盐公路）西三绝”，享有盛誉。

高凤仪自幼随父学医，16 岁正式收治病人。他勤于学习，善于总结，不仅继承祖传的正骨手法，还首创利用患者的内发力配合治疗，效果显著。他治疗骨折，以手法治疗为主，辅以内服外敷药物，见效快、疗效高、费用低，深受患者欢迎。高凤仪收治脱臼、骨折患者，治愈率达 90% 以上，采用“推三把、踹三脚”治疗椎间盘脱出，更是立见神效。他风趣幽默，不摆架子，使“高氏正骨”名扬一时，享誉一方，慕名登门求医的患者，远及东北三省和内蒙古地区。

中华人民共和国成立后，“高氏正骨”受到党和政府的重视。1960 年 7 月，县卫生局把他吸收到旧城医院，边行医边授徒，使他的医术发扬光大，后继有人。

1976 年，高凤仪病故。

程雅卿

程雅卿（1896—1968），号文彬，黄骅市齐家务乡同居村人。忠和堂药铺继承人，自幼师从中医名家程炳泰。学成后，即行医于同居村及周边区域。程雅卿擅长中医临床，善用子午流注法诊治疑难杂症。一生所学内、外、妇、儿等科，并注重培养人才，其中优秀者有纪烈振等多人。程雅卿行医于乡村，在解放前后缺医少药的年代，尽全力解除病人的痛苦。以“医者仁术，当以济世为先”的理念为座右铭，教子徒守医德，心存救济之心，见人之苦，若身受之。

1964 年，黄骅县委副书记田煦亭患舌头发黑的一种怪病，医治多日无效。后请程雅卿医生用“子午流注”针法医治，每天下午 6 时按脉取穴，只扎一两针，经一周治疗，舌色复原。

白龙江

白龙江（1898—1982），字海峰，黄骅市常郭镇白庄村人。1992 年版的《黄骅县志》（黄骅名人部分）称赞白龙江为彼时津盐“路西三绝”之一。

白龙江生于村医世家，自幼由祖父言传身授中医外科，加之勤奋好学，善于钻研中医古籍，18 岁时即独立执业，行医于乡间。医迹遍及山东省黄河北至天津南、沧东至渤海湾，驰名邻县及津鲁一带，慕名求医者甚多。尤其在治疗乳痈、手指疔毒、中耳炎、颈淋巴恶肿、皮肤黄水疮、正骨等方面有独创疗法，深得乡人信赖。著有《白氏外科》一书。

1925 年，因医愈许官刘福堂家人顽疾，刘福堂敬送巨字匾额“功同华扁”，现此匾保存于黄骅市渤海路白龙江大女儿家外甥张云武所设济善堂诊所，另有“妙医善心”匾额毁于“文化大革命”时期。羊三木王庄子王景龙患内痛，7 处大疮流脓不止，多方求治无效。白龙江用外敷药与内服药结合治疗，3 个疗程即痊愈。许官村刘福堂患骨疽多年，经白龙江精心治疗亦转危为安。

白龙江医德高尚，热爱祖国，福泽一方。抗日战争时期，为刘震寰（时任渤海区回民支队长兼黄骅县长）抗日支队提供食宿军费达几年之久。日军“扫荡”时，白龙江曾被日伪军抓至毕孟日军据点并欲迫其做随队医生，但白龙江誓死不从，被施以重刑，落下腿疾，后被刘震寰支队相救。

1976 年白龙江老先生已近耄耋之年，欣然接受黄骅市卫生局特邀，战斗在唐山抗震救灾一线治疗重症伤员，吃住在病区达半年之久。去世前近一年时间，白龙江几乎卧床不起，依然口授医方救民如故。多年来，白龙江治愈多种疑难病症 800 多例，被誉为神医华佗、扁鹊。1982 年去世。

祝寿萱

祝寿萱（1898—1963），字子飏，抗战时期曾化名祝巍。祖籍黄骅市齐家务镇李村，出生于静海王庄子。

1916 年，祝寿萱在天津北洋大学预科班读书。1919 年，考入北洋大学，1923 年，北洋大学土木系毕业。

1923 年 9 月，祝寿萱加入美国芝加哥布施尔泽尔桥梁公司天津分公司，参与天津万国桥重建。

1925 年，祝寿萱参加奉海铁路修筑。

1927 年，祝寿萱参军入伍，在民国海军服役，任上尉军需官。

1932 年 10 月，受阎锡山邀请，祝寿萱加入晋绥兵工筑路指挥部。开始阶段负责后勤工作，随后负责同蒲铁路的勘察与设计工作，并担任后勤工务组长兼南段管理局局长。

1938 年，在同蒲铁路稳定运行之后，祝寿萱前往四川组建建筑公司。1938 年出版的《西安临大校刊》第九期刊登消息："国立北洋工学院土木工程毕业同学祝寿萱，前在山西同浦路任工程局局长，该路一切重要计划，多出祝君之手，闻其对于铁路工程，最感兴趣，近在四川，组建建筑公司，包修路工矣。"

1939 年初，国民政府令四川省政府第一次扩建新津机场，该工程由祝寿萱的建筑公司负责修建。

1943 年 3 月，祝寿萱任军事委员会交通部工程委员会第 13 工程处处长，与美方军工部门合作，再次扩建新津机场，以适应盟军轰炸机起飞，便于飞往日本本土作战。

1943 年 5 月，由民国军事委员会滇缅铁路督办公署成立中印交通勘察团，祝寿萱任团长兼总工程师，容祖浩为副团长兼副总工程师。该勘察团于同年 7 月 23 日开始，至翌年 10 月 12 日勘察完竣。先后组织修通中缅、中印（经过新疆）公路。

1945 年 6 月，祝寿萱任工程委员会第 39 工程处处长，再次与美方军工部门合作，负责修建城固军用机场。

1945 年 9 月，祝寿萱任民国葫芦岛港务局局长，办事处设在天津市澳门路 14 号。在此期间，出于人道主义精神，祝寿萱配合相关部门遣返日本侨民及战俘 100 余万人。

1948 年底，天津解放前夕，祝寿萱随蒋介石国民党部队奔赴台湾。1949 年就任民国交通部路政司司长。1963 年，因胃癌病逝于台湾。

刘玉衡

刘玉衡（1903—1938），字瑞轩，黄骅市常郭镇前尚庄村人。省立第二中学（今沧州一中）毕业。

1925 年 7 月，刘玉衡考入张家口西北陆军干部学校骑兵科学习，校长陈琢如。1926 年 8 月毕业。

1928 年，刘玉衡任第 2 集团军参谋训练班学员、队长。于 1929 年初，由西北陆军干部学校送到法国警校学习（同去有盐山邸楼村邸振甲）。1930 年中原大战（蒋、冯、阎大战），西北军失败后，学费来源断绝，被迫回国。

1931 年，刘玉衡加入国民军 22 路骑兵 9 师任连长。参加长城抗战后，刘玉衡转国民军 29 军骑兵 13 师（冯治安部）任营长。1936 年，刘玉衡任第 29 军第 2 旅（刘汝明兼旅长）第 4 团团副。

1937 年 10 月 11 日，刘玉衡所在骑兵旅参加对日忻口大战。这是抗战著名战役。自 1937 年 10 月中旬，在日本侵略军的猛烈进攻下，华北战场山西的国民党军一退再退，先后放弃了雁门关到平型关的长城防线，退守到忻口（现忻州市）一带布防，战线南移，使忻口会战成为决定山西战局的关键。

忻口会战属于太原会战的一部分，是平津失陷、淞沪会战开始之后，国民党正面战场第二战区组织的一次以保卫太原为目的的大会战。这次会战从 1937 年 10 月 13 日—11 月 8 日，历时近一个月。

1938 年，刘玉衡任骑兵第 9 旅参谋长（旅长蒋文焕）。刘玉衡的警卫员程如江，新中国成立后在天津第六棉纺厂工作，生前回忆说：约 1938 年 9 月前后，刘玉衡在山西战场对日军作战中负重伤，子弹击中腹部。部队撤退到河南，据说在山头休息时被当地人出卖，遭到日军炮击，他负重伤而逝。

刘玉衡牺牲后，被埋葬在河南省渑池县城处。1987 年，程如江与刘玉衡的后人去寻找遗骨，墓地盖楼，查无踪迹。

于广荫

于广荫（1911—1997），字纯华，黄骅市东孙村人。沧县河北省立第二中学毕业，中央陆军军官学校（黄埔）第七分校（西安）军官总队第十一期战术研究班毕业。历任国民革命军陆军连长、营长、第 12 军 20 师 58 团团长、第 89 军新 1 师参谋主任。抗日战争期间曾参加徐州会战之济宁、汶上反击战，豫鲁皖边地区作战，1939 年冬季攻势作战，豫南会战，豫中会战等战役。

抗日战争胜利后，于广荫晋升少将，调任国民政府国防部四厅全国军队人马核实小组组长，国防部保安局第四科科长，西藏保安副司令（未到任），警政总署华北督导主任。

1949 年 5—12 月，于广荫任国民政府撤退军运指挥官。

1949 年 12 月，于广荫随国民政府去了台湾，任"总统府"资料组情报科长、台东警备司令等职，授中将军衔。

1997 年 2 月病逝于台湾。

刘玉柱

刘玉柱（1913—1998），黄骅市人。1934 年到北京大学物理系读书。曾任北京大学学生会执委会主席，积极参加一二 · 九运动。

1938 年，刘玉柱加入中国共产党，历任武汉青年救国会组织部副部长，豫东、西华特委委员兼青年部部长，豫东新四军游击队政治部宣传科副科长，豫皖苏省委秘书兼地方工作队队长，八路军新四军驻皖东北办事处副处长，苏皖边区党委委员兼民运部部长，皖东北专员公署专员兼军分区司令员，淮北行署副主任，淮北二分区联办主任，淮北三分区地委副书记兼军分区副政委；华中七地委副书记兼军分区副政委，渤海三地委副书记，阜阳市委书记、市长，开封市副市长等职。

新中国成立后，历任开封市市长，中南局财委工交基建办公室主任，中央工业工作部巡视员、基建处副处长，华北局计委副主任，内蒙古自治区建委主任，呼和浩特市委第一书记，第二机械工业部党组成员、副部长。1982 年离休。

1998 年 7 月 29 日，刘玉柱因病在北京逝世，享年 85 岁。

杨洪恩

杨洪恩（1915—1943），黄骅市杨庄人。1937 年七七事变前，就读于天津师范学校，并加入中国共产党。随后回到家乡联络刘宝田、孙炳炎、辛国志等人，在杨二庄一带开展抗日救国活动。七七事变爆发后，党在盐山县一带发起和创建了华北民众抗日救国会，新海县建立抗日救国会第十一分会，杨洪恩任分会主任，成为新海抗日救亡运动最早的发起人之一。1938 年夏，受救国总会派遣，杨洪恩到乐陵县工作。1940 年任乐陵县县长。1943 年任冀鲁边区第二专员公署秘书主任，同年三月，杨洪恩率专属干部到平禹一带检查工作。与“扫荡”日军遭遇被捕，日本军官指挥打手狠狠地抽打他，又唤狼狗扑上去撕咬。面对日军的残暴，他大义凛然，壮烈牺牲，年仅 28 岁。

杨洪恩牺牲的当天晚上，辛集的革命群众含着眼泪，偷偷把他的遗体葬在村外，后来又冒着生命危险在杨洪恩烈士的墓前立了碑。碑文记载：“杨公洪恩，一九三四年春奉命来平禹检查工作，在辛集被日军俘获，刚毅顽强，视死不屈，鞭扑交迫，骂不绝口，以致倭气愤，嗾犬死，亦云烈矣，年不过三十岁。”杨洪恩虽然牺牲了，但是他坚决抗敌救国的行动，带动了整个家族和远近亲属投入抗日斗争，当地人民流传有“杨家将、左家军、孙家的枪声烈士群”的佳话。

张秀亚

张秀亚（1919—2001），笔名陈蓝、亚蓝、心井等，河北沧县（今黄骅市）北毕孟村人。

张家在当地是望族，其父张里鹏曾任邯郸县长，后因不满官场黑暗而告病还乡。母亲陈芹来自浙江，是一位大家闺秀，有较高的文化修养。张秀亚自幼聪慧，加之母亲循循善诱，很早就表现出超常的文学才华。她 1925 年随父母移居天津。1928 年，年仅 9 岁的张秀亚就在《益世报 · 儿童周刊》发表了自己的第一批作品《月夜》《雨天》《我的家庭》等。1935 年前后，张秀亚迎来第一个创作喷发期，先后在《大公报 · 文艺》《益世报 · 文学周刊》《国闻周报》等发表多篇作品，并由天津北方文化流通社出版第一部短篇小说集《在大龙河畔》。张秀亚的出众才华受到柳无忌、凌叔华、沈从文诸位文学前辈的嘉许。特别是 1936 年，萧乾主编的《大公报 · 文艺》将张秀亚作为文学新人隆重推出，更使她备受瞩目，赢得“北方最年轻作家”的美誉。

1938 年，张秀亚以国文科第一名成绩考入北京辅仁大学国文系，第二年转入西语系，毕业后留任该校历史所史学组教职。1940 年张秀亚在《辅仁文苑》发表五百行长诗《水上琴声》。后来，张秀亚皈依天主教并创作出版了宗教题材的中篇小说《皈依》《幸福的源泉》，展现了她纯真、唯美的品性和悲天悯人的人文主义情怀。

1942 年，日本侵略者加强对北京高校的控制，张秀亚愤而离京，辗转至抗战大后方重庆，担任《益世报 · 语林》编辑。在重庆，张秀亚同于犁伯相爱并步入婚姻殿堂，但两人关系很快出现紧张。为了挽救婚姻，张秀亚忍痛放弃写作，一心操持家务，但于事无补。1946 年，张秀亚返回北京辅仁大学任教。1948 年，因婚姻失败而备受折磨、痛苦不堪的张秀亚带着 4 岁的儿子金山和 2 岁的女儿德兰离开北京去了台湾。

在台湾，张秀亚先后担任台中静宜英专、台北辅大研究所教授，并重拾笔墨进行文学创作。她以散文为主，兼写小说、诗歌，并从事评论、翻译工作。先后出版《三色堇》《湖水 · 秋灯》《圣女之歌》等散文、小说、诗歌，译著达 70 余部，被译成多国文字在世界各地发行。

张秀亚晚年为关节炎病痛所苦，1994 年移居美国，在儿女照料下休养治疗。2001 年 6 月因身体功能衰竭平静辞世，享年 82 岁。

张秀亚一生著作等身，深受读者喜爱，成就卓然，在海内外享有盛誉，深刻影响台湾文学达数十年，被称为“台湾妇女写作的燃灯人”，堪称一代文学名家。

韩道仁

韩道仁（1921—1971），黄骅市羊二庄镇孟二庄人，回族。因家境窘困，未满周岁即与父母分离，靠祖父母供养。少时，家境稍转，靠节衣缩食，求学读书。

九一八事变后，韩道仁逐步接受了共产主义思想。1937 年冬，韩道仁参加抗日救国会新海第十一分会，负责保管文件的宣传联络工作，从此走上革命道路，投入抗日救亡运动。次年 10 月，韩道仁接任孟二庄党支部书记，以小学教员身份为掩护，宣传抗日，扩大党的组织。

中共新海工作委员会成立后，韩道仁任宣传委员。其间，新海工作委员会组织全县民工破路、挖交通沟，机动灵活地打击敌人。韩道仁担任新海民族解放抗日先锋队副队长，领导民先队员传递情报，散发传单，并亲自除掉作恶多端的伪维持会长李亚臣和日本翻译官。

1940 年 11 月至 1942 年 10 月，韩道仁先后任冀鲁边区回民抗日救国总会宣传部副部长、组织部部长、总会副主任。其间，韩道仁执教讲课，培训回族干部和抗日积极分子，并负责总会《正道报》的编辑印刷工作。此后调冀鲁边区党校学习，先后出任《渤海日报》报社编辑室主任，渤海回协总会副主任、盐山县县长、县委书记。

中华人民共和国成立后，韩道仁调北京工作，任民族委员会参事室秘书主任，参加筹建民族出版社，创办《民族团结》《民族画报》等刊物。后期又历任民族出版社副主编、中共宁夏回族自治区党委秘书长、银川市委第二书记兼市长、宁夏回族自治区党委宣传部副部长兼宁夏大学副校长等职。

1971 年 1 月 9 日，韩道仁病逝于银川市。

向克

向克（1922—2013），原名胡连凯，黄骅市人。1938 年 7 月参加革命工作，同年 11 月加入中国共产党。曾任山东省第六、七届人大常委会委员，山东省卫生厅厅长、党组书记、顾问。1993 年 12 月离休，2009 年享受副省级医疗待遇。2013 年 3 月 17 日在济南逝世，享年 91 岁。

李文海

李文海（1930—2011），黄骅市大寺人。1946 年 10 月参加解放军。1947 年 5 月加入中国共产党，当年参加了解放沧州的战斗。战斗胜利后，他又参加济南警备第 4 团第 4 军，投入解放济南的战斗。

朝鲜战争爆发后的 1951 年，李文海随部队进入朝鲜战场，任副指导员，所在部队为中国人民志愿军 20 军 58 师后勤处。

部队首先到达辽宁本溪，之后准备跨江。在过江的途中，几十架敌机在空中威慑，战士们经受着严峻的心理考验。浮桥已被炸断，铁路也大部分中断，又没有船，根本无法过江。当地的老百姓就把自家门板卸下来，搭到桥上组成了一个简易的桥，供战士们过江。门板搭的桥并不牢固，人一走上去就会抖动，非常不稳，如果不小心踩到门板之间的缝隙，就会直接掉进滚滚的江水里。但是这些都削减不了战士们保家卫国的决心和士气。

过江后，后勤部队担负起供应粮草的重任。李文海所在的连队也因任务需要改为“手车抢运连”，全连 120 多人，一人一辆小推车，一挺冲锋枪。手推车目标小又灵便，便于隐蔽和防空。到 1952 年下半年，抢运任务顺利完成，只有十几位同志在执行任务中负伤。

1952 年 10 月 14 日上甘岭战役打响。此次战役中，美军调集兵力 6 万余人，大炮 300 余门，坦克 170 多辆，出动飞机 3000 多架，对志愿军两个连约 3.7 平方公里的阵地上，倾泻炮弹 190 余万发，炸弹 5000 余枚。战斗激烈程度为前所未有，特别是炮兵火力密度，已超过第二次世界大战最高水平。该战役持续鏖战 43 天，交战双方反复争夺阵地达 59 次，志愿军击退联军 900 多次冲锋。整个作战，志愿军由第 15 军军长秦基伟、政治委员谷景生指挥。志愿军后方勤务司令部也调整部署，全力保障上甘岭地区作战。李文海率领志愿军战士冒着美军飞机、大炮的轰炸，及时把武器弹药、生活物资运到前线，有力地保证了战役的胜利。

1953 年上半年，李文海所在连队任务改为押运火车。火车目标大，风险也大。李文海共押运过三次。前两次执行任务都比较顺利，只有几个战士被敌机扫射、轰炸后负了伤。1953 年 4 月 4 日第三次押运火车，当时连队驻守在月水铺，那天恰巧连长因病住院，副连长回国执行任务，指导员去部里参加工作会议，李文海是副指导员，那天由他主持内务。晚上 10 点，在戈马车站，18 位志愿军战士由伍德贫副排长带队执行押运任务。美军派出了 16 架重型轰炸机和 5 架战斗机作掩护，对车站进行了猛烈空袭。虽然高射炮团立即对空反击，可是 18 位同志还是全部牺牲，火车被炸坏 7 个车皮，路轨全部报废。

激战一个小时后，李文海赶到三四里地以外的战场。地面上全是被炸出来的黑土，除了少了一只脚、一只手、一只耳朵的伍德贫还能辨认出来外，其余的战士们大都被埋在土里面。在高射炮掩护下，全连出动了两个工兵连，用了 5 个小时，才把 18 位战士的遗体扒出来。

1954 年，李文海从朝鲜回到国内。因为有小学文化水平，之前做过文书，李文海转业到接收条件比较高的中国人民银行吉林省扶余县支行，为信贷员。

1955年2月，李文海调回原籍，进入黄骅百货公司，任人事秘书股股长，先后在商业局、粮食局、民委工作。1957年，27岁的李文海到地委党校学习，成为黄骅县民族事务委员会副主任，直到1990年离休。

贾漫

贾漫（1933—2012），黄骅人。中共党员。1949年毕业于天津惠青农职学校。1954年后历任内蒙古文联创作室创作员，《草原》月刊副主编，内蒙古文化局创研室副主任，内蒙古文联副秘书长，内蒙古作协副主席，专业作家，享受政府特殊津贴。

1954年贾漫开始发表作品，1979年加入中国作家协会，文学创作一级。著有诗集《塞上的春天》《春风出塞》《中流击水》《贾漫诗选》《云霄壮歌》（合作），诗体小说《野茫茫》，散文集《我的樱桃园》，传记文学《诗人贺敬之》，电影剧本《蒙根花》等。《今日的内蒙古》获1981年内蒙古自治区20年（1959—1979）评奖一等奖。抒情长诗《唱给马背上的民族》获1981年内蒙古20年诗歌一等奖。诗体小说《野茫茫》获内蒙古自治区首届索龙嘎文学奖一等奖。

贾漫在改革开放以后的作品占百分之七十，他擅长新诗、旧体诗词，被诗坛称为两栖诗人。

图书在版编目（CIP）数据

风骨 / 许建国主编 . -- 北京 ：中国文史出版社，
2025. 1. -- （文化黄骅）. -- ISBN 978-7-5205-5068-0

Ⅰ . K820.822.4

中国国家版本馆 CIP 数据核字第 2024CJ2724 号

责任编辑：梁玉梅

出版发行：中国文史出版社
社　　址：北京市海淀区西八里庄路 69 号　邮编：100142
电　　话：010-81136606　81136602　81136603（发行部）
传　　真：010-81136655
印　　装：河北鹏盛贤印刷有限公司
经　　销：全国新华书店
开　　本：889mm × 1194mm　1/16
印　　张：121
字　　数：1756 千字
版　　次：2025 年 1 月北京第 1 版
印　　次：2025 年 1 月第 1 次印刷
定　　价：968.00 元（全六册）

文化黄骅丛书

许建国　主编

中国文史出版社

文化黄骅丛书

许建国 主编

中国文史出版社

行行惟斥鹵望望見荆榛。灶户封鹽馬沙村寨网
神。跳波魚拔刺帖岸蠻輪囷。喚起南臺
夢風光憶八閩。戴寬海上雜詩
春風爭唱棗芽黃秋雨
潮來雁過霜。聽說海船昨日到魚
蝦轉販羊尔莊。伏倚城上涼風歸
鄂堤城畔兽初肥。窄襟短袖者
誰子勤馬韝鷹秋打圍。王慶元鹽山竹枝詞
黄驊
在邑東南八十里
海俱平原想以積
土產鹽。
今仍之
津。
冠文繪

综述

壹　文景诗情

贰 文心乡咏

叁 文气和鸣

肆　文事流芳

伍　文传风雅

综述

黄骅市地临渤海，得渔盐之利，享河陆之便，经历过沧海桑田的亘久地理人文变迁，也蕴育着灿若星河的绵长文化脉络承续。这里有着邑人才俊书写斯乡的文风浩荡，这里有着名宦高士寄语斯地的千古佳话，这里有着载于册勒于石的悠悠典迹。

在此河海繁华之区，在朝代更迭之中，记录着一位位名载史书的诗文艺术大家的椽笔文采。或祖籍于此，在历史上呈现出耀眼光华，或寓居于此，在属于此地的文脉中留下重墨，或于此暂驻，定格一帧帧瞬间永恒的华彩，戴明说、李柳西、纪昀，一方土地，因有了诗文之润色而倍增其厚，一篇诗文，因有了时空之交错而倍增其境。沃土天宝，撷采英萃，其地文事之盛，于熙熙众章中可见一斑。

在此慷慨仁义之域，在淳厚民风之中，记录着一位位名扬千里的贤臣名儒雅士的别样文章与可贵精神。上溯秦汉，下至明清以降，那些被铭记于典籍史海里的、闪耀着邑域荣光的人物，在不吝重墨的文字里依然鲜活如斯，一言一行如在近前，乃至成为一方文人图徽，王伽、戴才、曹梅，那些真实的故事，因这生动的记录而历久弥新，那些优秀的品质，在为官为文的不同身份中互彰益显。

在此苍莽廓辽之野，在振振繁衍之中，化育了一颗颗名耀四方的文星聚列与文辞竞辉。在一篇篇一首首唱和相酬、寄语相望的绵绵文辞里，在金榜层开、题名连连的家族荣耀中，那些走上历史舞台的名士家族，也于这浩繁诗文中更显其名，戴氏家族、“狼洼赵”、“才元刘”、于氏家族，这些在京畿之地有着赫赫声名的乡邑望族，成为充实正史简册的必不可少重要部分，亦成为流传乡野民间的长盛不衰骄人佳话。

凯风南来，文脉有追；其风肆好，文典有存。或为邑人乡咏，或为乡景载情，或为文气相和，或为文事流芳，或为文传风雅，泛而概之，皆为与本邑之人之事之物相涉有联者，盖篦搜列册，摘其精要而录编，期可成总览本域文况之正典。力不逮而遗珠者当未可免，方家补阙者期续。

壹 文景詩情

海上杂诗十首

戴　宽[①]

不识沧溟路，聊为汗漫游。
槐阴初展夏，麦浪渐横秋。
目断三山日，心随万里鸥。
迷津何处所，隔水问渔舟。

行行惟斥卤，望望见荆榛。
灶户封盐马[②]，沙村赛网神[③]。
跳波鱼拨刺，帖岸蚌轮囷。
唤起南台梦，风光忆八闽[④]。

精卫犹衔石，鼋鼍未架桥。
盘涡不碍马，曲港自通潮。
地僻空禾黍，云深足药苗。
愿携金鸭觜，采采拾青瑶[⑤]。

闻道蓬莱浅，沧桑几度迁。
人家余蜃气，草色带蛟涎。
汲水藏深井，裹盐归远阡。
海岩生计薄，辛苦自年年。

---

① 戴宽，字敷在，号裕庵，戴明说之族曾孙，清康熙庚辰科进士，官至翰林院庶吉士。著有《裕庵太史賸稿》。
② 积盐谓之盐马。——作者注
③ 渔家多祭新网。——作者注
④ 余曾游闽海。——作者注
⑤ 海上多生草药。——作者注

远浦舟如叶，荒村水拍天。
酒香从解佩，鱼贱不论钱。
潮气吞孤戍，腥风撼肆廛。
海防今已罢，怀古一悠然。

渔子清晨集，长围面面开。
轻随鸥鹭下，远趁浪花回。
蟛蚏刚三寸，鲈鱼有四腮[1]。
欢呼谁得隽，一笑且衔杯。

故人有孙楚，展席俯云涛。
香饭炊鱼子，醇醪点蟹螯。
持竿临碣石，拍浪上渔舠。
试拂珊瑚树，为君掣巨鳌。

微凉新雨后，初日隐扶桑。
水涨瓜牛舍，苔侵牡蛎墙。
渔人朝晒网，贾客夜回樯。
也解临重午，檐牙蒲艾长。

出门三日雨，海上作端阳。
酒倩麻姑贯，丝分鲛女章。
潮喧疑竞渡，衣湿吊沉湘。
独立苍茫外，烟波寄兴长。

① 鲈鱼无异松江，但骨微硬。——作者注

之罘不可到，立马独徘徊。

远霭秦皇岛，斜阳武帝台[①]。

涛声鳝穴起，云气蜃楼猜。

千载输徐福，扬帆竟不回。

观海日出

戴　宽

雄鸡一声天下晓，明河浅淡星如扫。

羲和鞭日驾云车，万缕晴霞生远岛。

乍疑新月离海宫，扶桑一线涛头红。

欲升未升互吞吐，金盆出没空明中。

赤轮忽涨光忽烈，余焰射波赤如血。

炎蒸坐看三山焦，沸腾欲使七洲竭。

须臾突兀出地一丈高，蓬莱返照小秋毫。

金支翠旗破碎不可辨，荣光紫气千尺相荡摇。

摩挲双眼叫奇绝，恍然坐我黄金阙。

三足之乌何迅飞，望望流光易消歇。

流光催人成白首，白玉楼中骨已朽。

不必系绳万丈使长守，不必挥戈三舍使返走。

古来几见松乔寿，与君且醉杯中酒。

① 遗迹俱在。——作者注

观海放歌

戴　宽

昔我登鼓山，大海舞阳侯。
鳌背涌三峰，潮头迷十洲。
荡胸决眦入无际，清天一发分琉球。
今夕何夕忽对此，眼中突兀分长流。
訇如振鼓角，万马森戈矛。
又疑斗雷霆，澒洞携双辀。
鱼龙出没老蛟立，蜃光摇荡空中楼。
平生好奇欲成癖，掉头拟作乘槎游。
四海复四海，九州复九州。
蹴踏溟涬凌斗牛，下视人世如蜉蝣。
左拍洪崖右浮丘，一笑未了三千秋。
安能龌龊风尘不称意，穷年哀乐无时休。

龙　挂

戴　宽

天帝一笑鞭雷公，电车礧磹声隆隆。
黑云压地堆奇峰，乾坤澒洞阴阳同。
有物蜿蜒来天东，爪牙出没空明中。
折尾一掉势何雄，万丈下与沧溟通。
湿云渐低色渐浓，矫如鳌柱撑青空。
风伯雨师纷相从，浪花平地流淙淙。
春来旱暵忧三农，天地闭塞如枯冬。

麦苗干渴随蒿蓬，老龙熟睡潜幽宫。
欠伸徐起谁之功，霹雳一声下苍穹。
倒卷海水飞空濛，千村万落歌年丰。
龙兮龙兮功何崇？愿龙更起随东风，明年早洗涸辙穷。

鱼飞

戴宽

风雨大作，有鱼自上而下，俗谓随龙而起，理或然也。

老龙取水移灵湫，爪痕擘木腥血流。
鳞间出火光射地，盲风怪雨声飕飕。
风声雨声互吞吐，大鱼起立小鱼舞。
中间一鱼舞更高，鼓鬣遂作鸿鹄举。
下视池沼如盘涡，一杯上欲通银河。
自谓凌空生羽翼，岂知中道成蹉跎。
可怜云散长虹起，失势一落委泥水。
碧海青天安在哉？寸泽尺波长已矣。
有生当为百尺鲸，喷薄怒与风雷争。
不然游戏溪与壑，濠濮之上乐复乐。
安能平地借吹嘘？免教涸辙嗟枯鱼。

雨后东海道中

戴　宽

泼墨云深雨脚斜，又添生意到桑麻。
扑衣新绿低槐乳，夹道清香散枣花。
古壁丹青寻野寺，疏篱烟火见人家。
儿童指点东瀛路，碧落晴消万缕霞。

烧　海

每岁三四月中，风烟大作，弥漫百里，土人曰此烧海也，诗以记之。

戴　宽

沧波千里龙所宫，老蛟出没空明中。
蜃楼雾阁望不见，层层白浪磨青铜。
谁然炬火出海底，烈烟突起撑青空。
乾坤澒洞惟一气，雷霆白日鞭鱼龙。
天跳地踔鲛鳄死，十里五里闻腥风。
吴鏖赤壁已千载，遗焰谁复驱祝融。
渔翁绝叫三老泣，蒲帆簸荡波涛红。
或言鼋鼍改窟穴，或言造物开鸿蒙。
离奇变幻不可诘，惟看紫电喷长虹。
何时掉头入烟雾，乘槎一问蓬莱东。

盐　池

戴　宽

凿地作盐池，池光朝滟滟。
不藉薪火功，天地自烹炼。
微风从南来，雪花积璀璨。
上以充天庖，下以供征缮。
余波及闾阎，古制意良善。
不知自何年，招集来商贩。
骄奢拟王侯，奴隶视州县。
计口派食盐，锱铢入奇算。
百钱不盈盎，况乃泥沙半。
哀哀墟里人，味不充藜苋。
荷锸者谁子，搰搰泥没骭。
盐成不敢收，指挥听垄断。
两闲有美利，本为生民便。
奈何兼并徒，奇货思独擅。
造物忌满盈，朝廷树纲宪。
不见囹圄中，囚首发覆面。
君子贵知足，小人戒无厌。
寄语谢持筹，前车勿再践。

海　上

赵　然[1]

芦荻萧萧天一涯，秋风折碎小窗纱。

海潮忽送三山雪，古木横添数点鸦。

岂有文章堪遇巷，何妨诗酒惯当家。

年来借饱黄虀瓮，舌敝石田莫浪嗟。

观沧海日出歌（并序）

李之峄[2]

丙午七月，既望海滨，信宿岐口村，夜午而起，登蛤蜊滩，时辰星方出。少顷，如灯来波上，纵横上下，光炯炯不能定。既高丈余，乃启明星出而月亦上。是日当晦，其光与望同，倒影水面，如万顷琉璃，令人心髓交彻。月方升而海天忽暝，黑云密布，水鸟之声，怪不可状。尔时，同游者同年徐阶五、编修张协平表弟皆叹人生不能再历之境。忽而红映半天，片翳全消。其初出日光闪烁，如始燃之火，随波高下，未及定睛，而巨轮已高数丈矣。俗言有莲花座捧出者，乃回光映波，萦迴而成，阅之真奇观也。后至者为张东崖侍御，家苍咫兄。

曾陟虞山之峰维摩寺，中有楚僧好谈异。

咫尺蓬山一岛孤，幻影惊看晓日出。

又闻岱宗绝顶巘，扶桑夜午已堪辨。

撼波一抹海天孤，倏尔明霞奇难篡。

---

① 赵然，字文炎，清雍正己酉科拔贡。

② 李之峄，字锐巅，号恬斋，清雍正癸卯科进士，官至山西潞安府同知。著有《秦役草》《旋晋草》《即山房》诸集。

年来屏居沧海曲，竹雨松风随断续。
披露坐玩玉绳明，烘牖卧酣羲轮旭。
懒躯无匹亦无医，食贪有道差可辱。
喜随骢马侍御踪，更追花砖学士躅。
地平竞颂海无波，天成欣睹烛调玉。
九歌勿坏六府修，臣力当竭臣心笃。
荒度经年溟海滨，衔泥揭水随鸿鹄。
一朝信宿海上村，海风吹我爽如浴。
南瞰丱兮城，徐福一去磷火走青。
北望麻姑台，方平何处雪浪成堆。
吁嗟乎，秦始皇，汉武帝，英雄天子气盖世。
经国不知稼墙艰，海上求仙究何济。
我皇御世陟禹迹，殚力沟洫谘硕书。
梦卜良弼度有人，多士云蒸争奋翮。
沾涂不识微躬劳，探奇子夜来砂碛。
蛤蛎滩，洁如雪，风潮音，迅若决。
远星历历互明灭，此时汉影正西垂。
此时蛟舞鼍犹咽，鸥鸟互惊飞且鸣。
东来一炬红胜血，横如大火流莫追。
升如立电光矗掣，苍龙闪目鳌烁睛。
象纬笑指启明彻，须臾巨浪如拥银。
又疑玉塔影倒结，琉璃世界水晶宫。
月晦见月真奇绝，天光欲曙海气寒。
黑云匝布如屏列，微茫渐觉星光疏。
绛霜顿开倚霞撤，万顷金波拥金轮。
燎原共惊光焰烈，转瞬一跃尺五天。
莲花犹灿旸谷穴，谁遗巨灵擘乾坤。
阴阳互根万象陈，尧舜当宇化理醇。

耕凿千村作复息，梯船万里尊且亲。
无分南北东西田海秀顽老稚贵与贱，
同是葵倾就日人。

海滨即景

张印潭[1]

地卤稀花草，荒凉客馆春。
出门惟见水，扫径不逢人。
燕学江南语，风扬海北尘。
渔翁歌笑处，还恐怪儒巾。

海岸潮声

祁　凤[2]

散步支藜近海隈，俄惊汹涌信潮来。
势崩山岳轰雷吼，声震乾坤战马颓。
日耀洪涛金万顷，风飙白浪雪千堆。
涵容裔派分焦沃，时见神龙带雨回。

① 张印潭，字晓峰，清代增生。著有《晓峰诗草》。

② 祁凤，山西蒲州人，由举人正统年任盐山训导，升至南阳府教授，后入籍邑褚村里。祀名宦。

望　海

杨文卿[1]

绿苇平铺野鹤汀，天风十里浪花腥。
云霞傍日常飞动，白雪滩头出草亭。

陪李芝山太仆观海

杨文卿

浮生不负住沧涯，此日同鸥立白沙。
樽旁烟开千顷碧，网随潮落片帆斜。
伤时尼父拼桴海，奉使张骞合泛槎。
袅袅一声风外笛，彩云飘渺是仙家。

是日太仆命侍伶风前搦笛。

① 杨文卿，字子质，号鸥海。盐山人。明嘉靖辛卯科举人，初授稷山县知县，升南京都察院经历。有《鸥海集》《秣陵吟》行世。

海岸潮声

杨彤庭[1]

月明海汐发，沙岸涨波涛。
浪卷疑鼍怒，潮来结蜃高。
鞭桥秦帝拙，标柱汉臣劳。
我欲凌风去，三山钓六鳌。

海岸潮声

邵汝德[2]

渤澥潮生欲怒时，涵天雪浪影参差。
舶来数点黑如豆，平地风波总不知。

---

① 杨彤庭，字廷俞，由举人任磁州知州，累官至陕西鄜州副使，清代随抚江南加右参议。著有《内院清咏》《北游草》《秦闱唱和》《苏州纪游》诸集。

② 邵汝德，字双弥，号蔗泉，直隶盐山人。明天启四年诸生。与霍琏、左矩号“盐山三处士”。

观海同张大人

许言诗[①]

眼底乾坤一镜开，观潮人静几徘徊。
平连天色寒无地，遥带风声昼起雷。
雪浪愁催山月度，机关梦断海鸥来。
欲寻星汉仙槎迥，太守应怜作赋才。

观　海

李　萼[②]

问俗涉沧溟，沙头坐草亭。
人民鸥鸟伴，网罟浪花腥。
鲜味盘中集，潮声枕上听。
天风吹短鬓，壮志倚青萍。

① 许言诗，字正吾，河南太康人，明嘉靖举人。博学工诗，万历九年任盐山知县。
② 李萼，陕西临潼县人，清代举人，明隆庆三年任盐山知县。

东海听涛

朱鸾鹭[①]

一字轻别广陵涛，暇日东游海岸高。
岂拟闻音成顿悟，暂图洗耳息尘劳。
声来夜静生悲感，时值秋深更怒号。
潦倒廿年消壮志，襟怀对此气犹豪。

沧海吟

张　诠[②]

太白遗我沧海吟，邀我和作沧海友。
蹄涔未经大海观，几度吮毫钳在口。
昨夜梦偕安期游，犯晓啄扉李与刘[③]。
呼我蜃市觅新诗，快如坡仙惬所求。
茫茫目力眩，大块失一瞥。
惊定犹疑身入混沌初，但觉元气青冥一色绝。
腥风立涌日车翻，嗒然东南天亦缺。
骑鲸千古不复回，沧海续今竞敲推。
拙我只歌将进酒，斫取银鲈浇金罍。
安得掣鳌附君骑上天，繁星摘作杖头钱。
沽海为酒恣拍浮，日日长鲸吸百川。
划然醉啸三山颠，手掬咸池浴两丸。
俯瞰九点如浮烟，问君若个是谪仙。

---

① 朱鸾鹭，字翔千，江南扬州府泰兴县人，清代贡生，康熙九年任盐山知县。
② 张诠，字守默，号陶圃，由举人宰河南巩县。著有《四书印旨》《陶圃诗钞》。
③ 李与刘：指的是刘兰皋、李希彤、李毅曾。

到 海

崔 旭[1]

东行抵海边，旷望忽超然。

路尽真无地，波高直到天。

仙踪访徐福，师道想成连。

试诵元虚赋，何由揽大全。

观 海

宋德润[2]

华夏同区水一沤，乾坤日月任沉浮。

飘摇岂止移山岳，高远惟凭验斗牛。

尝讶盈虚潮应月，还疑杳渺蜃为楼。

四方重译来王会，何事长生药妄求。

① 崔旭，字念堂，庆云人，清代举人。
② 宋德润，字若璞，号慎修，别号玉山，官至鸿胪寺序班。著有《赋梅居杂咏》。

观　海

于大中[1]

潮来风信湿，扑面海波寒。
地逐行踪尽，天随望眼宽。
云帆微有迹，仙窟渺无端。
消息成今古，茫茫欲问难。

观　海

孙　鉽[2]

浩淼看无际，惊涛百丈强。
浑疑翻地轴，直欲接银潢。
日月凭吞吐，乾坤入渺茫。
沧桑真是幻，终古叹汪洋。

① 于大中，字子范，号竹坪，清乾隆乙酉科举人。官至密云县教谕。祀名宦。著有《竹坪诗稿》八卷。

② 孙鉽，字梅岑，清代诸生。

海上即事

孙　鉽

殊风传海上，光景到来真。
雨气含腥湿，潮声带怒嗔。
蛸悬看猎网，鹤步见渔人。
好是临风酒，盘鲜列细鳞。

盐山竹枝词（首二）

王庆元[1]

春风争唱枣芽[2]黄，秋雨潮来雁过霜。
听说海船昨日到，鱼虾转贩羊尔庄。
伏猗城上凉风归，郛堤城畔兽初肥。
窄襟短袖者谁子，勒马韝鹰秋打围。

---

①　王庆元，字谷庵，清道光六年丙戌科进士，历任吏部稽勋清吏司主事、员外郎，文选司掌印郎中，江南浙江道监察御史。著有《听槐馆》《藤署清吟》《皇华远唱》等诗集。

②　谚云：枣芽一寸，快鱼一坌。

全国重点文物保护单位
郛堤城遗址
中华人民共和国国务院 2019年10月7日公布
河 北 省 人 民 政 府 立

郭堤城

武帝台

王　翱[①]

地筑高台几丈余，登临望海有仙居。
晚年下诏方哀悔，栾大文成总是虚。

武帝台

杨文卿[②]

玉辇经游处，高台接海天。
白云仙迹远，落照鸟飞还。
樵过归燕陇，人登说汉年。
茂陵毛骨尽，野草自芊芊。

① 王翱，字九皋，明永乐十三年乙未科进士，官至吏部尚书、太子太保，谥号“忠肃”。

② 杨文卿，字子质，号鸥海。盐山人。明嘉靖辛卯举人，初授稷山县知县，升至南京都察院经历。有《鸥海集》《秣陵吟》行世。

武帝台

潘震甲[①]

通天初建柏梁火，北狩东巡志犹颇。
神歌一唱交门宫，仿佛仙人向祠坐。
求仙心急到蓬莱，更作临榆望海台。
峻石当门猿鹤立，狂澜拍岸鱼龙回。
燕齐方士终朝侍，神山离即灵山至。
落叶哀蝉不忍闻，妻孥脱屣本非易。
骑鸾跨凤总荒唐，海上空传不死方。
风雨潇潇茂陵树，台前谁爇返魂香。

武帝台

刘文彦[②]

云烟漠漠大荒开，此日犹存武帝台。
玉殿遐承金掌露，瑶池竞进紫霞杯。
如闻帝语空中降，恍睹仙踪海上来。
琼岛蓬宫何处觅，惟余土块长莓苔。

① 潘震甲，字晓春，南皮人，明代廪生。
② 刘文彦，字子美，保定府唐县人，清代进士，乾隆元年任盐山县教谕。

武帝台怀古

李裕霈[①]

武帝英武填胸臆，创制恢宏吞八极。自谓承平一事无，思得神仙来休息。嵩呼三声意兴豪，旦夕之间似有天人来共遨。六龙急驾驱海上，层台高筑望巨鳌。一人慕仙不惮劳，一家事鬼苦相鏖。甘露白云事恍惚，不若各宫所得木人可以按数付法曹。却老方虚少君死，巫蛊狱具太子逃。上有好者下必甚，作之俑者抑犹未知转念一郁陶。望仙仙不来，海上一台郁风埃；思子子不来，湖上一台长蒿莱。青草白沙海上路，遥遥直接湖之隈。通天柏梁何处是，即此两台对峙已足以动后人哀。家之不齐谁之过，夫子不正贻之灾。董申赵汲皆人望，未闻几谏相追陪。田子千秋智何甚，一言能教天心回。盖自祀灶以来至是始知事无显功皆虚妄，唾手欲挽日西颓。轮台诏下竟何补，当年事迹人能数。错认儒术在文章，欲使规模高千古。万里穷兵九州贫，半世求仙一身苦。今日海上台已倾，行人犹指台边土。雄才大略失德多，终不若惜彼百金不筑露台之君为令主。

丱兮城[②]

王翱

秦帝求仙筑丱城，千童意换尔长生。

羡安诳诱无消息，万古犹惭二世名。

① 李裕霈，字霁峰，清代监生。著有《卧吟诗草》。
② 秦徐福求仙筑此，日本即其裔也。——作者注

丱兮城

杨文卿

苍霭颓墉压道周，何年城此寄蜉蝣。
桃源人为离秦乱，蓬岛谁将应福求。
三月残灰函谷晚，一丘荒草骊山秋。
千童白骨空黄土，海角绵绵恨未休。

丱兮城

霍　堂[①]

丱兮城里鸟关关，词客行看泪欲潸。
西北渐添新杜若，东南无改旧青山。
登台汉武终须悔，入海徐生竟不还。
日本至今风浪恶，教人空恨水潺湲。

① 霍堂，字逊所，明代庠生。

丱兮城

刘曾珂[1]

荒原苍莽地势起，云是丱兮城旧址。

丱兮城名自何始？始自祖龙秦天子。

祖龙为帝愿为仙，国享万世岁享千。

眼前欲觅长生药，下诏征求遍垓埏。

徐福应召来咸阳，臣有异术求仙方。

请选三千童男女，随臣远觅白云乡。

秦王闻之心甚许，搜括闾阎小儿女。

儿泣女啼聚此城，悉听徐福乘风举。

吁嗟乎，徐福巧借帝王权，携此男女海中天。

第一或在蓬莱峰，否则得意亦虬髯。

秦王望福福已渺，辒车鱼载关东道。

① 刘曾珂，字鸣宸，号梅舲，刘泽霖五世孙，刘曾璇第九弟。清道光乙酉科拔贡，充武英殿校录，任甘肃秦州直隶州州判。著有《梅舲印谱》二册。

丱兮城歌

左方焘[①]

六国渐次归强嬴，祖龙恣睢意气盈。世间万事逞胸臆，所难致者惟长生。海滨方士窥风指，竟夸有药能不死。真仙栖止三神山，常与俗尘隔烟水。就中徐福最荒唐，稔知亶洲土物臧。纵横广袤千余里，据此何减夜郎王。遂言蓬莱饶灵药，惭愧西皇礼意薄。贻以振女与令男，然后金丹乃可索。秦皇自矜迈等伦，聪察秋毫过鬼神。岂知昏蒙受面谩，一语遂杀三千人。吁嗟乎！人孰无父母，怀抱兼褓负。顾复鞠育恩且勤，相期他年养黄耇。讵意一朝委穷屿，倚门倚闾空延伫。阶前兰玉掌中珍，竟与君王充苞苴。巨舰苍茫入海行，徐福留王无归程。鲍鱼狼藉沙丘路，千秋犹吊丱兮城。天道好还纷可数，祸福倚伏皆自取。君不见咸阳市上樗杜旁，十二公子十二主。

丱兮城

韩以仁[②]

徐福遗踪勃海滨，荒城蔓草少行人。
千童一去无消息，渺渺春潮莫问津。

---

① 左方焘，字湛如，号定斋。原籍河间，后入沧州籍。清康熙辛卯科举人，官至山东乐安县知县。

② 韩以仁，字行之。明嘉靖十五年庚午科举人，峰起元孙，钦赐国子监学正。著有《四书述义》《盐山疆域志》。

经麻姑城作

李之峄

天苍苍，水茫茫，风软沙平古道长。
孤村远树苍烟外，一片夕阳烘大荒。
行人荡臆豁双目，翻讶万里归尺幅。
路旁陵丘埋荆榛，殷勤下马访樵牧。
皤然一叟来徐徐，我其讯之为植锄。
今朝瓦砾昔城阙，莞尔而笑指废墟。
传言好道汉孝武，元封之间屈指数。
丹砂却老龟无灵，金茎擎露天何补。
武皇求仙意转浓，恍惚如悟形与容。
西驾曾探王母宅，东巡更觅麻姑踪。
当年此地为沧海，古来几度桑田改。
蓬莱方丈及瀛洲，遥隔一水但烟霭。
筑坛东望坐可招，彷徨依稀见垂髫。
珠帘月挂香云袅，画壁风微绣旆飘。
麻姑遗事君知否？愿君少憩为君剖。
鸡鸣一去果登仙，鹤返千年谁记寿？
世人艳说王方平，尸解蝉脱旧有名。
忽招少女颜如玉，更来吴下驻行旌。
蔡经自是阆苑客，欣扫蓬荜挹光泽。
惊迎风辇肃仪形，旋窥鸟爪负鞭策。
至今犹忆玳筵开，镂金之盘紫霞杯。
龙绢鸳绮眩银海，凤髓麟脯泻玉醅。
别来一笑五百年，转眼沧桑几变迁。
近见蓬莱水复浅，会看溟海又为田。
一从异迹达天阙，祀等岳渎岩对越。

讵知可望不可即，幻影终同水底月。
前有曼倩复千秋，婉讽直谏忠爱周。
蓬莱宫里候仙人，一朝星散虾与鳅。
君不见，封禅制，金声玉振缥缃丽，
遗书司马隔千年，考瑞倪宽嘲万世。
又不见，嵩高山，太室巍巍云汉间。
但见三呼史有谀，浪传万岁神何悭。
试看麻姑城头草，几度荣枯天地老。
况君与我等蜉蝣，何劳吊古伤怀抱。
君且行矣我且归，笑指东林月又辉。

过旧城

杨文卿

何年移置青齐道，遗壤颓墉犹四围。
白露满田牛上冢，淡烟浮庙草钩衣。
客过都当瓦砾后，鹤来岂止人民非？
秦宫汉殿亦兴废，天地无穷哀雁飞。

旧城遗址

过旧城眺望和嗣懋刘孝廉

霍　堂

驻马登临四望遥，人民城郭两萧萧。
衣冠济楚埋幽径，楼阁崚嶒尽野荛。
短笛几声吹去牧，长歌一调度归樵。
由来兴废皆如此，不必牛山泪自浇。

旧城吊古

杨彤庭

寒烟细雨锁城闉，鸟雀颓墉似唤人。
金谷铜驼成日暮，高原石马自秋春。
公孙不见开津阁，童女应难致海神。
吟对青山一挥泪，夕阳西去水粼粼。

旧城寺留赠松上人

杨彤庭

青鞭羸马白纶巾，来礼黄金丈六身。
海上高台[①]犹说汉，洞前流水不知秦。
蹒跚世路由来险，鸡肋名场总未真。
何似远公无所累，几从松下问迷津。

北城观雪

朱鸾鸾

长空风急雪初奢，缓步登台石径斜。
云暗远山迷殿阙，寒侵古庙冷龟蛇。
柴门静掩眠幽士[②]，蜡屐耽游罢晚衙。
记瑞吟成挥冻笔，何堪乡思逐梅花。

① 高台：地近汉武帝台。
② 城下张生书室，生字德溥，鸣琴时诗，怡然自得。——作者注

抵盐山旧城

崔　旭

不识卫南路，踏荒初此行。
天行垂野大，地势接云平。
望远孤村影，逃虚两日程。
客心正寥落，故址见高城。

扳倒井

王　翱

帝台南下冽寒泉，威猛非凡暂息鞭。
妒妇夺罂悭饮马，幡然扳倒不知年。

扳倒井

杨文卿

望仙台殿锁烟霞，台下荒芜智井斜。
壮士知归何处去，深云杳霭乱鸣蛙。

七女冢

王　翱

哀怨七女筑亲坟，抱土累累不记春。
尚想当年同尽孝，行人到此倍伤神。

七女冢

杨文卿

长堤东望郁苍苍，抱土人亡复几霜。
行路相过空叹息，孤坟野草自斜阳。

七女冢

杨彤庭

十里霜飞木叶丹，临风驻马一盘桓。
三家市隐荒村合，七女坟余抔土干。
卧垄牛羊皆趁日，叫天鸿雁欲冲寒。
谁知此地沧桑变，野老相遇掩泪看。

雨霁道经七女冢次杨廷俞兵宪韵

邵汝德

云破荒原旭日丹，披蓁浥露此盘桓。
微茫雨脚痕犹湿，仿佛坟头泪未干。
环佩归来乡土异，松楸剥去海天寒。
漫言缓急无关女，何限累累不忍看。

王曼晴芜

祁　凤

一望漫漫渺漠中，无边霁色接长空。
蒙茸草莽含朝露，葱蒨蘼芜扬午风。
短笛横吹惟牧竖，束荛斜荷有樵翁。
闲来杖屐寻芳翠，踏遍层霄路莫穷。

王曼晴芜

杨彤庭

萋萋春草色，烟缕望中遥。
似绮迎风乱，如茵带日飘。
连云青入塞，近水绿环桥。
舞女村归晚，踏莎声正娇。

王曼晴芜

邵汝德

海城十里草为茵，细雨才过绿已匀。
满目荒田抛未得，何如王蔓解娱人。

食枣杂咏六首（其一）

纪　昀[①]

东海逢安期，食枣大如瓜。
物类或殊常，闻者以为夸。
岂知玉井莲，乃有十丈花。
鲲鹏谈变化，焉可疑南华。

① 纪昀，字晓岚，一字春帆，晚号石云。直隶献县人。乾隆十九年中进士，改庶吉士。应散馆考试授翰林院编修。历任翰林院侍读学士、兵部侍郎、左都御史、兵部尚书、礼部尚书、协办大学士，加太子少保。谥号文达。为《四库全书》总纂，并辑《四库全书简明书目》，撰《四库全书提要》，著《阅微草堂笔记》。

冬枣

贰　文心乡咏

贺宠膺覃恩双寿重封帐词有引

戴　才[①]

伏以寿域同登，四海际亨嘉之会；皇风再穆，九重施淳厚之恩。燕表生辉，瀛闾动色。

恭惟敕封大豸绣右泉王老封翁老先生暨王老夫人具庆下，硕令夙成，徽懿茂著。颍川毓秀，俱惊朗相之贤；渭涘钟云，尽讶姬妃之淑。偕一德于唱和，室家攸宜；主分教于严慈，刚柔允称。蓝田日暖，笃生瑰玮之英；蕙阃春深，迭产芝兰之瑞。四彦树文林之赤帜，一夔夺艺圃之先声。牛刀小试于淮邦，豸斧旋慑乎晋地。余鸿箎羽，行看接武天衢；雏凤蓄文，会见寻迹霄汉。此固英昆之自萃，诚为庭训之多方者也。兹者斗指辰垣，天上布三春之暖；桃开海屿，人间萃四表之祥。鸟奏音和，唤起红云扶日；花呈色艳，铺成彩绣明霞。喜鹤算之悠长，既同七秩；幸龙章之下逮，又沐重光。白发映豸冠，红光盈面；霞帔戛玉珮，瑞霭腾帏。西母书成，付青鸾之衔至；南仙丹就，遣玄鹿之赍来。金阙遥瞻，尚优虎拜；玉山并耸，不至龙钟。水缕朱玄，天风吹步虚之缥缈；兰斑桂彩，华堂动舞袖之翩跹。酒满春罍，醉倚笙歌之宴；铉开宝鼎，香袭弁缕之宾。多福多寿多男，尽备华封之颂；而康而吉而贵，极膺福履之绥。入画图中，堪成乎胜迹；际蓬岛外，创见于尘寰。才，谊同门第，情切

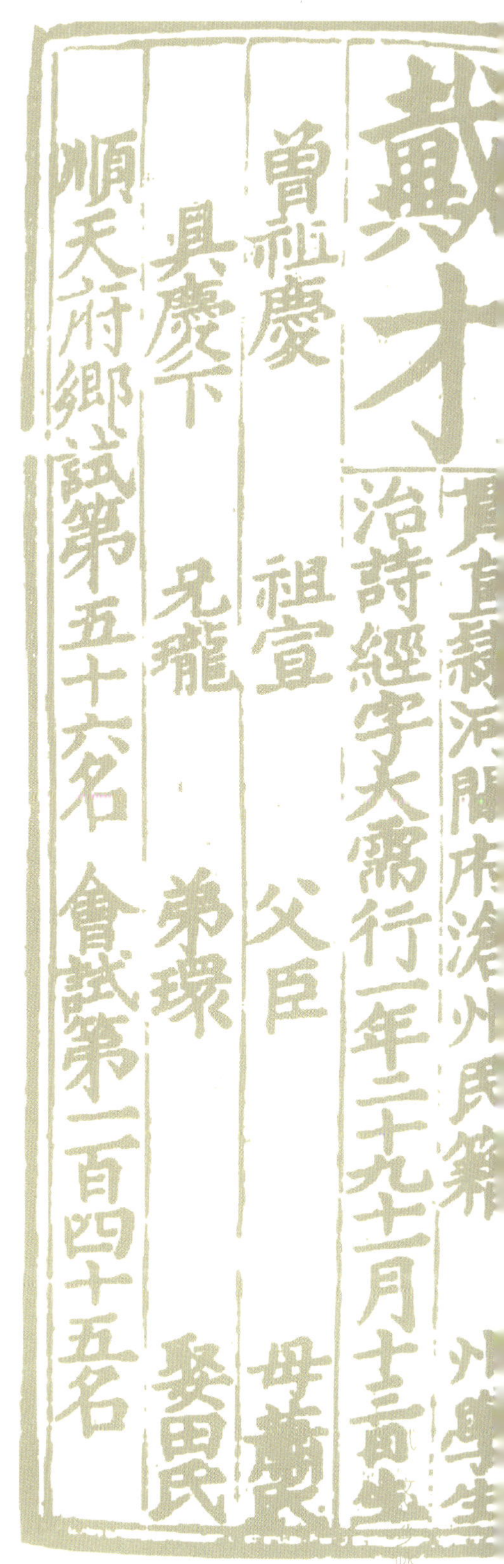
戴才 貫直隸河間府滄州民籍 州學生
治詩經字大需行一年二十九十一月十二日生
曾祖慶 祖宣 父臣 母黃氏
具慶下 兄寵 弟環 娶田氏
順天府鄉試第五十六名 會試第一百四十五名

---

① 戴才，明嘉靖甲辰科进士，累官至南京参赞机务、兵部尚书。诰授资政大夫，卒赠太子少保。

枌榆。仕路骎骎，喜吾党代有乌台豸绣；恩波荡荡，幸高门再及梁鸿孟光。习知旧日之高标，快睹今朝之乐事。强挥彤管，叵沮佥谋。吴锦霞飞，聊纾诚于短引；义翁电照，窃模彩于荒词。词曰：

古来七十少，况童颜鹤发，钩兹寿考。龙章焕天表，喜峨冠豸绣，霞帔联绕。金炉烟袅，画堂中，韶光更好。看南星并照，蟠桃双熟，华筵开早。堪乐，纱笼云护，翠幄风摇，斑衣缥缈。蓬莱路杳，即此是神仙了。问尘寰，再有何人得此，须信全福难讨。愿从今椿树萱花，长年不老。

右调《瑞鹤仙》。

沅州道中

曹　梅[1]

乱山盘错入沅州，瘴雨蛮烟动客愁。
回首燕南家万里，斜阳谁倚故园楼。

與弟炳續修縣志有跋
鄭繼芳字環樞進士萬歷二十六年知淄川縣負義侃
侃見諸少年挾衆掊人於市日長吏在即毆而當不

① 曹梅，字子和。明嘉靖癸丑科进士，官至郎中。

補山陽縣知縣有召杜之稱

劉彝以舉人任陜西武功縣美丰儀治尚整肅民敬畏之見武功志志乃康殿撰海所修簡鍊核實善惡褒貶無少假世奉爲楷式者

任奎由舉人任耀州知州治尚精核雅重文學常自督教諸生爲課程不少假諸生畏服多所成就遷延安府同知陞鳳翔府知府

曹孜由舉人任河南修武縣歷任平易多惠政遷陜西汧縣知縣

曹梅字龍洲由進士任戸部主事推京師商稅於常數

外積羨餘銀俱進諸朝後遷南京戸部員外推揚州稅羨餘亦進諸朝毫絲不染爲一時廉能之最政事之暇手不釋卷

霍熖知縣逢曾孫由廩生援例授府軍左衛經歷陞西苑馬寺清平監監正美丰髯性慈和與人無忤然義有不可挺然不阿居官興利除弊以廉能稱條陳馬

贺右泉老亲丈重封帐辞有引

赵宗轨[①]

伏以燕山植桂，义方之懿训丕扬；汉殿宣纶，式穀之宠恩聿渥。自司理洊登柱史，子贵益崇；由寀署再命察台，父封弥峻。欢腾阀阅，喜溢椒兰。

恭惟座下，中和毓德，介直凝操。孝友睦姻，出性成而评高月旦；诗书礼乐，本家学而品重瀛寰。居然媲美太丘，展也追芳庚楚。蓄其善庆，迪乃嗣人。四凤呈祥，共期飞鸣晓日；一龙先奋，早已震跃春雷。拜命彤廷，明刑淮甸。平把最奏，光膺燕翼之华；章服荣颁，寻擢豸冠之列。于时法星皎皎，纪纲之整肃伟然；绣斧稜稜，经济之历扬炳若。朝著咸推真御史，宦烈独先；宸衷特念大封君，宠章再锡。爵从君赐，贵如子官。端简垂绅，乡邦耆硕；童颜皓发，陆地神仙。矧嗣君之华朊方升，而八座而三公，台衡在望；羡封公之色泽正茂，而七命而九命，金紫非遥。轨，丝萝末颃，朱陈世好。仰王言之灿烂，庆封公教子之成；睹皇眷之优隆，知令子尊亲之至。携簪裾而欢忭，鸣瓦缶以揄扬。称彼兕觥，愿禄位寿名之无斁；言宣鼓吹，偕瓯吟越调以导和。恭制芜辞，用陈短引。辞曰：

鸾诰昭回，龙光焕，五云捧下封章。豸绣衣冠，系纶映粹白堂。朝阳鸣凤谁启佑，赖丹穴，笃产贞良。庆皇恩，千载难遇，百代传芳。掀髯昼锦欢腾处，记昨年上计，帝简青缃。今位西台，貤封再见辉煌。乔林雨露偏滋润，况尊人，寿考无疆。乐余年，天锡纯嘏，永膺玄黄。

右调《庆春泽》。

---

① 赵宗轨，字希清，号西塘，严镇场灶籍，明嘉靖癸丑科进士，累官至辽东按察司佥事。

七年運司任珹及商人共捐銀買城內鼓樓東街津史垣鋪宅一區改建北衙共屋二百四十二間照壁一座東西鹿角木八字牆旗杆蹬鐵獅亭鼓吹亭馬快班房四間吏夫房一間軍牢夜役壯丁轎夫買辦房八間大門三間土地祠皁快班房四間公所房二間舍人房二間儀門五間科房二十二間庫後房四間廚房後房七間班卷房三間庫子茶夫房二間官廳二間家丁房二間馬神祠一間馬夫房四間馬棚四間銀房六間大堂五間東西間即運庫一座十間東引廂三間西門房二間過廳三間耳房二間

三堂五間廂房六間廊九間。後樓五間廊十二間平房三間廚房群房十四間客廳六間船房五間廊三間西廂房三間耳房二間西偏院屋五間群房八間幕賓房十二間。廊六間五峯書屋三間廊十二間西院房三間群房四間。後院吏夫房二間

天津分司衙署舊駐越支場之宋家營明萬歷三十九年。以天津私鹽盛行吏補貪贓縱不問巡鹽御史畢懋康發銀三百兩運同楊葬畝捐銀二百兩商衆共捐建造於天津東門外臨鹽關東鶴共屋九十八間照壁一座大門三間

班房六間馬神祠一間土地祠一間馬棚三間儀門三間科房九間大堂三間銀庫一間宅門房一間二堂三間廂房六間廊九間客廳三間書房三間三堂三間廂房二間內堂三間廂房四間廚房四間馬棚十間亭一座內過堂三間茶房一間上房五間套房二間群房八間

滄州分司衙署舊在海豐場之羊兒莊後移駐滄州城內西南隅臨南薰門右倚城左倚舊運司衙署崇禎十五年運判俞向葵重建共屋九十一間照壁一座頭門三間牌坊一座蓮池一方大門三間儀門三間大堂三間吏房六間

皁快房四間二堂三間簽押房二間門房四間三堂二間廂房四間廳房三間對廳三間書房六間廚房二間馬棚三間住房三間廂房六間群房二十間

薊永分司駐越支場衙署未建賃居民房

經歷司衙署舊在滄州新城內西南康熙十六年隨運司移駐天津賃居民房

知事衙署舊在滄州運司署側移駐天津後賃居民房

廣積庫大使衙署舊在滄州運司署側移駐天津後賃居民房

沧州送李北海入都

刘子延[①]

独驾风尘远，翩翩访旧过。
孤琴携檇李，长剑抚行窝。
磊落文园草，清新郢里歌。
凤城春有待，君去任悬河。

① 刘子延，明嘉靖丙辰进士，官至工部主事。

劉子延

字體仁號靜山治詩經己丑年十月十九日生

直隸河間府滄州人　觀大理寺政

曾祖慶　兄

祖珎 典史　弟子建

父金 省祭　娶傅氏

母王氏　繼母張氏　子彌馨

乙卯鄉試四十八名　授浙江慈谿縣知縣起陞南京工部主事致仕

會試一百八十三名

廷試三甲八十六名

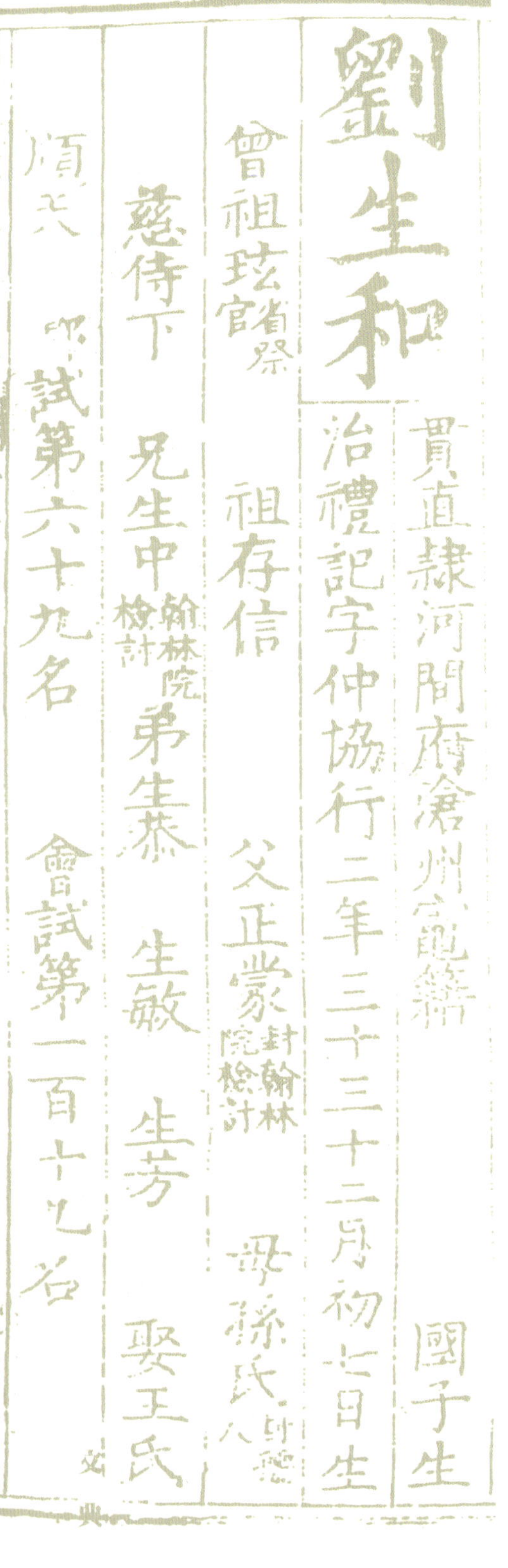
劉生和
貫直隸河間府滄州民籍　國子生
治禮記字仲協行二年三十三十二月初七日生
曾祖玹 省祭
祖存信
父正蒙 封翰林院檢討　母孫氏
慈侍下　兄生中 翰林院檢討　弟生恭　生敏　生芳　娶王氏
順天鄉試第六十九名　會試第一百十七名

登沧州南川楼

冯　惠[1]

危楼新建枕芦洲，过客登临即胜游。
倚醉北瞻天柱近，凭高东望海门悠。
鲸波晚带霞千道，鹤梦秋衔月一钩。
谩道岳阳多壮丽，古今同乐亦同忧。

浣花洲

刘生和[2]

新秋暑气未全回，别墅重承袁绍怀。
停板何妨仍舞袖，携樽不厌数登台。
风翻翠沼红香度，日落青林白鸟来。
写入景中吾有意，却思陶谢愧无才。

---

① 冯惠，字天祐，盐山县灶籍。明嘉靖八年己丑科进士。官至太仆寺少卿。

② 刘生和，明万历丁未科进士，任宝庆府知府。

舟过长芦

宋　讷[1]

列肆亭台土已蒙，旧时和气冷如冰。
城池人物分今昔，市井繁华间废兴。
断壁野花迎客棹，坏桥津柳晒鱼罾。
谁知兵后商人少，岁课犹随国用增。

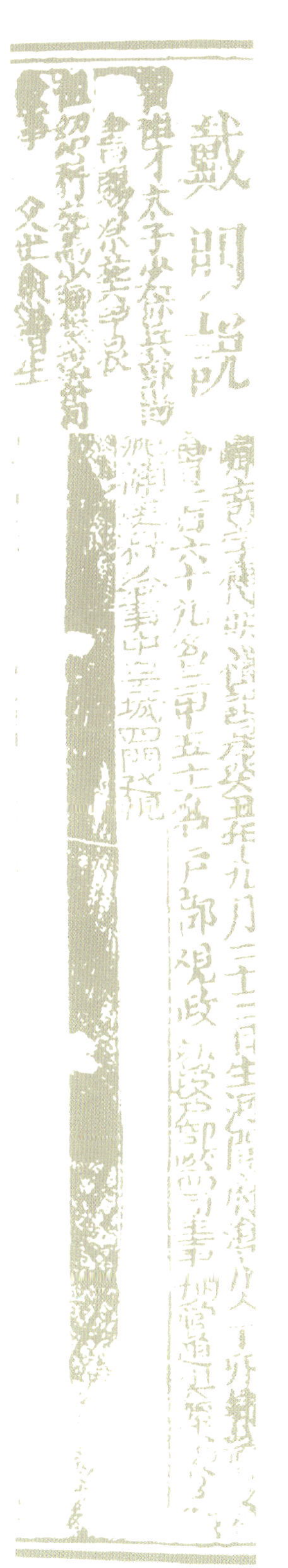

沧州故里

戴明说[2]

生聚十年事，悲凉一邑孤。
田圈思茂草，蹉滞困长芦。
门巷干戈异，鹰雕风雨呼。
升平应有望，携酤待山隅。

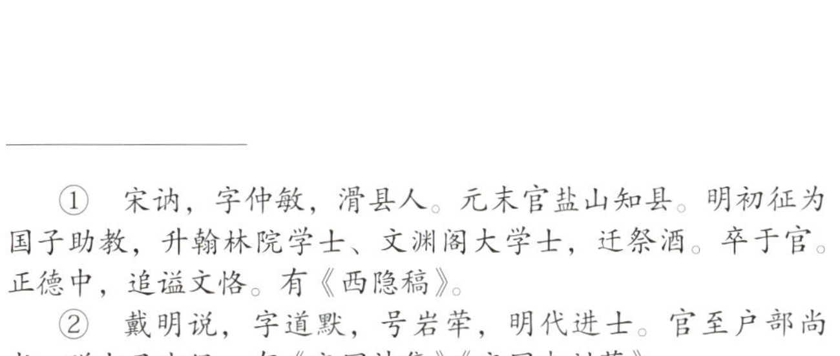

① 宋讷，字仲敏，滑县人。元末官盐山知县。明初征为国子助教，升翰林院学士、文渊阁大学士，迁祭酒。卒于官。正德中，追谥文恪。有《西隐稿》。

② 戴明说，字道默，号岩荦，明代进士。官至户部尚书，赠太子少保。有《定园诗集》《定园未刻草》。

恐有傳宣詔旨來

煙鎖重門隔玉河笙歌寂寂夜如何多栽楊柳宮牆外
引得羊車夢裏過

同舟飲孟化字廣文

廣文先生官雖冷彩筆驚人囊脫穎畫舫從遊意氣雄
共看身世笑萍梗楚水吳山路正長明月清風宵更永
與君浮拍蟹肥時寧教我醉君獨醒

戴明說

明說字道默號巖犖明進士　國朝官戶部尚
書　贈太子少保有定園詩集定園未刻草

天津府志明說初官太僕寺卿丁艱歸畫屏翠
色閉戶治心力究大易閑邪存誠之旨與黃岡
曹本榮檢討時相印證又延容城孫徵君於家
授傳習錄身體實踐務爲有體有用之學共共
切劘者有明經陳奉勅諸生趙時泰一時如王
廷璉李玉鼎王滋孫晏鼎等從講焉遠近稱曰
定園
先生

陳遇堯定園戴公傳公博學能悟公餘殫心風
雅爲詩與王覺斯吳駿公范箕生齊名兼善書
畫特受世廟知賜銀圖章勒米芾畫禪煙巒
如覲明說克傳圖章用錫十六字著有六朝及
明歷朝詩家兩集唐詩類苑選篆書正禮記提
綱廣註等書晚年有定園近集鄒鹿合編偶見
錄行
世

魏惟度詩持廣集道默先生詩淵乎其神蔚乎
其彩如王心齋初見新建時冠則有虞服則老
萊摇衣上座儼若懷葛間人今詩家含英
咀華羡踏六朝金粉安得以此古型示之

老妇行

戴明说

郧阳有山山崒嵂，草深水腥妖蛇茁。
南阳自古号天中，胡为岁岁劳边卒。
南阳止剩百人家，家家含泪听觱篥。
戍卒自领官家粟，但愿啖麦不啖秫。
长吞踊跃雄如鲸，辅车才润盘飧失。
供者佝偻啖者怒，轰雷愁气崩残室。
老妇长跪方致辞，一击当头发染血。
垂死止悲十年穷，呜呜不敢申纪律。
所望移威加豺狼，何亵一剑及虮虱。
军麾肃整古来难，篱边悄忆李光弼。
可怜仓皇今日毕，鸡鸣咆哮日又出。

长安早春

戴王纶[①]

帝城春色郁葱葱，卷幔西山辇路通。
堤草欲侵青玉案，苑桃斜倚绿沉弓。
鸳鸯初试芙蓉水，翡翠频翻杨柳风。
袨服新妆连九陌，君王乐事万方同。

① 戴王纶，字经碧，号彭极，别号一斋，戴明说长子，清顺治乙未科一甲第二名进士，官至江西粮驿道。

遣　怀

戴王纶

万丈层峦不可攀，一天风雨到禅关。
归来薏苡休生谤，病后烟霞未许闲。
岂有文章高北斗，漫劳羽檄下东山。
近来聊玩人间事，书就虞卿好自删。

朗吟楼九日登高

戴王纶

气候协阳律，披襟忆远游。
贞元旬甲子，运会毓春秋。
青鸟天中唠，云旗象外悠。
传经存古道，携酒上高楼。
菱芡烟霞迫，管弦松竹幽。
萸囊系绣臂，菊实茹丹邱。
凤岭何人眺？龙沙逐水流。
紫桃园里摘，玉杵月中求。
孺子功难并，黄公履可收。
何年吹铁笛，长啸跨山头？

雨中即事

戴王缙[①]

霖雨霏霏六月阴，乾坤战气正萧森。
函关虎啸荒山立，渤海龙游万壑深。
雾绕旌旗羁客梦，云封禾黍故园心。
昨朝风动江花起，中夜遥闻几处砧。

秋日同友人郊游分韵

戴王缙

马头天远见霜鹰，山路崎岖绕暮陵。
远涧鹿行松子落，深岩泉响海烟凝。
寒云力薄依危岫，好鸟声清卧定僧。
一曲笛催归路急，醉寻孤月挂长藤。

① 戴王缙，字绅黄，号云极，戴明说次子，清顺治戊戌科进士，官至福建道监察御史。著有《萧云阁诗集》。

柴村远眺

戴　曝[1]

桑田不辨九河流，暝色苍然接十洲。
云叠山峰容入画，雨连海势气横秋。
渔竿欲共姜牙老，冰井谁邀季重游。
射雉台荒何处是，百年兴废此登楼。

漫　兴

戴　曝

荣宦言山林，经生计廊庙。
兰丝各自缚，易地还相笑。
风雨随意凉，日月无心耀。
空堂万籁寂，悠然契众妙。

① 戴曝，字俯孳，号晦叔，戴王缙第三子，清康熙戊子科举人。著有《赐仙堂诗集》。

春郊阅耕

戴 昉[1]

理生亦何常，居世要有务。
治本即在兹，食力余所慕。
九扈春始鸣，兴言向田墅。
初来正沟塍，次第艺禾黍。
虽有耕耨劳，三时望甘雨。
岁功聿已成，屡丰报田祖。
储峙可必多，取具饫寒暑。
有酒可同饮，时时会邻父。
既醉亦悠然，登高睇平楚。
一为击壤谣，游心缅千古。

迎銮恭纪八首

戴 宽[2]

二月楼船下九重，官河冰泮水融融。缆牵堤柳初含绿，棹指桃花欲放红。雨露行随仙仗外，春风遥渡海门东。悬知万里江南路，拜舞欢欣两岸同。

身随冠佩到横塘，桂楫兰桡路正长。白玉窗中瞻日角，锦帆影里识天香。云垂羽盖迎仙棹，雪散瑶花扑御床。正是三春好风景，沧波曲岸驻鸣榔。（是日驻跸有瑞雪。）

羽林十二绕行宫，咫尺君门万里同。疲马东风嘶落日，华灯远岸耿长虹。声

① 戴昉，字彦平，号亮公，戴明说从孙，乡饮大宾。
② 戴宽，字敷在，号裕庵，戴明说族曾孙，清康熙庚辰科进士，官至翰林院庶吉士。著有《裕庵太史遗稿》。

传七萃旌头外，影静千官豹尾中。欲放嵩呼无路到，御堤回首气茏葱。（时以日暮不得赴行。）

昽曈晓日满芳洲，又趁东风送彩斿。胪唱声回杨柳岸，天颜喜动木兰舟。传来温语春何永，沐去恩波水共流。独恨文园犹病渴，霓旌无路奉宸游。

春风犹记看花年，十九人中雨露偏。岂有文章传彩笔，空将弓冶守青毡。（时问科目家世。）诗吟马上闻鸡去，香满螭头待漏还。家世承恩凤池上，两朝长此戴尧天。

圣世由来重子虚，漫劳天语及空疏。（时问学问若何？）重茵敢夺谈经席，中秘时停问字车。藜火光分归院夜，笔花梦忆退朝余。欣逢东观储才日，饱读人间未见书。

君王雅意在求贤，犹忆西园诏试年。（时以求贤诏散馆。）小院莺声催点笔，花砖日影促分笺。一名未达重霄上，二竖先争隔岁前。归卧沧江情不极，梦魂长自绕钧天。（时问何故告假？为何不散馆？故云。）

轻裘计日到皇州，为觐天颜未放舟。清跸暂移沧海曲，蒲帆遥指景阳楼。囊同赵壹羞应惯，俸比东方赐已优。惟有瞻云心最切，翠华雨去意悠悠。

捕蝗行

戴　宽

沧海老龙鞭不起，炎歊欲涸天河水。
火云赤日行高空，大麦干枯小麦死。
中有螟螣破土生，填坑偃堑纷纵横。
汹汹啖禾如啖肉，荒村日暮闻哭声。
是时翠华正南下，其咨日廑三农稼。
诏书午夜问灾伤，纷纷捕逐无宁舍。
昨朝府帖来州城，喧呼点夫如点兵。

里正裹头到妇女，迫驱不止中男行。
荷锸秉炬汗如雨，焚烧埋瘗相撑拄。
可怜日暮饥肠鸣，食尽吞蝗兼吞土。
儿啼妇叹何悠悠，五日更番十日留。
回头翻羡挽船卒，锦帆过处身即休。
督捕使者心何苦，虬髯如戟目如虎。
两部时闻鼓吹鸣，鞭扑未休日卓午。
岂知灾异皆由天，旋捕旋发如涌泉。
何时飞蝗不入境，愿公霁怒悬蒲鞭。

旅夜

戴　寅[①]

孤馆残灯尽，矬窗落月斜。
河声犹在枕，客梦已还家。
身世悲蓬转，风霜感鬓华。
六千归路远，强半尚天涯。

① 戴寅，字统人，号敬亭，一号东渠，戴宽弟，清康熙戊子科举人，官至江西定南县知县。著有《小戴诗草》。

多景楼感怀

戴　寅

无端风雨满山楼，楼外长江忽倒流。
海气乍沉瓜步树，潮声暗送秣陵秋。
六朝割据僧粗记，一发中原我欲愁。
往事伤心还极目，侧身天地叹浮沤。

孤儿行

赵　炯[①]

赵氏孤儿今名温，孝廉之子翰林孙，抑为有明孝廉赞扬先生之曾孙。才杰岳立失昆仑，手掣鲸鱼碧海翻，文笔直扫千人军。虽然年少须磨励，苦厄已立动忍根。呜呼天道真难问，功名宝贵多积恨。祖父神灵迴在天，牖启子孙发孤愤。君不见欧阳永叔亦早孤，艰难历尽成名儒。

① 赵炯，字子藏，号鹤斋，清代举人。洪箓孙。由进士任广西来宾县知县。著有《香鱼山房》诸集。

黄花诗二首

赵　炯

黄花，苦菜也。邑侯杨公湖广进士，会邑多故，洁己爱民，期与休息，贤老甚矣。病不遑摄，乃为狂奴所挤而死，可哀也夫！为之赋黄花。

高城凋敝极，兹日喜逢春。
草木怀生意，禽鱼感旧人。
佩牛常患瘦，牧马不言贫。
揭有西来客，山川入画新。

不能生郑侠，偏会死阳城。
上考宁甘让，劳臣哪耐惊。
致身酬素志，报国欲何名。
高听如从下，民间有哭声。

感　怀

赵元福[1]

归卧荒山号倦游，衡门不作杞人忧。
风吹残堞烟光迥，日落空庭木叶秋。
国士荆州余感慨，名贤莲社足风流。
寒窗掩卷悲今古，那得生封万户侯。

碧草寒云接大荒，山川终古浩茫茫。
即看横海三冬雪，绝胜平城五月霜。
人事萧条枫柳外，壮心颓澹鹿麋旁。
何须姓字留千载，菰菜鲈鱼足此乡。

过邵伯衡墓

赵元福

骚雅文章哀怨存，精灵何处泣黄昏[2]。
临风忽下同人泪，落日空怀国士恩。
好友坟迷曾吊古，村居寺近未归魂[3]。
苍然陵谷斜阳里，哀柳寒鸦噪墓门。

---

① 赵元福，字兼五，进士赵炯之子。清乾隆六年辛酉科举人。著有《寒山诗草》。
② 邵有谒诗人杨鸥海墓不遇，诗最佳。
③ 邵精舍近寺。

南村即事

赵　衔①

晓风清且爽，脉脉融春晖。
霁色明远林，曦光淡以微。
策杖赴南村，败草撩人衣。
仄径多荆棘，却悔前行非。
疾驰者谁子，裘马何轻肥。
分外非所愿，安步乃息机。
俯视冰雪消，仰见鸿雁飞。
物候有转迁，相赏莫相违。
远迎喜英俊，笑语款柴扉。
酒好频频劝，谈吐倾珠玑。
人生须行乐，此会或应稀。
薄暮认旧踪，逸兴尚遄飞。

移　居

刘体临②

拔宅全家白日升，刘安鸡犬亦飞腾。
神仙上界多官府，载月担云去未能。
竹瓦茅檐结构同，笔床茶灶往来中。
菊花才放葡萄熟，且作宽闲一醉翁。

① 赵衔，字缄三，清乾隆辛酉科拔贡，任巨鹿县教谕。
② 刘体临，字济川，官至江西永宁知县。

斋　居

刘静年[1]

性僻多疏懒，怡情好独居。
满庭荒草木，半壁旧琴书。
结网非罗鸟，临池徒羡鱼。
一枝欣可托，不赋出无车。

不学愚公隐，经年掩板扉。
锄花沾晓露，扶架染苔衣。
绿草窗前满，黄蜂户外归。
谁参真意味，一曲素琴徽。

① 刘静年，字研圃，号楞园，清代廪贡生。子九人，曾璇曾璥学尤精粹，为津南名宿，余亦多著。著有《芳中草堂诗存》。

初夏月下忆赵星渠夫子

刘静年

一派溶光镜半悬，花阴篱影可人怜。
当窗故绕蚀鱼字，入户先侵挂壁弦。
池外蛙声参夜坐，枝头鸟梦任清眠。
空阶独看新钩久，回首西南意泠然。

梦吞古字书一卷览而记之

刘曾璇[1]

贫士终朝餐粗糗，饥则梦食时所有。
由来文字不疗饥，恃此何以糊吾口。
有客馈我一卷书，奇字屈蟠如蝌蚪。
反覆欲读不可识，似寻古碑探岣嵝。
别有真味共咀嚼，腹中疑作蛟龙吼。
我闻虞翻吞三爻，搜寻径义观奇偶。
又闻昌黎吞丹篆，文高八代无抗手。
嗟余谫陋本无才，何敢追随古人后。
造物笑我等蠹鱼，饱餐文字亦已久。
觉来依然愧腹枵，食古未知能化否？

归田四首

时由秦安令引告回里。

刘曾璇

鱼思故池水，鸟恋故林枝。
眷怀桑梓地，舍此欲何之。
廿载老寒毡，况味已深知。
风尘日鞅掌，夙愿非所期。
邈矣陶靖节，长吟归来辞。

---

① 刘曾璇，字毓源，号荫渠，清乾隆五十七年壬子科举人。刘泽霖五世孙，刘静年长子。历任枣强县训导、定州学正、甘肃秦安县知县。著有《易鉴补遗》《春秋书法比义》《莲窗书室文诗赋集》。

十年不还乡，莓苔封门户。
今我复归来，旧地幸有主。
先人蔽庐在，犹可庇风雨。
徙倚步厅前，槐荫满庭宇。
俯仰增感慨，风月无今古。

一从归竹社，外事不相关。
早起觉日长，宽然有余闲。
兀坐南窗下，恍游云水间。
取我旧时业，一字严增删[①]。
聊以遣岁月，敢说藏名山。

嵇康懒寄书，澹台不由径。
岂曰夸孤高，迂疏本成性。
得闲且课孙，自觉心神定。
囊橐留一钱，图书余半乘。
依然是故吾，犹有松菊兴。

① 时方重订《春秋比义》。

思　亲

吴　氏①

陡接亲书欲启难，一回欣喜一悲酸。
慰儿签写平安字，纸上应多泪未干。

秋　砧

吴　氏

料峭深闺梦欲阑，忽惊砧杵捣衣寒。
梧桐小院声声急，敲落斜阳月上栏。

① 吴氏，甘肃按察使吴沂女，适甘肃秦安县知县刘曾璇。赠淑人。有《双榕楼稿》。

登无影台[①]

刘曾璥[②]

西北有高台，闻是公孙墓。
攀登陟崎岖，绵亘复回互。
我来升其巅，荆榛时窘步。
古树连荒城，望望但烟雾。
自昔称无影，此名岂虚附。
胡为递层阴，晚景逼薄暮。
可知幻与真，变迁无定数。
世事类皆然，达观应自悟。

早行口占

刘曾珂[③]

断续鸣鸡远近村，柝声格格月昏昏。
征人历尽风霜苦，多少人家尚闭门。

---

① 台在盐山城西北隅，相传为汉平津侯墓。

② 刘曾璥，字谐云，刘泽霖五世孙，刘曾璇第三弟。清乾隆五十九年甲寅科举人。历任高邑县训导、高阳县教谕、翰林院典簿。著有《历代说约》《吾南草堂诗文集》。

③ 刘曾珂，字鸣宸，号梅舲，刘泽霖五世孙，刘曾璇第九弟。清道光乙酉科拔贡，充武英殿校录，任甘肃秦州直隶州州判。著有《梅舲印谱》二册。

九日登摩利支天阁

刘曾镛[①]

支天高阁欲摩天，九日登临思浩然。
晴日斜冲万井树，微风轻漾一城烟。
函关老子今何在，马氏真人去有年[②]。
惆怅寒花谁共赏，惟应独坐酒中仙。

① 刘曾镛，字甄符，增生。
② 马真人，国初居此，屡有仙迹。

晚 眺

刘泽节[1]

连袂寻幽出郭来，苍凉古寺绝嚣埃。
一湾秋水临朱阁，匝地浓阴覆绿槐。
市外有桥通野径，岸边无路上荒苔。
茅檐落照门沉闭，樵子归时户半开

送舍弟之官山左

刘庆元[2]

一第不为荣，聊以娱亲志。
一官不为荣，聊以养亲意。
初夏接泥金，家声赖不坠。
已到蓬山巅，竟作风尘吏。
仰思我皇心，首重在民事。
因尔有用才，操刀令一试。
勿以事可轻，而自雄予智。
勿以民可愚，而忘勤抚字。
巍巍圣人乡[3]，风俗纯朴地。
弦歌遍武城，自古称儒治。
勉哉效前贤，庶几心无愧。

---

① 刘泽节，字芸浦，号云庵，清嘉庆二十一年丙子科举人，授武强县训导。

② 刘庆元，字景辛，刘曾璇长子，以副榜充教习，任山东博平、四川纳溪、仪陇县知县，加同知衔州。著有《春坛诗草》。

③ 弟分发山东即用知县。——作者注

今日犹连床，明朝将揽辔。
遥计聚首期，辗转难成寐。
行矣莫踌躇，严慈有余侍。
努力期加鞭，平途看展骥。
君既见飞腾，余志犹未遂。
何时乘长风，同奋凌云翅。
临歧嘱一言，邮筒书频寄。

纳溪署中感怀（其一）

刘庆元

迩来老境渐颓唐，世味苦辛我惯尝。
已到悬崖思勒马，每从歧路悔追羊。
心盟白水甘同淡，迹逐红尘枉自忙。
过眼光阴惊逝水，大江东去望苍茫。

过姚官屯

刘庆凯[①]

屯为外氏故村，幼时频侍先慈住此。今久已易主，门户皆改，惟向西巷口依然犹昔。有老佃赵姓尚能记说旧事，问其年，已八十余矣。

人户迁移径路更，村前老树认难明。
可怜巷口斜阳影，似向西风诉不平。
化鹤丁威极目空，钓游人尚话儿童。
事非隔世身非梦，惆怅灵光八十翁。

沧州城北道中

刘曰萼[②]

马头麦浪绿初齐，山鸟频呼滑滑泥。
不辨前村多少树，爨烟帆影大河堤。

---

① 刘庆凯，字颍夫，直隶盐山人。清道光六年进士。历官金乡、历城、东阿知县，署临清直隶州、署武定府、署济宁直隶州、署兖沂曹济道。入祀名宦祠。

② 刘曰萼，字韵泉，盐山人。清道光庚子科举人，官至武强训导。殉难。著有《篋山诗草》。

步西院作

刘曰萼

客意如春倦，西堂暂此经。
风闲花上帽，人静鸟趋庭。
水色穿帘白，棠阴出院青。
题诗问窗竹，记否一年听。

青县道中

刘曰萼

蓦地新寒雨后生，黄花黄叶水边明。
栖烟千点鸦争树，叫月一声雁过城。
远浦湿连村寺晚，片帆归带海云轻。
遥看直北长安路，双鬓飘萧十载情。

兴济口占题壁

刘传任[①]

历碌邮程簿笨车，秋风萧瑟日西斜。
故园小住浑如客，旅舍重经便似家。
怕遇亲朋谈仕宦，且听父老话桑麻。
回头百里高城路，已隔徒骇水一涯。

① 刘传任，字济臣，直隶盐山人。清同治十二年拔贡，官至河南修武县知县。

醉　咏

张印潭[①]

世事全从阅历真，穷愁久矣怯风尘。
头颅到白无多日，眼色能青有几人。
昼月谁看天上影，梅花自放雪中春。
寒窗排闷惟诗酒，醉咏茅庐不厌贫。

① 张印潭，字晓峰，清代增生。著有《晓峰诗草》。

铁狮赋

李之峠

三山浮碧，五垒点青，烟霄鹏奋，断港鼍鸣。浪卷麻姑之躅，草迷丱兮之城。横海鹤号于空堞，清池狐窜于荒荆。怅故宫之禾黍，感废址之鼯鼪；叹沧桑之屡易，悲瓦砾之交倾。夫何巍然而峙，跃然而行，翘然而顾，屹然而停。客过而讶，不识何名。

父老牵襟，茵地促膝，拈髭而告予曰："此铁狮也。传闻五季，践祥柴周；筑城营室，礼明乐修；嵯峨凤阙，盘郁龙楼；八门洞达，阡陌周流。爰命职金，铸兹白泽；为之弹精，为之凝魄；非雕非砻，非绘非画；耸瞰昂瞻，星流电射。想其纵横乌弋之国，蹀躞安息之阳；决眦而象为之伏，噫气而龙为之翔；乌获望之而步缩，孟贲触之而神惶。洵毛群之奇特，毓金液之纯纲。无何，世易浮云，田更沧海，麦秀徒悲，谷陵顿改。缅蹲踞于踘场，寄悲歌于傀儡。尔乃日丽风和，花红草绿，旧燕寻巢，新莺出谷。狮何心兮趣暄，羞向荣而取辱。若夫土焦炎日，汗滴夏畦，蹇疲仆午，马困嘶泥。狮何心兮避烈，宁烁首而不移。至若娟娟秋月，皓皓冬雪，塞雁冲寒，岭猿叫夜，旅客途穷，渔樵迹绝。狮何心兮而神凄，亦何心而肠烈。盖其挺特嵚崎之操，磊落轩昂之节，何减何增，不生不灭，无识无知，奚冷奚热。既响影之弗应，磨磷之难折，果何修而何能，惟此风锤雨炼之积铁。"

客曰："固也。第此庞然大物，恐属无益之为，何如眇乎一器，堪为利用之资。彼夫为戈为矛，可称可比，为犁为锸，可耕可耔，为鼎为镬，可炊可煮，为斤为斧，可削可椎。奈何以有用之镠铁，而铸此无益之雄姿哉？"

父老振衣而起，仰天大笑而歌曰："两曜为冶兮，大块为炉；八风扇鼓兮，斯吸斯嘘；五行运化兮，象异形殊。狮兮狮兮，岂知千秋之后，万载之余，历沧桑而不劫兮，屹然孤立于寰舆。"

凤凰台上忆吹箫·朗吟楼

李之峄

鸦点残霞，蝉喧落叶，碧天爽气横秋。喜登高眺远，长啸危楼。嘹呖征鸿几字，傍芦渚，还度沙洲。凝眸处，征帆欲下，波静寒流。　悠悠今来古往，怅三山五垒，断堑荒丘。但晴岚翠逼，晚树红稠。坐久凉飔袭袂，羡孤鸿，奋翮云头。徘徊久，夕阳西下，欲去还留。

夜　吟

李之峄

挑烛夜吟阑，闭目忽成寐。
梦游麓台山，松杉岩洞邃。
风泉有清音，步月挹空翠。

铁狮赋

李之峥[①]

维乾枢之敷化，暨坤轴之钟灵；爰呈形于万汇，实陶冶夫五行；怅邃古之靡稽，讶山海之不经；骇齐谐之志怪，笑博物之难名。彼马负河图，凤谐嶰管，龙应衢谣，善舞夔典。历夏商之忠质，洎周文而璀璨；肇鸠麟于周召，洽禽鱼于江汉。尔乃贡獒西旅，献雉南邦；鼍鼓渊渊，鸾旗煌煌；鼎绍夏后，祚衍天王；冬

① 李之峥，字覆一，号朴斋。李之峄兄。清雍正甲辰科进士，官至湖北光化县知县。

官所隶，守府所藏。楺木与范金并著，追琢与冶铸交详。故有象辂龙辀，鸾掖凤阙；螭柱云蟠，鳌墀浪接。诏宣金马之门，漏滴铜龙之咽。

越秦迄汉，历魏而唐，维周践祚，礼乐重光。相度沧溟之岸，经营雀葺之场。高垒深池，前朝后市，巍阙嵯峨，崇墉壮丽，藻棁云楶，朱扉丹陛。飞潜相木而生姿，金碧因形而呈势。震万国之神威，肃八埏之听视；伏百兽之跳梁，迈四灵之特异。命彼草人，惟铁惟镠；纳于职金，匪雕匪锼；火源风炽，刚以锻柔。胡然而臆为之绘，胡然而基为之邱，胡然而胎为之育，胡然而液为之流，胡然而飙生奋鬣，胡然而星若悬眸，胡然而爪排若锯，胡然而牙列如钩。既狞狰而蹀躞，乍奔突而淹留。安息不贡而戾止，林邑初下而来游。方将吼而龙邸杖落，欲伏而狼皐威收。昂首西顾，吸波涛于广淀；掉尾东扫，抗潮汐于蜃楼。于时玉漏声停，鸡人筹报，仙枕辉煌，衣冠舞蹈。讶骢马之惊回，异鸾车之轮倒。虎贲顾盼而魂飞，鹓行延伫而凝跳。慄慄若蹈于探彪，慑慑俨逢乎伏豹。

无何，地连溟渤，世易桑田，雨摧凤阁，风落龙椽。歌离黍而靡靡，席蔓草之芊芊。吊故宫兮空瓦砾，缅旧址兮但潺湲。惟此弭目破足，吼如雷而光如电者，依然屹立于花砖。

客曰：此铁狮也，传自柴周，毁佛为钱，销彼镝刃，息厥风烟。盖闻兹地逼近灵渊，鱼龙之出没，蛟螭之蟠旋，奋激则陵冈为泽，游泳则阡陌成川。爰有刑余，凝神定魄；铸此狻猊，驯彼海若；河颂安澜，农歌挃获；变斥为腴，食耕饮凿；赖大冶之墨金，压洪流于白泽；万古千秋，西成东作。夫岂同于唐宫石马，助悲咽于哀湍；汉苑铜驼，增凄其于陨箨云尔哉！

劉於義序恬齋詩舒和高暢典雅流逸間亦雕鏤刻削尖顯動人蓋以盛唐爲體而兼擅中晚之長者也

帥念祖序氣吐光芒擅長李杜辭成雋逸結體徐庾

梅成棟津門詩鈔恬齋先生遊山諸詩靈氣盤空脫去凡骨自成一家直欲上奪唐賢之席

按公伯父雪樵先生瑛字仲球著有煉月齋抱甕書屋兩集并皆散佚無存張雪耳先生集載其佳句云豆花間滴雨蟲語亂爭秋又云明朝且莫問涼月下秋梧

徐吾曉發

夢回殘月已西沈戒僕登途霜滿林古道紆迴穿廣谷晨曦閃爍挂遙岑風柔漸覺春寒薄土沃渾志帝力深試問銅鞮何代地百年鼙鼓不聞音

羽衣縹緲隨明滅吟殘皓月和清風數聲清籟重霄徹乍似龍吟出古潭還如鳳叫破煙嵐劉琨孫登今若在塞上蘇門詎可參帆影悠悠流夕照驚鷗駭鷺隨飛棹滄波不盡滾滾來猶似聲聲學長嘯贏得人間一日閒藤杖芒鞋任往還獨對遺蹤思古調宮商長繞畫梁間

李之崋

之崋字銳巔號恬齋雍正癸卯進士官山西潞安府同知有秦役草旋晉草卽山房諸集

州志之崋博學能文闢卽山房爲講學地又立書舍於滄曲與舅氏左方濤並倡厥學立教條入則及門登第者三十餘人

漫 兴

李之峥

地静花深处，浑忘在市城。
消闲书可读，觅醉月同行。
仅有栖迟意，能无离别情。
悄然春睡去，归梦几多程。

夜 雨

李之峥

林暗昏鸦集，垂帘过雨时。
萧萧催落叶，点点滴疏枝。
莫道贪眠早，还嫌入梦迟。
披衣成独坐，此际费寻思。

题安斋先生柏叶庵

李之巍[①]

杜门岁月深，苍松覆茅屋。
晨夕坐其闲，室静窗凝绿。
高标拟柴桑，还应理丛菊。
幽其竟如何，双清豁心目。

书斋偶成

李元枢[②]

小阁疏帘四壁贫，壶中岁月自长春。
听琴洗耳忘身世，邀月谈心作主宾。
酒为赊来尝更好，书经失后爱偏新。
儿童引我前溪路，闲过南村把钓纶。

① 李之巍，字翘瞻，号省斋，李之峄之弟，清雍正丙午科举人。

② 李元枢，字太初，号莲溪，李之峥之孙，清乾隆己酉科进士。官至正定府教授。著有《莲溪诗草》《南行纪事》《越中诗草》各一卷。

吴江晚行

李元枢

枫落吴江句有神，平林烟火锁遥津。
舟行才及初更后，月点波心恰一轮。

送孙中恒

于更间[①]

零雨悲孙楚，行看泽畔吟。
倦游孤客梦，垂老故人心。
意逐飞鸿远，秋随落叶深。
金鱼换酒处，他日可重寻。

自西安归道中作

于更间

旅舍停车夜，来朝说渡河。
更催乡梦短，月送客愁多。
天地流光换，云山疾鸟过。
西安名胜处，回首意如何。

① 于更间，字驷蕃，号澹园，清康熙乙酉科武举。

暮春小园忆女

于　氏[1]

其一

春去芳园儿去家，每因揽镜忆容华。
恨他枝上伤春鸟，不惜离情惜落花。

其二

向晓东风卷翠帷，梦魂暗逐落花飞。
子规叫得春归去，无那娇儿唤不归。

冬夜忆女

于　氏

独对孤灯黯自伤，剧怜一女嫁他乡。
髫年便苦儿何怙，老景那堪母未亡。
孤枕难干千点泪，长笺欲写九回肠。
人生聚散应前定，但以平安祝彼苍。

① 于氏，清监生廷岳女，适青县诸生张镛。著有《栖松阁诗草》。

吴太夫人[①]贞节诗

于　宣[②]

劲节松拟操，温栗玉比德。
蘋藻永孝思，婉娩仪堪式。
失俪伤孤鸾，井臼代子职。
无嗣怅焉从，坚贞复酸恻。
犹子比为儿，教诲兼抚恤。
卓哉令嗣贤，晨昏不离膝。
问视敬且笃，色养无遗力。
轲侃欣同游，孟陶真堪忆。
旌命贲九重，郡邑有光色。
沧海何清湛，条山何崒嵂。
山水无变迁，徽音靡谖日。

于宣

宣字式南號一齋諸生

按先生性恬退喜讀書不樂仕進不問家人產常於靜室中焚香默坐誦數卷經鼓一曲琴意泊如也書法晉人畫仿宋元俱得淡遠之趣好爲詩不與人唱和亦不存稿仙風道骨恒如世外云

① 吴太夫人：武魁妻。年十七于归，舅姑殁，夫荡产亡去。氏年十九，抚夫幼妹二，针黹自给，以义子为嗣。母家贫，父殁母嫁，两弟典身为奴，氏赎之归。夫妹寡无依，欲携子女他适，氏为谋衣食，俾以节终。存年六十有六，守节四十七年。

② 于宣，字式南，号一斋，清代诸生。

于筠一名嫣字籀雲善書畫工詩尤精琴乾隆中有親王耳其
名敦請數四卒不往一時高之
于杰字興崖廩生孝事孀母兄弟三人友愛綦篤季弟模病死

失　题

于　筠[1]

极目东山秀色浓，紫霄千叶醉芙蓉。
题诗尚记仙人洞，飞珮曾过玉女峰。
树老孤桐秋露下，碑残古篆暮云封。
何时再醉天门月，卧听清风万壑松。

仲夏入园中东坡

于　筠

方塘深且广，清泚环吾庐。
傍岸垂绿柳，盈潭发红蕖。
上延北原秀，下属幽人居。
暑雨益潇洒，晴明荡空虚。
此乡多隐逸，水陆见樵渔。
度赏亦何贵，为欢良易摅。
寄言征途客，曷且赋归与。

① 于筠，字桂存，号籀云，于宣之弟。

题美人吹笛图

于安庆[①]

妆成小坐翠楼头，思到江城意自悠。
羌笛一声杨柳外，无端引起别离愁。

河干晚步

于安瑞[②]

沿堤初试一枝藤，向晚禅关觅酒朋。
月上低于缘岸树，鸦惊知有叩门僧。
牧童去后犹闻笛，画舫移来只见灯。
无限诗情归路好，烟波渺渺兴堪乘。

于安慶字樂田俊庠生嘉慶三年挑取謄錄在館需次二年以
母病慨然曰椎牛而祭不如雞豚之逮存也乃歸奉母母歿不
復出讀書必研義理嘗曰書理自在人心苟不自斲喪日與古
人相印證自得安身立命處徒誦讀為青紫計抑末也和以居
鄉厚以待族從弟幼孤為延師俾向學族弟某家落負重債謀

① 于安庆，字乐田，号松斋，清代诸生。
② 于安瑞，字芝馥，于安庆从弟，清代诸生。

杂 感

于安瑞

一番振触泪频挥，种种关心与世违。
孤客夜长嫌梦短，荒村地阔觉人稀。
空中楼阁隐还现，静里机缘是也非。
正自闲愁消不得，光阴冉冉又斜晖。

秋夜闻雁

于安邦[①]

一声嘹唳雁南翔，绿雨楼头月正黄。
料得云霄风露里，也知世味判炎凉。

秋望寄吕达庵

于安怀[②]

旧雨已无几，怀君岁又深。
秋风生远水，落日淡平林。
梦好思难慰，年衰病易侵。
怜他村舍酒，聊以助孤吟。

---

① 于安邦，字磐若，号绍颜。清嘉庆癸酉科举人。
② 于安怀，字愿三，号远村。于安邦弟，清代诸生。

春郊有感

孙德有[1]

信步寻芳到水滨，清明愁绝未归人。
缘堤柳色青如画，不是家园陌上春。

津门竹枝词十二首（二首）

孙德有

其一

万亩澄塘一鉴天，荷花艳艳叶田田。
沿溪结伴如花女，也学西湖唱采莲。

其二

秋风泛泛动秋蒲，秋意萧疏入画图。
欸乃一声渔唱晚，满天明月照西沽。

① 孙德有，字懋园，清代诸生。著有《春草轩诗草》五卷。

海　棠

陈玉秀[1]

春风昨夜到庭墀，开到猩红第几枝？
一种芬香娇欲滴，可人偏是半开时。

白桃花

陈玉秀

开向春风著意娇，铅华不染倍妖娆。
分明虢国蛾眉样，一种销魂在淡描。

古　调

祝其玉[2]

采莲涉清江，落日横前浦。
但闻莲花香，不知莲心苦。

---

① 陈玉秀，字德华，号侣谢，别号灵江女史，浙江钱塘县诸生芳绶女，沧州诸生孙德有继室。著有诗集《南楼小草》《清韵阁诗草》。

② 祝其玉，原名纯琇，字韫山，清乾隆壬申科举人，官至山东冠县知县。著有《吹剑录诗集》。

采莲曲

祝其玉

江南游戏诸女儿，
棹歌盈盈菡萏池，
为君采摘连理枝。
连理枝，不可得，
从江南，望江北。

雪夜偶成

祝纯琮[1]

古径寻诗见屐痕，空山何处辨晨昏。
垂纶忽讶蓑披玉，展卷还疑月到门。
柳絮三冬飞院落，梅花一夜遍江村。
寒杯欲释愁衣薄，犹向红垆几度温。

① 祝纯琮，字宗玉，祝其玉从弟，清代贡生，候选训导。

晓　起

吴端淑[1]

数声啼鸟哢檐前，推枕方惊向晓天。
挂壁寒灯膏欲尽，入帘残月影斜穿。
荷珠滚滚承朝露，山霭濛濛带早烟。
自起开窗双燕去，看他花里舞翩跹。

钓　台

吴端淑

其一
只为逃名隐钓舟，反因钓处把名留。
从今寄语逃名客，切莫垂纶更着裘。
其二
人为有功名始著，无功名著亦奇哉。
先生不是求名者，当时何曾有此台。

① 吴端淑，字秀妪，晚号懦媪，浙江山阴人县监生吴钧女，沧州候选训导祝纯琮妻。赠宜人。著有诗集《月窗诗草》《榕花阁诗草》。

寄沙河

祝韫慧[①]

其一

阳关唱后意深深，远隔如何话寸心。

不是近来无好句，几回欲寄费沉吟。

其二

闻道沙河风景殊，可怜胜地眼前无。

料应写遍山川秀，他日长笺代画图。

津门道中回望故乡

祝燮元[②]

风雨纵横至，飘飘吹我衣。

江山岂不险，邑屋或时非。

万族各有托，游云倏无依。

班班有翔鸟，敛翮遥来归。

---

① 祝韫慧，字钰章，沧州候选训导纯琮女，适广平县诸生吕尔爽。

② 祝燮元，字理堂，号秋崖，祝其玉之侄。清道光乙酉科举人，候选知县。

上巳郭外即事

祝燮元

郊垧小步意闲闲，到此尘缘一例删。
春水浅深皆绕郭，浮云来去不遮山。
柳曾识面频舒眼，花似多情为破颜。
道是忘机应信我，肯教鱼鸟笑人顽。

贺太岳翁太岳母具庆重封序

刘生中[①]

古之重吏治者，无如两汉。至考其所以懋官懋赏者，不过曰赐文绮锡车服，或给鼓吹给仪从，甚至镪钱数万甲第数区而已。乃父母从爵之封典，则靳而弗与。即有与，亦不数数见，重名器也。

国朝严考课以饬百司，厥有能称，则封其父若子官，母亦如之。故子为宰牧，而父亦宰牧，子为贤司理，父亦司理，子为名御史台，父亦御史台，君恩一何宠渥。然而岁不满期者弗与，满期而无嘉绩者弗与，或幸际覃恩而不及例亦弗与。盖其难哉！间有考最矣，际覃恩矣，而椿萱未必具在，此又为人子所闵闵焉，若田父之望岁而不可必遂者。

我伯岳培山公，理淮奏最，业已封太岳翁如其官。未几，为柱史有声，寻以锡恩又封太岳翁如柱史，而太岳母再封为太孺人。庭闱具庆，两沐褒荣，海内之擢青紫而服王路者，曷可屈指？如我太翁将不为殊遇异数也哉？诸戚党里争相侈慕而举卮为贺，若曰我伯岳之能其官也，行其道也，显其尊人以扬名于宇内也，将谓贵由自致者。余独谓不然。盖太岳翁暨太岳母咸有一德，以博天眷云。夫

① 刘生中，字伯初，号性宇，明万历二十年进士，官至翰林院检讨。

玄穹下鉴，惟德乃庥，而雕虽一技，感孚能几？彼王氏之三槐，窦庭之五桂，固后人之显荣哉？孰非其先世之封植而积有令德者？我太岳翁秉醇古之质，负正直之气，不事经生业，而举动尺度一法古人，盖浑金璞玉赤子心未雕琢者。至其睦族属，恤茕独，持颠危，怜孤幼，一发由衷，人咸谓王彦方复生。为生子四，稍识之无，即督责其诵读，刻晷无少懈。而太孺人日夜以蚕织蘋蘩洴澼纩佐之，十数年一日，为居尝迪诸嗣曰："所不能勤经术、擢科第者，非吾子。"迨伯岳登第，理谳长淮，则又谆谆诲曰："尔所不能察冤抑、绳奸慝，以长我王家者，非吾子。"由斯以谭太岳翁之厚德，有不为玄穹之眷佑者乎？

今王纶再布矣，太岳翁衣庞章，偕太岳母服六珈，坐华堂之上，而我伯岳具甘脆饬豸绣戏彩庭下，太翁太母之乐可知也。兹非名教中之至美而昭代之人瑞耶？然我太岳翁及太母不知为贵也，且益为俭素，且益为贬损，所谓聿修厥德者有加无已，为吾以是知王氏之福泽殆不啻地之久而天之长也已。因以是说，为太翁太母上万年之觞。

清虚道人传序

戴明说

清虚道人，青齐许氏尚忠也。许为文水任侍郎纪纲仆，能于急难死卫主，卒脱主于死，事了拂衣黄冠去，许氏可谓不负其主矣。

余每俯仰今昔，管鲍日星，孙庞虱虫，世岂无可以不负心而孳孳负之，又岂无必不可负而甘心负焉也者。许氏其足愧此哉。

虽然，死生匪细故也。使许氏有愧世好名之意，则其天不全，神智不决，又乌能饴死而不死也者。於戏，死可饴也，况微于死也者。若夫杯影腾蛇，蜗角掉电，规规身外事，亦可悲夫。

余尝册使河北，下太行，历邯郸，凭望豫让故趾，黄沙白草，须戟如竖，每叹国士不复作。兹读清虚传，登高举酒，招而言曰："许在斯，许在斯，与国士游，其无愧也夫。"

《汝宛课士录》序

戴明说

余昔掌枢垣，披职方氏图，载豫边际，曰宛与汝，张角亢氐，次象于天，脊嵩络河，襟带淮楚，襄江溯抱而南，意其中有瑰玮不羁之才焉，然未能睹也。

嗣罪谪后，主爵者曰："某重臣，迂且戆，是不宜汩溺之吴越膻芗之地，委身芜砾，刮磨于成，唯宛汝是命。"余乃得以单车从事，涂茅骄挺，不畏锄薅，赭甃黖樽斑驳，城郭带怒烎声，入境则一二孑遗，鹑结鸠偻，环若积疴之失哺者，虽睨眴星河，江山犹昨，何彼人士之异乎昔所闻也。进野老问状，得悉。

余曰：识之矣。天地治乱之数其循如环，而人才随之。忆昔汴流崩漉，豫民其鱼乎？然河北犹在职方版图内也。南阳异是，车书未终，豕蛇割据，刳旄倪，驱少壮于兵，踵踣交路，枕藉锋毁，其失太平也在诸郡先。夫豫为天下腹心，天欲乂平，理势当自宛汝始，则沐浴頮髦，以文章日月之光洗甲兵气，亦当于今日之宛汝始。余虽迂戆，其何敢不翼之大道而远士民于治也。

今天下敢曰乏才，一二郡能尽瑰玮之才而郡理，天下能各撷其才以进之朝廷而天下亦理，况宛汝为星岳江河之大之深之郁洄者乎？

爰揖诸士，以馆以饩，课录于是乎成。或曰，昌黎有言，欢愉之辞难工，穷苦之言易好。公之踽踽然，与诸士咏啸也，其犹长沙太息之意与？或曰，公有公志不如是。

徐朗苇注释李长吉诗序

戴明说

长吉为唐皇诸孙，负不世才，与王参元、杨敬之、崔璩、崔植游。其诗也，瑰玮佶聱，殆骚之续也。长吉生中唐时，钟吕峥嵘，明堂击伐，胡为乎瑰玮佶聱之为？盖意诗道波靡，世多袭风雅衣冠，自文其俚语方言之陋，故宁难勿易，宁为人士之不敢言与不能言而不忍为夫世之敢且能者。瘦眉长爪，泣鬼号神，其得已耶？使其年配才，造乎道之所成，岂止是？

朗苇徐子，忾然诗之波靡也，其喻古也深，爱惜古人也挚，因长吉旧集订而释之，问序至。

客询余曰："长吉白玉楼事何居？"余曰："未之敢前信也。长吉不世才，韩吏部勇之以风樯阵马，古之以瓦棺篆鼎，虚幻之以鲸鳌鬼神不可测，乃破锦囊心血，止动太夫人悯惜，行年二十七，位不过奉礼太常，世不理口，方争毁謷焉。绯衣之召，亦曰才之瑰玮者世罔或知，知我者其帝乎？夫子曰，山川其舍诸。长吉果为玉楼记，是上帝真日读霹雳文，而仲弓氏曾是同黄苍璧共陈岳渎也。虽然，长吉即厄于时，而其为人之不能言、不敢言、瞑眩俗痼、炳磷来兹者，固在也。夫谁得夺之？秋凛兵深，雨长月白，朗吟高天，孤臣峙影，余将梅曲斗酒，携朗苇释，招长吉魂江上去。"

李坦园先生诗序

戴明说

天下之事，靡不大于勉其所难而画于狃其所易，诗亦然。有纸尺幅，字数十百，而欲祖祢雅颂，笙镛鲍庾，远而襟带少陵、青莲，近而策彗崆峒、弇济间也。戛戛乎难哉？难也。易之则日星河山，风霆雷雨，鸟兽草木之变态，悲愉穷达之奇致，匿焉而不吾告。

吾友坦园先生，澡浴世学，渊渟壁峙，其为歌行诸篇，蔿瑰浣芜，奕奕乎黑头冠军矣。集初行，问序于余。余曰：夫跻巅者难之跂也，徇波者易之溺也。先民云，思之神通，岂以心不难不入耶？欢愉难工，穷苦易好，岂以情不难不挚耶？春雪调高，商徵和寡，岂以知我不难则不希不贵耶？

先生静以明志，沉毅以积气，钩深致远，蕴崇其所学，年富智炯，规乎难以鼓吹骚雅，百灵万化，行阴相之天下，其不复以狃其易者，是图耶？方今材缺民瘝，赞燮匪易。皇帝方崇圣教，修明经术，虚前席，进子黻黼。先生其益致于忠而酣于善，汇滋朴棫，扶苏泽鸿，光翊克艰之理，上追先文敏公懿烈，天下将加额曰：休哉！先生其能以知难者治诗以治天下也。于是乎言。

《历代诗家》序

戴明说

诗自汉魏来，卓然成家者昭昭尔，犹日星之垂汉，岳镇河海之丽地也。今人之不见古人，亦岂时会兵燹交相蚀之咎欤？夫平以易则至者多，高以深则跻者寡。一脔当鼎，向若而返，痼所易而悸所难，岂非有志者不能见欤。志之矣，瓮中运瓮，辨堂上于堂下，岂非有力焉终不可得见欤？志与力俱，而风雨晦明，七情百艰群起而与铢晷寸灯相凌夺，则又时之不克相之也。志与力或怠矣。既且测蠡天，惊驼背，不见同古者之是，而但爱同己者之甘，不见畔古者之可悔，而但讥异己者之不可近。大雅之岌岌，即声光亦有数存欤?

吾友箕生范子，寝食先民者三十年，时他山余，扬扢无所逆，余方有志焉，未之能从也。甲午，召环春明后，乃撷古诸家诗，自六朝迄明，与范子纵读之。斋虑涤营，去偏与陋，协尽其心眼，见古人之面目快矣，见古人面目之不相沿袭则益快，复感后人之各以其面目绳古人，致古人面目反隐于来兹也。综其全以穷致其指，或于济上声格、新宁正变之外别鞭风霆，或恢廓竟陵扬钟吕而作之气。夫时代虽遥，英灵磷炳，务求其须眉心血炯炯可鉴者而止。盖欲以古人还古人也。时或截海荐珠，劚昆觌璧，栉所短以用长，则并不敢以古人累古人。积星霜久之，帙成，爰以《诗家》名。盖曰古人之卓然成家者，与日星河岳并，庶协世之嗜古者，各勉其志与力，以竞于其时也。知我罪我，后济上诸君子分谤，则余与范子同之矣。其编幅少狭及瑰宝可矜者，有二集在。

《诗家二集》序

戴明说

薙俗烛雅，标古鹄今，《诗家》志也。宗合远近，悉有裡于岁夹，此《二集》志也。余既与范子共之矣。爰搜诸家声什，时勿代限，编勿广狭限，选再竣于今。宝气墨光各眉列在，所为黄土星云青灯雅颂，庶几无憾古人。倘获索解心，搅海宿源，颓波楮柱借焉，岂不正系大雅，世勿祧哉?

《礼记提纲广》序

戴明说

戴记旧以提纲行，何广？曰：自余负渤阳先生笈始也。先生提纲，栉繁略缛，修明大旨，瀚之惧也。余复惧漏，请缉编益之，得补其所缩，经注纬疏，组诸家，故其大者可以匡铎世教，其细亦备棘闱所有事。集成，诸塾，塾海隘阻而未远之及也。

忆昔就外傅时，家中丞尝进余曰："《毛诗》起吾家，实维我先少保公。祗翼庙朝，固边及圉，厥绩载在盟府。孺子其以大小戴，承之温厚之遗，继跻庄敬，其无斁以日强也。"余拜命弥四十祀，沧桑佝偻，躬际云雷，尚不能体内顺外威之义，以进敉诸国退加百姓者，筹之借一箸，况其致高卑之缊，穷动静大小之变，力而窥诸先民之所藏乎？又匪第人士瀚与漏之滋惧也。

虽然，兹志也，父师基之不敢忘。丁酉，纂昔稿，谋劂于都，悬燧待火，渟泉资酌，后之秉礼者，将蟠极德产，镜晰涛辨，夺席五十重，吾敢谓鲜吾家侍中焉。

寄王藉茅书

戴明说

不佞旧奉尊大人书画教，继复以俚什见知。前长安忧悄中，瞻望深墨，声泪俱尽，乃不能为诗以哭。逾岁遭贬，次卫源，远近会葬之辕，鳞次言归，又束刍执绋之不及也。荏苒数月，紫山烟暗，白水黄昏，岐路皇皇，哲人安仰。即行箧中断简残批、藏歌积札皆载河声嵩照，影现须眉，时时声泪俱下犹昨，而究不能为诗一字也。

尝反复其故。尊大人执经史六书之柄，昭如日星，灏淼如河汉，仿佛惝恍，每不敢有言，则惧。不佞负笈非一日，当雷霆驳空、风波倒海时，闭户罗雀，恐遗朋友以尚犹知我之累。独尊大人履声视畴昔加数，复移夜不他适，浊酒长吟，罔有靳惜。不佞梦检余生一二朋友中，宁可易得。触今抚古，怵心惕魄，复不忍有言，则悲。悲惧相环，为爱慕所不胜，蛙吟之涩，良有以也。然，知我之义终不敢阙，则专俟之精诚之极鬼神之通而已。

贬后，筋力入惫，日以偾辕荒残为虑。幸近仁者之居，庶有训无踬。近日拊循之余，勉为建学课士事，学碑欲借光尊衔书丹，课录欲求弁言纪始，谨专信待命于坛坫下。倘蒙赐允，庶寓内之奉教不奉教者皆曰，某也，昔所谓受孟津先生之知者也。太史公遐不弛亲，勤不弃耄，既惇之且加诲焉，微不佞不朽，并以树尊大人之世德于无斁也。

与梁芝三书

戴明说

甲申后侍雪师门者，首兰阳文部公，暨莱阳左子大来、阳曲裴子晋卿，并弟沧州者四。数年来，风沙剥落，行藏萍梗。莱阳铄金销骨，伶仃塞外，惨昏天日。阳曲与弟后先镌逐，然微罪未著，至身愧无穷奇梼杌之才，而名滥与流窜涣汗之列，明主犹怜，吏议不赦，玷重臣而辱国体，则不肖莫弟若。

足下功著山公，书封李密，进则与贤者同荐，退则不与显贵人一日而九迁。譬之威凤高骞，不可于鸳鹭奔踔中见之，其贤于不肖远甚。虽贤不肖之跳[徒]相距径廷，然师门寂落，阒无脱屣，殊不胜今昔之感矣。

士君子道违身退，于义不疑。年来家园驻兵，敝庐无措老亲，以世禄之家，非有籍于仕者，无以楮柱长吏之呼。绝裾叱驭，甘辱人贱行之不屑，黄发低眉，顽钝如木石，则弟之不肖更有不堪齿矣。

入宛以来，荒残知在洞照。然郧襄未戢，方有事于协剿，除主兵二千外，抚军并高孔二镇而三。抚沉疴之遗黎，呼喑痖之窳吏，腐沃焦抱漏之心，代流马木牛之瘁。虽贤者且日昃不给，而况以积罪不肖木石顽钝如弟者。当之蚤负而蹇蹶，宁俟之龟筮之长短也。且宛实乏人，绅缙之京洛者绝迹。上鲜肤硕之汲扬，中无清华要津之左右。即日指白水以盟心，吊龙岗而呕血。长沙涕泪，亦唯流浪泥涂而已。长安道上，谁复知荒茅烽火中有尽瘁劳人哉?

所幸高山在仰，良规匪遥。足下方奖抑天下之贤不肖，而进之于君子之道。

某风雨患难，奉尘坛坫历二十年，其不以晦瞑之故而易贫贱之交也必也。《课士录》成，欲恳名椽弁首数言，以为孤臣责，天下事屈于不知者而伸于知己皆有类于是，故敢待命于从者。

与张坦公书

戴明说

忆昔同职司谏时，辱足下辟咡，仆亦深自琢砺，每惧贻长者羞。迄今二十年，沧桑风雨，诸悰不能缕悉。谪窜出春明，适台旌有事津门，深以未能面奉指南为歉。士人进退之义，所当自审。乃以老亲之命，为绝裾之行，顽钝头颅，伶仃面目，即路人且累累厌之，况在高明耶？然世之顽钝伶仃以求有济于时者，必其力之能为而时之可为也。仆年望五十，发星星白，视昧听荧，即规模经术，读书辄遗忘，不复记忆。宛汝弊甲中原，路有茅榛，无穗秉，城有颓垣残甃，无居人。邻羽驰书，主客兵驻，供十余月。乃者雨师不仁，河伯起而助之，环属沉灶，西成东作，望洋号叹，牛瘟家传，枕藉死道路。且督师之喂马复来，黄河之催夫继起，即阛阓豫太，主者多艺，尚愀然难之，乃以不能为之力当不能为之时，即心血尽呕，其何以济？倘终不遐弃，得借指南，以逭深罪，感其有艾也。

仆初入宛，有事文庙，庙在城东，桷栋圮废，兵火消铄，浸不可治。询之里老，皆曰唐故藩实为庙基，向以封建移外。因宁属吏博士绅衿庀事，移之藩殿旧址，刈荆薙莽，庙屹屹成，廊庑堂阁将渐及。二百余年事，今始复之，不可无记。伶仃顽钝之余，不能丐椽于贵显，且世鲜能文者，能文者未仆之知也。俯仰泰岱间，有足下在，知我深而优于古，二十年沧桑风雨之义，其有以教我乎？愿请。

钦赐图章颂

戴明说

维皇丙申岁，八月十三吉，覃锡天章，神龙蟠翼，星雯垂汉，宠徽古轶。臣之一技，褒瞩溢实，逮于贤善，寤寐宁失，拜手载祝，庆极而栗。于维我皇，所其无逸，黄云是敷，羲画是述，惜墨及才，正心及笔，云雷为绘河图出，天地其得一。

遵谕陈言

戴明说

窃惟臣畿辅陋质，久荷天恩，近当谪降之余，过叨赐环之典。恭承明诏求言，只觉捐糜无地，敬竭一得，列为六要，敢为我皇上陈之。

一曰帝学之要也。皇上聪明建极，究心典籍，手不释卷，典学之功，可谓勤且至矣。然臣之妄进一得者，则曰深以思之，实以行之也。古人之书，原留以为万世治平之具。孟子曰："思则得之。"申公曰："为治不在多言，顾力行何如。"臣愿皇上观古书一事，则思维其理，此理在今日当如何辨别；明古人一理，则体验其事，此事在今日当如何处分。慎思继以笃行，择善保以固执，由此观前代主术之强弱，即可得明断之所由崇；察前代行政之得失，即可得张弛之所由济；体前代人品之忠佞，即可得用舍之所由决。如此则读书一篇，即收一篇之益，读书一日，即致一日之功。心法治法，合为一体仰法，尧舜无难矣。

一曰在内用人之要也。窃惟皇上所借为股肱心膂康乂大业者，惟院部诸大臣是赖。然大臣出于京堂，京堂出于翰铨科道。四衙门之储蓄公辅，盖犹水之有源、林之有薮也，必慎养厥初，蕴植有年，暨其老成，收而用之，乃可有济而无匮。臣愿皇上以词林专责内院，以铨司专责冢臣，以御史专责掌院，以科员专责吏科都给事中。凡遇考选，慎选端正之器识，确核贞良之学行，以为异日担承大事地。授事之后，凡词臣有留心黻黼、苦志经术，铨司有清通简要、澄叙人才，言官有补君德、匡大政、斥大奸者，不妨吁请不次之擢，以为黾勉尽职之劝，则贤者毕智，谁肯自居于愚，勇者尽力，谁肯自居于怯。磨励熏陶，迟而又久，学术正则王道自平，清议严则国是自肃。异日循级而上，不问而知其济济矣。若四衙门考选不慎，鼓励无术，逐队随班，人复一人，序俸循资，日复一日，未几而官阶崇矣，体面老矣，交游广而知交多矣，及跻要地，而后指而叹曰，是不足以当大臣之任也。无论纷纷攻击抱蔓之后，有逾尊逾戚之嗟；即使嘿嘿曲容瓦全之余，恐多负乘覆餗之虑，其如国事何哉？语云“三年之艾，不蓄不得”；又曰“十年树木”，草木犹然，况人材乎。如谓舍四衙门而别为皇上求济时分忧之大臣，犹画饼饫饥，此必不可得之数，至四衙门人才难得，如告假工科左给事中阴润，定力渊识，不畏强御，臣询公车诸人，知其病养渐痊，宜敕晋抚勒催赴补，以尽公而忘私之义。原任詹事学士，今外用告病王崇简，静识笃学，士林雅望，未竟其学。二臣者，才品皆堪大用，倘蒙破格恩录，建树必有可观。

一曰在外用人之要也。臣恭读敕论，首及知府一官，仰见我皇上求治恤民至意。臣推广神谟，究心吏治，则目前当急议而不可刻缓者，莫过于藩臬二官矣。一省之钱粮，总在藩司，一省之刑名，总在臬司，一省之官评，无论府、厅、州、县，即守、巡、学、盐、粮、驿各道，无不总在藩臬二司。是藩臬关切地方，不减抚按。皇上方日以国用不足、民命可惜、吏治不清为念，而不慎择一主计清刑司官评之人，可乎？今之升藩臬者，才不论长短，荐不论有无，俸及便移，如老生待贡，不痛不痒，必得而后已。今之任藩臬者，官级峻则体貌隆，日与抚按同城，情面熟则举劾恕，进之有立跻建牙之荣，守之有永享安富之乐。如藩臬而有不贤乎，从来劾藩臬者几人，使藩臬而皆贤乎，从而会推督抚，亦何屡叹乏才也。盖通省钱粮版藉刑名文卷充案盈几，而合通省侵隐之老吏、舞文之奸胥，悉其聪明以欺一人，况水旱频仍，兵兴络绎，各官之言清行浊，小民之千疮百孔，复头绪纷杂而不可究诘。无论操守贪污，不可一朝居，即年力不壮，则精神不足理烦；才具不敏，则知慧不足诘奸；学问不深，则经权不足应变，兼此四者而后称任，岂不难哉。伏祈皇上推广慎重知府之意，令内外诸大臣于见任方面中，不拘本属，严择才品，每人保举堪任藩臬者一人，敕下吏部、都察院科道官，从公覆核，以凭上裁，则藩臬庶乎得人。知府既黾勉于下，而藩臬复惕励于上，将国计民生、官评吏治无不焕然改观，亦并可备异日督抚之选矣。

一曰开言路之要也。臣俯仰今古，每叹言官之难尽其职也。台谏以天下公论为重，上补衮阙，则有逆鳞之忧，即下纠权门，亦多履虎之患。向来建言不当，不过罢斥而止，自流徙之罪行，而诸臣无不谈及色变矣。一介行李，万里冰天，抛父母，违宗族，饿死无处乞食，冻死无处贷衣，伶仃折磨之苦，几与死等。彼不言者，坐致清华，身依日月，建言者何辜？原其初心，不过以不忍缄默不敢负国者招尤，至此不亦可痛哭流涕也哉？言而当者，未见优异，言而不当，便沉苦海。臣恐尺牍未补，而寸肠九回矣。我皇上开辟之主，而言路顾畏已至此，积渐至数十世、数百世，当何如？廷臣今已有为流徙诸臣请命者。臣愚以为赦人之仁犹不如变法之广，伏祈皇上除诸臣为事情罪轻重自有乾断外，若罪止于建言者，望永除流徙之条，仍著为令，使亿万年，睿子神孙咸知本朝优容言官、忠厚开国之意，其以鼓励忠贞培植灵长非浅鲜矣。

一曰兵事之要也。诸臣议兵饷者，章满公车，近复下各省文武条议，臣恐司民社者皆曰："苦兵苦荒也，能一一蠲赈之乎？"司封疆者皆曰："兵单饷薄也，以能一一增补之乎？"臣谓当两匮之时而筹其两善，惟有令见在之兵实堪战阵，不至有虚縻坐食之患，即是爱民；令见在之饷实裨秣厉，不至有稽迟侵冒之虑，即是爱兵。而臣于诸臣条议外，谬抒管见。一曰练兵不如练将。今抚臣既无巡历之举，又禁参谒之文，阖省诸将，即年力老少、艺勇优劣，全不谋面，一旦有警，凭何发纵？当敕各该抚臣，将本省营将时行简阅。如果其才技勇健，真堪杀贼，即当留为冲地之用，其才守平庸无裨折冲者，不妨量调简僻，无兹延误，逐镇核明，立时奏闻。盖将既精明，自兵无惰窳。一日裁兵不如裁官。臣以中州言之，南阳、襄县相距咫尺，设有两镇，每镇额兵抽调外，实数不足二千，兵额尚不及旧时一路将，乃一镇有一镇之经费，平居既苦消縻，一镇有一镇之号令，有事复难提调。臣愚以为不如归并一镇，似属长便。凡他镇之兵少官多者，俱可仿而行之，以节物力而专统辖。

一曰民隐之要也。民间疾苦，除经诸臣条议不敢赘陈，目前可议者，莫如潦田、屯政二事。一曰暂还久潦之地以系人心。普天之下，王土王臣。朝廷圈地养兵，分义无辞。常见旗下田地被灾者，复以潦粮给之。夫圈地予兵，即有损于民，而复分漕偿潦，则又有损于国。臣愚以圈占之地，除旱潦得收者，自无容轻议。凡畿辅连年犯水屡被灾荒之地，合无量查还民。百姓即得潦地，未必遽有收获也。但恒产谁肯弁之，地有堤防，则必图修筑，地有沟洫，则必计疏浚。穷民借雇觅佣工之计，或少缓须臾之死。南亩中多一荷锸负畚之穷人，沟壑中即少一流徙转死之饿殍矣。量退无益之潦田，少系有用之人心，较之劝赈输粟，似属有益。

一曰急停无益之屯道，以便开荒。臣亲见中州百姓朴愚，自屯田之令下，而相顾疑畏，有虑屯田草豆收后仍苦运送者矣，有恐草豆浥烂仍令百姓赔补者矣，有虑屯田百姓将来籍之为民兵者矣。是以屯道令之兴屯，不胜攒眉苦难，而有司令之开荒，尚可竭蹶从事。况屯本见费朝廷钜万，屯道顾畏法令，罔不兢兢，然衙役之出纳能无侵渔乎？本息之收放能无轻重乎？彼屯官屯长，谁非鱼肉屯户之人？即串保互结，畴非瓜分屯本之具？万一屯户有逃亡死徒者，而屯本之拖累株连正未已也。若查照屯道每来开额数，责成守巡道，每岁劝恳，严加考成，亏额即行参治，百姓必欣然从之。夫费朝廷之屯本，而反累朝廷之百姓，究之开荒必不能多者，用屯道是也。不费朝廷之屯本，而并不累朝廷之百姓，究之开荒可以多于屯道者，责成守巡道是也。臣身未历他省，不敢悬揣，若以河南腹心之地言之，求其省屯本，息民艰，而图开荒实政，则莫如停罢屯道之为便。

顺治十二年二月具奏。

《望古斋集》序

戴明说

余尝于役南征，绝恒山，逾太行，见漳河东下，洪流湃数千顷，其东南隅有土阜突兀出，仆夫告曰：“此铜爵故址也。”为停骖不去者久之。

夫黄初、建安间，才藻云起，体被质文，粲溢今古，所谓陈思王者，非耶？

丁仪、王粲之徒和之，称邺下焉。要之山川浩荡，云树葱郁，人为之乎，或亦地灵之所聚也。凭今吊昔，欲问当日具赋材者，知有李子梦沙在，欲读其诗久矣，而未之能窥也。后同余豚犬举春官，益向慕焉，终未晤。今年风雪中，孔公心一病次，效袁安僵卧，就床榻间与语。几上一卷，为其门下士梦沙诗，相对展读，足慰畴昔向慕之私矣，然意未尝不在邺下也。气运所郁，发为文章，如玉在山，如珠在渊。非其地者，虽产弗宝。今梦沙为诗，慨然有心于古文，又能抒其胸臆，浩浩落落，有吞吐云物函盖九有之观。倘由此进而不止，直追黄初、建安间，则非邺下能重李子，乃李子益重邺下也。

嗟乎！落日悲风，荒台如故，铅墨有灵，余辉犹烛，鳞羽龙凤，笙琴黻黼，动千古入室升堂之感者，伊何人哉！伊何人哉！

丙申仲冬，渤海戴明说撰于赐峦堂。

历代诗家发凡计十二则

戴明说

其一

以家名诗何也？谓制作必诸君子者，乃成一家之言也。楮墨世本无穷，骚雅人可自命。庶几絙高镜深，以严厥事，使若镆铘之不可轻弄，则诗道昌矣。

其二

诸君子，书代书名外，字之，里之，不次爵，不纪事，盖在诗言诗。

其三

既恨作者之少，转怅作者之多。风烬者不计，布在人间尚如烟海，未可概从束阁，或将目力不敷，此今人之大痛也。且兰薪共束，信哙比肩，当又古人之大痛也。今断自黄初，迄乎明季，千余祀中，五十有六人，冀两痛其稍解焉。

其四

诗工而篇俭，不称椒图也，什富而格卑，犹然素封也，故安石之金，因碎勿拾，防风之骨，虽巨必捐。

其五

诸君集中，沉沙之实，搜剔不爱余力，往往使宿物如稿初脱，湳未燥，吟咀未已，愿与世公。间有历来捧赞之篇，转从澄汰，虽夺世好，要自有说，以质海内之具玄解者。

其六

有古人之襟颜为摹者所翳，致并诮古人者，王维、李贺为剧，是宜拭，犹神龙出则刍龙焚，天马徕则犀马路也。有咪目古人之长，甚口古人之短，如遭冤对者，微之、乐天、于鳞、元美为剧，是宜雪，犹房子之绵，土濯转白，西戎之布，火浣逾鲜也。有以白眼弃当时之誉，顾金灰流午夜之光，死后怜才，生年欲杀，北之季木，南之止生，无意得湛干于望斗，冷眼识英雄于捉刀，文章显晦，气机斡之，岂系人力哉。

其七

云胡不李杜，盖杨伯谦《唐音》例也。其言曰：李杜文章冠绝万世，言诗者以为宗，世多全集，故不及录。今曹随于此。

其八

惟其诗，不惟其人，自三百篇始也。雅著寺人，风存贸妇，遂不得弃沈约、江总之辞。

其九

诗莫盛于六朝，以深险幽厚为神理，以鲜华容裔为衿步，庀材之富，探地肺，猎天经，落韵之超，入镜非花，挂羚靡迹。自宗盛唐议起，迷本生端，以浮靡概弃之。不知其鼓铸四唐者，皆其残铜余液也。子美服膺开府，太白动魄宣城，岂李杜之见固不如今人之卓耶？比见生死唐巢，白纷词苑，曾不识六朝为何人为何语，是食金焦之秀而遗太华，观黄河之雄浑而忘星宿海也，此编诗之初义也。

其十

或谓所录多秋气，夫《离骚》，古诗之流，一部秋声也。天得秋而高，地得秋而苍，人得秋而悲，秋何负诗哉？且最尚葩盛绮，绝艳非一，庯匪春？滔滔昌茂，若看澍雨于邓林者，编中不乏也，庯匪夏？

其十一

由汉魏入者不能汉魏，六朝是已；由六朝入者不能六朝，唐人是已。然则由唐人入尚患其不唐人，而宋之不竞，一似未见唐人者，一似故反唐人者，故元以俊亮矫之，得之肤泽，失之气骨。浸假而四杰乘明初鼎革之运长，亦俊亮而止。向非献吉播斗杓之精，役巨灵之掌，焉能斟酌元气，吐黄钟复大雅哉？人谓诗至献吉而古，蔽也袭，至于鳞而高，蔽也狭。狭与袭，病也，然唐也。公安出，则叛唐入宋矣，犹宋也。竟陵起，则渐入元矣，故辙可毋诫欤？文运昌明伊始，夜视壁二星灼灼有光，乃此书告成之旦。

其十二

唐庚有言，泉性耿介，得其类，虽越千里而伏流相通，非其类，则横绝径过，十字旁午而不相入。尝用其意遴诗，盖雅俗之辨。俗，吾仇也，仇无久近；雅，吾宗也，宗维大小。是编成，寻有次编。

《沧州新志》序

戴明说

志者，郡邑之史也，自昔重之。一代兴，必博采郡乘以纂国史，而应石渠之选者，类如龙门、兰台其人，错综古今，胪列人物，原本山川，而后洋洋纚纚为一代之信史。下逮州郡，亦征聘淹贯百家之鸿儒，凡天文舆理、玉笥灵威诸编，靡不启其扃而蟠其室，复济之以悠裕之岁月，始能裒集成书，为一方之良志。甚矣！修志岂易易也？

至若吾沧，密迩京畿，民生凋敝，兼屯兵措饷，露肘捉襟，今昔大相迳庭，为志尤不易易也。顷者，州守祖公，留心时务，遵行修志新令，就学授王公谋速成之。王公博学勤事，即延诸生，若而人相与腹摩指画，目瞀舌劳，仍旧强半，增新什三。甫越月，已告竣，向余问序，用纪岁时。嗟乎，不易易者，而竟易易也；不易易者，亦不得不易易也。

余闻修志者，用物宏则需才；考镜真则需识；章美纪善，直抒胸臆则需胆；存舍慎，笔削严，又需有不阿之不律。奚以明其然也？昔刘壮舆摘《五代史》之谬，以示子瞻。子瞻曰："网罗数千百事为一书，岂能无少得失？予所以不敢为此者，正畏如公吹毛求瘢耳。"且志一出，孝子慈孙欲扬其先美，公卿大夫欲张其治人之绩、艺文之长，狭室逼临，种种皆至，保无有隶衢君棘剧蝉美蝇者乎？况是非核实，古人难之，如"鸡三足、卵有毛、犬可为羊、丁子有尾、龟长于蛇"之类，核讹必以目正耳，徇声且以赝乱真，将安取衷耶？而未也，如五方君子，骤履是邦，问域封何野之分？州镇别名何代之制？问舳舻万里南北襟喉何道扼要？其贡赋多寡、土田盈虚、境之政刑教化何饬？官师之著迹，孰卓异而可景行？乡贤之俎豆百世者，御何大灾？捍何大患？士翩翩鹊起者，何里之姓氏？问峃然表宅者几何人？其殊厥井疆者何蠹也？有氓痛于讼，农高于畴，士骄于伍，女罢于红，弊何时之滋？又何法以禁止之也？上自体国经野，下逮事物细微，招摭靡遗，事有相涉，即《虞初》《诺皋》语，亦收入丛纪中，为探索资。凡此者，公道有大分数不可让众盲盲万世者，岂得与局蹐盆盎、蹢阖夜半舟斗者一二道哉！故非有其才、其识、其胆与夫不阿之笔者，不能也。《管子》曰："事先大功，政自小始。”今迫于期会，亦仅为其会者。窃附于小史外史以登纪故实，俟有岱湘奇游子长大手笔，取是编而装潢之，尽者芟，阙者补，斐于文而备于法，涣发于官骸经络秩叙肯綮间，瑰玮连抃，可悬千金市中，辟之鼗因土鼓，籀始鸟迹，轮椎于辂，青出于蓝，亦不可谓草创者无功也。

是志也，余一再阅，为之輾然喜，又悄然悲也。喜故者之复新，悲新者之不故。山川如故也，而连甍接栋如故乎？万灶青烟如故乎？城市如故也，环雉抱壕无恙乎？楙迁化居无恙乎？犹是人物风俗也，而子衿挑达，人心謑髁，能一一若前日乎？廨署坛壝，非不纪也，而魑魅不昼见，狸鼠不公行乎？吾恐龚黄复生，亦难卧理，所赖有圣天子在上，日月照临，无处不到。睹斯志也，必有恻然恫瘝，旦暮起疮痍而衽席之，庶吾沧其豸乎。

余署门扫轨，将及廿载，直寄社木，藏锋福羽，惴惴于触樊折軏。窃念事属钜典，不敢三遮一逃，而前邪后许于鞭影隙驹之中，岂得已哉？因序之，以为嚆矢。

时康熙十一年岁在壬子仲冬望日，原任太仆寺卿前户部尚书诰授资政大夫渤海郡人戴明说顿首拜撰。

《汝宁观化录》序

戴王纶

惟汝有山，测其四周，得坤维之轴，命曰天中，大居正也。姬公规影定制，于是为则。峰俨然而径坦，水徐鸣鲜怒涛，气阳以清，地正而气清，所育必宏。凡崒嵂嵚崎，草木之苞茂，不足称之。拟有伟博昌明之人，应日月中气以为之地之山重此。余之乐风四民而先士，汝李徐公朗革治严也而字人，爱文而下士，课其业若干篇，问序于余。余曰：嘻，是志也，君子韪之，恺悌作人，非古昔所以美文王乎？肃肃兔罝，非周之道汝坟乎？天而欲大中士之治，使公与斯士相与有成，蔚文章光，并日月必将法姬公之遗风，鸿制作之烈于他日，重其身以为名山配也。申甫岳降，则地又以人传矣。多士勖旃。

《赋役全书》序

戴王纶

今皇帝龙飞华甸，十有二年。九州之贡既均，四海之琛永集。圣虑渊微，犹恐有民隐未周者，爰咨计臣，允厘方策，取《赋役全书》更定之。天语屡饬，群工匪懈，互有商裁，凡阅数岁，历数人，其书始成。臣备员史馆，得而详览焉，遒知圣人之意为子孙万世之计者，至深且远也。诚以国家太平初建，制度毕张，如所谓盐漕、钱币、屯田、水利诸事，皆次第有成画矣，而其司出入之键、管利弊之枢者，惟赋与役。盖自任土作贡，率作兴事，而赋役之名以始。其在三代以上，法莫先于黄帝，制莫备于成周。要之天子无自私之意，故四海之大析之，直与百步之亩相通，天子之尊推之，直与一家之长相比。其用诸民者，民皆得而见之，无有隐也，无有匿也。自秦坏井田，开阡陌，尽民之力而用之，而后田与民之数，君不可得而知。君不可得而知，则君之所以用乎民者，民亦不可得而测矣。是以三代而下，法与代更，其言赋者，汉有什伍取一之制；唐则有租有调，有杨炎两税之制；宋赋凡三变，而其后有青苗之制；至明初，取杨炎两税之意增损之，夏有税，秋有粮，而赋之制定。言役者，汉则用商鞅之法，月为更，而后改一岁屯戍一岁力征之制；唐于租调之外有庸钱之制，而杨炎变之；宋有免役、助役、雇役等制；至明初，取炎两税而参以宋人雇役之意，有里甲，有均徭，有杂泛，而役之制亦定。我国家殷鉴前代，略昉于明，可谓揆厥大中矣。约略论之，有以田为经而人为纬者，所重在田也，则今之图是也；有以人为经而田为纬者，所重在户也，则今之册是也。图册一定，则其可转移者，时其登降之数，役不胶于一定，而消息之变均；其不可转移者，握其常定之卷，田不纷于多少，而隐漏之弊绝。此全书之设，上关宸虑，下廑良谟者，非浅鲜也。今日者，圣天子轸灾潦于尧汤，勤饥溺于禹稷，将欲布昭宽大，咸与休息。有全书在，而丰瘠荣瘁之区，可寓目而得也，太宗景福之库不必设矣；司农纾仰屋之先忧，启算鞭之宝计，将欲絜矩源流，助扬嘉美。有全书在，而盈歉盛衰之故，可指掌而陈也，元和会计之薄不必奏矣；良有司怀饮冰之雅操，鉴驭马之危机，将欲剔蠹厘奸，循良报绩。有全书在，而缓急生耗之数，可按图而悉也，尹铎茧丝之说可无庸矣。管子曰："视物之轻重而御之以准，故贵贱可调。"陆贽曰："地方之生物有大数，人力之成物有大限。取之有度，用之有节，则常足。"有见于此也，圣子神孙，法而守之：杜若不取于芳洲，翠羽无征于绝域，琼林不建于内庭，进奉不求于外府，诸大臣百职又能以大法小，廉者仰佐治平之理。则此书具在，是即万世之金鉴矣，而臣又何能为管蠡哉？

重修《德平志》序

戴王缙

余自康熙己酉来尹鬲，阅四载，圣天子混一区宇，弘敷文教，俞辅臣请，爰有修志之命。或曰，存一代掌故，昭示来兹也。余曰，惟惟否否，今上励精图治，仅欲周知八方之风俗乎？抑借以察吏安民也。慨夫吏治不古，若其鼎鼎讲求者，茧丝焉耳；皇皇救过者，刁斗筐箧焉耳。簿书烦猥，稍称职，辄自矜曰："吾掇之若承蜩，而奏之无全牛也。"及问城隍沿革则不知，问人才兴废则不知，问物力丰耗则不知，问利弊兴革求所以移风而易俗者，且惊为河汉也。嗟乎！是将裂锦覆车之不暇，何以下答吾民而上报天子乎？余用是怦怦惧矣。

且余之惧与他宰异，鬲近畿辅，咫尺天颜，非遐陬僻壤比，职则玺书褒美且旦夕至，不职则谴谪罪罚亦且旦夕至也，敢不惧？南接圣居，敬事后食之训，炳若日星，童而习之，壮而行之，近守属邑，羹墙如睹，求其不负所学者几何也，敢不惧？

抑有进焉者，余沧人也，鬲距沧不二百里，鬲人有讴吟者，我二人闻之则愉，鬲人有呻吟者，我二人闻之则悲。我二人方以不肖之觊于二人者，代鬲人筹其所觊于不肖者，并以二人应不肖之求者，代不肖筹其所以应鬲人之求者，夙夜拮据，思以保赤当承欢，故兴一利如进滫髓，除一害如效抑搔，策精针繲，挫之播之，迷阳却曲，则劳人之治谱，乃游子之心版也。此又不肖之所大惧，敢与向之守兹土者同日语哉？

自承乏后，每欲采风搜谣，续昭旧乘，今遵令修志，敢弗恪共，以竣乃事。爰准惜酌今，补缺订讹，如营室然，治而栋，采而椽，毋爽于度，如制锦然，布尔经，修尔纬，毋乱于理。工成，鬲人士手一编，举夫百里形胜，若城隍之沿革，人才之兴废，物力之丰耗、与夫利弊之兴除、风俗之移易者，咸较若列眉。所为劳人之治谱，以上报我天子而下答我庶民者在是，所为游子之心版，以仰慰我二人者亦在是。然余所以无忝厥心，以不负所学者，果何如也，用抚是编而益滋惧矣。夫亦曰掌故仅存，以俟后之君子，因文以励行，庶几永阴我鬲人勿替云尔。因序之，以当前驱。

时康熙癸丑六月吉旦，赐进士出身文林郎知德平县事加一级沧州戴王缙谨序。

请修三朝宝训疏

戴王缙

巡视西城福建道监察御史臣戴王缙谨奏，为实录业已告成，宝训亟宜修辑以昭列圣之弘谟，永垂万世之法守事。

窃古帝王缵承鸿绪，治定功成，类辑祖德宗功，汇成典训，所以用光前烈，昭示来兹也。恭惟我太祖、太宗神灵天授，肇造洪图，我世祖智勇性成，混一区夏，自创业垂统以来，嘉谟嘉猷，尽善尽美，真足比隆尧舜，媲美文武，非三代以下所可追踪万一也。我皇上圣孝纯仁，丕扬祖烈，亲政之初，即命儒臣纂修实录，今已次第告成，炳耀天壤，昭垂奕祀矣。惟是实录所编，当宁临朝之政事咸载无遗，而其中之大经大法，足垂著鉴者，是宜恭辑宝训各成一书，以及清宫便殿圣训仁言，亦宜详加采录，凡列祖之讦谟硕义，悉记瑶编，俾亿万世圣子神孙，朝夕披阅，恍聆祖诲，于以作绳武之典型，发象贤之神智，其所裨益洵非浅鲜也。

臣更有请者，前逆藩背叛，仰赖我皇上神机独运，削平祸乱。虽文武诸臣宣谋效力，其实克期攻战，制胜出奇，无一不仰禀圣裁，奏捷如响。数年之中，妖氛尽扫，烽燧全消，自有史册以来所未闻者也。皇上恭谒山陵既已告成功，于祖宗更当垂贻谋于子孙，况今更定乐章以飨郊庙，肇修会典以备章程，而我皇上宵旰经营，永清耆定之功，岂可不即为编辑以垂不朽也哉？请敕下部院衙门，将历年用兵档案汇纂成书，庶天下后世共仰庙谟之神武，更昭法鉴于无疆矣。

《栖霞志》序

赵　炯[①]

客有嗜饮者，过余曰："子能饮乎？"

曰："病，弗能。"

越数日来，曰："病已乎？"

曰："少差。"

"能饮乎？"

曰："忙，弗能。"

"何忙乎尔？"

曰："修栖霞寺志。"

曰："寺何为而有志乎？"

曰："寺为桂林名刹，文人类多题赠，笺者蠹，镌者剥，故志寺以传。"

① 赵炯，字子藏，号鹤斋，清代举人。洪纂之孙。由进士任广西来宾县知县。著有《香鱼山房》诸集。

曰："何传乎尔？"

曰："文人之灵气与山川之灵气，皆不可没者也。"

曰："修之自子者何？"

曰："寺之有志，僧泽融谋之佑庵通政袁公而作也。程别驾仟刊资，而属李郁之命笔焉。未几，郁之去，别驾亦没，事遂已。僧收其稿，数年无理者，鱼鼠之害，几无完纸。予来东江，初以空即色而病，继以色即空而闲，日与泽融者游。因出残稿相示，请予成之。予取而卒读，则见其文不举事，事不就科，固郁之未成之书也，余见即空，受而成之亦可矣。"

曰："志寺矣，得无仍即色乎？"

曰："佛，空王也，僧，事空者也，文人之题，题空者也。余之志寺，亦志空焉耳。一集而空之，如未尝志焉。于余何有？于郁之亦何有？袁佑庵其揶揄于地下乎？"

客于是半醒，瞿瞿然曰："若是，吾与子不几同游于空乎？"

予曰："唯唯！否否！子好饮几年矣，前之饮者何在乎？日饮日空，如未尝饮焉。然所饮者空，而饮饮者固未尝空也。饮饮者未空，则所饮者又何得不有乎？子亦日饮焉耳！寺僧亦善饮，予志寺且竟，可谋斗酒与子过寺中而问之。"

客曰："善！"

癸亥重阳后十日，瀛州鹤斋赵炯述为志序。

《莅凤简言》自序

刘泽霖[①]

余生平赋资质介，不吐刚，不茹柔，当始操觚，即与二三嘉友坚志自矢，谓："丈夫通籍筮仕，不力行实政，上报圣天子拔擢之恩，下拯穷百姓疮痍之苦，

① 刘泽霖，字雨若，号甘露，清代拔贡，任陕西汉中府同知。

抑陋甚矣。”然不得易言也。

客岁，余佐庾汉中，应藩旗粮刍之需，俾士饱马腾，兵民和协。及丁将南徙，民之负债旗下者，多逼挟妻子。余婉转开导，或直争法纪，不则捐资代赎，乃得悉还。若会剿召运，不间水陆，尤职所不敢后者。幸朝宁不以余为滥竽，旋移凤守，拔擢过望，敢惜拮据？然意右辅为周畿地，且鼎兴二十年，或元气既复，丝棼就绪。及受事后，值东丁之迁徙也，见租税之混逋也，旁运之髓枯也，积案之猬集也，豪梁之弱肉也，牙角之牵绁也，军戎之悉索也，冲途之敝困也。甚且越狱之巨寇，风影一绝；藩下之逃人，荒途四出；水旱之愆期，灵秘方社；盐茶之弛禁，波泛鲸鲵；种种烦难，漫无次第。余焦思昕夜，罔敢安居，弹竭心膂，以勤实政，惴惴焉以不克副任为惧。不逾月，东丁悉去，而驴夫不累于穷檐，圈占悉还，而田宅不致有侵夺。今再越年，国赋尽获清楚，驿使顿息狰狞，刁词罔敢肆逞，兵车不得索诈，汉羌之运全获清免，越狱之寇立就擒缉。私盐茶

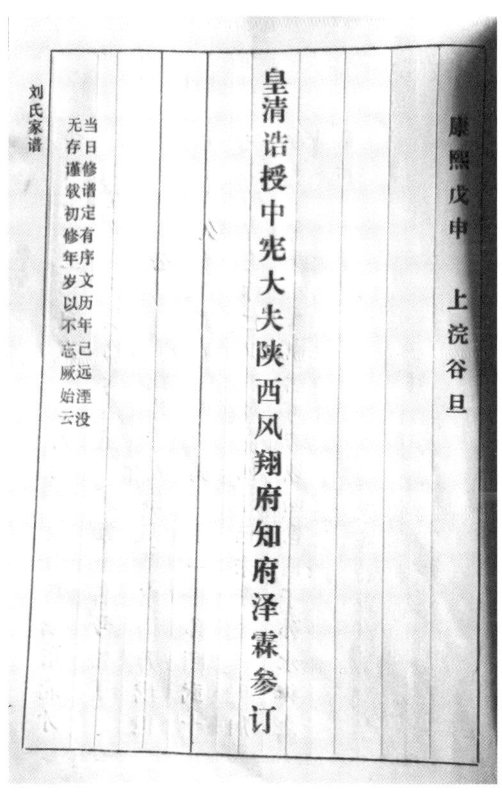

康熙戊申 上浣谷旦

皇清诰授中宪大夫陕西凤翔府知府泽霖参订

当日修谱定有序文历年已远湮没无存谨载初修年岁以不忘厥始云

刘氏家谱

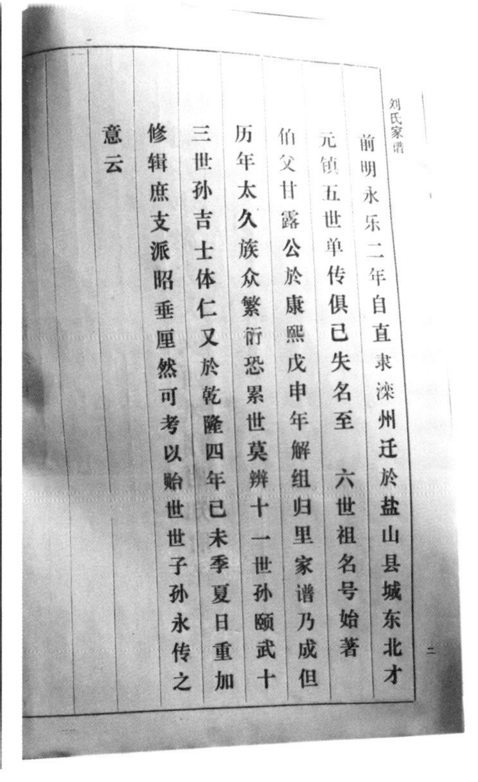

刘氏家谱

前明永乐二年自直隶滦州迁於盐山县城东北才元镇五世单传俱已失名至 六世祖名号始著伯父甘露公於康熙戊申年解组归里家谱乃成但历年太久族众繁衍恐累世莫辨十一世孙颐武十三世孙吉士体仁又於乾隆四年已未季夏日重加修辑庶支派昭垂厘然可考以贻世世子孙永传之意云

二

马，猰貐凛服于常禁；旱乾水溢，山川感赐以时若。逃人随去而随捕，游民适去而适归。凡属民艰，余所得独断者即饬行，郡邑所不得独断者即转详上台，或面陈立结，其详勘公议，及谳批张示，所呕思者不下数百万言，所捐赔者已过数千余两。虽筋疲力敝，橐洗囊空，然早作夜息，备竭心思，上以报圣天子拔擢之恩，下以拯穷百姓疮痍之苦，敢曰励勤实政，亦谓不敢虚糜以酬操斛时之矢志云尔。此《莅凤简言》所以自识也，是为序。

读书鹤和堂旧宅赋

刘曾璇[①]

懿祖作而孙述，在光前而裕后。惟能敦夫诗书，乃克承夫堂构。当先人之伏处，惟通读以自安。及拔擢于乡国，遂筮仕以弹冠。著循声于陕右，荷宠命于朝端（太高祖以顺治戊子选拔任陕西凤翔守）。迨解组以归老，爰筑室以盘桓。此鹤和堂所由建，以寓似续之意，而非侈轮奂之观也。

方斯宅之初成，颇宏阔而壮丽。差比于公之闾，非同樊重之第。慨余生之已晚，未尽睹其规制。及耳目之所及，聊播之于词艺尔。

其地方数亩，垣绕四周，前临通路，后接小楼。居面城而不扰，宅近市而无求。饶园林之风景，见花木之清幽。则有老椿千耸，酸枣枝虬，槐阴云罨，杏子星稠。夜合垂缨以细缀，丁香散麝以轻浮。亦有黄藤、紫豆、红茜、绿萩、鸡冠、鸭掌、金凤、牵牛，或荫映于牖外，或萦蔓于墙头。爱生息之芊绵，轩名芳中；取灵根之滋茂，屋号培榴（芳中草堂、培榴书屋，皆家严所命名）。其北斋则蓬扉半闼，茅屋三椽。户外则土山带石，阶前则曲壑涌泉。其西斋则虚室含风，疏窗受月。扉敞则墙壁皆明，幔卷则几榻俱碧。由两斋而东，转有巍然之旧厅。路逶

① 刘曾璇，字毓源，号荫渠，清乾隆五十七年壬子科举人。刘泽霖五世孙，刘静年长子。历任枣强县训导、定州学正、甘肃秦安县知县。著有《易鉴补遗》《春秋书法比义》《莲窗书室文诗赋集》。

迤而曲折，地清旷以窈冥。忽奥境之又辟，启南轩之重扃。依花作槛，因石为屏。几列锦函之帖，架藏缥帙之经。此即董广川下帷之地，而非徒王逸少觞咏之亭也。

余总角之云初，即栖游于此地。承严训于趋庭，同观摩于群季。拈笺联韵，颇学诗词，操觚含毫，亦抽文思。睹花草俱是生机，见鱼鸟无非乐意。年当舞象，志乃亲师，口不绝吟，手不停披。历朝夕而无间，经寒暑而忘疲。犹龃龉而不入，用展转而自疑。乃祛躁念，乃涤烦思。寻经书之奥旨，参文史之微辞。俾优柔而厌饫，尝虚与之委蛇。时而理障方蒙，疑团犹结，如丝无端，如木多节。思委曲以求通，尚游移而未决。觉愤悱之难安，几寝食之俱辍。时而灵机乍转，悟境忽开，如缄初启，如泉方来。始寻源而竟委，终触类以旁推。每厌心而切理，窃得意而徘徊。时而深院闲关，虚斋静锁，抱膝自吟，忘机独坐。觉心目之澄清，息尘缘之萦惹。恍如林密山深，翛然自得夫故我。时而侍立绛帐，环坐书帷，受业解惑，取是去非。承口讲而指画，辄意动而神飞。又如风发水涌，沛然莫遏夫新机。伊功候之不同，实甘苦之备有。书明训于绅端，铭良箴于座右。室无燕僻之朋，坐有切磋之友。此则廿年之境界，既历历其可追，而四时之乐趣，犹未一一而悉剖也。

若夫融和淑景，明媚韶光，花浮蔼气，鸟弄圆吭。爱窗明与几净，展竹素与缣缃。晓起吟时，砖影才移旭照；晚来读罢，帘钩尚带斜阳。迨夫午日如烘，暑云似焰。风来而薰袭葛衫，雨过而凉生竹簟。坐树下以摊书，傍窗阴而握椠。昼长偶倦，闲听蝉韵悠悠；夜静未眠，惯看萤光点点。既而涤炎氛，澄秋景，庭涵空翠之阴，院入清华之境。和吟腔于月夕，四壁蛩声；添诗思于霜晨，一篱菊影。暨乎朔吹至，寒气增，屋积雪而结冻，檐垂溜而成冰。三冬清苦，堪娱竹炉榾火；五夜辛勤，谁伴黄卷青灯？凡兹况味，聊以自知。躁急者不暇以领略，高明者不甘以追随。惟余性之迂拙与此事其适宜，曾比燃藜之兆，亦征吞篆之奇。殆精神之所注，虽梦寐而在兹（余幼时梦读书一室，有老人以灯照之，名为古灯梦。又丙辰夏日，梦吞古字书一卷）。是即贻讥墨守，致笑书痴，士各有其本志，岂他物所能移。初本愿探花禁苑，视草蓬瀛。宏双龙之世德，绍五马之光荣（双龙、五马用鹤和堂联中语）。奈何衣不染柳，宴未尝樱。感年华之荏苒，几蹉跎乎半生（余自壬子乡荐，今春秋三十有二矣）。然而优游韦布，栖迟泌衡。坐藜床以自乐，磨铁砚以求精。启边家之经笥，探李氏之书城。亦人生之深幸，庸玉我于有成。夫是以低徊庭院，瞻顾阶楹，恍先灵之陟降，想累世之经营。有藏书而可读，有遗训而可行（太高祖著有《莅风简言》等篇）。幸黾勉以自爱，庶不坠夫家声。

刘皋闻夫子诔并序

刘曾璇

夫子卒于嘉庆十三年六月二十四日，忆自丙寅岁，夫子患痪证，余往问侍，蟹然谓余曰："吾素喜汝诗赋，若殁后，汝当为吾作祭文，即以赋体行之。"时余愕然，不敢应亦不敢辞也。

越今三载，夫子以旧疾卒，门人醵金以襄窀穸，葬有日矣。回思前言，怆然怀感，因不揣愚陋，勉为是篇，虽不能表扬万一，亦聊复遗命，借抒哀思云尔。其辞曰：

夫何修德讲学而终穷兮，将以为儒林之宗匠也。既以其身仔肩斯文兮，胡又使典型之遽丧也。泰山颓而梁木坏兮，吾将仰仿之安望也。欲濡毫以为铭诔兮，羌莫得而名状也。

哀夫子之遭遇，何备历夫艰难。奉高堂以就养，时负米以承欢。处家庭以厚让，或自挝而永叹。初愿报国，终谢弹冠（晚年截取县令，不就）。豫避炎赫，见几察端（尝馆某家，力辞而去，其家后果得祸）。讵抗怀以高尚，聊优游以自安。乐得才以教育，独主持乎文坛。惟亲炙之既久，窃管窥而井观。

岩岩道貌，蔼蔼德容，朗如霁月，和若春风。学孜孜而不厌，心抑抑而弥冲。励己身于方正，应事物以融通。每见善而乐道，虽规过而非攻。故望风者矜平躁释，而承教者易知易从。

其功在经学也，殚精竭思，会通议拟，提要钩元，去非取是。于是评点诗书，表章戴礼。辟异境于陈编，发奇文于故纸。（《诗》《书》《礼记》俱有批本，今惟《尚书》传抄成编）惟易尤精，即数穷理。远则祖朱，近则宗李。欲奥义之显明，即一卦以示指。（有《坎卦说》）虑虚象之无凭，爰征实以前史。（又引《纲目》以证爻象）志在《春秋》，书法是视，统后贯前，即此证彼。或两事以相参，或数端以相比（著有《春秋比事录》）。虑本义之难明，又条分而屡纪（后又著《春秋解》）。平生精力，全在于此，昼习夜思，虽老不已。至于标题《周官》，裁对《左氏》，泛览百家，旁通诸子。要互参其异同，乃读书之大旨。

本兹经术，发为文章，融其精义，袭其光芒。既证佐之有据，亦点化之无方。惟运用之独妙，斯多多其何妨。其布之以法，则或顺或逆，或略或详，错综变化，莫得而揣量；其行之以气，则或徐或急，或短或长，恢灏流转，但觉其汪洋。其壮年所为者，则选声作色，藻耀铿锵，一如程材效技，舒锦绣而奏宫商；其晚年所为者，则追神遗貌，浑沦莽苍，一如化工肖物，流江河而峙峦冈。盖直造乎自然之境，而登古人之堂。

以此为学，以此教人，恳恳切切，勉勉循循。告不嫌渎，问不厌频。常言皆理，喻言皆真。化其气质，范其心身。就深就浅，以引以伸。固己善诱乎庶类，而曲成乎群伦。

呜呼夫子，素行如斯，彼苍者天，云胡不知。是即身享康泰，寿登期颐，德基福应，谁曰不宜？奈何遭逢不幸，命数多奇，刘蕡下第，伯道无儿。重以忧戚，累以痿痹，遂使神游河洛，梦入鹤旗（屡梦召赴洛阳），一朝千古，与世长辞。徒令遗书零落，残墨淋漓，尘封皋比，月冷淄帷。吁嗟已矣，痛如何其！

余侍夫子，追随已久，自兹以往，如亡山斗。余侍夫子，裨益良深，自兹以往，顿失规箴。夫子教余，经义贯串，而今而后，疑难谁辨？（《春秋比事录》《春秋解》《纲目证易》皆命余参订）夫子教余，文律浑成，而今而后，瑕瑜谁评？然在夫子，境困心休，不改其乐，安知其忧？且在夫子，生顺没宁，既全其理，浑忘其形。笃哉夫子，言行皆实，潜德幽光，发诸异日。卓哉夫子，著作必传，征文求献，待诸他年。与其享荣，何如立名？与其得志，何如寿世？

嗟乎，人生必死死归土，惟有贤哲能建树。如夫子之学醇德备兮，谁谓今人不及古？

《春秋书法比义》自叙

刘曾璇

《经解》云："属辞比事，《春秋》教也。"读《春秋》者，当属辞比事以求其义矣。

余幼承庭训，授以是书，辄以为易读，渐乃逐条理会，粗晓大意，而于属辞比事之谓，固未解也。

年弱冠，受学于沧州刘皋闻夫子，朝夕讲贯，始知属辞比事之法，而于所以属而比之者，犹未得其要也，因请师出所著作者相示，师令先自为说，以观所见。

甲寅岁，余举经文以类相比，即传说与讲贯所及者，略为引伸，得若干条，录为一册，进质于师。

师喜且叹曰："《春秋》之学不讲也久矣。蔑古者，既以为断烂朝报，而拘于章句者，往往诵习《左传》，而于经，则束而置之高阁。虽名士通儒，鲜有肯究心于斯者。今观册中搜罗，极见思绪，学者不当如是耶？再广搜而精研之，如此数番，吾知其彬彬矣。勉之哉，毋堕乃力！"

厥后，反覆玩索，思欲订辑成编，而日以课士为事，未遑也。

甲午家居，稍得宽闲。因取旧册重订之，其仍原文者什之三四，其改易增添者什之六七。虽不敢谓广搜精研，然视旧本详备，独恨不得与先师一质之也。回忆讲求是书以来，迄今四十余年，平生用心所在，有不忍自废弃者，因录而存之，名之曰《春秋书法比义》，俾来学勿以《春秋》为难读，先熟诵经文，逐条理会，而后属辞比事，以求其义，庶于圣人垂世立教之意，有所领会也夫。

时道光十五年岁次乙未孟夏上浣，盐山刘曾璇荫渠氏书于南轩莲窗下。

《春秋书法比义》跋识

刘曾璇

右《春秋书法比义》十二卷，参会诸家而订之者也。订者，比并之词，而兼校定之意，大约即诸说之安于心者，择而从之，间或参以愚见，亦非敢妄为杜撰，要蕲于文约事该、词简意明而已。

故自甲午脱稿后，复加旁搜，反覆研磨者四载，迄今订辑成编，俾初学观之，庶可以知书法大义尔。若夫通经之士，有所发明，匡余不逮，则幸甚幸甚！

道光十八年岁次戊戌中秋望一日，荫渠又识。

《春秋书法比义》跋

刘曾璥[①]

学者读书，每虑视大不明、视细不尽，凡书皆然，而于读《春秋》为尤甚。夫属辞比事，《春秋》教也。视细不尽者，略小忽微，不能逐一理会，条分缕析，详悉以穷其义，则不能比。视大不明者，顾此遗彼，不能统观总汇，融会贯通，合并以参其义，则不能比。

吾兄好学深思，诸经无不通习，而于《春秋》别有会心，推求经义，要在善观书法。具取书法之义而比之也，有事相同而义则异者，有事似异而义则同者，有一事与一事之义相比者，有一事与数事之义相比者，有正以比之者，有反以比之者，并有以经文所削或所本无与经文所书相比者。理其绪而分之，有间必寻，无微不入，以究其义之所归，则视细之尽有如是也；总其类而合之，兼综条贯，对勘互证，以观其义之所通，则视大之明有如是也。盖积数十年之功力，广搜精

① 刘曾璥，字谐云，刘泽霖五世孙，刘曾璇第三弟。清乾隆五十九年甲寅科举人。历任高邑县训导、高阳县教谕、翰林院典簿。著有《历代说约》《吾南草堂诗文集》。

研，随事观理，其眼界心界足以包括全经，故能属辞比事，发明书法之义，旁推交通，头头是道，则视大之明而兼视细之尽有如是也。

瑔学也浅，然亲见吾兄之从事于《春秋》也久，窃有以窥其用意之所在而推其得力之所由来。谨缀数语简末，知是意以读《春秋》也可，即不止于读《春秋》也亦可。

道光戊戌九月重阳日，同怀弟曾瑔谨跋。

呈请续修志书、酌减鱼盐价折

李之峥

臣有请者，一代有一代之史，内而朝政，外而民风，以及忠孝节义，潜修于穷乡下里之间，古者輶轩所采，上之王朝，故野无遗善，民无匿情也。

我朝纂修一统全志，例取各省府州县卫之志书，分校而采录之。今查各府州县卫，近或二三十年，远或五六十年，未经续修者皆是矣。伏念圣祖之涵濡，世宗之振兴，仁渐义摩，人才蔚起，其间孝悌节义，半系暗修之儒、寒闺之妇，若志书不载，芳躅湮没，良可惮也。

况一郡一邑，疆域之广狭，山川之险夷，土田之肥硗，赋役之烦简，户口之增减，岁有丰歉，俗有淳漓，皆赖志书而备载之。

臣请降谕旨，勅查各省府州县卫，其志书历久未修者，概行增修，尤于忠孝节义合例而未及请旌者，务令悉心采访，传其事迹，据实刊载，嗣后永为定例，每十年续纂一次，不惟国史之采取有资，而潜德幽光亦得借以阐发矣。

又请者，旧例沿海产盐州县，不食官盐，因海滨斥卤，难于力穑，故海岸居民除与灶户晒盐外，率皆以渔为业。夫海犹田也，网罟犹耒耜也，所获鱼虾犹五谷也。但得鱼多在仲夏，必需盐以腊之，方可货卖而行远。迩来豪商把持，沿海皆食官盐，鱼盐亦索重价，如天津府属之沧州盐山县一带地方，盐价每斤一十四文，鱼盐一十二文。每遇得鱼时，一网辄数千百尾不止，一时买盐无资，顿成臭腐。

我皇上广求民瘼，山陬海澨，莫不遍德。臣生长海隅，目击其艰，仰请敕下户部，酌减鱼盐之价，俾鲛人乐业，似于豪商大贾无多亏损矣。

臣草茅新进，罔识忌讳，无任惶悚恐惧之至。

谨奏，乾隆元年三月初一日。

重修沧志序

李之峄

《周礼·职方氏》所掌天下舆图，辨其邦国都鄙之人民，与其财赋，周知其利害。盖视九州四海，如指诸掌。厥后封建远而史湮，史湮而志作。今之志，古之史也。故邑登之郡，郡登之藩，详定考核登之宗伯。是志虽始于郡县，而其枢总握于朝廷。是犹海有支，岳有阜，大宗之有小宗也。

吾沧为渤海名郡，胜据畿南。然郡乘所载，皆康熙十九年以前事。峄垂髫时，先大夫尝手授一帙，为余讲说曰："此本源之地，不可以弗识也。"阅至人物考，复动色以示曰："士有三不朽，立德、立言、立功外，别无驻足之地。"峄乃详加披阅，所载忠孝若人，节义若人，皆感发于天性，以树人伦之范。即有一二文学之士，亦含咀于道德之英华，具足以取信而传远。至幅员之广狭，徭赋之乘除，山川之壮丽，物产之富饶，灾祥并著，技艺兼收，桑梓之地，心焉属之矣。少长，知操觚，即慨然有续纂之志。比及老大，屡阻于浮议而不果。窃叹一郡一邑，必莅斯土与居斯土者相须有成，乃克奏嘉绩，树伟功。不然者，相猜相忌，卒致龃龉相格，尚何事之能为哉？

岁壬午春，闽江徐老台奉简命来牧吾沧，悯庶事之凋敝，酌其缓急，即议建谯楼以培地脉，刊郡乘以昭人文。越三月，谯楼落成，乃复启馆修纂，广为咨谋。时峄佐都上党，不获躬效微劳，以酬夙愿。寻接乡先生公札，命为之序。此亦见相须之谊，猜忌交融。峄虽谫陋，尝遵庭训而采择之矣，所撰各传，附刊津志，业有成帙。然司纂务者，惜费枣梨，以意笔削，不无缺略。今幸贤父母创修废举，虚心延访，又有乡先生协力赞助，加意修明，俾无毫发之憾。行见炳炳烺烺，足昭一代之惇史，将垂之竹帛，与条山渤海永奠高深，又岂一郡一邑之光耶？

是为序。

赐进士出身诰授奉政大夫同知山西潞安府事辛酉科山西乡闱内监试加一级纪录一次郡人李之峤半舫氏敬题。

叁 文气和鸣

沧州送李北海入都

刘子延[1]

独驾风尘远，翩翩访旧过。
孤琴携桥李，长剑抚行窝。
磊落文园草，清新郢里歌。
凤城春有待，君去任悬河。

南楼次东塘韵

冯　惠[2]

江花江草色年年，楼上新看思爽然。
万点红香十里外，数声白鸟一尊前。
水光荡漾收晴雨，帆影参差锁暮烟。
忽报朔方戎马靖，群山风景绕吟鞭。

馮惠 貫直隸河間府滄州鹽山縣灶籍 國子生
治詩經 字天祐 行二 年四十四 七月初六日生
曾祖貴 祖翔 父昱 知縣 母畢氏
永感下 兄恩 弟惪 娶高氏
順天府鄉試第一百十九名 會試第一百七十五名

---

① 刘子延，明嘉靖丙辰科进士，官至工部主事。

② 冯惠，字天祐，盐山县灶籍。明嘉靖八年己丑科进士。官至太仆寺少卿。

送刘患骨吴游

戴明说

久共江南梦，能游愿送君。
月林飞冷夜，晴棹领闲云。
山远应徐见，涛长自骤闻。
归来休漉酒，谈剧已成醺。

请吴骏公大司成诗赋赠二首（其一）

戴明说

三山才子六朝文，细雨声中静见君。
彩笔元钩禹水篆，宫袍恩护孝陵云。
忧时养士芝兰室，避世焚香麋鹿群。
可许戴达犹问业，横经今已到斜曛。

题赠方密之画

戴明说

为寻山静琴初到，但见云深鹤亦迟。
自信野人多懒况，近来画外亦无诗。

章门新秋送客北上因寄龚芝麓年丈

戴王纶

楚天秋色动征桡，北望燕山道里遥。
此去酒垆谁击筑，一时江月正吹箫。
云生驿路铜龙晓，沙满关城铁骑骄。
劳苦中丞高谏议，可无书訊下云霄。

和彭禹峰见寄二首

戴王纶

其一

一别龙冈后，谁同倒巨觞。
军书争赤白，我马信元黄。
怀士仍茅舍，平蛮几战场。
天南青草瘴，无梦到黔阳。

其二

同为京洛客，永夜醉壶觞。
蓬迹终难定，河流依旧黄。
酒徒空里社，策士有坛场。
一望沅湘路，沉沉老夕阳。

送田髴渊归里

戴王缙

西岭晴岚照碧阿，布帆归去送田何。
酒人失意传高咏，名士还家足放歌。
别路垂杨沧海暮，过江莼菜泖湖多。
汉庭正藉凌云奏，莫便摊书恋薜萝。

答邓孝威次白筠心原韵

戴王缙

辟门初下诏，隐士欲陈书。
遂性宁笼鸟，安贫不问鱼。
途穷孤竹马，诗老灞桥驴。
自有倚闾梦，凭君赋子虚。

题松陵志别图

戴　宽[1]

曾向松陵赋壮游，吴江秋色尚悠悠。
孤城驿路人千里，流水长桥月一钩。
天际鹤声惊别梦，渡头烟火起渔舟。
何须更唱阳关曲，芦叶蘋花总是愁。

次陆麟度同人雅集韵

戴　宽

诗坛酒阵兴飞腾，笑我情怀淡似僧。
户小敢云夸独醒，官闲原不讳无能。
摩云健爱三秋鹘，附骥迟怜十月蝇。
且拂素衣还渤碣，故园松菊暗苍藤。

① 戴宽，字敷在，号裕庵，戴明说之族曾孙，清康熙庚辰科进士，官至翰林院庶吉士。著有《裕庵太史遗稿》。

为吴荆山先生写富春山图因成长句

戴　寅[①]

我家司农作山水，晚变大痴追南宫。
手握铁帚[②]主元化，胸藏万朵青芙蓉。
当时世庙重翰墨，南薰一上冠群公。
烟峦如觌米芾画，十六字锡图章中[③]。
寅也生世恨太晚，无由得追前人踪。
勾拓纵复守遗迹，挂一漏万何能工。
今朝小斋拂绢素，走笔一写桐江峰。
千章老木插石壁，万壑云气随飞龙。
不黄不米万破体，欲屈二子相合从。
画成掷笔张两目，自信不敢心怔忡。
古来有志多未逮，此事亦须积累功。
少陵老去诗律细，惟我与画将无同。

---

① 戴寅，字统人，号敬亭，一号东溟，戴宽之弟，清康熙戊子科举人，官至江西定南县知县。著有《小戴诗草》。

② 自号铁帚。——作者注

③ 印文云米芾画禅烟峦如觌，明说克传图章用锡。——作者注

寄舍弟子协[①]

赵　炯[②]

其一

服政七年余，道路有称许。
考绩虽无殊，亦复列行取。
贫宦少结交，何缘得保举。
羡彼阿大夫，左右争鼓舞。
惟此观津民，欢喜依慈父。
岁旱无口粮，嗷嗷争待乳。

其二

皇恩浩无涯，秋冬缓正税。
早晚降时雨，终当歌乐岁。
食禄亦已久，齿发皆君赐。
率职免薄罚，宁敢告劳瘁。
年衰当乞骸，庶不同废置。

① 弟子，名两，时令观城。

② 赵炯，字子藏，号鹤斋，清代举人。洪纂孙。由进士任广西来宾县知县。著有《香鱼山房》诸集。

送刘三峰之任迁江[1]

赵　炯

世德传来旧，君恩此日新。
一身能许国，万里若比邻。
风送江船稳，花开野雉驯。
北堂时系念，报最望三春。

三处士咏

赵　炯

左公[2]有道基，天人理亦洞。
素问时反覆，黄庭日吟讽。
阔岸只自适，游戏宁谐众。
偶语及君臣，经书抱微痛。

邵公[3]魁梧姿，志欲为天人。
时名不苟得，高尚养全神。
让友非矫激，教子勿沉沦。
铭言必自制，词旨何雅驯。

---

① 刘三峰，名嵋，知府刘泽霖之孙。
② 左工即左矩。
③ 邵公即邵汝德。

霍公[1]自学人，终身愿儒素。
致道尊程朱，诲人晰章句。
访孙甘蔬食[2]，抗徐慕霞举[3]。
遨游齐鲁间，大招何人赋。

磁州怀杨元黎先生同乡

赵　炯

安阳桥下水汤汤，野渡敲冰到滏阳。
此日废官来粤岭，当年良牧忆同乡。
名传河溯祠犹在，家冠平津业已荒。
赖有诸孙看鹊起，雄文入荐继前芳。

别友四首

赵元福[4]

寒气惨凛冽，栖栖岁云暮。
道梗心易悲，之子复却去。
携手望高原，漫漫愁长路。
饥鸦恋残雪，孤雁没深雾。

① 霍公即霍琏。
② 即孙钟元。
③ 即徐长善。
④ 赵元福，字兼五，进士赵炯之子。清乾隆六年辛酉科举人。著有《寒山诗草》。

人生各有营，谁能执胶固。
立身苦不卓，一为浮名误。
上士重达节，行行谨平素。

旅人愁落日，壮士悲长天。
摇摇云外鸟，飞飞掠我前。
岂不念故群，弱羽阻寒烟。
良时易淹逝，盛衰理如然。
凄切迟暮心，所历忧覆颠。
古人戒后途，临歧用勉旃。
君将远入秦，予亦行赴燕。

秦风歌乌乌，燕市饮慷慨。
缅彼非常人，于时无玩愒。
迢迢千里途，苍翠凝林霭。
流霰忽沾衣，密雨急飞盖。
不辞行路苦，思出青云外。
烈士惜暮年，壮心良足赖。
区区感义气，勋名表华泰。

油油北山云，暖暖西岩日。
飘风一以吹，阳景块然失。
阴壑生奇响，相视心惕息。
时人亦暗蔽，宁容山野质。
所入谅不达，苦乏用世术。
不如饮醇酒，浩歌栖蓬荜。
闻风古逸民，放浪足矜式。

赵耳仙授检讨致书报以二律

赵 丙[①]

翰苑知名日，帝心简在时。
雕章探月窟，紫诏下丹墀。
侍从儒臣贵，恩荣朋辈私。
弹冠千古事，莫笑老还痴。

先生跻通显，犹枉数行书。
肝胆雪堪拟，文章锦不如。
趋朝策款段，退食惜居诸。
半部君家业，台星照玉除。

赠默思弟[②]

赵 衔[③]

吾爱默思弟，天然高妙才。
风流惟我赏，慷慨自君怀。
一谢联吟后，诸王载酒来。
即今桃李月，春宴醉无猜。

---

① 赵丙，字子宿，清康熙三十七年贡生，名著瀛州诗社。
② 弟即赵兴祖，清乾隆丙辰科举人。
③ 赵衔，字缄三，清乾隆辛酉科拔贡，任巨鹿县教谕。

寄和谐云弟旧年感怀原韵[①]

刘曾璇

许久不闻梓里音，无言默坐自沉吟。
雁行频隔三秋梦，鸟养空悬两地心。
上达难期前路渺，归来未赋故园深。
有怀莫向西风诉，吹到高堂念不禁。

挽赵荆玉先生

刘曾璇

交道久不作，择友鲜直谅。
文貌相周旋，以此为谦让。
先生独不然，天性本疏放。
侈口谈是非，不顾世俗谤。
与我交忘年，文字细裁量。
专能摘瑕疵，所论多得当。
晚年掇桂枝，自谓老益壮。
谁知命不偶，一旦斯文丧。
犹忆去年秋，幽菊当佳贶。
谓是晚节坚，耐久致足尚。
人今忽萎摧，顿觉失所望。
历想行与言，使我心凄怆。

① 刘曾璇，字毓源，号荫渠，清乾隆五十七年壬子科举人。刘泽霖五世孙，刘静年长子。历任枣强县训导、定州学正、甘肃秦安县知县。著有《易鉴补遗》《春秋书法比义》《莲窗书室文诗赋集》。作此诗时在枣强。

赠邑侯胡用庵明府

刘曾璇

共仰虚堂一镜悬，口碑争颂使君贤。
案头真已无留牍，囊底何曾有选钱。
春暖高城增保障，风清渤海靖波澜。
更闻父老传私祝，翘首回思借寇年。

走笔答吴氏[1]

于　氏[2]

别来那复禁相思，况到秋灯听雨时。
锦字可能传别恨，花笺犹为寄新词。
贫兼多病慵拈笔，老更贪眠欲废诗。
两地关怀书不尽，此心唯有月明知。

---

① 吴氏：训导祝纯琮妻，烈妇曹氏嫂也，闺名端淑，字秀姬。聪慧工诗，著有《月窗诗草》《榕花阁诗草》。

② 于氏，监生廷岳女，适青县诸生张镛。著有《栖松阁诗草》。

赠　友

于　筠[1]

闻君有奇节，此日缅清音。
式士回邪径，行师洽众心。
山幽情肃穆，鹤老气深沉。
只我青鞋客，相从雪里寻。

题　画

于　筠

水落河渚寒，烟空远山碧。
试数夕阳中，几树有秋色。

燕亭侄梦中得孤馆夜来秋句余足成之

于安瑞[2]

数卷堆吟榻，宵深梦自幽。
空阶凉欲雨，孤馆夜来秋。
心静趣能活，诗超句易遒。
阿咸新睡足，好共竹林游。

① 于筠，字桂存，号篱云，于宣之弟。
② 于安瑞，字芝馥，于安庆从弟，清代诸生。

题梅树君孝廉诗集

孙德有[①]

一编兼众妙，健笔少陵俦。
即有才如此，缘何命不犹。
物原难两大，文已定千秋。
寄语悲吟客，开怀莫泪流。

观奕偶成即示二子

吴　氏

一枰胜负两难均，博得旁观局外身。
着子心原多未了，生花眼不太宜真。
杀机虽觉非关我，活路何妨且指人。
莫自矜能余步在，此中消息要凝神。

① 孙德有，字懋园，清代诸生。著有《春草轩诗草》五卷。

寄管夫人（其一）

吴　氏

夫人庄氏，字芸缃，毗陵人，素工吟咏，尤善填词。东阿二尹管君子访室。

记得当年握手时，欢然月下共谈诗。
而今相去虽非远，总觉分裾恨别离。

和曹姑咏新月限敲稍交韵

吴端淑[①]

远市昏钟尚未敲，已看新月上松梢。
眉痕画出嫦娥态，莫认菱花尽不交。

闻于氏姊有闽中之行送别四首（其一）

吴端淑

片片飞花点地轻，锦帆十幅送君行。
雁行聚首天伦乐，莫更乡书话别情。

---

① 吴端淑，字秀妪，晚号懦媪，浙江山阴人县监生吴钧女，沧州候选训导祝纯琮妻。赠宜人。著有《月窗诗草》《榕花阁诗草》。

秋闱赠杰亭三弟

祝燮元[①]

挥洒名场脱稿时，一斑先许管中窥。
文章有价逢青眼，昆仲惟君著白眉。
乍喜风尘双剑合，转怜沧海一珠遗。
此中得失原无定，莫把冬烘笑主司。

九日怀晓峰戴大

祝燮元

秋菊有佳色，衔觞念幽人。
山川一何旷，言笑难为因。
气力渐衰损，江湖多贱贫。
愿留就君住，薄作少时邻。

送盐山林少府之任序

欧阳詹[②]

新授盐山尉孝廉郎济南林君，脂辖东辕莅官也。盐山，沧州之属邑也。沧州，戎狄接际之地，国家虞守之会。东南居恃力之卒，西北有矜功之众，从事之

① 祝燮元，字理堂，号秋崖，祝其玉之侄。清道光乙酉科举人，候选知县。
② 欧阳詹，字行周，唐代泉州人，初见拔于常衮，后见知于退之元宾，终于四门助教。

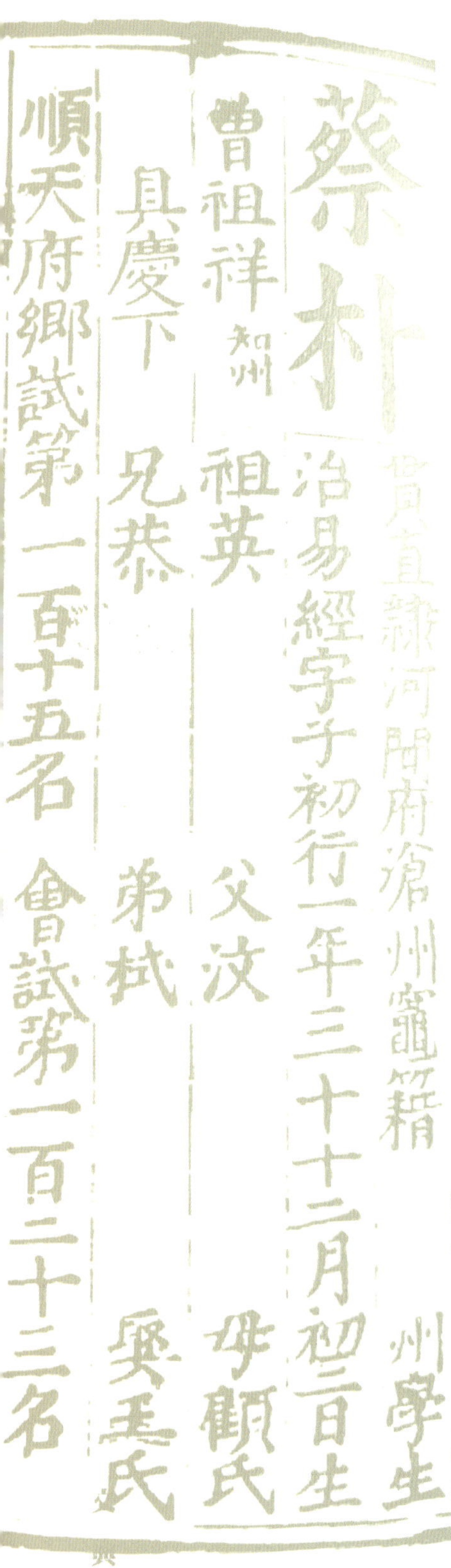

剧，惟天下先。若非机足应权，达能通变，则不之与也。公以二善，而时与之。夫骐骥未驰，知有致远之力；干将未割，知有剸坚之功。堂堂林君，假道试使，峄桐嶰竹，必中音律，勉以能事，为邦之光。禄者，所以食人为国；俸者，所以衣人赞时。予尚知之，而君岂不知之？苟知之，何往而不利。

饮沧州蔡侍御园[1]

李 焘

名园十里隔尘埃，秋水云涛入户来。
帆带夕阳过树杪，浪喧箫鼓动江隈。
低盘翠柏侵花径，暗取清泉泛酒杯。
春在四时人共醉，频容疏散坐莓苔。

① 蔡侍御园为蔡朴所居。据蔡朴《科举齿录》所载为“沧州灶籍”，当为今黄骅境内。蔡朴，字子初，号野庵，明嘉靖二十三年联捷进士，任阳武知县，官至监察御史。

海衛水西來曲抱城深討敵論齊相門仁風猶憶黌
龔生月明試聽滄浪笛似送星槎傍晚行

浣花洲　劉生和

新秋暑氣未全回別墅重承袁紹杯停板何妨仍舞
袖携樽不厭數登臺風翻翠沼紅香度日落青林白
鳥來寫入景中吾有意郤思陶謝愧無才

次渤海懷面野駐節保定　吳宜

與君一別忽經旬鼓角高城蔞轉頻詞賦千年曾受
簡聲名今日况壘輪黃金雲暗燕臺夕白雪寒生易
水濱牢落風塵各努力漢家層閣有麒麟

月夜飲于容卿別諾　陳九功

曾隨劍履侍金鑾乞得閒身種藥闌覓句每於蒼玉
下彈棊只在紫雲端樓臺如畫春常滿馥郁交加月
正團廣亮興來應不淺何辭深夜酒盃寬

飲滄州蔡侍御園　李齋

名園十里隔塵埃秋水雲濤入戶來帆帶夕陽過樹
杪浪喧簫鼓動江隈低盞翠栢侵花逕暗取清泉泛
酒杯春在四時人共醉頻容疎散坐莓苔

題吟樓呂祖祠　國朝　王公弼

丹梯插碧枕河流可是仙人居好樓雲住乍疑蓬島

过刘翰林[1]宅

（朝鲜）李民宬

在沧州近郭，榜曰浣花洲。

停棹浣花坊，拟寻杜草堂。

华轩团柏翠，碧沼泛莲香。

掌诰人间贵，修文地下郎。

凄凉谁是主，双燕出雕梁。

过刘太史[2]浣花别墅

吴宗达

太史为园近水滨，浣花兼为浣征尘。

帆樯影落留词客，猿鹤声悲别主人。

夕照几家依岸柳，西风一夜老江蘋。

乾坤何处无三径，只少陶公漉酒巾。

① 刘翰林即刘生和。据刘生和《科举齿录》所载为“严镇场灶籍”，在今黄骅境内。

② 刘太史即刘生和。

秋杪寄及门赵鹤斋炯

褚　爽[①]

一自居南村，遂与故人别。
每因念旧游，使我心如结。
遥遥候雁飞，唧唧寒蛩咽。
秋怀益凄恻，况过菊花节。
葭水隔伊人，清吟霏白雪。
褰裳欲从之，病久足已蹩。
落叶满柴门，穷巷无车辙。
草草百年身，咄咄三寸舌。
盱目望停云，幽情不可说。

七人集饮歌赠刘氏六昆仲

王日乾[②]

竹林佳话传千古，遗迹遥遥尚可数。风流于今未歇衰，后人继美前人许。适来闲步入桂丛，正逢酒绿伴灯红。竹叶满斟留客醉，高人雅致真从容。借问同饮者谁子，扬言（廷对）膺图（升元）首屈指。辟雍后秀早蜚声，词赋云烟看落纸。双璧腾辉兼文武，济川（体临）作邑（体丰）分龙虎。挥毫真能探骊珠，建旄谁敢当旗鼓。光风霁月得潇洒，不是阉然媚世者。眼见寅庵（正元）意气高，寄情金樽与玉斝。更有逸士字宿一（奎元），生平三爵曾不识。众人皆醉彼独醒，落落灯前吹羌笛。羲画弄笔深自嗤，惭附骥尾举玻璃。方外友捧玉卮，凤池客献醾

① 褚爽，字澄岚，号瞿庵，褚士奇次子。有《南村草》行世，人号西山先生。
② 王日乾，字羲画，盐山邑人，清代增生。

醾。殷勤为君唱丽词，须眉腕下动性情。存心知，但愧歌者拙，宁说知音希，下里原易和，诸君莫藏奇。儿童笑我抛砖否，衷情脉脉思引玉。

小东山步刘颛夫表弟[①]韵

窦桂馨[②]

既成一篑便崔巍，览眺登临异境开。
碣石考原夹渤澥，丱城筑久想蓬莱。
灵根原接平津脉，矗影高支摩利隈[③]。
因忆小山诗有草[④]，令人仰止共徘徊。[⑤]

中秋看月有怀张月峰[⑥]表叔

李裕霈[⑦]

天地清如水，微云淡欲流。
一年初看月，今日始知秋。
露暗溪边树，烟明海上楼。
故人能赏否，应此泛轻舟。

---

① 有谓马谷山即碣石者。
② 窦桂馨，字香山，清代生员。
③ 距阁十里。
④ 张春旭表弟著。
⑤ 刘庆凯，字颛夫。刘庆元之弟。
⑥ 张印潭，字月峰。
⑦ 李裕霈，字霁峰，清代监生。著有《卧吟诗草》。

访张晓峰村居归途即目

阎符清[①]

言访幽人宅，河干一迳通。
野花凝宿雨，雏燕趁回风。
树界孤村黑，云连落日红。
渡头闲立久，暮色渐朦胧。

与张晓峰旅邸夜话

阎符清

萧萧寒夜雨兼风，差喜联床客邸中。
一事无成惊马齿，异乡何处不蚕丛？
堕身尘网肩谁卸，挟刺侯门技未工。
惭愧半生疏懒甚，任教驹影过匆匆。

寄怀刘鸣宸八首（其一）

王国维[②]

津门回首忆同游，倾盖相适气味投。
许我风尘能相士，暗中摸索辨曹刘[③]。

---

① 阎符清，字铜史，号竹卿，清代诸生。著有《伴梅轩诗草》。
② 王国维，字彰廷，号一樵，别号畏庵，清道光辛巳科举人。著有《松花轩诗草》。
③ 刘曾珂，字鸣宸，刘曾璇之弟。

定园春夕

王鲁唯[①]

芳园古树噪归鸦，石上清泉脉脉斜。
二月春风还未暖，碧桃初放雨三花。

① 王鲁唯，字慕曾，号善庄，清代诸生。著有《屈蠖窗》诗集。

肆　文事流芳

汉代

章武置盐官

（汉武帝）元封元年，卜式贬秩为太子太傅。而桑弘羊为治粟都尉，领大农，尽代仅斡天下盐铁。弘羊以诸官各自市相争，物以故腾跃，而天下赋输或不偿其僦费，乃请置大农部丞数十人，分部主郡国，各往往置均输盐铁官，令远方各以其物如异时商贾所转贩者为赋，而相灌输。

——《汉书·食货志》

勃海郡，高帝置……章武，有盐官。莽曰桓章。

——《汉书·地理志》

渤海郡章武县为首批置盐官之县，治在今黄骅境内。

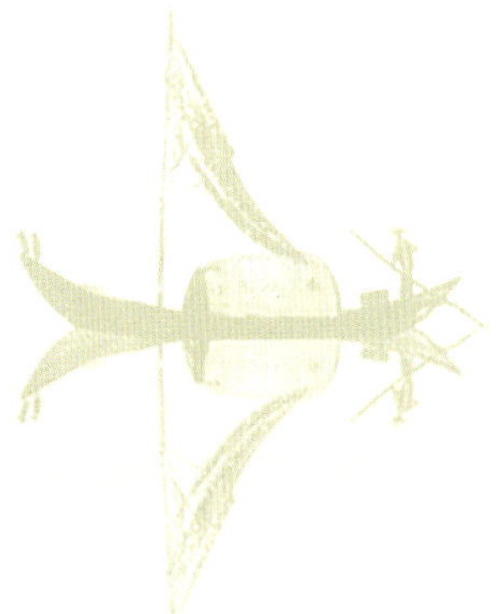

隋代

王 伽

王伽，河间章武人也。开皇末，为齐州行参军。初无足称，后被州使送流囚李参等七十余人诣京师。时制，流人并枷锁传送，伽行次荥阳，悯其辛苦，悉呼而谓之曰："卿辈既犯国刑，亏损名教，身婴缧绁，此其职也。今复重劳援卒，岂独不愧于心哉！"参等辞谢。

伽曰："汝等虽犯宪法，枷锁亦大辛苦，吾欲与汝等脱去，行至京师总集，能不违期不？"皆拜谢曰："必不敢违。"伽于是悉脱其枷，停援卒，与期曰："某日当至京师，如致前却，吾当为汝受死。"舍之而去。流人咸悦，依期而至，一无离叛。

上闻而惊异之，召见与语，称善久之。于是悉召流人，并令携负妻子俱入，赐宴于殿庭而赦之。乃下诏曰："凡在有生，含灵禀性，咸知好恶，并识是非。若临以至诚，明加劝导，则俗必从化，人皆迁善。往以海内乱离，德教废绝，官人无慈爱之心，兆庶怀奸诈之意，所以狱讼不息，浇薄难治。朕受命上天，安养万姓，思遵圣法，以德化人，朝夕孜孜，意在于此。而伽深识朕意，诚心宣导。参等感悟，自赴宪司。明是率土之人非为难教，良是官人不加晓示，致令陷罪，无由自新。若使官尽王伽之俦，人皆李参之辈，刑厝不用，其何远哉！"于是擢伽为雍令，政有能名。

——《隋书》

穆　宁

宁清慎刚正，重交游，以气节自任。少以明经调授盐山尉。是时，安禄山始叛，伪署刘道玄为景城守，宁唱义起兵，斩道玄首。传檄郡邑，多有应者。贼将史思明来寇郡，宁以摄东光令将兵御之。思明遣使说诱，宁立斩之。郡惧贼怨深，恐后大兵至，夺宁兵及摄县。初，宁佐采访使巡按，常过平原，与太守颜真卿密揣禄山必叛。至是，真卿亦唱义，举郡兵以拒禄山。会间使持书遗真卿曰："夫子为卫君乎？"更无他词。真卿得书大喜，因奏署大理评事、河北采访支使。宁以长子属母弟曰："惟尔所适，苟不乏嗣，吾无累矣。"因往平原，谓真卿曰："先人有嗣矣！古所谓死有轻于鸿毛者，宁是也。愿佐公以定危难。"真卿深然之。其后，宁计或不行，真卿迫蹙，弃郡，夜渡河而南，见肃宗于凤翔。帝问拒贼之状，真卿曰："臣不用穆宁之言，功业不成。"帝奇之，发驿召宁，将以右职待之。会真卿以抗直失旨，事遂止。

——《旧唐书》

姜师度鲁城种稻打蟹

唐姜师度好奇诡，为沧州州刺史兼按察，造枪车运粮，开河筑堰，州县鼎沸。于鲁城界内种稻置屯，穗蟹食尽，又差夫打蟹。百姓苦之，歌之曰："鲁地一种稻，一概被水沫。年年索蟹夫，百姓不可活。"按：师度自是干济之吏，开渠引水讵非利民之事，孰杀之歌子产，且不免愚氓难与图始大抵然也，打蟹之事不必其无，正所谓瑕瑜不相掩者。

——唐·张鷟《朝野佥载》、民国《沧县志》

李震成

李震成，字霖九，号蘧庵。其先山东即墨人，明初徙沧州之科牛庄，父文登明儒宦。震成，崇祯十一年乡举第一人，次年联捷进士。为诸生时，气宇沉笃，文章精敏，识者器之。家贫，舌耕竭力养亲。清初授山西闻喜知县。时大同叛镇姜瓖未靖，敬谨亲王奉命安抚流亡，经县南香山堡，兵索饮，民不与。王怒，飞章入告，将罪以叛逆。震成为请命，王弗听。震成曰：民有弗顺，为首者县令也，愿就死以谢万姓。泪随言下。王感其诚，叹曰：此民父母也。立追还奏牍，全活者数千户。内擢刑部主事，邑人为立生祠以志遗爱。升本部员外郎郎中，主山东乡试，授河南提学道，镌联于舆前曰：徇情双目瞽，受贿两儿亡。差竣，清操闻于上，留任三年，所拔取皆知名士。授山西布政司参议，备兵关西道，以艰归，年才四十三。携家卜居苏门山，从容城奇逢究心理学。暮年还里，兄弟式好，杜门谢客，注经以课子孙，卒年八十三。

——民国《沧县志》

政績大著陝人勒石頌德生祠祀之擢刑部員外郎旋陞郎中充江南郵刑使多所平反授山東按察司僉事分巡東兗沂州兵河道以直道被誣罷歸年四十自知直道難行遂不復出於城東八里築別墅閉戶著書超然物外康熙三十九年卒年八十五子雯璟蔭太學生候補縣丞先卒孫德基德均克紹家風

李震成字霖九號蘧菴其先山東即墨人明初徙滄州之科牛莊父文登明儒官震成崇禎十一年鄉舉第一人次年連捷進士爲諸生時氣宇沈篤文章精敏識者器之家貧舌耕竭力養親清初授山西聞喜縣知縣時人同叛鎮姜瓖未靖敬謹親王奉命安撫流亡經縣南香山堡兵索飲民不與王怒飛章入告

李柳西

明李柳西，本籍山西洪洞，永乐中迁民实畿辅，柳西迁于盐山，居杨二庄东之汙湾头。以东邻汉之柳县，自号柳西，原名竞佚。当靖难兵往来河间以东，沧盐民忠义奋发御之境上。燕王怒赤其地。柳西至盐，青磷白骨，震怵心目，遍访土人，得其遗事，私著《义民录》一书。恐触刑禁，藏之子孙，遗嘱永不得示人。燕王屠戮义民事，当时以为深讳，稗官野史无敢志者，惟此书足补正史之缺。而柳西子孙泥于祖训，明鼎革犹不敢出，竟至散失，论者惜之。

柳西学问优长，来盐时访求九河故道，足历目验著《九河辨》一书。于夹右碣石逆河独具心得，论创诂确有裨经训其略，曰盐山即马谷，马谷即碣石，未尝沦于海也，盖禹贡皆以山川表识疆域，无以舟车表识者，禹施功皆由冀始，由冀而东，河南为右，由北而南，海西为右，经明云夹右碣石，则碣石必在河海两右相夹之地，可知今盐山在海之西岸与大河之南岸，与经文夹右之说吻合，其证一。山之特立者曰碣，由直北至山东南北相去几千里，当九河下游者，惟盐山适在其间，绝无仅有，与碣石名义相合，其证二。汉宋诸儒多言海水西溢碣石，九河胥沦于海者五百余里，今海岸左近柳县二城皆秦汉遗趾［址］，海之未尝西溢也甚明，其证三。汉儒以碣石求之永平，抑思骊城县之碣石在大山之下，舍大而识小，已不近情，而又无河道可以附会，今盐山通顶皆石，一峰特立，又为平原特出之山，近在鬲津之南，北距大河亦不过五十里，其证四。至逆河，非九河并为一河，亦非海潮上逆之谓，盖九河在交河以上则播为九，交河以下则百道千歧不得限以九河之目，水大则汪洋巨浸南北二百余里，皆逆河公境，皆可名以逆河，水小则南北二流，南为鬲津北为徒骇是也。盖碣石属之盐山，柳西实发其端。而阳信刘世伟清初顾炎武皆尝主持是说，而不知柳西实为椎轮之始。

其考订盐山疆域沿革用力亦勤，又著《谈玄》一书，于风云雷雨诸说多合于西人地文之学，出自明初儒者尤为创获。时盐场南所犹未大衰，柳西因业盐，为盐户，遂著《杨二镬志》，于当时盐场源流建置载之亦详。惟子孙颇世儒业，于所著诸书代有羼益不可离析，反累本真云。

——民国《盐山新志》

前户部尚书定园戴公传

余向读史，久而知从来绳人之易并士君子自立之难也。或励精少壮，朝生鸳鹭之光；或砥行末年，野增川原之重，其心良亦苦矣。吾于定园公有足传焉。

公讳明说，字道默，别号岩荦，晚年习静定园，故学者称之云。公始祖荣，自景州徙沧。荣生庆，庆生宣，宣生臣，臣生才，癸卯、甲辰成进士，由大行历南大司马，赠太子少保，赐祭葬。公督三边时，自宣以下皆赠右都御史。才生绍科，承荫历官陕西苑马寺少卿兼山东按察佥事。科仲子世愈，邑增生，即公父，以公贵，并冏卿公俱晋右都。公生颖异，不欲闻米盐刀具事，封公器之，令业二戴。公十二岁，应郡试，金坛蔡公见而叹曰："此他日黑头公也。"冠多士。明年舞勺，为侍御左忠毅公面录，补弟子员。丁卯，以戴记魁于乡。时珰祸方烈，公与同谱金伯玉、王敬哉诸公杞忧，侃侃以天下事自任。甲戌，成进士。乙亥冬，授户部陕西司主政，督通州西仓。咫尺春明，积蠹交通厂卫。公清勤劳瘁，一意厘剔。虽中使总监既撤复设，群小耽耽，无能中公者。潞河频苦兵，丙子、戊寅两供军饷，转输无匮。三年及瓜，积羡万余。报成奏最，制曰："可加俸一年，钦赏十二两。"时怀宗先帝有科道不必尽由考选之谕，遴部司充侍从，大司农程公国祥以公膺厥选。

己卯夏，改授吏科。辛巳夏，升礼垣右。壬午春，转礼垣左。时，陈公龙正方著《阳明全书》。公览有省，然于理学事犹未深会也。

公性忠爱恳挚，日以尧舜其君为志。凡朝改民瘼，慷慨入告无少忌；凡政本之强有力者，皆动色相争，履虎者数。其于圣德也，则有勤政、强兵、求言三疏，中兴四事疏，圣政崇要一纲四目疏，驳同官三教一理疏，至请罢中官一遣十员并止朱大典纳银四十万疏，尤为举朝不敢言。其于天变也，有举宪臣刘宗周、金光辰疏；其于时政也，有安攘实效疏、速饷实著疏、畿民抚恤疏、唐藩大变疏、亟罢练总疏、恩恤漕役疏；其于言路也，有申救熊汝霖、陈燕冀、李清、阴润、救廷杖熊开元、姜埰等疏。至随事纠弹鹰鹯鸟雀者，指不胜屈。其触时之大者，论宣督，则开隙韩城；速奏剿功、洛变重大二疏，则开罪武陵。

壬午春，宜兴以首辅入督，即欲为涿鹿复官。涿鹿，宜兴年姻也，举朝嗫嚅无敢言。公乃具阳德、方新二疏，张胆指升。宜兴恨入骨，乃一日例转科员十人，欲出公于外。时太宰郑公三俊昌言曰："老冢臣一生强项，须发星星白矣。前择兵都，部议沧州丰骨嶙峋。原疏现在御前，若改我故步，为政府逐直谏，报私嫌，断断乎其不可也。"乃中止。后宜兴曲庇罪督范志完，公悉其不法事，疏上，留中。旋赐謦于甸人，宜兴旋伏法。

甲申三月，升公兵科都，而时事已岌岌矣。公受事，见绅士涣散无固志，即拜中兴本计一疏，请止南迁，坚城守。在廷诸臣召对时，皆竟谈兵饷，借题南遁。时溧阳以编修入对，自荐招兵。公乃具欺习宜饬一疏，抗言曰："时事至急，今廷臣群欲效拮据于东南，并无请效捐糜于西北者，无非欲舍我君父而去耳。臣请此后诸臣请缨者，即当立补现任，勿令其立身事外，逍遥观望。"上悟其诈也，即以修撰兼户兵二科都给事。公时恳避垣务，上不允。公呕心流涕，自初十至十二日共拜十二疏，皆不发矣。都城之变，公两缳一溺，皆以太夫人救而夺厥志。公乃护太夫人旋里。

甲申夏，清朝定鼎，驱剿群氛。遣锦衣慰留南下诸臣，并疏畿绅以闻。复补兵都，公首疏恭谢复仇大义，即控陈青、齐、河北、秦、豫善后事宜，悉嘉纳。

乙酉灯宵，公初授至善之傅于太史胡公此庵讲席，与厚庵曹公同学。夏，升常少。秋，移理少。

丁亥夏，晋常正。国初典制未详，律例未定。公历任不激不随，皆协厥当。戊子秋，升户部右侍郎，寻转左。

己丑冬，以世亲条政，加右都御史。公游刃烦剧，生节咸宜，望大著。

时，溧阳复自南投诚，以史撰躐少宰，夺情受事。公闻而叹曰："钧衡非甲胄之司，端揆乃纪纲之首，一旦变衰经而锦绮，其心安焉而不辞，如百官四海何？"时有媚溧阳者以告。溧阳感旧嫌，益大忿，必欲陷公于党以锢之，乃以甄别为名，朦请上传，与一时逆案诸臣俱谪贬。本朝部堂向无出任两司者，有之，自溧阳驱异己者始。当日，合肥龚芝麓公之言曰："昔君子以邪正辨同异，今以异同分好恶，决取舍，始于寡昧无识，而益以忮悁之胸与爱憎之口，即使膺滂再生，宁有幸乎？吾友岩荦，霆立霜断，乃与所排击者一日论贬，此灵均所不期于子兰，贾生所不期于绛、灌者也。"闻者壮之。

癸巳春，谪分守南汝参政。宛南受寇患在诸郡先，烽燹之余，仅存孑遗。公下车，即巾蠲王驾军过备饷银四千两、草豆二万余抵兑正赋，揭参浙川署官，禁私罚以惩贪，恤水灾清河夫以苏困，严保甲以固圉。且宛地犬牙，郧、襄寇剿剥肤，除本镇兵二千外，抚军复移高、孔二镇兵办协剿事。公措饷安戢，与诸将交欢。诸将各饬所部曰："汝等其恪守纪律，南阳公神明也，不可犯。"公在宛，无扰民于市者。公于拮据噢咻之余，复移建府学于故藩旧址，右文作士，剑犊潢池，顿有弦歌乐郊之意。公屹然西南长城矣。时三省总督马公、豫抚吴公、郧抚朱公皆交章首推公可大用，公望益大著。

甲午夏，忌公者复例移公粤西右辖，封事上，世祖曰："久不见戴某矣，不知何故外谪，岂有弹劾者耶？"屡以询词院诸臣。时溧阳方以专恣不职伏法，而护局者尚不欲为公白也。白公无故去国者，唯简讨王公熙一人而已。逾时，传上谕言："公磨励已久，着赐环入都以对品京堂用。"

乙未春，补刑部右侍郎，仍二品服俸，即转左。时刑狱殷繁，每事三复奏，先启王而后拜疏。公左方右圆，凡一切章疏京详参送并日行满汉诸件，戴星出入，剖决如流，无留牍焉。时各司应诏条议，公看详议覆，一洗烦苛。世祖大悦，三月即简公户部尚书。公悉国计洞民瘼，厘剔之中默行轸恤。时国用匮乏，屡议生节，有为再加练饷之议者，公曰："此先朝弊政也，终我之任，期期乎不敢。"

丙申春，因考核司属朱世德。德，辽人也，主者私宽其逋税之罚，公争而不得。世祖乃革主者职而降公，非公罪也。本年夏，调四译馆少卿、丁酉夏，转右通政。

上方欲大用公，戊戌春，公闻太夫人病，泣涕乞省，上不允，旋升公太仆卿。公再陈终养，而太夫人之讣音至矣。公躃踊崩裂，以不得含敛为恨，吁恩祭葬归。近时，丁忧官皆安车出都，公以为非，衰绖徒跣恸号还里，见者皆流涕。抵里，哀毁苫块，鸡骨茕茕。忆太夫人遗言，修门东禅院，以竟先志。嗣因读吕泾野先生语录曰："父母生身最难，须将圣贤言行体贴在身上，令此身做圣贤肢体，方是孝顺。"公痛哭曰："奉养不逮，惟此可以自赎。"乃究心大易，无间寒暑。

时公正杜门，忽檄追沧邑旧欠狐皮等饷八千两。公曰："我司计时，接奉恩诏，已赦民欠至十一年，胡为有此？"公持诏争于抚军董公，遂停征。凡瀛属之议征未行与半征未完者，皆以公言止，瀛民沾惠者数万余。

先时，乙未科，公长公以戊子乡魁及第，授编修。同乡某公，起庶常，官要路，争体统。长公曰："庶常分前后辈，鼎甲不与焉，载在词林典故，非臆说也。"某公怒。时世庙欲试词臣以藩臬事，长公参藩江右，某公嗾巡方为劾，谋泄，遂迁怒及公。

庚子年，世庙有甄别之举，公正守制于籍，廉其事不得，乃罗织公书悯忠寺匾列前衔及都门谢孝事为罪，募台省论之，无应募者，某乃自为弹文逼吏部落公职。从来内及甄别，不及在籍，部院堂上不出单，不具疏，以示公，此前朝迄今旧例也。部院破例具疏论在籍者，亦自某公之报私嫌始。公两器君欲为公白于阙，公曰："奚白？为事有公论，众口在焉。题匾书全衔，孝子谢墓志，从来有之，果罪否乎？吾诚不能动物道不信友，宜唾而自励，以助动忍，若腾口舌辨是非，匪学人事也。"绝口不言而茂修益力。

辛丑年，公次公戊戌进士，任南昌推官，以蔓事议降。公亦怡然无愠色，惟修身事父尽子职而已。是岁夏，太公忽见背。公益恸不能胜，继白里门，尽贷积逋，以广先德。时悼怙恃双亡，风木不再，襄事之余，益勉于学。至十二月，乃拜教孙钟元先生门，以闲邪存诚之义相质。时，公弟有苦讼比部者，以河浒用质百五十金，归而还其券，复措钗钏二百金为助。

壬寅夏，读《周易》程传，以《夬》九五"未光"之释，见"人心一有欲则离道"之言，得要领焉。六月，复与曹厚庵商"诚无为几善恶"之旨，皆体会诸家而用其所长，收舍身心，一洗嗜好。九月，公遣嫁其如夫人张姬。

癸卯春，公得不语症，竟日始苏，然心地炯然，手书理道井井不乱，著《病中偶见录》。病之日，公自忏曰："下堂失足，古人忧之，况我剧疾乎？"因誓绝欲，为守身计。

甲辰四月，公复还刘姬于其父。两姬皆工音律，去之日，公缉其歌谱焚之，微吟曰："翠眉鸾镜今何在，白雪阳春未有词。不挂一丝无个事，正宜闲看本来时。"此盖公性有所得而于声色外好漠如也。是时，太翁久逝，恶仆有侵戴氏之资以自肥者。惧公之察及也，乃为公构家难，离间至戚，树公敌以祸公。甲辰、乙巳间，有揭于都者，有辱于门、讼于里者。公杜阁静听，付不闻见，而自反省察益力。有诬赏二百金者，有赠以原分千里之产者，有鬻城宅一区济价数百金者。其煽祸之由，释不问。钟元先生闻之叹曰：“定园入眼出手皆有确据，可谓脚踏实地矣。”

乙巳春，钟元先生自夏峰还容城，公遣子敦趋下榻，备悉知行修悟异同等说，以究文成之秘。别时，著《惩忿窒欲说》，篇终以东廓甘泉弩力相期，惓惓也。嗣后，邮筒切劘无虚岁。

丁未，次公迎养邗江。公泛小艇，登惠泉，礼顾端文、高忠宪二公祠，访其语录以归。家务付诸子，不接人，不轻语，明窗静榻，一茗一香而已。公自解组来，崇俭朴，尚礼让，惜字戒杀，助葬掩骼，施药及粥，大抵以立达为心，不能缕悉。

先时，公于丙戌、丁亥、乙未文武殿试，三充读卷官，两膺钦赏。公博学能悟，公余苦心风雅为诗，与王觉斯、吴骏公、范箕生齐名。兼善书画，特受世庙之知。其应制诗，则五七律、五绝各一，画则山水前后十八幅、竹石十二幅、素统二十四执。蒙赐御画者七，上载公名者四，及貂冠蟒裘，复赐银图章，勒“米芾画禅，烟峦如觌；明说克传，图章用锡”十六字。公谢表有云“愿格物致知，以正心者正笔；观文成化，以惜墨者惜才”等语。公每事不忘，忠爱如此。

公著述有六朝及明《历朝诗家》两集、《唐诗类苑选》《篆书正》《礼记提纲广》等书。晚年，有《定园近集》《邹鹿合编》《偶见录》行世。

吾于是而深有感也。公伟略渊识，直口朴心。留意在国是人才，而姜桂偏不挫于权贵；托契在正人君子，而颦笑独不假于佥人，皓乎元祐之杰也。逮栖心濂洛，藏名丘壑，忍人所难平，舍人所难割，布素庞眉，混迹童叟耳。噫嘻！公时际百难，当公壮也，天不从人，雍熙上愿，徒勤之梦魂；逮公老也，力未从心，砥砺血诚，永矢诸日月。二十年来，其澡身浴德、克己讼愆者日有孳孳，毙而后已。此其气岂不可壮，而其志不亦深可悲哉！余故曰自立之难也。

公嫡配孙夫人，五子三母。长王纶，榜眼，由编修历官江西督粮参议；次王缙，进士，现官行人；四王絜，廪生，殇，皆嫡出。三王绥，官荫监生，胡妾出。五王绰，廪生，黄妾出。诸孙四世绳绳俱不赘。

余齿加公十龄，同公游于泮。恐后死者未公悉也，因留绝笔备述以俟后之君子，是为传。

善夫夏峰夫子怀友之诗曰："沧州讼往愆晚节，抉其秘愚广其意。"

时康熙庚申五月长至日。

——乾隆《沧州志》

陈遇尧，字若虞，直隶武清人。明崇祯元年恩贡，流寓沧州。孙奇逢弟子。

刘　鹏

刘鹏，初授鸿胪寺序班，又升本寺司宾，历升光禄寺署丞，奉敕山陵效劳，赐衣斩衰，升本寺司宾，后蒙御擢为大昏赞宾，赐簪宫花、披龙锦，由端礼门入太和殿，礼度合节，天颜大悦，特加征仕郎，赐六品服俸，差南四府催粮革弊厘奸，以廉能奏绩，升南京光禄寺典簿厅。因亲老以终养告归，哀章七上，乃允归里。秉性庄严，富而好礼，凡事克持大礼，好善乐施，善与人交，数遇覃恩，三与宾筵，乡邑钦重，享大年而终。

——康熙《盐山县志》

刘鹏，字小堂，由监生例授鸿胪寺序班，升光禄寺署丞，又升司宾，擢大昏赞宾，特赐六品服俸，差南四府催粮革弊厘奸，以廉能奏绩，升南京光禄寺典簿，秉性庄严，乐善好施，三与宾筵乡邑钦重。

——同治《盐山县志》

劉鵬初授鴻臚寺序班歷陞光祿寺署丞奉勅山陵効劳賜衣靳褒陞本寺司賓復蒙御擢爲大晉賛賓賜簪宫花披龍綿由端禮門入大和殿禮慶令節天顏大悦特加徵仕郎賜六品服俸差南四府催粮華輅發奸以廉能奏績陞南京光禄寺典簿廳因親老以終養告歸哀章七上乃允歸里秉性莊嚴篤而好禮凡事克持大體好善樂施善與人交數遇　覃恩三與賓筵鄉邑欽重享大年而終

韩应龙

（崇祯）十五年冬，李自成长驱犯襄阳……贼分兵寇宜城、枣阳、榖城、光化、均……（光化）乡官韩应龙，举人，历长芦盐运使，不受伪职，自缢死。

——《明史》

韩应龙，光化人，崇祯十年，任恤商惠灶，立先斯院，捐资置房二十余间、地二十七顷余，养育孤独，历今百有余年，无告者皆食其德，院在城南，有碑文，详艺文志。

——乾隆《沧州志》

于廷陈

于廷陈，字惺涵，于常庄人，崇祯三年庚午科举人，任山西猗氏县知县，崇祯癸未冬，贼李自成兵临城，竭力守御，城垂陷，悬印于堂，衣冠泣拜，从容自缢。

——同治《盐山县志》、民国《盐山新志》

李道昌

李道昌，字大来，号匪莪，山东海丰县人。幼读书于邑诸生翟涪墉家，长移韩村镇贾生泰阶家，奋志攻苦，饶有文名。丙戌科成进士，以赋诗称旨，拜监察御史。

——康熙《盐山县志》、同治《盐山县志》

李道昌，字大来，顺治丙戌进士，以赋诗称旨，擢监察御史。道昌为遗腹子，幼时尝以父形容问母，得其状辄喜，已而感泣不自胜。方拜官而母又卒，因自号匪莪，念劬劳也。服阕，巡视北城，出按河南时，晋寇震邻，饬兵防御，有方略，招安二千余人，流亡赖以复业。奉檄还都。诖误，谪里居三年，潇散自乐。寻补临洮府经历，陟大理寺副，移寺正。矢志宽慈，重民命，执笔署谳，每栗栗矜慎，大狱多所平反。年四十五，无病而卒。著有《游屐草》《临洮草》。祀乡贤祠。

桐乡钱夏曰：公美丰仪，顾盼举止奕奕动人。性旷达善饮，诙谐，作诗高旷。不问家人生产，高啸长吟，挥墨淋漓，龙蛇飞动，见者有李青莲之目。

——民国《无棣县治》

僑寓

秦

甘羅秦相茂之孫茂得罪於秦奔齊齊用蘇代言位之上卿邑在齊爲無棣境羅隨祖茂寓此邑南有甘羅城故址旁有臺傳係羅讀書處

明

李冲字稽箭浙江會稽人崇禎間寓鹽二年盛夏必挑燈夜讀衣冠危坐如對賓客喜吟詠有黃屋漫矜鐵骨漢青天不負苦心人之句後成進士

國朝

李道昌字大來號莪山海豐人幼讀書於邑諸生翟培墉家長移韓村貢生秦階家奮志攻苦饒有文名丙戌成進士工詩賦拜監察御史

王際期字元會滄州廩生寄居韓村事繼母以孝聞遇異母弟倍極友愛鄉里稱之尤好施予親族貧乏者周給之不吝弟仲會病危一夕卒而復蘇徐謂家人曰吾兄孝友達於帝天子孫必獲善報矣後孫鴻果成進士曾孫人驥人麟皆領鄉薦

郝本茂字修亭霸州人累世顯宦父霍雍正甲辰進士寓居鹽山本茂乾隆戊午舉人宰江蘇蕭縣多惠政

鹽山縣志　卷之十二　三十六

于映斗

于映斗，庠生。弟冲斗得罪，当远戍，映斗脱身代之，遂充陕西西安军。巡抚傅百秀与有旧，闻其将至，躬出迎十余里，请驻署中，力辞不可。后二子大闾、更闾并以军籍中武举，百秀为请于朝，得赐还。西安故有军地四十顷，久为土豪侵据，映斗之将还也，为之清理复旧，西戍者莫不戴德焉。更闾，字驷蕃，号澹园，康熙四十四年武举。孝友嗜学，书法篆刻亦精好，筑室曰定舫，作《定舫十训》以示后人。

——民国《沧县志》

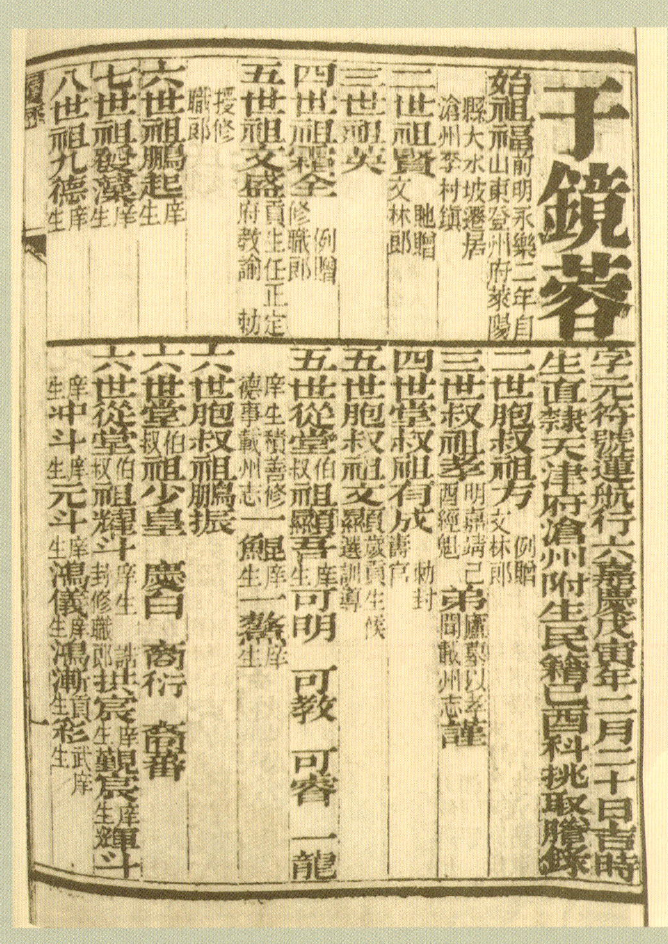
于鏡著
字元符號蓮舫行六嘉慶戊寅年二月二十日吉時
生直隸天津府滄州附生民籍己酉科挑取謄錄
始祖福 前明永樂二年自山東登州府萊陽縣大水坡遷居滄州李村鎮
二世祖賢 馳贈文林郎
三世祖英
四世祖經全 例贈修職郎
五世祖文盛 貢生任正定府教諭 敕授修職郎
六世祖鵬起 庠生
七世祖毅瀛 庠生
八世祖九德 庠生
二世胞叔祖方 例贈文林郎
三世叔祖孝 明嘉靖己酉經魁 弟廬墓以孝聞載州志 謹
四世堂叔祖有成 壽官 敕封
五世胞叔祖文顯 歲貢生候選訓導
五世從堂伯叔祖顯吾 庠生積善修德事載州志 庠生 可明 可教 可睿 一龍 一鯤 庠生 一鰲 庠生
六世胞叔祖鵬振
六世堂伯叔祖少皐 慶旨 商衍 商番
六世從堂伯叔祖耀斗 庠生 誥封修職郎 拱宸 庠生 觀宸 庠生 輝斗
庠生 中斗 庠生 元斗 庠生 鴻儀 庠生 鴻漸 貢生 彩 武庠生
履歷

李之峄

沧曲书舍，在南关运河南岸，距城里许，系郡绅张雪耳别墅，有堂数间。乙巳岁，李锐巅、左湛如两君相继讲学其中，多士云从，构室肄业。丙午、己酉两科中式十有五人，时称极盛。

——乾隆《沧州志》

李之峄，沧州进士。乾隆四年冬，任潞安同知。能文工书，佐李太守辟起文书院，多士景从。历署平阳、凤台、武乡、辽州事。士之经其品题者，多擢巍科。郡中名胜，留题最多云。

——光绪《山西通志》

杨焘元

杨焘元，城东杨春庄人。天资颖异，好学不倦，年十五应州府院试皆第一，一应乡试即罢举，业致力于经史子集各书，晚年尤研精佛学，平生讲学最久之地为盐山之百尺杆、柳林庄。与盐山李孝廉念兹朝夕过从，彼此谈论深相契，凡念兹有所疑，必以问，问无不知，知无不答，念兹称为益友，其为人敬佩如此。其所著述有《四书管窥》一书，余多散佚不传。

——民国《沧县志》

咸土

咸土在（盐山）县东七十里，东南西北一百五十里，地带海滨，其土咸卤，海潮朝夕所及，百姓取而煎之为盐。

——《太平寰宇记》

孙廷铨[①]过盐山

盐山到海八十里，海上悉是盐坑，筑滩如治畦，鳞次而下。共旁为大堑，海潮溢上，堑堑皆平；潮退，挹水注入上畦中；风之日之，又注一畦；风之日之，又注如初。欲得其候，投以莲子，立而不仆，则水气竭而卤醇如饴。东北风至，水面凝盐似雪花矣。不欲雨，雨则盐灭而结迟。

滩家之苦，略如田家，富者种盐，贫者积负。将治滩，富人先出钱帛，稍稍给之，居其倍息，盐成而赋，则力田不如逢年也。富人居盐不时售，垒垒以贻子若孙，殆成罔阜，或有拱木焉。县之得称，宜以是矣。

然由此南北并海而东，处处皆滩，不但此邑。其晒盐，粒大而甘，土性征存。别有一种煮盐，糁糁如集霜霰，食之作苦，不敌晒者，良以渐近自然也。

——清·孙廷铨《南征纪略》

① 孙廷铨，初名廷铉，字枚先，山东益都人。明崇祯十三年进士，为永平府推官，以世乱还乡。顺治二年，起为河间府推官，官至兵部、户部、吏部尚书，秘书院大学士，卒谥文定。著有《南征纪略》《颜山杂记》等。

苹果枣[1]

北方水果盛于南方。余家乡枣树最盛，有一种名苹果枣，其形圆扁，如苹果状，故名。较他枣微巨，秋后他枣剥尽，此枣方熟，皮薄味甘，其核甚小，干则只剩空囊，缘浆多肉少也。熟必登高细摘，即剥之以竿，亦必轻振枝干，复用布棚悬接，恐到地破碎。且不能久贮。余尝盛以磁罐，专马取至豫省，分致诸同寅，食之，无不称妙，然较新摘，味已减半矣。惜此树不能移植，即家乡亦不能数数觏。余生平未至南省，久垂涎于鲜荔枝而未得。据食过者云，此枣较鲜荔枝之甘美，犹胜多多，未识确否？

——清·张昀《琐事闲录》

烧　海

余家距海仅百里……海中每数岁或数十岁，遥见水云澒洞中，红光烛天，谓之烧海。辄有断椽折栋，随潮而上，人取以为薪。越数日，必互言某匠某匠，为神召去营龙宫……余谓是殆重洋巨舶，弗戒于火，水光映射，空无障翳，故千百里外皆可见；梁柱之类，舶上皆有，亦不必定属殿材也。

——清·纪昀《阅微草堂笔记·如是我闻》

① 按文中描述，或为黄骅冬枣。

海滨捕狼

沧州一带海滨煮盐之地，谓之灶泡。袤延数百里，并斥卤不可耕种，荒草粘天，略如塞外，故狼多窟穴于其中。捕之者掘地为阱，深数尺，广三四尺，以板覆其上，中凿圆孔如盂大，略如枷状。人蹲阱中，携犬子或豚子，击使嗥叫。狼闻声而至，必以足探孔中攫之。人即握其足立起，肩以归。

——清·纪昀《阅微草堂笔记·槐西杂志》

武帝台之旋复花

拙拟此方，重用赭石，不用旋复花者，因旋复花《神农本草经》原言味咸，今坊间所鬻旋复花，苦而不咸，用之似无效验。惟邑武帝台为汉武帝筑台望海之处，地多咸卤，周遭所产旋复花，大于坊间鬻者几一倍。其味咸而兼辛，以治膈食甚效。

——张锡纯《医学衷中参西录》

伍 文传风雅

重修沧州城池记

戴　才[1]

沧，汉渤海郡，唐置为州，元隶河间路，旧治在卫河之东四十里，洪武末年始迁于长芦镇。迨我国朝天顺五年，知州贾忠奏请筑城，周回八里，外甃砖甓，上栖楼橹，时称保障云。其地北拱畿辅，南控齐鲁，东达海壖，西绕河运，甸服五百里之内，水路要冲。历今百有余年，垣墉倾圮，栅橹摧颓，睥睨崩塌，盗贼跳越，如入无人之境。比岁，上公抚临，屡廑筹划，属以时诎，难于举赢，或以才乏，难于负荷，扼腕而叹者亦数数矣。

嘉靖壬戌，南昌蟠峰李公膺天子诏巡抚地方。甫下车，惕然曰："严修城池，余奉上命首务也。往昔财之匮也，未经先事区画也。人之用也弗度，其势之难统摄也。今运司正使陈全之毅然任事，河间知府张九功初至明作，同知葛慈知大计，临州并督，同心协力，了此无难。但钱粮夫力、运鹾国计栖托于是，司则三之，取诸赎金，勿以病吾商；府则七之，借支边帑，勿以劳吾民。"

夏四月，牒下，司府呈请于巡按监察御史函野温公、巡盐监察御史兰谷邹公、海山陈公咸曰："城者，所以御暴保民。如所议，亟为之。"天津兵备副使西野黄公溯流临城稽察之。肇工于五月十二日，以八月十五日告成事。自西北而东南，城垣计修一千三百五十五丈，垛口计修二千一百六十六面。新其五门，东曰镇海，西曰望瀛，北曰拱极，南曰阜民，小南门曰迎薰。费金计七百四十两有奇。敝者新，颓者起，倾塌者立。俨如翼如，泰山磐石，寝窥伺，息奸宄，地方有永赖焉。

才闻之柳子曰："贤者之兴，愚者之废。废而复之为是，习而循之为非。"然复其事必由乎贤者，蟠峰公，贤者也，肃威武以障边防，严保伍以安善类，裕庾廥以羡储积，敬教学以崇德礼，授方任能，救死扶伤，岩崖阴谷有和气焉。畿辅恃之，人心仰之，若赤子之煦慈母。善治者以得民心为本，公深仁厚泽，足以结民心；严闭重关，可以定民志。维德与险，并举峙立，沦浃肌肤，脍炙人口，不

[1] 戴才，明甲辰科进士，累官至南京参赞机务兵部尚书。

能殚述，沧之城特一事耳。

是役也，管河通判弋正、推官张德恭时至劳来之。若陶砖于隍、运灰于山、樽节调度，则知州贾希周任之，俱得并书者，例也，是以附载焉。

直省鹽法疏通引目國課日裕愛恤貧竈丁徭無偏

戴才字子需其先景州人徙滄州五世至才生而穎異幼如成人嘉靖十三年成進士授行人二十八年擢戶科給事中二十九年秋俺答內犯薄都城議增兵加賦才抗疏言畿輔山陝頻年募兵市馬勞費已甚而復議增馬江南諸郡先期輸納科銀而更議增賦是竭澤而漁也下部議竟格不行三十一年轉吏科右三十二年轉左內艱服闋補工科左尋陞兵部給事才以倭夷猖獗閩廣用兵無虛歲乃疏陳三事曰亟剿滅慎防守馭客兵下所司行之陞南京太僕寺少卿尋歷州縣精心牧政外艱服闋陞右僉都御史巡撫甘肅方遭寇兵才至撫其瘡痍而

重修（沧州）义勇武安王碑记

戴　才

汉义勇武安王庙一区，运盐商滑宗义见无人住持，恐久而蛊厥绪。适阴阳世术王明道，得礼部度为道士，乃致典是祠，任之曰：“神尚清幽，人迹喧杂非所以妥神灵也；庙贵整严，丹青剥落非所以饬庙貌也。尔其以时醮祭，无使晨昏钟鼓失节。依将募金鸠材，图维鼎新焉。”于是，外而门扃缭垣，内而栋宇檐阿，巨而神功画像，纤而仆马侍从，罔不缋以文章，金碧而辉煌矣。事竣，恳记于余。

余惟王得天地之正气独多，故刚大所发，或称有国士风，嘉其义也，或称为万人敌，尚其勇也，至精忠所在，未之或知也。彼当桓灵失驭、群雄射利之秋，彧、诩、逊、瑜辈区区汉贼之从，而不恤来世之议。王独识先主为帝胄，终依之而不悖。与诸葛武侯协心戮力，真欲吞吴灭魏以兴复汉室。间虽报效曹瞒，揆其心志，夫岂有一毫为利所疚、为势所怵哉！此之谓大丈夫非与？惜其大义未及伸于天下，而反为贼所乘也。宜其英灵所郁，发扬昭著于两间，如日之在天，无微而不烛，如水之行地，无幽而弗达，有不可以欺伪干者。

虽然，能明达旦之义，而不能救汉鼎之移；能愤出许之勇，而不能逆南郡之袭；能威震乎华夏，为敌人之所忌，而不能一日致其主，以合三国于混一。是王之所能者，人也；其所不能者，天也。天无意于汉室，王其如天何？呜呼！吕蒙不来，诸葛不死，王真人杰也哉！

庙旧在州治东南，正德年，流贼之变，尝鸣钟以示警，励气以卫城，虽围七昼夜，终解而去。王之庇祐沧人，一何神耶！则今日报德报功之无尽者，遍境内而皆然也，奚独此一祠而已。是役也，经始于七月吉，讫工于十月望。而贾寿等赞襄之力亦多，因载之以纪岁月云。

沧州盐坨记

戴　才

长芦旧有盐厂，在批验所之北，盖以堆积商人报中之盐，而候乎秤掣者也。秤掣明，然后纳余盐，给水程，各于行盐之地而市鬻矣。然则秤掣所系亦大矣哉！但往时场地散漫，而盐之堆垛随之，故秤掣一毕，公私莫辨。间有商人乘机射利者，当装运之时，遂为那［挪］移倒换，而弊日滋矣。后巡察者知其弊也，乃致谨于秤掣之时，详戒乎承委之官，将已掣之盐即行离坨，始而运之于所南，既而责之以登舟，后复令之以过河。凡若此者，非不足以厘弊也。然法令未一，既有以启其玩愒之心，而搬移太费，又有以强其难从之势。以故行之未几，而多方以停阁矣。是救偏补弊，要之经久可行，宁不有待于今日乎？

嘉靖乙卯冬，颖谷马公奉命督理盐政，驻节于沧，百务悉举矣。独掣盐离坨一事，尤为加意询访。既而谋有所得，乃言曰："离坨而不知所以建坨，则盐无堆垛之处。行法而不知所以立法，则人无画一之守。无怪乎议论多而功效微也。"此时节推陈君麟、都运林君汝永适当委掣之任，遂檄度厂北隙地一段，计地肆拾余亩，立为官坨。筑墙垣于周围，以防窥窃。辟东、西、南三门，以谨出入。中建厅一座，以验收放。外置铺四间，以严巡警。滨河则树一坊牌，匾曰计储，所以昭示为官坨之地。使未掣者仍垛旧厂，已掣者尽入官坨。后复委官以次督发，庶弊端可毕，而悠久可行矣。

是役也，经始于丙辰之春，不逾夏而告成焉。实同运卢君凤仪、判运张君时奇督责之力也。

工讫，林君专书走价，征予为记。予因为之言曰："国家边储之计，盐法居半，是其用之广也。用之广者利之大，利之大者弊之薮。苟非得人以理之，则所以剔弊清源、通商裕灶者，皆未见其可也。今马公之督盐政，综核允当，兴革适宜，且立法尽善而奸慝不作，建坨省费而商民称便，其有济于边储诚大矣。"

呜呼！官坨之立，此指其一事而言也，举其余可以例见；盐法之行，此自其长芦而言也，在山东尤为易知。是用记之，以告将来者，俾相守于勿替云。

重修（盐山）城隍庙碑记

曹　梅[①]

夫祠以协诸义为正，而义以宜于民为顺。民之有生也，凡司门、司灶、司中溜之神之类皆有所祀，以其切于民用，礼以义起也。而况邑之有城，一方之保障是赖神之司于斯者，水旱则祷，疫厉则祷，捕亡诘奸则祷，祷之未尝不应。其系于民，盖不啻司门、司灶、司中溜之神之为重也。奉而祀之也，岂非义之正而民之顺乎？故郡县之祠城隍，自唐以来皆举之不废，惟太祖之帝天下，严革淫祠，大正祠典，义所不毁者惟十庙，而城隍之神居其一。且制为守令谒神之典曰："阴阳表里，盖以明有人官，幽有神明，凡以为民也。"

盐山之祠城隍，厥惟旧矣。频年以来，其庙圮于风雨，前之尹兹土者，皆莫成究心。惟我杜侯初至，遵制谒神。一见庙宇颓圮，乃惕然叹曰："非所以揭虔神灵也。"即有兴修意。第承废之久，迫于政务未暇。越三载，政聿成，民以化，数年惕于心而未就者，乃举之若不及。相基，度费、鸠工，计程，辟以重门，缭以周垣，中拱堂三楹以奉神，后为寝。如堂寝旧虚厂，则增以朱屏以严内外，殊觉幽邃。左右为两廊若干楹，塑侍从诸神像。易壁以栏，使民便于达观，以资劝惩。其他几炉诸具，咸以法，规制宏阔，丹垩炳耀，巍然其愕观也。功竣，邑之人士多不知谁之所为者。盖所费皆出于我侯之规措，弗以扰民故也。然此举不在三载之前者，非敢慢也。盖民者神之主，急民之义，所以固其主而神有享。遂及于三载之后者，非有媚也。盖神者民之依，妥神之灵，所以敬其依而民有庇。惟神惟民，匪慢匪虐，我侯盖两得之。

侯讳学易，字子奇，号存冈，河南祥符人。戊子亚魁，今升山西平阳府霍州知州。

嘉靖庚戌闰六月望后二日撰。

① 曹梅，字子和，号龙洲，明嘉靖三十五年丙辰科进士，官至南京户部郎中。

河间府资胜寺新建水陆廊庑记

赐进士第奉政大夫同知袁州府事郡人曹梅撰文

乡进士奉训大夫知陕西绥德州事郡人侯九围书丹

乡进士文林郎知济南府蒲台县事郡人许渠篆额

昔者圣人御世，以天地万物为一体，而咸欲仁之。故博施济众，有志未逮，心犹歉焉。及观佛氏之书，有云“普度众生，同登彼岸”，旨意与圣人同。犹谓圣人仁泽止于见世，未为广远，遂有超度幽冥之说，以为生人造恶阳世，冥司仍有业报。如来之心欲以无量般若尽拔地狱苦恼，路于极乐之域，广矣远哉！如来之用仁乎！维兹恒河沙众生笃信此身苦乐由佛，既望之以厚生，又望之以恤死，是以凡遇造作佛事，苟足以少俾益者，不复自爱，欣然乐从。虽众生希福厚望，殆亦佛祖速之而兴起与？水陆度亡，其事甚幽，然考之释典所载，梁武帝天监二年修水陆于法云殿，四年设水陆于金山寺，拔度幽魂，皆有显应，事非无稽，而阿难之真谛亦足徵已。

瀛资胜寺旧无水陆廊，余尝谓寺无贤秉教，乡无大施主，事谁与成之？维今掌沙门教都钢深经修最上乘，每日扃户与诸比丘译经参禅，戒律严洁，邦人敬服。爰有善士崔君潮于佛有大因缘，谋诸教主，誓图修建水陆廊庑，以成善果。自任为大施主，先捐私金若干缗为募工费，离避室家，独居禅舍，殚思筹划，殆逾寒暑，伟然义举，远近章闻，来风之众不呼而献力，不乞而荐货，凡诸委积，丘如墉如，不可胜用。凡为廊庑，东西向者若干楹，南向者若干楹。岁时有期，中悬水陆图像享祀，群鬼焄蒿如在，罔有怨恫，延康迓和，皆本于此。东廊巽隅立禅室，西房坤隅设庖灶，大雄殿以下地无闲隙，称为大备，厥猷茂哉！工始于嘉靖甲子三月，迄隆庆戊辰正月而事悉竣。空王福地，八面祥光，鼓钟常鸣，瞻者起敬，得非瀛州之形胜耶！是役也，不费公，故寡尤，不强众，故寡怨，谐上下，故志同，少侵渔，故用足，百年旷典，一旦聿新。虽诸善信效义之成，而都纲之掌教、崔君之首义，厥功均不可盖也，是宜伐础勒文，传诸不朽，千秋万祀，知水陆所自始，常鉴之兹碑云。

隆庆二年岁次戊辰春正月之吉立石。

重建（沧州）名宦乡贤祠记

刘子延①

国家之待名贤，生则禄食于朝，殁则血食于庙，凡以重功德而垂风教也。

沧州旧有名宦、乡贤二祠，岁久圮废，时祀者每暂附于启圣祠中，因循久之，殊非伦制。

我牧守时庵张公，政教之暇，进师生于明伦堂而谓之曰："名宦、乡贤，诵法孔子而成者也。祠不于庙中而于他处，非事理之宜也。"乃复谋及乡士，酌以义礼，以先师庙南向，配哲侍侧庭中，升堂入室者也，贤哲分列两庑，得其门而入者也，二祠宜于棂星门内，望宫墙于数仞者也。公所谓等而上之，则庑矣是也。

金谋既定，公捐俸金，聚材鸠工。名宦祠基势坐东西向，乡贤祠基势坐西东向，砌以砖石，覆以瓦砾，涂以丹雘，绘以黝碧，各为四楹。经始于万历十二年八月，落成于本年十月之终。左中设名宦，而神主俨然奕乎其东；右中设乡贤，而神主秩然肃乎其西。奥窔屹焕，映泮水而倒影；峙对爽垲，夹奎壁以联辉。上以恢弘朝廷之制度，下以快睹士人之心志，前以崇报名贤之功德，后以垂示仕学之规范，尽伦尽制，善政善教，公之功伟且远矣。于名宦数公中求之，公特表表首出者，即公之名于官，则知公之贤于乡。然则，公之所以建祠而风世，实公之所以章志而贞教者也。后之仕与学者，苟能等而上之，得其门，升其堂，入其室，庶不负公建祠嘉惠之盛意云。

① 刘子延，明嘉靖丙辰科进士，官至工部主事。

直隶河间府青县大渡口四世修桥记

赵宗轨①

予未第时，值嘉靖壬子大比，入选。于河间路经青邑之大渡口，见石桥苏公营桥于清河之滨。积石之多，聚材之盛，规模广大，栋宇宏阔。上可以通车马，下可以运舟楫，其费不减数百缗。予因叹曰："昔孟子曰：'岁十一月徒杠成，十二月舆梁成，民未病涉也。'此盖居人上、司国当路之所为也。苏公以庶民忧恤行人，不惜所费如此，可谓有博施济众之心矣乎。"

予宦游数十年，谢事家居，因督农复过其处，桥之壮丽如初。因思石桥没矣，桥之历年久矣，其壮丽而无损坏者，谁之力耶？询诸司桥僧真和，对曰："石桥虽没，有子四人。长曰相，号忠庵；次曰朴，号淳庵；三曰栋，号吉庵；相继告终；四曰楷，号正庵。以桥为己任，时加省视者，楷之功居多。岸石有决露者补之，材木有损坏者益之。至于运土复掩于其上者，贫僧之责。此桥之所以坚固久远而无损坏也。"

予因召而慰之曰："夫孝者，善继人之志，善延人之事者也。楷也，能率乃祖乃父之攸行，此继志述事之大者也，可谓孝矣。昔太府陈公以'三世修桥'扁子之门，自今观之，亦可谓四世修桥矣。呜呼！有子如此，石桥可谓不死矣。且也武安庙完，子其镌于石壁间，永垂不朽。"

时万历二十年壬辰岁孟夏中浣吉日，赐进士第钦差整饬辽东军务兼理粮饷兵备佥事前工部郎中进级四品沧州西塘赵宗轨撰。

① 赵宗轨，字希清，号西塘，严镇场灶籍，明嘉靖癸丑科进士，累官至辽东按察司佥事。

小直沽批验盐引所记

赵宗轨

夫法者，所以防民也。善立法者，不徒求严于一时，而常为经久可守之规；善防民者，不制之于既犯之后，而常禁之于未发之前。何也？立法以纠天下之过者，必欲天下之奉行而不敢逆也。而每至于沮而不行者，皆由不为讦远久大之谋，而苟且文具于一时。其节目委曲施之于事者，虽详且切，卒不能以制伏天下之奸伪，而息其所以坏法玩治之心。是以善治者，必深谋远见，其忧虑夫人之玩愒者，莫不悉至。先为之防，曲为之备，而立为经久可行之法。使夫人虽不幸有不测之奸，吾当从容制之而不乱。此固非卤莽苟且而图救目前者所可知也。

鹾者，国家之大利也。利之所在而弊生，此人之情也。人情炽于利而不可御，犹水之决而不可遏，非有法以堤防之，其不至于溃裂四出而不可收拾者几希。是故为之符引，为之秤掣，固所以防之也。

然掣盐之法，莫善于静坨，其次莫善于离坨，而莫不善于离之未离，而使已掣未掣之相混。然掣而弗离，犹弗离也。离之不得其地，而无所防卫隔别，犹弗离也。离坨之法不一，大率禁网疏阔，皆不足以清弊而息奸。况其那［挪］移抵换混淆之巧纷纭百出，于既掣之后者，犹有甚于未掣之先。虽其知巧所遗，偶败其事，罹于法禁者在所不宥，而要之善于逃避，漏于法禁之外者尚不可数也。此司鹾事者，必为深远详细之虑，而求经久可守之法。于是参之佥谋，酌之己见，择其宽平之地，别为一坨，又筑之墙垣以防窥窃，立之门扃以时启闭，而使盐之既掣者，悉入其中。既入之后，俟纳价完日，乃委官督发而出，以次装运。夫其入于坨也，则人晓然知入者为已掣，而未入者为未掣。其出自坨也，则人晓然知已掣者为可运，而未掣者为不可运。出入严而内外辨矣，内外辨而公私别矣，公私别而那［挪］移抵换混淆之弊祛矣。虽穷巧巨猾，欲乘时射利者，将何以投其隙而伺其便耶？此其一时之建立，诚足以为经久可守之法。此法一立，人人知守，久而安焉，安而习焉，人皆重自爱而不敢轻犯法。其始也，因防奸弊而立法；其终也，因立法而遂潜消夫奸弊。是坨之建，上以利国，中以利法，下以利商，古人所谓三难者，盖兼有之。是非善图治而能谋及于此耶？

斯役也，工肇于季春，成告于孟秋，费捐于商，夫出于佣。主之者，柱史仁泉傅公也。翊之者，都运少岳方公、同运慎斋沈公也。至于督工董事，则经运龙子亦有劳焉。例得并书，故附载之。

沧州重修火神庙记

李观光①

两仪生五行以前，民用火在坤元，属第二焉。诸所为陶铸人群、镕冶庶类，斯须缺之不可。兹理也，非所以论于神也。如必指其神而据之以祀，将无索隐语怪也乎。若蒋帝、茅司徒等类，则市井父老、阛阓儿童所为，曷可训焉。至稽之外史，乃曰燧人氏别五木，取火政，而轩辕六相亦谓祝融辨南方。由斯以谭，夫既为燧人、祝融氏主之矣，千万世而下遂执为火神而祀之，又岂无因而矫举耶？说者又谓：祝，大也；融，明也。火在卦为离，为天下文明之象。彼有取尔，乌徒以形色象貌求为？嗟夫，六合之外，圣人存而不论，吾安得穷其原，而知其某为火神也者；吾又安得矫舆情，而知其某为非火神也者。夫亦与天下万世共存之而已。

郡旧有火神祠，建于河之浒。庙貌仅丈许，庙之外离围垣亦仅丈许，垣之外无隙地焉，相沿匪一旦暮云。君子曰：庙以妥神，神将依也。庙宇之太狭，则瞻礼不便；垩甍之太浅，则观望不肃。妥神之谓何？而神将安所依也哉？

云中席子官商隐于沧，每桥梁道路之倾

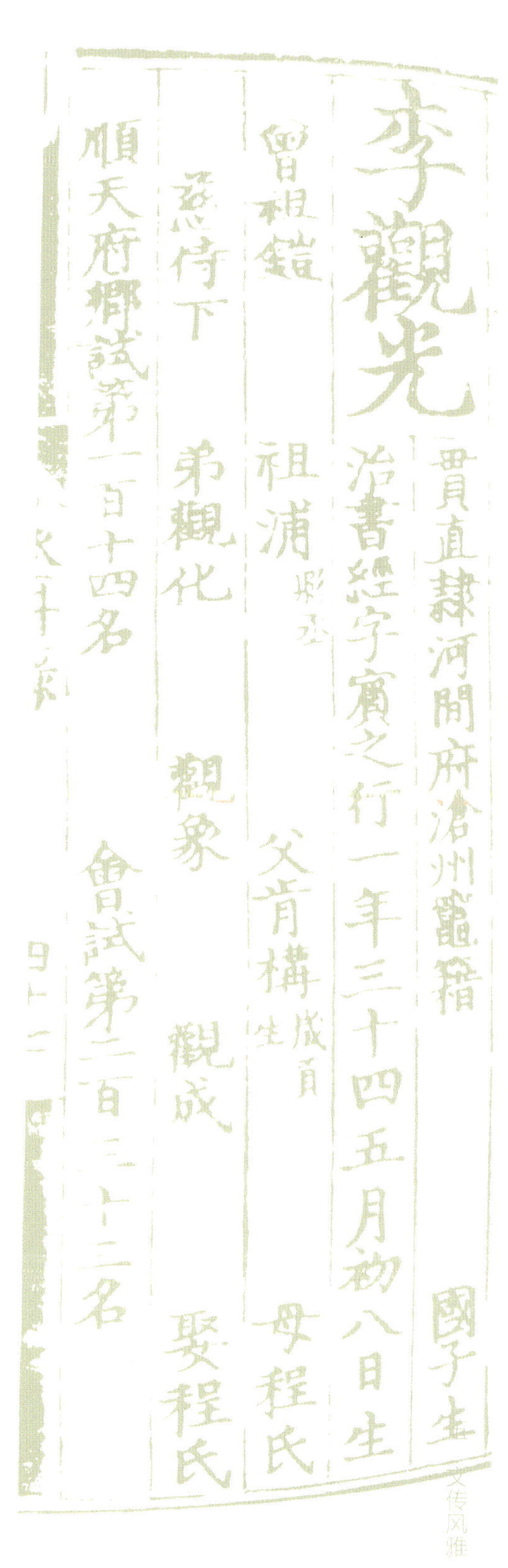

李觀光 貫直隸河間府滄州竈籍 國子生

治書經字賓之行一年三十四五月初八日生

曾祖鎧 祖浦縣丞 父肯構生員 母程氏

慈侍下 弟觀化 觀象 觀成 娶程氏

順天府鄉試第一百十四名 會試第二百二十二名

---

① 李观光，字宾之，又字贞于，明嘉靖万历五年进士。初任山东肥城知县，转任诸城知县，后升为兵部主事，官至通政司左参议。

圮及祠宇观刹之颓废，往往出囊橐而修葺之无少吝，盖亦饶于赀而好义者。一日，谒若祠而叹曰：“火之为穹壤用至广，而其神最尊。即令狄梁公经略毁淫祠，亦当在崇祀之列也者，乃坐视其浅陋焉若是？”则惕然仄悚弗宁者久之。惟时沈子柱、宋子守愚亦同有是心而从义者，乃谋诸邑父老及闾巷之慕义者，各为捐金、鸠工、聚材。庙之仅一楹者，拓而为三，廊厦称之。左衡鼍鼓，右县鲸钟。庙之前门亦为三楹，皆内向若阙廓然。檐牙胪列，而丹雘辉煌，视之往昔，盖其壮丽哉！

庙既成，席子蕲为记以识不朽。予惟神之所以为神者，岂徒以庄严雄伟、像貌狰为庸人俗子凛凛焉无敢视。盖亦有祸淫福善捷如桴鼓影响，即有富晋楚而罔能媚，即有智良平而罔能欺，如是者始称神。今之擅威福以盖众、舞机械以弄愚、逞胸臆以塞贤路、挟炎热以吞善良者，曷可屈指？神而无灵则已，藉令神而有灵，将纵其肆然而无一问耶，抑报施之期有定衡似爽而实不爽耶？《书》云：“予若观火。”吾知为兹神者，必不眩于鉴临也已。

是惟记。

新建（沧州）马神庙记

刘生中[①]

万历己亥夏，王公来守吾沧。时清源民哗，讹言流布，人心惶惑若骇鸡然。公下车，即出谕晓之，为之引古昔、陈利害，民乃大定。是岁，虫螨伤稼，众庶艰食。公为请于上，得临德粟若干石，减价予民，又煮粥以食待哺者。自冬抵春，凡三阅月，所全活无虞十余万人。盖自履任后，早夜拮据，靡有宁晷，亦既平定安集矣，于是乃始劝学兴材，修废举坠，如新学宫、修师廨、复龚公祠，详在他记中，不具载。

先是州有马神庙，在治西南马厂内。盖国初，寄种马于编户，而责其孳息。冏寺岁时巡行诸郡邑，察肥瘠，稽登耗，则马厂其行署耳。迨后种马变而为买俵，冏寺遂绝不一至。于是，有司改马厂为监司察院，而庙亦移于城隍庙后左侧。顾其制卑而陋，路狭而仄，相沿以来，三十年所矣。公临祭，愀然伤之，谓祀以将敬，室以妥神，神之弗妥，敬于何有？且《易》有之，乾为马。马，阳属也，气以类从，于法不宜西，盍迁之？遂卜地州治东南蜡，虮蜡庙前，相度土功，庀材鸠匠。经始于九月某日，逾月而落成。崇以广楹，翼以两序，辟以重门，缭以周垣，规制始大备矣。时余浙闱事竣，便道还里。公乃属余记其事。

余考《周礼》，校人掌王马之政，春祭马祖执驹，夏祭先牧颁马攻特，秋祭马社臧仆，冬祭马步献马讲驭，则马神之载在祀典旧矣。故水瑞感而河龙出，星精应而天驷下，以至余吾、渥洼、中卢、夸父之奇，神或贶之，非尽悠谬也。

我朝稽古定制，厘正祀典，诸不在咸秩之列者，一切罢去，而独马神之祀，自冏寺以至别郡邑设有专祠，诚谓其备法驾资折冲，马之为用最急，则报本反始，礼不容后耳。或者不深维其义，视为赘典，即春秋展祭，辄慢承之，庸计及栖神之所乎？公独慨然深念，鼎而新之，谋不再计，役不称劳，妥神灵而修祀事。是举也，可谓明于秩祀之文，而不失《周官》之遗意矣。

且余因是古公之政焉。盖闻古之善牧者，除薦侩刍，庌凉栈湿，周其养也，

① 刘生中，字伯初，号性宇，明万历二十年进士，官至翰林院检讨。

攻驹教駣，刻剔羁策，驯其性也，故秦汧想非子之风，鲁野传史克之颂。总之，适水草而节饥饱，戢耳目而勿惊骇，如吴起之说尽之，然而民亦宜然矣。假令养道废而性失调，其不为朽索之驭者几何。乃公出片谕以销未发之奸而反侧安，发仓廪以济垂毙之民而菜色起，傥所谓戢耳目而节饥饱非耶？至其雅意作人，不惜剪拂，即有跅弛之才，务范之以轨于正，则异日骧首天闲，孰非一顾之烈耶？大抵公之徽猷懿政，未易缕指，乃其诚心质行，无回无曲，又其本原耳。《诗》不云乎？“秉心塞渊，来牝三千。”呜呼！马之蕃息，繄惟神休良牧之谓矣。故余作记，而推本言之，以诏来者。

公名尧封，号华冈，南直金坛人。癸未进士，盖以《尚书》魁南宫云。

沧州重修城池记

刘生中

沧州，北距燕都五百里而近，其地枕漕河、表东海，在畿辅之内称要郡云。州有城，自天顺五年始，迄于今百六十年所矣，崇者圮，深者塞，楼橹就敝，睥睨俱崩。先是，抚台刘公、兵宪梁公、太守刘公暨前牧李公有意缮修，时诎未果也。万历甲午，郡守卢公甫下车，即询民疾苦，与时兴革。周视城隍，愍然叹曰："城以保民，民以守土，无城无民，无民无郡，保障谓何？安所称守？且夫不一劳者不永逸，假令以逸居逸，孰任其劳？吾诚不惮目前之劳，而不贻兹土以永世之逸也。"遂条上城之当修状及所为经费计，请之抚台、直指，悉报可。而抚台李公仍移檄亟图之，因与按院陈公、高公，盐院冯公、毕公各捐赎锾若干，暨都运何公、太守陈公申处没官盐引及余夫银各若干，乡大夫士若耆民又各出私费若干，为营缮费。而兵宪张公、马公、许公后先督率之。于是陶甓鸠匠，撤旧易新，圮者培之，塞者浚之，敝者崩者饰之筑之。凡为垣一千三百余丈，池如之，高广深阔，视昔有加。城楼四、角楼二、桥五、周庐三十。城之上覆以砖埴，惧淋啮也。是役也，经始于丙申三月，竣工于丁酉五月。勿亟而成，不费而惠，屹如翼如，真畿南一金汤矣。

卢公属予记其事。予考览《春秋》，列邑之城者不一书，如叔敖城沂、子囊城郢，谭者韪之。而风雅所咏，至以美兔罝而拟宗子，讵非以御暴安民，职此为急耶？闻之父老，武庙时，畿内盗起，围州城者七昼夜，以坚不能攻，解去。使城而瑕，毋以众予敌也。今国家承平久，奸盗息，即一二萑苻，每发辄禽，无虞内寇。唯是岛夷鸷伏海上，谋且叵测，以州当漕河之冲，为濒海之地，安得晏然不为之虑？即以社稷之灵，圣天子之威，蠢尔小丑，必不能躏入内地。

语云："勿恃不来，恃有以待之。"然则城乌可缓也？顾非常之原，虑始未易：才绵于担负则畏难，谋迂于筑室则寡断，疑生于润橐则远嫌，役艰于动众则避怨，有一于此，事罔克济。卢公以英妙之资，抱宏钜之略，投之艰大，毅然肩荷，而又冰玉其守，天日为昭，故谋而能断、悦以忘劳之若斯耳。有备无患，奕世赖之，则宁为兹土之氓，永奠厥居，张三辅而拱神京，即王畿之内且倚以为重矣。

卢公名廷选，壬辰进士，闽之莆田人。莅政三年，卓异之绩未易枚举，兹其一节云尔。至如分董工役，督视惟谨，则判官周维翰、吏目李逢春皆与有劳者也，法得并书。

移建南阳府文庙碑

戴明说

世运之盛衰在人才，士风之淳漓在学术，然总以衷诸圣人之道，乃为有本而不敝。三代以上，列圣立极，心法承承，罔不只肃。于是欲斯人之共见其心也，乃范之五典六德十二教，端其基，渐靡之礼乐，裕其养，统之辟雍、瞽宗、家塾、党庠、州序，毖其人与法，故三代之治为统备。维我孔子，道集大成，万世四海，悉覆悉载。自天子至庶人，遵之则治，背之则乱，体之则正，袭之则伪，罔敢有外。秦火以后，历汉唐宋，醇儒间出，羽翼名教，是圣道在人心者未衰息也。然世降教微，章句成家，制科限士，穿凿雕绘，波靡潜滋。善夫朱子之言曰：天下书愈多而理愈昧，学者事愈勤而心愈放，词愈丽，议论愈高，而德业、事功之实愈无以追古人，盖不知学之有本而无以为之地也。

夫人一心耳。自少壮至老，自穷迄达，饮食私欲攻其内；富贵贫贱，生死祸福之变态摇其外，肆之为纵横之辨，杂之为功力之谋，惨之为刑名权术之刻，谲诞而深之为释老杨墨之颓荡而不可制。方寸几何，环攻者万，汩溺浩瀚，津筏淼茫。心之不存，本实先拨，而欲以无根之华，上格有为之君，下信不教之百姓，其有济也。

癸巳岁，余谪宛，至之日，有事文庙，庙仅存东郊，垣庑尽废，颓址崩桷，日与风雨樵牧相敌，俎豆之气被蚀烽燹，乃恫吾道不崇，非人士咎也。爰谋诸郡文武士民，卜故藩遗趾，白督抚，遂移建城西北。宛苦兵，民敝勿役，官捐俸，绅士括廪饩，庙因庑创，翼植挠折，涤革滮漫，逾岁渐复旧观。宛人士于是始庆瞻礼弦诵有地，余乃有以正告之也。

士人诵法圣人者，言圣言，行圣行，求见圣人之心。然非自求其心则无本，天之警铎砥砺宛人士者至矣。寇煽兵兴，声教虽存，死亡枕藉，踵踣交路，家鲜庐次之安，体无饱食暖衣之乐者，十五六年于兹。嗜欲去者天机来，澹薄之久，其识渐明，游惰去者道心生，忧勤之极，则力渐坚忍。诸士其明以晰诸天人理欲之微，诚以体诸视听言动之实，汲汲乎以自求其心为本，而后广之万物百家以致其用，通之天地以尽乎其极，不至见圣人之心不止也，又何患乎人才气运不古若乎？

若日，宛实材薮，如诸葛之相谟，范蠡、邓禹之名竹帛，卓茂、张堪、张衡之吏治文章，皆先民之可程者。嘻！其末也，高山在望，伊雒之传在焉。先河后海，由本而达之，庶几乎可也，多士勉乎哉。敬序而诗之辞曰：

紫山嵽嵽，白水汤汤，化接周汝，圣民所翔。至哉圣道，曰唐曰皇，靡不覆帱，敢以隅荒。圣道至近，存心为上，急而求之，如鸡犬放。夜气聿清，存诚去妄，大本先立，应云乃当。爰龟王基，踞乾视离，居以素王，人谁敢窥。圣既奠只，蛟龙盘规，蕴崇云雷，百灵翼祺。钟斯鼓斯，弦诵以之，干羽在阶，中天协之。

南阳府儒学碑记

戴明说

自昔郡县皆有学，所以培人材，广教化，綦重矣。顾岁久而圮，斋庑弗治，游其下者，愀然有风雨荆棘之嗟。佥曰伊守吏胡弗问？或曰伊邦人士胡不是勤？礼乐崩隤，子衿佻达，无乃俗不淳古？

余以佐计谪参藩政于宛南，固楚豫间名镇也。淯水环流，紫山峙秀，曩为光武之所奋兴，武侯茅庐之所寄迹，名臣硕彦，史不绝书，佳气郁葱，今古如一。乃余下车，而肃瞻文庙，在宛城外之东偏，蔓草残砾，堂楹将堕。余顾而嗟，进郡吏及博士弟子员咨之，咸曰："学在城中，以藩出邸，因移郡学，以拓厥址。兵兴以来，城郭宫室，靡不有灾，宣圣有灵，乃使寇焰弗入于俎豆。今遗黎甫集，未暇弦歌，且楚氛震邻，民惟敝赋是供，何力以及胶序？"

余谓："非也，自昔临雍释菜，勒为圣典。汉高以马上得天下，纳陆生之言，喜文学。明帝干戈甫定，即为圜桥讲诵之举，岂独誉髦是厉，兼寓弭乱销兵之策。今庙堂南顾用师，非不抚髀叹息，乃亲举太学，且日进文学诸臣而策试焉，非舞干戚矢之意与？"

适因唐藩废址，请于抚军中丞公。郡大夫率诸人士进言曰："此旧学宫地也，修与建费等，移而建费亦等，盍移之，均肆厥力？"予曰："善！崇文古也，复旧今也，励杰储才豫也。"爰谋诸有事兹土者，若大将军，若诸分阃，若郡若守令、广文，以暨邦之荐绅先生、博士弟子皆有助，而以予为倡。自兹煦育人材，鼓吹教化，将以日月之光，洗甲兵之气，岂惟宛郡科名聿盛，将菁茅溪洞之域，必有向风慕义而来者。

重修先贤仲庙碑

戴明说

粤自尼山氏之徒盖三千人，夫子生平所称许与颜子同较，不曰端木子贡，则曰仲氏子路。仲氏之贤，其行事表见如日星彪炳，既在十哲之林，配飨文庙，俎豆百世，其家子孙又有家庙，礼也。后世追崇仲子，在唐宋间封卫侯，再封河内公，进卫公，公侯之子孙奉朝廷典制，主其家祀，礼也。其裔博士君，自前朝迄今为世官在翰林，岁时贺于京，备顾问，得悉先贤行事。国朝用示遵德亲贤之意，甚盛典也。博士君主其家祀在家庙。

按仲氏本姬姓，先高辛氏之苗裔也。高辛氏才子八人，仲曰堪，子孙以字为氏。夏商间，奚仲居薛，奚仲之子虺为汤左相，周中叶有仲咨为卞大夫，家于卞，是为仲氏近祖。咨生奂，奂生式，式生度，度生肇，肇生拱北，拱北生凫，凫生由，是为先贤子路。自卞大夫咨至子路凡八世，子路年十九为孔子弟子，四十七为季宰堕三都，明年复从孔子，六十一为卫蒲邑宰，又明年六十三，卫有出公之难，死焉。其生平从孔子游盖四十余年，其初见孔子，冠雄鸡，佩猳豚，陵暴孔子，孔子以礼诱教，遂折节为儒服。

孔子生平弟子中，其受教不违，问答如响，莫如颜子，其次莫如端木子贡。孔子曰可，颜氏、端木氏亦曰可，孔子曰否，颜氏、端木氏亦曰否，其见道同也，其受教有浅深，其臻于圣人之域一也。

至仲氏则不然，孔子曰可，仲氏或曰不可；孔子曰不可，仲氏或曰可。孔子见南子则不悦，应佛肸则不从，齐归女乐则促其去国，盖由孔子神化无方，从心合矩，门弟子莫测其涯涘，以徐观其穷神达化之用。仲氏则不然，心有所疑，境有所滞，则怫见于辞色，而敢以圣人为非，是犯颜强项而不肯面从，比于国为诤臣，其刚心猛气，有理无欲，于疑似危微之介，勇以断之而已矣。至其操躬履行，无有微愆，负米养亲是其孝，赴难赎友是其义，拯溺不受报是其仁，作沟洫以御灾是其知，恪其祀事毋敢跛倚是其礼，小邾子乞要言重于牲歃是其信，皆载在传记，昭昭人耳目间。后世有志慕道之士，分其一德，亦足传述不朽，则仲氏先贤庙貌宜在周道之旁，庶足起顽立懦，以风示百世，岂第仲氏子孙奉为不祧之祖哉？

今仲氏家世古卞邑，在泗水有庙；先贤墓本帝丘，在开州长垣有庙；游历所至，东平有庙。其子孙迁任城南四十里仲家浅，聚族居焉。又历五百余年，于是仲氏子姓繁衍，或为仕人，其祖宗灵爽所凭也。庙貌在今仲家浅闸上，漕挽舳舻，朝会舟楫所经，士大夫服孔子之教，瞻仰起敬，比之泗水、开州诸庙，其有功于世道人心者益广。巡鹾御史顾公过庙下，以故宇湫隘，咨谋葺治，及浙督府赵公、开府周公，暨名贤某某辈，鸠材庀工，今为门为堂为庑若干楹，轮奂之美，丹雘有加。夫任城，汶济所交，上溯洙泗，辉映尼山，昭垂千古，是诸君子羽翼圣道之功也。

康熙丙午之秋，说过庙瞻谒，博士君以贞珉为请，为纪其修建之本末如此，系之以辞。辞曰：

有周季，大道坠，毓尼山，圣之至，参天地。配十哲，有谱贤；豭乃佩，雉而冠；卫圣道，匡文宣。汤日跻，武执竞；惟刚健，德之正；结缨亡，死致命。迁后裔，任南疆；崇庙祀，傍周行；千万祀，洽蒸尝。

运司公署碑记

戴明说

天下有新气，自畿甸宫府以及郡国行台公署莫不修建，鼎盛焕然改观。虽曰物力之饶所致，而当事者官方之饬、职业之勤与忠泽之广狭，亦咸于是见焉。盖政成民信，众悦服深，其全副精神所注，不分钜细，鲜有不为之备举者。惟我长芦在甸服之内，考之郡志云：都运衙门创于命官之初，面城背池，其规制宏敞，实先州治。每原夫厅事之建，匪仅为一己便寝处节劳逸也，正欲代朝廷宣德意，为小民察幽隐，且得朝焉夕焉，自公而退食焉。嗟嗟！三复斯旨，凡履兹职者而克称无忝也。自耿清惠而下，若刘用宾、杜孔材、陈敬甫、何汝登诸贤外，其人殆不可多遘。已乃幸历翁周祖宪以台班侍御特晋藩参，莅任已逾五载，仍日峻其秋霜威灵之风，而济以春膏慈惠之化，真弊无不剔，利无不兴矣。顾念津门新辟，行台地远，长芦提辖未免偏重。于是捐其禄入并集南北勤义诸商，共计金五千两，修饬正堂廊庑衙舍百余间。所谓资之以宣德察隐、适馆授餐者，亦罔不悉具，而所最深人仰跂者，延宾一区，翼然高耸，四座生光。虽祖宪宏材巨略，德教尊巍，固无籍诸谫劣之游谈稗说，以助其高深，而殷殷下问之诚，已可概见，只此虚公一念，便足垂重千秋，匹休前哲。而区区鸠材庀工之绩，又属经济所旁及，而不必以一时馥齿颊者遂为之颂也。

虽然，晋人有曰："后之视今，亦犹今之视昔。"从来创造固难，而重新尤不易。谨以工之伊始并落成岁月勒诸贞珉，有人焉，其在百年内身享成功者，宜有以知今日经营惨淡之心或在百年外，时当葺治者亦有以感乎斯文记载属望之意云。

移建学宫碑

掌福建道监察御史霸州吴邦庆撰

翰林院编修通州白镕书丹

原任福建建阳县知县邑人赵廷翰篆额

嘉庆十一年丙寅三月立

隋开皇十八年高城改名盐山，沿仍至今，其学宫创始明天顺时，柯学士潜碑文已云无考，惟载宋公讷令是邑大改作之，置弟子员复其家，并谕以道，有在科举文字外者考明史。宋公在元至正间令盐山，旋弃官归，明初征辟再出，官至祭酒，旧碑盖考之未审也。自元至明（正）迄明天顺隆庆天启暨国朝康熙十二年已七次修建矣，基址旧在县署西偏，地势洼下，乾隆五十年后圮于水，嘉庆改元岁大熟，邑举人赵廷翰训导张进贡生李钧生员张士廉等请于邑侯邓公元烘，移建东门内，而以刘子恪侯董其事，基位亢爽，神人胥悦，凡用金一万有奇，自七年落成，而来乞记于予，予谓立庙以祀先圣先师者，立模范用以陶铸人才，使内诚其身，外备天下国家之用也，师弟子如视为利禄之薮，杨子所云模不模范不范矣。盐山自宋公倡明正学，人才日盛，其尤著者莫如王忠肃公，当成祖定都北京，思得北士，用之忠肃，两试皆上第，成祖大喜，改庶吉士，后历任四朝，文能致治，武克戡乱，李文达称皋陶九德，公有五焉，今诸君之瞻仰门墙登堂揖让者，惟一意以乡先达为师，吾见三德六德之英俊，必林立辈出，他日同掇巍科，建立丰功骏业，与忠肃公之垂光史册者，后先辉映，其斯为无忝皋陶之谟，即真为窥见宗庙百官之美富乎，余于（与）诸君且拭目俟之，若夫丹雘磨砻之美，及他祠之次第异修者邑人均耳而目之，勿庸赘述也。

赵廷翰，字墨庄，由清举人知福建之建阳县。著有《墨庄文集》《四书语录汇解》十六卷。

重修潞安郡学记

李之峄

潞安乃古上党郡，西带漳流，东拥行麓，辽沁屏其北，泽濩拱其南，地崇势亢，列在雄藩，其物产之饶、人文之盛，甲于三晋，间气所钟，郁葱磅礴，历代贤达之士，如冯鲍崔续，更仆莫罄。

予于己未嘉平佐治此邦，旷瞩遐瞻，知其气之蕴蓄而将摅也，历有年矣，乃谒先师于郡校，见庙貌宏敞，规模大备，然岁久倾圮，茂草兴悲，乃与郡伯李公肖筠、长治大尹徐公志鼒、司铎畅君翩、王君汾公议，详请修葺，咸报可，乃发帑兴修。邦之士大夫欣然乐观厥成，越十五月而竣事，会太史李公为栋奉简命来守是邦，睹巍焕之桥门，览维新之栋宇，乃叹郡学八邑首善地，予将广励人材，培养士气，将于此庆始基也。嗣是而建舍延师，是课是程，阐明正学，俾一郡八邑之士，咸能敦礼说诗，明体达用，如文翁之化蜀、文定之教授苏湖，皆吾侪难谢之责也。选拔郭子纶、岁进士王子士宁、诸生崔镇，皆宣力罔倦，州同知张奇功尤能相度庀材，殚心疲力以终始，此四人者，例当并书云。

乾隆六年岁辛酉小春之望。

常郭观音禅寺碑文铭

王　玹[①]

直隶河间府沧州盐山县阜民场常郭镇古迹观音禅寺，东至故县庄、西至常郭镇、南至留村庄、北至峰家河之远，相传名为古刹者矣。

洪维圣朝，混一寰区，四海咸宁，八方臣服。而犹弦崇吾教掌，设一僧以掌之，庶几羽汉唐虞尧舜之治也。繇是弘治中，尊宿喜贵太师，以其德兼备石举，开设观音禅寺，已而仍彼古刹之名，兴修所谓正殿五间、天王殿、东西廊庑、伽蓝祖师堂、斋堂、禅堂方丈、钟鼓楼、山门皆金碧交辉。于殿塑庄释伽佛、弥勒佛、药佛、阿难迦叶、十八罗汉矣，皆从于无相而现色相，以为人天瞻视，已成大方丛社，以作朝廷习仪之所，以为黎民集福道场之乎矣。然自昔来有碑记，以传远欤。由此其本山住持法德上人，谐各施己□□募众缘买石将欲立碑，其实迹命之为之记焉。

伏惟佛如来之道，自流布中原者，其道之体用，充塞乎天地之尢外，贯彻乎宇宙之无穷。利益群品而不择显幽，普度飞潜而均该巨细，翊替皇图而巩固，保安社稷而和平也。然而，今昔有赖国王大臣所护持，遐迩善信者所皈向，则尤所寄历代高名弦教者之所举修，遂得日盛月新之于是矣。若兹刹先后皆蒙方伯大富豪檀越之所作兴，而德悠悠即可验也，敢不记以见。

我朝崇奖之隆，文物匡扶之美，以文不泯哉。然自开设以来，绍席者曰法德皆为僧牧、皆有道行见、皆能整顿旧规，所夕领众至口敬慎，仰祝圣寿万年，及续传灯千载，俱有补于世教也。并述为记焉，其于芳名列于碑后，用刊不朽。

大明弘治九年岁次丙辰春正月吉旦十有五日。

---

① 王玹，字邦器，盐山人。明成化五年己丑科进士。初仕江西道御史，秉公执法，升至浙江按察司副使。

创置先斯院赡田碑记

韩应龙

养济孤贫，守土者之责也。予督鹾无民社寄，日奉大司农檄转运两关盐务，徼有天幸，引疏而课足，俾西北一带执戟荷戈之士，尽腾饱无脱巾之虞，犹恐厥职未克称，方今灾异频仍，寇虏交讧，闾左十室九虚，当事者蒿目攒眉，忧兵忧饷。余乃沾沾焉取无告穷民而先欲济之，无乃非当务之为急。昔人云：一介之士，苟存心于利物，必有所济。余何人斯，肉食而鄙，未有远谋，上佐国计，乃下顾斯民，鸠形鹄面，甚至疲癃残疾，目瞽天日无见，乃终岁不挂寸缕、不饱半菽者，所在有之，目击而心悲焉。即间为分俸以赈，聊佐一时之急，而小惠未遍，其与几何？已又思之，穴深寻则臂之长有所不及矣，矧河水涸而思泣以益之，不憨甚耶！无已，就目前所见而不忍见者，为风雨饥寒之虑，惟有筑舍以居，买田以养，在今日为创制，于他年为成规，虽所及无几，聊以存吾利物之心，其一念焉者而已矣。去城南百步许，御盐厂右，原系长芦官基，环起一院，中立正厅三间，为早暮赈穷君子散赈时驻节之所；东西北三面，各建栖止贫民之屋八间，共计二十四间，每间安置锅一口、席一领、被一床，榜其门曰：先斯院。复捐俸银四百三十五两，置买生员王廷鉴马里通庄庄房一所，小民灶地二十七顷六十二亩，折算行粮大民地一顷三十六亩四分四厘，大灶地八顷六十七亩六分，在沧州孝二里行粮，虽非沃壤，颇系良田。召募总佃李光辉、李开立、曹尚言三人租种，无论水旱丰歉，每年纳租银一百两整，按期给散贫民；又四十两交纳沧州地亩钱粮。取有李光辉等认状在卷，生员王廷鉴卖契附卷，其为地也，析之计二百七十三段，每段各有四至，开列在册，一切兼并窃据之弊或可免矣。至于种租人户，年远日久，不无奸顽拖欠，所望后之君子，毋曰非当务之为急也，一加意焉已耳。存心利物，人人所同，当无俟余言之为谆谆者。

崇祯九年岁次丙子仲夏吉日

大中大夫、长芦都转运盐使司运使、奉敕清理直省盐法行道臣事楚人韩应龙谨记立石

（据乾隆八年《沧州志》载，石碑有二：一置先斯院中，一置马里［通庄］，马里通庄即今黄骅境内官庄村。碑现存。现存于官庄村东、捷地减河南岸的石碑碑文与乾隆八年《沧州志》、嘉庆十年《长芦盐法志》、民国二十二年《沧县志》所载碑文内容有出入。）

明资德大夫南京兵部尚书赠太子少保晋庵戴公（戴才）暨配田夫人穆夫人合葬墓志铭

余继登[①]

万历丙戌秋，前资德大夫南京兵部尚书晋庵戴公卒于家，守臣以闻，天子为悼惜，诏太宰予赠，宗伯予祭，司空予葬，于是赠太子少保，祭二坛，遣官营葬如令。甲公子太仆丞绍科辈将以岁戊子四月二十日蒇葬事，而以纳言李公状来征志若铭。按状：

公讳才，字子需，别号晋庵。其先景州人，五世祖曰荣者，当文皇帝时以富民徙实沧州，遂为沧州人。荣生庆，庆生宣，宣生臣，俱以公贵赠资政大夫都察院右都御史兼兵部右侍郎。宣配冯，臣配萧，俱夫人。戴自徙居以来，世孝弟力田，为德于闾，而发祥于公。公生而颖异沉静，始就外傅，即端重如成人。年十二，试于郡，郡守姚江吴公大奇之，曰："此公辅器也。"声籍籍起。嘉靖癸卯举于乡，明年甲辰成进士，授行人。己酉，擢户科给事中。庚戌之秋，京师戒严，时事起仓卒，军需匮乏，大司农请一切加诸道赋。公抗言："今畿辅、山陕诸郡连岁苦募兵市马，甚劳费矣，而复议增马，江南诸郡每先期输纳料银，又豫输机兵民快一岁已，皆目前权宜之计，而复议增赋，是竭泽而渔，以重困吾民也。"部议竟格不行。已，巡视光禄，纠核伏蠹，条为四事上之，岁省大官金钱十万。壬子，转吏科右。癸丑，转本科左，以内艰归。服阕，补工科左，寻升兵科都。公以倭夷猖獗，闽广用兵无虚岁，乃疏陈三事，曰亟剿灭、慎防守、驭客兵。言言中窾，下所司行之。公之在谏垣也，毋务以鹰击毛举为名高，然数引当否，耻趋和承意。久之，升南京太仆寺少卿。公亦无少望，循行郡国，精心牧政。逾年，以外艰归。

服除，升都察院右佥都御史，巡抚甘肃。甘肃新用兵，无见车骑，即羸卒乘亭障者半菽不给。公至，抚其疮痍而乳哺之，首为请帑饷、垦荒田、兴水利，乃

① 余继登，字世用，号云衢，交河人。明万历丁丑科进士，改庶吉士，授检讨，累官至礼部尚书，赠太子少保，谥号"文恪"。著有《澹然轩集》。

次第简兵将、习击技、饬烽堠，敌至辄遭创去，而红柳林、枪竿岭之捷，甘镇向未尝有也。敌既数不利远去，则以其间建学明教，振废省刑，种种具抚甘议中。公抚甘五年，斩首捕获数十百人，修筑墩墙以千百计，招徕降口若干，夺获羊马器械无算，而公亦以积劳晋副都御史，巡抚陕西。五郡父老及诸番夷卧辙攀留，有歌者、诵者、感而泣下者、肖像而尸祝者。於戏！此足以知公矣。

公甫至陕，有秋防之役，即移镇原州，储刍粮，守要害。比及瓜期，既撤防，套敌兵忽入延绥，杀总兵郭江，执副总兵时銮以去。科臣列失事状，词连公。夫敌所出入定边、瓦楂诸路，非公所辖地。言者误及公耳，公不自明也。诏公归就核。明年隆庆丁卯，公事大白，仍以原官巡抚河南。三月入为大理卿。己巳，升刑部右侍郎，寻转左。公再为法官，持法平亭，所定买休卖休诸律，著为令。庚午八月，宣大总镇臣以谍者言，东西诸番当大举入寇，京师戒严，庄皇帝饬大司马修战守具，诏诸镇整兵待援，乃起前都御史带川刘公守通州，提督援兵，而改公户部左侍郎兼都察院左佥都御史督理饷事。公言敌情叵测，征发贵豫，请令密云诸处司计之臣悉心经画，益广储蓄，俾应援兵马在所关支如取诸寄，此与辇辎重而追劳军者功相倍也。既而，敌侦我有备，旋解散去。然天子益心重公，遂以其年冬升都察院右都御史兼兵部右侍郎，总督陕西三边军务。

公三莅陕，益熟其地利弊，某帅勇某吏贤，亟露章荐之；某帅贪残，若选懦不任事；某吏墨，亟劾罢之；某费冗，亟节之；某饷宜增，亟增之；某屯田盐法可以佐军需者，亟议之；某路番众所窥伺，亟檄镇兵防御之；某城隍墩台可修浚者，亟以时缮治之，而其大者曰永安堡。堡在靖虏之北，中卫之南，曰裴家川者，腴田可万顷，民苦乏不得田作。公为相度地形，筑墙建堡，疏于朝，更今名。且请以固原守备某督兵营田，以苑马寺少卿兼佥事某移靖虏，整饬兵饷，而秦陇之间屹然成巨镇矣。会俺酋款关乞贡市，庄皇帝采议臣言报可，而河套吉能者，俺酋枝属也，援例以请。下群臣议，公言："东西各为雄长，授职宜均，通贡宜随俺酋进入为便，若互市，则陕西重镇，既不可招之内地，甘肃番回开市已久，又不宜令强敌混入以滋祸阶，惟延宁二镇颇为近边，然阑出之禁甚严，亦不宜因市启衅，互市第可行之宣大，不可概陕西也。"有旨切责公，公卒主延宁二市，且疏改延绥市于红山暗门之外，复宁夏清水营旧厂以备不虞，乞桩朋马价以充市本，列卒环市以摄众心，故远人爱如冬日而畏如怒霆，竟公在事，无敢一哗于市者。天子亦以酬功之典，进公兵部尚书兼都察院右副都御史，总督如故。两岁中又升俸者一，白金、文绮之锡六。今上念公久劳边事，乃命以原官掌南京都察院事。未抵任，改南刑部，又改兵部参赞机务。公按江防缓急为饬兵卒，部署方略。巡盐御史某奏改浦子口五卫隶御史节制，公言："南畿各卫，分列六营以藩篱根本，统领则以内外守备，巡视则以科道，其来已久。一旦改隶御史，使堂堂六师下同部伍，非建制意也。"事遂寝。盖公习掌故，持大体，伉厉守高，时方倚以为重，而公以继妣刘夫人之忧归矣。

状言，方公争互市时，或讽公第开四市如贵人指，延赏可立俟。公正色曰："市之利害筹之熟矣，徇下而谩上，便身图而不计国是，有臣如此，将焉用之。"谢绝其人去。公既去镇，喜事者卒开甘肃之市，令番部交恶，为国家生一边隙，盖十余年而公之言竟成左券云。嗟夫，天下有任事之臣，有喜事之臣。喜事者机圆志锐，见利而不见害，故尝试暴施，卒之利一而害百；任事者老成持重，审较利害，每却顾重发，故多利而少害。若公者所谓任事者，非耶？

公家居久，督抚台省交章而推毂公者六七公，大都言公经济长才，不宜久弃林壑，而公顾以老无意于世。往岁西人内讧，主上廑西顾忧，未始不念公言效，而公逝矣，惜哉！公长身岳立，望者知为正人君子，居常恂恂，饮人以和，至当大事决大义，则天动星回而公不可夺也。性至孝，居丧柴毁过礼，甘恬澹，薄嗜欲，仕宦四十年，自奉甚约，终其身无世俗声色之好。阖门养重，无一语挠守牧权，亦无尺一走长安道中，舆论高之。先是太仆君念公老，谋归侍食饮，公贻书止之曰："勉修职业，老人善饭无恙，勿以为念。"一日坐斋中，室无人，忽布几焚香，默有所祷。俄呼四缣充犒，左右惊入问故，不答。又某姓者，梦羽旄鼓吹，导从甚都，公秉肩舆出，翌日遂卒。易箦时，惟言生无益县官，死勿请恤而已。时万历丙戌九月二十五日也，距生正德甲戌十一月十有三日，得年七十有三。

配田氏，佐公起诸生，供养姑舅，得其欢心，篝灯侍公夜读。比公贵，身膺纶命，而勤俭益甚。独好施，内外姻族以及臧获无弗戴德者，事具维扬陈公尧志中。先公三十五年卒，卒于嘉靖壬子十二月初三日，距生正德甲戌年八月初一日，得年三十有九，累赠夫人。继穆氏，凝重婉嫕，事继姑刘，能先意承志，抚太仆君如己出。公驰驱王事而无内顾忧者，亦以内德茂也。先公十四年卒，卒于万历癸酉九月三十日，距生嘉靖甲午年五月十六日，得年四十，累封夫人。两夫人之卒，尚在浅土，今将祔公于城东祖茔之次合葬焉，官所营兆也。子男二，长即太仆君，娶于常，赠孺人，继张，封孺人，田出；次绍庭，娶于刘，穆出。女四，田出者适生员张继周、吏部主事王显仁，侧张出者适举人张惟曜、儒士马惟断。孙男三，世懋、世愈，科出。世德，庭出。孙女三，俱科出。铭曰：

古之大臣，谋不先身，动不徇人，维社稷是计，用康乂民。盖嘉隆之际若戴公者，庶古大臣之伦。矫矫戴公，质有其文，爰自琐垣，暨于开府，柔亦不茹，刚亦不吐。上帝曰咨，维远人弗靖，蹂我疆圉，女其予抚，女式遏乱，略以保厘西土。公八载于征，蹇蹇匪躬，四方来同，及彼番戎，莫不率从。帝用是大赉，念兹戎功。呜呼，生而显庸，殁而追崇，匪私公以惠，允德克终。公之好逑，媲德俪美，先公而归，以身蓐蚁。东城之原，郁郁佳里，以庇尔孙子，百千万纪。

明隐士贾君（贾进）墓碣铭

吕　律[1]

隐士贾君太学生讳进，字子情，号古泉，河间盐山人。惟君孕海岱之精，苞灵曜之气。严明果毅，峻介宣达，少而岐嶷，未遂儒业。能挺叔夜之刚肠，富元龙之豪气。躬尔持家，乐道人善，故一时弁佩缨绥之才、高爽博大之士，多乐与之交游。且以意气相高，耻寒盟，重信义，其陶游不出于井牧之中，而车轮常来于千里之外。且胆略兼人，智圆色正，应变猝然，动中机会，立论而鳏寡不茹，片言而纷争以息，夫岂矫情强制云乎哉。或曰："使君在战国，翩翩逞其才猷，其灵焰挥霍，端不在信陵、孟尝下也。"且鞠哀轸脊令之义，中冓严黄里之分，趋庭教至，睦俗敦仁。而暮年愈振其家，突起楼榭，野服安步，俯仰自足，高标冲襟，雍雍如也。太史公曰："今有无秩禄之奉，令爵邑之人而乐与比肩者，命曰素封。"斯非君之谓乎？又于邑居起层楼夏屋，于以娱宾终老，亦既休休矣。不意倏尔遘疾，春秋七十有三，万历二十七年五月初十日卒。悲夫，自处暂劳，贻厥永逸，欲怡百年，河清难俟。虑后规模，其恢廓已至矣乎。其子如锡等卜葬，于其卒之后三年壬寅岁二月□日归窆于先茔之次。竖石表墓，余以相知甚深，缘摛其德辉。铭曰：

出震之秀，海岱之英。绳绳子孙，繄君之荣。先民有言，凡阳必刚。世知有君，休有烈光。栖身丘园，冥心寥廓。取足会心，云鸿海鹤。腴田夏屋，匪以逸身。于以绎思，启迪后人。

乡进士侍教生沧州和所吕律拜撰。

① 吕律，吕子桂仲子，官至安东知县。

明故莱芜典史赵公（赵翱）墓志铭

赐进士出身翰林院编修文林郎国史经筵官任丘李时撰文

赐奉直大夫直文华殿鸿胪寺左少卿邑人高岱书丹

钦除盐山县儒学训导湖广长沙周钛篆额

戊寅岁菊月望后，待选德府典膳赵瀚文博，以其考状哀跣及予门，泣而告曰："尝闻古人云，祭之礼不若养之薄。瀚以幼失母，奉养已无逮矣。幸得侍严君尚可以尽人子之心，又不幸中道弃瀚而逝，徒抱终天之恨于不已也。瀚至愚，又无以揄扬于后。呜呼哀哉，用是挥泪述所见闻者于简如此，敢乞先生铭墓中之石，委诸永久，而身后之名不至于泯没也。"予曰："君子疾没世而名不称。故人子之爱其亲，必欲扬其名。然其所以扬者，有之不可不尽，不尽非孝也；无之不可有加，有加诬亲也。至于扬之大本又在人子何如耳？子善则亲之善，益善矣。子其勉哉！"按状：

公讳翱，字腾霄，姓赵氏，行六，先世居永平。祖讳彬，经兵徙居盐山，今为盐山县人，考讳增，俱隐弗耀。公幼尝读书，有颖悟。长游邑庠，有志科目。后家贫亲老，不能终养，乃愿就刀笔。弘治乙卯，荣受冠带。正德己巳，受山东莱芜县典史，其事上接下，悉徇法守，吏民无敢欺者。人尝曰："官卑禄薄，其职亦称其孔氏之徒乎？"拾年乙亥乃愿陈致仕。今岁夏以疾卒，时正德拾叁年肆月拾陆日也。距生景泰肆年癸酉二月二拾壹日，寿陆拾陆岁。

配李氏，邑人鉴公女也，勤俭谨畏，足为闾里式，先公卒。继娶胡氏，子一，即瀚也。由邑庠生待选德府典膳。娶张氏，邳州大使瑄之女。孙男二，希大、希正。女一，适邑人刘惠。瀚将以本年拾月肆日奉柩合葬于盐山县东五里之原祖茔之次。予因序其事，已而系之铭，铭曰：

伟哉赵公，莲幕之宗。官卑禄薄，厥职乃行。既而博退，义方是力。教子能官，禄养弗及。生而有长，死当遗芳。我撮其概，有铭斯彰。古城之东，郁郁其阡。公也宁止，亿万斯年。

明故奉政大夫秦府左长史左峰赵公（赵行可）暨配宜人张氏墓志铭

赐进士资政大夫正治上卿都察院左都御史天津刘焘撰文

赐进士出身资政大夫正治上卿奉敕参赞机务南京兵部尚书沧州戴才书丹

赐进士出身奉议大夫山东按察司佥事奉敕整饬辽东开原等处沧州赵宗轨篆额

按状：公讳行可，字子伸，号左峰，先世永平府滦州人。历代既远，家谱久湮。自永乐初有祖讳彬者迁河间长芦利国场，占籍盐山，遂家焉。彬生增，增生凤，俱蓄德弗耀。凤生澄，肄举子业，潜心壁经，有拾芥青紫志，捐馆蚤而不果。肃宗时，公丞行太仆寺，被恩赠如其官。母张氏，赠安人。

公赋性颖悟，立心诚确，早承壁经庭训，十四岁游泮宫，甫十逾载，而有司循乡贡例举入国学卒业为禄养。嘉靖三十三年冬，授忻州同知，路冲民疲，公佐其守以省费足民，风俗丕变。铨部廉其能，谓公宜大用。三十七年夏，升山西太仆寺丞。公抵仕，适边檄旁午，百物凋耗。公秉心塞渊，经画马政，期月间当道交奖。四十五年夏，升保宁府判。公下车禁侵渔，通壅滞，由是馈饷不竭。岁久积羡余三千金，旧以为常例入私囊者，公俱申之抚按，抚按为之奏闻，一时缙绅推重。隆庆五年春，升泾州郡守。泾乃西鄙地也，土薄民贫，租赋相沿拖逋。公催科有方，抚字得体，吏畏民怀，积欠俱完，有古循良之风，政声丕著。万历二年春，升公巩昌府同知，分驻河西凉州卫，理屯田，修边备。塞外之俗，百务惟艰。公尽心调停，咸中机宜，一时抚按交荐，有曰“裕边储、开荒田，一方之钱谷充盈；摘奸伏、理冤枉，数年之豪猾敛迹”；有曰“理饷清屯，驰声于六卫；饬戎筑险，保障乎一方”。绩奏当迁，铨部以公为资格所限，内转无缺，而长史乃王相也，遂不以有司限公。万历六年夏，升秦府长史。公辅王以至诚，王甚礼重焉。任久，加公服色，腰金衣紫，而宦阶之崇殆不让于黄甲矣。甲申岁，以庆贺入京师，其长子一琴，经历通州卫，多疾，公过之，见其貌瘦，叹曰：“汝方疆仕时，而羸弱如斯，吾年过古稀，又何以仕宦为哉？”遂解组归。无何，一琴卒于任，公为之悲痛，而竟不起矣。公自筮仕以至王相，历仕三朝，宦游三十余载，率以名节为重，廉介自持，所得俸金悉以周急亲友，是以囊无余积，有琴鹤自随之风。呜呼！公年逾古稀，不为不寿矣；纡金拖紫，不为不荣矣；有子有孙，不为不福矣。公之殁也，可谓无遗憾矣。卒于万历乙酉六月二十日申时，特距生正德甲戌四月十五日子时，享年七十有二。

配张氏，赠宜人，贞淑有士行，闺阁严肃，持身勤俭，佐夫以忠贞，教子以耕读，闾里佥拟有孟母之贤。先公卒于万历丁丑九月初八日酉时，距生于正德戊寅十一月初六日戌时，享年六十。子男二，长一琴，监生，仕征仕郎，通州卫经历，卒。娶刘氏，耆老天伟女。次三捷，廪膳生员，娶刘氏，即予女。女二，一适沧州监生周于德，一适邑庠生刘三颂。孙男二，正言，正问，俱一琴出。时三捷卜是年十月二十四日启宜人之墓，奉公柩合于祖荣之次。捧文林郎知宿迁县事孙湛行状冀予为铭，予与公姻亲也，何忍于不铭。铭曰：

爰有哲人，降以瀛东，历任三朝，懋著丰功。龙章凤诰，帝命攸隆。解组归田，有俶令终。贤夫贤妇，并入仙宫。巍巍麟冢，千载高风。

明敕封文林郎山东道监察御史野庵蔡公（蔡朴）暨配敕封孺人王氏合葬墓志铭

赐进士第资政大夫正治上卿都察院左都御史兼兵部左侍郎天津刘焘撰

赐进士第资政大夫正治上卿南京兵部尚书参赞机务同郡戴才书

赐进士第奉议大夫山东按察司佥事同郡赵宗轨篆

按状：公讳朴，字子初，别号野庵，先凤阳灵璧人也。永乐初，高祖迁河间长芦严镇场，占籍沧州，因家焉。曾祖讳祥，以明经举，历官山西浑源州知州；祖讳英，隐德弗耀；考讳汶，号遁斋，通《周易》，精楷书，为郡名儒，后以公显，敕封如其官；母顾氏，敕赠孺人。

公生而颖异，禀渎岳之精，苞灵曜之纯，兼资九德，总修百行，弱冠补郡庠员。文词书翰，迥出流辈，人皆以公辅期之。嘉靖癸卯，领顺天乡荐，连登甲辰进士。乙巳，授河南阳武县尹。公居上有体，政匹龚黄，恩及黎庶，是以吏畏民怀。履任未久，政声懋著，当道者交荐于朝，遂召入，拜山东道监察御史，正色立朝，宦戚敛手，有真御史之谣。癸丑，巡视宣大。时遭虏患残伤，米价腾涌，公悉加优恤，各给本色三月，士卒均得实惠，赖以全活者无算。每虑永宁等处寨堡单薄，难以防御，乃亟行修缮，建敌台百座，空心敌楼数座，计需七八千金，皆取给于年例积镪，秋毫无扰于官民。初，两镇与虏互市，及开市未果，仍肆抢掠而去。公谓无益羁縻，徒损威重，即上疏九重，圣明嘉纳，遂罢边市，特诏加俸二级。谏行言听，功在疆圉者不可数纪。乙卯，代巡河南，霜旆所至，遐迩澄清。公性耿介，不随时好，当道有忌公者，公遂以疾乞归。蹈鸿举之迹，翔区外以舒翼，急流勇退，居林下三十余年，绝世超伦，不萌功名之念，虽大位未跻，而时人高尚其德，有重于卿相之位也。其友弟□庵栻，朝夕训诲，期以联芳。及长，入太学，凡燕游必与共乐。尝悼妹氏早逝，遗甥祝多祜靡依，特加钟爱，亲自课校，俾其学成而声庠序，其笃谊骨肉之情类如此。方其优游林下，结盟泉石，淡然自得，性不为欲滑，情不为物诱，守贞自持，日惟棋枰酒卮，与耆旧偕乐，以终余生而已。偶遘一疾，遽尔羽化，公可谓含光醇德，百世作程，资始既正，有俶令终，存荣没哀，死而不朽者也。呜呼！公卒万历壬午十月初六日巳时，距生正德庚午十二月初三日巳时，享年七十有三。

配孺人王氏，引礼官澜女，幽闺庄静，克闲妇道，其事舅姑，洁蘋藻，躬纺绩，夙夜匪懈，每脱簪珥为公易书，惟以薄淡自奉，后膺宠封，除霞帔之外，别无纨绮之服，恩及房帏，有樛木之风。仲子在襁褓失恃，孺人多方调护，无异己出，其贤淑为闺门所推让。先公抱疾者十八年，奄奄不绝，及公逝，不五月而随以告终，如有夙约然者，其事亦奇已战！卒万历癸未三月二十三日戌时，距生正德己巳九月二十八日寅时，享年七十有五。侧室于氏，温柔淑慎，亦贤而有德者，先公十三年卒。子二：长克承，王孺人出，光禄寺监事，娶张氏，南皮县兵备副使安轩公谧女，继娶青县学生春田公畯女；次克顺，于氏出，太学生，娶余女。女二，长适河间卫鸿胪寺序班王延宾，次适青县学生曹志学，王孺人出。孙男锡，克顺出。孙女四，克承出，长适武城县丞吕一元子庠生纬，次聘庠生赵慎微子光宦，二尚幼。克承等以癸未之十月二十二日奉柩启窆，合葬于城东南五里之原，卜新兆也。余与公亲连姻娅，义倍恒情，乃据乡进士明所孙湛述录行实而为之铭。铭曰：

渤海之野，沧水洋洋。爰有哲人，迥出寻常。忠以事君，振肃朝纲。孝以荣亲，宠锡龙章。道与时违，养晦韬光。栖迟衡门，与世相忘。棠棣交辉，兰桂含香。天作之合，偕老高堂。山颓蕙萎，相继云亡。夙世有盟，鹤驭同翔。卜吉高原，衍庆储祥。穆穆清风，山高水长。

前江西道监察御史匪莪李公（李道昌）墓志铭

王　清[1]

甲辰之春，余晨起入直，惊闻匪莪先生疾，介马赴之，至则已不及诀，恸哭而返。盖于今九年，行过西州，胸中辄如有物不能释，云兹其嗣尔夔等将谋襄事，携状来都，诣余请铭。余与公生同里，自通籍，后与公朝夕都凡十余年，知公生平颇悉，非余其谁铭公者？公讳道昌，字大来，别号匪莪，济南海丰人也，其先河间人，徙居兹土，积德累行，由来旧矣。公父震阳公，讳生春，以博学笃行为邑诸生，子五人，公最少，以震阳公殁十日而始生，赖母翟太孺人乳哺鞠育之。幼而警敏，尝于翟母前问父颜色，得其状辄喜，已而感咽不胜，家人异焉。初为文，才思隽上，笔彩蔚然，益肆力于诗古文词，十九补博士弟子，壬午荐乡书，丙戌成进士，御试擢授监察御史。未公行，两日夜犹得侍汤药亲含殓殆，诚孝所感云。服阕，补江西道，明年巡中州，时天下初定，城堞丘墟，开归南汝之间，千里榛芜，惊鸿嗷泽。公按视两河南北，抚集流亡，劝垦辟倡作堵，慰勉而劳。来之数月之内，农商渐兴，又歼李貉子等余孽数辈，弁鄗王氏子虎捌为患，发其奸状抵于法，自是剽窃少息，豪强知警，曾撤诸路巡方使者，设施未竟，遽还朝，辛卯值覃恩，赠父如其官，母孺人，无可甄别一员，以公年力堪任，镌二级调用，人或有为公扼腕者，公处之泊如也，驱车归里，徜徉诗酒间，殆无复仕进意。未几，补临洮府经历，居秦五年，闲曹无事以读书自娱，浩然有得，不作迁客愤懑状。先是公购得坡公真迹，甚爱惜之，钩而锓诸石，世祖皇帝幸山房，见其榻，因询所在，公以真本进，钦赐章服表里十袭，帽带袍靴各一，盖异数云。寻以治河最，迁大理寺副，已而迁寺正，前后佐廷尉凡四年，稽核爰书皆详求情实，多所平反，秩满应上考，受文绮之赐。方期驯致大用，发据生平，乃年不配德，遽以疾殒，惜泪下，与昆弟善，凡上所赉予，悉分以奉诸兄长，兄殁，为竭资营葬，抚兄遗孤如己出，自乳哺以至婚嫁，皆身任之。居乡里和易能容，

---

① 王清，字素修，号冰壶，又号思齐，海丰人。清顺治六年中举人，翌年中进士，选庶吉士，历官刑部右侍郎、刑部左侍郎、吏部左侍郎。

有过微怒旋已，其为人真挚坦白，不事矫饰，即对大僚亦不能过为检束，处友必信，表里洞然无城府町畦，持议历落，时言人所不能言。性喜饮，往与余退朝公余以及花晨月夕，辄相过从，飞觞倾斝，达旦不倦，酒后耳热啸歌，互发意欲凌云，荀伯子谓谢灵运萧散直上，公其近之矣。夫世固曲行逢时以取富贵者，或则初终易操言行异致，自公视之，直一噱耳，虽当沦落，而无以易其嵚崎旷远之怀，不践迹亦不入于室，所谓善人者非耶？著有《游屐草》《洮吟草》《宜园草》，皆行世。公生于明泰昌庚申九月十七日，卒于清康熙甲辰三月初二日，享年四十有五，配武氏，封孺人，子五女四，兹卜葬于东郊之原。为之铭曰：

海滨钟秀，毓是英华。轶材天笃，作桢王家。风怀旷朗，吐纳云霞。揽辔中州，谋猷孔嘉。偃蹇闲曹，彼瑜何瑕。以遨以咏，秋水蒹葭。尔官稍迁，尔年不加。彭殇一视，生也有涯。德能昌后，世泽方赊。铭兹幽宫，千载斯遐。

为赵荆玉孝廉两世征葬费启

刘静年

伏以慨赋停云，无间遐迩；怆怀旧雨，何论存亡？惟我荆玉先生，白首穷经，空留丹桂，绛帐罢讲，只剩青毡。既已痛绝人琴，悲叹朝露，况其太孺人窀穸未卜，李长吉饮恨难伸；瓶罍早空，范莱芜仰屋无计。所赖枌榆情重，道义交深，或系族姓，或属周亲，或敦友谊，或列及门。举三丧而慨惠麦舟，谁谓时无郭元振；葬四世而馈遗丝绢，必有人效苏端明。四布见旅归，期集腋以成义举；一溉滋汤旱，惟引领而望仁人。祈竭荃诚，各申兰意，爰为芜启，请列芳衔。

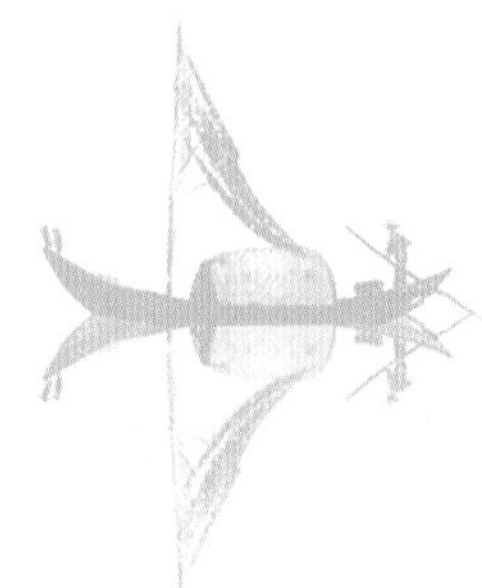

故李母刘孺人墓志铭

致怀德知县事姻生冯昱[①]撰文

赐进士出身观工部政同郡张瓒篆盖

直文华殿中书科中书舍人同郡任鼐书丹

沧有李氏母曰刘孺人，年七十四，以疾卒。讣闻，诸所与亲者皆哭之哀。昱稔知其贤，因又为文志其墓。按：

刘之先，李同郡人，处士讳文，生孺人，幼时，庄重有则，与群妇女处，未尝相态，以丽佳年。及笄，嫁李，是为故颍州递运所大使讳铎之配。大使公初业儒，后以能书，辟掾州司□法，奉公不十余年，授官于颍。孺人随之。时舅在堂，春秋高，亟劝公曰："亲老矣！而弗及养，官何为邪？"公从其言，遂致事归。既归，囊箧素实，日诲诸子各勤业，曰："无坠尔父家声。"李氏族众且大，每值歉岁，恒多饥，乃出赀为平籴粟以备，族人赖之。弟仪，老而无子，恐绝刘氏，为置妾，赀亦自己出。又邻有遗金者，适为家伻所获，闻之曰："人亡，我得，勿匿可也。"即命还其人。平居见贫者，必授以衣，病者，必赐美食或时新物。处宗党姻戚，无纤毫厚薄，门内卑幼，常蒙假与颜色。晚岁，以哭大使公至失明，家庭事犹仗其裁处，其见识所到，非庸女妇可及。大使公为人性宽和，孺人度亦宏坦雅与称，人并德之。卒以弘治甲子十二月二十二日。越正德丁卯一月初十日，始祔葬于大使公之墓。墓在城东十里卢家园。

子三人：通，为东昌仓宰，娶祝氏，继娶汤氏；达，义官，娶韩氏；迪，为弟子员，娶邓氏，继娶祝氏，后孺人二年卒，葬亦同期。女一人，适赵黄门子继贤，早丧。孙五人：好仁，亦弟子员；好义、好信、好智，皆学于家塾，一尚幼。铭曰：

积粟于族，还金于邻。匪丈人之义，乃贤母之仁。唯备是德，而润厥身。用铭无恧，以永于闻。

---

① 冯昱，明成化辛卯科举人，任怀远县知县。

明故封儒林郎光禄寺大官署署正双峰张公墓志铭

赐进士资政大夫食从一品俸奉敕参赞机务南京兵部尚书前总督陕西三边军务右都御史兼兵部右侍郎同郡晋庵戴才撰

赐进士资政大夫驻守通湾提督入援兵马前奉敕总督蓟辽闽广都察院左都御史兼兵部左侍郎天津带川刘焘篆

赐进士嘉议大夫奉敕提督军务抚治郧阳等处地方都察院右副都御史南皮交川汤宾书

州治之东南隅孝林村张公曰九皋者，字允升，号双峰。隆庆己巳秋，拜官为处□乡署僚，三载绩成，以迁葬请命，归里祭扫。越万历乙亥，疾作而公卒焉。卜今春暮，将归公于玄室，子梦吉请予乞铭。按状：

公曾祖君福兴、祖君洪，俱有抱瓮德，颇厚于积，迨大父君稳，母冯孺人，内外交持，家业愈盛。值国家告急，输粟授引礼官。生伯子国学生九□公，早卒。允升公，行二也。公魁梧颖异，垂髫负大志，方十五，进游成均，闻见日广。既而筮仕留都，即昭义问。甫数月，奔大父君丧，继丁冯母忧，先后痛悼，几于自毁。鳏居终三年，未尝嬉戏，人以至孝慕之。服阕，复除原职。旋视篆□心守官箴，宦业益崇。用是明主嘉贤再赐，敕命封儒林郎，秩赠大父君贵亦如之，冯母章翁二孺人晋安人焉，一时宠赫，虽显登甲第者未必如是之遇也。

公性沉毅，平居不事粉饰，日惟耕读是务，亲梓中有婚丧弗给，必嘉周恤，乡族至今感之。

公生于嘉靖己丑八月初十日，讵寿四十有七，配章安人。生子一，即梦吉，鸿胪寺署丞，娶刘氏，侧室雷氏、李氏。女二，长适东光儒士郑民怀，次予冢子绍科妇也。继孙孺人，乏出。继翁安人，子女各一，尚幼。

呜呼！德寿理也，修短数也。允升公溘然一疾，长返不起，固数之所由定。然持身有度，治家有则，显亲有孝，报主有忠，施惠有仁，皆德之所发，涩于寿而优于德，弥远弥芳，虽死亦生也，夫何憾？予与双峰公姻亲，遂因其乞而为之铭。铭曰：

猗欤我公，令德令名，貤封自天，为世所荣。卜兆伊迩，郁郁佳城。百世考德，视此文□。

不肖男张梦吉泣血立石。

明敕封太孺人于氏附葬张赠公墓志铭

赐进士第出身承事郎大理寺左寺评事监冯惠撰

赐同进士出身文林郎广西道监察御史古瀛朱孔阳书

赐进士出身承直郎刑部山西清吏司主事同郡常时平篆

刑部山东清吏司主事张君伟前尹襄陵，既一考获被皇帝敕命，赠其故父为文林郎、襄陵知县，母封太孺人。今以疾卒于家。君闻之，即日告奔，问铭于大理评事惠。按状：

张之先本庆云，国初，宿重兵于瀛海。有讳士举者始从迁编河间卫，屯青县之吴召里居焉。生升，升生振，振娶孙氏，生赠公。赠公讳谘，字大用。太孺人姓于氏，卫人全之女也。贞静有仪，言动中礼。生主事君，少负质警异，赠公喜，为择师，俾从名士曹宗海学。自青庠迁于府，去家辽邈，其衣食书札之费罔缺，盖太孺人笃意教子以佐之尔。余子别出者五，皆历训之。曰某可士，某可农，士勿荒其学，农勿怠其力。一门之内，无惰习无旷业者，太孺人督之也。时乡哲卜曰："张氏其兴乎！"值岁歉，里人多称贷于其家，间不能偿，则每劝公焚其券，故里人感公义及太孺人之德而祝其后嗣焉。比主事君领顺天癸酉乡荐，骎骎向用，卜者之言于此验云。

赠公中贾，太孺人泣且惧曰："儿失怙，家孰与理？"盖谓主事君也。君累屈春试，自安于命。乃谒选拜职襄陵，奉母偕往。至官，复谆谆戒以勤慎二字，用是为襄陵四载，声绩赫然。嘉靖癸巳，君已擢刑部久，太孺人尝迎养京邸，怀家而还。偶病噎，二月初一日遂不起，春秋六十有八。

呜呼，贤母之丧也，惜哉！子男七，长即主事君伟，次杰，己出。俨、位、价、僎、侨，女一，并尚出。位以下皆充府庠生。女适刘冕。位早卒。孙男九：梦岩、梦诗、梦岳、梦华，余尚幼。孙女十有一，一适士人郑道大，一适宋济，余未行。主事君涓以卒之年四月十三日，将奉太孺人附葬赠公之右，墓在祖原，距府城一百里。铭曰：

瀛水回折兮，沃原在东。有崇其坟兮，青堤为龙。彼美赠公兮，嘉配永从。良辰地吉兮，裕后嗣于无穷。

处士李公法墓碣

乡贡进士同邑杨文卿撰

工部营缮司员外郎同邑冯惠书

知洛阳县知县德州马九德篆

处士讳法，字国仪，河间盐山人。其先出自周柱下史，曰伯阳。厥生祥异，指李定氏，即其后也。惟君孕海岳之精，苞灵秀之气，严明果毅，峻介宣达。少业孔氏，补邑痒弟子员。然昂昂野鹤，不受樊縶，遂长揖为谢，超然自跃于笔砚畦径之外。时与弋夫猎父驰骋林薮，而能挺叔夜之刚肠、富元龙之豪气。货恶其坠，不必藏己，乐道人善，峻言英发，故一时矢佩缨绥之徒、高爽博达之士多与交游。君以义气相高，耻寒盟之信，其陶游不出于井牧之中，而车轮常来于千百里之外。且胆略兼人，智圆色正，应变卒然，动中机会，立慬而鳏寡不茹，片言而纷乖以息，夫岂矫意强致之云乎？

或曰：使君在战国，翩翩恣其所如，其灵焰挥霍，端不落孟尝、信陵下也。且鞠哀轸脊令之义，中莆严黄绿之分，趋庭教至，范俗敦仁。暮齿好恬静，遁而林园，突起楼榭，野服安步，俯仰自足，于以符启期带索之歌，终尚平毕婚之志，高标冲襟，雍雍如也。昔赞皇公跂望于平泉，升之乙览于西楼，终焉遗恨，而君独安享其志，无所阻抑。太史公曰："今有无秩禄之奉、爵邑之入，而乐与之比者，命曰素封。"斯非君之谓乎？犹于邑居起层楼夏屋，于以娱宾终老，且令后世无增。乃不几月，欻尔遘疾，春秋六十，嘉靖十四年七月丙寅卒。

悲夫！自处暂劳，贻厥永逸，欲怡百年，河清难俟，其虑后规模，亦恢廓深至矣乎！

其子生员策，薙草植木，新阡于县之阳四百步，东北距先茔四十里，依赖林泉，以无忘君夙行，且从治命也。龟筮告吉，约卒之明年闰十一月九日，遂葬焉。树石表墓，予以姻亲之故，摛其德辉。铭曰：

李氏之先，在元曰衡。益都总管，昭武有声。昔生嘉兴，庸实高祖。九龄继之，实曾大父。以绾鱼符，一名景纯。至珍暨镈，旷海隐沦。惟君之生，嗣绍明德。网或自逸，负荷是力。先民有言，凡阳必刚。世知有君，然有烈光。栖志丘园，冥心寥廓。取足会心，云鸿海鹤。腴田夏屋，匪以逸身。于可绎思，逖矣后人。

嘉靖岁次丙申十二月九日立。

明故中宪大夫陕西按察司副使张公暨配安人马氏合葬墓志铭

赐进士第中宪大夫通政使司右通政渤海李观光撰

赐进士出身中宪大夫湖广宝庆府知府奉□致仕前户部云南清吏司郎中渤海吕子桂书

赐进士第文林郎侍经筵奉敕巡按山陕河南等处广东道监察御史古沧王国祚篆

中宪公卒之明年，其孙朝栋以符乡王慎斋先生状属不佞铭。不佞愚颛，安能铭先生哉！读其状，抚然曰："忠孝哉，中宪公也，安敢以不文辞？"按状：

公姓张氏，讳谧，字子静，别号安轩，世为瀛之南皮人。高大父讳孝友，生两淮鹾司副使璿。璇生玉山主簿绣。绣生赠公继宗，即公父也。赠公配毕太安人，生丈夫子五，公为中子。少颖朗，十五补博士弟子，工属文，日记数千言。赠公卒，公哀毁骨立。太安人谕之曰："人子当力图不朽，亢宗显亲，以成大孝，瘠毁何为？"公如教，刻苦勤读，自是学益博，文日益邃。嘉靖丙午，举顺天乡试。明年，成进士，授杭州府推官。钦恤治狱，多平反，以仁恕称。庚戌，升南京户部广西司主事，署郎中事，悉勤慎□业。以考满，赠父如其官，母毕封太安人，配马封安人。明年，迁山东按察司佥事，兵备武定，值贼盗蜂起，贼首杨思仁等尤剧。公设计以次剿捕，抚臣上其功，升俸一级。戊午，迁山西左参议，积赎锾万三千余两，不以毫毛入橐，东省啧啧有青天之颂。时山西虏首跳梁，公镇宁武，备御有法，擒获奸细，事闻，赐白金二十两。肃庙宫殿灾，公捐俸并赎锾数千两进助大工，两台交荐廉能。辛酉，迁陕西副使。整饬军务，规画粮饷，事事中窾，卤获虏羊马甚众，时称边才者以公为首。癸亥，京营协理戎政缺，当事者奇公才，遂推公副。公虽调傥饶画策，而性耿介，当道有所忤，乃慨然曰："田园芜矣，仕宦不止，将□车生已乎！"遂投劾归。侍太安人敬养百方，岁时奉觞上寿，欢如也。闲把种树书，步屧田园为乐。课子侄若孙，多所成就。置义仓赡宗族，助婚丧不能举者。性恬静，不嗜声色，片牍不入公门。隆庆改元，部使者荐扬，朋旧臾之出，公笑曰："吾业称远志，乃欲为小草耶？且蹀躞风尘间，孰与家食澹荡之为愈也。"会太安人病笃，日侍汤药唯谨，吁天请代，竟不起，哀毁视赠公愈笃，以孝闻。晚岁患风病，逝于万历二十三年二月十三日，距生正德十二年九月二十二日，春秋七十有九。

配即马安人，东光处士宗儒女。性婉静，闲女训。既归公，每晨兴候舅姑寝门，环佩璆然，躬调鲑菜而敬进之，二尊人甚甘也。御子妇下及臧获，严而有恩。治腌脯、醯、酱、丝缕、盐米诸琐，靡不精当。公历任有声，及施予族党，婚丧获惠者，皆安人翊赞力也。万历癸未，子以兴卒，安人哭过哀，自是多疾。至丁亥，一女复亡，安人复大痛，与女同日卒。安人生正德十五年四月二十八日，卒万历十五年五月二十一日，得年六十有九。子一，即以兴，邑廪生，娶东光庄进士鹏举女。女五：长适太学生尹泽民；次适监事蔡克承，沧州御史朴子；次适庠生曹尔诚，盐山郎中梅子，安人出；次适儒士刘居敬；次适咎应祥，侧室黄出。孙男一，即朝栋，邑廪生，娶陈鸿胪宗舜女。孙女六：长适赵性生；次适穆余庆；次适刘守；次适郑之槚，主事金孙；次适穆余禄；次许聘刘其樾。曾孙男三：长永吉，娶东光马生攀龙女，都给事中汝松曾孙女也；次永，聘沧州乡进士吕律女，知府子桂孙女也；次永年，尚幼，曾孙女二：长许字不佞孙铉，次幼。栋将以十月二十一日，奉安人合葬于城南五里铺东，从新兆也。

呜呼！公伟貌白皙，顾盼有威，见之者即起敬慕。事亲孝，居官廉。宦游齐、鲁、秦、晋名蕃，政声赫然，冰玉之操，正直之气，不婞阿以徇人，以故谢政。蚤年居是官则心安是官，不觊望以干进。处林壑则心安林壑，不广交以求达。所谓进以礼，退以义者，非欤？且以清白遗安子孙，其当代之人杰，而自号安轩也，实胜哉。铭曰：

郁葱青垅，张公之阡。安人配德，合葬斯焉。珠联璧合，寿藏万年。馨香兮明德远，享德兮胤嗣延。

明资德大夫正治上卿都察院左都御史赠太子少保带川刘公暨配赠夫人陈氏合葬墓志铭

赐进士出身中宪大夫赞治尹通政使司右通政渤海李观光撰

赐进士出身资政大夫南京兵部尚书奉敕参赞机务历亭周世选书

赐进士出身征仕郎刑科右给事中前翰林院庶吉士豫章陈维春篆

万历戊戌冬十一月八日，左都御史带川刘公卒。守臣以闻，天子震悼，命太宰予赠、宗伯予祭、司空予葬，赠太子少保，祭二坛，加祭一坛，遣官营葬如令甲。兆成，以庚子年四月十二日，奉公柩启夫人陈氏幽宫而合窆焉。子治中维城持姻家副宪王君显仁状恳余铭。余辱公矩泽有年矣，弗敢以不文辞。按状：

公姓刘氏，讳焘，别号带川。先河南开封府陈州项城人也。高祖官保，国初从军，革除间调天津左卫，屯田沧之河西，遂家焉。官保生兴，兴生清，清生气，清配侯氏，气配石氏。气三子，公其季也。清、气皆以公贵，赠如公官，而侯氏、石氏各赠夫人。公家自高曾而下，树德厚积，骏发于公。

公生有慧质，强记博闻，为文不袭咳唾，自成一家言。且也骑射兼人，《钤韬》《阴符》，靡不究其阃奥。十五为诸生，监司葛公以文武异才奇之。嘉靖丁酉举于乡，戊戌成进士第。己亥，除济南司理，平反籍甚。会北虏猖獗，太宰嵩皋许公以边才荐。壬寅，推兵部武库司主事，参赞开府军务。随提督京卫武学，升武选职方司员外郎。丁未，河套之变，擢兵备佥事，榆林驻扎。庚戌，丁外艰归。虏犯京城，谏臣王德荐，夺情起复。统兵入卫，虏众奔北。提督孙公请公随军赞画，补蓟州兵备副使。时父柩未葬，又丁内艰，恳疏归葬。准假两月，毕葬即赴镇办事。公归襄葬事，依期赴镇，墨衰从戎。寻陈请补丧礼，制未终而倭奴跳梁于东南矣。

乙卯，再夺情起复，补杭嘉湖兵备副使。公初至，兵未练习，倭众突至，致我军困陶宅，公匹马殿后，射毙绛衣酋首，始破重围。丙辰三月，阅兵乍浦。巨寇徐海、陈东挟倭数万，攻城促甚。公竭力固守，身不解甲手不释矢者九昼夜。贼知不可夺，遂趋桐乡。既而，徐海执陈东来献。公乘贼惰，奋勇破之，独海以釜底游鱼犹奔沈家庄。公率众捣其二巢，擒斩无孑遗者。丁巳，海寇王直勾倭掠舟山。公鼓锐渡海，击破于涔港。戊午，历升按察使。已而，倭乱八闽，升公右佥都御史，巡抚福建，毅然莅任。庚申三月，抵福州。时兵食不逮，公练民壮为民兵，即以工食饷之；练军卫为军兵，即以军粮饷之。旬月得精兵万余，谋所以捍御计。倭闻遁去。公料倭必奔海屿，先伏舟师外港，俟出巢夹击，斩获三千余级。捷闻，升右副都御史。九月，倭犯漳州。海沧顽民素通倭者，拥兵自卫。公榜谕解散，倭亦遁远洋。广贼王凤等闻公先声入闽求抚，公率二家丁扁舟往抚，贼皆下马，俯首受约束。

时功名日赫，来忌同事者。辛酉，左迁山东参政。

癸亥，虏犯大同，起公佥都御史，巡抚大同。公选将练兵，出奇制胜，斩首九百余，招回被虏男妇二千有奇。未几，虏犯京师，大将军而下皆力战死。世庙震怒，督臣被逮，升公副都御史往代。公巡历古北口，相地形水势，议稍疏浚运道可通。疏上，诏可。迄今运饷无转输之艰而地方享永逸之利者，公力也。逆酋黄勇勾虏入犯，公授秘计于总兵王治道擒之。甲子，虏犯山海关、一片石，公率兵力拒，月奏三捷，升兵部右侍郎兼右佥都御史。公在蓟辽五年，十路分兵，百计劳瘁，虏不敢近塞。丙寅，以侍郎考最升右都御史兼兵部左侍郎，阶资政大夫，锡之诰命，仍荫一子入监。

穆庙改元，北虏东西两路入犯。公驻密云，防护京陵。房由界岭口阑入。公提诸将追至棒槌崖，斩获虏九百余级，□获马驼夷械称之，堕崖死者无算。台臣犹以失事论公，盖忌者执虏阑入为公疏防，而不谓虏之剿灭为公矢力也。勘明，戊辰起兵部左侍郎，巡视陕西三边军务。召还京师秋防。

海寇曾一本倡乱，闽广骚动。廷臣佥议非公莫可往者，命以右都御史兼兵部左侍郎总督闽广军务。公至广，调集三省将吏随公从事，初胜于铜山，再胜于柘林，三胜于莲澳，生擒曾酋致之戏下，其余山贼刘汉江、林容等一剿无余，岭南氛清。捷上，升左都御史兼兵部左侍郎，赐白金文绮，再荫一子入监。冲冒瘴疠，以疾乞休。

庚午，召协理京营戎政。时有谮公者，遂回。未几而北虏入寇，京师戒严。上特召公，以原职经略通湾，提督入援兵马，捍卫京城。虏闻公至，懔懔遁去。事宁，公决意请告。部覆，暂准假调理，病痊起用。公奉命，即日就道。

里居数载，太宰杨公、台省韩公、卢公等交荐，公之宦况澹如也。日惟招朋旧登临题咏，乘肩舆泛扁舟，陶陶然南浦间。岁祲，赈恤里急，虽他方旅困，赈给无少吝，轻财好施，盖天性然哉？

公年近九旬，有司方拟奏存问，一日晨起进粥食，忽曰："吾将辞宾客捐馆舍也。"诸郎孙相顾仓皇，语终，目已瞑矣。讣闻，行道之人靡不流涕者。距公生正德七年正月二十二日子时，得寿八十有七。

配陈氏，淑婉柔嘉。公早历疆场，两夺孝礼，故送往事居，综核家政，陈之力居多。累封赠夫人。生女一，配平陆知县吕一元。夫人生正德九年三月二十七日，先公于嘉靖四十四年十一月二十四日卒。暂厝浅土，未沾恤典，上准以合葬。

请公以嗣胤未蕃，广卜侧室，得男八。维城，宜人张氏出；维垣，叶氏出；维墉、维基、维增、维庄，俱蒋氏出。维城任顺天府治中，娶庠生潘萃女。张以子贵，与潘俱封宜人。维垣、维墉俱恩生，维基儒士，先公卒。维增庠生，娶经历魏爵女；维庄娶知县王守约女。生女四：一适庠生赵三捷，张氏出；一适儒士贾缙武，李氏出；一适光禄寺署丞蔡克顺，牛氏出；一适戴绍庭，叶氏出。孙男一，余泽，庠生，娶知县孙湛女；孙女一，适副使王显仁即持状者子坊，维城出。曾孙二，懋德、懋廉；曾孙女一，俱幼，余泽出。

公历任边陲，所至有各边奏议等书，凿凿可行。公以诸生扬历边海重地，北征南伐，运筹决胜，在在策勋，以身系宗社生灵安危者五十年，究也延修龄，沐渥宠，尸祝半海内，生荣死哀，可谓不朽矣。余故为之铭，铭曰：

秀钟河岳，笃生刘公；才奇质美，世瑞人龙。弱冠携策，螭头登对；骥足布展，囊锥颖锐。经文纬武，仗钺挥戈；挞伐羯虏，歼灭狡倭。宣力边疆，壮猷中夏；口碑咏歌，旂常赞嘉。夫人淑德，旦警鸡鸣；樛木广惠，螽斯胤祯。桂子兰孙，续麟续凤；绳绳绎绎，肃肃雍雍。帝懋元勋，荣渥宫保；锡祭锡葬，金章玉璪。佳城郁郁，松楸蔼蔼；亿万斯年，德光馨彩。

明故孺人继母邢氏墓志铭

赐进士第奉政大夫通政使右参议郡人李观光撰

赐进士第文林郎广东道监察御史侍经筵巡按山陕河南等处郡人王国祚书

赐进士第承德郎南京工部都水清吏司主事郡人刘子延篆

郡学生孙之良赴试京闱，持其父令尹君湛之状恳余曰："愚不肖敢徼惠于下执事为母邢孺人不朽计。"余与令尹君同笔砚姻家也，不敢以无文辞。按状：

孺人姓邢氏，沧属邑南皮巨族，听选官暹之女也。生而婉淑有令仪，闲织纴，夙符《女诫》。母刘雅重之，慎其偶。时近海孙公凤仪，绰有才名，适元配刘并继配刘皆卒，于是邢翁乃以孺人归近海公。

近海公方潜心经术，不问生业盈缩。孺人综理家政，躬藻中馈以供祭养，居常不御珍绮，克崇勤俭，罔敢自逸。事姑杨，承颜顺志，务获欢心。故近海公无内顾忧，得肄业廪于庠，阀阅从此振矣。

令尹君时甫八岁，孺人恻悯遗孤，顾复隐轸，谨调护，察寒温，抚育以底成立。盖惟知孙氏之脉当重，而忘其非己出也。

孺人载举男泽一人，待之不加隆，而于令尹君罔或少替。令尹君少颖敏，抽毫敷藻，明粹雅醇，同济咸推先焉。暨领嘉靖甲子乡荐，孺人闻报而喜曰："若父夙志未酬，今幸一第，可谓善种者必发矣！"然亦忘其为己功也。

隆庆戊辰，近海公卒。孺人益励初心，拮据治生产，修能姱节，筹画出纳，以酌权衡，所需靡匮。目泽敏慧，命从学令尹君。泽亦工属文，试高等食廪，名籍籍诸生云。

万历甲申，令尹君奉孺人命谒选，主爵者出宰宿迁。丁亥，改官潞校。孺人念诸孙幼，家居训育，恒以策立勋名、恪守官箴为令尹君勖。无何，一旦孺人疾作不起，嘱泽曰："汝兄不及面诀，当善事之，埙篪相砥砺，勿坠家声，勿劳念我！"已乃整衣端坐而逝。人言壸模懿范，方诸周伯仁、苏子由之母，其无愧乎？

距生嘉靖戊子四月初四日，卒于万历戊子二月二十七日，享寿六十有一。

子二：长湛，即令尹君，娶听选官萧境女，继娶庠生马戡女；次泽，学生，娶处士贾杰女，继娶处士强策女。女二：长适庠生刘正蒙，次适卫掾陈茂龄。孙十一人，孙女二人。之贤，武学生，娶太医院吏目王化中女；之良，学生，娶工部主政刘子延女；之俊，庠生，娶宁阳县尹冯昭女；俱萧出。之京，聘鸿胪寺序班王延宾女；之官，聘学生王国胤女；之宰、之儒；女一，许聘河东运同刘维城子余泽，俱马出。之敬，聘余弟太医院吏目观象女，女一，许聘天津学生刘献功子一鹗，俱贾出。之举，聘庠生刘正帮女；之桂、之丁，俱强出。曾孙四人，曾孙女五人。贤子二，统宗、继文；女二，长许聘庠生祝继曾子国玺。良子一，绳武，女一。俊子一，绵祚，女二。

令尹君湛等卜以是年十一月十一日奉孺人柩启近海公之圹合葬焉，礼也。近海公世袭英风，备载墓门之石，不复赘。若孺人宁可泯于无闻耶？是宜铭。铭曰：

于烁母氏，坤度称良；兰心蕙性，玉质金相。媲美邦媛，恪全慈德；孝事姑嫜，婉容愉色。克相君子，敬戒无违；训迪幼嗣，桂籍腾辉。归觐夫灵，九原含笑；生顺没宁，玄宫增耀。廓东之里，川原郁苍；勒扬幽烈，以永厥藏。

明故进阶承德郎辽东行都司断事王公暨配牛太安人张孺人冯孺人合葬墓志铭

刘生中

王公讳暹，字辉之，别号光轩，以嘉靖辛酉六月卒，葬于城北之原。元配牛氏，万历癸酉卒，祔之，迄于今二十八年。为岁庚子，而次配张孺人若冯相继卒，其季子孝廉君用形家言卜域城南，将以二月十日迁公与牛太安人柩并二母合葬焉，乃使使持范仁元状征予铭。予与孝廉君同举于乡，不获谢。按：

公之先，山东即墨人，永乐间徙吴桥，五世以上不可考。府之检校英公，曾祖也。英生和，和生钊，是为公父亲也。公生而异质弱冠，为博士弟子，籍籍有声，数奇弗售，入赀游成均，授辽东都司断事。司断事职在讼狱，而公独持平恕，多反所疑，制于上，不得行，拂衣归。明农课读，恬如也。性好施予，有寒无衣、饥无食、葬婚无力者，悉助之。或称贷不能偿，则折券。其生平慕义类如此。

元配牛氏，子运副绩最，封太安人，次张、次冯皆有内德云。男五人，牛生禀龄，即运副，张生鸿胪序班禀谦、孝廉君禀诚，冯生禀贵、禀化。铭曰：

城之阳，其土骍刚，于焉偕藏，如斧如堂，宜尔子孙，炽且昌。

明封太宜人高母刘氏合葬墓志铭

赐进士第翰林院检讨征仕郎直起居馆管理文官诰敕正史纂修官渤海刘生中撰

特进荣禄大夫柱国泰宁侯总督京营戎政奉敕提督乾清等宫工程侍经筵前三承敕命提督操江兼管巡江奉祀孝陵南京守备两京掌中左右前都督府事维扬陈良弼篆

特进荣禄大夫柱国永康侯前军都督府掌府事前左军都督府管府事兼管禁兵围子手侍卫合肥徐文炜书

锦衣之任，古称司隶之职，最重且巨云。我国家累叶以来，厥任弥剧，益贵用事。其间建勋名、垂不朽者，前后辉映，至不可偻指。乃阃仪德范，俪美鸡鸣，则莫如今锦衣裕庵高君之母刘太宜人，实居最焉。谨按王司徒公所为太宜人状：

盖太宜人家本望族，夙著京华。笄而归雪塘公，则裕庵君父也。历任锦衣指挥佥事，提督象房，功绩居多。太宜人以茂德内襄，彰彰在人口耳。性柔而惠，既淑且敦，尤好施予。其于神佛、祀事，恪共以虔。姻戚里闬，具有贤声。臧获虽愚顽，不峻督过，大都以恩胜。凡赀产米盐，心计具有成画，不遗裕庵君内顾。娴仪婉则，殆繇天授。无亦高门炽昌，保世滋大，而赖孺人以兴也。既育裕庵君，魁梧不群。延师勤诲，不翅丸熊、画荻之风。裕庵雅顺母志，昕夕淬砺，不少休。虽儒业未就，而奉公唯谨。累官至今日，以荣所生，秋毫皆母力哉。岁丁亥，雪塘公遘足恙，太宜人殚力汤剂，无休时，深夜焚祷，愿以身代，然雪塘公竟不起矣。太宜人矢殉地下，则念诸孤秉直辈茕将畴依，乃忍泪含悲，倍为抚鞠。至问课督业，比雪塘公在日尤劼且毖。迨育诸孙，肫肫笃至，人称太宜人为佛，谓慈仁也。太宜人固好佛，且好济人于厄。姻娅中，有不能给饘粥、度祁寒者，累贷累负，绝无难色。逮属纩之日，犹然作礼佛声。其天性善良若此，高门之福固未艾哉，太宜人为不亡矣。

太宜人生于嘉靖辛卯八月初九日，卒于万历壬寅正月初十日，春秋凡七十有二。子男八：长秉直，锦衣卫礼仪房管事正千户，娶马提督巡捕都督孙女，封宜人。次室杜氏。次秉真，锦衣卫衣后所銮舆司总旗、东厂案牍，娶光禄寺署丞林君女。次秉旸，锦衣卫中所小旗，娶锦衣卫中所千户梁□女。秉元，锦衣卫冠带总旗，娶曹丰润伯女，今卒。秉礼，武科乡荐，娶梁锦衣女，今卒。秉德，锦衣卫百户，管街道房事，娶许锦衣指挥同知女，今卒。秉廉、秉顺，俱早卒。女九：长适提督操江、兼管巡江、掌南京右军都督府事、永康侯徐乔松。次适中军都督府、东宁伯焦文耀。三适中军都督府、武安侯郑惟忠。四适董总兵男游击董用威。五适锦衣卫冠带总旗倪应辉。六适前军都督府、抚宁侯朱继祖。七适孝陵奉祀、南京守备掌中军都督府事魏国公徐君子勋卫徐维学。八适太平知府张君子府庠生国祯。九适锦衣卫指挥同知张君子锦衣卫衣中所百户、西司房理刑云鹏。孙男五：长允迪，锦衣卫衣前所擎盖司掌印、管街道房事、东宫侍卫上直、百户，娶郭戚畹女。余俱尚幼。孙女二，尚幼。曾孙男三，俱尚幼。曾孙女四，俱尚幼。外孙三：一前军都督府掌府事、永康侯徐文炜，一南京中军都督府管府事、东宁伯焦梦熊，一东宁伯勋卫焦梦兆。今以本年二月二十一日，子秉直辈将启雪塘公寿域，如礼合葬。属予为铭。铭曰：

燕山之阳，实为帝乡。高门有母，令誉维芳。南阡西陌，神灵护藏。松秋在望，永永无疆。

赵氏谱图引言

赵行可

昔苏老泉曾修家谱，意厚本也。夫人之祖孰无始祖，迨其子孙繁衍日远日疏，逐渐有不知其支派名讳者，此谱图之不可不作也。且祖宗之于子孙犹血脉然，血脉所以生骨肉，血脉或有阻滞，则肢体必成疮痍。九族不相联属，祖宗能无怨恫？余叨官山西，见人之序世系者恒多，而吾家独无，何以敦本而崇爱乎？因制一图以启子若孙，尚念祖宗相传一本之意，世世联属，勿使攸斁，则血脉流通，肢体畅遂，敦孝弟而厚风俗，将尽于此图卜之矣。

时明嘉靖四十三年孟冬二十二日，第五世孙行可谨书于家堂之右。

侧室胡氏墓志铭

戴明说

生死之故大矣，情深于骨肉之间者不胜恸。

甲申岁，余一溺两缳，为逻卒伺，皆不死。及秋妾，卜妾胡氏，为雁门备兵使中军胡弁女。家出浙慈，氏燕产，今廿有二，竟夭矣。於戏，氏性洁静，额颔端厚，寡言笑，行坐无倾倚，以人可勿夭也。事老母及荆妻，孝勤谨慎，接诸子妇，婉和有度。攻织纴，一切丝麻布帛之务，虽微物必尽致极精微。教勉诸妾婢，有加无妒。驭仆妇，得大体，以行亦可勿夭也。於戏，竟夭矣。甲申九月朔，归余家。逾年六月廿三丑时，生余第三子。余自掌垣历常理及拜命念珠署，氏勤励夙夜，佐荆妻鸡鸣寐旦之儆无倦色。戊子秋，余以无辜之累，对簿比部，氏誓长斋礼佛。余完聚后，益持诵专挚，谢铅华，淡俭乐施。己丑夏，氏父为仇陷死，母妹流离，闻之一恸，染瘥。九月，尚随荆妻里门，反且顿矣。疾革，谓侍妪曰："我身在，报恩太君主母有日，恐不可复。我渐长解事，方堪策彗，正恐太君主母先我一左右劳瘁之人，言念伤心耳。"痰作，遂逝。

余于是而深有感于生死之故也。人之关切者，父母子女耳。氏之终也，父母死徙不一，视有子五岁，哭不能恸。余以甲申万死之身不能死且留，以视氏之苦于死者，余之对之其何能为情也耶。庚寅夏，将归葬沧原，涕洟而为之铭。铭曰：

於戏生也，于戊辰五月初二之辰，於戏死也，于己丑腊月廿二之寅。有子王绶，为戴季昆。淑慎尔仪，不康于身，其留以俟诸后人。

户部左侍郎梅和王公墓志铭

戴明说

丙申五月，王君玉麟等告予曰："孤等不穀，先大夫之陨，实失所天。生爱以德，死载以仁人之言，先大夫志也，敢请铭。"予曰："予与公生同里，立同朝，义不可以不文辞。"谨按公状：

公讳公弼，字直卿，号梅和，世籍蒲州，公祖赠方伯受所公始徙沧。公父方伯敬吾公，早世，时公母史太夫人年十九耳。茕茕相依为命，爱劳周至，日以节义相勉。公每拜受曰，不敢忘。公生而岐嶷，丙申补郡弟子员，壬子举于乡，丙辰成进士。以太夫人节孝请于朝，得旨旌焉。丁巳，授营缮主事，丁王父受所公艰归。辛酉，补虞衡员外郎。公拮据军需，兼缮陵工门，当事贤之。癸亥，出知宁国府，治以敦士风、善民俗、议蠲折为先，复通楚粜，设鼓铸，以佐其所匮。丙寅，移徽宁观察使。蝇蚋之众，相继煽乱，公饬保甲，严巡缉，惇惠之治如宛，而壁垒加严焉。时魏珰柄政，方招天下士为羽翼，因示意曰："君淹滞江干久之，但稍曲意，槐棘唾手耳。"公毅然曰："数十年老寡妇子，须眉如许，皆茹冰嚼蘖时所留，如折腰权要，贻太夫人辱，死且不敢。"言者动色去。

时宛政最表著者有二，曰三王并封也，曰黄山变价也。并封时经费浩繁，诸阉放恣，殴县令，所至震慑。公严限制，裁溢额，事竣，计所出，尚不敌曩者景藩一王之需，公力也。黄山商吴某，家难构衅，锻链大狱，诸珰矫旨籍其产，株累数千家，徽民鸟兽窜。公排牵蔓，豁赃数十万，民鲜糜烂，又公力也。己巳，加右辖。时徽宁更置两道，公督漕尾运者三，办艘清兑，公私称便，宛人德公者，貌公祠之。会豫寇剥床，公增设新勇营，裁壮役溢糗者充饷，省里派，虽溧阳、桐城相继称变，公擒渠散胁，事皆平。乙亥后，楚氛益炽，漕兑鳞江干。公回舣舟赍盗粮，非策也，乃题留漕米八千石佐缓急，未几贼果由庐江犯桐城诸路。后潜山太湖枫香驿之战，卒以有备得无患，而忌公者顾以留漕中之。

丙子，镌补靖远参议。己卯，调东昌宪副。岁大饥，奸民藉为乱。公发粟赈之，所活百万计。郓濮等处，相继以捷闻，东阿大盗李沄旋就擒，爰有东抚军之命。公抚戢军民益挚，蠲赈疏凡九上，众以少苏。巨冠李青山诸孽，跳梁日甚。

公策其必变，因以剿易抚难，昌言于朝。未几，青山叛，果如公言。公大创之于张秋、汶上间，俘青山，致阙下，赐荫币有加，乃忌公之功者又以抚镇不和解公任。

癸未，起补大银台。方赴召，会国变，公以太夫人在，不敢死也。甲申，补原职。乙酉，升户部右侍郎，旋转左。后归省时，以津抚招抚事波及公，覆验无状，事雪，公遂奉史太夫人归。庚寅，太夫人终。公哀毁骨立，有孺子色。甲午，风痹疾发，遂不起。盖公剿皖时劳湿致患，至是始剧。逝之日，家无余资也。

公性慈惠，与物无竞，而报施不苟。莅政不争赫赫名，而所在尝见思。夫卯辰之际，珰锋蜩沸，不肖者以吮血磨牙之伎为华组丹毂之券，即贤者抱漏沃焦龙亢之悔比于三君，说者谓节甫之祸有激而成，玉石之焚不无惜焉。公独能以退为进，逶迤江国终不为权有力者所饵，内不失身，而外有以及物，则公之厚于自待，以仰报太夫人明训，其视穷居砥行、骄语节义、见膻芗而移易所守者，相去且几何也。因为之铭。铭曰：

条山沧波，钟灵郁静，大贞有裔，秉矩善圣。避炎守节，不失乎正，其泽及下，与物无竞。朝野之依，惟德之盛，发祥万年，邦国有庆。

户部郎中高公中章墓志铭

戴明说

皇清顺治己亥，中章高公嗣君恒益等遵海而渤，顾余苫块之侧，涕洟言曰："先考以祖茔水汜，停软弥六祀，今就燥，谋所以从先大夫于九原者，愿得仁人之言志诸。"余与公伯兄文端公有姻谱，谊不能辞。谨按状：

公讳尔宪，字中章，世静海人。曾祖鸿胪一峰公，祖庠生拱吾公，皆以文端公贵，赠吏部尚书。拱吾公生攀龙，以公赠奉政大夫如其官。公为赠君长子，幼聪颖。稍长，磊荦自异，博综群书知大意，赠君器之。时与文端公同学，每艺缮草，摘抉各不袭，苗媷发栉，揃刈其所瑕臧乃止。辛巳七月，赠君疾逝。时公嫡弟视文端公于都，公襄事致哀，守积盖藏无所私，一待嫡弟之至与之。公析产惟嫡母命。公初筮仕垣曲，时以兴除为务，岁旱暴尫，公涤赀掊廪，赖其赈贷者得不死。丙戌，授户部郎中，三有事于粮钞，所至皆著能。丁亥秋，公弟某以群小鼠牙，牵于所司案状。公救之力。事雪，公悯弟瘽也，剖其腴哺之。戊子，土寇作难，蚊聚蚁丛，津南北飑尪如沸。公迎养嫡母于邸，出则持筹草封事，入则说笏视馐，扶持抑搔，棣棣皆如仪。当其令垣曲也，诸生刘窭不能娶，以公捐镪有室。后榷荆州来，见私贷积逋者追赴溺，公捐五十金偿救之，不诘其姓。此公之著于远迩可见者。公年尚壮，天下方跂未竟之业，辄翻然曰："我实有母，且耄，以蜗角易吾乌私，曷敢？"遂卧病不出，未几而逝。

余之睹诸状者如此，然余尝左右公矣。公读书未尝沾沾句读，而于大义疏通，制行疏豁无纡回，为政提撷纲领，不强人以其所难，与游者抒肝膈，公余不废丝竹燕乐。公盖敏于材而坦率于性也。使天假之年，参之天人事理之蕴，楷模先民之轨，物乾乾乎日跻，道之所成，其充实光明正未可量也。公之逝，或天啬之乎？因为之铭。铭曰：

公之事不既公志，公之学不骛其细，久而奠者公之宫，而所不可磨者公之气。

永州司李吕公昆峰墓志铭

戴明说

壬寅岁，昆峰吕公讣自滏阳，嗣君深崩裂扶柩归，谋与铭诸墓。予拉泪言曰：丈夫蓬弧四方，具才而达穷于世之所知，知焉而未尽，天乎，人乎，余未之或解也。按状：

公讳金声，字命瑄，别号昆峰。大父一元公，由选贡令平陆。再传公父纬，纬生昆仲六，公行四。生颖异，搜古猕今，屡冠军。后复以诸生受知桐城左忠毅公。公慷慨有大略，尤惇于亲串。明季，冠羽湍奔，祲殍枕藉。公投袂起曰："君父旰食，苍生赪尾，皆钟鼎无谋、藿食忧天不力所致。余将家都会，伺隙振翮，彼击楫澄清宁异人任。"公在都，岁大歉，复念兄子若孙之不免沟壑也，招爨同之。公姻于某者，以凶阨告。公囊适二百缗，脱手赠之，不以告人也。后鼎革失业，反闾，益以惇睦为嗣君庭训。乙酉，公以岁选授永州司李。时中丞洞门赵公、学士孝绪胡公皆额手曰："东南半壁得人矣。"公之任，外奠累卵，内噢沸蜩，地方兴革一新。时粤西客兵蹂芝城，粮尽食人，朵颐逋壮。公轸之，人用金赎，获者辄匿永署，由是免俎无算。公受事甫半祀，恭顺王伟公才，题擢湖南观察。旨未下，猖寇林至。公奋登陴，循围城，数月，煮弩量沙，永士食马粝啮，无叛志。公屡吁援不至，抚膺曰："秦庭泪尽，湘口其睢阳乎？"欲自刃，左右掣臂脱锋，遮号累万。顷城陷，贼渠素慑公，欲生降之，卒不可得，执系之栅，公气逾厉。岁余，大兵至，乃从龙虎关脱公而还。时湖督罗方雪公白上，卒为忌者所阻，引身归。

公生平制行有日纪，详吉凶之类，用自考验。家食十余年，俭德无闷。每微醺得句自愉，不作艰涩语。所规画率天下事，常咄咄书空。时聚米画山，有经纶往复之志，不轻语人，人亦罔悉公者。既晚，性癖山水，为嵩岳游。因理橐赴滏友招，过予语移日，余执手曰："公发鬖鬖白，展迹半天下，曦轮虽夕，盘盂尚健，关濂来原始反终之事，得无意乎？余耳啸台百泉间，有孙钟元先生。曷谒诸？"公颔余，比返滏，迄横水村，溘然逝。后从公者归告余曰："公曾如约往钟元先生矣，但不知钟元先生奚授公，公奚唯钟元先生。"呜呼，梁月徒存，丽泽难再，乃竟以菁淇懿训之传，终湮之黄河碧洛间也，不亦痛哉。爰为铭。铭曰：

智渊而酌也者浅，才袅而驾也者蹇。维公孙子，公祺之衍，呜呼，晚闻道兮公其勉。

邑太学吕公念祉墓志铭

戴明说

今上之二祀，邑念祉吕公壮而夭，邑恻之。厥嗣文龙等，泣诉其少孤状，丐余为铭。余何敢以不文辞。谨按状：

公讳琛，字某，别号念祉。公大父月宇公，成嘉靖乙丑进士，知宝庆府。公父振廊公，文学有硕德，以长子缵祖贵，赠侍讲，次子祖望晋大鸿胪，公其季也。公四龄失恃，赠公悯甚。就外傅受经，疏通知大义。逮己卯，而赠公复逝矣。从来少孤之苦无告，而世禄之家厥忧滋大。盖幼承阀阅，则盈满之习易骄，且耳不闻庭训，则埙篪之谊渐衰也。公醇谨性生，一步趋间，每曰兄在则礼然，曷敢陨越以贻所生羞。辛巳补弟子员，恪慎于仪，辛荼自任，每对亲串，悃幅尽情款。丙戌岁，伯兄侍讲公及第，公益谦谨。嗣公仲兄培祉公，旋以壬辰庶常晋西台，时侍讲公覃恩锡荫，不私子孙而惠诸弟，公讷讷焉如不欲承。公席贵盛，胄隆而持之以逊，家裕而守之以俭勤，奉侍讲公命，罔逾尺寸。及侍讲公以剧疾逝，其奉鸿胪公命如畴昔，每曰：“无父从兄，先大夫志也。”及公监弥期，应卜仕。公曰：“兄羁于宦，庐墓不违咫尺，余去里，将谁执洒扫以从？”卒不仕。人谓公出必有可述而识者，未之能睹也。公揽揆时，方献觞，疾发，遂不禄。

余于是有感于世教兴衰之故也。兄弟之伦，近世澌灭久矣。椿萱远则妻子亲，二人背则便佞邪侈之徒进。昏娄之久，残忍继之，以斗粟尺布为性命，以郁陶忸怩为寻常，方其悻悻紾臂时，方且肆志而愉快焉，不知痛心世教者业已闭阁引咎肠九转而泪千迸矣。语曰：春雨润物，自叶流根，鸱鸮惜功，爱子及室。公以杯棬之慕，推及手足疾徐之戒，凛持终世，恪奉兄训三十年，风雨晦明无间言，一如赠公之辟咡时也。呜呼休哉，国人称愿曰，有弟如此，可谓悌也已。公虽死，其不死也夫，是不可以不铭。铭曰：

维公之苦，少也无父。维公之恭，长也从兄，寿公匪年，维世之风。

翰林编修刘公去嬉墓志铭

戴明说

去嬉刘公逝次年，嗣君骢良等抆泪请曰："先太史强仕不禄，孤等实失所天，恳言寿诸石。"公与余子谱而姻，义不可以辞。谨按状：

刘宗为渤海望族，向以南宫跻华膴者八，寓内望其远驭，而不意公逝之速如是也。公讳雯旷，字去嬉，曾大父讳正蒙者，以长子生中贵，封翰林检讨。中生丈夫子四，次讳庆贻，即公父。公生有异禀，发始燥，即失怙。稍长，父事兄，无愆仪。兄殇，门户中衰。公恐弓冶之替也，力诵读，熊丸荻画，惟慈命是承。初试，冠童子军，屡前矛，饩于庠。领戊子乡荐，驰报至，拜父主，拥涕悲号，恸不自释。甲午，复失恃，擗踊欲绝，柴毁骨立，称其孝者无异辞。己亥成进士，世祖皇帝临轩器之，授翰林院庶吉士。扈跸南苑，屡承金绮之赐，寻赠公父征仕郎如其官。辛丑御试第一，授内弘文院编修，讲译纶扉。凡四方疾苦，一时利病，侃侃论列，不为苟同。识者谓钧衡可期。甲辰春，以病目假归，旋逝矣。

余每谓畿辅代有名儒，远如刘静修，近如孙征君者，使公获倾倒于诚正仁寿之事，公必心折焉，而不之遇也。余又闻东海多神仙，渤海之滨，汉武望仙城在焉，意必有长生久视之士，深谈啬精积气之术以救公于夭折，而惜乎其终不一遇也。名立而功未成，时济而德未普，年富强而道未大光，予之望公者不止是，而不意其竟止是也。余益不得不以惜公者恸公矣，于是挥泪而为之铭。铭曰：

於戏公兮，太史之孙，名并祖兮胡不永，岂留余以遗厥后兮，故骅骝之未骋。吁嗟乎，公不闻兮，谁劝公省，任黄粱一枕之余，留花砖半刻之影。

《征君孙先生年谱》序

戴明说

大矣哉，夏峰夫子之道也，夫子天挺英姿，生得鹿忠节公良友，故于静修后，独接陆子、阳明之秘。夫子肆力潜心，攻苦八十年，周规折矩，不失尺寸，故其生平出处，常变辞受取予，有金元诸大儒所不及者。夫子行履纯全而门墙广大，世之所知，至其见地精深，阐抉渊通，处世未之或知也。

不肖自甲申岁偕曹厚庵本荣闻道于楚中胡此庵师，后师友皆逝，壬寅年乃北面事夫子。自谓得所归依，不谓夫子竟遐弃我也。梁坏山颓，精神恍惚，因校夫子年谱，读其《怀友诗》有云，“沧州讼往愆，晚节抉其秘”。不肖以忠孝两亏之身，谓其抉秘也何敢？若谓讼愆，夫子其深知余心矣。从古千圣诸贤止向源本处取齐，则不肖今日净洗方田，仰质鬼神，尽扫世谛，直印根宗，与我夫子永结世外之缘，常负在天之笈，敢于同学诸兄弟让一筹也哉！

不肖汗背恸心之下，勉记其涯略，且以虔告之海内之同志者如此。

时康熙十四年岁在乙卯七月立秋日，门人戴明说顿首拜撰。

明待赠孺人吕室人孙氏墓志铭

戴明说

时壬午之二月，本里吕峻发孝廉持其夫人孙孺人墓记征言于余，曰："仆辜微肩。父也丧，妻继之。"其娓娓家庭之辞，繁促不能卒举。愚以戚谊未敢逊谢，谨按记志之：

於乎痛哉！孺人里旧家，为司李孙翼明公次女，十五归孝廉公，贞静闲淑，寡言笑，力行勤俭，其性然也。公太君振所公，元配王太夫人，为孝廉公母，继刘太夫人再以裴姓传者，为太君如夫人。王太夫人早逝，孝廉思慕终身，孺人悲仰同之。无形视，无声听，礼也。裴如夫人，太君蓄之渥，未几没，非太君志也。孺人生死皆朴城接之，持大体，务一规于道，太君因是乎协礼焉。其再接两郭如夫人也，亦如之。刘太夫人卒，哭泣布素，视生前饘醴有加，观礼者谓可传也可继也。孝廉公弱攻业，孺人以纺积佐，嗣举子今弟子员英英者，希龙也。孝廉公，辛酉举于乡，孺人日以修身乐业为助。嗣后，孝廉公纳名姬者三，衣之食之礼之，一如孝廉公意。诸凡理丝麻布帛，审委积盖藏，日益悋爱众利物，虽产渐丰盛，然周急乐施，绝不为自奉计。事亲孝，御下宽。儒人于是乎得道之大矣。至家政之暇，则悉其心志穷内典，铅华嗜好尽屏勿或进。二十年来，伴孝廉公色笑销磨岁月者，当在钟磬声中也。

於乎痛哉，愚因有感声色货利数字，弄坏多少道德功名，颠倒多少衣冠须发，乃肇笄息心，栖神宁淡，二十年不变如此若以脱簪永巷之箴，婉寓之蒲团炉香之内者。孺人之自待也苦，而其界益孝廉公者，深且至矣。

於乎痛哉！鹤影空沉，鸾音不再，举案之宾、鸡鸣之友，雍衾长夜，孝廉公得无忽忽有所失乎？

於乎痛哉！孝廉公之侧身修行，身教器君，以慰九京者，自是当有进焉。

孺人生于万历己亥年十一月初十日酉时，卒于崇祯辛巳年四月二十三日寅时，享年四十三岁。生子一，希龙，郡增广生，娶同郡廪例太学生刘公名庆源女，为万历丁未进士，湖广宝庆知府讳生和公孙女。时孙男一，斗元。孙女一，俱蒙孺人膝下抚摩多年也。向以静业既久，虽疾革，终志善果，不及乱。佳原式卜，爰为之铭。铭曰：

中条有气，沧波有泠，聿毓淑媛，无妒无矜，闲与善只，志归道宁，以永昌其后之人。

皇清例赠文林郎江南虹县知县增广生开之刘公暨元配孺人王氏合葬墓志铭

戴明说

辛丑十月，愚茕茕苫次，婚串刘公佑申抆泪进愚曰：“某不穀，先大人遐弃，痛不欲生。某世于公也姻，复于公之子也谱，愿志之以不朽。”愚逡巡不克辞。谨按状：

先生讳生兆，字美发，开之别号也。世为长芦望族，先生父尽吾公，居官清介，生丈夫子三，先生其季也。先生性忠孝，持身严，接人谦，淡宁不骛声利。弱冠蜚誉于频，居亲丧，哀毁骨立。诸兄弟分产，不以多寡计。明季辛巳岁大祲，病疫枕籍。先生王孺人暨三四器君皆名宿，相继逝。先生贫，几无以为葬，悼两器君之才而殇也，益安义命，遂绝意青紫业。鼎革后，故居黍离，子若孙无立锥地。先生怡然自若，勉课诸子不辍。次子佑申公，文彩葩流，声誉大震，以亢宗娱亲为己任。丙戌魁乡，乙未成进士。方谒选，时先牛长子明祥公复先生逝，悼益甚。及佑申公卜花封于虹，方谋迎养，先生即抱疴，莱斑未舞，而风木旋悲矣。

呜呼痛哉！愚尝谓士人大节二，贫视其所不为，不为而后近道，既视其不变，不变而后有平。先生出阀阅世族之家，有子十人，出不过数亩，环堵萧然，玩数命，规阴晴，行善畏人知。尝诵其训子之言曰：君子宁言之不顾，不可规规于非义之信；宁身被困辱，不可徇人以非礼之恭；宁孤身无助，不可失亲于可贱之人。当士俗波靡鼎鼎声利时，得一屹然如石，穆如木鸡之人，为其以型世冶俗有余□矣。

先生原配王孺人，为元氏训导累仁公女，娴姆仪，敦孝睦，克承太夫人严肃之教，通经训子，补外傅所不及，先生良友哉。

先生生于万历乙未八月二十六日巳时，卒于顺治己亥十一月十九日寅时，享寿六十有五。王孺人生于万历壬辰十二月二十七日卯时，卒于崇祯辛巳七月十六日子时，寿五十。子男十：长庆清，顺天庠生，娶湖广沔阳卫经历吕铿女；次庆藻，丙戌经魁，乙未进士，授江南凤阳府虹县知县，娶太学生孙文统女，继娶贡生田毓秀女；次庆阔，郡库生，娶庠生季公辅女；次庆穀，增广生，娶太学生王之屏女；次荣，府庠生，娶庠生赵正中女；次淮，郡庠生，娶庠生孙宜式女；次庆沆，郡增广生，娶太学生王从吉女，出继，俱王孺人出；次庆曾，娶太学生刘起鳌妹；次重华，聘庠生于启祚妹；次锡庆，未聘，俱继配刘孺人出。女一：府庠生刘今敞，王孺人出。孙男七：庆清出者三，长楷，庠生，娶庠生王佐才女；次樾，娶庠生孙延祐女；次未聘。庆藻出者三，椿，棠，果，俱幼未聘。荣出者一，嘉辰，幼未聘。孙女八：庆清出者二，一适儒士韩士通，次未字。庆藻出者四，一适孝廉周成德孙庠生周之标，次女、三女俱未字，一字江西湖西道副使张文炳子延绪。荣出者二，俱未字。曾孙女一，樾出，未字。今卜期于辛丑十月初九日将启王孺人穸，合葬与城南七十里先之次。敬为铭。铭曰：

咀贫而骨强，轹变而辙也常；子十而良，庆亿万无疆。

皇清文林郎江南虹县知县例赠翰林院编修佑申刘公暨原配孙孺人继配田孺人合葬墓志铭

戴明说

壬戌岁雪寒，刘诸孤泣而谓余曰："先大人才大而不竟于时，行高而不媚于世。知先大人如先生者，指不再屈。乞铭数言，以瞑先人于九京。"余涕泣。按状：

刘年翁，余世姻而谱也。公讳庆藻，字省虚，号佑申，原籍武清，自始祖妣迁于沧南王寺村，垂百余年，枝叶日盛。公王父尽吾公，居官清介，非义不苟。公父开之绍厥志，驰名庠序，立身行己，以忠孝自励。生丈夫子有十，公其次也。生而英敏力学。余读佑申年姻之状，而不胜掩卷三叹也。

公生平无一得意之境，公乃高自标举，不役于名，不胶于利，洗世宦难割之好，唤俗绅难醒之梦，无如公者也。公畿阀以文献著世，典史局，公复济以追风捉电之材，顷刻数百言。然文不留稿，词不付劂，不复标榜以市名于世。独会心《南华》，手自注释，飘然蝶梦鲲游之外。豚犬王纶，谈经切劘，每于景物之暇多所咏和，为公忘年友。故余得公诲皆在见闻中，其视世之文人规邯步便、攀援名宿、唱和盈囊者何如也？

公树帜文坛凡十有余载，乙未乃同纶犬成进士，授知虹县事。前令多以钱谷不办去。公曰："吾为民，非为官也。"无愠色，乃察邑中利弊，悉为条上兴革，邑人生祀之。至其威戢骄兵，智慑悍卒，为时吏所难。公壮略未竟，太翁仙游。公骨立茕茕，琴鹤同归。凡宦之所余田产，悉推分诸弟，尺寸无所取。时公年方五十，遂绝意仕进，以教子读书为事。公既不再娶，亦全不置妾媵，独居一室，断缘息机，屏绝嗜好，虽三旬九食，尘榻寂寥，绝交游，远市井，敝庐数椽，不避风雨，惟以贫不乞怜、病不市药自箴。时诸嗣君皆失恃，公以严父代慈母，寝食与共，提训随之，白首劬劳，心力俱瘁。教养以来，长公椿盘，知名于时，次仲松乔，乙卯与季弟果实同魁于乡。己未，果实即成会魁，以庶常高步五云。自此瓜瓞奕奕，正未有极。其视世之胶于名利，居官则斗粟尺布、问舍求田者何如？

公复不锢情欲，其视生则魂梦胭脂、膏肓粉黛、疲此精力为一二女子所驱，死则焚香卖履余魂恋恋者，又何如也？公之风其，至此远矣。

公生于万历甲寅十月十四日卯时，卒于康熙辛酉六月初二日戌时，享年六十有八。公先配孙孺人，生于万历甲寅十月二十六日辰时，卒于崇祯壬午五月十二日申时，享年二十有九；继配田孺人，生于天启乙丑六月二十日午时，卒于康熙丙午五月二十六日寅时，享年四十有二。治家勤俭，敦内仪，兼通书史，诸子执经问字，能补外傅所不及。

子男三：长椿盘，廪生，娶山西游击卫正身女，继聘辽东府同知杨胤昌女；次松乔，乙卯科举人，娶南宫庠生郝光辅女；次果实，乙卯经魁，己未会魁，翰林院清书庶吉士，娶郡文选郎王公显仁孙贡士廷铉女。俱田孺人出。生女二：一适府孝廉周成德孙府庠生周之标，孙人出；一女过继胞弟淮，适王廷铉子庠生王淇，田孺人出。孙女二，一椿盘出，一果实出，俱幼未字。今择于癸亥□月□日，将启孙孺人田孺人窀穸，合葬于城南王寺先茔之次，爰为之铭。铭曰：

公之官不积余，公之囊与弟俱，公之堂室诸子与书。娶不再，媵无人，以生以教，公也徐徐。举公以范家人，余方敢谓之能读书，举公以醒宦，余方敢谓之绅而儒。

杨太夫人墓志铭

李道昌[1]

岁甲午之春，有友人持时艺数作与余，余览而喜曰："此大才，当即售，谁氏作？"友人曰："吴子在公，邑生，讳自肃也。"秋果如余言。而在公顷以读《礼》，未获与南宫，遂暂屈。今秋又欲以诗质余者再，偶于子齐张亲翁齐头，得读数章，淋漓而言，其气苍苍。余愈喜曰："余邑盛名士矣。"及冬，在公手持其母状，请余志。余曰："先以诗质，今以文请，殆欲以诗贽余文乎。"以书贽文，从其类也，遂志之。志曰：

孺人姓杨氏，邑太宰梦山公从孙孙女，庠生峻宇公长女，字邑庠生明阳公男、庠生绳甫公为室。男二，长即在公云。孺人生而慧，为儿时即爱读《女经传》，稍长喜闻贞孝遗事。峻宇公素奇之，知适人必克执妇道者，十八而于归，上堂事舅姑，下堂相夫子，以及内外大小，晋接各以礼。峻宇公族称望家，素封，余见右门大家，怙宠而骄，骄而能降者鲜矣。孺人曰："椎布操作，持瓮自汲者何人哉？余何敢不即于谨。"用是纺纫维时，涤涮惟称，求所为稍稍自上，以至于服勤而有惰容者无有哉。庚午举在公，岁口食，章句悉口授，及就外傅，戒之曰："读书作好人，能成名作好官，儿志此勿忘。"至今在公品行卓荦，倜傥有大志，孺人以慈兼严，其教为不可没云。

己卯大变，陷东省城甚多，吾邑亦不免。乱后土人弄兵，孺人扶老携幼窜村中，有老媪给之，慰留甚婉。孺人曰："此媪华于言，非信人也，当逸去。"未几果寇至，老幼获脱于危，知人则哲，孺人有焉。寇退而家资荡去，公姑衣絮甘粮，取之力办。岁庚辰歉甚，菔茨芦根，竹花木酪，且无食，孺人茹苦如饴，堂上之奉，尤不以力窘委顿焉，谚云"贫知孝"，信然矣。壬午复遇变，孺人慨然曰："苦哉东土，屡被兵燹，余家已数掠矣，其不至荡析骨肉者，天实佑之，此时知自存，而忘人之急，仁者不为也。"脱簪鬻粟，煮粥周难，无倦色。后遇岁饥，赈恤如常焉。

① 李道昌，字大来，号匪莪，明丙戌科进士，以赋诗称旨，拜监察御史。

明阳公夫人杨孺人，孺人姑也，病，吁天求代，及逝。与绳甫公饮痛三年，葬祀必如礼。明阳公义不更娶，孺人与绳甫公谋曰：“是不可令皤然者郁郁独居于此也，因再事继姑，待孺人不道，孺人绝无怨言。”且曰：“彰人之过，而自誉于人，谊之薄也，而何况于姑。”雅慕莆田林母之为，如《感应篇》，以及颜公《功过格》、袁公《立命书》，好闻而敬持之。缘是绳甫公宽下恤物，爱及昆虫，此亦风其相夫之一端矣。

甲午遂抱病乡居，期静摄也，在公夙夜左右，汤药必亲尝。孺人曰：“儿忘余教乎？今秋科试期也，但能懋儿学、成儿名，余虽就木，泉下含嘻。韶光如驶，不为儿也留，儿母期儿之以实修而博荣名也，勿为此以小节荒大业。”在公唯唯受命，及期不敢不就试，而在公果鹗荐秋风矣。报到，孺人病竟如愈，在公见之，心愈惧，未几果不起。在公跪请遗嘱，仍以就外傅时之教，教之而已。

孺人生于明万历三十七年五月二十六日，卒于清顺治十二年正月初九日。出子男二，长自肃，娶阳信庠生吕君周屏次女；次自任，未聘。女三，一归邑廪生王君珽长男、庠生梦辅，一字邑杨太宰公元孙、府庠生溶长男、庠生栋基，一字邑前长史健齐冯公孙、庠生元祺次男寓。孙男一，旭，聘阳信廪生张君延怡长女；孙女二，一幼殁，一字浙江台州府通判和征张公长男、庠生大经次男，俱自肃出。今卜顺治十三年十一月二十二日归厝城东南隅先茔之右，余既志孺人墓，仍索在公全诗而删次之，不忘其以诗贽文之意也。铭曰：

丰而愈下，约而克周。励夫迪子，大本是求。子有文名，天之善酬。

《重修孙氏家谱》序

戴王纶

万派之水发源于山，千寻之木盘根于地，故源之深者流自长，根之固者枝自茂，人亦然也。人必祖宗培植厚，涵育深，而后世子孙乃弥传弥永，愈衍愈盛，亦如水之有源，木之有本。斯不期其长而流自长，不期其茂而枝自茂也。然一传再传，渐传渐远，不由家乘，何所考核？是家乘之攸存，非仅志宗支之名字、事业，实先世培养所由关，后嗣孝思所由系也。

尔舟孙君，渤海之望族，其品卓，其行洁，其性至孝，其学问文章，冠盖一时。迩者继修家乘，嘱余为序。余自度学疏识浅，无所弁言为世德光。然素性昂藏，凡遇善言善行，有关伦常之事，恒乐称道不置，况余素钦孙氏之清风高节，今又更服尔舟孙君念源敦本之至意，安得不为词而叙之？

同邑眷社弟戴王纶撰，康熙十七年小春之吉。

孟铎张公墓志铭

赵　炯

张公，讳道南，字孟铎，山左乐陵人。祖来山，名凤岚，邑庠生，以子念山公贵，赠通议大夫。父戴山公，名活，明光禄寺署正。生子四人：公其长也；次虚斋公，历任太仆寺少卿，赠其父中顺大夫；次友舟公，澄江、淮安两府通判；次波仙公，邑庠生。

公以颖质卓才，弱冠食饩，又励志嗜学，不苟侪俗，与当时名士究心用世之业，博览载籍，皆手自笺释，尤喜阴符太乙诸书，以章句猎科名，心且鄙之矣。孝弟笃于家，而匡济著于国。自戊寅事变，出家资，缮完邑城。历壬午至甲申，两经大兵，咸赖守御，克全无害。庚辰岁祲，人至相食，出家储活之，无德色。盖好义乐施其天性也。为文尚风骨，不合于时，辄弃去。

卒以乡贡赴铨部。丁亥，除山西辽州牧。辽固难治，又鼎革之初，反侧未定，竭力拊循，日昃不遑。而姜瓖之党，大肆蹂躏，伪官横逼，几及于难。终以仗节不屈，危而复安。噫，孤城残破，民畔从贼，仆从散亡，谁与为守？外攻内讧，一线忠义之言，强系二三绅士，飞檄所请太原之兵才三百耳！其何以支？乃登埤遥望，见有一旅尘飞趋辽城而振声者，则公弟友舟以家财募壮勇二百人，远来赴难也。一时欢呼，贼众披靡，大小之战皆捷。暨和硕亲王大兵至辽，公之犯难已逾半载，王深嘉之。而长吏有诬公者，竟至停职，公毅然曰："幸不辱国，得丧何论乎？"数年事白，复补知易州。

易，冲邑也，费繁民困，而时且平。公一以清持之，民间苦供镜酒，尝捐俸以济。私费皆取给于家，谁嗣所由兴也。而躬以勤甚，濒疾，乃乞归，曰："止足之戒，政在今日。"词屡上，乃允。时为丙申。

家居岁余病瘥，日与族戚介杯勺，欣然曰："不谓无官身轻之乐，有如此者。"

嫡娶贾宜人，恭顺勤俭，不幸早逝。叔虚斋公为状，比之敬共，遗有二女，继何宜人抚之。何之贤，侔于贾。方公在辽也，宜人未与俱，募士赴援之费，实贾宜人办之。佐易州，清操益有赖焉。事上顺，与众和，待下慈爱。公当贾宜人日以艰嗣，早聘于马为侧室。后何宜人诞二子，曰莹，曰炜。马一子，曰士睿，即思公也。三子皆未成立，而皇穹如何辄歼吉人？宜人之责大且艰，纲纪家政，吉凶尽礼。延名师以教诸子，布衣蔬食，四十年如一日。而戚属馈遗，未尝少薄。遇马太君如手足。叔波仙公无子，族议继嗣。宜人曰："其炜也。"樛木螽斯之风，盖详于吾师瞿庵先生所作志中云。

呜呼！公享年四十有六耳，先宜人而殁者且四十年。又十一年，而马太君同从于地下。

呜呼！马太君之贤亦著矣。行年八十有五，中侍两宜人，终始无闲言。两宜人之无愆于仪，太君实左右之。今子若孙皆成立，家虽析未落，而思公更以文学知名于时。奉直公地下之乐，又当何如耶？

呜呼！太君之教思公也、谆谆以砥行立名、克续父风为言，定省时，必问所行所友，善则喜，否则愀然曰："其如尔父何哉？"弥留之际，呼声不绝，惟慈教孝，奉直公于是乎有子。公不朽矣。

章夫人者，公晚年聘侧室也。公殁之日，年尚少无子，而誓不他适。人皆贤之。冰操三十余年，于康熙二十八年六月□日以节卒，厝之南郊，今得祔公墓葬，礼也。爰志而铭之。铭曰：

古有元道州者，人何如些。得公数辈，使海内乂安，而今无些。天不憖遗一老，而于时保些。碌碌者胡寿考些？古人不作，泪徒落些。采传载笔，魂噩噩些。

靳益庵先生小传

赵　炯

公讳让，字益庵，开封尉氏人也。以进士为邑宰，能实心教养，擢侍御史。上疏言教养者三，天子为之动容，手其疏不下，御便殿亲策之。公侃侃以所学对，上颇颔之，乃试之通州。通号难治，事有掣肘，许便宜启奏，期年而通大治。会点学差，命大臣各保所知，无及公者，上曰："朕亦保一人，可乎？靳让可西粤使也。"即趋就道。公奉母往。母年近耄，盖未尝一日离其子。至桂林，母疾作。公忧甚，母遣之历诸郡，曰："此王事也，不可以我故怠，留一孙左右足矣！"公不敢违，及柳州，而母疾良已。试一周，会浙江学使罢去，即命公终其事，教养之学于历试乃大著云。后銮驾巡幸浙江，复亲奖之，曰："卿可谓不负朕举矣，朕将以巡抚委卿。"公感激，泣数行下，奏曰："臣母衰矣，报陛下之日正长也，愿祈终养。"难而后许之，公得归养。竭力之余，教子课孙，至乐也。逾年母卒，哀毁不欲生，而季子、仲妇相继亡，公益伤，因加气疾，乃至不救，卒于康四十九年九月□日，得年六十八。

赞曰：呜呼！今之卿大夫，享高爵荣名于朝野者众矣，而能不愧怍者几人哉！以余所闻，睢州潜庵汤公，其生平庶几古之贤者欤？公虽未竟厥施，其所以自致于君亲之间者，亦已过人远矣。岂不与汤公后先相辉乎哉？

公天性忠孝，与人以诚，有介操，无阿附，独受知于天子。而天不慭遗，惜哉！

炯忝末契，故即其闻之左右者粗述大略如此，其详则有孝子之行述在。

瀛海后学赵炯鹤斋氏题于睢阳官署。

邵节妇陈氏传

赵 炯

盐山称隐君子，盖首处士双弥邵公云，其子昆星公讳浺，能以名显亲于时。今有节妇备诸善行，而卓乎不可没者，则处士弟太室公仲男洁之妇也。妇陈氏，邑博士员心虞公女，公无子，子女焉，年十有八归邵，六年而夫子云亡。其翁与伯叔皆先逝，堂上孀姑老，别无子女，子女是妇，而氏乃不得死。姑严，氏承以顺，姑尝病危，氏祈天代姑，姑顿起，享有大年而殁。殁之日，氏号天泣曰："妇终不能代姑乎？"乃营祭葬如礼，无憾后安，而氏病良深已。家素贫，以勤俭得赡，甘旨裕如。姑既殁，迎姑之妹善养之，曰是即姑也。而心虞公亦遂得老其家。氏始生一女，夭，昆星公继之一子，亦夭，再继之，名黄。氏夜绩而教之读，既冠而娶，颇醇谨，能文章。太室公于是乎有孙。

呜呼！公殁几年矣。余童子时与公诸子相友爱，伏腊往来如家人，先子曾遣候公病，公与之扇，适余散发，命至内理之，氏故为余总角。噫，孰谓不数年而先后皆速化耶？自后三四十年间，星移物换，草宿而莽矣，墓木拱且凋矣，同时垂白者尚存乎？提携而步趋者渐壮而老也。其或有游邵氏之乡，与二三素心烹茶煮酒，追念往迹，想见太室公之为人，辄唏嘘叹息，以为今人不少概见者，要亦如晨星见灭，不能必之，谁氏期之何时？岂人情之变，亦时会然耳。而讵知此三四十年间，固有守贞处粹，茹荼饮蘖，妇尽子职，母代父教，时如干仆营家，时如孤臣虑患，日月共照，金石为心，皇皇一身而默系太室公不绝之一线，自称未亡人之陈氏在耶？

呜呼，氏今卒矣。卒于今康熙癸酉十一月十七日卯时，距生于前崇祯乙亥十二月初十日未时，享年五十九岁。氏之责已尽，氏之目亦瞑，而氏之心则炯炯千古也。为之后者，胪其母行略，请为母立传。顾余谫劣，何能传氏，且氏自不朽，何待传？而窃念三四十年来，邑之人几不复有念太室公者，或疑公之不幸人也，非天也。嗟乎，公生平慷慨尚气节，有古烈丈夫风，而诸郎率明敏好学，何忝于人，而顾绝之也？天也，非人也。天绝之而陈氏以节延之，节顾不重且伟欤？他日上明廷，下御墨，封节妇之庐必首陈氏，陈氏者谁？则邑处士双弥邵公弟太室公仲男洁之妇也。传陈氏节，并传邵公之德，故不可不传。立传者谁？邑人赵炯也。其赞曰：

女而子则子，妇而子则子，妇而母则母，母而父则父，女女、妇妇、子子、母母，节妇之行，五道俱备，节妇之嗣，天不能坠。呜呼陈氏哉！

祭程处士衣醇公诔文

赵 炯

呜呼！先生籍本河南，望重平津。祖德世积，乃衍后昆。海鹤为姿，云龙其神。体不胜衣，骨乃嶙峋。生产不事，齿德兼尊。盖棺论定，行孚人伦。方在襁褓，遇马真人。手摩其顶，曰有夙根。弱冠出试，一掇双芹。知名黉序，绝类轶群。培风既足，南溟可臻。胡奇于数，而厄于屯。会风不静，遽萎大椿。近取心灰，形毁骨存。遂抛帖括，寓心典坟。旁达世务，胸罗古今。交通四海，名并屿嶓。下陈之榻，倾孔之樽。南吴北魏，东鲁西秦。掀髯挥麈，倒履迎宾。利济于物，人己何分。平生壮志，借以少伸。既而倦羽，归息榆枌。南窗啸傲，调鹤弄琴。禁足城市，历二十春。聊仿秃翁，削发解嗔。姜桂之性，老而弥辛。贫不受怜，咬菜终身。两辞乡饮，谦退居心。寿登耄耋，一望九旬。当代蓍龟，古先逸民。亲交之宗，礼义之门。全受全归，含笑还真。托在葭莩，芝兰日薰。一旦失仰，典型孰亲？几筵对越，感痛泪淋。酒既不旨，馔亦非馨。无益大德，少将微忱。神其鉴此。

王生小传

赵　炯

王彧，字荀右，孝廉玉成石麟公子也。生而颖异，五六岁即知礼让，九岁能文，尤嗜临池。年十五出应童子试，辄冠军。明年同赵氏连玉子藏、子宿叔侄受书，又明年同补诸生，旋食饩。其为人有米颠洁癖，而温润静好，又如芳兰竟体，似谢庄当年。无兄弟，一妹。父母性严急，荀右孝谨如古人，虽疾痛未见忧色。事伯父母尽礼，待伯兄弟以和，下及仆婢亦感其德。内外无间，与人交坦白，始终不渝，所知能勤恳告人，不吝善，亦不矜长。其文务根道理，善讨昔人风旨，不喜作悲壮艰深之调。其书始学文衡山小楷，间入元章，后亦骎骎《黄庭》《乐毅》。或进以行草，荀右曰："吾性不乐不愿学也。"不嗜饮，见花香月好，携知友倾倒，日夜不倦。未尝学诗，颇解其意。记其咏斑竹云："独钓湘江上，江水空自流。英皇今安在，犹见斑竹愁。"此可见矣。惜其生平止此数语，且成诗谶也，悲夫！其病也甚于己酉之冬，壬子春，石麟公南行，以病不能随去。两月而殁，殁年三十有一。其伯父为立伯弟之子为子。乙酉，其友人赵炯为之传。

贻封修职郎开源县训导玉铉赵公墓表

赵 炯

尝闻公之始祖永平府滦州人也。明永乐二年，迁于盐邑，择张八寨而居，历世相承，率皆忠厚传家，耕读为业。迨值兵变，公之家谱失传，而祖功宗德杳乎莫考，犹能记忆者惟公一人而已。公少时，太公逝世早，公殆孤苦甚，自耕而食，自凿而饮。早作夜思，大约得力于鱼盐者居多。所可敬可慕者，公之为人。其持己也则克勤克俭，其待人也则不吝不骄。排难解纷，忍人之所不能忍，为人之所不能为。治家有道，又兼治内有助，家道日益峥嵘，一时亲戚族党赖以举火者三十余家。公始终无吝色，诚仁人义士乎哉？更难及者，公族大丁多，族人以此为累。遇盐宪周观察编审时，公蠲包册银五十两，去灶丁一十九名，族人至今感恩焉。公虽不自居其功，其居功也大矣，以故寿享耄耋，子孙盈庭。公义方有训：令长公子子持，令二公子恒淑早入黉宫，令三公子子燕，令四公子华若并列明经，而华若出仕开原。令五公子子佩，令六公子子显俱在太学肄业，名成有待。至公之孙，或观光上国，或食饩郡邑，头角渐露，不可限量，皆公积德累仁，以致之也。

创业者兴于前，守成者继于后。肯堂肯构，诚彬彬乎称盛哉。俾后之人，知祖父之维艰，勿骄奢，勿淫逸，善继善述，胥于斯赖矣。余与公世谊也，思公之行而莫几，恐公之名，久而陨替，聊具俚言，垂诸石碣，示公之子孙世世为勉焉。

赐进士出身原任广西柳州府来宾县知县年家眷弟赵炯顿首拜撰。

大清康熙六十年岁次辛丑菊月吉日。

宗兄相楚传

刘曾璇

兄讳楠，字相楚，天性孝友，赋质淳朴。少年奋志读书，思承先业，后因父志山公年近七旬，遂弃儒业，援例入太学，以代理家计为务。志山公治家精密，生理素裕，而有古人木屑竹头均获其用遗意，悉率而行之，勿改其道。尝见营造室庐，鸠工购材，虽一砖一瓦，必亲自检点，不使妄费，其谨于持家已可见矣。然至事所当为，则踊跃争先，无丝毫吝啬。犹忆道光癸未，盐山重修文庙，阖邑举为董事总理，乃首先倡捐不遗余力，且存心公正，凡分金之收贮支发，薄书之登记稽察，必求的实，持筹握算，朝夕不逸。虽任劳任怨，有所不辞，其急于办公又可见矣。夫人之才干恢达者，往往略小忽微，不事屑屑家人产；性情拘者，又或不耐繁剧，遇有公举，推诿观望而不肯为。若谨于持家，急于办公，如此其殆克俭而兼克勤者教，亦足以风也已。

其孤寅求传于余，余以其立身制行，处家接物，孝于亲，友于弟，为吾刘氏及戚党所共称者，勿待悉述也。谨即所目睹亲见者，撮举一二以志其梗概云尔，是为传。